3., vollständig überarbeitete Auflage

Steven Horak, Tim Jepson,
Stephen Keeling, Phil Lee,
AnneLise Sorensen, Christian Williams

KANADA
Der Osten

W0194532

STEFAN LOOSE
TRAVEL HANDBÜCHER

Kanada Der Osten

1 Toronto

In dieser Metropole gibt's einfach alles: eine prickelnde Multikultiszene, ein Riesenangebot an Ausgehmöglichkeiten, spannenden Museen und nicht zuletzt super Schlittschuhbahnen. S. 89

Die Highlights

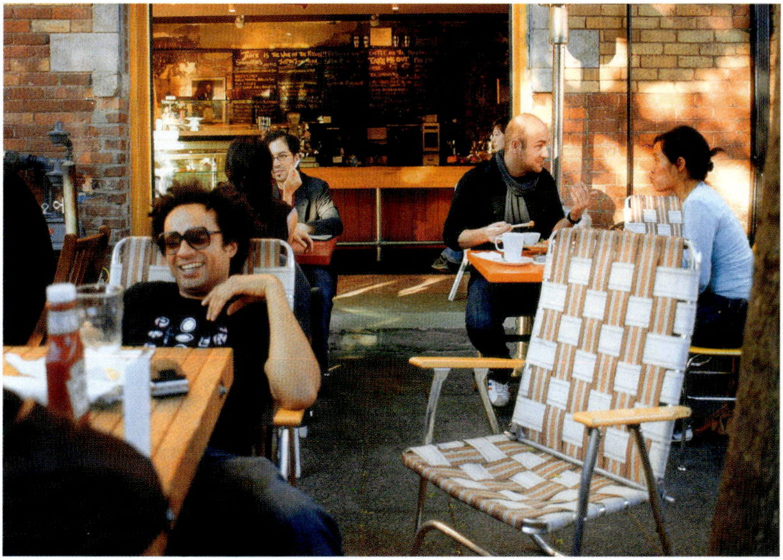

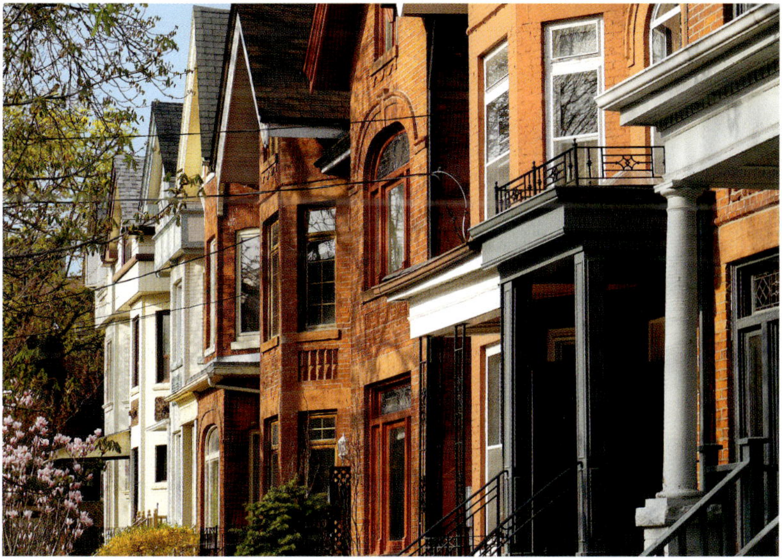

2 Niagarafälle

Der Touristenmagnet par excellence – zwei breite Wasservorhänge donnern 50 m in die Tiefe. S. 139

3 | **Algonquin Provincial Park**

Mit dem Kanu in den größten Park Ontarios vorzudringen und dabei auch noch Elche zu sichten macht einfach Laune! S. 186

4 | **Ottawa**

Das Parlamentsgebäude von Kanadas sympathischer Hauptstadt ist ein Hingucker. S. 200

5 | Montréal

Schon das Uferpanorama ist kaum zu toppen, aber die Dynamik und das kulturelle Flair Montréals überzeugen selbst eingefleischte Großstadtmuffel. S. 239

6 Die Laurentides

Nirgendwo sind die Weiden so saftig grün und die Wälder so endlos und undurchdringlich wie in dieser abwechslungsreichen Berglandschaft Québecs. S. 283

7 **Québec**

Prächtige historische Gebäude, die attraktive Lage und ein Restaurant-aufgebot, das Gourmetherzen höher schlagen lässt, machen die Stadt Québec zum Pflichtstopp. S. 299

8 Wale beobachten

Wer Wale einmal aus der Nähe sehen will, hat dazu vor der Atlantikküste und auf dem St.-Lorenz-Strom optimale Gelegenheit. S. 363

10 Lunenburg

Von allen Fischerstädtchen entlang der Küste von Nova Scotia ist Lunenburg eindeutig das hübscheste. S. 399

9 | **Halifax**

Die Briten wollten Kanada unbedingt halten. Wie sehr zeigt die Zitadelle. S. 385

11 | **Cape Breton Island**

Auf der Westhälfte der Insel wechseln sich tiefe, bewaldete Täler mit schroffen Felsen, grünen Hügeln und sumpfigen Hochlandebenen ab – ideal zum Wandern. S. 417

12 Bay of Fundy

Zerklüftete Küstenfelsen schützen die Bucht mit dem größten Tidenhub der Welt. S. 448

13 Prince Edward Island

Hinter den Dünen warten traumhafte Sandstrände, ideal zum Schwimmen und Sonnenbaden. S. 457

14 St. John's

Spektakulär ist die Zufahrt über den engen Kanal The Narrows in den alten Hafen von St John's. S. 478

15 Trinity und Twillingate

Das winzige Trinity auf der Halbinsel Bonavista ist das reizvollste alte Hafenstädtchen, aber gleich danach kommt Twillinggate. S. 499 und S. 503

Inhalt

Montréal und Südwest-Québec 235

New Brunswick

Prince Edward Island 457

Newfoundland und Labrador 475

Newfoundland 476

Reiseziele und Routen

Heimat des Eishockeys, der Karibus und Holz-fäller, der Iglus und des Ahornsirups – oder? Stimmt alles, aber damit kratzt man nur an der Oberfläche. Dabei ist Kanada eines der faszinie-rendsten Länder der Erde, eine Mischung aus rauer, wilder Schönheit und überraschenden Landschaften, zu denen Wüsten ebenso gehö-ren wie gemäßigte Regenwälder und üppige Obstplantagen. Nimmt man noch die spektaku-lären, von Fjorden tief eingeschnittenen Küsten und die Weiten der Prärie mit ihrem endlosen Himmel dazu, hat man mehr Raum als genug, um sich (und die Massen) zu verlieren und dieses unglaublich große Land zu erkunden. Und dann gibt es neben der grandiosen Natur und den Out-door-Möglichkeiten auch noch die Städte: z. B. das charmante Québec, das kosmopolitische Toronto und das schicke Montréal, alle reich an historischen und kulturellen Schätzen und ge-prägt von einer bunt gemischten, freundlichen und angenehm unaufgeregten Einwohnerschaft.

Kanadas offizielle Politik des Multikultura-lismus hat ein ethnisches Mosaik befördert, in dem neben den britisch- und französischstämmi-gen Majoritäten auch Chinesen, Ukrainer, Inder, Haitianer, Italiener, Griechen, Äthiopier und viele andere Nationalitäten die Traditionen ihres Hei-matlandes hochhalten und pflegen.

Für Reisende kann dieser auf beispielhafter Toleranz gründende Kulturmix ein besonderes Erlebnis sein. Allerdings führt das Nebeneinan-der auch dazu, dass die Kanadier ein klares Bild von sich selbst vermissen. Die Frage „Wer sind die Kanadier?" hat mit der möglichen Abspaltung Québecs eine neue Brisanz erhalten. Letztlich aber lässt sich eine Gemeinschaft, die weniger ein homogenes Volk als eine Völkervertretung

kontinentalen Ausmaßes ist, nicht mit Schlag-worten charakterisieren. Pierre Berton, einer der wichtigsten Schriftsteller Kanadas, hat sich um diese Aufgabe wohlweislich herumgemogelt: Ein Kanadier, so seine Definition, ist „jemand, der es versteht, in einem Kanu Liebe zu machen".

Trotz dieses Balanceaktes lässt sich eines aber mit Sicherheit sagen: Den Kanadiern eigen ist eine wirklich ansteckende Begeisterung für ihre Geschichte, Kultur und die Schönheit ihres Landes. Sie lieben ihr Land mitsamt allen Kli-schees mit einer Energie, der man sich absolut nicht entziehen kann.

Reiseziele

Angesichts der großen Entfernungen und des damit verbundenen hohen Aufwands an Zeit und Geld wählen viele Besucher eine der gro-ßen Städte – meist Toronto oder Montréal – als Ausgangspunkt für die Erkundung der Region. So unterschiedlich diese Zentren auch sind, eines haben sie gemeinsam: Die spektakulärsten Na-turwunder sind von hier aus leicht zu erreichen.

Highlights

Im Süden Ontarios liegt nicht nur das indus-trielle Zentrum des Landes und die größte Stadt, **Toronto** (S. 89), sondern auch die **Niagarafälle** (S. 139), Kanadas größter Touristenmagnet. Nördlich von Toronto erstreckt sich die weit weniger überlaufene **Georgian Bay** (S. 181), eine herrliche Insellandschaft, deren Kiefernwälder

Die kanadische Kunst hat sowohl traditionelle als auch moderne Wurzeln. Die Inuit und andere Ureinwohner haben schon seit Jahrtausenden Totemskulpturen und andere plastische Werke geschaffen. Eine eigenständige Kunst der weißen und anderen Einwanderer gibt es dagegen erst seit Kurzem. Sie war stilistisch sehr lange von britischen und französischen Traditionen geprägt. Mehr zu kanadischer Kunst s. S. 86

Frühe kanadische Kunst Dies ist die Vorzeigekunst des Landes, man darf also einiges erwarten. Zu Recht, wie die National Gallery Ottawa mit ihrem exzellenten Überblick über die Anfänge der kanadischen Kunst beweist. S. 206

Kunst der Inuit Inuit-Kunst ist unter anderem in der Toronto Dominon Gallery of Inuit Art (S. 102), der Art Gallery of Ontario (S. 108), der National Gallery of Canada (S. 206) und dem Musée National des Beaux-Arts du Québec (S. 312) zu sehen.

Franko-kanadische Kunst Das Musée National des Beaux-Arts du Québec in Québec-Stadt zeigt einen Querschnitt durch 300 Jahre Kunst in Québec sowie einige Werke anderer Künstler. S. 312

Alte Meister Die reichen Kaufleute von Montréal waren begeisterte Sammler großer Meister und das dortige Musée des Beaux-Arts besitzt eine ansehnliche Sammlung mit Werken von El Greco, Rembrandt, Memlinc und anderen. S. 256

Privatsammlungen Der Zeitungsmagnat Lord Beaverbrook hat einen Großteil seiner Privatsammlung der Stadt Fredericton in New Brunswick vermacht, wo die Beaverbrook Art Gallery heute alte Meister, Salvador Dalí und bedeutende kanadische Künstler wie Kane, Carr und Werke der Group of Seven zeigt. S. 431

Group of Seven Die erste eigenständige Schule der Malerei in Kanada. Einen guten Einstieg in die Werke der Künstlergruppe bietet die Art Gallery of Ontario (S. 108) in Toronto, aber Arbeiten sind in Museen und Galerien im ganzen Land zu finden, darunter in Halifax, Kingston und Windsor.

Tom Thomson Der führende Vertreter der Group of Seven ist in verschiedenen Galerien vertreten, vor allem in Toronto, darüber hinaus in der Art Gallery of Hamilton (S. 138) und der Tom Thomson Memorial Art Gallery (S. 167) in Owen Sound.

sich malerisch vom leuchtend blauen Wasser abheben. Ebenso wie der **Algonquin Provincial Park** (S. 186 ist die Bucht auch von der Hauptstadt **Ottawa** (S. 200) zu erreichen, einem nicht ganz so dynamischen Ort wie Toronto, der mit seinen Kunstgalerien, Museen und einer Handvoll ausgezeichneter Restaurants aber durchaus einen Besuch lohnt.

Die größte Stadt in Québec ist **Montréal** (S. 239), das mit seiner ausgeprägten französischen Tradition eine Sonderrolle einnimmt und für viele die lebendigste Metropole ist. Hier mischt sich der Charme der Alten Welt mit der Hektik des Big Business. Ein etwas gemächlicheres Tempo herrscht in der historischen Provinzhauptstadt **Québec** (S. 299), und noch entspannter geht es in den Dörfern entlang dem St.-Lorenz-Strom zu, wo stolze Kirchtürme auf den ungebrochenen Einfluss der katholischen Kirche hindeuten. Wer etwas mehr Inspiration

sucht, kann weiter Richtung Norden bis nach Tadoussac fahren, wo nahe der Mündung des spektakulären Saguenay-Fjords **Wale** (S. 363) gesichtet werden können. Und wer wirkliche Wildnis erleben will, sollte sich nach **Labrador** (S. 516) aufmachen, die sicher unwirtlichste Region im Osten des Landes.

Jenseits der Mündung des St.-Lorenz-Stroms schließt sich an die idyllische Gaspé-Halbinsel, den östlichen Teil Québecs, New Brunswick an, eine einnehmende Einführung in die drei Atlantikprovinzen. Die Einwohner leben heute wie einst von der Holzwirtschaft und dem Meer. In der spitz zulaufenden **Bay of Fundy** (S. 440) herrscht ein enormer Gezeitenunterschied – bis zu 9 m schwankt der Wasserstand, mitunter auch mehr. Die kleinen, für die Region typischen Fischerdörfer präsentieren sich bei **Halifax** (S. 385), der Hauptstadt von Nova Scotia, am schönsten. Vielleicht noch malerischer – und gewiss karger –

ist die Landschaft von **Cape Breton Island** (S. 417), deren zerklüftete Oberfläche das nahe Newfoundland erahnen lässt. Dessen abgeschiedene Lage hat eine ganz eigenständige Kultur hervorgebracht, die sich am lebendigsten in der Hauptstadt **St. John's** (S. 478) präsentiert. Hier gibt es auch die vielleicht beste Folkszene des Landes. Die Insel lockt mit einigen der schönsten Landschaften der Atlantikküste, darunter die majestätischen Tablelands und Gletscherseen des **Gros Morne National Park** (S. 506).

Outdoor-Aktivitäten

Man könnte glauben, dass ein Land, das mit so viel Natur gesegnet ist wie Kanada, seinen Reichtum gar nicht zu schätzen weiß. Irrtum. Die Politiker klagen zwar manchmal über die Probleme, die sich durch die Größe des Landes ergeben (der kanadische Premierminister William Lyon Mackenzie bemerkte 1936: „Wenn manchen Ländern ein Zuviel an Geschichte zu schaffen macht, so ist es bei uns ein Zuviel an Geografie"). Aber trotzdem hat Kanada schon früh erkannt, dass die Natur ein Reichtum ist, der geschützt werden muss.

Der erste Nationalpark des Landes (der dritte der Welt), der Banff Nationalpark, wurde bereits 1885 gegründet – angeregt durch das Beispiel der USA, wo man 1872 den Yellowstone Nationalpark geschaffen hatte. Derzeit gibt es in Kanada 42 Nationalparks, mehr als 1600 Provinzparks und 166 National Historic Sites – ideales Terrain für Aktivtouristen.

Sport und Aktivitäten
Außerhalb der Städte sind Wanderwege, Reitpfade, Campstellen oder Mountainbiketrails nirgends weit entfernt. Etwas länger vorausplanen muss, wer Skilaufen oder Snowboarden will oder sich für ausgefallenere Wintersportarten wie Eisklettern, Schneeschuhwandern oder Hundeschlittenfahren interessiert. Aber auch das ist möglich (weitere Infos siehe S. 27). Zum Angeln, Kanu- oder Seekajakfahren gibt es ebenfalls reichlich Gelegenheit. Immerhin liegen in Kanada 15 % der Süßwasservorräte unseres Planeten.

Kanada ist wie geschaffen für lange Fahrten durch traumhafte Landschaft.

Eine der schönsten Straßen des Kontinents ist der **Cabot Trail** (S. 419) in Nova Scotia. Der 300 km lange Rundweg umschließt den Cape Breton Highlands National Park und die angrenzende Küste.

Der 56 km lange **Niagara Parkway** (S. 140) führt von Niagara-on-the-Lake nach Fort Erie, immer am Niagara River entlang. Anfang Mai blühen am Wegesrand die Kirsch- und Pfirsichbäume.

Route 132 (S. 335) in Québec umrundet die Gaspé-Halbinsel mit ihren bewaldeten Bergen und der zerklüfteten Küste.

Eine der schönsten Zugfahrten im Osten Kanadas lässt sich mit der **Algoma Central Railway** (S. 227) von Sault Ste Marie hoch in den wilden Norden Ontarios unternehmen. Wer einen Teil der kanadischen Tundra sehen will, steigt am besten in den **Polar Bear Express** (S. 222) von Cochrane nach Moosonee. Der Zug fährt nur im Juli und August. Und bevor falsche Hoffnungen entstehen: Eisbären sieht man auf der Strecke leider nicht.

Eine Bootsfahrt mit der **Nordik Express** (S. 376) entlang der straßenlosen Nordküste bringt einen von einem einsamen Fischerdorf zum nächsten bis zur Grenze nach Labrador.

Als Kreuzfahrtschiff für den kleinen Geldbeutel hat sich die **Northern Ranger** (S. 529) einen Namen gemacht. Obwohl der Dampfer nur im Sommer fährt, muss er auf seinem Weg die schöne Küste Labradors hinauf immer wieder Eisbergen ausweichen.

Die Visitor Centres der Nationalparks sind exzellent ausgestattet und bieten gute Informationen. Besucher können einfach aufkreuzen, ein paar Fragen stellen, Ausrüstung mieten – und sofort starten.

Inselhopping
Herrliche Möglichkeiten zum Inselhüpfen mit Boot oder Seekajak bietet der **Mingan Archipelago** in Québec (S. 378).

Kanufahren

Ideal zum Kanufahren sind die Seen und Flüsse des **Parc National de la Mauricie** (S. 294) in Québec. In Ontario ist der **Algonquin Park** (S. 186) klasse. In Nova Scotia eignet sich der **Kejimkujik National Park** (S. 403), in New Brunswick der **Fundy National Park** (S. 449).

Radfahren

Eine beliebte Route führt auf der ehemaligen Bahnstrecke **P'tit Train du Nord** (S. 285) 200 km von St-Jérôme nach Norden bis Mont-Laurier durch die Laurentides. Immer interessanter wird der **Trans Canada Trail** (S. 53), eine kontinuierlich ausgebaute Radroute quer durch das gesamte Land.

Rafting

Abenteuerliche Tagestouren auf dem **Ottawa River** lassen sich in der Hauptstadt organisieren (S. 216). In der **Bay of Fundy** kann man im Schlauchboot auf der Gezeitenwelle reiten (S. 415).

Tauchen

In den klaren Gewässern des **Fathom Five National Marine Park** (S. 170) vor der Spitze der Bruce Peninsula im Süden Ontarios liegen rund 20 Schiffswracks.

Tierbeobachtung

Zur richtigen Jahreszeit sind vor den Küstenparks von Québec (S. 297) und den Atlantikprovinzen (S. 407) sowie nahe Tadoussac im St.-Lorenz-Strom (S. 363) **Wale** zu sehen. Zwischen Mai und Oktober tummeln sich massenhaft **Papageientaucher** und Tausende anderer **Meeresvögel** im Witless Bay Ecological Reserve (S. 491).

Wandern

Gute Parks in **Québec** sind: Parc National de Forillon (S. 342) oder Parc National de la Mauricie (S. 294). In **Ontario**: Lake Superior Provincial Park (S.228) und Algonquin Park (S. 188). In **New Brunswick**: Fundy National Park (S. 449). In **Nova Scotia**: Cape Breton Highlands National Park (S. 421). In **Newfoundland**: Terra Nova (S. 502) und Gros Morne National Park (S. 506). Infos zu Fernwanderwegen gibt es auf S. 47.

Ausflug in die Geschichte

Sainte-Marie among the Hurons (ON): rekonstruierte Jesuitenmission aus dem 17. Jh. S. 177
Moose Factory Island (ON): historische Handelsniederlassung der Hudson´s Bay Company. S. 222
Uncle Tom's Cabin Historic Site, Dresden (ON): Alles über die Underground Railroad. S. 162
Fort William, Thunder Bay (ON): Nordamerikas größte Rekonstruktion eines Pelzhandelspostens. S. 232
Grosse-Île (QB): Kanadas Ellis Island – hier gingen die Europäer zum ersten Mal an Land. S. 352
Tadoussac (QB): der erste Pelzhandelsposten in der Neuen Welt, gegründet 1600. S. 359
Fortress of Louisbourg (NS): Rekonstruktion einer französischen Festungsstadt. S. 426
Port-Royal (NS): der erste Ort in Nova Scotia, an dem Champlain seine Zelte aufschlug. S. 411
Grand Pré (NS) und **Caraquet** (NB): Geschichte und Kultur der Akadier. S. 412 und S. 457
L'Anse aux Meadows (NL): Reste einer Wikingersiedlung, der einzigen in Nordamerika. S. 512
Red Bay (NL): historische baskische Walfängerstation, früher die größte der Welt. S. 520

Wintersport

Obwohl es fast **300 Skigebiete** in Kanada gibt, besuchen ausländische Wintersportler nur drei Zentren: das Rocky Mountains, das Landesinnere von British Columbia und das südliche Québec.

Die **Saison** dauert von Mitte Dezember bis Ende Mai. Beste Zeit ist der März mit dem tiefsten Schnee, längeren und wärmeren Tagen und guten Chancen, eine Unterkunft zu finden. Das ist während der Weihnachtswoche, in den Februarferien und über Ostern oft sehr schwierig.

Wenngleich der Schnee nicht so gut ist wie in den Rockies und das Wetter oft bitterkalt, bietet auch Ostkanada Skigebiete von Weltrang, insbesondere in Québec, wo französisch beeinflusste Kultur und Küche zusätzliche Reize schaffen.

Mont-Tremblant (S. 286), das populärste Skigebiet von Québec, liegt 120 km westlich von Montréal und seine einzige Konkurrenz sind die Wintersportzentren um Québec-Stadt: **Mont-Sainte-Anne** (S. 331), **Stoneham** (S. 326) und

Le Massif (S. 326). Im Februar lohnt der zweiwöchige Karneval von Québec-Stadt schon allein eine Reise. Ansonsten gilt der Winter eher als Nebensaison mit günstigen Zimmerpreisen.

Reiserouten

Routenvorschläge

Jede der folgenden Routen ist mit dem Auto leicht in ein bis drei Wochen zu schaffen.

Ontario
Große Ontario-Rundfahrt
■ 10–14 Tage
Die große Ontario-Rundfahrt startet in **Toronto** (S. 89). Nach ein paar Tagen Sightseeing geht es

---

Tanzende Göttin

Die Inuit hielten es für Geister ihrer Vorfahren. Die Goldsucher glaubten, es handele sich um Dämpfe, die von Erzadern abgegeben würden: das **Nordlicht** (*Aurora borealis*).
Dieses Lichtspektakel, benannt nach der römischen Göttin der Morgenröte, ist in weiten Teilen Nordkanadas zu sehen. Wie choreografiert tanzen Farbbögen und Schleier über den Nachthimmel. Sie erscheinen teils als grünes oder rotes Leuchten, teils als fantastischer, das gesamte Spektrum abdeckender Farbteppich.
Lange Zeit glaubten Wissenschaftler, *Aurora borealis* sei entweder auf das Sonnenlicht zurückzuführen, das vom arktischen Schnee und Eis reflektiert wird, oder auf sich brechende Lichtstrahlen nach Art eines Regenbogens. Heute weiß man, dass es sich um Strahlung handelt, die von Atomen in der oberen Atmosphäre als Licht abgegeben wird, wenn sie von heranrasenden Elektronen und Protonen getroffen werden. In **Labrador** (S. 516) ist das Nordlicht durchschnittlich in 243 Nächten pro Jahr zu sehen. Am spektakulärsten ist es von Dezember bis März, wenn die Nacht am längsten und der Himmel am dunkelsten ist. Im Hochsommer sind die Nächte extrem kurz.

---

zunächst zu den **Niagarafällen** (S. 139). Von hier aus führen mehrere Routen – am schnellsten sind QEW und Hwy 401 – an **St. Jacobs** (S. 152), **Kitchener** (S. 152) und **London** (S. 155) vorbei zum **Point Pelee National Park** (S. 161). Vom südlichsten Punkt Kanadas geht es dann über **Dresden** (S. 162) auf den Highways 21 und 6 am Lake Huron entlang nach **Tobermory** (S. 168) und von dort aus mit der Autofähre nach **Manitoulin Island** (S. 171). Zurück auf dem Festland, mündet dort Highway 6 in den Transcanada Highway. Der Südarm der berühmten Fernstraße führt über **Sault Ste Marie** (S. 225) am wilden Nordufer des Lake Superior entlang bis nach **Thunder Bay** (S. 231). Zurück nach Toronto geht es auf dem Nordarm des Transcanada Highway, der in Nipigon abzweigt und durch Hearst und **Cochrane** (S. 220) nach **North Bay** (S. 218) führt. Höhepunkte der letzten Etappe sind der **Algonquin Provincial Park** (S. 186) und **Sainte-Marie among the Hurons** (S. 177) bei Midland auf halbem Weg zurück nach Toronto.

Von Toronto nach Montréal
■ eine Woche
Diese Tour durch das historische Upper Canada folgt von **Toronto** (S. 89) aus zunächst dem alten Highway 2 durch die historischen Loyalistenstädtchen am Lake Ontario nach **Kingston** (S. 190). Später begleitet der Highway 2 den St.-Lorenz-Strom und eröffnet dabei herrliche Blicke auf die Inselwelt der **Thousand Islands** (S. 198). Hinter **Prescott** (S. 199) bieten verschiedene Straßen einen Abstecher in die nahe Landeshauptstadt **Ottawa** (S. 200). Alternativ kann man auch von Kingston die schöne Strecke am **Rideau-Kanal** (S. 197) entlang nach Ottawa fahren. Von der Hauptstadt bis nach **Montréal** (S. 239) in der Provinz Québec sind es schließlich nur noch etwas mehr als zwei Autostunden.

Québec
St.-Lorenz-Strom: Nordufer
■ 10–14 Tage
Diese Rundfahrt beginnt in **Montréal** (S. 239) und führt am Nordufer des St.-Lorenz-Stroms entlang zunächst nach **Trois-Rivières** (S. 292). Auf der Autoroute 55 (später: Rte 155) geht es von hier aus durch die Laurentinischen Berge zum

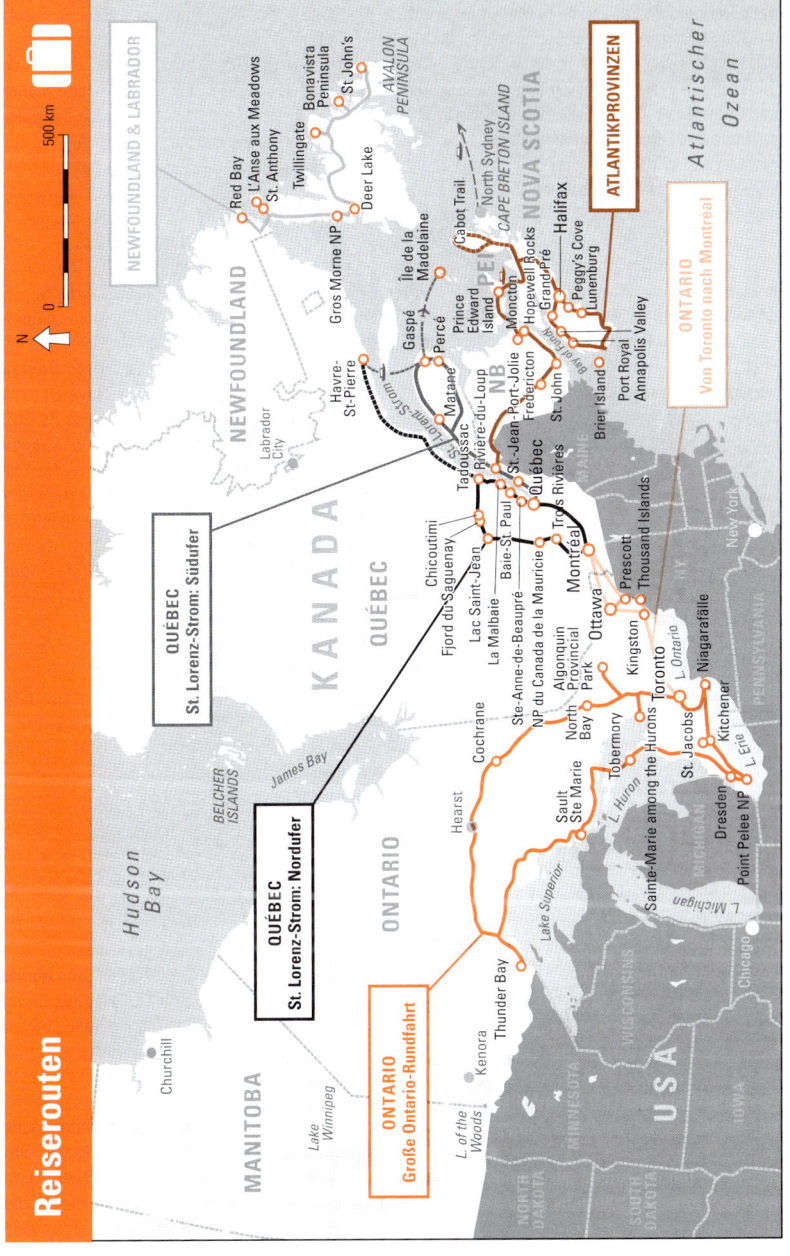

Reiseziele und Routen

Parc National du Canada de la Mauricie (S. 294) mit seiner für den Kanadischen Schild typischen Wildnis. Nördlichster Punkt dieser Route durch die endlose Wald- und Seenlandschaft ist der Lac Saint-Jean (S. 368). Von Chicoutimi (S. 366) am Ende des Fjord du Saguenay (S. 362) aus folgt man der Rte 172 am Nordufer des Fjords entlang in die Walhauptstadt Tadoussac (S. 359). Hier hat man die Wahl: Entweder weiter bis nach Havre-St-Pierre (S. 376) am Rand der Provinz oder zurück nach Montréal. In letzterem Fall sollte man in La Malbaie (S. 357) die alte Küstenstraße 362 der schnelleren 138 vorziehen. Baie-Saint-Paul (S. 354), die inoffizielle Hauptstadt des Charlevoix, und Ste-Anne-de-Beaupré (S. 330) sind die interessantesten Stopps auf dem Weg nach Québec-Stadt (S. 299). Von Québec-Stadt nach Montréal sind es nur noch zwei Autostunden.

St.-Lorenz-Strom: Südufer

■ 7–10 Tage

Von Montréal (S. 239) aus geht es auf der Autoroute 20 zunächst nach Québec-Stadt (S. 299). Für die Erkundung der Südküste gibt es zwei Möglichkeiten: die schnellere, aber ereignislose Autoroute 20 und die alte Küstenstraße 132. St-Jean-Port-Jolie (S. 333) und Rivière-du-Loup (S. 336) sind die interessanten Stopps dieses Abschnitts. In Rivière-du-Loup biegt die Rte 185 landeinwärts nach New Brunswick ab (s. „Atlantikprovinzen"). Matane (S. 340) gilt als Tor zur Gaspé-Halbinsel (S. 335): Die Hafenstadt ist Start und Ziel einer 800 km langen Rundfahrt, auf der die Rte 132 die zerklüftete Küste der Halbinsel begleitet. Östlichster Punkt dieser „Tour de la Gaspésie" ist Percé (S. 345). In Gaspé (S. 344) gibt es Flüge zu den Îles-de-la-Madeleine (S. 350). Wer später nicht dieselbe Strecke nach Montréal zurückfahren möchte, kann mit der Fähre über den St. Lorenz übersetzen und die Route entlang dem Nordufer nehmen.

Atlantikprovinzen

■ 7–10 Tage

Start dieser Tour ist in Rivière-du-Loup, Québec (S. 336). Auf der Rte 185, einem Teilstück des Trans-Canada Highway, geht's zunächst am Saint John River entlang nach Fredericton (S. 429). Von hier aus führt die Rte 7 nach Saint John (S. 442).

Die schönsten Abschnitte der Bay of Fundy (S. 448) – St. Martins, Fundy National Park – erschließen die Rte 111 und Rte 114. Hinter den Hopewell Rocks (S. 451) strebt die Straße Moncton (S. 452) entgegen. Hier bietet sich die Gelegenheit zu einem Abstecher zur kleinsten Provinz Prince Edward Island (S. 457): hin auf der Confederation Bridge, zurück aufs Festland mit der Autofähre Wood Islands–Caribou (Nova Scotia). Von dort bis nach Cape Breton Island (S. 417) sind es nur noch zwei Autostunden. Der berühmte Cabot Trail (S. 419) wird am besten im Uhrzeigersinn befahren. In North Sydney legen die Fähren nach Newfoundland ab. Zurück auf dem Festland lohnt sich die kurvenreiche Rte 7 nach Halifax (S. 385). Südlich der Hauptstadt Nova Scotias verbindet die Hwy 103, die „Lighthouse Route", die schönsten Orte der Provinz, darunter Peggy's Cove (S. 397) und Lunenburg (S. 399). Hinter Yarmouth geht der Hwy 103 in den 101 über. An der Straße, die nun an der Bay of Fundy entlangführt, liegen einige der Topattraktionen Nova Scotias: Brier Island (S. 407), Port-Royal (S. 411), das Annapolis Valley (S. 408) und Grand-Pré (S. 412).

Newfoundland & Labrador

■ 10–12 Tage

Start und Ziel der Newfoundland-&-Labrador-Rundfahrt ist St. John's (S. 478). Von hier aus lassen sich alle Orte der Avalon Peninsula (S. 490) bequem in Tagestouren erkunden. In St. John´s bricht der Trans-Canada Highway im Übrigen zu seiner Reise quer durch den Kontinent auf. Von ihm zweigen Straßen zu den sehenswerten Orten der Nordküste ab: so Rte 230 auf die Bonavista Peninsula (S. 498) und Rte 340 nach Twillingate (S. 503). In Deer Lake (S. 505) zweigt Rte 430 ab, auch als „Viking Trail" bekannt, und strebt später geradewegs durch den Gros Morne National Park (S. 506) nach St. Anthony (S. 511) am Nordende der Northern Peninsula. Unweit der Stadt liegen in L'Anse aux Meadows (S. 512) die spärlichen Überreste der ersten belegten europäischen Siedlung in Amerika. In St. Barbe, kurz vor St. Anthony, setzt die Autofähre nach Blanc-Sablon (Québec) über. Von dort aus führt die geteerte Rte 510 die Südküste Labradors entlang bis nach Red Bay (S. 520), einst der größte Walfängerhafen der Welt.

Klima und Reisezeiten

Bedingt durch die Größe gibt es in Kanada unterschiedliche Klimata. Generell sind in Küstennähe oder um die Great Lakes die Winter milder und die Sommer kühler als in den übrigen Landesteilen.

Im **Juli und August** kann man im ganzen Land mit hohen Temperaturen rechnen, selbst im hohen Norden. In diesen Monaten kommen auch die meisten Besucher. Von **November bis März** herrschen fast überall Minusgrade. Immerhin sind die Wintertage meist klar und trocken, und die großen Städte bieten genügend Möglichkeiten, der Kälte zu entkommen.

In den **Provinzen des äußersten Ostens** lassen sich vier Jahreszeiten unterscheiden: ein frostiger, schneereicher Winter, der kurze, milde Frühling, der warme Sommer (in den nördlicheren Gebieten und im Landesinneren kürzer und

kühler) und der lange, frische Herbst. Sommer ist Hochsaison in den Ferienorten, aber auch Ende September und Oktober werden besonders in New Brunswick viele Besucher von der herbstlichen Laubfärbung angelockt. Die Küsten können ganzjährig nebelverhangen sein.

Auch in **Ontario** und **Québec** sorgt der Wechsel der Jahreszeiten für ausgeprägte Gegensätze. Die Winter im südlichen Ontario sind kalt, feucht und grau, in Québec etwas trockener, dafür aber kälter. Der gemäßigte Frühling dauert von April bis Juni. Die Sommer können heiß sein, oft auch unangenehm schwül. Die Städter flüchten dann in die Ferien und machen den Touristen Platz. Der lange Herbst ist vielleicht die beste Zeit für einen Besuch, die Temperaturen sind dann moderat, und die Hauptreisezeit ist vorbei.

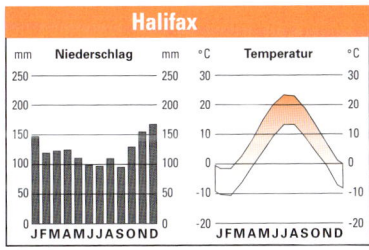

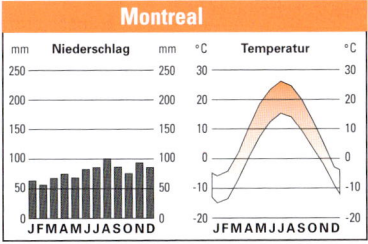

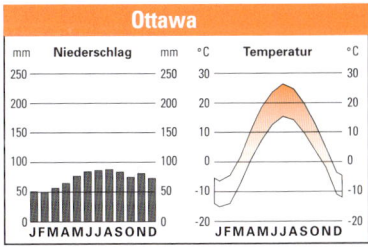

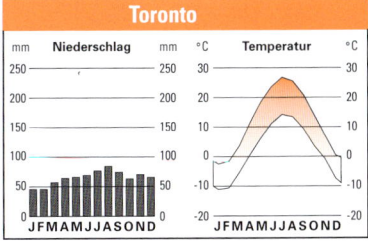

Reisekosten

Für Westeuropäer ist Kanada ein **relativ preiswertes Reiseland**, in dem die Grundversorgung für die meisten Touristen – von Landkarten über Essen bis Kleidung – günstiger als im Heimatland ist. Die Ausnahme sind entlegenere Regionen wie Labrador und der hohe Norden, wo alles deutlich teurer ist. Unterkünfte können sehr kostspielig sein, aber es gibt genügend günstige Alternativen, nicht zuletzt auf dem wachsenden Hostel- und B&B-Markt.

Tagesbudget

Wer bereit ist, sich mittags selbst zu versorgen, in Hostels zu übernachten und nur die günstigsten Restaurants und Bars aufzusuchen, kann mit $60 am Tag auskommen; bei Unterkunft in einem guten B&B, Verköstigung an den meisten Abenden in einem mittelteuren Restaurant und regelmäßigen Barbesuchen ist mit mindestens $150 pro Tag zu rechnen, wobei die Kosten für das Zimmer den Löwenanteil schlucken werden; mit $240 pro Tag können fast alle Wünsche erfüllt werden, es sei denn, man möchte in den besten Hotels wohnen und jeden Abend groß ausgehen.

Steuern

In Kanada werden alle Preise, ob Kaugummi oder Hotelzimmer, netto angegeben. Der ausgewiesene Preis spiegelt also nicht den Betrag wider, der am Ende tatsächlich zu zahlen ist. Auf die meisten Waren und Dienstleistungen, auch auf Hotel- und Restaurantrechnungen, wird eine **Provincial Sales Tax** (PST) erhoben. Sie kann je nach Provinz bis zu 10 % betragen. Hinzu kommt noch die **Goods and Services Tax** (GST), eine landesweit erhobene Steuer von 5 %. In New Brunswick, Nova Scotia und Newfoundland & Labrador hat man die beiden Steuern zur sogenannten **Harmonized Sales Tax** (HST) mit einem Satz von 13 % verschmolzen.

Anders als früher ist eine **Erstattung** der Steuer für ausländische Besucher nur im Rahmen einer gebuchten Pauschalreise inkl. Übernachtung möglich. Unter ⌨ www.cra-arc.gc.ca gibt es, genügend Muße für so viel Lesestoff vorausgesetzt, ausführliche Infos dazu.

Trinkgeld

Wo auch immer man zum Essen oder Trinken einkehrt, der Service wird stets flink und freundlich sein – dank der Tradition des Trinkgeldes. Kellner und Barpersonal beziehen einen Großteil ihres Einkommens über das Trinkgeld, und man sollte zum Rechnungsbetrag grundsätzlich mindestens 15 % addieren, es sei denn, der Service war wirklich grottig. Wer gar kein Trinkgeld gibt, steht als Rüpel und Geizkragen da. Bei Bezahlung mit der Kreditkarte kann der Betrag auf dem Zahlungsbeleg eingetragen werden.

Was kostet wie viel?	
Kaffee, Cola	**$1,50–3**
Bier	**$5–7**
Frühstück	**$5–15**
Hauptgericht	**ab $12**
Eintritt für Nationalparks	**$7,80–9,80**
Ticket für ein Eishockeyspiel	**ab $50**
Hotel-/Motelzimmer	**$75–110**
Camping/Schlafsaalbett	**ab $25**
1 Liter Benzin	**$1**
Mietwagen pro Woche	**$300–450**

Traveltipps von A bis Z

Anreise

Neben Air Canada, 🖳 www.aircanada.ca, flie-gen alle gängigen Fluggesellschaften von Europa nach Kanada, darunter Lufthansa, Air France, KLM, Austrian Airlines, British Airways, Swiss und die US-amerikanischen Fluglinien. Außerdem werden verschiedene Ziele von Charterfluggesellschaften wie Air Transat oder Condor angeflogen.

Die wichtigsten **Zielflughäfen** im Osten sind Montréal, Toronto und Halifax. Ein reguläres Ticket kostet in der Wochenmitte im Hochsommer nach Toronto oder Montréal zwischen 850 € und 1000 €. Es kann günstiger sein, **Anschlussflüge** vor der Abreise zu buchen, da es bestimmte Angebote nur außerhalb Kanadas gibt. Eine erwägenswerte Variante ist ein **Gabelflug**, der oftmals auch bei Sondertarifen ohne Aufpreis gebucht werden kann. Auch Flugunterbrechungen (Stopovers) sind mit einigen Tickets ohne Mehrkosten möglich, sowohl in Kanada als auch – z. B. mit amerikanischen Fluggesellschaften – in New York.

Flüge online buchen

Die Zahl der Fluganbieter im Netz ist kaum noch zu überschauen. In Tests gut abgeschnitten haben folgende Buchungsmaschinen und Vergleichsportale:

🖳 www.airline-direct.de
🖳 www.ebookers.de
🖳 www.expedia.de
🖳 www.flyloco.de
🖳 www.kayak.com
🖳 www.mobissimo.com
🖳 www.opodo.de
🖳 www.skyscanner.de
🖳 www.swoodoo.com/de
🖳 www.travelchannel.de
🖳 www.weg.de

Fluggesellschaften

Häufig gibt es auch auf den Seiten der Fluglinien selbst günstige Angebote, die bequem und schnell gebucht werden können.

Air Canada, 🖳 www.aircanada.de
Air France, 🖳 www.airfrance.de
Air Transat, 🖳 www.airtransat.de
Austrian Airlines, 🖳 www.austrian.com
British Airways, 🖳 www.britishairways.de
Condor, 🖳 www.condor.de
KLM, 🖳 www.klm.de
Lufthansa, 🖳 www.lufthansa.de
Swiss, 🖳 www.swiss.com
United Airlines, 🖳 www.unitedairlines.de

Botschaften und Konsulate

Kanadische Botschaften im Ausland

Deutschland
Leipziger Platz 17, 10117 Berlin,
📞 030/20312-0, 🖳 www.canada.de

Österreich
Laurenzerberg 2, 1010 Wien,
📞 01/53138-3000, ✆ 53138-3321,
🖳 www.canadainternational.gc.ca/austria-autriche

Schweiz
Kirchenfeldstrasse 88, 3005 Bern,
📞 031/3573200, ✆ 3573210,
🖳 www.canadainternational.gc.ca/switzerland-suisse

Ausländische Vertretungen in Kanada

Deutschland
Deutsche Botschaft
1 Waverley St, Ottawa, Ontario K2P 0T8,
📞 613/232-1101, ✆ 594-9330,
🖳 www.ottawa.diplo.de
Generalkonsulate
Montréal: 1250 Blvd René-Levesque Ouest, Suite 4315, 📞 514/931-2431, ✆ 931-7239,
🖳 www.montreal.diplo.de

Der Klimawandel ist vielleicht das dringlichste Thema, mit dem wir uns in Zukunft befassen müssen. Wer reist, erzeugt auch CO_2: Der Flugverkehr trägt mit einem Anteil von bis zu 10 % zur globalen Erwärmung bei. Wir sehen das Reisen dennoch als Bereicherung: Es verbindet Menschen und Kulturen und kann einen wichtigen Beitrag für die wirtschaftliche Entwicklung eines Landes leisten. Reisen bringt aber auch eine Verantwortung mit sich. Dazu gehört darüber nachzudenken, wie oft wir fliegen und was wir tun können, um die Umweltschäden auszugleichen, die wir mit unseren Reisen verursachen.

Wir können insgesamt weniger reisen – oder weniger fliegen und länger bleiben, den Zug nehmen (wenn es einen gibt), Nachtflüge mei-den (da sie mehr Schaden verursachen). Und wir können einen Beitrag an ein Ausgleichsprogramm wie 🖥 www.atmosfair.de leisten. Dabei ermittelt ein Emissionsrechner, wie viel CO_2 der Flug produziert und was es kostet, eine vergleichbare Menge Klimagase einzusparen. Mit dem Betrag werden Projekte in Entwicklungsländern unterstützt, die den Ausstoß von Klimagasen verringern helfen.

nachdenken • klimabewusst reisen

Toronto: 2 Bloor Street East, 25th Floor,
📞 416/925-2813, 📠 925-2818,
🖥 www.toronto.diplo.de

Österreich
Österreichische Botschaft
445 Wilbrod St, Ottawa, Ontario K1N 6M7,
📞 613/789-1444, 📠 789-3431,
🖥 www.austro.org
Honorargeneralkonsulate
Halifax: 1718 Argyle St, Suite 410,
📞 902/429-8200, 📠 425-0581
Montréal: 1350 Rue Sherbrooke Ouest,
Suite 1110, 📞 514/845-8661, 📠 845-9397
Toronto: 30 St. Clair Ave W, Suite 607,
📞 416/967-4867, 📠 967-4101

Schweiz
Schweizer Botschaft
5 Marlborough Ave, Ottawa,
Ontario K1N 8E6,
📞 613/235-1837, 📠 563-1394,
🖥 www.eda.admin.ch/canada
Generalkonsulate
Montréal: 1572 Ave Dr Penfield,
📞 514/932-7181, 📠 932-9028
Toronto: 154 University Ave,
📞 416/593-5371, 📠 593-5083

Essen und Trinken

Kanadas enorme Vielzahl an Restaurants, Bars, Cafés und Fastfood-Läden ist beeindruckend. Auf den ersten Blick unterscheidet sich das Standardangebot in den Großstädten allerdings kaum von dem in den USA: Shoppping Malls, Hauptstraßen und Highways sind gesäumt von panamerikanischen Restaurantketten, die sich mit Super-Sonderangeboten gegen die Konkurrenz zu behaupten versuchen.

Es ist aber nicht schwierig, der Einheitsküche zu entkommen: In den Metropolen gibt es unzählige internationale und Spezialitätenrestaurants, an der Küste bereichern Fisch und Meeresfrüchte die Speisekarte, und selbst auf dem Land – einst die Domäne gammeliger Diners – steht eine gute Auswahl an hervorragenden familienbetriebenen Lokalen zur Verfügung. **Rauchen** ist inzwischen in fast allen Restaurants, Bars und Cafés verboten.

Frühstück

Das Frühstück wird in ganz Kanada sehr ernst genommen und ist mit Preisen von $5–15 oft die günstigste und dabei sättigendste Mahlzeit des

Tages. Serviert wird es bis etwa 11 Uhr, und ob man sich in ein Café, einen Coffeeshop oder die Snack Bar des Hotels begibt, die Frühstückskarte sieht überall ähnlich aus: Eier in allen Varianten mit Schinken oder Bacon. Bratkartoffeln *(hash browns* oder *home fries)* gehören immer dazu. Beliebt sind auch Muffins oder, in der vornehmeren Variante, *bran muffins,* eine Art klebriger, süßer Früchtekuchen mit Kleie, sowie **Waffeln** und **Pancakes** mit reichlich Butter und Ahornsirup. Und da die Übergänge zum Mittagessen fließend sind, wird man häufig auch herzhafte **Sandwiches** im Angebot finden.

In den Coffeeshops der Metropolen wird eine ganze Bandbreite an **Kaffeespezialitäten** serviert. Dazu gibt es Kaffeesahne oder *half-and-half* (halb Sahne, halb Milch). Wer ihn mit fettarmer Milche (*skimmed milk*) möchte, muss dies extra ansagen. **Tee** mit Milch oder Zitrone wird ebenfalls zum Frühstück getrunken.

Mittagessen

In den Großstädten haben viele Restaurants zwischen ca. 11.30 Uhr und 14.30 Uhr sehr preiswerte **Mittagsmenüs** im Angebot. In chinesischen und vietnamesischen Lokalen gibt es häufig Reis- und Nudelgerichte oder Buffets für $8–12, und viele **Japaner** bieten die Möglichkeit, für weniger als $20 Sushi zu essen. **Pizza** ist ebenfalls weit verbreitet, das Angebot reicht von großen Ketten über Familienbetriebe bis zu Imbissständen. Bei Büroangestellten zur Mittagspause besonders beliebt sind **Café-Restaurants** mit Vollwert- und Vegetarierkost, wobei die meisten eher undogmatisch auch Fleischgerichte und Sandwiches servieren und eine hervorragende Auswahl an Angeboten unter $10 bieten.

Abendessen

In größeren Städten hat man die **Qual der Wahl** – je nach Geschmack und Budget. Abseits davon sind es häufig familiengeführte **Restaurants**, **Cafés** oder **Bistros**, die für das leibliche Wohl

sorgen. Sie mögen günstiger sein, aber das Essen ist qualitativ häufig ebenso gut wie in der Stadt. Auch manche **Kneipen** und **Bars** servieren akzeptables Essen, das vielleicht nicht sonderlich einfallsreich daherkommt (Chicken Wings, Burgervarianten oder Fish & Chips), dafür aber garantiert sättigt. Metropolen wie Montréal und Toronto sind für die Vielfalt ihrer **internationalen Restaurants** bekannt – fast nichts, was es hier nicht gäbe.

Die meisten Restaurants **öffnen** ihre Türen für das Abendessen irgendwann zwischen 17 und 19 Uhr und bieten Küche bis 22 oder 23 Uhr, manchmal auch länger. Die **Preise** für ein Hauptgericht liegen bei $12–40, in Edelrestaurants um einiges höher. Für ein Abendessen zu zweit inkl. Wein zahlt man durchschnittlich $60–80.

Regionale Küche

Die kanadische Küche basiert überwiegend auf Wild und Fisch. Gemüse und Salate spielen eher eine Nebenrolle. Allerdings hat die kanadische Küche angesichts der beliebteren europäischen und internationalen Restaurants zunehmend an Bedeutung verloren. Preislich liegt ein gutes Essen für zwei Personen ohne Wein im Durchschnitt zwischen $30 und $50.

Newfoundland und Labrador

Grundnahrungsmittel in **Newfoundland** war traditionell der Kabeljau, gewöhnlich in Form von Fish & Chips, angesichts der schrumpfenden Bestände wird sein Genuss jedoch mehr und mehr zum Luxus. Häufiger wird heutzutage Lachs, Heilbutt und Seehecht aufgetischt, ergänzt durch Exotischeres wie Kabeljauzungen (Bäckchen), *jiggs dinner* (gepökeltes Rindfleisch und Gemüse), *fish and brewis* (Stockfisch mit hartem Brot, aufgeweicht durch Schweinefett und Melasse) und Seehundflossenpastete. Die Restaurants der Insel haben selten Elch oder Seehund auf der Karte (Jäger dürfen nur gekochtes Elchfleisch an Restaurants verkaufen, was es diesen praktisch unmöglich macht, wirklich frisch zu servieren), aber viele Inselbewohner nehmen an der alljährlichen genehmigten Jagd teil, und wer die Bekanntschaft eines Jägers macht, könnte sich unversehens vor einem Teller Elch- oder Seehundfleisch wiederfinden. Weit häufiger wird Karibufleisch aus **Labrador** angeboten, häufig als Burger. Einheimische Beeren wie Moltebeere, Loganbeere oder Preiselbeere werden zu Konfitüren, in Desserts und in Saucen verarbeitet.

Atlantikprovinzen

Die Atlantikprovinzen sind bekannt für besten Hummer, leckere Austern, Venusmuscheln, Jakobsmuscheln und Heringe, entweder als eigenständiges Gericht oder als Zutat in einer Fisch- oder Muschelsuppe. Unschlagbar sind die sogenannten *lobster suppers,* vor allem auf **Prince Edward Island**, wo man Berge von Seafood für $25–30 aufgetischt bekommt.

Nova Scotia ist berühmt für seine Blaubeeren, *Annapolis Valley apple pie, fat archies* (Melassekekse auf Cape Breton Island) und *rappie pie,* ein akadisches Gericht aus Fisch oder Fleisch mit Kartoffeln. Spezialitäten in **New Brunswick** sind *fiddleheads* (Farnsprossen) und *dulse* (Algen).

Québec

Herausragende französische Küche ist einer der Vorzüge Québecs, wobei Schweinefleisch ganz oben auf der Liste steht, sowohl als pikante Pâté *(creton)* als auch in Form der *tourtière,* einer mit Hackfleisch gefüllten Pastete. Äußerst schmackhaft sind die Erbsen- und Kohlsuppen, *cipâte* (Rindfleischpastete) und natürlich der Ahornsirup, der vielfache Verwendung findet – *trempette* ist mit Sirup getränktes Brot, das obendrein mit Sahne serviert wird. Für den kleinen Hunger gibt es Sandwiches mit Räucherfleisch (am besten schmecken sie in Montréal), Bagels und *poutine,* Pommes frites mit geschmolzenem Käse und einer dunklen Sauce.

Ontario

Typisch für Ontario ist Fisch, wenn auch durch die Verschmutzung der Great Lakes der Fischfang drastisch zurückgegangen ist. Versuchen sollte man Weißfisch, Riesensaibling *(lake trout),* Hecht *(pike)* und Stint *(smelt),* die allesamt eher im Norden der Provinz aufgetischt werden.

Trinken

Kanadische Bars bestehen hauptsächlich aus einem lang gestreckten, spärlich beleuchteten Tresen mit ein paar Gästen, die auf Barhockern kleben oder an Tischen und in Sitznischen lümmeln. Ungeachtet dieser immer gleichen Aufteilung gibt es große Unterschiede, von den männerdominierten, raubeinigen Bierkaschemmen in den städtischen Arbeitervierteln und den Bergbau- und Erdölregionen im Norden bis zu den gestylten Cocktailbars der Metropolen, die auch Essen und Live-Unterhaltung bieten.

Laut Gesetz liegt das Mindestalter für Alkoholkonsum in Québec bei 18, in den übrigen östlichen Provinzen bei 19 Jahren. Dass man tatsächlich einen Ausweis vorzeigen muss, kommt jedoch höchst selten vor, außer in den staatlichen *liquor stores* (So geschlossen), die praktisch ein Monopol auf den Verkauf von alkoholischen Getränken besitzen. Einzige Ausnahme ist Québec, wo Bier und Wein auch im Lebensmittelhandel zu kaufen sind.

Bier und Wein

Das kanadische Bier ist nicht gerade berauschend. Es dient eher zum Durstlöschen denn als Gaumenfreude. Getrunken wird es eiskalt, wobei überwiegend leichte, kohlensäurehaltige Sorten angeboten werden. Die drei größten kanadischen Brauereien, **Molson**, **Sleeman** und **Labatts**, stellen unter verschiedenen Namen bemerkenswert ähnliche Biere her. In den 90er-Jahren kamen diese Unternehmen auf die glorreiche Idee, sogenanntes **Eisbier** herzustellen: Durch Absenken der Biertemperatur auf knapp unter den Gefrierpunkt von Wasser und anschließendes Abstreichen der daraus resultierenden Eisschicht entsteht ein Gebräu mit höherem Alkoholgehalt.

Etwas bessere Biere kommen von **Great Western Brewing**, einer der größten regionalen Brauereien des Landes in Saskatoon, Saskatchewan, während das intensiv beworbene **Moosehead** in Saint John, New Brunswick, gebraut wird. Ein erfreulicher Trend ist die Zunahme an kleineren, sogenannten *microbreweries,* deren Erzeugnisse entweder in einem angeschlossenen Brauereipub angeboten werden oder in regionalen Restaurants, Bars und Kneipen ausgeschenkt werden. Sie sind jedoch überwiegend auf die größeren Städte beschränkt.

Kanadische Weine genießen einen zunehmend besseren Ruf, besonders jene aus der Region um Niagara-on-the-Lake in Ontario und dem Okanagan Valley in British Columbia. **Importierte Weine** aus einer Reihe von Ländern sind weitverbreitet zu bekommen und dabei nicht zu teuer.

Feste und Feiertage

Feste und Veranstaltungen

Jede Provinz steuert ihren Teil an Festen zum Kalender bei, ob in Form von Paraden und Umzügen, Gedenktagen, Feiern historischer Ereignisse und Theater- und Filmfestivals. Im Folgenden sind die wichtigsten Feste und Veranstaltungen Ost-Kanadas aufgelistet. Informationen zu den einzelnen Anlässen wie auch genauere Termine sind im Regionalteil dieses Reiseführers angegeben. Die Tourist Offices der Provinzen (s. S. 43) vergeben kostenlose Veranstaltungskalender für die Region.

Februar

Winterlude, Ottawa, ON. Winterliche Aktivitäten wie Eisskulpturen bauen, Schneeschuhrennen, Eisbootfahren und Schlittschuhlaufen für alle auf dem zugefrorenen Kanal.

Winter Carnival, Québec-Stadt, QC, 🖳 www.carnaval.qc.ca. Zweiwöchiges Fest mit Wintersport-Wettkämpfen, Eisskulptur-Wettbewerben und Umzügen, in dessen Rahmen auch der kanadische Skimarathon zwischen Lachute und Gatineau stattfindet.

Montréal Highlights Festival, Montréal, QC, 🖳 www.montrealenlumiere.com. Mit einer Vielzahl von Veranstaltungen und kulinarischen Genüssen wird hier ähnlich wie in Québec-Stadt versucht, das Schönste aus der kalten Jahreszeit zu machen.

April

Shaw Festival, Niagara-on-the-Lake, ON, 🖳 www.shawfest.com. Viel beachtetes Theaterfestival rund um George Bernard Shaw und seine Zeitgenossen. Aufführungen von April bis Ende Oktober.

Mai

Apple Blossom Festival, Annapolis Valley, NS, 🖳 www.appleblossom.com. Kleinstadt- und Dorffeste in den Ortschaften der Apfelregion Annapolis Valley.

Stratford Festival, Stratford, ON, 🖳 www.stratfordfestival.ca. Stratford ist bekannt für sein herausragendes Shakespeare Festival, das von Mai bis November dauert.

Canadian Tulip Festival, Ottawa, ON, 🖳 www.tulipfestival.ca. Eine über die gesamte Stadt verteilte Farborgie aus drei Millionen Tulpen.

Juni

Pride Week, Toronto, ON, 🖳 www.pridetoronto.com. Die schwule Kultur wird in gigantischen Paraden und auf großen Straßenfesten zelebriert und zieht dazu jedes Jahr bis zu eine Million Besucher an.

Great Atlantic Blues Festival, Halifax, NS, 🖳 www.atlanticbluesfest.com. Musikfestival in größerem Rahmen mit den besten Bluesbands aus den USA und von der kanadischen Atlantikküste.

Metro International Caravan, Toronto, ON. Neuntägiges Multikulti-Fest mit etwa 50 über die Stadt verteilten Pavillons.

Festival International de Jazz de Montréal, Montréal, QC, 🖳 www.montrealjazzfest.com. Das größte Jazzfestival der Welt dauert zehn Tage, bietet mehr als 500 Konzerte und Top-Acts der Jazzszene. Die Mehrzahl der Open Air-Konzerte ist kostenlos, allerdings kann es bei über zwei Millionen Besuchern eng werden.

Juli

Canada Day, Ottawa, ON, und landesweit. Der Nationalfeiertag am 1. Juli wird überall im Land mit Feuerwerk, Paraden und anderen Spektakeln begangen.

Pow-wows, 🖥 www.powwows.com. Traditionelle Feste der kanadischen Ureinwohner in den Reservaten des Landes im Juli und August.

Loyalist City Festival, Saint John, NB. Die englandtreue Vergangenheit der Stadt wird mit Umzügen in historischen Kostümen gefeiert.

Antigonish Highland Games, Antigonish, NS, 🖥 www.antigonishhighlandgames.ca. Traditionelle schottische Sportarten und Aktivitäten zur Erinnerung an die ersten Siedler der Region.

Atlantic Jazz Festival, Halifax, NS, 🖥 jazzeast.com. Hochkarätiges Musikfestival mit Jazzgrößen aus aller Welt.

Caribana Festival, Toronto, ON, 🖥 www.caribanafestival.com. Karibischer Karneval in großem Stil und sechs Wochen lang mit Musik, Tanz und einem prächtigen Umzug.

Festival d'Été, Québec City, QC, 🖥 www.infofestival.com. Performances, Livemusik und andere Darbietungen in den Straßen und Parks von Québec.

Glengarry Highland Games, Maxville, ON, 🖥 www.glengarryhighlandgames.com. Ganz im Osten Ontarios finden, meist am letzten Wochenende im Juli, die nordamerikanischen Meisterschaften im Dudelsackblasen statt, begleitet von Highland-Tänzen, gälischen Sportwettkämpfen und ausgelassener Stimmung.

Juste Pour Rire / Just for Laughs, Montréal, QC, und Toronto, ON, 🖥 www.hahaha.com. Das witzigste Festival Kanadas. Spaßmacher aus der ganzen Welt bringen bei diesem international beachteten Comedyfest das Publikum in Theatern und auf Freilichtbühnen zum Lachen.

August

Montréal Pride, Montréal, QC, 🖥 www.fiertemontrealpride.com. Québecs Ausgabe der Gay Pride, ebenfalls mit einem großen Umzug und Straßenfesten.

Straßenfeste und große Paraden gehören zum kanadischen Sommer wie Ahornsirup zu Pancakes.

Festival Acadien, Caraquet, NB, ⌨ www.festival
acadien.ca. Lässt die akadische Kultur im Nordosten New Brunwicks hochleben.
Miramichi Folk Song Festival, Newcastle, NB,
⌨ www.miramichifolksongfestival.com. Das
renommierteste Folkfestival der Provinz mit den
besten Musikern der Region.

September

Toronto International Film Festival, Toronto, ON,
⌨ www.tiff.net. Zehntägiges Filmfestival von in-
ternationalem Rang mit jeder Menge Hollywood-
Stars.

Oktober

Oktoberfest, Kitchener-Waterloo, ON, ⌨ www.
oktoberfest.ca. Alkohol und kulturelle Veranstaltungen zu Ehren der Wurzeln dieser Schwester-
städte.
Black and Blue, Montréal, QC, ⌨ www.bbcm.
org. Großes Kunst- und Kulturfestival der
Schwulen.

Dezember

New Year Eve, in ganz Kanada, jedoch am beeindruckendsten und stilvollsten in St. John's,
Newfoundland, wo alles aus den Pubs ans Ufer
strömt, um eine rauschende Mitternachtsparty
steigen zu lassen.

Feiertage

Nationale Feiertage

Neujahr (1. Januar)
Karfreitag
Ostersonntag
Ostermontag (wird vielerorts begangen, ist aber
kein offizieller Feiertag)
Victoria Day (dritter Montag im Mai)
Canada Day (1. Juli)
Labour Day (erster Montag im September)
Thanksgiving (zweiter Montag im Oktober)
Remembrance Day (11. November) (nur zum Teil
ein Feiertag; Behörden und Banken sind
geschlossen, die meisten Geschäfte haben
jedoch geöffnet)
Christmas Day (25. Dezember)
Boxing Day (26. Dezember)

Regionale Feiertage

New Brunswick: New Brunswick Day (erster
Montag im August)
Newfoundland und Labrador: St. Patrick's Day
(17. März); St. George's Day (dritter Montag im
April); Discovery Day (dritter Montag im Juni);
Memorial Day (erster Montag im Juli); Orange-
man's Day (dritter Montag im Juli)
Nova Scotia und Ontario: Civic Holiday (erster
Montag im August)
Québec: Dreikönigsfest (6. Januar); Aschermitt-
woch; Christi Himmelfahrt (40 Tage nach Ostern);
La Saint-Jean-Baptiste (24. Juni); Allerheiligen
(1. November); Maria Empfängnis (8. Dezember)

Geld

Währung

Landeswährung ist der kanadische Dollar ($). Ein
Dollar ist in 100 Cents (¢) unterteilt. Im Umlauf
sind Münzen im Wert von 1¢ (Penny), 5¢ (Nickel),
10¢ (Dime), 25¢ (Quarter), $1 und $2. Die 1-Dollar-
Münze wird auch „Loonie" genannt (nach dem
darauf gezeigten *common loon*, dem Eistaucher),
die 2-Dollar-Münze „Twoonie". Scheine gibt's im
Wert von $5, $10, $20, $50 und $100.

Banken

Die Kernöffnungszeiten der Banken sind Mo–Fr
von 10–15 Uhr, etliche haben außerdem mindestens einmal pro Woche bis 18 Uhr geöffnet,
manche auch samstagvormittags.

Reisekasse

Reiseschecks

Obwohl altmodisch sind Reiseschecks (Travel-
lers Cheques) noch immer am sichersten. Sie
sind gegen eine geringe Provision bei jeder
Bank erhältlich. Reiseschecks in Dollar, Euro
oder Schweizer Franken von AMEXCO (American Express) oder Visa werden in Kanada von
jeder Bank eingelöst.

Wechselkurse

1 €	= 1,28 Kan$	1 Kan$	= 0,78 €
1sFr	= 0,91 Kan$	1 Kan$	= 1,10 sFr
1 US$	= 1,01 Kan$	1 Kan$	= 0,98 US$

Aktuelle Wechselkurse unter ⬚ www.xe.com

Bei Verlust oder Diebstahl werden sie im nächsten Vertragsbüro ersetzt. Wichtig ist, dass für den Nachweis die Kaufabrechnung an einer anderen Stelle aufbewahrt wird als die Schecks. Auch eine Aufstellung aller bereits eingelösten Schecks ist unerlässlich.

Bank- und Kreditkarten

Besitzt man eine **Bank**- oder **Sparkassenkarte** mit Maestro- oder Cirrus-Symbol plus Geheimzahl (PIN), kann man damit an vielen Geldautomaten mit dem entsprechenden Symbol Bargeld abheben. Standorte findet man unter ⬚ www.maestrokarte.de. Die Gebühren können je nach Bank variieren.

Kreditkarten sind das übliche Zahlungsmittel in Hotels, Restaurants und Geschäften mit Ausnahme einiger kleinerer Läden, die keine Karten akzeptieren. Wer ein Auto mieten will, muss normalerweise eine Kreditkarte als Sicherheit vorlegen; auch beim Einchecken im Hotel wird darum gebeten. Bezahlen kann man später trotzdem auch in bar.

Es ist ratsam, eine bestimmte Summe als Guthaben auf dem Kreditkartenkonto zu deponieren, denn sobald der vorgegebene Kreditrahmen überzogen ist, wird die Karte gesperrt. Auf vielen Kreditkartenkonten werden sogar Zinsen gezahlt, die gar nicht unattraktiv sind. Hier lohnt es auf jeden Fall, sich vorher zu informieren. Verlust oder Diebstahl sind sofort zu melden, damit die Karte gesperrt werden kann. Bei Mietwagen oder Flügen, die mit der Karte bezahlt werden, ist in der Regel automatisch eine Unfallversicherung inklusive.

Infos und Notrufnummern

Zentraler Sperrnotruf, ✆ 49/116116 oder 01149/30-40504050
American Express, ✆ 49-69/9797-2000,
⬚ www.americanexpress.com/germany

Visa, ✆ 1-800/847-2911, ⬚ www.visa.de
MasterCard, ✆ 1-800/307-7309,
⬚ www.mastercard.com

Überweisungen

Sich von zu Hause Geld schicken zu lassen, ist nicht billig. Der schnellste Weg führt über **Western Union**, ⬚ www.westernunion.de, in Kanada ✆ 1-800/235-0000, in Deutschland ✆ 0180/181-8123, mit Agenturen in ganz Kanada und mit der Möglichkeit, das Geld online zu überweisen, oder **MoneyGram**; Adressen unter ⬚ www.moneygram.com.

Gesundheit

Die **medizinische Versorgung** in Kanada ist ausgezeichnet, jedoch gibt es keine kostenlose Behandlung für Ausländer, und Arztkosten können horrende Summen verschlingen. Eine **Reisekrankenversicherung** (s. S. 60) ist daher unbedingt anzuraten. In Notfällen ist die Versorgung allerdings gewährleistet und wird im Nachhinein abgerechnet.

Wer Medikamente einnehmen muss, sollte ein Rezept mitbringen, zum einen als Nachweis bei der Einreise, zum anderen zur Vorlage bei kanadischen Ärzten, falls Nachschub benötigt wird. In den Städten gibt es zumeist eine rund um die Uhr geöffnete **Apotheke** oder eine mit Nachtdienst. Weitere allgemeine Informationen zur medizinischen Versorgung im Land sowie eine landesweite Liste von **reisemedizinischen Zentren** (travel clinics) gibt es auf der Website des kanadischen Gesundheitsministeriums, ⬚ www.phac-aspc.gc.ca.

Größere Risiken für die Gesundheit gibt es in Kanada nicht, doch wer in der Wildnis unterwegs ist, sollte ein paar Punkte beachten. **Leitungswasser** kann in der Regel bedenkenlos getrunken werden, mit Ausnahme einiger Campingplätze. Wer auf Wasser aus Flüssen und Bächen angewiesen ist, sollte dieses mindestens zehn Minuten lang kochen, um eventuelle Darmparasiten (Giardia lamblia) abzutöten. In warmem Wasser fühlen sich diese besonders wohl, daher ist bei heißen Quellen gleichermaßen Vorsicht angebracht: Wer hier eintaucht, sollte Nase, Augen und Mund möglichst über Wasser halten. Die Symptome der von Parasiten ausgelösten **Giardasis** oder **Lambliasis** (auch „beaver fever" genannt) können erst Wochen nach der Infektion auftreten: Bauchkrämpfe, Blähungen, Müdigkeit, Gewichtsverlust und Erbrechen. Bei ausbleibender Behandlung verschlimmert sich das Krankheitsbild.

Kriebelmücken und Moskitos sind bei Wanderern und Campern gefürchtet und vermehrt in der Nähe von stehenden Gewässern und im nördlichen Kanada anzutreffen. Ende April bis Juni ist Kriebelmückenzeit. Moskitos treiben von Juni bis Oktober ihr Unwesen. Wer ausgedehnte Trips in die Wildnis plant, ist gut beraten, vor Abreise zwei Wochen lang die dreifache Menge der empfohlenen Tagesdosis an Vitamin-B-Komplex einzunehmen und während des Aufenthalts in Kanada die Einnahme mit der empfohlenen Tagesdosis fortzusetzen. Damit lässt sich das Risiko, gestochen zu werden, um bis zu 75 % minimieren. Vor Ort helfen DEET-haltige Mückenschutzmittel. Unbedingt zu meiden sind Gebiete, die als „blackfly mating ground" ausgewiesen

Reisemedizinische Infos

Auswärtiges Amt
🖥 www.auswaertiges-amt.de
Centrum für Reisemedizin
🖥 www.crm.de
International Society for Travel Medicine
🖥 www.istm.org
Listet Kliniken, die auf Reisemedizin spezialisiert sind.
Dt. Ges. für Reise- und Touristik-Medizin
🖥 www.drtm-online.de
Die Reisemedizin
🖥 www.die-reisemedizin.de (die Länderinfos sind unter dem Eintrag „News" versteckt)

sind. Obwohl sehr selten, kann der Stich einer Kriebelmücke im Liebesrausch tödlich sein. Lebensgefährlich kann auch das von Moskitos übertragene Westnil-Virus werden. Das Westnil-Fieber ist inzwischen bis in die Region Alberta vorgedrungen und hat seit 1999 fast 50 Todesfälle gefordert; auf Informationen vor Ort achten.

Ein großflächiger Ausschlag in Verbindung mit erkältungsähnlichen Symptomen kann auf die von Zecken übertragene **Lyme-Krankheit** hinweisen. Die Behandlung ist unproblematisch. Wird allerdings nichts unternommen, kann es zu ernsthaften Komplikationen kommen. In Kanada ist die Krankheit auf dem Vormarsch, besonders in den südlicheren und bewaldeten Gebieten. Die örtlichen Touristeninformationen können Auskunft erteilen. Beim Wandern ist es angebracht, ein Zeckenschutzmittel aufzutragen und Arme und Beine bedeckt zu halten.

In Wildnisgebieten sollte man sich vor dem **Giftsumach** *(poison ivy)* hüten, der in allen Regionen, vor allem aber in einem Gürtel quer über das südliche Ontario und Québec vorkommt. Wer in diesen Gebieten wandern will, kann sich in den Tourist Offices informieren, wie der Giftsumach zu erkennen ist und welche Vorsichtsmaßnahmen zu treffen sind. Bei Hautkontakt mit dem Pflanzensaft kommt es zu juckendem Ausschlag mit Blasenbildung, der bis zu zehn Tage anhalten kann. Als Sofortmaßnahme sollte man so bald wie möglich Haut und Kleidung waschen, sich mit Galmei-Lotion einreiben und möglichst nicht kratzen. In schweren Fällen können die Notaufnahmen der Krankenhäuser ein Antihistaminikum oder Adrenalin-Injektionen verabreichen.

Informationen

Jede kanadische Provinz betreibt eine eigene Tourismus-**Website**, die zusammen mit der Internetpräsenz von **Parks Canada** (für die Nationalparks und die historischen Denkmäler) und der allgemeinen Reise-Website von **Travel Canada**, 🖥 www.travelcanada.ca, die hilfreichsten Informationsquellen vor Abreise sind. Jede Provinz und jedes Territory bietet darüber hinaus ein **Infotelefon** an, das vom nordamerikanischen Festland gebührenfrei angerufen werden kann.

In Kanada selbst gibt es entlang der wichtigeren Highways, vor allem an den Provinzgrenzen, **Fremdenverkehrsbüros der Provinzen und Territories**, daneben unterhalten alle National- und viele der Provinzparks **Informationsbüros**, in denen Angellizenzen und *backcountry permits* erhältlich sind und die bei Fragen zu Wanderungen, Kanutouren, Tierbeobachtungen etc. weiterhelfen können, und jede Stadt und jeder größere Ort hat eine **Touristeninformation**.

Fremdenverkehrsbüros der Provinzen

New Brunswick, ✆ 1-800/561-0123, 🖳 www.tourismnewbrunswick.ca
Newfoundland und Labrador, ✆ 1-800/563-6353, 🖳 www.newfoundlandandlabradortourism.com
Nova Scotia, ✆ 1-800/565-0000 gebührenfrei in Nordamerika, sonst ✆ 902/425-5781, 🖳 www.novascotia.com
Ontario, ✆ 1-800/668-2746, 🖳 www.ontariotravel.net.
Prince Edward Island, ✆ 1-800/463-4734 gebührenfrei in Nordamerika, sonst ✆ 902/368-4444, 🖳 www.tourismpei.com
Québec, ✆ 1-877/266-5687 gebührenfrei in Nordamerika, sonst ✆ 514/873-2015, 🖳 www.bonjourquebec.com

Websites

Assembly of First Nations, 🖳 www.afn.ca, Lobby der kanadischen Ureinwohner, jede Menge aktuelle Informationen.
Canadian Ice Hockey, 🖳 www.hockeycanada.ca, die offizielle Seite des Dachverbands für die nationale Obsession.
The Globe and Mail, 🖳 www.theglobeandmail.com, *die* kanadische Zeitung online.
Kanada-Tipps und -Links, 🖳 www.kanada-tipps.de, wie der Name

schon sagt: etliche Tipps und Links zu Kanada – ob Urlaub, Arbeiten oder Auswandern.
National Atlas of Canada Online, 🖳 www.atlas.nrcan.gc.ca, Landkarten, Zahlen und jede Menge Infos zur Geografie Kanadas.
National Library of Canada, 🖳 www.collectionscanada.gc.ca, Informationen über alles Kanadische, nach Themen geordnet, darunter Kunst, Literatur und Geschichte.
Parks Canada, 🖳 www.pc.gc.ca. Exzellente Seite mit ausführlichen Informationen über sämtliche Nationalparks und historischen Denkmäler Kanadas.

Landkarten

Die **kostenlosen Landkarten** der Provincial Tourist Offices sind zum Autofahren und für die Routenplanung bestens geeignet, da sie zudem über Fährverbindungen informieren. Die besten Karten sind ansonsten die von **Rand McNally**, 🖳 www.randmcnally.com, und **MapArt**, 🖳 www.mapart.com.

Internet und E-Mail

Internetzugang gehört in vielen kanadischen Hotels, Hostels und selbst in B&Bs zum Standardservice. In den Städten gibt es außerdem zahllose **Internetcafés**. Kostenlos ins Netz kommt man in jeder größeren Bibliothek.

Auf der Webseite 🖳 www.wi-fihotspotlist.com/browse/ca findet man eine nützliche, nach Provinzen aufgeteilte Liste kostenloser **WLAN-Hotspots** in ganz Kanada.

Maße und Elektrizität

In Kanada gilt das metrische System, auch wenn viele Kanadier noch immer das britische System verwenden. Entfernungen werden in Kilometern,

Temperaturen in Grad Celsius angegeben und Lebensmittel, Benzin und Getränke werden in Gramm, Kilogramm oder Litern verkauft.

Elektrizität

In Kanada sind wie in den USA und im Unterschied zu europäischen Ländern 110 V Wechselstrom (60 Hz) gebräuchlich. Rasierapparate oder Haartrockner sollten daher umschaltbar sein. Die meisten Handys, Laptops, MP3-Player sind für Netzspannungen von 220/240V und 110V eingerichtet. Für die zweipoligen kanadischen Steckdosen ist ein Adapter erforderlich.

Medien

Ungeachtet des starken und alles durchdringenden Einflusses der US-Medien, demonstrieren die kanadische Presse, die lokalen Radiosender und, wenn auch nicht ganz so stark, die nationalen Fernsehsender ein hohes Maß an Unabhängigkeit von ihrem Nachbarn und behaupten sich als nicht ganz so laute, aber sehr eigenständige Stimme.

Zeitungen

Die einzigen nationalen **Tageszeitungen** Kanadas sind die *National Post* und der ausgezeichnete *Globe and Mail,* dessen Berichterstattung über nationale Politik und aktuelle Themen konkurrenzlos ist. Jede größere Stadt hat daneben mindestens eine Tageszeitung, wobei der Anspruch in der Regel recht hoch ist – ein typisches Beispiel wäre der *Toronto Star.* In Québec ist das eher der Boulevardpresse zuzuordnende *Journal de Montréal* das meistverkaufte französischsprachige Blatt in Nordamerika. Konkurrenten sind die geistvollere *La Presse* und die intellektuell ambitionierte (und separatistische) *Le Devoir.*

In den meisten größeren Städten Kanadas gibt es zudem wöchentlich erscheinende, kostenlose **Veranstaltungskalender**, die häufig mit Nachrichten angereichert sind und einen alternativeren Ton pflegen. Das konservative

Maclean's und das französischsprachige *L'actualité Canada* sind die größten wöchentlich erscheinenden Nachrichtenmagazine. Intellektueller ist *The Walrus,* das kanadische Pendant zum *The New Yorker.*

Fernsehen und Radio

Die Canadian Broadcasting Corporation (CBC) ist die größte nationale und regionale Fernsehanstalt. Der größte Privatsender ist die Canadian Television Corporation (CTV) mit einer Mischung aus regionalen, kanadischen und US-amerikanischen Sendungen. Dank Kabel und Satellit ist daneben US-amerikanisches Fernsehen fast überall in Kanada zu empfangen.

Die überwiegende Zahl der kanadischen **Radiosender** hält sich an ein kommerzielles Standardformat. Die meisten beweisen nur wenig Originalität, können aber gute Informationsquellen für Veranstaltungen, Verkehr und das Wetter sein. Die staatlich subventionierten CBC-Kanäle wiederum bieten durchaus hörbare und informative Sendungen. Eine Fahrt durch ländliches Gebiet kann, was das Radio angeht, frustrierend sein, da oft über Hunderte von Kilometern nur ein oder zwei öde Sender zu empfangen sind, wenn überhaupt.

Nationalparks und Outdoor-Aktivitäten

Kanadas Berge, Seen, Flüsse und Wälder bieten schier unerschöpfliche Möglichkeiten, in der Natur aktiv zu werden. Das folgende Kapitel beschränkt sich auf Wandern, Skilaufen, Angeln und Kanufahren – vier der beliebtesten Aktivitäten – und gibt allgemeine Informationen zu den Nationalparks, die eingerichtet wurden, um die schönsten Naturlandschaften Kanadas zu bewahren und gleichzeitig zugänglich zu machen.

Auf weitere beliebte Aktivitäten wie Walbeobachtungen, Reiten und Raften wird in den Regionalkapiteln eingegangen. Vor Ort gibt es in den meisten Regionen Ausrüstungsläden und

Tourveranstalter, die weiterhelfen können; daneben verfügen die örtlichen Tourist Offices über detaillierte Informationen.

Nationalparks

Kanadas 42 Nationalparks werden durch Parks Canada, 🖥 www.pc.gc.ca, und Mitarbeiter in den jeweiligen **Park Information Centres** verwaltet. Hier gibt es die **Permits**, die zum Angeln oder Zelten im Hinterland erforderlich sind, sowie Informationen und Anschauungsmaterial zu Flora, Fauna und möglichen Aktivitäten. Häufig werden Vorträge oder von Naturkundlern geführte Wanderungen angeboten, zudem können Schneebericht, Wettervorhersage und eventuelle Sichtungen von Bären erfragt werden. Der Behörde unterstellt sind außerdem 166 **National Historic Sites** –historisch bedeutsame Stätten und Denkmäler, die über das ganze Land verteilt sind.

In jeder Provinz gibt es daneben etliche **Provinzparks**, die mitunter keinen Eintritt kosten, häufiger wird jedoch eine Gebühr von rund $5 für einen dreitägigen Besuch verlangt, und für Angel- und Jagdlizenzen sowie fürs Zelten muss extra bezahlt werden.

Permits

Jeder Besucher eines kanadischen Nationalparks oder einer National Historic Site benötigt ein **Park Permit**, und zwar unabhängig vom Transportmittel. Dieses Permit bzw. die Eintrittskarte gibt es in aller Regel an der Zufahrtsstraße in den Park an der Parkgrenze zu kaufen. Die Kosten liegen bei etwa $7,80–9,80 pro Tag, wobei für Kinder und Senioren Ermäßigungen gewährt werden.

Stehen mehrere Nationalparks und Historic Sites auf dem Programm, kann sich der Kauf einer **Jahreskarte** lohnen. Erwachsene zahlen für 27 Parks $67,70, ergänzt um 78 Historic Sites – die Karte heißt dann Discovery Package – zahlt man $77,25; Familien- und Gruppenkarten für bis zu 7 Personen in einem Fahrzeug kosten rund das Doppelte.

Für das **Angeln** (s. S. 47) und **Zelten im Hinterland** (s. S. 45) in den Nationalparks sind zusätzliche Permits erforderlich; beide gibt es meist in den Park Information Centres.

Wandern

Kanada bietet Wanderern großartige Möglichkeiten, und je nach Kondition und Ehrgeiz ist in nahezu jedem Landesteil für jeden Geschmack eine Route zu finden. Alle National- und viele Provinzparks haben gut markierte und in Schuss gehaltene Wanderwege, und die Park Centres oder örtlichen Tourist Offices bieten adäquate **Wanderkarten**. Für Ausflüge ins Hinterland empfiehlt sich das entsprechende Blatt im Maßstab 1:50 000 der Canadian Topographical Series.

Für die wichtigsten Wandergebiete wird im entsprechenden Kapitel dieses Buches ein kur-

Bären, Pumas und Schlangen

Die kanadische Wildnis birgt weit weniger Risiken als eine ganz normale Großstadt, dennoch sollte die Gefahr, die von **Bären** ausgeht, nicht unterschätzt werden. Viele Wanderer machen sich in Bärengegenden mit einer Trillerpfeife bemerkbar. Steht man doch einmal einem gegenüber, sollte man keinesfalls wegrennen, laute Geräusche oder plötzliche Bewegungen machen, da das Tier sonst wahrscheinlich angreift.

Pumas stellen in Kanada ein etwas geringeres Risiko dar. Die beste Strategie ist, anders als bei der Begegnung mit einem Bären, den Puma abzuwehren und zu verscheuchen (in der Regel meiden die Tiere Menschengruppen aber ohnehin).

In einigen Teilen Kanadas muss man auf **Schlangen** aufpassen (im Georgian Bay Islands National Park z. B. gibt es Klapperschlangen), doch ist die Zahl insgesamt gering, und nur selten endet ein Biss tödlich. Stiefel sind ein guter Schutz, und wer doch einmal eine Schlange aufscheucht, sollte möglichst zurückweichen, damit der Schlange Raum für den Rückzug bleibt. Selbst giftigste Bisse können erfolgreich behandelt werden, wenn sofort medizinische Hilfe gesucht wird (📞 911 anrufen oder Parkmitarbeiter informieren).

Realistisch betrachtet werden wohl Moskitos, Fliegen und Kriebelmücken die größten Nervtöter sein.

Allein Ontario lässt mit seinen rund 250 000 Seen jedes Paddlerherz höher schlagen.

zer Überblick über die besten Routen gegeben. Die Parkmitarbeiter können weitere Tipps geben, für die beliebten Gegenden gibt es ausführliche Wanderführer zu kaufen.

Bei allem, was über einen Spaziergang hinausgeht, sollte man sich ausreichend über die Gegebenheiten zu informieren und für die notwendige Ausrüstung sorgen. In niedrigeren Lagen gibt es nur selten Probleme, in Wassernähe können einen allerdings **Moskitos** in den Wahnsinn treiben: DEET-haltige Mückenschutzmittel helfen hier recht zuverlässig. Weitere Hinweise im Kapitel „Gesundheit", s. S. 41.

Wanderregionen

Wer im Osten etwas Vergleichbares zu den eindrucksvollen Gebirgslandschaften der Rockies im Westen sucht, sollte sich zum **Parc National Forillon** (S. 342), **Parc National de la Mauricie** (S. 294) oder **Gatineau Park** (S. 211) begeben. In Ontario stellen der **Lake Superior Provincial Park** (S. 228) und der **Algonquin Park** (S. 186) die größten Herausforderungen an Wanderer. Der **Fundy National Park** (S. 449) in New Brunswick bietet Pfade entlang der Atlantikküste, während sich die Wandermöglichkeiten in Newfoundland auf die beiden Nationalparks der Provinz konzentrieren: **Terra Nova** (S. 502) an der Ostküste und **Gros Morne National Park** (S. 506) mit seinen Hochebenen und Fjorden an der Westküste.

Fernwanderwege

In Regionen mit einem gut ausgebauten Wegenetz können sich erfahrene Wanderer ihre eigenen Langstrecken erarbeiten, indem sie mehrere längere Pfade kombinieren. Offizielle Fernwanderwege sind eher selten, doch kommen jährlich neue hinzu. Zu den längsten zählen der **Rideau Trail**), der über 386 km auf Pfaden und Nebenstraßen Kingston und Ottawa verbindet, der 690 km lange **Bruce Trail** von Queenston am Niagara River bis nach Tobermory auf der Bruce Peninsula und der **Voyageur Trail** entlang der Nordufer des Lake Superior und des Lake Huron, die längste und am wenigsten eingeebnete Strecke der Provinz. Auch die Atlantikprovinzen tragen ihr Scherflein bei: auf Prince Edward Island führt der **Confederation Trail** (S. 459) durch die ländliche Idylle, während der **Fundy Trail** (S. 448)

in New Brunswick und vor allem der **East Coast Trail** (S. 490) in Newfoundland schroffere Landschaften durchqueren.

Skifahren

Wo sich gut wandern lässt, gibt es in Kanada meist auch Gelegenheit zum Skilaufen. Die besten Skigebiete in Kanadas Osten liegen in Québec, aber auch in den anderen Provinzen gibt es ein paar kleinere Skigebiete mit guten Pisten. Von den meisten Städten ist es außerdem nicht weit zu exzellenten Langlaufrouten.

Pauschalangebote für Skiurlaub sind über viele Reisebüros schon zu Hause buchbar, doch lässt sich ein solches Vorhaben auch problemlos selbst organisieren. Wichtig ist eine frühzeitige Reservierung, wenn man einen der bekannteren Orte ansteuert. Die **Kosten** für Verpflegung, Unterkunft und **Liftpässe** sind im Vergleich zu den USA und Europa relativ niedrig: Liftkarten kosten $50–75 pro Tag (je nachdem wie gut und beliebt das Skigebiet ist), wenn Ausrüstung benötigt wird, kommen noch ca. $30 Miete pro Tag dazu.

Angeln

Kanada ist ein wahres Anglerparadies. Die meisten der überreichlich vorhandenen Seen, Flüsse und Küstengewässer bieten traumhafte Bedingungen, wobei jede Region ihre Besonderheiten hat. In vielen Städten findet sich ein Laden für Anglerbedarf, und in den meisten Anglerzielen bestehen Möglichkeiten, Boote zu mieten oder zu chartern. Die meisten Provinzen geben Broschüren heraus, die darüber informieren, was sich so alles in den Gewässern der Region tummelt. Beim Angeln gilt es eine Reihe von provinzeigenen **Regeln** zu beachten. Auf den ersten Blick mögen diese verwirrend erscheinen, reduzieren sich aber letztlich auf die Erfordernis eines **Angelscheins** für Besucher *(non-resident permit)* für Süßwasser oder Salzwasser. Erhältlich sind diese in Anglerläden oder Sportgeschäften vor Ort und kosten ab $60 für ein Jahr, zunehmend können sie auch online erworben werden (auf den Websites der Provinzregierungen

– meist mit Stichworteingabe „fishing license"
zu finden). In einigen Provinzen gibt es auch
Scheine für kürzere Zeiträume. Ein Angelschein
in **Ontario** setzt sich aus einer Outdoors Card für
$9 plus Angelschein für $68 (gültig für ein Jahr)
zusammen – Tageslizenzen kosten $18,25; Infor-
mationen unter ✆ 1-800/387-7011. Für **Nationalparks** ist eine zusätzliche Sondererlaubnis nötig,
die im jeweiligen Parkbüro zu bekommen ist. Sie
kostet rund $35 für ein Jahr oder $10 für einen
Tag. Auch gelten für einige Arten Fangquoten
oder zu bestimmten Zeiten ein Fangverbot. Infos
darüber können beim Kauf des Scheins erfragt
werden.

Kanufahren

Die Möglichkeiten zum Kanufahren werden
einzig durch die Grenzen des eigenen Könnens
eingeschränkt – einige Schnellen und Portagen
der schwierigeren Routen sind nur etwas für
versierte Kanuten.

Die besten Gebiete liegen in **Ontario** mit seinen schätzungsweise 250 000 Seen und 35 000 km
an Wasserwegen, wovon 25 000 als Kanurouten
ausgewiesen sind. Beliebt sind der Algonquin,
Killarney und Quetico Provinzpark. Die mit Abstand meistbefahrene Strecke ist der 190 km
lange, leicht zu bewältigende Rideau Canal zwischen Kingston und Ottawa. Weitere Regionen,
in denen Kanuten ihre Fähigkeiten erproben können, liegen in Labrador und werden im Regionalteil dieses Buches ausführlich beschrieben.

Die Provincial Tourist Offices haben Ver-
zeichnisse von Ausrüstern (s. S. 43), die neben
Equipment auch Zubringerdienste per Boot oder
Flugzeug anbieten und alles Notwendige für
längere Trips arrangieren. Die Kosten liegen bei
$150–250 für eine Woche Kanumiete.

Post

Canada Post, 🖳 www.canadapost.ca, unterhält
in jedem kanadischen Ort nennenswerter Größe
ein Postamt, das in der Regel Mo–Fr 8.30–17.30,
vereinzelt auch Sa 9–12 Uhr geöffnet hat. Noch
zahlreicher sind die **Serviceschalter** von Canada
Post, die es in größeren Geschäften, besonders in
Drugstores gibt. Oft haben die Schalter auch längeren Öffnungszeiten. Wo sich die nächste Post-
filiale befindet, kann unter ✆ 1-800/267-1177 oder
der Website von Canada Post abgefragt werden.

Briefmarken gibt es in den Postämtern, an
Automaten, in größeren Hotels, an Flughäfen,
Bahnhöfen und in vielen Geschäften und an
Zeitungskiosken. Das **Porto** für Briefe und Post-
karten bis 30 g kostet innerhalb Kanadas derzeit
57¢, nach Europa $1,70.

Reisende mit Behinderungen

Für Reisende mit Behinderungen ist Kanada,
zumindest was die Städte betrifft, eines der
am besten ausgestatteten Reiseländer. Alle öffentlichen Gebäude müssen für Rollstuhlfahrer
zugänglich sein und über entsprechende Toiletten verfügen, fast alle Straßenecken haben
abgeflachte Bordsteinkanten, und öffentliche
Telefone sind auf die Träger von Hörgeräten eingerichtet. Nur im öffentlichen Nahverkehr werden Rollstuhlfahrer hin und wieder auf Schwierigkeiten stoßen, doch die Situation verbessert
sich zusehends. Mit ungleich größeren Problemen ist in der Wildnis zu rechnen, obwohl fast
alle Nationalparks über rollstuhlgerechte Besucherzentren verfügen und viele zudem spezielle
Erkundungspfade eingerichtet haben.

VIA Rail ist auf Reisende mit Behinderungen
gut eingestellt, und die größeren **Mietwagenfirmen** (s. S. 54) stellen per Hand zu bedienende
Fahrzeuge ohne Aufpreis zur Verfügung, allerdings nur in der teuersten Kategorie. Buchungen
sollten so früh wie möglich erfolgen. Um einen
Behindertenparkausweis *(parking privilege permit)* zu bekommen, muss ein spezielles Antrags-
formular ausgefüllt werden. Die hierfür zuständige Stelle ist in jeder Provinz eine andere, doch
sind die Ausweise in ganz Kanada gültig. Die
besten Informationen über behindertengerechte
Hotels, Motels und Sehenswürdigkeiten haben
die Provincial Tourist Offices (s. S. 43).

Sicherheit

Kanada zählt zu den sichersten Ländern der Welt, wenngleich es auch hier ein paar Brennpunkte der Kriminalität gibt, die sich aber auf die Peripherie der beiden größten Städte der Region, Toronto und Montréal, beschränken. Nur wenige Kanadier besitzen Waffen, Überfälle sind selten, und selbst in den Städten gibt es kaum Straßenkriminalität.

Die kanadischen Behörden sind dafür bekannt, dass sie beim Thema **Drogen** hart durchgreifen, besonders gegenüber Ausländern. Wer auch nur mit geringen Mengen erwischt wird, muss mit empfindlichen Strafen rechnen. Ebenso unerbittlich werden Verkehrsverstöße geahndet.

Sport

Die Kanadier sind ein sportbesessenes Volk – so sehr, dass man sich gleich zwei Nationalsportarten gönnt: **Eishockey** im Winter und **Lacrosse** im Sommer, wobei Ersterem die wahre Leidenschaft gilt. In der Liste von CBC der „Größten Kanadier" rangierten 2004 zwei ehemalige Hockeyspieler unter den Top-Ten: Don Cherry (bekannt auch als aufbrausender Sportkommentator) und Wayne Gretzky („The Great One"), der als bester Spieler aller Zeiten gilt und in Kanada einen gottgleichen Status genießt. Als Zuschauer bekommt man bei einem Hockeyspiel auch recht interessante Einblicke in die Psyche einer Stadt und ihrer Einwohner.

Canadian Football

Die Profiliga des kanadischen Football, die **Canadian Football League**, ⌨ www.cfl.ca, steht weitgehend im Schatten der US-amerikanischen National Football League. Dies liegt vor allem daran, dass junge kanadische Talente in Richtung Süden abwandern, wo mehr Geld zu verdienen ist, während ausgediente Spieler der NFL nach Norden gehen, um die Lücken zu schließen. Die feinen Unterschiede zwischen

---

Kanadas Profiteams

Details zu den wichtigsten Teams sind in den Regionalkapiteln zu finden. Infos gibt es auch auf den Websites:

Canadian Football – CFL
BC Lions, ✆ 604/589-ROAR,
⌨ www.bclions.com
Calgary Stampeders, ✆ 403/289-0258,
⌨ www.stampeders.com
Edmonton Eskimos, ✆ 403/448-1525,
⌨ www.esks.com
Hamilton Tiger Cats, ✆ 905/547-2287,
⌨ www.ticats.ca
Montréal Alouettes, ✆ 514/871-2255,
⌨ www.montrealalouettes.com
Saskatchewan Roughriders, ✆ 306/569-2323,
⌨ www.riderville.com
Toronto Argonauts, ✆ 416/341-2700,
⌨ www.argonauts.ca
Winnipeg Blue Bombers, ✆ 204/784-2583,
⌨ www.bluebombers.com

Eishockey – NHL
Calgary Flames, ✆ 403/777-2177,
⌨ www.calgaryflames.com
Edmonton Oilers, ✆ 780/414-4000,
⌨ www.edmontonoilers.com
Montréal Canadiens, ✆ 514/790-1245,
⌨ www.canadiens.com
Ottawa Senators, ✆ 613/599-0250,
⌨ www.ottawasenators.com
Toronto Maple Leafs, ✆ 416/815-5500,
⌨ mapleleafs.nhl.com
Vancouver Canucks, ✆ 604/899-4600,
⌨ www.canucks.com

Basketball – NBA
Toronto Raptors, ✆ 416/366-DUNK,
⌨ www.nba.com/raptors

Baseball – MLB
Toronto Blue Jays, ✆ 416/341-1000,
⌨ www.bluejays.ca

---

dem Canadian und American Football (das kanadische Spielfeld ist länger und breiter und der Ball ist größer) machen die kanadische Variante schneller, punktreicher und insgesamt etwas spannender.

Die Spielsaison dauert von Juni bis November, wobei die Teams jede Woche zu einem Spiel antreten. Nach der Playoff-Runde am Ende der Saison findet das Endspiel um den heiß umkämpften Grey Cup statt. Eintrittskarten sind problemlos zu bekommen, Preise beginnen bei etwa $37.

Eishockey

Spieler jagen übers Eis und katapultieren den Puck mit über 160 km/h übers Feld – ein hoher Adrenalinpegel ist bei diesem Sport auch schon ohne die dazugehörigen Schlägereien unter den Spielern garantiert.

Die **National Hockey League**, ⌨ www.nhl.com, setzt sich aus 30 Mannschaften zusammen, darunter nur sechs aus Kanada (aber mehr als die Hälfte der Spieler aller Teams sind Kanadier). Im Laufe der von Oktober bis Mai dauernden **Spielsaison** tritt jedes Team zu über 80 Spielen an. **Eintrittskarten** für reguläre Spiele gibt es ab $50, für die Play-Offs kosten sie $200 und mehr, und sollten fast ausnahmslos im Voraus gekauft werden. Erfolgreichstes kanadisches Team sind die Montréal Canadiens mit 24 gewonnenen Stanley Cups, dem Eishockeypokal, zuletzt in der Saison 1992–93. Aber egal wer im Endspiel steht, wenn ein Stanley-Cup-Match ansteht, nimmt man sich besser nichts Größeres vor, denn praktisch ganz Kanada steht still und verfolgt gebannt die Spiele.

Baseball

Die **Toronto Blue Jays** spielen als einzige kanadische Mannschaft im Major League Baseball, ⌨ www.mlb.com, der nordamerikanischen Profiliga. Ein Spiel live mitzuverfolgen ist selbst für diejenigen ein Erlebnis, die die Regeln nicht

Geht auch auf die gemütliche Tour: Kanadas Sportart Nr. 1, Eishockey

durchschauen. Bei Burgern, Bier und Popcorn kommt unter freiem Himmel ein fröhliches Publikum aller Altersklassen zusammen. Die Saison dauert von April bis September. In dieser Zeit gibt es mehr als 80 Heimspiele; die Play-Off-Runde erstreckt sich bis in den Oktober. Karten für die Blue Jays sind nicht leicht zu ergattern, unterhaltsam sind aber auch Begegnungen in den unteren Ligen, in denen jede größere Stadt mit einer Mannschaft vertreten ist.

Basketball

Zwar war es der Kanadier Dr. James A. Naismith, der Basketball 1891 in Springfield, Massachusetts, erfand, doch das Interesse war in Kanada angesichts fehlender Topmannschaften und Landesligen schon immer recht gering. Mit den **Toronto Raptors** ist immerhin eine kanadische Mannschaft in der US-Profiliga, der National Basketball Association, 🖳 www.nba.com, vertreten. Und das nicht einmal so schlecht: 2007 und 2008 schaffte es die Mannschaft in die Play-Offs, der große Erfolg einer Meisterschaft ist ihr bis jetzt allerdings noch nicht vergönnt gewesen. Die Saison dauert von November bis April, Eintrittskarten kosten ab $20 bis weit über $200.

Lacrosse

Canada ist mit drei Teams in der National Lacrosse League (NLL), 🖳 www.nll.com, vertreten: **Toronto Rock**, **Calgary Roughnecks** und **Edmonton Rush**. In Kanada wird Lacrosse in der Halle gespielt und lockt (vielleicht dank der eishockeyähnlichen Spielgeschwindigkeit und -dynamik) eine stattliche Zahl von Zuschauern an. Eintrittskarten sind in jeder der drei Städte leicht zu bekommen, die billigsten kosten $18–27.

Telefon

In Kanada muss vor der eigentlichen Telefonnummer immer die dreistellige **Regionalvorwahl** (area code) gewählt werden, egal ob es sich um

Telefonnummern und Vorwahlen

Notruf	📞 911
Vermittlung (national / international)	📞 0

Auskunft

Nummern innerhalb Nordamerikas	📞 411
Internationale Nummern über die Vermittlung	📞 0

Internationale Vorwahlen

Kanada	📞 001
Deutschland	📞 01149
Österreich	📞 01143
Schweiz	📞 01131
Die „0" der Ortsnetzkennzahl fällt weg.	

ein Orts- oder ein Ferngespräch handelt. Wer bei einer Nummer außerhalb des eigenen Vorwahlbereichs anrufen möchte, muss vor der Vorwahl noch die „1" wählen.

Wer sein eigenes **Handy** (GSM 850/1900-kompatibel) benutzen möchte, sollte sich vorab bei seiner Telefongesellschaft nach den Roaming-Gebühren erkundigen. Preiswerter ist es, die SIM-Karte einer kanadischen Gesellschaft einzusetzen, damit ändert sich aber natürlich die Telefonnummer. Sollte das Handy (cell phone) in Kanada nicht funktionieren, lässt sich auch eins mieten. In Städten und Siedlungsgebieten ist die Netzabdeckung lückenlos, in der Wildnis ist der Empfang problematisch.

Transport

Außerhalb der Städte kann die Fahrt mit den öffentlichen Verkehrsmitteln zur echten Zerreißprobe für die Nerven werden: Das Schienennetz der nationalen Bahngesellschaft VIA Rail ist auf ein paar Strecken mit wenigen Verbindungen beschränkt; weit häufiger und zu günstigeren Preisen verkehren zwar Busse, aber die Busbahnhöfe und Haltestellen liegen nicht selten Meilen vom nächsten Hotel oder Campingplatz entfernt. Flüge wiederum sind sehr teuer. Die große Mehrheit der Besucher mietet ein Auto und fährt selbst.

Entfernungen (in km)

Die Tabelle zeigt die Entfernungen zwischen ausgewählten Städten in Kanada und den USA an. Die Angabe basiert auf der jeweils kürzesten Straßenverbindung.

	Calgary	Chicago	Edmonton	Halifax	Montréal	New York	Ottawa	Regina	St. John's	Seattle	Toronto	Vancouver	Whitehorse	Winnipeg	Yellowknife
Calgary															
Chicago	2760														
Edmonton	299	2750													
Halifax	4973	2603	5013												
Montréal	3743	1362	3764	1249											
New York	4294	1280	4315	1270	610										
Ottawa	3553	1220	3574	1439	190	772									
Regina	764	2000	785	4225	2979	3534	2789								
St. John's	6334	3950	6767	1503	2602	2619	2792	5581							
Seattle	1204	3200	1352	5828	4585	4478	4334	1963	7200						
Toronto	3434	825	3455	1788	539	880	399	2670	3141	4050					
Vancouver	977	3808	1164	5970	4921	5382	4531	1742	7323	230	4412				
Whitehorse	2385	4854	2086	7099	5850	6427	5660	2871	8452	2796	5528	2697			
Winnipeg	1336	1432	1357	3456	2408	2966	2218	571	5010	2548	2099	2152	3524		
Yellowknife	1828	4240	1524	6537	5268	5800	5098	2309	7891	2500	4979	2620	1927	2681	

Auto

Mit dem eigenen Fahrzeug hat man sicher am meisten von einer Reise durch Kanada. Europäische **Führerscheine** werden in Kanada anerkannt, die kanadische Botschaft rät aber dazu, einen Internationalen Führerschein mitzunehmen. Einige Mietwagenfirmen legen außerdem Wert darauf, dass die Fahrerlaubnis mindestens ein Jahr alt ist. Fahrer unter 25 Jahren müssen fast immer eine höhere Versicherungsprämie zahlen. Als Sicherheit wird die Vorlage einer Kreditkarte erwartet, ansonsten kann sich der Vermieter weigern, überhaupt zu vermieten.

Benzin

Die meisten Fahrzeuge in Kanada – und so gut wie alle Mietwagen – tanken bleifreies Benzin. In entlegeneren Gegenden ist das Tankstellennetz spürbar ausgedünnt, dort sollte man jede Möglichkeit zu tanken wahrnehmen. Die Preise können von Region zu Region höchst unterschiedlich sein, in Ontario z. B. ist Benzin meist 20–30¢ pro Liter billiger als in Newfoundland.

Straßen

Das kanadische Straßennetz ist ausgezeichnet. Von jeder Stadt führen mehrspurige Highways in alle Himmelsrichtungen, jenseits davon ist man überwiegend auf (wenig befahrenen) zweispurigen Highways unterwegs.

Die **Ausfahrten** *(exits)* mehrspuriger Highways sind danach nummeriert, wie weit sie vom Beginn des Highways entfernt liegen. So sind es von Exit 45 noch 10 km bis zu Exit 55.

Im hohen Norden und in entlegenen Gebieten gibt es viele Schotterstraßen. Besonders nach Regenfällen können unbefestigte Straßen schwierig zu befahren sein, und wer über längere Strecken damit konfrontiert ist, sollte die Anmietung eines Geländewagens erwägen.

Zu den **Gefahren** auf Landstraßen zählen Elche und andere große Tiere, die sich auf die Fahrbahn verirren, vor allem im Sommer in der Dämmerung, wenn sie auf der Flucht vor Insekten durch das Unterholz brechen, und im Winter, wenn sie das Straßensalz lecken wollen. In besonders gefährdeten Gegenden mahnen Schilder zur Vorsicht. Scheinwerferlicht kann wilde Tiere blenden und für einen Moment lang erstarren lassen.

Parken

In den Städten sind **Parkuhren** weit verbreitet, wobei die Gebühren bei 25¢–$1,50 oder mehr pro Stunde liegen. Parkhäuser verlangen bis zu $30 pro Tag. Falschparker (z. B. weniger als 5 m von einem Hydranten entfernt) müssen damit rechnen, dass das Fahrzeug abgeschleppt wird. Die Polizei wird in diesem Fall Auskunft erteilen, wohin das Auto gebracht wurde und mindestens $350 kassieren. Man sollte stets darauf achten, nicht entgegen der Verkehrsrichtung zu parken.

Verkehrsregeln

In Kanada herrscht **Rechtsverkehr**. In den meisten Städten sind die Straßen in Form eines Gitters angelegt. An den Kreuzungen wird der Verkehr fast immer durch Ampeln geregelt, andernfalls durch gelbe, dreieckige „Vorfahrt gewähren"-Schilder oder rote, achteckige Stoppschilder („Arrêt" in Québec) aus allen vier Richtungen. **Vorfahrt** hat in diesem Fall

---

Rad fahren

Für Radfahrer wird in Kanada recht gut gesorgt: Die meisten Städte haben Radwege und geben Radwanderkarten heraus, und in Fernbussen, Zügen und auf Fähren kann man Räder kostenlos oder für wenig Geld mitnehmen.

Ein interessantes, noch im Entstehen begriffenes Projekt ist der **Trans Canada Trail**, 🖥 www.tctrail.ca, ein Freizeitpfad von insgesamt 22 000 km Länge, der einmal von Küste zu Küste führen soll und zum Teil von Radfahrern schon genutzt werden kann. Die **Canadian Cycling Association** (CCA), 📞 613/248-1353, 🖥 www.canadian-cycling.com, informiert über Radfahren in Kanada und gibt mehrere Bücher heraus, darunter den *Complete Guide to Cycling in Canada*. Ein Fahrrad zu mieten, kostet um $15–20 pro Tag. Ohne Kreditkarte muss zusätzlich eine größere Summe als Kaution hinterlegt werden. Verleiher sind im Regionalteil dieses Buches angegeben.

das Fahrzeug, das als Erstes an die Kreuzung kommt, bei gleichzeitiger Ankunft zweier oder mehrerer Wagen gilt Rechts vor Links. Sofern es die Situation erlaubt, ist – außer in Québec – Rechtsabbiegen an einer roten Ampel erlaubt. Fahrzeuge in beiden Richtungen müssen anhalten, wenn ein gelber Schulbus mit eingeschalteter Warnblinkanlage hält, da dann Kinder ein- und aussteigen.

Verkehrsregeln werden auf Provinzebene festgelegt, die erlaubte **Höchstgeschwindigkeit** liegt bei 100–110 km/h auf den größeren Highways, 80 km/h auf Landstraßen und 50 km/h oder weniger innerhalb geschlossener Ortschaften. Geldstrafen für Tempoüberschreitungen werden auf der Stelle kassiert, zahlen muss man auch, wenn man den **Führerschein** nicht mit sich führt oder wenn die **Gurtpflicht** ignoriert wird.

Alkohol darf nur ungeöffnet im Kofferraum transportiert werden. Alkoholkontrollen sind keine Seltenheit, besonders an den Ausfallstraßen der Städte, und die Polizei kann jeden Wagen ohne besonderen Grund anhalten.

Mietwagen

Es ist in der Regel günstiger, den Mietwagen bereits vor Abreise zu buchen, entweder als Fly&Drive-Pauschalangebot oder über eine der großen Mietwagenfirmen (s. Kasten). Der Wettbewerb unter den Anbietern führt vor allem außerhalb der Hochsaison zu mitunter sehr günstigen Angeboten.

Bei der Anmietung in Kanada zahlt man für einen Zweitürer in der Economy-Klasse von $300 pro Woche in der Nebensaison bis zu $450 in der Hauptsaison. Die großen Firmen haben jedoch ganzjährig spezielle Angebote, wobei die Kosten bis auf $200 pro Woche sinken können. **Steuern** sind in diesen Preisen noch nicht enthalten – weder PST noch GST oder HST (s. S. 32) –, doch am saftigsten ist der Aufschlag für eine **Einwegmiete**.

Angesichts der großen Entfernungen zwischen den Orten sind Angebote mit **unbegrenzten Freikilometern** unbedingt vorzuziehen. Standard sind ansonsten 150–200 Freikilometer pro Tag, die bei ausgedehnten Fahrten schnell aufgebraucht sind, sowie etwa 13–20¢ für jeden weiteren gefahrenen Kilometer.

Auch die Versicherungspolice für den Schadensfall sollte man sich genau ansehen und auf eine ausreichend hohe Versicherungssumme achten. Unbedingt zu empfehlen ist der Abschluss eines **Loss Damage Waiver** (LDW), einer zusätzlichen Versicherung zum Ausschluss der Eigenbeteiligung bei Unfallschäden. Sie schlägt zwar mit etwa $25 pro Tag zu Buche, doch haftet man sonst für jeden kleinen Kratzer, auch wenn man ihn nicht selbst verschuldet hat.

Wohnmobile

Wohnmobile *(recreational vehicles* oder kurz *RV)* können bei Kanada-Reiseveranstaltern oder über ein Reisebüro schon vor Abreise gebucht werden. In Kanada sind entsprechende Verleihstationen nicht weit verbreitet. Zur Auswahl steht eine ganze Bandbreite von Modellen bis hin zu *mobile homes,* ganzen Häusern auf Rädern mit zwei Zimmern, Dusche und Küche.

Die durchschnittlichen Wochenpreise liegen bei $1300 in der Nebensaison und $2200 in der Hochsaison für ein Fahrzeug mit fünf Schlafgelegenheiten. Hinzu kommen Benzinkosten, zusätzliche Kilometergebühren, Gebühren für Einwegmieten und die Stellplatzgebühren der *RV parks.*

Driveaways

Eine Alternative zum Mietwagen stellt das System des Driveaway dar, wobei man ein Fahrzeug für den Eigentümer von einem Ort an einen anderen überführt. Grundsätzlich gelten dieselben Regeln wie bei der Automiete, doch sollte man sich den Wagen vorher genau ansehen, da eventuell anfallende Reparaturkosten und auch Spritkosten zu tragen sind – was bei einem Fahrzeug mit hohem Verbrauch ganz schön ins Geld gehen kann.

Die meisten Driveaway-Vermittler (etwa 🖳 www.canadadriveaway.com) verlangen eine Referenz sowie bis zu $500 Kaution. Gängige Routen sind die Strecken zwischen Toronto oder Montréal und Vancouver oder Florida und Arizona/New Mexico im Herbst und Winter. Viel zeitlichen Spielraum gibt es dabei nicht – für die Strecke Toronto–Vancouver sind etwa acht Tage vorgesehen.

Busse

Greyhound Canada, 🖳 www.greyhound.com, betreibt die meisten der Fernbusse westlich von Toronto, darunter eine Strecke entlang dem Trans-Canada Highway von Toronto nach Vancouver. Das Streckennetz ist aber auch in den östlichen Landesteilen gut, obwohl hier eine Reihe von kleineren Unternehmen den Ton angeben (Details in den jeweiligen Regionalkapiteln).

Die **Fahrpreise** der verschiedenen Unternehmen sind ähnlich: Die einfache Strecke von Montréal nach Toronto (8 1/2 Std., 540 km) kostet zum Beispiel $65 (weniger bei Buchung im Voraus).

Busgesellschaften

Acadian, ✆ 1-800/567-5151, 🖳 www.acadianbus.com. Einziges größeres Busunternehmen in den Atlantikprovinzen.
Coach Canada, ✆ 1-800/461-7661, 🖳 www.coachcanada.com. Verkehrt auf verschiedenen Routen in Ontario und Québec.
DRL Coachlines, ✆ 709/263-2171 oder 1-888/263-1854, 🖳 www.drlgroup.com. Einziger Anbieter von Fernverbindungen in Newfoundland.
Greyhound Canada, ✆ 1-800/661-8747, 🖳 www.greyhound.ca. Fernbusse in Québec und Ontario.
Ontario Northland, ✆ 1-800/461-8558, 🖳 www.ontarionorthland.ca. Fernverbindungen per Bus und Bahn in Ontario.
Orléans Express, ✆1-888/999-3977, 🖳 www.orleansexpress.com. Fernverbindungen in Québec.

Moose Travel und Salty Bear

Das **Moose Travel Network**, ✆ 416/504-7514 oder 1-888/816-6673, 🖳 www.moosenetwork. com, richtet sich speziell an Rucksacktraveller. Von Mai bis Mitte Oktober fahren Minibusse (15–21 Passagiere) auf verschiedenen **Rundstrecken**. Im Winter werden außerdem einige Pauschaltouren angeboten, und es gibt Zusatzangebote in Verbindung mit VIA Rail. Die Busse fahren 2–3x pro Woche und halten in größeren Städten und interessanten kleineren Orten, wo Reisende nach Wunsch zu- oder aussteigen können. Eine Unterkunftssuche erübrigt sich, da das Unternehmen an jedem größeren Zwischenstopp für jeden Passagier vorab ein Hostelbett organisiert. Haltestellen und Abfahrtspunkte sind die Hostels entlang der jeweiligen Route, für die man sich beliebig lange Zeit lassen kann. Es gibt keine Altersbeschränkung, die meisten Teilnehmer sind aber zwischen 19 und 34 Jahre alt. Passend dazu gibt es eine Reihe von zusätzlich angebotenen Outdoor-Aktivitäten.

Zur Auswahl stehen fast ein Dutzend Routen und der Big East Buspass für etwa $600.

Nicht ganz so umfangreich ist das Programm von **Salty Bear Adventure Travel**, ✆ in Toronto 1-866/377-3077, in Halifax ✆ 1-888/425-2327, 🖳 www.saltybear.ca, dessen Angebot sich fast ausschließlich auf die Atlantikprovinzen konzentriert und von einer Tagestour in Halifax ($79) bis zur viertägigen Island-Hopper-Tour ($539) inkl. Cape Breton und Prince Edward Island reicht.

Pässe

Wer Kanada im Bus bereisen möchte, sich aber nicht für ein Angebot von Salty Bear oder Moose Travel Network entscheidet (siehe Kasten S. 55), kann mit dem Kauf eines Buspasses Geld sparen. Der beliebteste ist der **Greyhound Discovery Pass** mit dem umfassendsten Netz in Kanada (und den USA). Es gibt ihn mit 7, 15, 30 und 60 Tagen Gültigkeit zum Preis von \$199/299/399/499. Er kann online bestellt werden, wobei für Reisende aus dem Ausland eine Vorkaufsfrist von mindestens 21 Tagen gilt. Vor Ort kann man einen Pass auch persönlich (und bis zum Tag der Abreise) kaufen.

Eisenbahn

Die nationale Eisenbahngesellschaft **VIA Rail**, ✆ 1-888/842-7245, 🖥 www.viarail.ca, hat heute kaum noch Personenzüge auf der Schiene, aber die Verbindung zwischen Montréal und Toronto ist nach wie vor schnell und effizient. Einige besonders reizvolle Strecken gibt es aber noch, allen voran die Route um die Gaspé-Halbinsel in Québec. Für diese besonderen Strecken gibt es Fahrkarten in unterschiedlichen Preiskategorien: Die günstigste bietet verstellbare Sitze, Zugang zu einer Lounge und einen Aussichtswagen, die teuerste Mahlzeiten im Speisewagen, Salon, Duschen, Liegewagen, ein großzügiges Abteil für eine Person, „Roomette" genannt, und Schlafwagenabteile für zwei Personen. Weitere Informationen gibt VIA Rail, im Internet auch auf Deutsch unter 🖥 www.crd.de/viarail.

Ein Preisbeispiel zur Orientierung: In der Hauptreisezeit kostet die Fahrt von Toronto nach Vancouver in der billigsten Klasse \$520, im Liegewagen \$1390 und in der teuersten \$2000, sonst rund ein Viertel weniger.

VIA Rail bietet verschiedene **Bahnpässe** an, mit denen man eine ganze Menge Geld sparen kann. Am besten ist der Canrailpass. Er gilt 30 Tage lang und kann innerhalb dieser Zeit an 12 frei wählbaren Tagen zu beliebig vielen Fahrten in der normalen Standardklasse benutzt werden. In der Hochsaison von Juni bis Mitte Oktober kostet der Pass \$923, sonst \$576.

Mehrere andere kleinere Unternehmen befahren weitere spektakuläre Strecken, darunter der **Polar Bear Express** von Ontario Northland, ✆ 1-800/461-8558, 🖥 www.northlander.ca, von Cochrane nach Moosonee mit Anschluss an den **Northlander**-Zug von Toronto nach Cochrane, die **Algoma Central Railway**, ✆ 705/946-7300 oder 1-800/242-9287, 🖥 www.agawacanyon tourtrain.com, durch den Agawa Canyon und Québecs **North Shore & Labrador Railway** von Tshiuetin Rail Transportation, 🖥 www.tshiuetin. net, von Sept-Îles in Québec nach Emeril Junction in Labrador (s. S. 518).

Fähren

Neben der Fährverbindung zwischen Caribou in Nova Scotia und Prince Edward Island (s. auch S. 416), ✆ 1-877/635-7245, 🖥 www.peiferry.com, \$16 pro Person, plus \$63 mit Auto, sind vor allem die Strecken von Sydney in Nova Scotia zu Zielen in Newfoundland interessant (s. auch S. 425), ✆ 1-800-341-7981, 🖥 www.marine-atlantic.ca: Die Überfahrt nach Port aux Basques beispielsweise kostet \$29, plus \$82 mit Auto.

Flüge

Das kanadische Flugnetz ist übersichtlich, da kein sehr großer Wettbewerb herrscht. Die größten Fluggesellschaften sind **WestJet**, ✆ 1-888/937-8538, 🖥 www.westjet.com, und **Air Canada** ✆ 1-888/247-2262, 🖥 www.aircanada. com, mit Tochterunternehmen. Daneben gibt es noch mehrere kleine Regionalunternehmen. In den Transportabschnitten der Ortskapitel haben wir Informationen über die wichtigsten Verbindungen aufgenommen.

Die **Preise** sind relativ hoch – der einfache Flug von Toronto oder Montréal nach Halifax oder St. John's kostet zum Beispiel um die \$150 bzw. \$200. Wenn es zu entlegeneren Orten im Norden gehen soll, kann es für Normalreisende unbezahlbar teuer werden: Die einfache Strecke von Toronto nach Goose Bay kann im Sommer schon mal \$800 kosten. Geld lässt sich manchmal mit einem **Flugpass** von Air Canada sparen, den es in etlichen Kombinationen gibt. Das Prinzip ist immer dasselbe: Man kauft eine bestimmte Anzahl von Coupons, von denen jeder für einen Inlandsflug gültig ist. Je größer das abgedeckte Gebiet, desto teurer der Pass.

Übernachtung

Kanada ist riesig und entsprechend groß sind die Preisunterschiede im Land. Die billigsten Varianten sind Zeltplätze und Hostels, die schon ab $25 zu haben sind. Ein allgemeiner Durchschnittspreis für Hotels und Motels lässt sich kaum angeben, aber in der Hochsaison ist für ein Doppelzimmer in der Regel mit mindestens $100 zu rechnen. Wer entlegene Landesteile ansteuert, sollte sich vorher über die Unterkunftssituation informieren. Orte, die auf der Karte relativ groß aussehen, verfügen oft nur über ein begrenztes Angebot, und Motels sind nicht so weit verbreitet wie etwa in den USA.

Eine frühzeitige **Reservierung** ist zu empfehlen, vor allem im Sommer. Auch große Veranstaltungen und Feste können die Unterkunftssuche schwieriger gestalten. Die meisten Hotels und Motels erlauben bis zu 24 Stunden vor Anreise eine kostenlose Stornierung, an sehr touristischen Orten können dies auch drei Tage sein. Durch **Steuern** kann sich der angegebene Preis noch um bis zu 15 % erhöhen, wobei in den Atlantikprovinzen mit 13–15 % am kräftigsten zugelangt wird. Mehr zu den diversen Steuern auf S. 32. Bei Schwierigkeiten mit der Zimmersuche sind die örtlichen Fremdenverkehrsbüros behilflich. Reservierungen werden meist kostenlos getätigt, allerdings hat man hier selten die Möglichkeit, aus einem Angebot auszuwählen.

Hotels

Das Gros der kanadischen Hotels lässt sich in drei Kategorien unterteilen: erstklassige Häuser, einfache Unterkünfte im Stadtzentrum und

Die Unterkünfte in diesem Buch wurden in Preiskategorien eingeteilt, wobei die Angaben für das günstigste Doppelzimmer in der Hochsaison gelten.

Abgesehen von den Billigmotels und den einfachsten Hotels passen alle Unterkünfte ihre Preise der Nachfrage an. So kann ein durchschnittliches Motel in einem Urlaubsort am Meer oder in den Bergen je nach Saison die Preise verdoppeln, während ein Businesshotel in Québec, das wochentags $200 verlangt, vielleicht spezielle Wochenendtarife bietet, wenn die Geschäftsleute abgereist sind. Die Termine für Hoch- und Nebensaison können recht unterschiedlich ausfallen: Grob gesagt fällt die **Hochsaison** auf Juli und August, die **Zwischensaison** auf Mai, Juni, September und Oktober, und die **Nebensaison** bezieht sich auf das übrige Jahr.

Wenn nicht anders angegeben, sind in den Zimmerpreisen keine Steuern enthalten.

❶	bis $40
❷	$40–60
❸	$60–80
❹	$80–100
❺	$100–125
❻	$125–175
❼	$175–240
❽	über $240

Motels. In den Großstädten sind sie mehr auf Geschäftsleute als auf Touristen ausgerichtet.

Hotels der obersten Kategorie verlangen $150–500 für ein Zimmer, wobei in den meisten für $250 eine wirklich feudale Unterbringung garantiert ist.

Mittelklassehotels gehören oft einer Kette an, z. B. Holiday Inn oder Best Western, und sind meist eine Spur komfortabler als Motels derselben Kategorie. Für ein Doppelzimmer in der Hochsaison sind ab $110 zu zahlen, in gefragten Urlaubsgegenden oder größeren Stadtzentren eher mehr.

Hotels der unteren Kategorie kosten zwischen $65 und $80 und stammen überwiegend aus der Zeit, als Bars praktisch nur als Teil eines Hotels oder Restaurants betrieben werden durften. Es gibt sie in den meisten kleinen und mittelgroßen Städten, wo sie den Vorteil der zentralen Lage bieten. Nachteilig ist, dass die Betreiber den Zimmern nicht unbedingt die größte Aufmerksamkeit schenken.

Motels

Motels können in ihrem Namen die Bezeichnungen Inn, Lodge, Resort oder Motor Hotel tragen, letztlich läuft aber alles auf dasselbe hinaus: auf Autofahrer ausgerichtete, preisgünstige und zuverlässige Unterkünfte, fast immer entlang der Hauptverkehrsstraßen am Stadtrand gelegen. Die einfachsten Zimmer kosten ab $60, der Durchschnitt liegt bei $75, während in touristischen oder abgelegenen Gegenden auch $100 für eines der eher zweckmäßigen Zimmer verlangt werden kann.

Allgemein gilt: Je weiter man aus der Stadt herausfährt, desto niedriger sind die Zimmerpreise.

Oft gibt es **Nebensaison-Tarife**, gewöhnlich von Oktober bis April, manchmal sind Drei- oder Vierbettzimmer zu haben, und fast in allen Motels ist ohne hohe Zusatzkosten ein Zustellbett im Doppelzimmer zu bekommen.

In Häusern mit **Familientarifen** *(family plan)* zahlen Kinder, die im Zimmer der Eltern schlafen, gar nichts. Bei mehr als einer Übernachtung kann vielleicht ein Preisnachlass ausgehandelt werden, Wochenpreise sind recht verbreitet.

Bed & Breakfast

In den vergangenen Jahren ist die Zahl der B&Bs oder Gîtes du Passant sowohl in den Metropolen als auch in den beliebten Urlaubsorten deutlich gestiegen. Ihr Standard ist in der Regel sehr hoch, und die Zimmerpreise beginnen bei etwa $85 einschließlich Frühstück. Mit etwas Glück wird man in einem liebevoll eingerichteten Zimmer in einem historischen Haus in großartiger Lage untergebracht und lernt dabei auch noch Kanadier kennen.

Hostels, Ys und Studentenwohnheime

Etwa 60 kanadische Hostels gehören dem Herbergswerk **Hostelling International** (HI) an. Daneben gibt es rund 150 kleinere unabhängige Hostels, die fast alle zu **Backpackers Hostels Canada** gehören und von kleinen typischen Hostels mit Schlafsaal-Betten *(dorm beds)* über Unterkünfte in Studentenwohnheimen bis zu preiswerten Zimmern in Gästehäusern eine breite Palette bieten. HI-Mitglieder und Studenten zahlen in vielen der unabhängigen Hostels ermäßigte Preise. Die Qualität variiert erheblich, die auf den genannten Websites gelisteten Hostels sollten aber einen guten Standard erfüllen. Die besten haben wir in den Ortskapiteln an entsprechender Stelle aufgeführt. Ein Bett im Schlafsaal kostet um $20–25, ein einfaches Zimmer ab $35.

In den vielen kanadischen Städten bieten **YMCAs** und **YWCAs** (beide oft einfach nur „the Y" genannt) Unterkunft. Einige davon gehören zum Backpackers-Hostels-Netz, andere wie das Montréal Y Hotel sind fast schon schicke kleine Privathotels. Die meisten Ys in Kanada verstehen sich primär als soziale Einrichtung, die auf Gemeindeebene Aktivitäten anbietet und Einheimischen günstig Wohnraum zur Verfügung stellt. Die Unterbringung von Touristen – wo angeboten – ist zwar in der Regel ein angegliederter, aber davon separater Geschäftsbereich.

In Kanadas Universitätsstädten gibt es in der Regel die Möglichkeit, während der Semesterferien im Sommer in **Studentenwohnheimen** unterzukommen. Die Unterkünfte sind ordentlich und zweckmäßig, wenn auch etwas gesichtslos, und Gäste können die Sporteinrichtungen der Universität nutzen. Nachteilig ist hingegen die meist dezentrale Lage. Die Preise für Einzel- und Doppelzimmer beginnen bei $35. Eine frühzeitige Anfrage bei der Zimmervermittlung der Universität ist zu empfehlen. Viele dieser Unterkünfte sind dem Backpackers-Hostels-Netz angeschlossen.

Jugendherbergswerke, Hostels und Ys

Über die folgenden Jugendherbergswerke bekommt man nicht nur die **JH-Mitgliedschaft**, gültig in angegliederten Hostels weltweit, sondern auch den *International Youth Hostel Guide* mit einer umfassenden Auflistung von Hostels.

DJH Service GmbH,
Bismarckstr. 8, 32756 Detmold,
☎ 05231/74010, ✆ 740149,
⌨ www.jugendherberge.de
Österreichisches Jugendherbergswerk,
Mariahilferstr. 24, 1060 Wien,
☎ 01/5335137, ✆ 533183385,
⌨ www.jungehotels.at
Schweizer Jugendherbergen,
Schaffhauser Str. 14, 8042 Zürich,
☎ 044/3601414, ✆ 3601460,
⌨ www.youthhostel.ch
Backpackers Hostels Canada,
☎ 1-888/920-0044, ⌨ www.backpackers.ca
Hostelling International Canada,
☎ 1-800/663-5777, ⌨ www.hihostels.ca
YMCA Canada, ☎ 416/967-9622,
⌨ www.ymca.ca
YWCA Canada, ☎ 416/962-8881,
⌨ www.ywcacanada.ca

Ferien auf dem Bauernhof

Als zahlender Gast auf einem bewirtschafteten Bauernhof hat man die Aussicht auf gutes Essen, preiswerte Unterbringung – wer will, kann sogar arbeiten – und auf Kontakt mit den Gastgebern. Bedingt durch die abgeschiedene Lage der Unterkünfte beinhalten die Preise, die bei ca. $160 pro Tag beginnen, in der Regel sämtliche Mahlzeiten, außerdem Ausritte. Weitere Informationen gibt es bei den Tourist Offices und in den Unterkunftsverzeichnissen der Provinzen.

Camping

Nur wenige Länder bieten so mannigfache Möglichkeiten zum Camping wie Kanada. In vielen Städten ist ein Campingplatz zu finden, alle Nationalparks und die Mehrzahl der Provinzparks verfügen über hervorragende staatlich betriebene Plätze, und in den meisten Wildnisgebieten sowie in den ausgedehnten Crown Lands (unerschlossenes, regierungseigenes Land) ist wild zu zelten erlaubt. Wer zelten will, sollte bei der

Auswahl des Platzes auf die Zahl der *unserviced campsites* achten, da viele Plätze überwiegend auf Wohnmobile (RVs) ausgerichtet sind und entsprechende Voll- oder Teilanschlüsse für Wasser und Strom bieten.

Im Juli und August sind Campingplätze genauso begehrt wie alle anderen Übernachtungsmöglichkeiten, vor allem in Urlaubsregionen im Gebirge, an Seen oder Flüssen. Es ist sinnvoll, frühmorgens anzureisen oder zu reservieren. Im Allgemeinen können nur private Campingplätze problemlos reserviert werden, nicht hingegen die Plätze in Provinz- oder Nationalparks, in denen die Stellplätze häufig, aber nicht immer, nur vor Ort vergeben werden (über reservierbare Plätze informiert die Website ⌨ www.pccamping.ca). Nicht zuletzt sollte man sich vergewissern, dass der anvisierte Campingplatz auch geöffnet ist – viele Plätze werden nur während einiger Monate betrieben, normalerweise von Mai bis Oktober.

Campingplätze

Am unteren Ende der Skala stehen die **städtischen Campingplätze**, gewöhnlich sehr einfache Anlagen mit spartanischen Einrichtungen, die entweder kostenlos sind oder nur wenige Dollar verlangen, typischerweise $5 pro Zelt und $10 pro Wohnwagen. **Private Campingplätze** gibt es in allen Kategorien: Einige kommen eher den städtischen gleich, andere wirken wie riesige Freizeitparks mit Läden, Restaurants, Wäschereien, Pools und Tennisplätzen. Berechnet wird entweder pro Fahrzeug oder pro Gästepaar, seltener pro Zelt oder pro Person. Zwei Leute, die sich ein Zelt teilen, können je von $2,50 bis $25 zahlen, im Durchschnitt ist mit $15 zu rechnen.

Die Campingplätze der **National**- und **Provinzparks** werden von Parks Canada bzw. der jeweiligen Provinz betrieben. Sie sind durchweg sehr gepflegt und zumindest theoretisch nur von Mai bis September geöffnet. Tatsächlich werden die meisten ganzjährig betrieben, doch sind einige Einrichtungen nur im Sommer zugänglich. Außerhalb der Saison werden die Gebühren nicht persönlich kassiert, zu diesem Zweck ist dann eine *honesty box* aufgestellt. In den größeren Nationalparks steht mindestens ein Platz für **Camping im Winter** offen. Die Preise betragen je nach Lage und Jahreszeit

$21,50–$38,20 pro Zelt mit den komfortabelsten Einrichtungen (Strom, Wasser, Toiletten, Duschen) und $15,70–17,60 für einen einfachen Stellplatz (Holz, Wasser, Plumpsklos). In den meisten Parks gibt es außerdem denkbar schlichte Zeltplätze im Hinterland (s. u.) mit Feuerstellen und Holz; wer einen solchen nutzen oder in einem Park wild zelten möchte, benötigt ein entsprechende Genehmigung *(permit)* vom jeweiligen Parkbüro ($9,80).

Zelten im Hinterland

Das Zelten im Hinterland *(primitive camping* oder *backcountry camping)* ist in allen großen Nationalparks und Provinzparks beliebt, es gilt dabei jedoch einige Regeln zu beachten. Feuer sind in weiten Teilen Kanadas im Sommer wegen der **Waldbrandgefahr** verboten. Wenn sie erlaubt sind, sollte eine Feuergrube genutzt werden (falls vorhanden) oder ein Brenner, um die Ressourcen des Waldes zu schonen. In der Wildnis kann man versuchen, auf einem bereits benutzten Platz zu zelten.

In Gegenden mit Bären (s. S. 45) ist besondere Vorsicht geboten. Gibt es keine Toiletten, sollten Fäkalien mindestens 10 cm tief und 30 m von der nächsten Trinkwasserstelle und dem nächsten Zeltplatz entfernt vergraben werden. In den Canadian Parks muss jeglicher Abfall wieder mitgenommen werden, ansonsten kann Müll auch verbrannt werden.

Das Wasser aus Flüssen und Bächen ist kein **Trinkwasser**, auch wenn es noch so verlockend klar sprudelt. Ist man darauf angewiesen, muss es mindestens zehn Minuten abgekocht oder mit jodhaltigen Reinigungstabletten oder einem speziellen Giardia-Filter, erhältlich in Ausrüstungsläden und Sportgeschäften, entkeimt werden.

Versicherungen

Die großen Versicherungsunternehmen bieten eine verwirrende Vielfalt von Versicherungspaketen an, die Reiserücktritt-, Unfall-, Gepäck- und Auslandskrankenversicherung einschließen können. Letztlich liegt es im Ermessen des Reisenden, was er alles versichert haben möchte.

Die wichtigste Urlaubsversicherung ist eine **private Auslandskrankenversicherung**, die den Krankenrücktransport einschließt.

Reiserücktrittskostenversicherung

Bei einer pauschal gebuchten Reise ist eine Rücktrittskostenversicherung meist im Preis inbegriffen (zur Sicherheit sollte man nachfragen). Wer individuell plant, muss sich selbst darum kümmern. Reisebüros bieten Versicherungen an oder vermitteln den Abschluss.

Viele Reiserücktrittskostenversicherungen müssen kurz nach der Buchung abgeschlossen werden (in der Regel bis 14 Tage danach). Bei Krankheit oder Tod eines Familienmitglieds oder Reisepartners ersetzt die Versicherung die Stornokosten der Reise. Eine Reiseunfähigkeit wegen Krankheit muss ärztlich nachgewiesen werden.

Reisegepäckversicherung

Viele Versicherungen bieten die Absicherung des Verlustes von Gepäck an, meist als Teil eines Pakets. Allen Versicherungen ist gemein, dass die Bedingungen, unter denen das Gepäck abhanden kommen „darf", sehr eng gefasst sind. Bei vielen Versicherungen ist etwa das Gepäck in unbewacht abgestellten Kraftfahrzeugen zu keinem Zeitpunkt versichert. Wer eine wertvolle Foto- oder Kameraausrüstung mitnimmt, kann eine Zusatzversicherung abschließen.

Tritt ein Schadensfall ein, muss der Verlust sofort bei der Polizei gemeldet werden. Eine zuvor angefertigte **Checkliste**, auf der alle Gegenstände und ihr Wert eingetragen sind, ist dabei hilfreich.

Auslandskrankenversicherung

Eine Auslandskrankenversicherung gehört auf jeden Fall ins Gepäck. Nur wenige private Krankenkassen schließen den weltweiten Schutz im Krankheitsfall ein. Bei Krankheit – speziell

Zeitzonen

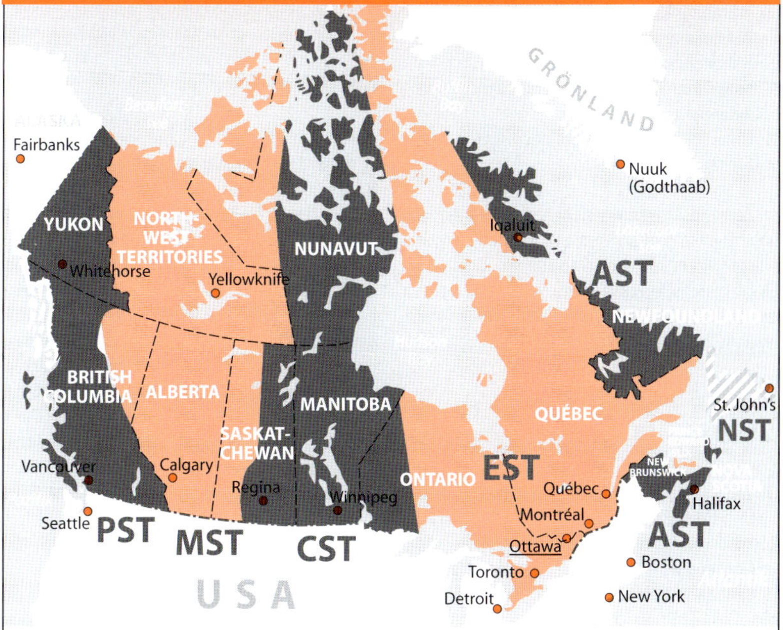

PST Pacific Standard Time = MEZ - 9 Std.
MST Mountain Standard Time = MEZ - 8 Std.
CST Central Standard Time = MEZ - 7 Std.
EST Eastern Standard Time = MEZ - 6 Std.
AST Atlantic Standard Time = MEZ - 5 Std.
NST Newfoundland Standard Time = MEZ - 4,5 Std.

MEZ = Mitteleuropäische Zeit

Umstellung auf Sommerzeit am letzten Sonntag im April,
Ende am letzten Sonntag im Oktober.

Krankenhausaufenthalten – kann sehr schnell eine erhebliche Summe zusammenkommen, die aus eigener Tasche bezahlt werden müsste. Ist man versichert, kann man die Kosten gegen Vorlage der Rechnungen zu Hause geltend machen. Allerdings gibt es Einschränkungen, besonders bei Zahnbehandlungen (nur Notfallbehandlung) und chronischen Krankheiten (Bedingungen durchlesen).

Die **Rechnung**, die später bei der Versicherung einzureichen ist, sollte folgende Angaben enthalten:

- Name, Vorname, Geburtsdatum, Behandlungsort und -datum
- Diagnose
- erbrachte Leistungen in detaillierter Aufstellung (Beratung, Untersuchungen, Behandlungen, Medikamente, Injektionen, Laborkosten, Krankenhausaufenthalt)
- Unterschrift des behandelnden Arztes
- Stempel

Auslandskrankenversicherungen werden von nahezu allen großen Versicherern und auch von einigen Kreditkartenorganisationen angeboten. Es gibt auch **Jahresverträge**, allerdings decken die meisten nur Reisen jeweils bis zu 42 Tagen, manche bis zu acht Wochen, ab.

Visa

Deutsche, Österreicher und Schweizer benötigen für die Einreise nach Kanada **kein Visum**. Lediglich ein gültiger Reisepass ist erforderlich. Im Flugzeug wird allen Besuchern ein „**Welcome to Canada**"-Formular ausgehändigt, im Grunde eine Zollerklärung. Die Grenzbeamten entscheiden über die Dauer der Aufenthaltserlaubnis: In der Regel werden nicht mehr als drei Monate gewährt. Mitunter verlangen die Beamten einen Nachweis über ausreichende Geldmittel und Auskunft über den ausgeübten Beruf. Manchmal muss auch ein Ticket für den Rück- oder Weiterflug vorgelegt werden.

Nähere Informationen zu Visumsangelegenheiten, Einreisebestimmungen, Studien- und Arbeitsaufenthalten sind vor der Abreise von der nächsten kanadischen Botschaft, einem Konsulat oder einer bevollmächtigten Vertretung erhältlich. In Kanada muss eine Verlängerung des Aufenthalts mindestens 30 Tage vor Ablauf schriftlich beim nächsten Canada Immigration Centre beantragt werden.

Zeit

Kanada erstreckt sich über sechs **Zeitzonen** (s. Karte S. 61), doch trennen Newfoundland von British Columbia nur 4 1/2 Stunden. In Newfoundland herrscht Newfoundland Time (MEZ minus 4 1/2 Std); in den Atlantikprovinzen und Labrador gilt Atlantic Time (MEZ minus 5 Std.), nur der Süden Labradors folgt der Newfoundland Time; Québec und der größte Teil Ontarios richten sich nach der Eastern Time (MEZ minus 6 Std.); in Manitoba, der nordwestlichen Ecke Ontarios und Saskatchewan herrscht Central Time (MEZ minus 7 Std.); während sich die Zone der Mountain Time (MEZ minus 8 Std.) über Alberta, die Northwest Territories und einen Streifen des nordöstlichen British Columbia erstreckt und die der Pacific Time (MEZ minus 9 Std.) über den Yukon und den restlichen Teil British Columbias. Nunavut reicht von der Zone der Mountain Time bis zur Atlantic Time.

Sommerzeit bedeutet auch in Kanada, dass die Uhren eine Stunde vorgestellt werden, und gilt in allen Regionen mit Ausnahme von Saskatchewan, Teilen Québecs und dem Nordosten British Columbias vom ersten Sonntag im April bis zum letzten Sonntag im Oktober.

Zoll

Zollfrei eingeführt werden dürfen 1,14 Liter Spirituosen oder 1,5 Liter Wein oder etwa 8 Liter Bier in Flaschen oder Dosen. Außerdem 200 Zigaretten, 50 Zigarren/Zigarillos oder 200 g Pfeifentabak.

Land und Leute

Flora und Fauna

Kanadas vielfältige Naturräume reichen von eisbedeckten Polarinseln im hohen Norden bis zu sonnenversengten Wüstenenklaven entlang der Grenze zu den USA. Zwischen diesen beiden Extremen liegen die Berge, Wälder und Prärien des Landes, die einem schier unglaublichen Reichtum an Tieren und Pflanzen einen Lebensraum bieten. Als guter Ausgangspunkt für deren Entdeckung empfehlen sich die National- und Provinzparks. Was Bären und Wölfe angeht, sollte man allerdings keine allzu großen Erwartungen hegen: Auch wenn Führer und Touristeninformationen gern damit werben, begegnet man ihnen nur selten.

Wälder im Osten

Kanadas östliche Wälder unterteilen sich in zwei große Gruppen: den Karolinischen Wald *(Carolinian Forest)* im Südwesten Ontarios und die Waldgebiete an den Großen Seen und am St. Lorenz, die sich von der Grenze zum Karolinischen Wald bis zum Lake Superior und dem Golf des St.-Lorenz-Stroms erstrecken.

Der **Karolinische Wald** umfasst einen schmalen Gürtel aus gemischtem Hartholzwald, der den in den östlichen USA verbreiteten Wäldern ähnelt. Die Baumarten sind häufig typische Vertreter für mildere Klimazonen – Geweihbaum, Tulpenbaum, Sassafras, Bergahorn und gewöhnlichere wie Buche, Zuckerahorn und Linde. Keine dieser Arten ist in südlicheren Breitengraden selten, in Kanada jedoch wachsen sie dank der fruchtbaren Böden und des relativ warmen, geschützten Klimas nur in dieser Region.

In weiten Teilen ist die Flora und Fauna durch die ausufernden Städte und die Ausweitung der Landwirtschaft im Süden Ontarios zusehends bedroht. Das Gros des ursprünglichen Waldes ist heute zu einem zersplitterten Mosaik kleinerer Flächen zusammengeschrumpft, die in National- und Provinzparks geschützt werden. Die meisten Besucher werden vom prächtigen Farbenspiel im Oktober angelockt, obgleich auch die **Tierwelt** einiges zu bieten hat, darunter

Kanadas einzige Beuteltierart, das **Opossum**, sowie andere im Süden beheimatete Spezies wie das **Fuchshörnchen** (auf Pelee Island im Lake Erie angesiedelt), den **Ostamerikanischen Maulwurf**, dessen Vorkommen sich auf das Essex County am Nordufer des Lake Erie beschränkt, und die **Kiefernwühlmaus**, die in einem schmalen Streifen um den Lake Erie lebt.

Karolinische Vögel und Reptilien

Naturbegeisterte schätzen das Gebiet zudem wegen seiner vielen **Vögel**, von denen man zahlreiche Arten wiederum nur in diesem Gebiet Kanadas sehen kann, vor allem während der Wanderungsphasen, wenn sich bis zu 100 verschiedene Spezies an einem Tag mühelos sichten lassen.

Zu den bemerkenswertesten der ungewöhnlichen Arten zählt der **Zitronenwaldsänger** mit einem fast unnatürlich farbenprächtigen Federschmuck. Weniger auffälligere gefiederte Gäste sind Kapuzenwaldsänger und Kentucky-Waldsänger, Blauflügel- und Goldflügelwaldsänger, Mückenfänger und praktisch alle im nordamerikanischen Osten vorkommenden Habichtartige. Eckschwanzsperber sind kein seltener Anblick, und während der Wanderungen im Herbst kann man Ansammlungen von bis zu 70 000 Breitflügelbussarde nahe Port Stanley am Nordufer des Lake Erie sehen.

In den an die Wälder angrenzenden Feuchtgebieten – insbesondere bei Long Point am Lake Erie – tummeln sich **Reptilien**, die es sonst nirgendwo im Land gibt. Am eindrucksvollsten darunter ist die einer Vorliebe für Wasser frönende Fuchsnatter, eine harmlose Schlange, die aufgrund ihrer Ähnlichkeit mit der Klapperschlange und der ebenfalls giftigen Kupferkopfotter – von denen keine in der Region vorkommt – häufig getötet wird. Ebenfalls anzutreffen, wenngleich mit rückläufigem Bestand, sind verschiedene **Schildkrötenarten**, insbesondere die Amerikanische Sumpfschildkröte, Waldbachschildkröte, Tropfenschildkröte und Dornrand-Weichschildkröte.

Die Wälder an den Großen Seen und am St.-Lorenz-Strom

Die gemischten Nadelwälder in einem der am dichtesten besiedelten Gebiete Kanadas um die **Großen Seen und am St. Lorenz** sind von Kahlschlag gezeichnet und durch die Urbanisierung stark in Mitleidenschaft gezogen. Den Großteil der Bäume stellen südliche Arten – Buche, Zuckerahorn, Harzkiefer und Weymouthskiefer –, dazu gesellen sich typische Vertreter weiter nördlich gelegener Wälder wie Kanadische Hemlocktanne, Bankskiefer, Papierbirke und Balsamtanne.

Die Region ist ein Vogelparadies, dessen Artenvielfalt nur noch von der des südlichen British Columbia übertroffen wird. Auch eine enorme Population von **Weißwedelhirschen** findet hier einen idealen Lebensraum und ist einer der wenigen Nutznießer der Abholzung, da sich die Tiere bevorzugt am Rand von Lichtungen aufhalten. Die immergrünen Baumbestände am Nordufer des St. Lorenz beherbergen in großer Zahl Kanadas kleinstes Säugetier, die **Zwergspitzmaus**. Dieser Winzling muss tagtäglich sein Körpergewicht in Form von Nahrung aufnehmen und kann nicht länger als eine Stunde ruhen – wollten die Tiere eine Nacht durchschlafen, würden sie verhungern.

Grasland

Entgegen der landläufigen Vorstellung, das kanadische Binnenland sei eine einzige weite Prärielandschaft mit sich im Wind wiegendem Weizen, umfasst die tatsächliche Prärie nur 10 % des Landes. Der Großteil davon konzentriert sich im äußersten Süden Albertas und Saskatchewans, winzige Ausläufer finden sich auch in Manitoba und British Columbia.

Einst durchzogen zwei üppige Graslandgürtel – Langgras-Prärie im Norden und Kurzgras im Süden – die Region. Mit der Landwirtschaft wurden nicht nur weite Teile von beiden dem Feldbau unterworfen, auch die meisten großen Säugetierarten wie Gabelbock, Schwarz- und Weißwedelhirsch, Wapiti, Wolf, Grizzly, Kojote, Fuchs und Puma wurden dadurch dezimiert.

Den dramatischsten Verlust für dieses Gebiet stellte jedoch das nahezu gänzliche Verschwinden des **Bisons** (oder Büffel) dar, des größten Landsäugers auf dem Kontinent. Der einstige Bestand von geschätzten 45 Millionen Tieren ist heute auf ein paar wenige, frei umherziehende Bisonherden in Kanada zusammengeschrumpft. Es sind sehr imposante Tiere – die durchschnittliche Schulterhöhe eines Bullen beträgt 1,80 m bei einem Körpergewicht von mehr als einer Tonne –, und die frühen Präriesiedler waren von ihrer Größe so beeindruckt, dass sie glaubten, der Bison und nicht das Klima sei für den Schwund des Graslands verantwortlich.

Vormals in fast ebenso großer Zahl vertreten und inzwischen beinahe ebenso selten ist der **Gabelbock**, eine goldbraune Antilopenart. Seine Fähigkeit, Geschwindigkeiten von mehr als 100 km/h zu erreichen, macht den Gabelbock zum schnellsten Landsäugetier des Kontinents. Ebenso schnell wie ausdauernd, verfügt der Gabelbock über lange Beine, ein im Vergleich mit ähnlich gebauten Tieren doppelt so großes Herz und eine erstaunlich weite Luftröhre. Um seinem Atmungsapparat die größtmögliche Menge an Luft zuzuführen, hält er beim Rennen außerdem das Maul offen. Obgleich er einen größeren Hund nicht überragt, hat der Gabelbock größere Augen als ein Pferd und kann damit Raubtiere bereits erspähen, wenn sie noch kilometerweit entfernt sind. Zur bevorzugten Beute der Wölfe und Kojoten sind inzwischen jedoch andere Tiere, die neuen Herrscher der Prärie, geworden – unzählige kleinere Nagetiere wie Taschenratten, Ziesel und Hasen.

Graslandvögel

Vögel haben sich nicht nur an die Trockenheit der Prärie, sondern auch an den Mangel an schützenden Bäumen anpassen müssen, so dass die meisten Arten zu ebener Erde nisten. Viele können darüber hinaus mit einem Minimum an Wasser überleben und ernähren sich vorwiegend von Samen. Andere beschränken ihren Lebensraum auf die vereinzelten Teiche, Seen und Sümpfe, die wichtige Brutplätze für Enten, Lappentaucher, Reiher, Pelikane und Rallen sind. Weitere typische Vögel des Graslands sind die Marmorschnepfe, der Brachvogel sowie Raubvögel wie beispielsweise der **Präriefalke**.

Borealer Nadelwald

Das größte Ökosystem Kanadas – größer als alle anderen zusammen – bildet der boreale Nadelwald, der sich in einem breiten Gürtel zwischen den Wäldern im Osten, dem Grasland und der Tundra im Norden von Newfoundland bis zum Yukon erstreckt und mit Ausnahme von British Columbia weite Gebiete in jeder Provinz einnimmt. Nur bestimmte **Bäume** gedeihen in dieser Zone langer, kalter Winter, kurzer Sommer und saurer Böden. Milliarden von Weiß- und Schwarzfichten (dazu Rotfichten im Osten), Balsamtannen, Gebirgslärchen und Bankskiefern überziehen das Gebiet, hinzu kommen sommergrüne Arten wie Birken, Pappeln und Espen – allesamt ideal zur Holzschliffgewinnung, so dass die borealen Wälder die wichtigsten Lieferanten für die einheimische **Holzindustrie** sind.

Im Hinterland dehnen sich *muskeg* genannte, weite **Sumpfflächen** aus. Diese schlammigen Feuchtgebiete, die weder festes Land noch echte Gewässer bilden, sind ideale Brutstätten für Plagen wie Moskitos und Kriebelmücken – und Kanadas Sumpfflächen erstrecken sich über insgesamt 1,3 Millionen km^2. Hier gedeihen Moose, Krautweiden und vereinzelt sogar Orchideen.

Der boreale Nadelwald bietet nahezu sämtlichen als typisch kanadisch geltenden Tierarten einen Lebensraum, darunter Elch, Biber, Schwarzbär, Wolf und Luchs, außerdem anderen Säugern wie Hirsch, Karibu und Kojote aus den Übergangszonen zur Wald-Tundra im Norden und der Espen-Parklandschaft im Süden.

In Kanada noch zahlreich vertreten ist der **Wolf**, er ist jedoch durch die Jagd und Eingriffe in seinen Lebensraum in den äußersten Norden des borealen Nadelwalds abgedrängt worden. Die ihm zugeschriebene Grausamkeit gründet mehr auf einem Mythos denn auf Tatsachen. Die intelligenten wie scheuen Tiere verletzen höchst selten Menschen, zudem ist es unwahrscheinlich, dass man überhaupt einen Wolf zu Gesicht

bekommt. Lediglich ihr nächtliches Heulen wird in entlegenen Gegenden häufiger zu hören sein. Noch seltener sieht man den **Luchs**, der zu den elegantesten Tieren in den Wäldern des Nordens zählt, einer der wenigen Regionen der Welt, die einer größeren Zahl von Luchsen das Überleben sichern kann: Die Wildkatze beansprucht ein 150–200 km^2 großes Revier für sich.

Biber und Elche

Der **Biber** hingegen ist in den borealen Wäldern ganz Kanadas häufig anzutreffen. Mit seinem Kopf aus dem Wasser ragend, kann man ihn in der Morgen- oder Abenddämmerung über Seen und Flüsse gleiten sehen. Zu den Beweisen seiner legendären Emsigkeit zählen die zu Staudämmen aufgehäuften Holzstämme an Flussläufen und Teichen, abgenagte Stümpfe junger Bäume, die wie angespitzte Bleistifte aussehen, und seine zu Kuppeln aus Schlamm und Stöcken aufgetürmten Höhlenbauten.

Der in ganz Kanada verbreitete **Elch** hält sich gern an Seen, Flüssen und Sümpfen auf, bevorzugt aber vor allem die Nähe sumpfiger Flächen. Die recht plumpen, dafür aber mit einem prächtigen Geweih ausgestatteten Tiere sind die größten Vertreter der Hirschfamilie und begehrtes Jagdwild. Kaum eine Bar im Norden, die sich nicht mit einem Elchkopf schmückt. Dort sind die Chancen, eines dieser ansonsten einzeln und zurückgezogen lebenden Tiere zu sichten, wohl auch am größten.

Vögel der borealen Wälder

In den Feuchtgebieten der Wälder und dem sie umgebenden Unterwuchs finden neben **Enten und Gänsen** auch eine Vielzahl anderer Vögel Schutz, darunter Seetaucher, Lappentaucher und Singvögel. Verbreitet sind darüber hinaus die drei kanadischen Schneehuhnarten – Moor-, Alpen- und Weißschwanz-Schneehuhn –, sowie zahlreiche große **Raubvögel**, darunter der Bartkauz. Viele Vögel des Nordens sind Zugvögel, aber selbst diejenigen, die ihr angestammtes Gebiet nicht verlassen, wie Habichte, Häher, Raben und Wildhühner, wandern meist ein wenig nach Süden und fallen gelegentlich in Scharen in südkanadische Gegenden ein.

Bergwälder

Einen großen Teil Westkanadas bedecken Bergwälder, die je nach Standort und Höhenlage in vier Arten unterteilt werden: Westküstenwald, inneralpiner Regenwald, montaner Wald und subalpiner Wald.

Ergiebige Regenfälle, mildes maritimes Klima, tiefe Böden und eine lange Vegetationsperiode lassen an der **Westküste** die beeindruckendsten Wälder und höchsten Bäume Kanadas gedeihen. Ein Großteil von Vancouver Island sowie der Pazifikküste ist von üppigem, feucht-gemäßigtem **Regenwald** bedeckt. Die dominierenden Baumarten sind Sitkafichte, Lebensbaum, Purpurtanne, Westamerikanische Hemlocktanne, Pazifische Eibe und **Douglasie**. Letztere ist der größte der genannten Bäume und erreicht eine Höhe von mitunter 90 Meter und ein Alter von bis zu 1200 Jahren. All diese Nadelbäume sind jedoch auch wertvolles Nutzholz, und weite Teile dieses Waldes sind vom Kahlschlag bedroht. Die eindrucksvollsten Bestände – nur ein Bruchteil ihrer ursprünglichen Ausdehnung – werden auf den Queen Charlotte Islands und im Pacific Rim National Park auf Vancouver Island geschützt.

Unterhalb des dichten Baldachins der großen Bäume erstreckt sich ein nicht minder prächtiger **Unterwuchs** voller Leben. Sträucher und Büsche wie Salal, Buckelbeere und Kanadischer Hartriegel finden sich dort ebenso wie Moose, Farne, Flechten und Orchideengewächse. Aus der vielfältigen Tierwelt sind allen voran der **Puma** und seine Hauptbeute, der hier heimische, als *Columbian blacktail deer* bekannte **Schwarzwedelhirsch** zu nennen.

Zuhauf lassen sich **Vögel** beobachten, darunter Mönchs-, Orangefleck- und Townsendwaldsänger, seltener auch Kolibris, die aus ihren Winterquartieren in Mexiko in die Gegend kommen, um sich an den zahlreichen nektarreichen Blumen des Waldes gütlich zu tun.

Inneralpiner Regenwald

Inneralpiner Regenwald oder *Columbia forest* nimmt die unteren Lagen (400–1400 m) der inneralpinen Täler und weite Teile der Rocky Mountains in British Columbia ein. Der Baumwuchs ist ähnlich dem in den wärmeren und feuchteren Regenwäldern der Westküste; einzige Besonderheit ist die Sitkafichte, die ansonsten nur selten abseits der Küste gedeiht. Auch der Unterwuchs ist vergleichbar und besteht aus Igelkraftwurz (ein mit besonders heimtückischen Dornen bewehrter Strauch), Azaleen und Schwarzer und Roter Heckenkirsche. Zu häufigen Blumen zählen Roter Türkenbund, Akelei und Kanada-Hartriegel.

Nur wenige Säugetiere leben ausschließlich in den Wäldern. Eine Ausnahme ist das **Rothörnchen**, das eine beliebte Beute von Habichten, Eulen, Kojoten und Wieseln ist. Aber auch größere Räuber durchstreifen die Wälder, allen voran der **Braunbär**, eine im Westen ansässige Unterart des im ganzen Land verbreiteten **Schwärzbären**. Neben dem Kojoten zählt der zähe wie agile, häufig in der Umgebung von Campingplätzen und Mülldeponien anzutreffende Schwarzbär zu den erfolgreichsten Raubtieren des Kontinents. Er hat sich an vielfältige Lebensräume und ein unterschiedliches Nahrungsangebot angepasst, und abgesehen vom Wolf, der gelegentlich Bärenjunge angreift, sind seine einzigen natürlichen Feinde die Jäger. Seltener, aber noch immer der Jagd preisgegeben, ist der berühmt-berüchtigte **Grizzlybär**, ein weitaus größerer und unter Umständen gefährlicherer Geselle mit einem braunen Pelz und einem charakteristischen Buckel. Das Vorkommen des in vielen seiner ursprünglichen Lebensräume ausgerotteten Grizzlybären beschränkt sich weitgehend auf abgelegene Berggegenden der Rockies und der Westküstengebirge, wo er sich in erster Linie von Beeren und Lachs ernährt. Wie alle Bären sind Grizzlys unberechenbar und fühlen sich schnell provoziert – Tipps zur Vermeidung unliebsamer Begegnungen s. S. 45.

Montaner Wald

Die südlicheren und geschützteren Hänge der Rocky Mountains sowie die trockenen Plateaus im Landesinnern British Columbias bedeckt montaner Wald. Hohe Douglasien, Gebirgslärchen, Gelbkiefern und Drehkiefern dominieren den Baumwuchs. Wie ihre östliche Schwester, die Bankskiefer, benötigt die **Drehkiefer** große Hitze,

Wiesen, Wasser, Wälder und weite Berge – Kanadas Landschaften sind Natur pur.

bevor sich ihre Zapfen öffnen und die Samen frei gelassen werden. Infolge der Waldbrände, die den Bau und Betrieb der Eisenbahn begleiteten, haben sich diese Bäume in großer Zahl verbreiten können.

Zahllose Wühlmäuse und kleinere Säugetiere locken **Kojoten** an, deren Jaulen – eine Bekundung territorialer Ansprüche – häufig nachts in Nähe kleinerer Orte zu hören ist. Die Verbreitung der Kojoten reicht trotz massiver Versuche, sie angesichts ihrer Vorliebe für Vieh auszurotten, im Norden bis in den Yukon und in die Northwest Territories, im Osten bis nach Ontario und Québec.

Nur wenige Raubtiere besitzen die Schnelligkeit, es mit Kojoten aufzunehmen. Lediglich dem sich geschmeidig anschleichenden **Puma** oder im Rudel jagenden Wölfen gelingt es, ihn zu erlegen. Die Zahl der Pumas in Kanada ist heute stark dezimiert, die einzigen Regionen, in denen es noch größere Bestände gibt, sind das Landesinnere British Columbias und Vancouver Island.

Den Schutz von Gelbkiefern und Drehkiefern nutzen **Vögel** wie Habichte und Präriebussarde sowie kleinere Arten wie Rubingoldhähnchen, Helmspechte und Kleiber. In den bodennahen Bereichen der Wälder entsprechen Vegetation und Vogelwelt denen der südlichen Prärien – semiariden Regionen mit Beifuß, Feigenkakteen und Horstgräsern, dazwischen unzählige Seen, in denen sich einheimische **Enten** wie Stockenten tummeln. Mitunter lässt sich auch eine Zimtente erspähen, deren begrenzte Ausdehnung Vogelliebhaber nach British Columbia lockt.

Subalpiner Wald

Subalpiner Wald überzieht die Berghänge der Rocky Mountains in Höhen zwischen 1300 und 2200 m und weite Teile British Columbias. Neben Drehkiefer, Weißborkenkiefer, Biegsamer Kiefer, Felsengebirgstanne und Engelmannsfichte, die den Baumwuchs bestimmen, tritt hier auch die **Rocky-Mountains-Lärche**, ein sommergrüner Nadelbaum, der im herbstlichen Farbenspiel für leuchtend gelbe Farbtupfer sorgt, gehäuft in Erscheinung.

Zu den häufigen Tieren dieser Zone zählt der **Wapiti**, ein kräftiges, den Sommer oftmals in großen Herden oberhalb der Baumgrenze verbringendes Mitglied der Hirschfamilie. Im Herbst fällt die Zeit seiner Werbung und Paarung, wobei er dünne nasale Laute ausstößt. Während dieser Zeit sollte man Abstand halten, da brünftige Wapitis zu unberechenbaren Temperamentsausbrüchen neigen.

Zwischen den Wäldern und Bergwiesen wandern kleinere Herden von **Maultierhirschen**. Durch eine kleine Drüse zwischen ihren Hufen hinterlassen sie Duftspuren, mittels derer andere Herdenmitglieder den Anschluss halten.

Zu anderen kleineren Tieren, die vom subalpinen Wald angelockt werden, zählen der Goldmantel-Ziesel und Vögel wie der Kiefernhäher, beide zutrauliche wie neugierige Arten, die häufig in der Umgebung von Campingplätzen nach Speiseresten suchen.

Alpine Zone

Die alpine Zone umfasst Bergregionen oberhalb der Baumgrenze, wozu in Kanada ein Teil der Rocky Mountains, weite Teile British Columbias und große Gebiete des Yukons zählen. Die Pflanzen- und Tierwelt zeigt sich je nach Jahreszeit, Gelände und klimatischen Einflüssen höchst unterschiedlich und ähnelt mitunter jener in Tundra-Gegenden oder Waldgebieten niedrigerer Lagen.

Im Frühjahr überzieht ein unvergleichlicher Teppich aus **Wildblumen** die Gebirgswiesen, darunter Herzblattgewächse, Lilien und Kastilleen *(Indian paintbrush)* und besonders eine Vielzahl gelb blühender Blumen wie Arnika, Fingerkraut und Hundszahnlilie.

Als ausgezeichnete Weideflächen locken die saftigen Wiesen im Sommer Wapitis und Maultierhirsche an, zu ganzjährigen Nutzern zählen u. a. das **Dallschaf**, das ihm verwandte **Dickhornschaf** sowie die bemerkenswerte **Schneeziege**, die wohl zu den robustesten größeren Säugetieren Kanadas gehört. Mit ihren kurzen, kräftigen Beinen und spreizbaren, gegen Abrutschen zusätzlich mit einem Polster ausgestatteten Hufen überwinden Schneeziegen nahezu senkrechte Hänge, um in sicherer Entfernung vor weniger wendigen Raubtieren zu grasen.

Die wie maßlos überfütterte Erdhörnchen wirkenden **Murmeltiere** verbringen bis zu acht Monate im Winterschlaf. Als einziger Feind haben sie den Grizzlybär zu fürchten, der stark genug ist und mit seinen Krallen die geeigneten Werkzeuge besitzt, um sich in ihre Höhlen vorzugraben. Während ihrer aktiven Phase zeigen sie sich mitunter zahm und freundlich und sind dann häufig zufrieden an etwas knabbernd in sonnigen Ecken von Campingplätzen zu sehen. Fühlen sie sich bedroht, stoßen sie einen schrillen, unheimlichen Pfeifton aus.

Den drolligen kleinen **Pika**, einen Verwandten des Hasen, bekommt man seltener zu Gesicht, obgleich seine Betriebsamkeit das ganze Jahr über währt und er sich im Sommer damit beschäftigt, Futter zu horten, das er dann im Winter verzehren kann.

Im Sommer bevölkern zahlreiche **Vögel** die alpine Zone, darunter Schneegimpel, Pieper und Felsengebirgshuhn, aber die wenigsten bleiben auch im Winter.

Eine Ausnahme ist das **Weißschwanz-Schneehuhn**, das sich dank seiner üppig gefiederten Füße und Beine auch in tieferem Schnee noch mühelos fortbewegen kann. Das weiße Winterkleid dient gleichzeitig als Tarnung.

Küstenzonen

Kanada besitzt drei Küstenzonen – eine atlantische, eine pazifische und eine arktische (Mehr zu Letzterer s. Abschnitt „Tundra"). Jede davon ist zu Wasser, zu Lande sowie in der Gezeitenzone von vielgestaltigem Leben bevölkert. Die größte Artenvielfalt eines gemäßigten Gewässers überhaupt bietet die von der aus Japan kommenden Meeresströmung gewärmte Pazifikküste. In der Regel sind es jedoch nicht die „kleinen Fische", die das Interesse auf sich ziehen. Die meisten Besucher kommen wegen der großen Säuger, insbesondere der Wale.

In den pazifischen Gewässern sind **Grauwale** relativ häufig, und oftmals kann man sie vom Festland sichten, wenn sie von Februar bis Mai zum Nordpolarmeer und im September und Oktober zu ihren vor der Küste Mexikos gelegenen Paarungsgewässern ziehen. Der Bestand der einst bis an die Grenze zur Ausrottung gejagten Tiere ist wieder auf eine stattliche Zahl angewachsen.

Ein weiteres Objekt touristischer Begierde sind **Buckelwale**, wohl auch weil diese neugierig sind und den Ausflugsbooten gern folgen, insbesondere aber wegen ihrer akrobatischen Einlagen an der Wasseroberfläche und ihrer langen, eindringlichen „Gesänge". Auch sie waren durch Jäger fast vom Aussterben bedroht und haben trotz der 1996 getroffenen internationalen Vereinbarungen zu ihrem Schutz erst weniger als zehn Prozent ihrer ursprünglichen Populationsstärke erreicht.

Die Gewässer vor der Ostküste von Vancouver Island sind der Lebensraum einer der weltweit größten Populationen von **Orcas** oder **Killerwalen**. Häufig sieht man sie nahe der Küste im Familienverband bzw. in Schulen vorbeiziehen, und meist befinden sie sich dann auf der Jagd nach großen Fischen, was an der Westküste **Lachs** bedeutet. Als einzige Walart ernähren sich Orcas auch von warmblütigen Tieren – daher die Bezeichnung „Killer" – und haben Walrosse, Robben und sogar Mink-, Grau- und Belugawale auf ihrem Speiseplan stehen.

Seeotter, Robben und Seelöwen

Zu den Bewohnern der Westküste zählt daneben der **Seeotter**, der sich von den meisten anderen Meeressäugetieren dadurch unterscheidet, dass er sich mit einem dicken, weichen Pelz anstelle eines Fettpolsters warm hält. Mit einem Fernglas lassen sich diese possierlichen Tiere erspähen, wie sie sich auf dem Wasser treibend auf den Rücken werfen und auf ihrem Bauch Seeigel oder Muscheln mit einem Stein knacken, oder wie sie zwischen Seetang, der ihnen als Halt vor dem Davontreiben dient, eine Weile dösen.

Bärenrobben paaren sich auf Alaskas Pribilof Islands, können während ihrer Wanderungen aber häufig vor der Küste Britisch Columbias gesehen werden.

Wie ihre Verwandten, die ganzjährig zu beobachtenden **Seelöwen**, gehören sie zu den Ohrenrobben, die sich an Land mit Hilfe ihrer kurzen hinteren Extremitäten durch halb ruderndes, halb schiebendes Watscheln fortbewegen.

Faszination Wal: Bei einer Sichtung kribbelt's garantiert.

Beim Schwimmen schlagen sie mit ihren Vorderflossen im Gegensatz zu den fischgleich dahingleitenden Hundsrobben.

Atlantikküste

Der kältere **Atlantik** besitzt im Vergleich zur Pazifikküste eine nicht ganz so große Artenvielfalt, zahlreiche Vögel und größere Säugetiere – insbesondere **Wale** – sind aber beiden gemein. Walbeobachtungstouren sind vor allem nahe Tadoussac, nördlich von Québec, beliebt, hier lassen sich Beluga, Finnwal, Buckelwal und Zwergwale sichten.

Zu den typischen Vertretern am Atlantik zählt die **Sattelrobbe**, eine Hundsrobbenart, die im späten Winter zu ihren Paarungsplätzen vor Newfoundland, im Weißen Meer und in der Grönlandsee zieht. Die meisten der Jungen werden auf dem Packeis geboren und behalten für zwei Wochen einen flauschigen, weißen Pelz, der seit Jahrhunderten bei Jägern größte Begehrlichkeiten weckt.

Tundra

Die Tundra erstreckt sich in einem Gürtel zwischen dem borealen Nadelwald und den arktischen Gewässern über weite Teile des Yukons, der Northwest Territories und Nunavut. Die teils Grassteppe, teils Ödnis umfassende Region ist von starken Winden, bitterer Kälte und tiefer gelegenen Schichten von **Dauerfrostboden** gekennzeichnet, der mehr als 30 % Kanadas einnimmt. Die Tundra ist aber nicht nur die Region des Eises und der Einsamkeit: Die lange Sonnenscheindauer im Sommer und das Auftauen der obersten Bodenschicht verleihen zahllosen Wildblumen die Kraft, sich in einem prachtvollen Blütenteppich zu entfalten, und viele Vogelarten sowie Säugetiere haben sich den Launen des Klimas und der Landschaft angepasst.

Dem Vegetationswuchs hinderlich sind dagegen Staunässe, saure Böden und Dauerfrostboden, der die Ausbildung tiefer Wurzeln verhindert und die Nährstoffe im Eis eingeschlossen hält. **Bäume** wie Birken und Weiden können zwar wachsen, werden aber selten höher als einen Meter. Mehr als 99 % der übrigen Vegetation bestehen aus winterharten Pflanzen wie **Gräsern** und Seggen, kleinen einjährigen Blumen, Moosen, Flechten und Sträuchern. Die meisten haben erfindungsreich Wege entwickelt, wie sie sich gegen die Naturkräfte schützen können: Das hiesige Wollgras beispielsweise wächst in großen isolierten Inselverbänden, innerhalb derer die Temperatur höher ist als die der Umgebung. **Wildblumen** können den scheinbar unfruchtbaren Boden während des kurzen, intensiven Frühlings in ein regelrechtes Blütenmeer aus rotem Steinbrech, gelbem Arktischem Mohn und blauem, in Gruppen wachsendem Himmelsherold verwandeln.

Säugetiere der Tundra

Die tundrischen Gräser stehen mit am Beginn der Nahrungskette und ernähren Säugetiere wie beispielsweise den weißen **Parry-Ziesel**, aus dessen Fell die Inuit Jacken herstellen. Auch **Lemmingen**, die zu den bemerkenswertesten Vertretern der arktischen Fauna zählen, bietet die Vegetation der Tundra Nahrung. Anstatt während des Winters zu schlummern, bleiben sie unter der Schneedecke aktiv und nagen geschäftig an Pflanzentrieben, um täglich das Doppelte ihres Körpergewichts zu vertilgen – eine Menge, die für ihr bloßes Überleben unabdingbar ist. Nicht minder emsig zeigen sie sich in ihrem Paarungsverhalten, wohl auch vor dem Hintergrund, dass ihnen von einer langen Liste von Raubtieren nachgestellt wird. Angeführt wird diese von **Polarfuchs**, Hermelin und Wiesel, aber auch Vögel, Bären und die hier vorkommenden **Wölfe** geben ihnen häufig den Vorzug vor größerer Beute. Infolgedessen hängt von der Populationsstärke der Lemminge das Überleben zahlreicher Tiere ab.

Eine Ausnahme davon bildet das **Karibu**, das zur Familie der Rentiere gehört und von den größeren Säugetieren der Tundra am zahlreichsten vertreten ist. Karibus sind für ihre Wanderungen bekannt, an denen nicht selten mehrere tausend Tiere beteiligt sind und die im März beginnend von ihren Winterquartieren am Rand des borealen Nadelwalds gen Norden führen, wo die Weibchen ihre Jungen zur Welt bringen. Der genaue Grund dieser Wanderungen ist bis heute unklar. Mit Sicherheit verhindern sie jedoch das übermäßige Abweiden der empfindlichen Moose und Flechten der Tundra. Wahrscheinlich schütteln die Karibus dadurch aber auch einige der Wölfe ab, die die Herde ansonsten im Visier hätten (Wölfe müssen zur selben Zeit im Süden Höhlen finden, wo sie ihre Jungen werfen können). Der Zeitplan der Karibus ist zudem so abgestimmt, dass die Jungtiere vor Ankunft der Mückenschwärme geboren werden, denen ebenso viele Kälber zum Opfer fallen schon wie den Raubtieren – ein ausgewachsenes Karibu kann in einer Woche bis zu einem Liter Blut an die saugenden Insekten verlieren.

Als zweites größeres Säugetier der Tundra ist der **Moschusochse** zu nennen, ein bulliger, zotteliger Pflanzenfresser und enger Verwandter des Bisons. Bei drohender Gefahr formieren sich die Tiere zu einer Reihe oder zu einem Kreis – als Verteidigung gegenüber Wölfen ideal, nicht aber im Falle von Jägern, die bis zur Verhängung entsprechender Schutzmaßnahmen den Moschusochsen auszulöschen drohten. Heute zählen die in Kanada in freier Wildbahn lebenden Herden zu den größten weltweit, allerdings werden Moschusochsen wie auch Karibus von den Inuit nach wie vor zum Zwecke der Nahrungsbeschaffung und ihrer Felle wegen gejagt.

Vögel der Tundra

Von den ca. 100 **Vogelarten** der Tundra sind die meisten Zugvögel. Drei Viertel davon sind Schwimmvögel, und diese Gruppe trifft als erste ein, um die Ströme, Marschen und kleinen Seen, die das Schmelzwasser der auftauenden Oberfläche bildet, zu nutzen. Die arktischen Feuchtgebiete dienen zahlreichen Schwänen, Gänsen und Enten wie auch dem auf kanadischen Ein-Dollar-Münzen verewigten **Eistaucher** als Brutplätze. Besonders spezialisiert unter den zeitweiligen Gästen ist der **Halsbandwassertreter**, der sich von Wasserinsekten und Plankton ernähren kann.

Auf eine beeindruckendere Leistung kann jedoch die **Küstenseeschwalbe** verweisen, deren 32 000 km weiter Weg aus der Antarktis und zurück die längste alljährlich unternommene Wanderstrecke irgendeines irdischen Lebewesens ist.

Die meisten der restlichen Vogelarten sind Aasfresser, wie z. B. der Rabe, oder Raubvögel wie der **Gerfalke**, der der größte existierende Falke ist und Polarhasen sowie Schneehühner jagt. Raubmöwen sowie andere Möwenarten und Eulen sind beim Nahrungsangebot überwiegend auf die Lemminge angewiesen.

Ausgehend von Plankton und Algen führt die tierische Nahrungskette an der arktischen Küste über kleine Krustentiere, Muscheln, Seegurken und Seeigel, Kabeljau, Ringelrobben, Bartrobben und Belugawale und endet bei den **Eisbären** – den vielleicht imposantesten Lebewesen der Tundra. **Zugvögel** besuchen diese Region besonders häufig, vor allem nahe Nunaluk Spit an der Yukon-Küste, einem Korridor und Rastplatz für Millionen von z. B. Seetauchern, Schwänen, Gänsen und Regenpfeifern.

Geschichte

Das erst seit 1949 in seiner gegenwärtigen Form geeinte Kanada ist kein Land, das aus einer einheitlichen nationalen Entwicklung hervorgegangen ist. Um die Entstehung der heutigen Nation nachzuzeichnen, gilt es vielmehr verschiedene miteinander verflochtene Geschichtssträne zurückzuverfolgen. So verfügt nicht nur jede einzelne Provinz über einen hohen Grad an Eigenständigkeit, auch die verschiedenen Gruppen der Ureinwohner besitzen ein Erbe, das nicht so leicht in die Geschichte des „weißen", europäischen Kanada integriert werden kann. Ein solch komplexes Mosaik verbietet jegliche Verallgemeinerung – zudem sind sich die Kanadier selbst über das Wesen ihrer Identität nach wie vor nicht ganz im Klaren. Im Folgenden soll jedoch ein Überblick über die wichtigsten Ereignisse und Zusammenhänge gegeben werden.

Frühgeschichte

Die Vorfahren der nordamerikanischen **Ureinwohner** kamen vor rund 25 000 Jahren zu einer Zeit auf den Kontinent, als riesige Gletscher einen Großteil Nordamerikas bedeckten. Es ist durchaus denkbar, dass die ersten Ankömmlinge, wahrscheinlich waren es sibirische Nomaden, die Landbrücke zwischen Asien und dem heutigen Alaska überquerten, um Mammuts, Wollnashörner, Bisons, Wildpferde und Faultiere zu jagen. Abgesehen von einigen schlichten Gräbern und gefurchten, steinernen Speerspitzen, nach deren Form sie den Namen *Fluted Point People* erhielten, gibt es kaum Spuren dieser frühen Bewohner. In mehreren Wanderungswellen zogen sie Richtung Süden durch Nordamerika und erreichten schließlich die Südspitze Südamerikas. Im Zuge ihrer Sesshaftigkeit brachten sie allmählich eigene Kulturen und Sprachen hervor, deren Entwicklungsgrad von den Gegebenheiten ihrer Umgebung abhing.

Ungefähr 3000 v. Chr. erreichte eine weitere Wanderungswelle aus Asien den nordamerikanischen Kontinent. Es waren die ersten **Inuit**, die mit Fellbooten oder zu Fuß den Weg über das winterliche Eis der heutigen Beringstraße zurücklegten: Die einstige Landbrücke lag durch den gestiegenen Meeresspiegel unter Wasser. Innerhalb der folgenden tausend Jahre verbreiteten sich die Inuit über den gesamten Norden des Kontinents, stießen im Osten bis nach Grönland vor und verdrängten die früheren Bewohner. Diese ersten Inuit – heute in Anlehnung an Cape Dorset auf Baffin Island, wo Archäologen in den 1920er-Jahren erstmals Zeugnisse ihrer Besiedlung fanden, **Dorset-Eskimos** genannt – wurden von der nächsten Welle nachziehender Inuit absorbiert oder ausgelöscht. Diese durchquerten vor 3000 Jahren den Kontinent und schufen die **Thule-Kultur**, so benannt nach dem griechischen Wort für den äußersten Norden der Welt, und sind die direkten Vorfahren der heutigen Inuit.

Urbevölkerung

Vor Ankunft der Europäer waren die kanadischen Ureinwohner – ca. 300 000 an der Zahl – in drei große Sprachfamilien unterteilt: Algonkisch, Athapaskisch (vorwiegend im Norden und Westen) sowie Inuktitut (Inuit). Innerhalb dieser Gruppen gab es eine Vielzahl verschiedener Kulturen. Keines der Völker besaß eine Schriftsprache, das Rad war ihnen unbekannt und ihr größtes Zugtier war bis zur Einführung des Pferdes durch die Spanier der Hund. Dessen ungeachtet entwickelten die einzelnen Stämme im Lauf der Jahrhunderte jedoch Techniken, die ihnen das Überleben sicherten. Kurz vor dem Eintreffen der Europäer ließen sich in Kanada eine Vielzahl verschiedener Kulturareale unterscheiden. Im äußersten Norden lebten die nomadischen **Inuit**, deren bestimmende soziale Einheit die Familie darstellte – gerade groß genug, um in der schwierigen Umgebung zu überleben. Das damit eng umschränkte Lebensumfeld der Inuit verhinderte die Entstehung politischer Strukturen, und sie kamen nur dann in größeren Gruppen zusammen, wenn die Beschaffung von Nahrung dies erforderte, beispielsweise wenn die Seesaiblinge zum Laichen vom Meer stromaufwärts schwammen oder die Karibus durch die Region zogen.

Unmittelbar südlich des Gebiets der Inuit lebten in einem Streifen, der von der Küste Labradors über den Kanadischen Schild bis in den Norden British Columbias reichte, die Stämme der nördlichen Wälder. Auch ihr Lebensraum war höchst unwirtlich, so dass diese Völker ebenfalls zumeist in kleinen nomadischen Gruppen dem Weg der Tiere, die ihnen Nahrung lieferten, folgten. Tatsächlich waren die Unterschiede zwischen den einzelnen Stämmen zum großen Teil durch die verschiedenen Tierarten bedingt, die sie jagten: Die **Naskapi** fischten und gingen an der Küste Labradors auf Robbenjagd, die **Chipewyan**, die im Grenzland zwischen Tundra und Wald westlich der Hudson Bay lebten, jagten überwiegend Karibus, die südlich der Chipewyan, entlang dem Churchill River jagenden **Wood Cree** stellten Rotwild und Elchen nach, und die **Tahltan** in British Columbia wechselten je nach Jahreszeit zwischen der Jagd und dem Fischen.

Wie auch bei den Inuit waren politische Strukturen bei diesen Gruppen kaum ausgebildet, und obwohl ältere Männer einen gewissen Respekt genossen, gab es keine europäischen Vorstellungen entsprechenden „Häuptlinge". Entscheidungen wurden meist kollektiv gefällt,

wobei die Meinung erfolgreicher Jäger – den Garanten des Überlebens – ebenso großes Gewicht besaß wie die der Schamanen, deren Hauptfunktion es war, die Geister, die ihrem Glauben nach jedem Lebewesen und jedem leblosen Objekt in ihrer Umgebung innewohnten, zufrieden zu stellen.

Völker der irokesischen Sprachfamilie

Im weitaus milderen Klima des kanadischen Südens, vom St.-Lorenz-Strom über die Nordufer der Großen Seen bis in den Süden British Columbias, bildeten die Urvölker Kanadas ihre am weitesten entwickelten Kulturen aus. An den Ufern des St.-Lorenz-Stroms und der Großen Seen lebten die Irokesisch sprechenden Völker, die sich in drei Stammeskonföderationen unterteilten: die **Fünf Nationen**, die **Huronen** (S. 177) und die **Neutrals**. Alle drei Gruppen bauten Mais, Bohnen und Kürbisse in einem landwirtschaftlichen System an, das ihnen ein sesshaftes Leben ermöglichte – oftmals in Gemeinschaften von mehreren hundert Mitgliedern. Die Gesellschaft der Irokesen war in matriarchalische Clans untergliedert, deren Angelegenheiten von einer Ältesten geregelt wurden. Der Clan teilte sich ein Langhaus, und wenn ein Mann heiratete (stets außerhalb seines eigenen Clans), zog er in das Langhaus seiner Frau um. Die Stammesoberhäupter (**sachem**) waren zwar Männer, wurden aber von den weiblichen Ältesten des Stammes ausgewählt, und sie mussten einem bestimmten Geschlecht angehören, das traditionell den Rang eines *sachem* weitervererbte. Die irokesische Gesellschaft besaß auch eine nicht geringe Kampfeslust: Mit einer sicheren Nahrungsreserve für den Winter im Rücken konnten die Irokesen problemlos lange, zermürbende Stammeskriege führen. Die liebsten Feinde der Fünf Nationen waren die Huronen, die sie fast ständig bekriegten.

Ojibwa, Prärievölker und Völker der Westküste

Westlich der Irokesen lebten in dem Gebiet zwischen dem Lake Superior und dem Lake Winnipeg die **Ojibwa**, Waldjäger, die von den

Irokesen den Anbau von Mais lernten und daneben Wildreis ernteten, der an den Seeufern in der Region wuchs. Weiter westlich waren die Völker der **Blackfoot-Konföderation** ansässig: die Stämme der **Piegan**, **Blackfoot** und **Blood**. Der Lebensunterhalt dieser letztgenannten Gruppierung stützte sich auf den Büffel (oder Bison). Sein Fleisch wurde verzehrt, seine Haut lieferte Kleidung und ein Dach über dem Kopf, die Knochen wurden zu Werkzeugen verarbeitet, die Sehnen eigneten sich ideal als Bogensehnen und die Hufe wurden eingeschmolzen, um als Klebstoff zu dienen. Im späten 17. Jh. wandelten sich die Jagdtechniken dieser Prärievölker mit dem Auftauchen des Pferdes, das entweder wild oder durch Handel aus Mexiko, wo es von den spanischen Konquistadoren eingeführt worden war, in die Region gelangte. Mit dem Pferd wurde der Bison zur leichten Beute und wie bei den Irokesen setzte die Entwicklung einer militärischen Kultur ein, in deren Zentrum der Mut junger Stammeshelden stand. An der Pazifikküste beheimatete Stämme wie die **Tlingit** und **Salish** wurden vom Meer mit einem reichen Nahrungsangebot versorgt. Innerhalb der Stämme gab es allerdings kaum einen Zusammenhalt, und selbst zwischen verschiedenen Dörfern desselben Stammes kam es mitunter zu kämpferischen Auseinandersetzungen. Die rituelle und kulturelle Vielfalt dieser Stämme spiegelte sich beispielsweise in ihrer herausragenden Holzschnitzkunst wider, welche in den **Totempfählen** (oder genauer: Hauspfählen), die im 19. Jh. kolossale Größe erreichten, ihren augenfälligsten Ausdruck fand.

Ankunft der Europäer

Der erste belegte Kontakt zwischen Europäern und den Ureinwohnern Nordamerikas geht ungefähr auf das Jahr 1000 n. Chr. zurück, als **Wikinger** mit Schiffen von Grönland aus die atlantische Gestade, wahrscheinlich im Gebiet Newfoundlands, erreichten. Der Aufenthalt sollte von recht kurzer Dauer sein. In isländischen Sagen heißt es, dass sich die Wikinger aus dem Gebiet, dem sie den Namen Vinland gaben, aufgrund der Feindseligkeit, die ihnen die Einheimischen entgegenbrachten, wieder zurückziehen mussten.

Gesicherter ist die Geschichte des Jahres 1492, als **Christoph Kolumbus** sich daranmachte, einen Seeweg gen Westen nach Asien zu suchen. Stattdessen gelangte er zu den Westindischen Inseln, aber seine „Entdeckung" der Inseln, die, wie man glaubte, vor der Küste Indiens lagen, spornten andere europäische Monarchen dazu an, eigene Entdeckungsreisen zu finanzieren. 1497 stach **John Cabot** im Auftrag des englischen Königs Heinrich VII. Richtung Westen in See und erreichte Newfoundland und Cape Breton Island. Bei seiner Rückkehr berichtete er von den mit Kabeljau gesegneten Gewässern vor der Küste Newfoundlands und seine weit verbreitete Kunde setzte in Folge die neufundländische Kabeljaufischerei in großem Stil in Gang. Keine 60 Jahre später unternahmen alljährlich bis zu 400 britische, französische und spanische Fischereischiffe die Reise zur Insel ins fischreiche Gebiet der Grand Banks. Schon bald richteten einige der Fischer Landposten ein, um ihren Fang trocknen zu lassen, bis sie auch begannen dort zu überwintern und damit den Grundstein für die Besiedlung der Insel legten. Gegen Ende des 16. Jhs. hatten die Briten und Franzosen den Handel mit Kabeljau weitgehend unter sich aufgeteilt, und Newfoundland wurde zu einem frühen Zankapfel britisch-französischer Rivalitäten, bis sich England schließlich 1713 im **Frieden zu Utrecht** die Kontrolle über die Insel sicherte.

Neufrankreich

In der Zwischenzeit unternahm **Jacques Cartier** 1535 in der Hoffnung, nach Asien zu gelangen, für die französische Krone eine Reise den St.-Lorenz-Strom entlang. Stattdessen aber traf er auf die Irokesen: zunächst in Stadacona, heute Québec, und später in Hochelaga, heute Montréal. Beide Male wurden die Franzosen freundlich aufgenommen, das Wohlwollen der Irokesen schlug jedoch um, als Cartier einen ihrer *sachems* (S. 74) nach Frankreich verschleppte. Eine Zeit lang verhinderten die Irokesen die weitere Erkundung des

St. Lorenz, später jedoch gaben sie ihre Dörfer am Flussufer auf, so dass der Weg für die französischen Händler flussaufwärts zu den Pelzen, die Saisonfischer dort als Zweiteinkommen verkauften, frei war.

Der einsetzende **Pelzhandel** weckte das Interesse des französischen Königs, der 1603 **Samuel de Champlain** mit der kartografischen Erfassung des St. Lorenz beauftragte. Zwei Jahre später gründete Champlain im heutigen Nova Scotia **Port-Royal** (S. 411), das die Hauptstadt von **Akadien** (Acadie) wurde, einer Kolonie, die mit ihrer landwirtschaftlichen Prägung schon bald fernab des Hauptinteresses französischer Kolonialbestrebungen entlang dem St. Lorenz liegen sollte. Dort, im Herzen Neufrankreichs, gründete Champlain auf einer späteren Expeditionsfahrt im Jahr 1608 die Siedlung **Québec** und verbündete die Franzosen zum Zwecke der Ankurbelung des Pelzhandels mit jenen indianischen Stämmen, die er für die wahrscheinlichen Hauptlieferanten hielt. In der Praxis bedeutete dies, sich auf die Seite der Huronen gegen die Fünf Nationen zu stellen – eine Entscheidung, die deren traditionelle Feindschaft verstärkte. Der Pelzhandel zerstörte darüber hinaus das Gleichgewicht zwischen den Stämmen: Einer nach dem anderen erhielt als Gegenleistung für die Felle die neuesten Musketen, Eisenäxte und Messer, wodurch deren Feinde zur Wiederherstellung des Kräfteverhältnisses ihrerseits in den Pelzhandel getrieben wurden. Eine schreckliche Folge solch europäischer Intervention war die **Ausrottung der Huronen** im Jahr 1648 durch die Fünf Nationen, die von holländischen Kaufleuten am Hudson River mit Waffen ausgerüstet worden waren.

Neufrankreich nimmt Form an

Während unter den indianischen Völkern das völlige Chaos regierte, nahm das gesellschaftliche Gefüge Neufrankreichs Formen an. Auf dem Farmland am St. Lorenz wurde ein für die Neue Welt adaptiertes Feudalsystem aus Land besitzenden Seigneurs und *habitants* genannten Siedlern praktiziert, und von Montréal aus unternahm man die Erweiterung der Pelzgründe bis tief ins Landesinnere. Viele Pelzhändler begannen indianische Kleidung zu tragen, erlernten die Sprachen der Ureinwohner und nahmen sich aus den Stämmen, deren Gebiete sie durchquerten, Ehefrauen. Aus diesen Verbindungen ging das gemischtrassige Volk hervor, das als **Métis** bekannt ist. Die Pelze, die sie zurück nach Montréal brachten, wurden zunächst flussabwärts nach Québec verschifft, bevor sie ihre Weiterreise nach Frankreich antraten. Der weiße Bevölkerungsanteil in der französischen Kolonie blieb jedoch relativ klein, 1713 gab es nur ungefähr 18 000 Neufranzosen. Im Hinblick auf die zunehmende britische Präsenz stellte dies eine gefährliche Schwäche dar.

Beginn der britischen Herrschaft

1670 hatte der englische König Karl II. die **Hudson's Bay Company** (s. Kasten) gegründet und ihr die Kontrolle über ein fast vier Millionen Quadratkilometer umfassendes, an die gleichnamige Bucht angrenzendes Gebiet gegeben, welches nach seinem Onkel den Namen **Rupert's Land** erhielt. Vier Jahre später nahmen die Briten die holländischen Besitzungen im Hudson River Valley ein und hatten Neufrankreich damit in die Zange genommen. Langsam zogen die Briten ihr Netz immer weiter zu: 1713 übernahmen sie Akadien und benannten es in **Nova Scotia** um, 1755 folgte die Deportierung der französischsprachigen Farmer aus dem Gebiet. Als 1756 der Siebenjährige Krieg ausbrach, versuchten die Franzosen die Briten zu überlisten und auf dem Weg über die Großen Seen das Gebiet westlich der britischen Kolonien einzunehmen, um ihre Widersacher dann mit Hilfe der indianischen Verbündeten an die Küste zurückzudrängen. Durch den Einsatz ihrer überlegenen Seestreitkräfte konnten die Briten den Krieg jedoch für sich entscheiden. Es war eine große Flotte unter dem Kommando von **General James Wolfe**, die 1759 den St. Lorenz stromaufwärts segelte und völlig überraschend die Plaines d'Abraham überrannte und Québec besetzte. Wenige Monate später fiel Montréal. Damit war das Ende der französischen Kolonialherrschaft in Nordamerika besiegelt, wenngleich Louisiana bis zum Verkauf durch Napoleon 1803 in französischer Hand blieb.

1661 erreichten die beiden Franzosen **Medard Chouart des Groseilliers** und **Pierre-Esprit Radisson** auf dem Landweg die Südspitze der Hudson Bay und erkannten es als dasselbe Binnenmeer, das bereits von früheren Forschern beschrieben worden war. Mit Fellen beladen kehrten sie zum St.-Lorenz-Strom zurück, wo sie der französische Gouverneur wegen Fallenstellens ohne Lizenz verhaften ließ. In ihrem verständlichen Ärger boten sie ihre Dienste den Engländern an, und Prince Rupert, ein Cousin Charles II., überredete den König zur Finanzierung und Ausrüstung zweier Schiffe, der *Eaglet* und der *Nonsuch*. Nach einer Mammutreise kehrte die *Nonsuch* mit einer fantastischen Pelzladung zurück und wurde damit indirekt zum Auslöser für die Gründung der Hudson's Bay Company durch Charles II. am 2. Mai 1670. Die Company erhielt weitreichende Privilegien, einschließlich der exklusiven Handelsrechte im Bereich der Hudson-Bay-Wasserscheide, die fortan **Rupert's Land** hieß.

Bis 1760 waren **Handelsposten** an den Mündungen aller größeren Flüsse in die Hudson Bay errichtet. Die Forts wurden von **Kommissionären** geleitet, die ihre Anweisungen aus London erhielten. Diese Befehle gingen jedoch oftmals an der Realität vorbei und basierten auf dem Konzept, dass die Ureinwohner die Felle „frei Haus" an die Handelsposten lieferten – das genaue Gegenteil zur Arbeitsweise der in Montréal beheimateten North West Company, deren größtenteils frankophone Mitarbeiter Monate in der Wildnis verbrachten, um dort mit den Indianern zusammenzuarbeiten. Es entbrannte eine heftige Rivalität zwischen den beiden Handelsgesellschaften, die sich über den gesamten nördlichen Kontinent erstreckte und

sich gelegentlich auch in Gewalt entlud. 1821 erzielten die beiden Konzerne einen Kompromiss und schlossen sich zusammen. Der Name Hudson's Bay Company wurde beibehalten, und das britische Parlament gewährte dem neuen Unternehmen ein Handelsmonopol von der Hudson Bay bis zum Pazifik.

Das umfangreiche **Handelsmonopol** erfüllte die lokalen Händler mit großer Verbitterung. In einem Prozess von historischer Bedeutung befand 1849 ein Gericht der Provinz Manitoba einen Métis-Händler für schuldig, das Monopol gebrochen zu haben, weigerte sich aber gleichzeitig, ihn bestrafen zu lassen. Danach war der Würgegriff der HBC auf den Pelzhandel – wenn nicht per Gesetz, so doch in der Praxis – ein für alle Mal Geschichte. Überhaupt erschienen die regierungsähnlichen Befugnisse der HBC immer mehr als Anachronismus, und als ein Offizieller der Company, **James Douglas**, 1858 Gouverneur von British Columbia wurde, zwang ihn die britische Regierung zum Rückzug aus der HBC. Das war der Anfang vom Ende der kolonialen Quasi-Herrschaft der Company.

1869 trat die HBC Rupert's Land an die kanadische Regierung ab. Im Gegenzug erhielt sie Geld, und – noch wesentlich wichtiger – sie behielt den Anspruch auf die Ländereien, auf denen ihre Handelsposten standen, sowie ein Zwanzigstel des zur Besiedlung geeigneten, fruchtbaren Landes. Angesichts der Tatsache, dass die Handelsposten häufig die Keimzelle neuer Städte im Westen bildeten, war dies ein ausgesprochen schlechter Handel für Kanada – und ein glänzender für die HBC. So entwickelte sich die Company zu einem wichtigen Immobilien- und Einzelhandelskonzern und hält sich als solcher bis heute erfolgreich auf dem Markt.

Folgen für die Ureinwohner

Für die indianischen Völker war das Ende des Konflikts eine zweifelhafte Angelegenheit. Im gleichen Maße wie der Krieg die Stämme zu begehrten Verbündeten gemacht hatte, hatte er

auch deren traditionelles Kräftegleichgewicht untereinander zerstört und europäische vor indianische Interessen gestellt. Der sich am Ende des Krieges abzeichnende Wandel löste 1763 einen **Aufstand der Ottawa** aus, bei dem deren Oberhaupt **Pontiac** einen erfolglosen Angriff auf

Detroit anstrengte, in der Hoffnung, die Franzosen wieder in ihre alte Position zu bringen und den Vormarsch der britischen Siedler aufzuhalten. Von dem Verlangen nach einer stabilen Wirtschaft geleitet, reagierte die britische Krone mit einer Proklamation, die die Rechte der Ureinwohner auf ihr Land bekräftigte und das Gebiet westlich der Appalachen und der Großen Seen als „indianisches Territorium" auswies. Obgleich Kolonialgouverneure angewiesen wurden, unrechtmäßiges Eindringen in „indianisches Land" zu unterbinden, zeigte die Proklamation in der Realität kaum Wirkung und gewann erst im 20. Jh. wirklich an Bedeutung, als sie zur Grundlage indianischer Forderungen wurde, für das unrechtmäßig konfiszierte Land entschädigt zu werden.

Die Canadiens

Ein weiteres großes Problem der Briten in den 60er-Jahren des 18. Jhs. war die Frage, wie man den französischsprachigen **Canadiens** des einstigen Neufrankreichs begegnen sollte. Der Begriff Canadiens wurde zur Unterscheidung von einheimischen und in Frankreich geborenen Siedlern verwendet. Letztere kehrten der Kolonie nach der britischen Übernahme in der Mehrzahl den Rücken. Ursprünglich hoffte die britische Regierung die Provinz zu anglisieren und die französischsprachige Bevölkerung durch den massiven Zustrom englischsprachiger Protestanten zu vertreiben. Die gewünschte Abwanderung fand jedoch nicht statt, und während die Unzufriedenheit darüber in den amerikanischen Kolonien wuchs, erkannte der zweite englische Gouverneur Québecs, **Guy Carleton**, dass die Loyalität der Canadiens von grundlegender Bedeutung war. Um sich diese zu sichern, machte Carleton der französischsprachigen Bevölkerung der Region im **Québec Act** von 1774 Zugeständnisse: Katholiken war es gestattet, öffentliche Ämter zu bekleiden, das System der Seigneurs hatte weiter Bestand und die römisch-katholische Kirche durfte den Zehnten erheben. Immerhin wurde dies zu einer Zeit eingeräumt, als sich die Katholiken in Großbritannien noch fern jeder politischen Emanzipation befanden.

Zeit der Wanderungen

Der Erfolg von Carletons Politik zeigte sich während des **amerikanischen Unabhängigkeitskrieges** (1775–83) und des 2. Unabhängigkeitskrieges von 1812. Die Canadiens verweigerten sich zwar einer freiwilligen Beteiligung an den Truppen der Krone, gleichzeitig verschlossen sie aber auch die Ohren vor dem Aufruf der Amerikaner. Zweifellos spielte dabei das Kalkül, als eigenständige kulturelle Gruppe wohl eher unter den Briten als im Verbund der englischsprachigen Vereinigten Staaten überleben zu können, eine Rolle.

Unmittelbar nach dem amerikanischen Unabhängigkeitskrieg breitete sich die Bevölkerung aus den noch verbliebenen Gebieten Britisch-Nordamerikas rasch sowohl nach „Kanada" – das die jetzigen Provinzen Québec und Ontario umfasste – als auch in die separaten Kolonien New Brunswick, Nova Scotia, Prince Edward Island und Newfoundland aus. Die erste größere Wanderungswelle schwappte aus den Vereinigten Staaten mit 40 000 Loyalisten, den **United Empire Loyalists** Richtung Norden, um dort weiter unter britischer Zuständigkeit zu bleiben. Von diesen machten sich nur 8000 auf den Weg nach Nova Scotia und New Brunswick, der Rest ging in den Westen Québecs, wo der Grundstein für die spätere Provinz Ontario gelegt wurde. Zwischen 1783 und 1812 verdreifachte sich die Zahl der Bevölkerung im damaligen Kanada auf 330 000 Einwohner, wobei ein großer Teil des Zuwachses das Ergebnis der sogenannten *revanche du berceau* („Rache der Wiege") war – ein vom katholischen Klerus bestärkter Versuch, die englischsprachige Bevölkerung durch erhöhte Geburtenziffern zu überflügeln.

Der Krieg von 1812

Spannungen zwischen Großbritannien und den Vereinigten Staaten schreckten aber potenzielle Kolonisten noch immer ab; ein Problem, das mit dem **Krieg von 1812** gelöst wurde. Keiner der beiden Kontrahenten war stark genug, um zu siegen, mit dem Frieden von Gent im Jahr 1814 erkannten die Amerikaner jedoch die Legitimation Britisch-Nordamerikas an, dessen Grenze auf den **49. Breitengrad** westlich des

Lake of the Woods (im heutigen Nordontario) bis zu den Rocky Mountains festgelegt wurde. In Folge stieg die Zahl der Einwanderer steil an, vor allem in den 40er-Jahren des 19. Jhs., in denen Wirtschaftskrisen und Versorgungsnöte in Großbritannien sowie die Hungersnot in Irland so viele Menschen ins Land brachten, dass selbst die Anstrengungen der fruchtbaren Canadiens vergebens waren. Zwischen 1815 und 1850 strömten mehr als 800 000 Einwanderer nach Britisch-Nordamerika. Das Ziel der meisten war „Oberkanada", das später Ontario heißen sollte und allein im Jahr 1832 66 000 Neuankömmlinge aufnahm. Angesichts dieser Zuwanderungswelle wurden fieberhaft neue Siedlungen gebaut, doch der Bedarf an Land ließ sich nicht schnell genug decken. So wurden in der Folge viele indianische Gruppen in offenem Widerspruch zur Proklamation von 1763 enteignet. Bis 1806 hatten sie ein Gebiet von nahezu 20 000 km^2 verloren.

Teilung und Union Kanadas

Das wirtschaftliche Wachstum zu Beginn und in der Mitte des 19. Jhs. ging in erster Linie von den Englisch sprechenden Händlern aus, die den inzwischen hauptsächlich über Montréal abgewickelten Pelzhandel in Form der **North West Company** kontrollierten. Im Streben nach politischen Veränderungen, die ihre wirtschaftliche Stellung stärken würden, wollten sie eine eigene gesetzgebende Versammlung und die universelle Anwendung englischen Rechts, was für die französischsprachige Bevölkerung inakzeptabel war.

Mit dem **Canada Act** teilte die britische Regierung 1791 das Gebiet in **Ober- und Unterkanada** (Upper und Lower Canada) und zog entlang dem Lauf des Ottawa River die Grenze zwischen den beiden Sprachgruppen. In Unterkanada wurde das französische Rechtssystem beibehalten, und auch am Anrecht der katholischen Kirche auf die Kirchensteuer, den Zehnten, wurde nicht gerüttelt, während in Oberkanada das englische Common Law eingeführt wurde. Beide neuen Provinzen besaßen eine gewählte Volksvertretung, allerdings musste diese

sich ihre begrenzte Macht jeweils mit einer vom Gouverneur der Provinzen ernannten Versammlung und einem Exekutivrat teilen. Diese Regelung gestattete es den gewählten Vertretern zwar, zum zentralen Sprachrohr der Opposition zu werden, verdammte sie jedoch letztlich zu hilfloser Ohnmacht. Gleichzeitig spann die Elite der Kaufleute ein Netz der Macht und des Einflusses um die ernannten Provinzregierungen. In Oberkanada wurde dieses oligarchische Bündnis „**Family Compact**", in Unterkanada „**Château Clique**" genannt.

Parlamentarische Demokratie

Bis Ende der 30er-Jahre des 19. Jhs. hatte sich eine starke Opposition gegen diese Cliquen formiert. In Oberkanada forderte die von **William Lyon Mackenzie** angeführte **Reformbewegung** eine Regierung, die einer breiten Wählerschaft verantwortlich sein sollte, sowie die Ausweitung finanzieller Hilfen für Kleinfarmer. 1837 war sowohl bei Mackenzie als auch beim Reformführer Unterkanadas, **Louis-Joseph Papineau**, der Unmut derart gewachsen, dass sie den Weg der offenen Revolte suchten. Zwar blieben beide erfolglos und wurden ins Exil in die Vereinigten Staaten gezwungen, doch erkannte die britische Regierung die Notwendigkeit effektiver Reformen und verabschiedete 1840 den **Act of Union**. Mit diesem wurden Unter- und Oberkanada vereinigt und mit einer einzigen gewählten Volksvertretung ausgestattet.

Grundlage dieses Arrangements war die Auffassung, dass die Frankokanadier ohne angelsächsische Führung nicht zur Demokratie fähig wären. Immerhin bestand die Volksvertretung aus der gleichen Zahl von Repräsentanten für Canada East und Canada West – dem alten Unter- und Oberkanada. Einige Jahre später verwirklichte diese neue Volksvertretung eher zufällig den Grundsatz der parlamentarischen Kontrolle der Regierung: 1849 verabschiedete die Reformpartei, die die Mehrheit der Sitze innehatte, ein Gesetz über Entschädigungen für die im Zuge der Rebellionen von 1837 verursachten Schäden. Der Generalgouverneur Lord Elgin war dagegen, legte aber sein Veto nicht ein – so dass eine kanadische Regierung erstmals kraft der Abstimmung einer gewählten Volksvertretung und nicht auf Weisung der britischen Krone handelte.

Bildung von Liberal und Conservative Party

Die Reformpartei, die ihr Entschädigungsgesetz durchsetzte, zählte sowohl französisch- wie englischsprachige Mitglieder und repräsentierte in erster Linie kleine Farmer und Geschäftsleute, die gegen die Macht der Cliquen opponierten. In den 50er-Jahren des 19. Jhs. ging aus dieser Gruppierung die kanadische **Liberal Party** hervor. Dieses Bündnis brach jedoch auseinander, als in den 60er-Jahren des 19. Jhs. in Canada West die „Clear Grits" auftauchten, die „wahrhaftig gesinnten" Liberalen. Die Grits machten sich für ein Parlament stark, das die jeweilige Bevölkerungsstärke widerspiegeln sollte, das heißt anstatt der gleichen Zahl Volksvertreter für beide Hälften Kanadas verlangten sie auf Einwohnerzahlen beruhende Wahlkreise. Angesichts der Überzahl der englischsprachigen Einwohner wurde diese Forderung als eine direkte Bedrohung vieler Institutionen Französisch-Kanadas gesehen, so dass zahlreiche Frankokanadier dazu übergingen, die **Conservative Party** zu unterstützen, und die radikale Kraft in Canada East, die **Parti Rouge**, nationalistischere Züge annahm. Die Konservative Partei versammelte unterschiedliche Kräfte und Strömungen, darunter auch den Rumpf der Kaufmannselite, die über den Verlust ihres Einflusses so erbost gewesen war, dass sie das Parlamentsgebäude von Montréal 1849 bis auf die Grundmauern niedergebrannt hatte. Ein Teil dieser Gruppe machte sich für die Loslösung vom britischen Reich und den Anschluss an die Vereinigten Staaten stark. Als die Partei 1854 jedoch in den Bereich der Macht vorstieß, war der Einfluss der alten konservativen Kräfte bereits zugunsten einer jungen, gemäßigteren Generation erheblich geschrumpft. Schlüsselfigur dieser jungen Gruppe war **John A. Macdonald**, der 1868 die erste Bundesregierung bilden sollte. Ihr Bestreben war es, die demokratischen Exzesse der „Grits" und den Nationalismus der „Rouges" zu überwinden, um einen wirtschaftlichen und politischen Staat zusammenzuschweißen, der nicht von den zusehends an Macht gewinnenden Vereinigten Staaten geschluckt werden würde.

Konföderation

In der Mitte der 60er-Jahre des 19. Jhs. hatte sich in „Kanada" zwar ein parlamentarisches Regierungssystem etabliert, aber noch immer war Britisch-Nordamerika ein Konglomerat von **Kolonien in Selbstverwaltung**. Newfoundland im Osten war nahezu gänzlich von seiner Kabeljaufischerei abhängig, Prince Edward Island besaß eine gedeihliche Landwirtschaft, und Nova Scotia wie auch New Brunswick ebneten sich mit dem Schiffbau eine rasante wirtschaftliche Entwicklung. Im äußersten Westen des Kontinents, am Pazifik, lag British Columbia, das Pelzhandel betrieb und gerade erst amerikanische Versuche abgewehrt hatte, die Region während der Oregonkrise zu annektieren. Die Krise wurde 1846 endlich beigelegt, als die internationale Grenze entlang des 49. Breitengrads gezogen wurde. Es gab jedoch noch weitere Probleme für British Columbia: Am Fraser River entdeckte man 1858 Gold, und als Reaktion auf den Zustrom amerikanischer Goldsucher wurde British Columbia eiligst in eine Kronkolonie umgewandelt – ein Vorgang, der sich 1895 wiederholte, als an Yukons Klondike ebenfalls Gold gefunden wurde. Zwischen Canada West und British Columbia erstreckten sich tausende Meilen Prärieland und Wälder, ein Gebiet, das als ehemaliges Rupert's Land noch immer mehr oder weniger von der Hudson's Bay Company kontrolliert wurde.

Der amerikanische Bürgerkrieg in den 1860er-Jahren schürte zudem die Angst vor einer Invasion der Vereinigten Staaten in das unzusammenhängende Gebiet Britisch-Nordamerikas. Zur selben Zeit geriet der Status der französischsprachigen Minderheit durch die Forderung einer bevölkerungsabhängigen Volksvertretung unter Druck. Beides führte zu einer Reihe von Konferenzen, die das Thema einer **Föderation** erörterten, und nach drei Jahren lebhafter Debatten verabschiedete das britische Parlament 1867 schließlich das Gesetz des Zusammenschlusses der Kolonien, den British North America Act. Tatsächlich war damit dem neu entstandenen Gebiet, jetzt **Dominion of Canada** genannt, eine Verfassung gegeben, die als Sitz des föderalen Parlaments Ottawa bestimmte, Canada East zur Provinz Québec, Canada West zu Ontario machte und für jede Provinz eine eigene regionale Regierung und Volksvertretung vorsah. Jede der bestehenden Kolonien trat der Föderation bei, nur British Columbia ließ sich damit bis 1871 Zeit, Prince Edward Island bis 1873, und Newfoundland blieb bis 1949 nominell unter britischer Kontrolle.

Konsolidierung des Westens

Nachdem die Frage der Verfassung geklärt war, wandte das Dominion seine Aufmerksamkeit dem Westen zu. 1869 kaufte man die Ländereien der Hudson's Bay Company (S. 77) für £300 000, und die **Northwest Territories**, wie das Gebiet fortan heißen sollte, fielen bis zu ihrer Verwaltung durch Kanada an die Krone zurück. Wie vorherzusehen war, schenkte man den Wünschen der einheimischen Bevölkerung – überwiegend Plains-Indianer und 5000 **Métis** – keine Beachtung. Waren die Métis, deren größte Siedlung nahe dem heutigen Winnipeg lag, bereits über die Ankunft von Siedlern aus Ontario beunruhigt, so schlug diese Beunruhigung in Bestürzung um, als Landvermesser der Regierung auftauchten, um das Gebiet in Areale aufzuteilen, die bestehenden Métis-Besitz völlig ignorierten. Die um ihr Land fürchtenden Métis bildeten daraufhin angeführt von **Louis Riel** eine provisorische Regierung und bereiteten sich auf den Widerstand gegen den Bund vor (s. S. 82).

Im Verlauf der Rebellion ließ Riel einen unliebsamen Protestanten aus Ontario namens Thomas Scott standrechtlich hinrichten, was in Ontario größte Empörung auslöste. Die Bundesregierung verhandelte dennoch mit einer Delegation der Métis weiter und schien gewillt, all ihre Forderungen zu erfüllen, wenngleich Riel gezwungen wurde, Exil in den Vereinigten Staaten zu suchen. Als Ergebnis der Verhandlungen schuf Ottawa 1870 westlich von Ontario die neue Provinz **Manitoba** und gewährte den Métis rund 55 ha Land pro Person – Spekulanten und Anwälte sorgten jedoch dafür, dass weniger als 20 % der Anspruchsberechtigten tatsächlich ihr Land bekamen.

Das Schicksal der Enteignung traf auch die **Plains-Indianer**. In den Jahren nach 1871 wurde eine Reihe von Verträgen verhandelt, in denen man einheimischen Familien 65 ha große Parzellen sowie diverse Leistungen anbot, wenn sie unterschrieben. Bis 1877 waren sieben Verträge abgeschlossen (insgesamt gab es elf), mit denen das gesamte südliche Prärieland an die Regierung fiel. Die versprochenen Hilfen blieben aber aus, und die indianischen Bewohner fanden sich in kleinen, unfruchtbaren Reservaten wieder.

Ankunft der Mounties und Kolonisierung der Prärievölker

Das gesteigerte Interesse der Bundesregierung an dem Gebiet, das durch das **Cypress-Hills-Massaker** an einer Gruppe von Assiniboine 1873 noch an Bedeutung gewann, wurde 1874 durch die Entsendung der ersten von 275 Mitgliedern der neu gebildeten Northwest Mounted Police unterstrichen, der **Mounties**, Vorläufer der heutigen RCMP.

Nachdem die Polizeitruppe in der Prärie für eine gewisse Ordnung gesorgt hatte, erließ Ottawa 1880 den **Second Indian Act**, ein Gesetz, mit dem das Amt eines Ministers für indianische Angelegenheiten geschaffen wurde. Der Minister und seine Beamten übten eine nahezu diktatorische Herrschaft aus, die fast jedes Ansinnen der indianischen Bewohner, sei es nun die Errichtung eines Hauses oder ein Besuch außerhalb des Reservats, von ihrer Zustimmung, und oftmals sogar vom Ministerium in Ottawa, abhängig machte. Das Gesetz legte fest, dass jeder indianische Bewerber um die „Bürgerrechte" zunächst eine dreijährige Probezeit absolvieren musste, in deren Anschluss geprüft wurde, ob er oder sie ein genügendes Maß an „Zivilisiertheit" erlangt hatte. Sofern man auf Zuerkennung dieser „Rechte" befand, wurden diese Menschen zu so genannten *non-status Indians,* gegenüber den *status Indians* in den Reservaten. Diese Unterscheidung existiert bis heute. Die rund 700 000 *status Indians* gehören zu gut 600 Gruppen. Einige dieser Gruppen haben weniger als 100 Mitglieder, andere mehr als 5000, aber alle besitzen heute zumindest einen gewissen Grad an Selbstverwaltung und für ihr Gebiet Fischerei-, Jagd- und Landrechte. Sowohl *status Indians* wie auch *non-status Indians* haben das allgemeine Wahlrecht, Erstere erhielten es allerdings erst 1960.

Aufstand der Métis

Während der 1870er-Jahre war ein Großteil der **Métis** nach Westen in das Gebiet gezogen, das 1905 zur Provinz **Saskatchewan** werden sollte. Sie siedelten entlang dem Saskatchewan River in der Umgebung der Ortschaft Batoche, aber auch hier sollten sich schon bald Landvermesser der Regierung einfinden, um in den 80er-Jahren mit der Unterteilung des Gebiets zu beginnen. 1885 erhoben sich die Métis in einer neuerlichen **Revolte** und bildeten nach der Rückkehr Louis Riels wiederum eine provisorische Regierung. Im März schlugen sie einen Trupp der Mounties erfolgreich in die Flucht, was die benachbarten Cree dazu ermunterte, einen Außenposten der Hudson's Bay Company zu überfallen. Die Vorfälle drohten sich zu einem allgemeinen Aufstand der Indianer auszuweiten, Ausdruck der Hoffnungslosigkeit, die sich infolge der Enteignungen, der Hungersnot nach Verschwinden des Bisons und der verheerenden Auswirkungen der Pocken unter ihnen breit gemacht hatte. Die Regierung entsandte deshalb eine 7000 Mann starke Armee sowie ein bewaffnetes Dampfschiff, und nach zwei vorausgehenden Scharmützeln wurden die Métis und die Cree vernichtend geschlagen. Riel wurde trotz Geistesgestörtheit des Landesverrats für schuldig befunden und im November 1885 gehängt.

Bauern besiedeln die Prärie

Die Niederlage der Métis leitete eine neue Phase in der Erschließung des Westens ein. 1886 fuhr die erste **Eisenbahn** auf der Strecke von **Montréal nach Vancouver**. Siedler strömten in die Prärien und sorgten für einen Bevölkerungsanstieg von 250000 im Jahr 1890 auf 1,3 Millionen 1911. Der Innenminister Clifford Sifton förderte den starken Zuwandererstrom der, wie er sie nannte, „kernigen Bauern in Schafspelzmänteln" aus Osteuropa. Diese Ukrainer, Polen, Tschechen und Ungarn pflügten das Grasland um und machten aus Zentralkanada jene riesige Kornkammer, von der das Dominion zu Beginn des 20. Jhs. im „Weizenboom" profitierte.

Ureinwohner von 1900 bis heute

Das frühe 20. Jh. war für die **indianischen Völker** Kanadas eine schwere Zeit. In kleinen Reservaten eingepfercht und von staatlicher Bevormundung gegängelt, wurden sie einer systematischen **Europäisierung** unterzogen: Zeremonien wie der Sonnentanz und das Potlatch wurden verboten, und die Kinder mussten zehn Monate im Jahr Internatsschulen besuchen.

Ihrer Traditionen und Unabhängigkeit beraubt, glitten sie in Armut, Alkoholismus und Apathie ab. Gegen Ende der 40er-Jahre schätzte der Wissenschaftler Frederick Tisdall, dass 65000 Reservatsindianer infolge von Hunger „chronisch krank" seien.

Die Inuit gerieten zudem in immer größere Abhängigkeit von der Hudson's Bay Company (S. 77), die ihnen zuriet, sich auf die Pelzjagd anstatt auf die Beschaffung von Nahrung zu konzentrieren, während das Doppel aus christlichen Missionen und Royal Canadian Mounted Police daran arbeitete, die Inuit in die Kultur der Weißen zu integrieren. Als gravierende Folge der Zerstörung ihres traditionellen Lebensstils verbreiteten sich in ganz Kanada Krankheiten, insbesondere Tuberkulose, die unter der Urbevölkerung 15- bis 20-mal häufiger auftrat als unter den Weißen.

Mit dem **Indian Act** von 1951 wurde zwar ein neues Gesetz erlassen, das den Stammesgruppen mehr Selbstbestimmung zusprach, jedoch konnten weder dieses noch die verstärkt aufgewendeten Bundesmittel etwas daran ändern, dass der Lebensstandard der Ureinwohner weit unter dem der restlichen Bewohner Kanadas lag.

1969 betrug das durchschnittliche Einkommen einer kanadischen Familie $8874, während 88 % der indianischen Familien $3000 oder weniger zur Verfügung standen, und 50 % weniger als $1000 Einkommen hatten.

Ebenfalls im Jahr 1969 wurden nicht zuletzt auf Druck indianischer Gruppen alle Regierungsinspektoren aus den Reservaten zurückberufen. Nun erhielten die politischen Organisationen der Ureinwohner finanzielle Unterstützung von der Regierung. In der Folgezeit konzentrierten sich diese Organisationen verstärkt auf die uneingeschränkte Anerkennung der Rechte der Ureinwohner und die Neuverhandlung jener Verträge, mit denen die Schaffung der Reservate überhaupt erst ermöglicht worden war.

Anfänge politischer Organisation: die Assembly of First Nations

Anfang der 80er-Jahre wurde die **Assembly of First Nations (AFN)** gegründet, die in einer Reihe von Klagen die vertraglich zugesicherten Rechte der *status Indians* einforderte und sich gegen die Pläne der Bundesregierung stemmte, den „Indianerstatus" gänzlich abzuschaffen. Viele dieser Klagen gründeten auf Missachtung der Proklamation von 1763, laut derer indianische Landrechte nur mittels direkter Verhandlungen mit der Krone übertragen werden konnten. **Ovide Mercredi**, ein früherer Grand Chief der AFN sowie Anwalt und Kommissar für Menschenrechte, erklärte es zu seinem Ziel, den gleichgestellten Status zwischen AFN und den Provinzregierungen zu erlangen; einen Status, der trotz der fortschreitenden Verarmung in den Reservaten dem wachsenden indianischen Selbstbewusstsein Rechnung tragen solle. Das politische Gewicht der AFN wurde in den Verhandlungen über die Errichtung eines **Inuit-Territoriums** in den Northwest Territories deutlich, an deren Ende 1999 die Vereinbarung über die Schaffung zweier selbstverwalteter Gebiete stand. Aber nicht alle Ureinwohner, die rund 3 % der kanadischen Bevölkerung stellen, sehen in solchen Gesprächen und Verhandlungen ihre Rettung: Die Aktion bewaffneter Mohawk zur Verhinderung des Baus eines Golfplatzes auf einer indianischen Begräbnisstätte in **Oka** in Québec legte die geradezu unzähmbare Wut gegen die weiße Vorherrschaft offen und spaltete die Sympathien im Land in zwei Lager. Am Ende ebneten die militanten Oka den Weg für versöhnlichere Töne in der AFN, doch das Kräftegleichgewicht zwischen jenen Gruppierungen der Urbevölkerung, die Verhandlungen favorisieren, und den Befürwortern direkter Aktionen ist äußerst empfindlich. Und während die AFN weiter Lösungen in Gesprächen sucht, die nur selten größere Erwähnung in den Nachrichten finden, kommt es von Zeit zu Zeit zu ungezügelten Wutausbrüchen der Urbevölkerung.

Eine positive Entwicklung ist die Neubelebung indianischer Kunst und Zeremonien wie die Powwows im Sommer, die inzwischen ein großes Publikum anziehen und von den Medien gewürdigt werden. Überall in Kanada sind außerdem indianische Theatergruppen entstanden, und inzwischen gibt es das **Aboriginal Peoples Television Network** (APTN), einen Fernsehkanal speziell für die Ureinwohner.

Québec und die Zukunft Kanadas

Ebenso wie die Ureinwohner Kanadas fanden auch die **Québécois** durch die weltweiten nationalen Befreiungsbewegungen in den 60er-Jahren des 20. Jhs. zu neuem Selbstbewusstsein. Seit dem Fall Neufrankreichs (S. 76) machte sich die frankophone Bevölkerung Sorgen über *la survivance,* den Fortbestand ihrer Sprache und Kultur. Phasenweise steigerte sich diese Angst, insbesondere während der beiden Weltkriege, als die Québécois eine Zwangseinberufung ablehnten, da dies ihrer Meinung nach der Unterwerfung ihrer Interessen unter die der Englischsprecher gleichkam, wofür sie von jenen wiederum als Verräter und Feiglinge beschimpft wurden. Trotz ihrer zeitweiligen Differenzen trat die im Wesentlichen konservative Führungsschicht aus katholischen Geistlichen und den Politikern der Provinz fast immer für die Verständigung mit den Briten und später mit den Bundesbehörden ein.

Dieselben Kreise stützten aber auch die sehr traditionellen Werte des katholisch-bäuerlichen Neufrankreichs, was u.a. dazu führte, dass sich Québecs Industrie und Handel unter englischsprachiger Kontrolle entwickelten. Als logische Konsequenz arbeitete im Montréal des frühen 20. Jhs. ein frankophones Proletariat in den Fabriken englischsprachiger Besitzer, was tief sitzende Ressentiments aufbrechen ließ. Die Elite konnte nur schlecht mit der eigenen Arbeiterklasse umgehen, was in Folge die Bildung einer neuen Generation von Québecer **Separatisten** begünstigte.

Mit der Montréaler **Weltausstellung von 1967** wollte Kanada belegen, dass es in der ersten Liga der Industrienationen angelangt war. Als jedoch Frankreichs Präsident Charles de Gaulle den Anlass als Plattform nutzte, um sich für ein „freies Québec" auszusprechen, entzündete er damit einen Streit, der seither die politische Tagesordnung beherrscht. Im selben Jahr gründete **René Lévesque** mit dem Ziel der vollständigen Unabhängigkeit und dem Slogan *Maîtres chez nous* („Herren im eigenen Haus") die **Parti Québécois (PQ)**. 1968 wurde diesen Bestrebungen jedoch durch die Wahl des Frankokanadiers und bekennenden Föderalisten **Pierre Trudeau** zum Premierminister eine Absage erteilt – und damit die Szenerie für die entscheidende Kraftprobe geschaffen.

Das Referendum von 1980

Die PQ repräsentierte den politischen Flügel einer sozialen Bewegung, an deren militantem Rand die kurzlebige **Front de la Libération du Québec (FLQ)** stand. 1970 entführte und ermordete die FLQ den Arbeitsminister der Provinz, Pierre Laporte, wodurch Trudeau sich veranlasst sah, Truppen auf die Straßen Montréals zu schicken. Nutznießerin dieser rigorosen Reaktion sollte allerdings die PQ sein, eine Partei der Modernisierung und der sozialdemokratischen Linken, die 1976 an die Macht kam und mit Staatsgeldern die wirtschaftliche Entwicklung mit solchen Projekten wie dem Bau des Wasserkraftwerks an der James Bay vorantrieb.

Unter ihrer Federführung wurde auch das umstrittene **Sprachgesetz** (Gesetz 101) verabschiedet, durch das Französisch zur Amtssprache der Provinz und ein zwingender Teil des Lehrplans der Schulen wurde. Außerdem verbot das Gesetz Firmen die Anbringung von englischen Schildern an ihren Geschäftsgebäuden – nur drinnen ist Englisch auf Schildern erlaubt, aber diese müssen zweisprachig und das Französische doppelt so groß gedruckt sein wie das Englische. Firmen, die diese Vorschriften nicht umsetzen, können in Konflikt mit der „Sprachpolizei" geraten, den Inspektoren des Office de la Langue Française, die teilweise sehr pedantisch vorgehen und z. B. Schilder ausmessen und Visitenkarten überprüfen.

Dies führte zusammen mit den stets vorgetragenen Plänen der PQ für ein Referendum über die Abspaltung der Provinz zur Abwanderung von Zehntausenden englischsprachigen Québécois aus Montréal vor allem nach Toronto. Als das Referendum 1980 endlich kam, stimmten jedoch 60 % der wahlberechtigten Québécois gegen eine Abspaltung, was zum Teil darin begründet lag, dass in den 70er-Jahren der Lückenschluss zwischen den unterschiedlichen wirtschaftlichen Chancen der frankophonen und der anglophonen Bevölkerung gelungen war. Das Thema war damit jedoch nicht vom Tisch.

Zwischen den Referenden: „Heimführung der Verfassung"

Kurz nach dem ersten Volksentscheid machte sich Kanadas Premierminister Trudeau daran, die Verfassung des Landes „heimzuholen" – Verfassungsänderungen sollten keiner Zustimmung durch das britische Parlament mehr bedürfen. 1981 berief er spätabends eine Sitzung ein, zu der er Lévesque nicht einlud, und versagte Québec so einen Platz am Verhandlungstisch. Infolge der später sogenannten „Nacht der langen Messer" wurde der Provinz eine Verfassung aufgezwungen, die die vorhandenen Sprachrechte in Zweifel zog – Teile des Gesetzes 101 wurden abgeändert –, und es wurde unmissverständlich klargemacht, dass Québec entgegen eigener Auffassung kein Einspruchsrecht bei Verfassungsänderungen besaß. Trudeau setzte sich durch, und am 17. April 1982 unterzeichnete Königin Elisabeth II. das **Verfassungsgesetz**. Die Provinzregierung von Québec weigerte sich, das Gesetz formell zu unterzeichnen – und hat das bis heute nicht getan.

Das Referendum von 1995

1985 unterlag die in Québec regierende PQ den von **Robert Bourassa** angeführten Liberalen, was sie vor allem den von vielen als negativ ausgelegten Konjunkturdaten zu verdanken hatte. Die Regierung der Liberalen in Québec sollte bis 1994 währen, dann wurde sie mit dem Versprechen einer erneuten Volksabstimmung über die Unabhängigkeit wieder von der PQ abgelöst. Man schien diesmal besser gerüstet zu sein.

Umfragen sahen die Befürworter regelmäßig bei ca. 60 %, aber 1995 scheiterte die PQ auch im **zweiten Referendum**, in dem die Unabhängigkeit mit nur 50 000 Stimmen Unterschied abgelehnt wurde.

Trotz allem nachfolgenden Getöse bedeutete dies ein politisches Desaster für die PQ, und neuere Umfragen deuteten an, dass der Traum der Separatisten gänzlich geplatzt war. Die PQ blieb zwar in den folgenden Jahren noch an der Macht, für ein weiteres Referendum fehlte ihr jedoch die politische Kraft. 2003 und auch 2007 konnten wieder die Liberalen die Provinzwahlen für sich entscheiden. Einer der Hauptgründe für die Niederlage der PQ war ihre Unfähigkeit, die genaue Natur quebecischer Souveränität zu definieren und eine Aussage über die Gestalt zukünftiger Beziehungen zum restlichen Kanada zu treffen. Das Thema spukt aber nach wie vor in vielen Köpfen herum und birgt jede Menge Zündstoff.

Auf dem Weg ins 21. Jahrhundert

Es wäre eine Untertreibung zu behaupten, das übrige Kanada habe die endlose Debatte über die Zukunft Québecs inzwischen satt. Als besonders markantes Beispiel hierfür sei auf die **Meech-Lake-Konferenz** 1990 verwiesen, denn der man sich über eine neue dezentralisierte Struktur bemerkenswert uneinig war.

Die Konferenz wurde vom konservativen **Brian Mulroney** zusammengerufen, der seit 1984 kanadischer Premier war. Neben der spaltenden Frage um Québec hatte er aber noch mit weiteren dringlichen, wenngleich weniger explosiven Problemen zu kämpfen. Eines davon war das **nordamerikanische Freihandelsabkommen (NAFTA)** zwischen den USA und Kanada, das Mulroney durch das Parlament geboxt hatte und das 1989 in Kraft trat. Mit ihm wurden die Schutzzölle abgeschafft, die einheimischen Industrien unterminiert und in Folge tausende Arbeitsplätze vernichtet.

Zur gleichen Zeit kollabierte die Kabeljaufischerei im Nordatlantik, was Nova Scotia und Newfoundland an den Rand des wirtschaft-

lichen Ruins brachte, und sank der Preis für Weizen, was die Prärieprovinzen hart traf. Zwar wurden Anstrengungen unternommen, diese Probleme in den Griff zu bekommen, aber nur wenige konnten während Mulroneys zweiter Amtszeit (1988–93) zufrieden stellend gelöst werden. Der Premier sah sich dem Vorwurf der Inkompetenz ausgesetzt, und seine Partei wurde allgemein der weit verzweigten Korruption bezichtigt.

Premierminister Jean Chrétien

Bei den **Parlamentswahlen 1993** wurden die Konservativen aufgrund von Mulroneys Unbeliebtheit nahezu komplett aus dem Parlament gefegt und die Liberalen unter dem früheren Finanzminister Trudeaus, **Jean Chrétien**, mit überwältigender Mehrheit in die Regierung gewählt. Chrétiens besonnene wie pragmatische Politik sicherte ihm die ausreichende Gunst der Wähler, die ihn 1997 in eine zweite und 2000 in eine dritte Amtsperiode, wenngleich mit schwindender Mehrheit, beriefen. Zum Großteil war Chrétiens Wahlerfolg jedoch in der Balkanisierung der politischen Szenerie Kanadas zu suchen. Die Liberalen stellten in diesen Jahren die einzige Partei, die auf nationaler Ebene präsent war. Demgegenüber dominierte die rechts gerichtete Canadian Alliance (früher Reform Party) beispielsweise einen Großteil des Westens, spielte im Osten jedoch überhaupt keine Rolle. Vom Phänomen einer allgemeinen Politikverdrossenheit blieb aber auch Kanada nicht verschont: Bei den Parlamentswahlen im Jahr 2000 gingen gerade einmal 60 % an die Wahlurnen.

Paul Martin und Stephen Harper

2003 gab Chrétien widerwillig seinen Rücktritt aus der Politik bekannt, und die Liberalen ernannten einen neuen Führer: **Paul Martin**. Angesichts weiterer möglicher Niederlagen bei Parlamentswahlen überwanden die beiden konservativen Parteien – die Canadian Alliance und die Progressive Conservatives – ihre Differenzen und schlossen sich, wenn auch reichlich spät, zur **Conservative Party** zusammen. Dennoch unterlagen sie bei den **Parlamentswahlen 2004** den Liberalen.

Die neue Regierung unter Martin als Premierminister stand aber auf wackeligen Beinen, da sie keine absolute Mehrheit besaß. Trotz dieser politischen Schwäche konnte die Minderheitsregierung einige Reformen auf den Weg bringen, darunter 2005 ein neues Eheschließungsgesetz und den sogenannten Kelowna Accord, ein Gesetz zur Verbesserung der Rahmenbedingungen für die Ureinwohner Kanadas. **Korruptionsvorwürfe** brachten Martin und seine Regierung Ende 2005 in einem Misstrauensvotum zu Fall.

Aus den vorgezogenen **Parlamentswahlen im Januar 2006** ging die Conservative Party mit **Stephen Harper** an der Spitze als knappe Siegerin hervor. 2008 wurde Harpers Position durch die guten Ergebnisse der Konservativen bei den neuerlichen Unterhauswahlen gestärkt, aber immer noch hatte die Partei keine parlamentarische Mehrheit. Harpers Minderheitsregierung hat sich seit 2008 auch ins Québecer Getümmel gestürzt: Harper kündigte an, er wolle anerkennen, dass „die Québécois eine eigene Nation innerhalb eines vereinigten Kanadas bilden" – woraufhin alle zu den Wörterbüchern eilten, um nachzuschlagen, was unter „Nation" zu verstehen sei. Im Innersten seines Herzens ist Harper ein klassischer Rechter, aber sein Konservatismus wird dadurch gezähmt, dass er unter den gemäßigteren Politikern Verbündete benötigt. Was passieren würde, wenn er über eine Mehrheit im Parlament verfügen würde, ist schwer zu sagen, aber es hat den Anschein, als wollten die Kanadier dies gar nicht herausfinden.

Kunst

Die kanadische Kunst hat starke traditionelle, aber auch moderne Wurzeln. Die Inuit und andere Ureinwohner – insbesondere die Haida an der Küste von British Columbia – fertigen schon seit Jahrtausenden Totem-Skulpturen und andere plastische Werke an, eine eigenständige Kunst weißer und anderer Einwanderer hat sich hingegen erst in relativ junger Zeit entwickelt, da sie stilistisch lange Zeit stark durch britische und französische Traditionen beeinflusst war.

Die Kunst der Ureinwohner

Die Kunst der Ureinwohner ist die älteste Kunst Kanadas und bis heute eine der lebendigsten und bedeutendsten. Galerien und Museen im ganzen Land stellen traditionelle und zeitgenössische Werke gegenüber.

Besondere Beachtung und hohe Preise erlangen heute Kunstwerke der **Inuit**, insbesondere Drucke und Zeichnungen, die in den 1950er-Jahren allgemein bekannt wurden, aber bereits seit alter Zeit zur Kultur der Inuit gehören. Die Autodidaktin **Pitseolak Ashoona** (1904–83) war eine der ersten Künstlerinnen, deren Drucke ein breites Publikum erreichten.

Sie bahnte den Weg für zeitgenössische Künstler und Künstlerinnen wie **Jessie Oonark** (1906–85), deren farbenfroher Bilderbogen nordischen Lebens mit dem Titel *When the Days are Long and the Sun Shines Into the Night* (1966–69) zu den Glanzstücken der National Gallery in Ottawa zählt.

Der Reiz der Landschaft

Als Mitte des 19. Jhs. Maler und Entdeckungsreisende wie William Hind (1833–89) und **Paul Kane** (1810–71) begannen, die Landschaften und Tiere Kanadas sowie die Kultur der Ureinwohner darzustellen, löste sich die kanadische Kunst allmählich von der bis dahin maßgebenden europäischen Bildsprache. Kane unternahm von seiner Heimatstadt Toronto aus zwei ausgedehnte Reisen nach Westen und fertigte rund 700 Skizzen und 100 Gemälde an. Letztere waren oft stark idealisiert und europäisch geprägt, doch in seinen Zeichnungen porträtierte er Kulturen am Rande ihres Niedergangs. Weder Kane noch die berühmten, aber oft romantisierenden Landschaftsmaler nach ihm wie Allan Edson (1846–88) und Lucius O'Brien (1832–99) konnten die Fesseln europäischer Konvention ganz abstreifen. Dies gelang erst der **Group of Seven**, einer Künstlergruppe aus Toronto. Sie schufen die erste eigenständige kanadische Schule und veränderten mit ihrem bilderstürmerischen Ansatz die Wahrnehmung der Wildnis Kanadas. Gemeinsam strebten

sie mit fast religiösem Eifer danach, eine rein „kanadische Malerei" zu schaffen. „Nur wenn es uns gelingt, eine eigene kanadische Kunst hervorzubringen", sagte der zur Gruppe gehörende A. Y. Jackson, „werden wir uns auch zu einem eigenen Volk entwickeln."

Inspiriert von Cézanne, Impressionisten, Art Nouveau und skandinavischen Landschaftsmalern, versuchten Jackson, Frank Johnston, Lawren Harris und andere Mitglieder der Gruppe mit kräftigen Farben und einem lebhaften, ikonoklastischen Stil die Schönheit der kanadischen Wildnis zu porträtieren.

Gruppendynamik

In den 1930er-Jahren begannen kanadische Künstler, sich von der Group of Seven zu emanzipieren und begehrten gegen deren Alleinanspruch auf, die kanadische Kunst und Kunstauffassung zu repräsentieren. Paul-Émile Borduas (1905–60) gründete Anfang der 40er-Jahre in Québec ein avantgardistisches Kollektiv, das unter dem Namen **Les Automatistes** bekannt wurde und sich einerseits als Gegengewicht zur Dominanz der anglophilen Group of Seven ver-

stand, andererseits gegen das Misstrauen der Öffentlichkeit und Galerien gegenüber modernen Stilrichtungen wie Kubismus und abstrakten Expressionismus antrat.

Auch die 1938 in Montréal gegründete **Eastern Group of Painters** um Eric Goldberg, Jori Smith, John Goodwin Lyman und andere stand der Auffassung der Group of Seven und der ihr nachfolgenden **Canadian Group of Painters** von einer nationalen Vision und Kunst ablehnend gegenüber. Ihre Arbeiten blieben entsprechend stark bestimmten Orten verhaftet – in diesem Fall den Landschaften Québecs; ein anschauliches Beispiel hierfür ist Goldbergs fast naives Gemälde *Gaspé Village Pier*.

Endlich frei

In den 50er-Jahren überwand die kanadische Kunst die selbst auferlegten Zwänge. Exemplarisch für diese Befreiung wurde die aus elf Mitgliedern bestehende Gruppe **Painters Eleven**, die William Ronald (1926–98) 1954 in Toronto gründete. Sie fühlte sich nur noch der modernen Kunst verpflichtet und brachte einflussreiche Künstler wie Jack Bush (1909–77) hervor, der auch nach der Auflösung der Gruppe 1960 noch erfolgreich arbeitete.

Führende Vertreter der modernen Kunst Kanadas in neuerer Zeit waren u. a. die Gruppe **General Idea** mit Felix Partz, Jorge Zontal und AA Bronson, deren einfallsreiche Konzept- und Medienkunst in den 90er-Jahren die Popkultur und Medien subversiv vereinnahmte, um sie gnadenlos zu entzaubern. Die kanadische Kunst hatte sich nun endgültig vom Lockruf der Wildnis und der nationalen Idee gelöst, die sie über 150 Jahre lang beherrscht hatte.

Emily Carr

Die am meisten gefeierte Künstlerin Westkanadas wurde 1871 in Victoria geboren und schaffte zu einer Zeit den Durchbruch, zu der es für eine Frau in fast allen Bereichen des öffentlichen Lebens schwierig war, Erfolg zu haben – erst recht in der Kunst. In ihren Gemälden vereinigt sich die Mehrzahl der Schlüsselelemente kanadischer Kunst: die Beschäftigung mit der Landschaft, die Thematisierung und Verehrung der Kultur der Ureinwohner, die Bereitschaft zur Rückschau auf Europa und eine Verpflichtung gegenüber der befreienden Arbeit der Group of Seven.

Wer einmal ein Bild von Emily Carr gesehen hat, wird vermutlich viele ihre Bilder sofort erkennen, denn nachdem sie ihren Stil erst einmal gefunden hatte, blieben ihre Themen und Ausdrucksmittel praktisch unverändert. Ihre zentralen Motive sind riesige Bäume, düstere Landschaften sowie Totempfähle, Skulpturen und andere Aspekte indianischer Kultur. Ihre Stilmittel sind dunkle und stechende grelle Farben, insbesondere Grün- und Brauntöne sowie aggressive, fast surrealistische Wirbel, Muster und Verzerrungen. Die Reaktion ihrer Zeitgenossen war jedoch fast durchweg negativ. Heute hingegen wird Emily Carr nahezu als nationale Ikone verehrt.

Sprache

Kanada besitzt zwei offizielle Landessprachen, **Englisch** und **Französisch**, daneben zahlreiche anerkannte Regionalsprachen der Ureinwohner. Offiziell sind beide Sprachen gleichberechtigt, in der Praxis spielt das Französische im Westen eine eher untergeordnete Rolle, während man in Québec mitunter mit Englisch kaum weiterkommt. Die Spannungen zwischen den beiden großen Sprachgruppen spielen eine nicht unerhebliche Rolle in der Politik Kanadas, weitgehend ignoriert bleiben hingegen die Sprachen der Ureinwohner, ausgenommen in den entlegenen Landesteilen, insbesondere in den Northwest Territories und Nunavut, wo **Inuktitut**, die Sprache der Inuit, verbreitet ist. Die Inuit sind die einzige Gruppe der Urbevölkerung mit einem Fernsehkanal in eigener Sprache. Vergleichbare Aufmerksamkeit wird nur noch den Montagnais zuteil – in Nord-Québec und Labrador erscheinen amtliche Veröffentlichungen in Montagnais-Naskapi-Übersetzungen.

Die meisten Ureinwohner (auch die Québecs) sind des Englischen mächtig, insbesondere dort, wo Touristen zu erwarten sind.

Toronto `1` **HIGHLIGHT**

Stefan Loose Traveltipps

Toronto International Film Festival
Nordamerikas größtes Filmfestival mit
Riesenstaraufgebot erstreckt sich über
zehn Septembertage. S. 90

Queen Street West Der hippste Teil
Torontos wimmelt nur so von Cafés, Restaurants und ausgefallenen Läden. S. 99

Distillery District Zum vielfältigen Angebot
des tollen Kunst- und Kulturzentrums in
einer ehemaligen Schnapsbrennerei aus
viktorianischer Zeit gehören auch Cafés und
Geschäfte. S. 105

The Art Gallery of Ontario Überragende
Sammlung kanadischer Kunst mit Schwerpunkt auf die Group of Seven. S. 108

Gardiner Museum of Ceramic Art
Fabelhaftes Museum mit erlesener Keramikkunst. S. 115

Toronto Islands Wenn die Stadt vor Hitze
dampft, dann nichts wie ab mit der Fähre auf
diese erfrischend grünen, autofreien Inseln.
S. 117

Toronto ist der wirtschaftliche und kulturelle Dreh- und Angelpunkt des englischsprachigen Kanadas und mit rund 4,5 Millionen Einwohnern die größte Metropole des Landes. Die Stadt erstreckt sich am Nordufer des Lake Ontario. Ihr lebendiges, attraktives Zentrum ist von einem Gewirr von Trabantenstädten und Industriegebieten umgeben, die als Greater Toronto Area (GTA; Großraum Toronto) gute 100 km² bedecken. Jahrzehntelang hingen Toronto gehässige Spitznamen wie „Toronto the Good" (Toronto, die Brave) oder „Hogtown" (Schweinestadt) an, die seinen nicht unverdienten Ruf selbstzufriedener Mittelmäßigkeit widerspiegelten, aber diese spießigen Zeiten sind längst Schnee von vorgestern. In den vergangenen Jahren haben

eine Stadtverwaltung nach der anderen und ein Schwung betuchter Gönner Millionen von Dollar in glanzvolle Architektur, schicke Museen, ein ausgezeichnetes öffentliches Verkehrssystem und die Neugestaltung des Uferbereichs gepumpt. So hat sich Toronto zu einer der sympathischsten Städte Nordamerikas gemausert. Hier lässt es sich gut leben – auch dank der wachsamen Bürger, die ein Auge auf ihre Politiker und Bauspekulanten haben.

Obwohl während der jüngsten Wirtschaftskrise der Höhenflug gebremst wurde, spiegeln immer noch imposante Einkaufszentren und Bürotürme die beachtlichen wirtschaftlichen Erfolge der letzten Jahrzehnte. Der Boom hat **Zuwanderer** aus aller Herren Länder angelockt und die einst strikt anglophone Stadt in einen kosmopolitischen Mix mit rund 60 bedeutenden Minderheiten verwandelt. Torontos ungeheure Vielfalt gehört zum Schönsten, was diese Stadt zu bieten hat. Nirgends lässt sie sich besser erleben als in den unzähligen **Cafés und Restaurants**, die viel Gutes für relativ wenig Geld auftischen. Außerdem punktet Toronto mit pulsierendem **Nachtleben** und einem hochkarätigen Angebot in den **darstellenden Künsten**, von Tanz bis Theater und darüber hinaus.

Toronto ist gut bestückt mit fesselnden Sehenswürdigkeiten, die sich praktischerweise größtenteils in der Innenstadt drängen. Berühmteste Attraktion der Stadt ist der **CN Tower**, bis vor Kurzem das höchste, frei stehende Bauwerk der Welt. Er ragt neben dem modernen Buckel des **SkyDome**-Stadions in den Himmel, das inzwischen **Rogers Centre** heißt. Weitere große Attraktionen sind die **Art Gallery of Ontario** mit ihrer erstklassigen Sammlung kanadischer Malerei und das **Royal Ontario Museum**, dessen ganzer Stolz seine chinesische und indigene Sammlung ist. Einen besonderen Beitrag zum Charme der Stadt leisten die schönen kleineren Museen und Galerien. Da wäre das **Gardiner Museum** mit seiner überragenden Keramiksammlung, das **Bata Shoe Museum** mit seiner faszinierenden Vielfalt an Schuhwerk und die kleine, aber breit gefächerte **Gallery of Inuit Art** der Toronto Dominion Bank. Daneben lockt faszinierende historische Architektur wie die pseudogotische Extravaganz der **Casa Loma** und die viktorianische Noblesse des

---

Torontos Top-Festivals

Das **Toronto International Film Festival** alias **TIFF**, 🖥 www.torontointernationalfilmfestival. ca, ist eines der angesehensten Filmfestivals der Welt – und das größte in Nordamerika. Das zehntägige Festival beginnt jeweils am ersten Donnerstag im September. Die langen Schlangen vor den Vorführsälen wirken etwas abschreckend, aber das Anstehen lohnt sich. Einzeltickets für den gleichen Tag gibt es an den Ticketschaltern des Filmfestivals (oder als sogenannte **rush tickets** unmittelbar vor den Vorführungen). Routinierte TIFF-Besucher kaufen aber meist schon im Vorfeld ganze **books of tickets** (Tickethefte) – die etwas kostengünstigere Methode – oder einen von verschiedenen **passes**, die über die TIFF-Website zu erwerben sind. So oder so empfiehlt sich rechtzeitige Reservierung.

Ende Juni steigt das hervorragende **Toronto Jazz Festival**, 🖥 www.tojazz.com. Es überschneidet sich meist mit der einwöchigen **Gay & Lesbian Pride**, 🖥 www.pridetoronto.com, die in einer gigantischen Pride Day Parade gipfelt. Ende Juli wird die **Caribana**, 🖥 www.caribana. com, gefeiert, ein karibisches Volksfest mit fantastischem Umzug und jeder Menge Musik und Tanz. Um die gleiche Zeit findet auch das **Beaches Jazz Festival**, 🖥 www.beachesjazz. com, statt.

Spadina House, ganz zu schweigen von **Fort York**, der rekonstruierten kolonialzeitlichen Keimzelle Torontos. Etwas Zeit sollte man auch für die hübschen Bauten des quicklebendigen **St. Lawrence District** erübrigen und für den **Distillery District**, Torontos schillerndsten Kultur- und Freizeitkomplex in einer großen früheren Schnapsbrennerei.

Torontos Sehenswürdigkeiten illustrieren verschiedene Facetten der Stadt, vermitteln aber noch lange kein klares Bild ihrer **Identität**. Die Stadt bleibt undurchschaubar. Sie ist zu groß und zu vielgestaltig, um sich auf eine Definition festnageln zu lassen – was sie umso spannender macht.

Geschichte

Toronto liegt auf dem Landstreifen zwischen dem Lake Ontario und der Georgian Bay an einer der frühen Transportrouten ins Landesinnere. Sein Name stammt aus der Huronensprache und bedeutet „Versammlungsort". Der erste europäische Besucher der Gegend war der französische Entdecker Étienne Brûlé 1615, doch erst Mitte des 18. Jhs. versuchten die Franzosen, die Ontario-Region unter ihre Kontrolle zu bringen, als sie **Fort Rouillé**, eine einfache Siedlung mit Palisadenumzäunung, errichteten. 1759 vertrieben die Briten die Franzosen vom Nordufer des Lake Ontario. Danach ließen sie das Gebiet fast 40 Jahre links liegen, bis als Folge des Amerikanischen Unabhängigkeitskriegs Hunderte von **United Empire Loyalists** (s. S. 442) in die Gegend strömten.

1791 teilten die Briten ihre verbliebenen amerikanischen Territorien in Upper und Lower Canada. Die erste Hauptstadt von Upper Canada war Niagara-on-the-Lake (S. 145), das aber ungemütlich nah an der amerikanischen Grenze lag. Der neue Vizegouverneur der Provinz, **John Graves Simcoe**, verlegte seine Verwaltung 1793 an den geschützteren Standort des heutigen Toronto und nannte die neue Siedlung **York**. Simcoe hatte grandiose Visionen einer klassischen Kolonialstadt, musste aber vor der Realität des Pionierlebens kapitulieren: „Der Standort der Stadt war eher als Froschteich geeignet … denn als Wohnsitz für Menschen." Die Hauptstadt bekam den Spottnamen „Muddy York" (Schlammiges York) verpasst und war immer

noch kaum mehr als ein Dorf, als 1812 die Amerikaner angriffen und ihre wichtigsten Bauten niederbrannten.

Im frühen 19. Jh. lag die wirtschaftliche und politische Macht faktisch in den Händen einer englandfreundlichen Oligarchie, die radikale Polemiker jener Zeit spöttisch **Family Compact** (Familienpakt) nannten. Ihr heftigster Gegner war der radikale Schotte **William Lyon Mackenzie**, der seine Meinung in seiner Zeitung, dem *Colonial Advocate*, aber auch als Mitglied der gesetzgebenden Versammlung kundtat. Er wurde erster Bürgermeister des 1834 umgetauften Toronto. Als die Radikalen zwei Jahre später die Wahl verloren, suchte der frustrierte Mackenzie sein Heil im bewaffneten Aufstand. 1837 führte er eine schlecht organisierte Revolte einiger Hundert Farmer an. Die Horde marschierte die Hauptstraße Yonge Street hinunter, verwickelte sich in ein paar halbherzige Scharmützel und löste sich dann umgehend auf. Mackenzie floh über die Grenze. Zwei andere Rädelsführer wurden hingerichtet. Doch das britische Parlament hatte aus ähnlichen Aktionen, die zur Amerikanischen Revolution führten, gelernt und beschloss, auf weitere Vergeltungsmaßnahmen zu verzichten und stattdessen die Verwaltung von Upper Canada zu liberalisieren. 1841 gestand Großbritannien Kanada eine eigene **parlamentarische Regierung** zu und vereinigte die beiden Provinzen zu einer losen Konföderation. Die endgültige Wiedervereinigung erfolgte 1867; bei dieser Gelegenheit wurde Upper Canada in **Ontario** umbenannt.

Gegen Ende des 19. Jhs. war Toronto ein bedeutendes Industriezentrum, in dem eine konservative Elite von Geschäftsleuten das Sagen hatte. Sie standen in unerschütterlicher Treue zu britischen Interessen und protestantischen Traditionen. Gestützt wurde diese Elite von den **Orange Lodges** der Arbeiterklasse, deren reaktionärer Einfluss ein entscheidender Faktor der Stadtpolitik war. Charles Dickens beschwerte sich bei einem Besuch der Stadt über ihren „fanatischen Konservatismus". Es muss aber erwähnt werden, dass ebendiese Protestanten sich leidenschaftlich für die allgemeine Bildung einsetzten. Auch der methodistisch angehauchte Mittelstand engagierte sich für soziale Reformen,

GROSSRAUM TORONTO

RUTHERFORD ROAD

CENTRE STREET

NEW WESTMINSTER DR.

407ETR

FENMAR DR

STEELES AVE W

400

DREWRY AVE

DUFFERIN STREET

FINCH AVE W

ALBION ROAD

ROAD

FINCH AVENUE WEST

NORFINCH DRIVE

JANE STREET

KEELE STREET

DUFFERIN STREET

YONGE STREET

NORTH YORK

27

MARTIN GROVE

KIPLING AVENUE

ISLINGTON AVENUE

WESTON ROAD

Ford Centre

REXDALE BOULEVARD

SHEPPARD AVE WEST

JANE

BATHURST STREET

427

BELFIELD ROAD

WILSON AVENUE

401

CARLINGVIEW DRIVE

409

401

MACDONALD CARTIER FREEWAY

11

DIXON ROAD

✈ **Toronto Pearson International Airport**

401

LAWRENCE AVE WEST

JANE STREET

KEELE STREET

DUFFERIN STREET

ALLEN ROAD

LAWRENCE AVE WEST

AVENUE RD

GLENCAIRN AVE

11A

YONGE STREET

EGLINTON AVE WEST

YORK

EGLINTON AVENUE WEST

BATHURST ST

SPADINA RD

PLEASANT ROAD

ETOBICOKE

KIPLING AVENUE

ISLINGTON AVENUE

ROYAL YORK ROAD

ST CLAIR AVE WEST

DAVENPORT ROAD

s. Karte Uptown
Toronto S. 100/101

BLOOR ST WEST

PRINCE EDWARD DR

JANE ST

KEELE ST

5

BLOOR ST WEST

HARBORD ST

427

NORSEMAN ST

High Park

SPADINA AVE

UNIV AVE

YONGE ST

AVENUE RD

QUEEN ST W

KING ST W

s. Karte Downtown
Toronto S. 96/97

THE QUEENSWAY

QEW

GARDINER EXPRESSWAY

EVANS AVE

Inner Harbour

HORNER AVE

DIXIE ROAD

QEW

Humber Bay

Ontario Place

✈ **Toronto Island Airport**

LAKE SHORE BLVD

Outer Harbour

s. Karte Toronto
Islands (Ausschnitt)

Übernachtung	
Smiley's B&B	**A**

Restaurants & Cafés	
Rectory Café	**1**

Lake Ontario

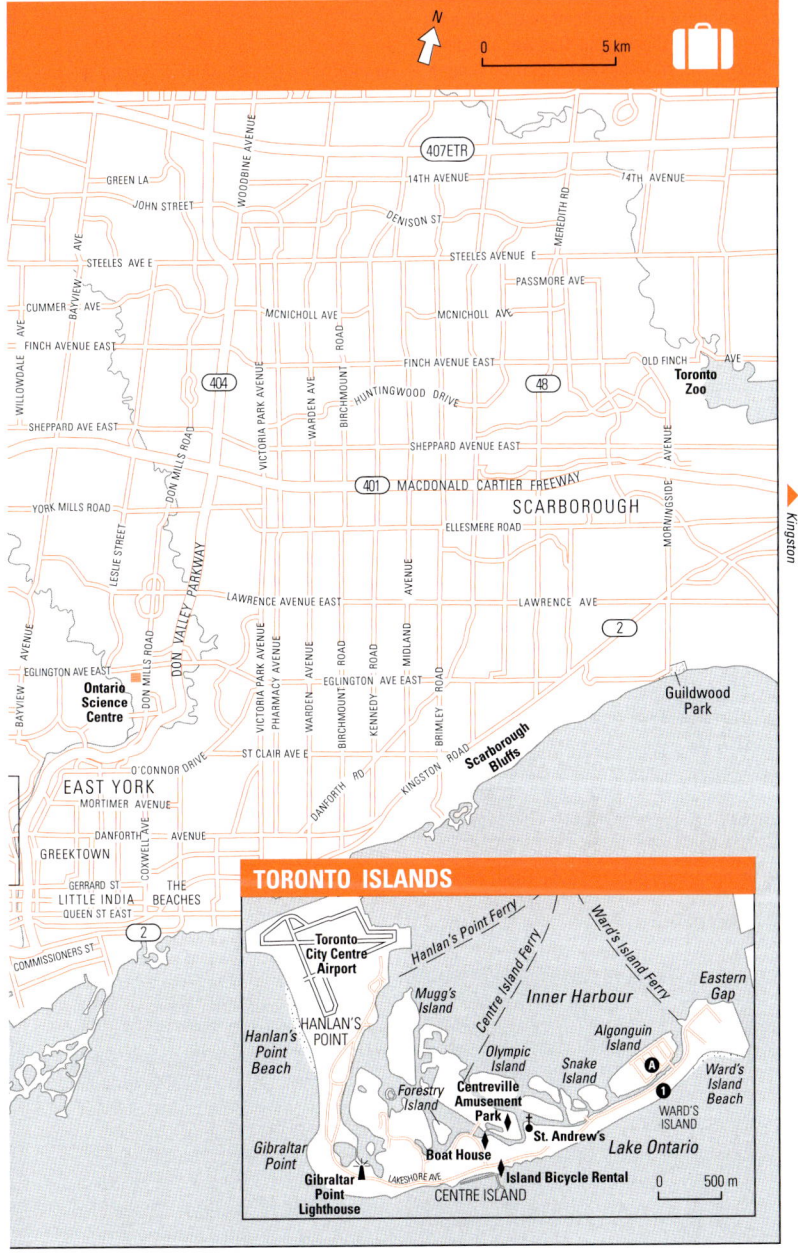

ganz besonders für das allgemeine Wahlrecht und die Abstinenzbewegung. Das war allerdings mit unerfreulichen Nebenwirkungen verbunden: Bis weit ins 20. Jahrhundert hinein wurde der sonntägliche „Ruhetag" erbittert verteidigt, und das Kaufhaus Eaton's zog am Wochenende so gar die Vorhänge zu, um selbst Vergnügungen wie den Schaufensterbummel zu unterbinden. Trotz aller Hauptstadtwürden blieb Toronto im Vergleich zu Montréal erschreckend provinziell. Erst in den 1950er-Jahren rüttelte die Eröffnung des **St. Lawrence Seaway** (Sankt-Lorenz-Seewegs) die Stadt aus ihrer Behäbigkeit auf, und die erste Welle nicht-weißer Zuwanderer begann das Gesicht der Stadt zu verändern.

In den 1960er-Jahren boomte die Wirtschaft, und der Bau einer Reihe mächtiger, moderner Wolkenkratzer verlieh der Stadt ein ganz neues Erscheinungsbild. Das zügellose Wachstum wurde durch die Autonomiebestrebungen in Québec noch weiter angekurbelt. Die ungestümen Forderungen der dortigen frankophonen Bevölkerungsanteils nach Gleichberechtigung veranlassten viele vorwiegend anglophone Finanzinstitute und Großunternehmen und nach Toronto überzusiedeln. Eine Volkszählung von 1976 ergab zur großen Genugtuung der Toronter, dass Toronto nunmehr die **größte Stadt Kanadas** war.

In den letzten 30 Jahren folgte Torontos Wirtschaft dem allgemeinen Auf und Ab der gesamtkanadischen Konjunktur. Mitte der 90er-Jahre kamen in Ontario die **Progressive Conservatives** an die Regierung. Ihr knallharter Parteichef **Mike Harris** setzte eine umfassende Verwaltungsreform durch, die die Stadt Toronto und ihre Vorstädte zur heutigen Megacity zusammenfasste. In Toronto selbst machte er sich damit extrem unbeliebt. Trotzdem schaffte er 2000 mit tatkräftiger Unterstützung des klein- und vorstädtischen Ontario einen neuerlichen Wahlsieg. Den Liberalen und Sozialisten der Provinz war Harris verhasst. Viele machen seine konservative Sozialpolitik für den dramatischen Anstieg der Obdachlosenzahlen in der Stadt verantwortlich. 2003 verloren die Konservativen die Provinzwahl an die Liberalen. Sie pflegten eine gemäßigtere, konsensorientiere Politik. Bei Redaktionsschluss waren die Liberalen immer noch an der Regierung.

Zentrum

Toronto hat sich aus einer Siedlung am Seeufer entwickelt. Diese wuchs allerdings so sporadisch und meist planlos, dass die heutige Stadtlandschaft auf Besucher leicht wie ein willkürlicher Mix aus Altem, Neuem und Verwahrlostem wirkt. Diese Unübersichtlichkeit und die sommerliche Schwüle der Stadt sind der Grund, warum die meisten Besucher lieber mit öffentlichen Verkehrsmitteln von einer Sehenswürdigkeit zur nächsten rauschen, als in der Stadt herumzuwandern. Wer aber Zeit und Interesse hat, hinter die Fassade zu blicken, sollte sich ruhig zu Fuß aufmachen, um sich die Stadt Schritt für Schritt zu erschließen.

Der naheliegende Ausgangspunkt einer solchen Erkundung ist der **CN Tower** in **Downtown**, dessen Aussichtsplattform einen Rundumblick auf die Stadt und ihre Umgebung bietet. Von hier ist es nur ein kurzer Bummel zur harmonischen Symmetrie der **Union Station** am Rand des **Banking District**, dessen markante Wolkenkratzer die Yonge Street bis hinauf zur Adelaide Street säumen. Jenseits der Adelaide Street liegt das Haupteinkaufsviertel – rund um das gigantische **Eaton Centre**, das wiederum nur einen Katzensprung von der neugotisch verspielten **Old City Hall** (Altes Rathaus) und dem modernen **Nathan Philips Square** entfernt steht. Vom Square sind es nur ein paar Schritte zur **Art Gallery of Ontario** mit der besten Gemäldesammlung der Stadt. Ein etwas längerer Fußmarsch führt westwärts zum **Fort York**, der faszinierenden Rekonstruktion des britischen Vorpostens aus dem Jahr 1793.

Richtung Norden bzw. Uptown Toronto, säumen monochrome Büroblocks das nördliche Ende der **University Avenue** bis zum imposanten Gemäuer des **Ontario Legislative Assembly Building** (Provinzparlament). Daran schließt sich eine Art „Museumsmeile" an, zu der die erlesenen Keramiken des **Gardiner Museum**, die enorme Sammlung des riesigen **Royal Ontario Museum** und das faszinierende **Bata Shoe Museum** gehören. Nur eine kurze U-Bahn-Fahrt entfernt locken zwei ganz unterschiedliche viktorianische Baudenkmäler – die grandiose **Casa Loma** und das vornehmere **Spadina House**. Etwas Zeit sollte man sich auch für den schick sanierten **Hafen-**

Torontos Hauptverkehrsader in Nord-Süd-Richtung ist die **Yonge Street**. Die Namen der größeren Querstraßen tragen westlich und östlich der Yonge Street den Zusatz „West" bzw. „East". Die Hausnummern der beiden Teilstücke werden jeweils ab der Yonge Street gezählt – d. h. dass z. B. die Hausnummern 1000 Queen St West und 1000 Queen St East sehr weit auseinander liegen.

bereich südlich der Union Station mit seinen mondänen Läden und Galerien nehmen. Vom hiesigen Fähranleger setzen **Personenfähren** zu den idyllischen **Toronto Islands** über.

CN Tower

Viele Toronter sind nicht gerade glücklich darüber, dass sich ausgerechnet der CN Tower, 301 Front St West, ☎ www.cntower.ca, zum Wahrzeichen ihrer Stadt entwickelt hat. Er ziert diverses Werbematerial der Stadt, erscheint auf Tausenden von Postkarten und Urlaubsfotos und ist für die meisten Touristen die obligatorische erste Station ihrer Stadtbesichtigung. Von jedem Punkt der Stadt sticht die schlanke, hoch in den Himmel ragende Nadel ins Auge und erinnert so manchen an das bissige Bonmot des französischen Schriftstellers Guy de Maupassant über einen anderen berühmten Turm: „Ich esse so gern im Eiffelturm, weil das der einzige Platz in Paris ist, von dem ich ihn nicht sehen kann."

Es erscheint heute unglaublich, aber der Kultstatus des CN Tower war weder geplant noch absehbar. Ursprünglich war er als reiner Zweckbau konzipiert. In den 1960er-Jahren tat sich die Canadian Broadcasting Corporation (CBC) mit der Eisenbahngesellschaft Canadian National (CN) zusammen, um den Bau eines größeren und leistungsfähigeren Funkturms zu planen. Die CBC trat später von dem Projekt zurück, aber CN, der das Grundstück gehörte, machte weiter. Zur Überraschung des Unternehmens erregte das Bauvorhaben so großes öffentliches Interesse, dass sich schon lange vor Fertigstellung des Turms 1975 sein enormes Potenzial als Touristenattraktion abzeichnete. Heute erzielt

der Turm nur 20 % seiner Einnahmen aus dem Sendebetrieb; den Rest steuern die zwei Millionen Touristen bei, die hier alljährlich Schlange stehen. Wer den Menschenmassen entgehen will, kommt am besten gleich frühmorgens (vor allem während der Schulferien).

Bis er vom Dubaier Burj Khalifa in den Schatten gestellt wurde, war der schlanke, elegante Turm, der 553 m über dem Stadtzentrum in eine grazile, minarett-ähnliche Spitze ausläuft, das höchste frei stehende Bauwerk der Welt. Die Einzelheiten seiner Konstruktion sind auf einer Reihe von Fotos und Touchscreen-Darstellungen auf der Zwischenebene gleich hinter dem Haupteingang und den Sicherheitsschleusen dokumentiert. Als Hintergrundinfo dazu gibt es eine Fülle faszinierender und kurioser Fakten und Zahlen, auch wenn es nicht gerade beruhigend ist, zu erfahren, dass der Turm jährlich 60 bis 80 Blitzeinschläge zu verkraften hat.

Vom Fuß des Turms katapultieren mehrere verglaste Außenfahrstühle die Besucher hinauf zu den Innen- und Außenplattformen des **Look Out Level** auf 346 m Höhe. Diese umlaufenden Galerien bieten Aussicht über die ganze Stadt, die von hier aus merkwürdig platt und zweidimensional wirkt; dafür weisen Markierungen auf die wichtigsten Sehenswürdigkeiten hin. Auf der gleichen Ebene befinden sich auch das Drehrestaurant **360 The Restaurant** (eine Umdrehung dauert 72 Min.) und der verstärkte **Glasboden** – ein schwindelerregendes Schockerlebnis, das den happigen Eintrittspreis zum Turm halbwegs rechtfertigt. Separate Fahrstühle befördern die Besucher auf Wunsch noch 100 m höher zur beengten Glaskapsel **Sky Pod**, die aber die zusätzliche Investition nicht wirklich wert ist.

🕐 tgl. 9–22 Uhr, manchmal auch länger, Aussichtsplattform und Glasboden $22, Sky Pod $5 extra.

Rogers Centre (SkyDome)

Gleich neben dem CN Tower thront das Rogers Centre, das früher SkyDome hieß. Es ist Heimstadion zweier wichtiger Sportmannschaften der Stadt – des Baseballteams Blue Jays und des Football-Spitzenteams Argonauts. In der Arena mit 53 000 Sitzplätzen finden außer Sport-

Downtown Toronto und die Waterfront

COLLEGE STREET

COLLEGE STREET

QUEEN'S PARK

PALMERSTON BOULEVARD

MARKHAM STREET

OXFORD STREET

NASSAU

BELLEVUE AVENUE

STREET

KENSINGTON MARKET

LEONARD AVENUE

AUGUSTA AVENUE

KENSINGTON AVE

BALDWIN ST

GLASGOW ST

ROSS ST

CECIL STREET

HENRY STREET

ORDE STREET

MURRAY STREET

UNIVERSITY AVE

GERRARD

❶

BALDWIN STREET

WALES AVENUE

ELM STREET

ELM

ST PATRICK

EDWARD ST

ELIZABETH STREET

D'ARCY STREET

DUNDAS STREET WEST

LITTLE PORTUGAL

PALMERSTON AVENUE

MARKHAM STREET

STREET

BATHURST STREET

Alexandra Park

DENISON AVENUE

AUGUSTA AVENUE

RYERSON AVENUE

AVENUE

SPADINA AVENUE

CAMERON STREET

CHINATOWN

DUNDAS STREET WEST

GRANGE AVENUE

HURON STREET

Art Gallery of Ontario

SULLIVAN STREET

BEVERLEY STREET

SOHO ST

Grange Park

MCAUL STREET

JOHN ST

ST PATRICK STREET

SIMCOE STREET

Sharp Centre For Design

Textile Museum of Canada

CHESTNUT ST

CENTRE AVE

❹

ARMOURY ST

Osgoode Hall

Campbell House

❽

OSGOODE

DUNDAS STREET WEST

ROBINSON STREET

CARR STREET

Cabaret

❾ ❿ ⓫

D E F

WEST QUEEN WEST

TECUMSETH STREET

STREET

MAUD ST

BRANT STREET

CAMDEN ST

RICHMOND STREET WEST

ADELAIDE STREET WEST

PHOEBE STREET

❺

❻

Queen Street West

⓭

❼

QUEEN STREET WEST

⓯

PETER STREET

WIDMER STREET

JOHN ST

NELSON STREET

DUNCAN STREET

SIMCOE STREET

⓮

QUEEN STREET

Four Seasons Centre

⓰

ADELAIDE ST W

PEARL ST

⓱

Toronto Dominion Centre

PORTLAND

DRAPER STREET

WELLINGTON ST WEST

NIAGARA STREET

STEWART ST

⓲ ⓳

❷⓿

KING STREET WEST

Princess of Wales Theatre

Royal Alexandra

ST ANDREW

St. Andrew's

Metro Hall

Roy Thomson Hall

CBC Broadcast Centre

11A

EMILY ST

Royal York

Ⓚ

Ⓛ

❿

CLARENCE SQUARE

Clarence Square Park

BLUE JAYS WAY

MERCER ST

JOHN ST

Ⓗ ㉑

WELLINGTON STREET WEST

Old Fort York

HOUSEY ST

Rogers Centre (SkyDome)

SPADINA AVENUE

REES STREET

CN Tower

Metro Convention Centre

FRONT STREET WEST

STATION ST

SKYWALK

YORK STREET

BREMNER BOULEVARD

LAKE SHORE BOULEVARD WEST

2

GARDINER EXPRESSWAY

SPADINA Ⓢ

QUEENS QUAY WEST

REES Ⓢ

SIMCOE

YORK Ⓢ

BISHOP TUTU BLVD

QUEENS QUAY W

STADIUM RD

Airport Ferry

Little Norway Park

Western Gap

Toronto City Centre Airport

York Quay Centre

HARBOURFRONT CENTRE

Queens Quay Terminal Building

The Power Plant Gallery & Enwave Theatre

Toronto Inner Harbour

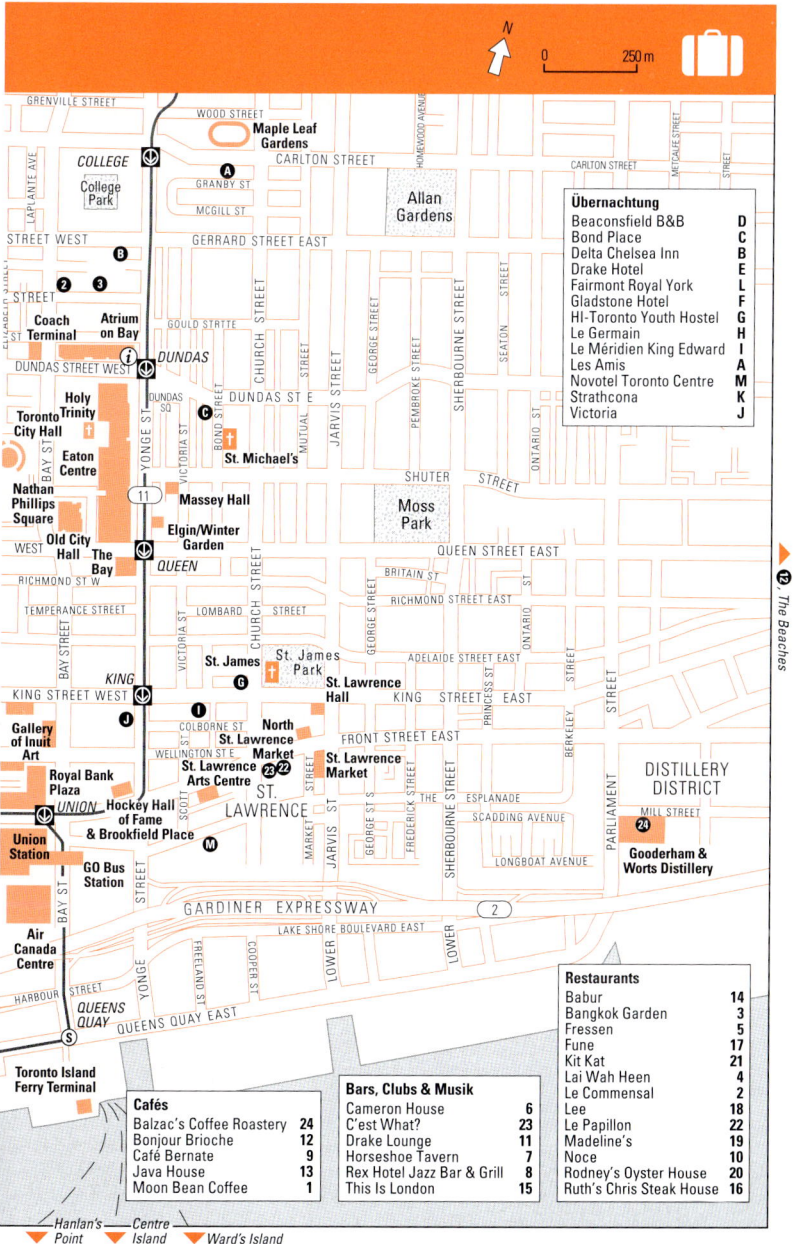

N

0   250 m

Toronto

GRENVILLE STREET
WOOD STREET
Maple Leaf
Gardens

COLLEGE
College
Park

GRANBY ST
CARLTON STREET
CARLTON STREET

Allan
Gardens

MCGILL ST

STREET WEST
GERRARD STREET EAST

STREET
Coach
Terminal
Atrium
on Bay

GOULD STRTTE

DUNDAS
DUNDAS STREET WEST

Holy
Trinity
Toronto
City Hall
DUNDAS
SQ
DUNDAS ST E

St. Michael's

Eaton
Centre

Nathan
Phillips
Square

Massey Hall

Old City
Hall
The
Bay
Elgin/Winter
Garden

WEST

QUEEN

RICHMOND ST W

TEMPERANCE STREET

LOMBARD
STREET

St. James
Park

King
St. James

St. Lawrence
Hall

KING STREET WEST

Gallery
of Inuit
Art

COLBORNE ST
North
St. Lawrence
Market
WELLINGTON ST E
St. Lawrence
Arts Centre
St. Lawrence
Market

Royal Bank
Plaza

UNION
Hockey Hall
of Fame
& Brookfield Place
ST.
LAWRENCE

Union
Station

GO Bus
Station

Air
Canada
Centre

GARDINER EXPRESSWAY
LAKE SHORE BOULEVARD EAST

QUEENS
QUAY
QUEENS QUAY EAST

Toronto Island
Ferry Terminal

QUEEN STREET EAST
BRITAIN ST
RICHMOND STREET EAST
ADELAIDE STREET EAST
KING   STREETS   EAST
FRONT STREET EAST
ESPLANADE
SCADDING AVENUE
LONGBOAT AVENUE

Moss
Park

SHUTER
STREET

DISTILLERY
DISTRICT

MILL STREET

Gooderham &
Worts Distillery

The Beaches

Hanlan's
Point
Centre
Island
Ward's Island

Toronto

Queen Street West

In Toronto gibt es rund ein Dutzend völlig unterschiedliche Viertel, und jedes ist ein Kiez mit ganz eigenem, unverwechselbarem Flair, obwohl manche nur ein paar Straßenzüge umfassen. Die folgende Übersicht soll helfen, die bunte Vielfalt dieses Bevölkerungsmosaiks optimal auszukosten, ob es nun ums Shoppen, ums Essen oder einfach nur ums Aufsaugen der Atmosphäre geht.

The Beach Südlich der Queen Street East zwischen Woodbine und Victoria Park Avenue. Eine wohlhabende und besonders attraktive Gegend mit schicken Boutiquen, begrünten Straßen und einem Sandstrand mit sehr beliebter Holzsteg-

ereignissen auch andere Veranstaltungen und Konzerte statt. Das 1989 eröffnete Stadion war weltweit das erste mit komplett einfahrbarem Dach. Das technische Meisterwerk besteht aus vier gigantischen Dachplatten, die auf Schienen laufen und innerhalb von 20 Minuten ausgefahren werden können, um die mehr als 32 000 m^2 Rasen und Zuschauerränge vor Regen zu schützen. Der SkyDome wurde seinerzeit von der Stadt heftig beworben, dabei ist er eigentlich ziemlich hässlich und erinnert mit geschlossenem Dach am ehesten an ein riesiges Gürteltier. Die einstündigen **Führungen** (Zeiten unter ☎ 416/341-2771 erfragen oder unter 🖥 www.

rogerscentre.com nachsehen, $13,75) lohnen sich eigentlich nur, wenn man sowieso zu einer Veranstaltung hier ist. Sie fangen mit einem 15-minütigen Film über den Bau des Stadions an; danach folgt ein Rundgang durch die Umkleiden und übers Spielfeld.

Union Station

Der **Skywalk** führt als überdachter Fußgängerweg vom Rogers Centre zur Union Station an der Ecke Front Street West und Bay Street. Das majestätische Bauwerk im Beaux-Arts-Stil wurde 1907 entworfen und 1927 fertiggestellt. Schon die Fassade ist mit ihrer langen Kolonna-

Promenade. Außerdem Geburtsort von Glenn Gould (s. S. 106).

Cabbagetown Östlich der Jarvis Street etwa bis zur Gerrard Street East im Süden, Wellesley Street East im Norden und dem Don River im Osten. Das Viertel ist vor allem für seine viktorianischen Wohnhäuser bekannt und verdankt seinen Namen den Einwanderern des 19. Jhs., die hier in ihren winzigen Vorgärten Kohl zogen.

Chinatown Eigentlich gibt es in Toronto vier Chinatowns, aber die größte konzentriert sich rund um die Dundas Street West zwischen Bay Street und Spadina Avenue. Es ist eines der typischsten Viertel von Toronto. Hier wimmelt es von Restaurants und geschäftigen Läden, die alles Mögliche und Unmögliche verkaufen. von Porzellan und Jade bis zu Kräutern und eingelegtem Seetang.

Gay Village Rund um die Kreuzung von Church und Wellesley Street liegt das Schwulen- und Lesbenviertel mit seiner Fülle von Bars, Restaurants und Buchläden.

Kensington Market Gleich nördlich der Dundas Street West zwischen Spadina und Augusta Avenue. In diesem Stadtteil tummelt sich das bunteste Völkergemisch der Stadt. Portugiesen, Zuwanderer aus der Karibik und kanadische Juden beleben seine Straßen mit den verschiedensten Miniläden und Verkaufsständen. In der südlichen Hälfte, um die Dundas Street, gibt es jede Menge Läden mit Secondhand-Klamotten, in der nördlichen zahlreiche Essensstände und Cafés.

Little Italy Der sogenannte Corso Italia entlang der College Street zwischen Bathurst und Clinton Street punktet mit jeder Menge guter Restaurants und ist eines der quirligsten Viertel Torontos.

Little Portugal Eine dicht bevölkerte, vor Leben nur so sprühende Gegend mit vielen Läden und kleinen Restaurants rund um die Dundas Street West von der Bathurst Street westwärts bis zur Dovercourt Road.

Queen Street West Das Viertel zwischen University und Spadina Avenue hat mit die höchsten Ladenmieten der Stadt und bietet einfach alles, was trendig und teuer ist. Die Studenten und Punks, die früher mal hier rumhingen, sind längst zur sogenannten **West Queen West** zwischen Bathurst Street und Ossington Avenue abgewandert.

Yorkville Nördlich der Bloor Street West zwischen Bay Street und Avenue Road. In den 1960er-Jahren ging es hier mächtig „alternativ" zu; damals ließen sich sogar Legenden wie Gordon Lightfoot und Joni Mitchell im Viertel blicken. Doch das alternative Treiben ist lange vorbei. Heute schmückt sich die Gegend mit einigen der teuersten Modeläden und Kunstgalerien von Toronto und ein paar guten Bars und Restaurants.

de klassizistischer Säulen höchst imposant, noch eindrucksvoller ist aber das Innere, insbesondere die **Haupthalle** mit ihrer anmutig gekachelten Kassettendecke.

Wie andere nordamerikanische Bahnhöfe aus jener Zeit besitzt die Union Station die Ausstrahlung einer mittelalterlichen Kathedrale, in der Geräusche dumpf durch steinerne Säulengänge hallen und gedämpftes Tageslicht durch hohe Bogenfenster dringt. Zu einer Zeit, in der der Dampfzug das beliebteste Transportmittel war, gaben sich die Architekten alle Mühe, die Bahnhöfe zu glorifizieren. In diesem Fall beschworen sie dazu die unermesslichen Weiten Kanadas herauf, indem sie einen Fries mit den Namen aller damals per Eisenbahn erreichbaren kanadischen Städte rund um die Halle zogen.

Banking District, Royal Bank Plaza und Toronto Dominion Centre

Das **Bankenviertel**, das sich nordwärts bis zur Adelaide Street erstreckt, beginnt am Ostende der Union Station mit der **Royal Bank Plaza**, 200 Bay St. Ihre wuchtigen Zwillingstürme wurden von dem Toronter Architekten Boris Zerafa entworfen. Sie sind mit einer dünnen Goldschicht überzogen. Obwohl Zerafa versicherte, das Gold solle seiner Schöpfung bloß eine besondere

Toronto

Kipling Station

HELENA AVENUE
ALCINA AVENUE
WYCHWOOD PARK
BURNSIDE DRIVE
AVENUE
HILL
NINA STREET
HILTON AVENUE
WELLS
LYNDHURST AVENUE
WALMER ROAD

WARREN RD
BALMORAL AVENUE
CLARENDON AVENUE
RUSSELL HILL ROAD
CLARENDON CRES
BALMORAL AVENUE
FARNHAM AVENUE
WOODLAWN AVE

Spadina House

AUSTIN TERR

Casa Loma

WALMER RD
CARTNEL AVE

GLEN EDYTH DR
BOULTON DRIVE
POPLAR PLAINS RD
POPLAR PLAINS CR

WALKER AVE
ALCORN AVENUE
(11A)
BIRCH AVENUE
COTTINGHAM ST

DAVENPORT ROAD

Tarragon Theatre

BRIDGEMAN AVENUE

MACPHERSON AVENUE
MCMASTER AVE

MARLBOROUGH AVE
MACPHERSON AVENUE
ROXBOROUGH STREET WEST

DUPONT STREET

DUPONT STREET

VERMONT AVE
STREET
ALBANY AVE
HOWLAND AVE
BRUNSWICK AVE
KENDAL AVE
WALMER ROAD
BATHURST

🚇 *DUPONT*

BEDFORD RD
AVENUE ROAD
CHICORA AVE

PEARS AVENUE
❶

DAVENPORT ROAD
BELMONT

OLIVE AVE
PALMERSTON AVENUE
FOLLIS AVE
WELLS STREET

BERNARD AVENUE
MADISON AVENUE
HURON STREET
ST GEORGE ST
ADMIRAL
BEDFORD ROAD
TRANBY AVE
BOSWELL AVE
ELGIN AVE

HAZELTON AVENUE
BERRYMAN ST
MCMURRICH ST

THE ANNEX

BARTON AVENUE
ALBANY AVENUE
HOWLAND AVENUE
BRUNSWICK AVENUE
DALTON RD
WALMER ROAD

LOWTHER   AVENUE

SCOLLARD ST

YORKVILLE
YORKVILLE
BAY AVE
❷

EUCLID AVENUE
MARKHAM STREET

BATHURST 🚇
(5)

SPADINA 🚇

PRINCE ARTHUR AVENUE

ST. GEORGE 🚇

CUMBERLAND ST

BELAIR ST

❸
❹

BLOOR STREET WEST

SPADINA AVENUE
ST GEORGE ST
HURON STREET

Bata Shoe Museum

DEVONSHIRE PLACE

Royal Ontario Museum
❺

BAY 🚇
BLOOR STREET   WEST

Ⓐ **Village Gardens**

LENNOX STREET

SUSSEX AVENUE

MUSEUM 🚇

Varsity Stadium

Gardiner Museum

CHARLES ST W

Ⓒ
ST MARYS ST

BAY STREET
IRWIN

HERRICK STREET

Massey College

Ⓓ

Soldiers' Tower

PHILOSOPHER'S WALK

HARBORD STREET

HOSKIN AVENUE

PALMERSTON BOULEVARD
ULSTER STREET
LIPPINCOTT STREET
BORDEN STREET
MAJOR STREET
ROBERT STREET

WILLCOCKS STREET

University of Toronto
University College

Hart House
HART HOUSE

Queen's Park

ST JOSEPH ST

QUEEN'S PARK CR W
QUEEN'S PARK CR E

WELLESLEY STREET WEST

LITTLE ITALY
Ⓑ

EUCLID AVENUE
MARKHAM STREET
BATHURST STREET

Knox College

SPADINA AVE
RUSSEL STREET
CIRCLE

KING'S COLLEGE CIRCLE
KING'S COLLEGE RD

Ontario Legislative Assembly Building
GROSVENOR STREET

GRENVILLE STREET

Convocation Hall

COLLEGE STREET
❾

COLLEGE STREET

HENRY ST
MCCAUL STREET
ORDE STREET

UNIVERSITY AVE

🚇

QUEEN'S PARK

ELIZABETH ST
LAPANTE AVE
BAY ST

KENSINGTON MARKET
OXFORD STREET
AUGUSTA AVE
STREET
NASSAU ST
HURON STREET
ROSS STREET

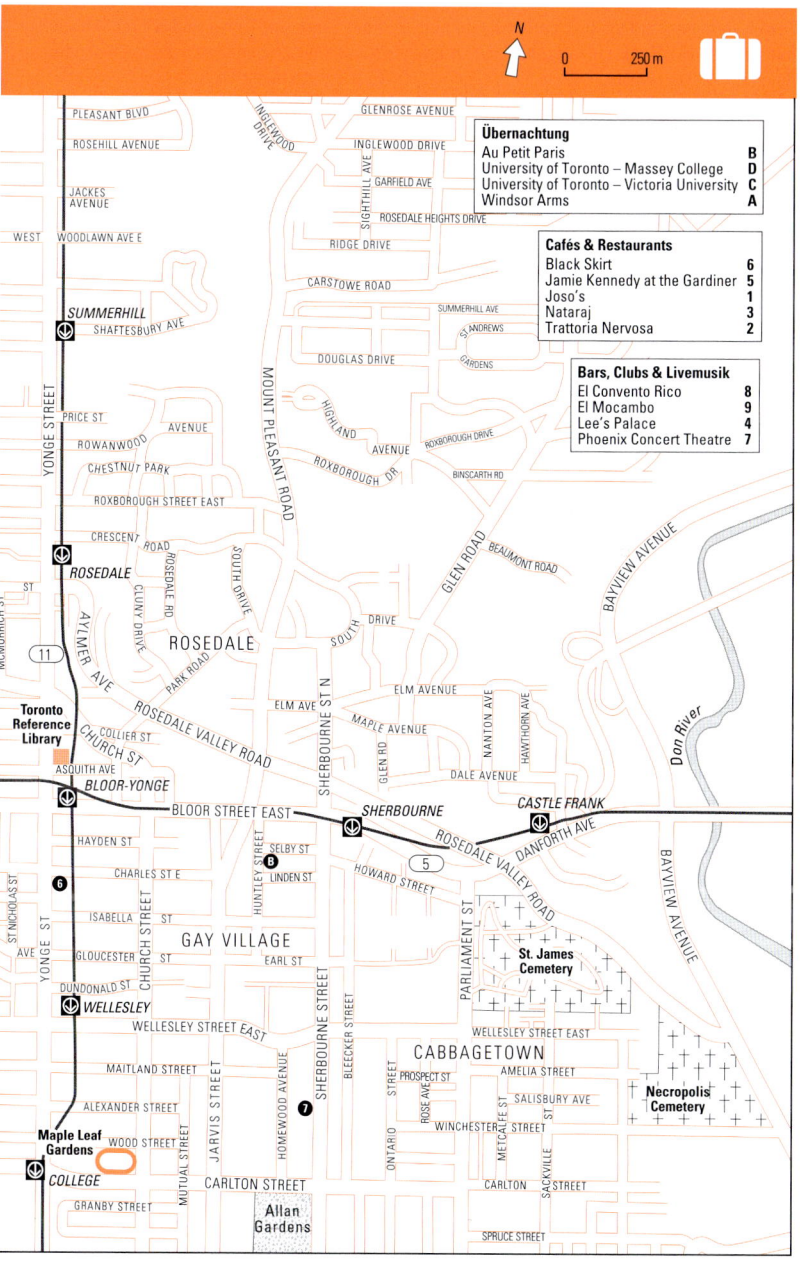

N
0 ———— 250 m

Übernachtung
Au Petit Paris — **B**
University of Toronto – Massey College — **D**
University of Toronto – Victoria University — **C**
Windsor Arms — **A**

Cafés & Restaurants
Black Skirt — **6**
Jamie Kennedy at the Gardiner — **5**
Joso's — **1**
Nataraj — **3**
Trattoria Nervosa — **2**

Bars, Clubs & Livemusik
El Convento Rico — **8**
El Mocambo — **9**
Lee's Palace — **4**
Phoenix Concert Theatre — **7**

PLEASANT BLVD
ROSEHILL AVENUE
GLENROSE AVENUE
INGLEWOOD DRIVE
INGLEWOOD DRIVE
GARFIELD AVE
SIGHTHILL AVE
ROSEDALE HEIGHTS DRIVE
JACKES AVENUE
WEST
WOODLAWN AVE E
RIDGE DRIVE
CARSTOWE ROAD
SUMMERHILL
SHAFTESBURY AVE
DOUGLAS DRIVE
SUMMERHILL AVE
ST ANDREWS
GARDENS
PRICE ST
AVENUE
YONGE STREET
ROWANWOOD
MOUNT PLEASANT ROAD
HIGHLAND
AVENUE
ROXBOROUGH DRIVE
CHESTNUT PARK
ROXBOROUGH DR
ROXBOROUGH STREET EAST
BINSCARTH RD
CRESCENT ROAD
ROSEDALE RD
GLEN ROAD
BEAUMONT ROAD
BAYVIEW AVENUE
ST
ROSEDALE
CLUNY DRIVE
SOUTH DRIVE
AYLMER AVE
ROSEDALE
ROSEDALE VALLEY ROAD
PARK ROAD
SOUTH DRIVE
Don River
Toronto Reference Library
COLLIER ST
CHURCH ST
ELM AVE N
ELM AVENUE
SHERBOURNE ST N
MAPLE AVENUE
NANTON AVE
HAWTHORN AVE
ASQUITH AVE
BLOOR-YONGE
GLEN RD
DALE AVENUE
CASTLE FRANK
BLOOR STREET EAST
SHERBOURNE
ROSEDALE VALLEY ROAD
DANFORTH AVE
HAYDEN ST
SELBY ST
HOWARD STREET
BAYVIEW AVENUE
CHARLES ST E
HUNTLEY STREET
LINDEN ST
ST NICHOLAS ST
ISABELLA ST
CHURCH STREET
PARLIAMENT ST
St. James Cemetery
AVE
GLOUCESTER
GAY VILLAGE
EARL ST
YONGE ST
DUNDONALD ST
WELLESLEY
WELLESLEY STREET EAST
WELLESLEY STREET EAST
SHERBOURNE STREET
MAITLAND STREET
HOMEWOOD AVENUE
BLEECKER STREET
CABBAGETOWN
AMELIA STREET
ALEXANDER STREET
JARVIS STREET
PROSPECT ST
ROSE AVE
SALISBURY AVE
Necropolis Cemetery
Maple Leaf Gardens
WOOD STREET
WINCHESTER STREET
METCALFE ST
COLLEGE
MUTUAL STREET
CARLTON STREET
ONTARIO ST
SACKVILLE ST
CARLTON STREET
GRANBY STREET
Allan Gardens
SPRUCE STREET
11
6
8
5
7

Textur verleihen, drängt sich der Verdacht auf, dass die Royal Bank ein bisschen mit ihrem Reichtum protzen wollte.

Links von der Royal Bank – und rechts vom Hotel Royal York – führt eine **Steintreppe** mit Tor von der Front Street West zu einem winzigen Platz im Schatten einer ganzen Schar von Wolkenkratzern hinauf. Es ist irgendwie ein nettes Fleckchen mitten im Herzen der Großstadt, dem Catherine Widgerys *City People* (1989), ein paar volkstümliche, lebensgroße Aluminiumfiguren an den Treppenseiten, noch etwas dekorativen Pep verleihen. Der Fußgängerweg führt weiter zur Wellington Street West hinunter, nur wenige Meter vom Südturm – jetzt Waterhouse Tower – des **Toronto Dominion Centre**. Seine vier schwarz spiegelnden Hochhausklötze flankieren die Wellington Street zwischen Bay und York

Luftschlösser mal anders

Eine der seltsameren Verordnungen der Stadt legte einst eine **„theoretische Maximalhöhe"** für Torontos Gebäude fest. Besitzer historischer Gebäude durften diese nicht aufstocken, dafür durften sie aber die Differenz zwischen ihrer Firsthöhe und der theoretischen Maximalhöhe für Neubauten weiterverkaufen. Bauunternehmer ihrerseits kauften dann diesen „Luftraum" und schlugen ihn auf die zulässige Maximalhöhe ihrer Neubauten auf, wodurch genau die Wolkenkratzer entstanden, denen die Verordnung eigentlich einen Riegel vorschieben wollte.

Diese Regelung verschönte weder die alte noch die neue Bausubstanz. Doch es sollte noch seltsamer kommen. Ende der 1980er-Jahre erhörte die Stadt die Mahnungen der Denkmalschützer, dass keine Altbauten mehr abgerissen werden sollten. Die Immobilieninvestoren wollten aber weiterhin Neubauten in Downtown errichten. Also wurden allerlei Deals ausgehandelt, bei denen Altbauten in neue Komplexe integriert oder buchstäblich von ihnen geschluckt wurden – das extremste Beispiel ist das Einkaufszentrum Brookfield Place an der Ecke Yonge und Front Street (s. S. 104).

Street. Diese vier Türme sind in ihrer Schlichtheit vielleicht die gelungensten unter den modernen Wolkenkratzern der Stadt.

Toronto Dominon Gallery of Inuit Art

Die Toronto Dominon Gallery of Inuit Art im Südturm (oder Waterhouse Tower) des Toronto Dominion Centre hütet eine herausragende Sammlung von mehr als 100 Inuit-Skulpturen. Die auf zwei Stockwerke verteilten Exponate sind Eigentum der Toronto Dominion Bank. Diese beauftragte 1965 ein Expertengremium, zu Kanadas Hundertjahrfeier die Crème de la crème der Inuit-Kunst aus der Nachkriegszeit zusammenzutragen. Die Galerie zeigt Beispiele aller wichtigen Themen der Inuit-Bildhauerkunst – vorwiegend Darstellungen von Tieren und Menschen, ergänzt durch einige metamorphe Figuren von Inuit, die sich ganz oder teilweise in Tiere verwandeln. Andere Skulpturen stellen Gottheiten dar, insbesondere Sedna, die Meeresgöttin. Der Glaube der Inuit hielt sich nicht groß mit theologischen Fragen auf, sondern bevölkerte in seinem allumfassenden Animismus die Arktis mit Geistern und Göttern, von denen zahlreiche Volksmärchen der Inuit erzählen. Die meisten Kunstwerke bestehen aus Speckstein, der sich leicht bearbeiten lässt. Dazwischen finden sich aber auch Stücke aus Knochen, Elfenbein und Karibugeweih. Das einzige Problem ist die fast völlig fehlende Beschriftung der Exponate. Eine bescheidene Hilfe leistet die Gratisbroschüre, die am Eingang der Galerie ausliegt. ⏰ Mo–Fr 8–18, Sa und So 10–16 Uhr, Eintritt frei.

St. Andrew's Presbyterian Church und Roy Thomson Hall

Wer die Wellington Street überquert und zwischen den drei übrigen Türmen des Toronto Dominon Centre hindurchgeht, kommt alsbald an **Joe Fafards** Herde grasender Kühe vorbei – sieben realistischen **Bronzefiguren**, die die Herzen der großstädtischen Büromenschen im Sturm erobert haben.

Von hier ist es nur ein kurzer Abstecher nach Westen entlang der King Street zur **St. Andrew's Presbyterian Church**, 75 Simcoe St. Eingezwängt zwischen den Wolkenkratzern der City vertritt der hübsche Sandsteinbau das alte Toronto. Die

Kirche, deren neoromanische Türme und Giebel an normannische Kirchenbauten erinnern, wurde 1876 für eine vorwiegend schottische Gemeinde gebaut. Im zauberhaften Innenraum, den Buntglasfenster mit farbigen Lichtsprenkeln erfüllen, neigen sich Kirschholzbänke und eine umlaufende Galerie sacht in Richtung Altarraum. ⊙ tgl. 9–16 Uhr, Eintritt frei.

Die **Roy Thomson Hall**, gegenüber von St. Andrew's auf der anderen Seite der Simcoe Street, ist die Wirkungsstätte des Toronto Symphony Orchestra (s. S. 126). Sie wurde 1982 nach einem Entwurf des Kanadiers Arthur Erickson gebaut. Tagsüber hat sie Ähnlichkeit mit einer umgedrehten Suppenschüssel, aber wenn der Lichtschimmer ihrer Glaswände den Nachthimmel erhellt, wirkt sie wie verwandelt.

CBC Centre

Von der Thomson Hall ist es nur ein kurzer Weg südwestwärts zum **CBC Broadcasting Centre**, 250 Front St West. Das bunt gestrichene Gitterwerk des zehnstöckigen Bauwerks macht seinen Anblick ästhetisch erträglich, mehr aber auch nicht. Seit ihrer Gründung 1936 hat sich die **Canadian Broadcasting Corporation (CBC)** einen Ruf für die Unparteilichkeit ihrer Radio- und Fernsehberichterstattung erworben. Auch wenn sie heute Werbung ausstrahlt, ist sie nach wie vor ein öffentlich-rechtliches Unternehmen. Früher veranstaltete die CBC Führungen durch die Sendezentrale, die sie aber zumindest vorläufig eingestellt hat.

Weiterhin geöffnet ist das **CBC Museum**, ⌨ www.cbc.ca/museum, das außer einer Reihe bescheidener Exponate in einem Minikinosaal alte CBC-Fernsehsendungen zeigt.

Per Knopfdruck können die Besucher auf drei Tastenreihen – je ein Set für Politik, Nachrichten und Kinderprogramme – rund vierzig kurze Programmclips aufrufen, von prägnanten Kommentaren zum US-Krieg in Vietnam bis zu einem besonders absurden Beispiel sozialer Diskriminierung aus dem Jahr 1969, wo der Reporter – neben anderem Unsinn – behauptet, die drogenbenebelten Hippies im Stadtviertel Yorkville (s. S. 99) seien sexbesessen und würden von einem Bett ins nächste springen. ⊙ Mo–Fr 9–17 Uhr, Eintritt frei.

Vom CBC Broadcasting Centre sind es zu Fuß 20 Minuten nach Westen zum Fort York und 10 Minuten nach Osten zum St. Lawrence District (s. S. 104).

Fort York

Keimzelle des modernen Toronto war das kolonialzeitliche, palisadenbewehrte Fort York, ☎ 416/392-6907, ⌨ www.fortyork.ca. Es wurde 1793 am Ufer des Lake Ontario angelegt, um die britische Vorherrschaft über die Großen Seen zu sichern. Seitdem hat sich das Seeufer durch Aufschüttungen südwärts verschoben, und das Fort, das in den 1930er-Jahren originalgetreu restauriert wurde, liegt heute weitab vom Wasser im Schatten der Hochtrasse des Gardiner Expressway gleich westlich der Bathurst Street. Es gibt **zwei Eingänge** zum Fort. Der gut ausgeschilderte Haupteingang ist vom Lakeshore Boulevard West aus zu erreichen – wer nicht mit dem Auto kommt, nimmt die Straßenbahn 509 von der Union Station bis Fleet Street; von dort sind es noch 10 Min. zu Fuß auf dem Fort York Boulevard oder der Garrison Road bis zum Eingang. Zum Nebeneingang führt ein Fußweg von der Bathurst Street – vom CBC Broadcasting Centre der Front Street westwärts folgen und an ihrem Ende nach links in die Bathurst Street abbiegen; der Fußweg zum Fort zweigt nach Überquerung der Brücke rechts ab. Wer nicht so weit gehen will, kann an der King Street die Straßenbahn Richtung Westen bis zur Ecke King/Bathurst Street nehmen.

Fort York war anfänglich nur unzureichend befestigt, teils aus Geldmangel, vor allem aber, weil niemand richtiges Interesse für ein so abgelegenes Provinznest aufbrachte – auch wenn es nun mal Hauptstadt von Upper Canada war. Erst als sich 1811 die Beziehungen zwischen Briten und Amerikanern verschlechterten, wurde das Fort in volle Gefechtsbereitschaft versetzt. In einem Anfall hektischer Aktivität wurden Wälle und Geschützstände verstärkt. Trotzdem konnte das Fort der amerikanischen Armee nicht standhalten, die 1813 auf die nahe Siedlung York marschierte und das Fort zerstörte. Nach dem Krieg wurde das Fort wieder aufgebaut. Seine Garnison hatte großen Anteil an der Entwicklung von Toronto, wie York seit 1834 hieß. 1870 rückte die britische Armee ab. Danach wurde das Fort weitere 60 Jahre vom kanadischen Militär genutzt. 1934 wurde es dann als **Museum** eröffnet. Den ganzen Sommer über geben kostümierte Mitarbeiter den Besuchern einen Einblick ins Leben der Kolonialzeit. Am Eingang werden kostenlose Übersichtspläne des Forts ausgegeben.

Anlage und Gebäude

Die sorgfältig instand gesetzten **Erd- und Steinwälle** des Forts sind niedrig, aber dick und zickzackförmig angelegt, um der feindlichen Artillerie weniger Angriffsfläche zu bieten und Angreifer von mehreren Seiten unter Beschuss nehmen zu können. Sie umschließen eine ziemlich regellose Ansammlung von Holz-, Stein- und Ziegelbauten.

Besonders bemerkenswert sind ein paar gut erhaltene **Blockhäuser** aus massiven Rundhölzern mit Schießscharten. In einem davon – auf dem Plan als **Gebäude Nr. 5** gekennzeichnet – läuft ein Video über die Geschichte des Forts. Eine Ausstellung dokumentiert außerdem die diversen militärischen Konflikte in Kanada von den 1780er bis zu den 1880er-Jahren, insbesondere den Krieg von 1812.

Gebäude Nr. 6 war ursprünglich ein Magazin und diente später als Lagerhaus. Heute beherbergt sein Erdgeschoss eine bescheidene Ausstellung zur Rolle der schwarzen Soldaten und Siedler in Ontarios früher Geschichte. Im Obergeschoss zeigt die archäologische Abteilung allerlei Fundstücke, die auf dem Gelände des Forts ausgebuddelt wurde – Schnallen, Broschen, Teller, Tonpfeifen und Knöpfe.

Gebäude Nr. 4, die Blue Barracks, ist ein Nachbau des Quartiers der rangniederen Offiziere aus den 1930ern.

In **Gebäude Nr. 3** befand sich das eigentliche Offiziersquartier und -kasino. Es kann mit mehreren historisch eingerichteten Räumen und zwei original erhaltenen Tresorräumen im Keller aufwarten.

Gegenüber erhebt sich das aus Stein und Ziegeln gebaute Pulvermagazin – **Gebäude Nr. 8** – mit 2 m dicken Mauern und funkensicherer Ausstattung aus Kupfer und Messing.

🕐 Mitte Mai–Aug tgl. 10–17, Sep–Mitte Mai Mo–Fr 10–16, Sa und So 10–17 Uhr, Eintritt $9.

St. Lawrence District

Der St. Lawrence District, eines der ältesten Viertel der Stadt, erstreckt sich östlich der Yonge Street zwischen The Esplanade, Adelaide Street und Frederick Street. Er erlebte seinen ersten Wachstumsschub nach dem Krieg von 1812 und war in der viktorianischer Ära einer der vornehmsten Stadtteile von Toronto. Später verwahrloste die Gegend, doch seit sie Ende des 20. Jhs. gründlich aufgemöbelt wurde, gilt sie wieder als hip. Am besten erreicht man sie über die Front Street East, östlich der Yonge Street.

Von hier ist es nicht weit bis zum **St. Lawrence Market**, Ecke Front und Market Street, 🖥 www.stlawrencemarket.com. Der geräumige rote Ziegelbau von 1844 beherbergt den besten Lebensmittelmarkt der Stadt. Mehrere Geschosse wimmeln von Ständen, die alles nur Erdenkliche feilbieten, von Fisch und frisch gebackenem Brot über internationale Delikatessen und Biokost bis zu Spezialitäten der Provinz Ontario wie Käse, Marmelade und *fern fiddleheads* (Farnsprossen). 🕐 Di–Do 8–18, Fr 8–19, Sa 5–17 Uhr. Samstags ist in der Markthalle am meisten los; dann können Besucher auch gleich noch den **North St. Lawrence Market** mitnehmen, einen alteingesessenen Bauernmarkt in dem lang gestreckten Ziegelgebäude gegenüber, an der Nordseite der Front Street. 🕐 Sa 5–16 Uhr.

St. Lawrence Hall

Hinter dem North St. Lawrence Market, ein kleines Stück die Jarvis Street hinunter, steht die **St. Lawrence Hall**, eines der attraktivsten viktorianischen Baudenkmäler Torontos. Das palastartige Gebäude ist mit Säulen, Pilastern und Ziergiebeln geschmückt – alles gekrönt von einer niedlichen kleinen Kuppel. Die Hall wurde 1850 als Hauptversammlungsort der Stadt gebaut, mit reichlich Platz für Bälle, Vorträge und Konzerte. Die Bandbreite der Veranstaltungen reichte von hochelegant über kitschig – auch die „schwedische Nachtigall **Jenny Lind** gab sich hier die Ehre – bis zu bitterernst, wie etwa die Kundgebungen gegen die Sklaverei in den 1850er Jahren.

Der erste Preis in puncto schlechter Geschmack gebührte dabei dem amerikanischen

„Showman" und Zirkusbetreiber **P.T. Barnum**: Er stellte hier wie anderswo den kleinwüchsigen (60 cm) Charles Sherwood Stratton alias **Tom Thumb** zur Schau.

St. James Anglican Cathedral

Auf der anderen Seite der King Street, ein paar Hundert Meter westlich der St. Lawrence Hall, steht die wuchtige und dabei doch elegante St. James Anglican Cathedral aus gelblichem Stein mit kupfergrünen Dächern und schlanker Turmspitze. Die Kathedrale ist mit ihren zahlreichen Spitzbogenfenstern und mächtigen Strebepfeilern ein prachtvolles Beispiel für den neugotischen Stil, der sich in allen Ecken des britischen Weltreichs größter Beliebtheit erfreute. Drinnen stützen elegante Pfeiler das hochfliegende Gewölbe des Hauptschiffs, flankiert von einer Reihe von **Buntglasfenstern** mit ehrgeiziger Thematik: Sie sollen den Weg nachzeichnen, auf dem das Christentum von Palästina über England nach Kanada gelangte. Das Ergebnis ist etwas verwirrend, aber grob gesagt, wirken die Fenster mit den biblischen Szenen eher konventionell, die mit Bildern aus der englischen Geschichte dagegen wesentlich fantasievoller.

Distillery District

Der Distillery District, 🖳 www.thedistillerydistrict.com, ist Torontos neuester Kunst- und Kulturkomplex. Untergebracht ist er in der ehemaligen **Gooderham and Worts Distillery**, einem sehr schönen Industrie-„Dorf" an der Mill Street, nicht weit vom südlichen Ende der Parliament Street. Das verwinkelte Sammelsurium aus über 40 Ziegelgebäuden war einmal die größte Destillerie des britischen Weltreichs und blieb bis 1990 als Brennerei in Betrieb. Als die Destillerie 1832 gegründet wurde, hatte sie ihre eigene Landungsbrücke für Transportschiffe, heute liegt sie nach Landaufschüttungen im Windschatten der Eisenbahngleise am Ende des Gardiner Expressway.

Seit ihrer Stilllegung wurde die Destillerie von einer kleinen Unternehmergruppe behutsam umgebaut. Die Mitglieder beschlossen, viel von der Originalanlage zu erhalten, darunter die Verbindungsbrücken und Flaschentransportanlagen. Und mit erfrischender Unbestechlichkeit entschieden sie sich auch dafür, alle multinationalen Ketten draußen zu halten. Eines der architektonischen Highlights ist das **Pure Spirits Building**, ein Gebäude mit Glastüren und einem eleganten schmiedeeisernen Balkon. Neben vielem anderen beherbergt der Komplex Kunstgalerien und Künstlerateliers, Designer, einen Chocolatier, Bäckereien, Geschäfte, eine Mikrobrauerei und mehrere Veranstaltungssäle.

Die meisten Galerien und Geschäfte haben täglich von 9 oder 10 bis 18 Uhr geöffnet, die Cafés und Bars länger. Anfahrt zum Distillery District mit der Straßenbahn 504 von der King Street nach Osten bis zur Haltestelle Parliament – von dort sind es noch fünf Minuten zu Fuß.

Nathan Phillips Square

Einer der markantesten Orientierungspunkte im Zentrum ist der Nathan Phillips Square an der Queen Street West. Er wurde in den 1960er-Jahren vom finnischen Architekten und überzeugten Funktionalisten **Viljo Revell** gestaltet, der dafür mit Preisen überhäuft wurde. Um den Platz führt ein erhöhter Gehweg. In seiner Mitte befindet sich eine spiegelnde Teichfläche, die im Winter zur Schlittschuhbahn mutiert. Das beherrschende Bauwerk am Platz ist Torontos moderne **City Hall** (Rathaus). Vor ihren konkaven Glas-und-Beton-Türmen steht *The Archer*, ein Werk von Henry Moore, das an einen Riesenpropeller erinnert.

Wäre es nach Revell gegangen, so hätte auch die **Old City Hall**, ein prachtvolles Gebäude in neuromanischem Stil von 1899 auf der Ostseite des Platzes, den Bulldozern weichen müssen. Ihr Architekt, Edward J. Lennox, machte sich bei den Zahlmeistern im Stadtrat ziemlich unbeliebt, als er die ursprünglich veranschlagten Baukosten von $1,77 Millionen um $750 000 überzog und zudem acht Jahre brauchte, um den Bau zu vollenden. Zu guter Letzt wischte er ihnen noch eins aus, indem er Fratzengesichter der Stadtväter in die Bögen über der Eingangstreppe meißeln ließ und seinen Namen an den Gebäudeseiten anbrachte – was ihm der Stadtrat ausdrücklich verboten hatte.

Eaton Centre

Das Eaton Centre, 🖳 www.torontoeatoncentre.com, das sich von der Ecke Queen Street West/Yonge Street nach Norden erstreckt, ist ein dreistöckiger, recht hübscher Einkaufs- und Restaurantkomplex unter einem gewölbten Stahl-Glas-Dach. Seinen Namen verdankt das Centre **Timothy Eaton**, einem Einwanderer aus dem irischen Ulster, der hier 1869 sein erstes Geschäft eröffnete. Seine Unternehmenspolitik – Verkauf nur gegen Bares, feste Preise, Geld-zurück-Garantie – revolutionierte den kanadischen Markt und machte ihn zum reichen Mann. Eaton entwickelte sich rasch zur kanadischen Institution und sicherte sich das Geschäft mit den Pioniersiedlungen im Westen durch seinen Versandkatalog, der als „Bibel der Pioniere" – bei den Ureinwohnern auch als „Wunschbuch" – bekannt wurde. Gleichzeitig schossen in allen großen Städten Kanadas neue Eaton-Kaufhäuser aus dem Boden. In den letzten Jahren kämpft das Unternehmen allerdings mit sinkenden Profiten, und die Filiale im Eaton Centre wurde inzwischen von Sears übernommen. ⊙ Mo–Fr 10–21, Sa 9.30–19, So 11–18 Uhr.

Elgin Theatre und Winter Garden

Gegenüber vom Eaton Centre befindet sich mit dem Elgin Theatre und Winter Garden, 189 Yonge St, ✆ 416/314-2871, 🖳 www.heritage trust.on.ca, eine der ungewöhnlichsten Attraktionen der Stadt. Der erste Teil der Führung (ohne die eine Besichtigung nicht möglich ist) widmet sich dem **Elgin**, einem alten Varieté-Theater, dessen prunkvolle Einrichtung nach Jahren des Verfalls von Grund auf restauriert wurden. In den 1930er-Jahren wurde das Elgin zum Kino umgebaut und der dazugehörige

Glenn Gould

Wer in den 1970er-Jahren, gleich zur welcher Jahreszeit, so gegen 21 Uhr am Eaton-Kaufhaus vorbeikam, hätte vielleicht beobachten können, wie die Tür für eine zerstreut wirkende Gestalt in Mantel, Schal, Handschuhen und Hut aufgesperrt wurde. Der wunderliche Kauz, der hier das eigens für ihn eingerichtete Aufnahmestudio im Kaufhaus aufsuchte, war der vielleicht berühmteste Bürger der Stadt und ganz sicher der charismatischste Pianist der Welt: **Glenn Gould**. Zu den vielen Merkwürdigkeiten, die Gould umgaben, gehörte die Tatsache, dass ihn außer den Mitgliedern des CBS-Aufnahmeteams nur wenige Menschen je live spielen hörten. 1964, im Alter von nur 32 Jahren, zog er sich von der Konzertbühne zurück – teils aus Misstrauen gegen die von Zufälligkeiten bestimmte Qualität aller Live-Darbietungen, teils aus Abscheu vor dem Virtuosenkult. Dabei lieferte kein Pianist mehr Material für die Legendenbildung als Gould. Sein Gedächtnis war so außerordentlich, dass keinem seiner Bekannten je ein Musikstück einfiel, das er nicht auf der Stelle perfekt vorspielen konnte. Und das, obwohl er das Standardrepertoire der Klaviermusik verabscheute und romantische Komponisten wie Chopin, Liszt und Rachmaninow als bessere Entertainer abtat. Trotz seiner überaus kopflastigen Musikauffassung und Spieltechnik war er ein leidenschaftlicher Verehrer von Barbra Streisand – was auf Gegenseitigkeit beruhte – und verfasste sogar ein Essay über die britische Schlagersängerin Petula Clarke.

Er war ein Nachtmensch und pflegte seine sozialen Kontakte durch endlose Telefonate in den frühen Morgenstunden mit seinen Freunden. Seine monatliche Telefonrechnung ging in die Tausende. Er verurteilte alle Arten von Tierquälerei (in seinen Augen gehörten auch Konzertauftritte in diese Kategorie) und terrorisierte die Angler am Lake Simcoe in Ontario, indem er mit seinem Motorboot so dicht wie möglich an ihnen vorbeiraste. Er reiste nur mit ganzen Taschen voller Medikamente und schüttelte niemandem die Hand.

Bevor er sich ans Klavier setzte, badete er seine Arme in fast brühheißem Wasser, um die Durchblutung anzukurbeln. Beim Spielen sang er laut vor sich hin und wiegte sich auf einem knarrenden kleinen Hocker vor und zurück, den sein Vater für ihn angefertigt hatte – er war fest überzeugt, dass alle anderen Pianisten zu hoch säßen. Und selbst bei schwülstem Sommerwetter mummelte er sich stets ein, als

Winter Garden im Obergeschoss, ein zweites Varieté-Theater, einfach komplett geschlossen. Solche „Doppeldecker"-Theater kamen gegen Ende des 19. Jhs. in New York in Mode und breiteten sich bald an der ganzen Ostküste aus, doch blieb nur eine Handvoll erhalten. Dieses hier entpuppte sich als besonderer Glücksfall, denn als die Türen schließlich wieder geöffnet wurden, fand man das Originaldekor praktisch unversehrt: Die Decke war mit Tausenden getrockneter und bemalter Buchenblätter behangen, die im Licht bunter Laternen erstrahlten. Letztlich musste zwar ein Großteil des Dekors erneuert werden, aber die Restaurierung wurde sehr penibel und gründlich durchgeführt und das Ergebnis ist bezaubernd. Führungen Do 17 Uhr und Sa 11 Uhr, 90 Min., $10.

Nach Westen zum Campbell House

Gleich westlich vom Nathan Phillips Square steht an der Queen Street West die **Osgoode Hall**. Das hübsche klassizistische Gemäuer wurde im frühen 19. Jh. für die Law Society of Upper Canada erbaut. Es wirkt wie eine Kreuzung aus einem griechischen Tempel und einem englischen Landhaus und besitzt immer noch den schmiedeeisernen Zaun, der seinen gepflegten Rasen vor Kühen und Pferden schützen sollte.

Auf der anderen Seite der Queen Street, an der Kreuzung mit der University Avenue, schindet das **Four Seasons Centre for the Performing Arts** Eindruck. Hier sind sowohl die Canadian Opera Company (s. S. 126) als auch das National Ballet of Canada zu Hause.

ob ein Schneesturm im Anzug sei. Mit seinen Verschrobenheiten brachte er viele Musikerkollegen auf die Palme, aber Tatsache war nun mal: Niemand konnte so spielen wie Gould. Oder, wie ein entnervter Dirigent es ausdrückte: „Der Irre ist ein Genie."

Goulds **erste Aufnahme**, Bachs *Goldberg-Variationen,* kam 1956 heraus und wurde zur meistverkauften Klassikplatte des Jahres. Wenig später trat er als erster westlicher Musiker in der Sowjetunion auf, wo sich sein Ruf so rasant verbreitete, dass man bei seinem letzten Konzert in Leningrad ausnahmsweise über tausend Zuhörern erlaubte, in den Gängen des Konzertsaals zu stehen. Nach seinem Debütauftritt in Berlin beschrieb ihn ein führender deutscher Kritiker als einen jungen Mann in einer Art Trancezustand, dessen technisches Können ans Fabelhafte grenze. Seine Technik beeindruckte immer, doch als äußerst eigenwilliger Geist lieferte er oft umstrittene Interpretationen ab.

Als **Leonard Bernstein** einmal einen Auftritt von Gould zu dirigieren hatte, wies er das Publikum eigens darauf hin, dass die Verantwortung für die bevorstehende Darbietung beim Pianisten liege und nicht etwa bei ihm. Besonders unbeliebt machte sich Gould mit seiner Geringschätzung

Mozarts. Er ging sogar so weit, Mozarts Sonaten einzuspielen, nur um zu demonstrieren, dass der legendäre Komponist eher zu spät als zu früh gestorben sei. Gould selbst starb überraschend 1982 mit 50 Jahren – dem Alter, in dem er seinen Worten zufolge das Klavierspielen hatte aufgeben wollen.

Goulds Vermächtnis beschränkt sich nicht auf Musikaufnahmen. Er hinterließ auch eine Serie von drei **Radio-Hörspielen** zum Thema Einsamkeit: *The Quiet in the Land* über die kanadischen Mennoniten, *The Latecomers* über die Bewohner von Newfoundland und *The Idea of North* – Interviews mit Menschen, die wie er einen Großteil ihrer Zeit in Kanadas unwirtlichsten Regionen zubrachten.

Und genau wie Goulds musikalische Interpretationen waren auch diese Radio-Dokumentationen einzig in ihrer Art: jede eine komplexe, offenbar musikalisch angelegte Komposition miteinander verwobener Stimmen.

Goulds zeitlose Beliebtheit gründet sich nach wie vor auf seine rund **80 Platten mit Klavieraufnahmen**. Sie wurden fast ausnahmslos auch auf CD und DVD aufgelegt. Zu den unvergesslichsten gehört seine zweite Version der *Goldberg-Variationen*, die letzte Aufnahme vor seinem Tod.

Toronto hat eine ganze Reihe ausgezeichneter **Läden mit Secondhand- und Nostalgiemode**. Besonders viele reihen sich entlang der Queen Street West.

Cabaret, 672 Queen St West, ☎ 416/504-7126, 🖥 www.cabaretvintage.com, ist einer der besten – vor allem für umwerfende 1940er-Hüte à la Barbara Stanwyck. ⏲ Mo–Mi und Sa 11–18, Do und Fr 11–19, So 13–17 Uhr.

Ganz in der Nähe, an der Ecke zur University Avenue, steht das **Campbell House**, 🖥 www.campbellhousemuseum.ca. Die elegante Villa im georgianischen Stil wurde ursprünglich an der Adelaide Street für Sir William Campbell, seines Zeichens oberster Richter und Präsident der gesetzgebenden Versammlung, errichtet und 1972 von dort hierher versetzt. Die regelmäßigen Führungen durch die im Stil der Zeit eingerichteten Räume bieten einen fundierten Einblick in das

Leben der Stadt im frühen 19. Jh. Zu jener Zeit war Campbell nicht nur eine führende, sondern auch eine sehr fortschrittlich eingestellte Persönlichkeit. Er verzichtete wann immer möglich darauf, die Todesstrafe zu verhängen, und sprach selbst dem radikalen William Lyon Mackenzie (s. S. 79) Schadenersatz zu, als eine Meute erzkonservativer Torys 1826 seine Druckerpresse zerstörte. ⏲ Di–Fr 9.30–16.30, Sa 12–16.30 Uhr, Mai–Anfang Okt auch So 12–16.30 Uhr, Eintritt $6.

Art Gallery of Ontario

Die Art Gallery of Ontario (AGO) liegt etwas westlich der University Avenue an der Dundas Street West, U-Bahn St Patrick, 🖥 www.ago.net. Sie ist berühmt für ihre umfangreiche und vielseitige Sammlung internationaler und heimischer Kunst sowie ausgezeichneten Sonderausstellungen. Nach einer umfassenden Neugestaltung durch den Architekten Frank Gehry (sein berühmtestes Werk ist wahrscheinlich das Guggenheim-Museum in Bilbao) hat die AGO nun

Hinter neuer, ultramoderner Fassade zeigt die AGO erlesene kanadische Kunst.

Im Herbst 1912 kehrte der Gebrauchsgrafiker **Tom Thomson** von einem längeren Ausflug in die Mississauga-Region nördlich der Georgian Bay (s. S. 181) zurück. Im Gepäck hatte er eine Sammlung von Skizzen, die der kanadischen Kunst eine ganz neue Richtung geben sollten. Seine Freunde, viele davon wie er bei der Design- und Werbefirma Grip Ltd in Toronto angestellt, sahen Thomsons naturalistische Darstellungsweise heimischer Motive als Ansporn, europäischen Einflüssen den Rücken zu kehren und das „Nordland" zum ureigenen Sujet der kanadischen Maler zu erklären. Der Erste Weltkrieg und Thomsons Tod – er ertrank 1917 – verzögerten die Verwirklichung ihrer Ambitionen, doch 1920 gründeten diese Künstler schließlich die **Group of Seven**. Sie bestand anfänglich aus Franklin H. Carmichael, Lawren Harris, A. Y. Jackson, Arthur Lismer, J. E. H. MacDonald, F. H. Varley und Frank Johnston. Später stießen noch A. J. Casson, L. L. Fitzgerald und Edwin Holgate dazu. Unter der inoffiziellen Leitung von **Harris** erkundeten sie die wilden Weiten von Algoma im Norden Ontarios, wobei sie in einem umgebauten Güterwaggon herumkutschierten, und schwärmten später noch weiter aus, von Newfoundland und Baffin Island bis nach British Columbia. Sie waren von Anfang an sehr **erfolgreich** und veranstalteten in elf Jahren 40 Ausstellungen. Dieser Triumphzug war zum großen Teil Harris' guten Beziehungen zu verdanken. Aber ihre Ästhetik, die das wackere Pionierleben in den Mittelpunkt stellte, kam auch beim allgemeinen Publikum gut an. Bei der Kunst gehe es darum, „aufzubrechen" und „für den Ruhm eines großen Abenteuers alles zu riskieren", schrieben sie 1922. Lismer bezeichnete die Natur als „Maßstab für die Größe eines Mannes". Das Lieblingssymbol der Gruppe war eine einsame Kiefer vor weitem Himmel als Verkörperung des Ringens mit den Elementen, ein Bild, dessen Authentizität durch Bezugnahme auf die „männliche" Dichtung Walt Whitmans bekräftigt wurde.

Das **Vermächtnis** der Group of Seven ist zweischneidig. Einerseits gelang es ihnen, eine eigenständige kanadische Kunst zu etablieren. Andererseits wurde ihre Auffassung bald so institutionalisiert, dass es bis weit in die 1950er hinein für kanadische Maler schwierig war, sich mit einer Identität durchzusetzen, die nicht den Grundsätzen der Gruppe entsprach. Bei vielen späteren Malern war die Gruppe unbeliebt, aber der in Ontario beheimatete Künstler Graham Coughtry räumte immerhin großzügig ein: „Wenn es je so etwas wie romantische Helden in der kanadischen Malerei gegeben hat, dann sie."

---

eine umwerfende Glas- und Holzfassade an der Seite zur Dundas Street und einen neuen, viergeschossigen Titanium- und Glasblock mit Blick auf den Grange Park im Süden. Der Umbau hat viel zusätzlichen Ausstellungsraum geschaffen und die ständige Sammlung der AGO – sowie die Wechselausstellungen – wird jetzt auf sechs Etagen gezeigt.

Das Concourse Level (unterste Ebene) ist der Inuit-Kunst gewidmet, Level 1 (Erdgeschoss) überwiegend europäischer Kunst, auf Level 2 befindet sich eine vorzügliche Sammlung kanadischer Gemälde sowie eine Reihe Skulpturen von Henry Moore, auf Level 3 sind Gästewohnungen untergebracht und auf Level 4 und 5 finden Wechselausstellungen zeitgenössischer Kunst statt. Zum Museum gehört ein Café, ein Restaurant und ein großer Buch- und Souvenirladen. Im Eintrittspreis enthalten ist eine sehr lohnende Führung. ◷ Di–So 10–17.30, Mi bis 20.30 Uhr, Eintritt $18, Mi ab 18 Uhr Eintritt frei.

Level 1: Die europäische Sammlung

Die AGO besitzt eine hervorragende Sammlung von **Kunst und Kunstgewerbe aus Europa**. Zu ihr gehören Elfenbein- und Alabasterarbeiten, erlesene Kameen und edles Porzellan. Viele Werke sind großzügige Gaben des Zeitungsmoguls Kenneth Thomson alias Lord Thomson of Fleet (1923–2006).

Unter den Frühwerken der **Malerei** finden sich einige eher mittelmäßige italienische Altarstücke, die szenenreiche Bauernhochzeit von Pieter Brueghel dem Jüngeren. Gut vertre-

Cornelius Krieghoff

Cornelius Krieghoff wurde in Amsterdam geboren und erhielt seine künstlerische Ausbildung in Düsseldorf, bevor er 1836 nach New York auswanderte. Dort trat er im Alter von 21 in die US-Armee ein und diente im zweiten Seminolenkrieg in Florida. Nach seiner Entlassung 1840 meldete sich Krieghoff sofort wieder als Freiwilliger, ließ sich drei Monate Sold im Voraus auszahlen, desertierte dann und brannte mit einer Frankokanadierin, die er in New York kennengelernt und geheiratet hatte, nach Montréal durch. Dort begann er wieder zu malen, doch ohne jeden finanziellen Erfolg.

Das hätte das Ende seiner Künstlerkarriere sein können, doch 1852 siedelte Krieghoff nach Québec über und fand dort willige Abnehmer für seine Bilder unter den zahlungskräftigen britischen Offizieren, die ein Faible für seine volkstümlichen Darstellungen des Québecer Landlebens entwickelten. In den folgenden acht Jahren produzierte er Dutzende von Souvenirbildern – detailverliebte, anekdotische Szenen, die zu seinen besten Arbeiten zählen.

Anfang der 1860er-Jahre gab er die Malerei aus unbekannten Gründen vorübergehend auf und ging für fünf Jahre nach Europa zurück. Dann lebte er wieder eine Weile in Québec, blieb aber auf seinen Gemälden sitzen, weil das Offizierskorps abgezogen war.

1871 zog er zu seiner Tochter nach Chicago, wo er im folgenden Jahr als gebrochener Mann starb.

erlesenste Sammlung kanadischer Gemälde (bedauerlicherweise sind die Säle nicht nach Jahreszahlen angeordnet). Ein interessantes Gemälde aus dem 18. Jh. ist ein erstaunlich unschmeichelhaftes Porträt von Joseph Brant, das **William Berczy** anfertigte. Der Mohawkhäuptling Brant (s. S. 151) wird entsprechend seiner Affinität zu beiden Nationen in einer Mischung aus britisch-europäischer und indianischer Ausstaffierung gezeigt. Bemerkenswert unter den Werken aus der ersten Hälfte des 19. Jhs. ist das fröhliche *Passenger Pigeon Hunt* von **Antoine Plamondon**.

Aus der gleichen Zeit stammt auch der Nachlass von **John O'Brien**, hier sehr schön repräsentiert durch sein *The Ocean Bride leaving Halifax Harbour*. O'Brien war auf maritime Szenen spezialisiert und malte Dutzende leuchtend bunter Bilder von Segelschiffen und Küstenlandschaften. Genauso spannend sind die Arbeiten – und der Lebenslauf – des schaffensreichen **Cornelius Krieghoff** (s. Kasten). Die AGO besitzt eine ansehnliche Auswahl von Krieghoffs Gemälden, wie etwa die typische Winterszene *Settler's Log House* und *The Portage Aux Titres*.

Faszinierend sind auch die Bilder des in Irland geborenen Künstlers **Paul Kane** (s. Kasten). Besonders zu erwähnen sind sein *Landscape in the Foothills with Buffalo Resting* und *At Buffalo Pound*. Auf Letzterem scheint es die Bisons von der nordamerikanischen Prärie in ein idyllisches Tal in Deutschland verschlagen zu haben.

Von 1850 bis ins frühe 20. Jh. dominierten in der kanadischen Kunstszene volkstümliche und/oder romantisierte bäuerliche Szenen und Landschaften. Das meiste davon ist ziemlich langweilig. Eine Ausnahme bildet **Homer Watson** (1855–1936), der mit Ontario-Landschaften von dynamischer Komposition und kraftvoller Ausführung zum beliebten und gefeierten Künstler wurde. Selbst Königin Victoria erwarb eines seiner Gemälde, und Oscar Wilde bezeichnete ihn als „kanadischen Constable". Die AGO besitzt mehrere Watson-Gemälde. Besonders ansprechend und hervorragend komponiert sind *The Old Mill* und *The Passing Storm*. Dafür ist sein *Death of Elaine* – nach einem Gedicht von Tennyson – ein grotesk missglückter Ausflug in die alte Sagenwelt.

ten sind die holländischen Maler des Goldenen Zeitalters, darunter Rembrandt, Van Dyck, Frans Hals und Goyen. Besonders betrachtenswert ist Rubens exquisiter Kindermord zu Betlehem. Das Gemälde im für Rubens typisch aufwühlenden Stil mit den zuckenden, muskulösen Leibern entstand in der Mitte seiner Künstlerlaufbahn.

Level 2: Kanadische Malerei des 18. und 19. Jhs.

Auf vierzig durchnummerierten Ausstellungsräumen im 1. Stock zeigt die AGO die weltweit

Der gebürtige Irländer **Paul Kane** wanderte Anfang der 1820er-Jahre nach Toronto aus. 1840 kehrte er nach Europa zurück. Hier aber beeindruckte ihn eine Wanderausstellung mit Indianerporträts so stark, dass er sich umgehend wieder nach Kanada einschiffte. 1846 gelang es ihm, sich einer Pelzhändlerexpedition nach Westen anzuschließen. Es wurde eine wahrhaft abenteuerliche Reise. Er fuhr mit dem Kanu von Thunder Bay bis Edmonton, überquerte die Rocky Mountains auf dem Pferderücken und kehrte erst zwei Jahre später nach Toronto zurück. Unterwegs machte Kane rund 700 Skizzen, die er später auf Leinwand, Papier und Karton übertrug. Wie bei vielen frühen kanadischen Künstlern offenbart sich in Kanes Bildern oft ein Konflikt zwischen Sujet und Stil – seine Motive waren nordamerikanisch, sein Stil dagegen europäisch. Eine wirklich eigenständige kanadische Ästhetik bildete sich erst durch das Wirken der Group of Seven (s. S. 109) heraus.

1859 veröffentlichte Kane *Wanderings of an Artist among the Indian Tribes of North America,* die Beschreibung seiner ausgedehnten Reisen. Darin erzählt er zum Beispiel von einem Weihnachtsessen im Fort Edmonton: „Am Kopfende des Tisches, vor Mr. Harriett, stand eine große Schüssel mit gekochtem Büffelnacken, am anderen Ende dampfte ein gekochtes Büffelkalb … eines der begehrtesten Gerichte bei den Feinschmeckern des Landesinneren. Mir fiel die ehrenvolle Aufgabe zu, bei der Zubereitung von mouffle, d. h. getrockneten Elchnüstern, Hand anzulegen, der werte Priester war bei der Büffelzunge behilflich und Mr. Randall säbelte die Biberschwänze in Stücke."

Level 2: Die kanadische Group of Seven

Einer der typischsten Vertreter der Group of Seven (s. S. 109) war **Lawren Harris**. Sein *Above Lake Superior* von 1924 ist ein Schlüsselwerk und wirklich einzigartig in der Klarheit seiner Komposition: kahle Birkenstümpfe vor einem düsteren Berg unter Art-déco-Wolken. Gleichermaßen fesselnd ist sein surreales Lake Superior, eines aus einer ganzen Heerschar von Gemälden, zu denen ihn die wilde, kalte Landschaft am Nordufer des Sees inspirierte. Harris hatte auch eine Vorliebe für städtische Straßenszenen, von denen die AGO mehrere ihr eigen nennt – darunter zwei aus Toronto. Sie sind in einem sorgfältigen, pointillistischen Stil gemalt, der sich deutlich von seinen Naturbildern unterscheidet.

West Wind von **Tom Thomson** ist ein nicht minder wegweisendes Werk. Diese „Ikone" der nordkanadischen Wildnis ist vielleicht das berühmteste aller kanadischen Gemälde. Thomson näherte sich diesen Landschaften als erster Maler mit der Entschlossenheit des Entdeckers und dem Bewusstsein, dass sie eine ureigene kanadische Identität verkörpern könnten. Zur AGO-Sammlung gehört auch eine schöne Auswahl seiner weniger bekannten (aber ebenso eindrucksvollen) Werke, so etwa das düstere *A Northern Lake*, das kubistisch beeinflusste *Autumn Foliage 1915,* die klebrigen Farbtupfer von *Maple Springs* und *Autumn's Garland*. Dazu kommen zahlreiche Vorskizzen von Seen und Schluchten, Wasserfällen und Wäldern, alle aus den für sein Werk charakteristischen leuchtenden Farbklecksen zusammengesetzt.

Eine Zeitgenossin, aber kein Mitglied der Gruppe war die begabte **Emily Carr** (s. S. 88). Ihr Thema war die kanadische Westküste im Allgemeinen und deren dichte Wälder und Dörfer im Besonderen. Gute Beispiele sind ihr düsterbeklemmendes Werk *Thunderbird* und das tiefgrüne Blätterwerk von *Indian Church* und *Western Forest*.

Level 2: Henry Moore Sculpture Centre

Die AGO besitzt die weltweit größte Sammlung an Skulpturen von **Henry Moore**. Neben einigen seiner Bronzen sind in erster Linie Gipsabdrücke zu sehen. Der zahlenmäßige und räumliche Umfang von Moores künstlerischem Schaffen – er nimmt einen eigenen Ausstellungsbereich ein – ist gewaltig.

Aber eigentlich war es nur ein glücklicher Zufall, dass seine Arbeiten hier landeten. In den 1960er-Jahren ging Moore davon aus, dass die

Toronto

Londoner Tate Gallery einen eigenen Flügel für seine Werke bauen würde. Als die Tate ablehnte, entschied sich Moore stattdessen für die AGO – dank der Überredungskünste des britischen Vertreters der Galerie, des Kunstexperten **Anthony Blunt**, der 1979 als Sowjetspion enttarnt wurde.

Levels 4 und 5: Zeitgenössische Kunst

Die AGO-Sammlung zeitgenössischer Kunst präsentiert auf zwei Etagen Werke von europäischen und amerikanischen Künstlern ab 1960. Die rund 200 Exponate umspannen ein breites Spektrum, von Malerei, Bildhauerei und Fotografie bis zu Film und Installation. Sie werden ziemlich regelmäßig ausgewechselt, aber man darf damit rechnen, Glanzstücke wie Andy Warhols *Elvis I* und *Elvis II*, Mark Rothkos *No. 1 White and Red* und Claes Oldenburgs *Giant Hamburger* zu sehen zu bekommen.

Südlich der AGO: Das Sharp Centre for Design

Das **Ontario College of Art & Design** gehört zwar nicht zum AGO, liegt aber direkt südlich davon an der McCaul Street. Bevor ihm 2004 das außergewöhnliche Sharp Centre for Design angegliedert wurde, war es in einem schmucklosen Backsteinbau untergebracht. Das Centre ist ein Geisteskind des englischen Architekten Will Alsop – sein erstes Bauwerk in Nordamerika – und besteht aus einer riesigen, schwarz-weiß gerasterten, rechteckigen „Tischplatte", die in Dachhöhe auf dicken, bunten Stahlbeinen mehr schwebt als ruht. Es beherbergt Ateliers, Bühnen usw. und wurde schon mit so unterschiedlichen Adjektiven wie „mutig" und „lächerlich" belegt. Wie immer man auch dazu steht: Groß ist es allemal.

Chinatown und Kensington Market

Die AGO befindet sich am Rand von **Chinatown**, einem betriebsamen und sehr reizvollen Viertel mit zahllosen Läden, Restaurants und Straßenständen. Die Grenzen von Chinatown sind etwas verschwommen, aber ihr Zentrum bildet seit den 1960er-Jahren die Dundas Street West zwischen Beverly Street und Spadina Avenue. Damals wurde die alte Chinatown abgerissen, um der neuen City Hall Platz zu machen. Die ersten chinesischen Einwanderer kamen Mitte des 19. Jhs. nach Kanada, um auf den Goldfeldern von British Columbia zu arbeiten. Später zogen viele von ihnen weiter ostwärts, was Toronto schon im frühen 20. Jh. eine stattliche chinesische Gemeinde bescherte. Durch mehrere nachfolgende Einwanderungswellen – die letzte nach der Übergabe Hongkongs durch die Briten an die VR China 1997 – ist die Zahl der chinesischen Einwohner Torontos inzwischen auf rund 280 000 angewachsen.

Gleich nördlich von Chinatown und der Dundas Street West liegt zwischen Spadina und Augusta Avenue das multikulturellste Viertel von Toronto: das winzige **Kensington Market**. Hier drängten sich zu Beginn des 20. Jhs. Einwanderer aus Osteuropa in einem Gewirr von bescheidenen Holz- und Ziegelhäuschen, die bis heute erhalten sind.

Auf der Kensington Avenue richteten sie einen gut besuchten **Straßenmarkt** ein, der seitdem zentraler Bezugspunkt des Viertels ist. Die untere Hälfte des Markts, in direkter Nähe zur Dundas Street, konzentriert sich auf Secondhand-Klamotten, in der oberen drängen sich Cafés und Lebensmittelstände.

Ontario Legislative Assembly

Wer von der College Street aus auf der University Avenue nach Norden schaut, erblickt den wuchtigen rosa Bau der Ontario Legislative Assembly (Provinzparlaments) aus den 1890er-Jahren, ☎ 416/325-7500, 🖳 www.ontla.on.ca, U-Bahn Queen's Park.

Elegant ist das Gemäuer sicher nicht, aber die gewichtige Symmetrie seiner neoromanischen Monumentalität aus roh behauenen Steinblöcken hat doch einen gewissen Reiz. Aus der Nähe überrascht es sogar mit filigran gearbeiteten Fabeltieren und Fratzengesichtern über den klotzigen Säulen des Haupteingangs. Ein klassizistisches Fries an der Hauptfassade zeigt das große Siegel von Ontario, flankiert von allegorischen Darstellungen der Kunst, Musik und Landwirtschaft. Drinnen führt die Eingangshalle zur breiten, mit dickem Teppich belegten **Prunktreppe**, deren massive Balken von vergoldeten Eisenpfeilern gestützt werden. Dahinter liegt inmitten langer Korridore und Bogengänge die **Legislative Chamber**, deren formenstrenge

Täfelung aus Mahagoni und Platanenholz durch eine Reihe launiger kleiner Schnitzereien aufgelockert wird: Man beachte die Eule, die über das Treiben auf der Regierungsbank wacht, und den Falken, der ein wachsames Auge auf die Bänke der Opposition hat. Das Provinzparlament tagt normalerweise von Ende September bis Ende Juni; zu Weihnachten und Ostern gibt es Parlamentsferien. Während der Parlamentssitzungen machen die Führungen einen Bogen um die Legislative Chamber.

Dafür ist dann die **Besuchergalerie** fürs allgemeine Publikum geöffnet; genauere Informationen und Zeiten gibt es telefonisch. ☉ häufige 30-minütige Führungen Ende Mai–Aug tgl. 9–16, Sep–Ende Mai Mo–Fr 10–16 Uhr, Eintritt frei.

University of Toronto

Ein paar Schritte westlich des Parlamentsgebäudes stößt man auf die diversen Fakultäten der University of Toronto. Sie wurde 1843 eröffnet und ist die angesehenste akademische Einrichtung der Provinz. Ihre älteren Bauten erinnern mit ihren Innenhöfen, efeuüberwucherten Mauern und neugotischen Interieurs nicht ganz unbeabsichtigt an die englischen Universitäten Oxford und Cambridge.

Das beste Beispiel hierfür ist **Hart House** am **Hart House Circle**, in den das Westende der Wellesley Street einmündet. Daneben steht der **Soldier's Tower**, ein neugotisches Ehrenmal von 1924 für die im Ersten Weltkrieg gefallenen Studenten. An ihn schließt sich ein Bogengang an. Hier sind die Namen der Gefallenen und das wohl berühmteste Gedicht über diesen Krieg eingemeißelt: *In Flanders Fields* von dem Kanadier John McCrae. Die optimistischen Erbauer des Ehrenmals hatten keinen Platz für die Toten weiterer Kriege gelassen – so mussten die Namen der im Zweiten Weltkrieg gefallenen Studenten in die Mauern am Fuß des Turms eingemeißelt werden.

Royal Ontario Museum

Vom Parlamentsgebäude sowie vom Hart House Circle ist es nur ein kurzer Weg Richtung Norden zum Royal Ontario Museum (ROM), 100 Queen's Park, 🖳 www.rom.on.ca, U-Bahn Museum. Kanadas größtes und thematisch vielfältigstes Museum hütet neben vielem anderen eine riesige Sammlung von Kunst und Kunstgewerbe aus aller Welt. Neben der Dauerausstellung zeigt es auch hochrangige Sonderausstellungen. Vor einiger Zeit wurde das ROM modernisiert und erweitert. Das wuchtige, strenge, steinerne Originalgebäude mit Blick auf den Queen's Park steht jetzt im Schatten eines großen, aufsehenerregenden Anbaus, des sogenannten **Michael Lee-Chin Crystal**. Die sechs ineinander verschachtelten kristallförmigen Würfel aus Glas und Aluminium marschieren im Gänsemarsch an der Bloor Street West auf. Lee-Chin, ein wohlhabender Geschäftsmann, bezahlte die Rechnung, aber der Entwurf stammt von Daniel Libeskind, dem amerikanischen Architekten polnischer Abstammung.

Das Museum umfasst **fünf Etagen**: Level B2 ist Wechselausstellungen vorbehalten; Level 1 beherbergt eine erstklassige Sammlung von Artefakten der kanadischen Ureinwohner sowie mehrere Asien, insbesondere China, gewidmete Räume; Level 2 zeigt Naturkundliches, wobei die Dinosaurier mit Abstand den meisten Zulauf haben; Level 3 ist mehr ethnografisch orientiert; sein Stolz ist die Abteilung zum Alten Ägypten, und Level 4 gehört Textilien und Trachten. ☉ Mo–Do 10–17.30, Fr 10–21.30, Sa und So 10–17.30 Uhr, Eintritt $22, Mi ab 16.30 Uhr frei.

Level 1: Die kanadische Sammlung

Die Sigmund Samuel Gallery im Erdgeschoss zeigt viele der frühen kanadischen Sammlerstücke des ROM, zumeist Möbel, Silber-, Keramik- und Glaswaren. Besonders interessant sind die Silberarbeiten vom Ende des 18./Anfang des 19. Jhs. und der Krimskrams, den die europäischen Händler bei den Indianern gegen Pelze eintauschten, z. B. Axtkeile, Gewehrkugeln, Scheren und Metallarmbänder. Hier befindet sich auch das berühmte Gemälde *Death of Wolfe* von **Benjamin West**. Der britische General James Wolfe versetzte den Franzosen 1759 vor Québec-Stadt einen vernichtenden Schlag, kam aber in der Schlacht um. Unter Wests Pinsel verwandelt sich dieser traurige Zusammenstoß der Kolonialmächte in eine romantisch-sentimentale Angelegenheit: Der sterbende General in christusähnlicher Pose, leichenblass und zärtlich von seinen Untergebenen im Arm gehalten. Die erste Version des Bildes reichte West 1771 bei der Royal Academy of Arts ein. Es erwies sich als ein absoluter Bestseller und West verbrachte einen Großteil der nächsten zehn Jahre damit, Kopien davon zu malen.

Ganz hervorragend ist die angrenzende Ausstellung über die **First Peoples**, wo in riesigen Glasvitrinen sämtliche größeren indianischen Urvölker Kanadas vorgestellt werden. Knappe wie präzise Beschreibungen, ergänzt durch relevante Kontextbezüge erläutern das Gezeigte. Besonderes Augenmerk verdienen ein seltenes Büffel-Kriegsgewand, einige wunderbare Masken und zeremonieller Kopfputz von der Westküste, ein Dutzend Gemälde des Künstlers und Entdeckungsreisenden Paul Kane (s. S. 111) und allem voran der Kriegskopfschmuck und das Kriegshemd von **Sitting Bull**. Kurz nachdem er General Custer 1876 in der Schlacht von Little Bighorn besiegt hatte, flüchtete Sitting Bull über die Grenze nach Saskatchewan. Während seiner Zeit im Exil schenkte Sitting Bull Kopfschmuck und Hemd einem Mountie – deshalb sind die Sachen jetzt hier.

Level 1: Die alte ROM-Eingangshalle

Die ehemalige Eingangshalle des ursprünglichen ROM-Gebäudes mit ihrer Gewölbekuppel ist äußerst prunkvoll. Ihre Decke ziert ein leuchtend buntes Mosaik aus venezianischem Glas. In die angrenzenden Treppenhäuser sind vier mächtige, herrliche indianische Wappenpfähle (üblicher-, aber inkorrekterweise als Totempfähle bezeichnet) eingelassen. Die Pfähle – der höchste misst 24,5 m – wurden in den 1880er-Jahren von Künstlern der an der Westküste beheimateten Haida und Nisga angefertigt und sind mit stilisierten Schnitzereien übersät, Symbolen der übernatürlichen Tierwesen, die bestimmten Klans zugeordnet sind.

Level 1: Die chinesische Sammlumg

Das ROM besitzt eine herausragende Sammlung chinesischer Kunst, die ooch3 Jahrtausende umspannt, von 4500 v. Chr. bis 1900 n. Chr. Die edelsten Stücke stammen aus der **chinesischen Tempelkunst**, darunter drei große, prachtvolle daoistische und buddhistische Wandgemälde aus der Zeit um 1300 n. Chr. Zur Chinaabteilung

gehört auch eine bemerkenswerte Kollektion von Grab- und Tempelfiguren – ein paar Hundert Keramikpüppchen, die Bestattungsprozessionen aus Soldaten, Musikanten, Wagen und Dienern darstellen. Außerdem gibt es eine enorme Sammlung von Schnupftabaksfläschchen, teils aus Glas oder Bergkristall, teils aus exotischeren Materialien wie Bernstein, Elfenbein, Bambus und sogar Mandarinenschale.

Die wohl größte Anziehungskraft der chinesischen Sammlung hat das **Ming-Grab**. Die Aristokratie der Ming-Dynastie (1368–1644 n. Chr.) entwickelte einen äußerst kunstvollen Stil monumentaler Grabskulpturen und -bauten. Das ROM besitzt das einzige Beispiel außerhalb Chinas – allerdings kein komplettes Originalgrab, sondern aus Teilen verschiedener Grabanlagen zusammengesetzt.

Level 2: Das Zeitalter der Dinosaurier

Das Highlight der verschiedenen naturgeschichtlichen Ausstellungen im 2. Stock ist die Dinosaurier-Abteilung. Hier befindet sich eine hervorragende Sammlung von fossilierten Skeletten. Die spannendsten stammen aus den Alberta Badlands nahe Calgary in Westkanada. Die Badlands sind die reichhaltigste Dinosaurierfossilien-Fundstelle der Welt: Mehr als 300 vollständige Skelette und 35 Dinosaurierarten wurden dort schon zutage gefördert – zehn Prozent aller bislang bekannt gewordenen Spezies. Besondere Hingucker unter den versammelten Tierchen sind das schweinsgroße, supergepanzerte Gürteltier und die stampfende Albertosaurus-Herde – Letztere eine massige, Furcht einflößende Fleischfresser-Spezies aus der Jurazeit.

Level 3: Die ägyptische Sammlung

Das ROM besitzt eine umfangreiche Alt-Ägypten-Sammlung, darunter mehrere gut erhaltene Mumien und der reich verzierte Sarkophag von Djedmaatesankh, einer Tempelmusikerin, die gegen 850 v. Chr. starb. Noch spannender sind vielleicht die mumifizierten Tiere, darunter ein Krokodil, ein Falke und eine Katze. Ein weiteres Highlight ist die faszinierende **Mauer von Punt** bzw. 1905 angefertigte Gipsabdrücke der originalen Flachreliefs von Königin Hatschepsuts Tempel in Deir el-Bahri. Die auf der Mauer dargestellten

Szenen ereigneten sich 1482 v. Chr. und zeigen eine Expedition in das Land Punt, das südlich von Ägypten in der Nähe des heutigen Somalia lag.

Gardiner Museum

Gleich gegenüber vom ROM zeigt das Gardiner Museum of Ceramic Art, 111 Queen's Park, ⌨ www.gardinermuseum.com, auf drei Etagen eine überragende Keramiksammlung. Die Ausstellungsstücke sind hübsch arrangiert und die wichtigsten Exponate gut erläutert.

Faszinierend ist die **präkolumbianische Abteilung** im Erdgeschoss mit über 300 Stücken aus Regionen von Mexiko bis Peru. Als eine der umfangreichsten Sammlungen dieser Art in ganz Nordamerika bietet sie spannende Einblicke in Lebensweise und Glauben der Maya, Inka und Azteken. Die Arbeiten sind umso bemerkenswerter, da die Töpferscheibe im präkolumbischen Amerika unbekannt war und somit alles, was es hier zu sehen gibt, rein von Hand modelliert wurde.

Im Erdgeschoss ist außerdem eine exquisite Auswahl **italienischer Majoliken** mit Zinnglasur aus dem 15. und 16. Jh. zu sehen, zum großen Teil Schüsseln, Teller und Gefäße mit klassischen und biblischen Motiven, die von Renaissance-künstlern gestaltet wurden. Die prachtvollsten Keramiken sind vielleicht die aus der Töpferstadt Urbino, darunter ein wundervoller Teller, auf dem der Fall von Jericho dargestellt ist.

Im ersten Stock sind japanisches und chinesisches Porzellan und eine schöne Zusammenstellung **europäischer Porzellankunst** des 18. Jhs. ausgestellt, darunter Meißener Hartporzellan, das bei sehr hohen Temperaturen gebrannt wurde. Daneben gibt es hier eine bezaubernde Sammlung von Figuren aus der italienischen Commedia dell'Arte – puppengroße Darstellungen der archetypischen Charaktere dieser Theaterform, die von der Mitte des 16. bis zum Ende des 18. Jhs. in Europa sehr beliebt war. ⊙ tgl. 10–18, Fr bis 21 Uhr, Eintritt \$12, Fr ab 16 Uhr frei.

Bata Shoe Museum

Nur ein paar Schritte entfernt vom Gardiner befindet sich das **Bata Shoe Museum**, 327 Bloor St West, Ecke St. George Street, ⌨ www.bata

shoemuseum.ca. Gebaut wurde es für Sonja Bata, Mitglied der Schuhfabrikantenfamilie Bata, als standesgemäße Behausung für die außerordentliche Sammlung von Schuhwerk, die sie im Laufe ihres Lebens zusammengetragen hatte. Eine einführende Abteilung auf **Ebene B1** gibt einen Überblick über die Entwicklung von Schuhen. Zu den interessantesten Exponaten gehören hier spitze Schuhe aus dem mittelalterlichen Europa, wo die Angehörigen verschiedener Gesellschaftsschichten unterschiedlich lange „Schuhschnäbel" tragen durften, und winzige chinesische Seidenschuhe für Frauen mit gebundenen Füßen. Eine Nachbarabteilung widmet sich **Spezialschuhen** für besondere Zwecke, z. B. französischen Clogs zum Kastanienstampfen und einem Paar holländischen Schmugglerklompen, deren Hacken nach vorn zeigen, um mit ihren Abdrücken eventuell auftauchende Zollbeamte in die Irre zu führen.

Eine große Vitrine auf **Level G** birgt allerlei **Prominenten-Schuhwerk**. Hier regiert das Rotationsprinzip, aber wer Glück hat, kriegt z. B. Buddy Hollys Slipper, Marilyn Monroes Stöckelschuhe, Lady Di's rote Hofpumps, Nurejews Ballettschuhe und Elton Johns irrwitzige Plateautreter zu sehen. **Level 2 und 3** sind für Wechselausstellungen mit Exponaten aus der ständigen Sammlung reserviert – der Platz reicht nicht aus, um alles gleichzeitig zu zeigen. ⊙ Mo–Sa 10–17, Do bis 20, So 12–17 Uhr, Eintritt \$12.

Casa Loma

Von der U-Bahn-Station Dupont sind es fünf Minuten zu Fuß die Spadina Avenue nach Norden zur Davenport Road, wo eine Treppe zu Torontos bizarrster Sehenswürdigkeit hochführt, der **Casa Loma**, 1 Austin Terrace, ⌨ www.casaloma. org. Dieses enorme, mit Türmen und Türmchen bestückte Fantasieschloss ließ auch Sir Henry Pellatt zwischen 1911 und 1914 erbauen, um alle anderen Prunkbauten zu übertrumpfen. Pellatt hatte sein Vermögen als Pionier der Hydroelektrik erworben, indem er die Wasserkraft der Niagarafälle nutzte, um Ontarios wachsende Städte zu beleuchten. Wild entschlossen, ein Haus zu bauen, das niemanden unbeeindruckt lassen würde, trug Pellatt aus aller Welt zusammen und holte sogar schottische Steinmetze, um eine Mauer um sein knapp 2,5 ha großes Grundstück zu ziehen. Er steckte über $3 Millionen in sein Traumschloss, bis ihn geschäftliche Missgeschicke und gestiegene Personalkosten 1923 zum Auszug zwangen. Sein Vermächtnis ist eine seltsame Mixtur aus Mittelalterfantasien und Hightech des frühen 20. Jhs.

Der Rundgang beginnt im Erdgeschoss mit dem **großen Saal**, einer gotisch inspirierten Ausstattungsorgie mit 18 m hoher Kreuzbalkendecke, Wurlitzer-Orgel und Platz für mehrere Hundert Gäste. Der mit Fahnen, schwergewichtigen Kronleuchtern und Rüstungen ausgeschmückte Saal wirkt erstaunlich freudlos. An Pellatts Schlafzimmer im Obergeschoss grenzt ein Balkon, von dem die Halle zu überblicken ist: So konnte er seine Gäste wohl ganz wie ein mittelalterlicher Fürst von hoher Warte begrüßen.

Dann geht es durch die **Bibliothek** und den walnussvertäfelten **Speisesaal** in den **Wintergarten**, einen eleganten, großzügigen Raum mit Marmorboden und einem schönen Tiffany-Glasdach. Dieser lichtdurchflutete Raum ist vielleicht der schönste des ganzen Hauses. Das **Arbeitszimmer** ganz in der Nähe war Pellatts Lieblingszimmer, ein überaus seriöses Gemach mit Mahagonitäfelung, wohin das Auge blickt, und zwei Geheimgängen, von denen einer zum Weinkeller und der andere zu den Zimmern seiner Frau führte.

Im ersten Stock bildet **Sir Henrys Suite** mit üppiger Walnuss- und Mahagonitäfelung einen seltsamen Kontrast zum weißmarmornen „Hightech"-Badezimmer aus dem frühen 20. Jh. **Lady Pellatts Suite** war in Sachen Hygiene nicht minder fortschrittlich ausgestattet – ihr Bad besaß ein Bidet, damals noch eine echte Neuheit in Kanada.

Im zweiten Stock zeichnet eine mäßig interessante Präsentation die Historie von Pellatts einstigem Regiment, den **Queen's Own Rifles**, nach – von der Niederschlagung der Métis-Rebellion in Westkanada (s. S. 82) bis zum Ersten Weltkrieg und darüber hinaus. Hölzerne Treppen führen hinauf in zwei Türme, die schönen Ausblick über Haus und Gärten bieten.

Vom Erdgeschoss geht es zu guter Letzt eine Treppe ins Untergeschoss hinunter. Hier ging

Pellatt das Geld aus, und seine Pläne gerieten ins Stocken. Die geplante Bowlingbahn und der Schießstand wurden nie verwirklicht, und der Swimmingpool kam nicht über das Stadium der bis heute erhaltenen Rohbetonwanne hinaus. Was immerhin fertig wurde, war der 250 m lange **Tunnel**, der Haus und Pool mit **Remise** und **Stallungen** verbindet. Hier wurden seine Rassepferde angeblich besser behandelt als seine Dienstboten; jedenfalls durften sie ihre Hafer-Heu-Diät in prachtvollen Boxen aus Eisen und Mahagoni verputzen. Etwas Zeit sollte man sich noch für den in verschiedene Bereiche unterteilten Garten am Hang hinter dem Haus nehmen.

🕐 tgl. 9.30–17 Uhr, Einlass bis 16 Uhr, Eintritt $18, Parken $3 pro Stunde.

Spadina House

Was sich die Bewohner von **Spadina House**, 🖥 www.toronto.ca/spadinamuseum, U-Bahn Dupont, dachten, als nebenan die Casa Loma hochgezogen wurde, darüber kann man nur spekulieren – jedenfalls dürften sie eifrig durch die Gardinen gespäht haben. Ein größerer Kontrast ist kaum vorstellbar: dort der protzige Koloss Casa Loma, hier die hochelegante viktorianische Villa von 1866. Sie wurde für James Austin gebaut, einen reichen Bankier irischer Herkunft. Seine Nachkommen lebten hier bis 1983, dann wurde das Haus der Stadt vermacht. Da es so lange von ein und derselben Familie bewohnt wurde, besteht die Einrichtung fast ausnahmslos aus echten alten Familienstücken, die einen faszinierenden Einblick in die wechselnden Geschmäcker und Interessen der Familienmitglieder bieten.

Zu den interessanten Stationen der **Führung** gehören die Falltür im Wintergarten, durch die die Gärtner kommen und gehen konnten, ohne ihre Arbeitgeber zu stören, verschiedene historische Sessel, die selbst den plusterigsten Turnüren Platz boten, und ein paar Gemälde von Cornelius Krieghoff (s. S. 110).

Wirklich eindrucksvoll sind das **Billardzimmer** mit seinem Art-Nouveau-Fries und die **Bibliothek** mit stattlichem Eichenschreibtisch.
🕐 Jan–März Sa und So 12–17, April–Aug Di– So 12–17, Sep–Dez Di–Fr 12–16, Sa und So 12–17 Uhr, Eintritt $8.

Hafenviertel und Toronto Islands

Trotz vereinzelter industrieller Schandflecke und der unansehnlichen Betontrasse des Gardiner Expressway hat das Nordufer des **Lake Ontario** eine Menge zu bieten. Fuß- und Radwege säumen einen Großteil der sogenannten **Waterfront**, und im **Harbourfront Centre** ist zu jeder Jahreszeit kulturell etwas los.

Noch attraktiver sind die **Toronto Islands**, eine luftige Idylle, die im schweißtreibenden Toronto-Sommer Scharen von Stadtflüchtern anlockt. Die Überfahrt mit der Fähre (s. Transport auf die Insel) dauert nur 15 Minuten, aber der Kontrast zwischen Stadt und Inseln könnte kaum größer sein, nicht zuletzt, weil die Inseln praktisch **autofrei** sind.

Harbourfront Centre

Früher einmal verschandelten schmuddelige Hafenanlagen und unschöne, übel riechende Lagerhäuser und Fabriken das Ufer am Rand des Stadtzentrums. Heute sieht es hier ganz anders aus. Die Hafenanlagen wurden nach Osten ans untere Ende der Parliament Street verlegt. Die **Waterfront** westlich der Yonge Street wurde aufwendig neu gestaltet – mit luxuriösen Apartmentblocks, Wegen für Jogger und Radfahrer, Bürobauten, Geschäften und einem Jachthafen. Im Zentrum des Treibens steht das **Harbourfront Centre**, das sich von der York Street nach Westen erstreckt und u. a. eine Openairbühne und die **Power Plant Contemporary Art Gallery**, 🖵 www.thepowerplant.org, umfasst. Die Galerie präsentiert jedes Jahr mehr als ein Dutzend Ausstellungen zeitgenössischer Kunst, oft von vielversprechenden kanadischen Nachwuchskünstlern.

Von der Union Station ist das Harbourfront Centre mit der Straßenbahn 509 oder 510 zu erreichen: An der zweiten Haltestelle, dem Queen's Quay Terminal, aussteigen. ☉ Di–So 12–18, Mi bis 20 Uhr, Eintritt $6, Mi ab 17 Uhr frei.

Toronto Islands

Die Toronto Islands ziehen sich in einem Halbkreis um den inneren Hafen. Einst war dies eine vorgelagerte Halbinsel aus Sandbänken,

die jedoch 1858 durch einen heftigen Sturm vom Festland abgeschnitten wurde. Schon die Mississauga-Indianer nutzten die Inseln als Sommerfrische, später stand hier ein Baseball-Stadion, in dem der legendäre Babe Ruth den ersten Homerun seiner Profikarriere hinlegte, es gab Jahrmärkte, bei denen sich Pferde vom Pier ins kühle Nass stürzten, und im Zweiten Weltkrieg sogar ein Trainingslager der norwegischen Luftwaffe. Heute ist der etwa 6 km lange Inselgürtel mit seiner Gesamtfläche von über 300 ha Lichtjahre entfernt von der Hektik des Stadtzentrums eine Oase der Ruhe und Entspannung – und ein Ort, an dem **Privatautos nicht gestattet** sind. Viele Anwohner benutzen Schubkarren oder Golfwägelchen, um ihre Sachen zu befördern, andere gehen zu Fuß oder fahren mit dem Rad.

Die der Stadt zugewandte Seite des Archipels gliedert sich in ein Dutzend winziger Inseln mit Cottages, Freizeiteinrichtungen, grünen Gärten und ursprünglichen Waldflecken. Die andere Seite des Inselgürtels ist noch ein bisschen wilder und windgepeitschter. Der lange, durchgehende Landstreifen wurde etwas willkürlich in drei „Inseln" unterteilt. Das sind, beginnend im Osten, **Ward's Island**, eine ruhige Wohngegend mit Parkanlagen und Wildnis, **Centre Island**, die betriebsamste und am dichtesten bebaute der drei Inseln, und **Hanlan's Point**, an dessen Ende Torontos City Centre Airport (s. S. 130) liegt. Außerdem besitzt Hanlan's Point den schönsten **Sandstrand** der Stadt. Allerdings gilt der Lake Ontario generell als zu verschmutzt zum Schwimmen, weshalb sich die meisten Strandgäste aufs Sonnenbaden beschränken.

Transport auf die Insel und praktische Tipps

Die **Fähren** zu den Toronto Islands verkehren vom Fähranleger vor dem unübersehbaren Hotel Westin Harbour Castle, zwischen Yonge und Bay Street. Von der Union Station die Straßenbahn 509 oder 510 nehmen und an der ersten Haltestelle, Queen's Quay, aussteigen. Die Inseln selbst haben drei Fähranleger: je einen auf Ward's Island, Centre Island und Hanlan's Point. Die Fähren nach Ward's Island und Hanlan's Point verkehren ganzjährig, die nach Centre Island nur vom Frühjahr bis zum Herbst. In der

Hauptsaison (Mai bis Anfang September) fahren die Fähren zu allen drei Inseln in regelmäßigen Abständen alle 30, 45 oder 60 Minuten, ansonsten in der Regel einmal stündlich. Je nach Linie und Jahreszeit legen die ersten Fähren morgens zwischen 6.30 und 9 Uhr und die letzten abends zwischen 21 und 23.30 Uhr ab. Fahrplaninfos gibt es unter ✆ 416/392-8193 oder 🖥 www.toronto. ca/parks. Die **Hin- und Rückfahrt** kostet für Erwachsene $6,50, Radfahrer dürfen ihre Drahtesel mit auf die Fähre nehmen, falls diese nicht zu voll ist. Inlineskates sind erlaubt, müssen aber während der Überfahrt ausgezogen werden.

Von Mai bis September gibt es **Leihfahrräder** auf Centre Island bei **Island Bicycle Rental**, ✆ 416/203-0009, am Pier auf der anderen Seite der Insel, 5–10 Gehminuten vom Fähranleger entfernt; ◷ ab ca. 10.30 Uhr. **Kanus und Tretboote** verleiht das **Boat House** auf Centre Island, ebenfalls 5–10 Min. vom Fähranleger entfernt. Ein Boot ist ideal, um die zahlreichen winzigen Buchten der Inseln und ein paar bewaldete Inseln zu erkunden, die anders nicht zu erreichen sind. Als alternatives Transportmittel gibt es noch eine kostenlose und relativ häufig verkehrende **Bimmelbahn**, die im Sommer über alle drei Inseln fährt.

Neben einigen Imbisslokalen gibt es das nette **Rectory Café**, Ward's Island, ✆ 416/203–2152, das Snacks und kleine Gerichte serviert. Öffnungszeiten telefonisch erfragen.

Mit dem Fahrrad sind für die Erkundung der Inseln mehrere Stunden einzuplanen, zu Fuß ein kompletter Tag. Es besteht auch die Möglichkeit in einem Insel-B&B (s. S. 121) zu übernachten.

Die Vororte

Die **Satellitenstädte** und Industriegebiete, aus denen der größere Teil der Megacity besteht, machen nicht viel her – eine Aneinanderreihung formloser Siedlungen in ziemlich platter, monotoner Landschaft, von Scarborough im Osten bis Mississauga im Westen und nach Norden bis über die Steeles Avenue hinaus. Trotzdem gibt es hier ein paar interessante Attraktionen, darunter das **Ontario Science Centre** und der **Toronto Zoo**.

Ontario Science Centre

Mit über 800 Exponaten zu Themen aus Wissenschaft und Technik lockt das Ontario Science Centre, 770 Don Mills Rd, ✆ 416/696-1000, 🖥 www.ontariosciencecentre.ca, jährlich mehr als eine Million Besucher an. Vor allem bei Kindern ist es der Renner. Besonders beliebt ist **The Human Body**, der Besuchern die Funktionsweise des menschlichen Körpers anhand lebensgroßer, dreidimensionaler Darstellungen und unterhaltsamen Spielereien veranschaulicht. Außerdem werden allgemeinverständliche Einblicke in komplexe medizinische Entwicklungen wie die Biotechnik, den genetischen Fingerabdruck und die Immunologie geboten. Ein weiterer Besuchermagnet ist das Omnimax-Kino mit seiner riesigen Leinwand, Kinokarte $9–12. ◷ Science Centre tgl. 10–17 Uhr, Eintritt $18, Senioren und Kinder 13–17 J. $13,50, 4–12 J. $11.

Anfahrt mit dem Auto von Downtown Toronto über den Don Valley Parkway und ab der Ausfahrt Don Mills Road North den Schildern folgen, ansonsten mit der U-Bahn-Linie Yonge Street nach Norden bis zur Station Eglinton, dort in den Bus Richtung Eglinton East umsteigen und an der Don Mills Road aussteigen.

Toronto Zoo

Der Toronto Zoo, 🖥 www.torontozoo.com, erstreckt sich über knapp 300 ha hügeliges Terrain am Rand des Rouge Valley und gibt sich alle Mühe, seine Tiere in artgerechter Umgebung zu halten. **Sechs Pavillons**, die verschiedene geografische Regionen repräsentieren, sind mit dazugehörigen Pflanzen und über 5000 Tieren angefüllt. Abgehärtete Tierarten sind in großen Gehegen unter freiem Himmel untergebracht. Zwischen den Pavillons verkehrt das **Zoomobile**, ein offener Zug. Der Zoo betreibt auch ein umfangreiches Zucht-, Rettungs- und Auswilderungsprogramm.

Aufkommender Hunger kann in den zahlreich vorhandenen Ablegern diverser Fastfood-Ketten gestillt werden, es gibt aber auch Picknickplätze.

Anfahrt mit dem Auto über den Highway 401 bis Scarborough (Ausfahrt 389), dann auf der Meadowvale Road Richtung Norden den Schildern zum Zoo folgen, ansonsten von Downtown von der U-Bahn-Station Sheppard den Bus 85B

Torontos Stadtpanorama gibt's bei einer Fährfahrt gratis dazu.

Richtung Sheppard East nehmen (Fahrzeit vom Zentrum ca. 50 Min.). ⊙ tgl. März–Sep 9–18, Juni–Aug 9–19.30, Okt–Feb 9.30–16.30 Uhr, Eintritt $21, 4–12 J. $13.

Übernachtung

Seit Toronto immer mehr Touristen anlockt, wird es vor allem im mittleren Preissegment zunehmend schwierig, ein **Hotelzimmer** zu ergattern. In der Hochsaison (Ende Juni–Aug) und während der meisten großen Festivals der Stadt ist es unbedingt ratsam, im Voraus zu reservieren. Die meisten Hotels der Stadt residieren in modernen Hochhäusen.
Die Eröffnung diverser **Boutique-Hotels** hat die Szene aber in letzter Zeit deutlich belebt.
Die Preise richten sich primär nach der Zimmergröße und schwanken saisonal, aber generell kostet ein sauberes, zentral gelegenes Hotel-Doppelzimmer ab $140 aufwärts.
Bed & Breakfast-Unterkünfte sind in der Regel preiswerter und liegen oftmals weniger zentral, dafür aber in den urigeren Vierteln der Stadt.

Für kleinere Budgets gibt es noch **Hostels** und **Studentenzimmer** in einem der Universitäts-Wohnheime. Letztere werden – mit einigen Abweichungen – ab der zweiten Maiwoche bis gegen Ende August an Sommergäste vermietet. Das Travel Information Centre von Ontario Tourism (S. 127) und die Infoline von Tourism Toronto (S. 127) sind bei der Unterkunftssuche gern behilflich.

Hotels

Bond Place, 65 Dundas St East, U-Bahn Dundas, ☎ 416/362-6061, oder 1-800/268-9390, 🖳 www.bondplace.ca. Der nüchterne Hotelklotz in günstiger Lage nahe dem Eaton Centre bietet schlichte Zimmer, die am Wochenende oft günstiger zu haben sind. ❻
Delta Chelsea Inn, 33 Gerrard St West, Nähe Yonge St, U-Bahn Dundas, ☎ 416/595-1975 oder 1-800/243-5732, 🖳 www.deltachelsea.com. Mammuthotel in der Nähe des Eaton Centre mit ausgezeichneten Einrichtungen wie Swimmingpool, Fitnesscenter und Sauna,

außerdem Kinderbetreuung. Die Zimmer sind komfortabel, ansprechend eingerichtet und vergleichsweise preisgünstig – am Wochenende winken kräftige Rabatte. ❻

Drake Hotel, 1150 Queen St West, Ecke Beaconsfield Ave, ✆ 416/531-5042 oder 1-866/372-5386, 🖥 www.thedrakehotel.ca. Das Drake, eine Mixtur aus Hotel, Nachtclub, Restaurant, Bar und Künstlerbühne, ist eine der hippsten Adressen der Stadt. Die 19 Zimmer im Hotelflügel (der etwas laut sein kann) bewegen sich zwischen megaluxuriös und kitschig/komisch, von den handgefertigten Möbeln und den breiten Betten bis zu den ulkigen Puppen auf den Kopfkissen. Das Hotel liegt westlich der Innenstadt und ist mit der Straßenbahn 501 entlang der Queen St zu erreichen. ❼

Fairmont Royal York, 100 Front St West, U-Bahn Union, ✆ 416/368-2511 oder 1-800/540-4448, 🖥 www.fairmont.com/royalyork. Bei seiner Fertigstellung 1927 war das Royal York das größte Hotel des britischen Empire. Viel vom einstigen Glanz ist bis heute erhalten, vor allem in der weitläufigen Lobby mit ihren Mosaikböden, Kassettendecken und gewaltigen Kronleuchtern. Die Zimmer nicht so teuer (aber auch nicht so stilvoll), wie man erwarten würde. In der Nebensaison und am Wochenende gibt es ordentliche Rabatte. ❼

Le Méridien King Edward, 37 King St East, U-Bahn King, ✆ 416/863-9700, 🖥 www.starwood

Ein altes Haus auf neuen Wegen

Gladstone Hotel, 1214 Queen St West, Ecke Gladstone, ✆ 416/531-4635, 🖥 www.gladstone hotel.com. Bereits seit 1889 gibt es das Gladstone, das heute dem Motto „neue Ideen in alten Gemäuern" folgt: Jedes der übercoolen Zimmer wurde von einem anderen Künstler aus Toronto gestaltet, einschließlich der Tapeten. Die Gemeinschaftsräumlichkeiten dienen darüber hinaus als Ausstellungsfläche. Der alte handbetriebene, vergitterte Aufzug funktioniert immer noch, gesteuert von „Liftboy" Hank Young. Das Hotel liegt westlich von Downtown, zwei Blocks vom Drake an der Straßenbahn 501 entlang der Queen St. ❻

Perfektes Styling

Le Germain, 30 Mercer St, ✆ 416/345-9500 oder 1-866/345-9501, 🖥 www.germaintoronto.com, 5–10 Min. Fußweg westlich der U-Bahn-Station St. Andrew. Das Boutique-Hotel präsentiert sich wie aus dem Ei gepellt und mit allen modernen Schikanen – vom attraktiven Foyer mit hoher Decke, offenem Kamin und riesigen Glasflächen bis zu den durchgestylten, perfekt ausgestatteten Zimmern. ❽

hotels.com. Das ehrwürdige Gemäuer wurde 1903 von E. J. Lennox (s. S. 105) entworfen und hat schon viele berühmte Häupter gebettet – von Mark Twain bis zu John und Yoko. Nach standesgemäßer Restaurierung seiner Beaux-Arts-Pracht bietet es jetzt Zimmer von schick-minimalistisch bis zu edwardianisch. ❽

Novotel Toronto Centre, 45 The Esplanade, U-Bahn Union, ✆ 416/367-8900, 🖥 www.novotel.com. Kettenhotel in einem wunderbar umgebauten Altbau mit eleganter Arkadenfassade und allerlei Art-déco-Schnickschnack. Ausgezeichneter Service und zivile Preise, was vielleicht auch mit der Lage gleich neben der Eisenbahn zusammenhängt: lärmig, dafür aber superzentral im Herzen des Stadtzentrums und nur einen Katzensprung vom Distillery District. ❻

Strathcona, 60 York St, U-Bahn Union Station, ✆ 416/363-3321 oder 1-800/268-8304, 🖥 www.thestrathconahotel.com. Schon die tolle Lage spricht für das frisch aufgemöbelte Hotel mit gut ausgestatteten Zimmern im klaren, modernen Stil. ❻

Victoria, 56 Yonge St, U-Bahn King, ✆ 416/363-1666 oder 1-800/363-8228, 🖥 www.hotelvictoria-toronto.com. Nettes Hotel in einem würdevollen Altbau im Herzen von Downtown. Die rund 50 Zimmer sind sauber und hübsch möbliert, wenn auch etwas beengt. ❻

Windsor Arms, 18 St. Thomas St, U-Bahn Bay, ✆ 416/971-9666 oder 1-877/999-2767, 🖥 www.windsorarmshotel.com. Das Gebäude im neugotischen Stil (ein Nachbau des ursprünglichen Hotels von 1911) ist eines der markantesten Hotels der Stadt. Das Innere ist geprägt von offenen Kaminen, Säulen, Buntglasfenstern und Möbeln im georgianischen Stil. Neu sind die Penthouse-Apartments und der superluxuriöse Wellness-Bereich. Der Service ist ebenfalls Spitzenklasse. ❽

Bed & Breakfast

Beaconsfield B&B, 38 Beaconsfield Ave, Straßenbahn 501 (Queen), ✆ 416/535-3338, 🖳 www.bbcanada.com/771.html. Die stattliche Villa mit überdachter Veranda aus den 1880er-Jahren steht im angesagten Viertel Queen Street West, westlich des Zentrums. Ihre 3 Gästezimmer (2 mit Bad) sind ebenso farbenfroh gestaltet wie die Gemeinschaftsräume. Mindestaufenthalt 2 Übernachtungen. ⊙ Mai–Okt. ❹–❻

Les Amis, 31 Granby St, U-Bahn College, ✆ 416/591-0635, 🖳 www.bbtoronto.com. Eine Handvoll hübsch eingerichteter Zimmer mit Klimaanlage und Bad oder Gemeinschaftsbad nahe dem Eaton Centre in Downtown. Spezialität des Hauses ist das vegetarische Frühstück – vor allem die Crêpes sind eine Wucht. ❺

Smiley's B&B, 4 Dacotah Ave, Algonquin Island, Toronto Islands, ✆ 416/203-8599, 🖳 www.erelda.ca. Ländlich angehauchte Idylle auf Algonquin Island, nur eine kurze Fährfahrt (s. S. 117) von Downtown entfernt. Smiley's vermietet das kleine, aber feine „Belvedere"-Zimmer unterm Dach sowie ein Apartment für Selbstversorger mit eigenem Eingang. Das Apartment ist Mai–Okt pro Nacht zu haben, ansonsten pro Woche oder Monat. Bei Reservierung wird ca. die Hälfte des Mietpreises als Sicherheit verlangt (per Überweisung). B&B-Zimmer ❹, Apartment ❼

Hostels und Studentenzimmer

HI-Toronto Youth Hostel, 76 Church St, Ecke King St, U-Bahn King, ✆ 416/971-4440 oder 1-877-848-8737, 🖳 www.hostellingtoronto.com. Die Ecke hat sich scheinbar der Gentrifizierung verweigert, aber das Hostel ist sauber, professionell gemanagt und nur 5 Minuten zu Fuß von der U-Bahn entfernt. Zur Auswahl stehen Dorms, Familienzimmer, 4-Bett-Zimmer und Privatzimmer (EZ und DZ), es gibt Internet-

zugang, Münzwaschmaschinen, ein Café sowie eine Gemeinschaftsküche und TV-Lounge. Die Preise inkl. Bettwäsche und Handtücher beginnen bei $32 p. P. im Schlafsaal und reichen bis $100 für ein DZ oder EZ.

University of Toronto: Massey College, 4 Devonshire Place, U-Bahn St. George, ✆ 416/946-7843, 🖳 www.utoronto.ca/massey. Das altehrwürdige College zählt nicht nur Schriftsteller Robertson Davies zu seinen Ex-Studenten, sondern kann angeblich auch mit mindestens einem Gespenst aufwarten. Von Mai–Anfang Aug vermietet es schlichte EZ für $50 und DZ für $100, an Wochentagen inkl. Frühstück.

University of Toronto: Victoria University, 93 Charles St West, U-Bahn Museum, ✆ 416/813-4098, 🖳 www.vicu.utoronto.ca. Auf dem weitläufigen Victoria-Campus gibt es von Mitte Mai–Ende Aug Zimmer mit Frühstück in verschiedenen Studentenwohnheimen. EZ $60, DZ $80.

Essen

Toronto hat eine Riesenauswahl an **Cafés, Café-Bars und Restaurants**, und geboten wird alles: von todschick und teuer bis zu zwanglos und billig. Einige der besten Restaurants legen großen Wert auf die Verwendung kanadischer Zutaten – besonders Fisch und Wild –, eine regionaltypische Küche kennt Toronto aber eigentlich nicht. Die **Preisspanne** reicht von ein paar Dollar für einen sättigenden Snack und reicht bis $60 und mehr für ein Essen in einem

Nobelrestaurant. Die meisten Restaurants rangieren dazwischen, d. h. bei rund $25 p. P. für ein zweigängiges Mahl ohne Getränke. Viele der traditionellen **Kneipen** Torontos sind recht raue Angelegenheiten und nach wie vor ganz klar Revier der „Arbeiterklasse". Vor allem in den wohlhabenderen Gegenden der Stadt werden sie aber zunehmend von Café-Bars verdrängt, womit die traditionelle Unterscheidung zwischen Ess- und Trinklokalen (weitgehend) hinfällig wird.

Cafés

Balzac's Coffee Roastery, 55 Mill St, Bldg 60, Straßenbahn 504 (King), ✆ 416/207-1709, 🖥 www.balzacscoffee.com. Das relaxte, kunst-sinnige Café hat sich im alten Pumpenraum der Gooderham & Worts Distillery, im Herzen des Distillery District, eingerichtet. Es serviert Espresso-Spezialitäten, Kuchen und Snacks. ☉ tgl. 9–20 Uhr.

Bonjour Brioche, 812 Queen St East, Ecke DeGrassi St, Straßenbahn 501 (Queen), ✆ 416/406-1250. Das Patisserie-Café lockt mit Obsttörtchen, Buttercroissants, Brioches und köstlicher *pissaladière* (provenzalischer Pizza) Horden von Gästen aus der ganzen Stadt an. Suppen, Sandwichs, Omeletts und Quiches werden angeboten. Zum sonntäglichen Brunch muss man Schlange stehen und früh genug da sein – spätestens um 14 Uhr ist alles leer gegessen. ☉ Di–Fr 8–17, Sa 8–16, So 8–15 Uhr.

Café Bernate, 1024 Queen St West, Straßenbahn 501 (Queen), ✆ 416/535-2835. Bei Anwohnern beliebtes Café, in dem die Kaffeemaschine ständig unter Volldampf steht. Die sonnengelben Wände sind mit den Werken einheimischer Künstler geschmückt, die Speisekarte bietet eine Riesenauswahl draller Sandwiches, und Coffeeholics bekommen gratis nachgeschenkt. ☉ Mo–Sa 11–16 Uhr.

Jamie Kennedy at the Gardiner, 111 Queen's Park, U-Bahn Museum, ✆ 416/362-1957, 🖥 www.jamiekennedy.ca. Jamie Kennedy, hierzulande ein ganz großes Tier in der Gourmetszene, hat die Leitung des minimalistisch gestalteten Café-Restaurants im Gardiner Museum (S. 115) übernommen. Beim einfallsreich zusammengestellten

Mittagsmenü werden saisonale Produkte der Region verwendet. Hauptgerichte kosten um die $9, abends deutlich mehr. ☉ tgl. 11.30–15, Fr auch 18–20.30 Uhr.

Java House, 537 Queen St West, Ecke Augusta Ave, Straßenbahn 501 (Queen), ✆ 416/504-3025. Alternativ-exzentrisches Café mit ebensolcher Kundschaft, die sich an den preiswerten Sandwiches, Salaten und Snacks delektiert. ☉ tgl. 8–24 Uhr.

Moon Bean Coffee, 30 St. Andrew's St, Straßenbahn 510 (Spadina), ✆ 416/595-0327, 🖥 www.moonbeancoffee.com. Das Traditions-café in Kensington Market gehört zu der aussterbenden Gattung, die sich immer noch die Mühe macht, ihre Kaffeebohnen selbst zu rösten. Die Terrasse ist das ideale Plätzchen, um bei leckeren Suppen, Sandwiches und Gebäck Passanten zu beobachten.

Trattoria Nervosa, 75 Yorkville Ave, U-Bahn Bay, ✆ 416/961-4642, 🖥 www.eatnervosa.com. Eines der wenigen in Yorkville verbliebenen Café-Restaurants mit zivilen Preisen. Besondere Stärken sind die italienisch inspirierten Salate, Pastagerichte und Pizzas. Antipasti gibt's ab etwa $10. ☉ tgl. 11–22 Uhr.

Restaurants

Babur, 273 Queen St West, U-Bahn Osgoode, ✆ 416/599-7720, 🖥 www.babur.ca. Bei diesem großen, hübschen und modernen Inder bringt beflissenes Personal butterige Saucen, delikat gewürzte Schmorgerichte und frische Naan- und Pori-Fladen auf leinengedeckte Tische. Hauptgerichte um $13. ☉ tgl. 11–22 Uhr.

Bangkok Paradise, 506 Queen St West, Ecke Denison Ave, Straßenbahn 501 (Queen), ✆ 416/504-3210, 🖥 www.bangkokparadise.ca. Zwanglos und meist brechend voll. Auf der Speisekarte stehen außer den üblichen Satay-, Nudel- und Curry-Klassikern jede Menge vegetarische Thai-Spezialitäten. Hauptgerichte ab $9. ☉ Mo–Fr 10.30–23, Sa und So 12–23 Uhr.

Fune, 100 Simco St, U-Bahn St. Andrew, ✆ 416/599-3868, 🖥 www.fune.sites.toronto.com. Das Beste an diesem adretten japanischen Restaurant ist die Sushi-Bar im Tokio-Stil: Hier schippern die fischigen Leckerbissen mit Minibooten auf einem Kanal von den Sushi-

Verwöhnen auf Italienisch

Black Skirt, 3 Charles St East, Ecke Yonge St, U-Bahn Bloor-Yonge, ✆ 416/935-0240. Das hochgelobte Restaurant mit seinem umfangreichen und ausgesprochen authentischen süditalienischen Speisenangebot ist mutig/charaktervoll gestylt, ein Mix aus braunen Ledersofas, Parkettboden und Schattierungen von Cremefarben und Braun. Und auch die Bedienung ist vom Feinsten, sodass ein angenehmer Abend garantiert ist. Hauptgerichte ca. $25. ⏱ Mo–Sa 11–23 Uhr.

Köchen zu den Gästen. Das Seafood ist superfrisch, und das zu tragbaren Preisen. ⏱ Mo–Fr 11.30–14.30 und 17–22.30, Sa 17–23.30, So 17–22 Uhr.

Joso's, 202 Davenport Rd, ✆ 416/925-1903, 🖥 www.josos.com. Dieses Lokal wird sogar in Margaret Atwoods Roman *Die Räuberbraut* ausführlich gewürdigt und ist vor allem für zweierlei berühmt: sein Risotto mit Tintenfischtinte und die Fülle unverhüllter weiblicher Rundungen, welche die Gemälde und Skulpturen des Betreibers Joso Spralja zur Schau stellen. Reservierung unbedingt ratsam. Hauptgerichte um $25. Zu Fuß 15 Min. von der Bloor St West die Avenue Rd nach Norden – hier empfiehlt sich ein Taxi. ⏱ Mo–Fr 11.30–15 und 17.30–23, Sa 17.30–23 Uhr.

Kit Kat, 297 King St West, Ecke John St, U-Bahn St. Andrew, ✆ 416/977-4461, 🖥 www.kitkattoronto.com. Antipasti, Pasta, Steaks und Seafood dominieren auf der unkomplizierten Speisekarte dieses gut besuchten, gemütlichen Bar-Grillrestaurants mit kompromisslos süditalienischer Küche. Hauptgerichte ab $23. ⏱ Mo–Fr 11.30–23.30, Sa 16–24, So 16–23.30 Uhr.

Lai Wah Heen im Hotel Metropolitan, 108 Chestnut St, U-Bahn St. Patrick, ✆ 416/977-9899, 🖥 www.metropolitan.com/lwh. Der Name des chinesischen Restaurants bedeutet „eleganter Treffpunkt" und ist nicht ohne Grund gewählt. Zur feudalen Speisesaal-Atmosphäre passt die anspruchsvolle Speisekarte mit moderner Hongkong-Küche

und Gerichten wie „Lustrous Peacock" (Erhabener Pfau) – einem Salat aus gegrilltem Entenfleisch, Huhn und Qualle an Melonenscheiben mit Eigarnitur. Berühmt sind auch die Dim Sum (nur mittags). Hauptgerichte $20–45. ⏱ tgl. 11.30–15 und 17.30–22.30 Uhr.

Le Commensal, 655 Bay St, Eingang an der Elm St, U-Bahn Dundas, ✆ 416/596-9364, 🖥 www.commensal.ca. Der einzige Schönheitsfehler dieses großen vegetarischen Restaurants ist seine Schnellrestaurant-Atmosphäre. Ansonsten ist die gebotene Vielfalt äußerst löblich: Suppen, tolle Salate, herzhafte *pot-pies* („Topfpasteten"), Eintöpfe und Aufläufe sind deutlich als vegetarisch oder vegan etikettiert. Dazu gibt es eine gut bestückte Desserttheke und viele Gerichte auch zum Mitnehmen. Mittag- oder Abendessen für 2 Pers. $16–30. ⏱ Mo–Fr 11.30–21.30, Sa 12–22, So 12–21.30 Uhr.

Lee, 603 King St West, Ecke Portland St, Straßenbahn 504 (King), ✆ 416/504-7867, 🖥 www.susur.com/lee. Der jüngste Coup von Gourmetkoch Susur Lee ist ein sensationelles Restaurant-plus-Bar mit gedämpfter Beleuchtung und viel Platz. Hier wird asiatische Fusionsküche der Extraklasse geboten, z. B. Sashimi von kurz gebratenen Jakobsmuscheln mit gesalzenen Pflaumen, Wasabi und gerösteten Nori-Algen. Hauptspeisen ab $16. Reservierung empfohlen. ⏱ Mo–Sa 17–23 Uhr.

Le Papillon on Front, 69 Front St East, U-Bahn Union, ✆ 416/367-0303, 🖥 www.lepapillonfront.com. Die Spezialität des französisch-québecer

Kleine Vorspeisen ganz groß

Fressen, 487 Queen St West, Ecke Augusta Ave, Straßenbahn 501 (Queen), ✆ 416/504-5127, 🖥 www.fressenrestaurant.com. Ultracooles vegetarisches Restaurant, dessen Stammgäste die Pastagerichte und Pizzas links liegen lassen, um sich nur den Vorspeisen zu widmen. Die köstlichen Appetithappen lassen sich leicht zur Komplettmahlzeit kombinieren. Dazu gibt es eine umfangreiche Auswahl an Säften und Smoothies. Hauptgerichte ca. $15. ⏱ tgl. 17.30–22, Sa und So zusätzlich 10–15 Uhr.

Restaurants sind Crêpes (süß oder pikant), aber auch andere französische Klassiker sind auf der Bistrokarte gut vertreten. Hauptgerichte kosten um die $18, mittags weniger, Crêpes $16. ⊕ Di–Fr 12–14.30 und 17–22.30, Sa und So 11–15 Uhr Brunch und 17–23 Uhr.

Madeline's, 601 King St West, Ecke Portland St, Straßenbahn 504 (King), ✆ 416/603-2205, ▭ www.susur.com/madelines. Das elegante Restaurant unter derselben Leitung wie das benachbarte Lee (s. o.) ist vom Stil des Fin de siècle angehaucht und lässt auf keiner umfangreichen Speisekarte kaum Wünsche offen, von Cornwall-Huhn mit Gorgonzolakäse bis zu Bisoncarpaccio. Hauptgerichte ab $16. Reservierung zu empfehlen. ⊕ Mo–Sa 18–23 Uhr.

Nataraj, 394 Bloor St West, Ecke Brunswick Ave, U-Bahn Spadina, ✆ 416/928-2925, ▭ www.nataraj.ca. Das erstklassige indische Restaurant zelebriert Delhi-Küche mit Tandoori-Variationen. Ein Fenster zur Küche gewährt den Gästen direkten Blick auf den Tandoori-Ofen. Besonders lecker: die würzigen Schmorgerichte und die Garnelen-Pakoras. Hauptgerichte ab $9. ⊕ tgl. 17–22.30 Uhr.

Noce, 875 Queen St West, Ecke Walnut Ave, Straßenbahn 501 (Queen), ✆ 416/504-3463, ▭ www.nocerestaurant.com. Das gemütliche Restaurant ist eine hervorragende Adresse für italienische Küche. Die Pasta wird von Hand gerollt, das Carpaccio vom Rind zergeht auf der Zunge und das Fleisch ist so zart, dass es vom Knochen fällt. Hauptgerichte ab $12. Reservierung empfohlen. ⊕ Mo–Fr 12–14.30 und 18–23, Sa und So 18–23 Uhr.

Rodney's Oyster House, 469 King St West, Ecke Spadina Rd, Straßenbahn 504 (King), ✆ 416/363-8105, ▭ www.rodneysoysterhouse. com. Torontos beliebteste Austernbar tischt in einem liebevoll modernisierten Tiefgeschoss die glitschigen Leckerbissen gleich tonnenweise auf, ebenso wie Jakobsmuscheln, Miesmuscheln, Krabben und Garnelen. Das Fischangebot beschränkt sich auf Lachs und Forelle. Hauptgerichte um $22. ⊕ Mo–Sa 11.30–1 Uhr.

Ruth's Chris Steak House, im Hotel Hilton, 145 Richmond St West, Ecke University Ave, U-Bahn Osgoode, ✆ 416/955-1455, ▭ www.ruthschris.com. Die Einrichtung mag einen Tick zu traditionell sein – düster und zweckmäßig eben –, aber die Steaks, die auf glühheißen Tellern auf dem Tisch landen, sind die besten der Stadt. Hauptgerichte ab $40. ⊕ tgl. 16.30–22, Fr und Sa bis 22.45 Uhr.

Toronto hat eine Menge Veranstaltungsorte für **Livemusik**. Vor allem **Jazz** hat in der Stadt eine große Tradition, zu hören in einigen erstklassigen Jazzlokalen im und nahe dem Zentrum. Die **Clubszene** ist solide, wenn auch nicht gerade weltbewegend, aber ausreichend, um einen ein paar Nächte auf Trab zu halten. Die besten Quellen für **Veranstaltungstermine** sind die drei Gratis-Wochenblätter *NOW*, ▭ www.nowtoronto.com, *Eye*, ▭ www.eye weekly.com, und *TRIBE*, ▭ www.tribemagazine. com, die überall in der Stadt erhältlich sind. Breit gefächert ist Torontos Angebot an Theater, Oper, Tanz und klassischer Musik. Besonders aktiv ist die **Theaterszene**, die drittgrößte der englischsprachigen Welt (nach London und New York). Torontos große **Kinos** zeigen die aktuellsten Hollywood-Filme schon, bevor sie nach Europa kommen. Außerdem gibt es eine Reihe von Programmkinos – wie es sich gehört für eine Stadt, die eines der besten Filmevents der Welt ausrichtet, das renommierte **Toronto International Film Festival** (S. 90).

Bars, Clubs und Livemusik

Cameron House, 408 Queen St West, Ecke Cameron St, Straßenbahn 501 (Queen), ✆ 416/703-0811, ▭ www.thecameron.com. Eine Reihe riesiger Metallameisen krabbelt an der Seite dieses legendären Ladens westlich der Spadina Ave und an der Vorderfront tauchen ständig wechselnde Wandgemälde von Frauengesichtern auf – unmöglich zu übersehen. Drinnen ist's halb plüschiges Boudoir, halb Spelunke, und hinten auf der Bühne treten neue Talente aller Musikrichtungen auf.

C'est What? 67 Front St East, Ecke Church St, U-Bahn Union Station, ✆ 416/867-9499, ▭ www.cestwhat.com. Düstere Kellerbar im St. Lawrence District mit über 30 Fassbiersorten aus Mikrobrauereien, eindrucksvoller Auswahl an schottischen Single-Malt-Whiskys und deftiger Kneipenkost. Hier sind schon diverse Größen wie die Bare Naked Ladies und Jeff Buckley aufgetreten. ☉ tgl. 11.30–2 Uhr.

Drake Lounge, im Hotel Drake (S. 120), Straßenbahn 501 (Queen), ✆ 416/531-5042, ▭ www.thedrakehotel.ca. Seitdem sie 2004 aufgemacht hat, ist diese edle Loungebar ein voller Erfolg. Über den Tresen gehen Hausspecials wie die der Dorothy Parker Cocktail (Wodka, Cranberrysaft und Chambord) und die Sushibar versorgt die Gäste, die sich in dicken Sofas und Clubsesseln lümmeln, mit fester Nahrung. Ein riesiger Flachbildschirm über dem Kamin zeigt Live- oder aufgezeichnete Shows von der Bühne im Untergeschoss.

El Mocambo, 464 Spadina Ave, Ecke College St, Straßenbahn 506 (College), ✆ 416/777-1777, ▭ www.elmocambo.ca. Legendäre Konzertbühne, auf der schon Weltstars wie die Rolling Stones, B. B. King und Blondie sowie Lokalmatadore wie Nash the Slash aufgetreten sind. Die Tische sind klebrig, der Teppich ist ein Graus, aber die Bands sind in aller Regel klasse.

Horseshoe Tavern, 370 Queen St West, gleich östlich der Spadina Ave, Straßenbahn 501 (Queen), ✆ 416/598-4226, ▭ www.horseshoe tavern.com. Hier haben viele Toronter Bandkarrieren angefangen, und immer noch kommen Shootingstars der Musikszene gern zum Gastauftritt. Das Interieur ist absolut unglamourös, aber der zivile Eintrittspreis macht das locker wieder wett.

Die vielleicht beste Party der Stadt

El Covento Rico, 750 College St, zwischen Bathurst St und Ossington Ave, Straßenbahn 506 (College), ✆ 416/588-7800, ▭ www.elconvento rico.com. Der quietschfidele Laden schwelgt in rotem Samt und Velourstapeten. Wer spontan glaubt, hier irgendwie in die beste Party der Stadt reingestolpert zu sein, liegt nicht unbedingt falsch. DJs beglücken das bunt gemischte Publikum (von ernsten Vorstädtern bis zu aufgedonnerten Latino-Dragqueens) mit einem Mix aus lateinamerikanischen Klängen und Discoklassikern. ☉ Mo–Sa bis 4, So bis 22 Uhr.

Lee's Palace, 529 Bloor St West, U-Bahn Bathurst, ✆ 416/532-1598, ▭ www.leespalace. com. Die hartnäckige Beliebtheit des Lee's hat nichts mit dem Dekor, dem Essen oder dem Bier vom Fass zu tun, sondern ausschließlich mit den irren Bands, die hier spielen. Wer will, kann auch zu DJ-Klängen oben in der treffend benannten Dance Cave abtanzen.

Phoenix Concert Theatre, 410 Sherbourne St, gleich nördlich der Carlton St, Straßenbahn 505 (Dundas), ✆ 416/323-1251, ▭ www.libertygroup. com. Die schicke Location mit 5 Bars und 3 Bühnen verpflichtet mit Vorliebe Größen der Musikwelt, die mal im kleinen, intimen Rahmen auftreten möchten – alles was Rang und Namen hat, von Mtisyahu über Cesaria Evora und Richard Thompson bis zu den Misfits.

The Rex Jazz & Blues Bar, 194 Queen St West, Ecke St. Patrick St, U-Bahn Osgoode, ✆ 416/598-2475, ▭ www.therex.ca. Bei allen Diskussionen über den besten Jazzclub der Stadt spielt dieser hier immer ganz oben mit. Alle Bedenken angesichts des geschniegelten Publikums im nicht minder schicken Interieur verfliegen, sobald die – durchweg spitzenmäßige – Musik einsetzt.

This is London, 364 Richmond St West, Ecke Spadina Ave, Straßenbahn 501 (Queen), ✆ 416/351-1100, ▭ www.thisislondonclub.com, Eingang über eine Treppe von einer Seitengasse. Clubber lieben den stylischen Laden den DJ-Mix aus Disco, Soul und den guten alten Top 40, aber der eigentliche Knaller sind die Damentoiletten, die das gesamte Obergeschoss einnehmen. Hier stehen sogar Friseurinnen und Make-up-Spezialistinnen für dringende Notreparaturen bereit.

Theater

Princess of Wales Theatre, 300 King St West, Ecke John St, U-Bahn St. Andrew, ✆ 416/872-1212, ▭ www.mirvish.com. Der geräumige Saal wurde eigens zur Unterbringung des Hubschraubers in *Miss Saigon* gebaut. Trotz seiner 2000 Sitzplätze wirkt das Theater erstaunlich gemütlich.

Royal Alexandra Theatre, 260 King St West, Ecke Simcoe St, U-Bahn St. Andrew, ✆ 416/872-1212, ▭ www.mirvish.com.

Das bezaubernde, 1906 in edwardianischem Stil erbaute Theater erstrahlt in perfekt restaurierter Originalpracht und zeigt alles Mögliche von klassischem Theater bis zu Musicals wie *Mamma Mia*.

St. Lawrence Centre for the Arts, 27 Front St East, Ecke Scott St, U-Bahn Union, ℘ 416/366-7723, ▢ www.stlc.com. Das Stammhaus der Canadian Stage Company hat zwei Bühnen: Auf der Hauptbühne präsentieren das Bluma Appel Theatre vorwiegend neue Werke zeitgenössischer Künstler, während sich die Studiobühne Jane Mallett Theatre im Obergeschoss auf experimentelle Produktionen und Werkstatt-Theater konzentriert.

Soulpepper Theatre, 55 Mill St, Distillery District, Straßenbahn 504 (King), ℘ 416/203-6264, ▢ www.soulpepper.ca. Die junge Theatergruppe mit klassischem Repertoire hat schon Talente vom Stratford Festival (S. 154) weggelockt. Das Zuhause der Truppe ist das Young Centre for the Performing Arts, ebenfalls im Distillery District (S. 115).

Klassische Musik

Glenn Gould Studio, 250 Front St West, Ecke John St, Straßenbahn 504 (King), ℘ 416/205-5555, ▢ www.glenngouldstudio.cbc.ca. Der kleine kastige Saal im Canadian Broadcasting Centre (S. 103) in Downtown trägt den Namen des berühmtesten Pianisten der Stadt (s. S. 106) und hat eine so außergewöhnliche Akustik, dass das Publikum bei temperamentvollen Darbietungen buchstäblich mitschwingt. Das erstklassige Konzertprogramm präsentiert vorwiegend kanadische Talente.

Massey Hall, 178 Victoria St, Ecke Yonge St, U-Bahn Dundas, ℘ 416/872-4255, ▢ www.masseyhall.com. Der Konzertsaal aus dem späten 19. Jh. bietet gute Akustik und durfte schon Musikkünstler aller Sparten begrüßen – von Maria Callas bis zu Jarvis Cocker.

Roy Thomson Hall, 60 Simcoe St, U-Bahn St. Andrew, ℘ 416/872-4255, ▢ www.roythomson.com. Die moderne Wirkungsstätte des Toronto Symphony Orchestra, ℘ 416/593-4828, ▢ www.tso.on.ca, erinnert bei Tageslicht am ehesten an eine umgedrehte Suppenschüssel.

Nachts, wenn der Lichtschimmer ihrer Glaswände den Nachthimmel und die spiegelnden Wasserflächen vor dem Gebäude erhellt, bietet sie einen viel erfreulicheren Anblick. Drinnen garantiert der kreisrunde Saal von allen Plätzen beste Sicht und begeistert die Kritiker mit seiner feingetunten Akustik.

Oper und Ballett

Canadian Opera Company, Four Seasons Centre for the Performing Arts, 145 Queen St West, U-Bahn Osgoode, ℘ 416/363-8231, ▢ www.coc.ca. Seit Jahren beeindruckt Kanadas nationales Opernensemble, kurz COC, mit ehrgeizigen Produktionen und jungen Talenten. Karten sind heiß begehrt, vor allem für die ungeduldig erwarteten Premieren, also möglichst frühzeitig reservieren. Karten ab $60.

National Ballet Company, gleiche Adresse wie die Oper, ℘ 416/345-9686, ▢ www.national.ballet.ca. Die gefeierten Primaballerinen der NBC und der Rest des hochgeschätzten Ensembles sind im klassischen Ballett ebenso zu Hause wie im modernen Tanz. Karten $40–200.

Kinos

Cineplex Odeon Varsity, 55 Bloor St West, Ecke Balmuto St, U-Bahn Bloor-Yonge, ℘ 416/961-6304, ▢ www.cineplex.com. Riesiges Kino mit 11 Sälen, guter Sicht, tollem Sound und bequemen Sitzen.

Cinémathèque Jackman Hall, Art Gallery of Ontario, 317 Dundas St West, Ecke McCaul St, Straßenbahn 505 (Dundas), ℘ 416/968-3456,

Sport in Toronto

Baseball Blue Jays, ▢ www.bluejays.com. Das Team der American Baseball Major League spielt im Rogers Centre (S. 95).

Canadian Football Argonauts, ▢ www.argonauts.on.ca. Das Team der Canadian Football League ist ebenfalls im Rogers Centre zu Hause.

Eishockey Die Maple Leafs der National Hockey League, ▢ www.mapleleafs.nhl.com, tragen ihre Heimspiele im Air Canada Centre hinter der Union Station aus.

Toronto

www.cinematiquontario.ca. Die Cinémathèque ist der ganzjährig verlängerte Arm
des Toronto International Film Festival (S. 90)
und zeigt innovative, breit gefächerte
Produktionen.
Scotiabank Theatre, 259 Richmond St West,
Ecke John St, Straßenbahn 501 (Queen),
✆ 416/368-5600, 🖳 www.cineplex.com.
Die halbe Show ist der Kinokomplex selbst,
mit einem riesigen Pixelboard-Würfel an der
Fassade, auf dem Filmausschnitte laufen, der
fast senkrechten Rolltreppe zu den Kinosälen
und einem Soundsystem, das einen fast aus
dem Sitz katapultiert.

Sonstiges

Apotheken

Shopper's Drug Mart, 66 Wellington St West,
✆ 416/365-0927, und in der 728 Yonge St,
✆ 416/920-0098.
Big Carrot Wholistic Dispensary,
348 Danforth Ave, ✆ 416/466-8432, ganzheitlich-
naturmedizinisch orientierte Apotheke.

Autovermietungen

Discount, 134 Jarvis St, ✆ 416/864-0632;
National, Union Station, 65 Front St West,
✆ 416/364-4191;
Enterprise, Simcoe Place, 200 Front St West,
✆ 416/751-1342.

Bibliotheken

Toronto Reference Library, 789 Yonge St,
einen Block nördlich der Bloor St,
✆ 416/393-5577, 🖳 www.torontopubliclibrary.ca.
Größte Bibliothek der Stadt. ☼ Mo–Do 9.30–
20.30, Fr 9.30–17.30, Sa 9–17 Uhr, Sep–Juni
zusätzlich So 13.30–17 Uhr.

Bücher

World's Biggest Bookstore, 20 Edward St,
nördlich der Dundas St zwischen Yonge St und
University Ave, ✆ 416/977-7009. Das riesige
Bücherkaufhaus hat eine gute Kanada-
Spezialabteilung. ☼ Mo–Mi 7–23, Do 7–18,
Sa 8–20, So 11–20 Uhr.
Indigo, ✆ 416/591-3622, 🖳 www.chapters.
indigo.ca, betreibt mehrere Filialen in Toronto,
darunter eine im Eaton Centre.

Einkaufen

Im **Eaton Centre** (S. 105) gibt's fast alles, was
das Herz begehrt. Wer nicht auf Einkaufstempel
steht, geht besser in die **Queen St West** (S. 99)
und stöbert dort in den Secondhandläden.
Das größte Angebot an Outdoorkleidung und
-ausrüstung (auch Leihausrüstung) hat
Mountain Equipment Co-op, 400 King St West,
Ecke Peter St, ✆ 604/876-6221, 🖳 www.mec.ca,
☼ Mo–Mi 10–19, Do 10–21, Fr und Sa 10–18,
So 11–15 Uhr.

Gepäckaufbewahrung

Schließfächer gibt es in der **Union Station**,
Front St, Ecke Bay St, und im Busbahnhof
Toronto Coach Terminal, 610 Bay St.

Informationen

Das Travel Information Centre von **Ontario
Tourism** befindet sich im Atrium der Bay Mall
(Erdgeschoss), 20 Dundas St W, Ecke Yonge St,
✆ in Toronto 416/314-5899 oder 1-800/ONTARIO,
🖳 www.ontariotravel.net. Es hat eine Menge
meist kostenloses Informationsmaterial zu allen
größeren Sehenswürdigkeiten von Toronto und
der Provinz Ontario, darunter recht brauchbare
Stadtpläne, der *Ride Guide* zur Orientierung im
öffentlichen Nahverkehrssystem und das
Monatsmagazin *Where,* 🖳 www.where.ca,
mit vielen Veranstaltungstipps. Das Centre
vermittelt außerdem **Hotelzimmer** in Toronto
und dem übrigen Ontario. ☼ Mo–Sa 10–18,
So 11–17 Uhr.
Tourism Toronto, ✆ 416/203-2500 oder
1-800/499-2514, 🖳 www.seetorontonow.com.
Das offizielle Tourismus- und Kongressbüro der
Stadt besitzt kein Informationsbüro, dafür aber
eine telefonische Infoline. Die Mitarbeiter
beantworten so gut wie jede Frage zur Stadt
und erledigen Hotelreservierungen. Auf der
Website können ebenfalls Stadtinformationen
abgerufen und Hotelzimmer reserviert werden.

Internet

Die meisten Hotels der Stadt bieten ihren
Gästen Internetzugang, entweder gratis oder
gegen einen minimalen Obolus. Kostenloser
Internetzugang außerdem in der **Toronto
Reference Library** (s. o. unter Bibliotheken).

Post

Filialen der kanadischen Post sind über die ganze Stadt verteilt, u. a. auch in Drogerien und Schreibwarenläden. Eine zentral gelegene Filiale: **Royal Bank Plaza**, 200 Bay St, Ecke Front St.

Wäschereien

The Laundry Lounge, 527 Yonge St, nördlich der College St, ✆ 416/975-4747.

Nahverkehr

Torontos öffentlicher Nahverkehr wird von der **Toronto Transit Commission, TTC**, Infotelefon ✆ 416/393-4636, 🖥 www.ttc.ca, betrieben und ist schnell, dicht getaktet und effizient. Das Verbundnetz aus U-Bahn, Bus und Straßenbahn deckt praktisch jede Ecke der Stadt ab. Außer in Downtown, wo alle wichtigen Sehenswürdigkeiten bequem zu Fuß zu erreichen sind, fährt man am besten mit den öffentlichen Verkehrsmitteln von einer Attraktion zur anderen – besonders bei winterlicher Kälte oder sommerlicher Schwüle. Die TTC ist sehr um die Sicherheit ihrer Fahrgäste bemüht. Alle U-Bahn-Stationen haben ausgewiesene Wartezonen (DWAs – *designated waiting areas)*. Diese sind gut beleuchtet, bieten über Gegensprechanlage direkte Verbindung zu TTC-Mitarbeitern und werden über Videomonitore überwacht. In TTC-Bussen gibt es außerdem das **Request Stop Program**, d. h. Frauen ohne Begleitung können nachts (21–5 Uhr) an jedem beliebigen Punkt der Strecke aussteigen, nicht nur an den regulären TTC-Haltestellen. Für Fahrgäste mit **Behinderung** gibt es den speziellen Service Wheel-Trans, ✆ 416/393-4222.

Tickets, Tokens und Zeitkarten

Eine Einzelfahrt im TTC-Netz kostet $3. Erwachsene verwenden **Tokens** (Wertmünzen), alle anderen (Senioren, Studenten und Schüler) können entweder die Metallmünzen oder **Fahrscheine** benutzen. Beides gibt es in allen U-Bahn-Stationen sowie bei den Bus- und Straßenbahnfahrern. Im 5er-Pack gibt es Tickets oder Tokens für $12,50 (10er-Pack $25) in allen Stationen, vielen Mini-Supermärkten

und an Zeitungskiosken. Ein Ticket oder Token berechtigt zu einer beliebig langen Fahrt im TTC-Netz, ist Umsteigen in ein anderes Transportmittel erforderlich, muss man sich schon am Einstiegspunkt ein Transferticket besorgen – beim Straßenbahn- oder Busfahrer oder am Automat in der U-Bahn-Station. Eine **Tageskarte** mit unbegrenzten Fahrten kostet $10 und ist an jedem Tag der Woche gültig. Am Wochenende wird die Tageskarte zum Super-deal für Familien, dann gilt er nämlich für bis zu 6 Pers. (von denen aber nur 2 Erwachsene sein dürfen). Die Tageskarten werden in jedem U-Bahnhof verkauft.

U-Bahn

Torontos U-Bahn, wichtigster Bestandteil des städtischen Nahverkehrsnetzes, ist sehr unkompliziert, denn sie hat nur 3 Linien. Es gibt 2 Hauptstrecken: eine führt unter der Bloor Street und Danforth Avenue in Ost-West-Richtung. Die andere führt als Schleife über University Avenue nach Süden und dann via Union Station die Yonge St wieder nach Norden. Umsteigen zwischen den beiden U-Bahnlinien ist nur an drei Stationen möglich: Spadina, St. George und Bloor-Yonge. Die U-Bahn verkehrt Mo–Sa 6–1, So 9–1 Uhr.

Busse und Straßenbahnen

Auch das **Bus- und Straßenbahnnetz** ist denkbar simpel aufgebaut – an jeder größeren U-Bahn-Station gibt es eine Bus- und/oder Straßenbahnhaltestelle. Die Betriebszeiten sind je nach Strecke unterschiedlich, entsprechen aber in etwa den Verkehrszeiten der U-Bahn. Außerdem fahren auf einigen Hauptstrecken zwischen 1 und 6 Uhr ungefähr 1x stündl. **Nachtbusse**.

Pendlerzüge

Endbahnhof der **GO-Züge**, ✆ 416/869 3200, 🖥 www.gotransit.com, ist die Union Station. Diese Züge verbinden Torontos Zentrum mit mehreren Vororten und Satellitenstädten. Kostenlos vom TTC-Netz auf die GO-Strecke umzusteigen ist nicht möglich. Aber die Go-Züge werden ohnehin in erster Linie von Pendlern und nicht von Touristen benutzt.

Taxis

Taxis kann man überall an der Straße heran-
winken. Bevor es losgeht, sollte man den
Fahrer nach dem ungefähren Preis bis zur
gewünschten Adresse fragen. Die Tarife sind
normalerweise zivil und basieren auf einem
Fixpreis von $3 pro Kilometer plus einer
geringen Abholgebühr – eine Fahrt von der
Union Station zur Kreuzung von Bloor St und
Yonge St kostet z. B. rund $10. Man kann auch
ein Taxi vorbestellen.
Von den vielen Taxiunternehmen gehören
Co-op Cabs, ✆ 416/504-2667, und
Diamond Taxicab, ✆ 416/366-6868, zu den
zuverlässigsten. In Toronto erwarten die
Taxifahrer eine Trinkgeld von 10–15 %.

TransportTransport
Auto

Von den Niagarafällen und anderen Orten am
Westufer des Lake Ontario kommt man mit dem
Auto meist über den **Queen Elizabeth Way**
(QEW) nach Toronto. Dieser mündet in den
Gardiner Expressway, eine stauträchtige
Stadtautobahn, die auf einer Hochtrasse knapp
südlich der Front Street über das Südende des
Stadtzentrums führt. Von der Ostseite kommen
die meisten Autofahrer über den ebenso stark
befahrenen **Hwy 401**, der zunächst dem Seeufer
folgt und dann in die nördlichen Vororte abbiegt.
Von Norden führt der **Hwy 400** in Richtung
Stadt; er trifft nordwestlich des Zentrums auf
den Hwy 401. Eine Alternative ist der **Hwy 404**,
der den Hwy 401 nordöstlich des Zentrums
kreuzt. Auf allen Strecken ist im Berufsverkehr
(ca. 7.30–9.30 und 16.30–18.30 Uhr) mit Staus zu
rechnen.
Um den Hwy 401 vom Verkehr zu entlasten,
wurde die Alternativstrecke **Hwy 407 ETR**,
🖳 www.407etr.com, weiter nördlich am
Stadtrand gebaut, Nordamerikas erste voll
elektronische Mautstrecke. Hier gibt es keine
Mautschalter; stattdessen werden die
Fahrzeuge durch einen kleinen elektronischen
Sender/Empfänger identifiziert; die Rechnung
kommt per Post. Die Mautgebühr ist gestaffelt –
in Spitzenzeiten beträgt sie für Pkw 19,25 Cent
pro Kilometer. Bei Fahrzeugen ohne Transponder
wird ein kleiner Zuschlag erhoben – bei ihnen

wird zur Identifizierung das Nummernschild
fotografiert. Wer ein Auto mietet, sollte wissen,
dass die Autovermieter Kunden, die den Hwy
407ETR benutzen, eine **zusätzliche
Verwaltungsgebühr** ca. $15) berechnen.

Busse

Torontos **Busbahnhof** liegt zentral in der
610 Bay St, nahe der Dundas St West und
5 Min. Fußweg von der U-Bahn-Station Dundas.
Die beiden wichtigsten Fernbusbetreiber
sind **Greyhound**, ✆ 1-800/661-8747,
🖳 www.greyhound.ca, und **Coach Canada**,
✆ 1-800/461-7661, 🖳 www.coachcanada.com.
Ziele im Norden steuert **Ontario Northland**,
✆ 1-800/461-8558, 🖳 www.northlander.ca, an.
Die Umgebung des Busbahnhofs ist nicht die
beste – wer alleine reist und nachts ankommt,
sollte besser ein Taxi nehmen, auch wenn die
einladenderen Ecken Downtown nicht weit
entfernt sind.

Busse von Coach Canada nach:
BROCKVILLE, 3x tgl., 4 1/4 Std.;
KINGSTON, 8x tgl., 3 Std.;
MONTRÉAL, 8x tgl., 7 Std.;
NIAGARA FALLS, stdl., 1 1/2–2 Std.

Busse von Greyhound nach:
HAMILTON, 4x tgl., 1 Std.;
KITCHENER, halbstdl.–stdl., 1 3/4 Std.;
LONDON, 13x tgl., 2 1/2–3 Std.;
MIDLAND, 2x tgl., 2 1/2 Std. (mit Umsteigen
in Barrie);
MONTRÉAL, 8x tgl., 7 1/2–9 Std.;
NIAGARA FALLS, stdl., 1 1/2–2 Std.;
OTTAWA, 9x tgl., 5–6 Std.;
OWEN SOUND, 3x tgl., 4 Std.;
PENETANGUISHENE, 2x tgl., 2 3/4 Std.
(mit Umsteigen in Barrie);
SAULT STE MARIE, 3x tgl., 11 Std.;
THUNDER BAY, 3x tgl., 21 Std.;
WAWA, 4x tgl., 14 Std.;
WINDSOR, 5x tgl., 4–5 Std.;
WINNIPEG, 3x tgl., 30 1/2 Std.

Busse von Ontario Northland nach:
BRACEBRIDGE, 4x tgl, 2 3/4 Std.;
GRAVENHURST, 4x tgl., 2 1/2 Std.;

Toronto *(vertical, right margin)*

HUNTSVILLE, 4x tgl., 3 Std.;
NORTH BAY, 4–5x tgl., 6 Std.;
ORILLIA, 1x tgl., 2 Std.;
PARRY SOUND, 3x tgl., 3 1/4 Std.;
PORT SEVERN, 3x tgl., 2 3/4 Std.;
SUDBURY, 3x tgl., 6 Std.

Eisenbahn

Torontos Hauptbahnhof, die **Union Railway Station**, liegt ebenfalls zentral – an der Ecke Bay Street und Front Street West. Die meisten Fernzüge fahren unter der Regie von **VIA Rail**, ✆ 1-888/842-7245, 🖳 www.viarail.ca, den legendären Northlander nach und von Cochrane (mit Anschluss nach Moosonee, S. 222) betreibt dagegen **Ontario Northland**, ✆ 1-800/461-8558, 🖳 www.northlander.ca. Die Union Station ist zugleich Knotenpunkt für den öffentlichen Nahverkehr der Stadt. Außer einer U-Bahn-Station befindet sich hier auch der Zentralbahnhof für die **GO-Züge**, s. S. 128.

Züge von Ontario Northland nach:

COBALT, 6x wöchentl., 7 3/4 Std.;
COCHRANE, 6x wöchentl., 11 Std.;
GRAVENHURST, 6x wöchentl., 2 Std.;
HUNTSVILLE, 6x wöchentl., 3 Std.;
NORTH BAY, 6x wöchentl., 5 Std.;
TEMAGAMI, 6x wöchentl., 7 Std.

Züge von VIA Rail nach:

KINGSTON, 2–3x tgl., 2 1/2 Std.;
LONDON, 4x tgl., 2 Std.;
MONTRÉAL, 2–3x tgl., 4 1/2 Std.;
NIAGARA FALLS, 2x tgl., 2 Std.;
OTTAWA, 3–5x tgl., 4 1/4 Std.;
PARRY SOUND, 3x wöchentl., 4 Std.;
STRATFORD, 2x tgl., 2 1/4 Std.;
SUDBURY JUNCTION, 3x wöchentl., 8 Std.;
WINDSOR, 4x tgl., 4 Std.;

Flüge

Die meisten Flüge landen auf dem **Toronto Pearson International Airport**, 🖳 www.gtaa.com, rund 25 km nordwestlich vom Stadtzentrum. Hier sind zwei Passagierterminals in Betrieb – Terminal 1 und 3, beide mit den üblichen Service-Einrichtungen,

darunter Wechselschalter, Geldautomaten und Gratistelefone zur Hotelreservierung. Zwischen den beiden Terminals verkehrt rund um die Uhr der kostenlose LINK Train. Es gibt diverse Transportmöglichkeiten zwischen Flughafen und Innenstadt, aber am preiswertesten ist der **Airport Rocket** (Nr. 192, tgl. 5.30–1.30 Uhr, alle 20–30 Min., einfache Fahrt $3). Dieser Bus der TTC (Toronto Transit Commission, s. S. 128) hält vor beiden Terminals und braucht etwa 25 Min. bis zur **U-Bahn-Station Kipling** am westlichen Ende des U-Bahn-Netzes; von dort fährt die U-Bahn weitere 30 Min. bis nach Downtown.
Der **Airport Express** (Flughafenbus), ✆ 905/564-3232, 🖳 www.torontoairportexpress. com, hält vor beiden Terminals und braucht bis Downtown 40–60 Min., bei dichtem Verkehr auch länger. In der Stadt hält der Bus am Busbahnhof (S. 129) und an mehreren Hotels. Wer als Letzter auf der Liste der Abzuliefernden steht, muss noch mal 20 Min. Fahrzeit drauflegen. Fahrkarten gibt es an den Airport-Express-Kiosken am Flughafen oder direkt beim Busfahrer. Der Airport Express verkehrt tgl. von 5–0.30 Uhr alle 20–30 Min. Die einfache Fahrt kostet $20, hin und zurück $33.
Ein **Taxi** vom Flughafen ins Zentrum kostet etwa $50. Ein paar Dollar billiger kommt der **limo service** (eine Art Sammeltaxi). Im Gegensatz zu den Taxis gelten bei diesen „Limousinen" Festpreise – das kann in der Hauptverkehrszeit einiges an Geld sparen. Der Nachteil ist, dass sie meist erst losfahren, wenn sie voll besetzt sind.
Vom Pearson bestehen Flugverbindungen in fast jede Hauptstadt der Welt sowie alle größeren Städte Kanadas.

Der viel kleinere **Toronto City Centre Airport**, 🖳 www.torontoport.com, liegt auf der Insel Hanlan's Point (S. 117) am Hafen nahe Downtown. Einzige Fluggesellschaft ist hier **Porter Airlines**, ✆ 416/619-8622 oder 1-888/ 619-8622, 🖳 www.flyporter.com, mit Flügen in die großen Städte Ostkanadas. Vom Flughafen fährt ein **Minibus** zum Hotel Royal York an der Ecke Front Street West und York Street.

Ontario

Stefan Loose Traveltipps

2 **Niagarafälle** Die donnernden, Gischt sprühenden Wassermassen, verteilt auf eine kanadische und eine amerikanische Seite, sind eine der berühmtesten Touristenattraktionen Nordamerikas. S. 139

Niagara-on-the-Lake Mit altehrwürdigen Schindelhäusern und geschniegelten Gärten einer der hübschesten Orte Ontarios. S. 145

Bayfield Idyllischer Wohlfühlort am Seeufer mit lauschigen Alleen und eleganten Villen. S. 164

Fathom Five National Marine Park Traumhaftes Tauchrevier mit klarem Wasser und jeder Menge Schiffswracks. S. 170

Georgian Bay Islands Ontario von seiner schönsten Seite – kiefernbewaldete Inseln im kristallenen See. S. 181

3 **Algonquin Provincial Park** Hier tummeln sich Biber, Schwarzbären und Elche, und man kann tagelang Kanu fahren. S. 186

4 **Ottawa** Kanadas sympathische Hauptstadt ist eine Hochburg der Kultur. S. 200

Algoma Central Railway Eine der schönsten Zugfahrten von Ontario führt von Sault Ste Marie hoch in die Wildnis im Norden. S. 227

Kanadas zweitgrößte Provinz, Ontario, erstreckt sich vom St.-Lorenz-Strom und den Großen Seen bis an die eisigen Ufer der Hudson Bay. Etwa zwei Drittel dieser Fläche – den gesamten Norden und den größten Teil Zentral-Ontarios – nehmen die Waldgebiete und Felsrücken des **Kanadischen Schilds** ein. Diese uralten, präkambrischen Gesteinsmassen wurden von den Gletschern an die Oberfläche befördert, die den Kontinent während der letzten Eiszeit formten. Die Eismassen schufen eine flache, von mehreren tausend Seen durchzogene Landschaft, die von den **Irokesen** mit dem Namen „Ontario" (wörtlich „glitzernde Wasser") bedacht wurde. Wie ihre Nachbarn im Norden, die **Algonquin**, jagten und fischten auch die Irokesen auf dem Kanadischen Schild, während sich ihre Landwirtschaft auf das fruchtbarere und leichter zu bestellende Land im südlichen Ontario konzentrierte. Dort lebt heute der Großteil der 10 Mio. Einwohner der Provinz.

Toronto (S. 89) am Nordufer des **Lake Ontario**, ist mit seinen rund 5,5 Mio. Einwohnern Kanadas größte Stadt. Östlich und westlich der Metropole erstrecken sich wuchernde Vorstädten und hässliche Industriegebiete.

Eines davon, das Stahlzentrum **Hamilton** an der Westspitze des Sees, hat ein paar historische Sehenswürdigkeiten zu bieten. Außerdem befindet sich hier Kanadas Touristenattraktion Nummer eins, die **Niagarafälle**. Diese lassen sich gut im Rahmen eines Tagesausflugs von Toronto oder vom nahe gelegenen, arg touristischen **Niagara-on-the-Lake** aus besichtigen. Der restliche Teil Südwest-Ontarios zwischen Lake Huron und Lake Erie ist ausgesprochen ländlich und besteht aus Ackerland. Zu den Highlights dieser Ecke zählen **Goderich** und **Bayfield**, zwei bezaubernde kleine Städtchen an der schroffen Felsenküste des Lake Huron, sowie Stratford mit seinem viel gerühmten Theaterfestival. Landschaftlich gesehen sind die attraktivsten Regionen Südwest-Ontarios sicherlich die Halbinsel **Bruce Peninsula** und die **Georgian Bay**, zu der auch der **Severn Sound** mit dem wunderschönen Georgian Bay Islands National Park und zwei historischen Nachbauten erster Güte gehören: **Discovery Harbour** und **Sainte-Marie among the Hurons**.

In Zentral-Ontario, vom Küstenstreifen an der Georgian Bay landeinwärts, liegt die Seenplatte **Muskoka Lakes**, der Inbegriff dessen, was die Kanadier als Cottage Country bezeichnen. Jeden Sommer schwärmen die Stadtbewohner der Provinz zu Tausenden in dieses Gebiet und belegen ihr kleines Plätzchen zum Angeln, Bootfahren und Schwimmen. Das Cottage ist ein Zweitwohnsitz und liegt üblicherweise an einem See. Es umfasst die gesamte Palette von der bescheidenen Blockhütte bis zur exorbitanten Villa. Viele Einheimische schwören, dass diese Massenflucht in die Halbwildnis den Inbegriff des kanadischen Lebensgefühls darstellt. Die größeren Städte, allen voran **Gravenhurst** und **Bracebridge**, sind alles andere als eine Offenbarung.

Als Naturliebhaber begibt man sich am besten weiter nach Norden in den **Algonquin Provincial Park**. In dieser ausgedehnten Wildnis tummeln sich Biber und Schwarzbären und man kann tagelang Kanu fahren, ohne einer Menschenseele zu begegnen. Eine Alternative bieten die Städte weiter östlich am Ufer des St.-Lorenz-Stroms an, allen voran **Kingston**, eine hübsche Universitätsstadt mit zahlreichen hübschen Kalksteingebäuden.

Rund 100 km nördlich von dort liegt die kanadische Hauptstadt **Ottawa**, eine überraschend kleine Stadt mit erstklassigen Museen und Galerien und einer lebendigen Restaurant- und Kneipenlandschaft – was für viele Besucher überrascht, da Ottawa ansonsten das Image einer Bürokraten-Hochburg anhaftet.

Der Norden Ontarios bietet eine Naturlandschaft voller atemberaubender Extreme, doch einfach und bequem zu bereisen ist diese Gegend nicht. Die eigentlichen Sehenswürdigkeiten liegen weit voneinander entfernt. Die nur spärlich besiedelte Region wird von zwei bedeutenden Fernstraßen erschlossen, dem **Highway 11** im Norden und dem **Highway 17** im Süden. Der Erstgenannte verbindet mehrere Bergbaustädte miteinander und ist nicht weiter interessant, während Letzterer mehrere Parks durchquert oder passiert. Am Hwy 17 liegen auch der wilde **Lake Superior Provincial Park** und die Stadt **Sault Ste Marie**, Endbahnhof der Eisenbahnlinie **Algoma Central Railway**, die einen Blick in

Ontario Travel, die offizielle Tourismusorganisation der Provinz, betreibt eine Reihe von Travel Information Centres an wichtigen Orten in Ontario, eine sehr informative Website, www.ontariotravel.net, und ein Infotelefon, 1-800-ONTARIO innerhalb Kanadas und der USA (Mo–Fr 8–20, Sa und So 9–18 Uhr).

Viele der empfehlenswerten B&Bs in Ontario sind Mitglied der **Federation of Ontario Bed and Breakfast Accommodation**, www.fobba. com. Näheres zu den Mitgliedsbedingungen ist der Website zu entnehmen.

In Ontario gibt es rund 100 Provinzparks und fast alle verfügen über Campingplätze. Sämtliche Einzelheiten wie Preise, Öffnungszeiten und Online-**Reservierungsservice** (1-888/668-7275) finden sich unter www.ontarioparks. com. Backcountry-Reservierungen sind online nicht möglich.

das ansonsten völlig unzugängliche Hinterland gestattet. Der Getreideverladehafen **Thunder Bay** empfiehlt sich als Zwischenstation auf der langen Reise nach Westen (oder Osten). Nördlich des Hwy 11 erstreckt sich eine menschenfeindliche Region, die nur von Jägern regelmäßig aufgesucht wird. Einen Eindruck von dieser unwirtlichen Gegend bietet die Eisenbahnfahrt mit dem Polar Bear Express, der von **Cochrane** am Hwy 11 durch die arktische Tundra bis nach **Moosonee** am Ufer der James Bay fährt.

Geschichte

Die ersten **Europäer**, die regelmäßig mit den Ureinwohnern der Region, den **Irokesen** und **Algonquin**, in Kontakt kamen, waren die französischen Entdecker des 17. und 18. Jhs., die bekanntesten davon Étienne Brûlé und Samuel de Champlain. Diesen frühen Besuchern ging es in erster Linie um den Pelzhandel. Erst nach dem Ende des Amerikanischen Unabhängigkeitskrieges und der Einwanderung der **United Empire Loyalists** (s. S. 442) aus New England begann die Massenbesiedlung.

Zwischen 1820 und 1850 machte eine weitere Einwanderungswelle, die vor allem aus Engländern, Iren und Schotten bestand, aus **Upper Canada**, wie Ontario bis zur Konföderation hieß, den am dichtesten besiedelten und wohlhabendsten Teil Kanadas. Diese herausragende Stellung festigte sich noch mit der **Industrialisierung** der urbanen Zentren der Region gegen Ende des 19. Jhs. Durch die Entdeckung von Mineralvorkommen, die zu den reichsten der Welt zählen, wurde der Prozess weiter beschleunigt: In einem Zeitraum von 20 Jahren fand man Nickel bei Sudbury, Silber in Cobalt, Gold in Red Lake und Eisenerz bei Wawa.

1943 übernahm die **Progressive Conservative Party** (PC) die Provinzregierung und blieb die nächsten 40 Jahre an der Macht. Sie betrieb eine unternehmerfreundliche Politik rechts der Mitte, war modernen Reformen aber durchaus aufgeschlossen und verabschiedete eine Reihe progressiver Gesetze, so etwa 1951 Kanadas erstes Gesetz gegen Diskriminierung bei der Arbeitssuche und das Gesetz zur finanziellen Gleichstellung weiblicher Arbeitnehmer. 1985 verlor die PC die Provinzwahlen, errang die Macht aber zehn Jahre später zurück – mit einem knallharten, konservativen Regierungsprogramm, das sich stark an Margaret Thatcher orientierte. Privatisierungen und Steuersenkungen (unter ständigem Wettern gegen angebliche Sozialschmarotzer) standen ganz oben auf der Agenda, was aber bei weiten Teilen der Bevölkerung gar nicht gut ankam. 2003 schließlich wurde die PC von den Liberalen abgelöst, 2007 dann erneut bestätigt, allerdings bei der niedrigsten Wahlbeteiligung, die in der Provinz je registriert wurde (52,6 %).

Was die **Wirtschaft** angeht, hielt sich Ontario dank seiner Holzindustrie, Erzbergwerke, gigantischen Wasserkraftwerke und unzähligen Fabriken lange Zeit ganz oben auf Kanadas wirtschaftlicher Erfolgsleiter. Aber die Wirtschaftskrise von 2008/09 brachte einen schweren ökonomischen Einbruch. Kehrseite des industriellen Erfolgs sind massive **Umweltprobleme**, die sich am deutlichsten in der Landschaftszerstörung rund um Sudbury und der Gewässerbelastung der Seen Erie und Ontario zeigen. Die Provinzregierung hat immerhin angefangen, sich um diese Probleme zu kümmern, wenn auch noch etwas zögerlich.

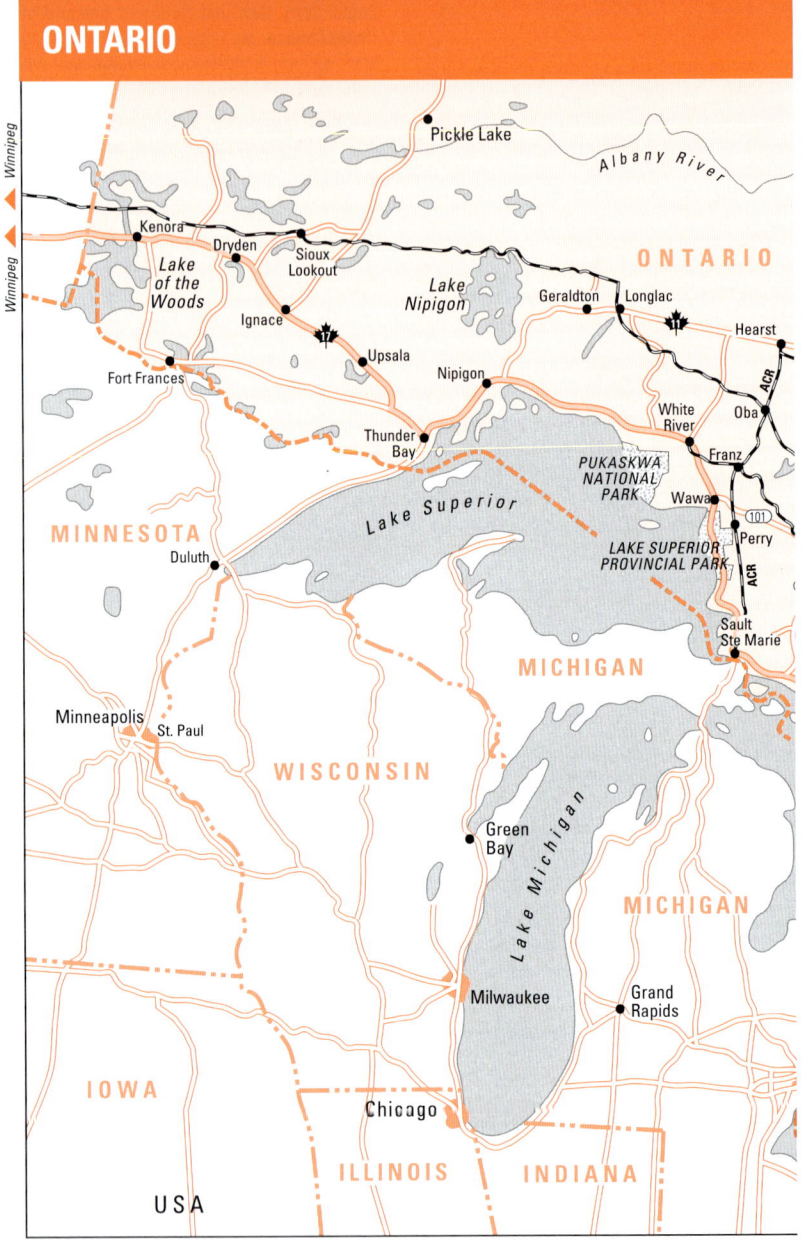

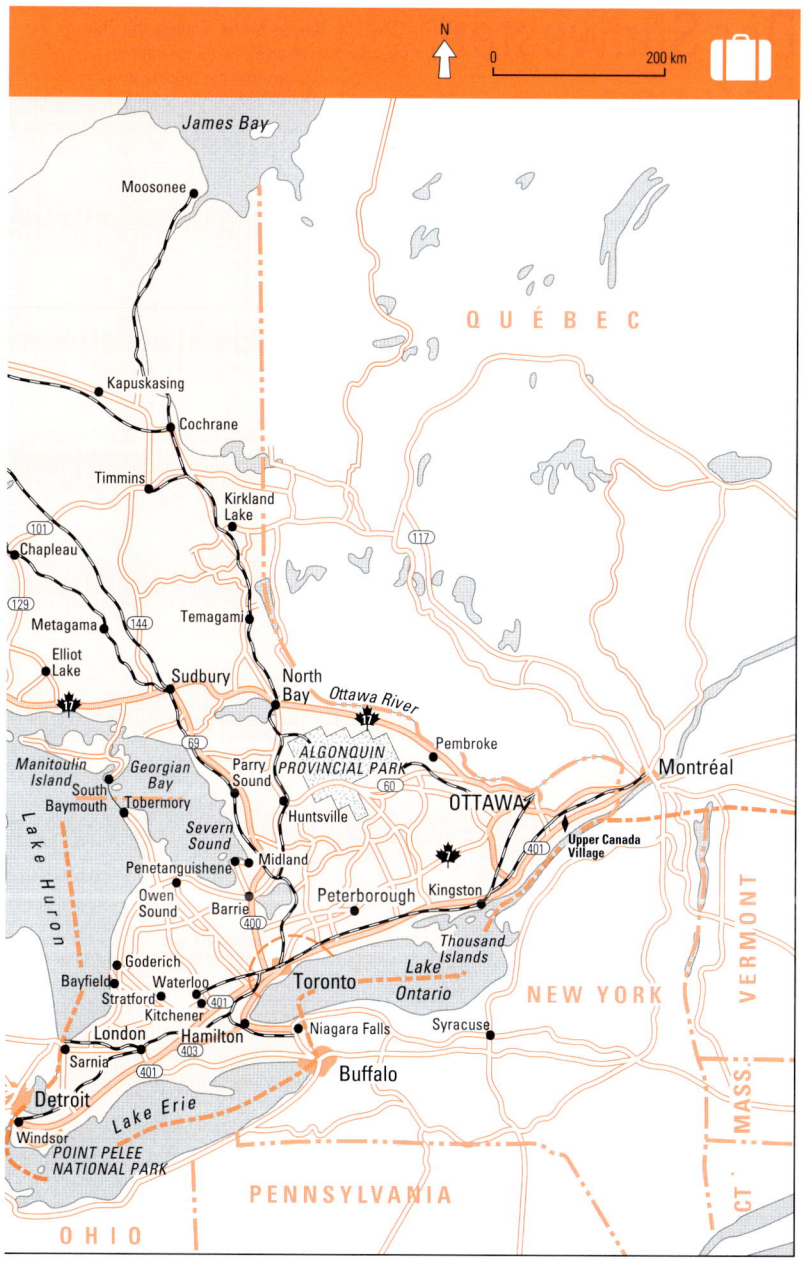

N

0   200 km

James Bay

Moosonee

QUÉBEC

Kapuskasing

Cochrane

Timmins

Kirkland
Lake

[117]

[101]

Chapleau

[129]

Metagama   [144]   Temagami

Elliot
Lake

Sudbury   North
Bay   Ottawa River

[69]   Pembroke

Manitoulin   Georgian   Parry   ALGONQUIN
Island   Bay   Sound   PROVINCIAL PARK   Montréal
South   [60]
Baymouth   Tobermory   OTTAWA

Severn   Huntsville   Upper Canada
Sound   Village   [401]

Penetanguishene   Midland

Owen   Peterborough   Kingston
Sound   Barrie   VERMONT
[400]
Thousand
Goderich   Islands   Lake

Bayfield   Lake   Ontario   NEW YORK
Stratford   Waterloo
[401]   Toronto
London   Kitchener
Hamilton   Niagara Falls   Syracuse   MASS.
Sarnia   [403]
[401]   CT
Buffalo
Detroit   Lake Erie

Windsor
POINT PELEE
NATIONAL PARK   PENNSYLVANIA

OHIO

Lake Huron

Der Südwesten Ontarios

Die Kette der Städte, die sich östlich und westlich von Toronto auf einer Länge von 120 km am Lake Ontario von Oshawa bis Hamilton aneinanderreihen, wird häufig als **Golden Horseshoe** (Goldenes Hufeisen) bezeichnet. Der Name bezieht sich aber nicht etwa auf die Landschaft, sondern lediglich auf den wirtschaftlichen Erfolg und die geografische Form dieser dicht besiedelten und zum Teil hässlichen Region, die das industrielle Herz Ontarios ist. Die größte Sehenswürdigkeit sind die **Royal Botanical Gardens** in der Nähe von Hamilton.

Etwas östlich von Hamilton rauschen die „donnernden Wasser" der mächtigen **Niagarafälle** in die Tiefe. Der angrenzende Ort Niagara Falls hat keinen besonderen Reiz, eine schönere Ausgangsbasis für einen Besuch der Fälle ist das nur ein paar Kilometer flussabwärts gelegene **Niagara-on-the-Lake**.

Ein Großteil des Südwestens Ontarios, westlich vom Golden Horseshoe, ist zutiefst ländlich. Nur hier und da lockert eine Ansammlung verstreuter Bauernhöfe die dünn besiedelte Region mit ihren endlosen Feldern auf. Trotzdem gibt es hier aber auch Städte, allen voran **Stratford** und das quirlige **London** mit seinem hübschen grünen Stadtkern.

Jenseits des Agrargürtels liegen ein paar Sehenswürdigkeiten an den Seen, vom **Point Pelee National Park** am Lake Ontario im Süden bis zu den Kleinstadtreizen von **Goderich** und **Bayfield** im Westen am Ufer des Lake Huron. Weiter im Norden bietet die **Bruce Peninsula** herrliche Uferlandschaften und zwei großartige Nationalparks, in denen es sich wunderbar wandern, klettern und tauchen lässt.

Von der Bruce Peninsula ist es nur eine kurze Fährfahrt hinüber nach Manitoulin Island und dessen vielfältige Landschaften. Ebenfalls nicht weit ist es zum Südufer des Severn Sound, wo versprengte verschlafene Fischerdörfer locken, darunter **Midland** und **Penetanguishene**. Ganz in der Nähe liegt die rekonstruierte Jesuiten-Mission **Sainte-Marie among the Hurons** mit ihrer wehrhaften Palisadenumzäunung.

Über den Großteil der Nordküste des Severn Sound erstreckt sich der zauberhafte **Georgian Bay Islands National Park**, eine wunderschöne Insel- und Wasserwelt aus felsigen, kiefernbewachsenen Inselchen in herrlich blauem Wasser. Der Park und seine Campingplätze sind am besten mit der Fähre vom winzigen Ferienort **Honey Harbour** aus zu erreichen, auch von Penetanguishene und Midland im Süden und dem niedlichen kleinen Hafen **Parry Sound** weiter nördlich werden im Sommer verschiedene Inseltouren angeboten.

Transport im Südwesten Ontarios

Zwischen Toronto und den Niagarafällen bestehen schnelle und relativ häufige **Bus- und Zugverbindungen**. Ähnlich gut sind die Verbindungen zwischen den größeren Städten der Region wie Ottawa, Windsor, London und Kitchener. Bei den kleineren Orten dagegen wird das öffentliche Verkehrsnetz ziemlich löcherig. Nach Penetanguishene und Midland bestehen noch ganz ordentliche Busverbindungen, nicht aber nach Niagara-on-the-Lake. Noch schlimmer: Es fahren keine Busse oder Züge entlang der Ostküste des Lake Huron nach Goderich, Bayfield und weiter nach Norden zur Bruce Peninsula. Auf der Halbinsel selbst gibt es von Tobermory eine **Autofähre** nach South Baymouth auf Manitoulin Island, das auf dem Weg nach Nord-Ontario liegt.

Hamilton

Rund 70 km von Toronto entfernt liegt am westlichen Ende des Lake Ontario die Stadt Hamilton mit rund 500 000 Einwohnern. Ihren Namen verdankt sie George Hamilton: Der Kaufmann und spätere Grundbesitzer zog nach der Zerstörung seines Gehöfts im Britisch-Amerikanischen Krieg von 1812 in die Gegend und machte sich daran, sie zu erschließen. Zu Beginn des 20. Jhs. hatte sich Hamilton zu einem wichtigen Zentrum der Stahlproduktion entwickelt, und heute erzeugen die Stahlwerke der Stadt etwa die Hälfte der kanadischen Gesamtproduktion. Generell allerdings ist die Stadt als Industriestandort auf dem

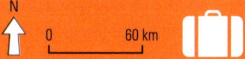

N

0   60 km

Sudbury   North Bay

Little
Current   Killarney
Kagawong
Gore Bay   Sheguiandah
M'Chigeeng   Wikwemikong
                Manitowaning
South   *Georgian
Baymouth   Bay*   **KILLBEAR
                                PROVINCIAL PARK**
                *FATHOM FIVE
                NATIONAL MARINE PARK*   69
                Flowerpot Island   Parry Sound   Huntsville
Tobermory   *Twelve Mile Bay*   11
*BRUCE   Bracebridge
PENINSULA   *GEORGIAN BAY ISLANDS
NATIONAL PARK*   NATIONAL PARK*   400
        *Bruce   Gravenhurst
        Peninsula*   *Severn Sound*   Honey Harbour
Wiarton   Penetanguishene   Port Severn
Hepworth   Midland   Sainte-Marie
                *Nottawasaga
        26   *Bay*   Wasaga   Orillia
Southampton   Owen   Collingwood   Beach   *Lake
        Sound   19   Simcoe*
        21   **Blue   Barrie
                Mountain**
Pointe aux   Kincardine   400
Barques
                        4
                        6   Newmarket
POINT FARMS   9

*Lake
H u r o n*   *Lake
                                                Ontario*
Goderich   Listowel
                86   Elora
MICHIGAN   Clinton   St. Jacobs   **Toronto**
        Bayfield   Waterloo   401
*PINERY   21   Kitchener   Niagara-
PROVINCIAL   4   Stratford   Burlington   on-the-Lake
PARK*   401   **Hamilton**   NIAGARA
                Woodstock   403   **Royal   PARKWAY
Port   7   21   Brantford   Botanical   **Niagara Falls**
Huron   21   7   Gardens
Sarnia   402   Welland   **Buffalo**
Petrolia   21   3
                Delaware   London   Port   Fort
Oil Springs   2   3   Colborne   Erie
**Uncle Tom's   Port Stanley   Port Dover
Cabin**   Dresden
Detroit   *Lake   Chatham   3   *LONG POINT*   Dunkirk
        St. Clair*
        Windsor   401   **NEW YORK**
                Shrewsbury   Erie
Amherstburg   Leamington
Fort   Kingsville   *POINT PELEE
Malden   *NATIONAL PARK*   *Lake E r i e*
Pelee Island   *Pelee
Village   Island*
                Cleveland   USA

                                        **PENN-
O H I O   SYLVANIA**

Algonquin Provincial Park   *Kingston*

absteigenden Ast, seit in letzter Zeit mehrere Großunternehmen abgewandert sind. Hamilton ist als Industriestadt zwar kein Touristenmagnet, besitzt aber ein, zwei lohnende Sehenswürdigkeiten, insbesondere die ausgedehnten Royal Botanical Gardens.

Das Stadtzentrum

Hamilton ist eine Großstadt mit einem verwirrenden Einbahnstraßennetz, aber der Stadtkern ist klein und übersichtlich. Er erstreckt sich parallel zum Seeufer von Ost nach West entlang der King Street West und Main Street West – zwischen Bay Street North und James Street North. Hier, nur einen Block südlich der Main St West, steht **Whitehern**, 41 Jackson St West, 🖥 www.hamilton.ca/cultureandrecration, ein sehr schönes Beispiel frühviktorianischer Architektur mit einem Säulenportikus als Mittelachse und hübsch symmetrisch davon ausgehenden Fensterreihen. Das restaurierte Innere wartet mit einer exzentrischen Mischung verschiedener Stilrichtungen auf, von einer wundervollen Wendeltreppe aus der Mitte des 19. Jhs bis zum etwas vernachlässigten, holzvertäfelten Keller aus den 1930er-Jahren – allesamt das bunt zusammengewürfelte Vermächtnis der Familie McQuesten, die das Haus von 1852 bis in die 1960er-Jahre bewohnte. ☉ Juli–Aug Di–So 11–16, Sep–Juni Di–So 13–16 Uhr, Eintritt $6.

Ganz in der Nähe befindet sich die **Art Gallery of Hamilton**, 🖥 www.artgalleryofhamilton.on.ca. Sie ist in einem gnadenlos modernen Gebäude in der 123 King St West untergebracht und zeigt eine repräsentative Auswahl kanadischer Malerei, darunter einige gute Arbeiten der Group of Seven (s. S. 109). Außerdem sind hier spannende Sonderausstellungen unterschiedlichster Genres zu sehen. ☉ Di und Mi 12–19, Do und Fr 12–21, Sa und So 12–17 Uhr, Eintritt $10.

Dundurn Castle

Von der Art Gallery sind es etwa 20 Minuten Fußweg nordwärts auf der James St North und dann auf dem York Boulevard nach Westen zum Dundurn Castle, 🖥 www.tourismhamilton.com, einer hübschen Villa, die in den 1830er-Jahren für Sir Allan Napier MacNab gebaut wurde, seines Zeichens Soldat, Rechtsanwalt, Grundstücks-

spekulant und einer der führenden konservativen Politiker seiner Zeit. Als Lohn für seine Treue zur britischen Krone während der Upper Canada Rebellion von 1837 wurde er zum Ritter geschlagen. Damals hatte er bewaffnete Indianergruppen angeheuert, um mutmaßliche Rebellen aufzuspüren und ihren Besitz zu plündern. Das sorgsam restaurierte, eindrucksvolle Gebäude ist innen in zwei unterschiedliche Bereiche geteilt: Oben finden sich schöne Einrichtungsgegenstände aus der damaligen Zeit, während das Untergeschoss an einen Kaninchenbau aus schlecht durchlüfteten Zimmern für mehrere Dutzend Bedienstete erinnert. ☉ Ende Juli–Aug tgl. 10–16, Sep–Juni Di–So 12–16 Uhr, Eintritt $10.

Nicht weit davon ist im ehemaligen Pförtnerhäuschen ein kleines **Militärmuseum** untergebracht, das die Bedeutung der Region im Krieg von 1812 und während der irisch-amerikanischen Fenier-Überfälle in den 1860er-Jahren dokumentiert. ☉ Ende Mai–Aug Di–So 11–17, Sep–Ende Mai Di–So 13–17 Uhr, Eintritt $3 bzw. kostenlos mit Eintrittskarte für Dundurn Castle.

Royal Botanical Gardens

Nordwestlich von Dundurn Castle quert der York Boulevard auf dem Weg zur Nachbarstadt Burlington die westlichen Ausläufer des Hafens von Hamilton. Jenseits davon erstrecken sich die rund 12 km² großen **Royal Botanical Gardens**, 680 Plains Rd West, ☎ 905/527-1158, 🖥 www.rbg.ca, in mehreren Abschnitten über ca. 15 km am bewaldeten Seeufer. Ihre Blumenpracht ist einfach umwerfend; zu den Highlights zählen der Hendrie Park Rose Garden (am schönsten von Juni bis Oktober) und der benachbarte Laking Garden mit seinen Schwertlilien und Pfingstrosen (Mai/Juni). Dazwischen ist das Besucherzentrum untergebracht, das einen Laden, ein Café und mehrere Gewächshäuser mit Zierpflanzen, Orchideen und Kakteen beherbergt. Die wilderen Bereiche der botanischen Gärten befinden sich am westlichen Ende, darunter das 800 ha große Naturschutzgebiet Cootes Paradise mit einem Netz von Wanderwegen.

Die meisten Busse von Hamilton nach Burlington halten am RBG Visitor Centre. Von hier steuert ein kostenloser Shuttlebus von Mai bis August alle 45 Minuten die wichtigsten Bereiche der botanischen Gärten an. In den übrigen Monaten sind sie nur mit eigenem Fahrzeug zu erreichen. ⊙ tgl. 10 Uhr bis Einbruch der Dunkelheit, Eintritt $10.

Die Sehenswürdigkeiten von Hamilton lassen sich eigentlich an einem Tag besuchen. Aber wer über Nacht bleiben möchte, braucht sich keine Sorgen zu machen: Es herrscht kein Mangel an Gästebetten. Die meisten größeren Hotelketten haben hier Ableger mit Doppelzimmern ab etwa $100.

Sheraton Hamilton, 116 King St West, ✆ 905/529-5515, 🖥 www.starwoodhotels.com. Zentral gelegen und eines der komfortabelsten Hotels am Platz. ❻

Die **Touristeninformation**, 34 James St South, zwischen Main und King St, ✆ 905/546-2666 oder 1-800/263-8590, 🖥 www.tourismhamilton.com, hat Unterkunftsverzeichnisse und Restaurantlisten. ⊙ Mo–Fr 8.30–16.30 Uhr.

GO Centre, 36 Hunter St East, Ecke James St South, zwei Blocks südlich der Main Street im Zentrum. Das Centre ist das Drehkreuz für Nah- und Fernbusse sowie Züge.

2 | HIGHLIGHT

Niagara Falls und Niagara River

1860 beobachteten mehrere Tausend Schaulustige, wie **Charles Blondin** auf einem dünnen Drahtseil zum dritten Mal die **Niagarafälle** überquerte. Exakt auf halber Strecke briet er sich auf einem tragbaren Grill ein Omelett und ließ sich von einem Scharfschützen, der 50 m unter ihm auf dem Boot „Maid of the Mist" postiert war, ein Loch durch seinen Hut schießen. Nach Blondin haben unzählige Verrückte und Ruhmsüchtige die Niagarafälle mit jedem nur erdenk-

lichen Transportmittel bezwungen und damit den Beweis geliefert, dass die Fälle als dramatische Kulisse einfach nicht zu überbieten sind. Der überwältigende erste Eindruck hält jedoch nicht lange vor, und damit 13 Mio. Besucher im Jahr nicht die Langeweile überfällt, wenn sie eine Ladung Wasser über einen Abhang 52 m in die Tiefe rauschen sehen, haben die Verantwortlichen dafür Sorge getragen, dass die Fälle aus allen erdenklichen Winkeln betrachtet werden können – von Booten, Aussichtstürmen, Hubschraubern, Seilbahnen und sogar Tunneln in der Felswand hinter dem herabstürzenden Wasservorhang. Die **Tunnel** und die **Boote** sind am aufregendsten. Der Eingang zu den Felsdurchgängen befindet sich direkt neben den Fällen, während das Boot am Fuß der rauschenden Wassermassen ablegt, rund 1 km flussabwärts am Ende der Straße Clifton Hill. Beides vermittelt einen Eindruck von der ungeheuren Kraft des Wasserfalls – ein immerwährendes, weiß aufschäumendes, donnerndes Getöse, bei dessen Anblick Gustav Mahler ausgerufen haben soll: „Endlich fortissimo!"

Sowohl der Niagara Parkway als auch der Niagara River Recreation Trail (S. 140), ein Jogging- und Radweg, folgen dem Ufer des Niagara River von Fort Erie, 32 km flussaufwärts, bis nach Niagara-on-the-Lake.

Die Wasserfälle

Auch wer alle Ansichtskarten und sämtliche Filme gesehen hat, ist doch nichts mit dem wahren Anblick der Wasserfälle zu vergleichen: ein geradezu beängstigender weißer Schaumbogen, eingehüllt in dichte Gischtwolken, während die Ausflugsboote, die sich am Fuß der Fälle gegen die Naturgewalten stemmen, wie bloße Nussschalen im tosenden Hexenkessel wirken.

Eigentlich handelt es sich um zwei Wasserfälle, da das winzige **Goat Island** die rauschenden Fluten in zwei Kanäle teilt: Auf der anderen Seite, jenseits der Grenze, stürzt der Niagara River über den Abgrund der **American Falls**, die mit ihren 320 m nur halb so breit sind wie die **Horseshoe Falls** auf der kanadischen Seite. Noch spektakulärer ist das Schauspiel im Winter, wenn zu bizarren Eisfetzen gefrorene Gischt und aufgetürmte Eisblöcke die Fälle umrahmen.

All dies mutet wie ungezähmte Natur an, doch der Schein trügt. Seit Beginn des 20. Jhs. wurde die Wassermenge durch mehrere Wasserkraftwerke erheblich verringert. Was vom Fluss übrig blieb, wurde dann mit allerlei Tricks möglichst gleichmäßig über die Absturzkante verteilt. So wurde der Erosionsprozess, der die Fälle innerhalb von 12 000 Jahren rund 11 km flussaufwärts verschoben hat, von 1 m pro Jahr auf bloße 30 cm ausgebremst. Das erfreut die Tourismusbranche, aber die Umweltfolgen bleiben abzuwarten. Zumindest aber wacht auf der kanadischen Seite die Niagara Parks Commission, 🖥 www.niagaraparks.com, darüber, dass den makellos gepflegten, baumgesäumten Gärten und Parks am Wasserfall und in der Umgebung kein Grashalm gekrümmt wird.

Table Rock House

Beim Table Rock House gibt es in halsbrecherischer Nähe zur Kante der Horseshoe Falls eine kostenlos zugängliche **Aussichtsplattform**. Von hier aus sind an den Felsen mitten im Fluss auch die rostigen Überbleibsel der *Old Scow* zu sehen. 1918 wurde der Lastkahn über den Niagara River geschleppt, als plötzlich die Leinen rissen und die Old Scow mit zwei Mann Besatzung auf die Fälle zutrieb. Die Gebete der Beteiligten müssen erhört worden sein, denn nur 750 m vor der Abbruchkante wurde der Kahn von den Felsen aufgehalten und hat sich seitdem nicht vom Fleck gerührt.

Im Table Rock House fahren Aufzüge zum Fuß der Felswand. Dort führen die Tunnel der **Journey Behind the Falls** zu fantastischen Aussichtspunkten direkt hinter dem Wasserfall. ⏰ tgl. 9 Uhr bis Sonnenuntergang, manchmal länger, Eintritt $12,50, Kinder von 6 bis 12 Jahren $7,50. Die andere Besucherattraktion des Table Rock ist vielleicht nicht ganz so überwältigend: **Niagara's Fury**, eine sogenannte „4-D-Erfahrung", versucht die Entstehung der Niagarafälle in Szene zu setzen ⏰ tgl. 9 Uhr bis Sonnenuntergang, manchmal länger, Eintritt $15, Kinder von 6 bis 12 Jahren $9.

Hinter dem Table Rock House geht es auf einer Fußgängerbrücke zur Minieisenbahn **Incline Railway** ($2), die den Berg hoch bis zu den Felstürmen des Fallsview Boulevard tuckert.

Hier oben im **Konica Minolta Tower**, 🖥 www.niagaratower.com, mit eigener Aussichtsplattform, hat sich das Ramada Plaza Hotel einquartiert. ⏰ Turm: Juni–Sep tgl. 9–23, Okt–Mai tgl. 9–22 Uhr, Eintritt $5, Kinder von 6 bis 12 Jahren $2,50.

Maid of the Mist-Boote und Clifton Hill

Vom Table Rock House führt ein breiter Weg das steile Flussufer entlang nach Norden, mit den manikürten Rasenflächen des **Queen Victoria Park** zur Linken und der Aussicht auf die amerikanischen Fälle zur Rechten. Am Ende des Parks stößt man auf die Straße Clifton Hill, die das Flussufer mit dem Ort Niagara Falls verbindet. Vom Anleger unterhalb Clifton Hill legen die **„Maid of the Mist"-Boote** ab, die sich ganz dicht an die Fälle heranwagen. Diese aufregende und extrem nasse Erfahrung sollte man sich keinesfalls entgehen lassen; tgl. April–Ende Juni 9.45–17.45, Ende Juni–Anfang Sep 9–19, Anfang Sep–Ende Okt 9.45–16.45, in der Hochsaison alle 15 Min., sonst alle 30 Min., $14, Regenmantel inbegriffen.

Clifton Hill selbst ist eine unglaublich kitschige Aneinanderreihung von Fastfood-Lokalen und absonderlichen Attraktionen – vom eher harmlosen House of Frankenstein bis zum absolut überflüssigen Ripley's Believe It or Not!. Nicht weit davon entfernt befindet sich abseits der Victoria Avenue in Nähe der Rainbow Bridge eines der beiden rund um die Uhr geöffneten **Spielkasinos** der Stadt, ein aufdringlich modernes Bauwerk, in dem College-Studenten zusehen können, wie ihre Eltern ihr Erbe verschleudern; das andere steht am Fallsview Boulevard. Wer dem ganzen Kommerzrummel entgehen will, bleibt besser am hübschen **Flussufer**. Weiter flussabwärts warten noch mehr Sehenswürdigkeiten: Die erste davon ist der White Water Walk, 3 km entfernt (S. 142).

Von den Fällen nach Norden

Der **Niagara River Recreation Trail** ist ein Rad- und Wanderweg am Niagara River vom Lake Erie bis zum Lake Ontario. Auf dem größten Teil der 58 km langen Strecke verläuft er parallel zur Hauptstraße, dem landschaftlich schönen **Niagara Parkway**. Von Clifton Hill (S. 140) sind

NIAGARA FALLS

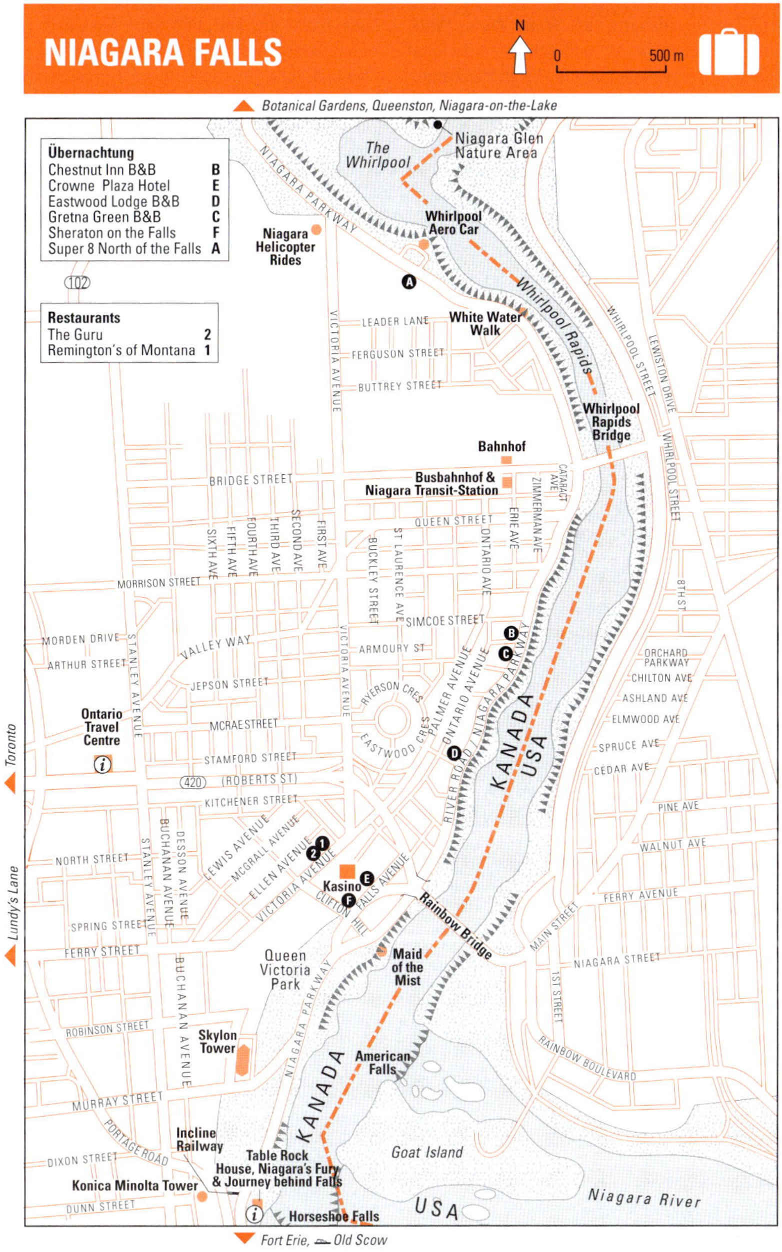

N ↑ 0   500 m

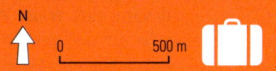

Botanical Gardens, Queenston, Niagara-on-the-Lake

Übernachtung
Chestnut Inn B&B **B**
Crowne Plaza Hotel **E**
Eastwood Lodge B&B **D**
Gretna Green B&B **C**
Sheraton on the Falls **F**
Super 8 North of the Falls **A**

102

Restaurants
The Guru **2**
Remington's of Montana **1**

Ontario

The Whirlpool

Niagara Glen Nature Area

Whirlpool Aero Car

Niagara Helicopter Rides

A

White Water Walk

LEADER LANE

FERGUSON STREET

BUTTREY STREET

NIAGARA PARKWAY

VICTORIA AVENUE

Whirlpool / Rapids

WHIRLPOOL STREET

LEWISTON DRIVE

Whirlpool Rapids Bridge

WHIRLPOOL STREET

8TH ST.

Bahnhof

Busbahnhof & Niagara Transit-Station

BRIDGE STREET

SECOND AVE.
FIRST AVE.
THIRD AVE.
FOURTH AVE.
FIFTH AVE.
SIXTH AVE.

MORRISON STREET

QUEEN STREET

SIMCOE STREET

ARMOURY ST.

ST. LAURENCE AVE.
BUCKLEY STREET

ERIE AVE.
ONTARIO AVE.
ZIMMERMAN AVE.
CATARACT AVE.

B
C

MORDEN DRIVE
ARTHUR STREET

STANLEY AVENUE

VALLEY WAY

JEPSON STREET

MCRAE STREET

RYERSON CRES.

EASTWOOD

PALMER AVENUE
ONTARIO AVENUE
RIVER ROAD
NIAGARA PARKWAY

KANADA
USA

D

ORCHARD PARKWAY
CHILTON AVE.
ASHLAND AVE.
ELMWOOD AVE.
SPRUCE AVE.
CEDAR AVE.

Ontario Travel Centre
ⓘ

STAMFORD STREET

(420) (ROBERTS ST.)

KITCHENER STREET

PINE AVE.

WALNUT AVE.

NORTH STREET

STANLEY AVENUE
BUCHANAN AVENUE
DESSON AVENUE
LEWIS AVENUE
MCGRAIL AVENUE
ELLEN AVENUE
VICTORIA AVENUE

CLIFTON HILL
FALLS AVENUE

1
2

E

Kasino
F

FERRY AVENUE

NIAGARA STREET

MAIN STREET

SPRING STREET

FERRY STREET

ROBINSON STREET

BUCHANAN AVENUE

Queen Victoria Park

NIAGARA PARKWAY

Rainbow Bridge

Maid of the Mist

1ST STREET

RAINBOW BOULEVARD

Skylon Tower

MURRAY STREET

PORTAGE ROAD

American Falls

KANADA

DIXON STREET

Incline Railway

DUNN STREET

Konica Minolta Tower

ⓘ

Table Rock House, Niagara's Fury & Journey behind Falls

Horseshoe Falls

Goat Island

USA

Niagara River

Fort Erie, ⟵ Old Scow

Toronto

Lundy's Lane

es 3 km flussabwärts zum **White Water Walk**. Hier führen ein Aufzug und ein Tunnel zu einer Holzsteg-Promenade über den Whirlpool Rapids, wo der Fluss brausend und brodelnd nach Osten abknickt. ☉ tgl. April–Mitte Mai 9–16.30, Mitte Mai–Mitte Juni 9–18, Mitte Juni–Anfang Sep 9–19, Anfang Sep–Ende Nov 9–17 Uhr, Eintritt $9.

Von hier ist es noch 1 km bis zum leuchtend bunten **Whirlpool Aero Car**: Auf einer solchen Seilbahnfahrt über die Schlucht lässt sich Blondins Drahtseilakt erst richtig nachempfinden. ☉ tgl. Anfang März–Ende Juni 9–16.45, Ende Juni–Anfang Sep 9–19.45, Anfang Sep–Mitte Nov 9–16.45, $11,50, Kinder von 6 bis 12 Jahren $6,80. Weitere 500 m nördlich bietet **Niagara Helicopter Rides**, 3731 Victoria Ave, ✆ 905/357-5672, 🖥 www.niagarahelicopters.com, atemberaubende zwölfminütige Rundflüge über die Fälle für $120 p. P.; wer mit einer Gruppe unterwegs ist, kommt u. U. billiger weg. Vorausbuchung ist nicht erforderlich.

Niagara Glen und Butterfly Conservatory

Ein Stückchen weiter erreicht man nach 2,5 km die **Niagara Glen Nature Area**, wo mehrere Wege zum Grund der Schlucht hinabführen. Der Marsch hinunter ist recht anstrengend, vor allem in der schwülen Sommerhitze, lohnt aber allemal, denn hier bekommt man zumindest einen Eindruck davon, wie die Region vor Ausbruch des Touristenrummels ausgesehen haben muss. ☉ tgl. von Sonnenaufgang bis Einbruch der Dunkelheit, Eintritt frei.

Etwa 800 m weiter nördlich erstreckt sich der ganze Stolz der Niagara Parks Commission, die **Niagara Parks Botanical Gardens**, ☉ tgl. von Sonnenaufgang bis Einbruch der Dunkelheit, Eintritt frei. Die verschiedenen Gärten umgeben das riesige, klimatisierte **Butterfly Conservatory**, ein Schmetterlingshaus mit über 2000 exotischen Faltern in tropischer Regenwaldumgebung. ☉ tgl. Anfang März–Mitte Juni 9–18, Mitte Juni–Anfang Sep 9–21, Anfang Sep–Anfang Okt 9–18, Anfang Okt–Anfang März 9–17 Uhr, Eintritt $11,50.

Queenston Heights Park

Rund 3 km weiter Richtung Norden markiert der **Queenston Heights Park** den Ursprungsort der Fälle, bevor das Flussbett beim Ausgleich des Höhenunterschieds von 100 m zwischen Lake Erie und Lake Ontario durch die Erosionskraft des Wassers an seinen jetzigen Punkt 12 km weiter flussaufwärts verschoben wurde. In dem üppig grünen Park steht ein wuchtiges Denkmal für Sir Isaac Brock, einen aus Guernsey stammenden General, der hier im Britisch-Amerikanischen Krieg von 1812 fiel, als er einen Angriff auf die amerikanischen Invasionstruppen anführte.

Queenston

Am Park beginnt der Niagara Parkway seinen kurvenreichen Abstieg zum kleinen Ort **Queenston**. Es verlor seine Bedeutung als Verkehrsknotenpunkt, als 1829 der ein paar Kilometer westlich des Flusses zwischen Lake Erie und Lake Ontario verlaufende Welland Canal zur Umgehung der Fälle fertiggestellt wurde. Im Ort selbst steht an der Kreuzung von Partition Street und Queenston Street das **Laura Secord Homestead**, eine Rekonstruktion des stattlichen Holzhauses der aus Massachusetts (USA) stammenden Laura Ingersoll Secord. Sie bewies ihre Treue zum britischen Empire im Krieg von 1812, als sie von hier 30 km weit durch die Wälder lief, um die britischen Truppen vor einem geplanten Überraschungsangriff der Amerikaner zu warnen. Führungen durch das elegante, historisch eingerichtete Haus geben einen interessanten Einblick in Secords Leben und Zeit. ☉ Anfang Mai–Juni Mo–Fr 9.30–13.30, Sa und So 11–17, Juli–Anfang Sep tgl. 11–17 Uhr, bis Ende Sep nur Mi–So 12–16 Uhr, Eintritt $5.

Von Queenston sind es noch rund 11 km bis Niagara-on-the-Lake (S. 145).

Von den Fällen nach Süden bis Fort Erie

Flussaufwärts der Fälle, hinter der *Old Scow* (S. 140) verlaufen sowohl der **Niagara Parkway** als auch der **Niagara River Recreation Trail** dicht am Fluss und bieten hübsche Ausblicke auf das Gebiet der Vereinigten Staaten. Alles in allem ist dieser Abschnitt des Niagara allerdings wesentlich weniger reizvoll als der nördlich der Fälle – besonders jenseits des trostlosen **Chippawa**, wo die Insel America's Grand Island den Fluss in zwei träge Kanäle teilt. Weiter flussaufwärts, knapp 26 km von den Fällen entfernt, endet der Niagara Parkway in Fort Erie, einer kleinen Industriestadt und auch Endpunkt des Queen Elizabeth Way, der Toronto mit Buffalo im US-Bundesstaat New York verbindet.

Die einzige nennenswerte Sehenswürdigkeit hier ist **Old Fort Erie**, 🖵 www.niagaraparks.com, das nur 2 km südlich der Stadt mit Blick auf den Lake Erie an der Mündung des Niagara River liegt. Das ursprüngliche Fort war 1814 von den Amerikanern zerstört worden, wurde aber in den 1930er-Jahren als Arbeitsbeschaffungs-maßnahme während der Weltwirtschaftskrise mit größter Sorgfalt wiederaufgebaut. Der Auf-bau ähnelt dem von Fort George (S. 147): ein tro-ckener Graben, Schutzwälle aus Erde und Stein und vorstehende Bollwerke umgeben einen zentralen Komplex, wobei in diesem Fall das aus einer riesigen, mit Eisenbeschlägen verstärkten Doppeltür bestehende Außentor wesentlich im-posanter daherkommt. Der Komplex innerhalb des Schutzwalls umfasst die übliche Anordnung militärischer Gebäude, darunter Offiziersquar-tiere, Kasernen und ein Pulvermagazin. Ein be-scheidenes Museum beleuchtet die Geschichte der Festung. ☉ tgl. Anfang Mai–Juni 10–17, Juli und Aug tgl. 10–18, Sep–Anfang Okt Mi–So 11–16 Uhr, Eintritt $9,25, Kinder von 6 bis 12 Jah-ren $5,15.

Übernachtung

Fahrkarten zu Sonderpreisen machen den Besuch der Fälle als Tagesausflug schmackhaft. Wer aber doch hier übernachten möchte, findet im gemütlichen **Niagara-on-the-Lake**, 26 km flussabwärts am Lake Ontario, eine wesentlich nettere Alternative zum gnadenlos touristischen Ort **Niagara Falls**.

In der Hochsaison wird es in Niagra-on-the-Lake aber sehr voll, dann sollte man mindestens zwei, drei Tage vor der Ankunft ein Zimmer reservieren.

Niagara Falls trägt den Beinamen „Flitter-wochenhauptstadt der Welt", und so bieten zahlreiche **Motels** und **Hotels** der Stadt einen wundersamen Mix aus billigen, einfachen Zimmern und knallig-grellen Suiten mit herzförmigen Badewannen, Wasserbetten usw. Im Sommer sind die Hotel- und Motel-

betten schnell ausgebucht, sodass man reservieren sollte. Außerhalb der Saison liegt das Angebot über der Nachfrage, und man kann mit etwas Verhandlungsgeschick durchaus einen günstigeren Preis herausholen.

Die preiswerteren Unterkünfte liegen entweder an der **Lundy's Lane**, einer trostlosen Motel-meile, die sich über mehrere Kilometer westlich der Fälle hinzieht, oder im heruntergekommen **Stadtzentrum** in der Nähe von Bus- und Zug-bahnhof. Es ist ratsam, etwas mehr auszugeben und entweder in der Gegend um **Clifton Hill** nächtigen oder an der grünen **River Road**, die am Ende von Clifton Hill flussabwärts verläuft und einige gute B&Bs hat. Wer ein Zimmer mit gutem Blick auf die Niagarafälle wünscht, muss mit gepfefferten Preisen rechnen. Die teuren Hotels an der Falls Avenue, einer Querstraße von Clifton Hill, und am Fallsview Boulevard, auf dem Felsrücken gleich oberhalb der Fälle, bieten die schönsten Ausblicke, doch sollte das Zimmer vorher in Augenschein genommen werden, denn die Beschreibungen sind oft mit Vorsicht zu genießen. Einige Zimmer werden mit Aussicht auf die Fälle angepriesen, erfordern dann aber schon sportliche Höchstleistungen, um einen Blick zu erhaschen.

Hotels

Crowne Plaza Hotel, 5685 Falls Ave, ✆ 905/374-4447 oder 1-800/263-7135, 🖵 www.niagarafallscrowneplazahotel.com. Eines der älteren und schönsten Hotels in Niagara Falls in einem gepflegten Hochhaus mit Art-déco-Schnörkeln nahe Clifton Hill. Die oberen Stockwerke mit den teureren Zimmern haben hervorragenden Blick auf die amerikanischen Fälle. Marilyn Monroe wohnte hier während der Dreharbeiten zu *Niagara* in Zimmer Nr. 801. ❼

Super 8, 4009 River Rd, ✆ 905/356-0131, 🖳 www.super8.com, nördlich der Wasserfälle. Nicht weiter aufregendes Motel in attraktiver Lage neben einem Park in der Nähe des Aero Car (S. 142), rund 1,5 km von den Niagarafällen. Radverleih, kostenlose Parkplätze und Gratis-Shuttleservice nach Clifton Hill. Bei starker Nachfrage steigen die Preise bis aufs Doppelte an, aber so viel sind die Zimmer nicht wert. ❺ – ❻

B&Bs

Chestnut Inn B&B, 4983 River Rd, ✆ 905/374-7623, 🖳 www.chestnutinnbb.com. Großes, im 19. Jh. erbautes Haus, eine kurze Autofahrt von Clifton Hill entfernt. Die 4 Zimmer mit Bad sind liebevoll im Stil der damaligen Zeit eingerichtet. Wenn erforderlich, helfen die Eigentümer beim Transport zum Bahnhof und Busbahnhof. ❻

Eastwood Lodge B&B, 5359 River Rd, ✆ 905/354-8686, 🖳 www.theeastwood.com. 5 geräumige Zimmer mit Klimaanlage und Bad in einer alten Villa mit breiten Balkonen und schönem Garten. ❻

Gretna Green B&B, 5077 River Rd, ✆ 905/357-2081 oder 1-888/504-3565, 🖳 www.gretnagreenniagara.com. Angenehmes B&B in einem gepflegten älteren Gebäude mit 4 in kräftigen Pastelltönen gehaltenen Gäste-zimmern. ❻

Essen

Clifton Hill und Umgebung ist voll von billigen Ketten-Restaurants und Fastfood-Läden. Wer ein Lokal mit mehr Charakter sucht, muss schon etwas weiter schweifen – zur **Victoria Avenue** weiter nördlich, doch selbst hier ist die Auswahl nicht übergroß.

The Guru, 5705 Victoria Ave, ✆ 905/354-3444. Das bescheidene kleine Lokal hat leckeres indisches Essen zu zivilen Preisen. Hier finden auch Vegetarier ein großes Angebot. Haupt-gerichte kosten um $13. ⏲ tgl. 12–23 Uhr.

Remington's of Montana, 5657 Victoria Ave, ✆ 905/356-4410. Die Spezialität dieses nett eingerichteten Restaurants – gedämpfte Beleuchtung, Holzvertäfelung und ein Hauch von Wildwest – sind saftige, exzellent zubereitete Steaks ab $24. ⏲ tgl. 16–23 Uhr.

Informationen

Die recht sporadisch auf der Bildfläche erscheinenden, privaten Touristenbüros sind nicht zu empfehlen; bessere Dienste leistet das **Niagara Parks Information Centre**, 🖳 www.niagaraparks.com, im Table-Rock-Komplex neben den Wasserfällen. Hier und in den anderen drei Welcome Centres in der Nähe gibt es auch den **Niagara Falls & Great Gorge Adventure Pass**. Das ist ein Kombiticket für vier Hauptattraktionen – Journey Behind the Falls, Niagara's Fury, Maid of the Mist und White Water Walk – und gleichzeitig eine ganztägig gültige Karte für die Beförderung mit den Peoplemover-Bussen, die auf dem Niagara Parkway verkehren. Der Pass gilt nur von Mitte April bis Ende Oktober und kostet für Ewachsene $40, für Kinder von 6 bis 12 Jahren $28. Er wird auch bei jeder der vier Attraktionen verkauft. Ebenfalls eine gute Anlaufstelle ist das **Ontario Travel Information Centre,** an der Kreuzung von Hwy 420, der Hauptverbindungsstraße vom QEW-Highway zu den Fällen, und Stanley Avenue. Es hat eine große Auswahl an Gratis-literatur zu Ontario und den Niagarafällen. ⏲ tgl. 8.30–16.30, Mitte Juni–Aug 8–20 Uhr.

Nahverkehr

Niagara Transit, neben dem Busbahnhof, ✆ 905/356-1179, 🖳 www.niagarafalls.ca, betreibt einige Buslinien in Niagara Falls und Umgebung. Besonders nützlich ist der **Falls Shuttle**, der quer durch die Stadt fährt und auch am unteren Clifton-Hill-Ende nahe den Wasserfällen hält; Mitte Mai–Anfang Okt alle 30–60 Min., einfache Fahrt $3,50. Bei Clifton Hill bietet der Shuttle Anschluss an das **Peoplemover System** der Niagara Parks; die Busse verkehren auf einer Strecke von 30 km zwischen Queenston Heights Park im Norden, auf etwas mehr als halber Strecke nach Niagara-on-the-Lake, und dem Parkplatz Rapids View unmittelbar südlich der Fälle und halten unterwegs an allen größeren Attraktionen. Anfang April–Anfang Mai und

Mitte Okt–Ende Okt tgl. 10–17, Anfang Mai–
Mitte Mai Mo–Fr 10–17, Sa und So 10–18,
Mitte Mai–Mitte Juni Mo–Fr 10–18, Sa und So
10–19 Uhr, 3. Woche im Juni Mo–Fr 9–18,
Sa und So 9–19; Ende Juni–Anfang Sep tgl.
9–23, Anfang Sep–Anfang Okt Mo–Fr 10–17,
Sa und So 10–18 Uhr, alle 20 Min., Tageskarte
$7,50, für 6- bis 12-Jährige $4,50.

5-0 Transportation, ✆ 905/358-3232 oder
1-800/667-0256, 🖥 www.5-0taxi.com, betreibt
Minibusse zwischen Niagara Falls und Niagara-
on-the-Lake. Sie verkehren tgl. 2–3x in jede
Richtung, einfache Fahrt $10, hin und zurück $20.
In Richtung Süden verkehren über den Park-
platz Rapids View hinaus keine öffentlichen
Transportmittel.

Transport

Auto

Mit dem Auto reicht ein Tag, um die Fälle zu
besichtigen und noch eine Stippvisite in
Niagara-on-the-Lake einzuschieben. Vor allem
im Sommer kann die Parkplatzsuche allerdings
zum Albtraum werden; bis 9.30 Uhr gibt es auf
dem Parkplatz neben dem Table Rock House,
gleich bei den Wasserfällen, meist noch ein
paar Lücken, danach bilden sich lange Warteschlangen.

Busse und Eisenbahn

Der **Busbahnhof**, Bridge St, Ecke Erie Ave,
befindet sich 3 km nördlich der Wasserfälle
in zentraler Lage gleich gegenüber vom
VIA-Bahnhof. **Coach Canada**, ✆ 1-800/461-7661,
🖥 www.coachcanada.com, bietet schnelle und
häufig verkehrende Busverbindungen von
TORONTO und BUFFALO zum Busbahnhof von
Niagara Falls.

Vorsicht: Grenzfalle

Die Überquerung der Landesgrenze zu den
USA kann zur nervenraubenden Angelegenheit
werden. Zu Fuß sind es nur wenige Minuten
über die Rainbow Bridge in die USA, der Rückweg aber kann Stunden dauern, je nachdem
wie sich die kontrollierenden Grenzbeamten
gebärden. Reisepass nicht vergessen!

Zum **VIA-Bahnhof**, Bridge St, Ecke Erie Ave,
✆ 1-888/842-7245, 🖥 www.viarail.ca, verkehrt
2x tgl. ein Zug aus TORONTO.
Die Fahrtzeit von Toronto beträgt mit Bus und
Bahn ungefähr 2 Std., wobei die Zugstrecke
schöner ist, allerdings ist bei der Rückfahrt mit
dem Abendzug (der meist aus New York kommt)
mit lästigen Verspätungen zu rechnen.

Niagara-on-the-Lake

Niagara-on-the-Lake, 26 km flussabwärts von
den Fällen, ist mit seinen Alleen voller eleganter
Schindelhäuser und üppig grüner Gärten eine
der hübschesten Kleinstädte von Ontario. Die
Stadt stammt zum großen Teil aus dem frühen
19. Jh. Sie hieß ursprünglich Newark und wurde
1792 zur ersten Hauptstadt von Upper Canada
ernannt. Nur vier Jahre später verlor sie den
Titel aber an York (das heutige Toronto), weil sie
einfach zu nah und ungeschützt an der Grenze zu den Vereinigten Staaten lag. Tatsächlich
überquerte die US-Armee 1813 den Fluss und
zerstörte die Stadt, die aber flugs wieder aufgebaut und in Niagara-on-the-Lake umgetauft wurde. Seitdem hat sich die Stadt bis auf ein paar
kleine, einfühlsame Eingriffe kaum verändert.
Einzige Ausnahme ist ein Abschnitt der Melville Street knapp außerhalb des Zentrums, wo
eine Reihe von Neubauten und ein Jachthafen
nicht gerade zu einer Verschönerung geführt
haben.

Niagara-on-the-Lake lockt mehr Tagesausflügler an, als es verkraften kann, doch die Menschenmassen bevölkern mit Vorliebe die Sou-
venir- und Krimskramsläden in der Hauptstraße
und verlieren sich gegen 17, 18 Uhr. Die Stadt
ist zudem Schauplatz eines der berühmtesten
Theaterfestivals von Kanada: Von April bis Ende
Oktober findet hier das **Shaw Festival** zu Ehren
von George Bernard Shaw mit zahlreichen Aufführungen seiner Werke statt. Rund um die Stadt
liegen diverse **Weingüter**, von denen viele auch
Führungen anbieten (s. Kasten S. 148).
Der Reiz von Niagara-on-the-Lake liegt eher
in seiner Gesamtatmosphäre als in bestimmten
Sehenswürdigkeiten, auch wenn es in der kurzen Hauptstraße Queen Street einen hübschen

Das Shaw Festival

Das Shaw Festival ist das einzige Theaterfestival, das sich ausschließlich den Werken von **George Bernard Shaw** und seinen Zeitgenossen widmet – und es kann aus einem reichen Vorrat schöpfen. Die Vorstellungen finden in **drei Theatern** statt. Das größte davon ist das Festival Theatre, ein moderner Bau mit 850 Sitzplätzen, 10 Queen's Parade. Die anderen beiden – das Court House, 26 Queen St, ein Gemäuer aus dem 19. Jh. und das Royal George, 85 Queen St, mit prunkvollem edwardianischem Interieur – fassen jeweils rund 320 Zuschauer. **Karten** für die besten Plätze bei den besonders begehrten Vorstellungen an Wochenenden kosten bis zu $110, die meisten Plätze gibt es aber für $50–70. Der Kartenverkauf für alle drei Theater ist unter ✆ 1-800/511-7429 zu erreichen; die Karten können auch online unter 🖥 www.shawfest.com reserviert werden. Das Festival geht von April bis Ende Oktober.

Uhrturm und das alte Court House gibt. Letzteres ist ein ansehnliches, neugotisches Steingebäude von 1847.

Ganz in der Nähe befindet sich auch die **Apothecary**, eine Apotheke von 1869, die heute ein Museum ist. Hier lohnt sich ein Blick auf die mit schönen Schnitzarbeiten verzierten Nussbaum-

und Butternussschränke, die Gaskronleuchter aus Kristallglas und die Porzellankrüge. ☉ Mitte Mai–Aug tgl. 12–18, Sep–Mitte Okt Sa und So 12–18 Uhr, Eintritt frei.

Von der Queen Street sind es zu Fuß fünf bis zehn Minuten zum schönsten Gebäude der Stadt, der Kirche **St. Andrews**, Simcoe St, Ecke Gage St, einem herrlichen Beispiel des griechisch inspirierten Klassizismus aus den 1830er-Jahren mit einem sehr schön proportionierten Säulenvorbau draußen sowie einer original erhaltenen Kanzel und Kastenbänken innen.

Nicht weit davon liegt das **Niagara Historical Museum**, 43 Castlereagh St, Ecke Davy St, 🖥 www.niagarahistorical.museum. Es ist eines der sehenswerteren regionalen Museen der Provinz und zeigt spannende Wechselausstellungen. Zu den Highlights der Dauerausstellung zählen verschiedenste militärische Gegenstände und eine interessante Sammlung historischer Fotos. ☉ tgl. Mai–Okt 10–17, Nov–April 13–17 Uhr, Eintritt $5.

Interessant ist auch der kleine umzäunte Friedhof am östlichen Ende des **Simcoe Parks**, Wellington St, Ecke Byron St, auf dem 25 polnische Soldaten begraben liegen, die hier der großen Grippeepidemie von 1918/19 zum Opfer fielen (s. Kasten). Nordöstlich davon, dort wo Simcoe und Front Street aufeinandertreffen, beginnt ein Spazierweg, der über den Golfplatz zu den Überresten des Fort Mississauga am Ufer

Polnische Soldaten

Gegen Ende des Ersten Weltkriegs traten in den USA über 20 000 Polen in die Armee ein und bildeten eine polnische Brigade. Es war eine heikle Situation, denn einerseits brauchten die Alliierten die Soldaten, andererseits strebten die Polen die Unabhängigkeit Polens an, das damals von Russland beherrscht wurde. Russland wiederum war zu der Zeit mit den USA verbündet. Letzlich trieben die Differenzen mit der US-Regierung die Polen über die Grenze nach Niagara-on-the-Lake, wo sie ein Basislager einrichteten.

Die polnischen Soldaten wurden von Frankreich bezahlt und ausgerüstet, von kanadischen Offizieren ausgebildet und dann schubweise

an die europäische Westfront verschifft, wo sie ihre Hoffnungen auf ein unabhängiges Polen erst mal zurückstellen mussten. Nach Kriegsende – der Zar war inzwischen gestürzt und Russland in der Hand der Bolschewiken – zog die polnische Brigade oder „Blaue Armee", wie man sie nach der Farbe ihrer Uniformen nannte, quer durch Deutschland in ihr Heimatland, wo sie eine Schlüsselrolle bei der Gründung des unabhängigen Polen spielte.

An diese historischen Verwicklungen erinnern die Gräber der 25 polnischen Soldaten in Niagara-on-the-Lake und ein zu ihren Ehren errichteter Schrein.

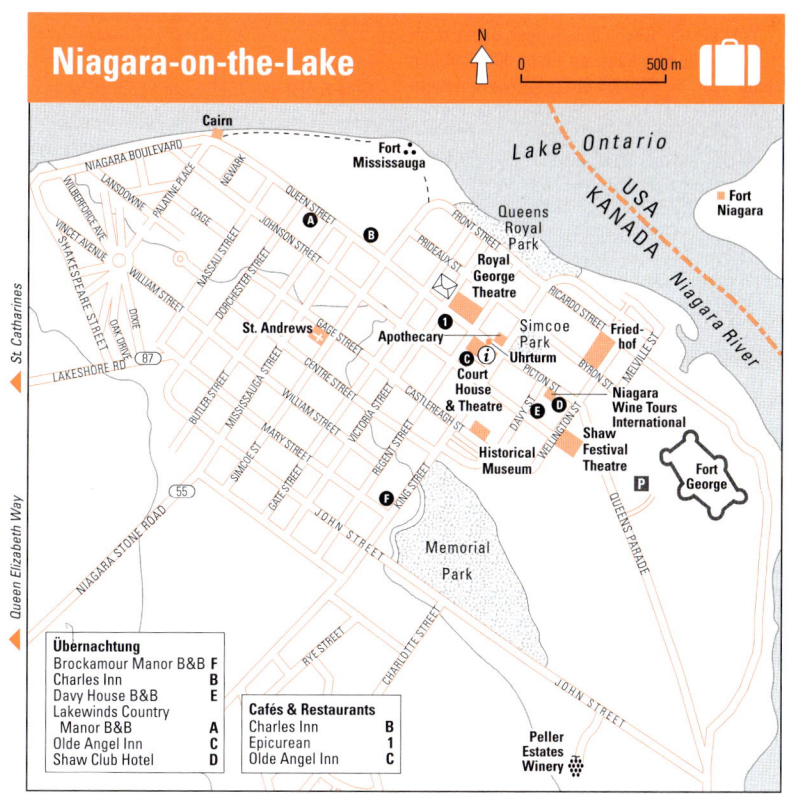

Niagara-on-the-Lake

0   500 m

Übernachtung
Brockamour Manor B&B	**F**
Charles Inn	**B**
Davy House B&B	**E**
Lakewinds Country Manor B&B	**A**
Olde Angel Inn	**C**
Shaw Club Hotel	**D**

Cafés & Restaurants
Charles Inn	**B**
Epicurean	**1**
Olde Angel Inn	**C**

Niagara Falls

Ontario

des Lake Ontario führt. Der 1 km lange Weg zum Fort ist nett und leicht begehbar – der Abstecher dauert rund eine Stunde.

Fort George

Noch mehr Militärisches gibt es im nahen Fort George, 🖥 www.pc.gc.ca, einem früheren britischen Vorposten. Es liegt 600 m südöstlich vom Stadtzentrum und ist über die Picton Street zu erreichen.

Fort George wurde zwischen 1790 und 1800 als Glied einer Kette von Befestigungsanlagen erbaut, die sich entlang der Großen Seen erstreckte, um Kanada vor Übergriffen aus den USA zu schützen. Das ursprüngliche Fort wurde im Britisch-Amerikanischen Krieg von 1812 zerstört, doch seine Überreste wurden in den 1930er-Jahren sorgfältig freigelegt und ausgezeichnet rekonstruiert. Heute umfasst die Anlage innerhalb ihrer Palisadenumzäunung und Schutzwälle ein rundes Dutzend Gebäude, darunter die Quartiere der Offiziere und zwei Blockhäuser, die als Kaserne für die einfachen Soldaten dienten. Ein Tunnel verbindet das Fort mit einer der äußeren Wehranlagen, einem Ravelin, wo ein ein drittes, noch solider gebautes Blockhaus steht. Das einzige original erhaltene Gebäude ist das **Pulvermagazin** von 1796, dessen Inneneinrichtung aus Holz und Kupfer bestand, um die Explosionsgefahr zu minimieren. Als zusätzliche Sicherheitsvorkehrung mussten die Soldaten ihren Dienst hier barfuß verrichten. ☉ Mai–Okt tgl. 10–17 Uhr, Eintritt $11,70.

Wer seinen Geschichtshunger damit noch nicht gestillt hat, kann an einer 90-minütigen **Ghost Tour**, ✆ 905/468-6621, 🖳 www.niagara ghosts.com, mit Fackelbeleuchtung durch das Fort teilnehmen, die mit oder ohne Erscheinen eines Geistes Spaß macht. Die Führungen starten vom Parkplatz vor dem Fort; Tickets gibt es im Souvenirshop des Forts oder vom Tourleiter 30 Minuten vor Beginn des gespenstischen Rundgangs. Mai–Juni So 20.30, Juli und Aug Mo, Mi, Do, Fr und So 20.30, Sep So 19.30 Uhr, $10.

Übernachtung

In Niagara-on-the-Lake gibt es mehr als 100 **B&Bs**, einige in den baumbestandenen Straßen der Innerstadt, die Mehrzahl etwas außerhalb. Die reizvollsten sind in herrlichen alten Villen aus dem frühen 19. Jh. untergebracht und meist entsprechend teuer ($150 pro Nacht für ein DZ). Die B&Bs sind sehr beliebt, sodass man im Sommer unbedingt reservieren sollte. Dabei ist der kostenlose **Zimmervermittlungsservice** der Touristeninformation behilflich.

Außerdem gibt es eine Reihe empfehlenswerter **Hotels** und **Inns**.

Brockamour Manor, 433 King St, Höhe Mary St, ✆ 905/468-5527, 🖳 www.brockamour.com. Elegantes B&B mit 6 Gästezimmern mit Bad in einem herrlichen Gebäude von 1812 mit hohen

Luxus der alten Zeit

Charles Inn, 209 Queen St, ✆ 905/468-4588 oder 1-866/556-8883, 🖳 www.charlesinn.ca. Das bezaubernde alte Inn aus den 1830er-Jahren hat sie noch, die liebenserten Eigentümlichkeiten jener Zeit: von einer traumhaften Veranda bis zu altgedienten schmiedeeisernen Kaminstellen. Jedes der 12 Gästezimmer ist in einer innenarchitektonischen Spielart jener Epoche gestaltet und die Betten sind superbequem. Im Gegensatz zu vielen Konkurrenten wurde das Hotel nicht bis an die Grenze des Erträglichen aufgemöbelt und hat sich dadurch seinen ursprünglichen Charakter bewahrt – aber der hat seinen Preis. ❼

Lokal mit 100 % Atmo

Olde Angel Inn, 224 Regent St, im gleichnamigen Inn (s. u.). Kein Lokal in der Stadt bietet mehr Atmosphäre als dieses mit seinen niedrigen Balkendecken und dem Steinfußboden. Erstklassige Auswahl an heimischen und importierten Fassbiersorten. Dazu gibt es sättigende und sehr erschwingliche Thekenkost, hinten außerdem ein schickeres Restaurant. 🕙 tgl. 11–1 Uhr.

Giebeln, breiter Veranda und baumbestandenem Garten. ❼

Davy House B&B, 230 Davy St, ✆ 905/468-5307 oder 1-888/314-9046, 🖳 www.davyhouse.com. Anheimelndes, zweistöckiges Haus mit Holzverschalung und einer besonders gemütlichen Veranda. Jedes Gästezimmer ist in einem modernen Retro-Stil gehalten. Nur einen kurzen Bummel vom Stadtzentrum entfernt. ❻

Lakewinds Country Manor B&B, 328 Queen St, Höhe Dorchester St, ✆ 905/468-1888 oder 1-866/338-1888, 🖳 www.lakewinds.ca. Große viktorianische Villa mit 6 klimatisierten Gästezimmern und Suiten, die jeweils in einem bestimmten Stil eingerichtet sind, z. B. das Florentiner und das Singapur-Zimmer. Das Haus hat eine hübsche Veranda, einen beheizten Pool im Freien und ist von einem gepflegten Garten umgeben. ❼

Olde Angel Inn, 224 Regent St, nahe Queen St, ✆ 905/468-3411, 🖳 www.angel-inn.com. Das älteste Gasthaus der Stadt stammt aus den 1820er-Jahren und bietet eine Handvoll schlichter, aber durchaus brauchbarer Zimmer im Hauptgebäude, dazu ein paar Cottages. ❺

Shaw Club Hotel, 92 Picton St, ✆ 905/468-5711 oder 1-800/511-7070, 🖳 www.shawclub.com. Obwohl das Hotel den gleichen Leuten gehört, die auch das Charles Inn betreiben, unterscheiden sich die beiden Unterkünfte wie Tag und Nacht. Das Shaw ist megamodern durchgestylt, vom Tropenfisch-Aquarium im Foyer bis zu den minimalistischen Zimmern (mit Plasma-TVs), die hübschesten davon mit Balkon. Das Hotel ist mit dem edlen Shaw Spa nebenan verbandelt. ❼

Bis in die 1980er-Jahre konnte kanadischer Wein Kennern nur ein müdes Lächeln entlocken. Das beliebteste Produkt der Winzer war ein klebriges, sprudelndes Gebräu namens „Baby Duck". Dieser Zustand hat sich dank der Arbeit des Winzerverbandes **Vintners Quality Alliance** (VQA), 💻 www.vqaontario.com, geändert, der seit 1989 eine strenge Qualitätskontrolle der in Ontario produzierten Weine durchführt, und das sind immerhin rund 80 Prozent der gesamten kanadischen Produktion. Das Bezeichnungssystem der VQA unterscheidet und kontrolliert die Qualität von Weinen, die sich grob in zwei Gruppen einteilen lassen: Weine mit der Provinzbezeichnung auf dem Etikett müssen zu 100 % aus in Ontario angebauten Trauben stammen, die einer bestimmten Auswahl europäischer Traubensorten oder ausgewählten Kreuzungen angehören. Weine mit geografischer Bezeichnung (z. B. Niagara Peninsula und Pelee Island) dürfen im Gegensatz dazu nur *Vitis vinifera* verwenden, d. h. die klassischen europäischen Traubensorten wie Riesling, Chardonnay und Cabernet Sauvignon. Wie bei einem noch in den Kinderschuhen steckenden Weinbaugebiet nicht anders zu erwarten, sind die Resultate noch etwas durchwachsen, doch der kanadische Riesling besitzt bereits ein erfrischendes, beinahe herbes Aroma mit einem milden, wärmenden Nachgeschmack und ist zurzeit vielleicht der beste aller kanadischen Weine.

Verstreut um Niagara-on-the-Lake liegen über 20 **Weingüter**. Die meisten besitzen einen Showroom, manche bieten Besuchern Führungen an, und bei allen darf man den Wein auch probieren – die städtische Touristeninformation hat eine komplette Liste mit Öffnungszeiten.

Am einfachsten zu erreichen ist **Peller Estates Winery**, 290 John St East, 📞 905/468-4678, 💻 www.peller.com, ein großes Weingut mit modernem Ausstellungsraum am Stadtrand, 2,5 km von der Queen Street entfernt. ⏱ So–Do 10–19, Fr und Sa 10–21 Uhr. Peller hat bereits eine ganze Reihe hochgelobter Jahrgänge hervorgebracht. Der Betrieb ist berühmt für die kanadische Spezialität **Eiswein**: ein süßer Dessertwein aus Trauben, die bis Dezember oder Januar an den Reben belassen und dann bei Nacht in gefrorenem Zustand von Hand gepflückt werden. Das Pflücken und Zerstampfen der gefrorenen Trauben ist eine zeitintensive Angelegenheit, was sich auch im Preis niederschlägt: Eine Flasche (0,375 Liter) kostet ab $25. ⏱ tgl. Mai bis Okt 10–18, Nov–April 10–17 Uhr.

Essen

Schon aufgrund ihres zahlenmäßigen Übergewichts geben die Tagesausflügler in Niagara-on-the-Lake den gastronomischen Ton an, doch ein paar gute **Cafés** und **Restaurants** trotzen der Fastfood-Flut und verwöhnen mit schmackhaften Gerichten und Snacks.

Charles Inn, 209 Queen St, 📞 905/468-4588. Das gepflegte, ein wenig steife Restaurant in einem der Erdgeschossräume des Charles Inn (S. 148) zieht vorwiegend ein etwas reiferes Publikum an. Die Gerichte sind äußerst sorgfältig zusammengestellt, z. B. Huhn mit Wiesenchampignons und Spargel an Cabernet-Jus. Die Hauptspeisen sind im Durchschnitt für $27 zu haben. Reservierung empfohlen. ⏱ tgl.

Epicurean, 84 Queen St, 📞 905/468-3408, 💻 www.epicurean.ca. Tagsüber ein gemütliches Café, abends ein reizendes Bistro. In der Küche werden überwiegend Produkte der Region verwendet, und auch für Vegetarier ist gesorgt. Bistro-Hauptgerichte (darunter das Ontario-Kaninchen) kosten um $20. ⏱ tgl. 9–21 Uhr.

Sonstiges

Fahrradverleih

Niagara Wine Tours International, 92 Picton St, 📞 905/468-1300 oder 1-800/680-7006, 💻 www.niagaraworldwinetours.com. Hat den passenden fahrbaren Untersatz für die Erkundung der Umgebung und der Wasserfälle. Ganzer Tag $30, halber Tag $20.

Informationen

Tourist Office, 26 Queen St, im Court House (untere Ebene), ℘ 905/468-1950, 🖳 www. niagaraonthelake.com, bietet Stadtpläne und eine kostenlose **Zimmervermittlung**, die vor allem im Sommer, wenn die vielen Hotels und B&Bs der Stadt bis zum Anschlag ausgebucht sind, extrem nützlich sein kann. ⊙ tgl. Mai– Mitte Okt 10–19.30, Mitte Okt–April 10–17 Uhr.

Transport

5-0 Transportation betreibt einen zuverlässigen Minibus-Service zwischen Niagara Falls und Niagara-on-the-Lake. Die Fahrgäste werden an verschiedenen Stellen in Niagara Falls eingeladen, z. B. am Hotel Sheraton on the Falls, und direkt hinter dem Court House Theatre, nur ein paar Meter vom Tourist Office, wieder ausgeladen.

Brantford

Brantford, 40 km westlich von Hamilton am Hwy 403, hat seinen Namen von **Joseph Brant** (s. Kasten), einem Irokesen-Häuptling und gleichzeitig einer der interessantesten Persönlichkeiten der kanadischen Kolonialzeit. Während des Amerikanischen Unabhängigkeitskrieges unterstützte Brant die Briten. Nach deren Niederlage mussten er und seine Mitstreiter Hals über Kopf den Staat New York verlassen, um nicht in die rachsüchtigen Arme der Amerikaner zu fallen. 1784 erhielt Brant ein ausgedehntes Stück Land am Ufer des Grand River, dort, wo heute Brantford steht.

In den 1850er-Jahren kamen zahlreiche europäische Siedler in diese Gegend und Brantford entwickelte sich zu einem Handwerkerzentrum, das ganze Wagenladungen an Landwirtschaftsgeräten produzierte. Gegen 1980 befand sich die Stadt im Abschwung, denn viele Fabriken und Gießereien machten Pleite oder zogen weg. Die Narben dieser De-Industrialisierung sind in Brantford immer noch sichtbar, aber es wurden konzertierte Anstrengungen zur Wiederbelebung der Innenstadt unternommen. Zum Großteil waren sie auch von Erfolg gekrönt, und jetzt gibt es hier ein paar neue Unterhaltungs- und Einkaufszentren.

Für Kanadier ist Brantford ein Begriff als Geburtsort des wahrscheinlich größten kanadischen Eishockeyspielers aller Zeiten, **Wayne Gretzky**. Alle anderen kennen die Stadt vielleicht eher als ehemalige Heimat von **Alexander Graham Bell**, dem Erfinder des Telefons.

Die Stadt

Der bescheidene Stadtkern von Brantford breitet sich entlang der ca. 1,5 km lang parallel verlaufenden Dalhousie Street und Colborne Street aus. Echte Highlights sucht man hier vergebens, ganz hübsch ist aber immerhin das **Sanderson Centre for the Performing Arts**, 88 Dalhousie St, 🖳 www.sdandersoncentre.ca, in einem fantasievoll recycelten alten Unterhaltungs-/Stummfilmtheater von 1919.

Von der Colborne Street sind es 2 km Fahrt Richtung Südosten über die Murray Street und anschließend die Mohawk Street zum **Woodland Cultural Centre**, 🖳 www.woodland-centre. on.ca. Es ist eines der umfangreichsten First-Nations-Museen von Ontario. Im Mittelpunkt stehen die Six Nations of the Grand River, die **Mohawk**, die sich im Staat New York der Iroquois League anschlossen und später, am Ende des Amerikanischen Unabhängigkeitskriegs, nach Norden flüchteten. Die Ausstellung ist chronologisch angeordnet. Sie beginnt mit einer Reihe von Waren und Gütern sowie mehreren Wampum (Muschelperlenschnüren), Beweisstücke für zwischen Briten und Mohawk geschlossene Verträge. Außerdem gibt es ein Gemälde von Joseph Brant (s. oben) in Indianertracht und eine anschauliche Abteilung zur rassistischen Darstellung der Indianer in der Alltagskultur ab dem 19. Jh. ⊙ Mo–Fr 9–16, Sa und So 10–17 Uhr; Eintritt $7.

Her Majesty's Royal Chapel of the Mohawks

Vom Woodland Centre sind es 700 m auf der Mohawk Street bis zum hohen schmalen Schindelgebäude der Her Majesty's Royal Chapel of the Mohawks. Sie stammt aus dem Jahr 1785 und ist damit die erste protestantische Kirche in Ontario. Das Gotteshaus wurde zur Feier der Allianz von Mohawk und Briten erbaut und als Ersatz für die Originalkapelle in New York, die die Mohawks auf ihrem erzwungenen Rückzug nach

Norden zurücklassen mussten. Aber immerhin bekamen sie die Inschriftentafeln wieder, die jetzt hinter dem Altar stehen. Auf ihnen sind in einer phonetischen (aber nicht ganz korrekten) Version des Irokesischen das Vaterunser und das Glaubensbekenntnis eingemeißelt. Die Buntglasfenster zeigen Episoden aus der Geschichte der Six Nations; sie wurden in den 1950er-Jahren eingebaut. Hinter der Kirche steht der Grabstein von Joseph Brant. Sein Sarg wurde aber erst 1850 hierher gebracht (aus Burlington, Ontario). ☉ Mai–Juni und Sep–Okt Mi–So 10.30–17, Juli und Aug tgl. 10.30–17 Uhr, Eintritt frei.

Bell Homestead

Brantfords Hauptattraktion, die **Bell Homestead National Historic Site**, 94 Tutela Heights Rd, 🖳 www.bellhomestead.ca, liegt ca. 4 km südlich des Zentrums inmitten einer Landschaft aus Wäldern und Hügeln mit Blick auf den Grand River. 1870, kurz nach seiner Ankunft aus Edinburgh, nahm **Alexander Graham Bell** eine Stellung als Lehrer für Gehörlose an, zu der er sich nicht zuletzt durch die Taubheit seiner Mutter berufen fühlte. Bei seinen Bemühungen, eine Möglichkeit zur Visualisierung von Tönen zu finden, stieß er auf die Methode, sie durch einen elektrifizierten Draht zu leiten. Das Ergebnis war das erste Ferngespräch, das 1876 zwischen Brantford und dem Nachbardorf Paris geführt wurde.

Das Gehöft besteht aus zwei einfachen Schindelgebäuden. Das erste wurde 1969 aus Brantford hierher transportiert und beherbergte einst das Originalbüro der Bell Company in Kanada. Heute sind hier einige bescheidene Exponate zur Geschichte des Telefons zu sehen. Das

---

Ärger in den Kolonien – Leben und Zeit des Joseph Brant

Der im heutigen Ohio geborene Joseph Brant (1742–1807) – oder **Thayendanega** – war ein Mohawk-Anführer, dessen Stiefvater enge Beziehungen zu den Briten unterhielt. Das Band wurde noch enger, als Josephs Schwester Molly den British Superintendent for Indian Affairs, William Johnson, heiratete, der anschließend Brants Schulausbildung finanzierte. Brant lernte Englisch lesen und schreiben und begann, sich europäisch zu kleiden. Er wurde sogar Anglikaner und Freimaurer, führte jedoch daneben auch noch ein anderes Leben, nämlich als Teilnehmer an Kriegszügen der Mohawk. Um 1765 hatte Brant sich im Staat New York als Farmer etabliert und genoss bei den Briten ein solches Ansehen, dass sie ihn 1776 mit nach London nahmen. Dort wurde er König Georg III. vorgestellt und entwickelte sich zu einer Art Promi, der in einer Reihe offizieller Gemälde verewigt wurde. Jedes zeigt Brant in einer Mischung aus europäischem und indianischem Outfit, das die zwei Seelen in seiner Brust widerspiegelt: Meistens hat er einen Tomahawk in der Hand und eine Mohawk-Frisur auf dem Kopf, trägt aber einen Paraderock mit Schärpe. Der von der Macht und dem Wohlstand der königlichen Hauptstadt mächtig beeindruckte Brant hielt während des Amerikanischen Unabhängigkeitskriegs zu den Briten und seine wiederholten, groß angelegten Vernichtungsfeldzüge – und die Brutalität, die er dabei an den Tag legte – brachten ihm unter den Kolonisten den Beinamen „Monster Brant" ein. Nach Kriegsende, als sich weder die Briten noch die Amerikaner militärisch in Sicherheit wiegten, versuchten beide Seiten sich bei Brant einzuschmeicheln. Er verstand es bald sehr gut, die Weißen gegeneinander auszuspielen. Trotz seines mehr als zweifelhaften Rufs wurde er 1792 sogar nach Philadelphia eingeladen, um Präsident Washington die Hand zu schütteln. Von den Briten ließ sich Brant ein ordentliches Stück Land am **Grand River** im heutigen Brantford schenken, auf dem sich seine Anhänger 1784 ansiedelten. Aber Brant konnte seine indigenen Verbündeten nicht vor den vordringenden, landhungrigen Amerikanern schützen. Als ihm das bewusst wurde, zog sich Brant nach Burlington in der Nähe von Hamilton zurück, um das Leben eines Gentleman Farmers (mit Dienern und Sklaven, genau wie es sich gehörte) zu führen. Und hier starb er auch. 1850 schleppten Mohawk Brants Sarg die ganzen 55 km von Burlington bis zur Royal Chapel of the Mohawks in Brantford (S. 126).

---

zweite Gebäude, ein gemütliches Familienwohn-
haus, zeigt eine kleine Ausstellung über Bells
Leben und Forschungsarbeit. Es verkehren keine
öffentlichen Verkehrsmittel zwischen Brantford und der Bell Homestead. ☉ Di–So 9.30–
16.30 Uhr, Eintritt $5.

Informationen

Tourist Office, am Wayne Gretzky Parkway beim
Hwy 403 (dort ausgeschildert), ✆ 519/751-9900
oder 1-800/265-6299, ⌨ www.visitbrantford.ca.
Hier gibt's einen kostenlosen Stadtplan –
sehr nützlich, denn es ist nicht einfach, sich
in Brantford zurechtzufinden. Und auch eine
umfassende Bettenliste ist hier erhältlich,
darunter die Adressen von einem halben
Dutzend B&Bs. ☉ Mitte Mai–Okt Mo–Fr 9–20,
Sa 9–21, So 9–17 Uhr, Nov–Mitte Mai Mo–Fr
9–19, Sa 10–18, So 10–16 Uhr.

Transport

Busse und Züge aus mehreren Nachbarstädten
halten in Brantford, aber für die Besichtigungen
der Highligts der Stadt braucht man ein eigenes
Fahrzeug.
Die **Busse** halten in Downtown Brantford in der
Darling Street, einen Block nördlich der
Dalhousie Street. Der **Bahnhof** liegt etwas
nördlich der Innenstadt an der Wadsworth
Street, gleich bei der Market Street.

Kitchener und St. Jacobs

Die Stadt **Kitchener**, rund 100 km westlich von
Toronto, liegt im Zentrum eines Industriegürtels,
dessen Wirtschaft traditionell auf der Produktion
von Gummi, Textilien, Leder und Möbeln basier-
te. Die Stadt wurde 1799 unter dem Namen Sand
Hills von Mennoniten aus den USA gegründet,
die durch ihre pazifistische Haltung während
des Amerikanischen Unabhängigkeitskriegs im
Zorn ihrer Landsleute auf sich gezogen hatten
und hierher gezogen waren.
   Bald ließen sich auch deutsche Farmer in der
Gegend nieder. Die neuen Siedler tauften Sand
Hills 1826 in Berlin um, doch im Ersten Weltkrieg
erschien es klüger, den Namen erneut zu ändern.
Als Zeichen ihres Patriotismus benannten die

Bewohner ihre Stadt nach dem britischen Feld-
marschall Kitchener. Heute sind etwa 60 % der
Einwohner Kitcheners Nachkommen deutscher
Einwanderer. Sie feiern ihr Erbe alljährlich mit
dem **Oktoberfest**, ⌨ www.oktoberfest.ca, einem
neun Tage dauernden Alkoholgelage, bei dem
sich selbst die zurückhaltendsten Männer in Le-
derhosen auf der Straße zeigen. Die Mennoniten
haben sich aus Kitchener in die Dörfer nördlich
und westlich der etwas verdrießlich wirkenden
Nachbarstadt Waterloo zurückgezogen; besonders viele von ihnen leben in **St. Jacobs**.
   Im Herzen von Kitchener, auf der King Street
East, findet jeden Samstag von 7–14 Uhr der
beliebte **Farmers' Market**, ⌨ www.kitchener
market.ca, statt, dessen leckere Würstchen man
sich auf keinen Fall entgehen lassen sollte. Die
mennonitischen Händler sind unschwer zu erkennen: Die Männer tragen ihre traditionellen
schwarzen Anzüge und breitkrempige Hüte oder
dunkelblaue Hemden und Hosenträger, die Frau-
en knöchellange Kleider und passende Häub-
chen. Die Mennoniten Ontarios sind allerdings
keine homogene Glaubensgemeinschaft – mehr
als 20 verschiedene Gruppen sind dem zentralen
Verband Mennonite Central Committee (MCC)
angeschlossen und unterscheiden sich zum Teil
erheblich in bestimmten Praktiken und der Klei-
derordnung. Die Angehörigen des traditionellen
Flügels der Mennoniten-Bewegung, manchmal
auch Amish genannt, haben ausschließlich
gemeinschaftlichen Besitz und verschmähen
moderne Maschinen. Zum Markt fahren sie bis
heute mit klapprigen Pferdekutschen. Mehr über
die Geschichte und den Glauben der Mennoniten
kann man im benachbarten St. Jacobs erfahren.
   Ansonsten ist die einzige halbwegs interessante Touristenattraktion in Kitchener **Wood-
side**, ⌨ www.pc.gc.ca, das Elternhaus von Ex-
Premierminister William Lyon Mackenzie King
(1874–1950). Es steht ca. 1 km nordöstlich des
Zentrums in der 528 Wellington St North in einem hübschen kleinen Park. Das Haus wurde in
seinem spätviktorianischen Zustand wiederher-
gestellt und zeigt eine interessante Ausstellung
über Kings Leben und Zeit. Sie verrät allerdings
nicht sehr viel über die exzentrischen Seiten des
Staatsmanns: Als Hundeliebhaber und Anhänger des Spiritismus verschmolz er seine beiden

Obsessionen, indem er seine Haustiere als spi-ritistische Medien einsetzte. ☉ Mitte Mai–Mitte Dez tgl. 13–17 Uhr, Eintritt $3,90.

Im kleinen Ort **St. Jacobs**, etwas nördlich von Waterloo auf dem Hwy 85, gibt es einen Kunsthandwerksladen der Mennoniten und **The Mennonite Story**, 1408 King St North, ✆ 519/664-3518, ein kleines, aber interessantes Informa-tionszentrum, das die Geschichte der Menno-niten nachzeichnet. ☉ April–Mitte Dez Mo–Sa 11–17 und So 13.30–17, Jan–März Sa 11–16.30 und So 14–16.30 Uhr, Eintritt $4.

Im **Kitchener-Waterloo Tourist Office**, 200 King St West, gegenüber vom Rathaus im Zentrum, ✆ 519/745-3536 oder 1-800/265-6959, 🖳 www.explorewaterlooregion.com, gibt es kostenlose Stadtpläne und Unterkunfts-verzeichnisse, obwohl kaum anzunehmen ist, dass jemand hier übernachten möchte oder muss. ☉ Juni–Aug Mo–Fr 10–17, Sa 10–16, So 12–16, Sep–Mai Mo 10–16, Di–Do 9–17, Fr 10–17, Sa 12–16 Uhr.

Der **Busbahnhof** von Kitchener befindet sich in der Charles St, einen Block westlich des Stadtzentrums und der Hauptstraße King St. Der **VIA-Bahnhof** liegt in der Victoria St, Ecke Weber St West; von hier sind es ins Zentrum zehn Minuten Fußmarsch nach Süden.

Elora

Elora liegt am felsigen Ufer des Grand River, 30 km nördlich von Kitchener. Es wurde in den 1830er-Jahren von Siedlern gegründet, die sich den Fluss als Antrieb für ihre Mühlen zu Nutze machten. Einige der alten Kalkstein-Cottages haben die Zeiten überdauert, ebenso wie eine große Mühle, das Wahrzeichen Eloras, das zum Gasthaus Elora Mill Inn umgestaltet wurde.

Die meisten Besucher kommen jedoch hier-her, um sich den Wasserfall neben dem Wirts-haus anzuschauen – auch wenn dieser nur ein paar Meter hoch ist – und anschließend einen

Spaziergang zu den Aussichtspunkten mit Blick auf die benachbarte, 3 km lange **Elora Gorge** zu unternehmen, eine bewaldete Schlucht mit Kalk-steinwänden. Wem das nicht adrenalinhaltig genug ist, der kann Tubing versuchen – d. h. auf einem Reifenschlauch den Fluss hinunter-zockeln; Näheres unter 🖳 www.grandriver.ca.

Elora selbst, das sich zu Fuß in nur zehn Mi-nuten durchqueren lässt, präsentiert sich am einladendsten, wenn man sich dem Ort über die Route 21 von Südwesten nähert. Eine schma-le Brücke führt auf die Hauptstraße Metcalfe Street. Sie wird von der winzigen Mill Street ge-kreuzt, die zum Wasserfall führt.

Elora ist gut versorgt mit **B&Bs**. Eines der besten ist das **Drew House**, 120 Mill St East, ✆ 519/846-2226, 🖳 www.drewhouse.com, am südlichen Ortsrand. Es bietet in einem gepflegten Gebäude aus dem 19. Jh. und in umgebauten Ställen 11 Zimmer, z. T. mit Gemeinschaftsbad, und ist von ausgedehnten Grünflächen umgeben. ❺ **Elora Mill Inn**, Mill St, ✆ 519/846-9118 oder 1-866/713-5672, 🖳 www.eloramill.com, ❼, einziges Hotel im Ort, hat 30 modern-histori-sierende Zimmer mit offenen Kaminen und Holz-balkendecken sowie ein erstklassiges Restaurant.

Stratford

Rund 50 km westlich von Kitchener liegt Strat-ford, eine liebenswerte Kleinstadt mit 30 000 Einwohnern inmitten von plattem Ackerland. Am bekanntesten ist Stratford als Schauplatz des **Stratford Festival** (S. 154), das seit 1953 all-jährlich stattfindet und heute mit einer halben Million Besuchern zu den renommiertesten Theaterfestivals Nordamerikas zählt.

Ein, zwei Stunden reichen aus, um sich ei-nen Überblick zu verschaffen. Das Zentrum von Stratford rund um die Kreuzung von Ontario und Downie Street glänzt mit hübschen Ziegelstein-bauten aus dem 19. Jh., die ihren Höhepunkt in der grandiosen **City Hall** finden, einem braunen Ziegelbau mit Kuppeln, Türmen und Steinorna-

Das Stratford Festival

Nordamerikas größtes klassisches Repertoireensemble stellt alljährlich das **Stratford Festival**, ℡ 519/273-1600 oder 1-800/567-1600, 🖥 www.stratfordfestival.ca, auf die Beine. Gespielt werden jeweils zwei Tragödien und eine Komödie von Shakespeare. Ergänzt wird das Programm durch andere Bühnenklassiker – von Molière, Tschechow, Jonson usw. – sowie ausgewähltes modernes und Musiktheater. Dazu kommen eine Vortragsreihe, diverse Führungen (z. B. hinter die Kulissen und durch den Kostümfundus), Konzerte, Autorenlesungen und Kennenlern-Veranstaltungen mit den Schauspielern. Das Festival geht von Mitte April bis Anfang November. Die Vorstellungen finden in vier Theatern im Stadtzentrum statt – dem Festival, dem Tom Patterson, dem Avon und dem Studio. Reguläre Eintrittskarten kosten je nach Vorstellung und Sitzkategorie zwischen $30 und $90. Es gibt eine Menge verbilligte Angebote für Schüler und Studenten, Senioren, Vorstellungen am gleichen Tag und Voraufführungen. Viele Stücke sind allerdings schon Monate im Voraus ausverkauft. Buchungen sind telefonisch und über die Website möglich.

menten. Mitten durch die Stadt schlängelt sich der **Avon River**, gesäumt von gepflegten, schattigen Uferwegen. Darüber thront das größte der vier Theater Stratfords, das opulente **Festival Theatre**.

Übernachtung

Obwohl es in Stratford mehr als 200 Gästehäuser und B&Bs sowie rund ein Dutzend Hotels und Motels gibt, kann sich die Suche nach einer Unterkunft während der betriebsamsten Festival-Wochenenden im Juli und August als schwierig erweisen. Dann ist der Buchungsservice der Tourist Offices (s. S. 155) Gold wert.
Acrylic Dreams B&B, 66 Bay St, ℡ 519/271-7874, 🖥 www.acrylicdreams.com. Das Holzhaus aus den 1870er-Jahren mit 4 gemütlichen Zimmern liegt nur 10 Minuten Fußweg von von der Hauptverkehrskreuzung

entfernt. Die Gastgeber bereiten das Frühstück mit viel Selbstgemachtem zu und vergessen dabei auch vegetarische Besucher nicht. Außerdem bieten sie Yoga- und Reflexology-Stunden an. ➎
Avonview Manor B&B, 63 Avon St, etwa 800 m nordwestlich der Hauptverkehrskreuzung, ℡ 519/273-4603, 🖥 www.bbcanada.com/4708.html. Geräumige edwardianische Villa mit Blick auf das Nordufer des Avon River. 3 geschmackvoll eingerichtete Zimmer, teils mit eigenem Bad. Pool im Garten. ➏
Deacon House, 101 Brunswick St, ℡ 519/273-2052, 🖥 www.bbcanada.com/1152.html. Das Haus in zentraler Lage südöstlich der Hauptverkehrskreuzung bietet 6 reizende Gästezimmer, alle mit Bad, in einer hübschen edwardianischen Villa mit großer Terrasse zum Relaxen. ➎

Essen

In Stratford gibt es eine Menge ausgezeichneter Cafés und Restaurants. Einige der besten sind nur einen Steinwurf von der Hauptverkehrskreuzung der Stadt – Downie, Ontario und Erie St – entfernt.
Balzac's Coffee Roastery, 149 Ontario St. In der Filiale einer kleinen, in Ontario beheimateten Rösterei werden erstklassige Fairtrade-Kaffees plus Backwaren und Kuchen verkauft. Weitere Ableger gibt es auch in Niagara Falls. ⏰ tgl. 8–21 Uhr.
Down The Street, 30 Ontario St, ℡ 519/273-5886, 🖥 www.downthestreet.ca, nur ein paar Meter von der Hauptverkehrskreuzung. Das plüschig eingerichtete Bar-Restaurant mit seinen Kronleuchtern und den satten Rot- und Brauntönen hat was von einem Pariser Café. Die Speisekarte ist vielleicht ein wenig zu umfangreich, als dass die Küche ihr völlig gerecht werden könnte, aber das Angebot ist riesig – von Fisch über Nudeln bis sonstwohin. Hauptgerichte kosten abends um $24, mittags weniger. Reservierung ist zu empfehlen. ⏰ Di–Sa 11.30–1 Uhr, Küche bis 21.30 Uhr, im Winter eingeschränkte Öffnungszeiten.
Fellinis, 107 Ontario St, ℡ 519/271-3333, 🖥www.fellinisstratford.com. Das große italienisch-mediterrane Restaurant bietet eine

köstliche Auswahl an frischen Pizzen und Pastagerichten ab $10. ☾ tgl. 11–21 Uhr.

York Street Kitchen, 41 York St, ✆ 519/273-7041, ▨ www.yorkstreetkitchen.com. Schick gestyltes Café-Restaurant im Tiefgeschoss eines ehemaligen Lagerhauses, direkt gegenüber dem Information Centre am Fluss. Die große Speisekarte deckt so gut wie alles ab, von Kohlrouladen über Quiche bis Hackbraten, und man gibt sich alle Mühe, nur Produkte der Region zu verwenden. Eine Spezialität sind die riesigen Sandwiches, die sich nur beidhändig bewältigen lassen und lediglich ein paar Dollars kosten. Auch Essen zum Mitnehmen. ☾ tgl. 8–20 Uhr.

Informationen

Visitor Information Centre, in der York St am Fluss, gleich nordwestlich der Hauptverkehrs-kreuzung, ✆ 519/271-5140 oder 1-800/561-7926, ▨ www.welcometostratford.com. ☾ nur in der Saison (Juni–Sep) tgl. 10–18 Uhr.

Ganzjährig geöffnet hat das **Visitor Information Centre** in Downtown, 47 Downie St, gleiche Telefonnummer und Website wie oben. ☾ Jan–Sep Mo–Fr 8.30–16.30, Okt Mo–Fr 8.30–16.30, Sa und So 10–18, Nov–Dez Mo–Fr 8.30–16.30, Sa 10–14 Uhr. In beiden sind ein kostenloser Stadtplan und ein Visitors Guide mit Unterkunftsverzeichnis und Informationen zum Stratford Festival zu haben.

Transport

Greyhound-Busse halten unfreundliche 2,5 km östlich der zentralen Kreuzung von Downie, Ontario und Erie St, genauer gesagt am Ende der Burritt Street, die von der Ontario Street abzweigt.

Von Stratfords **VIA-Bahnhof**, Shakespeare St, sind 15 Min. zu Fuß entlang der Downie St bis zur zentralen Kreuzung.

London

Die Bürger der 60 km südwestlich von Strat-ford gelegenen Stadt London sind zu Recht stolz auf ihre sauberen Straßen, den gut funk-tionierenden öffentlichen Nahverkehr und die gepflegten Vororte. Für Besucher bestehen die Hauptattraktionen dieser Universitätsstadt zum einen im grünen Stadtzentrum und zum anderen in den beiden **Musik-Festivals** der Stadt – dem viertägigen Sunfest of World Music, ▨ www.sunfest.on.ca, und dem dreitägigen Home County Folk Music Festival, ▨ www.homecounty.ca, die beide Mitte bis Ende Juli stattfinden.

Seine Existenz verdankt London dem Vize-gouverneur von Upper Canada, John Graves Simcoe, der hier 1792 mit dem festen Entschluss ankam, die Wildnis westlich des Lake Ontario zu erschließen. Wegen der günstigen Flussverbin-dung wählte er den Ort des heutigen London als seine neue koloniale Hauptstadt und nannte den Fluss folgerichtig Thames (Themse). Der Eifer, mit dem sich Simcoe in seine neue Aufgabe stürzte, rief die Verärgerung seines Vorgesetzten, Gou-verneur Dorchester, hervor, der sein Veto gegen die Hauptstadtentscheidung einlegte und dabei den trockenen Kommentar abgab, der Ort wäre ja wohl nur mit dem Heißluftballon zu erreichen. Als stattdessen York (das heutige Toronto) zur neuen Hauptstadt gewählt wurde, blieb Simcoes Wunschort bis 1826 links liegen. In den 1880er-Jahren etablierte sich London dann endgültig als Wirtschafts- und Verwaltungszentrum einer flo-rierenden, landwirtschaftlich geprägten Region. Diese Stellung hat die Stadt mit rund 455 000 Ein-wohnern auch heute noch inne – und das trotz der Blitze: In London schlagen mehr Blitze ein als im ganzen übrigen Kanada; pro Jahr werden 30–40 Blitzschläge registriert.

Es ist ziemlich leicht, sich in London zurecht-zufinden – der Stadtkern ist im Schachbrettmus-ter beiderseits der Ost-West-Hauptachse Dun-das Street angelegt. Am westlichen Ende der Dundas Street steht in Flussnähe das klobige, moderne **Museum London**, 421 Ridout St North, ▨ www.museumlondon.ca, von Raymond Mori-yama aus Toronto. Der zeitweise sehr gefragte Architekt hatte einen Hang zu spektakulären, von verzerrten Bogen- und Kreislinien gepräg-ten Betonbauten – das Museum erinnert an einen überdimensionierten Abstellschuppen für Fahrräder. Drinnen präsentiert sich die Dauer-ausstellung der Kunstgalerie als etwas planlose Mischung aus Werken relativ unbekannter kana-discher Maler aus dem 18. und 19. Jh. Aber es

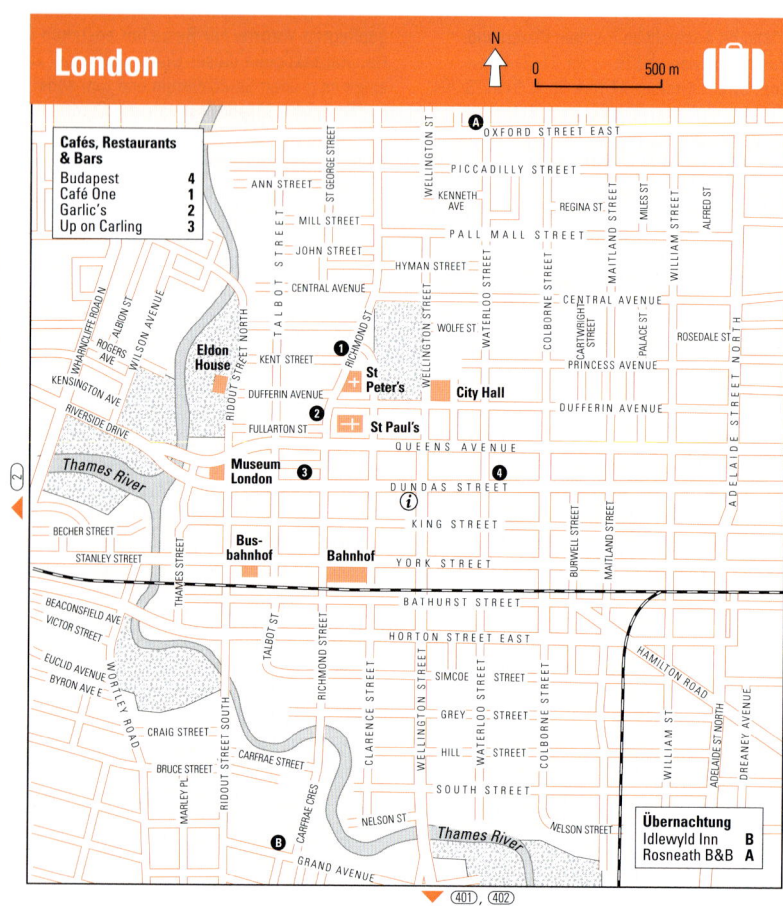

London

N
0   500 m

Cafés, Restaurants & Bars

Budapest	4
Café One	1
Garlic's	2
Up on Carling	3

Ontario

Eldon House

Thames River

Museum London

Bus-bahnhof

Bahnhof

St Peter's

City Hall

St Paul's

Thames River

Übernachtung

Idlewyld Inn	**B**
Rosneath B&B	**A**

401 402

---

gibt eine interessante Abteilung zu zeitgenössischer Fotografie. Die wechselnden Ausstellungen moderner Kunst, von denen einige direkt aus Toronto geliehen werden, sind in der Regel hervorragend. ⊙ Juni–Aug Di–So 11–17, Do bis 23 Uhr, Sep–Mai Di–So 12–17, Do bis 21 Uhr; Spende erbeten.

Das älteste Wohnhaus Londons, **Eldon House**, ⌨ www.eldonhouse.ca, liegt wenige Gehminuten nördlich vom Museum in der 481 Ridout St North. Das reizende, holzverkleidete Gebäude wurde in den 1830er-Jahren von John Harris, einem pensionierten Kapitän der Royal Navy,

gebaut und im Innern wieder im Stil der damaligen Zeit restauriert. ⊙ Jan–April Sa und So 12–17, Mai Mi–So 12–17, Juni–Sep Di–So 12–17, Okt–Dez Mi–So 12–17 Uhr, Spende erbeten.

Der britische Einfluss wird auch bei der nahe gelegenen **St. Paul's Anglican Cathedral** in der Richmond Street spürbar. Der schlichte Ziegelbau wurde 1846 im Stil der englischen Neugotik errichtet und steht in deutlichem Kontrast zu Londons zweiter Kathedrale, der **St. Peter's Catholic Cathedral**, gleich nördlich an der Ecke Dufferin Street und Richmond Street. Deren pompöses, rosafarbenes Steingebäude mit zwei hohen Türmen ist typisch für den französisch-gotischen Stil, der sich Ende des 19. Jhs. bei Ontarios Katholiken großer Beliebtheit erfreute.

Übernachtung

Die preisgünstigsten Hotels liegen in der Nähe des Busbahnhofs, sind aber nicht viel mehr als billige Absteigen und daher möglichst zu meiden. **Idlewyld Inn**, 36 Grand Ave, ✆ 519/433-2891 oder 1-877/435-3466, ⌨ www.idlewyldinn.com. Die einladendste Unterkunft vor Ort liegt 20 Minuten zu Fuß südlich der Innenstadt. Es ist eine große viktorianische Villa mit viel Originalmobiliar in den eleganten Gemeinschaftsräumen und 23 schönen, komfortabel modern-viktorianisch eingerichteteten Zimmern mit Bad. ❻
Rosneath B&B, 779 Waterloo St, ✆ 519/438-7822, ⌨ www.rosneathbedbreakfast.on.ca, im nördlichen Zentrum. Umfangreich modernisiertes Haus aus den 1890ern mit 2 Gästezimmern, eins davon mit Bad auf dem Flur. ❹

Essen und Unterhaltung

Die zahlreichen Cafés, Restaurants, Diners und Snackbars entlang der Richmond Street machen sich gegenseitig Konkurrenz und sorgen – zusammen mit den vielen Studenten – dafür, dass die Preise erschwinglich bleiben. **Budapest**, 348 Dundas St, Höhe Waterloo St, ✆ 519/439-3431. Der Familienbetrieb bringt erstklassige ungarische Küche auf den Tisch – das Gulasch ist ein Hochgenuss. Hauptgerichte ab $20. ☼ Mo–Sa 11–15 und 16–22, So 15–22 Uhr. **Garlics**, 481 Richmond St, ✆ 519/432-4092, ⌨ www.garlicsoflondon.com. Das gepflegte, moderne italienische Lokal ist eines der einladendsten Restaurants der Stadt. Die Speisen haben einen makrobiotischen Touch. Hauptgerichte kosten um $25. ☼ tgl. 11.30–23 Uhr.

Londons Kneipen- und Musikszene konzentriert sich in der Richmond Street und Umgebung. Der coolest Spot ist **Up on Carling**, 153 Carling St, ✆ 519/434-6600, ⌨ www.uponcarling.ca. Die Carling Street ist eine kurze Seitenstraße der Richmond Street, gleich nördlich der Dundas Street. Der Laden besteht aus vier

Köstlicher Kaffee und Kuchen

Café One, 551 Richmond St, ✆ 519/642-2331, ⌨ www.cafeonerestaurants.com. Hat hat die besten Sandwiches, Kaffeespezialitäten und unwiderstehlichen Kuchen. ☼ tgl. 10–23 Uhr.

verschiedenen Bars und wird an den meisten Wochenenden von DJs aufgeheizt. Rein kommt nur, wer „ordentlich" angezogen ist. ☼ Do–Sa ab 21 Uhr.

Informationen

Tourist Office, 267 Dundas St, ✆ 519/661-5000, ⌨ www.londontourism.ca. ☼ Mo–Fr 8.30–16.30, Sa 10–17, April–Okt auch So 12–17 Uhr.

Transport

Busse

Der **Busbahnhof** von London befindet sich in der York St auf Höhe der Talbot St.

Busse nach:

HAMILTON, 4–5x tgl., 2 Std.;
KITCHENER, 6–10x tgl., 2 Std.;
OWEN SOUND, 1x tgl., 4 1/2 Std. (mit 2-maligem Umsteigen);
STRATFORD, 2–3x tgl., 1 Std.;
WINDSOR, 4–5x tgl., 2 3/4 Std.

Eisenbahn

Der **Bahnhof** liegt zentral an der York St, Ecke Richmond St, ein paar Minuten Fußweg vom Busbahnhof entfernt.

Windsor

„I'm going to Detroit, Michigan, to work the Cadillac line", heißt es in einem alten Blues-Song über die Fließbandarbeit in der Automobilindustrie. Hätte der Sänger von Detroit aus den Fluss überquert, er hätte sich in den Autofabriken von Windsor mindestens ebenso heimisch gefühlt. Die Errichtung der Fabriken US-amerikanischer Tochtergesellschaften 190 km südwestlich von London war Teil eines komplexen Handelsabkommens, mit dem unter dem

N

0   500 m

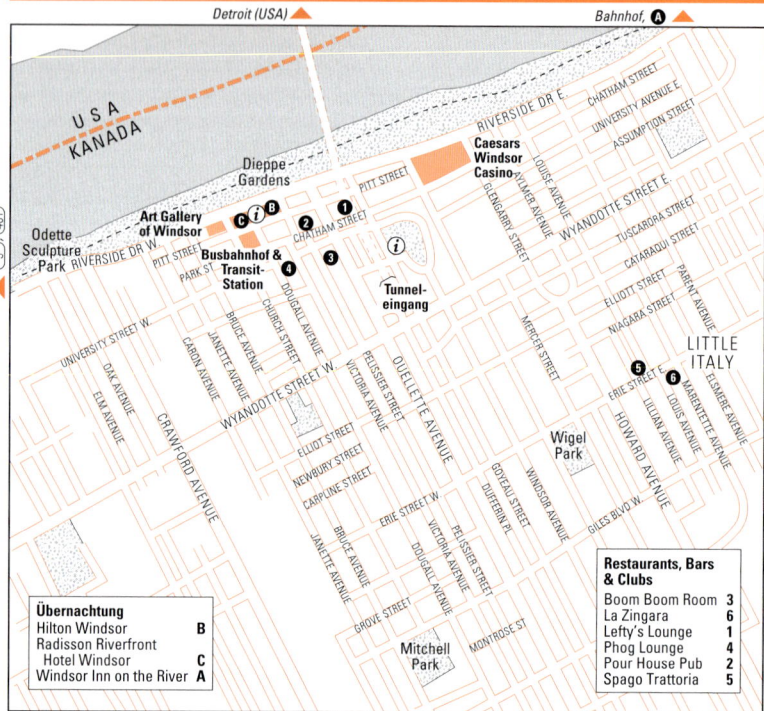

Detroit (USA) ▲ | Bahnhof, **A** ▲

Ontario

USA
KANADA

RIVERSIDE DR E

CHATHAM STREET
UNIVERSITY AVENUE E
ASSUMPTION STREET

Dieppe-
Gardens

PITT STREET

**Caesars
Windsor
Casino**

LOUIS AVENUE
AYLMER AVENUE
GLENGARRY AVENUE

WYANDOTTE STREET E

TUSCARORA STREET

Art Gallery
of Windsor

Odette
Sculpture
Park RIVERSIDE DR W

PITT STREET
PARK ST

ⓒ ⓘ Ⓑ
❶
CHATHAM STREET

**Busbahnhof &
Transit-
Station**

❷ ❸

ⓘ

CATARAQUI STREET

ELLIOTT STREET
NIAGARA STREET
PARENT AVENUE

**Tunnel-
eingang**

DOUGALL AVENUE
CHURCH STREET

MERCER STREET

LITTLE
ITALY

UNIVERSITY STREET W

JANETTE AVENUE
BRUCE AVENUE
CARON AVENUE

WYANDOTTE STREET W

PELISSIER STREET
VICTORIA AVENUE

OUELLETTE AVENUE

ERIE STREET W

❺
ELSMERE AVENUE
MARENTETTE AVENUE
LOUIS AVENUE
HOWARD AVENUE
LILLIAN AVENUE

❻

OAK AVENUE
ELM AVENUE

CRAWFORD AVENUE

ELLIOTT STREET
NEWBURY STREET
CARPLINE STREET

ERIE STREET W

VICTORIA AVENUE
PELISSIER STREET

GOYEAU STREET
DUFFERIN PL
WINDSOR AVENUE
MERCER AVENUE

GILES BLVD W

**Wigel
Park**

JANETTE AVENUE
BRUCE AVENUE

DOUGALL AVENUE

GROVE STREET

MONTROSE ST

**Mitchell
Park**

Übernachtung
Hilton Windsor **B**
Radisson Riverfront
 Hotel Windsor **C**
Windsor Inn on the River **A**

**Restaurants, Bars
& Clubs**
Boom Boom Room **3**
La Zingara **6**
Lefty's Lounge **1**
Phog Lounge **4**
Pour House Pub **2**
Spago Trattoria **5**

wachsamen Auge der mächtigen kanadischen Automobilarbeiter-Gewerkschaft Canadian Automobile Workers Union Tausende gut bezahlter Arbeitsplätze geschaffen wurden. In den letzten Jahren haben die Pannen und Pleiten der amerkanischen Autohersteller einen schweren und vernichtenden Schatten über Windsor geworfen. Falls die Stadt keine neuen Produktionsbereiche auftun kann, sieht ihre Zukunft alles andere als rosig aus. Trotzdem beglückwünschen sich die gegenüber von Detroit lebenden „Windsors" jeden Tag, wenn sie in der Zeitung über die Probleme Detroits lesen – Gewalt und Drogen – und schütteln darüber ungläubig den Kopf, denn in dieser bodenständigen Arbeiterstadt herrscht immer noch ein gesundes Gemeinschaftsgefühl.

Besuchern präsentiert sich Windsor als recht freundliche Grenzstadt in ansprechender Flusslage mit einer erstaunlich übersichtlichen Innenstadt. Es gibt einige gute Restaurants und ein munteres, wenn auch teilweise etwas raubeiniges Nachtleben. Außerdem eignet sich die Stadt gut als Ausgangsbasis für Abstecher zu den Überresten des britischen **Fort Malden** in Amherstburg (25 km südlich) und in den **Point Pelee National Park** (ca. 70 km südöstlich).

Im Stadtzentrum von Windsor spielt sich das Leben größtenteils an der Ouellette Avenue zwischen Detroit River und Wyandotte Street ab, aber ausgesprochene Sehenswürdigkeiten gibt es dort eigentlich nicht. Die **Dieppe Gardens**, die sich am Fuße der Ouellette Avenue als Teil eines langgezogenen Parks am Ufer des Detroit River erstrecken, eignen sich gut für einen Ausblick auf die verwegene Skyline von Detroit. Ganz in der Nähe befindet sich knapp östlich der Ouellette Avenue am unteren Ende der McDougall Street das unglaublich beliebte und überaus glamouröse **Windsor Casino**, dessen Roulettekugeln sich 365 Tage im Jahr 24 Stunden am Tag drehen. Die Reklameleute des Kasinos behaupten, es habe eine entscheidende Rolle bei der Wiederbelebung von Downtown Windsor gespielt. Mit dieser Meinung stehen sie aber ziemlich allein da.

Ebenfalls am Flussufer, aber westlich der Ouellette Avenue, liegt die **Art Gallery of Windsor** in einem schicken modernen Gebäude am 401 Riverside Drive West, ⌨ www.artgallery ofwindsor.com. Sie genießt wegen ihrer ausgezeichneten wechselnden Ausstellungen zu Recht einen guten Ruf. Die ständige Ausstellung ist ebenfalls erstklassig, besonders die kanadischen Gemälde aus dem späten 19. und frühen 20. Jh. Von speziellem Interesse sind einige gute Arbeiten der Group of Seven (s. S. 109). ⊙ Mi 11–17, Do und Fr 11–21, Sa und So 11–17 Uhr, Eintritt $5, mittwochs frei.

Noch mehr Kunst – und diese sogar umsonst und draußen – bietet der **Sculpture Garden**, eine kuriose Zusammenstellung von mehr als 30 modernen Skulpturen auf einem Rasen am Flussufer zwischen Church Street und Ambassador Bridge, rund 3,5 km westlich der Ouellette Avenue.

Übernachtung

Die besten Zimmer im Stadtzentrum bieten die Hoteltürme am Flussufer mit Superblick auf die Skyline von Detroit.

Radisson Riverfront Hotel Windsor, 333 Riverside Drive West, ✆ 519/977-9777 oder 1-800/395-7046, ⌨ www.radisson.com/ windsorca. Hervorragendes großes

Noblesse oblige

Hilton Windsor, 277 Riverside Drive West, ✆ 519/973-5555 oder 1-800/445-8667, ⌨ www. hilton.com. Nobelherberge mit schönen Art-déco-Elementen. ❼

Ein Spitzenitaliener

La Zingara, 769 Erie St East, ✆ 519/258-7555, ⌨ www.lazingaratrattoria.com. In diesem edlen und polierten Restaurant haben die Saucen mehr Pfiff und die Speisen sind innovativer als anderswo – z. B. Linguine mit frischen Muscheln. Hauptgerichte kosten im Schnitt $23. ⊙ tgl. außer Sa 11.30–14.30 und tgl. 17–22 Uhr.

Hotel mit geräumigen, sehr komfortablen Zimmern. ❼

Windsor Inn on the River, 3857 Riverside Drive East, ✆ 519/945-2110 oder 1-866/635-0055, ⌨ www.windsorinnontheriver.com. Viel Charakter verströmt dieses zweistöckige Gebäude vom Ende des 19. Jhs. rund 4 km östlich der Ouellette Ave., auch wenn es zu beiden Seiten von modenen Apartmentblöcken flankiert wird. Hübsch nostalgisch eingerichtete Zimmer, weiter Blick über den Fluss und ausgezeichnetes Frühstück. ❻

Essen

Eine gute Adresse ist Windsors Little Italy. Dort säumen eine Reihe Restaurants die Erie St East zwischen Howard St und Lincoln St, ungefähr 1,5 km südöstlich der Innenstadt.
Spago Trattoria, 614 Erie St East, ✆ 519/252-9099. In dem unprätentiösen Lokal sind hervorragende und sehr authentische Pizzen ($15) sowie alle anderen italienischen Küchenklassiker zu haben (Hauptspeisen um $20). ⊙ tgl. 11.30–22.30 Uhr.

Unterhaltung

Rund um die Ouellette Ave in Downtown liegen mehrere beliebte Bars, z. B. **Lefty's Lounge**, 34 Chatham St East, eine schicke Bar mit Freiterrasse, und der **Pour House Pub**, 46 Chatham St West, eine große, schummrige Kneipe.
Windsor besitzt auch eine rege **Club- und Livemusik-Szene**. Zwei gute Adressen, die vor allem bei Studenten beliebt sind:
Boom Boom Room, 315 Ouellette Ave, ⌨ www.boomboomroom.ca. Hier geht es bei viel House Music und Star-DJs mächtig ab.

Phog Lounge, 157 University Ave West,
✆ 519/253 1605, 🖥 www.clubzone.com.
Ist ähnlich tauglich für eine gute Party.

Convention and Visitors' Bureau,
333 Riverside Drive West, gegenüber vom
Busbahnhof, ✆ 519/255-6530 oder
1-800/265-3633, 🖥 www.visitwindsor.com.
⏲ Mo–Fr 8.30–16.30 Uhr

Ontario Travel Information Centre,
110 Park St East, Höhe Goyeau St, neben
dem Tunnel nach Detroit, ✆ 519/973-1338.
⏲ tgl. Mitte Mai–Aug 8–20, Sep–Mitte Mai
8.30–17 Uhr.

Busse
Der **Busbahnhof** liegt mitten im Zentrum an der
Church St, Ecke Pitt St, nur ein paar Schritte
vom innerstädtischen Brennpunkt Ouellette Ave.
Hier treffen tgl. Greyhound-Busse aus
CHICAGO, LONDON und TORONTO ein.
Transit Windsor, ✆ 519/944-4111, bietet vom
Busbahnhof 1–3x stdl. einen Shuttlebus-Service
nach Detroit durch einen Tunnel, dessen
Einfahrt mitten im Stadtzentrum an der Ecke
Goyeau und Park St liegt.
Der Durchgangsverkehr nach Detroit umfährt
dagegen das Zentrum von Windsor über die
Ambassador Bridge (Hwy 3).

Eisenbahn
Der **Bahnhof** von Windsor, 298 Walker Rd,
Ecke Riverside Drive East, liegt 3 km östlich des
Stadtzentrums in Flussnähe. Eine Fahrt mit dem
Taxi in die Innenstadt kostet $8.

Südlich von Windsor: Amherstburg und Fort Malden

Der Hwy 20 verläuft von Windsor aus Richtung
Süden durch eine Industrieregion, die durch
das schmutzig trübe Wasser des Detroit River
von den Vereinigten Staaten getrennt ist. Aufgrund der damaligen Feindseligkeiten mit den
USA sahen sich die Engländer 1796 veranlasst,
in der Nähe der Mündung des Detroit River bei
Amherstburg ein Fort zu errichten. Die Versorgung der Festung mit Nachschub erwies sich
allerdings als schwierig, sodass sich die Briten
schließlich gezwungen sahen, sie während des
Britisch-Amerikanischen Krieges von 1812 auf-
zugeben. Nach dem Krieg wurde das Fort erneut
besetzt, doch die Engländer machten lediglich
halbherzige Versuche zur Verbesserung seiner
Verteidigungsanlagen. Höchstwahrscheinlich
wäre es erneut verlassen worden, falls es nicht
1837 zu einer Rebellion gekommen wäre. In Pa-
nik erneuerten die Kolonialherren die fortan Fort
Malden genannte Festung und bemannten sie
mit 400 Soldaten, um von hier aus die Aufstän-
dischen und ihre US-amerikanischen Sympathisanten zu bekämpfen. Nachdem die letzten
Soldaten 1859 das Fort verlassen hatten, wurde es der Provinzregierung übergeben, die es
prompt zu einer Irrenanstalt umbaute.

Fort Malden

Die mittlerweile wieder hergerichteten Gräben
und Bastionen aus dem frühen 19. Jh. sind heute
als **Fort Malden National Historic Site**, 🖥 www.
pc.gc.ca, am Detroit River in Amherstburg zu besichtigen. Eine Reihe grasbewachsener Vertei-
digungslinien umgibt die ausgegrabenen Fundamente mehrerer Gebäude und eine einstöckige
Kaserne aus Ziegelstein aus dem Jahr 1819. Das
Innere der Kaserne, mit britischen Armeeunifor-
men ausstaffiert, erscheint irreführend sauber
und gepflegt, dabei müssen die hygienischen Bedingungen müssen damals nach Aussage der Fremdenführer erschreckend gewesen sein.

Gegenüber der Kaserne wurden Wäscherei
und Bäckerei des ehemaligen Irrenhauses zu
einem **Interpretive Centre** umgestaltet, das faszinierende Einblicke in die diversen Episoden
der Geschichte des Forts ermöglicht, darunter
natürlich auch der Krieg von 1812 und die Rebellion von 1837. Originalgegenstände sind hier
zwar rar gesät, doch immerhin ist das Museum
stolzer Besitzer des Pulverhorns von Shawnee-
Häuptling Tecumseh, seines Zeichens treuer
Verbündeter der Engländer und einer der bemerkenswertesten und berühmtesten Führer
der Region. Tecumseh wurde 1769 im heutigen
Ohio geboren und verbrachte den größten Teil
seines Lebens damit, das weitere Vordringen

amerikanischer Siedler nach Westen in das Territorium der Shawnee zu verhindern. Zu diesem Zweck verbündete er sich mit den Engländern, von denen nach seiner Ansicht keine so starke territoriale Bedrohung ausging wie von den Kolonisten. Dank seiner beeindruckenden Persönlichkeit gelang es ihm, eine recht große Armee aus kanadischen Indianern zusammenzuhalten. Tecumseh wurde im Krieg von 1812 getötet, danach löste sich seine Armee auf. ☉ Mai–Aug tgl. 10–17, Sep und Okt Mo–Fr 13–17, Sa und So 10–17 Uhr, Eintritt $3,90.

Südöstlich von Windsor: Leamington und Pelee Island

Das rund 60 km südöstlich von Windsor gelegene Leamington am Hwy 3 ist ein nicht weiter aufregendes Landwirtschaftszentrum und die selbsternannte „Tomatenhauptstadt Kanadas" – eine Behauptung, die von einer riesigen Heinz-Fabrik unterstrichen wird. Was Reisende mehr interessieren wird, ist die Tatsache, dass Leamington nur etwa 8 km vom Point Pelee National Park (s. unten) entfernt ist und dass am Hafen der Stadt die Autofähren (s. Kasten) über den Lake Erie nach Pelee Island ablegen.

Die ruhigen Landstraßen der Insel werden von Obstplantagen und Weinbergen gesäumt. Der einzige Ort ist **Pelee Island Village**, wo die Fähren anlegen. Die rund 15 km lange und 6 km breite Insel besitzt zwei Naturschutzgebiete: Lighthouse Point am nördlichen und Fish Point am südlichen Ende. Alles in allem ist es aber die ländliche Atmosphäre, die den besonderen Reiz von Pelee Island ausmacht.

Point Pelee National Park

Der **Point Pelee National Park** bildet die südlichste Spitze des kanadischen Festlands und liegt auf dem gleichen Breitengrad wie Rom und Barcelona. Der Park nimmt die südliche Hälfte einer 20 km langen Landzunge ein und bietet eine für Kanada außergewöhnliche Vielfalt verschiedener Lebensräume, darunter Sumpfgebiete und ausgedehnte Freiflächen. Am bemerkens-

Fähren nach Pelee Island

Autofähren von **Ontario Ferries**, ☏ 519/724-2115 oder 1-800/661-2220, 🖥 www.ontarioferries.com, verbinden das Festland und Pelee Island. Es gibt zwei Ablegestellen: Leamington und das benachbarte Kingsville, rund 10 km westlich. Die Schiffe verkehren zwischen April und Mitte Dezember 1–3x tgl., die Überfahrt dauert ungefähr 1 1/2 Stunden. Die Preise sind von beiden Häfen aus dieselben: Die einfache Fahrt kostet $7,50 pro Person, ein Fahrrad $3,75 und ein Auto $16,50.

Ontario

wertesten aber ist, dass der Nationalpark zu den ganz wenigen Gegenden zählt, in denen der ursprüngliche **Laubwald** des östlichen Nordamerika überlebt hat: Ein Drittel des Parks besteht aus diesem dschungelähnlichen Urwald, in dem eine unglaubliche Vielfalt von Baumarten vorkommt, von Nordamerikanischen Zürgelbäumen und Rotzedern über Schwarznussbäume und Blaueschen bis zu rankenüberwucherten Sassafrasbäumen. Das milde Klima und die gemischte Vegetation des Parks locken tausende **Vögel** auf ihren Wanderungen im Frühjahr und Herbst an. Im September machen außerdem Tausende von **Monarchfaltern** auf dem Weg nach Süden hier Station und setzen mit ihren orange-schwarzen Flügeln einen leuchtenden Farbkontrast zu den Grün- und Brauntönen des Unterholzes. ☉ tgl. April–Mitte Okt 6–22, Mitte Okt–März 7–19, Eintritt April–Mitte Okt $7,80, sonst frei, Camping untersagt.

Von der Einfahrt zum Park sind es nur 3 km bis zum Ausgangspunkt des Naturwanderwegs Marsh Boardwalk, wo es ein Restaurant und im Sommer auch einen Fahrrad- und Kanuverleih gibt. 4 km weiter befindet sich am Ausgangspunkt für die Wanderwege Tilden Wood Trail und Woodland Trail das **Visitor Centre**, ☏ 519/322-2365, ☉ April–Juni tgl. 10–17, Juli–Aug tgl. 10–18, Sep–Okt tgl. 10–17, Nov–März nur Sa und So 10–17 Uhr. Von April bis Anfang Oktober übernehmen propanbetriebene „Züge" den Transport der Erholungsuchenden vom Besucherzentrum zum 2 km weiter gelegenen Ausgangspunkt des kurzen Fußwegs, der zur Südspitze der Halbinsel führt. Die Spitze selbst ist nur ein schmaler Keil aus grobkörnigem, braunem Sand und unter dem Strich ein wenig enttäuschend – es sei denn, der Strand ist nach einem Sturm gerade mit Treibholz übersät.

Die topfebene Insel lässt sich am besten mit dem **Fahrrad** erkunden, das man bei Comfortech, nur wenige Meter vom Fähranleger, ℡ 519/724-2828, gegen Vorausbuchung leihen kann. Der Fährfahrplan macht es normalerweise möglich, die Insel im Rahmen eines Tagesausflugs zu besuchen, doch es gibt dort auch mehrere **Unterkünfte**. Besonders zu empfehlen ist das Wandering Pheasant Inn im Südosten der Insel, 1060 East West Rd, ℡ 519/724-2270, 🖥 www.thewanderingpheasantinn.com, ❺. In dem schönen, zweistöckigen Haus gibt es zwölf helle, luftige Zimmer, die meisten mit Bad. Das Gasthaus liegt in Spaziernähe zum Strand und hat einen Whirlpool im Freien. Eine Übersichtskarte von Pelee Island und weitere Informationen findet man unter 🖥 www.pelee.org.

Highway 21: von Dresden nach Sarnia

Das platte Ackerland, das sich von London (S. 155) rund 100 km westwärts bis zur belanglosen Grenzstadt **Sarnia** erstreckt, gehört zu den weniger spannenden Regionen der Provinz. Die Gegend wurde als eine der letzten im südlichen Ontario gerodet und besiedelt, da ihr schwerer Lehmboden schwer zu pflügen ist und bei Regen so gut wie unpassierbar wird. Mitten durch die Region verläuft der **Highway 21** als nützliche Verbindung von Windsor (S. 155) und dem Point Pelee National Park (S. 161) zu den hübschen Städten am Lake Huron, allen voran Bayfield und Goderich (S. 164). Praktischerweise passiert er unterwegs auch die drei interessantesten Attraktionen der Gegend. Dies sind – von Süden nach Norden – **Uncle Tom's Cabin Historic Site**, wo in den 1830er-Jahren eine Gruppe entflohener Sklaven aus den USA Unterschlupf fand, das **Oil Museum of Canada**, das an den Ölboom um die Mitte des 19. Jhs. erinnert, und die Kleinstadt **Petrolia**, die ihre Existenz ebenfalls dem Ölboom verdankt. Wer den Hwy 21 als Route wählt, braucht ein eigenes Fahrzeug, da hier **keine Busse** verkehren.

Onkel Toms Hütte

Der Highway 401, der von Windsor nach Osten führt, trifft nach etwa 100 km auf den Highway 21. Wer auf diesen nach Norden abbiegt, erreicht nach rund 30 km die ländliche Gemeinde **Dresden**, Ausgangspunkt für die nur 2 km entfernte **Uncle Tom's Cabin Historic Site**, 🖥 www.uncletomscabin.org. Sie besteht aus einer Handvoll alter Holzgebäude. Das bemerkenswerteste davon ist eine einfache Kirche. Außerdem steht

---

Die Underground Railroad

Die UGRR entstand in den 20er-Jahren des 19. Jhs. als loses und geheimes Bündnis von Gegnern der Sklaverei, die Sklaven zur Flucht aus den amerikanischen Südstaaten nach Kanada verhalfen.

Zwischen 1840 und 1850 hatte sich die UGRR bereits zu einem gut durchorganisierten Netzwerk mit Fluchtrouten und konspirativen Häusern entwickelt. Ihre eigentliche Errungenschaft lag nicht in der Anzahl der befreiten Sklaven – die eher gering war –, sondern in den psychologischen Auswirkungen, die der Schmuggel auf die Beteiligten hatte. An der Flucht eines einzelnen Sklaven waren normalerweise nur wenige Personen aktiv beteiligt, aber viele andere, vor allem Nachbarn und Freunde, wussten genau, was da vor sich ging, und wurden damit zu Komplizen der „Gesetzesbrecher". In dem Maße, wie weiße Amerikaner dazu überredet werden konnten, auch nur eine winzige Rolle in der Underground Railroad zu übernehmen, wurde das System der institutionellen Sklaverei untergraben.

Der Rassismus als solcher blieb davon allerdings unberührt; Wie bei Beecher Stowes Onkel Tom erwartete man Bescheidenheit und Dankbarkeit von den befreiten Schwarzen, die sich gegenüber ihren weißen „Eltern" bzw. Beschützern wie Kinder zu verhalten hatten.

Ontario

hier das Schindelhaus, in dem einst **Reverend Josiah Henson** lebte, ein Sklave, der 1830 mit Unterstützung der Underground Railroad (oder UGRR, s. Kasten) von Maryland in den Südstaaten der USA nach Kanada geflohen war.

Zusammen mit einer Gruppe von Anhängern der Sklavenbefreiung erwarb Henson anschließend 80 ha Ackerland in der Umgebung von Dresden. Die Abolitionisten gründeten das British American Institute, eine Art Berufsschule für geflohene Sklaven. Der des Schreibens unkundige Henson diktierte seine Lebensgeschichte, und 1849 wurden seine Erzählungen über das Leben als Sklave erstmals in Buchform veröffentlicht. Die eindrucksvollen, unprätentiösen und teilweise geradezu sachlich wirkenden Schilderungen über die alltäglichen Grausamkeiten der Sklaverei gewannen schnell eine große Leserschaft. Eine dieser Leserinnen war **Harriet Beecher Stowe**, die Henson daraufhin aufsuchte und 1852 das in der damaligen Zeit einflussreichste Werk für die Abschaffung der Sklaverei schuf, den Roman *Onkel Toms Hütte*, dessen Hauptfigur an Hensons Berichte angelehnt war.

Die meisten nach Dresden geflüchteten ehemaligen Sklaven kehrten nach dem Amerikanischen Bürgerkrieg in die USA zurück, doch Henson selbst blieb. Zu seiner eigenen Überraschung wurde er sogar Königin Victoria vorgestellt und erhielt Auszeichnungen des British Empire. Zur Erinnerung an diese königliche Verbindung trägt sein auf dem Gelände stehender Grabstein eine Krone. Josiah Henson starb 1883. Sein Buch, das normalerweise schwer aufzutreiben ist, gibt es im hiesigen **Interpretive Centre** zu kaufen. Dieses betreibt außerdem ein kleines Museum zum Thema Sklaverei und Underground Railroad und zeigt ein faszinierendes Video über Hensons Leben und Zeit.

🕐 Ende Mai–Juni und Sep–Ende Okt Di–Sa 10–16, So 12–16, Juli und Aug tgl. 10–16, So 12–16 Uhr, Eintritt $6,25.

Oil Springs

Rund 25 km nördlich von Dresden passiert der Hwy 21 das Oil Museum of Canada, kurz bevor er das winzige Oil Springs erreicht. Es bildete einst das Zentrum eines rauen Grenzbezirks, auf dessen flachen Feldern sich Hunderte eifriger Ölsucher mit ihrer Gefolgschaft breitmachten. Die ersten Prospektoren wurden durch die schwarzen, klebrigen Ölflecken in die Gegend gelockt, die durch schmale Risse im Fels an die Erdoberfläche gesickert waren. Diese **„Ölbetten"** *(gum beds)* waren bereits lange zuvor von den Indianern für medizinische und rituelle Zwecke genutzt worden.

1858 nahm James Miller Williams die erste kommerzielle Ölbohrung Nordamerikas vor, 1862 bohrte ein gewisser Hugh Shaw tiefer als alle anderen und stieß 49 m unter der Erdoberfläche auf die erste sprudelnde Ölquelle. Geschockt durch das bis auf Baumhöhe hervorschießende Öl griff Shaw, der ein religiöser Mann war, auf das passende Bibelwort zurück: „… und die Felsen mir Ölbäche gossen…" (Hiob 29:6). Shaw wurde reich, doch das Glück ließ ihn bereits ein Jahr später im Stich, als er an den aus seiner eigenen Ölquelle aufsteigenden Gas- und Schwefeldämpfen erstickte. Auf dem Höhepunkt des Booms spuckten die Felder rund 30 000 Barrel Rohöl am Tag aus, das zu einem Großteil per Pferdekutsche über eine speziell zu diesem Zweck gebaute Straße aus Holzplanken nach Sarnia transportiert wurde.

Das **Oil Museum of Canada**, 🖥 www.lambton online.com/oil_museum, wurde 1 km südlich von Oil Springs neben dem ursprünglichen Bohrloch von James Williams errichtet. Zu den Höhepunkten des Freilichtmuseums zählen eine Schmiede aus dem 19. Jh. mit faszinierenden alten Sepia-Fotos aus den Zeiten des Öl-Booms und ein „Ölbett". Besucher können sich über geologische Details informieren und eine zusammengewürfelte Sammlung von Relikten der Ölindustrie besichtigen. In der Umgebung des Museum wird auch heute noch Öl an die Oberfläche gefördert und anschließend mittels etwa 700 Tiefpumpen, sogenannter *pump jacks* in ein unterirdisches Rohrsystem gepumpt. 🕐 Mai–Okt tgl. 10–17, Nov–April Mo–Fr 10–17 Uhr, Eintritt $5.

Petrolia

Petrolia liegt rund 10 km nördlich von Oil Springs neben dem Hwy 21. Seine vornehmen Stein- und Ziegelgebäude sprechen Bände von dem Reichtum, der urplötzlich über die Region hereinbrach, nachdem man in der Gegend Öl gefunden hatte. Petrolia war Kanadas erste Ölstadt, und als die Dollars rollten, ließen auch die viktorianischen Villen und die großzügig angelegten öffentlichen Gebäude nicht lange auf sich warten. Mehrere davon stehen auch heute noch an der Hauptstraße Petrolia Line. Drei herausragende Beispiele sind die **Municipal Offices** an der Ecke Petrolia, Line und Greenfield St, **Nemo Hall**, 419 King St, Ecke Victoria St, ein beeindruckender Ziegelbau mit prächtigen schmiedeeisernen Verzierungen, und die mit zahlreichen neugotischen Giebeln und Türmen geschmückte **St. Andrew's Presbyterian Church**, ganz in der Nähe an der Ecke Petrolia, Line und Queen Street. Zur Betonung des Ursprungs der Stadt haben die Straßenlampen die Form von Bohrtürmen, doch außer der Architektur gibt es keinen guten Grund, sich länger in Petrolia aufzuhalten.

Sarnia

Wer dem Hwy 21 von Petrolia nach Norden folgt, erreicht nach etwa 12 km den **Highway 402**, der London im Osten mit Sarnia im Westen verbindet. Von hier sind es über den Hwy 21 noch 80 km nordwärts bis Bayfield am Lake Huron.

Bayfield

Sandstrände und ein teilweise von Flusstälern durchbrochener Steilabbruch bilden die Südostküste des Lake Huron, die ein beliebtes Ferienziel ist. Das Wasser ist nicht so verschmutzt wie das des Lake Ontario, die Sonnenuntergänge sind wunderschön, und mit Bayfield und Goderich liegen zwei der reizvollsten Orte der Provinz an diesem Abschnitt des Sees.

Der südlichere von beiden ist das rund 90 km nördlich von London gelegene Bayfield, eine begüterte und bezaubernde Kleinstadt mit hübschen Holzhäusern und gepflegten Gärten unter einem Dach aus uralten Bäumen.

Ihre Bewohner haben sich die moderne Entwicklung bislang vom Leib gehalten; in Bayfield gibt es kaum ein Neonschild, ganz zu schweigen von einem Apartment-Block aus Beton. Fast alle alten Häuser werden liebevoll in Stand

gehalten und bestechen durch verschnörkelte Holzverzierungen, Fächerfenster und schöne Veranden. Historische Schilder verraten Einzelheiten über die älteren Gebäude in der kurzen **Main Street**, und der winzige **Pioneer Park** auf dem Steilufer am westlichen Ende der Main Street eignet sich hervorragend zum Genießen des Sonnenuntergangs. Wer genügend Zeit hat, sollte sich auch den **Hafen** am nördlichen Ende der Stadt ansehen und nach Möglichkeit einen Spaziergang am Ufer des Bayfield River unternehmen, wo man während der Saison wilde Pilze und Farnsprosse sammeln kann. Im Winter kommen hier auch Eisfischer und Schlittschuhläufer auf ihre Kosten.

Pinery Provincial Park, ☎ 1-888/668-7275, 🖳 www.pinerypark.on.ca. Beliebter Campingplatz auf einer bewaldeten Düne zwischen dem Lake Huron und dem Hwy 21, ca. 40 km südlich von Bayfield. Stellplatz $22,25–35,50.

Essen

Albion Hotel, Main St, hat preiswerte wie sättigende Kneipenkost und ganze Mahlzeiten ab etwa $12.

Informationen

Das winzige **Tourist Office**, ☎ 519/565-2499 oder 1-866/565-2499, 🖳 www.villageofbayfield. com, am Hwy 21 gleich nördlich der Bayfield River Bridge bietet eine umfassende Liste mit Übernachtungsmöglichkeiten und ist hilfreich bei der Zimmersuche. ☉ Mai–Sep tgl. 10–18 Uhr.

Transport

Um nach Bayfield zu gelangen, benötigt man ein eigenes Auto, denn hierher fahren keine Busse.

Goderich

Nur 20 km nördlich von Bayfield liegt an der Mündung des Maitland River Goderich, eine bezaubernde Kleinstadt, die trotz ihres betriebsamen Industriehafens geradezu Postkartencharme besitzt. Die Stadt entstand 1825, als die in britischem Besitz befindliche Canada Company der kanadischen Regierung 10 000 km² Land im Süden Ontarios, den sogenannten **Huron Tract**, zum Spottpreis von 30 Cent pro Hektar abkaufte. Um möglichst schnell von der Investition zu profitieren, ließ die Canada Company die **Huron Road**, eine Straße durch unwegsames Gelände von Cambridge im Osten nach Goderich im Westen aus dem Boden stampfen. Die 1828 fertiggestellte Straße lockte die von der Company benötigten Siedler an. Innerhalb von 30 Jahren entstanden im Huron Tract zwei blühende Städte, Stratford (S. 153) und Goderich, die einen großen Getreideüberschuss für den Export produzierten, woran sich bis heute nichts geändert hat.

Die breiten, von Bäumen gesäumten Avenuen des geometrisch angelegten Zentrums von Goderich strahlen sternförmig von einem eindrucksvollen, achteckigen Platz aus, der vom weißen Gerichtsgebäude der Stadt beherrscht wird. Von hier aus verlaufen die vier Hauptstraßen in alle vier Himmelsrichtungen, wobei die North Street nach ein paar Minuten das **Huron County Museum**, 🖳 www.huroncounty.ca/museum, erreicht, das sich auf die Pioniere der Region konzentriert. Zu den Highlights zählt eine fantastische Sammlung landwirtschaftlicher Maschinen und jede Menge alter, sepiafarbener Fotos. ☉ Mai–Dez Mo–Sa 10–16.30, So 13–16.30, Jan–April Mo–Fr 10–16.30, Sa 13–16.30 Uhr, Eintritt $5, mit Huron Historic Gaol (s. u.) $7,50.

Huron Historic Gaol

Biegt man am Ende der North Street nach rechts auf die Gloucester Terrace ab, gelangt man bald zu den hohen Steinmauern des ehemaligen Gefängnisses **Huron Historic Gaol**, 181 Victoria St. Es zählt zu den faszinierendsten Sehenswürdigkeiten in ganz Ontario und wurde zwischen 1839 und 1842 als eine Kombination von Gerichtsgebäude und Gefängnis errichtet. Im obersten Stock des Hauptgebäudes befinden sich Gerichtssaal und Ratskammer, beide klaustrophobisch eng, neben einigen Verwahrungszellen. Das brachte zwei Probleme mit sich: Diese Anordnung war den örtlichen Richtern äußerst suspekt, denn sie fühlten sich durch die Nähe zu denen, die sie verurteilten, bedroht. Das zweite Problem war der Geruch von den Aborten im Gefängnishof. 1856 hatte die Verwaltung endlich ein Einsehen und ließ im Zentrum der Stadt ein neues Gerichtsgebäude bauen, um Gefängnis und Rechtsprechung ein für allemal voneinander zu trennen.

In den beiden unteren Stockwerken des Gefängnisbaus befinden sich die ehemalige Wohnung des Gefängniswärters und eine Reihe gut erhaltener Zellen, anschauliche Beispiele für die unterschiedlichen Konzeptionen von Gefängniszellen zwischen 1841 und 1972, als die Haftanstalt schließlich geschlossen wurde. Am abschreckendsten wirkt die „Beineisenzelle" für besonders renitente Häftlinge, die hier ohne

Ontario

Bett und ohne Decke an die Wand gekettet waren. Einen guten Abschluss der Tour bildet das **Governor's House** – die Residenz des Gefängnisdirektors – mit schön restaurierter, spätviktorianischer Inneneinrichtung.

○ Mitte Mai–Aug Mo–Sa 10–16.30, So 13–16.30, Sep–Ende Okt Mo–Fr 13–16, Sa 10–16.30, So 13–16.30 Uhr, Eintritt $5, mit Huron County Museum $7,50.

West Street und Seeufer

Die **West Street** führt vom Zentrum durch einen Einschnitt in den Uferfelsen zum 1 km entfernten Ufer des Lake Huron südlich des Hafens und der Salzwerke. Ein Fußweg führt Richtung Nordosten um den Hafen herum, an den Getreidespeichern vorbei bis zur **Menesetung Bridge**, einer alten CPR-Eisenbahnbrücke, die heute als Fußweg über den Maitland River dient.

Nördlich des Flusses bietet sich der **Maitland Trail** für einen kurzen, aber lohnenswerten Abstecher entlang des Nordufers an. Südlich des Hafens wurden rund 1,5 km Seeufer als Picknickbereich eingerichtet. Von hier aus lassen sich absolut spektakuläre Sonnenuntergänge beobachten. Ganz am Ende ist der Sandstrand allerdings nur noch ein magerer Streifen.

Übernachtung

Hotels

Die Hotellandschaft von Goderich ist nicht so abwechslungsreich wie die B&B-Szene (s. u.).
Benmiller Inn, ☎ 519/524-2191 oder 1-800/265-1711, 🖳 www.benmiller.on.ca. Das beste Haus am Platze liegt in einem kleinen bewaldeten Tal östlich von Goderich und bietet feudale Unterkunft in einer gelungen umgebauten ehemaligen Wollmanufaktur aus den 1830er-Jahren. Anfahrt über den Hwy 8 stadtauswärts, nach ca. 6 km der Beschilderung folgen. ❻

B&Bs

Colborne B&B, 72 Colborne St, ☎ 519/524-7400 oder 1-800/390-4612, 🖳 www.colbornebandb. com. Angenehme Unterkunft in einem großen

Ziegelbau gleich westlich des zentralen Platzes; 4 Zimmer mit Bad und schnörkelloser Einrichtung. ❹
Twin Porches B&B, 55 Nelson St East, ☎ 519/524-5505, 🖳 www.bbcanada.com/ 3694.html. Ebenfalls in Zentrumsnähe und ebenso einladend ist dieses Quartier in einem makellos gepflegten viktorianischen Haus mit verzierendem Holzschmuck und stilechter Einrichtung in den Gemeinschaftsräumen. 3 klimatisierte Gästezimmer mit Gemeinschaftsbad, ○ Mai–Okt. ❷

Camping

Point Farms Provincial Park, ☎ 519/524-7124, Reservierungen unter 1-888/668-7275, 🖳 www.ontarioparks.com. Immer am Seeufer entlang 7 km nördlich von Goderich, ○ Mitte Mai–Anfang Okt.

Essen

Goderich ist nicht gerade ein Feinschmeckerparadies, aber **Bailey's** im Zentrum, 120 Court House Square, ☎ 519/524-5166, ist ein Lichtblick. Das Angebot ist umfangreich, die Gerichte sind liebevoll angerichtet und reichen von Fish & Chips auf englische Art ($17) bis zu spinatgefüllter Hähnchenbrust ($25). ○ Mo–Sa 11.30–14 und Di–Sa 17.30–20.30 Uhr.
Park House Tavern & Eatery, 168 West St. Die lebendigste Bar der Stadt bietet Panoramablick auf den Lake Huron. ○ tgl. 11.30–23.30 Uhr.

Informationen

Tourist Office, Nelson St, Ecke Hamilton St, neben Hwy 21, ☎ 519/524-6600 oder 1-800/280-7637, 🖳 www.goderich.ca. Nicht weit nordöstlich vom zentralen Platz. Hat kostenlose Stadtpläne sowie eine umfassende Liste von Unterkünften, darunter ungefähr 15 B&Bs. ○ Mitte Mai–Sep tgl. 9–18, Okt–Mitte Mai Mo–Fr 9–16.30 Uhr.

Transport

Wie Bayfield ist auch Goderich nicht an das öffentliche Busnetz angeschlossen. Für die Anreise wird ein eigenes Fahrzeug benötigt.

Bruce Peninsula und Nottawasaga Bay

Die Bruce Peninsula trennt den wesentlich größeren Teil des Lake Huron von der Georgian Bay und beherbergt zwei Nationalparks. Der interessantere von beiden ist der **Fathom Five National Marine Park** an der Nordspitze der Halbinsel, ein wunderbares Revier für passionierte Taucher. Der zweite ist der **Bruce Peninsula National Park**, der aus zwei Waldabschnitten zu beiden Seiten des Hwy 6 besteht, wobei man im nördlichen auf einem kleinen Stück des Bruce Trails (S. 168) herrliche Küstenwanderungen unternehmen kann.

In beiden Parks gibt es Campingplätze. Eine vernünftige Auswahl an Hotels und Motels bietet das lebendige, einladende **Tobermory** an der Nordspitze der Halbinsel, wo die Fähre nach Manitoulin Island ablegt. Lohnenswert ist auch ein kurzer Abstecher in den interessanten alten Hafenort **Owen Sound** am südlichen Ende der Halbinsel.

Östlich von Owen Sound bildet die südliche Ausstülpung der Georgian Bay die kleinere **Nottawasaga Bay**, die quasi eine Bucht innerhalb einer Bucht darstellt und eines der beliebtesten Ferienziele der Provinz ist.

Im Sommer konzentriert sich das Geschehen auf den Ferienort **Wasaga Beach**, wo ein mehrere Kilometer langer, geschützter Sandstrand den **Wasaga Beach Provincial Park** bildet und von einer scheinbar endlosen Kette von Chalets und Cottages gesäumt wird. Westlich von Wasaga Beach, vom Hafenort **Collingwood** aus etwas ins Landesinnere, liegt das Skigebiet **Blue Mountain**.

Transport in der Region

In die größeren Städte gibt es häufige Verbindungen mit öffentlichen Verkehrsmitteln, die Bruce Peninsula ist jedoch nicht ans Busnetz angeschlossen. Greyhound, ☎ 1-800/661-8747, 🖳 www.greyhound.ca, schickt 2–3x tgl. einen **Bus** von Toronto nach Owen Sound und unterhält 1–2x tgl. eine Verbindung zwischen Toronto und Collingwood.

Owen Sound

Knapp 200 km nordwestlich von Toronto liegt in einer Schlucht an der Mündung des Sydenham River die Hafenstadt Owen Sound am Fuße der Bruce Peninsula. In ihrer Blütezeit war die Stadt ein raues Pflaster voller Bordelle und Bars. Die Amerikaner mussten hier extra ein Konsulat einrichten, dessen Hauptaufgabe darin bestand, betrunkene und undisziplinierte Seemänner gegen Kaution aus dem Gefängnis zu holen. Für die Mehrheit der Bevölkerung war Owen Sound ein unangenehmer Wohnort, und die allgegenwärtige Gewalt brachte einen besonders aktiven Zweig der Weiblichen Christlichen Abstinenzler hervor, die sich den Erfolg auf die Fahnen schreiben konnten, dass ab 1906 ein Alkoholverbot in Owen Sound erlassen wurde, das die Behörden erst 1972 wieder aufhoben.

Die Stadt war aber bereits lange vor der Rückkehr der Kneipen im Niedergang begriffen, weil der Schiffsverkehr in den 20er-Jahren gegenüber der Eisenbahn immer mehr an Boden verlor und die Hafenanlagen so gut wie überflüssig wurden. Owen Sound schaffte es aber, sich neu zu erfinden und ist heute ein attraktiver Ort, der zumindest einen Zwischenstopp lohnt.

Die Orientierung in den Straßen von Owen Sound kann ein bisschen schwierig sein, aber das System folgt einer Logik: Avenues verlaufen in von Norden nach Süden, Streets von Osten nach Westen. Der Fluss, der das kompakte Stadtzentrum in Nord-Süd-Richtung durchschneidet, trennt Avenues und Streets nach Himmelsrichtung in „East" und „West".

Von touristischem Interesse sind hier vor allem drei Sehenswürdigkeiten. Den Auftakt bildet das **Marine-Rail Museum**, 🖳 www.marinerail. com, das im ehemaligen Bahnhofsgebäude am Hafen, 1155 1st Ave West, Fotos und Modelle alter Züge und Schiffe zeigt. Draußen sind ein alter Holzschlepper und ein Bahndienstwagen zu besichtigen. ☉ Juni–Aug Mo–Sa 10–17, So 12–17, Sep–Anfang Okt Di–Fr 12–16, Sa 11.30–15.30, Anfang Okt–Mai Di–Fr 12–16 Uhr, Eintritt $4.

Unterhaltsamer dürfte die **Tom Thomson Memorial Art Gallery**, 840 1st Ave West, 🖳 www. tomthomson.org, sein – mit Wechselausstellungen kanadischer Künstler und einer Sammlung weniger bekannter Gemälde von Thomson. ☉ Ende Mai–Anfang Okt Mo–Sa 10–17, So 12–17, Anfang Okt–Ende Mai Di–Fr 11–17, Sa und So 12–17 Uhr, Eintritt $5.

Das **Billy Bishop Museum**, 948 3rd Ave West, 🖥 www.billybishop.org, beleuchtet die militärischen Erfolge des mit dem Victoria-Kreuz ausgezeichneten kanadischen Flieger-Asses. ☉ Ende Mai–Aug Mo–Sa 10–17, So 12–17, Sep–Dez und April–Ende Mai Di–Sa 11–16, Feb–März Di–Fr 12–16 Uhr, Eintritt $4.

Brae Briar, 980 3rd Ave West, nahe 10th Street, ✆ 519/371-0025, 🖥 www.bbcanada.com/622.html. B&B in einem hübschen, 2-stöckigen Haus mit 3 altmodisch eingerichteten Gästezimmern in zentraler Lage. ❹

The Highland Manor, 867 4th Ave West, ✆ 519/372-269, 🖥 www.highlandmanor.ca. In dieser zauberhaften Villa von 1872 werden 5 antik eingerichtete Zimmer vermietet. Das Haus hat hohe Decken und eine hübsche Pergola. Nicht gerade billig, aber jeden Cent wert. In der Hochsaison (Mitte Juli–Mitte Aug) unbedingt reservieren. ❻

Jazzmyns Tapas & Taps, 261 9th St E, ✆ 519/371-7736, 🖥 www.jazzmyns.com. Bietet im Zentrum ausgezeichnete und preiswerte Gerichte – von Tapas über Pizza bis zu Hamburgern.

Rocky Raccoon Café, 941 2nd Ave E, ✆ 519/374-0500, 🖥 www.rockyraccooncafe.com, ebenfalls im Zentrum. Der nepalesische Besitzer und Chefkoch verfeinert die kanadische Standardküche mit ein paar asiatischen Gewürzen. Er hat zum Beispiel einen Gaumenschmaus wie das umwerfende Indian Maple Spice Bread erfunden.

Touristeninformation, 1155 1st Ave West, neben dem Marine Rail Museum, ✆ 519/371-9833 oder 1-888/675-5555, 🖥 www.owensoundtourism.com. Hat eine Liste der Unterkünfte in der Gegend, darunter Details zu einem Dutzend B&Bs. ☉ Mo–Do 9–17, Fr 9–18, Sa 10–17, So 10–16 Uhr.

Der Busbahnhof von Owen Sound liegt in der 3rd Ave East, Höhe 10th St East, zehn Minuten zu Fuß von der Touristeninfo entfernt.

Bruce Peninsula National Park

Der Highway 6 führt von Owen Sound mitten durch die Bruce Peninsula Richtung Nordwesten und erreicht nach etwa 100 km bei Cyprus Lake den Abzweig zum Bruce Peninsula National Park. Der Nationalpark ist ein Mix aus steilen Kalksteinwänden, felsigen Stränden, Feuchtgebieten und Wald. Die beste Zeit für einen Besuch ist der Juni, wenn die Wildblumen blühen und noch nicht zu viele Menschen unterwegs sind.

Am Cyprus Lake befinden sich das Hauptquartier des Parks und ein ganzjährig geöffneter **Campingplatz**, ✆ 1-877/737-3783, 🖥 www.pc camping.ca. Stellplatz-Reservierungen sind nur von Mai bis September möglich (und dann auch nötig). Das Nordufer des Sees ist Ausgangspunkt für vier **Wanderwege**, von denen drei zu einem der spektakulärsten Abschnitte des Bruce Trail führen. Dieser Fernwanderweg folgt dem Verlauf des Niagara Escarpment durch Ontario von Queenston (S. 142) nach Tobermory (s.u.).

Tobermory

Rund 11 km nördlich des Abzweigs nach Cyprus Lake erreicht die Hwy 6 Tobermory, eine quicklebendige Mischung aus Fischerdorf und Ferienort an der Nordspitze der Halbinsel. Es gibt hier keine klassischen Sehenswürdigkeiten zu bewundern, aber der Ort ist insgesamt sehr nett. Das Geschehen konzentriert sich um die schmale Bucht des **Little Tub Harbour**.

In und um Tobermory gibt es etwa ein Dutzend Hotels und Motels. Die meisten davon sind etwas unpersönlich, aber modern und komfortabel.

Grandview Motel, ✆ 519/596-2220, 🖥 www.grandview-tobermory.com.

Ontario

Empfehlenswerte Unterkunft mit 18 sauberen Zimmern östlich des Hafens an der Ecke Bay St und Earl St. ❻
Blue Bay Motel, 32 Bay St, ☎ 519/596-2392, 🖳 www.bluebay-motel.com. Das zweistöckige Motel mit langem Balkon ist eine nette Alternative. ❺
Im Grandview Motel bietet das beste **Restaurant** der Stadt leckere Gerichte zu vernünftigen Preisen und Blick auf den Hafen. Spezialität sind Fischgerichte wie Weißfisch und Rotbarsch.
Rund um den Hafen gibt es mehrere lebendige Kneipen und Cafés, darunter das **Crow's Nest**, wo auch regelmäßig Livemusik geboten wird.

Informationen

Das **National Park Office**, 120 Chi sin tib dek Rd, ☎ 519/596-2233, 🖳 www.pc.gc.ca, mit großer Ausstellung, Filmraum und benachbartem Aussichtsturm liegt fünf Minuten zu Fuß südlich von Tobermory. Es ist für beide Nationalparks auf der Bruce Peninsula zuständig und hat Landkarten und Gratisbroschüren. ☀ Mai und Sep–Okt So–Fr 10–17, Juni–Aug So–Do 8–20, Fr 8–22, Sa 8–21, Nov–April Mi–Sa 12–16 Uhr.
Das **Village Tourist Office**, ☎ 519/596-2452; 🖳 www.tobermory.org, befindet sich unten am Hafen. Hier bekommt man eine Liste sämtlicher Unterkünfte der Stadt. ☀ Mai-Juni und Sep–Mitte Okt tgl. 9–17, Juli–Aug tgl. 9–21 Uhr.

Transport

Vom Hafen in Tobermory legen **Autofähren** (s. Kasten S. 171) nach South Baymouth auf Manitoulin Island (S. 171) ab. Mai–Mitte Okt 2–4x tgl., einfache Fahrt $15, Autos $31. Kleinere **Passagierdampfer** setzen zu den Inseln des Fathom Five National Marine Park über (s. u.).

Umgebung von Tobermory: Fathom Five National Marine Park

Der Fathom Five National Marine Park, 🖳 www.pc.gc.ca, liegt vor der Spitze der Bruce Peninsula, bei Tobermory, und besteht aus 19 unbewohnten Inseln und den umgebenden Gewässern.

Tauchen im Fathom Five Park

Der Park ist in ganz Kanada für seine hochkarätigen Tauchbedingungen bekannt. Die Gewässer sind glasklar und ungewöhnliche Felsformationen laden zur näheren Betrachtung ein, ebenso rund 20 Schiffwracks. Wer tauchen möchte, muss sich persönlich im **Registration Office** eintragen, das im Parkbüro (s. oben) untergebracht ist.
Taucherausrüstung vermietet G&S Watersports, ☎ 519/596-2200, 🖳 www.gswatersports.com, unten am Hafen. Hier gibt es auch und einen Kajakverleih und Tauchunterricht wird angeboten.

Um den natürlichen Lebensraum des Fathom Five National Marine Park möglichst wenig zu belasten, gibt es nur auf der 4 km vom Festland entfernten Insel **Flowerpot Island** begrenzte touristische Einrichtungen, darunter sechs Stellplätze für Zelte und ein paar kurze Wanderwege zur Erkundung des Ostteils der Insel. Das bezaubernde Eiland hat seinen Namen („Blumentopf") von zwei rosa-grauen Steinsäulen an der Ostküste, die durch Erosion entstanden und von den Wanderwegen der Insel gut zu sehen sind.
Von Mai bis Mitte Oktober ist Flowerpot Island von Tobermory aus ganz einfach mit dem Boot zu erreichen. Mehrere Veranstalter bieten regelmäßige **Bootsverbindungen** zur Insel an. Sie setzen ihre Passagiere entweder auf der Insel ab und holen sie zu einem verabredeten Zeitpunkt wieder ab oder legen als Teil einer längeren Rundfahrt auf Flowerpot Island an. Bei einem Spaziergang durch Tobermorys Little Tub Harbour findet man sicher ein Angebot, das den persönlichen Vorstellungen entspricht.
Ein zuverlässiger Anbieter ist Blue Heron, ☎ 519/596-2999, 🖳 www.blueheronco.com. Die Fahrt von Tobermory nach Flowerpot Island und zurück kostet $30–40, je nachdem, ob man auf der Insel an Land geht oder an Bord bleibt.
Wer auf der Insel zelten möchte, muss vorher beim Parkbüro (s. oben) eine Genehmigung einholen. Verpflegung muss jeder selbst auf die Inseln mitbringen, da man dort nichts kaufen kann.

Manitoulin Island

Die **Ojibwa** glaubten, dass der Gitchi Manitou (der Große Geist) bei der Erschaffung der Welt das beste Stück für sich selbst reservierte und Manitoulin (Insel Gottes), mit über 2700 km² die größte Süßwasserinsel der Welt, als sein Zuhause wählte. Manitoulin Island ist eine Fortsetzung des Kalksteinhöhenzuges Niagara Escarpment und unterscheidet sich daher grundlegend von den rauen und grauen Felsen des Kanadischen Schilds ringsherum. Weiße Klippen, große Seen, sanfte Wälder und prärieartige Farmlandflächen machen den besonderen landschaftlichen Reiz der Insel aus. Schon seit langem lockt diese ländliche Idylle im Sommer hunderte Segler an, die in den Seen auf der Insel ein ideales Revier vorfinden. Inzwischen erfreut sich Manitoulin aber auch beim motorisierten Stadtvolk großer Beliebtheit, das hier in großer Zahl mit der Autofähre aus Tobermory (S. 168) anreist. Dennoch lassen sich die Menschenmengen ohne Schwierigkeiten umgehen, indem man sich auf das Nordostufer, den wahrscheinlich schönsten Teil der Insel, konzentriert oder sich in eines der abgeschiedenen Resorts zurückzieht.

Geschichte

Etwa 25 % der 12 000 Einwohner von Manitoulin Island sind Indianer – Nachkommen von Gruppen, die hier nach Meinung von Experten bereits vor mehr als 10 000 Jahren siedelten. Bei Ausgrabungen in **Sheguiandah** an der Ostküste förderten Archäologen Spuren dieser Paläo-

Indianer zutage, und die kleine Ausstellung von Artefakten im örtlichen Museum zeigt einige der ältesten Zeugnisse menschlicher Besiedlung, die je in Ontario gefunden wurden. Viel später, nämlich 1836, unterzeichneten die Ureinwohner der Insel – in erster Linie Ojibwa und Odawa – zögerlich einen Vertrag, der Manitoulin als Zufluchtstätte für mehrere Indianergruppen aus der Georgian Bay vorsah, die von weißen Siedlern enteignet worden waren. Nur wenige kamen, was vielleicht auch ganz gut war, denn die Weißen revidierten schon bald darauf ihre Position und beanspruchten die Insel ganz für sich alleine. Unter ihrem Druck kam es 1862 zu einem zweiten Vertrag, der den nicht-indianischen Neuankömmlingen den größten Teil der Insel zusicherte. Das Ganze war ein besonders schäbige Angelegenheit bei dem die an der Ostspitze der Insel in **Wikwemikong** beheimateten Ojibwa aber nicht mitspielten. Sie weigerten sich zu unterzeichnen. Noch heute leben ihre Nachkommen in diesem „nicht abgetretenen Reservat" und veranstalten jeweils am dritten Wochenende im August das größte **Powwow** Kanadas.

Der Osten der Insel

Vom Fähranleger in South Baymouth führt der Hwy 6 zunächst nach Norden landeinwärts, bevor er nach Osten schwenkt und nach 30 km beim Dorf **Manitowaning**, wo 1836 der Vertrag unterzeichnet wurde, das Seeufer erreicht. Allzu viel hält einen hier nicht, außer vielleicht ein kleiner Abstecher in das bescheidene **Assiginack Museum**, ☎ 705/859-3905, in dem einige Überbleibsel der Pioniere zu besichtigen sind. Das robuste Kalksteingebäude diente einst als Gefängnis. ☼ Juni–Sep tgl. 10–17 Uhr, Eintritt $2.

Von Manitowaning führt eine Nebenstraße nach Osten in das Dorf **Wikwemikong**, rund 14 km abseits des Hwy 6 an der Smith Bay gelegen und Zentrum des gleichnamigen Indianerreservats. Es ist zugleich Standort der führenden indianischen Theatertruppe Kanadas, des Ensembles **De-Ba-Jeh-Mu-Jig** („Geschichtenerzähler"), das im Juli und August zweisprachige Vorstellungen (auf Englisch und Ojibwa) indianischer Sagen und zeitgenössischer Stücke von indianischen Autoren zeigt. Infos zu Ter-

Ontario

Transport nach Manitoulin Island

Manitoulin Island ist von Süden per **Autofähre** von Tobermory zu erreichen, ☎ 1-800/265-3163, 🖥 www.ontarioferries.com, Mai–Mitte Okt 2–4× tgl., 2 Std. Fahrtdauer, einfache Fahrt $15,95, Autos $34,70. Die Fähren legen in South Baymouth am Südufer der Insel an. Von Norden gelangt man per **Straße** (und Brücke) über den Hwy 17 westlich von Sudbury (S. 223) auf die Insel. Es gibt keine Busse oder Züge nach oder auf Manitoulin Island.

minen, Spielorten und Reservierungen gibt es unter ☎ 705/859-2317 oder 🖳 www.debaj.ca.

Nördlich von Manitowaning führt der Hwy 6 durch Farmland nach Norden ins Küstendorf **Sheguiandah**. wo sich das **Centennial Museum of Sheguiandah**, ☎ 705/368-2367, 🖳 www.manitoulin-island.com/muesums, primär mit den ersten Pionierfamilien beschäftigt, die sich als Farmer und Händler in der Gegend niederließen. Mit Namen beschriftete Fotos geben Aufschluss darüber, wer mit wem verwandt war. Die Bewohner dieser einst extrem isolierten und eng verbundenen Gemeinde wurden von Auswärtigen wegen ihrer Vorliebe für die scharlachroten Früchte des Weißdornbaums *(hawthorn)* auch als „Haweaters" bezeichnet. In den nahen Uferwäldern entdeckten Archäologen die Überreste einer rund 10 000 Jahre alte paläo-indianischen Siedlung. Die meisten Artefakte aus diesem bemerkenswerten Fund gingen an verschiedene größere Museen, während sich dieses Museum mit einem Schaukasten grob gefertigter Quarzit-Werkzeuge begnügen musste – eine dürftige Ausbeute angesichts der Bedeutung der hier gemachten Entdeckung. ☉ Anfang Mai–Ende Sep tgl. 10.30–16.30, Do bis 20 Uhr; Anfang April–Anfang Mai und Ende Sep–Mitte Okt Mi–So 12.30–16.30 Uhr, Eintritt $4.

Little Current

Von Sheguiandah ist es nicht weit nach Little Current, dem mit gerade einmal 3000 Einwohnern größten Ort auf Manitoulin Island. Neben der Drehbrücke am Ortsrand befindet sich die zentrale **Touristeninformation** der Insel, ☎ 705/368-3021, 🖳 www.manitoulintourism.com. ☉ Anfang Mai–Juni und Sep–Anfang Okt tgl. 10–16, Juli und Aug tgl. 8–20, Anfang Okt–Anfang Mai Mi–Sa 10–16 Uhr.

Von Little Current aus verläuft der Hwy 6 über mehrere von Insel zu Insel führende Dämme aufs Festland. In Little Current befindet sich auch eine der billigsten **Unterkünfte** der Insel: das Anchor Inn, 1 Water St, ☎ 705/368-2023, 🖳 www.anchorgrill.com, ➋, mit sehr schlichten, aber völlig ausreichenden Zimmern über einer Bar plus Restaurant – wenn's mit dem Karaoke losgeht, sind Ohrstöpsel keine schlechte Idee. Zum Essengehen bietet sich der Anchor Grill an. Die

Spezialität des Hauses ist Amerikanischer Weißfisch (rund $18). Ein paar Häuser weiter wird bei Loco Beanz, 7 Water St, ☎ 705/368-2261, ein anständiger Espresso gebraut, außerdem gibt's Bagels und frisch gebackene Kekse.

Der Norden der Insel

Westlich von Little Current windet sich der **Hwy 540** entlang dem Nordufer von Manitoulin Island und eröffnet dabei immer wieder längere Ausblicke auf den North Channel. Außerdem bietet die Straße Zugang zu mehreren beliebten **Wanderwegen**.

Nach etwa 30 km ist der Ort **M'Chigeeng** erreicht. Hier informiert der Great Spirit Circle Trail, ☎ 705/377-4404, 🖳 www.circletrail.com, über die indigenen Traditionen und Überlieferungen von Manitoulin. Außerdem werden Workshops zu allem Möglichen angeboten, vom Bannock-brot-Backen bis zum Singen zur Handtrommel. ☉ Mo–Fr 9–16.30 Uhr.

Etwa 15 km von M'Chigeeng liegt mit **Kagawong** der vielleicht hübscheste Ort am Nordufer, eine malerische Ansammlung alter Holzhäuser an einer breit geschwungenen und sanft plätschernden Bucht – ideal zum Schwimmen. Auch das Becken der **Bridal Veil Falls** lädt an heißen Tagen zur Abkühlung ein. 18 km weiter am Hwy 540 liegt **Gore Bay** mit einem betriebsamen Jachthafen und dem Gore Bay Queens Inn B&B, 19 Water St, ☎ 705/282-0665, 🖳 www.thequeensinn.ca, ➎. Das große alte Haus besitzt acht elegant möblierte Zimmer, jede Menge Atmosphäre und eine große Gemeinschafsveranda mit toller Aussicht auf die Bucht. ☉ Mitte Mai–Ende Oktober.

Collingwood und Blue Mountain

65 km östlich von Owen Sound liegt an der Nottawasaga Bay der kleine Hafenort Collingwood. In der Hauptstraße **Hurontario Street** stehen einige schöne Gebäude aus dem frühen 20. Jh. Wichtiger ist allerdings die Bedeutung der Stadt als Tor zum Blue Mountain, einem Teilabschnitt des Höhenzugs Niagara Escarpment, dessen recht steilen Hängen ein größeres Wintersportgebiet

seine Existenz verdankt. Die Betonung liegt hier auf alpinem Skilauf, doch inzwischen gibt es auch mehrere Langlaufloipen.

Von Collingwood aus erreicht die Blue Mountain Road (Hwy 19) nach rund 10 km die **Abfahrtspisten** des Blue Mountain Resort, ✆ 705/445-0231 oder 1-877/445-0231, 💻 www.blue mountain.ca, ➎. Die große und moderne Anlage mit drei Hotels und einem Inn steht im Mittelpunkt der lokalen Wintersportaktivitäten. Insgesamt bietet das Skigebiet Blue Mountain 34 Abfahrtspisten unterschiedlicher Schwierigkeitsgrade mit einem maximalen Höhenunterschied von 220 m. Die Hochsaison dauert von Mitte Dezember bis Mitte März. Jedes Jahr im Juli findet in Collingwood und im Blue Mountain Resort das viertägige **Elvis Festival**, 💻 www.collingwoodelvisfestival.com, statt, das mehr als 120 Künstler präsentiert und jede Menge Party garantiert.

Wasaga Beach

Wasaga Beach liegt etwa 20 km östlich von Collingwood am Ufer der Nottawasaga Bay. Mit seinen Vergnügungsparks und Fastfood-Restaurants hat der Ort zwar nicht besonders viel Stil, doch sein Strand besteht aus feinem, goldenen Sand, die Bedingungen zum Schwimmen sind ausgezeichnet, und es lassen sich alle möglichen Wassersportgeräte ausleihen, vom Jet-Ski bis zum Kanu. Daneben gibt es hier sogar eine historische Kuriosität zu bewundern, die **Nancy Island Historic Site** an der Hauptstraße Mosley Street hinter der Beach Area 2. Im Britisch-Amerikanischen Krieg von 1812 gelang es der US-Marine ohne größere Schwierigkeiten, die wenigen in den oberen Großen Seen stationierten britischen Schiffe zu versenken. Das letzte verbliebene Mitglied der Royal-Navy-Flotte, das Versorgungsschiff *Nancy*, hielt sich unmittelbar jenseits der Bucht an der Mündung des Nottawasaga River versteckt. Die Amerikaner machten die *Nancy* ausfindig und versenkten auch sie. Mit den Jahren sammelte sich immer mehr Schlamm um den gesunkenen Rumpf des Schiffes und bildete so langsam die „Insel" Nancy Island. 1927 wurde der Rumpf aus dem Schlamm

geborgen und bildet heute das Kernstück des Inselmuseums, dessen fantasievolle Architektur an die Segel eines Schoners erinnert. ☉ Ende Mai–Mitte Juni Sa und So 10–18, Mitte Juni–Anfang Sep tgl. 10–18, Anfang Sep–Mitte Okt Sa und So 11–17 Uhr, Eintritt frei, Parken kostenpflichtig.

Für einen längeren Aufenthalt stehen jede Menge **Motels** zu vernünftigen Preisen und eine große Auswahl an Cottages und Campingplätzen zur Verfügung. Wer einfach die Mosley Street entlangfährt, kommt sicher an etwas Passendem vorbei. Ansonsten hilft bei der Unterkunftssuche das **Information Centre** in der 550 River Rd West, Beach Area 1, ✆ 705/429-2247 oder 1-866/292-7242, 💻 www.wasagainfo.com. ☉ Mo–Sa 9–17, So 10–16 Uhr. Es gibt auch ein saisonal geöffnetes Information Centre in der 1816 Mosley St, ☉ Anfang Mai–Juni und Sep–Okt Mo–Fr 10–17, Sa und So 10–16, Juli und Aug tgl. 10–17 Uhr.

Severn Sound

Der Severn Sound, der südöstliche Ausläufer der Georgian Bay, zählt zu den schönsten Landschaften Ontarios. Am geschützten Südufer der Bucht reihen sich mehrere winzige Hafenorte aneinander. Das tiefblaue Wasser ist mit den Inselchen des **Georgian Bay Islands National Park** durchsetzt, dessen von Gletschern glatt geschliffene Felsen und dürre Kiefern schon die Maler der Group of Seven inspirierten. Am Severn Sound befinden sich mit **Discovery Harbour** bei **Penetanguishene** und **Sainte-Marie among the Hurons** in der Nähe von **Midland** auch zwei der eindrucksvollsten historischen Rekonstruktionen der Provinz: ein ehemaliger britischer Marinestützpunkt und eine Jesuiten-Mission.

Der Weg Richtung Norden führt ebenfalls durch eine reizende, vom Kanadischen Schild geprägte Landschaft nach **Parry Sound**, einem netten kleinen Hafen, der sich u. a. als Zwischenstation auf der langen Strecke nach Sudbury und Nord-Ontario anbietet. Außerdem lohnt ein Abstecher vom Severn Sound in südöstlicher Richtung nach **Orillia**, das nur 120 km von Toronto entfernt liegt (zunächst Hwy 400, dann

Hwy 11) und mit dem Stephen Leacock Museum eine sehr interessante Sehenswürdigkeit zu bieten hat.

Transport in der Region

Greyhound, ☎ 1-800/661-8747, 🖥 www.greyhound.ca, bietet häufige **Busverbindungen** zwischen Toronto und Orillia und fährt außerdem von Toronto nach Midland und Penetanguishene; allerdings muss man in Barrie umsteigen. Busse von Ontario Northland, ☎ 1-800/461-8558, 🖥 www.ontarionorthland.ca, fahren von Toronto via Orillia nach North Bay sowie via Orillia, Port Severn und Parry Sound nach Sudbury.

Penetanguishene und Umgebung

Das freundliche Städtchen Penetanguishene (in der Sprache der Ojibwa „Ort des wogenden weißen Sandes") im äußersten Westen des Severn Sound war der Standort einer der ersten europäischen Siedlungen Ontarios. 1639 wurde hier eine Jesuiten-Mission gegründet, die allerdings 1639 schon wieder verlassen wurde, nachdem Sainte-Marie niedergebrannt war (s. S. 177). Etwa 150 Jahre später kehrten die Europäer wieder zurück und errichteten eine Handelsstation, wo sie mit den einheimischen Ojibwa Nahrungsmittel und Metallwerkzeuge gegen Felle tauschten. Die Siedlung blieb jedoch zunächst relativ unbedeutend, bis die Engländer hier unmittelbar nach dem Britisch-Amerikanischen Krieg von 1812 einen Marinehafen einrichteten, der französische und britische Ladenbesitzer und Händler in die Gegend lockte. Heute zählt Penetanguishene zu einem der wenigen Orte im Süden Ontarios, der nach wie vor eine zweisprachige (französisch-englisch) Tradition pflegt.

Die **Main Street** lädt mit ihren Geschäften, Kneipen und robusten Ziegelgebäuden zu einem netten Bummel ein. Das Zentrum von Penetanguishene erfreut seine Besucher eher durch die allgemeine Atmosphäre als durch irgendeine besondere Sehenswürdigkeit, wenngleich das **Centennial Museum** in der 13 Burke St, 🖥 www.pencemuseum.com, eine kurze Besichtigung lohnt. Es liegt ein paar Gehminuten östlich der

Main Street und ist über den Beck Boulevard zu erreichen. Das Museum ist im ehemaligen Krämerladen und Kontor des Holzunternehmens Beck untergebracht, dessen Gelände einst einen Großteil des Hafens einnahm. Das Unternehmen wurde 1865 von Charles Beck gegründet, einem deutschen Einwanderer, der sich extrem unbeliebt machte, indem er seinen Männern die Hälfte ihres Lohns in Form von Wertmarken auszahlte, die ausschließlich in seinen Geschäften eingelöst werden konnten. Das Museum zeigt mehrere Exponate zum Holzhandel nach Beck'scher Art, darunter auch die berüchtigten „Beck-Dollars". ⊙ Mo–Sa 9–16.30, So 12–16.30 Uhr, Eintritt $4,50.

Discovery Harbour

Penetanguishenes touristische Hauptattraktion liegt ca. 5 km nördlich des Stadtzentrums und heißt Discovery Harbour, 🖥 www.discoveryharbour.on.ca. Es handelt sich um die ehrgeizige Rekonstruktion eines bedeutenden britischen Marinestützpunkts, der hier 1817 gegründet wurde. Die Basis erfüllte vor allem den Zweck, die Bewegungen der US-Marine auf den Großen Seen nach dem Krieg von 1812 zu verfolgen. Zwischen 1820 und 1834 waren hier zeitweise bis zu 20 Kriegsschiffe der Royal Navy stationiert. Von hier aus wurden auch die weiter westlich gelegenen britischen Außenposten auf dem Wasserweg versorgt, und mit dem Ziel einer zuverlässigeren Navigation fasste die Admiralität der Royal Navy den Entschluss, die Großen Seen kartografieren zu lassen. Diese monumentale Aufgabe fiel Lieutenant Henry Bayfield zu, dessen Karten noch viele Jahrzehnte danach Verwendung finden sollten – im Gegensatz zum Marinestützpunkt: 1834 hatten sich die Beziehungen zu den USA so weit entspannt, dass es die Royal Navy für angemessen hielt, sich aus den Großen Seen zurückzuziehen und ihren Stützpunkt der Armee zu übergeben, die hier bis 1856 eine kleine Garnison unterhielt.

Das große, hügelige Gelände liegt ausgedehnt an einer ruhigen Bucht. Sehr motivierte Fremdenführer in historischen Kostümen geleiten ihre Gäste durch die originalgetreuen Nachbildungen zahlreicher Gebäude, darunter Wohnquartiere der Seeleute und mehrere his-

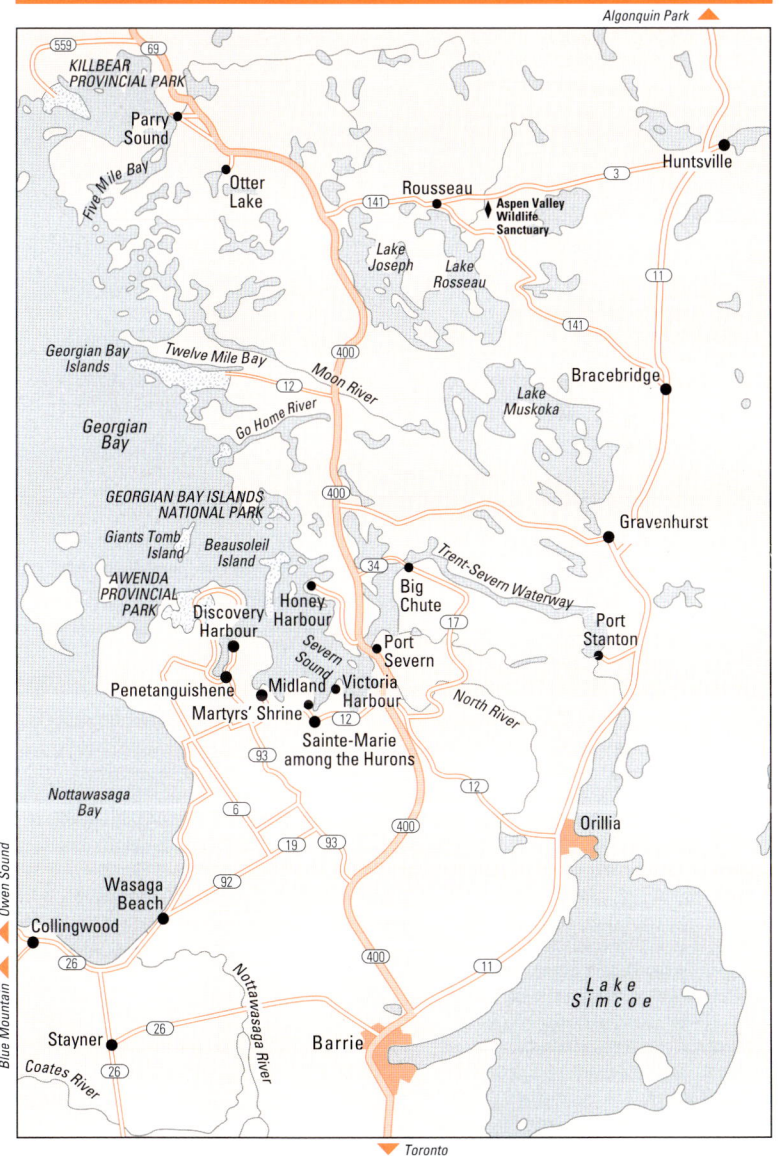

SEVERN SOUND

N

0   20 km

Ontario

559
69

KILLBEAR
PROVINCIAL PARK

Parry
Sound

Five Mile Bay

Otter
Lake

Rousseau

141

Aspen Valley
Wildlife
Sanctuary

3

Huntsville

Lake
Joseph

Lake
Rosseau

11

141

Georgian Bay
Islands

Twelve Mile Bay

400

Moon River

12

Bracebridge

Go Home River

Georgian
Bay

Lake
Muskoka

GEORGIAN BAY ISLANDS
NATIONAL PARK

400

Giants Tomb
Island

Beausoleil
Island

AWENDA
PROVINCIAL
PARK

34

Big
Chute

Trent-Severn Waterway

Gravenhurst

Honey
Harbour

Discovery
Harbour

Port
Stanton

Severn
Sound

Port
Severn

17

Penetanguishene

Midland

Victoria
Harbour

North River

Martyrs' Shrine

12

93

Sainte-Marie
among the Hurons

Nottawasaga
Bay

6

12

Orillia

Owen Sound

19

93

400

92

Wasaga
Beach

Blue Mountain

Collingwood

26

400

11

Lake
Simcoe

Stayner

26

Nottawasaga River

Coates River

26

Barrie

Toronto

torische Häuser, unter denen besonders das **Keating House** herausragt, benannt nach dem dienstältesten Adjutanten des Stützpunkts, Frank Keating. Von den Originalgebäuden hat nur ein einziges überlebt, das etwas finstere Officers' Quarters, ein Kalksteinbau aus den 40er-Jahren des 19. Jhs. und ehemaliges Wohnquartier der Marineoffiziere. Der beeindruckendste Teil von Discovery Harbour ist allerdings der in Betrieb befindliche Hafen mit Werft. Hier wurden zwei **Segelschiffe**, die *HMS Bee* und die *HMS Tecumseth*, exakt nach ihren Konstruktionsplänen aus dem 19. Jh., nachgebaut. ⊙ Ende Mai–Juni Mo–Fr 10–17, Juli und Aug tgl. 10–17 Uhr, Eintritt $6,50.

Discovery Harbour beherbergt außerdem das **King's Wharf Theatre**, ✆ 705/549-5555 oder 1-888/449-4463, 🖳 www.kingswharftheatre.com, in dem während der Festspielsaison von Mitte Juni bis August Bühnenstücke, Konzerte und Musicals aufgeführt werden.

Awenda Provincial Park
Nur 11 km nordwestlich von Penetanguishene liegt einer der größeren Naturparks Ontarios, der Awenda Provincial Park, ✆ 705/549-2231, 🖳 www.ontarioparks.com. Die bezaubernde Landschaft des auf dem Festland befindlichen Teils des Parks wird von dichtem Laubwald beherrscht, der sich von der Steilküste Nipissing Bluff an der Georgian Bay nach Süden erstreckt. Der andere Teil des Parks, Giants Tomb Island, liegt vor der Küste, ist aber nur mit dem eigenen Boot zu erreichen. Im Awenda-Park gibt es einige kleine Stein- und Kieselstrände, vier gute **Campingplätze** (⊙ Mitte Mai–Anfang Okt) und eine Handvoll Wanderwege. Sie beginnen in der Nähe des Park Office, das Wanderführer und -karten ausgibt.

Georgian Terrace Guest House, 14 Water St, ✆ 705/549-2440, 🖳 www.georgianterrace.ca. Das beste der hiesigen B&Bs ist in der reizenden Villa aus den 1860er-Jahren untergebracht, die sich der erste Bürgermeister von Penetanguishene bauen ließ. Die 3 mit antiken Möbeln eingerichteten Suiten verfügen über sämtliche neuzeitlichen Annehmlichkeiten

No.1 Jury Drive B&B, 1 Jury Drive, ✆ 705/549-6851, 🖳 www.jurydrbb.huronia.com. Das netteste B&B am Ort mit 5 Gästezimmern in einem hübschen, modernen Haus nicht weit vom Discovery Harbour. Beschauliche Lage am grünen Stadtrand und spitzenmäßiges Frühstück – besonders gut sind die selbst gebackenen Möhren-Muffins. ❺

und auf der herrlichen Veranda mit märchenhaftem Blick auf die Bucht kann man es sich wunderbar bei einem Glas Wein gemütlich machen. ❻
Blue Sky Family Restaurant, 32 Main St, ✆ 705/549-8611. Kleiner, netter Diner mit guten, preiswerten Snacks und Mahlzeiten. ⊙ Mi–Mo 6–21, Di 6–14 Uhr.

Das **Tourist Office** am Hafen von Penetanguishene, ✆ 705/549-2232, 🖳 www.penetanguishene.ca, hat Infos zu Unterkünften. ⊙ Mitte Mai–Juni und Sep–Anfang Okt Mi–So 10–18, Juli–Aug tgl. 10–20 Uhr.

Die Sehenswürdigkeiten in der Umgebung von Penetanguishene lassen sich gut per Taxi erkunden, z. B. mit **Union Taxi**, 2 Robert St East, ✆ 705/549-7666.

Der tgl. **Greyhound**-Bus aus TORONTO nach Penetanguishene (mit Umsteigen in Barrie) und MIDLAND hält in der Robert St East, Ecke Peel St, gleich östlich der Main St, 5–10 Min. Fußweg vom Hafen.

Midland

Die gleich östlich von Penetanguishene gelegene Stadt Midland verlor in den 1930er-Jahren ihre Maschinenfabriken, 1957 ihre Werften und 1967 einen Großteil ihrer Getreideverarbeitungsindustrie. Doch Midland hat sich nicht unterkriegen lassen und seine Krisen mit Hilfe staatlicher Zuschüsse von Bund und Provinz gemeistert.

Heute versprüht die Stadt ein munteres Flair, die Hauptstraße **King Street** ist eine angenehme Aneinanderreihung von Geschäften und Cafés, und gelegentlich bringt ein Wandgemälde Abwechslung in die Fassaden der robusten Ziegelbauten.

Die Anstrengungen zur Ankurbelung des Fremdenverkehrs beinhalteten den Bau eines Jachthafens und die Sanierung des Hafenbereichs, wo von Mitte Mai bis Mitte Oktober **Schiffstouren** zu den Thirty Thousand Islands in der Georgian Bay angeboten werden; 1–3x tgl., 2–3 Std., $24, Reservierungen unter ☎ 705/549-3388 oder 1-888/833-2628, ⌨ www.midland tours.com.

Einen Besuch lohnt das **Huronia Museum & Huron-Quendat Village**, Little Lake Park Road, ☎ 705/526-2844, ⌨ www.huroniamuseum.com, zu Fuß 20 Minuten vom Hafen entlang der King Street nach Süden. Zu den Highlights zählen zahlreiche Artefakte der Huronen und eine Reihe von Fotos, die die Besiedlung von Midland nachzeichnen. Das benachbarte Dorf, das nach einem Großbrand wieder instandgesetzt wurde, ist die Nachbildung einer Huronen-Siedlung aus dem 16. Jh. Ihre hohe Palisade umschließt Lagergruben, Trockenstelle, eine Schwitzhütte, die Behausung eines Medizinmanns und zwei Langhäuser. In diesen typischen Konstruktionen der Huronen finden sich grob gezimmerte, mit Fellen drapierte „Etagenbetten", während Kräuter, Fische, Häute und Tabak vom Dach zum Trocknen herunterhängen. Das alles ist recht interessant und wirkt überraschend authentisch, auch wenn es nicht mit der vergleichbaren Anlage des benachbarten Sainte-Marie among the Hurons (s. unten) mithalten kann. ☉ Mai–Okt tgl. 9–17, Nov–April Mo–Fr 9–17 Uhr, Eintritt $7.

Übernachtung und Essen

Little Lake Inn B&B, 669 Yonge St, Höhe 5th St, ☎ 705/526-2750 oder 1-888/297-6130, ⌨ www.littlelakeinn.com. Ungewöhnliches und hübsches Gebäude mit modernerem vorderen Teil und älteren Räumen Teil mit hohen Balkendecken und Blick ins Grüne dahinter. 4 gut ausgestattete Gästezimmer mit Bad. ❻

Victorian Inn B&B, 670 Hugel Ave, Ecke 6th St, ☎ 705/526-4441 oder 1-877/450-7660, ⌨ www.victorianinn.on.ca. Angenehmes und einigermaßen zentral gelegenes B&B in einem schönen viktorianischen Haus mit umlaufender Veranda. Vom Hafen die King Street hinaufgehen und dann nach rechts in die Hugel Avenue biegen. ❺
Rye Café, 292 King St, hat erstklassige Sandwiches und gutes, preiswertes Frühstück.

Informationen

Tourist Office, am nördlichen Ende der King St, in Ufernähe, ☎ 705/526-7884, ⌨ www.southerngeorgianbay.on.ca, hilft bei der Quartiersuche. ☉ Mai–Juni tgl. 9–17, Juli und Aug tgl. 8–20, Sep–April Mo–Fr 9–17 Uhr.

Transport

Der **Busbahnhof**, 207 King St, wird von Greyhound genutzt und ist gleichzeitig der zentrale **Taxistandplatz** von Central Taxi, ☎ 705/526-2218. Von hier sind es nur ein paar Schritte bis zum Wasser.

Sainte-Marie among the Hurons

Eine der faszinierendsten historischen Sehenswürdigkeiten der Provinz Ontario ist Sainte-Marie among the Hurons, ⌨ www.saintemarie amongthehurons.on.ca, die sorgfältig recherchierte und wunderschön erhaltene Stätte einer entscheidenden Episode der kanadischen Geschichte. Das Freilichtmuseum befindet sich 5 km östlich von Midland am Hwy 12. Es verkehren keine Busse, aber eine Taxifahrt von Midland

Ontario

kostet nur um die $10. ⊙ Ende April–Mitte Mai und Mitte–Ende Okt Mo–Fr 10–17, Mitte Mai–Mitte Okt tgl. 10–17 Uhr, Eintritt $12.

Geschichte

Der französische Forschungsreisende und Händler **Samuel de Champlain** kehrte 1608 im Glauben nach Kanada zurück, dass der Pelzhandel nur rentabel sei, wenn man sich auf eine Allianz mit den indianischen Jägern einließe. Die **Huronen** boten sich dafür an, weil sie sich bereits als Vermittler beim Handel mit Mais, Tabak und Hanf von den Stämmen westlich und südlich ihres Territoriums gegen Felle aus dem Norden bewährt hatten. 1611 zementierte Champlain diese Allianz durch einen formalen Austausch von Geschenken, nachdem er die Huronen zuvor bereits bei ihren Angriffen auf die Irokesen unterstützt hatte. Doch die Entscheidung Champlains, sich für einen bestimmten Indianerstamm im Kampf gegen einen anderen einzusetzen, und besonders die als Geschenk an die Huronen verteilten Feuerwaffen, zerstörten das Gleichgewicht der Kräfte zwischen den Indianerstämmen am St.-Lorenz-Strom und an den Großen Seen und legte den Grundstein für die Zerstörung von Sainte-Marie fast 40 Jahre später.

Unterdessen hatten die **Jesuiten**, die das Zentrum ihres Wirkens 1639 in Sainte-Marie errichtet hatten, damit begonnen, den Zusammenhalt der Huronengemeinschaft zu unterminieren. Diese war zum damaligen Zeitpunkt bereits durch die aus Europa eingeschleppten Krankheiten Masern, Pocken und Grippe erheblich geschwächt. Es gelang den Priestern, eine bedeutende Minderheit der Huronen zum Christentum zu bekehren. Obendrein begannen die Holländer 1648 am Hudson River damit, den Irokesen Feuerwaffen zu verkaufen, die daraufhin im März 1649 eine Totaloffensive gegen Huronia starteten und beim Ansturm auf Sainte-Marie viele ihrer Feinde töteten. Aus Furcht um ihr Leben brannten die Jesuiten von Sainte-Marie ihre Siedlung nieder und ergriffen die Flucht, begleitet von etwa 8000 Huronen. Die meisten von ihnen starben auf Christian Island in der Georgian Bay den Hungertod, doch einige schafften die Flucht nach Québec. Während des Feldzugs wurden die beiden Jesuitenpater **Brébeuf und Lalemant** am Außenposten Saint-Louis in der Nähe des heutigen Victoria Harbour gefangen genommen und nach gängiger Irokesen-Praxis am Marterpfahl gefoltert. Diese Bilder katholischer Tapferkeit im Angesicht indianischer Grausamkeit brannten sich für Jahrhunderte in die Hirne der Frankokanadier, während die Leiden der Huronen relativ schnell vergessen wurden.

Das Missionsgelände

Ein Besuch in Sainte-Marie beginnt im **Reception Centre**, wo zunächst ein Film einige Hintergrundinformationen liefert, bevor sich dann die Leinwand dramatisch zurückzieht und den spektakulären Blick auf das mit äußerster Sorgfalt restaurierte Museumsdorf freigibt. Die 25 Holzgebäude sind in zwei Abschnitte unterteilt: Der Jesuitenbereich umfasst Wachtürme, die Kapelle, eine Schmiede, Wohnquartiere, einen üppigen Garten und Farmgebäude samt Schweinen, Kühen und Hühnern. Zum Indianerbereich gehören ein Lazarett und zwei mit Rinde bedeckte Langhäuser – eines für bekehrte Christen, das andere für „Heiden".

Die kostümierten Fremdenführer spielen ihre Rollen als Huronen und Europäer mit Hingabe, beantworten Fragen und demonstrieren Werkzeuge und handwerkliche Fertigkeiten. Etwas zögerlich zeigen sie sich nur, wenn es um den Verzehr des lokalen Standardgerichts *sagamite* geht, einem Brei aus Maismehl und verfaultem Fisch. Das Grab in der schlichten **Church of St. Joseph** zwischen Jesuiten- und Indianerbereich beherbergt nicht alle sterblichen Überreste von Brébeuf und Lalemant, denn einige ihrer Knochen wurden seinerzeit von den Jesuiten als Reliquien mitgenommen.

Das Museum

Ein Weg führt zum ausgezeichneten Museum, in dem die Geschichte der frühen Erforschung Kanadas anhand von Landkarten und Exponaten zu Themen wie Fischfang und Pelzhandel beleuchtet und in Bezug zur europäischen Geschichte der damaligen Zeit gesetzt wird. Es folgt ein Ausstellungsbereich zur Geschichte der Missionare in Neufrankreich mit besonderer Betonung auf Sainte-Marie. Archäologische Informationen über die Ausgrabungsstätte kommen ebenfalls nicht zu kurz. Obwohl Siedler „das alte katholische Fort" in viktorianischer Zeit praktisch bis auf den letzten Stein auseinander genommen hatten, war der genaue Standort der Mission stets bekannt, da die Jesuiten entsprechende Aufzeichnungen in Rom deponiert hatten. Die Ausgrabungen auf dem Gelände wurden in den 1940er-Jahren aufgenommen und dauern bis heute an.

Martyrs' Shrine und Wye Marsh

Der acht zwischen 1642 und 1649 in Huronia ermordeten Jesuiten wird im **Martyrs' Shrine**, www.martyrs-shrine.com, gedacht, einer Kirche aus den 1920er-Jahren mit zwei Spitztürmen, die auf der anderen Seite des Hwy 12 gegenüber von Sainte-Marie liegt. Das 1984 von Johannes Paul II. gesegnete Gotteshaus mit seinen zahlreichen Schreinen und Altären erfreut sich als Wallfahrtsort sehr großer Beliebtheit. Die Querschiffe enthalten eine Reihe heiliger Reliquien, vor allem den Schädel von Brébeuf, und mehrere weggeworfene Krücken von geheilten Pilgern. Mitte Mai–Mitte Okt tgl. 8.30–21 Uhr, Eintritt $3.

Auf der anderen Seite des Hwy 12 liegt in Nachbarschaft zu Sainte-Marie das **Wye Marsh Wildlife Centre**, www.wyemarsh.com, ein kleines Feucht- und Waldgebiet mit Wanderwegen. tgl. 9–17 Uhr, Eintritt $11.

Orillia

Auf dem Weg vom Severn Sound Richtung Süden nach Toronto bietet sich ein kurzer Abstecher nach Orillia an. Die kleine Stadt am Lake Couchiching, den eine kurze, schmale Landzunge vom viel größeren Lake Simcoe trennt, befindet sich an Hwy 11, der zum Algonquin Provincial Park führt. Sie liegt unmittelbar westlich des schmalen Kanals – The Narrows genannt –, der die beiden Seen miteinander verbindet und einst den Mittelpunkt einer Huronen-Siedlung bildete. Heute ist Orillia als gepflegte Kleinstadt mit 27 000 Einwohnern teils Ferienort am See, teils landwirtschaftliches Zentrum.

Das eher langweilige Stadtzentrum erstreckt sich beiderseits der Hauptstraße Mississaga Street, die vom Hwy 11 nach Osten zum Lake Couchiching verläuft. Am Ende der Mississaga Street umfasst der **Centennial Park** eine Marina, einen Hafen und eine Uferpromenade, die nach Norden zum **Couchiching Beach Park** führt, den ein edwardianischer Konzertpavillon und eine Bronzestatue von Champlain (der 1615 hier landete) schmücken.

Die Hauptsehenswürdigkeit Orillias ist das rund 3 km südöstlich des Zentrums am Seeufer gelegene und allerorts ausgeschilderte **Stephen Leacock Museum**, www.leacockmuseum.com. Das 1928 im Kolonialstil erbaute Haus diente dem Humoristen und Gelehrten Stephen Leacock bis zu seinem Tod im Jahr 1944 als Sommerwohnsitz. Sein berühmtestes Buch *Sunshine Sketches of a Little Town* amüsiert sich auf köstliche Weise über die Heucheleien und Eitelkeiten der Bewohner von Mariposa, einer fiktiven Stadt, die so eindeutig auf Orillia basiert, dass das Werk in der Gemeinde reichlich Anstoß erregte. In einigen Räumen sind Möbel und persönliche Gegenstände von Leacock zu besichtigen, andere widmen sich seiner Karriere, seinen Interessen und seinen Ansichten. Doch auch wenn Leacocks Bücher einen gewinnenden Humor versprühen, was soll man von einem Schriftsteller halten, der seine Gäste heimlich durch kleine Spione in der Wand seiner Bibliothek beobachtete oder seinen Lieblingsstuhl im Wohnzimmer sorgfältigst so positionierte, dass er seine Bediensteten im Anrichtezimmer über einen Spiegel im Speisesaal ständig im Auge hatte? Nach einem Museumsbesuch lohnen ein Spaziergang über das Gelände und ein Blick in den Souvenirshop, wo fast alle Werke Leacocks verkauft werden. Mitte Mai–Mitte Okt tgl. 9–17 Uhr, Eintritt $5.

Der ehemalige Bahnhof von Orillia am südlichen Rand des Zentrums in der Front Street South dient heute als **Busbahnhof**. Hier befindet sich auch das **Tourist Office**, 705/326-4424, www.orillia.com, Mo–Fr 9–17 Uhr.

Port Severn und Umgebung

Der kleine Ort Port Severn liegt am Nordufer des Severn Sound an der Mündung des Severn River und bildet das Tor zum **Trent-Severn Waterway**, einem 400 km langen Wasserweg aus Kanälen, Schleusen und Seen, der die Georgian Bay mit dem Lake Ontario verbindet. Mit einer maximalen Tiefe von nur 2 m hat der Kanal heute nur noch geringe wirtschaftliche Bedeutung, doch bis Ende des 19. Jhs. bildete er eine der wichtigsten Frachtrouten der Region. Der Kanal ist von Mitte Mai bis Mitte Oktober befahrbar und kann in ungefähr einer Woche von einem Ende zum anderen durchquert werden.

Wer Lust auf einen ausgedehnten **Bootsausflug** hat, kann sich bei Parks Canada, ℘ 1-888/773-8888, ▭ www.pc.gc.ca, über Gebühren, Schleusenzeiten und andere planungsrelevante Details informieren. Der Waterway ist von Mitte Mai bis Mitte Oktober zugänglich; die Tour von einem Ende zum anderen dauert ungefähr eine Woche.

Einen ersten Eindruck verschaffen **Schnuppertouren**, ℘ 1-888/833-2628, ▭ www.midland tours.com, die von Lock #45 in Port Severn ablegen und bis zum Schiffshebewerk **Big Chute Marine Railway** schippern; Ende Sep–Mitte Okt 1x tgl., 2 1/2 Std., $26. Das Hebewerk selbst, mit dessen Hilfe Boote und Schiffe ein Gefälle von 18 m überwinden, ist ein ganz schöner Langweiler, zieht aber zahlreiche Besucher an, die größtenteils mit dem Auto anreisen – nördlich von Port Severn einfach der Beschilderung vom Hwy 400 folgen (Exit 162).

Familienurlaub total

Severn Lodge, 116 Gloucester Trail, ℘ 705/756-2722 oder 1-800/461-5817, ▭ www.severn lodge.on.ca. Bezauberndes Hotel in wunderbar abgeschiedener Lage inmitten dichter Wälder mit Blick auf einen breiten und ruhigen Abschnitt des Trent-Severn Waterway. Die zentrale Lodge mit umliegenden Chalets bietet alle Annehmlichkeiten eines Ferienortes im Miniaturformat: Kanu- und Motorbootverleih, künstlichen Strand, Restaurant und Pool. Anfahrt über den Hwy 400 (Exit 162, also die gleiche Ausfahrt wie zur Big Chute Marine Railway, s. oben) und anschließend 7 km über die Route 34. ❼

Übernachtung und Essen

Inn at Christie's Mill, 263 Port Severn Rd North, ℘ 705/538-2354 oder 1-800/465-9966, ▭ www.christiesmill.com. Eine gute Wahl: schickes, modernes Hotel mit dem besten Restaurant der Gegend und Blick auf den Fluss. In der Restaurantküche werden vorwiegend Produkte der Region und Saison verarbeitet. Hauptgerichte kosten durchschnittlich $25. Besonders begehrt ist der Sonntagsbrunch für $15,95. Tischreservierung empfohlen; außerhalb der Saison gelten eingeschränkte Öffnungszeiten. ❻

Transport

Der Bus von **Ontario Northland** hält auf dem Weg von TORONTO nach PARRY SOUND und SUDBURY auf Wunsch an der Tankstelle am Hwy 400 am Ortsrand von Port Severn. Von Port Severn verkehren aber keine öffentlichen Verkehrsmittel weiter nach Honey Harbour.

Honey Harbour

Von Port Severn geht es über die Flussmündung und dann auf der Route 5 Richtung Nordwesten zum 13 km entfernten Honey Harbour. Dies ist der nächstgelegene Hafen zum Georgian Bay Islands National Park. Der Ort besteht im Grunde nur aus ein paar Geschäften, einem Schnapsladen und ein paar Ferienhotels für Selbstverpfleger. In den 1970er-Jahren machte der Ort negative Schlagzeilen, als es in der Bar des Delawana Inn zu gewalttätigen Auseinandersetzungen zwischen Hells Angels aus Toronto und einheimischen Ojibwa kam. Nach Beendigung der Konfrontation mussten die Angels zu Fuß nach Hause gehen, denn ihre Bikes waren per Dynamit in die ewigen Jagdgründe befördert worden.

Heute präsentiert sich Honey Harbour weitaus zivilisierter, doch im Sommer geht es hier teilweise hoch her, wenn die Motorboote im Hafen herumflitzen und die Urlauber aus ihren Cottages hierher strömen, um sich mit Vorräten einzudecken.

Wer hier **übernachten** möchte, findet – abgesehen von den Campingplätzen auf den Inseln des Nationalparks (s. unten) – am Seeufer das Delawana Inn, ☎ 705/756-2424 oder 1-888/335-2926, 🖥 www.delawana.com, ❽ mit Halbpension, außerdem günstige Pauschalangebote; ☼ Mitte Mai–Mitte Okt. Das „Inn" ist eine ausgedehnte Hotelanlage mit geräumigen Chalets auf kiefernbestandenem Gelände, eigener Insel und Kanus, Kajaks sowie Bretter zum Windsurfen für die Gäste.

Georgian Bay Islands National Park

Der Georgian Bay Islands National Park, 🖥 www.pc.gc.ca, ist ein herrliches Revier für Bootstouren und umfasst rund 60 Inseln, die verstreut zwischen Honey Harbour und der ca. 50 km nördlich gelegenen Twelve Mile Bay liegen. Er setzt sich aus zwei grundverschiedenen Landschaften zusammen: den von Gletschern glatt geschliffenen Felsen des Kanadischen Schilds im Norden und den Hartholzwäldern und weicheren Böden im Süden.

Beide Landschaften begegnen sich im nördlichen Teil der größten und landschaftlich reizvollsten Insel, **Beausoleil Island**, 40 Minuten Bootsfahrt westlich von Honey Harbour.

Wandern im Park

Auf Beausoleil gibt es zwölf kurze Wanderwege, von denen zwei beim Landungssteg **Cedar Spring** am Südostufer beginnen: Der Treasure Trail (3,8 km) verläuft in nördlicher Richtung hinter den Sümpfen am Inselrand entlang, der Christian Trail (1,5 km) durchquert am westlichen Seeufer die Buchen- und Ahornwälder bis zu den Balsam- und Hemlock-Tannen mit Blick auf die felsigen Strände.

Im Norden der Insel führen, von mehreren Anlegern aus bequem zu Fuß zu erreichen, mit dem Cambrian Trail (2 km) und dem Fairy Trail (2,5 km) zwei bezaubernde Wanderwege durch die etwas rauere Landschaft des Kanadischen Schilds. Etwas weiter westlich durchquert der Dossyonshing Trail (2,5 km) einen Mix aus Feuchtgebieten, Wäldern und nackten Granitfelsen in der Übergangszone zwischen den beiden Landschaften.

Übernachtung

Der Nationalpark hat 11 **Campingplätze** auf Beausoleil Island; Stellplatz $15,70, keine Reservierung. Einzige Ausnahme ist der Campingplatz Cedar Spring ($25,50): hier nimmt das Visitor Centre, ☎ 705/756-8907, von Mai bis September für die Hälfte der 87 Stellplätze gegen $10 zusätzliche Gebühr Reservierungen entgegen.

Bei allen anderen Campingplätzen sollte man sich zuvor beim Port Severn Park Office in Honey Harbour nach der Verfügbarkeit von Plätzen erkundigen – und auf keinen Fall das Insektenschutzmittel vergessen.

Informationen

Das **Parks Canada Visitor Centre** befindet sich im Gebäude der Schleusenstation Lock #45 in Port Severn, ☎ 705/538-0559.

Es bietet umfassende Informationen über Wanderwege sowie Flora und Fauna auf den Inseln. Im Winter lässt sich der Park manchmal übers Eis erreichen. Wer dies vor hat, sollte sich aber unbedingt vorher telefonisch im Parkbüro nach den aktuellen Witterungsbedingungen erkundigen. ☼ Mitte Mai–Juni

Mo–Do 9–16, Fr–So 9–18, Juli und Aug tgl. 9–19, Sep–Mitte Okt Mo–Fr 9–15.30, Sa und So 9–17 Uhr.

Transport

Mehrere Unternehmen in Honey Harbour betreiben einen **Wassertaxi**-Service zu den 3 Inseln BEAUSOLEIL (einfache Fahrt $50–60), CENTENNIAL ISLAND ($55–65) und ISLAND 95 ($50–60).

Honey Harbour Boat Club, ℡ 705/756-2411, am Jachthafen am Ende der Route 5 gelegen, ist wie alle anderen okay. Für Wassertaxis gelten feste Preise, die in einer vom Parkbüro ausgegebenen Liste verzeichnet sind, während die Abfahrts- und Abholzeiten frei verhandelbar sind. Vor dem Verlassen des Wassertaxis sollte unbedingt eine Uhrzeit für die Abholung vereinbart werden. Wer nach Südwesten möchte, zahlt für die einfache Fahrt mit dem Wassertaxi nach MIDLAND (S. 176) rund $120.

Der Park bietet auch eigene Bootsausflüge nach Beausoleil Island mit der **Georgian Bay Islands Day Tripper**, ℡ 705/556-8907, Juli und Aug Do–Mo 3x tgl., hin und zurück $15,70 inkl. $5,80 Parkeintritt. Eine Reservierung ist in jedem Fall ein Muss – für die Wassertaxis wie auch für den Tagesausflug.

Parry Sound

Der fröhliche kleine Ort Parry Sound liegt rund 70 km nördlich von Port Severn an einem Seitenarm der Georgian Bay und hat seinen Namen von dem Arktisforscher Sir William Edward Parry. In der Vergangenheit herrschten in Parry Sound teilweise raue Sitten, weil sich die Holzflößer hier mit Vorliebe volllaufen ließen. Heute präsentiert sich der Ort weitaus gemäßigter und ist eine beliebte Zwischenstation von Touristen, die eine Bootstour durch die **Thirty Thousand Islands** unternehmen.

Ansonsten quillt Parry Sound nicht gerade vor Sehenswürdigkeiten über. Am bekanntesten ist der Ort als Heimathafen der Island Queen, die von hier zu herrlichen Ausflugsfahrten

startet (s. S. 183). Immerhin liegt der winzige Hafen im Schatten einer herrlichen edwardianischen **Eisenbahn-Gerüstbrücke**, und das Ortszentrum in der Umgebung der James Street hat einige hübsche alte Ziegel- und Steinhäuser zu bieten.

Übernachtung und Essen

Bayside Inn, 10 Gibson St, ℡ 705/746-7720, ⌂ www.psbaysideinn.com. Die einladende Unterkunft befindet sich in einem Gebäude aus den 1880er-Jahren nahe der Bootsanlegestelle. Die 10 Gästezimmer wurden vor einiger Zeit in warmen Farbtönen renoviert, die ihnen ein heimeliges Ambiente verleihen. ❼

Victoria Manor B&B, 43 Church St, Ecke Rosetta St, ℡ 705/746-5399, ⌂ www. solutionsforu.com/victoria. Sehr hübsches, zentral gelegenes B&B in einem schönen Haus von 1907 mit Türmchen, imposantem Portikus und tadellos gepflegtem Garten. 5 gemütliche, viktorianisch eingerichtete Gästezimmer, eins davon mit eigenem Bad. ❺

The Country Gourmet, 65 James St, ℡ 705/746-5907. Die fantastische Kombination aus Delikatessengeschäft und Bäckerei bietet in zentraler Lage superleckere Gerichte und Snacks. ◷ Mo–Fr 7.30–16, Sa 8–16 Uhr.

Bay St Café, 22 Bay St, ℡ 705/746-2882. Für ein gutes Abendessen empfiehlt sich dieses Lokal in der Nähe der Government Wharf mit einer Speisekarte von Fish & Chips bis zu Thunfischsteak und Salat.

Sonstiges

Informationen

Tourist Office, 70 Church St, im ehemaligen Bahnhofsgebäude, ℡ 705/746-4213 oder 1-800/461-4261, ⌂ www.gbcountry.com. ◷ Mo–Fr 9–17 Uhr.

Von hier sind es 800 m Richtung Süden über die Church Street ins Zentrum und weitere 300 m bis zur Government Wharf am Ende der Bay Street, wo sich neben der Anlegestelle der Island-Queen-Ausflugsdampfer ein zweites, nur in der Saison geöffnetes Tourist Office befindet; ◷ Juni–Sep tgl. 9–20 Uhr. Beide Tourist Offices haben Infos über Unterkünfte in der Region.

Touren

Island Queen, ☎ 705/746-2311 oder 1-800/506-2628, ☐ www.island-queen.com. Parry Sound ist der Heimathafen dieses Schiffes, das sich regelmäßig auf spektakuläre Fahrt durch die Thirty Thousand Islands begibt und eine der beliebtesten Attraktionen der Region ist. Der Anleger an der Government Wharf befindet sich gleich außerhalb des Zentrums am Ende der Bay Street. Juni–Mitte Okt 1x tgl. um 13 Uhr, Juli und Aug zusätzlich um 10 Uhr, 3 Std. $32, 2 Std. $24;. Die 2-stündige Vormittagsfahrt führt nach Norden zwischen den inneren Inseln mit ihren zahlreichen Sommerhäusern hindurch. Auf der Nachmittagstour schippert man nach Süden zu den abgeschiedeneren Inseln der Georgian Bay, wo die Chance zum Erspähen freilebender Tiere größer ist. Bei beiden Fahrten durchquert man das Hole in the Wall, einen schmalen Kanal, durch den das Ausflugsboot nur knapp hindurchpasst.

Georgian Bay Airways, ☎ 705/774-9884 oder 1-888/786-1704, ☐ www.georgianbayairways. com. Wer wenig Zeit hat, kann auch von Mai–Mitte Okt für $100–$125 mit einem Wasserflugzeug über die Inseln fliegen.

Die Anlegestelle sowohl der *Island Queen* als auch der Wasserflugzeuge befindet sich an der Government Wharf.

Transport

Parry Sound liegt an der Strecke der Busse von **Ontario Northland**, ☎ 1-800/461-8558, ☐ www.ontarionorthland.ca, von TORONTO nach SUDBURY. Die Busse halten bei Richard's Coffee House, 119 Bowes St, rund 1 km östlich des Stadtzentrums.

Den Weitertransport in die Stadt übernimmt z. B. **Parry Sound Taxi**, ☎ 705/746-1221.

Killbear Provincial Park

Die wilde Küste der Georgian Bay wurde einst von Gletschern geformt, die wie Bulldozer die Felsen polierten und mächtige Gesteinsblöcke an den langen Stränden ablegten. Im Killbear Provincial Park, von Parry Sound zunächst 18 km

Richtung Norden über den Hwy 69, dann weitere 20 km nach Südwesten über die Route 559, zeigt sich das Seeufer von seiner Schokoladenseite. Der Park liegt auf einer spitz zulaufenden Halbinsel, auf der sich dürre Zedern und Schwarzfichten mühsam an die Uferfelsen aus rosa Granit klammern – die klassische Landschaft des Kanadischen Schilds, für die sich Tom Thomson (s. S. 109) so begeisterte. Der beste unter den drei kurzen Wanderwegen des Parks ist der einfache, 3,5 km lange Rundwanderweg **Lookout Point Trail**. Er führt durch die Ahorn-, Buchenund Gelbbirkenwälder, die das ungezähmte Innere des Parks bilden, bis zu einem Aussichtspunkt mit Panoramablick auf den Parry Sound; gut zwei Stunden sind dafür einzuplanen.

In Killbear gibt es sieben **Campingplätze**, Reservierung unter ☎ 519/826-5290 oder 1-888/ 668-7275, ☐ www.ontarioparks.com, einige am Wasser, andere im Wald, teilweise mit Duschen. ☉ Mitte Mai–Anfang Okt, Stellplatz $33–40.

Von Killbear sind es auf dem Hwy 69 rund 180 km Richtung Norden bis nach Sudbury (S. 223).

Zentral-Ontario

Zwischen dem Nordufer des Lake Ontario und dem Flusstal des Ottawa River erstreckt sich Zentral-Ontario, eine vorwiegend vom Kanadischen Schild geprägte Landschaft, deren endlose Wälder, unzählige Seen und magere Böden als gigantischer Keil von Norden her in die Provinz hineinragen. Wegen der unwirtlichen Bedingungen entstanden hier nur wenige Siedlungen, doch die ausgeprägte Wildheit der Region lockt Jahr für Jahr Scharen kanadischer Urlauber an, die hier in ihren Cottages am Seeufer die Ferien verbringen.

Im Zentrum dieser Freizeitaktivitäten stehen die **Muskoka Lakes**, ein Streifen aus schmalen Seen und Flüssen, dessen wichtigste Versorgungszentren, die Städte **Gravenhurst** und **Bracebridge**, am Hwy 11 liegen. Der Urlaub in einem Cottage oder einem Resort ist das Nonplusultra, wenn man die gesamte Schönheit dieser Gegend in sich aufnehmen möchte. Wer nicht über eine solche Möglichkeit verfügt, sollte lieber noch ein paar Kilometer nach Norden dranhängen und bis zum **Algonquin Provincial Park** durchfahren, einer wunderbaren Naturlandschaft mit einem großen Reichtum an wilden Tieren und einem erstaunlich umfangreichen Angebot an Kanustrecken.

Der unerbittliche Kanadische Schild bricht erst in der Nähe des **St.-Lorenz-Stroms** am Ostende des Lake Ontario auf. Hier finden sich einige auch geschichtlich interessante Städte und Dörfer. Die Perle unter ihnen ist das von königstreuen britischen Loyalisten (s. Kasten S. 442) gegründete **Kingston** mit seinen schönen Kalksteinhäusern, ganz zu schweigen von den sehr guten Restaurants und B&Bs. Kingston eignet sich auch gut als Zwischenstation auf dem Weg nach Osten Richtung Montréal (S. 239) oder Ottawa – die bezaubernde Hauptstadt Kanadas hat nicht nur einige der besten Museen des Landes zu bieten, sondern auch eine erstklassige Restaurant- und Barszene.

Muskoka Lakes

Die Hauptstraße von Toronto zum Algonquin Provincial Park führt durch die Region der Muskoka Lakes mit mehr als 1500 Seen und Hunderten von Cottages, die gestressten Stadtbewohnern als

---

Transport in der Muskoka-Lakes-Region

Das Netz an **Bus- und Bahnverbindungen** entlang dem Nordufer des Lake Ontario und dem St.-Lorenz-Strom ist ausgezeichnet. Die Muskoka Lakes sind in dieser Hinsicht weniger gut erschlossen, aber Ontario Northland, ☎ 1-800/461-8558, 🖥 www.ontarionorthland.ca, unterhält zwei Busrouten ab Toronto – die eine über Orillia und Parry Sound nach Sudbury, die zweite über Orillia, Gravenhurst, Bracebridge und Huntsville (in der Nähe des Algonquin Park) nach North Bay. Außerdem betreibt das Unternehmen den **Northlander Train**, So–Fr 1x tgl., von Toronto nach Cochrane mit Stopps in Gravenhurst, Bracebridge und Huntsville.

Rückzugsort dienen. Die Gegend ist nach dem Ojibwa-Häuptling Mesqua-Ukee benannt, der sich hier mit seinem Clan niederließ, nachdem er im Britisch-Amerikanischen Krieg von 1812 an der Seite der Engländer gekämpft hatte. Der Fremdenverkehr hielt 1860 Einzug, als zwei Wanderer aus Toronto nach zweitägigem Marsch in einer kleinen Ojibwa-Siedlung ankamen, die heute Gravenhurst heißt. Gegen Ende des 19. Jhs. hatten sich die Seen bereits zum bevorzugten Erholungsgebiet für wohlhabende Familien aus dem Süden Ontarios entwickelt.

Heute präsentiert sich die Lage zwar ein wenig ausgewogener, doch in erster Linie ist Muskoka noch immer die Domäne der Betuchten. Als Versorgungszentren der Region fungieren die allesamt am Hwy 11 gelegenen Städte Gravenhurst, Bracebridge und Huntsville, die Touristen auf der Durchreise nicht allzu viel zu bieten haben, was auch für die Seen selbst gilt. Hier ziellos umherzufahren, hat wenig Sinn. Am besten steuert man gleich eine der hervorragenden Hotelanlagen der Gegend an; zu den besten gehört das Sherwood Inn in der Nähe von **Port Carling**. Wirklich sehenswert ist ansonsten nur das **Aspen Valley Wildlife Sanctuary** in der Nähe von Huntsville (S. 186).

Gravenhurst

Das Tor nach Muskoka bildet das ziemlich langweilige, rund 170 km nördlich von Toronto an der Südspitze des Lake Muskoka gelegene Gravenhurst. Die Cottage-Besitzer schwirren hier wie eifrige Bienchen ein und aus, um sich mit Verpflegung einzudecken, und kommen in hellen Scharen zur Konzertreihe **Music on the Barge**, ☎ 705/687-3412, 🖥 www.gravenhurst.ca, die von Ende Juni bis August mit Big Bands, Jazz und Country-Musik für Unterhaltung sorgt.

Ansonsten ist die Hauptattraktion die **Bethune Memorial House National Historic Site**, 235 John St North. Es handelt sich um das Geburtshaus von Norman Bethune, einem Arzt, der in den 1930er-Jahren die westliche Medizin nach China brachte und ein mobiles Gerät für Bluttransfusionen erfand. Das Haus wurde entsprechend seinem Zustand im Jahr 1890 restauriert und zeigt Exponate zu Bethunes beachtlichen Errungenschaften – er erhielt sogar ein

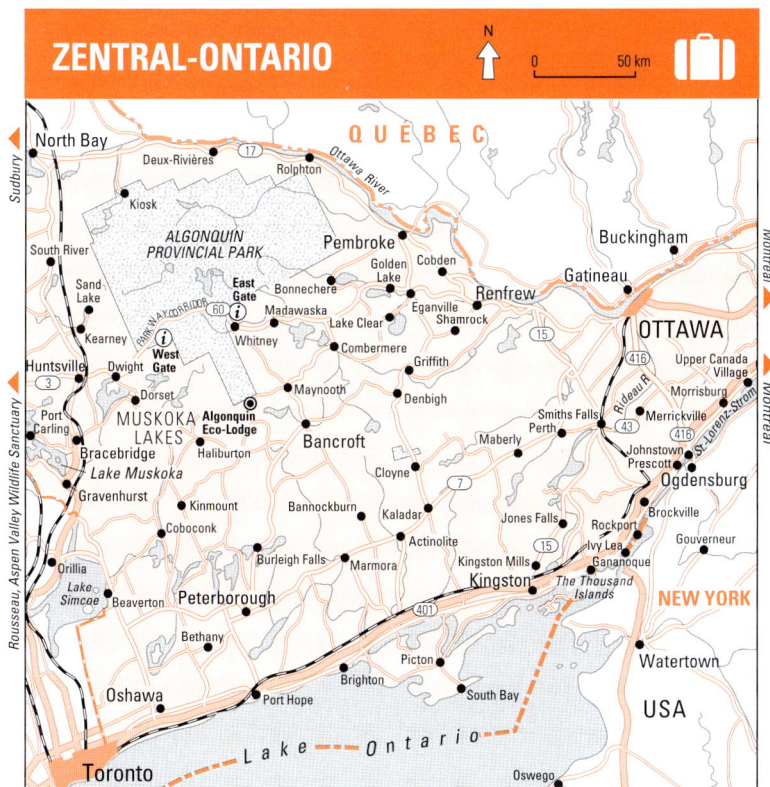

ZENTRAL-ONTARIO

N

0   50 km

QUÉBEC

Ontario

Lob vom großen Vorsitzenden Mao – mit Infos in englischer, französischer und chinesischer Sprache. ☉ Juni–Aug tgl. 10–16, Sep und Okt Sa–Mi 10–16 Uhr, Eintritt $3,90.

Essen kann man im einladenden Muskoka Café, 125 Muskoka Road South. In dem netten kleinen Café an der Hauptstraße werden Wraps, Suppen und ein besonders köstlicher Blaubeer-kuchen aufgetischt. ☉ Mo–Sa 10–15 Uhr.

Bracebridge und Port Carling

20 km nördlich von Gravenhurst liegt Brace-bridge – „auf halbem Weg zum Nordpol", wie es sich voller Stolz ankündigt. Da verwundert es nicht, dass der Heilige Nikolaus hier seine Sommerresidenz aufgeschlagen hat, und zwar als eine der Attraktionen im Vergnügungspark

Santa's Village, 🖳 www.santasvillage.ca, unmittelbar südlich der Stadt, ☉ Ende Juni–Aug tgl. 10–18 Uhr, Eintritt $27, 2- bis 4-Jährige $22, Kinder unter 2 Jahren frei.

Viel mehr gibt es in Bracebridge nicht zu sehen, wobei die kurze, attraktive Hauptstraße **Manitoba Street** mit ihren roten, viktorianischen Ziegelhäusern aber zumindest ein paar Minuten Bummel lohnt.

Von Bracebridge sind es auf dem Hwy 118 rund 25 km nach Westen bis **Port Carling**, einem winzigen Ort am See mit einem der schönsten Resorts der Region, dem **Delta Sherwood Inn**, 1090 Sherwood Rd, ✆ 705/765-3131 oder 1-866/844-2228, 🖳 www.deltahotels.com, ⓽ alles inkl. Die attraktive Anlage aus luxuriösen Chalet-Villen versteckt sich tief in den Wäldern der

Muskoka-Region – am besten vorher anrufen und den Weg beschreiben lassen. Alle Zimmer sind schick und modern eingerichtet, und das Essen ist erstklassig. Tipp: Lammrücken mit Apfel-Minz-Chutney.

Huntsville

Das recht banale Huntsville liegt 35 km nördlich von Bracebridge am Hwy 11 und ist der dem **Algonquin Park** am nächsten gelegene Ort, der mit öffentlichen Verkehrsmitteln zu erreichen ist. Nicht zuletzt diesem Umstand ist es zu verdanken, dass aus Huntsville – verglichen mit seinen Nachbarn – eine recht lebendige Kleinstadt geworden ist. Die **Busse** von Ontario Northland halten am Busbahnhof, 377 Centre St North, im Norden der Stadt, der **Northlander Train** am Bahnhof, 2 Centre St South, ca. 600 m weiter südlich, auf der anderen Seite des Flusses.

Wer kein eigenes Transportmittel hat, um von Huntsville zum Algonquin Park zu kommen, hält sich am besten an den **Minibus-Service** von Hammond Transportation, ✆ 705/645-5431, 🖥 www.hammondtransportation.com, der von Juli bis Ende August 3x pro Woche zum Park fährt (Näheres s. S. 190).

Wer in der Stadt festsitzt, begibt sich ins **Tourist Office**, 8 West St North, nahe der Main St, ✆ 705/789-4771, 🖥 www.huntsvilleadventures.com. Die Mitarbeiter dort helfen bei der Zimmersuche. ◷ Mo–Fr 9–17, Sa 10–16 Uhr.

Die beste Adresse zum **Essen** ist Soul Sistas Wellness Kitchen, 79 Main St East, ✆ 705/789-6655. Hier hat man sich biologisch-dynamischer Kost wie Salaten, Suppen und Smoothies verschrieben.

Aspen Valley Wildlife Sanctuary

Das faszinierende Aspen Valley Wildlife Sanctuary, ✆ 705/732-6368, 🖥 www.aspenvalleywildlifesanctuary.com, bietet Besuchern die Möglichkeit, viele kanadische Wildtierarten in ihrem natürlichen Habitat zu beobachten. Vor mehr als 30 Jahren gründete Audrey Tournay dieses Tierschutzgebiet, das inzwischen das größte Schwarzbären-Rehabilitationszentrum der Welt ist. Auf dem rund 400 ha großen Gelände leben verwaiste Bärenwelpen; die meisten wurden während der Jagdzeit gerettet. Hier werden

sie aufgepäppelt bis sie kräftig genug sind, um wieder in die Wildnis entlassen zu werden. Nahe heran an die Bärenkinder kommt man aber nicht, denn die Tiere dürfen die Scheu vor den Menschen nicht verlieren. Aber das wird durch die festen Bewohner (Tiere, die aus verschiedenen Gründen nicht freigelassen werden können) mehr als ausgeglichen. Man kann Polarwölfe sehen, Stachelschweine, Raubvögel, einen Nordamerikanischen Schwarzbären, der dafür missbraucht wurde, Hunde für Hunde-Bärenkämpfe zu trainieren, und einen afrikanischen Löwen. Letzterer wurde einem Siebzehnjährigen abgenommen, der ihn als Haustier hielt. ◷ Mai–Okt Mi und So 13–16 Uhr, Eintritt auf Spendenbasis.

Der Weg zum Tierschutzgebiet führt von Huntsville entlang der Aspdin Road (County Road #3) bis zur ausgeschilderten Abzweigung, 2 km vor Rosseau. Die Gesamtstrecke ist rund 35 km lang.

3 **HIGHLIGHT**

Algonquin Provincial Park

Der älteste und größte Provinzpark Ontarios, Algonquin Provincial Park, 🖥 www.algonquinpark.on.ca, ist für viele die Quintessenz der kanadischen Landschaft. Der am Südrand des Kanadischen Schilds inmitten einer Übergangszone gelegene Park wurde 1893 auf Ersuchen der Holzindustrie gegründet, die sich so die Farmer vom Hals halten wollte. Der hügelige, zwei Drittel des Parks einnehmende westliche Teil beherbergt vorwiegend Hartholzwälder mit Zuckerahornen, Buchen und Gelbbirken, während im trockeneren Ostteil Bankskiefern, Weymouthkiefern und Rotkiefern vorherrschen. Im gesamten Parkgebiet sind die Seen und die runden, felsigen Hügel immer wieder von Schwarzfichtenmooren durchsetzt, einer typischen Vegetationsform des kanadischen Nordens.

Kanufahren erfreut sich im Park größter Beliebtheit, und angesichts erstaunlicher 1600 km Paddelstrecke bestehen sehr gute Aussichten, tagelang keine Menschenseele zu Gesicht zu bekommen.

Kanadas Nationaltier war schon auf der ersten Briefmarke abgedruckt, die die Kolonie 1851 ausgab, und ziert heute die Rückseite der 5-Cent-Münze. Mit Sentimentalität hat das allerdings nichts zu tun – den Biberpelzen hatte die kanadische Wirtschaft einst ihren raschen Aufschwung zu verdanken. Erst in jüngerer Vergangenheit begegnete man dem vierbeinigen Ingenieur mit etwas mehr Respekt und stellte ihn unter Schutz.

Der Biber ist ein Nagetier, lebt vorwiegend im Wasser, wird bis etwa 75 cm lang und wiegt bis zu 35 kg. Schon bei den kanadischen Ureinwohnern war er von jeher begehrtes Jagdobjekt, da sich sein dicker, weicher **Pelz** aus langen Grannenhaaren und dichter Unterwolle bestens für warme Winterkleidung eignet.

Auch die ersten europäischen Pelzhändler erkannten schnell den Wert der Biberfelle, besonders zur Herstellung der sogenannten Kastor- oder **Biberhüte** – wettertaugliche Allzweckhüte, wie sie damals jeder trug, der etwas auf sich hielt. Um die Nachfrage zu befriedigen, wurde exzessive Fallenstellerei betrieben. Die *voyageurs* drangen bei der Verfolgung der Biber über die Flüsse und Seen immer weiter nach Westen vor und erschlossen so große Gebiete des Landesinneren. In weiten Teilen von Ostkanada waren die Biber schon fast ausgerottet, als die Biberhüte im 19. Jh. endlich aus der Mode kamen. Heute ist der Biber wieder relativ weit verbreitet.

Biber beginnen mit dem Bau ihrer bis zu 700 m breiten **Dämme**, indem sie einen strategisch ausgewählten Baum so fällen, dass er quer über ein fließendes Gewässer plumpst. Dort sammelt sich langsam Schlamm und Treibholz an. Diese Barrikade befestigt der Biber dann mit Ästen, Steinen, Gras und durch den geschickten Einsatz von Schlamm als Bindemittel noch weiter. Gleichzeitig baut er seine **Biberburg**, die manchmal Bestandteil des Dammes ist, manchmal aber auch im Uferbereich oder an einer Insel im Teich entsteht. Dieser Bau hat etwa 2 m Durchmesser und zwei Eingänge: einen an Land und einen unter Wasser – das ist im Alltag praktisch und hält für den Notfall alle Fluchtwege offen, was dann als Zeichen des Alarms mit heftigem Trommeln mit dem Schwanz einhergeht. Oben wird die Biberburg dick mit Gras und einer anständigen Schlammschicht bedeckt, die im Winter gefriert und den Erdbau praktisch undurchdringlich macht.

Im Herbst holt sich der Biber einen Nahrungsvorrat an Schösslingen und jungen Bäumen mit weicher Rinde in seinen aufgestauten **Teich**, zerrt sie unter die Wasseroberfläche und verankert sie am Boden im Schlamm. Anschließend zieht er sich zum Überwintern in seine Burg zurück und kommt zwischendurch nur heraus, um sich Nahrung aus dem Teich zu holen oder den Damm zu reparieren. Von Bibern bevölkerte Gewässer sind allerdings nicht die baumbestandenen Idylle, die man in einigen Naturfilmen sieht. Eher handelt es sich um schlammige Teiche, umgeben von unordentlich gefällten Bäumen, mit einem chaotisch aussehenden Haufen aus Ästen und Matsch irgendwo am Ufer.

Die **Tierwelt** ist im Algonquin Park ebenso vielfältig wie die Pflanzenwelt. Ein Aufenthalt wird stets von verschiedenen Vogelgesängen begleitet, darunter der unheimliche Ruf des Seetauchers oder das heisere Krächzen des Raben. Biber, Elche, Schwarzbären und Waschbären sind hier ebenso zu Hause wie Weißwedelhirsche, deren Population sich dank der jungen Triebe erholt, die anstelle der gefällten Bäume nachwachsen. Im August findet ein öffentliches „Wolfsheulen" mit bis zu 2000 Schaulustigen in der Wildnis statt, deren Adressaten die im Park ansässigen **Timberwölfe** sind. Viele Ranger können das Geheul so gut imitieren, dass ihnen die Wölfe tatsächlich antworten.

Die Zufahrt zum Park erfolgt entweder durch das **West Gate**, 45 km östlich von Huntsville am Hwy 60, oder bei der Anreise aus Ottawa und Orten weiter östlich durch das **East Gate**. Ein Tagespass kostet $15 pro Fahrzeug. Die beiden Zufahrtstore sind durch die einzige Straße des Parks, den 56 km langen **Parkway Corridor** (auch als Frank McDougall Parkway bezeichnet), miteinander verbunden. Abseits der Straße kann man sich nur per pedes oder mit dem Kanu fortbewegen.

Das gut ausgeschilderte **Visitor Centre**, ℘ 705/633-5572, liegt tief im Park, 43 km vom West Gate entfernt, und beherbergt neben dem üblichen Souvenirshop auch eine Reihe von Dioramen zur Beleuchtung der Geschichte und Natur des Provinzparks. Außerdem gibt es hier eine große Auswahl an Literatur zu sämtlichen Aspekten des Parks, darunter Landkarten, detaillierte Wander- und Kanuführer sowie Broschüren zur Folklore der Ureinwohner. ☉ Ende April–Mitte Mai und Mitte Okt–Ende Okt tgl. 10–17, Ende Mai–Juni und Sep–Mitte Okt tgl. 10–18, Juli und Aug tgl. 9–21, Nov–Ende April Sa und So 10–16 Uhr.

Die **Parkbüros** am West Gate und East Gate halten Wegbeschreibungen und sonstige Informationen zum Park bereit, wenngleich die Palette nicht allzu groß ist. An den Ausgangspunkten der meisten Wanderwege sind außerdem spezielle Wanderführer erhältlich. Wer in abgelegenere Bereiche des Parks vordringt, sollte Lebensmittel und Wasser mitbringen, denn die Versorgungsmöglichkeiten im Park selbst sind sehr beschränkt.

Der Parkway Corridor

Die Lage von Wanderwegen und Campingplätzen entlang des Parkway Corridor (Hwy 60 von Huntsville kommend) wird in Entfernungskilometern vom West Gate angegeben. 14 **Tageswanderstrecken** beginnen an der Straße. Eine von ihnen ist der 2 km lange Beaver Pond Trail (Km 45), ein etwas unebener, aber ansonsten leichter Wanderweg, der an riesigen Biberdämmen vorbeiführt, während der ebenso kurze, aber etwas steilere Lookout Trail (Km 39) beeindruckende Blicke auf die Parklandschaft bietet. Ein längerer Weg mit besseren Aussichten zum Beobachten wilder Tiere ist der 11 km lange Mizzy Lake Trail (Km 15).

Etwas Zeit sollte man mitbringen für das **Algonquin Art Centre**, km 20, ⌨ www.algonquinartcentre.com, das regelmäßig wechselnde Ausstellungen zur Parkflora und -fauna zeigt (☉ tgl. Ende Juni–Mitte Okt 10–17 Uhr, Eintritt auf Spendenbasis) und für das aufschlussreiche **Algonquin Logging Museum** in der Nähe des East Gate bei km 54,5. Dort führt ein 1,3 km langer Rundweg an einigen faszinierenden Relikten der Holzindustrie vorbei, darunter ein Schleppkahn, eine Lokomotive, ein Sägeholzlager und Schlitten. ☉ Ende Mai–Anfang Okt tgl. 9–17 Uhr, Eintritt mit Tageskarte frei.

Kanufahren und Wandern

Das Innere des Parks lässt sich am besten mit dem **Kanu** erkunden, und entsprechend gibt es mehrere Ausrüster entlang des Parkway Corridor. Einer der besten ist der Portage Store, am Canoe Lake (Km 14), im Sommer ℘ 705/633-5622, im Winter ℘ 705/789-3645, ⌨ www.portagestore.com. Je nach Kanu variieren die Preise enorm, wobei die einfachsten Modelle etwa $27 pro Tag kosten, $23 bei einer Mietzeit ab fünf Tagen. Der Portage Store verleiht neben der Ausrüstung für Kanuten auch Zelte und Schwimmwesten und organisiert Kanutouren mit Führung. Reservierung ist in jedem Fall notwendig.

Da der Algonquin Park ein sehr beliebtes Ziel ist, sollte man Kanufahrten nicht unbedingt auf Ferienwochenenden legen. Es kursieren Horrorgeschichten über dreistündige Wartezeiten an den Tragepassagen zwischen einigen der leichter zugänglichen Seen. Im Canoe Lake ertrank 1917 der berühmte Maler Tom Thomson (s. S. 109). Rund 40 Paddelminuten vom Portage Store entfernt erinnert ein Denkmal an ihn.

Wer möchte, kann das Innere des Parks auch auf zwei ausgedehnten **Wanderrouten** erkunden. Der Western Uplands Backpacking Trail (Km 3) setzt sich aus mehreren Schleifen zusammen, die sich zu einer Wanderung von 32 bis 88 km kombinieren lassen. Der Highland Backpacking Trail (Km 29) kann als 19-km- oder 35-km-Wanderung in Angriff genommen werden.

Übernachtung

Lodges

Entlang des Parkway Corridor gibt es mehrere private Lodges und Mini-Resorts, deren Standard von funktional bis vergleichsweise luxuriös reicht.
Algonquin Eco-Lodge, ℘ 905/471-9453 oder 1-800/776-9453, ⌨ www.algonquinecolodge.com.

Elche kennen keine Verkehrs-regeln und können vor allem in der Dämmerung für eine Überraschung auf der Straße gut sein.

Wer auf ein bisschen mehr Wildnis steht, kann diese Unterkunft am Seeufer weitab der ausgetretenen Pfade an der Südspitze des Parks ansteuern. Der Ort ist perfekt zum Kanufahren und Wandern, aber das Hinkommen ist nicht einfach: Man verlässt den Park durch das East Gate, biegt hinter Whitney nach rechts auf den Hwy 127 ab und fährt weiter bis nach Maynooth. In Maynooth biegt man nach rechts auf den Hwy 62 und kurz danach ein weiteres Mal nach rechts auf die County Road 10 (Peterson Road) und hält Ausschau nach dem Wegweiser zur Lodge, der nach 18 km auftaucht. Die Entfernung vom East Gate zur Lodge beträgt insgesamt rund 70 km. Mit Vollpension ❽.

Bartlett Lodge, ☎ 705/633-5543 oder 1-866/614-5355, 🖥 www.bartlettlodge.com. Nette Ansammlung umweltfreundlicher Cabins mit Blick auf den Cache Lake bei km 23. Hier können Gäste sich auch für die Übernachtung in einem von 2 Zelten entscheiden. Sie verfügen über große, bequeme Betten und eigene Veranden. Die Lodge ist nur per Boot zu erreichen; nach einem Anruf über das entsprechend gekennzeichnete Telefon am Anleger wird man abgeholt. ⏱ Mitte Mai–Mitte Okt, mit Frühstück ❼, Vollpension ❽.

Killarney Lodge, ☎ 705/633-5551, 🖥 www.killarneylodge.com. Eine der besten Lodges im Park. Ihre gemütlichen Blockhütten nehmen eine schmale Landzunge ein, die bei Km 32 in den Lake of Two Rivers ragt. ⏱ Anfang Mai–Mitte Okt. Mit Vollpension ❽.

Blockhütten

Als der Park noch in den Kinderschuhen steckte, bauten die damaligen Ranger im Hinterland Dutzende von Blockhütten, die z. T. heute noch stehen und für $55–85 p. P. und Nacht vermietet werden. Mehr Informationen dazu gibt es auf der Park-Website, 🖥 www.ontarioparks.com.

Camping

Das Zelten in abgelegenen Gegenden des Parks, das sogenannte *backcountry camping*, erfordert in jedem Fall einen entsprechenden Erlaubnisschein *(backcountry permit)*. Er ist am West Gate, am East Gate und im Visitor Centre erhältlich ($11 p. P. und Nacht).

Am Parkway Corridor gibt es insgesamt 8 **Campingplätze**. Weniger überlaufen sind in der Regel die, bei denen keine Motorboote zugelassen sind, nämlich Canisbay Lake (Km 23, ⊙ Mitte Mai–Anfang Okt), Mew Lake (Km 30, ⊙ ganzjährig), Pog Lake (Km 37, ⊙ Anfang Juni–Anfang Sep), Kearney Lake (Km 37, ⊙ Anfang Juni–Anfang Sep) und Coon Lake (Km 40, ⊙ Mitte Juni–bis Aug). Mew Lake ist der einzige ganzjährig geöffnete Campingplatz. Ein Stellplatz inkl. Auto und bis zu 6 Pers. kostet $26–40. Eine Reservierung ist unbedingt zu empfehlen, ℡ 519/826-5290 oder 1-888/668-7275, 🖥 www.ontarioparks.com.

Touren

Call of the Wild, 23 Edward St, in Markham, einem Vorort von Toronto, ℡ 905/471-9453 oder 1-800/776-9453, 🖥 www.callofthewild.ca. Der Tourveranstalter bietet individuell gestaltbare, entspannte Abenteuer-Kanutouren in den Algonquin Park an; 3/4/5 Tage für $365/485/610 inkl. Mahlzeiten, Permits und Ausrüstung. Der Transport von Toronto ist optional, kostet $140 – unbedingt rechtzeitig reservieren.

Transport

Wer auf öffentliche Verkehrsmittel angewiesen ist, kommt per Zug oder Bus bis nach Huntsville (S. 186), von dort verkehrt der Algonquin Park Shuttle von **Hammond Transportation**, ℡ 705/645-5431, 🖥 www.hammmondtransportation.com, Juli–Ende August 3x wöchentl. zu verschiedenen Zielen am Parkway Corridor. Einfache Fahrt $36.

Kingston

Das rund 260 km östlich von Toronto am Hwy 401 gelegene Kingston ist der Geburtsort von Rockstar Bryan Adams (aber stolzer auf seine hübschen Kalksteingebäude) und zählt zu den größten und attraktivsten Städten am Nordufer des Lake Ontario. Die schöne und strategisch überaus günstige Lage an der Mündung des St.-Lorenz-Stroms in den Lake Ontario wurde von den Franzosen schnell erkannt, sodass sie hier bereits 1673 einen befestigten Pelzhandelsposten errichteten, der sich allerdings nicht mit Ruhm bekleckerte.

Dennoch hielt sich die Festung bis 1758 über Wasser, als sie schließlich von einer vereinten Streitmacht aus Engländern, Amerikanern und Irokesen erobert wurde. Dem Sieg folgte eine Einwanderungswelle königstreuer Loyalisten (s. S. 442), die Kingston – wie sie es nannten – schon bald in einen bedeutenden Schiffbaustandort und Marinestützpunkt verwandelten. Das Geld ließ nicht auf sich warten, und als mit der Fertigstellung des Rideau-Kanals (s. Kasten S.197) zwischen Kingston und Ottawa im Jahr 1832 auch das Hinterland erschlossen wurde, sah die Zukunft in der Tat rosig aus. 1841 wurde Kingston sogar kurzzeitig Hauptstadt Kanadas. Auch wenn die Stadt diesen Status bereits drei Jahre später wieder verlor, blieb sie bis Ende des 19. Jhs. das wichtigste Zentrum der Region. In jüngerer Zeit durchliefen Kingston und seine 150 000 Einwohner ein Wechselbad aus wirtschaftlichen Auf- und Abschwüngen, aber immerhin profitiert die Stadt von der Existenz der **Queen's University**, einer der renommiertesten akademischen Institutionen Kanadas, und des **Royal Military College**, der größten Militärakademie des Landes.

Kingstons Stadtzentrum wartet mit einem bunten Sammelsurium historischer Bauten auf. Hier ist jede architektonische Extravaganz der viktorianischen Zeit vertreten – von neugotischen Gemäuern mit Spitzgiebeln und kecken Mansardenfenstern bis zu italienisch angehauchten Villen. Den krönenden Höhepunkt der städtischen Architektur bilden ihre klassizistischen Kalksteinbauten, allen voran die grandiooo **City Hall** und dic **Cathedral of St. George**.

Weitere Sehenswürdigkeiten sind das erstklassige **Agnes Etherington Art Centre** und **Bellevue House**, die ehemalige Residenz von Premierminister Sir John A. Macdonald. Zählt man noch die vielen entzückenden B&Bs, die zahlreichen guten Restaurants und die Bootsausflüge in die wunderschöne Landschaft der **Thousand Islands** direkt vor den Toren der Stadt hinzu, so lässt es sich in Kingston gut ein paar Tage aushalten.

Nahe liegender Ausgangspunkt für eine Besichtigung der Stadt ist die **City Hall**, ein prächtiger Bau, der mit seiner Kupferkuppel und dem imposanten klassizistischen Säulenvorbau wie beabsichtigt den Uferbereich beherrscht. Ursprünglich sollte der Bau das kanadische Parlament beherbergen. Bei seiner Fertigstellung im Jahr 1844 hatte Kingston seinen Hauptstadtstatus bereits wieder verloren, sodass der Stadtrat angesichts der kolossalen Kosten ein wenig improvisieren musste und die leer stehenden Flure flugs mit Geschäften, Verkaufsständen und gar einem Saloon füllte. Heute herrscht in dem Gebäude weniger Rummel, die meisten Räume werden von den Büros der Stadtverwaltung eingenommen. Die Führung vermittelt einen faszinierenden Einblick in die Entwicklung der Stadt und beinhaltet den Aufstieg auf den Uhrturm. Gratisführungen Juni–Sep Mo–Fr 10–16, Juli und Aug zusätzl. Sa und So 11–15 Uhr, 30 Min.

Der **Market Square** hinter der City Hall ist von Montag bis Samstag Schauplatz eines ausgezeichneten Wochenmarktes, während an Sommersonntagen der Verkauf von Kunsthandwerk und Antiquitäten das Geschehen beherrscht. Vor der City Hall erstreckt sich der kleine **Confederation Park** bis zum Wasser; dies war der Standort des einstigen französischen Außenpostens. Unweit der gepflegten Rasenflächen am Ufer liegt der Jachthafen mit dem gedrungenen Martello Tower aus dem 19. Jh.

Vom Kai am Ende der Brock Street legen regelmäßig **Ausflugsschiffe** (S. 196) zu den Thousand Islands in der Mündung des St.-Lorenz-Stroms ab. Eine Tour durch diese Wasserlandschaft ist zu jeder Jahreszeit reizvoll, ganz besonders aber im Herbst, wenn sich die Bäume prachtvoll verfärben.

Anglican Cathedral und Marine Museum

Vom Confederation Park sind es nur fünf Minuten zu Fuß bis zum schönsten Kalksteingebäude Kingstons, der **Anglican Cathedral of St. George**, King St, Ecke Johnson St. Dass die anmutigen Linien der Kathedrale aus den 1820er-Jahren mit klassizistischem Säulenvorbau und zierlichen Kuppeln irreführend einheitlich wirken, liegt daran, dass sie bei mehreren Anlässen umgestaltet wurde, vor allem nach einem schweren Brand im Jahr 1899. Im geräumigen Innern befinden sich bezaubernde Tiffany-Buntglasfenster und an der Wand des Hauptschiffs ein schlichtes Denkmal für Molly Brant (1736–97), die Tochter eines Mohawk-Häuptlings und Schwester von Joseph Brant (s. S. 150).

Von der Kathedrale ist es nicht weit zur Hauptgeschäftsstraße **Princess Street**, deren Läden, Büros und Cafés sich bis ans Seeufer hinziehen. Alternativ dazu kann man auch kurz einen Blick in das **Marine Museum of the Great Lakes** am Ufer, 55 Ontario St, und seine etwas schäbig wirkende Zusammenstellung historischer Objekte aus der Seefahrt werfen. Am interessantesten ist noch die Schiffsbauer-Galerie. ☺ März–Ende Mai Mi–Fr 10–16, Sa 12–16, Ende Mai–Sep tgl. 10–16 Uhr, Eintritt $8,50. Vor dem Museum liegt das ungewöhnliche Alexander Henry B&B vertäut (s. Übernachtung).

Murney Tower

Vom Marine Museum sind es zu Fuß keine zehn Minuten zum Murney Tower am Ende der Barrie Street beim See. Dies ist der beeindruckendste von vier gleichartigen Türmen, die während der Oregon-Krise 1846/47 zur Verteidigung der Werften der Stadt gegen den erwarteten Angriff der US-Truppen errichtet wurden. Im Inneren befinden sich militärische Erinnerungsstücke, darunter alte Waffen und Uniformen, sowie ein restaurierter Wohnbereich aus dem 19. Jh. Die Turmkonstruktion, eine Mischung aus Kaserne, Batterie und Lagerhaus, ist die Kopie eines Wehrturms an der Punta Mortella auf Korsika, an dem sich die britische Marine einst die Zähne ausgebissen hatte. Das in sich geschlossene, beinahe völlig autarke Bollwerk mit dicken Mauern und einem geschützten Tor erwies sich als derart erfolgreich, dass die Engländer in ihrem gesamten Empire Martello-Türme bauten, die erst in den 1870er-Jahren aufgrund der Fortschritte in der Artillerietechnik ihren Sinn verloren.

Kingston

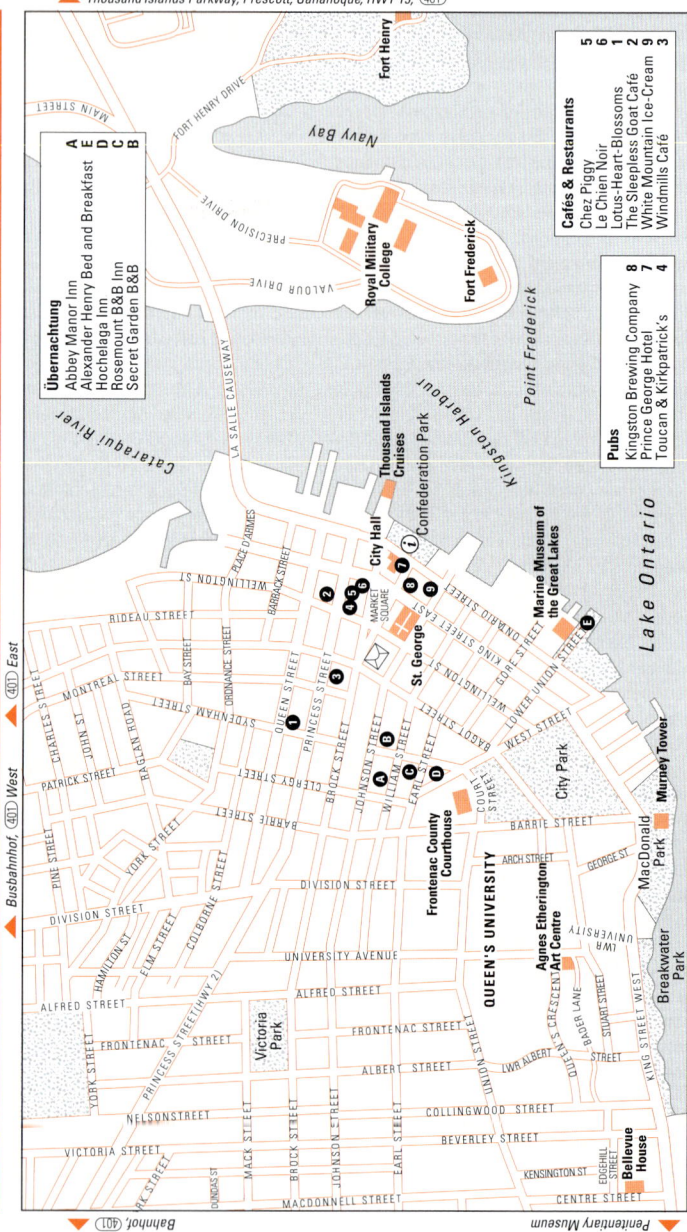

▲ Thousand Islands Parkway, Prescott, Gananoque, HWY 15, (401)

N

0   500 m

Übernachtung
Abbey Manor Inn   A
Alexander Henry Bed and Breakfast   E
Hochelaga Inn   D
Rosemount B&B Inn   C
Secret Garden B&B   B

Cafés & Restaurants
Chez Piggy   5
Le Chien Noir   6
Lotus-Heart-Blossoms   1
The Sleepless Goat Café   2
White Mountain Ice-Cream   9
Windmills Café   3

Pubs
Kingston Brewing Company   8
Prince George Hotel   7
Toucan & Kirkpatrick's   4

Fort Henry
FORT HENRY DRIVE
MAIN STREET
Navy Bay
Fort Frederick
PRECISION DRIVE
Royal Military College
VALOUR DRIVE
Point Frederick
LA SALLE CAUSEWAY
Cataraqui River
Kingston Harbour
Thousand Islands Cruises
Confederation Park
City Hall
PLACE D'ARMES
BARRACK STREET
WELLINGTON ST
Marine Museum of the Great Lakes
ONTARIO STREET
KING STREET EAST
Lake Ontario
Murney Tower
City Park
WEST STREET
LOWER UNION STREET
GORE STREET
BAGOT STREET
WELLINGTON ST
St. George
MARKET SQUARE
RIDEAU STREET
QUEEN STREET
BAY STREET
ORDNANCE STREET
SYDENHAM STREET
BROCK STREET
PRINCESS STREET
MONTREAL STREET
CHARLES STREET
PINE STREET
PATRICK STREET
RAGLAN ROAD
JOHN STREET
CLERGY STREET
JOHNSTON STREET
WILLIAM STREET
EARL STREET
BARRIE STREET
COURT STREET
Frontenac County Courthouse
ARCH STREET
GEORGE ST.
MacDonald Park
Breakwater Park
DIVISION STREET
QUEEN'S UNIVERSITY
UNIVERSITY AVENUE
Agnes Etherington Art Centre
STUART STREET
LWR UNIVERSITY
KING STREET WEST
YORK STREET
PINE STREET
COLBORNE STREET
ELM STREET
HAMILTON ST
Victoria Park
ALFRED STREET
FRONTENAC STREET
ALBERT STREET
QUEEN'S CRESCENT
BADER LANE
UNION STREET
LWR ALBERT ST.
DIVISION STREET
PRINCESS STREET (HWY 2)
FRONTENAC STREET
COLLINGWOOD STREET
BEVERLEY STREET
NELSON STREET
VICTORIA STREET
MACK STREET
BROCK STREET
JOHNSON STREET
EARL STREET
ALBERT STREET
KENSINGTON ST.
EDGEHILL STREET
Bellevue House
DUNDAS ST.
FIRST STREET
MACDONNELL STREET
CENTRE STREET

◀ Busbahnhof, (401) West   (401) East ▶

▼ Bahnhof, (401)

Penitentiary Museum ▼

Nebenbei bemerkt: Am Weihnachtstag 1885 machten sich einige Mitglieder eines Regiments der Royal Canadian Rifles auf, mit ihren Feldhockeyschlägern und einem Lacrosse-Ball über den zugefrorenen See zu schlittern, und erfanden (das behaupten jedenfalls die Kingstoner) so die Sportart, die sich in Kanada zur nationalen Leidenschaft entwickelte: das Eishockey. ☉ Mitte Mai–Aug tgl. 10–17 Uhr, Eintritt $3.

Queen's University und Agnes Etherington Art Centre

Nach weiteren zehn Minuten Fußmarsch entlang der Barrie Street nach Norden erreicht man am Ende des City Park das **Frontenac County Courthouse** von 1858, ein weiteres grandioses Kalksteingebäude mit klassizistischem Säulenvorbau, Kupferkuppel und einem Springbrunnen auf dem Platz davor. Von hier führt die Union Street zum nahen Campus der **Queen's University**, deren Gebäude sich in alle Richtungen auffächern.

Unbedingt sehenswert ist das **Agnes Etherington Art Centre**, University Avenue, Ecke Bader Lane, 🖳 www.aeac.ca, das seine erstklassige Sammlung in wechselnden Ausstellungen präsentiert. Es beginnt gleich in den ersten beiden Räumen äußerst spektakulär mit einer eindrucksvollen Auswahl abstrakter Gemälde kanadischer Künstler. Dann folgen Werke, die überwiegend von Mitgliedern der **Group of Seven** (s. S. 109) stammen. Zwei Highlights sind das faszinierende *Evening Solitude* von Lawren Harris und die teppichähnlichen Felder von Lismers *Québec Village.* Beachtung verdienen außerdem die Inuit-Drucke von Kenojuak und Pitseolak, zwei der bekanntesten Inuit-Künstler der Moderne, eine ansehnliche Sammlung von holländischen Meistern des 17. Jhs., darunter zwei Rembrandts, einige traditionelle Quilts aus dem östlichen Ontario sowie das Werk von Jack Bush, der seine Malerkarriere im Stil der Group of Seven begann, sich dann aber allmählich einer kraftvollen, farbenfrohen abstrakten Malerei zuwandte. ☉ Di–Fr 10–16.30, Sa und So 13–17 Uhr, Eintritt $4.

Westlich des Zentrums: Bellevue House

Der im schottischen Glasgow geborene **Sir John Alexander Macdonald** (1815–1891) wanderte in seiner Jugend nach Kanada aus und ließ sich in Kingston nieder, wo er erfolgreich als Anwalt arbeitete und die Stadt als Parlamentsabgeordneter fast 40 Jahre lang vertrat, bis er schließlich Premierminister wurde (1867–1873 und 1887–1891). Der scharfsinnige und durchsetzungsfähige Macdonald spielte eine führende Rolle beim Zustandekommen der kanadischen Konföderation, mal unnachgiebig, mal charmant, doch stets das große Ziel im Auge. In den 1840er-Jahren mietete Macdonald Bellevue House, 35 Centre St, 🖳 www.pc.gc.ca, ein bizarr asymmetrisches, pagodenförmiges Haus westlich der Universität und rund 2 km vom Zentrum entfernt. Er hoffte, die Landluft würde seiner Ehefrau Isabella bekommen, deren Tuberkulose sich jedoch durch die Therapie mit Laudanum noch weiter verschlechterte. Isabella starb einige Jahre später an ihrer Krankheit und ließ Macdonald allein zurück, mit der Flasche als Trost. Das Haus und die Gärten wurden wieder so hergerichtet, wie sie aussahen, als die Macdonalds hier lebten. ☉ tgl. April–Mai und Sep–Okt. 10–17, Juni–Aug 9–18 Uhr, Eintritt $3,90.

Penitentiary Museum

Vom Bellevue House ist es 1 km auf der King Street West Richtung Westen bis zum gruseligen Penitentiary Museum, 🖳 www.penitentiarymuseum.ca. Es ist im ehemaligen Gefängniswärterhaus aus den 1870er-Jahren untergebracht – das heutige Gefängnis steht direkt gegenüber auf der anderen Straßenseite. Das Wärterhaus haben die Gefangenen selbst gebaut. In sieben seiner Zimmer sind außergewöhnliche Ausstellungsstücke zu sehen, z. B. von den Insassen angefertigte Kunstwerke und Kunsthandwerksgegenstände oder ins Gefängnis geschmuggelte Werkzeuge, mit deren Hilfe sie ausbrechen wollten. Dass sie raus wollten, ist kein Wunder. In der Abteilung „Punishment and Restraint" sind Beispiele dafür zu sehen, welche Strafen ihnen drohten: vom schlichten Holzbock, auf den die Gefangenen nach Altväter Art zum Auspeitschen gebunden wurden, bis zu der klobigen Apparatur fürs Waterboarding (simuliertes Ertränken). ☉ Mai–Okt Mo–Fr 9–16, Sa und So 10–16 Uhr, Eintritt auf Spendenbasis.

Östlich des Zentrums:
Fort Frederick und Old Fort Henry

Die beiden über den La Salle Causeway zu erreichenden Landzungen östlich des Zentrums werden schon seit geraumer Zeit von der Armee genutzt.

Auf der ersten befindet sich das **Royal Military College**, die Trainingsakademie für Offiziere aller drei Truppengattungen, und das **Royal Military College Museum**, 🖳 www.rmc.ca. Das Museum ist im alten Martello-Turm von Fort Frederick untergebracht und mit Militaria vollgestopft, ☉ Juli und Aug tgl. 10–17 Uhr, Eintritt auf Spendenbasis.

Auf der zweiten liegt **Fort Henry**, ✆ 613/542-7388, 🖳 www.forthenry.com, eine große und imposante Festung, die nach dem Krieg von 1812 zur Verteidigung gegen die US-Amerikaner erbaut wurde. Die mächtigen Stein- und Erdwälle des Forts wurden sorgfältig ins Gelände eingebettet, um sie gegen Artilleriebeschuss zu schützen, aber wie sich herausstellte, war das alles Zeit- und Geldverschwendung, denn die angloamerikanischen Beziehungen entwickelten sich so positiv, dass das Fort nie unter Beschuss geriet. Nachdem die letzte Garnison Ende des 19. Jhs. aufgelöst wurde, verfiel die Festung, bis man sie 1938 restaurierte.

Heute finden auf ihrem großen Paradeplatz regelmäßig Kostümspektakel unter Musketen- und Kanonenrauch sowie einem Höllenlärm von Signalhörnern, Trommeln und Flöten statt. Diese Veranstaltungen sind ganz auf Familien zugeschnitten, und Kinder können hier eine Menge unternehmen, z. B. mit zum Exerzieren antreten, beim Abfeuern von Salutschüssen helfen oder am Unterricht in einem viktorianischen Klassenzimmer teilnehmen.

Wer damit nichts im Sinn hat, kann über die Wehrgänge schlendern, um die Aussicht auf den St.-Lorenz-Strom zu genießen. Zu besichtigen sind außerdem Pulvermagazine, Küchen und Offiziersquartiere. ☉ Ende Mai–Sep tgl. 10–17 Uhr, Eintritt $11,50.

Kingston hat eine ausgezeichnete Auswahl an Unterkünften, viele davon in zentraler Innenstadtlage. Zu den besten zählen die teils in grandiosen alten Gebäuden untergebrachten Inns und B&Bs, aber es gibt auch günstigere Möglichkeiten – als ungewöhnlichstes Nachtlager bieten sich die Kojen eines ausrangierten Schiffs der Küstenwache an. Im Juli und August ist in der gehobenen Klasse eine Reservierung ratsam.

Abbey Manor Inn, 181 William St, ✆ 613/545-0422 oder 1-866/723-1872, 🖳 www.abbeymanorinn.com. Hübscher, 3-stöckiger Ziegelbau aus viktorianischer Zeit mit einladender Veranda und 7 properen Zimmern mit Bad in zentraler Lage. ➏

Alexander Henry B&B, 55 Ontario St, ✆ 613/542-2261, 🖳 www.marmuseum.ca. Ein Eisbrecher der Küstenwache im Ruhestand wurde mitten im Stadtzentrum neben dem Marine Museum vertäut und zu Kingstons ausgefallenster Unterkunft umfunktioniert. Die Schlafplätze reichen von der Koje in einer winzigen Kajüte bis zum komfortableren Quartier in einer 2-Bett-Kabine. Das Schiff selbst stammt aus den 1950er-Jahren und ist eine robuste Konstruktion mit schmalen Treppen und Gängen, denen noch der salzige Meeresgeruch anhaftet. ☉ Mitte Mai–Anfang Okt. ➍–➏

Hochelaga Inn, 24 Sydenham St, ✆ 613/549-5534 oder 1-877/933-9433, 🖳 www.hochelagainn.com. Schöne viktorianische Villa mit verspieltem Mittelturm, Erkerfenstern und umlaufender Veranda in einem Wohnviertel nicht weit vom Zentrum. Die 21 Gästezimmer mit Bad sind sehr

---

Schöner wohnen in Kingston

Rosemount B&B Inn, 46 Sydenham St South, ✆ 613/531-8844 oder 1-888/871-8844, 🖳 www.rosemountinn.com. Sehr ansprechendes B&B in einer umwerfenden, deutlich italienisch beeinflussten alten Kalksteinvilla – eines der schönsten Gebäude von Kingston. 10 Zimmer mit Bad und in perfektem historischem Stil eingerichtet. Auch das Frühstück ist köstlich und obendrein gibt's ein „Vinotherapie"-Spa, wo auf Produkte auf Weinbasis verwendet werden. ➏

komfortabel, auch wenn die Einrichtung etwas einfallslos wirkt. ⑥

Secret Garden B&B, 73 Sydenham St South, ℡ 613/531-8884 oder 1-888/871-8844, 🖳 www.thesecretgardeninn.com. Eins der sympathischsten B&Bs in Kingston mit 7 überaus komfortablen Gästezimmern, alle mit Bad und bezaubernd eingerichtet. Das Haus selbst ist ein reizender viktorianischer Holz- und Ziegelbau mit Veranden und einem prächtigen Turm mit Erkerfenstern. ⑥

Essen

In Kingston gibt es erstaunlich viele gute **Restaurants** und eine Menge preiswerte **Cafés**, die nicht zuletzt von den zahlreichen Studenten der Stadt profitieren.

Chez Piggy, 68 Princess St, ℡ 613/549-7673. Dieses große Restaurant auf 2 Etagen ist aus Kingston nicht wegzudenken. Hier, in restaurierten Stallungen von 1810, feiern die Anwohner seit eh und je ihre Familienfeste. Unverputzte Backsteinwände bestimmen das gemütliche Ambiente drinnen, im Sommer ist draußen kaum ein Platz zu bekommen.
Auf der langen Speisekarte stehen reichlich bemessene Gerichte aus aller Welt: von thailändisch und vietnamesisch über südamerikanisch bis zu nordamerikanischen Klassikern. Hauptgerichte um $23. ⊙ Mo–Sa 11.30–23.30, So 11–22 Uhr.

Lotus-Heart-Blossoms, 185 Sydenham St, ℡ 613/549-7777, 🖳 www.lotus-heart-blossoms.com. In diesem warm und modern eingerichteten vegetarischen Café gibt es leckere Salate, vegetarische Burger und Wraps. Wie ihre „asiatische" Bekleidung verrät, sind die Mitarbeiter auf einem Mystiktrip – mit Sri Chinmoy –, aber sie machen daraus kein großes Theater. Hauptgerichte kosten rund $9. ⊙ Mo–Sa 11.30–21, So 11–20 Uhr.

The Sleepless Goat Café, 91 Princess St, ℡ 613/545-9646. Zwanglose Kombination aus Bäckerei und Café mit guten Sandwiches, köstlichen Backwaren, Fairtrade-Kaffee und großartigen Desserts – alles zu erschwinglichen Preisen. ⊙ Mo–Fr 7–23, Sa und So 8–23 Uhr.

White Mountain Ice-Cream, 176 Ontario St. Sehr gehaltvolle, hausgemachte Eiscreme in

Leckeres aus der Region

Le Chien Noir, 69 Brock St, ℡ 613/549-5635, 🖳 www.lechiennoir.com. Hübsche Kombination aus Bar und Bistro mit schicker, moderner Einrichtung und vorzüglichen Speisen, in denen saisonale Produkte der Region auf fantasievolle Art kombiniert werden. Tipp: Freilandhühnchen mit Cheddarflocken und Spargel. Hauptgerichte um $28. ⊙ tgl. 11–22 Uhr.

Becher und Waffel. Besonders lecker ist das White Mountain Special: Vanilleeis mit Schokosplittern, Pekannuss und Ahorn-Krokant.

Windmills Café, 184 Princess St, ℡ 613/544-3948, 🖳 www.windmills-cafe.com. Einladendes Café-Restaurant mit gutem Kuchen und einer breit gefächerten Speisekarte, die von Salat und Nudeln bis zu Burgern und Steaks reicht. Hauptgerichte um $25. ⊙ tgl. 7.30–23 Uhr.

Unterhaltung

Kingston bietet neben mehreren lebendigen **Pubs** im englischen und irischen Stil auch eine kleine **Livemusikszene**. Veranstaltungshinweise sind im alle zwei Monate erscheinenden Gratisheft *Key to Kingston* abgedruckt, das in größeren Hotels, B&Bs, Restaurants und in der Touristeninformation ausliegt.

Prince George Hotel, 200 Ontario St, gegenüber der Touristeninformation. Im Erdgeschoss dieses alten Hotels gibt es 2 Bars: Tir Nan Óg, 🖳 www.kingston.tirnanogpubs.com, ist ein Irish Pub mit irischem Bier, und das Old Speckled Hen gibt sich betont englisch.

Urgemütliche Kneipe mit Biergarten

Kingston Brewing Company, 34 Clarence St, ℡ 613/542-4978, 🖳 www.kingstonbrewing.ca. In der besten Kneipe der Stadt gibt's Ale- und Lager-Biere ohne Zusatzstoffe aus der hauseigenen Brauerei und leckere Kneipenkost – im gemütlichen Schankraum oder draußen im Biergarten.

Ontario

The Toucan & Kirkpatrick's, 76 Princess St, ☎ 613/544-1966, 🖥 www.thetoucan.ca. In den beiden Bars, ebenfalls irgendwie irisch angehaucht, unter einem Dach werden jede Menge kanadische und importierte Biere ausgeschenkt. Außerdem gibt's Livegigs und DJ-Nights. ⏲ tgl. bis 2 Uhr.

Informationen

Tourist Office, 209 Ontario St, ☎ 613/548-4415 oder 1-888/855-4555, 🖥 www.kingstoncanada.com, im Stadtzentrum direkt am Hafen. Hilfsbereite Infostelle mit reichlich Material über die Stadt und die Region und kostenloser Zimmervermittlung. ⏲ Juni–Aug tgl. 9–18, Mai und Sep– April tgl. 9–17, Okt–April Mo–Fr 9–17 Uhr.

Nahverkehr

Kingston Transit informiert unter ☎ 613/546-0000 über Routen und Abfahrtzeiten der Stadtbusse.

Transport

Busse

Der **Busbahnhof** befindet sich 5 km nördlich des Zentrums am John Counter Blvd, gleich westlich der Division St. Der Kingston-Transit-Bus #C, Auskunft ☎ 613/546-0000, verkehrt von dort

Ausflüge zu Land und Wasser

In Kingston werden Touren für jeden Geschmack angeboten. Am beliebtesten sind die **Schiffstouren** zu den Thousand Islands (s. Kasten S. 198) vom Kai am Ende der Brock Street.
Kingston 1000 Islands Cruises, ☎ 613/549-5544, 🖥 www.1000islandscruises.ca. Die 3-stündigen Rundfahrten dieses Anbieters sind genauso gut wie die der anderen. Mitte Mai–Mitte Okt 1–3x tgl., $29.
Haunted Walk of Kingston, ☎ 613/549-6366, 🖥 www.hauntedwalk.com. Unterhaltsame 90-minütige Führung durch die älteren Stadtteile. Start ist im Zentrum beim Prince George Hotel gegenüber vom Tourist Office. Mai–Mitte Okt 1–2x tgl., $13.

Mo–Fr alle 30 Min., Sa und So stdl. ins Zentrum. Ein Taxi in die Innenstadt kostet rund $12.
Greyhound, ☎ 1-800/661-8747, 🖥 www.greyhound.ca, verkehrt 2–3x tgl. nach MONTRÉAL, 5 1/2 Std., und OTTAWA, 2 3/4 Std.
Coach Canada, ☎ 1-800/461-7661, 🖥 www.coachcanada.com, 8x tgl. nach MONTRÉAL, 3 1/4 Std, und 9x tgl. nach TORONTO, 3 Std.

Eisenbahn

Der **Bahnhof** liegt ziemlich ungünstig abseits des John Counter Boulevard (nahe Hwy 2), ganze 7 km nordwestlich der Stadt. Von hier fährt der Kingston-Transit-Bus #C (Häufigkeit s. Busse) ins Zentrum. Ein Taxi vom Bahnhof ins Stadtzentrum kostet rund $15.

Züge nach:

MONTRÉAL, 4–5x tgl.,2 3/4 Std.;
OTTAWA, 3–5x tgl., 2 Std.;
TORONTO, 4–5x tgl., 2 1/2 Std.

Der obere St.-Lorenz-Strom

Östlich von Kingston führen der Hwy 401 und der weniger befahrene, landschaftlich schönere Hwy 2 am Nordufer des mit zahlreichen Inseltupfern gesprenkelten St.-Lorenz-Stroms entlang, dessen tückischer Verlauf in den 1950er-Jahren gezähmt wurde, als die Regierungen der USA und Kanadas in einem Gemeinschaftsprojekt den St.-Lorenz-Seeweg schufen.

Der als außergewöhnlich ehrgeiziges Projekt entstandene Seeweg erstreckt sich mehr als 3790 km über Seen, Flüsse und Schleusen vom Atlantischen Ozean nach Westen ins Landesinnere und schließlich bis zum Lake Superior. 15 Schleusen wurden allein im St.-Lorenz-Strom gebaut, die allesamt groß genug waren, dass selbst Ozeanriesen die Höhenunterschiede überwinden konnten. Gleichzeitig entstanden mehrere Staudämme zum Betrieb von Wasserkraftwerken. Das alles hatte natürlich seinen Preis: Die Fertigstellung des Seewegs machte die Umsiedlung zahlreicher Gemeinden am Flussufer notwendig und auch langfristige Folgen für die

Die direkte Route von Kingston nach Ottawa, eine Strecke von 175 km, führt zunächst über den Hwy 401 und anschließend über den Hwy 416 nach Norden.

Wer mehr Zeit zur Verfügung hat, sollte eine Alternativstrecke in Erwägung ziehen, die von Kingston über den **Hwy 15**, dann ab Smith Falls über **Hwy 43** und schließlich über die Hwys 2, 5, 13 und 73 nach Ottawa führt. Diese Nebenstraßen folgen auf einem Großteil der Strecke dem **Rideau Canal**, ⌨ www.pc.gc.ca. Der 202 km lange Kanal (⏱ für Schiffe Mitte Mai–Mitte Okt) wurde 1832 nach nur sechs Jahren Bauzeit fertiggestellt. Mit seinen 27 Schleusen windet er sich durch ein Gebiet aus Nadel- und Laubwäldern, Mooren, Kalksteinebenen und Hügelketten aus Granitfels. Zu einer Zeit, als es mit den angloamerikanischen Beziehungen nicht zum Besten stand, war der Kanal zunächst als sicherer Transportweg durch das Landesinnere gedacht. Nachdem sich die politische Lage entspannt hatte, entwickelte er sich zu einem wichtigen Wasserweg für den regionalen Gütertransport. Der Bau des Kanals sorgte auch für den Aufschwung der Stadt Bytown, die 1855 in Ottawa umbenannt wurde. Der Kanal selbst verlor in der zweiten Hälfte des 19. Jhs. durch den Ausbau der Eisenbahn immer mehr an Bedeutung und wird heute vorwiegend von

Urlaubern zum Schippern benutzt, während andere Ausflügler mit dem Auto anreisen, um die **Schleusen** zu besichtigen. Zu den interessantesten gehören die von Kingston Mills (Schleusen 46–49), 12 km hinter Kingston am Hwy 15, und Johnson Falls (Schleusen 39–42), rund 50 km von Kingston entfernt. Dieser Komplex besteht aus vier Schleusen, einem Damm, einer ehemaligen Schmiede und einem Schleusenwärterhaus.

Für einen Zwischenstopp bietet sich das nette kleine **Merrickville** (Schleusen 21–23) an, rund 100 km von Kingston entfernt. In dem beliebten Touristenort gibt es mehrere Unterkünfte, darunter ein rundes Dutzend B&Bs sowie das Sam Jakes Inn, 118 Main St East, ✆ 613/269-3711 oder 1-800/567-4667, ⌨ www.samjakesinn.com, ❽, ein ansprechendes viktorianisches Gebäude mit modernisierten Gästezimmern. Erschwinglicher ist das Millisle B&B, 205 Mill St, ✆ 613/269-3627, ⌨ www.bbcanada.com/millislebb, ❻, ein großes viktorianisches Haus mit fünf Gästezimmern und einer herrlichen Veranda mit Blick auf die Schleuse. Um per **Schiffstour** auf dem Kanal von Kingston nach Ottawa zu kommen, braucht man fünf Tage – und $1700. Veranstalter ist Ontario Waterways, ✆ 705/327-5767 oder 1-800/561-5767, ⌨ www.ontariowaterwaycruises.com; Abfahrten Mitte Mai–Mitte Okt 3–6x monatl., nur mit Reservierung.

Ontario

Umwelt waren zu beklagen, da die Schiffe am Rumpf und im Kielraum hier zuvor unbekannte Arten einschleppten. Zu allem Überfluss erwies sich der Seeweg als ein echter Schlag ins Wasser, denn der Gütertransport verlagerte sich in der Folge mehr und mehr auf die Straße und den Luftweg.

Von Kingston aus führt der Hwy 2 auf seinem Weg gen Osten zunächst durch wogendes Ackerland und bietet flüchtige Ausblicke auf das landschaftliche Highlight der Region, die **Thousand Islands**, locker bewaldete Inseln, die auf den 80 km zwischen Kingston und Brockville den Fluss wie Konfetti sprenkeln. Die Inseln sind am besten im Rahmen von **Schiffstouren** zu be-

sichtigen, die in den meisten Städten am Fluss angeboten werden, u. a. in Kingston (s. S. 190). Allgemein haben die Rundfahrten von **Gananoque** und **Rockport** den besten Ruf.

Ansonsten sind die hier und da am Flussufer gelegenen Städtchen nicht sehr aufregend – am interessantesten ist noch das bescheidene **Prescott**, nur 175 km von Kingston entfernt. Der schönste Teil der Strecke ist die Fahrt über den **Thousand Islands Parkway**, ein 40 km langer Abschnitt des Hwy 2, der gleich östlich von Gananoque beginnt. Parallel zur Straße verläuft hier außerdem ein kombinierter Rad- und Wanderweg. Auf dem Hwy 401 verkehren in kurzen Abständen **Fernbusse** von Greyhound,

1-800/661-8747, www.greyhound.ca, und Coach Canada, 1-800/461-7661, www.coach canada.com. Außerdem fahren VIA-**Züge**, 1-888/842-7245, www.viarail.ca, von Kingston über Brockville nach Montréal oder Ottawa.

Brockville

Von Kingston sind es 30 km Richtung Osten nach **Gananoque**, wo die Schiffe zu den Thousand Islands ablegen (s. Kasten). Gleich hinter Gananoque zweigt der Thousand Islands Parkway vom Hwy 2 ab. Er folgt auf seinen landschaftlich reizvollen 40 km dem nördlichen Flussufer und passiert dabei den kleinen Ort **Rockport**, wo ebenfalls Schiffstouren zu den Thousand Islands beginnen (s. Kasten). Der Parkway endet ein paar Kilometer vor der gediegenen Kleinstadt Brockville, benannt nach dem kanadischen General Isaac Brock, der im Britisch-Amerikanischen Krieg von 1812 in der Nähe der Niagarafälle ums Leben kam. Am Stadtzentrum ist die Zeit nicht spurlos vorübergegangen, aber die Hafenpromenade ist recht nett und der **zentrale Platz** mit einem ambitionierten Kriegerdenkmal in der Mitte noch immer sehr imposant. Rund um den Platz stehen stattliche

Thousand Islands

Geologisch betrachtet sind die Thousand Islands Teil der Frontenac-Achse, eines Ausläufers des Kanadischen Schilds, der bis in den US-Bundesstaat New York hineinreicht. Die indianischen Ureinwohner nannten die Inseln Manitouana – „Garten des Großen Geistes". In ihrem Glauben waren die Inseln durch herabregnende himmlische Blütenblätter entstanden, die sich über den Fluss verteilten. Sehr viel später (und viel prosaischer) verliehen die Inseln dem bekannten Salatdressing seinen Namen.

Die Inseln machten erstmals gegen Ende der 1830er-Jahre nationale Schlagzeilen: Damals trieb hier der kanadische Pirat William Johnston sein Unwesen und plünderte aus allgemeiner Abneigung gegen die Briten mit seiner Bande jahrelang britische Schiffe und kanadische Farmer aus, bevor er sich schließlich (samt seiner Beute) im Staat New York zur Ruhe setzte. Später wurden die Inseln zum beliebten Zufluchtsort der Reichen und Berühmten, doch es war George Boldt, der Besitzer des New Yorker Waldorf Astoria, der die Extravaganz auf die Spitze trieb. 1899 kaufte er eine der Inseln und ließ sie zu Ehren seiner Ehefrau herzförmig sprengen – daher der Name Heart Island. Anschließend klotzte er das mittelalterliche, $2 Millionen teure **Boldt Castle**, www.boldt castle.com, auf seine Insel. Nach dem Tod seiner Frau kehrte er den Inseln jedoch umgehend den Rücken und nahm sein neues Salatdressing-Rezept mit zurück nach New York. tgl. Mitte Mai–Juni und Sep 10–18.30, Juli und Aug 10–19.30, Anfang Okt 10–17.30 Uhr, Eintritt US$4. Das Angebot an **Schiffstouren** zu den Thousand Islands ist riesig, idealer Ausgangspunkt aber ist **Gananoque**, 30 km östlich von Kingston. Größter Anbieter dort ist Gananoque Boat Lines, 613/382-2144 oder 1-888/717-4837, www. ganboatline.com: Mai–Mitte Okt 3–6x tgl., 1- und 3-stündige Touren, $17 und $25. Zu den Highlights der längeren Tour zählen Abstecher zum **Just Room Enough Island**, auf dem nur eine einzige, winzige Hütte steht, und zum entgegengesetzten Extrem, **Millionaire's Row** auf der sehr viel größeren Wellesley Island. Im Programm desselben Veranstalters sind auch 5-stündige Ausflüge mit einem 2-stündigen Besuch von Boldt Castle; Mitte Mai–Ende Sep 1x tgl., $30 zzgl. Eintritt. Da das Castle in US-amerikanischen Gewässern liegt, müssen Nicht-US-Bürger ihren **Reisepass** mitführen.

Von Gananoque sind es 25 km nach Osten bis in den winzige Ort **Rockport**, der von den kanadischen Häfen am nächsten an Boldt Castle liegt. Zuständig für Schiffstouren ist hier Rockport Boat Line, 23 Front St, 613/659-3402 oder 1-800/563-8687, www.rockportcruises.com. Dieser Veranstalter hat unterschiedliche 1- und 2-stündige Ausflüge ($18/26) sowie täglich bis zu vier Fahrten zum Boldt Castle ($20) im Programm.

Steinbauten. Besonders bemerkenswert sind das neoromanische, rosafarbene frühere **Postamt** und das gewaltige klassizistische **County Courthouse** (Gerichtsgebäude), das von nicht weniger als drei ansehnlichen viktorianischen **Kirchen** flankiert wird.

Prescott und Umgebung

Der kleine Ort Prescott, 20 km östlich von Brockville, war früher ein bedeutender Tiefwasser- und Umladehafen, wurde aber durch die Einrichtung des St.-Lorenz-Seewegs mehr oder weniger zur Bedeutungslosigkeit degradiert. Im östlichen Ortsteil ragen neben dem Hwy 2 die schwärzlich-verrotteten Überreste der alten Landungsbrücke aus dem Wasser und erinnern zusammen mit dem wuchtigen **Fort Wellington**, 🖥 www.pc.gc.ca, an geschäftigere Zeiten. Die Bauarbeiten am Fort wurden 1812 während des Britisch-Amerikanischen Kriegs begonnen, aber bei Bauabschluss war der Krieg längst vorbei. 1869 zog das Militär ab. Nach jahrelanger Vernachlässigung wurde das Fort schließlich restauriert und in den Zustand der 1830er-Jahre zurückversetzt – mit einem zweistöckigen Blockhaus, das als Kaserne diente, Offiziersquartieren, einem Pulvermagazin und einem Küchentrakt. ☉ Mitte Mai–Sep tgl. 10–17 Uhr, Eintritt $4.

Prescott hat eine ausgezeichnete **Unterkunft**, das Blue Heron Inn B&B, 1648 Hwy 2 ✆ 613/925-0562, 🖥 www.bbcanada.com/blueheroninn, ●, ein ansprechend modernisiertes altes Steinhaus gleich westlich der Handvoll Geschäfte im Ortszentrum mit einen Pool im Freien und drei picobello ausgestatteten Gästezimmern mit Bad. Das Frühstück ist erste Sahne.

Battle of the Windmill

Fort Wellington musste nie einem amerikanischen Angriff standhalten, diente aber im Vorfeld der **Battle of the Windmill** 1838 als Sammelplatz für die Miliz. Nach der schon im Ansatz missglückten Rebellion von 1837 flohen Hunderte von Rebellen in die Wälder Ontarios oder gleich in die USA. Eine der größeren Gruppen versteckte sich auf den Thousand Islands und plante gemeinsam mit amerikanischen Sympathisanten einen Angriff auf Kanada – in der Hoffnung, dass dies einen allgemeinen Aufstand auslösen würde.

200 von ihnen gingen bei einer steinernen Windmühle 2 km östlich von Prescott an Land. Der allgemeine Aufstand blieb jedoch aus, woraufhin sich die Rebellen mit der Besetzung der Windmühle begnügten. Sie wurden von der Miliz eingekesselt und nach erbitterter Gegenwehr zur Aufgabe gezwungen. Elf von ihnen wurden hingerichtet, der Rest größtenteils nach Australien deportiert. Später diente die **Windmühle** als Leuchtturm. Sie steht noch heute und lädt zu einem netten, kurzen Abstecher ein – der Weg ist vom Hwy 2 ausgeschildert.

Johnstown und das Upper Canada Village

Nur 5 km östlich von Prescott steht in **Johnstown** eine Entscheidung über die weitere Reiseroute an: Hwy 416 führt nordwärts nach Ottawa, Hwy 401 am Fluss entlang nach Montréal. Rund 40 km östlich von Prescott führt der Hwy 401 am **Upper Canada Village**, 🖥 www.uppercanadavillage.com, vorbei, einer der größten Sehenswürdigkeiten der Region. Der Ausbau des St.-Lorenz-Seewegs in den 1950er-Jahren hatte einen Anstieg des Wasserspiegels zur Folge und bedrohte damit zahlreiche historische Gebäude in der Nähe des Flussufers. Die schönsten von ihnen wurden mit Sorgfalt in diesen eigens dafür errichteten Komplex verlegt, der auf 25 ha das Landleben im Ontario von 1860 nachstellt.

Das Museumsdorf umfasst Farmhäuser, Stallungen, eine Bäckerei, ein Pfarrhaus, eine Kirche, eine Wollmanufaktur, ein Sägewerk und eine Schmiede. Alles ist sehr professionell gemacht, und historisch kostümierte Mitarbeiter demonstrieren traditionelle Handwerkskünste wie die Herstellung von Käse, Steppdecken, Besen, Brot und Stoffen – nach Art der Pioniere. ☉ Mitte Mai–Mitte Okt tgl. 9.30–17 Uhr, Eintritt $19.

In dem benachbarten Park am Flussufer steht das **Battlefield Monument** – mit Besucherzentrum –, das an die Battle of Crysler Farm von 1813 erinnert, bei der eine britisch-kanadische Truppe die US-amerikanischen Invasoren in die Flucht schlug. Die Crysler Farm ging später in den Wassern des Seaway unter.

Vom Upper Canada Village sind es etwa anderthalb Autostunden bis nach Ottawa.

Ottawa

Ottawa, die Hauptstadt des zweitgrößten Landes unseres Planeten, hat mit seinem Ruf als Bürokratendschungel ohne großen Charme oder Charakter zu kämpfen. Das Problem liegt darin, dass viele Kanadier, die nicht bei der Bundesregierung angestellt sind – und sogar einige, die es sind –, Ottawa für sämtliche Nöte der Nation verantwortlich machen. Die kanadische Regierung ist sich dessen vollauf bewusst und hat Unsummen investiert, um Ottawa zu einer (laut Werbeliteratur) „Stadt mit urbanem Charme" zu machen, „auf die alle Kanadier stolz sein können". Trotz des unbestreitbaren Erfolgs dieser Politik stoßen ebendiese Investitionen bei vielen auf heftige Kritik. Diese Ablehnung ist tief verwurzelt und reicht zurück bis 1857, als **Queen Victoria** Ottawa zur Hauptstadt machte, während die Bewohner Montréals und Torontos vor Wut kochten.

In Wirklichkeit ist Ottawa weder großartig noch langweilig, sondern einfach eine lebendige, kosmopolitische Stadt mit rund einer Million Einwohnern, einer Reihe herausragender **Nationalmuseen**, einer attraktiven Lage am Fluss und hervorragenden kulturellen Einrichtungen wie dem National Arts Centre. Nimmt man noch die ausgedehnten Parks und Gärten, die kilometerlangen Fahrrad- und Jogging-Wege – viele den Ottawa River entlang –, die zahlreichen guten Hotels und B&Bs und die lebendige Szene aus Cafés, Bars und Restaurants hinzu, lassen sich hier durchaus ein paar interessante Tage verbringen. In Ottawa hat sogar die in Kanada gesetzlich verankerte Zweisprachigkeit ihren Sinn: Das französischsprachige **Gatineau**, das direkt gegenüber am anderen Flussufer in Québec liegt, wird allgemein mit Ottawa unter dem Begriff „Capital Region" zusammengefasst, und auf Ottawas Straßen ist genauso viel Französisch zu hören wie Englisch.

Geschichte

Samuel de Champlain war der erste Europäer, der die Region des heutigen Ottawa, einst Jagdrevier der Algonkisch sprechenden Outaouais-Indianer, im Jahr 1613 besuchte. Der französische Forscher schlug hier sein Zelt auf und beobachtete, wie seine indianischen Führer dem nebelverschleierten Wasserfall (der inzwischen unter den Wassermassen des Flusses begraben liegt) einige Tabakopfer darbrachten, bevor er auf der Suche nach attraktiveren Gefilden weiterzog. Später entwickelte sich der Ottawa River zu einem recht bedeutenden Transportweg, doch blieb die Region zunächst nicht viel mehr als ein Zeltplatz, bis im Jahr 1800 ein gewisser **Philemon Wright** auf Schneeschuhen aus Massachusetts über den zugefrorenen Ottawa River hier eintraf. Wright gründete eine kleine Siedlung, die er zunächst Wrightstown taufte und dann in **Hull** (heute **Gatineau**) umbenannte, nach dem englischen Geburtsort seiner Eltern.

Hull wuchs und gedieh, aber auf der anderen Seite des Flusses tat sich nicht viel, bis 1826 der **Rideau-Kanal** (s. S. 197) als Verbindung zwischen dem heutigen Ottawa und Kingston bzw. dem St.-Lorenz-Strom fertiggestellt wurde. Die Kanalbauer standen unter dem Kommando von Lieutenant-Colonel John By, dem die neue Siedlung **Bytown** ihren Namen verdankte. Der Ort gegenüber von Hull entwickelte sich schon bald zu einer Holzfällerstadt mit rauen Sitten, in der Schlägereien unter Betrunkenen an der Tagesordnung waren.

1855 taufte sich Bytown in **Ottawa** um. Anlass war der Wettbewerb um den Status als Hauptstadt der Vereinigten Provinzen Kanadas, und mit dem Namen hoffte man gleichzeitig den zweifelhaften Ruf der Stadt ablegen zu können. Als Argumente für die Bewerbung Ottawas betonten die Verantwortlichen die günstige Lage der Stadt an der Grenze zwischen Ober- und Unterkanada und ihren wirtschaftlichen Erfolg. Queen Victoria erklärte Ottawa 1857 zur neuen Hauptstadt, wenngleich sich ihre Entscheidung weniger auf die Leistungen der Stadt als auf ihre romantische Ader gründete: Die Königin hatte sich einige malerische Gemälde der Landschaft rund um Ottawa angesehen und beschlossen, dies sei der perfekte Standort für die neue Hauptstadt. Kaum jemand konnte die Entscheidung nachvollziehen, und die kanadischen Politiker schäumten angesichts der damit verbundenen Schwierigkeiten vor Wut. Der ehemalige Premierminister Sir

Ontario

Staatliche Finanzspritzen stellen sicher, dass gesetzliche Feiertage – allen voran der Canada Day am 1. Juli, ☎ 613/239-5000, 🖥 www.canada day.gc.ca – standesgemäß begangen werden. Saisonale Festivitäten wie Winterlude oder das Canadian Tulip Festival werden hier so aufwendig begangen wie kaum irgendwo im Land. Die Feste der verschiedenen kulturellen Minoritäten der Stadt sind kleiner, aber ebenso unterhaltsam. Außerdem gibt es eine Vielzahl von Musikfestivals. Die Touristeninformation (S. 215) hat einen kompletten Veranstaltungskalender; einen Überblick bietet auch 🖥 www.ottawafestivals. ca. Die nachstehend genannten Feste sind nach ihrer Abfolge im Jahreskalender geordnet.

Winterlude, ☎ 613/239-5000, 🖥 www.canadas capital.gc.ca. Das Schnee- und Eisspektakel findet an so gut wie jedem Februarwochenende statt und konzentriert sich auf den zugefrorenen Rideau-Kanal – mit Eisskulpturen im Confederation Park, der für die Dauer des Festivals in „Crystal Garden" umgetauft wird, und Schneeskulpturen in der Umgebung des Dows Lake. Zu den weiteren Veranstaltungen zählen Eisschnelllauf, Betten- und Hundeschlittenrennen.

Tulip Festival, ☎ 613/567-5757 oder 1-800/66TULIP, 🖥 www.tulipfestival.ca. Erstreckt sich über drei Wochen ab Anfang Mai. Das älteste Fest Ottawas fand erstmals 1945 statt, als die Niederländer der

Stadt 100 000 Tulpenzwiebeln schickten – als Dankeschön für die Befreiung der Niederlande durch kanadische Soldaten und die Beherbergung von Königin Juliana während der Besetzung ihres Landes. Die Zwiebeln werden rund um das Parlament, am Kanal und um den Dows Lake gepflanzt, wo sie für ein wahres Farbenmeer sorgen, das von Konzerten, Umzügen, Feuerwerken und einem riesigen Kunsthandwerksmarkt eingerahmt wird. Die größeren Veranstaltungen finden im Major's Hill Park und am Dows Lake statt, doch nur wenige sind umsonst. Außerdem hat das Fest mittlerweile den Ruf, eine recht touristische Angelegenheit zu sein.

Ottawa International Jazz Festival, ☎ 613/ 241-2633 oder 1-888/226-4495, 🖥 www.ottawa jazzfestival.com. Eines der beliebtesten Festivals Ottawas unter Teilnahme von mehr als 400 Musikern. Auf der Hauptbühne im Confederation Park finden an zehn Tage Ende Juni/ Anfang Juli mehrmals täglich Konzerte statt, während rund um den Byward Market und in den Clubs einheimische Bands auftreten.

Bluesfest, ☎ 613/247-1188 oder 1-866/258-3748, 🖥 www.ottawabluesfest.ca. Über zehn Tage im Juli erstreckt sich Kanadas größtes Blues- und Gospel-Festival mit Konzerten an verschiedenen Veranstaltungsorten und Gratisdarbietungen im Confederation Park.

Wilfred Laurier konnte „kaum etwas Gutes über den Ort berichten". Trotz des einen oder anderen Gebäudes der Bundesregierung – darunter das prachtvolle neugotische Trio der heutigen Parlamentsbauten – blieb Ottawa bis in die 1940er-Jahre eine weitgehend gesichtslose Stadt. Dann jedoch wurde der Stadtplaner **Jacques Greber** aus Paris damit beauftragt, Ottawa mit neuen Parks und breiten Alleen zu verschönern. Sein Plan verwandelte die Stadt und prägte in weiten Teilen ihr modernes Gesicht.

Orientierung

Die meisten bedeutenden Sehenswürdigkeiten Ottawas sowie viele der besseren Restaurants, Kneipen und Hotels konzentrieren sich in Down-

town und sind vom Confederation Square aus problemlos zu Fuß zu erreichen.

Fast alle Attraktionen befinden sich am oder in der Nähe des Südufers des Ottawa River zu beiden Seiten des Rideau-Kanals: die monumentale viktorianische Architektur von **Parliament Hill**, die herausragende Kunstsammlung der **National Gallery** und der **Byward Market** – Mittelpunkt der Restaurant- und Kneipenszene.

Die meisten Besucher beschränken sich auf diese Highlights, doch es gibt auch noch eine Reihe anderer Attraktionen zu besichtigen, allen voran das **Canadian War Museum** in einem faszinierenden Gebäude ein paar Kilometer westlich der Innenstadt und das mit dem Nachlass des früheren Premierministers William Lyon

Ottawa Zentrum

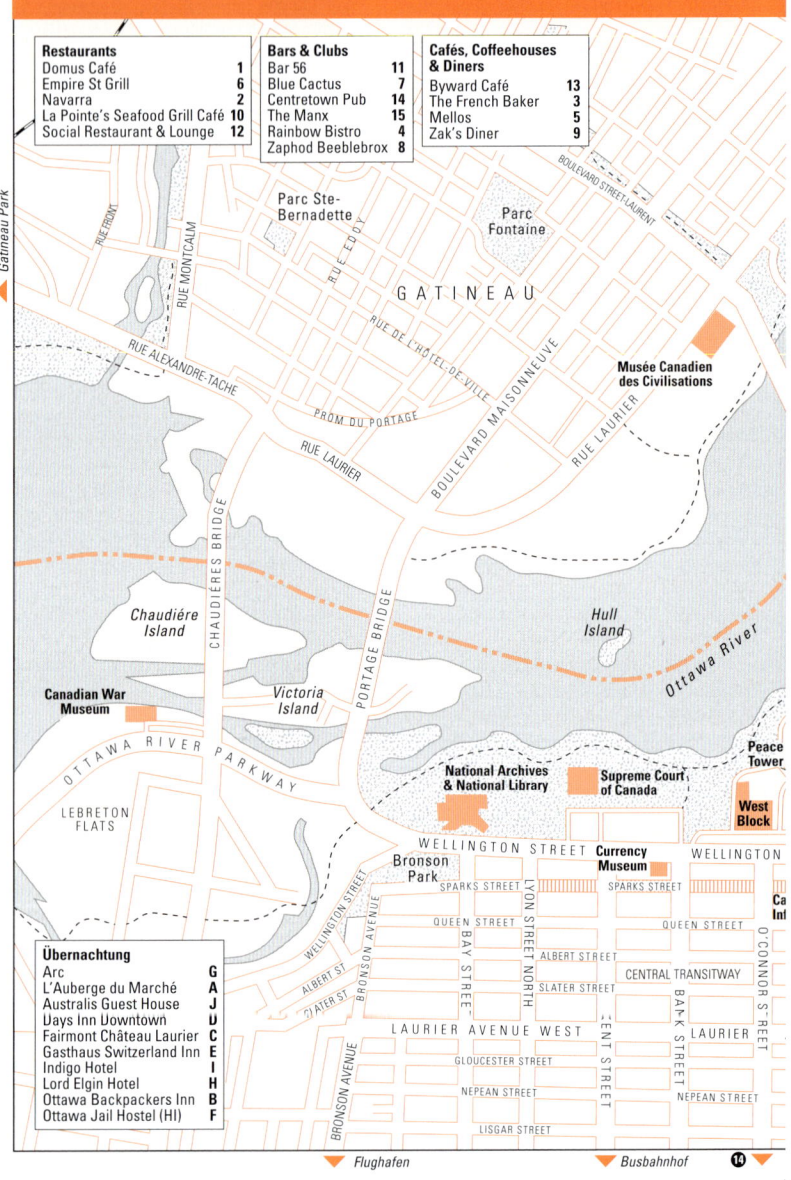

Restaurants
Domus Café	1
Empire St Grill	6
Navarra	2
La Pointe's Seafood Grill Café	10
Social Restaurant & Lounge	12

Bars & Clubs
Bar 56	11
Blue Cactus	7
Centretown Pub	14
The Manx	15
Rainbow Bistro	4
Zaphod Beeblebrox	8

Cafés, Coffeehouses & Diners
Byward Café	13
The French Baker	3
Mellos	5
Zak's Diner	9

Übernachtung
Arc	G
L'Auberge du Marché	A
Australis Guest House	J
Days Inn Downtown	C
Fairmont Château Laurier	E
Gasthaus Switzerland Inn	I
Indigo Hotel	H
Lord Elgin Hotel	D
Ottawa Backpackers Inn	B
Ottawa Jail Hostel (HI)	F

Ontario

Gatineau Park

Parc Ste-Bernadette

Parc Fontaine

RUE FRONT

RUE MONTCALM

RUE EDDY

GATINEAU

RUE DE L'HÔTEL-DE-VILLE

BOULEVARD SAINT-LAURENT

RUE ALEXANDRE-TACHÉ

PROM DU PORTAGE

RUE LAURIER

BOULEVARD MAISONNEUVE

RUE LAURIER

Musée Canadien des Civilisations

CHAUDIÈRES BRIDGE

Chaudière Island

PORTAGE BRIDGE

Victoria Island

Hull Island

Ottawa River

Canadian War Museum

OTTAWA RIVER PARKWAY

LEBRETON FLATS

National Archives & National Library

Supreme Court of Canada

Peace Tower

West Block

WELLINGTON STREET

Currency Museum

WELLINGTON

Bronson Park

SPARKS STREET

SPARKS STREET

Ca Inf

QUEEN STREET

LYON STREET

QUEEN STREET

O'CONNOR STREET

WELLINGTON STREET

BRONSON AVENUE

BAY STREET

ALBERT STREET

ALBERT ST

SLATER STREET

CENTRAL TRANSITWAY

BANK STREET

DATER ST

LAURIER AVENUE WEST

KENT STREET

LAURIER

BRONSON AVENUE

GLOUCESTER STREET

NEPEAN STREET

NEPEAN STREET

LISGAR STREET

▼ Flughafen

▼ Busbahnhof

⑭

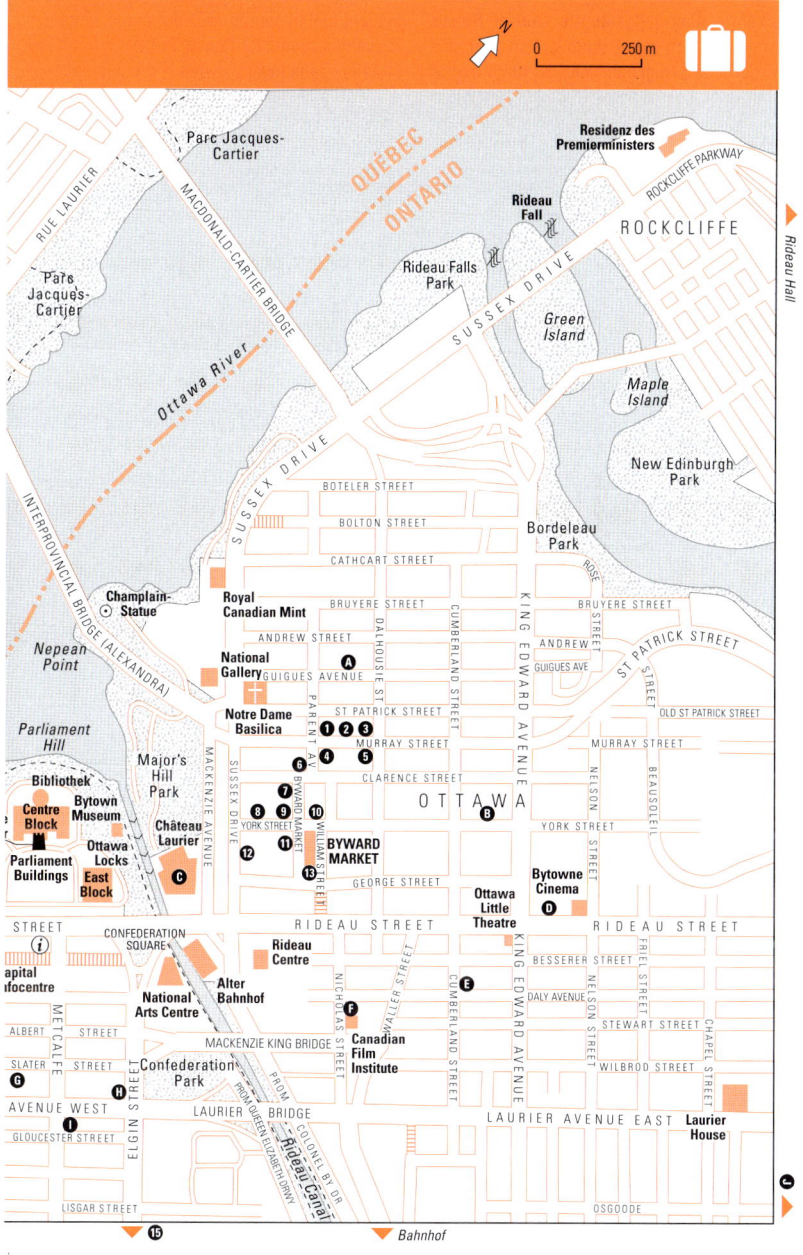

Parc Jacques-
Cartier

Residenz des
Premierministers

QUÉBEC
ONTARIO

Rideau
Fall

ROCKLIFFE PARKWAY

ROCKCLIFFE

Rideau Hall

Ontario

RUE LAURIER

Parc
Jacques-
Cartier

MACDONALD-CARTIER BRIDGE

Rideau Falls
Park

SUSSEX DRIVE

Green
Island

Maple
Island

New Edinburgh
Park

Ottawa River

SUSSEX DRIVE

BOTELER STREET

BOLTON STREET

CATHCART STREET

Bordeleau
Park

INTERPROVINCIAL BRIDGE (ALEXANDRA)

Champlain-
Statue

Royal
Canadian Mint

BRUYERE STREET

BRUYERE STREET

ROSE STREET

Nepean
Point

National
Gallery

ANDREW STREET

GUIGUES AVENUE

DALHOUSIE ST.

CUMBERLAND STREET

KING EDWARD AVENUE

ANDREW

GUIGUES AVE

ST PATRICK STREET

OLD ST PATRICK STREET

NELSON STREET

Parliament
Hill

Major's
Hill
Park

Notre Dame
Basilica

PARENT AV.

ST PATRICK STREET

❶ ❷ ❸

MURRAY STREET

❹ ❺

MURRAY STREET

BEAUSOLEIL

MACKENZIE AVENUE

❻

CLARENCE STREET

OTTAWA

Ⓑ

Bibliothek

SUSSEX DRIVE

❼

BYWARD MARKET

❽ ❾ ❿

YORK STREET

YORK STREET

Bytown
Museum

Centre
Block

Château
Laurier

❶❷ ❶❶

WILLIAM STREET

Parliament
Buildings

Ottawa
Locks

East
Block

Ⓒ

BYWARD
MARKET

❶❸

GEORGE STREET

Bytowne
Cinema

Ⓓ

STREET

CONFEDERATION
SQUARE

Ⓘ

RIDEAU STREET

Ottawa
Little
Theatre

RIDEAU STREET

apital
focentre

Rideau
Centre

BESSERER STREET

FRIEL STREET

CHAPEL STREET

ALBERT STREET

METCALFE

National
Arts Centre

Alter
Bahnhof

MACKENZIE KING BRIDGE

NICHOLAS STREET

WALLER STREET

CUMBERLAND STREET

KING EDWARD AVENUE

Ⓔ

DALY AVENUE

NELSON STREET

STEWART STREET

SLATER STREET

Ⓗ

Confederation
Park

Canadian
Film
Institute

Ⓕ

WILBROD STREET

AVENUE WEST

Ⓘ

ELGIN STREET

LAURIER STREET

PROM. COLONEL BY DR

PROM QUEEN ELIZABETH DRWY

LAURIER AVENUE EAST

Laurier
House

GLOUCESTER STREET

LAURIER BRIDGE

Rideau Canal

Ⓖ

LISGAR STREET

❶❺

Bahnhof

OSGOODE

Mackenzie King vollgestopfte **Laurier House**, 1,5 km südöstlich von Downtown. Ein paar kleinere Sehenswürdigkeiten gibt es noch östlich der Innenstadt, jenseits des Rideau River, wo im feinen Rockcliffe der Generalgouverneur in der **Rideau Hall** seinen Sitz hat.

Parliament Hill

Auf einem Kalksteinvorsprung namens Parliament Hill thronen hoch über dem Ottawa River Kanadas postkartenreife **Parliament Buildings**, ✆ 613/239-5000, ▭ www.parl.gc.ca/vis, mit ihren Spitztürmen, Spitzbogenfenstern und dem hoch aufragenden Uhrturm. Mit dem Bau des aus drei robusten, neugotischen Bauwerken bestehenden Komplexes wurde 1859 begonnen. Seine architektonischen Besonderheiten waren als Wahrzeichen sowohl für das aufstrebende junge Land als auch für den langen Arm des British Empire gedacht. Die Parliament Buildings sollten mächtig und Ehrfurcht gebietend wirken, aber offenbar verfehlten sie ihre Wirkung bei den Arbeitern, die sie errichteten: Die Handwerker urinierten auf das Kupferdach, um den Oxidierungsprozess zu beschleunigen.

Zwei gut besuchte Ereignisse finden regelmäßig auf dem Parliament Hill statt. Das erste ist die **Wachablösung**, wenn die Governor General's Foot Guards in voller zeremonieller Montur mit ihren hellroten Uniformjacken und Bärenfellmützen auf den Hügel marschieren, ◷ Ende Juni–Ende Aug tgl. zwischen 10 und 10.30 Uhr. Das zweite ist eine im Sommer allabendlich stattfindende **Sound- und Lightshow** zur kanadischen Geschichte, die abwechselnd in französischer und englischer Sprache präsentiert wird. ◷ Anfang Juli–Anfang Sep, Eintritt frei.

Centre Block

Der den Komplex beherrschende **Centre Block** ist Sitzungsort des Senats und des Unterhauses (House of Commons). Das Bauwerk entstand als Ersatz für das 1916 von einem Feuer zerstörte Originalgebäude. Ursprünglich sollte der Bau mit seinem Vorgänger identisch sein, er wurde aber schließlich doppelt so groß. Zu Ehren der kanadischen Soldaten, die im Ersten Weltkrieg

gedient hatten, wurde 1927 der in der Mitte der Fassade aufragende **Peace Tower** hinzugefügt. Er kann unabhängig von den Führungen kostenlos während der allgemeinen Öffnungszeiten besichtigt werden.

Zu den Höhepunkten der Centre-Block-Führungen – die Routen sind variabel – zählen ein kurzer Rundgang durch das **House of Commons** mit seinem Sprecherstuhl, der teilweise aus englischem Eichenholz von Lord Nelsons Flaggschiff *Victory* besteht, und der mit rotem Teppich ausgelegte **Senat**, dessen Wandmalereien unter einer schönen vergoldeten Decke einige Szenen aus dem Ersten Weltkrieg zeigen.

Im hinteren Bereich des Centre Block befindet sich die **Bibliothek**, der einzige Teil des Gebäudes, den die Feuersbrunst von 1916 verschonte. Mit ihrer runden Form und den mit reichen Schnitzereien verzierten Galerien bildet sie den schönsten Teil des Gebäudes. ◷ Führungen während der Sitzungszeiten des Parlaments an Werktagen vormittags, manchmal auch nachmittags, sowie Sa und So 9–15.20 Uhr. Außerhalb der Sitzungszeiten tgl. 9–15.20 Uhr, Eintritt frei, ✆ 613/992-4793.

Die **Debatten** von Unterhaus und Senat kann die Öffentlichkeit von den Besuchergalerien aus verfolgen. Die meisten Plätze sind vorgebucht, aber ein paar werden auch noch am Sitzungstag vergeben. Bei der Ankunft einfach nachfragen. Was wann debattiert wird, steht auf der Website.

Die hitzigsten Parlamentsdebatten sind während der **Question Period** zu erleben, einer an den Premierminister adressierten Fragestunde der Opposition.

Tickets für den Centre Block

Im Sommer sind Tickets für Führungen durch den Centre Block im **Info-Tent** zu bekommen, das jedes Jahr zwischen dem Centre Block und dem West Block aufgestellt wird. ◷ Mitte Mai–Ende Juni tgl. 9–17, Ende Juni–Aug Mo–Fr 9–20, Sa und So 9–17 Uhr. Von Anfang Sep–Mitte Mai ist dagegen das **Visitor Welcome Centre** im Erdgeschoss des Peace Tower für die Ticketvergabe zuständig.

West Block, East Block und das Gelände

Flankiert wird der Centre Block vom **West Block** (nicht öffentlich) und vom **East Block**, wo bei einer Führung vier Zimmer aus der Ära der Konföderation zu sehen sind: das ursprüngliche Büro des Generalgouverneurs, und die Kammer des Kronrats, die Privy Council Chamber. ☉ Juli und Aug tgl. 10–17 Uhr, Eintritt frei.

Die säuberlich gestutzten Rasenflächen rund um die Parlamentsgebäude sind hier und da mit **Statuen** geschmückt. Zwei der interessanteren nehmen einen kleinen Hügel unmittelbar westlich des Centre Block ein: Queen Victoria thront von einem Löwen bewacht auf einem Sockel und bekommt von unten einen Lorbeerkranz gereicht. Lester Pearson (Premierminister 1963–68) sitzt entspannt in einem Lehnstuhl, ganz der selbstbewusste Staatsmann. Von der Rückseite des Centre Block hat man einen guten Ausblick über den Ottawa River nach Gatineau (S. 210) und die grünen Hügel von Québec dahinter.

Confederation Square und Rideau Canal

Vom Parliament Hill ist es ein kurzer Spaziergang bis zum dreieckigen **Confederation Square**, einem großen, offenen Platz, der vom beeindruckenden **National War Memorial** beherrscht wird. Das Denkmal ist ein hoch aufragender, von Darstellungen der Freiheit und des Friedens gekrönter Steinbogen. An seinem Fuß zeigt eine fein gearbeitete Bronzeplastik eine Schar von Kriegsrückkehrern – Männern und Frauen –, die den Bogen vom Krieg zum Frieden durchschreiten und zwischen Jubel und Trauer schwanken.

Westlich vom Platz verläuft jenseits der Elgin Street die **Sparks Street**, eine Fußgängerzone mit Geschäften und Restaurants. Interessanter ist aber vielleicht, dass hier der einzige politische Mord auf föderaler Ebene in der Geschichte Kanadas begangen wurde. Ein mutmaßlicher Sympathisant der Fenians erschoss 1868 in dieser Straße den Mitbegründer der Konföderation Thomas D'Arcy McGee. Ein schmucker Pub an der Ecke Sparks St und Elgin St trägt jetzt McGees Namen.

Das **National Arts Centre** (S. 214) ist in einem Komplex niedriger Betonbauten an der Südostseite des Platzes untergebracht, die zum **Rideau Canal** abfallen. Der schmale Kanal mutiert im Winter zur längsten Eislaufbahn der Welt. Auf der anderen Seite des Kanals erhebt sich Ottawas eindrucksvoller **ehemaliger Bahnhof**, der zum Konferenzzentrum umfunktioniert wurde.

Folgt man dem Westufer des Rideau Canal nordwärts Richtung Ottawa River, erreicht man nach ein, zwei Minuten eine hübsche Aneinanderreihung von Schleusen, die mit dem Parliament Hill auf der einen und dem Fairmont Château Laurier auf der anderen Seite den Kanal mit dem Fluss verbinden. In Nachbarschaft zu den Schleusen steht das **Bytown Museum**, 🖥 www.bytownmuseum.com, das älteste Gebäude der Hauptstadt, das während des Kanalbaus als Lager für militärische Ausrüstung und Verpflegung diente. Ein kurzer Film erläutert die Geschichte des künstlichen Wasserwegs und die Schwierigkeiten, die bei seinem Bau auftraten. Ansonsten gibt es allerlei Exponate zur Historie Ottawas zu sehen. ☉ Mitte Mai–Mitte Okt tgl. 10–17, Mitte Okt–Mitte Mai Di–So 11–16 Uhr, Eintritt $6.

Major's Hill Park und Nepean Point

Südlich vom Bytown Museum führt eine Treppe zurück zur Brücke am Confederation Square. Von dort ist es ein kurzer Spaziergang Richtung Osten zum **Sussex Drive**, an dessen südlichem Abschnitt einige der ältesten Häuser von Ottawa stehen. Es sind zumeist Steingebäude, die heute exklusive Geschäfte und Restaurants beherbergen.

Ganz in der Nähe liegt auf einem kleinen Hügel am Ottawa River der **Major's Hill Park**, der Ort, den Colonel By einst als sein Domizil wählte. Die Fundamente seines Hauses sind noch erhalten und mit einer Tafel gekennzeichnet. Der Major's Hill Park senkt sich zum **Nepean Point**, einer kurzen, in den Ottawa River hinausragenden Landzunge, über die die Hauptverbindung – und Brücke – nach Gatineau (S. 210) verläuft. Jenseits der Straße führt ein Weg die Landzunge entlang zu einem Freilichttheater und, ganz an der Spitze, einer Statue von Champlain mit bestem Panoramablick auf den Fluss. Die Statue von 1915 hat allerdings einen peinlichen Schönheitsfehler: Champlain hält seine Navigationshilfe, das Astrolabium, verkehrt herum.

National Gallery of Canada

Ontario

Dem Major's Hill Park gegenüber steht die National Gallery of Canada, 🖥 www.national.gallery.ca, deren gewaltige Glasflächen die Türme und Zinnen des Parliament Hill reflektieren. Die Sammlung wurde 1880 vom damaligen Generalgouverneur Marquess of Lorne ins Leben gerufen, der sämtliche Mitglieder der Royal Canadian Academy dazu überredete, je ein oder zwei ihrer Gemälde zu spenden. Im folgenden Jahrhundert wurden Kunstwerke aus aller Welt zusammengetragen; sie bilden heute die 25 000 Werke umfassende Sammlung. Die Exponate werden nach dem Rotationsprinzip auf zwei Haupttagen ausgestellt, d. h. die unten aufgeführten Gemälde sind wahrscheinlich zu sehen, sicher ist das aber nicht. Die Nationalgalerie zeigt daneben Wechselausstellungen von Weltrang. Kostenlose Museumspläne gibt es am Empfang. Der Galerie-Shop verkauft Führer sowohl zur ständigen Ausstellung als auch zu den Sonderausstellungen. ☉ Mai–Sep tgl. 10–17, Do 10–20, Okt–April Di–So 10–17, Do 10–20 Uhr, Eintritt $9, Do nach 17 Uhr frei.

Kanadische Kunst: 1750 bis 1880

Die in grob chronologischer Reihenfolge auf Level 1 angeordneten Canadian Galleries sind die schönsten im ganzen Gebäude. Sie verfolgen die Geschichte der kanadischen Malerei von der Mitte des 18. bis in die Moderne. Die Ausstellung beginnt mit religiöser Kunst aus Québec, darunter ein protzig vergoldeter Hochaltar von Paul Jourdain, gefolgt von einem Raum, der sich der im frühen 19. Jh. aufkommenden säkularen Kunst widmet und von Gemälden bestimmt ist, die von in Europa ausgebildeten Immigranten geschaffen wurden. Der bemerkenswerteste dieser Künstler war Joseph Légaré, ein Maler, Politiker und Nationalist. Sein Werk Cholera Plague, Québec ist ein schönes Beispiel seiner anspruchsvollen romantischen Kunst.

In puncto Popularität kann es allerdings keiner mit Cornelius Krieghoff aufnehmen, der sich stilistisch mühelos den Wünschen seiner Auftraggeber aus der aufstrebenden Mittelklasse anpasste, wie seine Arbeiten Winter Landscape und White Horse Inn by Moonlight demonstrieren. Näheres zu Krieghoff s. S. 110.

Es folgt das etwas abseits des Hauptgangs gelegene, außergewöhnlichste Exponat der Nationalgalerie, die Rideau Street Chapel. Die Kapelle wurde 1972 vor dem Abriss gerettet und hier Stück für Stück minutiös wieder aufgebaut. Das in den 1880er-Jahren vom Architekten und Priester Canon Georges Bouillon für eine hiesige Klosterschule entworfene Bethaus zeichnet sich durch seine schlanken gusseisernen Säulen aus, die ein Fächergewölbe tragen – eines der ganz wenigen Beispiele dieser Art Architektur in Nordamerika.

Eine kleine Sammlung von Gemälden, die im frühen 19. Jh. in den Atlantikprovinzen und in Ontario entstanden, nimmt Room A104 ein. Das Highlight dieser Abteilung ist der einzigartige Croscup Room aus Nova Scotia. Es handelt sich um das ehemalige Wohnzimmer einer Seefahrerfamilie, eingerahmt von farbenfrohen Wandgemälden, die in scheinbar unbekümmertem Durcheinander Szenen aus Nordamerika und Europa um 1850 gegenüberstellen, z. B. Porträts von Micmac-Indianern neben Dudelsack blasenden Schotten. Sehenswert sind auch die Bilder von Paul Kane, Kanadas erstem Entdecker, der gleichzeitig auch Künstler war und ausdrucksstarke Darstellungen der damaligen Grenzregion schuf; Näheres zu Kane s. S. 111.

Kanadische Kunst: 1880er- bis 1920er-Jahre

In der zweiten Hälfte des 19. Jhs. waren die Maler noch eindeutig auf die europäischen Meister fixiert. Die Royal Canadian Academy of Arts schickte ihre Studenten beispielsweise zur Vollendung ihrer Ausbildung nach Paris. Diese Praxis dauerte bis ins 20. Jh. an – deutlich zu beobachten z. B. an der nüchternen Romantik ländlicher Szenen von George A. Reid und Homer Watson (1855–1936), die sich von zeitgenössischen holländischen Landschaftsmalern inspirieren ließen.

Die **Group of Seven** (s. S. 109) entwickelte schließlich einen eigenständigen kanadische Stil, um den Geist und die Weite der Landschaften des Nordens einzufangen, statt sie in eine zahmere europäische Version und Vision zu verwandeln.

Zwei Räume mit Werken der Gruppe zeigen u. a. die wegbereitenden Gemälde von **Tom Thomson**, dessen aufsehenerregendes *Jack Pine* von 1916 als Fanal der Gruppe gelten kann. Der Baum – oft windgepeitscht oder abgestorben – ist ein ständig wiederkehrendes Symbol in ihren Abbildungen der kanadischen Landschaft. Mit schnellen, forschen, oft brutalen Pinselstrichen schufen sie Werke, die nicht unbedingt immer die Landschaft selbst naturgetreu wiedergeben, wohl aber die Gefühle, die sie hervorruft. Eindrucksvolle Beispiele hierfür sind das prägnante *North Shore, Lake Superior* von **Lawren Harris**, *Red Maple* von A.Y. Jackson und *The Solemn Land* von J. E. H. Macdonald.

Kanadische Kunst: 1930er- bis 1960er-Jahre

Nach Macdonalds Tod reformierte sich die Group of Seven im Jahr 1932 zur **Canadian Group of Painters** und bot fortan allen kanadischen Künstlern ein Forum, unabhängig vom jeweiligen Stil. Landschaftsmalerei blieb das vorherrschende Genre, doch später rückten infolge der Weltwirtschaftskrise auch politische Themen in den Vordergrund. Ein ausgezeichnetes Beispiel ist *Ontario Farm House* von **Carl Schaefer**: hier wird aus einer Landschaft ein gesellschaftliches Statement.

Im Mittelpunkt eines weiteren Ausstellungsbereichs stehen abstrakte Werke, die zwischen den 1940er- und 1970er-Jahren in Montréal entstanden. Die abstrakte Kunst wurde in Kanada zuerst von den Montréaler *Automatistes* erforscht, die sich voll auf die expressiven Eigenschaften von Farbe konzentrierten. Davon abweichend entwickelte sich mit den *Plasticiens,* die vor allem in den 1950er-Jahren erfolgreich waren, eine Richtung, deren bevorzugtes Sujet geometrische und analytische Formen waren.

Im übrigen Kanada gingen andere Maler völlig andere Wege. Ein herausragendes Beispiel dafür ist Alex Colville, ein Vertreter des magischen Realismus, was in seinem *To Prince Edward Island* (Acryl auf Holzfaserplatte, 1965) wunderbar zum Ausdruck kommt.

Zeitgenössische Kunst

Die **Contemporary Art Collection** verteilt sich über Level 1 und 2 und beginnt mit den 1960er-Jahren. Ihre Highlights stammen fast ausschließlich von US-amerikanischen Künstlern. Am bemerkenswertesten sind Andy Warhols *Brillo Soap Pads Boxes,* seine Fotoserien des Großen Vorsitzenden Mao und George Segals originalgroße Montage *The Gas Station*.

Dazwischen finden sich auch vereinzelte Werke kanadischer Künstler, die aber fast immer ausländische Einflüsse erkennen lassen, z. B. Charles Gagnons *Cassation/Open/Ouvert* mit seinen Anklängen an den New Yorker Abstrakten Expressionismus.

Die Inuit-Sammlung

Auf der unteren Ebene befindet sich die kleine, aber breit gefächerte Sammlung an **Inuit-Kunst und -Skulpturen**. Die meisten Inuit-Arbeiten bestehen aus Speckstein, es gibt aber auch Stücke aus Walknochen und Elfenbein sowie einige bunt kolorierte Zeichnungen.

Zwei besonders interessante Bildhauer sind **Charlie Inukpuk**, von dem das urgewaltige *Woman who Killed a Bear with a Mitten* (Frau, die einen Bär mit einem Fäustling tötete) zu sehen ist, und **Jackoposie Oopakak**, in dessen exquisitem *Nunali* die ganze arktische Welt verewigt ist – minutiös in ein Karibugeweih geschnitzt.

Europäische Kunst

Die **European Galleries** sind auf Level 2 untergebracht und beginnen mit einem Mischmasch aus nord- und mitteleuropäischen Gemälden und Tafelbildern aus dem Mittelalter und der **Renaissance**.

Am beeindruckendsten ist die Sammlung europäischer **Werke aus dem 17. Jh.** Zu bewundern sind neben Berninis Skulptur seines Gönners Papst Urban VIII. auch Claude Lorrains *Abendlandschaft mit Bacchustempel*, das *Begräbnis* von Rubens sowie Werke von Rembrandt und van Dyck.

Ontario

Ein spektakulärer Bau für Kanadas Militärgeschichte: das Canadian War Museum

Großbritanniens **Malerei des 18. Jhs.** ist vertreten durch Porträts von Reynolds und Gainsborough. Hier findet sich auch das gefeierte *The Death of General Wolfe* von **Benjamin West**, US-Amerikaner und offizieller Hofmaler unter George III. West bildet Wolfe in einer christusähnlichen Pose ab, wie er, von seinen Adjutanten umgeben, verwundet daliegt. Das Gemälde machte Wolfe zu einem britischen Nationalhelden.

Die **Sammlung des 19. Jhs.** besteht im Wesentlichen aus zweitrangigen Gemälden großer Künstler, aber Turners *Mercury and Argus* zeigt einen Sonnenuntergang, der bereits einen Vorgeschmack auf seine späteren Meisterwerke liefert. Den Abschluss der europäischen Galerien bildet eine vielseitige und wirklich erstklassige Auswahl an Gemälden und Skulpturen, darunter Werke von Klimt, Matisse, Picasso und Dalí.

Die Abstrakten Expressionisten

Ein Raum auf Level 2 ist den US-amerikanischen **Abstrakten Expressionisten** gewidmet. Hier findet sich normalerweise auch Barnett Newmans *Voice of Fire*, dessen bloße Erwähnung so manchen Kanadier erschauern lässt – und das nicht etwa wegen der künstlerischen Bedeutung des Werks, sondern weil es stolze $1,76 Millionen gekostet hat. Der Künstler wollte dem Betrachter mit seinem 5,5 m hohen Bild das „Gefühl seiner eigenen Totalität, seiner eigenen Ge-

trenntheit, seiner Individualität, und gleichzeitig seiner Verbindung zu anderen in deren eigener Getrenntheit" vermitteln. Doch nicht jeder ließ sich von diesen großen Worten beeindrucken. Ein konservativer Abgeordneter aus Manitoba wetterte gar, das hätte man in zehn Minuten mit zwei Töpfen Farbe und zwei Rollen auch selbst hinbekommen. Und in der Tat handelt es sich um nichts weiter als drei parallele Streifen, zwei blaue und einen roten in der Mitte. Im gleichen Raum hängen außerdem weniger bedeutende Werke von Jackson Pollock und Mark Rothko.

Notre-Dame und die Royal Canadian Mint

Gegenüber der National Gallery ragen auf der anderen Straßenseite die beiden silbernen Turmspitzen der katholischen Kathedrale **Notre-Dame** in den Himmel. Der Stil der 1890 fertiggestellten Kathedrale lässt sich grob als neugotisch klassifizieren. Ihr langes, prächtig verziertes Hauptschiff erreicht eine Art himmlisches Crescendo in einem gewaltigen Altarbild, flankiert von einer Vielzahl frommer Holzskulpturen. Viele von ihnen wurden von den Zimmerleuten und Steinmetzen gefertigt, die auch an den Parliament Buildings mitarbeiteten. ☉ Mo 11.30–18, Di–Sa 9–18, So 8–20 Uhr, Eintritt frei.

Etwas weiter nördlich am Sussex Drive beleuchtet die **Royal Canadian Mint**, 🖳 www.mint.ca, als Museum diverse Aspekte der Gestaltung und Herstellung von Geldscheinen und Münzen. Geprägt und gedruckt wird inzwischen allerdings in Winnipeg. ☉ Führungen Mitte Mai–Aug Mo–Fr 9–18, Sa und So 9–16.30, Sep–Mitte Mai tgl. 9–16 Uhr, Eintritt $5, am Wochenende $3,50.

Canadian War Museum

Das ausgezeichnete, in einem wunderschönen modernen Gebäude untergebrachte **Canadian War Museum**, 1 Vimy Place, 🖳 www.warmuseum.ca, liegt westlich des Zentrums auf den Lebreton Flats. Dieses Gelände am Fluss, etwa 2 km westlich vom Confederation Square, ist leicht per OC-Transpo-Bus zu erreichen: auf dem Transitway an der Haltestelle Lebreton aussteigen.

Das Museum ist in **vier Hauptbereiche** unterteilt, die mit Ausstellungsstücken und Begleittexten chronologisch die kanadische Militärgeschichte nachzeichnen. Im ersten Saal, dem „Battleground: Wars on Our Soil, earliest times to 1885" (Schlachten auf unserem Boden, von der Frühzeit bis 1885), sind Waffen der Ureinwohner ausgestellt – Tomahawks, Musketen usw. – sowie eine eigenartige West-Coast-„Rüstung", die aus Leder und chinesischen Münzen gefertigt ist. Besonders spannend wird es, wenn es um den Ersten Weltkrieg geht. In dieser Abteilung gibt es jede Menge faszinierender Fotos, was jedoch den meisten Eindruck hinterlässt, sind die dazugelieferten Details. Die Kanadier legten z. B. großen Wert darauf, dass ihre Soldaten ein kanadisches Gewehr benutzten, aber der in der Heimat angefertigte Schießprügel – das Ross Rifle – hatte oft Ladehemmung. Eher anekdotisch ist, dass die Rumration in Fässern mit der Aufschrift SRD für „Service Regimental Depot" geliefert, aber von den Truppenangehörigen als „Seldom Reaches Destination" (erreicht selten seinen Bestimmungsort) betitelt wurde. Die Ausstellung zum Zweiten Weltkrieg ist ebenfalls sehr fesselnd, und auch über die Zeit des Kalten Kriegs erfährt man Spannendes – darunter Genaueres zum Fall des russischen Spions

Igor Gouzenko, der solche Angst vor Vergeltung hatte, dass er sich oft nur mit einer Papiertüte über dem Kopf befragen ließ. Neben dem vierten Ausstellungssaal befindet sich die **Lebreton Gallery**, ein großer Hangar voller Militärmaschinerie wie Panzer, kugelsichere Fahrzeuge und Geschütze.

☉ Mai–Juni und Sep–Anfang Okt tgl. 9.30–17, Do bis 20, Juli und Aug tgl. 9.30–17, Do und Fr bis 20, Mitte Okt–April Di–So 9.30–17, Do bis 21 Uhr, Eintritt $12, Do ab 16 Uhr frei.

Südöstlich des Zentrums: Laurier House

Ungefähr 1 km östlich der Laurier Bridge steht in der 335 Laurier Ave East das Laurier House, 🖳 www.pc.gc.ca, die ehemalige Residenz der Premierminister Sir Wilfred Laurier und William Lyon Mackenzie King. **Laurier** war Kanadas erster französischsprachiger Regierungschef und amtierte von 1896 bis 1911, während sein selbst ernannter „geistiger Sohn" **Mackenzie King** als Premierminister mit der längsten Amtszeit (1921–1930 und 1935–1948) in die Geschichte einging. Der notorisch pragmatische King pflegte seine Zuhörer in einen wahren Wortnebel zu hüllen, aus dem sich seine politischen Absichten kaum noch herausfiltern ließen.

Als anschaulichstes Beispiel gilt sein berühmtestes Zitat, mit dem er seine verteidigungspolitischen Intentionen bei Ausbruch des Zweiten Weltkriegs zu verdeutlichen versuchte: „Nicht notwendigerweise Wehrpflicht, aber Wehrpflicht falls notwendig!". Noch berüchtigter als seine nebulösen Reden war aber seine exzentrische Persönlichkeit. Die Sorge, zukünftige Generationen könnten ihn bloß als Erben seines Großvaters William Lyon Mackenzie in Erinnerung behalten – der in den 30er-Jahren die 19. Jhs. die Upper Canadian Insurrection (s. S. 91) angeführt hatte –, trieb ihn in den Spiritismus. Er hielt regelmäßige Séancen ab, um sich den Rat großer verstorbener Kanadier zu holen, darunter auch Laurier, der angeblich durch Mackenzies Hund als Medium zu ihm sprach.

Das Haus wird von Kings Habseligkeiten beherrscht, zu denen auch seine Kristallkugel und ein Porträt seiner vergötterten Mutter gehören, vor das er jeden Tag eine rote Rose stellte. Das Haus enthält außerdem die Rekonstruktion eines Arbeitszimmers von Ex-Premierminister **Lester B. Pearson**, der 1956 den Friedensnobelpreis für seine Vermittlerrolle bei der Beilegung des arabisch-israelischen Konflikts erhielt. ☉ April–Mitte Mai Mo–Fr 9–17, Mitte Mai–Anfang Okt tgl. 9–17 Uhr, Eintritt $3,90.

Östlich des Zentrums: Rideau Falls und Rideau Hall

Nach einer kurzen Fahrt von der Innenstadt über den Sussex Drive sind die **Rideau Falls** an der Mündung des Rideau River erreicht. Zwischen den beiden Hälften des Wasserfalls liegt Green Island, ein hübsches Fleckchen Erde. Wer mag, kann zum **Rideau Falls Park** spazieren oder dem Sussex Drive folgen. Unterwegs kommt man an der **Residenz des Premierministers**, Nr. 24, vorbei. Die stattliche Villa am Fluss ist wegen der vielen Bäume jedoch kaum zu sehen.

Ganz in der Nähe steht die klassizistische **Rideau Hall**, seit der Konföderation Sitz der kanadischen Generalgouverneure. Die Zeiten für Gratisführungen sind unter ✆ 1-866/842-4422, 🖥 www.gg.ca, zu erfahren. Die parkähnlichen Gärten mit Ahornbäumen und Springbrunnen sind in der Regel von 8 Uhr bis eine Stunde vor Sonnenuntergang geöffnet.

Gatineau

Obwohl fest in die „Capital Region" (Hauptstadtregion) integriert, bleibt **Gatineau** (das frühere **Hull**) am gegenüberliegenden Flussufer in der Provinz Québec eine ganz eigene und vorwiegend frankophone Stadt. Jahrelang fungierte sie vor allem als Ottawas bevorzugtes Kneipenviertel, weil seine Bars zwei Stunden länger offen blieben als die der Hauptstadt, aber seit dieses alkoholische Privileg weggefallen ist – und auch seine Papierfabriken nur noch eine untergeordnete Rolle spielen –, strampelt sich Gatineau ab, um mit seinem Nachbarn zu konkurrieren. Besondere Pluspunkte der Stadt sind

das bedeutende **Musée Canadien des Civilisations** und der schöne **Parc de la Gatineau**, dessen Seen und bewaldete Hügel nicht weniger als 360 km^2 bedecken. Der Park ist toll zum Wandern, Mountainbiken und für Skilanglauf.

STO-Busse, ✆ 819/770-3242, 🖥 www.sto.ca, fahren in dichtem Takt vom Westende der Rideau Street zum Musée Canadien des Civilisations. Aber auch zu Fuß sind es von der National Gallery zum Museum nur zehn Minuten. Zum Gatineau Park verkehren allerdings keine Busse.

Musée Canadien des Civilisations

Gatineaus ganzer Stolz steht am anderen Ende der Alexandra Bridge, gegenüber der National Gallery: das gigantische **Musée Canadien des Civilisations**, 🖥 www.civilization.ca, dessen geschwungene Kalksteinkonturen den felsigen Bogen des Kanadischen Schilds symbolisieren sollen. Der beste Blick bietet sich von Ottawa am anderen Flussufer.

Das Museum erstreckt sich über vier Stockwerke. Der Eingang, wo **kostenlose Museumspläne** zu bekommen sind, befindet sich auf Niveau 2. Außerdem gibt es auf **Niveau 2** ein Sammelsurium verschiedener Attraktionen, darunter ein Kindermuseum und ein IMAX-Kino, das Natur- und Abenteuerfilme zeigt. **Niveau 3** beherbergt die **Salle du Canada**, die Kanadas Geschichte von der Wikingersiedlung in Newfoundland (S. 513) bis in die 1970er-Jahre nachzeichnet. Zur anspruchsvollen Ausstellung gehören lebensgroße Nachbauten historischer Anlagen, von einer Akadiersiedlung und einem Pelzhandelsposten über ein Métis-Lager, eine Pionierfarm und eine Werft bis zu einer Geschäftsstraße aus Ontario um 1900 und einer chinesischen Wäscherei. Auf **Niveau 4** werden Sonderausstellungen gezeigt. Dann geht es hinunter zum **Niveau 1** und die **Grande Galerie**, dem bei weitem größten Saal des Museums, eigens entworfen wurde, um eine prachtvolle Sammlung aus rund 20 **Totempfählen** von der Pazifikküste optimal zur Geltung zu bringen. Die Hauptpfahlreihe steht vor sechs indianischen „Häusern", die eine Einführung in die Kultur der Pazifikküstenindianer geben: mit Darstellungen zu Handel, Glauben, Stammesversammlungen, Kunst u. a. ☉ Mai–Mitte Okt Mo–Fr 9–18, Do

(Juli–Anfang Sep auch Fr) bis 20, Sa und So 9.30–18, Mitte Okt–April Di–Fr 9–17, Do bis 20, Sa und So 9.30–17 Uhr, Eintritt $12.

Parc de la Gatineau

Die bewaldete Hügel- und Seenlandschaft des Parc de la Gatineau, www.canadascapital.gc.ca/gatineau, ist seit Langem ein beliebtes Wander- und Radfahrgelände der Großstädter. Er beginnt nur 3 km westlich des Musée Canadien des Civilisations – einfach den Schildern folgen. Der Park wurde 1934 angelegt: Damals sicherte sich die Regierung das Gelände, um seine weitere Entwaldung durch Feuerholzsammler während der schweren Jahre der Weltwirtschaftskrise zu unterbinden. Der Park wird von zahlreichen **Wanderwegen** durchzogen, viele davon sind leicht über die schönste Straße des Parks, die **Promenade Champlain**, zu erreichen. Diese zweigt von der Hauptstraße durch den Park, der **Promenade de la Gatineau**, ab und schlängelt sich durch den südöstlichen Abschnitt, bis er 24 km vom südlichen Parkeingang entfernt am **Bélvèdere Champlain** endet. Der Aussichtspunkt bietet einen großartigen Blick auf eine Landschaft von ganz eigenem Charakter, in der die Granitfelsen des Kanadischen Schilds allmählich zu den üppigen Wiesen des St.-Lorenz-Tieflands abfallen.

Wegbeschreibungen und Wanderkarten sind in allen Tourist Offices der Gegend zu haben, natürlich auch in den beiden **Besucherinfos** im Park selbst. Eine liegt gleich hinter der südlichen Parkzufahrt in der Nähe von Gatineau, ☉ Juni–Mitte Okt tgl. 9–17 Uhr, die andere abseits der Promenade de la Gatineau hinter der Abzweigung der Promenade Champlain, ✆ 819/827-2020, ☉ tgl. 9–17 Uhr.

Übernachtung

Ottawa richtet zahlreiche große Konferenzen und Kongresse aus. Obwohl in der Stadt Hunderte von Zimmern vermietet werden, können daher die Unterkünfte gelegentlich knapp werden – was sich umgehend in den Preisen niederschlägt. Zu anderen Zeiten, besonders während der Parlamentsferien und an Wochenenden, übersteigt das Angebot die Nachfrage, sodass selbst die schicksten Hotels satte Rabatte einräumen. Oft bieten ein **Inn** oder **B&B** noch am ehesten ein bezahlbares Zimmer. Bei den besten handelt es sich um erstklassige Häuser in zentraler Lage.

Die billigsten Betten der Stadt gibt es in den beiden **Hostels** direkt im Zentrum. Beide sind das ganze Jahr über geöffnet. Die Mitarbeiter im großen Infocentre (s. oben) halten eine Unterkunftsliste bereit. Sie nehmen zwar keine Buchungen vor, aber das können Besucher dort kostenlos an den verfügbaren Computern unter 🖥 www.ottawatourism.ca selber erledigen.

Hotels und Motels

Arc, 140 Slater St, ✆ 613/238-2888 oder 1-800/699-2516, 🖥 www.arcthehotel.com. Mittelgroßes Designerhotel in günstiger Downtownlage mit minimalistischem Einrichtungskonzept. Die stilvollen Zimmer sind ganz in Holz und Leder gehalten, die Bettwäsche ist aus ägyptischer Baumwolle. Das Frühstück ist ausgezeichnet, und es gibt gute Fitnesseinrichtungen. ❻

Days Inn Downtown, 319 Rideau St, ✆ 613/789-5555 oder 1-800/329-7466, 🖥 www.daysinn.com. Die bewährte Motelkette bietet nichts Besonderes, sondern einfach nur eine gute Unterkunft zu einem zivilen Preis in zentraler Lage. ❹

Hotel Indigo, 123 Metcalfe St, ☎ 613/231-6555 oder 1-866/246-3446, 🖥 www.ottawadowntown hotel.com. Selbsternanntes Boutiquehotel in zentraler Lage, das – etwas prätentiös – mit Naturverbundenheit wirbt, was der einladenden Atmosphäre der Zimmer mit ihren Erd- und Cremetönen sowie Parkettfußboden aber keinen Abbruch tut. Neben megabequemen Betten gibt's auch ein Schwimmbad, Spa und Fitnessgeräte. ➐

Lord Elgin Hotel, 100 Elgin St, Höhe Laurier Ave West, ☎ 613/235-3333 oder 1-800/267-4298, 🖥 www.lordelginhotel.ca. Feudales Hochhaus aus den 1940er-Jahren im Stilmix aus Château-Flair und Art déco nicht weit vom Confederation Square. Komfortable und angenehm modern eingerichtete Zimmer zu vernünftigen Preisen; am Wochenende billiger. ➐

Inns und B&Bs

Australis Guest House, 89 Goulburn Ave, ☎ 613/235-8461, 🖥 www.bbcanada.com/1463.html. Das gemütliche B&B schmückt sich mit dem Untertitel „Ein Hauch von Australien" und ist in einem schlichten Haus mit Terrasse untergebracht, 2 km östlich vom Rideau Canal und etwas südlich der Laurier Ave East. Es besitzt nur 2 rustikal eingerichtete Gästezimmer, eins davon mit Bad auf dem Flur. ➍

Gasthaus Switzerland Inn, 89 Daly Ave, Höhe Cumberland St, ☎ 613/237-0335 oder 1-888/663-0000, 🖥 www.ottawainn.com. 22 hübsche Zimmer mit Bad in einem alteingesessenen, 3-stöckigen Steingebäude aus den 1870er-Jahren. Manche Zimmer sind modern, andere

L'Auberge du Marché, 87 Guiges Ave, ☎ 613/241-6610 oder 1-800/465-0079, 🖥 www.auberge dumarche.ca. Sehr schönes B&B im Herzen von Byward Market in einem einfachen, 2-stöckigen Ziegelbau aus dem 19. Jh., im Innern komplett renoviert. Das sehr beliebte und häufig ausgebuchte B&B hat 4 klimatisierte Zimmer, eins davon mit eigenem Bad, und serviert großartiges Frühstück. Reservierung empfohlen, denn die Zimmer sind sehr begehrt. ➌

eindeutig retro. Gutes Frühstück, vor allem das (Schweizer) Müsli. Die zentrale Lage ist klasse, aber die Straßen ringsum sind etwas heruntergekommen. ➎

Hostels

Ottawa Backpackers Inn, 203 York St, ☎ 615/241-3402 oder 1-888/394-0334, 🖥 www.ottawahostel.com. Spartanisches, relaxtes, mittelgroßes Hostel in einem schmucken Gebäude in einer stinknormalen Seitenstraße nahe Byward Market. Es hat Einrichtungen für Selbstversorger, Internetzugang und Bettwäsche (im Preis inkl.). Die 34 Betten, größtenteils in 4-, 6- und 8-Bett-Zimmern, kosten $25 p. P., DZ $70. ➌

Ottawa Jail Hostel (HI), 75 Nicholas St, Höhe Daly Ave, ☎ 613/235-2595 oder 1-866/299-1478, 🖥 www.hihostels.ca/ottawa. In diesem zur Jugendherberge umfunktionierten Gefängnis wohnen die Gäste in ehemaligen Zellen mit

Schon seit den 1840er-Jahren war der unmittelbar östlich des Sussex Drive und nördlich der Rideau Street gelegene **Byward Market** (kurz „The Market" genannt) ein Zentrum für den Handel mit landwirtschaftlichen Erzeugnissen. Inzwischen hat sich die Gegend allerdings auch zum angesagtesten Stadtviertel Ottawas entwickelt. Mittendrin steht das ehemalige **Byward Market Building**, 🖥 www.byward-market.com, aus den 1920er-Jahren, in dem heute Cafés,

Delikatessengeschäfte und Stände mit kulinarischen Spezialitäten sowie Frischobst und -gemüse angesiedelt sind. ☉ Mitte Mai–Mitte Okt tgl. 6–18, Mitte Okt–Mitte Mai tgl. 8–17 Uhr. Draußen setzt sich das Treiben mit allerlei Straßenmarktständen nahtlos fort. Außerdem gibt es viele der besten Restaurants und Kneipen der Hauptstadt in diesem Viertel, dessen reges Nachtleben bis in die frühen Morgenstunden andauert.

vergitterten Fenstern. Der alte Aufnahme-
bereich dient heute als Waschküche,
die ehemalige Kapelle als Fernseh- und
Spielezimmer. Es gibt 6- und 8-Bett-Zimmer
($33 bzw. 29/Nichtmitglieder $38 bzw. 34), ein
privateres und familientaugliches „Wärter-
gemach" ($120/$150), eine 2-Bett-Zelle ($40/$45),
eine Privatzelle ($55/$60) und DZ ($77/$87).
Von Okt–Anfang Mai kostet die Übernachtung
(außer im Wärterquartier) ein bisschen weniger.
Waschküche, kostenlose Bettwäsche, Internet
und kostenloses WLAN. Reservierung unbedingt
ratsam. ❶ – ❸

Ottawa besitzt eine gute Auswahl an
bezahlbaren **Restaurants**; ein Hauptgericht
mit einem Getränk kostet selten mehr als $25.
Internationale Restaurants sind zahlreich
vertreten, darunter ein paar hervorragende
Lokale in Chinatown an der Somerset Street
West, ungefähr zwischen Percy St und
Rochester St. Außerdem haben sich in der Elgin
Street südlich vom Confederation Square einige
gute Bars und Restaurants nieder-gelassen.
Die besten Restaurants jedoch hat **Byward
Market** (Kasten S. 212), ein Viertel mit
zahlreichen beliebten Cafés und der quirligen
Club- und Kneipenszene. Die meisten der
nachstehend genannten Lokale befinden sich
im Markt selbst oder ganz in der Nähe.
In Byward Market sind auch die besten
Delikatessenläden und Lebensmittelstände
der Stadt zu Hause. Abends bieten hier Imbiss-
wagen Stärkung für Nachtschwärmer feil. Sie
sind schon eine Art Institution in Ottawa, vor
allem wegen ihrer *poutine* – Pommes frites mit
Bratensoße und Käse. Eine weitere Spezialität
Ottawas nennt sich „**Beavertails**", ein flacher
Doughnut, der nach dem Ausbacken mit allen
möglichen süßen Sachen serviert wird.
Zu haben ist diese Leckerei bei **Hooker's All
Canadian Beavertails** im Byward Market an
der Kreuzung George und William Street.

Bäckereien, Cafés und Diners

Byward Café, 55 Byward Market Square,
☎ 613/241-5555. Ganz normales Café im Byward
Market (am Südende) mit großem Angebot an

Snacks und kleinen Gerichten – Sandwiches,
Pasta, Salate usw. – zu sehr annehmbaren
Preisen. ⏰ tgl. 8–19 Uhr, im Sommer länger.

The French Baker/Le Boulanger Français,
119 Murray St, ☎ 613/789-794, 🖥 www.
frenchbaker.ca. Hochgelobte Bäckerei mit ein
paar Sitzplätzen. Verkauft ausgezeichnetes
Baguette und – laut Auskunft der Einheimischen –
die leckersten Croissants in der ganzen Stadt.
⏰ tgl. 7–17.30 Uhr.

Mellos, 290 Dalhousie St. Café im klassischen
Stil eines Diner. Hier werden sämtliche
Leibspeisen der Region aufgetischt, darunter
poutine (s. oben). ⏰ frühmorgens bis spätabends.

Zak's Diner, 14 Byward Market Square,
☎ 613/241-2401, 🖥 www.zaksdiner.com.
Nostalgisches Flair der 1950er-Jahre mit viel
Chrom, Rock'n'Roll aus der Jukebox und
mittelprächtiger amerikanischer Küche, die
Shakes aber sind hinreißend. Burger kosten
ab $9. ⏰ 24 Std.

Domus Café, 85 Murray St, ☎ 613/241-6007.
In dem angenehmen Restaurant – mit vollem
Namen John Taylor at the Domus, um sich
vom eine Tür weiter gelegenen Haushalts-
warenladen Domus abzuheben – kommen mit
Vorliebe Bioprodukte der Region und Saison
auf den Tisch. Wahre Wunder verbringen die
Köche mit Obst und Gemüse. Sie zaubern daraus umwerfende Kreationen wie in Prosciutto
gehülltes Hühnchen mit Kartoffeln, Pilzen und
Tomatenchutney an Rotweinjus. Das Lokal
ist geschmackvoll eingerichtet und erinnert
an einen Kaufmannsladen auf dem Dorf.
Hauptgerichte mittags ab $20, sonst ab $28.
Reservierung empfohlen. ⏰ Mo–Sa 11.30–14
und 17.30–21, So 11.30–14 Uhr.

Empire Grill, 47 Clarence St, ☎ 613/241-1343,
🖥 www.empiregrill.com. Gepflegtes und ge-
wienertes Restaurant mit erstklassigen Steaks
und umfangreicher Weinkarte. An der einladenden, eleganten Bar plätschert sanfte Hin-
tergrundmusik, vor allem Jazz. Hauptgerichte
ab $20. ⏰ tgl. 11.30–1 Uhr.

Ontario

Restaurants

La Pointe's Seafood Grill Café, 55 York St,
☏ 613/241-6221, ▱ www.lapointefish.ca.
Stimmungsvolles Kellerrestaurant in Byward
Market, hervorragende Fischgerichte zu
vernünftigen Preisen in zwanglosem Ambiente.
◷ tgl. 11–21.30 Uhr.

Navarra, 93 Murray St, ☏ 613/241-5500,
▱ www.navarrarestaurant.com. Kleines und
intimes spanisches Restaurant, das höchste
Lobpreisungen erhalten hat. Die ausgereifte
Speisekarte gibt ein paar echte Gaumenfreuden
her, z. B. *roasted pig cheeks* (gebratene
Schweinebäckchen) und *garlic prawn*
(Knoblauchgarnele). Hauptgerichte kosten
ab $22. ◷ Mo–Sa 17.30–22 Uhr, außerdem
Di–Fr und So 11.30–14 Uhr.

Social Restaurant & Lounge, 537 Sussex Drive,
☏ 613/789-7355, ▱ www.social.ca. Ein stilvolles
Bar-Restaurant in Cremefarben und Braun mit
dunkelroten Tupfern; an den Wänden moderne
Kunst. Im Mittelpunkt stehen kanadische
Lebensmittel – von Heilbutt aus British Columbia
bis zu Lamm aus Alberta. Die Hauptgerichte,
die im Durchschnitt um $30 kosten, tendieren
allerdings zum Minimalismus. ◷ tgl. 19–24 Uhr,
Bar Do–Sa bis 2 Uhr.

Unterhaltung und Kultur

Ottawa ist eine wichtige Tourstation großer
Liveacts der Rock- und Popszene, die meist
im **Scotiabank Place**, 1000 Palldium Drive,
etwa 15 km westlich der Innenstadt in Kanata,
☏ 613/599-3267 oder 1-877/788-3267,
▱ www.scotiabankplace.com, auftreten.
Ansonsten ist die Unterhaltungsszene nicht
allzu aufregend, aber immerhin gibt es im
Zentrum ein paar lebendige Bars und mehrere
gute Clubs mit Livemusik und DJs.
Veranstaltungshinweise findet man im kostenlosen, überall in der Stadt erhältlichen
Wochenblatt *Xpress*, ▱ www.ottawaxpress.ca.

Bars, Kneipen und Clubs

Bar 56, 56 Byward Market, über der Bar The
Collection, ▱ www.collectionbar56.com.
Große Fabriketage mit sehr leckeren Martinis
und Kunstledersofas. DJs aus ganz Kanada
legen House, Hip-Hop und Techno auf, dazu gibt

es schräge Underground-Liveacts. ◷ tgl. 17–2
Uhr.

Blue Cactus Bar & Grill, 2 Byward Market,
☏ 613/241-7061, ▱ www.bluecactusbarandgrill.
com. Hektische Bar mit umfangreicher
Cocktailkarte und moderner Einrichtung.
Mit seiner Tex-Mex angehauchten Küche ist
der Blue Cactus auch keine schlechte Adresse
zum Essengehen.

Centretown Pub, 340 Somerset St West,
☏ 613/594-0233. Beliebte Schwulenkneipe,
von der Laurier Ave West 10 Min. Fußweg die
O'Connor Street nach Süden.

The Manx, 370 Elgin St. In der Kellerkneipe,
20 Gehminuten südlich vom Byward Market,
drängen sich die Einheimischen. Das überwiegend junge Publikum macht kurzen Prozess
mit den rund 20 verschiedenen Bieren, die hier
aus dem Zapfhahn schäumen.

Rainbow Bistro, 76 Murray St, ☏ 613/241-5123,
▱ www.therainbow.ca. Blues- und Jazzclub mit
viel Atmosphäre, regelmäßigen Jamsessions
und gutem Beiprogramm an Reggae, Funk, Rock
und Ska. ◷ tgl. abends, manchmal auch mittags.

Zaphod Beeblebrox, 27 York St,
Höhe Byward Market, ☏ 613/562-1010,
▱ www.zaphodbeeblebrox.com. Das gesamte
Spektrum an Livebands von Country &
Western bis Independent sowie regelmäßige
DJ-Sessions. ◷ tgl. abends.

Kinos

Bytowne Cinema, 325 Rideau St,
☏ 613/789-3456, ▱ www.bytowne.ca.
Beliebtestes Programmkino der Hauptstadt.
Canadian Film Institute, 2 Daly Ave,
☏ 613/232-6727, ▱ www.cfi-icf.ca. Zeigt sowohl
kommerziell ausgerichtete als auch künstlerisch
anspruchsvolle Filme, meistens zu bestimmten
Themen.

Theater

National Arts Centre, 53 Elgin St,
☏ 613/947-7000, ▱ www.nac-cna.ca. Ottawas
bedeutendster kultureller Veranstaltungsort
zeigt Bühnenstücke des eigenen Ensembles
und Gastspiele auswärtiger Theatergruppen,
Konzerte seines Orchesters sowie Opern und
Tanzdarbietungen, u. a. mit dem National Ballet

of Canada und dem Royal Winnipeg Ballet.
Das Haus hat eine überragende Akustik.
Gutes Theater zeigen auch die **Great
Canadian Theatre Company** im Irving Greenberg
Theatre Centre, 1233 Wellington St West,
✆ 613/236-5196, ▣ www.gctc.ca, und das
Ottawa Little Theatre, 400 King Edward St,
✆ 613/233-8948, ▣ www.o-l-t.com.

Sportveranstaltungen

Eishockey der NHL gibt es mit den Ottawa
Senators, ✆ 613/599-3267, ▣ http://senators.
nhl.com, von April bis September im Scotiabank
Place, 1000 Palladium Drive, Kanata, etwa
15 km westlich des Zentrums von Ottawa.
Tickets sind manchmal schon für schlappe
$14 zu haben und gehen bis $130 hoch.

Einkaufen
Bücher

Chapters, 47 Rideau St, Höhe Sussex Drive,
bietet eine große, erstklassige Auswahl an
kanadischer Literatur und Sachbüchern.

Outdoor-Ausrüstung

The Expedition Shoppe, 43 York St,
✆ 613/241-8397, ▣ www.expeditionshoppe.
com. Hat ein gutes, aber nicht biliges Sortiment
an Outdoor-Ausrüstung.
Mountain Equipment Co-Op, 366 Richmond Rd,
westlich der Innenstadt, ✆ 613/729-2700,
▣ www.mec.ca. Breites Angebot an
Globetrotter- und Outdoor-Eqipment sowie
Ausrüstungsverleih.

Sonstiges
Apotheken

Rideau Pharmacy, 390 Rideau St,
✆ 613/789-4444, ◷ Mo–Fr 9–21, Sa 9–18,
So 12–18 Uhr.
Shoppers Drug Mart, 702 Bank St,
✆ 613/233-3202, ◷ 8–24 Uhr.

Autovermietungen

Discount, 1749 Bank St, ✆ 613/667-9393;
Hertz, 30 York St, Byward Market,
✆ 613/224-7681, und am Flughafen
✆ 613/521-3332;
National, am Flughafen ✆ 613/737-7023.

Fahrradverleih

Rent-a-Bike, East Arch, Plaza Bridge,
2 Rideau St, ✆ 613/241-4140,
▣ www.rentabike.ca. ◷ Mitte April–Okt
tgl. 9–17 Uhr.

Informationen

Capital Infocentre, 90 Wellington St, Ecke
Metcalfe St, ✆ 613/239-5000 oder 1-800/465-
1867, ▣ www.canadascapital.gc.ca, direkt
gegenüber den Parlamentsgebäuden. Hier ist
immer viel los, deshalb muss mit Wartezeiten
gerechnet werden. Aber die Mitarbeiter helfen
bei der Suche nach einer Unterkunft und haben
massenweise Gratisbroschüren, darunter
den hilfreichen *Visitor Guide* sowie Stadtpläne
und Streckenpläne des Nahverkehrssystems.
Außerdem wird hier der **Capital Museums
Passport** verkauft. Er kostet $30 ($75 für Familien
bis zu 5 Pers.), ist 7 Tage gültig und gewährt
freien Eintritt zu den neun wichtigsten Museen
von Ottawa/Gatineau. Es gibt ihn auch bei den
teilnehmenden Museen. ◷ tgl. Mitte Mai–Aug
9–21, Sep–Mitte Mai 9–17 Uhr.

Internet

In den meisten Hotels, B&Bs und Cafés gibt es
Internetzugang für die Gäste, entweder kostenlos oder für wenig Geld. Auch Internetcafés
gibt es zahlreich, besonders in der Bank St.

Post

Postamt, 59 Sparks St, Ecke Confederation
Square.

Schwule und Lesben

Gayline Ottawa, ✆ 613/238-1717.

Touren

Paul's Boat Lines, ✆ 613/225-6781,
▣ www.paulsboatcruises.com, ist der größte
von mehreren Veranstaltern, die im Sommer
Bootsausflüge anbieten. Die Kanalfahrten ($16,
1 Std.) legen oberhalb, die Flussfahrten ($18)
unterhalb der Schleusen ab; Abfahrt max. 7x und
mind. 3x tgl.; Reservierung ratsam. ◷ Mai–Okt.
Owl Rafting, ✆ 1-800/461-7238, ▣ www.
owl-mkc.ca, veranstaltet ausgezeichnete
Rafting-Trips mit Schlauchbooten) auf dem

Ottawa River, in der Nähe von Pembroke, etwa 170 km nordwestlich von Ottawa. Eine eintägige Tour kostet inkl. Ausrüstung und Mittagsbuffet $110–130.

Wäschereien
Rideau Coinwash, 436 Rideau St, ✆ 613/789-4400.

Nahverkehr

Stadtbusse
Wer die Umgebung Ottawas ohne eigenes Fahrzeug erkunden möchte, muss auf den Bus zurückgreifen. **OC Transpo**, ✆ 613/741-4390, 🖥 www.octranspo.com, bietet ein ausgedehntes Busnetz innerhalb Ottawas und der Vorstädte, während die **STO-Busse**, ✆ 819/770-3242, 🖥 www.sto.ca, Gatineau und das Gebiet nördlich des Flusses bedienen. Die Hauptstrecke von OC Transpo ist der Transitway, der als Einbahnstraße die Albert Street entlang nach Westen und (ebenfalls als Einbahnstraße) entlang der Slater Street nach Osten führt – in beiden Fällen zwischen Bay Street und Elgin Street. Die STO-Busse nach Gatineau fahren vor dem Rideau Centre am westlichen Ende der Rideau St zwischen Sussex Drive und King Edward Avenue ab. Die wichtigsten Busse beider Unternehmen verkehren von 5 bzw. 6 Uhr bis etwa 24 Uhr.
Die **Fahrpreise** sind sehr zivil. Eine einfache Fahrt innerhalb der Stadtgrenzen kostet $3 (beim Kauf von zwei Tickets). Es gibt Bustickets auch einzeln ($1,50) in Convenience Stores zu kaufen. Eine Tageskarte (DayPass) mit unbegrenzten Fahrten im OC-Transpo-Netz kostet $7. Man kann die Fahrkarten beim Busfahrer kaufen (nur mit abgezähltem Fahrgeld), der auch kostenlose Umsteigetickets aushändigt. Ein solches Transferticket braucht jeder, der mit einem normalen Einzelfahrschein fährt und unterwegs in einen anderen Bus umsteigen will.

Stadtbahn
Innerhalb der Stadtgrenzen verkehrt auch ein Zug, der O-Train. Es ist in erster Linie ein Pendlerzug, der die Greenboro Station südlich der Innenstadt mit der Bayview Transitway Station im Westen verbindet.

Taxis
Blue Line, ✆ 613/238-1111.
Capital Taxi, ✆ 613/744-3333.

Transport

Busse
Der **Busbahnhof**, 265 Catherine St, Ecke Kent St, liegt 1,5 km südlich vom Stadtzentrum gleich neben dem Queensway und wird u. a. von Greyhound, ✆ 1-800/661-8747, 🖥 www.greyhound.ca, genutzt. Von hier fährt der OC-Transpo-Bus 4 in die Innenstadt.

Busse nach:
KINGSTON, 2–3x tgl., 2 3/4 Std.;
MONTRÉAL, stdl., 2 1/2 Std.;
NORTH BAY, 3x tgl., 5 Std.;
SUDBURY, 3x tgl., 7 1/2 Std.;
TORONTO, 8–10x tgl., 5–6 Std.

Eisenbahn
Der **Bahnhof**, ✆ 1-888/842-7245, 🖥 www.viarail.ca, 200 Tremblay Rd, befindet sich 4 km südöstlich vom Zentrum, nahe dem Queensway (Hwy 417). Die OC-Transpo-Busse 94 und 95 fahren von dort ins Zentrum. Dieselbe Strecke kostet mit einem Taxi um die $15.

Züge nach:
GANANOQUE, 1x tgl., 1 1/2 Std.;
KINGSTON, 4–5x tgl., 2 Std.;
MONTRÉAL, 4–6x tgl., 2 Std.;
TORONTO, 3–5x tgl., 4 1/4 Std.

Flüge
Der **Ottawa International Airport**, ✆ 613/248-2000, 🖥 www.ottawa-airport.ca, liegt ungefähr 15 km südlich des Stadtzentrums. Der YOW Airporter, ✆ 613/260-2359, 🖥 www.yowshuttle.com, klappert über 20 Hotels im Zentrum ab, entweder auf seiner Standardroute oder auf Anfrage; tgl. 5–23 Uhr alle 30 Min., einfache Fahrt $15, hin und zurück $25. Der OC-Transpo-Bus 97, 🖥 www.octranspo.com (tgl. 5–2 Uhr alle 20–30 Min.), befördert seine Fahrgäste zu einem Bruchteil dieses Preises in die Innenstadt und setzt sie an mehreren Haltestellen ab. Ein Taxi vom Flughafen ins Zentrum kostet $30.

Ontario

Der Norden Ontarios

Vom Nordufer des Lake Huron und Lake Superior erstreckt sich das nördliche Ontario bis zu den gefrorenen Weiten der Hudson Bay. Die Region zeichnet sich durch spärliche Besiedlung und gewaltige Entfernungen aus. Abgesehen von dem einen oder anderen Höhenzug ist die Landschaft fast vollständig flach, tausende Seen und schier endlose Wälder erstrecken sich über die mineralreichen Felsen des Kanadischen Schilds. Die anglophile Elite des Südens betrachtet diesen Landstrich und seine Bewohner seit jeher als etwas hinterwäldlerisch und ungehobelt.

Derartig verächtliche Ansichten gehen indes an den wirtschaftlichen Fakten vorbei. Der Norden lieferte einst nicht nur die Felle, die Kanadas Wirtschaft auf die Beine halfen, sondern sorgte auch für das Rohmaterial wie Gold, Silber, Nickel und Holz, mit dem die glitzernden Wolkenkratzer Torontos bezahlt wurden (und werden). Die auf der Ausbeutung der Natur basierende Wirtschaft des Nordens und die rauen klimatischen Bedingungen haben auch das Verhältnis der dort heimischen Bevölkerung zu ihrer Umgebung geprägt. Jagen und Fischen zählen zu den beliebtesten Freizeitaktivitäten, denen sich viele Besucher mit Freuden anschließen.

Die angenehmste Zeit für einen Besuch ist der Sommer, aber Vorsicht vor den Kollegen Moskito und Kriebelmücke, die einem das Leben zur Hölle machen können. Deswegen unbedingt Insektenschutzmittel und die entsprechende Ausrüstung mitnehmen. Die besten Zeiten zum Wandern sind der Frühjahrsbeginn und der Herbst.

Angesichts der enormen Entfernungen ist es wichtig, eine Reise durch dieses Gebiet sorgfältig zu planen. Der Norden Ontarios wird von zwei großen Highways erschlossen, dem Hwy 11 und dem weitaus interessanteren Hwy 17. Der **Highway 11** passiert von Süden kommend zunächst die 345 km nördlich von Toronto gelegene Stadt **North Bay** und ein gutes Stück weiter den bei Jägern und Anglern beliebten Ferienort **Temagami**. Von dort führt eine weitere Etappe

nach **Cochrane**, bemerkenswert nur als Ausgangspunkt einer Eisenbahnstrecke, die jenseits des Straßennetzes durch den wilden Norden bis nach **Moosonee** führt. Die Fahrt mit dem *Polar Bear Express* von Ontario Northland ist eine der ungewöhnlichsten Reisen, die man in der Provinz unternehmen kann, und bietet die Möglichkeit, auf komfortable, wenn auch zeitintensive Weise einen Teil von Ottawas riesigem Norden zu erkunden. Von Cochrane aus führt der Hwy 11 in westlicher Richtung zu mehreren Bergbaustädten. Dieser Abschnitt der Straße hält nur wenig Interessantes bereit, abgesehen von der enormen Weite und Einsamkeit.

Zwei Alternativstrecken führen zum **Highway 17**: Die schnellere Route über Parry Sound (S. 182) trifft in **Sudbury** auf den Hwy 17. Stattdessen kann man auch auf dem Hwy 6 von **Manitoulin Island** (S. 171) kommend etwas westlich von Sudbury auf den Hwy 17 stoßen. Unabhängig von der gewählten Route heißt die erste größere Zwischenstation am Hwy 17 **Sault Ste Marie**. Diese Industriestadt ist nur von mäßigem Interesse, doch sie bildet den Ausgangspunkt für eine herrliche Eisenbahnfahrt mit der Algoma Central Railway durch die nördliche Wildnis. Jenseits von Sault Ste Marie beschreibt der Hwy 17 einen endlos langen Bogen um das Nordufer des Lake Superior und passiert dabei eine Reihe von Naturparks, vor allem den **Lake Superior Provincial Park** und den **Pukaskwa National Park**, beide spektakuläre Wanderwege am Seeufer und schöne Campingplätze bieten. Am Westufer des Sees liegt der Binnenhafen **Thunder Bay**, die letzte wirklich lohnenswerte Station.

Transport im Norden Ontarios

Das öffentliche Verkehrsnetz ist in Ontarios Norden recht lückenhaft. Ontario Northland, ✆ 1-800/461-8558, 🖥 www.ontarionorthland.ca, unterhält eine regelmäßige **Busverbindung** sowie den **Zug** Northlander von Toronto nach North Bay und zu Zielen weiter nördlich, bis nach Cochrane. Hier können die Passagiere in den **Polar Bear Express** (S. 222) nach Moosonee an der James Bay umsteigen.

Auch **Greyhound-Busse**, ✆ 1-800/661-8747, 🖥 www.greyhound.ca, verkehren in der Region, am häufigsten auf dem Trans-Canada Hwy zwi-

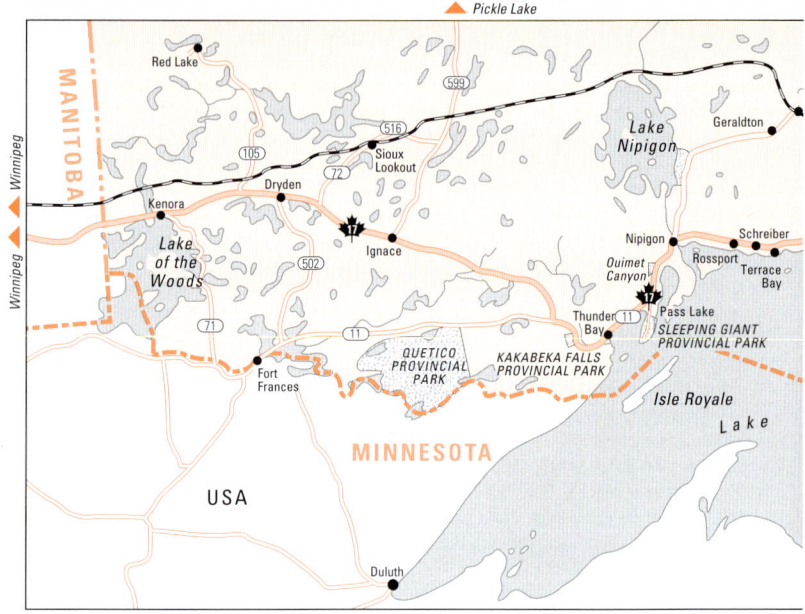

schen Toronto und Winnipeg. Züge von **VIA Rail**, ☎ 1-888/842-7245, 🖥 www.viarail.ca, verbinden Toronto mit Sudbury Junction und Zielen westlich von Winnipeg. Wer ein bestimmtes Hotel oder einen bestimmten Campingplatz zum Ziel hat, sollte sich vergewissern, wie nah man mit dem Bus oder Zug an den gewünschten Ort herankommt – auch Dörfer können sich im nördlichen Ontario über Kilometer erstrecken. Unerschrockene Gemüter, die die Region im Winter besuchen, sollten sich darüber im Klaren sein, dass das Autofahren auf den Highways 11 und 17 in dieser Jahreszeit nicht ungefährlich ist.

North Bay

Die Stadt North Bay war einst eine wichtige Zwischenstation auf der Kanustrecke von Montréal nach Westen und ist heute ein ebenso nützliches Etappenziel auf der langen Fahrt über den Hwy 11 nach Norden. Mit einer Einwohnerzahl von 55 000 ist die am Ufer des Lake Nipissing klebende Stadt in dieser Gegend ein wahrer Gigant.

Von hier legt das moderne Ausflugsschiff *Chief Commanda II*, ☎ 705/494-8167 oder 1-866/660-6686, 🖥 www.georgianbaycruise.com, zu regelmäßigen **Schiffstouren** rund um die Manitou Islands in der Mitte des Sees ab; Mitte Mai–Mitte Juni Sa und So; Mitte Juni–Anfang Sep tgl., Anfang Sep–Anfang Okt nur Sa, Abfahrt 13 Uhr, $21.

Übernachtung und Essen

Die meisten Unterkünfte der Stadt liegen am Lakeshore Drive, einer Aneinanderreihung von Motels und Imbisslokalen am sandigen Ufer des Lake Nipissing.
Comfort Inn, 676 Lakeshore Drive, ☎ 705/494-9444 oder 1-877/449-4484, 🖥 www.comfortnorthbay.com. Brauchbares Kettenmotel. ❺

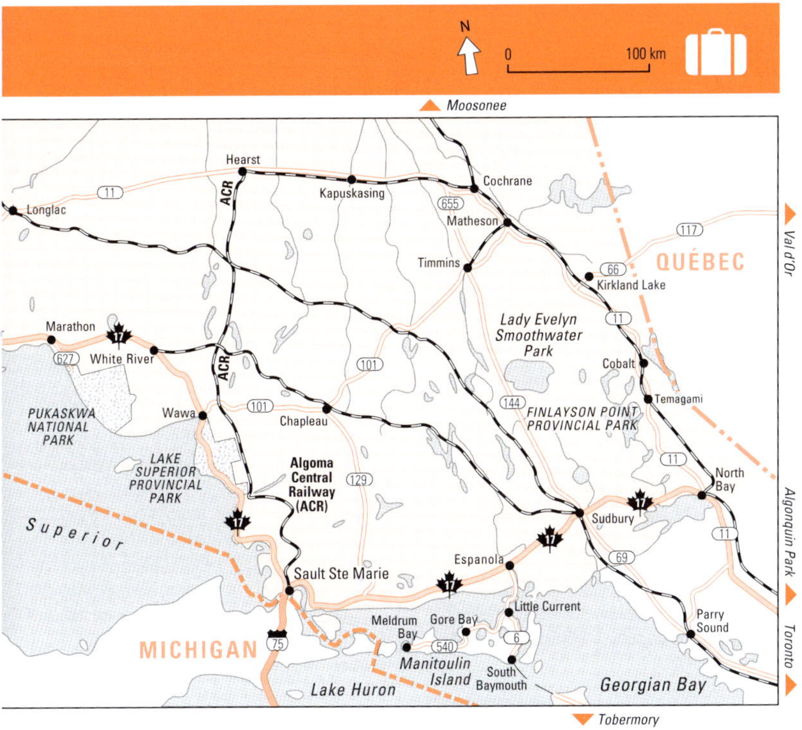

N

0   100 km

Moosonee

Hearst

Kapuskasing

Cochrane

(11) Longlac

ACR

(655)

Matheson

Timmins

Cobalt

(117)

QUÉBEC

Kirkland Lake

(66)

(11)

*Lady Evelyn
Smoothwater
Park*

Marathon

(627) White River

ACR

(101)

Cobalt

Temagami

*PUKASKWA
NATIONAL
PARK*

Wawa

Chapleau

(101)

(144)

*FINLAYSON POINT
PROVINCIAL PARK*

*LAKE
SUPERIOR
PROVINCIAL
PARK*

**Algoma
Central
Railway
(ACR)**

(129)

North
Bay

(11)

Superior

Sudbury

MICHIGAN

Sault Ste Marie

Espanola

(69)

Parry
Sound

Meldrum
Bay

Gore Bay

Little Current

(75)

(540)

(6)

*Manitoulin
Island*

South
Baymouth

Lake Huron

Georgian Bay

Tobermory

Ontario

Val d'Or

Algonquin Park

Toronto

Lakeshore (North Bay) Travelodge,
718 Lakeshore Drive, ☏ 705/472-7171,
🖳 www.travelodge.com. Noch ein annehm-
barer Ableger einer Motelkette. ❹

Café Chicago, 167 Main St, ☏ 705/472-9510.
Spezialität sind asiatische Fusiongerichte.
Hauptgerichte ab $20.

Kabuki House, 349 Main St West,
☏ 705/495-0999. Der gute Japaner bereitet
ausgezeichnetes Teppanyaki zu.

Urban Café, 101-B Worthington St East, ☏ 705/
472-0032, 🖳 www.urbancafenorthbay.com. Das
beste Café der Stadt, ☉ Mo–Fr 8–16 Uhr.

Informationen

Tourist Office, 1375 Seymour St,
nahe dem Hwy 11, ☏ 705/472-8480,
🖳 www.northbaychamber.com. ☉ tgl. Mitte Juli
und Aug 9–19, Sep–Juni Mo–Fr 9–17, Sa und
So 10–16 Uhr.

Transport

Ontario Northlands **Züge und Busse** aus
Cochrane und Toronto halten an der **Intermodal-
Station**, 100 Station Rd, östlich des Zentrums, das
nahe am See, rund um die Main Street, liegt und
am besten mit einem Stadtbus zu erreichen ist.

Busse von **Greyhound nach**:
OTTAWA, 3x tgl., 5 Std.;
SUDBURY, 3x tgl., 2 Std.
Busse von **Ontario Northland nach**:
BRACEBRIDGE, 4x tgl., 2 Std.;
COBALT, 2x tgl., 1 3/4 Std.;
COCHRANE, 5x tgl., 6 1/4 Std.;
GRAVENHURST, 4x tgl., 2 /4 Std.;
HUNTSVILLE, 4x tgl., 1 3/4 Std.;
KIRKLAND LAKE, 2x tgl., 4 Std.;
ORILLIA, 4x tgl. 3 1/4 Std.;
TEMAGAMI, 2x tgl., 1 1/4 Std.;
TORONTO, 4x tgl., 5 1/2 Std.

Temagami

Der nette Ferienort Temagami liegt inmitten von Seen und Wäldern 100 km nördlich von North Bay am Hwy 11. Seit Beginn des 20. Jhs. ist der Ort ein beliebtes Ferienziel, nachdem dort das erste große Hotel der Region entstanden war.

Heute dient Temagami vorwiegend Jägern und Fischern als Ausgangsbasis für ausgedehnte Exkursionen per Wasserflugzeug und/oder Kanu in die Wildnis.Einen Eindruck von der Wildnis vermittelt ein Blick vom 30 m hohen **Temagami Tower** (Eintritt $4) vor den Toren der Stadt.

Übernachtung

Smoothwater Wilderness Ecolodge, 14 km nördlich der Stadt am Hwy 11, ☎ 705/569-3539 oder 1-800/569-4539, ▢ www.smoothwater.com. Gemütliche Lodge in abgeschiedener Lage am James Lake mit B&B-Zimmern und Camping-Stellplätzen am Seeufer. ◉

Finlayson Point Provincial Park, gleich südlich der Stadt am Lake Temagami, ☎ 705/569-3205, ▢ www.ontarioparks.com, bietet ebenfalls Campingmöglichkeiten. ◷ Mitte Mai–Ende Sep, Stellplatz $33–40.

Sonstiges

Informationen

Information Centre, 7 Lakeshore Drive, ☎ 705/569-3344 oder 1-800/661-7609, ▢ www.temagamiinformation.com. ◷ Mai–Okt Mo–Fr 9–18, Sa und So 10–18 Uhr.

Touren

Im Winter bietet sich eine spannende Möglichkeit, die Umgebung zu erkunden: auf einer Hundeschlitten-Tour von **Wolf Within Adventures**, ☎ 705/840-9002, ▢ www.wolfwithin.ca. Dabei lernen die Teilnehmer auch, die Hundegespanne zu versorgen und zu lenken. Dez–März, Wochenendtour $375.

Temagami Outfitting Co., ☎ 705/569-2595, ▢ www.icanoe.ca. Der Ausrüstungsladen befindet sich in dem leuchtend roten Gebäude in der Nähe des Welcome Centre am Seeufer. Für $85 pro Tag bekommen Kunden alles Notwendige für einen Kanutrip, inklusive Verpflegung und Permits.

Transport

Die Station der **Züge und Busse** von Ontario Northland liegt am Hwy 11, in der Nähe des Information Centre am Lakeshore Drive.

Cobalt

Der lokalen Legende zufolge nahm der Silber-Boom in dem rund 50 km nördlich von Temagami gelegenen Ort seinen Anfang, als ein Schmied namens Fred La Rose mit einem Hammer nach einem Fuchs warf und dabei versehentlich einen Felsen traf, von dem daraufhin ein großer Klumpen Silber abbrach. Wahr oder nicht wahr – 1903 begann hier der Silberabbau in großem Stil. Die rosigen Zeiten endeten mit der Weltwirtschaftskrise, doch Cobalt hielt sich über Wasser, bis 1990 die letzte Mine geschlossen wurde.

Auch wenn Cobalt inzwischen offiziell zur National Historic Site erklärt wurde, muss man es nicht unbedingt gesehen haben. Am interessantesten ist hier noch das **Mining Museum**, Kanadas ältestes Bergwerksmuseum, das u. a. eine Sammlung leuchtender Steine präsentiert. ◷ Juni–Sep tgl. 9–17, Okt–Mai tgl. 13–16 Uhr, Eintritt $3,25.

Noch mehr Informationen über Cobalts Bergbau-Vergangenheit gibt es im **Visitor Centre**, 1 Station St, ☎ 705/679-5191, ▢ www.historiccobalt.com. ◷ Mai–Sep tgl. 9–17 Uhr, Okt–April nur werktags.

Cochrane

Rund 100 km nördlich von Cobalt passiert der Hwy 11 die **Arktische Wasserscheide**, eine leichte Erhebung des Kanadischen Schilds, die den Wasserfluss Ontarios in zwei Hälften teilt. Alle Gewässer nördlich der Wasserscheide fließen in die Hudson Bay, während die Wasserwege südlich des Höhenzugs in die Großen Seen und den St.-Lorenz-Strom münden.

Jenseits der Wasserscheide zieht sich ein ermüdendes Teilstück des Hwy 11 hin, das schließlich 280 km nordwestlich von Temagami in Cochrane endet. Der bescheidene Ort, der einst als Wartungsstation und Knotenpunkt

Ontario

In Temagami lebte zeitweise eine der skurrilsten Persönlichkeiten Kanadas: Wah-Sha-Quon-Asin alias Grey Owl. Der frühe Naturschützer bereiste Kanada, Großbritannien und die USA, um für einen rücksichtsvollen Umgang mit der Wildnis zu werben. Er veröffentlichte Artikel in Magazinen wie *Country Life* und schrieb Bücher, die zu Bestsellern wurden. Erst als er 1938 im Alter von 50 Jahren starb, kam seine wahre Lebensgeschichte nach und nach ans Licht.

Grey Owl war nämlich in Wirklichkeit im englischen Hastings als **Archie Belaney** zur Welt gekommen. Mit 17 Jahren wanderte er nach Kanada aus, um seinen strengen Tanten zu entkommen. Nach einem Zwischenaufenthalt in Toronto wollte er weiter zur Silbermine in Cobalt, stieg jedoch, einer plötzlichen Laune folgend, schon in Temagami aus dem Zug. Hier verdingte er sich als Fremdenführer und entdeckte seine Faszination für die Sagen und Gebräuche der hiesigen Ojibwa-Bevölkerung. Er heiratete (für die damalige Zeit sehr ungewöhnlich) eine junge Ojibwa namens **Angele**, die ihm eine Tochter gebar. Belaney trank aber gern mal einen über den Durst und benahm sich dann daneben. Nach einer solchen Rauferei wurde er aus dem Ort gejagt. Er zog nach **Bicotasing**, einem Hudson-Bay-Handelsposten mit Eisenbahnstation nördlich von Sudbury. Hier betätigte er sich als Förster, aber da er immer noch mit Haftbefehl gesucht wurde, musste er auch diesen Ort wieder verlassen – nicht ohne vorher eine weitere Indianerin, **Marie Girard**, zu schwängern.

Im Ersten Weltkrieg kämpfte Belaney mit der kanadischen Armee in Flandern, wo er am Fuß verwundet wurde. Während seiner Rekonvaleszenzzeit in England heiratete er seine Krankenschwester und bereicherte seinen bewegten Lebenslauf so noch um das Delikt der **Bigamie**.

Letztlich war der Ruf der kanadischen Wildnis aber stärker als sein Ehegelübde: Belaney kehrte nach Biscotasing zurück und stattete unterwegs Angele einen viertägigen Besuch ab, aus dem ein weiteres Kind hervorging. In Biscotasing verkam Belaney zum stadtbekannten Säufer und führte unter seinem angenommenen Namen Grey Owl ein chaotisches Leben, das vorwiegend aus Prügeleien, Saufgelagen und Fallenstellerei bestand. Schließlich besann er sich eines Besseren und kehrte 1925 nach Temagami zurück, um mit Angele und ihren beiden Kindern zusammenzuleben. Dann aber lernte er **Anahereo** kennen, eine 19-jährige Irokesin. Grey Owl brannte mit Anahereo durch, um mit ihr in einer Hütte im nördlichen Québec zu leben, wo ihnen nur Biber Gesellschaft leisteten. Diese beiden Tiere (und ein drittes, das später dazukam) inspirierten Belaney zur Gründung einer Biberkolonie. Um Geld für das Projekt zusammenzubringen, begann er über sein (erfundenes) Leben zu schreiben und Vorträge zu halten. Am Ende brachte ihm dies einen Posten als Aufseher des Riding Mountain National Park und später des Prince Albert National Park in Manitoba ein.

Belaneys häufige Abwesenheit und die viele Zeit, die er auf das Schreiben verwandte, zerrütteten seine Beziehung zu Anahereo. Doch Ersatz war schnell zur Hand: Diesmal heiratete er eine Frankokanadierin, die den indianischen Namen **Silver Moon** annahm. 1938 ging Grey Owl auf Vortragsreise durch Großbritannien und die USA, bei der er sogar vom englischen König George empfangen und mit den Prinzessinnen Elizabeth und Margaret bekannt gemacht wurde. Doch die Reise erschöpfte ihn so sehr, dass er noch im gleichen Jahr starb. Erst nach seinem Tod fanden seine Frauen, Freunde und Familienangehörigen die ganze Wahrheit heraus.

---

für die Eisenbahnen in den hohen Norden entstand, war Geburtsort von Tim Horton – dem Eishockeystar und Gründer der allgegenwärtigen Kaffee- und Doughnut-Kette. Die meisten Eisenbahnwerkstätten haben mittlerweile dichtgemacht, doch ist Cochrane noch immer

Ausgangspunkt für den **Polar Bear Express** der Eisenbahngesellschaft Ontario Northland (s. S. 222), der über das Straßennetz hinaus in Ontarios hohen Norden bis nach Moosonee an der James Bay, einem Fortsatz der Hudson Bay, vorstößt.

Der sehr beliebte **Polar Bear Express** von Ontario Northland, ☎ 1-800/461-8558, 🖥 www.ontarionorthland.ca oder www.polarbear express.ca, durchquert menschenleeres Hinterland auf seinem 300 km langen Weg von **Cochrane** nach **Moosonee** an der Mündung des Moose River in die James Bay. Es ist der nördlichste Punkt Ontarios, den man ohne größeren Aufwand erreichen kann, allerdings wird man trotz Bezeichnung des Zuges auf der Strecke keine Eisbären zu Gesicht bekommen. Der Zug verkehrt im Juli und August 1x tgl. außer Samstag, von September bis Juni nur Mo–Fr. Abfahrt im Juli und August in Cochrane 9 Uhr, Ankunft in Moosonee 13.50 Uhr; Rückfahrt von Moosonee um 18 Uhr, Ankunft in Cochrane 22.45 Uhr. Die Hin- und Rückfahrt kostet $104,90, eine Reservierung ist zwingend erforderlich.

Im Juli und August gibt's Liveunterhaltung, außerdem haben ein Restaurant und eine Snackbar geöffnet. Aber das restliche Jahr über ist die Sache authentischer – und es geht ruhiger zu.

Ganz dem Eisbär-Thema verpflichtet, markiert am Ortseingang ein überlebensgroßer Eisbär den Standort des **Information Centre**, 4 Third Ave, ☎ 705/272-4926, 🖥 www.town. cochrane.on.ca, ⏲ tgl. Juli–Aug 8–20, Mo–Fr 8–18, Sa und So 10–14, Sep–Juni Mo–Fr 9–16.30 Uhr. Die annehmbarste **Unterkunft** im Ort ist das Station Inn im Bahnhofsgebäude, ☎ 705/272-3500 oder 1-800/265-2356, 🖥 www.northlander.ca, ❺. Mehr Charakter bietet das North Adventure Inn westlich der Stadt am Hwy 11, ☎ 705/272-6683, 🖥 www.northadventureinn.ca, ❸, mit vier Kunststoff-Iglus, alle mit Bad und Kochnische.

Moosonee und Moose Factory Island

Die Cree jagen und fischen seit mehreren Tausend Jahren in der Hudson-Bay-Region und bilden heute noch die Mehrheit der Bevölkerung von **Moosonee**, das 1903 vom französischen Pelzhandelsunternehmen Révillon Frères gegründet wurde. Das in einem der Originalgebäude untergebrachte **Révillon Frères Museum** (z. Zt. der Recherche geschlossen) dokumentiert die Geschichte der Region und den weitgehend erfolglosen Versuch, das lokale Monopol der Hudson's Bay Company zu brechen.

Die Hudson's Bay Company hatte bereits 1673 direkt vor der Küste von Moosonee den Handelsposten **Moose Factory Island** gegründet, die älteste englischsprachige Siedlung Ontarios. Wassertaxis (einfache Fahrt $9) setzen vom Anleger in Moosonee auf die Insel über, wo der **Moose Factory Centennial Museum Park** eine original erhaltene Schmiede, einen Friedhof und ein Pulvermagazin (das einzige Steingebäude auf der Insel) beherbergt. In einem Tipi verkaufen die Einheimischen *bannock* (frisch gebackenes Brot). ⏲ Anfang Sep–Juni, Eintritt frei.

Südlich von hier befindet sich die 1860 erbaute **St. Thomas Anglican Church**, in der ein Altartuch aus perlengeschmücktem Elchleder und Gebetsbücher in der Sprache der Cree zu besichtigen sind. Auch sehr interessant: die herausnehmbaren Bodenstöpsel, damit die Kirche bei Hochwasser nicht wegschwimmt.

Das **Cree Cultural Interpretive Centre**, ☎ 705/ 658-2733, am anderen Ende der Insel wird von Einheimischen geführt und stellt in verschiedenen Exponaten (darunter der Nachbau eines Indianerlagers) das Leben der ursprünglichen Bewohner der Insel vor. ⏲ Ende Juni–Ende Aug tgl. 10–17 Uhr, Eintritt $5.

Polar Bear Lodge, ☎ 416/244-1495, 🖥 www.polarbearlodge.com. Die Lage in Moosonee, gleich gegenüber vom Bootsanleger, tröstet kaum darüber hinweg, dass die Zimmer ebenso trist sind wie das Äußere des Gebäudes. ❺

Cree Village Ecolodge, ☎ 705/658-6400, 🖥 www.creevillage.com. Hübscher Holz- und Glasbau auf Moose Factory Island mit geräumigen, hellen Zimmern und fantastischem Blick auf den Fluss. Das dazugehörige Restaurant serviert einen Mix aus moderner und indianischer Kost. ❼

Traditionelle Behausungen der Cree auf Moose Factory Island

Sudbury

165 km nördlich von Parry Sound (S. 182) und 130 km nordöstlich von Little Current auf Manitoulin Island (S. 171) liegt Sudbury, das wirtschaftliche Zentrum des nordöstlichen Ontario. Die großflächige Stadt erstreckt sich am Rand des **Sudbury Basin**, einer Vertiefung, die entweder von einem Vulkan oder – die bevorzugte Theorie – von einem enormen **Meteoreinschlag** verursacht wurde. Wie der Krater auch zustande kam, der Urheber beförderte eines der weltweit größten Vorkommen an **Nickel und Kupfer** an die Oberfläche. Das zur Stahlveredelung eingesetzte Nickel machte Sudbury zu einer reichen Stadt, doch die Produktion hatte enorme Umweltschäden zur Folge.

Das größte Unheil wurde durch eine bis in die 1920er-Jahre angewandte Schmelzmethode zur Verbrennung von Erzverunreinigungen verursacht, bei der sich ganze Wolken schwefelhaltiger Dämpfe über die Wälder legten. Diese waren oft bereits zuvor von der Holz- und Bergbauindustrie verwüstet worden. So war es gängige Praxis, ganze Wälder niederzubrennen, um auf den blanken Felsen nach Metallspuren zu suchen. Die häufig mit der Hölle oder Hiroshima verglichene, kahl geschlagene Landschaft hatte nur einen Vorteil: 1968 konnten Buzz Aldrin und Neil Armstrong hier ihren großen Sprung für die Menschheit in einer fast perfekten Mondlandschaft trainieren.

Nach jahrelangem Ausstoß schwefelhaltiger Abgase aus den Schornsteinen ihrer Nickelschmelzöfen sah sich die Bergbauindustrie schließlich genötigt, etwas zu unternehmen, als in den 1970er-Jahren eine große Gruppe von Arbeitern aus dem nordöstlich von Sudbury gelegenen **Happy Valley** (heute rundum mit einem hohen Stahlzaun abgesperrt) wegen zahlreicher durch Schwefel verursachter Krankheiten umgesiedelt werden musste. Seitdem wurde der Ausstoß von Umweltgiften erheblich reduziert und die Stadt hat ein ehrgeiziges, auch von Umweltschützern gelobtes Wiederaufforstungsprojekt eingeleitet.

Sudburys Hauptattraktionen befinden sich südlich und westlich des Stadtzentrums, das sich um die Elm Street zwischen Notre Dame Avenue und Durham Street konzentriert. Der ungewöhnlichen Geologie der Region bedient sich das Wissenschaftsmuseum **Science North**, ✆ 705/532-4629 oder 1-800/461-4898, 🖥 www.sciencenorth.ca, in der Ramsey Lake Road südlich des Zentrums, ein voluminöses Bauwerk in Schneeflockenform, das zum Teil aus einer in den Fels des Kanadischen Schilds gesprengten Höhle besteht. Besucher können jede Menge naturwissenschaftliche Spielereien ausprobieren und angeleitet von Studenten der hiesigen Universität z. B. einen Mini-Hurrikan simulieren und Kontakt zu Amateurfunkern in der ganzen Welt aufnehmen. Daneben gibt es eine Sammlung von Insekten und anderen Tieren, ein Imax-Kino und ein Planetarium. ☉ tgl. April–Juni und Sep–Dez 10–16, Juli und Aug 9–18 Uhr, Eintritt Science Centre $19, Kombiticket für alle Attraktionen $35.

Das Wahrzeichen von Sudbury ist der **Big Nickel**, eine 9 m hohe Stahlnachbildung einer 5-Cent-Münze am westlichen Stadtrand neben der Big Nickel Road. Das überdimensionale Geldstück markiert den Eingang zu **Dynamic Earth**, ✆ 705/523-4629 oder 1-800/461-4898, 🖥 www.dynamicearth.ca. Hier wurde eine ganze Palette einfallsreicher Attraktionen in einem alten Nickelbergwerk untergebracht – von Multimedia-Präsentationen über die Kulturen der Welt bis zu Führungen durch die alten Minenschächte und Schilderungen aus Sudburys Vergangenheit. ☉ tgl. April–Juni und Sep–Mitte Okt 10–16, Juli und Aug 9–18 Uhr, Eintritt $19.

B&B tout privé

Auberge du Village, 104 Durham St, in der Innenstadt, ✆ 705/675-7732 oder 1-888/675-7732, 🖥 www.aubergesudbury.com. In dieser elegant-antik eingerichteten Unterkunft warten 2 gemütliche Suiten samt Kamin auf Gäste. Morgens verrät der unwiderstehliche Geruch nach frisch gebackenem Brot, dass das Frühstück fertig ist; es wird unten in der Bäckerei (mit Deli) serviert. ❻

Der Burner

Respect is Burning, 82 Durham St, ✆ 705/675-5777, 🖥 http://ribsupperclub.com. Die geräumige Lounge im schicken Lagerschuppendesign ist der absolute Hammer. Serviert wird überwiegend italienische Küche; Hauptgerichte kosten ab $16. Tipp: Fettuccine mit Shrimps und Jakobsmuscheln. ☉ Mo–Sa 17–22, außerdem Di–Fr 11.30–14.30 Uhr.

Übernachtung und Essen

Sudbury besitzt eine ganze Reihe brauchbarer Kettenmotels.
Best Western Downtown Sudbury Centreville, 151 Larch St, ✆ 705/673-7801, 🖥 www.bestwestern.com. Eines der empfehlenswerteren Motels in zentraler Lage. ❺
Laughing Buddha, 194 Elgin St, ✆ 705/673-2112. Nett für einen Drink oder eine Kleinigkeit zu essen. Im Angebot sind mehr als 90 Biersorten, außerdem Pizza, Sandwiches und Snacks. Die bodenständige Einrichtung passt gut zur Klientel – und umgekehrt.
The Red Lobster, 1600 Lasalle Blvd, ✆ 705/560-9825. Spezialität des Hauses ist leckerer Hecht aus der Umgebung.
Teklenburg's, 1893 Lasalle St, ✆ 705/560-2662, ähnlich wie Red Lobster, aber etwas teurer. ☉ Di–Sa.

Informationen

Tourist Office, etwa 10 km südlich des Stadtzentrums am Hwy 69, ✆ 1-877/304-8222, 🖥 www.sudburytourism.ca oder www.rainbowcountry.com, ☉ Juni–Aug tgl. 8.30–18.30, Sep–Mai Mo–Fr 8.30–16.30 Uhr. Während der Saison hat im Zentrum auch eine Filiale im Bahnhof in der Elgin St geöffnet; ☉ Mai–Aug tgl. 10–18 Uhr.

Transport
Busse

Der **Busbahnhof** befindet sich in der 854 Notre Dame Ave, rund 3 km nördlich vom Stadtzentrum.

Busse von **Greyhound nach**:
MONTRÉAL, 3x tgl., 11 Std.;
NORTH BAY, 3x tgl., 2 Std.;

OTTAWA, 3x tgl., 7 1/2 Std.;
SAULT STE MARIE, 3x tgl., 4 1/2 Std.;
THUNDER BAY, 2x tgl., 15 Std.

Busse von Ontario Northland nach:
COCHRANE, 1x tgl. 2 3/4 Std.;
HEARST, 1x tgl., 8 1/4 Std.;
ORILLIA, 1x tgl., 4 Stdl.;
PARRY SOUND, 3x tgl., 2 Std.;
PORT SEVERN, 3x tgl., 3 1/4 Std.;
TORONTO, 3x tgl., 6 Std.

Eisenbahn

Der Bahnhof **Sudbury Junction** befindet sich
ca. 10 km nordöstlich des Stadtzentrums am
Lasalle Blvd und bietet Verbindungen nach
TORONTO. Da keine Busse in die Stadt fahren,
ist man für die Weiterfahrt auf ein Taxi,
✆ 705/673-9999, angewiesen.

Sault Ste Marie

Strategisch günstig liegt am St. Mary's River, der
sich als Verbindungsstück zwischen Lake Superior und Lake Huron windet, die Industriestadt
Sault Ste Marie, im Volksmund **The Soo** genannt.
Auf der anderen Seite des Flusses, im US-Bundesstaat Michigan liegt eine gleichnamige Stadt,
und zwischen beiden besteht reger Ausflugs-
verkehr.

The Soo, 300 km von Sudbury entfernt, ist die
älteste Siedlung Nord-Ontarios. Als Erste siedelten hier Fischergruppen der Ojibwa. Die Franzosen nannten diese Ojibwa *Saulteux* („Menschen
von den Wasserfällen"), und die nachfolgenden
jesuitischen Missionare stellten ihr christliches
„Ste" voran und gaben der Stadt so ihren heutigen Namen. Anfangs diente Sault Ste Marie
als Tor zu den pelzreichen Regionen im Landesinneren, doch mit dem Bau eines Kanals und
einer Schleuse im 19. Jh. begann der Aufstieg
der Stadt zu einem bedeutenden Hafen an den
Großen Seen und einem industriellen Zentrum,
das ohne Ende Zellstoff, Papier und Stahl aus-
spuckte.

Sault Ste Marie ist zu sehr Industriestadt, um
wirklich hübsch zu sein, besitzt aber eine ganze Reihe von Sehenswürdigkeiten und Motels,

zudem – und das ist ihr wirklicher Vorzug – ist
sie Ausgangsunkt der **Algoma Central Railway**,
einer herrlichen Eisenbahnstrecke durch die
kanadische Wildnis.

Parallel zum Flussufer erstreckt sich das
Stadtzentrum über eine Länge von rund 2 km
und eine Breite von drei Häuserblocks zu bei-
den Seiten der Hauptstraße Queen Street East.
Hier befinden sich auch alle größeren Sehens-
würdigkeiten, beginnend im Osten mit dem reiz-
vollen **Ermatinger Old Stone House**, 831 Queen
St East, ✆ 705/759-5443. Das 1814 gebaute Haus
gehörte ursprünglich dem Pelzhändler Charles
Ermatinger, der hier mit seiner Ehefrau, der
Ojibwa Manonowe und seinen 13 Kindern lebte.
Seit damals durchlief das Haus verschiedene
Karrieren als Hotel, Sitz des Sheriffs und Ge-
meindetreff. Nach der Restaurierung sieht das
Haus wieder so aus wie Anfang des 19. Jhs.
☉ April–Mai und Mitte Okt–Anfang Dez Mo–Fr
9.30–16.30, Juni–Mitte Okt tgl. 9.30–16.30 Uhr,
Eintritt $7.

Die Waterfront

Der lang gestreckte und herausgeputzte Ufer-
bereich beginnt nur fünf Gehminuten westlich
vom Ermatinger House am unteren Ende der
East Street. Zunächst lädt in der 10 East St die
Art Gallery of Algoma, ✆ 705/949-9067, 🖳 www.
artgalleryofalgoma.on.ca, zu einem Besuch ein.
Sie zeigt Wechselausstellungen einheimischer
Künstler. ☉ Mi–So 11–18 Uhr, Eintritt $3.

Nur ein paar Minuten weiter liegt das **Museum Ship Norgona**, ✆ 705/256-7447, vor Anker,
eine alte Personenfähre, die früher auf den Großen Seen verkehrte, ☉ Juni–Aug tgl. 12–20 Uhr,
Eintritt $6.

Gleich daneben steht der **Roberta Bondar
Pavilion**, eine auffällige, zeltartige Konstruktion,
benannt nach Kanadas erster Astronautin – sie
stammte nämlich aus Sault Ste Marie. Der Pavillon wird für Konzerte und Ausstellungen genutzt.
Von hier sind es wieder nur ein paar Schritte bis
zum Anleger, von dem die Schiffsrundfahrten
durch das Schleusensystem der Stadt starten.
Noch ein Stückchen weiter steht die **Station
Mall**, ein riesiger Einkaufskomplex, der für das
Ausbluten des Einzelhandels im Stadtzentrum
von Sault Ste Marie verantwortlich ist. Direkt vor

Ontario

der Mall befindet sich der Bahnhof der Algoma Central Railway (s. Kasten).

Gut 20 Minuten Fußweg westlich der Station Mall führt der Canal Drive über eine Brücke auf die Flussinsel St. Mary's Island, wo sich die **Sault Ste Marie Canal National Historic Site** (freier Zutritt) befindet. Hier kann man bei einem Spaziergang entlang der Schleuse die alten Steingebäude in der Umgebung in Augenschein nehmen und sich mit Hilfe der Informationstafeln etwas Hintergrundwissen aneignen.

Übernachtung

Die Stadt ist bestens versorgt mit Motels und Hotels.
Comfort Inn, 333 Great Northern Rd,
✆ 705/759-8000, ⌨ www.choicehotels.ca.
Hat schlichte, aber moderne Zimmer. ❺
Brockwell Chambers B&B, 183 Brock St,
✆ 705/949-1076, ⌨ www.brockwell.biz.
Die Unterkunft in Downtown besitzt mehr Charakter als das Comfort Inn und 4 schöne Zimmer mit Bad. ❹

Essen

Die gastronomische Spezialität der Stadt ist Pizza – die, wie es scheint, mit den Pizzas der übrigen Welt nicht zu vergleichen ist.
Mrs. B's, 76 East St, ✆ 705/942-9999.
Die beliebteste Pizzeria der Stadt serviert große Pizzen ab $15.
The Steamy Bean Café, 357 Great Northern Rd, ✆ 705/253-9690. Kaffee und Kuchen in entspannter Atmosphäre zwischen Sofas und Internet-Terminals.
A Thymely Manner, 531 Albert St, Ecke Brock St, ✆ 705/759-3262. Das beste Restaurant im Zentrum, berühmt für sein Lammfleisch von der nahe gelegenen Insel St. Joseph und den großartigen Caesar Salad; Reservierung ist ein Muss. ⊙ Di–Sa.

Informationen

Ontario Travel Centre, 261 Queen St West,
✆ 705/945-6941 oder 1-800/668-2746,
⌨ www.ontariotravel.net. Bietet Informationen über die Region und die gesamte Provinz.
⊙ tgl. Mitte Mai–Juni 8–18, Juli–Anfang Sep 8–20, Anfang Sep–Mitte Mai 8.30–16.30 Uhr.

Transport

Busse

Der **Greyhound-Busbahnhof** liegt in der 73 Brock St, Ecke Bay St, zwischen Queen St East und dem Fluss, 10 Min. östlich vom Travel Centre.

Busse nach:
KENORA, 2x tgl., 16 Std.;
THUNDER BAY, 2x tgl., 9–10 Std.;
TORONTO, 3x tgl.,10 1/2 Std.;
WAWA, 2x tgl., 3 Std.;
WHITE RIVER, 1x tgl., 4 1/4 Std.

Das Nordufer des Lake Superior

Mit seiner gewaltigen Fläche von gut 82 000 km² ist der Lake Superior der größte Süßwassersee der Welt und einer der wildesten. Sein Nordufer zwischen Sault Ste Marie und **Thunder Bay** ist eine windgepeitschte, zerklüftete, von Vulkanen, Erdbeben und Gletschern geformte Landschaft, über deren steil abfallenden und bewaldeten Tälern der graue Himmel oft wie ein Baldachin aus Stahl erscheint. Die einheimischen Ojibwa lebten in ständiger Furcht vor den Stürmen, die urplötzlich über dem See lostoben konnten, den sie *Gitchi Gumi* nannten, „Großes Seewasser". Die westlichen Seefahrer begegneten dem See ebenfalls mit äußerstem Respekt, denn in dem eisigen Wasser sinkt sein Opfer wie ein Stein – der Lake Superior gibt seine Toten niemals wieder frei.

Größtenteils führt der **Hwy 17** zwischen Sault Ste Marie und der Thunder Bay relativ dicht am Ufer des Lake Superior entlang, doch ein Vorhang aus Bäumen verhüllt fast ständig den Blick auf den See. Wer auf dieser Strecke von 690 km Länge nicht gerade eine gnadenlose Brettertour hinlegen will oder auf Gedeih und Verderb zu einer bestimmten Uhrzeit in Thunder Bay (S. 231) sein muss, ist mit einer gemächlichen Bummelfahrt wesentlich besser beraten. An der Strecke befinden sich zwei herrliche Parks – **Lake Superior Provincial Park** und **Pukaskwa National Park** –, in denen man zelten und wandern kann. Weniger herrlich ist der Umstand, dass die

Die 476 km lange Eisenbahnstrecke Algoma Central Railway (**ACR**) wurde 1901 als Verbindung zwischen den Holzfabriken von The Soo und den Wäldern des Landesinneren gebaut. Für andere Zwecke wurde sie erstmals von der Künstlergruppe Group of Seven (s. Kasten S. 109) benutzt, die regelmäßig in einem umgebauten Güterwaggon die Strecke abfuhr und sich je nach Laune zum Malen auf Nebengleise abschieben ließ. Die Holzära der ACR ist schon lange Ende, doch heute bietet die Eisenbahn eine der schönsten Ausflugsfahrten Ontarios durch eine wunderbar wilde Landschaft aus tiefen Schluchten, abgeschiedenen Seen und steilen Canyons. Wer das alles sehen möchte, sollte auf der linken Seite Platz nehmen – andernfalls besteht die Aussicht hauptsächlich aus nackten Felswänden.

Es stehen drei Touren zur Auswahl, die im Zentrum von Sault Ste Marie beginnen. Abfahrt ist im **Algoma Central Railway Terminal**, 129 Bay St, Ecke Dennis St, ✆ 705/946-7300 oder 1-800/242-9287, 🖥 www.agawacanyontourtrain.com.

Der **Agawa Canyon Tour Train** fährt an einem Tag die ersten 200 km der Strecke und wieder zurück. Eine Reservierung ist sehr zu empfehlen und im Herbst, wenn die Wälder mit prachtvoller Laubfärbung locken, unerlässlich. Bei einem zweistündigen Stopp im 180 m tiefen Canyon kann man ein Picknick machen oder einen Spaziergang über die markierten Wanderwege unternehmen, die unter anderem zu einem Aussichtspunkt führen, von dem die Eisenbahnstrecke aussieht wie ein dünner Silberfaden in weiter Ferne. Wer nicht entsprechend ausgerüstet ist, sollte auf keinen Fall die Rückfahrt verpassen, denn im Canyon wird es nachts auch im Sommer sehr kalt, und die Kriebelmücken sind gnadenlos. Abfahrt Ende Juni–Mitte Okt

tgl. 8 Uhr, Rückkehr 18 Uhr, Fahrpreise von $70 im Juni bis $90 im Herbst.

Im Winter verkehrt der **Snow Train**. Er durchquert den gesamten Canyon bis zu dessen spektakulärer Ausfahrt, wo die Wände nur 15 m auseinander liegen, und kehrt anschließend nach The Soo zurück. Abfahrt Ende Jan–Mitte März nur Sa 8 Uhr, Rückkehr 17 Uhr, $70.

Die dritte und längste Fahrt ist die zweitägige **Tour of the Line** mit Übernachtung in Hearst, der nördlichen Endstation der ACR. Es ist die am wenigsten empfehlenswerte der drei Touren, denn nördlich des Canyons besteht die Landschaft hauptsächlich aus endlosen Kiefernwäldern, und Hearst ist auch nicht gerade eine Offenbarung. Die Übernachtung muss selbst organisiert werden – frühzeitig bei der Chamber of Commerce in Hearst anfragen, ✆ 1-800/655-5769, oder beim Companion Hotel, 930 Front St, Hearst, ✆ 705/362-4304 oder 1-888/468-9888, 🖥 www.companion-hotel-motel.ca, ❹. Abfahrt Nov–Anfang Mai Mi, Fr und So 9 Uhr, Ankunft in Hearst 18.40 Uhr, Anfang Mai–Okt Do, Sa und Mo, Abfahrt 9.20, Ankunft in Hearst 19 Uhr; $202 hin und zurück ohne Unterkunft.

Die ACR betreibt noch einen regulären **Personenzug** von Sault Ste Marie nach Hearst, der Anfang Mai–Okt 4x wöchentl., im Winter 3x wöchentl. verkehrt. Passagiere dieses Zuges, der wegen seiner Beliebtheit bei Jägern und Trappern als *moose meat special* („Elchfleisch-Express") bekannt ist, können an verschiedenen Punkten der Strecke ein- und aussteigen und zahlen zwischen $19 für einen Kurztrip und bis zu $136 für die Strecke bis Hearst. Die ACR informiert auf ihrer Website über Fahrpläne, die Anmietung von Güterwagen und mehrere Lodges in der Wildnis entlang der Strecke.

Ontario

Insekten jedem Naturfreund von Mai bis August, manchmal auch länger, das Leben zur Hölle machen können. Die Kleinstädte am Highway sind meist recht gesichtslos, doch nach rund einem Drittel der Strecke gibt es in **Wawa** mehrere gute Übernachtungsmöglichkeiten. Das winzige, weitere 300 km westlich gelegene **Rossport**

ist mit Abstand das hübscheste Städtchen weit und breit.

Auf dem Hwy 17 zwischen Toronto und Winnipeg verkehren regelmäßig Greyhound-**Busse**, die ihre Fahrgäste allerdings nicht immer exakt am gewünschten Ort absetzen. Wer ein bestimmtes Motel oder einen Campingplatz ansteuern möchte, sollte sich zuvor erkundigen, wie weit der Fußweg von der nächsten Bushaltestelle ist.

Lake Superior Provincial Park

Auf dem Weg von Sault Ste Marie nach Norden erreicht der Hwy 17 nach rund 120 km den südlichen Rand des Lake Superior Provincial Park, 🖳 www.lakesuperiorpark.ca, ◷ April–Okt, Tageskarte $13, der direkten Zugang zum Granitfelsenufer des Lake Superior und in das unmittelbare Hinterland bietet. Die beste Zeit für einen Besuch ist der Herbst, wenn die Kriebelmücken ihren Terror eingestellt haben und die Zuckerahorn- und Gelbbirkenwälder in eine wahre Farborgie ausbrechen. Aber auch in den übrigen Monaten sind Flora und Fauna im Park wahrhaft berauschend: Elche, Streifenhörnchen und Biber, die hier häufigsten Säugetiere, teilen ihren Lebensraum mit scheueren Arten wie Weißwedelhirschen, Rentieren, Kojoten, Timberwölfen und Schwarzbären. Dazu gesellt sich eine Vielzahl von Vogelarten, darunter auch zahlreiche Zugvögel.

Der Hwy 17 verläuft auf einer Strecke von etwa 100 km durch den Park und passiert nach rund 10 km das **Visitor Centre** auf dem Gelände des Campingplatzes Agawa Bay, 📞 705/882-2026, ◷ Mai–Juni und Sep–Anfang Okt tgl. 9–17, Juli und Aug tgl. 9–20 Uhr. Sowohl im Visitor Centre als auch im 60 km weiter nördlich gelegenen **Park Office**, 📞 705/856-2284 (◷ tgl. Mai–Okt 8–16.30 Uhr) gibt es Wander- und Kanustreckenkarten zu kaufen und erforderliche Permits fürs Backcountry-Camping ($9,50). Beide haben Informationen über freie Plätze auf den drei größeren **Campingplätzen** des Parks: den schlichten **Crescent Lake**, am südlichen Parkrand, ◷ Mitte Juni–Mitte Sep, $25,50, den beliebten **Agawa Bay**, 8 km weiter nördlich direkt am Ufer des Lake Superior, ◷ Mai–Mitte Okt, $31,75–36,75, und **Rabbit Blanket Lake**, gleich nördlich des Parkbüros und ideal für Abstecher ins Hinterland, ◷ Mai–Ende Okt, $27–33,50. Die beiden letztgenannten Campingplätze haben Stromanschluss, Duschen und Waschmaschinen. Die Rangers warnen die Urlauber zwar, wenn ein Unwetter droht, doch man sollte stets auf das Schlimmste gefasst sein, denn in dieser Region fällt mehr Regen und Schnee als

in irgendeiner anderen Gegend Ontarios. Von November bis April sind die Einrichtungen des Parks geschlossen und alle Zufahrtsstraßen durch Gitter abgesperrt. Das gilt nicht für den Hwy 17.

Wawa

Die bescheidene ehemalige Eisenbergbaustadt Wawa, 14 km nördlich des Parks, wurde nach dem Ojibwa-Namen der Wildgans getauft. Und als Wink mit dem Zaunpfahl thront am Ortseingang eine kolossale Stahlskulptur des Vogels vor dem **Visitor Centre**, 📞 1-800/367-9292, 🖳 www.wawa.cc, ◷ tgl. Ende Mai–Anfang Sep 8–20, Anfang Sep–Mitte Okt 9–17 Uhr. Der Riesenvogel hat mit dazu beigetragen, aus Wawa eine viel besuchte Zwischenstation am Trans-Canada Hwy (Hwy 17) zu machen, und genau das war auch die Absicht. In den 1960er-Jahren wurde der Highway – sehr zum Kummer der örtlichen Geschäftswelt – ein paar Kilometer westlich an der Stadt vorbeigeführt; also bediente man sich der Gans, um mehr motorisierte Urlauber in die Stadt zu locken.

Ontario

Entlang Wawas Hauptstraße Mission Road reihen sich mehrere moderne **Motels**, darunter das Wawa Motor Inn, ☎ 705/856-2278 oder 1-800/561-2278, 🖥 www.wawamotorinn.com, ❹. Hübscher gelegen als das Wawa Motor Inn ist die abgeschiedene **Rock Island Lodge**, ☎ 705/856-2939 oder 1-800/203-9092, 🖥 www.rockislandlodge.ca, ❹, 10 km von Wawa: Auf dem Trans Canada Hwy Richtung Süden fahren und nach 5 km nach rechts (Westen) auf die Michipicoten River Village Road abbiegen. Die Lodge liegt an einem Sandstrand; ihre Holzterrasse schwebt sozusagen über dem Lake Superior. Die vier Gästezimmer sind sehr beliebt, obwohl sie weder Telefon noch TV haben, eine Reservierung ist daher dringend angeraten. Ebenfalls im Angebot: Kajaktrips und Camping in Tipis.

Wer schon mal in Wawa ist, sollte sich ein Essen im Kinniwabi Pines Restaurant, Hwy 17 South, ☎ 705/856-7226, keinesfalls entgehen lassen. Es ist in dieser Umgebung berühmt für die karibische Küche seines Chefkochs, der aus Trinidad stammt. Abendessen ab $20, ⏰ Mai–Okt tgl. 8–22 Uhr.

White River

Jenseits von Wawa geht es 90 km weit durch borealen Wald bis zum nächsten halbwegs interessanten Ort, White River. Viel gibt es nicht darüber zu berichten, aber zwei berühmte Geschichten sind mit dem Ort verbunden. Erstens fiel hier im Jahr 1935 die Temperatur auf unglaubliche 57 °C unter null, den niedrigsten jemals in Kanada gemessenen Wert – daher das überdimensionale Thermometer am Hwy 17. Zweitens war White River die Heimat eines Bärenjungen namens Winnipeg, das 1914 in den Londoner Zoo exportiert wurde und zum Vorbild des Kinderbuchhelden Winnie Puuh avancierte. Um die Verbindung zu unterstreichen, ist ein Baum am Highway mit einem Kunststoff-Winnie geschmückt.

Pukaskwa National Park

Westlich von White River führt der Hwy 17 wieder zum Ufer des Lake Superior. Nach etwa 85 km, kurz vor dem kleinen Ort Marathon, zweigt von ihm der **Highway 627** ab, die 15 km lange

Zufahrtstraße zum Pukaskwa National Park, 🖥 www.pc.gc.ca. Das hügelige Parkgelände aus borealem Wald erstreckt sich – hier und da durchsetzt von *muskeg* (Sumpfland) und Seen – auf einer riesigen Landzunge mit wunderschöner Uferlinie. Der Park ist ganzjährig geöffnet, im Winter sind allerdings manche Einrichtungen geschlossen. Eintritt $5,80.

Der Hwy 627 führt nach **Hattie Cove** mit dem einzigen bewirtschafteten **Campingplatz** des Parks ($25,50 ohne, $29,40 mit Anschlüssen), drei Sandstränden und einem **Visitor Centre**, ☎ 807/229-0801, das Wanderkarten und Camping-Permits ($9,80 pro Nacht) verkauft; ⏰ Ende Juni–Mitte Sep tgl. 9–17 Uhr.

Von Hattie Cove verläuft der **Coastal Hiking Trail** 60 km Richtung Süden durch Nadelwälder und über die Bergrücken des Kanadischen Schilds. Die Wanderung ist nicht bequem, doch die Natur entschädigt mit herrlicher Landschaft, und unterwegs gibt es immer wieder Stellplätze, um ein Zelt aufzuschlagen. Im Sommer betreibt **McCuaig Marine Services**, ☎ 807/229-0193, ein Wassertaxi zum Startpunkt der Route am Swallow River, von wo man dann nach Hattie Cove zurückwandern kann.

Weitaus weniger anstrengend sind die kurzen Wanderwege, die am Visitor Centre oder ganz in der Nähe davon beginnen. Auf einem davon, dem steinigen **Southern Headland Trail** (2,2 km), eröffnen sich traumhafte Ausblicke auf den Lake Superior, bevor man den Horseshoe Beach erreicht, von dem der **Beach Trail** (1,5 km) zurück zum Campingplatz führt.

Rossport

Rund 130 km westlich der Abzweigung zum Nationalpark führt der Hwy 17 an Rossport vorbei, einer schmucken kleinen Siedlung in einer kleinen und geschützten Bucht. Ursprünglich befand sich hier ein Handelsposten der Hudson's Bay Company. Bis in die 1960er-Jahre florierte der Ort als Fischerhafen, dann machten Überfischung und eine Invasion von Meer-Neunaugen der Seeforelle den Garaus, womit der Niedergang der Fischerei besiegelt war. Rossport ist heute der ruhigste Ort, den man sich vorstellen kann und ideal für eine Übernachtung am ewig langen Hwy 17.

Bei Nipigon vereinigen sich die Highways 17 und 11 zum **Terry Fox Courage Highway**, benannt nach Terrance Stanley Fox (1958–1981), einer der bemerkenswertesten Persönlichkeiten und Helden des modernen Kanada. Im Alter von 18 Jahren erkrankte Fox an Krebs und musste sich sein rechtes Bein amputieren lassen. In seiner Entschlossenheit, die Krebsforschung voranzubringen, plante er zum Sammeln von Spendengeldern einen Lauf von Küste zu Küste durch das ganze Land.

Am 12. April 1980 startete er seinen Megamarathon in St. John's in Newfoundland und lief bis Juni 143 Tage lang täglich 26 Meilen (42 km) durch fünf Provinzen und erzielte dabei $34 Millionen an Spenden. Im September zwangen ihn Lungenmetastasen bei Meilenstein 3339, kurz vor Thunder Bay, zur Aufgabe: Er kehrte heim nach Port Coqitlam in British Columbia, wo er im folgenden Sommer seinem Leiden erlag.

Bis heute wurden in seinem Namen $85 Millionen für die Krebsforschung gesammelt. Ihm zu Ehren wurde auf einer Anhöhe in einem kleinen Park oberhalb des Highways etwas östlich von Thunder Bay ein Denkmal errichtet. Das **Terry Fox Monument** ist eine schön gearbeitete Bronzestatue, die den tapferen jungen Mann beim Laufen darstellt.

Das Rossport Inn, ☎ 807/824-3213 oder 1-877/824-4035, 🖥 www.rossportinn.on.ca, ❸, in schöner Seelage, hat im Haupthaus sieben Zimmer und im Garten zehn Holzhütten mit Doppelbetten. Das Einzige, was die Nachtruhe stört, ist der vorbeistampfende Güterzug. Zum Inn gehört auch ein gutes Restaurant, aber die beste Adresse für eine Mahlzeit hier ist das Serendipity Café, ☎ 807/824-2890, 🖥 www.serendipitygardens.ca. In diesem überraschend feinen Lokal gibt es neben anderen leckeren Gerichten manchmal auch frisch gefangene Seeforellen; ⊙ bis 21 Uhr. Wer will, kann auch gleich über Nacht bleiben – in einem der vier schicken Apartments für Selbstversorger mit Blick auf den See, Frühstückskorb inkl., ❺.

Die Provincial Parks Ouimet Canyon und Sleeping Giant

Von Rossport aus sind es noch 80 km bis **Nipigon**, wo der Hwy 11 seine lange Reise durch den Norden Ontarios beendet, um mit dem Hwy 17 zu verschmelzen. Weitere 35 km westlich erreicht der Hwy 17 eine Abzweigung, von der eine 11 km lange Straße nach Norden zum spektakulären **Ouimet Canyon Provincial Park**, ☎ 807/977-2526, 🖥 www.ontarioparko.oom, führt.

Der Canyon wurde während der letzten Eiszeit geformt, als sich eine 2 km dicke Eisplatte langsam nach Süden vorschob und dabei wie ein gigantischer Bulldozer eine 3 km lange, 150 m breite und 150 m tiefe Spalte schuf. In dem fast immer menschenleeren Park gibt es zwei Aussichtspunkte oberhalb der erschreckend steil abfallenden Wände, die einen unheimlichen Blick in das Innere der dunklen Schlucht eröffnen – ein anormaler Lebensraum aus ewigem Schnee und Eis, in dem einige sehr seltene arktische Pflanzen überleben. ⊙ Mitte Mai–Anfang Okt tgl. nur tagsüber, Eintritt $2.

Amethyste gefällig?

Der Amethyst, ein lila funkelndes Quarzgestein, wurde hier erstmals Mitte des 19. Jhs. in Ufernähe des Lake Superior zwischen dem Ouimet Canyon und Thunder Bay entdeckt. Noch heute werden hier Amethyste abgebaut, und bestimmte Fundstellen wurden in gut ausgeschilderte Touristenattraktionen verwandelt. Zu den besten davon zählt die **Blue Points Amethyst Mine** am Hwy 527, 1 km abseits des Hwy 17 und ca. 58 km östlich von Thunder Bay. Die Führungen durch die Tagebaumine sind kostenlos, und wer will, kann sich einen Eimer und Schaufelwerkzeug schnappen und beliebig viele Gesteinsklumpen sammeln. Für die Ausbeute wird am Ausgang ein kleiner Obolus fällig. Polieren kann man die Schmucksteine mit Backnatron. ⊙ Mitte Mai–Mitte Okt tgl.

Ungefähr 25 km südwestlich vom Ouimet Canyon führt vom Hwy 17 der Hwy 587 nach Süden auf die Sibley Peninsula, die fast vollständig vom **Sleeping Giant Provincial Park** eingenommen wird. Der Park ist zwar berauschend schön, aber etwas mühselig zu erreichen, und ist man endlich angekommen, gibt es nicht wirklich viel zu unternehmen, abgesehen von Wanderungen auf einigen ziemlich schwierigen und langen Pfaden. Am besten lässt sich das Ganze vom Hwy 17 aus sehen. Dort bietet sich eine tolle Aussicht auf die vier Tafelberge, die an einen schlafenden Riesen erinnern und dem Park seinen Namen verliehen.

Thunder Bay

Die Hafenstadt Thunder Bay am Lake Superior, 110 km von Nipigon entfernt, liegt viel näher an Winnipeg (Manitoba) als an irgendeiner Stadt in Ontario, und so betrachten sich auch seine 120 000 Einwohner gern als „Westerners". Dieses Selbstbild stützt sich ebenso auf wirtschaftliche wie auf geografische Faktoren: Bis vor Kurzem war Thunder Bay ein boomender **Verladehafen** für Getreide aus den Prärieprovinzen des Westens. Zwar kommt auch heute noch einiges an Getreide mit der Eisenbahn hier an, um in den gigantischen Getreidesilos der Stadt zwischengelagert und dann Richtung Atlantik weiterverschifft zu werden, doch seit den 1990er-Jahren hat sich der Schwerpunkt des Getreidetransports mehr und mehr an die Pazifikküste verlagert. Viele der Getreidespeicher, die das Hafenbild beherrschen, gammeln heute nur noch vor sich hin.

Das von Industriekomplexen verschandelte und kreuz und quer von Eisenbahnlinien durchzogene Thunder Bay enthüllt seinen Reiz nicht auf den ersten Blick, hat aber genügend Sehenswertes zu bieten, um sich als angenehme Zwischenstation auf der langen Reise von oder nach Winnipeg zu empfehlen. Das reizvollste Viertel der Stadt bilden die Straßen hinter dem Jachthafen in Thunder Bay North nördlich der Central Avenue. Dort gibt es auch mehrere gute Cafés und Restaurants. Thunder Bay South ist wesentlich unattraktiver, doch dafür befindet

sich am südlichen Stadtrand der Star unter den Sehenswürdigkeiten der Stadt, eine Rekonstruktion des Pelzhandelspostens **Old Fort William**.

Geschichte

Thunder Bay entstand 1970 mit der Zusammenlegung der Städte Fort William und Port Arthur unter dem Dach einer gemeinsamen Stadtverwaltung. **Fort William** war als die ältere der beiden bereits 1789 als Pelzhandelsposten entstanden und später zum Hauptquartier der North West Company für das Landesinnere aufgestiegen. Die Stadt verlor ihre herausragende Stellung, als die North West Company mit der Hudson's Bay Company fusionierte, blieb aber bis Ende des 19. Jhs. ein Pelzhandelsposten. Mitte des 19. Jhs. lockten Gerüchte über eine riesige Silberader zahlreiche Glücksritter an das Ufer des Lake Superior nördlich von Fort William, wo sie **Port Arthur** gründeten. Doch das Silber verging, und die als Verbindung zu den Minen gelegte Eisenbahnstrecke Port Arthur, Duluth und Western Railway (PD&W) erhielt schon bald den spöttischen Spitznamen „Poverty, Distress & Welfare" (Armut, Not & Sozialhilfe). Die Canadian Northern Railway übernahm zwar die aufgegebene Bahnstrecken der PD&W und trug einiges zur Rettung der lokalen Wirtschaft bei, doch die Bewohner von Fort William und Port Arthur brachte sie nicht näher zusammen. Der Schriftsteller Rudyard Kipling bemerkte: „Die Zwillingsstädte begegnen einander mit dem reinen, leidenschaftlichen und gallsüchtigen Hass, der Städte wachsen lässt. Sollte die Vorsehung eine von ihnen auslöschen, würde sich die andere vor Kummer verzehren und schließlich sterben". Doch Kiplings Voraussage erledigte sich mit dem Zusammenschluss von 1970, und heute spielen solche Gemeinderivalitäten praktisch keine Rolle mehr.

Das Zentrum

An der 5 km langen Uferstraße reihen sich mehrere **Getreidespeicher**, deren auffällige Architektur – modernistische Linien und Funktionalität pur – ihre Wirkung nicht verfehlt. Inmitten dieser industriellen Umgebung liegt der Jachthafen und dahinter der **alte CNR-Bahnhof**, dessen Giebel, Türmchen und Dachfenster an ein französisches

Schloss erinnern. Der Bahnhof wurde 1906 gebaut, und nur drei Jahre später griff die CNR erneut tief in die Tasche, um die **Pagoda** bauen zu lassen, eine verschnörkelte Konzertbühne auf der gegenüberliegenden Straßenseite, die heute die Touristeninformation beherbergt (S. 234).

Das attraktivste Viertel in Thunder Bay ist der finnische Bezirk **Little Suomi**, der sich um die Kreuzung Bay Street und Algoma Street, etwa zehn Minuten zu Fuß südwestlich der Pagoda, konzentriert. In der Stadt leben mehr als 40 ethnische Minderheiten, von denen viele ihre eigenen Einrichtungen unterhalten, allen voran die Finnen. Die ersten Finnen, die in den 1870er-Jahren hier ankamen, waren linksgerichtete Flüchtlinge, die dem russischen Zaren entkommen wollten, während es sich bei den Ankömmlingen nach 1917 um rechtsgerichtete Gegner der Bolschewisten (und vereinzelte Anarchisten) handelte. Das führte zu einer politischen Spaltung der finnischen Enklave, die bis heute spürbar ist. Little Suomis Architektur ist zu 100 % vorstädtisch geprägt, doch dafür befinden sich hier die Restaurants mit der meisten Atmosphäre (s. S. 234).

Nach einem kurzen Fußmarsch von der Algoma Street über die Bay Street Richtung Westen bietet der auf einer Anhöhe liegende **Hillcrest Park** großartige Aussicht auf den Lake Superior.

Südwestlich von Thunder Bay: Old Fort William

Die Hauptattraktion der Stadt ist der rekonstruierte Pelzhandelsposten **Old Fort William**, 🖳 www.fwhp.ca. Das Museumsdorf liegt in einer Biegung des Kaministiquia River rund 15 km südwestlich des alten CNR-Bahnhofs und 13 km flussaufwärts von seinem ursprünglichen Standort. Im Besucherzentrum am Eingang erhellt ein erstklassiger Film die Geschichte des Forts und den damaligen Arbeitsablauf. Von hier aus geht es zu Fuß oder mit einer kurzen Busfahrt zum eigentlichen Fort, einem großen Komplex, der hinter der Palisade in seinen Zustand von 1815 zurückversetzt wurde, als Fort Willliam das Hauptquartier der North West Company für das Landesinnere und die größte Verladestation der Company war. Die mehr als 40 Gebäude des

perfekt nachgebildeten und von Studenten in historischen Kostümen bevölkerten Komplexes beleuchten sämtliche Aspekte des damaligen Forts, vom einfachen Laden bis zum geräumigen Festsaal. Vorführungen traditioneller Handwerkstechniken gehören ebenso dazu wie eine funktionstüchtige Küche, ein Nutzgarten und eine Farm mit Schafen, Schweinen und Kühen. Einen besonderen Blick lohnt das Pelzlager mit Fellen von Bibern, Luchsen und Polarfüchsen, sowie die Kanuwerkstatt, in der exquisite Birkenrindenkanus nach traditioneller Art für Museen in ganz Kanada hergestellt werden. ☉ Mitte Mai–Mitte Okt tgl. 10–17 Uhr, Eintritt $14.

Übernachtung

Thunder Bay bietet nicht nur eine stattliche Auswahl an Motels und Hotels zu vernünftigen Preisen, sondern auch studentische Unterkünfte auf dem Campus der Lakehead University.

Kaylee's B&B, 2 Machar Ave, ☎ 807/345-6813, 🖳 www.bbcanada.com/3719.html. Alteingesessenes B&B in zentraler Lage nahe dem Hoito Restaurant (s. Essen) mit 3 DZ, die sich ein Bad teilen. Auf Wunsch Abholung vom Flughafen/Busbahnhof. ❸

Lakehead University, Universitätsgelände nahe der Oliver Rd, ca. 4 km südwestlich der Pagoda, ☎ 807/343-8485, 🖳 www.conference services.lakeheadu.ca. Hübscher Campus mit Rasenflächen und Teich. EZ ($35) und DZ ($40). Mai–Aug werden zudem Gästewohnungen ($100 einfache Ausstattung, $140 voll ausgestattet) vermietet. Zugang zu den Uni-Sportstätten $6 pro Tag. Crosstown-Bus Nr. 2 fährt vom Water Street Terminal am Jachthafen direkt am Campus vorbei.

Prince Arthur Hotel, 17 Cumberland St North, ☎ 807/345-5411 oder 1-800/267-2675, 🖳 www.princearthur.on.ca. 1908 von der CNR erbauter, imposanter Stein- und Ziegelbau mitten im Zentrum. Im Innern blitzt original edwardianische Eleganz auf, wenngleich der größte Teil der Einrichtung modern gehalten ist. Moderne, große und komfortable Zimmer. ❹

Valhalla Inn, 1 Valhalla Inn Rd, ☎ 807/577-1121 oder 1-800/964-1121, 🖳 www.valhallainn.com. Das Hotel in einem modernen Holz- und

Thunder Bay

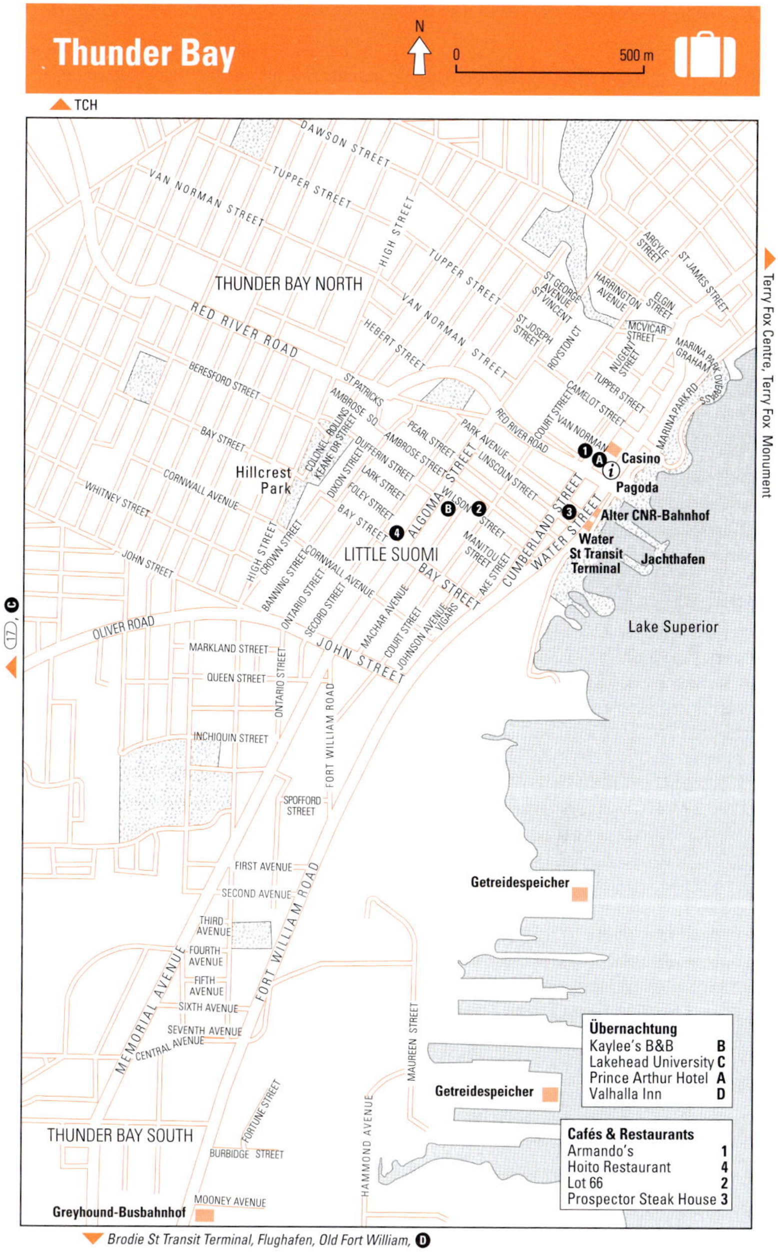

N
0   500 m

TCH

THUNDER BAY NORTH

Ontario

DAWSON STREET
TUPPER STREET
VAN NORMAN STREET
TUPPER STREET
RED RIVER ROAD
VAN NORMAN STREET
HEBERT STREET
BERESFORD STREET
HIGH STREET
TUPPER STREET
ST GEORGE AVENUE
ST VINCENT
ARGYLE STREET
ST JAMES STREET
HARRINGTON AVENUE
ELGIN STREET
MCVICAR STREET
GRAHAM
MARINA PARK RD
NEEBING
ST JOSEPH STREET
ROYSTON CT
COURT STREET
CAMELOT STREET
VAN NORMAN
TUPPER STREET

Terry Fox Centre, Terry Fox Monument

BAY STREET
ST PATRICKS
AMBROSE SQ
AMBROSE STREET
PEARL STREET
PARK AVENUE
RED RIVER ROAD
LINCOLN STREET

Hillcrest Park

WHITNEY STREET
CORNWALL AVENUE
COUNCIL
ROWAND
KEANE DR
DUFFERIN STREET
LARK STREET
DIXON STREET
FOLEY STREET
ALGOMA STREET
WILSON STREET

❶ Ⓐ **Casino**
ⓘ
Pagoda
Ⓑ ❷
❸ **Alter CNR-Bahnhof**

Water St Transit Terminal   **Jachthafen**

Little Suomi
❹

BAY STREET
HIGH STREET
CROWN STREET
BANNING STREET
CORNWALL AVENUE
ONTARIO STREET
SECOND STREET
BAY STREET
MACHAR AVENUE
COURT STREET
JOHNSON AVENUE
ROSS
MANITOU STREET
AKE STREET
CUMBERLAND STREET
WATER STREET

JOHN STREET

Lake Superior

OLIVER ROAD
MARKLAND STREET
QUEEN STREET
INCHIQUIN STREET
SPOFFORD STREET
FORT WILLIAM ROAD
ONTARIO STREET

17

FIRST AVENUE
SECOND AVENUE
THIRD AVENUE
FOURTH AVENUE
FIFTH AVENUE
SIXTH AVENUE
SEVENTH AVENUE
CENTRAL AVENUE
MEMORIAL AVENUE
FORT WILLIAM ROAD
MAUREEN STREET

Getreidespeicher

Getreidespeicher

THUNDER BAY SOUTH
FORTUNE STREET
BURBIDGE STREET
HAMMOND AVENUE
MOONEY AVENUE

Greyhound-Busbahnhof

Übernachtung	
Kaylee's B&B	**B**
Lakehead University	**C**
Prince Arthur Hotel	**A**
Valhalla Inn	**D**

Cafés & Restaurants	
Armando's	**1**
Hoito Restaurant	**4**
Lot 66	**2**
Prospector Steak House	**3**

Brodie St Transit Terminal, Flughafen, Old Fort William, ❿

Lot 66. 66 South Court Street, ☎ 807/683-7708. Köstliche Königskrabben, Garnelen, Tapas und leckere gemischte Platten machen das Angebot dieses gemütlich-schummrigen und angesagten Restaurants aus. Die Weinkarte ist etwas für Connaisseure; der Flaschenpreis reicht von moderaten $23 bis zu stolzen $400. ⊙ Di–Sa ab 16 Uhr.

Ziegelbau ist vielleicht das hübscheste der Stadt und bietet über 200 geräumige, gut ausgestattete Zimmer. ❺

Essen

Das beste Essen der Stdt gibt es in Little Suomi, in der Cumberland Street gleich oberhalb der Pagoda und rund um den Jachthafen in der Nähe des alten CNR-Bahnhofs.

Armando, 28 Cumberland St North, ☎ 807/344-5833. Schmuckes italienisches Restaurant mit guter Pizza und Pasta sowie Baritongesang am Tisch. ⊙ So geschlossen.

Hoito Restaurant, 314 Bay St, ☎ 807/345-6323. Thunder Bays bekanntestes finnisches Lokal wurde 1918 gegründet und ist eine Kombination aus Café und Kantine. Die Tagesgerichte von der Tafel des stets gut gefüllten Lokals sind wärmstens zu empfehlen. Salzfisch mit Kartoffeln und *viili* (Sauermilch) ist besonders köstlich. Frühstück ab $5, Abendessen ab $12. ⊙ Mo–Fr 7–20, Sa und So 8–20 Uhr.

Prospector Steak House, 27 Cumberland St South, ☎ 807/345-5833. Ein Lieblingslokal der Einheimischen mit Bildern des alten Thunder Bay an den Wänden. Die Suppe wird hier aus alten Messingwannen der Erzschürfer ausgeteilt. Ribs und Fisch aus der Umgebung ab $20. ⊙ tgl. ab 16 Uhr.

Sonstiges
Autovermietungen
Avis, am Flughafen ☎ 807/473-8572; **Hertz**, am Flughafen ☎ 807/473-8111.

Informationen

In Thunder Bay gibt es zwei **Touristeninformationen**. Eine befindet sich im Stadtzentrum in der unübersehbaren Pagoda, Water St, am unteren Ende der Red River Rd, ☎ 807/684-3670 oder 1-800/667-8386, 🖥 www.thunderbay.ca, ⊙ Mitte Juni–Anfang Sep Di–Sa 10–18 Uhr, die zweite im Terry Fox Centre am Hwy 17, etwas nördlich der Stadt am Terry Fox Monument, ☎ 807/983-2041, ⊙ tgl. Mitte Juni–Anfang Sep 8.30–19.30, Sep–Mitte Juni 9–17 Uhr.

Nahverkehr
Stadtbusse
Die Stadtbusse werden von **Thunder Bay Transit**, ☎ 807/684-3744, 🖥 www.thunderbay.ca/transit, betrieben. Der Einheitspreis beträgt $2,50; Transfertickets zum Umsteigen gibt's beim Busfahrer.

Taxis
Diamond-Laceys, ☎ 807/622-6001; **Roach's**, ☎ 807/344-8481.

Transport
Busse
Der **Greyhound-Busbahnhof**, ☎ 807/345-2194, befindet sich in der 815 Fort William Rd, etwa 3 km südlich von Thunder Bay North.

Busse nach:
KENORA, 2x tgl., 6 1/2 Std.);
SAULT STE MARIE, 2x tgl., 9–10 Std.;
SUDBURY, 2x tgl., 15 Std.;
TORONTO, 2x tgl., 21 Std.;
WINNIPEG, 2x tgl., 9 Std.

Flüge
Der **Thunder Bay Airport**, 🖥 www.tbairport. on.ca, liegt am südwestlichen Stadtrand, etwa 13 km von Thunder Bay North, dem Ziel der meisten Besucher. Stadtbus Nr. 3 (Airport) fährt von hier alle 30 Min. zur Bucctation Brodic Street in Thunder Bay South, wo man (je nach Verbindung) entweder umsteigen muss oder sitzen bleiben kann, um zum Water Street Terminal am Jachthafen in Thunder Bay North weiterzufahren.

Ontario

Montréal `5` HIGHLIGHT
und Südwest-Québec

Stefan Loose Traveltipps

Vieux-Montréal Ein Rundgang durch das historische Viertel ist ein Muss. S. 243

Plateau Mont-Royal Montréals buntestes Viertel: Gemütliche Cafés, wildes Nachtleben und Restaurants für jeden Geschmack. S. 257

Umweltmuseum Biodôme Arktis und Tropen unter einem Dach. S. 261

Montréal Jazz Festival Ein Traum für Jazzfans: Von Ende Juni bis Anfang Juli gibt's mehr als 400 kostenlose Konzerte. S. 275

`6` **Die Laurentides** Im Sommer Wander- und Mountainbikeparadies, im Winter ein super Skigebiet. S. 283

P'tit Train du Nord Auf einem stillgelegten Gleisbett 200 km durch herrliche Landschaft radeln. S. 285

Knowlton Schattiges Dorf am See mit Kunstgalerien und der Gelegenheit, die zu Recht berühmte Ente der Region zu probieren. S. 288

La Route des Vins Diese 120 km lange Weinstraße verbindet die Weingüter der Cantons-de-l'Est. S. 289

Sentier Laurentien Ein 75 km langer Wanderweg durch das herrliche Flusstal des Saint-Maurice. S. 294

Als Heimat der einzigen französischsprachigen Gemeinschaft in Nordamerika unterscheidet sich Québec deutlich vom Rest des Kontinents. Seit Jahrzehnten befasst sich die Politik der Provinz hauptsächlich mit separatistischen Gedanken. Zwar fiel die Provinz 1759 nach dem Sieg der Briten über die Franzosen an die britische Krone. Doch auch 250 Jahre später ist das Erbe „Neufrankreichs" lebendig wie eh und je. Die britischen Machthaber hatten den Québécois nämlich gestattet, die Sprache und (katholische) Religion beizubehalten. Das sicherte den Fortbestand der Großfamilien und damit die Vorherrschaft der frankophonen Bewohner und prägte den Begriff *revanche du berceau* – „Rache der Wiege".

Das Ergebnis ist heute, Jahrhunderte später, eine einzigartige Mischung aus nordamerikanischen und europäischen Einflüssen und eine Provinz mit einer interessanten Doppelidentität. Nirgendwo wird dies deutlicher als in Montréal und im südwestlichen Québec. Das kleine Gebiet – denkbar nah an Ottawa gelegen und an seiner südlichen Grenze von den US-Bundesstaaten Vermont, New Hampshire und Maine bedrängt – hat in den vergangenen 100 Jahren die führende Rolle sowohl in der wirtschaftlichen als auch politischen Wiederbelebung des frankophonen Kanada gespielt.

Montréal, Heimat für mehr als ein Drittel der Québécois, blickt voller Stolz auf sein europäisches Erbe und seinen Ruf als internationale Metropole. Es dürfte nur wenige Städte auf der Welt geben, wo die Menschen auf der Straße so spielend zwischen zwei oder mehr Sprachen wechseln können – und das sogar mitten im Satz – und wo die Cafés und Bars ein ähnlich kosmopolitisches Flair verströmen.

Zwischen Kolonialkirchen und historischen Gebäuden konkurrieren im Zentrum Montréals Wolkenkratzer um die beste Sicht auf den St.-Lorenz-Strom und die Wildnis jenseit davon, die einst den Reichtum und die Macht der Stadt begründete. Heute dient der weite Südwesten Québecs, nur eine Autostunde von der Stadt entfernt, vor allem als Naherholungsgebiet. Ebenfalls bequem zu erreichen sind die hügeligen, waldreichen **Laurentides** im Norden, die das ganze Jahr über Gelegenheit zu jeder Menge Outdoor-Aktivitäten bieten: Im Sommer stehen mehr als 500 km an Wander-, Rad- und Reitwegen zur Auswahl, im Winter acht Skigebiete und 2000 km an präparierten Langlaufstrecken.

Die **Cantons-de-l'Est** (Eastern Townships), die sich südlich von Montréal über die Ausläufer der Appalachen erstrecken, sind ein beliebtes Ziel der sportbegeisterten Städter. Diese Region war während und nach dem amerikanischen Unabhängigkeitskrieg ab 1775 eine Zufluchtsstätte für Amerikaner, die loyal zur britischen Krone standen, aber schon zwei Generationen später stellten Frankokanadier die Mehrheit der Bevölkerung. Obwohl sie vermeintlich englisch daherkommen, sind die Orte der Cantons heute ungeachtet ihrer sehr britisch klingenden Namen zu 94 % frankophon.

Das gallische Erbe manifestiert sich in Spezialitätenrestaurants, Weingütern, ausgezeichneten Käsereien und einer Ess- und Trinkkultur, die die Einfachheit der ersten normannischen Siedler mit den kulinarischen Raffinessen moderner französischer Lebensart kombiniert. Die Cantons-de-l'Est sind Frankreich wie aus dem Bilderbuch, gespickt mit stilvollen Landgasthöfen und verträumten Wellness-Hotels, die prachtvolle Gärten und grandiose Ausblicke bieten.

Geschichte

Obwohl die indianischen Urvölker, genannt **First Nations**, schon seit Jahrtausenden in kleineren Gebieten der Provinz leben und es im Osten sporadischen Kontakt mit den Europäern gab, beginnt die eigentliche Geschichte Québecs erst 1535 mit Jacques Cartiers See-Expedition. Er segelte den St.-Lorenz-Strom hinauf und unterbrach seine Reise in Stadacona und Hochelaga, dem heutigen Québec-Stadt bzw. Montréal (S. 299 und S. 239).

Die Anfänge der Kolonie waren vom Pelzhandel und dem Versuch bestimmt, die Ureinwohner zum **Christentum** zu bekehren. Die Bemühungen der Priester wurden zusätzlich erschwert, als die Franzosen ein Bündnis mit den Algonkin und Huronen schlossen, um Zugriff auf den **Pelzhandel** zu bekommen. Gleichzeitig schloss der Irokesen-Bund, traditioneller Feind der Algonkin und Huronen, eine Allianz mit den Holländern, später den Briten.

1663 erklärte Ludwig XIV. Neufrankreich zu einer königlichen Provinz Frankreichs und entsandte Soldaten, später auch unverheiratete Französinnen, die sogenannten **filles du roi**. Die immer wieder aufflammenden Auseinandersetzungen zwischen Franzosen und Briten blieben ein destabilisierender Faktor und verhinderten das Wachstum der Kolonie. Etwas Ruhe kehrte ein, als 1200 Kolonisten mit einer noch größeren Zahl Ureinwohnern aus dem östlichen Nordamerika an der Pointe-à-Callière in Montréal zusammenfanden, um **La Grande Paix**, den „großen Frieden" zu unterzeichnen. Als Mitte des Jahrhunderts der **Siebenjährige Krieg** ausbrach, standen sich Briten und Franzosen erneut als Feinde gegenüber. Die Wende brachte 1759 die Schlacht auf den Plaines d'Abraham (S. 76). Die Briten festigten ihren Einfluss mit dem Quebec Act (s. S. 78) von 1774, der eine Präventivmaßnahme war, um amerikanischen Begehrlichkeiten auf die Kolonie entgegenzusteuern. Als die Amerikaner die Unabhängigkeit von Großbritannien errungen hatten, schwappte jedoch eine riesige Flüchtlingswelle von Loyalisten, die **United Empire Loyalists**, ins Gebiet der Cantons-de-l'Est und des heutigen Ontario.

Nach der Bildung von Upper und Lower Canada im Jahr 1791 kristallisierte sich die Ungleichheit zwischen frankophonen und anglophonen Bewohnern noch stärker heraus. Rebellionen (s. S. 281) führten 1837 schließlich zu einer Überprüfung der Lage durch Lord Durham, der die Beziehung zwischen Engländern und Franzosen mit einem Krieg zweier Nationen im Schoß eines einzigen Staates verglich. Seine Bedingung für einen Frieden war die Integration der Frankokanadier in die englische Kultur von Nordamerika. Mit der anschließenden Verschmelzung von Upper und Lower Canada durch den Act of Union von 1840 wurden die frankophonen Belange innerhalb des überwiegend anglophonen Landes bewusst in den Hintergrund gedrängt.

Frankokanadier blieben zunächst vom wirtschaftlichen Geschehen ausgeschlossen. Erst im 19. Jh. setzte im Zuge der von den besser ausgebildeten Anglokanadiern initiierten **Industrialisierung** eine Massenmigration der frankophonen Kanadier in Richtung der Großstädte ein. Zur Mitte des 20. Jhs. hatte eine französische Mittelschicht begonnen, die Missstände der Arbeiterschaft sowie den erstickenden Einfluss der Kirche auf die französischsprachige Gemeinschaft zu kritisieren. Aufgerüttelt wurden die Québécois schließlich in den 60er-Jahren durch die sogenannte **Stille Revolution**, die von der Provinzregierung unter der Leitung von Jean Lesage und seiner Liberal Party of Québec in Gang gesetzt wurde. Unter dem Motto *Maîtres chez nous* (Herren im eigenen Haus) entzog die Provinzregierung der Kirche die Kontrolle über Sozialhilfe, Gesundheit und Bildungswesen. Schlüsselindustrien wurden verstaatlicht, um der finanziellen Übermacht der englischen Kanadier entgegenzuwirken.

Zur Umsetzung dieser Politik war es notwendig, dass die Québécois ihre Steuern selbst verwalteten, und die Liberalen lagen – obwohl sie eingefleischte Föderalisten waren – im ständigen Clinch mit der Regierung in Ottawa. Durch andere nationale Kämpfe ermutigt und beeinflusst, gipfelte der Wunsch der Québécois nach Anerkennung und Macht 1970 in der Entführung eines Ministers der Provinzregierung und eines britischen Diplomaten durch die terroristische Front de Libération du Québec (FLQ) in Montréal (s. S. 242). Als massive Reaktion auf die in der Provinz regierenden Liberalen gelangte sechs Jahre danach die separatistische **Parti Québé-**

MONTRÉAL UND SÜDWEST-QUEBEC

N

0   20 km

Québec-Stadt ◄

Mauricie, Parc National de la Mauricie ◄

Inset map:
Québec-Stadt
Trois-Rivières
Montréal
Ottawa
Ottawa River
Lake Ontario
Toronto
Sherbrooke
U S A
ME
NY · VT · NH

Victoriaville

Trois-Rivières

Lac St-Pierre

Drummondville

Sorel

Lac St-Pierre

St-Hyacinthe

Mont-St-Hilaire

Rivière Richelieu

Chambly

St-Hubert

Longueuil

Repentigny

Terrebonne

Joliette

LANAUDIÈRE

LAVAL

Laval

Montréal

Lachine

Kahnawake

Aéroport International Pierre-Elliott-Trudeau

St-Jérôme

Ste-Adèle

St-Sauveur-des-Monts

Val-David

Ste-Agathe-des-Monts

Mont-Blanc

Le Chantecler

St-Jovite

Mont-Tremblant

PARC DU MONT-TREMBLANT

LAURENTIDES

BASSES-LAURENTIDES

St-Eustache

Oka

La Trappe d'Oka

Hudson

Lachute

Hawkesbury

Ottawa River

ONTARIO

St-Laurent-Strom

KANADA
USA

Cornwall

Hemmingford

MONTÉRÉGIE

St-Jean-sur-Richelieu

Lac Champlain

Cowansville

Dunham

Granby

Bromont

Knowlton (Lac Brome)

Sutton

CANTONS DE L'EST (EASTERN TOWNSHIPS)

Mont Orford

Abbaye St-Benoît-du-Lac

Georgeville

Owl's Head

Lac Memphrémagog

Magog

North Hatley

Ayer's Cliff

Coaticook

Sherbrooke

Boston ►

New York, Boston ►

New York ►

Québec-Stadt ◄

Toronto, Detroit ▼

Ottawa ▼

Montebello, Plaisance, Outaouais-Région ◄

Montebello, Plaisance, Outaouais-Région ◄

cois (PQ) an die Macht. Mit René Lévesque an der Spitze forcierte die PQ den gesellschaftlichen Wandel, besonders durch Verabschiedung des **Gesetzes 101** *(Charte de la langue française)*, das Französisch zur offiziellen Sprache der Provinz erklärte. 1980 fand eine **Referendum** über die Souveränität statt, doch stimmten die 6,5 Millionen Québécois mit 60 % dagegen (s. S. 84).

Québecs Unzufriedenheit mit dem Föderalismus wurde einmal mehr 1993 deutlich, als der Bloc Québécois – eine Bundespartei, die sich die Zerstörung des Föderalismus auf die Fahnen geschrieben hatte – ironischerweise zur *Her Majesty's Loyal Opposition* in Ottawa gewählt wurde. Weiteren Auftrieb erhielt die Abspaltungsidee im Jahr 1994, als sich die PQ erneut an die Spitze der Provinz setzte – mit dem Versprechen, die Frage der Souveränität per **Volksabstimmung** zu klären. Ein Jahr später entschieden sich die Québécois mit einer Mehrheit von weniger als einem Prozentpunkt für den Verbleib bei Kanada. Aufgrund des knappen Ergebnisses wurden unmittelbar danach Stimmen laut, die ein drittes Referendum forderten (was Experten dazu veranlasste, das Verfahren scherzhaft als „Neverendum" zu bezeichnen).

Im Jahr 2003 verlor die PQ die Macht an die Liberalen. Der Traum der Souveränität Québecs ist auf absehbare Zeit, vielleicht sogar für immer ausgeträumt, auch wenn die „nationale Frage" nicht vom Tisch ist. Die Québécois scheinen sich fürs Erste für einen Verbleib in Kanada entschieden zu haben und betrachten die Abspaltungsdrohung mehr als probates Mittel, um ihre Position auf Bundesebene zu stärken.

5 **HIGHLIGHT**

Montréal

Montréal ist Kanadas zweitgrößte Stadt. Geografisch gesehen liegt sie genauso weit von Vancouver entfernt wie von der europäischen Küste. Erscheinungsbild und Atmosphäre kombinieren die besten Einflüsse beider Kontinente.

Die typisch nordamerikanische Skyline aus Glas und Beton überragt Kirchen und Denkmäler verschiedener europäischer Stilrichtungen, die sich als ebenso vielfältig erweisen wie Montréals gesellschaftliche Mischung. Zwei Drittel der 3,5 Millionen Einwohner dieser drittgrößten französischsprachigen Metropole nach Paris und Kinshasa sind französischer Herkunft. Das restliche Drittel – eine kosmopolitische Mischung – setzt sich aus Briten, Osteuropäern, Chinesen, Italienern, Griechen, Juden, Lateinamerikanern und Einwanderern aus der Karibik zusammen. Daraus ergibt sich eine wahrhaft multidimensionale Stadt mit einer globalen Vielfalt an Lokalen, Bars und Clubs. Ergänzt wird diese bunte Mischung durch zahlreiche Festivals, und Montréal kann mit Recht als lebendigstes Zentrum in ganz Kanada bezeichnet werden.

Hier gibt es auch den intensivsten Kontakt zwischen den beiden großen Sprachgruppen – Anglophonen und Frankophonen. Infolge der „Francization" von Québec flüchteten jedoch die Anglokanadier in Scharen und verlagerten die wirtschaftliche Vormachtstellung des Landes von Montréal nach Toronto. Obwohl die Stadt von der englischsprachigen Mehrheit abgeschrieben wurde, geriet sie keineswegs in Vergessenheit. Montréal erlebte vielmehr einen unglaublichen ökonomischen Wiederaufschwung und wurde zu einer der treibenden Kräfte der kanadischen Hightech-Industrie.

Überall fallen Zeichen des Bürgerstolzes und Wohlstands ins Auge. Sorgfältig gepflegte Gebäude, z. B. die gigantische Basilique Notre-Dame und die Chapelle de Notre-Dame-de-Bon-Secours, sowie schicke kleine Hotels schmücken die Straßen und Plätze des historischen Viertels **Vieux-Montréal** am Ufer des St.-Lorenz-Stroms. Alte Häuser wurden in Restaurants und Geschäfte verwandelt, verlassene Lagerhallen in Apartmenthäuser, und der stillgelegte **Vieux-Port** präsentiert sich inzwischen als Parklandschaft mit Blick auf den St.-Lorenz-Strom. Unterhalb des bewaldeten **Mont Royal** tobt auf den Boulevards und Plätzen im Zentrum das Leben – tagsüber, abends und nachts bis in die frühen Morgenstunden, wenn die Leute aus den Clubs an der Rue Ste-Catherine und den verschiedenen Bars der nahen Viertel **Plateau** und **Quartier**

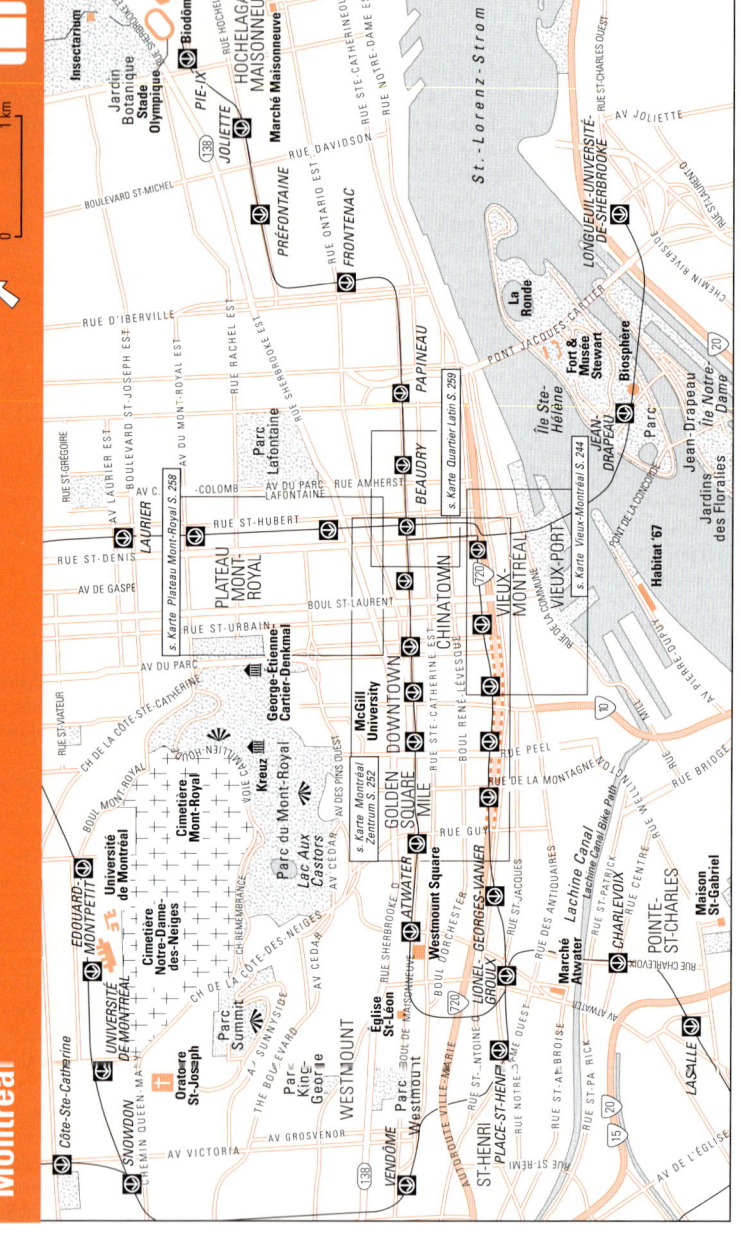

Montréal

Latin zurückkehren. Unterirdisch werden die Knotenpunkte des Zentrums von den Fußwegen der **Ville Souterraine** und dem hervorragenden Métrosystem verbunden. Im Osten der Stadt thront der schiefe Turm des Olympiastadions über dem ausgedehnten **Jardin Botanique**. Übertroffen wird Letzterer weltweit nur von den Londoner Kew Gardens.

Zusätzlich hat die Stadt einige ausgezeichnete **Museen** zu bieten. Das Centre Canadien d'Architecture verfügt über eine der eindrucksvollsten Fachausstellungen des Kontinents und beleuchtet die Rolle der Architektur in der Gesellschaft, die Umsetzung innovativen Designs und die Geschichte architektonischer Ideen. Das Musée d'Art Contemporain widmet sich als einziges kanadisches Museum gänzlich der modernen Kunst und das Musée des Beaux-Arts ist das älteste Museum für Schöne Künste im Land. Ebenso empfehlenswert sind die Museen für Montréals und Kanadas Geschichte: Das Musée McCord beispielsweise zeigt eine hervorragende Sammlung indianischer Artefakte, während das Musée d'Archéologie et d'Histoire de Montréal auf moderne Weise archäologische Funde aus Montréals Gründungsjahr 1642 präsentiert.

Geschichte

Zum ersten Mal besetzt wurde die Insel Montréal von den **Irokesen** vom St.-Lorenz-Strom, deren kleines Dorf Hochelaga („Ort des Bibers") am Fuße des Mont Royal lag. Die ersten Europäer traten im Oktober 1535 auf den Plan, als es Jacques Cartier auf seiner Suche nach der Nordwest-Route Richtung Asien hierher verschlug. Zu einer dauerhaften europäischen Präsenz sollte es jedoch noch bis 1611 dauern, und die französische Siedlung war zunächst nichts weiter als eine kleine Garnison. Erst 1642 wurde die Kolonie **Ville-Marie** gegründet. Blutige Auseinandersetzungen mit den Irokesen, angefacht durch die Pelzhandelsbündnisse der Europäer mit den Algonkin und Huronen, waren an der Tagesordnung, bis im Jahr 1701 der **Große Frieden von Montréal** geschlossen wurde: Dieser besiegelte die Entwicklung der Stadt zum wichtigsten Verladehafen für Pelze und Holz.

Als Québec-Stadt 1759 in die Hände der Briten fiel, fungierte Montréal kurzzeitig als Hauptstadt von Neu-Frankreich. Die anschließende **britische Besatzungszeit** brachte eine Flut von irischen und schottischen Einwanderern in die Region, die Montréal rasch zur zweitgrößten Stadt Nordamerikas anwachsen ließen.

Mit der Gründung des **Dominion of Canada** im Jahr 1867 avancierte Montréal zu Kanadas Haupthafen, Verkehrsknotenpunkt der Bahn, Banken- und Industriezentrum. Die Bevölkerungszahl betrug 1911 bereits eine halbe Million

Die kanadische Urbevölkerung

Die Hauptsorge vieler Québécois gilt der Beziehung zwischen frankophonen und anglophonen Kanadiern. Immerhin sind 80 % von ihnen französische Muttersprachler. In der Provinz leben aber auch elf Stämme kanadischer Ureinwohner – zum Großteil in Reservaten.

Die Missstände der Urbevölkerung scheinen in Québec besonders ausgeprägt zu sein, da die meisten Stämme hier englisch orientiert sind.

Die **Mohawk** in der Nähe von Montréal kämpften bei der Eroberung sogar Seite an Seite mit den Briten. Die Beziehungen zwischen den Behörden und den französischsprachigen Gruppen sind jedoch auch nicht besser. Die **Huronen** (s. S. 324, Wendake) nahe Québec-Stadt kämpften acht Jahre lang vor Gericht um ihre Jagdrechte. Und bei James Bay verhinderten die **Cree** juristisch die Ausweitung von Québecs Wasserkraftsystem. Dies hätte bei planmäßiger Fertigstellung eine Fläche so groß wie Deutschland eingenommen. Dennoch führte das 1971 begonnene Projekt letztlich zur Verdrängung der Cree und Inuit.

Die Ureinwohner haben bislang kategorisch gegen eine Abspaltung gestimmt und meist auf friedliche Methoden zurückgegriffen, um ihre Landansprüche – die immerhin 85 % des Provinzgebiets betreffen – geltend zu machen. Zu gewalttätigen Ausschreitungen kam es bei einem Aufstand der Mohawk in Oka nahe Montréal im Jahr 1990 (s. S. 282, Kasten). Obwohl dieser von Kanadiern und Ureinwohnern gleichermaßen verurteilt wurde, lenkte er immerhin die Aufmerksamkeit auf die Belange der kanadischen Urbevölkerung.

und verdoppelte sich während der nächsten zwei Jahrzehnte durch den Zustrom europäischer Emigranten. Zur gleichen Zeit verschaffte sich Montréal den Ruf als Kanadas „Stadt der Sünde": Als in den USA die Prohibition verhängt wurden, entwickelte sich Kanada zum Alkohollieferanten Nr. 1 für den gesamten Kontinent. Die Molsons und ihresgleichen machten ein Vermögen, und Prostitution und Glücksspiel blühten unter dem Schutz der Behörden. Erst nach dem Zweiten Weltkrieg und dem anschließenden Wirtschaftswachstum begann eine große Anti-Korruptionskampagne gepaart mit einem Bauboom. Die glanzvollste Periode der Stadtverschönerung ging mit der **Weltausstellung** Expo '67 einher, die 50 Mio. Besucher nach Montréal lockte. Allerdings waren es die anglophonen Bewohner, die vom Wohlstand profitierten. Unter der ruhigen Oberfläche brodelte die Unzufriedenheit der Frankophonen, die bereits ein gefährliches Ausmaß erreicht hatte. Die Krise spitzte sich 1970 mit dem Terror der **Front de Libération du Québec** (FLQ) zu, dessen Auswirkungen die ganze Nation erschütterten (s. S. 84).

Die Wahl der Parti Québécois (PQ) an die Spitze der Provinz, die in Folge erlassenen Sprachregelungen (Gesetz 101) und die Androhung einer Absplitung Québecs führten dazu, dass Zehntausende Anglokanadier von Montréal vor allem nach Toronto abwanderten.

Eine kanadaweite Rezession Mitte der 90er-Jahre warf die Wirtschaft Québecs hinter die des restlichen Landes zurück. Nach dem Referendum von 1995 wurde ein stillschweigender Waffenstillstand bezüglich der Frage der Absplitung geschlossen. Nach und nach öffneten die mit Brettern vernagelten Geschäfte an der Rue Ste-Catherine wieder, und verfallene Ecken am Stadtrand und in der Altstadt Vieux-Montréal wurden restauriert. Die vielleicht nachhaltigste Veränderung besteht jedoch darin, dass die von den wegströmenden Anglokanadiern hinterlassenen Lücken von jungen bilingualen Frankokanadiern gefüllt wurden, die sich ihrer eigenen Kultur und Ökonomie verpflichtet fühlen. Gleichzeitig sind viele der verbliebenen Anglophonen inzwischen zweisprachig, und heutzutage ist die Vermischung beider Sprachen eine Selbstverständlichkeit.

Orientierung

Obwohl die Insel Montréal stattliche 51 x 16 km misst, ist das Stadtzentrum recht überschaubar. Es besteht aus Vieux-Montréal entlang dem St.-Lorenz-Strom, dem Geschäftszentrum mit Wolkenkratzern auf der südlichen Seite des Hügels Mont Royal und den lebendigen Vierteln des Plateau und Quartier Latin im Osten. Die wichtigsten Ost-West-Verbindungen sind die Rue Sherbrooke, der Boulevard de Maisonneuve, die Rue Ste-Catherine und der Boulevard René-Lévesque. Sie alle werden vom Boulevard St-Laurent, der von Norden nach Süden verläuft und allgemein „The Main" genannt wird, in östliche *(Est)* und westliche *(Ouest)* Abschnitte unterteilt. Die Hausnummern der Nord-Süd-Straßen steigen nördlich des St.-Lorenz-Stroms an.

Zunächst erfreuen sich Besucher gern am historischen Charme von **Vieux-Montréal**. Die engen Straßen, Gassen und Plätze eignen sich hervorragend zum Herumschlendern. An jeder Ecke präsentiert sich ein architektonisches Glanzstück, darunter eindrucksvolle öffentliche Gebäude und die frühen Häuser der Stadt mit Steildach. Die nahen Parkanlagen des **Vieux-Port** grenzen an ein Wissenschaftsmuseum, das vor allem Kinder anspricht, und an die Bootsanleger für Ausflüge auf das Wasser. Im kompakten Zentrum nordwestlich davon spiegeln sich viktorianische Stadthäuser und Turmspitzen zahlreicher Kirchen in den Glasfassaden der Büroblocks. Unterhalb des Straßenniveaus verbinden die Passagen der **Ville Souterraine** Hotels, Shopping Centres, Büros und Métro. Als Wahrzeichen der Stadt erhebt sich über dem Zentrum der **Mont Royal**, der von den Einheimischen einfach „The Mountain" getauft wurde. Auf ihn gelangt man am bequemsten vom Pla-

---

In der prachtvollen Basilique Notre-Dame finden auch Klassikkonzerte statt.

teau Mont-Royal im Osten, einem Viertel, in dem der Puls der Stadt am schnellsten schlägt. In den Cafés, Restaurants und Bars des Viertels am Boulevard St-Laurent (genannt **The Main**) und an der Rue St-Denis wimmelt es tagein, tagaus von Menschen.

Im Osten sieht der riesige Komplex des **Olympiastadions** und der ausgedehnte **Jardin Botanique** die meisten Besucher. Frische Luft und eine Reihe von größtenteils familienorientierter Aktivitäten bieten die Inseln, die gegenüber dem Vieux-Port liegen und den **Parc Jean-Drapeau** bilden, sowie der **Canal de Lachine** westlich davon.

Vieux-Montréal

Bis in die frühen 1960er-Jahre war der reizvolle Bezirk Vieux-Montréal – vom Zentrum durch die Autoroute Ville-Marie abgeschnitten – völlig sich selbst überlassen. Dann ergriffen Bauunternehmer die Initiative und brachten mit geschmackvollen Renovierungsarbeiten neue Farbe und Leben in das Viertel. Heute zieht die eindrucksvolle Ansammlung von Häusern aus dem 17., 18. und 19. Jh. zahlreiche Touristen an. Auch bei Einheimischen erfreut sich die Gegend großer Beliebtheit – früher als symbolischer Ort, an dem Frankokanadier ihrem Unmut Luft machten, heute eher als Ort, um zu bummeln, auf der Place Jacques-Cartier den Straßenmusikern zu lauschen oder die historischen Sehenswürdigkeiten und das Hafenviertel zu besuchen. Die zentrale Métrostation ist Place-d'Armes. Für den Westen und Osten des Viertels liegen allerdings die Stationen Square-Victoria bzw. Champ-de-Mars günstiger.

Place d'Armes und Umgebung

Im Brennpunkt des Interesses von Vieux-Montréal steht die **Place d'Armes**. In ihrer Mitte befindet sich eine jahrhundertealte Statue von Maisonneuve, dessen missionarischer Eifer einst den Zorn der umgesiedelten Irokesen schürte. Der Hund inmitten der Helden repräsentiert das

Vieux-Montréal

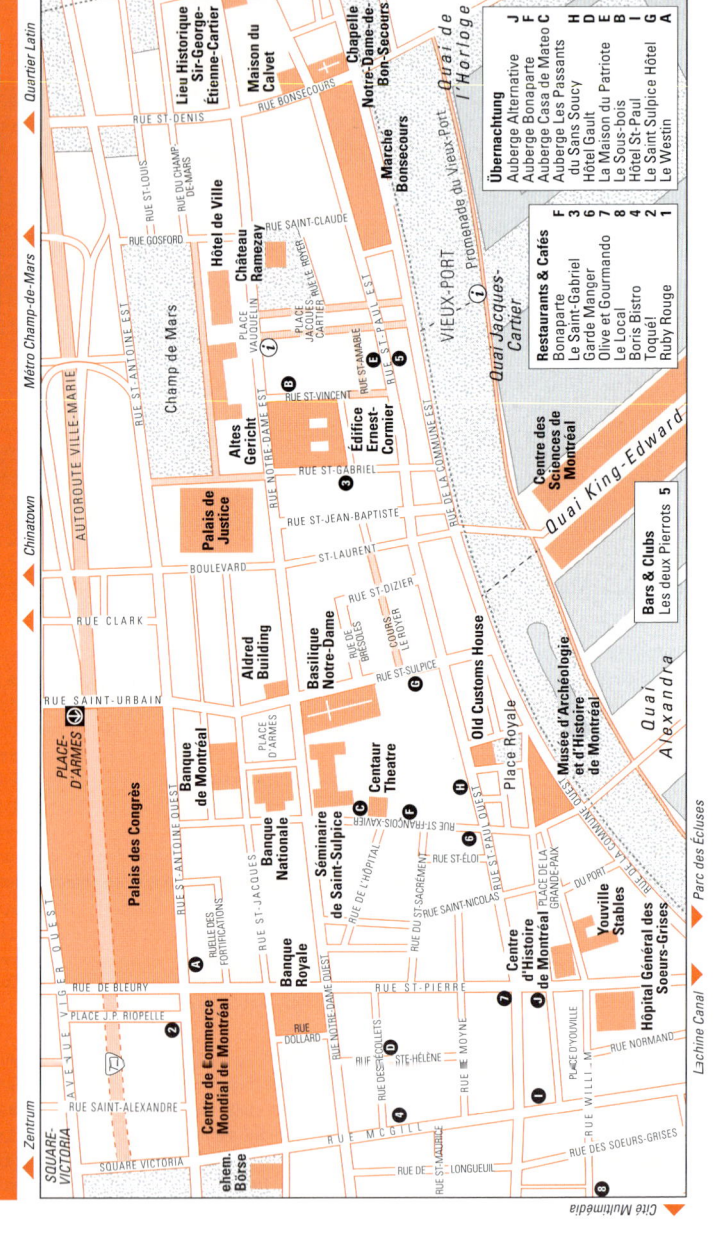

250 m

0

Tour de L'Horloge

Übernachtung
Auberge Alternative   J
Auberge Bonaparte   F
Auberge Casa de Mateo   C
Auberge Les Passants
  du Sans Soucy   H
Hôtel Gault   D
La Maison du Patriote   E
Le Sous-bois   B
Hôtel St-Paul   I
Le Saint Sulpice Hôtel   G
Le Westin   A

Restaurants & Cafés
Bonaparte   F
Le Saint-Gabriel   3
Garde Manger   6
Olive et Gourmando   7
Le Local   8
Boris Bistro   4
Toqué!   2
Ruby Rouge   1

Bars & Clubs
Les deux Pierrots   5

Tier, das die Franzosen 1644 vor einem bevorstehenden Angriff warnte. Der Legende zufolge war die Schlacht beendet, als der angeblich unbewaffnete Maisonneuve den Irokesenhäuptling genau an dieser Stelle tötete.

Ungeachtet der unansehnlichen Ergänzung auf der Westseite in Form eines Wolkenkratzers wird die Place d'Armes nach wie vor von den beiden Türmen der neogotischen, katholischen **Basilique Notre-Dame**, Métro Place-d'Armes, 🖥 www.basiliquenddm.org, aus dem Jahr 1829 überragt. Entworfen wurde die Kirche von einem protestantischen Irisch-Amerikaner namens James O'Donnell, der sich von der Arbeit so stark inspirieren ließ, dass er zum Katholizismus konvertierte, um unter der Kirche begraben werden zu können. Im westlichen der beiden Türme – Temperance – hängt die 10 t schwere Jean-Baptiste-Glocke, deren Dröhnen einst im Umkreis von 25 km zu hören war. Der schön vergoldete, himmelblaue Innenraum leuchtet im Schein mehrfarbiger Votivkerzen und im Tageslicht, dass durch drei ungewöhnliche, in die Decke eingelassene Fensterrosen fällt. Die Idee dazu hatte der Montréaler Architekt Victor Bourgeau. Zu den bemerkenswerten Details zählen Louis-Philippe Héberts schöne Holzschnitzereien von Propheten auf der Kanzel und der Ehrfurcht gebietende Hauptaltar des französischen Bildhauers Bouriché. Die aus Limoges, Frankreich, importierten Buntglasfenster veranschaulichen die Gründung von Ville-Marie. Hinter dem Hauptaltar ist die **Chapelle Sacré Coeur** zu bewundern, die im Jahr 1978 einem heftigen Feuer zum Opfer fiel. Mit einem eindrucksvollen modernen Altaraufsatz von Charles Daudelin wurde sie inzwischen wieder aufgebaut. Die Multimediashow *Et la lumière fut* ist eine Mischung aus Geschichtsstunde und Lichtspektakel, das die architektonischen Details kunstvoll ins rechte Licht rückt. Reguläre Führungen (20 Min., Mo–Fr 9–16, Sa 9–15.30, So 12.30–15.30 Uhr, im Preis eingeschlossen) finden zwischen alle halbe Stunde statt. ⊙ Mo–Fr 8–16.30, Sa 8–16, So 12.30–16 Uhr, Eintritt $5, Lichtshow $10.

Hinter den Feldsteinwänden und schmiedeeisernen Toren rechts von Notre-Dame befindet sich das tief liegende **Séminaire de St-Sulpice** im mittelalterlichen Stil. Von Interesse ist hier allein das Portal, das von Nordamerikas erstem öffentlichen Chronometer gekrönt wird (1701). Das Seminar, das älteste Gebäude von Montréal, wurde 1685 von den Pariser Sulpizianern gegründet. Diese drängten Maisonneuve, die Missionsstation Montréal zu errichten. Der Ort gefiel ihnen so gut, dass sie die ganze Insel erwarben und bis 1859 die Kontrolle über religiöse und andere Angelegenheiten als die Seigneurs der Kolonie ausübten. Noch heute dient das Seminar als Hauptsitz der Sulpizianer (und ist deshalb für die Öffentlichkeit nicht zugänglich), allerdings beschränken sich ihre Pflichten inzwischen auf die Instandhaltung der Basilika.

Banque de Montréal, Rue St-Jacques und Rue St-Sulpice

Direkt gegenüber steht das Heiligtum der Finanzbosse von Montréal, die **Banque de Montréal**. In diesem grandiosen klassizistischen Gebäude ist noch immer die Zentrale der ältesten Bank Kanadas untergebracht. Nach ihrer Errichtung durch schottische Immigranten avancierte sie zum Dienstleister für die gesamte Nation. In den 1930er-Jahren wurde schließlich die Bank of Canada gegründet. Das Gebäude aus dem Jahr 1837 entstand in Anlehnung an das Pantheon in Rom. Die marmornen Schalter, schwarzen Granitsäulen und glänzenden Messing- und Bronzeverzierungen im Innern zeugen von Luxus und Wohlstand. Ein kleines **Münzmuseum** zeigt alte Kontobücher, Banknoten, Münzen und Bilder. ⊙ Mo–Fr 10–16 Uhr, Eintritt frei.

Von den stattlichen Kalkstein-Institutionen an der **Rue St-Jacques** – der einstigen Wall Street Kanadas – kontrollierten einst britische Köpfe die Finanzwelt des Kontinents. Inzwischen haben französische Unternehmen die Oberhand gewonnen. Das rote Sandsteingebäude am nordöstlichen Ende des Place d'Armes, Ecke Rue St-Jacques, wurde 1888 für die New York Life Insurance Co. erbaut und war mit seinen acht Stockwerken der erste Wolkenkratzer der Stadt. Nebenan befindet sich das schöne Aldred Building, 501 Place d'Armes, im Art-déco-Stil. Beide werden heute von einem schwarzen Monolithen am Westrand des Platzes in den Schatten gestellt, der die Banque National von 1967 –

ein Symbol der neu entdeckten wirtschaftlichen Stärke der Frankokanadier – beherbergt.

Auch die Gegend um die **Rue St-Sulpice** neben der Basilika wurde einigen Veränderungen unterzogen: Die Lagerhallen, die zur viktorianischen Zeit entstanden, um das zunehmende Handelsaufkommen an Montréals Hafen zu bewältigen, wurden in luxuriöse Wohnungen, Büros, teilweise auch in kleine Hotels umgewandelt.

Rue Notre-Dame

Die erste Straße der Stadt, die Rue Notre-Dame, wurde im Jahr 1672 angelegt und zieht sich von Osten nach Westen durch Vieux-Montréal. Außer den Finanzbüros in der Rue St-Jacques bietet die Gegend westlich der Place d'Armes nur wenig Interessantes. Lohnender ist ein Abstecher vom Ende der Rue St-Sulpice über die Rue Notre-Dame Richtung Osten.

Der Weg führt am schwarzen Glaskoloss des **Palais de Justice** an der Ecke Boulevard St-Laurent vorbei. In seinem Schatten steht sein Vorgänger, das eindrucksvolle **alte Gerichtsgebäude**, das von den Briten errichtet wurde, um den Franzosen die Wichtigkeit der Einhaltung ihrer Gesetze zu verdeutlichen. Heute beherbergt es Gemeindebüros. Strafverfahren fanden auf der anderen Straßenseite im 1925 erbauten **Édifice Ernest Cormier**, 100 Rue Notre-Dame Est, statt, das auch heute wieder als Gerichtsgebäude genutzt wird.

Eines der letzten Wohnhäuser, die hier im frühen 19. Jh. im französischen Stil errichtet wurden, ist das **Maison La Sauvegard**, 160 Rue Notre-Dame, mit einer Fassade aus unbehauenen Kalksteinblöcken, hohen Schornsteinen und steilem Dach mit Gauben. Gegenüber eröffnet östlich des alten Gerichtsgebäudes die **Place Vauquelin** mit ihrem hübschen Springbrunnen und der Statue des Marinekommandeurs Jean Vauquelin einen Blick auf das **Champ de Mars** im Norden. Bei Bauarbeiten zur Errichtung eines Parkplatzes stieß man an dieser Stelle auf Felsbrocken, die sich als Teil der ursprünglichen Stadtmauer entpuppten. Die Mauern wurden freigelegt und restauriert und das Gebiet statt in einen Parkplatz in einen schönen grünen Park verwandelt.

Das prunkvolle **Hôtel de Ville** (Rathaus) östlich der Place Vauquelin stammt aus den 70er-Jahren des 19. Jhs. und zeugt wie viele der hiesigen Bürgerhäuser vom Einfluss Frankreichs. Bei einem Besuch der Expo '67 hielt General de Gaulle vom Balkon dieses Gebäudes aus seine „Vive-le-Québec-libre!"-Rede. Diese Ansprache verunsicherte die Anglokanadier, die nun verstärkte Unabhängigkeitsbestrebungen in Québec befürchteten, und erfüllte die Frankokanadier mit einer politischen Leidenschaft, die schließlich zur Oktober-Krise (s. S. 84) führte.

Place Jacques-Cartier

Die Place Jacques-Cartier mit ihrem Kopfsteinpflaster gegenüber dem Rathaus fällt zum Fluss hin ab und bietet eine tolle Aussicht auf den Vieux-Port. In den Sommermonaten tummeln sich hier zahllose Straßenmusikanten und Straßenkünstler. Die von der Stadt betriebene **Touristeninformation** (S. 276) ist in der nordwestlichen Ecke in einem Steingebäude untergebracht. Reger Betrieb herrscht auch in den Restaurants und Cafés um den Platz. Die vielen Kleinkünstler in der schmalen Rue St-Amble im Westen verkaufen Aquarelle und kolorierte Fotos von Montréal. Die besten Souvenirs sind auf einem kleinen Markt zu finden, der sich etwas abseits des Platzes versteckt und an dessen Ständen hübscher Schmuck angeboten wird.

Einige Gebäude am Platz – Maison Vandelac, Maison del Vecchio und das Maison Cartier – stellen typische Exemplare der Montréaler Architektur des 19. Jhs. dar: Schräge Dächer sollten heftigen Schneefall abschütteln und kleine Mansardenfenster Schutz vor Kälte bieten. Am oberen Ende des Platzes thront das umstrittene **Nelson-Denkmal** über ein paar Verkaufsständen. Letztere erinnern an die frühere Funktion der Place als Montréals zentralem Marktplatz. Das älteste Denkmal der Stadt (das berühmte Londoner Pendant übertrifft die Säule zwar um das Dreifache, ist aber erst später entstanden) wurde von anglophonen Einwohnern der Stadt finanziert, die ihrer Freude über die Niederlage der Franzosen gegen Nelson bei Trafalgar 1805 Ausdruck verleihen wollten. In den 70er-Jahren diente der Ort als Treffpunkt von Québecs Separatisten. Ironischerweise konnten sich auch die Anglophonen nie mit dem Denkmal anfreunden, da es landeinwärts blickt.

Museum Château Ramezay

Die niedrige Feldstein-Villa Château Ramezay, Métro Champ-de-Mars, ☎ 514/861-3708, ⌨ www.chateauramezay.qc.ca, östlich der Place Jacques-Cartier, hat sich ihr ursprüngliches Erscheinungsbild weitgehend bewahrt. Sie wurde 1705 für den elften Gouverneur Montréals, Claude de Ramezay, erbaut. Später diente sie der Compagnie des Indes als Nordamerika-Zentrale, bevor sie 1760 in britische Hände fiel. Während der zeitweiligen Invasion der Amerikaner 15 Jahre später hielt sich Benjamin Franklin hier auf und versuchte, die Einwohner Montréals zum Beitritt zu den USA zu überreden. Die Unterstützung der Öffentlichkeit und Kirche verlor er, als er es versäumte, die Vorherrschaft der französischen Sprache in diesem potenziellen 14. Bundesstaat zuzusichern. Heute befindet sich im Château ein historisches **Museum** mit einer Sammlung von Ölgemälden, einheimischen Artefakten, Werkzeugen, Kostümen und Möbeln aus dem 18. und 19. Jh. Eindrucksvoll nachgebildet wurde die Salle des Nantes mit Mahagoniwänden und Holzarbeiten aus dem 18. Jh. aus dem Stammsitz der Compagnie des Indes in Frankreich. Die Ausstellung in den weiß getünchten Steingewölben im Untergeschoss führt plastisch das Alltagsleben der frühen europäischen Siedler vor Augen. Zu den Exponaten gehört eine Küche mit einem Bratspieß, der per Hundekraft gedreht wurde. ⊙ Juni–Mitte Okt tgl. 10–18 Uhr, Mitte Okt–Mai Di–So 10–16.30 Uhr, Eintritt $9.

Lieu historique national de Sir-George-Étienne-Cartier

Fünf Minuten Fußmarsch weiter östlich befindet sich an der Kreuzung von Rue Notre-Dame und Rue Berri der Lieu historique national de Sir-George-Étienne-Cartier, Métro Champ-de-Mars, ☎ 514/283-2822, ⌨ www.pc.gc.ca/cartier. Er besteht aus zwei benachbarten Häusern, die von 1848 bis 1871 von der Familie Cartier bewohnt wurden. Sir George-Étienne gilt als einer der Väter der Konföderation. Mit etwa folgenden Worten überzeugte er die Frankokanadier vom Beitritt zum Dominion Kanada: „Wir gehören verschiedenen Rassen an, allerdings nicht um der Zwietracht willen, sondern um im Sinne des Gemeinwohls zusammenzuarbeiten". Heute wird Cartier von den nationalistischen Frankokanadiern als Kollaborateur abgetan. Geschickt umgehen die Ausstellungen im östlichen Haus die Frage nach seiner Integrität, indem sie sich stattdessen mit seiner Rolle als Eisenbahnbauer in Kanada beschäftigen. Die Sammlung ist äußerst bizarr: Auf der Hauptetage sollen puppenähnliche Figuren die Gründungsväter darstellen, während acht weiße Pappmaschee-Modelle von Cartier selbst sich um einen runden Glastisch oben versammelt haben. Von größerem Interesse sind die vollgestopften Räume im westlichen Haus, wo mehr als tausend originale Artefakte die Zeit von Sir George aufleben lassen. ⊙ Ende April–Ende Juni und Mitte Sep–Ende Dez Mi–So 10–12 und 13–17, Ende Juni–Mitte Sep tgl. 10–17.30 Uhr, Eintritt $3,90.

Rue St-Paul

Einen Block südlich von Notre-Dame säumen Geschäftsgebäude aus dem 19. Jh. und viktorianische Laternenpfähle die Rue St-Paul, eine von Montréals attraktivsten Straßen. Seit der Zeit von Charles Dickens, der einst hier verweilte, haben sich die Bauwerke kaum verändert, allerdings beherbergen sie heute Restaurants, Galerien und kleine Geschäfte, die alles mögliche – von Inuit-Kunsthandwerk bis Drachen – anbieten.

Chapelle Notre-Dame-de-Bon-Secours

Mark Twain bemerkte einmal, dass man in Montréal keinen Stein werfen könne, ohne eine Kirche zu treffen, und am östlichen Ende der Rue St-Paul steht das beliebteste Exemplar: die Chapelle Notre-Dame-de-Bon-Secours oder Sailor's Church. Die ausgestreckten Arme der Jungfrau auf dem Turm wurden zum Erkennungszeichen für Schiffe auf dem St.-Lorenz-Strom. Nachdem die Matrosen sicher an Land gegangen waren, schmückten sie die Kirche mit Votivlampen in Form von hölzernen Schiffen, die großteils heute noch zu bewundern sind. Die Kapelle stammt aus der frühen Kolonialzeit, als Maisonneuve mithalf, das Holz für die erste Kirche von Ville-Marie zu fällen. Die Anregung stammte von

Marguerite Bourgeoys, die in Ville-Marie die Kinder der Siedler unterrichtete. ◷ Mai–Okt Di–So 10–17.30, Mitte März–April und Nov–Mitte Jan 11–15.30 Uhr, Eintritt frei.

Die fromme Bourgeoys gründete auch den ersten Orden des Landes und kümmerte sich um die *filles du roi* – verwaiste französische Mädchen, die ledige Siedler heiraten und die Bevölkerungszahl der Kolonie in die Höhe treiben sollten. Im Jahr 1982 wurde sie heilig gesprochen und damit zur ersten Heiligen Kanadas. Ihrem Leben widmet sich das kleine **Museum** in der Kapelle, Métro Champ-de-Mars, ✆ 514/282-8670, 💻 www.marguerite-bourgeoys.com. Der Eintritt lohnt in erster Linie, um die schmalen Treppen bis in die Turmspitze über der Apsis zu steigen und den Blick über den alten Hafen und Vieux-Montréal schweifen zu lassen. Gleiche Öffnungszeiten, Eintritt $8.

Maison du Calvet

Das dreistöckige Maison du Calvet gegenüber der Kapelle aus dem Jahr 1725 mit seinen hohen Schornsteinen ist ein anschauliches Beispiel für einheimische französische Architektur. Es wurde öfter fotografiert, gemalt und bewundert als irgendein anderes Haus der Gegend. Hier wohnte früher der hugenottische Kleiderhändler und Friedensrichter Pierre Calvet, der für seinen Opportunismus berüchtigt war: Zunächst gehörte seine Loyalität den Franzosen, dann den Briten und schließlich den Amerikanern. Heute ist in dem Gebäude ein teures Hotel und Restaurant untergebracht: La Maison Pierre du Calvet, 405 Rue Bonsecours, ✆ 1-866/544-1725 oder 514/282-1725, 💻 www.pierreducalvet.ca, Zimmer inkl. Frühstück ❽.

Rue Bonsecours

Die Rue Bonsecours, die die Rue St-Paul mit der Rue Notre-Dame verbindet, gilt als weitere charakteristische Straße von Vieux-Montréal. Im grau gestrichenen Haus Nr. 440 mit seinen vielen Gauben, dem **Maison Papineau**, lebten vier Generationen der Familie Papineau, darunter Louis-Joseph, der sich als Sprecher der *assembly* für die *Habitants* bzw. Pächter der St.-Lorenz-Farmlands einsetzte – gegen den Klerus, die britische Regierung und Montréals Unternehmerschicht.

Mit seiner Forderung nach einer demokratischen Wahl der hohen Beamten von Kirche und Regierung schürte er den Zorn der Patriotes, der Reformisten von Lower Canada. Allerdings verschwand er 1837 von der Bildfläche, als der Aufstand seinen blutigen Höhepunkt erreichte (s. S. 281. Kasten). Das Haus bleibt weiterhin in Privatbesitz, aber Renovierungsarbeiten haben die Fassade seit der Zeit der Papineaus stark verändert.

Der **Marché Bonsecours**, ✆ 514/872-7730, 💻 www.marchebonsecours.qc.ca, mit seiner Silberkuppel erstreckt sich hinter der Kreuzung Rue Bonsecours und Rue St-Paul. Jahrelang diente das elegante Bauwerk als Bürogebäude. 1992 wurde es dann zum 350. Geburtstag der Stadt restauriert und beherbergt seitdem Restaurants, Boutiquen, Kunstgewerbe aus Québec und Sonderausstellungen. ◷ Anfang Mai–Ende Juni So–Do 10–18 und Fr–Sa 10–21, Ende Juni–Anfang Sep 10–21, Anfang Sep–Anfang Nov So–Mi 10–18, Do–Fr 10–21 und Sa 10–19, Anfang Nov–Anfang Mai tgl. 10–18 Uhr.

Vieux-Port

Die Südseite des Marché Bonsecours liegt gegenüber dem Vieux-Port de Montréal, dem einstigen Import-/Exportkanal des Kontinents. Als sich die wichtigsten Werften in den 70er-Jahren nach Osten verlagerten, entstand jede Menge ungenutzter Raum, der inzwischen der Öffentlichkeit zur Verfügung gestellt wurde: Das Gebiet eignet sich zum Radfahren, Skilanglauf, Joggen und Besichtigen der Ausstellungen in den Hallen am Kai.

An der östlichen Spitze des Vieux-Port erhebt sich die 51 m hohe **Tour de l'Horloge** am Quai de l'Horloge. Errichtet wurde der Uhrturm im Jahr 1922 zum Gedenken an die Merchant Fleet (Handelsflotte), die im Ersten Weltkrieg ihr Leben lassen musste. Schiffe galten als eingelaufen, sobald sie den Turm passiert hatten. Wer die 192 Stufen zur Sternwarte nicht scheut, wird mit einer wunderbaren Aussicht belohnt – auf den Hafen, den St Lawrence Seaway, Vieux-Montréal, die Inseln und Mont Royal.

Westlich davon, hinter dem Bassin Bonsecours mit seinen vielen Tretbooten, gibt es am **Quai Jacques-Cartier** einen Infokiosk, 💻 www.

Der Vieux-Port ist Startpunkt mehrerer Boots-touren. Die mit Abstand beste ist die Jetboottour von **Saute-Moutons**, ☎ 514/284-9607, 🖥 www.jetboatingmontreal.com, vom Quai de l'Horloge; Juni–Sep tgl. 10–18 Uhr alle 2 Std., $65 (auf der Website gibt's manchmal Gutscheine für Preis-nachlässe). Die rasante Fahrt durch die Lachine Rapids ist feucht, aufregend und beängstigend zugleich. Es sind auch Touren im Speedboot für $25 im Angebot.

Abfahrtspunkt der gemächlicheren **Bâteau Mouche**-Touren ist der Quai Jacques-Quartier, ☎ 514/849-9952 oder 1-800/361-9952, 🖥 www.bateau-mouche.ca; Mitte Mai–Mitte Okt. 4x tgl., ab $20,95. Die Boote mit Glasdach bieten hübsche Blicke auf die umliegenden Inseln und den Fluss. Die Ausflüge dauern 1–1 1/2 Std., zum Abendessen werden aber auch längere Fahrten angeboten.

Eine ausgefallenere Tour verspricht der **Amphi-bus**, ☎ 514/849-5181, 🖥 www.montreal-amphibus-tour.com, mit Abfahrten von der Rue de la Commune, Ecke Blvd Saint-Laurent, und von der Touristeninformation im Zentrum; Juni–Sep stdl. 10–22 Uhr, Mai und Okt 4x tgl., $32.

quaysoftheoldport.com, in dem man sich über die vielen Events am Hafen schlau machen kann. Die wichtigsten Veranstaltungen des Vieux-Port finden in oder um die nächste Halle in westlicher Richtung auf dem **Quai King-Edward** statt. Hier befindet sich auch das **Centre des Sciences de Montréal**, Métro Place-d'Armes, ☎ 514/496-4629 oder 1-877/496-4724, 🖥 www.montrealsciencecentre.com, ein interaktiver Naturwissenschafts- und Unterhaltungskomplex. Unterteilt ist das Centre in drei Ausstel-lungshallen, die sich mit verschiedenen Themen befassen, wirklich Faszinierendes ist aber nicht dabei. Zum Centre gehört auch ein **IMAX**-Kino. ☉ Mo–Sa 10–21, So 10–17 Uhr, Eintritt zum Cen-tre oder ins Kino $12, für beide $20. Am Ende des Piers erreicht man nach ein paar Treppenstufen einen **Aussichtspunkt** mit Informationstafeln, die ein Panorama von Vieux-Montréal und den Inseln zeigen.

Place Royale und Place d'Youville

Die Place Royale – der einstige Schauplatz von Duellen, Auspeitschungen und Hinrichtungen inmitten von Straßenhändlern und Hausierern, die ihre Waren von den einlaufenden Schiffen an den Mann zu bringen versuchten – wird von der gepflegten, klassizistischen Fassade des **Old Customs House** und einem guten Museum beherrscht. Ganz in der Nähe liegt die **Place d'Youville**, ein reizvoller öffentlicher Platz mit dem Monument aux Pionniers, einem Obelisken für die Stadtgründer. Der östliche Abschnitt des Platzes wurde 2001 in **Place de la Grande-Paix** umbenannt, um den 300. Jahrestag des Großen Friedens von Montréal zu ehren. Der 1701 hier unterzeichnete Vertrag beendete den Konflikt zwischen den Ureinwohnern und den französi-schen Siedlern.

Musée d'Archéologie et d'Histoire de Montréal

Auf der Pointe-à-Callière, die seit der Umgestal-tung des Vieux-Port nicht mehr direkt am Wasser liegt, ragt das Musée d'Archéologie et d'Histoire de Montréal, 350 Place Royale, Métro Square-Victoria, ☎ 514/872-9150, 🖥 www.pacmuseum.qc.ca, im ultramodernen dreieckigen Éperon-Gebäude in die Höhe. Es ist schon vom Quai King-Edward durch die Grünanlagen zu sehen. Der 27 Mio. Dollar teure Komplex, der sich un-terirdisch unter der Place Royale bis zum Old Customs House erstreckt, konzentriert sich auf die Entwicklung Montréals als Handelsplatz, was anhand archäologischer Funde hier im ältesten Teil der Stadt verdeutlicht wird. Die audiovisuelle Hightech-Präsentation bietet eine ausgezeich-nete Einführung in das Museum, in die Welt der Archäologie im Allgemeinen und die von Mon-tréal im Besonderen. Zu den alten Stadtresten zählen der erste katholische Friedhof der Stadt, Wasserleitungen und Abwassersysteme aus dem 18. Jh. und Mauern aus verschiedenen Jahrhun-derten. Die unterirdischen Abschnitte ragen in das Old Customs House hinein, das auch einen Souvenirladen beherbergt. Auf jeden Fall lohnen die Wechselausstellungen – alle zu archäologi-schen Themen – in den oberen Stockwerken des L'Éperon. Kostenlose Führungen durchs Museum finden zu unterschiedlichen Zeiten statt, im Som-mer an Werktagen normalerweise viermal tgl.,

Alte und neue Kathedralen an der Rue Ste-Catherine: die Christ Church Cathedral und der KPMG-Büroturm

am Wochenende dreimal – aktuelle Zeiten sind auf der Website zu finden. ⏲ Ende Juni–Anfang Sep Mo–Fr 10–18, Sa und So 11–18, sonst Di–Fr 10–17, Sa und So 11–17 Uhr, Eintritt $14.

Centre d'Histoire de Montréal und Youville Stables

In einer ehemaligen, 100 Jahre alten Feuerwache aus rotem Backstein auf halber Höhe der Place d'Youville zeigt heute das **Centre d'Histoire de Montréal**, Métro Square-Victoria, ✆ 514/872-3207, 🖥 www.ville.montreal.qc.ca/chm, eine nicht sonderlich tiefschürfende Multimedia-Ausstellung zur Stadtgeschichte. Im Obergeschoss werden in verschiedenen Räumen geräuschvoll untermalte Filme gezeigt, die einen Eindruck vom Alltag in Montréal vermitteln. Auch die aktuellen Ausstellungen wie etwa Fotoessays über die verschiedenen ethnischen und kulturellen Gruppen in der Stadt sind oft recht interessant. ⏲ Di–So 10–17 Uhr, Eintritt $6.

Auf dem kahlen Parkplatz im westlichen Bereich der Place d'Youville weist heute nichts mehr darauf hin, dass sich hier früher ein Marktplatz und ab 1844 das Parlament des vereinten Kanadas befunden hat. Es wurde 1849 von aufrührerischen Torys in Brand gesteckt.

Die **Youville Stables** an der Südseite des Platzes mit ihrem schattigen Hof, ihren Gärten, Restaurants und Geschäftsräumen zählen zu den ersten modernisierten alten Gebäuden der Stadt. Der Komplex war eigentlich eine Lagerhalle und die Ställe befanden sich nebenan. Der aus dem Jahr 1825 stammende Entwurf des Geländes erinnert an den Stil, den die ersten Einwohner Montréals bevorzugten, um sich gegen die feindselig gestimmten Irokesen zu schützen.

Square Victoria und Umgebung

Auf dem Weg ins Zentrum lohnt ein Abstecher zum **Centaur Theatre**, 453 Rue St-François-Xavier. Untergebracht ist es in der früheren Börse von Montréal – der ersten Kanadas. Heute gilt es als das wichtigste englischsprachige Theater der Stadt. Weiter nördlich verläuft die Rue St-Jacques, wo ein Stück östlich die luxuriöse **Banque de Montréal** (die frühere Molson Bank), Nr. 360, und Richtung Westen die **Royal Bank**, Nr. 362, stehen. Bei ihrer Errichtung 1866 war die

23-stöckige Royal Bank das höchste Gebäude im Britischen Empire.

Am nordwestlichen Ende von Vieux-Montréal wird der gesamte Block der Rue St-Jacques zwischen Rue St-Pierre und Square Victoria vom **Centre de Commerce Mondial de Montréal**, einer architektonischen Glanzleistung, eingenommen. Eingeweiht wurde das Center 1991 in der Hoffnung, das Geschäftsviertel wiederzubeleben. Seine Struktur integriert die Fassaden der jahrhundertealten Gebäude, die vorher hier standen. Innen präsentiert sich die **Ruelle des Fortifications** – so benannt, weil die früher hier verlaufende Gasse den Standort der Stadtmauern markierte – heute als schöne Arkade mit Boutiquen, Restaurants, einem Springbrunnen und einer Statue von Amphitirite. Am östlichen Ende ist ein Stück der Berliner Mauer zu sehen.

Der **Square Victoria** auf der anderen Straßenseite ist zwar seit der Umgestaltung etwas einladender, trotzdem ist er noch weit von seiner einstigen Pracht entfernt, als er von Bauten umgeben war und der geschäftige Heumarkt das Geschehen beherrschte. Bemerkenswert sind die Gitter und Eisenträger im Stil des **Art Nouveau** am Eingang zur Métrostation, die Paris der Stadt anlässlich der Expo '67 schenkte.

Das Stadtzentrum

Grob gesagt erstreckt sich Montréals Zentrum zwischen der Rue Sherbrooke im Norden und der Rue St-Antoine im Süden sowie von der Rue St-Denis im Osten über die Golden Square Mile (S. 246) weiter nach Westen bis über die Rue Guy hinaus. Von den Hauptstraßen bietet die **Rue Ste-Catherine** die meisten Gelegenheiten zum Einkaufen, Essengehen und Ausgehen. Der **Boulevard de Maisonneuve** dagegen deckt die geschäftlichen Interessen ab. Die Sehenswürdigkeiten im Zentrum sind mit den grünen und orangen Métrolinien bequem zu erreichen, die meisten Stationen bieten außerdem Zugang zur Ville Souterraine (S. 254). Daneben gibt es aber auch alte Kirchen und Museen zu sehen. Die öffentlichen Plätze werden von Straßenmusikanten, Kleinkünstlern und Markthändlern bevölkert.

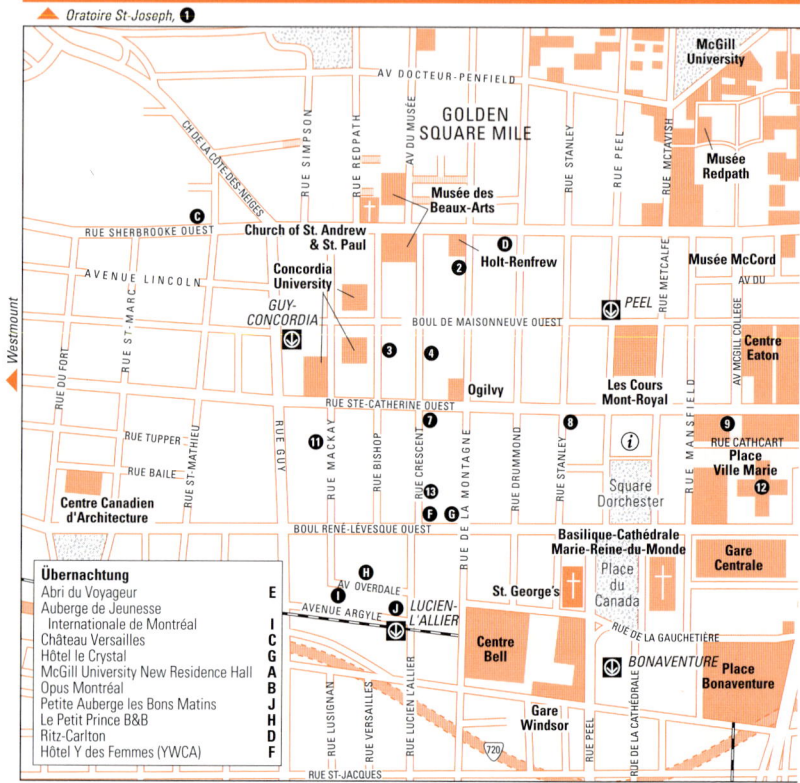

Oratoire St-Joseph, ❶

GOLDEN SQUARE MILE

McGill University

Musée Redpath

AV DOCTEUR-PENFIELD

RUE SIMPSON

RUE REDPATH

AV DU MUSÉE

RUE STANLEY

RUE PEEL

RUE MCTAVISH

CH DE LA CÔTE-DES-NEIGES

C RUE SHERBROOKE OUEST

Church of St. Andrew & St. Paul

Musée des Beaux-Arts

D Holt-Renfrew **2**

Musée McCord

AVENUE LINCOLN

Concordia University

GUY-CONCORDIA ⓟ

PEEL ⓟ

AV DU

RUE METCALFE

AV MCGILL COLLEGE

Centre Eaton

RUE ST-MARC

RUE DU FORT

RUE ST-MATHIEU

BOUL DE MAISONNEUVE OUEST

3 **4**

Ogilvy

RUE STE-CATHERINE OUEST **7**

Les Cours Mont-Royal

AV MANSFIELD

RUE CATHCART

9

Place Ville Marie

12

Westmount ◀

Montréal und Südwest-Québec

RUE TUPPER

RUE BAILE

RUE GUY

RUE MACKAY **11**

RUE BISHOP

RUE CRESCENT **13**

RUE DE LA MONTAGNE

RUE DRUMMOND

RUE STANLEY

8

(i)

Square Dorchester

Centre Canadien d'Architecture

BOUL RENÉ-LÉVESQUE OUEST

F **G**

Basilique-Cathédrale Marie-Reine-du-Monde

Gare Centrale

H

AV OVERDALE

St. George's

Place du Canada

I

AVENUE ARGYLE

J

LUCIEN-L'ALLIER ⓟ

RUE DE LA GAUCHETIÈRE

RUE LUSIGNAN

RUE VERSAILLES

RUE LUCIEN L'ALLIER

Centre Bell

BONAVENTURE ⓟ Place Bonaventure

RUE PEEL

RUE DE LA CATHÉDRALE

Gare Windsor

720

RUE ST-JACQUES

Übernachtung

Abri du Voyageur	E
Auberge de Jeunesse Internationale de Montréal	I
Château Versailles	C
Hôtel le Crystal	G
McGill University New Residence Hall	A
Opus Montréal	B
Petite Auberge les Bons Matins	J
Le Petit Prince B&B	H
Ritz-Carlton	D
Hôtel Y des Femmes (YWCA)	F

Square Dorchester und Umgebung

Inmitten des Zentrums dient der Square Dorchester, ein ehemaliger katholischer Friedhof, als Orientierungspunkt. Das **Infotouriste**-Büro ist im Dominion Square Building im Art-déco-Stil an der nördlichen Seite des Platzes untergebracht (s. S. 270). Von hier starten Bustouren. Im Park finden im Sommer gelegentlich Konzerte statt. Die südliche Hälfte des Platzes wurde als **Place du Canada** abgetrennt – zur Erinnerung an den 100. Jahrestag der Konföderation 1967. Auf der Westseite des Platzes steht das älteste Gebäude der Gegend, die viktorianische

St. George's Anglican Church, ☎ 514/866-7113, 🖵 www.st-georges.org. Hinter der massiven neugotischen Fassade verbirgt sich ein eleganter Kirchenraum. ⏱ Di–So 9–16 Uhr.

Das legendäre Eishockeyteam der Stadt (Montréal Canadiens, auch als „Habs", kurz für „Habitants", bekannt) spielt zwei Häuserblocks westlich der Place du Canada im 21 000 Zuschauer fassenden **Centre Bell**, 1260 Rue de la Gauchetière Ouest, ☎ 514/932-2582, 🖵 www.centrebell.ca. Hier finden auch Rockkonzerte, klassische Musikdarbietungen und Familienveranstaltungen statt. Englischsprachige Tou-

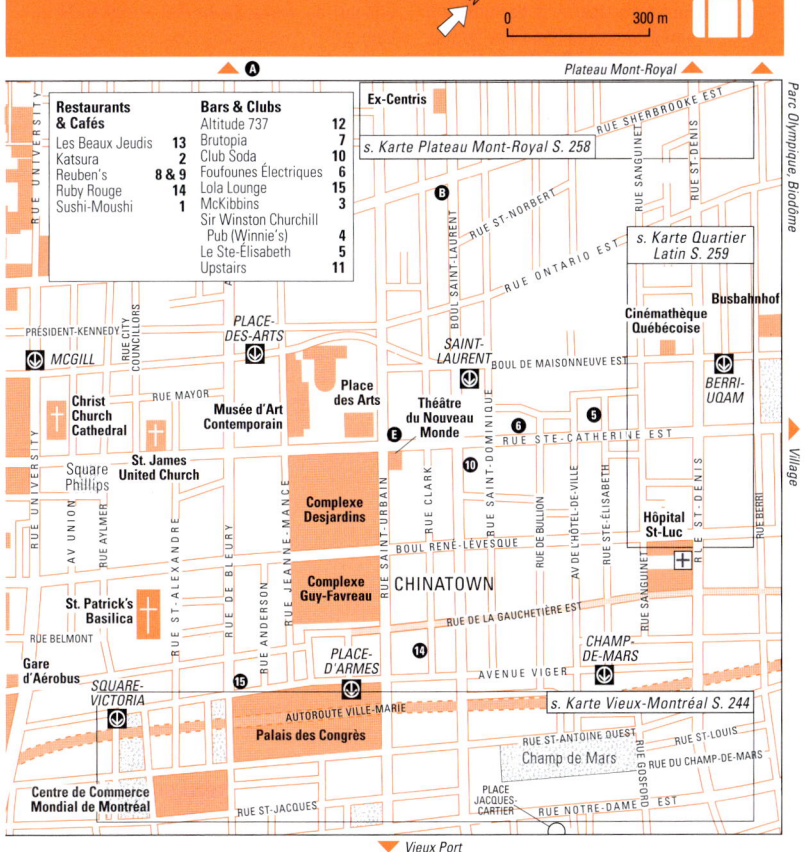

Restaurants & Cafés

Les Beaux Jeudis	13
Katsura	2
Reuben's	8 & 9
Ruby Rouge	14
Sushi-Moushi	1

Bars & Clubs

Altitude 737	12
Brutopia	7
Club Soda	10
Foufounes Électriques	6
Lola Lounge	15
McKibbins	3
Sir Winston Churchill Pub (Winnie's)	4
Le Ste-Élisabeth	5
Upstairs	11

Plateau Mont-Royal

Parc Olympique, Biodôme

Ex-Centris

s. Karte Plateau Mont-Royal S. 258

RUE SHERBROOKE EST

s. Karte Quartier Latin S. 259

Busbahnhof

Cinémathèque Québécoise

PRÉSIDENT-KENNEDY

PLACE-DES-ARTS

MCGILL

Christ Church Cathedral

RUE MAYOR

Musée d'Art Contemporain

Place des Arts

Théâtre du Nouveau Monde

SAINT-LAURENT

BOUL DE MAISONNEUVE EST

BERRI-UQAM

Square Phillips

St. James United Church

RUE STE-CATHERINE EST

Complexe Desjardins

BOUL RENÉ-LÉVESQUE

Hôpital St-Luc

St. Patrick's Basilica

Complexe Guy-Favreau

CHINATOWN

RUE DE LA GAUCHETIÈRE EST

Gare d'Aérobus

PLACE-D'ARMES

CHAMP-DE-MARS

SQUARE-VICTORIA

AVENUE VIGER

AUTOROUTE VILLE-MARIE

s. Karte Vieux-Montréal S. 244

Palais des Congrès

RUE ST-ANTOINE OUEST

RUE ST-LOUIS

Champ de Mars

RUE DU CHAMP-DE-MARS

Centre de Commerce Mondial de Montréal

RUE ST-JACQUES

PLACE JACQUES-CARTIER

RUE NOTRE-DAME EST

Village

Vieux Port

Montréal und Südwest-Québec

---

ren werden täglich um 11.15 und 14.45 Uhr angeboten, Eintritt $8. Pucks und Hockeytrikots als Andenken sind im Innern in der Canadiens' Souvenir Boutique erhältlich, ☉ Mo–Mi 9.30–18, Do und Fr 9.30–21, Sa und So 9.30–17 Uhr.

Basilique-Cathédrale Marie-Reine-du-Monde

Im Schatten der benachbarten Wolkenkratzer erinnert die 1875 von Bischof Ignace Bourget in Auftrag gegebene Basilique-Cathédrale Marie-Reine-du-Monde, Métro Bonaventure, 🖵 www.cathedralecatholiquedemontreal.org, an die lange Vorherrschaft des Katholizismus in der größten Stadt des Dominion Kanada. Nach einem Besuch in Rom zeigte sich Bourget vom Petersdom schwer beeindruckt und schuf eine kleinere Version der berühmten Kirche. Während die Statuen über der Petersdom-Fassade die Apostel darstellen, repräsentieren die 13 Statuen an der Spitze des kleinen Pendants die Schutzheiligen der Spendergemeinden. Der Innenraum ist unerwartet bescheiden. Der Hochaltar aus Marmor, Onyx und Elfenbein wird jedoch von einer vergoldeten Kupfernachbildung von Berninis Baldachin über dem Altar des Petersdoms gekrönt. Links hinter dem Eingang befindet sich die Chapelle des Souvenirs mit verschiedenen Reliquien, darunter die Überreste des obskuren St. Zotikus, eines Schutzheiligen der Armen, in Wachs. ☉ Mo–Fr 7–19.30, Sa 7.30–20.30, So 8.30–19.30 Uhr.

Centre Canadien d'Architecture

Einige Blocks westlich vom Centre Bell ist das **Centre Canadien d'Architecture** (CCA), 1920 Rue Baile, Métro Guy-Concordia, ✆ 514/939-7026, 🖥 www.cca.qc.ca, in einem schönen, glänzenden Gebäude mit fensterloser Fassade und riesigen Glastüren untergebracht. Dieses Design von Peter Rose verbindet das hübsch restaurierte Shaughnessy Mansion (ehemalige Residenz eines Vorsitzenden der Canadian Pacific Railway) und seinen Art-Nouveau-Wintergarten. Die hellen Galerien zeigen die riesige Museumssammlung an Drucken, Zeichnungen und Büchern: Die Ausstellungen widmen sich sowohl individuellen Künstlern als auch Kunstbewegungen aus allen Kulturen und Epochen. ☉ Mi–So 10–17, Do bis 21 Uhr, Eintritt $10, Do nach 17.30 Uhr frei.

Hinter dem Museum an der Südseite des Boulevard René-Lévesque befinden sich die kuriosen **CCA Sculpture Gardens**. Die von dem herausragenden einheimischen Künstler Melvin Charney entworfenen Skulpturen präsentieren eine verrückte Mischung verschiedener architektonischer Stilrichtungen. Ihr Arrangement erinnert an antike Steinzirkel. ☉ tgl. 6–24 Uhr, Eintritt frei.

Rue Ste-Catherine und Umgebung

Zwei kurze Blocks weiter nördlich vom CCA erreicht man die **Rue Ste-Catherine**, seit Beginn des 20. Jhs. die wichtigste Geschäftsstraße der Stadt. Sie zieht sich 15 km lang über die Insel von Montréal. Das Hauptgeschäftsviertel liegt östlich der Rue Guy. Abseits ihres konsumorientierten Glanzes überrascht die Rue mit schäbigen Ecken, wo Peepshows und Strip-Lokale die Straßenlandschaft beleben. Ein Stück weiter führt sie durch das Quartier Latin, um dahinter das Epizentrum der schwul-lesbischen Szene der Stadt, das Village gai, zu durchqueren und sich weiter bis zu den Arbeitervierteln im Osten Montréals zu erstrecken.

Von der Kreuzung der Rue Peel und der Rue Ste-Catherine fällt das elegante **Cours Mont-Royal** ins Auge. Das ehemals größte Hotel des British Commonwealth umfasst heute vier Stockwerke mit Geschäften (darunter auch teure Designerläden), darüber liegen Apartments und Büros. Im Innenraum ist ein 14 Etagen hohes Atrium mit alten Kronleuchtern aus dem Hotel zu sehen. Einer davon hängt an der Kassettendecke über dem Laufsteg, der

Stadt im Untergrund: die Ville Souterraine

Die Place Ville-Marie markiert den Beginn von Montréals berühmter Ville Souterraine – offiziell heißt sie RÉSO, nach dem französischen Wort für Netz, réseau. Geplant wurde die Ville Souterraine als „Unterschlupf" bei bitterer Kälte im Winter und unerträglicher Feuchtigkeit im Sommer. Die Errichtung der Place Ville-Marie in den 60er-Jahren stand am Anfang des unterirdischen Netzes. In Massen strömten die Montréaler in die erste klimatisierte Einkaufspassage, und die unterirdische Stadt breitete sich dementsprechend aus.

Heute bieten die 33 km langen Korridore Zugang zur Métro, zu den großen Hotels, zu Einkaufszentren, Verkehrsterminals, unzähligen Büros, Apartments und Restaurants sowie zu mehreren

Kinos und Theatern. Obwohl unter der Erde alles gut ausgeschildert ist, kann man sich beim ersten Besuch in dem ständig wachsenden System leicht verirren. Als hilfreich erweist sich eine Karte aus dem Tourist Office.

Die Broschüren preisen die Ville Souterraine als exotische Sehenswürdigkeit an, die Realität ist jedoch weitaus banaler und schnell erkundet. Die meisten Montréaler nutzen das unterirdische Wegenetz lediglich, um von A nach B zu gelangen und vielleicht unterwegs in einem der recht gewöhnlichen Finkaufszentren zu shoppen. Gutes, preiswertes Essen gibt es in den Lebensmittelabteilungen in den untersten Etagen jeder Mall (wo auch öffentliche Toiletten zu finden sind).

von den Modeaspirationen des Einkaufszentrums zeugt. Zwischen den Hochhäusern und Einkaufszentren ragt über einem kreuzförmigen Grundriss der 46-stöckige Wolkenkratzer **Place Ville-Marie** in die Höhe. Das Gebäude ist seit den frühen 1960er-Jahren ein Wahrzeichen der Stadt und war mit seinem unterirdischen Einkaufskomplex ein wesentlicher Katalysator für den Ausbau der Ville Souterraine. Hier beginnt die **Avenue McGill College**, ein breiter Boulevard, der von Hochhäusern gesäumt wird, die den Blick auf die McGill University und den Mont Royal dahinter einrahmen.

Christ Church Cathedral

Einen Häuserblock weiter östlich der Place Ville Marie wird die Reihe der Geschäfte und Büros durch die 1859 erbaute anglikanische Christ Church Cathedral, 635 Rue Ste-Catherine Ouest, Métro McGill, ✆ 514/843-6577, 🖥 www.montreal. anglican.org/cathedral, und den gegenüberliegenden Square Phillips unterbrochen. Im Jahr 1927 drohte der schlanke Steinturm durch das Holzdach der Kirche zu krachen und wurde durch eine leichtere Aluminiumnachbildung ersetzt. Im Innenraum sind die hoch aufragenden gotischen Bögen mit Köpfen von Engeln und den Evangelisten verziert. Die auffälligste Charakteristik ist jedoch das Coventry Cross. Zusammengesetzt wurde dieses aus Nägeln, die nach der Zerstörung von Englands Coventry Cathedral im Zweiten Weltkrieg gerettet werden konnten. ⊙ tgl. 8–18 Uhr.

Wegen des Rückgangs zahlender Gemeindemitglieder sah sich die Kirchenbehörde veranlasst, das umgebende Gelände – über und unter der Erde – zu verpachten. Fast ein Jahr lang war das Gotteshaus eine „schwebende Kirche": Gestützt auf Betonpfeiler hing sie buchstäblich in der Luft, während Bauarbeiter unter ihr den Tunnel für die **Promenades de la Cathédrale**, einen von Boutiquen gesäumten Teil der Ville Souterraine gruben.

Place des Arts und Musée d'Art Contemporain de Montréal

Einige Blocks östlich vom Square Phillips fällt die Rue Ste-Catherine zu Montréals führendem Zentrum für darstellende Künste, dem **Place**

des Arts, ab. Der Kunst- und Kulturkomplex mit seinem umwerfenden Design ist im Sommer auch Schauplatz großer Festivals. Die Vorführräume sind allesamt durch eine unterirdische Halle zu erreichen. Darüber erstreckt sich eine große Piazza mit Gärten und Springbrunnen. Dieser Teil der Stadt, das Quartier des Spectacles, wird gerade zu Montréals Unterhaltungsviertel ausgebaut, und rund um die Place des Arts werden weitere Theater, Kulturzentren und Galerien angesiedelt.

Das **Musée d'Art Contemporain de Montréal** an der Westseite der Piazza, Métro Place-des-Arts, ✆ 514/847-6226, 🖥 www.macm.org, hat sich als erstes Museum in Kanada gänzlich der modernen Kunst verschrieben. Das Museum widmet sich sowohl Québecer Malern, wie Paul-Émile Borduas und Jean-Paul Riopelle, als auch anderen kanadischen und internationalen Künstlern. Ein Flügel beherbergt die ständige Sammlung, die anderen zeigen wechselnde Ausstellungen. Im kleinen, versteckten Skulpturengarten ist inmitten des Grüns eine Skulptur von Henri Moore zu bewundern. Am ersten Freitag des Monats (außer Jan und Aug) gibt's im Museum bei normalem Eintrittspreis Livemusik, Cocktails und Führungen durch die Sammlung. ⊙ Di–So 11–18, Mi 11–21 Uhr, Eintritt $8, Mi 18–21 Uhr frei.

Rue Sherbrooke und Umgebung

Die Rue Sherbrooke durchquert die Hälfte von Montréals Insel. Neben dem Olympiastadion weit im Osten präsentieren sich die wenigen Blocks zwischen McGill University und Rue Guy als interessantester Teil. Auf diesem eleganten Abschnitt reihen sich exklusive Hotels und Designer-Boutiquen aneinander.

Ritz-Carlton und Umgebung

An der Ecke Rue Drummond steht das prunkvolle **Ritz-Carlton**, wo sich Elizabeth Taylor und Richard Burton einst das Jawort gaben. Das Hotel beherbergt die kleine **Galerie Claude Lafitte**, ✆ 514/842-1270, 🖥 www.lafitte.com, mit Werken von Picasso, Miró, Chagall und den kanadischen Künstlern Riopelle, Fortin, Lemieux, Borduas und Pellan. ⊙ Mo–Sa 10.30–17, So 12–17 Uhr. Das Ritz-Carlton bleibt ein Wahrzeichen des als **Golden Square Mile** bekannten Gebiets zwischen Rue Sherbrooke, Chemin de la Côte-des-Neiges, dem Hügel und der McGill University. Obwohl das Zentrum seine Fühler schon bis in den südlichen Rand des Viertels ausstreckt, sind noch viele der prächtigen Villen erhalten (wenngleich inzwischen von Firmen oder der Universität genutzt). In der Zeit vom Ende des 19. Jhs. bis zum Zweiten Weltkrieg befand sich Kanadas Vermögen zu 70 % im Besitz der paar hundert Bewohner dieser Gegend. Diese sogenannten „Caesars of the Wilderness" waren zum Großteil schottische Immigranten. Ihren Reichtum erlangten sie mit Bierbrauen, Pelzhandel und Bankgeschäften, und anschließend finanzierten sie die Eisenbahnen und Dampfschiffe, die Montréal zu industriellem Wachstum verhalfen.

Musée des Beaux-Arts

Westlich vom Ritz befindet sich an der Ecke zur Rue Crescent – einer lebendigen Straße voller Boutiquen und Bars – Kanadas ältestes Museum, das **Musée des Beaux-Arts**, mit jeweils einem Gebäude auf beiden Seiten der Rue Sherbrooke, Nr. 1379 und 1380, Métro Guy-Concordia, ☏ 514/285-2000 oder 1-800/899-6873, 🖳 www.mmfa.qc.ca. Die hier gezeigte Sammlung kanadischer Kunst zählt zu den eindrucksvollsten im ganzen Land. Sie reicht von den andächtigen Werken Neufrankreichs über die einheimischen Landschaftsgemälde von u. a. James Wilson Morrice, Maurice Cullen und Clarence Gagnon bis hin zu den radikaleren Bildern der Automatisten Paul-Émile Borduas und Jean-Paul Riopelle, die die Montréaler Kunstszene in den 40er-Jahren wandelten. Auch der Group of Seven wird etwas Platz eingeräumt, die besten Werke finden sich jedoch in der europäischen Abteilung mit Gemälden von großen Meistern wie El Greco, Rembrandt und Memling. ☉ Di–Fr 11–17, Sa und So 10–17 Uhr, manchmal bei Sonderausstellungen Mi bis 21 Uhr, Eintritt $15, Mi nach 17 Uhr zum halben Preis.

Gleich westlich des Museums erinnert an der Kreuzung Rue Sherbrooke und Redpath die **Church of St. Andrew and St. Paul**, die Kirche des kanadischen Highland-Regiments Black Watch, ebenfalls an die schottischen Wurzeln des Viertels. Dieses neogotische Gebäude ist nicht unbedingt sehenswert, allerdings lohnt sich ein Blick auf die Buntglasfenster.

McGill University

In östlicher Richtung erreicht man durch ein neoklassizistisches Steintor am Ende der **Avenue McGill College** die sehr angesehene Universität. Der große Boulevard mit breiten Bürgersteigen wird von Skulpturen geschmückt. Die bemerkenswerteste darunter ist Raymond Masons *The Illuminated Crowd*, die Darstellung einer Masse von überlebensgroßen Menschen. Meist sieht sie sich einer ebenso großen Touristenmenge gegenüber. Der Campus der **McGill University** wurde 1813 vom Vermächtnis von James McGill, einem immigrierten Pelzhändler aus Glasgow, gegründet und genießt heute weltweite Anerkennung für ihr medizinisches und technisches Institut. Das Gelände mit seinen prächtigen Kalksteingebäuden eignet sich hervorragend für einen Spaziergang. Ein Felsbrocken auf dem Campus nahe Sherbrooke markiert den ehemaligen Standort des Irokesen-Dorfes Hochelaga vor dem Eindringen der Europäer.

Das **Musée Redpath**, Métro McGill, ☏ 514/398-4086, 🖳 www.mcgill.ca/redpath, im Zentrum des Campus ist das erste eigens errichtete anthropologische Museum in Kanada mit einer vielseitigen Sammlung, darunter Musikinstrumente, Dinosaurierknochen und zwei ägyptische Mumien. ☉ Mo–Fr 9–17, So 13–17 Uhr, Sa ganzjährig geschlossen, Eintritt frei.

Musée McCord d'Histoire Canadienne

Das schmucke Gebäude aus dem frühen 20. Jh. gegenüber dem McGill-Campus war früher Sitz der Studentenvereinigung, heute residiert darin das Musée McCord d'Histoire Canadienne, 690 Rue Sherbrooke Ouest, Métro McGill, ☏ 514/398-7100, 🖳 www.mccord-museum.qc.ca, mit seiner umfassenden Sammlung zur kanadischen Geschichte. Die meisten Exponate wurden von der schottisch-irischen Familie McCord ab der Mitte des 19. Jhs. 80 Jahre lang zusammengetragen. Diese sehr persönliche Betrachtungsweise der Entwicklung Kanadas konzentriert sich auf Zusammenhänge zwischen Kolonialisierung und dem gleichzeitigen Niedergang der

Montréal und Südwest-Québec

indianischen Kultur. Die besondere Stärke des Museums liegt in den Gebrauchsgegenständen, Textilien und Kleidungsstücken der Ureinwohner. Zu den Prunkstücken gehören Pelze, Elfenbeinschnitzereien und Perlenarbeiten der indianischen Völker. Gleich um die Ecke konkurrieren filigrane Schmuckstücke und andere Gegenstände privilegierter Montréaler Familien mit den großformatigen Fotos um Aufmerksamkeit, die William Notman Mitte des 19. Jhs. von der Stadt machte. ☉ Di–Fr 10–18, Sa–Mo 10–17 Uhr, im Winter Mo geschlossen, Eintritt $13, 1. Sa des Monats vor 12 Uhr frei.

Mont Royal und das Plateau

Der Boulevard St-Laurent – genannt **The Main** – verbindet Vieux-Montréal mit den nördlichen Stadtteilen. Im faszinierenden Bezirk **Plateau Mont-Royal** nördlich der Rue Sherbrooke wird Montréals kosmopolitischer Charakter deutlich: Unterschiedliche Enklaven von Immigrantenvierteln reihen sich aneinander.

Parallel zum Boulevard verläuft die **Rue St-Denis**, die zweite wichtige Verkehrsader durch das Plateau und an ihrem südlichen Ende das Herzstück des lebendigen Studentenviertels **Quartier Latin**. Es ist die Gegend Montréals, die mit ihren vielfältigen Restaurants und Bars den meisten Spaß verspricht.

Wem es hier zu turbulent zugeht, der findet in der ausgedehnten Parklandschaft des **Mont Royal** erholsame Ruhe und kann, wenn's noch andächtiger sein soll, das **Oratoire St-Joseph** auf der Nordwestseite des Hügels besuchen.

Plateau Mont-Royal und Quartier Latin

Historisch gesehen trennte der Boulevard St-Laurent die Engländer im Westen von den Franzosen im Osten der Stadt. Montréals Immigranten – zunächst russische Juden, dann Griechen, Portugiesen, Italiener und Osteuropäer und in der jüngeren Vergangenheit Lateinamerikaner – siedelten sich in der Mitte an. Obwohl viele davon genügend wirtschaftlichen Erfolg hatten, um sich einen Umzug leisten zu können, ist die Gegend um The Main noch immer von einer kulturellen Mischung geprägt. Hier konnte keine der beiden Hauptsprachen die Oberhand gewinnen. Delis, Bars, Nachtclubs, Computergeschäfte, Buchläden und immer mehr hippe Boutiquen bieten eine hervorragende Kulisse für den schönen Wirrwarr an Ansichten, Geräuschen und Gerüchen.

Die schillerndste Gegend mit den angesagtesten Restaurants und Clubs auf dem Main ist der Abschnitt nördlich der Rue Sherbrooke bis zur **Rue Prince-Arthur**. Letztere ist eine der wenigen Fußgängerzonen von Montréal und im Sommer von Straßenkünstlern bevölkert. Ihr östliches Ende bildet der reizvolle **Square St-Louis** mit Springbrunnen und Statue. Der Platz wurde 1876 entworfen und befand sich ursprünglich fest in der Hand des Montréaler Bürgertums, später waren die wunderschönen Häuser die bevorzugte Adresse von Malern und Dichtern.

Die Ostseite des Platzes unterteilt die **Rue St-Denis** in eine untere und eine obere Hälfte. Der Teil südlich der Rue Sherbrooke Richtung Rue Ste-Catherine – das **Quartier Latin** – hatte lange Zeit einen eher zweifelhaften Ruf. Inzwischen haben sich hier jedoch Cafés und Bars etabliert, in denen sich die Studenten der nahe gelegenen Université du Québec à Montréal (UQAM) bis in die frühen Morgenstunden vergnügen. Der nördliche Teil der Rue St-Denis, der vom Platz durch das Plateau führt, ist wiederum das Revier der frankophonen Intellektuellen. Es hat eine andere, aber ähnlich berauschende Atmosphäre. Hier befinden sich einige der exklusivsten Boutiquen und Restaurants der Stadt.

Mont Royal

Mont Royal mit seinen 233 m Höhe und 2 km^2 Grünfläche mag für die meisten Touristen nichts weiter sein als ein kleiner Hügel – die Montréaler jedoch betrachten die von fast überall in der Stadt sichtbare Erhebung als richtigen Berg. In der Geschichte der Stadt spielt Mont Royal eine besondere Rolle: Hier ließen sich einst die Irokesen nieder und hier erklärte Maisonneuve später die Insel zu französischem Gebiet. Jahrhundertelang befand sich der Berg in Privatbesitz. Dann begann ein Bewohner während eines besonders grimmigen Winters, die Bäume zu fällen, um sich zusätzliches Brennholz zu

Montréal Plateau Mont-Royal

0   200 m

Little Italy,

Maison de Culture

AVENUE DU MONT-ROYAL EST

MONT-ROYAL

Sanctuaire Très St-Sacrament

RUE MARIE-ANNE OUEST

RUE MARIE-ANNE EST

Parc du Portugal

Parc des Amériques

Église St-Jean-Baptiste

RUE RACHEL OUEST

RUE RACHEL EST

Bars & Clubs	
Balattou	7
Bar Bifteck	26
Bar Fly	11
Bily Kun	5
Blizzarts	17
Café Campus	29
Else's	21
Laïka	13
Macaroni	6
Orchid	30
Sofa	10
Tokyo Bar	24

AVENUE DULUTH OUEST

AVENUE DULUTH EST

RUE BAGG

RUE NAPOLÉON

Oboro

RUE ST-CUTHBERT

RUE ROY EST

Übernachtung	
Anne ma Soeur Anne	C
Auberge Chez Jean	B
Aux Portes de la Nuit	D
Boulanger Bassin B&B	A
Château de l'Argoat	F
Gîte Plateau Mont-Royal	G
Hôtel de Paris	E

AVENUE DES PINS EST

RUE GUILBAULT

RUE CHERRIER

Agora de la Danse

RUE PRINCE-ARTHUR EST

Square St-Louis

SHERBROOKE

RUE SHERBROOKE EST

Ex-Centris

RUE MILTON

Quartier Latin

Montréal und Südwest-Québec

Parc du Mont-Royal

McGill University

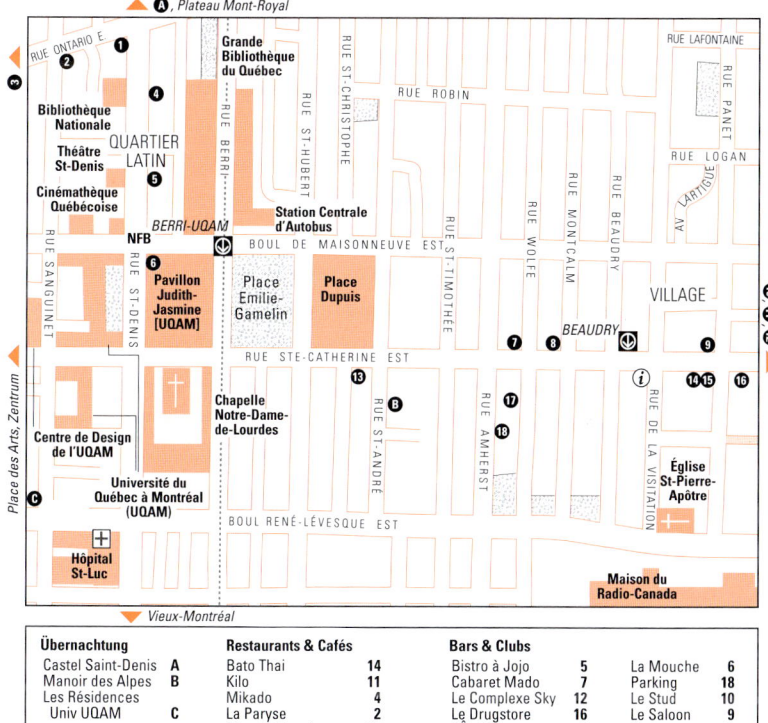

Montréal
Quartier Latin und Le Village

0   200 m

A, Plateau Mont-Royal

RUE ONTARIO E.

RUE LAFONTAINE

Grande Bibliothèque du Québec

RUE ST-CHRISTOPHE

RUE ROBIN

RUE PANET

Bibliothèque Nationale

RUE BERRI

RUE ST-HUBERT

QUARTIER LATIN

Théâtre St-Denis

RUE LOGAN

Cinémathèque Québécoise

AV. LARTIGUE

Station Centrale d'Autobus

BERRI-UQAM

NFB

BOUL DE MAISONNEUVE EST

RUE ST-DENIS

RUE SANGUINET

Pavillon Judith-Jasmine [UQAM]

Place Emilie-Gamelin

Place Dupuis

RUE ST-TIMOTHEE

RUE WOLFE

RUE MONTCALM

RUE BEAUDRY

VILLAGE

BEAUDRY

RUE STE-CATHERINE EST

Chapelle Notre-Dame-de-Lourdes

RUE ST-ANDRE

RUE AMHERST

RUE DE LA VISITATION

Église St-Pierre-Apôtre

Centre de Design de l'UQAM

Université du Québec à Montréal (UQAM)

BOUL RENÉ-LÉVESQUE EST

Place des Arts, Zentrum

Hôpital St-Luc

Maison du Radio-Canada

Vieux-Montréal

Montréal und Südwest-Québec

Übernachtung		Restaurants & Cafés		Bars & Clubs			
Castel Saint-Denis	A	Bato Thai	14	Bistro à Jojo	5	La Mouche	6
Manoir des Alpes	B	Kilo	11	Cabaret Mado	7	Parking	18
Les Résidences		Mikado	4	Le Complexe Sky	12	Le Stud	10
Univ UQAM	C	La Paryse	2	Le Drugstore	16	Le Saloon	9
		Piccolo Diavolo	15	L'Île Noire	1	Stereo	13
		Le Resto du Village	17	Jello Bar	3	Unity	8

beschaffen. Die Montréaler waren angesichts dieser Schändung derart empört, dass die Stadt das Land 1875 für die beträchtliche Summe von 1 Million Dollar erwarb. Frederick Law Olmsted, der auch die Entwürfe für den Central Park in New York und den Golden Gate Park in San Francisco gezeichnet hatte, wurde mit der landschaftlichen Gestaltung des Hügels beauftragt. Heute halten hier Joggingwege über 56 km und Skiloipen über 20 km die Bevölkerung das ganze Jahr über auf Trab.

Die Stadt hat sich standhaft geweigert, kommerzielle Entwicklungen an diesem Ort zuzulassen. Die einzigen Bauarbeiten – eine Arbeits-

beschaffungsmaßnahme – dienten dem Anlegen des **Lac aux Castors** in den 30er-Jahren. Hier tummeln sich im Winter Schlittschuhläufer und im Sommer Paddler.

Als ein Lokaljournalist in den 50er-Jahren von amourösen Abenteuern und Alkoholgelagen in der Gegend berichtete, erreichte der Schutz des Berges seinen puritanischen Höhepunkt. In der Folge wurde das gesamte Unterholz herausgerissen, was zum Absterben eines Großteils der Eschen, Birken, Ahornbäume, Eichen und Kiefern führte. Innerhalb von fünf Jahren hatte man den Hügel in „Bald Mountain" (kahler Berg) umbenannt, und eine Neubepflanzung war notwendig.

Eine viel besuchte Pilgerstätte: das Oratoire St-Joseph hoch über Montréal.

Spaziergänge auf den Mont Royal

Es gibt verschiedene Routen auf den Hügel. Die beliebteste davon beginnt am **George-Étienne-Cartier-Denkmal** an der Avenue du Parc und ist vom Boulevard St-Laurent am einfachsten über die Rue Rachel nach Westen zu erreichen. Alternativen sind die Fahrt mit der Métro bis zur Station Mont-Royal, danach zu Fuß Richtung Westen entlang der Ave du Mont-Royal und links in die Ave du Parc abbiegen, oder eine Fahrt mit der Métro bis Place-des-Arts, dann weiter mit Bus 80 und am Park aussteigen. Egal welche Variante man wählt: Das Denkmal mit dem großen Engel auf seiner Spitze ist kaum zu verfehlen, schon gar nicht an einem Sonntagnachmittag im Sommer, wenn sich hier Musiker und Leute aller Altersgruppen zum Sonnenuntergang treffen. Vom Denkmal führen dann verschiedene Wege auf den Hügel und zum erleuchteten Kreuz. Es erinnert an Maisonneuve, der hier 1642 ein Holzkreuz errichtete. Am gemächlichsten steigt der Chemin Olmsted an, der als breiter Fuhrweg in einer weiten Schleife unterhalb des Gipfels zunächst am nördlichen Ende der Rue Peel (ein-

fachster Zugang vom Zentrum) und dann am Lac aux Castor vorbeiführt. Danach erreicht er das **Maison Smith**, 📞 514/843-8240, 🖳 www.lemont royal.com, in dem es eine Touristeninformation und eine Ausstellung über den Hügel gibt, 🕐 tgl. 9–17 Uhr, Eintritt frei, und schließlich das Chalet mit einem **Aussichtspunkt** und herrlichem Blick auf Montréals Zentrum und den St.-Lorenz-Strom dahinter.

Oratoire St-Joseph

Westlich des Hügels erhebt sich inmitten einer grünen Umgebung nahe dem höchsten Punkt von Montréal das eindrucksvolle Oratoire St-Joseph, 🖳 www.saint-joseph.org. Im Jahr 1904 errichtete Bruder André – ein kränklicher und langjähriger Bruder der Kongregation zum Heiligen Kreuz in Montréal – an diesem Platz eine kleine Kapelle zu Ehren des kanadischen Schutzheiligen St. Joseph. Es sollte nicht lange dauern, bis Bruder André wegen seiner heilenden Fähigkeiten den Spitznamen „Zauberer von Montréal" erhielt. Scharen von Patienten erklommen die Treppen auf Knien, um seine Gnade zu empfangen.

Die Zufriedenen spendeten viel Geld, so dass der Mönch 1924 mit dem Bau dieses enormen Granitgebäudes beginnen konnte. Fertiggestellt wurde es allerdings erst 1967 – 30 Jahre nach seinem Tod. Überragt wird es von der zweitgrößten Kuppel der Welt – größer ist nur die des Petersdoms in Rom.

Der Innenraum kann nicht ganz mit der äußeren italienischen Pracht mithalten. Die Kapelle in der Apsis ist mit grünen Marmorsäulen und einer Blattgold-Decke allerdings reich verziert. Im angrenzenden Vorraum an den Wänden flackern Tausende von Votivkerzen, und überall hängen Zeugnisse von Bruder Andrés heilender Kraft in Form von Krücken und anderen Gehhilfen. Die Dachterrasse über dem Portikus bietet einen wunderschönen Blick auf die Stadt und Zugang zum Garten.

Das kleine Museum oben gibt Aufschluss über das Leben von Bruder André. Zu sehen ist unter anderem sein Sterbezimmer, das von einem lokalen Hospiz hierher verlagert wurde. Ganz Fromme behaupten, sein in einem Glaskasten aufbewahrtes Herz bebe noch immer von Zeit zu Zeit.

Draußen präsentiert der **Kreuzweg** einige besonders schöne Skulpturen des einheimischen Künstlers Louis Parent in sanft weißem Carrara-Marmor und gelbbraunem Stein aus Indiana: Dieses ruhige Plätzchen wurde einst zum Schauplatz für den Film *Jesus von Montreal* von Denys Arcand auserkoren. Auch das kleine Gebäude in der Nähe des Oratoriums mit der ursprünglichen Kapelle und Bruder Andrés winzigem Zimmer lohnt eine Besichtigung. ☉ Basilika Mai–Okt 7–21, Nov–April 7–17.30 Uhr; Museum tgl. 10–17 Uhr. Wer sich den Weg über den Gipfel sparen möchte, kann das Oratorium auch mit der Métro erreichen. Der Weg von der nächst gelegenen Station Côte-des-Neiges ist ausgeschildert; die Busse 51, 165, 166 und 535 halten ebenfalls in der Nähe.

Parc Olympique und Umgebung

Montréals verrufenste architektonische Konstruktion, der Parc Olympique, ist am besten mit der Métro bis Station Pie-IX zu erreichen. Seine

Hauptattraktion, das **Olympiastadion**, ⌨ www.rio.gouv.qc.ca, ist unter den Bewohnern der Stadt aus drei Gründen als das „Big O" bekannt: Wegen seines Namens, wegen der runden Form und wegen der Tatsache, dass sich die Stadt seinetwegen so hoch verschuldet hat („owes so much"). Die wichtigsten Einrichtungen für die Sommerolympiade 1976 wurden von Roger Taillibert entworfen. Man erklärte ihm, dass Geld keine Rolle spiele. Am Ende beliefen sich die Kosten für den Komplex auf 1,4 Milliarden Dollar (inkl. Zinsen und Instandhaltung sind es über 2 Milliarden). Und: Am Ende war das Stadion noch nicht einmal rechtzeitig zu den Spielen fertig. Heute wird es sporadisch genutzt, und damit die Schulden abgetragen werden können, findet hier alles Mögliche statt – von Monstertruck-Rennen bis hin zu Football-Spielen und Messen. **Führungen** werden täglich angeboten, $8, Zeiten unter ☎ 514/252-4737 oder 1-877/997-0919 oder im Internet.

Der **Turm** des Stadions – der mit 175 m höchste schiefe Turm der Welt – gilt als bautechnische Meisterleistung. Seine Hauptfunktion bestand ursprünglich darin, ein 65 t schweres, einfahrbares Dach zu tragen. Allerdings funktionierte das 45-minütige Verfahren nie so richtig, und heute drohen Teile des Dachs einzubrechen. Ein **Außenaufzug** bringt Besucher zur Beobachtungsplattform in der Turmspitze, wo sie eine 60 km weite Aussicht sowie eine Ausstellung historischer Fotografien von Montréal erwartet, ☉ tgl. Mitte Juni–Anfang Sep 9–19 Uhr, sonst 9–17 Uhr, Eintritt $15. In der Nähe des Olympiastadions befindet sich auch das schicke Saputo Stadium, in dem das Profifußballteam der Stadt, Montréal Impact, zu Hause ist.

Biodôme

Im Schatten des Stadions kauert der Biodôme, Métro Viau, ☎ 514/868-3000, ⌨ www.biodome. qc.ca, ein Gebäude in der Form eines Fahrradhelms und einst Austragungsort der olympischen Radwettbewerbe. Heute befindet sich darin ein tolles Umweltmuseum mit vier verschiedenen Ökosystemen – dem Regenwald, dem Laurentischen Wald, dem ozeanischen Mikrokosmos des St.-Lorenz-Stroms und der Polarregion. Die Besucher spazieren durch die unterschiedlichen, üppig bepflanzten Zonen, die von den entsprechenden Vögeln, Land- und Meerestieren bevölkert werden. Ein Besuch ist sehr lehrreich und unterhaltsam, an Wochenenden allerdings nicht so prickelnd – da scheint sich ganz Québec samt Anhang hier einzufinden. ⊙ Ende Feb–Anfang Sep tgl. 9–17 Uhr, sonst Di–So, Eintritt $12,75.

Jardin Botanique

Ein kostenloser Shuttlebus bietet von Mitte Mai bis Mitte Sep tgl. zwischen 11 und 17 Uhr alle halbe Stunde eine Verbindung zum nahen **Jardin Botanique de Montréal**, 4101 Sherbrooke Est, Métro Pie-IX, ✆ 514/872-1400, ⌨ www.ville.montreal.qc.ca/jardin. Gelände und Gewächshäuser umfassen ca. 30 verschiedene Arten von Gärten, darunter solche mit medizinischen Kräutern und Orchideen. Zu den Glanzpunkten zählt der japanische Garten mit seinen Seerosen-Teichen, die von grünlichen Steinskulpturen gesäumt und von eleganten Brücken überspannt werden. Besonders prachtvoll ist der benachbarte chinesische Garten während des Laternenfests im Herbst. ⊙ tgl. Mitte Mai–Nov 9–18, sonst Di–So 9–17 Uhr, Führungen tgl. 10 und 13.30 Uhr, Eintritt Mai–Okt $12,75, sonst $9,75.

Zu den weiteren Attraktionen des Gartens gehört das **Insectarium**, ein käferförmiges Gebäude, das Insekten aller Art und Größe beherbergt (gleiche Öffnungszeiten, Eintritt mit demselben Ticket).

Parc Jean-Drapeau

Der frühere Parc des Îles heißt heute Parc Jean-Drapeau. Er wurde zu Ehren des schillernden, langjährigen Bürgermeisters von Montréal nach dessen Tod im Jahr 1999 umbenannt. Zum Park gehört neben der **Île Ste-Hélène** die künstlich angelegte **Île Notre Dame**, aufgeschüttet mit ausgebaggerter Flusserde und Aushub, der beim Bau der Métro angefallen war. Auch die dazugehörige Métrostation (der gelben Linie) auf der Île Ste-Hélène trägt inzwischen den Namen Jean-Drapeau. Die Île Notre-Dame macht mit ihren Stränden, Kanälen und Gärten einen ruhigeren

Eindruck als ihre Nachbarin – es sei denn, man kommt an einem Wochenende hierher, an dem auf dem Circuit Gilles-Villeneuve eine große Motorsportveranstaltung stattfindet. Von der Métrostation verkehrt Bus 167 zu den Sehenswürdigkeiten auf beiden Inseln.

Biosphère

Nicht weit von der Métrostation entfernt schwebt die riesige Kugel der Biosphère, ✆ 514/283-5000, ⌨ www.biosphere.ec.gc.ca, scheinbar über der Landschaft. Buckminster Fuller entwarf die Konstruktion aus Aluminiumdreiecken für die Expo '67. Heute ist hier ein interaktives Museum mit Schwerpunkt auf dem St Lawrence Seaway und die Great Lakes untergebracht. Die Ausstellungen wechseln jährlich und bieten vor allem für Kinder allerlei interaktive und multimediale Spielereien. In der 3. Etage gibt es einen schönen Aussichtspunkt mit Blick auf den St.-Lorenz-Strom, das Zentrum und die gewaltige Stahlskulptur *Der Mensch* von Alexander Calder am Ufer davor. Etliche weitere Kunstwerke sind über die Insel verteilt. ⊙ tgl. Ende Juni–Mitte Sep 10–18, Mitte Sep–Ende Juni Mo–Fr 12–17, Sa und So 10–17 Uhr, Eintritt $8,50, Kombiticket inkl. Musée Stewart $15.

Musée Stewart

Von der Biosphère sind es 20 Minuten Fußmarsch auf dem gewundenen Chemin du Tour zum einzigen **Fort** von Montréal, einem u-förmigen Bauwerk nahe dem Fluss. Der Gebäudekomplex, als Verteidigungsbollwerk von den Briten zwischen 1820 und 1824 gegen eine drohende (aber nie erfolgte) Invasion der Amerikaner errichtet, hat eine wechselvolle Geschichte erlebt. Im 2. Weltkrieg diente er als Gefangenenlager, bevor er zum **Musée Stewart**, ⌨ www.stewart-museum.org, wurde. Im Hauptgebäude, einem vom Duke of Wellington in Auftrag gegebenen, befestigtem Arsenal, zeigt das Museum eine Sammlung von Waffen und zusammengetragenen, historisch bedeutsamen Objekten. Im Sommer werden Militärparaden der Fraser Highlanders und Compagnie Franche de la Marine aus dem 17. und 18. Jh. von kostümierten Mitarbeitern aufgeführt. ⊙ tgl. 10–17 Uhr, Eintritt $10, Kombiticket inkl. Biosphère $15.

La Ronde

Das Kreischen, das überall im Osten der Insel an die Ohren dringt, hat seinen Ursprung jenseits der Pont Jacques-Cartier im Vergnügungspark **La Ronde**, ℘ 514/397-2000, 🖳 www.laronde.com. Das Gelände ist auch Veranstaltungsort für verschiedene Feste das ganze Jahr über, darunter der jährliche Feuerwerkswettbewerb (Fireworks Competition) von Juni bis Juli. ⊙ tgl. Mitte Juni–Sep 10.30–22.30 Uhr, andere Zeiten bitte der Website entnehmen, Eintritt $37, nur Gelände $22,60.

Übernachtung

Viele Unterkünfte in Montréal sind auf „Spesenreisende" ausgerichtet. In jüngerer Zeit sind aber in Vieux-Montréal kleinere und günstigere Hotels mit mehr Atmosphäre hinzugekommen. **Mittelklassehotels** gibt es in der lebendigen Gegend der Rue St-Denis, noch billigere Unterkünfte in der abgewrackten Umgebung der Rue St-Hubert östlich des Busbahnhofs. Eine Alternative sind **B&Bs**, deren Zahl weiter wächst und die preiswerte Unterkunft in interessanten Vierteln wie dem Plateau bieten. Als spottbillig erweisen sich die **Hostels** und **Studentenzimmer**.

Hotels

Abri du Voyageur, 9 Rue Ste-Catherine Ouest, Métro St-Laurent, ℘ 514/849-2922 oder 1-866/302-2922, 🖳 www.abri-voyageur.ca. Die Lage mitten im Rotlichtbezirk lässt etwas zu wünschen übrig, dafür sind die Zimmer sauber, z. T. mit Backsteinwänden und Holzböden, nur wenige Schritte von Chinatown und Vieux-Montréal. Es gibt auch Studio-Apartments mit Kochnischen. ❷

Anne ma Soeur Anne, 4119 Rue St-Denis, Métro Mont-Royal, ℘ 514/281-3187, 🖳 www.annemasoeuranne.com. Schickes Hotel in einem schönen Abschnitt der Rue St-Denis mit 17 sonnigen, gelben Zimmern, alle mit WLAN, Küchenzeile, großem Bad und z. T. großer Terrasse. Jeden Morgen werden Croissants aufs Zimmer gebracht. ❺

Auberge Bonaparte, 447 Rue St-François-Xavier, Métro Place-d'Armes, ℘ 514/844-1448, 🖳 www.bonaparte.com. Das stattliche,

1886 errichtete Gebäude mit seinen weinroten Markisen und Dachgauben liegt nur einen Katzensprung von der Basilique Notre-Dame entfernt. Die Zimmer warten mit schmiedeeisernen Betten, Holzböden und großen Fenstern auf, einige mit Blick auf die Gärten der Basilique. Frühstück inkl. ❻

Auberge Casa de Mateo, 440 Rue St Francois-Xavier, Métro Place d'Armes, ℘ 514/286-9589, 🖳 www.casademateo.com. Besser als die hellen, geräumigen, sauberen Zimmer ist die Lage im Herzen von Vieux-Montréal. Frühstück inkl. ❹

Castel Saint-Denis, 2099 Rue St-Denis, Métro Berri-UQAM oder Sherbrooke, ℘ 514/842-9719, 🖳 www.castelsaintdenis.qc.ca. Zählt zu den besseren kleinen Hotels in Montréal, schöne, aber dennoch ruhige Lage im angesagten Viertel von St-Denis. WLAN; Frühstück inkl. ❸

Château de l'Argoat, 524 Rue Sherbrooke Est, Métro Sherbrooke, ℘ 514/842-2046, 🖳 www.hotel-chateau-argoat.qc.ca. Hinter cremefarbenen dicken Steinmauern liegen 25 große, hübsch eingerichtete Zimmer mit hohen Decken, Kronleuchtern und Bad, einige mit Whirlpool. Frühstück und Parkplatz inkl. ❹

Château Versailles, 1659 Rue Sherbrooke Ouest, Métro Guy-Concordia, ℘ 514/933-3611 oder 1-888/933-8111, 🖳 www.versailleshotels.com. Einzigartiges, schön eingerichtetes Hotel in 4 Steingebäuden am nordwestlichen Rand des Zentrums, sehr beliebt, Reservierung weit im

Rustikaler Charme

Auberge Les Passants du Sans Soucy, 171 Rue St-Paul Ouest, Métro Place-d'Armes, ℘ 514/842-2634, 🖳 www.lesanssoucy.com. Messingbetten und Holzfußböden unterstreichen die romantische Atmosphäre dieser bezaubernden Unterkunft. Zum rustikalen Charme einiger Zimmer tragen auch frei liegende Deckenbalken und Steinwände bei. Das Frühstück wird in einem kleinen, sonnigen Raum serviert und ist im Preis enthalten. In der Lobby werden auch Ausstellungen mit Werken von Künstlern aus Québec gezeigt. ❻

Voraus zu empfehlen. Niedrigere Preise an Winterwochenenden. ❼

Hôtel Gault, 449 Rue Ste-Hélène, Métro Square-Victoria, ☎ 514/904-1616 oder 1-866/904-1616, 🖥 www.hotelgault.com. Eines der luxuriöseren der neuen kleinen Hotels, untergebracht in einem ehemaligen Lagerhaus von 1871, hat 30 individuell gestaltete Zimmer, bei denen Designer-Freaks ins Schwärmen kommen – aber auch tief in die Tasche greifen müssen. Wer will, kann sich mit einer „Jetlag-Massage" im Zimmer verwöhnen lassen. ❽

Manoir des Alpes, 1245 Rue St-André, Métro Berri-UQAM, ☎ 514/845-9803 oder 1-800/465-2929, 🖥 www.hotelmanoirdesalpes.qc.ca. Drei-Sterne-Unterkunft in einem viktorianischen Gebäude nahe dem Busbahnhof, Schweizer Touch und viel dunkles Holz, inkl. Frühstücksbuffet und Parkplatz. ❸

Opus Montréal, 10 Rue Sherbrooke Ouest, Métro St-Laurent, ☎ 514/843-6000 oder 1-866/744-6346, 🖥 www.opushotel.com/montreal. Schickes, in coolen Farbtönen gehaltenes Hotel in geschichtsträchtigem Gebäude von 1914, das liebevoll modernisiert worden ist. Wen es ins Montréaler Nachtleben zieht, der ist hier genau richtig: Das Hotel liegt in Gehnähe zum Plateau und zum Boulevard St-Laurent mit seinen vielen Clubs. Alternativ dazu lockt ein Cocktail auf der Terrasse der Koko Bar. ❼

Luxus in der Altstadt

Le Saint-Sulpice Hôtel, 414 Rue St-Sulpice, Métro Place-d'Armes, ☎ 514/288-1000 oder 1-877/785-7423, 🖥 www.lesaintsulpice.com. Reizendes kleines Hotel in bester Lage in Vieux-Montréal an einer Kopfsteinpflasterstraße im Schatten der Basilique Notre-Dame. Die Hotelsuiten verfügen alle über Kamin und Kochzeile, einige auch über eine große Terrasse. Das S Le Restaurant serviert in einem schattigen Innenhof mit Blick auf die benachbarten Gärten des Seminars St-Sulpice französische Küche mit nahöstlichem Touch, darunter hervorragende Meeresfrüchte. ❻–❼

Hôtel de Paris, 901 Rue Sherbrooke Est, Métro Sherbrooke, ☎ 514/522-6861 oder 1-800/567-7217, 🖥 www.hotel-montreal.com. Altes Herrenhaus in der Nähe der Rue St-Denis mit Café auf dem Balkon und weiteren Zimmern in zwei nahen Gebäuden. Die Einrichtung ist schlicht, die Betten sind klein, aber alle Zimmer haben TV, Telefon und zum Großteil Klimaanlage. ❹

Hôtel St-Paul, 355 Rue McGill, Métro Square-Victoria, ☎ 514/380-2222 oder 1-866/380-2202, 🖥 www.hotelstpaul.com. Hinter der Fassade einer ehemaligen Bank verbirgt sich ein neues, in edlem Minimalismus eingerichtetes Hotel. Im angeschlossenen Restaurant Vauvert kommt köstliches Essen aus Frankreich und Québec auf den Tisch. ❼

B&Bs

Boulanger Bassin B&B 4293 Rue Brébeuf, Métro Mont-Royal, ☎ 514/525-0854, 🖥 www.bbassin.com. Bietet nördlich des Parc Lafontaine 3 helle, farbenfrohe Zimmer, die schlicht, aber hübsch eingerichtet sind und alle ein Bad haben. Üppiges Frühstück. Kinder unter 6 Jahren übernachten kostenlos, in der Nebensaison Preisnachlässe am Wochenende. ❺

La Maison du Patriote, 169 Rue St-Paul Est, Métro Champ-de-Mars, ☎ 514/397-0855, 🖥 www.lamaisondupatriote.ca. Unschlagbare Lage um die Ecke von der Place Jacques-Cartier, freundliche, studentische Atmosphäre und kostenloses WLAN. Die Dorms sind allerdings beengt, mit Luftmatratzen anstelle von Betten. ❸

Petite Auberge les Bons Matins, 1401 Ave Argyle, Métro Lucien-L'Allier, ☎ 514/931-9167 oder 1-800/588-5280, 🖥 www.bonsmatins.com. An einer Allee nahe dem Zentrum und der geschäftigen Rue Crescent gelegen; gute Ausstattung, 15 große Zimmer und Suiten und 6 Apartments (❼) mit schönen architektonischen Details (Bögen, Backstein, Kamin), großen Fenstern und Bad. ❻

Le Petit Prince Bed and Breakfast, 1384 Ave Overdale, Métro Lucien-L'Allier, ☎ 514/938-2277 oder 1-877/938-9750, 🖥 www.montrealbandb.com. Ausgefallenes

B&B mit individuell gestalteten Zimmern, jedes davon mit Doppel-Jacuzzi und Kamin oder Balkon. ❼

Aux Portes de la Nuit, 3496 Ave Laval, Métro Sherbrooke, ☎ 514/848-0833, 🖳 www.auxportesdelanuit.com. Viktorianisches Haus an einer der schönsten Straßen des Plateaus mit 5 Zimmern, alle mit Bad, eins mit Balkon. ❹

Hostels

Auberge Alternative, 358 Rue St-Pierre, Métro Square-Victoria, ☎ 514/282-8069, 🖳 www.auberge-alternative.qc.ca. In einem umgebautem Lagerhaus von 1875 in Vieux-Montréal befindet Montréals bestes Hostel. Räume für 6–20 Leute und ein DZ. Mitgliedschaft nicht erforderlich. Außerdem kleine Kunstgalerie und manchmal Kunstunterricht. Kostenloser Fairtrade-Kaffee und -Tee; Frühstück mit Biobrot und -müsli ($5). ❶–❷

Auberge Chez Jean, 4136 Ave Henri-Julien, Métro Mont-Royal, ☎ 514/843-8279, 🖳 www.aubergechezjean.com. Man kann dieses unkonventionelle Hostel nur lieben oder hassen: Die Gäste schlagen ihr Lager nach Lust und Laune in den Gemeinschaftsräumen auf drei Etagen auf – ungemein förderlich für neue Freundschaften. Wer Privatsphäre sucht, muss eins der privateren Zimmer nehmen. Inkl. Frühstück und Internet/WLAN. ❶

Auberge de Jeunesse Internationale de Montréal (HI), 1030 Rue Mackay, Métro Lucien-L'Allier, ☎ 514/843-3317 oder 1-866/843-3317, 🖳 www.hostellingmontreal.com. Großes Hostel in guter Lage mit 250 Betten, verteilt auf EZ, Familienzimmer und Dorms, alle klimatisiert und mit Dusche. Der Anstrich der Zimmer ist zwar etwas düster, dafür sind die Mitarbeiter freundlich und hilfsbereit und bieten unterhaltsame Aktivitäten wie Kneipentouren an. Kostenloses WLAN. Juni–Sep reservieren! ❶–❷

Gîte Plateau Mont-Royal, 185 Rue Sherbrooke Est, Métro Sherbrooke, ☎ 514/284-1276 oder 1-877/350-4483, 🖳 www.hostelmontreal.com. Eine der besten Adressen für Backpacker: helle Dorms mit 6–8 Betten sowie Privatzimmer (mit Gemeinschaftsbad), ein klasse Gemeinschaftsraum und super Lage im Plateau-Viertel. Frühstück inkl. ❶–❸

Le Sous-bois, 431 Rue St-Vincent, Métro Berri UQAM, ☎ 514/879-1394, 🖳 www.lesousbois.com. Gemütliche, freundliche und gemessen an der Lage in Vieux-Montréal sehr preiswerte Unterkunft mit Luftmatratzen in einem großen Dorm und kleinen Holzhütten (❷) hinter dem Haus. Internet-Zugang, Waschküche, Telefonieren, Tee, Kaffee, Bettzeug und Handtücher – alles kostenlos. ❶

Hôtel Y des Femmes (YWCA), 1355 Blvd René-Lévesque Ouest, Métro Lucien L'Allier oder Guy-Concordia, ☎ 514/866-9942, 🖳 www.ydesfemmesmtl.org. Relativ teure EZ, DZ und Dreibettzimmer in zentraler Lage. Zum Pool und den Fitnesseinrichtungen haben jedoch nur die Frauen Zutritt. Küche und Internet-Zugang. ❷–❸

Studentenzimmer

McGill University Residences, 3935 Rue University, Métro McGill, ☎ 514/398-5200, 🖳 www.residences.mcgill.ca/summer.html. Beliebt bei anglophonen Besuchern, oft ausgebucht. 4 der Gebäude liegen an den Hängen des Mont Royal, das Royal Victoria College am Rand des Zentrums. Gute Wochenpreise. ⊙ Mitte Mai–Mitte Aug. ❶–❷

McGill University New Residence Hall, 3625 Ave du Parc, Métro Place-des-Arts, ☎ 514/398-3471, 🖳 www.mcgill.ca/nrh. Dieses Studentenwohnheim war früher ein Hotel der gehobenen Preisklasse; komfortable Zimmer (mit Küche auf jedem Stockwerk) und großzügige Suiten, alle mit Kochzeilen. Frühstück inkl. ⊙ Mitte Mai–Mitte Aug. ❺

Les Résidences Universitaires UQAM, 303 Blvd René-Lévesque Est, Métro Berri-UQAM, ☎ 514/987-6669, 🖳 www.residences-uqam.qc.ca. Mehr als 100 saubere, funktional eingerichtete Studioapartments mit Doppelbett, Küchenzeile und Bad, auch Mehrzimmerapartments im Quartier Latin. ⊙ Mitte Mai–Mitte Aug. ❷

Essen

Die Montréaler Restaurantszene ist so vielfältig wie die Bevölkerung der Stadt. Das Angebot reicht von üppigen Québecer Fleischgerichten bis hin zu einfallsreich zubereiteten japanischen Sushi und bodenständiger portugiesischer Küche. Gleich nördlich von Vieux-Montréal lockt **Chinatown**, um die Métrostation Jean-Talon liegt **Little Italy**, und eine **griechische Gemeinde** konzentriert sich mit ihren preiswerteren Restaurants auf Prince Arthur. Traditionellere griechische Speisen werden weiter nördlich an der Ave du Parc serviert. Sehr präsent sind die über das Zentrum verteilten **osteuropäischen Lokale**. Eröffnet wurden sie von jüdischen Immigranten, die einst in den Kleiderfabriken vor Ort Arbeit fanden. Ihre Spezialität – geräuchertes Fleisch – ist in Montréal inzwischen zu einer Delikatesse geworden. Serviert wird es auf Roggenbrot mit Pickles. In Sachen Bagels steht Montréal übrigens New York, der unbestrittenen Welthauptstadt der Heferinge, in fast nichts nach: Angeboten werden sie sowohl an schmuddeligen Imbissen als auch in eleganten Cafés. Eine andere Montréaler Spezialität ist die *poutine:* Pommes frites mit Bratensauce und Käse. Es gibt sie vor allem in Diners und Imbissen.

Etliche Restaurants liegen auch um die **Rue Ste-Catherine** im Zentrum. In **Vieux-Montréal** eröffnen ständig neue Lokale, viele sind jedoch touristisch und überteuert. Die beste Küche und Atmosphäre gibt es in der frankophonen Gegend um das **Plateau** und im **Quartier Latin**. Viele Lokale in der Rue Prince Arthur und Ave Duluth servieren gute internationale Gerichte und die Gäste können nach der Devise „Apportez votre vin" eigenen Wein mitbringen.

Cafés, Bäckereien und Delis

Bagel Etc., 4320 Blvd St-Laurent, Métro Mont-Royal oder Bus 55. Trendiger Diner im New Yorker Stil. Ausgezeichnete Bagels mit Belägen von Frischkäse bis Kaviar und außergewöhnliches Frühstück. ◷ tgl. 8–17 Uhr.
Beauty's, 93 Ave du Mont-Royal Ouest, Métro Mont Royal oder Bus 55. Brunch Institution mit wunderschönem Dekor im Stil der 50er-Jahre. Köstliche Frühstücksangebote von Omeletts bis zu frischem Obst. Am Wochenende früh da sein, später muss man Schlange stehen.
La Binerie Mont-Royal, 367 Ave du Mont-Royal Est, Métro Mont-Royal. Das bekannte Café

bietet Platz für Hunderte von täglichen Stammgästen an 4 Tischen und einem Tresen aus Chrom. Serviert werden Bohnen en masse mit Ketchup, Essig und Ahornsirup, daneben Schwein, Rind, *tourtière* (Hackfleisch-Quiche) und *pouding chômeur* („arbeitsloser Pudding"), eine Art Brotauflauf.
Brûlerie St-Denis, 1587 Rue St-Denis, Métro Berri-UQAM. Ein Paradies für Kaffeegenießer mit hunderten Sorten, die vor Ort geröstet und gemahlen werden. Plätze draußen.
Café Santropol, 3990 Rue St-Urbain, Ecke Ave Duluth, Bus 55 oder Métro Sherbrooke oder Mont-Royal. Das vornehmlich vegetarische Café hat hinten eine ruhige Terrasse, auf der es im Sommer grünt und blüht. Im Winter sorgt das gemütliche, helle Innere für behagliche Atmosphäre. Serviert riesige Sandwiches, Quiche, Salate und hausgemachte vegetarische Chiligerichte, daneben verschiedene Kräutertees und exzellente Bio-Kaffees aus fairem Handel.
Euro Deli, 3619 Blvd St-Laurent, Métro Sherbrooke oder Bus 55. Betriebsames Deli mit Sandwiches, Calzone, Pasta und vegetarischer Kost für unter $10. Außerdem starker Espresso!
Fairmount Bagel Bakery, 74 Ave Fairmount Ouest, Métro Laurier oder Bus 55. Der vielleicht beste Bagel-Laden in Montréal mit einer riesigen Auswahl, keine Sitzplätze; Bewaffnet mit einer Tüte voll himmlischer Bagels, einem Töpfchen Frischkäse und Räucherlachs kann man es sich aber auf dem nächsten Bordstein gemütlich machen. ◷ 24 Std.
Kilo, 5206 Blvd St-Laurent, Métro Laurier oder Bus 55, backt vorzügliche Kuchen,

insbesondere Käsekuchen. Teure, aber lohnenswerte Konditorei. An Wochenenden lange geöffnet.

Reuben's Deli, 1116 Rue Ste-Catherine Ouest, Métro McGill oder Peel. Ausgezeichnetes Deli mit einer Vielfalt an Räucherfleisch und leckeren Pommes frites. Hektische Atmosphäre und freundliche Bedienung. Bei Geschäftsleuten beliebt, dementsprechend voll zur Mittagszeit. Preiswerter, da in einem (gemütlichen) Keller, ist die Filiale etwas weiter östlich, im Haus Nr. 888.

Schwartz's, 3895 Blvd St-Laurent, Bus 55 oder Métro Sherbrooke. Eine Institution in Montréal: kleines, enges Deli, serviert enorme Sandwiches mit geräuchertem Fleisch, mürrische Bedienung inklusive. An Wochenenden Warteschlangen vor der Tür.

Senzala, 177 Rue Bernard Ouest, Métro Outremont. Brasilianisches Café in Mile End, das den Geschmackssinn mit interessanten Kreationen wie pochierten Eiern in Avocado und Tomatensauce auf Touren bringt. Außerdem lässt sich hier gut der Abend mit einem Caipirinha einläuten.

Wilensky's Light Lunch, 34 Ave Fairmount Ouest, Métro Laurier oder Bus 55, diente mit seiner Originalausstattung (z. B. Kasse, Grill, Getränkeautomat) von 1932 bereits unzählige Male als Filmkulisse. Das Wilensky Special umfasst mortadella-ähnliche Wurst und drei Salamiarten. ☺ Mo–Fr 9–16 Uhr.

Restaurants
Asiatisch

Azuma, 5263 Blvd St-Laurent, Métro Laurier oder Bus 55, ✆ 514/271-5263. Beliebtes japanisches Restaurant, das von außen etwas schäbig wirkt, aber feinstes Essen auftischt, darunter kreativ zubereitete traditionelle Gerichte und gute Soba-Nudeln.

Chu Chai, 4088 Rue St-Denis, Métro Mont-Royal oder Sherbrooke, ✆ 514/843-4194, 🖳 www.chuchai.com. Ausgezeichneter, vegetarischer Thailänder mit Mittagsmenüs, Abendessen ab $25.

Bei so viel Frische strahlt selbst der Marktmann – hier auf dem Marché Jean-Talon.

Katsura, 2170 Rue de la Montagne, Métro Peel, 📞 514/849-1172. Großes, beliebtes japanisches Restaurant im Zentrum. Während Woche mittags erschwingliche Bento-Schachteln und Ähnliches, ansonsten aber recht teuer.

Red Thai, 3550 Blvd St-Laurent, Métro Sherbrooke oder St-Laurent, 📞 514/289-0998. Exquisite thailändische Speisen in einem Ambiente hart an der Grenze zum Kitsch. Die meisten Hauptgerichte um $17.

Ruby Rouge, 1008 Rue Clark, Métro Place-d'Armes, 📞 514/390-8828, 🖥 www.restaurant rubyrouge.com. Montréals riesiger Dim-Sum-Tempel, im Herzen von Chinatown gelegen. Mit rund $4 pro Portion günstig, aber nicht spottbillig. Oft lange Warteschlangen.

Sushi-Moushi, 3193 Blvd Decarie, Métro Plamondon, 📞 514/369-8860, 🖥 www.sushi moushi.ca. Einer der Lieblingsjapaner der sushi-verrückten Montréaler. Die hübsch angerich-teten Maki sind eine Augenweide und günstig.

Soy, 5258 Blvd St-Laurent, Bus 55, 📞 514/499-9399. Leckere und leichte orien-talische Gerichte, eignet sich mit seinen Drei-Gänge-Menüs für weniger als $15 besonders gut zum Mittagessen.

Thai Express, 3710 Blvd St-Laurent, Métro Sherbrooke, 📞 514/287-9957. Der Name sagt schon alles: schnelle thailändische Spezialitäten zu niedrigen Preisen – herzhafte Currys und Wokgerichte mit wundervoll aromatischen Gewürzen für rund $10.

Französisch

Les Beaux Jeudis, 1449 Rue Crescent, Métro Guy-Concordia, 📞 514/288-5656. Schicke, aber unprätentiöse Brasserie mit Pariser Flair und einer blumengeschmückten Terrasse im Sommer. Mo–Sa sehr preiswerte Tagesgerichte *a volonté*, d. h. bis man nicht mehr kann.

Bonaparte, 443 Rue St-François-Xavier, Métro Place d'Armes, 📞 514/844-4368, 🖥 www.bonaparte.com. Zur gleichnamigen Auberge (S. 263) gehörendes, erschwingliches französisches Restaurant, schön in Vieux-Montréal gelegen, hervorragende Fisch- und Seafoodgerichte – z. B. köstlicher Hummer-eintopf mit Vanillegeschmack –, Tische auf den Balkonen. Abendmenüs $26–40.

Boris Bistro, 495 Rue McGill, Métro Square-Victoria, 📞 514/848-9575, 🖥 www.borisbistro. com. Bei Einheimischen beliebtes Terrassen-restaurant – eines der einladendsten in Vieux-Montréal. Große Karte u. a. mit Kaninchen-schmorbraten, Entenconfit und Grillforelle; dazu gute Weine.

Fonduementale, 4325 Rue St-Denis, Métro Mont-Royal, 📞 514/499-1446, 🖥 www.fonduementale.com. Restaurant in einem historischen 2-stöckigen Haus mit warmem Kamin im Winter und einer blühenden Sommerterrasse. Hier gibt es göttliche Fondues ab $19 und üppige Menüs ab $29 – genügend Sitzfleisch mitbringen, denn die Mahlzeiten sind nichts für Schnellesser.

Joe Beef, 2491 Rue Notre-Dame Ouest, Métro Lionel-Groulx, 📞 514/931-3999. Zwangloses Bistro am Canal de Lachine mit Tagesangeboten auf einer Tafel. Benannt nach Charles „Joe-Beef" McKiernan, einem Kneipen-wirt und einem „Held der Arbeiterklasse" aus dem 19. Jh. Die Zutaten für die einfachen, aber kreativen Gerichte wie Pasta mit Hummerstückchen und saftiges Steak mit Knochenmark stammen zumeist vom nahen Atwater-Markt.

Laloux, 250 Ave des Pins Est, Métro Sherbrooke, 📞 514/287-9127, 🖥 www.laloux.com. Helles Bistro im Pariser Stil mit viel Holz. Teure Nouvelle Cuisine (z. B. Forelle mit Auberginen-mousse): Mittags ist mit $55, abends inkl. einer Flasche Wein mit bis zu $150 zu rechnen.

Le Local, 740 Rue William, Métro Square-Victoria, 📞 514/397-7737, 🖥 www.resto-lelocal.com.

Seafood und Stimmung

Garde Manger, 408 Rue St-Francois-Xavier, Métro Square-Victoria, 📞 514/678-5044. Belieb-tes Restaurant mit geselliger, familiärer Atmo-sphäre, geführt von einem jungen Küchenchef. Spezialisiert auf Seafood und berühmt für die riesigen Holzschüsseln voller frischer Scha-lentiere, aber auch die Steaks mit Pommes frites sind gut. Dazu Rockmusik, eine bestens besuchte Bar und cocktailselige Gäste – eines der muntersten Restaurants in Vieux-Montréal.

Seafood ist nur eine der Leckereien, die in Montréals vielfältigen Restaurants locken.

Lebendiges Restaurant mit kreativem, bekanntem Küchenchef und kunstvollem Industrieambiente aus Glas und Stahl. Frische, oft aus der Region stammende Zutaten, z. B. für Rübensalat mit knusprigem Speck und Trüffelöl oder geschmorten Tintenfisch mit Chorizo und Pekannüssen.

A L'Os, 5207 Blvd St-Laurent, Métro Laurier, ✆ 514/270-7055. Stilvolles, einladendes Restaurant mit offener Küche, das seinem Namen („Am Knochen") mit hervorragenden Fleischgerichten gerecht wird, etwa saftige Filets mit Knochenmark, Bries mit geräucherter Paprika und Chorizo und Kaninchenschmorbraten. Gäste können ihren Wein selbst mitbringen. Mo geschlossen.

Au Petit Extra, 1690 Rue Ontario Est, Métro Papineau, ✆ 514/527-5552. Großes, lebendiges und erschwingliches Bistro mit ausgezeichnetem Essen (Mittagsmenü ab $13, Abendessen etwa $35) und authentischer französischer Atmosphäre, aber ein wenig ab vom Schuss im Osten.

Le Saint-Gabriel, 426 Rue St-Gabriel, Métro Place-d'Armes, ✆ 514/878-3561, ▭ www.lesaint-gabriel.com. Geschichtsträchtiges, romantisches Restaurant – es soll 1754 die erste Alkoholausschanklizenz Nordamerikas erhalten haben. Klassische, aber recht teure französische Küche: Lamm mit Polenta, Kalb mit Knoblauch, köstliche Crème brûlée. Sommerterrasse.

Toqué!, 900 Place Jean-Paul-Riopelle, Métro Square-Victoria, ✆ 514/499-2084, ▭ www.restaurant-toque.com. Dies ist das Reich des berühmten Kochs Normand Laprise, und entsprechend nobel sind Küche und Ambiente – alles in allem ein unvergessliches Erlebnis, sofern man einen Tisch bekommt. Reservierung ein Muss, Abendmenü ab $91.

Mediterran

Amelio's, 201 Rue Milton, Métro Place-des-Arts oder Bus 24, ✆ 514/845-8396, ▭ www.ameliospizza.com. Herzhafte Pizza, Pasta und Frikadellenbaguettes ab $9 in einem kleinen Kellerrestaurant inmitten des Studentenviertels der McGill University. Gute Preise und freundliche Bedienung. Wein selbst mitbringen.

Arahova Souvlaki, 256 Rue St-Viateur Ouest, Bus 80, ℘ 514/274-7828. Vorzügliche, echte griechische Küche für weniger als $10, darunter wunderbarer Zaziki. Beliebter Stopp nach einer Nacht in den Clubs.

Bottega, 67 Rue St-Zotique Est, Métro Laurier, ℘ 514/277-8104, ▯ www.bottega.ca. Ein riesiger Pizzaofen dominiert das Lokal, dessen begnadeter Pizzabäcker – er hat in Neapel gelernt – ausgezeichnete Klassiker ohne Firlefanz für $10–15 auf die Teller bringt. Vorher locken Sfizi, kleine neapolitanische Vorspeisenteller mit gebratenem Tintenfisch und Reiskroketten mit Mozzarella. Unbedingt reservieren.

Le Jardin de Panos, 521 Ave Duluth Est, Métro Sherbrooke oder Mont-Royal, ℘ 514/521-4206. Schlägt die vielen billigen griechischen *brochetteries* in der Rue Prince Arthur im Geschmack und hat außerdem noch einen Garten. Im Schnitt kostet ein Mahl $15–30. Wein selbst mitbringen.

Maestro SVP, 3615 Blvd St-Laurent, Métro Sherbrooke oder Bus 55, ℘ 514/842-6447. Heißer Tipp zur Austernsaison: Das Dutzend gibt es für $30, für den schnellen Kick auch einzeln als „Shooter" im Glas mit Wodka und Meerrettichsauce.

Milos, 5357, Ave du Parc, Bus 80, ℘ 514/272-3522, ▯ www.milos.ca. Teuer, aber der beste Grieche der Stadt. Besonders lecker ist hier der Fisch. Am frühen Abend und sonntags billigere Abendmenüs für $35.

Pintxo, 256 Rue Roy, Métro Sherbrooke, ℘ 514/844-0222, ▯ www.pintxo.ca. Mediterranes Flair im Plateau: Hinter der fröhlichen gelben Fassade verbirgt sich ein einladendes Restaurant mit Backsteinwänden, Holzböden und bunten Gemälden. An köstlichen *pintxos* (kleine Speisen) gibt's z. B. Oktopus-Carpaccio mit Cava-Vinaigrette und scharfe gegrillte Chorizo. Zum Nachspülen eignen sich die exzellenten spanischen Weine.

Pizzédélic, 3467 Blvd St-Laurent, Métro St-Laurent oder Bus 55, ℘ 514/845-0404, ▯ www.

pizzedelic.net. Der Erfolg der leckeren und experimentellen quadratischen Pizza für unter $16 hat diesem Restaurant inzwischen eine Filiale in Vieux-Montréal (39 Rue Notre-Dame Ouest) beschert. Besonders günstig das tgl. Mittagsgericht für $6,99.

Pizzeria Napoletana, 189 Rue Dante, Bus 55, ℘ 514/276-8226. Authentische Pizzeria in Little Italy, in der kein Gericht mehr als $15 kostet. Alkohol selbst mitbringen, an Wochenenden meist Warteschlangen.

Nordamerikanisch

La Iguana, 51 Rue Roy Est, Métro Sherbrooke, ℘ 514/844-0893, ▯ www.restaurant-laiguana. com. Traditionelles mexikanisches Essen für $10–25 in stimmungsvoller Atmosphäre. Empfehlung: die Riesengarnelen an Zitrussauce und die Steak-Fajitas.

Laurier BBQ, 381 Ave Laurier Ouest, Bus 80, ℘ 514/273-3671. Große gegrillte Hähnchen-stücke im Québecer Stil und riesige Salate, seit einem halben Jahrhundert eines der beliebtesten Lokale Montréals.

Moishe's, 3961 Blvd St-Laurent, Bus 55 oder Métro Sherbrooke, ℘ 514/845-3509, ▯ www.moishes.ca. Beliebt bei Montréals Geschäftsleuten. Vorzügliche (und riesige) Steaks ab $30, berüchtigt mürrischer Service. Reservierung empfehlenswert.

Patati Patata, 4177 Blvd St-Laurent, Bus 55, ℘ 514/844-0216. Winziges Lokal mit Platz für gerade mal ein Dutzend Gäste und ausgezeichnetem wie preiswertem haus-gemachtem Essen. Die hiesige Poutine soll die beste Montréals sein und lohnt also einen Test.

Shed Café, 3515 Blvd St-Laurent, Métro St-Laurent oder Sherbrooke, ℘ 514/842-0220. Hamburger, Salate und Sandwiches für $10–15, außerdem feisten Käsekuchen. Trendiges einheimisches Publikum, das gut zur loungig-lässigen Einrichtung passt. Gut sortierte Bar. Nach 20 Uhr DJ. ⏰ bis 1 Uhr (Wochenende 3 Uhr).

Montréal hat den Titel Party-Hauptstadt wirklich verdient: Das Nachtleben erlischt erst in den frühen Morgenstunden – die Bars sind zumeist bis 3 Uhr geöffnet. Eines der muntersten Kneipenviertel ist das **Plateau**. Durch dieses Viertel wie auch durchs benachbarte **Mile-End**, das immer angesagter zu werden scheint, zieht sich der Boulevard **St-Laurent**, den auf beiden Seiten alle möglichen Läden säumen, von schnieken Lounges bis zu abgewrackten Bars. Im Stadtzentrum konzentriert sich die Action auf die **Rue Crescent**; in Vieux-Montréal locken vor allem neue Hotel-Lounges und Restaurant-Bars. Beliebt sind auch die Studentenkneipen im **Quartier Latin** und die Bars im nahen **Village**, dem Schwulenviertel.

Viele Bars bieten musikalische Highlights, wobei Jazz besonders beliebt ist. Es gibt auch zahlreiche Veranstaltungsorte. Spitzenbands treten auf ihren Touren im Centre Bell und auf anderen großen Bühnen auf. Aktuelle **Informationen** sind in den kostenlosen englischen Wochenzeitungen *Mirror*, ⌨ www.montrealmirror.com, und *Hour*, ⌨ www.hour.com, aufgelistet. Auch in der täglich erscheinenden englischsprachigen *Montreal Gazette* gibt es eine gute Übersicht. Besonders zu empfehlen ist die Wochenendbeilage an Freitagen.

Bars

Bar Fly, 4062 Blvd St-Laurent, Métro St-Laurent. Fast jeden Abend treten in dieser lockeren, angeschmuddelten Bar lokale Livebands auf, die Musik reicht von Punk bis Blues. Beliebt bei tätowierten und gepiercten Teens und Twens.

Grüner Hof für lauschige Abende

Le Ste-Élisabeth, 1412 Rue Ste-Élisabeth, Métro Berri-UQAM, ⌨ www.ste-elisabeth.com. Die Bar mit ihrem bezaubernden, versteckten Hof mit hohen efeubewachsenen Wänden, die romantisch angestrahlt werden, und ihrer verglasten Terrasse im Obergeschoss ist ein verträumter Ort, ideal für einen lauschigen Abend mit Freunden bei kühlem Champagner oder Bier aus der Stadt.

Le Bifteck, 3702 Blvd St-Laurent, Métro Sherbrooke oder Bus 55. Studentische. Billige Bierbar mit Musik aus der Konserve von Grunge bis Hip-Hop, die über zwei Stockwerke, im Sommer auch bis nach draußen schallt.

Bily Kun, 354 Ave du Mont-Royal Est, Métro Mont-Royal, ⌨ www.bilykun.com. Sehr gut besuchte Brasserie/Pub, von deren Wänden ein paar ausgestopfte Straußenköpfe auf die Tische und Gäste blicken. DJs, gelegentlich auch Livebands von Jazz bis Funk.

Blizzarts, 3956a Blvd St-Laurent, Bus 55. Verrückte Lounge/Bar mit Retro-Einrichtung, Sputnik-Beleuchtung und kleiner Tanzfläche, zieht Endzwanziger vom Plateau an.

Brutopia, 1219 Rue Crescent, Métro Lucien-L'Allier, ⌨ www.brutopia.net. Einladende Kneipe auf drei Etagen mit einer Terrasse und Balkon, großer Auswahl exotischer Biere aus der eigenen Brauerei. An den meisten Tagen der Woche Livebands, Open-Mic- oder Quizabende.

Else's, 156 Rue Roy Est, Métro Sherbrooke. Lockere Kneipe für gemütliches Abhängen bei Bier und Brettspielen. Hervorragender Cidre vom Fass – und überraschend leckere Kleinigkeiten zum Knabbern.

L'Île Noire, 342 Rue Ontario Est, Métro Berri-UQAM. So schottisch wie ein Pub nur sein kann: hohe Barstühle aus Mahagoni, traditionelle Biergläser und 140 Sorten Whisky von $5–500 pro Glas.

Jello Bar, 151 Rue Ontario Est, Métro St-Laurent. Livejazz und -blues, Einrichtung im Stil der 60er/70er-Jahre – kitschig, aber unwiderstehlich. Spezialität des Hauses: Martini-Cocktails.

Laïka, 4040 Blvd St-Laurent, Bus 55, ⌨ www.laikamontreal.com. Tagsüber Café, nachts Lounge, am frühen Morgen eine himmlische Oase. Die coole Einrichtung zieht zu jeder Tageszeit ein lässig-schickes Publikum an, nur der Service könnte manchmal besser sein.

Lola Lounge, 1023 Rue de Bleury, Métro Square-Victoria. Jede Menge Sofas, auf denen man es sich gemütlich machen und den Loungesounds vom DJ lauschen kann.

McKibbins, 1426 Rue Bishop, Métro Guy-Concordia, ⌨ www.mckibbinsirishpub.com.

Uriger irischer Pub mit lebendigem Publikum, leckerem Kneipenessen, tollem Guinness und freitags und samstags Livebands.

Sir Winston Churchill Pub, 1459 Rue Crescent, Métro Peel oder Guy-Concordia. Großer English Pub, vor Ort als „Winnie's" bekannt, ist Teil eines Komplexes mit 9 Bars. Älteres Publikum, vor allem die anglophone Geschäftswelt fühlt sich hier wohl. Billardtische und kleine Tanzfläche. Beliebter Single-Treffpunkt.

Sofa, 451 Rachel Est, Métro Mont-Royal. Schicke Bar/Lounge, deren gut gekleidete Gäste – die meisten von 20 bis Ende 30 – Zigarren rauchen und ein Glas Portwein trinken, während coole Musik von Acid Jazz bis House gespielt wird.

Whisky Café, 5800 Blvd St-Laurent, Métro Outremont oder Bus 55, ⌨ www.whisky cafe.ca. Schicke Lounge mit edlen Spirituosen – darunter über 150 Whiskys – und einer passenden Klientel. Raucher zieht es in die Zigarrenlounge nebenan. Die Designer-einrichtung erstreckt sich auch auf die Toiletten, vielleicht die stilvollsten in ganz Montréal.

Clubs und Konzertbühnen

Altitude 737, 1 Place Ville-Marie, Métro McGill oder Bonaventure, ⌨ www.altitude737.com. Bei Bankern und Brokern beliebter Club, der die oberen drei Etagen des höchsten Gebäudes der Stadt einnimmt und einzig wegen der Aussicht den Besuch lohnt. Im schicken Restaurant kommt französische und andere europäische Küche auf den Tisch.

Le Balattou, 4372 Blvd St-Laurent, Bus 55, ⌨ www.balattou.com. Dunkel, verraucht, überfüllt, heiß, laut und freundlich. Jeden Abend Liveacts. Mo geschlossen.

Bistro à Jojo, 1627 Rue St-Denis, Métro Berri-UQAM, ⌨ www.bistroajojo.com. Gemütlicher, lockerer Bluesclub mit niedrigen Decken und Steinwänden. Tgl. ab 22 oder 22.30 Uhr Konzerte.

Café Campus, 57 Rue Prince Arthur Est, Métro Sherbrooke. Berühmt-berüchtigte Party location, jeden Abend Livemusik. Besonders zu empfehlen: der Retro-Dienstag („Mardi retro") und der Blues-Mittwoch. Der französische Abend jeden Sonntag ist kostenlos.

Casa del Popolo, 4873 Blvd St-Laurent, Métro Laurier oder Bus 55, ✆ 514/284-3804. Das „Haus des Volkes" ist Café, Bar und Konzertbühne mit unaufgeregter Atmosphäre. Geboten werden anspruchsvolle Lesungen, Folkkonzerte und andere Livebands. Außerdem muntere DJ-Abende und tagsüber Suppen und Salate. Guter Ort, um mit Einheimischen in Kontakt zu kommen. ☉ 12–3 Uhr.

Club Soda, 1225 Blvd St-Laurent, Métro St-Laurent, ⌨ www.clubsoda.ca. Große Konzertbühne mit fast schon legendärem Status in Montréal und berühmten Namen zuhauf. Eintritt ca. $25.

Les Deux Pierrots, 104 Rue St-Paul Ouest, Métro Champ-de-Mars, ⌨ www.lespierrots.com. Hauptsächlich Folksänger aus Québec, alle singen mit, schön lebendige Atmosphäre, Texte sind allerdings nur für Französischkenner zu verstehen. Sommerterrasse.

Les Foufounes Électriques, 87 Rue Ste-Catherine Est, Métro St-Laurent, ⌨ www.foufounes.qc.ca. Ein bizarrer Name („die elektrischen Hinterteile") für eine tolle bizarre Kombination aus Bar und Club. Auch als *Foufs* bekannt, bester Tipp in Québec für alternative Bands, junges Publikum: Raver bis Punks. Schöne Sommerabende auf der riesigen Terrasse. Tickets für Bands $5–15, Club kostenlos–$10, Eintritt zur Bar frei und billiges Bier.

Macaroni, 4448 Blvd St-Laurent, Métro Mont-Royal, ⌨ www.macaronibar.ca. Todschicker Club und Restaurant mit italienischer Küche. Gute Auswahl an kräftigen Cocktails. Abends DJs mit Clubmusik und riesige Terrasse zum Flirten unter den Sternen.

La Mouche, 1284 St-Denis, Métro Berri-UQAM, ⌨ www.lamouche.ca. Beliebter Club mit stets voller Tanzfläche. Zum Chillen gibt's Cocktails in der gedämpft beleuchteten Lounge. ☉ Fr–Sa ab 22 Uhr.

Urchid, 3556 Blvd St-Laurent, Métro Sherbrooke oder Bus 55. Beliebter Club, nicht zu groß, gespielt wird überwiegend House, dazwischen ein Mix aus Soul, Salsa und R&B. Wer rein will, muss sich schick machen. Freitags verbilligte Drinks für die Damen. Eintritt $10.

Tokyo Bar, 3709 Blvd St-Laurent, Métro St-Laurent oder Bus 55. Asiatisch angehauchte Atmosphäre, schummrige Beleuchtung und lokale DJs, die unkomplizierte Lieblingssongs spielen – ideal, um sich auf der Tanzfläche auszutoben oder in der Lounge und auf einer der beiden Dachterrassen zu chillen.

Upstairs, 1254 Rue Mackay, Métro Guy-Concordia, 🖥 www.upstairsjazz.com. Gemütliche, freundliche Souterrain-Location mit frischem Jazz und Blues jeden Abend. Publikum überwiegend in den 30ern. Unterschiedlicher Eintritt.

Schwule und Lesben

Montréals große Schwulenszene konzentriert sich auf die als **Village** bekannte Gegend an der Rue Ste-Catherine zwischen Rue Amherst und der Métrostation Papineau. Praktischerweise gibt es hier auch eine **Touristeninfo**, 1311 Rue Ste-Catherine Est, ✆ 514/522-1885 oder 1-888/595-8110, ⏰ ende Juni–Anfang Sep Mo–Do 11–18, Fr–So 10–20 Uhr. Untergebracht ist sie in einem Kiosk vor **Priape**, einem Sexshop und Laden für Szeneklamotten, der auch Bücher und Tickets für Veranstaltungen verkauft.

Mehrere **Info-Dienste** bieten Beratung und aktuelle Veranstaltungshinweise: **CAEO Quebec**, 🖥 www.caeoquebec.org, betreibt die Gay Line, ✆ 514/866-5090, tgl. 19–23 Uhr, in Englisch; **Gai Écoute**, ✆ 514/866-0103, 🖥 www.gaiecoute.org, ist in Französisch. **Fugues**, 🖥 www.fugues.com, ist Montréals französische Monatszeitschrift für Lesben und Schwule. Die Veranstaltung des Jahres findet Anfang August statt: die schwul-lesbische Pride Parade **Divers Cité**, 🖥 www.diverscite.org. Großer Andrang herrscht daneben beim Filmfestival **image + nation**, 🖥 www.image-nation.org, im Herbst und zum **Black & Blue Festival**, 🖥 www.bbcm.org, das in der Woche vor dem Thanksgiving-Wochenende beginnt und seinen krönenden Abschluss mit einer Megaparty findet. Verschiedene Clubs veranstalten Schwulenabende wie den lebendigen „Teetanz"

Mec Plus Ultra (normalerweise letzter So im Monat, im Le Belmont, 4483 Blvd St-Laurent, 🖥 www.lebelmont.com, ⏰ 17–3 Uhr, Eintritt $6.

Cafés und Restaurants

Die meisten Restaurants und Lokale im Village sind auf eine lesbische, bisexuelle und schwule Klientel ausgerichtet. Tagsüber ist hier ein gemischteres Publikum anzutreffen. Sofern nicht anders angegeben, ist Beaudry die nächstgelegene Métrostation.

Bato Thai, 1310 Rue Ste-Catherine Est, ✆ 514/524-6705. Elegantes thailändisches Restaurant mit Seefahrer-Ambiente, aber langsamem Service. Wochentags preiswerte Mittagsgerichte ab $14.

Le Club Sandwich, 1560 Rue Ste-Catherine Est. Das entspannte Diner bietet über 60 Varianten an Sandwiches, dazu den gerühmten Kohlsalat, und serviert auch Frühstück rund um die Uhr. Brunch ab $14. ⏰ 24 Std.

La Paryse, 302 Rue Ontario Est, Métro Berri-UQAM. Von Lesben geführtes, einfaches Lokal mit einer großen und exotischen Auswahl an Burgern, auch vegetarischen.

Piccolo Diavolo, 1336 Rue Ste-Catherine Est, ✆ 514/526-1336. Höllisch angesagter Italiener, schummrig beleuchtet und mit vielen kleinen diabolischen Anspielungen. Pizza, Pasta und fleischlastigere Gerichte, darunter leckeres Osso buco. Abendessen ca. $20.

Le Resto du Village, 1310 Rue Wolfe, nahe der Rue Ste-Catherine. Kleines Lokal, das sättigende, gute Gerichte wie *pâté chinois* (eine Art Hackfleisch-Kartoffel-Auflauf) und *poutine* für weniger als $15 serviert. Überwiegend schwule Gäste. ⏰ 24 Std.

Le Saloon, 1333 Rue Ste-Catherine, ✆ 514/522-1333, 🖥 wwww.lesaloon.ca. Freundliches Bistro mit Steaks, Seafood, Salaten und Fruchtcocktails, untermalt von DJ-Musik. Toller Brunch am Wochenende.

Bars, Clubs und Discos

Cabaret Mado, 1115 Rue Ste-Catherine Est, Métro Beaudry, 🖥 www.mado.qc.ca. Die lokale Drag-Berühmtheit Mado und ihre Kohorten sorgen dafür, dass die gemischte, lebenslustige Gästeschar gut unterhalten wird und sich bis tief in die Nacht auf der riesigen Tanzfläche vergnügt.

Le Complexe Sky, 1474 Rue Ste-Catherine Est, Métro Beaudry, 🖥 www.complexesky.com.

Cafébar im Erdgeschoss, im 1. Stock ein Männer-Stripclub und darüber der obligate dröhnende Club mit Showbühne. Zieht wochentags nach Büroschluss Schicke und Schöne an. Eintritt $4.

Le Drugstore, 1366 Rue Ste-Catherine Est. Extravaganter Bar-Komplex in gemütlichem 60er-Jahre-Look über 6 Etagen mit Billard-lounge, Dachterrasse und sogar einer Popcornmaschine. Beliebt bei Schwulen und Lesben. Vor 23 Uhr ist am meisten los.

Parking, 1296 Rue Amherst, Métro Beaudry, ☎ 514/282-1199, 🖥 www.parkingbar.com. Einer der populärsten Schwulenclubs in Montréal mit mehreren Tanzflächen und Lounges, die alle Genres und Geschmäcker bedienen. Vorher erkundigen, ob der Club schon wie geplant ins Olympia Theatre umgezogen ist. Fr und Sa nur Männer. Eintritt $3–5.

Stereo, 858 Rue Ste-Catherine Est, 🖥 www.stereo-nightclub.com. Guter Club, wenn sich die anderen zu leeren beginnen; die ganze Nacht über Techno, House und Drum 'n' Bass ab 2 Uhr bis der letzte nach Hause geht. ⏱ Fr und Sa, Eintritt $25–30.

Le Stud, 1812 Rue Ste-Catherine Est, 🖥 www.studbar.com. Beliebte Leder-und-Levi's-Bar mit Billardtischen und viel Bier.

Unity, 1171 Rue Ste-Catherine Est, Métro Beaudry, 🖥 www.clubunitymontreal.com. Junges gemischtes und ausgelassenes Publikum, das sich auf der großen Tanzfläche austoben will. In der Bamboo Bar darüber ist es meist noch voller und heißer – frische Luft und einen unvergesslichen Blick auf die Stadt gibt's von der Dachterrasse.

Klassik, Tanz und Theater

In Montréal gibt es mehr als 10 ausgezeichnete **Tanzensembles**, vom Les Grands Ballets Canadiens, 🖥 www.grandsballets.qc.ca, und Les Ballets Jazz de Montréal, 🖥 www.balletsdemontreal.com, bis zu den Avantgarde-Truppen La La La Human Steps und O Vertigo, die zu unterschiedlichen Zeiten im Place des Arts, im Théâtre de Verdure und bei Festivals auftreten. Das **Orchestre Symphonique de Montréal**, 🖥 www.osm.ca, und das **Orchestre Métro-**

politain, 🖥 www.orchestremetropolitain.com, geben regelmäßige Konzerte im Place des Arts und in der Basilique Notre-Dame. Außerdem werden in den Stadtparks eine Reihe von kostenlosen Sommerkonzerten aufgeführt. L'Opéra de Montréal, 🖥 www.operademontreal.com, produziert etwa 5 zweisprachig übertitelte Produktionen im Jahr im Place des Arts.

Komplex Place des Arts, 175 Rue Ste-Catherine Ouest, 🖥 www.pdarts.com, Montréals angesehenes Zentrum für darstellende Künste mit 5 Hallen und einem umfassenden Tanz-, Musik- und Theaterprogramm das ganze Jahr über. Es liegt im neuen Quartier des Spectacles, einem Vergnügungsviertel mit Theatern und Kulturzentren.

Théâtre de Verdure, im Parc Lafontaine, während der Sommermonate kostenlose Theaterstücke, Ballettvorführungen und Konzerte unter freiem Himmel.

Théâtre St-Denis, 1594 Rue St-Denis, 🖥 www.theatrestdenis.com, Mainstream-Musicals und andere Shows.

The Segal Centre for Performing Arts at The Saidye, 5170 Chemin de la Côte-Ste-Catherine, 🖥 www.saidyebronfman.org. Der Komplex beherbergt ein Ausstellungszentrum sowie einen 300 Plätze fassenden Veranstaltungsort für englische (und jiddische) Musik-, Tanz- und Theaterdarbietungen.

Théâtre du Rideau Vert, 4664 Rue St-Denis, 🖥 www.rideauvert.qc.ca, führendes französischsprachiges Theater der Stadt, hier haben Bühnenautoren aus Québec den Vorzug.

Théâtre du Nouveau Monde, 84 Rue Ste-Catherine Ouest, 🖥 www.tnm.qc.ca, Mischung aus zeitgenössischen und klassischen Stücken in französischer Sprache.

Centaur Theatre, 453 Rue St-François-Xavier, 🖥 www.centaurtheatre.com. Montréals wichtigstes englischsprachiges Schauspielhaus.

Kinos

Informationen über Filme und Zeiten sind online unter 🖥 www.cinemamontreal.com, in der Montreal Gazette und in den kostenlosen Wochenzeitungen zu finden; „v.o." steht für Originalversion „v.f." für französische Version.

Football: Die Alouettes de Montréal, 🖳 www.montrealalouettes.com, spielen in der kanadischen Football-Liga CFL. Heimspiele im Percival-Molson-Stadion der McGill University, 475 Ave des Pins Ouest. Tickets $25–125.

Eishockey: Heimstadion der Montréal Canadiens, 🖳 www.canadiens.com, ist das Centre Bell, 1250 Rue de la Gauchetière Ouest, Métro Lucien L'Allier oder Bonaventure. Tickets ab $28.

Fußball: Montréal Impact, 📞 514/328-3669, 🖳 www.montrealimpact.com, das Profifußballteam der Stadt, spielt im Saputo-Stadion, 4750 Sherbrooke Est, Métro Viau. Tickets ab $10.

Cinémathèque Québécoise, 355 Blvd de Maisonneuve Est, 🖳 www.cinematheque.qc.ca, zeigt klasse Filme und Ausstellungen.
Ex-Centris, 3536 Blvd St-Laurent, 🖳 www.ex-centris.com, hat eine Schwäche für alternative französische Filme und experimentelles digitales Kino.
CineRobotheque (Kino des National Film Board of Canada), 1564 Rue St-Denis, 🖳 www.nfb.ca. Das Programmkino der Stadt schlechthin.

Feste

Während der Sommermonate findet in Montréal jede Woche ein anderes Festival statt: Ausführliche Infos findet man im vierteljährlich erscheinenden Magazin *What to do in Montréal*, erhältlich im Infocentre, und im Internet unter 🖳 www.tourism-montreal.org. **Tickets** für die meisten Veranstaltungen gibt es bei Admission, 📞 514/790-1245 oder 1-800/361-4595, 🖳 www.admission.com.
Das **Festival International de Jazz de Montréal**, 🖳 www.montrealjazzfest.com, von Ende Juni bis Anfang Juli, gilt mit mehr als 400 Konzerten – die meisten davon kostenlos auf großen Open-Air-Bühnen um die Place des Arts – als das größte Jazzfestival in Nordamerika.
Das lebendige **First Peoples' Festival**, 🖳 wwww.nativelynx.qc.ca, Mitte Juni, ist eine Feier der Geschichte der kanadischen Ureinwohner mit traditionellen Aktivitäten wie Kehlgesang und Steinschnitzen; es endet am Tag der Sommersonnenwende (21. Juni), der gleichzeitig der National Aboriginal Day ist.
Juste pour Rire 🖳 www.hahaha.com, heißt das größte Comedy-Festival der Welt, das Mitte Juli stattfindet und bei dem in der Vergangenheit Stars wie Tim Allen, Rowan Atkinson, Jim Carrey, John Candy, Lily Tomlin und Whoopi Goldberg aufgetreten sind.
Kurz darauf bringen die **Francofolies**, 🖳 www.francofolies.com, französische Musiker aus der ganzen Welt auf verschiedene Bühnen in der Stadt.
Bei der **International Fireworks Competition** Ende Juli gibt es regelmäßig große Augen, wenn Feuerwerker zu musikalischer Untermalung ihr ganzes pyrotechnisches Können aufbieten. Schauplatz ist der Vergnügungspark La Ronde, das Ticket kostet rund $40 inkl. Eintritt für die Fahrgeschäfte. Billiger bekommt man das Spektakel auf der anderen Seite des Wassers und von der Pont Jacques-Cartier zu sehen.
Ende Juli erklingen beim **Festival International Nuits d'Afrique**, 🖳 www.festivalnuitsdafrique. com, afrikanische Rhythmen in der Stadt.
Zahlreiche Feste sind dem Essen, manche auch dem Trinken gewidmet, darunter im Juni das **Mondial de la Bière**, 🖳 www.festivalmondial biere.qc.ca, im Gare Windsor, bei der mehr als 250 Sorten Bier aus der ganzen Welt probiert werden können.
Die **Fête des Neiges de Montréal**, 🖳 www.fetedesneiges.com, Ende Januar auf der Île Ste-Hélène steht ganz im Zeichen winterlicher Vergnügungen – präsentiert u. a. Eisskulpturen.
Ende August flimmert das wichtigste der vielen Filmfestivals, das **Montréal World Film Festival**, 🖳 www.ffm-montreal.org, über die Leinwände der Stadt. Zunehmende Bedeutung gewinnen daneben die **Vues d'Afrique**, 🖳 www.vuesdafrique.org, Ende April mit Filmen aus Afrika und der Karibik.
Die fantastische Montréaler Zirkustruppe **Cirque de Soleil**, 🖳 www.cirquedusoleil.com, bereist die ganze Welt und gastiert alle zwei Jahre in ihrer Heimatstadt.

Apotheken

Pharmaprix, 5122 Chemin de la Côte-des-Neiges, nahe dem Oratoire, ☎ 514/738-8464, ⏰ 24 Std.
Die meisten Filialen im Zentrum von Pharmaprix und **Jean Coutu** sind von 8–24 Uhr geöffnet.

Autovermietungen

Avis, 1225 Rue Metcalfe, ☎ 514/866-7906;
Budget, 1240 Rue Guy, ☎ 514/938-1000;
Discount, 607 Blvd de Maisonneuve Ouest, ☎ 514/286-1554;
Hertz, 1073 Rue Drummond, ☎ 514/938-1717;
Thrifty, 845 Rue Ste-Catherine Est, ☎ 514/845-5954.

Bücher und Landkarten

Paragraphe, 2220 Ave McGill College, 🖥 www.paragraphbooks.com, eine der besten Buchhandlungen der Stadt.
Androgyne, 3636 St-Laurent, Montréals ultimativer Buchladen für Schwule und Lesben.
Librairie du Voyage Ulysse, 4176 Rue St-Denis und 560 Ave du President-Kennedy, 🖥 www.ulyssesguides.com, englische und französische Reisebücher.

Camping-Ausrüstung

Altitude Sports Plein-Air, 4140 Rue St-Denis, Métro Mont-Royal, ☎ 514/847-1515 oder 1-800/729-0322, 🖥 www.altitude-sports.com, verleiht alles Notwendige für die freie Natur.

Fahrräder

Am billigsten lässt sich Montréal per Fahrrad mit dem städtischen Leihangebot **Bixi** (S. 278) erkunden.
Cycle Pop, 1000 Rue Rachel Est, nahe Parc Lafontaine, ☎ 514/526-2525, 🖥 www.cyclepop.ca, und **Ça Roule**, 27 Rue de la Commune Est, am Vieux-Port gegenüber dem Quai King-Edward, ☎ 514/866-0633, 🖥 www.caroulemontreal.com, verleihen Fahrräder ab $25 pro Tag und veranstalten Kurse und sehr gute Radtouren.
Maison des Cyclistes, 1251 Rue Rachel Est, ☎ 514/521-8356, 🖥 www.velo.qc.ca, ist eine

ausgezeichnete Infoquelle für alle, die in Québec Rad fahren und Touren unternehmen wollen.

Geld

American Express, 1141 Blvd de Maisonneuve Ouest, ☎ 514/284-3300;
Bureau de Change de Vieux-Montréal, 230 Rue St-Jacques, ☎ 514/284-8686;
Calforex, 1250 Rue Peel, ☎ 514/392-9100;
Thomas Cook, Centre Eaton, 705 Rue Ste-Catherine Ouest, ☎ 514/284-7388.
Außerdem kann an den über die ganze Stadt verteilten Geldautomaten mit Cirrus-Symbol Geld abgehoben werden.

Informationen

Montréals zentrales Infocentre ist **Infotouriste**, 1001 Rue du Square-Dorchester, Ecke Rue Metcalfe, ☎ 514/873-2015 oder 1-877/266-5687, 🖥 www.bonjourquebec.com, ⏰ Ende Juni–Aug tgl. 9–19, Sep–Okt und März–Mitte Juni tgl. 9–18, Nov–Feb tgl. 9–17 Uhr. Die nächste Métrostation ist Peel, zu erreichen über Rue Peel Richtung Süden, vorbei an der Rue Ste-Catherine. Neben umfassendem und kostenlosem Informations-material bietet es auch einen Unterkunfts-service. Die Mitarbeiter hängen sich gern an die Strippe, um Übernachtungsmöglichkeiten ausfindig zu machen.
Das **Tourist Information Centre of Old Montréal**, 174 Rue Notre-Dame Est, an der nordwestlichen Ecke der Place Jacques-Cartier, 🖥 www.tourism-montreal.org, hingegen liefert nur Informationen über die Stadt, ⏰ April–Juni und Sep–Okt tgl. 9–17, Juni–Aug tgl. 9–19, Nov–März Mi–So 9–17 Uhr.

Internet

Café Depot, Blvd St-Laurent, Ecke Rue Prince-Arthur Est, kostenloses WLAN und guter Kaffee, ⏰ 24 Std. Am Blvd St-Laurent im Plateau und in den Univierteln um UQAM und McGill sind mehrere Internetcafés zu finden.
Größere Postämter bieten kostenlosen Internetzugang, beschränken diesen aber auf 15 Min.

N ↑

Montréal Métro

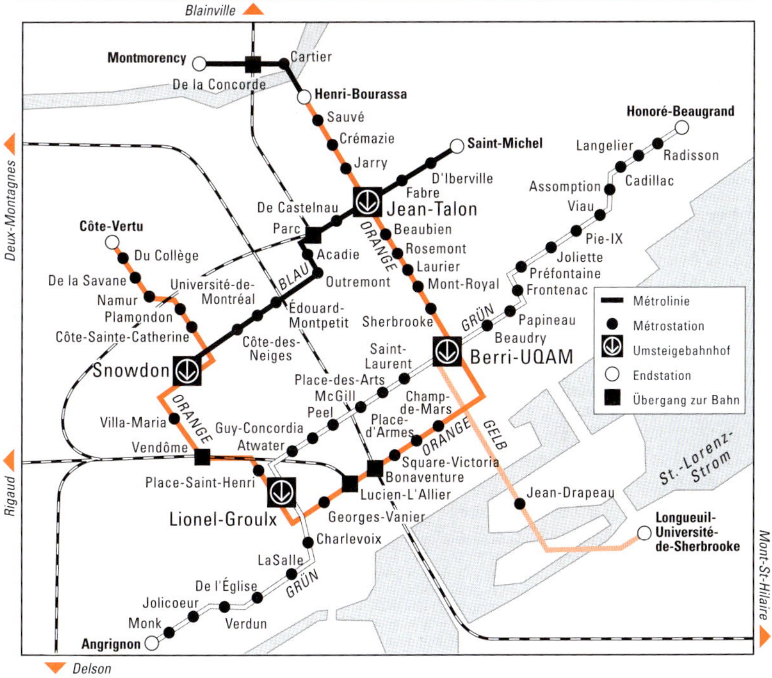

Blainville ▲

Montmorency ○ — Cartier
De la Concorde
Henri-Bourassa
Sauvé
Crémazie — Saint-Michel ○
Jarry
D'Iberville
Fabre
De Castelnau — Jean-Talon
Parc — Beaubien
Acadie — Rosemont
Côte-Vertu — Outremont — Laurier
Du Collège — Mont-Royal
De la Savane — Université-de-Montréal
Namur — Édouard-Montpetit
Plamondon — Côte-des-Neiges — Sherbrooke
Côte-Sainte-Catherine — Saint-Laurent
Snowdon — Place-des-Arts
McGill — Champ-de-Mars
Peel — Place-d'Armes
Villa-Maria — Guy-Concordia — Square-Victoria
Vendôme — Atwater — Bonaventure
Place-Saint-Henri — Lucien-L'Allier
Lionel-Groulx — Georges-Vanier
Charlevoix
LaSalle
De l'Église
Jolicoeur
Monk — Verdun
Angrignon ○

Honoré-Beaugrand
Langelier — Radisson
Assomption — Cadillac
Viau
Pie-IX
Joliette
Préfontaine
Frontenac
Papineau
Beaudry
Berri-UQAM
Jean-Drapeau
Longueuil-Université-de-Sherbrooke

ORANGE · BLAU · GRÜN · GELB

Deux-Montagnes · Rigaud · Delson · St.-Lorenz-Strom · Mont-St-Hilaire

Montréal und Südwest-Québec

——	Métrolinie
●	Métrostation
◉	Umsteigebahnhof
○	Endstation
■	Übergang zur Bahn

Medizinische Hilfe

Zum zentralen Krankenhauskomplex des **McGill University Health Centre**, ✆ 514/934-1934, gehören das **Montréal General Hospital**, 1650 Ave Cedar, am Nordwesthang des Mont Royal, und das **Royal Victoria Hospital**, 687 Ave des Pins Ouest, von der McGill University ein Stück den Hang hinauf. **Centre Dentaire**, 3546 Ave Van-Horne, ✆ 514/342-4444, 24-Std.-Zahnklinik. Eine zahnärztliche Ambulanz befindet sich auch im 2. Stock des Montréal General Hospital, ⏱ Mo–Fr 8–12 und 13–16 Uhr (früh kommen); in Notfällen außerhalb der Sprechzeiten, ✆ 514/934-8075.

Post

1250 Rue Université, ⏱ Mo–Fr 8–17.45 Uhr.

Wetter und Straßenzustand

Environment Canada, ✆ 514/283-3010, 🖥 www.weatheroffice.gc.ca. Wetterinfos. **Transports Québec**, ✆ 514/284-2363, 🖥 www.mtq.gouv.qc.ca, informiert über Straßenverhältnisse und Baustellen Verkehrsinfos gibt es im **Radio** auf Sendern wie CJAD (800 AM).
Skifahrer können die **Schneebedingungen** online unter 🖥 www.maneige.com abfragen.

Nahverkehr

Métro und Stadtbusse

Der öffentliche Nahverkehr ist einer der größten Vorzüge der Stadt. Die 65 Métrostationen sind an 150 Busstrecken angebunden; sie alle gehören zum Netz der STM (Société de Transport de Montréal, ✆ 514/288-6287, 🖥 www.stm.info.

Das saubere, schnelle, zuverlässige und billige **Métrosystem** umfasst 4 Linien. Zu den wichtigsten Umsteigestationen zählen **Berri-UQAM** (Verbindung zwischen oranger, grüner und gelber Linie), **Lionel-Groulx** (grün und orange), **Snowdon** und **Jean-Talon** (blau und orange). Farbige Schilder geben die Endstation und somit die Richtung der entsprechenden Linie an.
Mit einer an den Automaten hinter den Drehkreuzen der Métrostationen erhältlichen *Correspondance* (Umsteigefahrkarte) kann man die Fahrt anschließend mit dem Bus ohne Aufpreis fortsetzen. Allerdings muss man die Karte vor Antritt der Fahrt erwerben. Dieses Transfersystem gilt auch umgekehrt, wenn man den ersten Teil der Strecke per Bus zurücklegt. Karten sind beim Busfahrer erhältlich.
Die meisten **Busse** fahren bis 0.30 Uhr und damit etwas kürzer als die Métro, es gibt aber auch einige Nachtbusse.

Tickets: Eine einfache Fahrt in der Métro oder im Bus kostet $2,75 (im Bus den exakten Betrag bereithalten), eine Sammelkarte mit 6 Tickets $12,75, mit 10 Tickets $20. Der **STM-Tourist Pass** für die unbegrenzte Nutzung von Métro und Bussen kostet $9 für einen Tag und $17 für 3 aufeinander folgende Tage und ist in den Infocentres, an den Métrostationen Berri-UQAM, Bonaventure und Peel erhältlich, Ende April–Ende Okt zusätzlich an allen Métrostationen im Zentrum. 2009 wurde die **Carte OPUS** mit einem wiederaufladbaren Chip eingeführt. Sie ersetzt die alte STM-Karte, kostet einmalig $3,50 (ab 2010 $7) und ist an allen Fahrkartenautomaten und bei den Fahrkartenkontrolleuren erhältlich.

Taxis
Taxis erübrigen sich in den meisten Fällen.
Taxi Diamond, ✆ 514/273-6331, und
Taxi Co-op, ✆ 514/725-9885, gelten beide als zuverlässig.

Transport
Busse
Fernbusse nutzen die **Station Centrale d'Autobus Montréal**, 505 Blvd de Maisonneuve Est, Infotelefon für alle ✆ 514/842-2281.
Die Métrostation Berri-UQAM befindet sich direkt darunter. Eine Reihe von Unternehmen –

Bixi: Mit dem Fahrrad durch Montréal

Das neue öffentliche **Radleihsystem** von Montréal – das erste in Nordamerika – bietet von Mai bis Oktober in der ganzen Stadt rund um die Uhr mehr als 3000 Fahrräder. Die Stadt hat sich mehrere solcher Angebote in Städten wie Paris oder Barcelona angesehen und das gut funktionierende und sehr praktische Bixi (der Name leitet sich von *bike* und Taxi ab), 🖳 www.bixi.com, auf die Beine gestellt. Ein Rad zu leihen ist sehr einfach: An einer der solarbetriebenen Bixi-Leihstationen, die überall in der Stadt zu finden sind, zieht man einfach seine Kreditkarte durch den Kartenschlitz, und los geht's. Die erste halbe Stunde ist kostenlos; danach kostet es $5 für 24 Stunden. Es gibt auch 30-Tage- und Jahrestarife ($28 und $78).

darunter auch Québecs größtes Busgesellschaft, Orléans Express, ✆ 1-888/999-3977, 🖳 www.orleansexpress.com – fährt in verschiedene Städte.

Busse nach:
BROMONT, 2x tgl., 2 Std.;
CHICOUTIMI, 4x wöchentl., 5 Std.;
via Québec-Stadt 5–6x tgl. 6 1/2Std.;
GRANBY, 4–8x tgl., 1 1/2 Std.;
JONQUIÈRE, 4x wöchentl., 5 1/2 Std.;
via Québec-Stadt 3–5x tgl. 6 1/4 Std.;
KINGSTON, 7x tgl., 3 Std.;
MAGOG, 7–11x tgl., 1 1/2 Std.;
ORFORD, 3x tgl., 3 Std.;
MONT-TREMBLANT, 3x tgl., 2 3/4 Std.;
MONTEBELLO, 6x tgl., 1 1/2 Std.;
NEW YORK (USA), 6x tgl., 8 1/2 Std.;
NORTH BAY, 2x tgl., 7 3/4 Std.;
OTTAWA, stündl., 2 1/2 Std.;
QUÉBEC-STADT, stündl., 3 Std.;
RIMOUSKI, 3x tgl., 7 Std.;
RIVIÈRE-DU LOUP, 4x tgl., 5 1/2 Std.;
SHERBROOKE, 7–11x tgl., 2 Std.;
STE-ADÈLE, 6x tgl., 1 1/2 Std.;
STE-AGATHE, 6x tgl., 1 3/4 Std.;
ST-JOVITE, 5x tgl., 2 1/4 Std.;
ST-SAUVEUR, 6x tgl., 1 Std.;
TADOUSSAC, 2x tgl., 7 1/2 Std.;

TORONTO, 8x tgl., 6 3/4 Std.;
TROIS-RIVIÈRES, 6–8x tgl., 2 Std.;
VAL-DAVID, 6x tgl., 1 1/2 Std.

Eisenbahn

Montréals Hauptbahnhof, der **Gare Central**, liegt unter dem Queen Elizabeth Hotel, Blvd René-Lévesque, Ecke Rue Mansfield, Eingang 895 Rue de la Gauchetière Ouest. Der Bahnhof ist Endstation für die VIA-Rail-Züge von Halifax, Toronto, Ottawa, Québec und Gaspé sowie für die US-Amtrak-Züge aus Washington und New York. Die Ville Souterraine verbindet den Bahnhof mit der Métrostation Bonaventure und dem übrigen Zentrum.

Züge nach:

BONAVENTURE, 3x wöchentl., 13 1/4 Std.;
CARLETON, 3x wöchentl., 12 Std.;
CORNWALL, 4–5x tgl., 1 Std.;
GASPÉ, 3x wöchentl., 17 1/2 Std.;
JONQUIÈRE, 3x wöchentl., 9 Std.;
KINGSTON, 4–5x tgl., 2 1/2 Std.;
MATAPÉDIA, 6x wöchentl., 10 1/4 Std.;
NEW YORK (USA), 1x tgl., 11 1/2 Std.;
OTTAWA, 4–6x tgl., 2 1/4 Std.;
PERCÉ, 3x wöchentl., 16 Std.;
QUÉBEC-STADT, 4–5x tgl., 3 Std.;
RIMOUSKI, 6x wöchentl., 7 3/4 Std.;
RIVIÈRE-DU-LOUP, 6x wöchentl., 6 Std.;
TORONTO, 4–5x tgl., 4 1/2–5 1/2 Std.;
Express So–Fr, 4 Std.; Nachtzug So–Fr, 8 3/4 Std.;
WASHINGTON DC (USA), 1x tgl., 16 Std., einschließlich Bus nach ST ALBAN'S, Vermont.

Flüge

Montréals internationaler Flughafen, der **Aéroport International Pierre-Elliott-Trudeau de Montréal** (kurz Montréal-Trudeau, Code YUL, manchmal hört man auch noch den alten Namen **Dorval**), ✆ 514/394-7377 oder 1-800/465-1213, ⌨ www.admtl.com, liegt 22 km südwestlich der Stadt. Der 24-Std.-Shuttle-service **Aérobus**, ✆ 514/631-1856, ⌨ www.autobus.qc.ca, fährt tgl. alle 30 Min. (nachts stdl.) zur Station Centrale d'Autobus Montréal am östlichen Rand des Quartier Latin; 35–45 Min., einfach $16.

Vom Busbahnhof geht's dann per Métro oder Taxi weiter. Außerdem fahren verschiedene Stadtbusse ins Zentrum, allerdings brauchen sie eine halbe Ewigkeit. Ein Taxi ins Zentrum kostet $35–45.

Flüge nach:

BAIE-COMEAU, 3–4x tgl., 1 1/2 Std.;
BATHURST, 2–3x tgl., 1 3/4 Std.;
CALGARY, 3–4x tgl., 4 1/2 Std.;
CHICOUTIMI, 5x tgl., 1 Std;
FREDERICTON, 3–4x tgl., 1 1/2 Std.;
GASPÉ, 2–3x tgl., 2 3/4 Std.;
HALIFAX, 10–12x tgl., 1 1/2 Std.;
ÎLES-DE-LA-MADELEINE, 1–3x tgl., 3 3/4 Std.;
MONCTON, 3–4x tgl., 1 1/2 Std.;
MONT JOLI, 3–4x tgl., 1 1/2 Std.;
OTTAWA, 9–11x tgl., 40 Min.;
QUÉBEC-STADT, 13–20x tgl., 50 Min.;
SAINT JOHN (NB), 3–5x tgl., 1 1/2 Std.;
ST JOHN'S (NL), 1–2x tgl., 2 1/2 Std.;
SEPT-ÎLES, 3–6x tgl., 2 3/4 Std.;
TORONTO, 19–40x tgl., 1 1/4 Std.;
VANCOUVER, 4–6x tgl., 5 1/4 Std.;
WABUSH, 2x tgl., 4 Std.;
WINNIPEG, 2–3x tgl., 3 Std.

Südwest-Québec

Jenseits der Stadtgrenzen Montréals liegen herrliche Erholungsgebiete, die meisten davon nur ein bis zwei Stunden von der Metropole entfernt. In der seenreichen Landschaft im Südwesten Québecs finden die Großstädter wie auch die Besucher jede Menge Möglichkeiten zu entspannen, sei es bei einer gemütlichen Fahrt übers Land und der Erkundung historischer Stätten, beim Radfahren und Wandern im Sommer, oder beim Skifahren auf einem der zahlreichen Hänge im Winter.

Nordwestlich von Montréal erstreckt sich am fruchtbaren Ufer des St.-Lorenz-Stroms die Region der **Basses-Laurentides** mit verspreng-

Informationen zum Südwesten Québecs

Cantons-de-l'Est, ✆ 819/820-2020 oder
1-800/355-5755, ⌨ www.cantonsdelest.com

Laurentides, ✆ 450/436-8532 oder
1-800/561-6673, ⌨ www.laurentides.com

Mauricie, ✆ 819/536-3334 oder
1-800/567-7603, ⌨ www.tourismemauricie.com

Outaouais, ✆ 819/778-2222 oder
1-800/265-7822, ⌨ www.outaouais-tourism.ca.

ten, weiß gekalkten Farmhäusern, steinernen Kapellen, einem Kloster und einem Provinzpark, die sich alle in einem Tagesausflug von Montréal erkunden lassen. Weiter westlich beginnt ungefähr 130 km von Montréal entfernt die größtenteils ursprüngliche Landschaft der **Outaouais**-Region. Sie dehnt sich am Nordufer des Rivière des Outaouais (Ottawa River) aus. Diese Region – die einstige Domäne der Algonkin-Stämme – wurde erst im 19. Jh. erschlossen, als sie zu einem wichtigen Zentrum der Holzindustrie avancierte. Vor allem Outdoor-Aktivitäten wie Wandern, Radfahren und Skilanglauf werden hier groß geschrieben, einen Abstecher lohnt aber auch der hübsche kleine Ort **Montebello** mit seinem reichen historischen Erbe.

Die **Laurentides**, eine der ältesten Bergketten der Erde, ziehen sich an der Nordseite des St.-Lorenz-Stroms entlang vom Ottawa River bis zum Saguenay-Fluss. 500 Millionen Jahre Erosion haben eine Landschaft aus Hügeln und Tälern entstehen lassen. Der am bequemsten zu erreichende Teil dieser Region liegt nördlich von Montréal, aber anders als in den historisch Basses-Laurentides begann die Besiedlung der **Hautes-Laurentides** erst in den 1830er-Jahren, als die neuen Gleise des P'tit Train du Nord die Bergbau- und Holzindustrie in die Gegend brachten. Als der Niedergang der beiden Industriezweige das Gebiet in eine wirtschaftliche Krise stürzte, nahte Rettung in Form des Erholungsbedürfnisses der wachsenden Bevölkerung von Montréal. Die Region zählt heute zu den größten Skigebieten Nordamerikas mit kontinuierlich wachsender Infrastruktur für Touristen, und entlang der ehemaligen

Bahnstrecke verläuft heute eine herrliche Radwanderroute.

Der Charme der **Cantons-de-l'Est** (Eastern Townships) entlang der US-Grenze östlich von Montréal liegt in ihren ausgedehnten fruchtbaren Feldern, Weingütern, Ahornwäldern, kleinen Orten an Seen und luxuriösen Landgasthäusern; dazu gesellen sich Antiquitätenläden und Kunstgalerien. Wie die Laurentides zieht auch diese Region mit ihren Seen und Wandermöglichkeiten zahlreiche Städter auf der Suche nach Erholung an.

Auf der ansonsten recht eintönigen Fahrt entlang dem Nordufer des St.-Lorenz nach Québec-Stadt (S. 299) gibt es zumindest zwei lohnende Ziele: In der Region **Mauricie**, deren Landschaft vom Tal des Rivière Saint-Maurice geprägt ist, liegt eingebettet zwischen Seen und bewaldeten Bergen der kleinste Nationalpark der Provinz, und an der Mündung des Flusses in den St.-Lorenz-Strom die Stadt **Trois-Rivières** mit einem reizvollen historischen Kern.

Basses-Laurentides

Ursprünglich waren die Basses-Laurentides das Gebiet verschiedener indianischer Gruppen, bis sie von Ville-Maries Gouverneuren den ersten Seigneurs der Kolonie überlassen wurden. Auf Grundlage eines abgewandelten Feudalsystems, wie sie es aus dem Mutterland kannten, machten diese sich mit Hilfe ihrer Pächter bzw. Habitants an die Erschließung der Region. Entlang der Flüsse, die die Lebensader der Kolonie waren, entstanden lang gestreckte, rechteckige Seigneuries (Lehensgüter), die mit ihrer schmalen Seite an das Wasser grenzten.

St-Eustache

Die erste beachtenswerte Stadt der Region, St-Eustache, liegt mit dem Auto etwa 45 Min. nordwestlich von Montréal. Zu erreichen ist sie über Rte 13 oder 15, dann Rte 640 Richtung Südwesten. An der Strecke liegt die **Touristeninformation** der Region, Rue Dubois (Ausfahrt 14

Anfang des 19. Jhs. bot man britischen Einwanderern in Lower Canada Townships (Verwaltungseinheiten unterhalb der County) an, während den Frankophonen eine Ausweitung ihres Grundbesitzes untersagt wurde. Ihr damals bereits bestehender Groll wegen einer Begünstigung englischsprachiger Betriebe in Montréal nahm immer größere Ausmaße an. Verschlimmert wurde die Lage noch durch hohe Steuern auf britische Importe und eine heftige Wirtschaftskrise im Jahr 1837. Die als Patriotes bekannten Anführer der Reformbewegung von Lower Canada trugen aus Protest gegen britische Importe kanadische Kleidung aus *étoffe du pays* und riefen die Frankophonen in Montréal zu einer Rebellion auf. Als der Seigneur der Outaouais-Region, Louis-Joseph Papineau, dessen Reden vor der Assembly den Aufstand herbeigeführt hatte, aus der Stadt floh – aus Angst, seine Anwesenheit könne noch mehr Unruhe stiften –, sandte die Regierung Soldaten in die ländlichen Gebiete, die als Brutstätte der Patriotes galten. 200 Patriotes suchten daraufhin Zuflucht in der Kirche von Saint-Eustache. Die britischen Truppen töteten 80 davon und machten danach einen Großteil der Stadt dem Erdboden gleich.

von der Rte 640), ☎ 450/491-4444, 🖳 www.basses laurentides.com, ☉ im Sommer tgl. 9–17, sonst 9–16 Uhr.

Ein Großteil der Stadt ist ein ausgedehntes, einförmiges Häusermeer, interessant ist aber das historische Zentrum am Fluss, **Vieux St-Eustache**, wo einst der Frust der *Habitants* über die britischen Besatzer zum tragischen Aufstand von 1837 führte. Etwa 30 Gebäude entlang zweier schmaler Straßen in Vieux St-Eustache überlebten die Schlacht, die die Rebellion der Patriotes unter Führung von Louis-Joseph Papineau (s. S. 79) niederschlug. Die meisten davon sind einfach durch historische Schilder gekennzeichnet und der Öffentlichkeit unzugänglich. Die **Kirche**, 123 Rue St-Louis, mit ihren noch sichtbaren Narben bietet allerdings kostenlose Führungen an, ☉ Ende Juni–Ende Aug Di–Fr 9.30–16.30, So 12–16.30 Uhr.

In der kreuzenden Rue St-Eustache gibt es zwei Sehenswürdigkeiten: Das eindrucksvolle **Manoir Globensky**, 235 Rue St-Eustache, beherbergt das **Musée de St-Eustache et des Patriotes** mit einer ständigen und einer wechselnden Ausstellung und Filmen zur Lokalgeschichte. Die gegenüberliegende **Moulin Légaré**, 232 Rue St-Eustache, ☎ 450/974-5170, 🖳 www.moulin legare.com, aus dem 18. Jh. gilt als älteste wasserbetriebene Mühle in Nordamerika; Führungen werden angeboten. ☉ Museum und Mühle Mai–Okt tgl. 10–12 und 13–16 Uhr (am besten telefonisch bestätigen lassen), Eintritt für beide $5.

Oka

An der Rte 344 liegt etwa 20 km südwestlich von St-Eustache der kleine Seeort **Oka**. Hier fanden einst die gewaltsamen Auseinandersetzungen zwischen den Mohawk und der Polizei (s. S. 282) statt. Die Stadt selbst hat allerdings nicht viel zu bieten – abgesehen von dem außerhalb der Stadt gelegenen **Abbaye Cistercienne d'Oka**, 1600 Chemin d'Oka, ☎ 450/479-8361, 🖳 www. abbayeoka.com, einem der ältesten Klöster Nordamerikas. Sein jahrhundertealter Glockenturm ragt zwischen den Hügeln hervor. Als die Trappisten 1880 aus Frankreich hierher kamen, begannen sie ihr neues Leben in Kanada in einem Müllershaus, das heute hinter dem restlichen Komplex und den angelegten Gärten in den Hintergrund tritt. Der nahe Klosterladen (☉ Mo–Sa) verkauft Bioprodukte der Trappisten, z. B. Ahornsirup, Schokolade und verschiedene Oka-Käsesorten. Kloster ☉ Mo–Sa 4–19.30 Uhr.

Ein Besuch des zwischen Stadt und Kloster gelegenen **Calvaire d'Oka** mit seinen sieben Steinkapellen aus der Mitte des 18. Jhs. lohnt sich vor allem am 14. September, wenn indianische Pilger am Ufer des Lac des Deux Montagnes die Exaltation de la Sainte-Croix (Fest der Kreuzerhöhung) begehen.

Der Kalvarienberg liegt im wunderschönen **Parc National d'Oka**, ☎ 450/479-8365 oder 1-888/ 727-2652, 🖳 www.parcsquebec.com, und ist über einen 5,5 km langen Weg den Colline d'Oka hinauf

Im Sommer 1990 wurde Oka zum Schauplatz eines Konflikts zwischen Mohawk-Kriegern aus Kanesatake und der Provinzregierung. Die Krise begann mit dem Beschluss des Stadtrats von Oka, den Golfplatz zu erweitern – zu Lasten einer heiligen Begräbnisstätte. Die Mohawk reagierten auf diese Provokation, indem sie sich bewaffneten und das Gelände belagerten. Québecs Minister für öffentliche Sicherheit ließ daraufhin die Barrikaden von Polizeikräften stürmen. Bei den anschließenden heftigen Auseinandersetzungen wurde ein Polizist getötet – niemand weiß von wem, aber die Autopsie hat ergeben, dass er nicht von einer Polizeikugel getroffen wurde. Die Feindseligkeiten erreichten einen weiteren Höhepunkt und die beiden Seiten polarisierten sich immer mehr. Als sympathisierende Mohawk aus dem Kahnawake-Reservat südlich von

Montréal Barrikaden über der Mercier-Bridge errichteten, wurden sie von weißen Québécois mit Steinen beworfen, während andere Ureinwohner in ganz Kanada und den USA ihre Solidarität mit den Mohawk bekundeten. Die Krise dauerte 78 Tage, bis der harte Kern, immerhin 50 Mohawks, von 350 kanadischen Soldaten umringt war und aufgeben musste. Viele denken, dass die Ureinwohner in Oka zu weit gingen, und das Misstrauen zwischen der kanadischen Urbevölkerung und den übrigen Kanadiern scheint sich noch verstärkt zu haben. Der ehemalige Nationalvorsitzende der *Assembly of First Nations*, Georges Erasmus, brachte es mit etwa folgenden Worten auf den Punkt: „Unsere Forderungen werden ignoriert, wenn wir großes Theater machen – aber sie werden auch ignoriert, wenn wir nichts tun."

zu erreichen. Im Park gibt es 45 km an Wander- und Radwegen sowie einen langen Sandstrand. Ein Campingplatz bietet Stellplätze mit und ohne Anschlüsse (ab $32) sowie etwas naturbelassenere Zeltstellplätze. ☉ ganzjährig, Eintritt $3,50.

Outaouais-Region

Montebello und Umgebung

Die Fahrt auf der reizvollen Rte 148 von Montréal nach Gatineau (S. 210) führt durch einige ehemals blühende Holzfällergemeinden am Fluss. Erster lohnender Stopp ist der kleine malerische Ort **Montebello**, 135 km westlich von Montréal. Er wurde nach dem Landgut des Seigneurs, Politikers und Rebellenführers Louis-Joseph Papineau benannt. Dank der gemütlichen Urlaubsatmosphäre mit reichlich Gelegenheit zum Reiten, Bootfahren und exklusiven Boutiquen gilt Montebello heute als Hauptattraktion in der Outaouais-Region. Nicht umsonst steht hier auch das einzigartige **Fairmont Le Château Montebello**, 392 Rue Notre-Dame, ✆ 819/423-6341, 🖥 www.fairmont.com/montebello, ➑.

Dieses größte Blockhaus der Welt wurde vom Seigneury Club 1930 innerhalb von 90 Tagen errichtet. Die drei Originalgebäude bestehen aus 10 000 Stämmen roter Zedern. Wer nicht im Hotel absteigt, sollte zumindest einen Blick in die riesige, sechseckige Lobby mit dem großen Kamin werfen und sich die Fotogalerie ansehen – oder sich sogar ein entspannendes Mittagessen am Fluss gönnen.

Das Château grenzt an Papineaus idyllisches Landgut, den **Site historique national du Manoir Papineau**, ✆ 819/423-6965, 🖥 www.pc.gc.ca/papineau. Auf dem ausgedehnten Gelände sind eine schöne Villa, eine Kapelle und ein Getreidesilo zu bestaunen. Die Eintrittskarten dafür gibt es in einem alten Bahnhofsgebäude an der Hauptstraße, 500 Rue Notre-Dame, in dem auch die Touristeninformation untergebracht ist. ☉ Mitte Mai–Mitte Juni Mi–So 10–17, Mitte Juni–Anfang Sep tgl. 10–17 Uhr, Mitte Sep–Mitte Okt nur Sa und So; Eintritt zum Gelände frei, Führung durch das Haus $7,80.

Der einzige andere lohnende Halt zwischen Montréal und Gatineau ist das frühere Holzfällerzentrum **Plaisance**, 15 km westlich von Montebello (und 30 km östlich von Gatineau). Grund ist der kleine **Parc National de Plaisance**,

819/427-5334 oder 1-800/665-6527, 🖵 www.sepaq.com, der drei Halbinseln mit etlichen Wander- und Radwegen umfasst. Im Frühjahr bieten die Tausende von Kanadagänsen, die dem Park auf ihrem Zug Richtung Norden einen Besuch abstatten, einen spektakulären Anblick. ⏱ Ende April–Mitte Okt, Eintritt $3,50.

Wer nicht weiter nach Westen fahren will, kann von Montebello der **Rte 323** nach Nordosten bis Mont-Tremblant (S. 286) folgen und durch die Laurentides nach Montréal zurückkehren. Es ist eine hübsche Strecke, die durch ein flaches, von Flüssen durchzogenes Tal führt und dann allmählich ansteigt. Auf halber Strecke gibt es am Lac-des-Plages einen Sandstrand.

Übernachtung und Essen

Le Clos des Cèdres, 227 Rue St-Joseph, ☎ 819/423-1265, 🖵 www.leclosdescedres.ca. ❺
Motel l'Anse de la Lanterne, 646 Rue Notre-Dame, ☎ 819/423-5280, mit gutem Restaurant. ❸
Die meisten Restaurants in Montebello liegen an der Hauptstraße.
Le Zouk, 530 Rue Notre-Dame, bietet Bistro-essen und eine sonnige Terrasse.

Informationen und Transport

Touristeninformation im alten Bahnhofs-gebäude, 502 Rue Notre-Dame, ☎ 819/423-5602, 🖵 www.tourismeoutaouais.com, ⏱ Ende Juni–Anfang Sep tgl. 9–18, sonst Di–Sa 9–16 Uhr.
Voyageur-Busse halten 2x tgl. vor Haus Nr. 535.

6 HIGHLIGHT

Die Laurentides

Die weiten, von Nadelhölzern bedeckten Hänge der Laurentides sind von idyllischen Seen und Flüssen übersät. Das Gebiet galt einst als Montréals „wilder Hinterhof". Inzwischen haben Wintersportler der früheren Ruhe ein Ende bereitet: Tausende von Québécois beleben die Pisten der mehr als 25 Skigebiete und sorgen für ein enormes Verkehrsaufkommen. Ein Großteil der Region ist dennoch relativ unberührt – wie etwa der große **Parc National du Mont-Tremblant** –, und im Herbst, wenn sich das Laub

Montréal und Südwest-Québec

Ein Traum nicht nur im Winter: das rustikale Château Montebello

Für die Unterkünfte in den Laurentides gibt es einen kostenlosen **Buchungsservice**, ✆ 1-800/561-6673, 🖳 www.laurentides.com. Infomaterial über die Region ist im **Office de Tourisme** an der Rte 15 (Ausfahrt 51) zu bekommen; ◷ Ende Juni–Aug tgl. 8.30–20.30, sonst Sa–Do 8.30–17, Fr bis 18 Uhr. Während der Skisaison kann man sich über die Schneeverhältnisse im Internet unter 🖳 www.quebecskisurf.com sowie im Radio und in den Lokalzeitungen informieren.

zu färben beginnt, ist ein Abstecher hierher ein absolutes Muss.

Die Laurentides buhlen vor allem um Familien, die ein paar Tage Aktivurlaub verbringen wollen; entsprechend teuer sind die meisten Unterkünfte. Dafür bieten sie aber Fitnesseinrichtungen, Tennis- und Golfplätze. Als billigere Alternative gibt es noch ein paar B&Bs und zahlreiche Motels sowie Hostels in Val-David und Mont-Tremblant.

Von Montréal aus führen zwei Straßen in dieses Gebiet der Laurentides: die Autoroute des Laurentides (Rte 15) und die langsamere Rte 117. Letztere wird in der Höhe von Piedmont von vielen Antiquitätenläden gesäumt. Limocar Laurentides, ✆ 514/842-2281 oder 1-866/692-8899, 🖳 www.limocar.ca, bietet regelmäßige Fahrten von der Station Centrale d'Autobus de Montréal zu den meisten Städten der Gegend. Von Tremblant einmal abgesehen, wo die Preise horrend sind, liegen die Kosten für Skipässe in den passablen Gebieten bei ca. $45 pro Tag, an Wochenenden sind sie etwas höher.

Saint-Sauveur-des-Monts

Die Skigebiete beginnen bereits 60 km nördlich der Stadt und sind von Montréal bequem als Tagesausflug zu erreichen. Der erste Skiort ist Saint-Sauveur-des-Monts mit über 35 Pisten in der Umgebung. Während der Skisaison steigt die Einwohnerzahl von 7000 auf bis zu 30000 an. Dieser enorme Zustrom prägt das Bild der Hauptstraße Rue Principale, wo sich unzählige Restaurants, Boutiquen und Geschäfte aneinan-

derreihen. Nach Einbruch der Dunkelheit können sich die Skifahrer in den zahlreichen schicken Clubs und Discos amüsieren.

Übernachtung

Saint-Sauveur ist ein Tummelplatz der Reichen, die Unterkünfte mit entsprechender Ausstattung erwarten.

Le Relais St-Denis, 61 Rue St-Denis, ✆ 450/227-4766 oder 1-888/997-4766, 🖳 www.relaisstdenis.com. Edles Hotel mit stilvoll eingerichteten Zimmern und Pool. ➏

Couette et Fourchette, 342 Rue Principale, ✆ 450/227-6116, 🖳 www.couetteetfourchette.com. Behagliches B&B mit komfortablen Zimmern. ➌–➍

Essen

Brûlerie des Monts, 197 Rue Principale. Preiswertes Essen und ausgezeichneter Kaffee.
Pizzédélic, 16 Rue de la Gare. Filiale der Montréaler Restaurantkette.
Teurer sind:
La Bohème, 251 Rue Principale, ✆ 450/227-6644. Französische Spezialitäten.
Papa Luigi, 155 Rue Principale, ✆ 450/227-5311. Lebendiges italienisches Restaurant, Fleisch- und Fischgerichte ab ca. $25.

Informationen

Bureau Touristique, 605 Chemin des Frênes, nahe der Ausfahrt 60 von der Rte 15, ✆ 450/227-3417 oder 1-800/898-2127, 🖳 www.saint-sauveur.net oder www.tourism epdh.org, ◷ Mo–Fr 9–17 Uhr. Im Sommer zusätzlich ein Infokiosk nahe der Kirche in der Rue Principale.

Val-David

Eine Art Künstlerenklave der Laurentides ist der kleine Skiort Val-David, weiter nördlich an der Rte 117. Viele Galerien und Läden der Künstler säumen die Hauptstraße, die Rue de l'Église. Während des beliebten mittsommerlichen Festivals **1001 Pots**, 🖳 www.1001pots.com, platzt das Dorf vor künstlerischer Schaffenskraft aus allen Nähten; dann gibt es Töpferworkshops, kreativen

Die stillgelegte Eisenbahnstrecke des **P'tit Train du Nord**, auf dem früher Urlauber aus Montréal in die Ferienorte der Laurentides ratterten, ist heute ein beliebter (und profitabler) **Radwanderweg**. Im Sommer lockt er tausende Radler zu einer Tour zwischen den Bergen an.

Die ehemaligen Bahnhöfe wurden renoviert, darin befinden sich nun häufig Touristeninformationen, zum Teil auch Duschen und Imbissbars für die Radfahrer. Die 200 km lange Route verläuft von St-Jérôme nach Norden bis Mont-Laurier. Ähnlich stark bevölkert ist die Strecke im Winter von **Skilangläufern**, die auf zahlreichen Nebenrouten Abstecher in die Berge zwischen St-Jérôme und Val-David unternehmen können; und von **Schneemobilen** – der Abschnitt

zwischen Ste-Agathe und Mont-Laurier ist Teil eines mehrere tausend Kilometer umfassenden Streckennetzes, das die Provinz überzieht. **Informationen** und eine Broschüre mit Karten sowie einem Verzeichnis von Serviceeinrichtungen wie Fahrradreparaturwerkstätten, Gepäcktransport und Unterkünfte entlang der Strecke gibt es von der Association Touristique des Laurentides (s. S. 284).

Pause Plein Air, 1381 Rue de la Sapinière, Val-David, ☎ 819/322-6880 oder 1-877/422-6880, 🖥 www.pausepleinair.com, bietet einfache **Kanu- oder Kajakexkursionen** auf dem Rivière du Nord zwischen Val-David und Mont-Rolland (ca. 4 Std. hin und zurück), außerdem Fahrrad-, Kanu- und Kajakverleih.

Unterricht für Kinder und jede Menge Möglichkeiten, Kunsthandwerk zu erwerben. Im Sommer locken auch Wanderwege und Kletterreviere in der Umgebung, außerdem die Radwanderroute **P'tit Train du Nord** (s. Kasten).

Le Chalet Beaumont, 1451 Rue Beaumont, ☎ 819/322-1972, 🖥 www.chaletbeaumont.com. Val-Davids ausgezeichnetes, aber lautes Hostel,

ein mächtiges Chalet mit knisterndem Feuer im Winter und schöner Aussicht das ganze Jahr über, liegt 20 Min. Fußmarsch vom Busbahnhof entfernt – auf Wunsch auch Abholservice von dort. Dorm-Bett $25. ❷

La Maison de Bavière, 1470 Chemin de la Rivière, ☎ 819/322-3528, 🖥 www.maisonde baviere.com. Nettes 4-Zimmer-B&B mit wärmendem Kamin im Gemeinschaftsraum und Sommerterrasse. Außerdem 2 Studio-

Apartments mit Küche für längere Aufenthalte (ab $150 pro Nacht, weitere Nächte jeweils $10 billiger). ❹

Gite Café Plumard, 1641 Chemin de la Rivière, ☎ 819/322-2182, 🖥 www.gitecafeplumard.com. Gemütliches B&B mit 3 Zimmern mit Bad, TV, WLAN und DVD-Player, und 2 Cabins. 3-Gänge-Frühstück, u. a. mit tollen Pancakes. ❹

Auberge Prema Shanti, 1005 Tour du Lac, ☎ 819/322-2345 oder 1-877/622-2345, 🖥 www.premashanti.ca. Tropisch angehauchte Unterkunft mit afrikanischen und orientalischen Einflüssen; Yoga, Meditation und hübsche Zimmer in friedlicher Lage am See. Alle Zimmer mit Kochnische und Bad. Außerdem Dorm für Gruppen. ❹

La Sapinière, 1244 Chemin de la Sapinière, Mont Alta, ☎ 819/322-2020 oder 1-800/567-6635, 🖥 www.sapiniere.com. Die schickste Skilodge am Ort mit riesigem Weinkeller, tollem Restaurant, Wellnessbereich und wunderschöner Lage am See. Zimmer, verschiedene Suiten und 3-Zimmer-Chalet. ❽

Essen

In der Rue de l'Église gibt es gute, bezahlbare Restaurants.

Le Grand Pa, 2481 Rue d'Église, ☎ 819/322-3104, serviert einfache französische Speisen für rund $10 und hat am Wochenende Livemusik.

La Vagabonde, 1262 Chemin de la Rivière, ☎ 819/322-3953. Frisches Brot. ⊙ Mi–So.

Au Petit Poucet, 1030 Rte 117, südlich des Orts, ☎ 819/322-2246. Köstliche Québecer Speisen.

Informationen

Touristeninformation, 2525 Rue de l'Église, ☎ 819/322-3104 oder 1-888/322-7030, 🖥 www.valdavid.com. ⊙ tgl. 9–17 Uhr.

Mont-Tremblant

Mont-Tremblant, 130 km nördlich von Montréal, 🖥 www.tremblant.ca, ist das älteste und bekannteste Skiresort in den Laurentides. Es konzentriert sich um den höchsten Gipfel der Gebirgskette: Mont Tremblant (960 m). Der Name geht auf einen alten Glauben der Urein-

wohner zurück, demzufolge die hier lebenden Geister den Berg bewegen können. Ende der 1990er-Jahre investierte die Gesellschaft, die auch das Whistler-Skigebiet in British Columbia erschloss, enorme Geldsummen. Entstanden ist ein erstklassiges Skiresort im europäischen Stil. Auf den 95 Hängen – darunter auch die längste Skipiste von Québec – kommen Skifahrer aller Klassen auf ihre Kosten. Eintägige Skipässe kosten $70,35.

Mont-Tremblant umfasst neben dem Resort die miteinander verschmolzenen Orte **St-Jovite**, das kommerzielle Zentrum der Gegend, und das kleinere **Village Mont-Tremblant**, 10 km nördlich.

Zum Resort gehört auch ein schillerndes Kasino, 🖥 www.casinosduquebec.com/mont-tremblant, das mit einer Gondelbahn oder per Shuttlebus zu erreichen ist. ⊙ So–Mi 11–1, Do–Sa 11–3 Uhr.

Besonders wohl fühlen sich die Québécois im großen **Parc du Mont-Tremblant**, der sich vom Ort in Richtung Norden erstreckt. Zu den bevorzugten Winteraktivitäten hier zählen Skilaufen und Trips mit dem Schneemobil. Im Sommer bietet sich der Park zum Campen, Kanufahren, Jagen und Wandern an. In den abgelegeneren Teilen sind mit etwas Glück Bären (s. S. 45), Hirsche und Elche zu sichten. Die drei Campingplätze am Seeufer des Parks müssen im Voraus reserviert werden, ☎ 819/688-2281 oder 1-800/665-6527, 🖥 www.sepaq.com, Eintritt zum Park $3,50, Stellplatz ab $22.

Übernachtung

Auberge de Jeunesse International du Mont-Tremblant, 2313 Chemin du Village, Village Mont-Tremblant, ☎ 819/425-6008 oder 1-866/425-6008, 🖥 www.hostellingtremblant.com. Hervorragend ausgestattetes Hostel mit Café und Bar, Schneeschuh- und Fahrradverleih, Volleyballplatz, kostenlosem WLAN und kostenlosen Parkplätzen. Dorm Bett $29, EZ/DZ ❸.

Fairmont Tremblant, 3045 Chemin de la Chapelle, Mont-Tremblant Resort, ☎ 819/681-7000 oder 1-800/441-1414, 🖥 www.fairmont.com/tremblant. Eine der besseren Lodges am Lac Tremblant gegenüber vom Berg. Beheizte Innen- und

Außenpools, 2 Whirlpools draußen, Fitnesscenter, Skiverleih, sehr gutes Restaurant,
Skilounge. ❽

Hôtel Mont Tremblant, 1900 Chemin du Village,
Village Mont Tremblant, ✆ 819/425-3232 oder
1-888/887-1111, 🖥 www.hotelmonttremblant.
com. Preiswertere Unterkunft am Lac Mercier,
wo die Radwanderroute P'tit Train du Nord
(s. Kasten S. 285) vorbeiführt. Mit Irish Pub,
Restaurant mit französischer Küche und Café.
Im Winter kostenloser Shuttlebus zu den Pisten.
Frühstück inkl. ❹

Tremblant Onwego, 112 Chemin Plouffe,
Village Mont Tremblant, ✆ 819/429-5522 oder
1-866/429-5522, 🖥 www.tremblantonwego.com.
Am Seeufer gegenüber dem Hotel, nicht weit
vom Radweg. Verschiedene Zimmer und
Suiten mit Kochzeile, einige mit Seeblick.
Eigener Strand, kostenlose Nutzung von Kanus,
Kajaks und Tretbooten. WLAN in allen Zimmern
vorhanden. ❺

Ermitage du Lac, 150 Chemin du Cure-
Deslauriers, Mont-Tremblant Resort,
✆ 819/681-2222 oder 800/461-8711, 🖥 www.
tremblant.ca. Eine von vielen Unterkünften im
Resort: Angenehmes Hotel mit 69 geräumigen
Zimmern und Suiten, alle mit Kochnische, einige
außerdem mit Kamin und Balkon. ❻

Essen und Unterhaltung

Im Resort selbst gibt es zahlreiche Restaurants
in allen Preiskategorien, daneben einige Lokale
in **St-Jovite**:

Antipasto, 855 Rue Ouimet, ✆ 819/425-7580,
herzhafte italienische Pastagerichte.

Le Bistro Brunch Café, 814 Rue Ouimet,
erschwingliche Cafébar.

Chez Roger, 444 Rue St-George,
✆ 819/429-6991, serviert französische Küche
zu etwas höheren Preisen.

Die **Partyszene** konzentriert sich auf die Après-
Ski-Locations im Resort.

Am beliebtesten ist seit jeher das **Le P'tit
Caribou**, 125 Chemin Kandahar, ✆ 819/681-4500,
wo bis in die frühen Morgenstunden bei
Cocktails gefeiert wird.

Zum Einläuten des Abends eignet sich das
Le Saint Georges, 890 Rue de St-Jovite, eine
entspannte Kneipe mit Terrasse.

Informationen

Das Hauptbüro der **Touristeninformation**
befindet sich nahe der Rte 117 an der
Ortszufahrt nach St-Jovite, 48 Chemin de
Brébeuf, ✆ 819/425-3300 oder 1-800/322-2932,
🖥 www.tourismemonttremblant.com,
🕑 Juni-Sep So–Do 9–19, Fr und Sa 9–20,
Okt–Mai tgl. 9–17 Uhr; weiter nördlich gibt
es ein zweites Büro, 5080 Montée Ryan,
✆ 819/425-2434.

Cantons-de-l'Est (Eastern Townships)

Die Cantons-de-l'Est beginnen etwa 80 km öst-
lich von Montréal und erstrecken sich bis zur
US-amerikanischen Grenze. Einst galten sie als
Québecs bestgehütetes Geheimnis. Inzwischen
verwandeln sich die Dörfer aus dem 19. Jh.
rasch in bevorzugte Wochenendziele für die
Montréaler, z. T. mit luxuriösen Einrichtungen.
Eine wachsende Skiindustrie um Mont Sutton
direkt nördlich der Grenze zu Vermont drückt der
Gegend ebenfalls ihren Stempel auf.

Dennoch sind die landwirtschaftlichen Wurzeln der Region noch immer deutlich – insbesondere im Frühling, wenn die Ahornbäume ange-
zapft werden, um Sirup zu gewinnen. Zu dieser
Jahreszeit bieten abgelegene *cabanes à sucre*
(„Zuckerhütten") Schlittenfahrten und traditionelle Québecer Köstlichkeiten wie *tire d'érable*
(in Schnee gefrorene Ahornsirupstreifen).

In dem Gebiet lebten früher verstreute Gruppen indianischer Völker, später wurde es von
Loyalisten besiedelt, die nach der Amerikanischen Revolution aus den USA verjagt worden
waren. Dank ihrer Loyalität gegenüber der Krone erhielten sie von den Briten Ländereien und
gründeten Orte mit sehr englischen Namen wie
Sherbrooke und **Granby**.

Mitte des 19. Jhs. wurde das Gebiet für die Industrie erschlossen, woraufhin arbeitssuchende
Frankokanadier in die Gegend strömten: Heute
sind 95 % der 400 000 Einwohner frankophon.
Die Beziehungen zwischen den Sprachgruppen
sind weitgehend freundschaftlich, auch wenn in

Montréal und Südwest-Québec

manchen Gegenden wie in den Städten und Dörfern um **Knowlton** und **North Hatley** eisern am englischen Erbe festgehalten wird.

Die Region ist von Montréal über die Autoroute des Cantons-de-l'Est (Rte 10) zu erreichen, wo sich an der Ausfahrt 68, südwestlich von Granby, auch ein nützliches **Informationszentrum** für die gesamte Region befindet, ℡ 450/375-8774 oder 1-866-472-6292, 🖳 www.cantons delest. com, ⏰ tgl. Juni–Sep 8–19, Okt–Mai 8– 16 Uhr.

Die langsamere Rte 112 schlängelt sich durch kleine Dörfer und an malerischen Seen und Wäldern vorbei. Wer es nicht eilig hat, sollte die Nebenstrecken weiter südlich nahe der US-Grenze nehmen, die durch ländliches Gebiet mit rustikalen Scheunen und gedeckten Brücken führen und sich durch die jungen Weingüter der Provinz winden. Von Montréal fahren rund ein Dutzend Limocar-**Busse**, ℡ 514/842-2281 oder 1-866/700-8899, 🖳 www.transdev.ca, in die Region. Sie halten in Magog und Sherbrooke, weniger häufig sind Verbindungen nach Granby (4x tgl.) und Bromont (2x tgl.).

Granby und Bromont

Der erste größere Ort in den Cantons-de-l'Est auf dem Weg von Montréal ist die wenig ansehnliche Stadt **Granby** mit Québecs bekanntestem Zoo, dem **Zoo de Granby**, 🖳 www.zoo degranby. com. ⏰ Ende Juni–Ende Aug 10–19, Sep–Okt Sa und So 10–17 Uhr, Eintritt $32,99. Auf dem Gelände befindet sich auch der **Parc Aquatique Amazoo** (gleiche Öffnungszeiten und Preise), ein beliebter Aquapark mit diversen Schwimmbecken und Wasserrutschen.

Nur etwas südlich von Granby liegt **Bromont**. Hier dreht sich fast alles um den 405 m hohen Ski- und Snowboardhügel vor der Haustür, **Ski Bromont**, ℡ 450/534-2200 oder 1-866/276-6668, 🖳 www.skibromont.com, Tageskarte $59. Im Sommer verwandelt sich der Hügel in ein Zentrum für Wanderer und Mountainbiker.

Der **Bromont Aquatic Park** bietet Badespaß auf Wasserrutschen und in Pools; ⏰ Juni–Aug 10–17 oder 18.30 Uhr, Eintritt $35.

Eine Abwechslung, die weniger Körpereinsatz verlangt, ist das winzige **Musée du Chocolat**, 679 Rue Shefford, ℡ 450/534-3893, 🖳 www.musee duchocolatdebromont.ca, wo man sehen kann, wie Schokolade hergestellt wird, und auch noch ein paar Süßigkeiten aus dem angeschlossenen Laden probieren kann; ⏰ Mo–Fr 8.30–18, Sa und So 8–17.30 Uhr, Eintritt frei.

Gegenüber steht die **Église St-Francois-Xavier** von 1889 mit einer verzinkten, abgestuften Kirchturmspitze und einem mintgrünen Gewölbe im Innern.

La Maison aux Pignons Verts, 129 Rue D'Adamsville, Adamsville, 10 km südwestlich von Bromont, ℡ 450/260-1129, 🖳 www.lamaisonauxpignonsverts.com. Eins der guten B&Bs der Gegend. ➍

Auberge Nuits de St-Georges, 792 Rue Shefford, Bromont, ℡ 450/534-0705 oder 1-888/534-0708, 🖳 www.aubergenuitsdest georges.com. Hübsches Ziegelgebäude mit 6 Suiten. ➎

L'Âme du Pain, 702 Rue Shefford, Bromont, ist eine Bäckerei, die gute Sandwiches und Salate auf einer schattigen Terrasse serviert, später am Tag gibt's auch Pizza und gehaltvollere Gerichte.

Auberge Le Madrigal, 46 Blvd de Bromont, ℡ 450/534-3588, serviert regionale Gerichte wie Ente und Lachs an Aprikosenchutney.

Touristeninformation in Granby, 650 Rue Principale, ℡ 450/372-7056, 🖳 www.granbybromont.com. ⏰ tgl. Juni–Anfang Sep 8–18, sonst 9–17 Uhr.

Knowlton

Zum ruhigen und schattigen Gemeinde Lac Brome, benannt nach dem hübschen See in der Mitte, gehören mehrere Dörfer.

Das einladenste davon ist das winzige Knowlton, das wegen seiner loyalistischen Vergangenheit bekannt ist. Das Museum der **Société Historique du Comté du Brome**, 130 Chemin Lakeside, ℡ 450/243-6782, beherbergt auf mehreren Stockwerken Kulturzeugnisse aus der Region sowie als Schmuckstück ein Fokker-DVII-Flugzeug.

La Route des Vins

Durch die Cantons-de-l'Est verläuft die 120 km lange **Route des Vins**, ⌨ www.laroutedesvins.ca, die die üppigen Weingüter der Region miteinander verbindet, von denen viele für ihren Eiswein bekannt sind. Die Touristeninformation (S. 290) und die Website der Weinstraße bieten eine übersichtliche Karte.

Die Route windet sich durch die Südwestecke der Cantons und führt an 16 Weingütern vorbei. Der freundliche **Vignoble L'Orpailleur**, südwestlich von Knowlton bei Dunham, ✆ 450/295-2763, ⌨ www.orpailleur.ca, ist mit einem kleinen Museum und einer sonnigen Terrasse bestens auf Besucher eingestellt. ◷ Mai–Okt tgl. 9–18, Nov–Dez 9–17, Jan–April 10–17 Uhr; Führungen (nur auf Französisch) Mitte Juni–Okt 4x tgl.

Die **Domaine Les Brome**, westlich von Lac Brome in Ville de Lac-Brome, ✆ 450/242-2665, ⌨ www.domainelesbrome.com, bietet eine phantastische Auswahl an Weinen und einen tollen Ausblick auf die Reben mit dem funkelnden See im Hintergrund. ◷ Mai–Okt tgl. 11–18, Nov–April Sa und So 11–18 Uhr.

◷ Mitte Mai–Mitte Sep 10–16.30, So 11–16.30 Uhr, Eintritt $5.

Der wahre Reiz von Knowlton liegt aber in der Möglichkeit, ein Wochenende mit Kaffeetrinken und dem Herumstöbern in den Antiquitätenläden und Galerien an den beiden Hauptstraßen, dem Chemin Lakeside und dem Chemin Knowlton, zu vertrödeln. Die Galerie Bistrot Carpe Diem, 61 Chemin Lakeside, in einer restaurierten Gerberei, zeigt moderne Bildhauerarbeiten und bietet oben eine sonnige Terrasse mit Flussblick.

Im Juli und August werden im **Theatre Lac Brome**, 9 Chemin Mont-Écho, ✆ 450/242-2270, ⌨ www.theatrelacbrome.ca, englischsprachige Theaterstücke aufgeführt, oft Komödien. Zu den vielen munteren Festen zählen das Entenfestival Ende September und die Letters from Knowlton, ⌨ www.lescorrespondances.ca/knowlton, Anfang August, ein Literaturfestival mit Autoren aus der Region; das französischsprachige Gegenstück findet seit mehreren Jahren im nahen Eastman statt.

Eine gute Unterkunft ist die **Auberge Knowlton**, ✆ 450/242-6886, ⌨ www.aubergeknowlton.ca, ➎, in dessen Restaurant Relais man die zu Recht berühmte Lac-Brome-Ente probieren kann. Die freundlichen Betreiber sind außerdem eine tolle Informationsquelle für die Gegend und können mit Karten für Spaziergänge im Ort aushelfen.

Magog

Rund 40 km östlich von Bromont liegt der Sommerferienort Magog, dessen Name auf ein indianisches Wort zurückgeht, das „große Wasserfläche" bedeutet. Mit dieser Wasserfläche ist einer der größten Seen der Cantons, der **Lac Memphrémagog**, gemeint, an den der Ort grenzt. Im See haust angeblich ein absonderliches Wesen namens Memphré, das seit 1798 Stoff für diverse Schauermärchen geliefert hat.

Abwechslung ganz anderer Art bietet das **Labyrinthe Memphrémagog** am westlichsten der Stadtstrände, ✆ 819/868-4188, ⌨ www.labyrinthemagog.ca, ein Irrgarten, in den man sich zu Fuß oder auf Inlineskates begeben kann; ◷ Mitte Juni–Anfang Sep tgl. 10 Uhr–Sonnenuntergang, Mai–Mitte Juni und Anfang Sep–Mitte Okt Fr–Mo 10 Uhr–Sonnenuntergang, Eintritt $10.

Die Umgebung lässt sich auf zahlreichen gut in Schuss gehaltenen Radwegen erkunden. Ski-Vélo Vincent Renaud, 395 Rue Principale Ouest, ✆ 819/843-4277, ⌨ www.skivelo.com, vermietet Fahrräder für etwa $20/Tag.

Im Sommer laden außerdem diverse Ausflugsboote zu einer Flussfahrt ein. Wer länger auf dem Wasser sein will, kann eine Tagestour nach Süden über die Grenze nach Newport in Vermont unternehmen; Juni–Sep, $55, Reisepass erforderlich, Infos und Reservierung ✆ 819/843-8068 oder 1-888/842-8068, ⌨ www.croisierememphremagog.com.

Übernachtung

Die Auswahl an Unterkünften ist groß. Einige der **B&Bs** sind 100 Jahre alte Häuser und liegen in einer Gruppe nahe zusammen:

Ô Bois Dormant, 205 Rue Abbott, ✆ 819/843-0450, ⌨ www.oboisdormant.qc.ca, einladende Zimmer mit Kamin. ➎

Au Coeur du Magog, 120 Rue Merry Nord, ℡ 819/868-2511, 🖳 www.aucoeurdemagog. com. Hübsches altes Gebäude mit rosa Fensterläden und blümchengemusterten Tagesdecken in den gemütlichen Zimmern. ❸
L'Auberge du Grand Lac, 40 Rue Merry Sud, ℡ 819/843-4039 oder 1-800/267-4039, 🖳 www.grandlac.com. Zentral gelegenes Hotel mit Dachterrasse. ❺–❼

Magog ist ein recht lebendiger Ort und besitzt entlang der Hauptstraße, der Rue Principale, etliche Bars und Restaurants.
Le Panier à Pain, 382 Rue Principale Ouest, serviert gesunde Sandwiches und leckere Suppen.
Le Martimbeault, 341 Rue Principale Ouest, ℡ 819/843-3182. Gute Adresse für das Abendessen mit üppigen französischen Mahlzeiten.
La Memphré, 12 Rue Merry Sud, ist eine gemütliche Bar und serviert neben leckerem Bier auch gute Kneipenkost.
Aux Jardins Champêtre, 1575 Chemin des Pères, nordwestlich von Magog, ℡ 819/868-0665, 🖳 www.auxjardinschampetres.com, regionale Gerichte mit Zutaten frisch vom Bauernhof und Markt sowie scharf riechender Käse von der nahen Benediktinerabtei und Ente vom Lac Brome.

Touristeninformation, 55 Rue Cabana, ℡ 1-800/267-2744, 🖳 www.tourisme-memphremagog.com, liegt auf halbem Weg zwischen dem Ort und dem Labyrinth, zu erreichen über Rte 112. ⏲ Juni–Mitte Okt tgl. 8.30–20, Mitte Okt–Mai tgl. 9–17, Fr bis 19 Uhr.

Abbaye Saint-Benoît-du-Lac

Rund 25 km südwestlich von Magog ragen nahe dem See die weißen Granittürme der Abbaye Saint-Benoît-du-Lac, 🖳 www.st-benoit-du-lac. com, aus den Bäumen. Hier leben etwa 60 Bene-

diktinermönche, die berühmt sind für ihre gregorianischen Gesänge (tgl. 7 und 11 Uhr, zusätzlich Mo–Mi und Fr–So 17, Do 18 Uhr) und ihren Blauschimmelkäse (Laden ⏲ Ende Juni–Okt Mo–Sa 9–18, So 12–18 Uhr). Die Abtei steht allen offen, die für eine gewisse Zeit einen Ort der Ruhe und Besinnung suchen. Essen und **Unterkunft** sind kostenlos, es wird aber eine Spende von $50 erwartet; Reservierung erforderlich, ℡ Männer 819/843-4080, Frauen 819/843-2340, auf angemessene Kleidung achten.

Zu erreichen ist die Abtei von Magog über den Chemin des Pères (zweigt von der Rte 112 ab), öffentliche Transportmittel verkehren nicht, eine Taxifahrt von Magog kostet ca. $30.

Mont Orford

Ein alter Wald aus Zuckerahorn bedeckt drei Viertel des kleinen **Parc National du Mont-Orford**, 10 km nördlich von Magog via Rte 141, 🖳 www.sepaq.com/pq/mor. Das ganze Jahr über bleibt der Sessellift auf den 859 m hohen Mont Orford in Betrieb – im Winter genutzt von Skifahrern, im Sommer von Wanderern. Im kleinen Ort **Orford** selbst gibt es kaum etwas zu sehen.

Auberge du Centre d'Arts Orford, 3165 Chemin du Parc (Rte 141), ℡ 819/843-3981 oder 1-800/567-6155, 🖳 www.arts-orford.org, ist eine hervorragende Ausgangsbasis für eine Erkundung des Parks und von Magog. Dorm-Betten und Zimmer. ❶–❸
Zelten kann man auf einem der Campingplätze im Park oder abseits davon im Wald; ℡ 819/843-9855 oder 1-800/655-6527, 🖳 www.sepaq.com, Stellplatz $16–38. Alle anderen Unterkünfte sind teurer, bieten aber auch mehr Komfort:
Auberge de la Tour, 1837 Chemin Alfred-Desrochers, ℡ 819/868-0763, 🖳 www.auberge-de-la-tour.com. Reizender Landgasthof ❹
Zum Essengehen empfiehlt sich **Tonnerre de Brest**, 2197 Chemin du Parc, ℡ 819/847-1234, mit seinen Crêpes, Muscheln und Pommes frites.

North Hatley

Das Erbe der Loyalisten liegt der Region östlich von Magog spürbar am Herzen. Wie in kaum einer anderen Gegend von Québec werden die Spuren des anglophonen Snobismus gepflegt, der einst die Provinz beherrschte. North Hatley, 30 Min. Autofahrt von Magog Richtung Osten über Rte 108, gilt als Bastion der Engländer: Die hiesigen Boutiquen bieten Lipton-Tees und Tweedsachen an. Die Einwohner weigern sich zudem standhaft, den Stadtnamen in „Hatley Nord" umzuwandeln.

Das muntere Theater **The Piggery**, ✆ 819/842-2431, ▭ www.piggery.com, präsentiert hier im Sommer unterschiedlichste Shows von Musicals bis Bluegrass-Musik. Am Ufer sammeln sich mehrere Kunstgalerien und Antiquitätengeschäfte.

Übernachtung und Essen

Manoir Hovey, 575 Chemin Hovey, ✆ 819/842-2421 oder 1-800/661-2421, ▭ www.manoirhovey.com. Das romantische Hotel am See mit Privatstrand und Booten gehört zuden nobelsten in ganz Québec. ❽
Serendipity Bed & Breakfast, im Ort, 340 Chemin de la Rivière, ✆ 819/842-2970, ▭ www.serendipitybb.qc.ca, in einem 100 Jahre alten Gebäude. ❹
Auberge le Coeur d'Or, 85 Rue School, ✆ 819/842-4363, ▭ www.aubergelecoeurdor.com, behagliche Zimmer ❸–❺ und voll ausgestattete Cottages ❻–❼.
Frisches Brot, Sandwiches und herzhafte Salate gibt's im einladenden **Café Saveurs et Gourmandises**, 39 Rue Main, ✆ 819/842-3131.
Le Pilsen, 55 Rue Principale, bietet in englischer Pub-Atmosphäre einheimisches Massiwippi-Bier und dazu das passende Essen wie saftige Hamburger, Muscheln und Pommes frites.
Café Massawippi, 3050 Chemin Capelton, ✆ 819/842-4528, serviert teure, aber exquisite kreative Gerichte wie Räucherlachs mit gelber Beete oder Entenstopfleber, Hauptgericht ab $30. ☉ nur abends, im Sommer manchmal auch mittags.

Sherbrooke

Die 100 000 Einwohner zählende Universitätsstadt Sherbrooke 147 km östlich von Montréal genießt den Titel „La Reine des Cantons-de-l'Est" – eine seltsame Anerkennung für eine wenig verlockende Stadt. Hier gibt es nur eine Handvoll kleinerer Attraktionen in Vieux-Sherbrooke, wo die Rivière Magog eine 1,5 lange Schlucht in die Landschaft gegraben hat. Die zwei größeren Museen Sherbrookes sind eher bescheiden.

Das **Musée des Beaux-Arts de Sherbrooke**, 241 Rue Dufferin, ✆ 819/821-2115; ▭ www.mbas.qc.ca, zeigt Werke von Québecer Künstlern aus dem 19. und 20. Jh. und gute wechselnde Ausstellungen, ☉ Di–So 12–17 Uhr, Eintritt $7,50.

Die interaktiven Exponate im **Musée de la Nature et des Sciences**, 225 Rue Frontenac, ✆ 819/564-3200, ▭ www.mnes.qc.ca, beschäftigen sich mit der Flora und Fauna Québecs; es gibt lebendige und ausgestopfte Tiere sowie Videos. ☉ Mi–So 10–17 Uhr, Eintritt $7,50.

Das **Centre d'interprétation de l'histoire de Sherbrooke**, 275 Rue Dufferin, ✆ 819/821-5406, ▭ shs.ville.sherbrooke.qc.ca, konzentriert sich auf die Geschichte von Sherbrooke. ☉ Ende Juni–Anfang Sep Di–Fr 9–17, Sa und So 10–17, sonst Di–Fr 9–12, 13–17, Sa und So 13–17 Uhr, Eintritt $6.

Übernachtung und Essen

Jede Menge moderne Motels säumen die Hauptstraße Rue King Ouest. Charmanter ist **Marquis de Montcalm**, 797 Rue Montcalm, ✆ 819/823-7773, ▭ www.marquisdemontcalm.com, ein freundliches B&B in der Nähe der Schlucht. ❹
Le Petit Parisien, 243 Rue Alexandre, ✆ 819/822-4678, kleines stimmungsvolles Restaurant im Zentrum, das u. a. gute Grillgerichte für $20–30 auf die Teller bringt, Wein selbst mitbringen.

Informationen

Touristeninformation, 2964 Rue King Ouest, ✆ 819/821-1919 oder 1-800/561-8331,

⊙ Mitte Juni–Mitte Aug tgl. 9–19, sonst Mo–Sa 9–17, So 9–15 Uhr.

Transport

Busse verkehren 4x wöchentl. nach TROIS-RIVIÈRES (2 1/4 Std.) und 2x tgl. nach QUÉBEC-STADT (3 1/2 Std.).

Von Montréal nach Québec-Stadt

Die 270 km zwischen Montréal und Québec-Stadt kann man auf zwei Autoroutes zurücklegen. Allerdings wird die Strecke auch von vielen VIA Rail-Zügen und Voyageur-Bussen befahren. Die langweilige Rte 20 führt am Südufer des St.-Lorenz-Stroms entlang und die noch eintönigere Rte 40 schmiegt sich an die nördliche Seite des Flusses. Da es unterwegs kaum Raststätten gibt, sollte man in Montréal für einen vollen Tank sorgen. Die Rte 138, der alte Chemin du Roi, schlängelt sich ebenfalls am Nordufer entlang, bietet jedoch einen besseren Einblick in das ländliche Québec und die Farmen aus der Zeit der Seigneurs: Zu sehen gibt es beispielsweise die **Seigneurie de Terrebonne**, ⌨ www.ile-des-moulins.qc.ca, auf der Île des Moulins etwa 30 Min. nordöstlich von Montréals Zentrum. Diese ehemalige Seigneurie (1673–1883) mit ihren restaurierten Gebäuden aus dem 19. Jh. – darunter die Villa des letzten Seigneurs der Gegend und ersten frankophonen Millionärs von Kanada, Joseph Masson – vermittelt einen Eindruck vom Leben unter dem Ancien Régime. Anfahrt über Rte 25, Ausfahrt 22 Est. ⊙ Mai–Anfang Sep Mi–Sa 10–21, So 10–17, Anfang Sep–Ende Dez Do und Fr 13–21, Sa und So 10–17 Uhr, das restliche Jahr nur an Wochenenden, Eintritt frei, Führungen $5.

Trois-Rivières

Auf halbem Wege von Montréal nach Québec liegt die wichtigste Stadt der Gegend: Trois-Rivières. An dieser Stelle teilt sich die Rivière St-Maurice in drei Kanäle, bevor er in den St.-Lorenz-Strom fließt – daher der Name „drei Flüsse". Die Besiedlung durch die Europäer erfolgte im Jahr 1634. Zur damaligen Zeit etablierte sich die Stadt als Hafen für französische Entdecker und als Eisenerzzentrum. Das Holz ließ nicht lange auf sich warten. Heute zählt Trois-Rivières zu den weltweit größten Papierherstellern. Obwohl der Ort häufig als Industriesiedlung abgetan wird, lohnt sich ein Spaziergang durch die schattigen, von historischen Gebäuden gesäumten Gassen, die weder so winzig sind wie in Québec noch so gewaltig wie in Montréal. Die Stadt ist außerdem ein guter Ausgangspunkt für eine Erkundung des Tals des St-Maurice.

Der kompakte Stadtkern dehnt sich um den kleinen Platz **Parc du Champlain** aus und erstreckt sich in südlicher Richtung bis zum Ufer. Gegenüber dem Park sticht die neogotische **Cathédrale de l'Assomption**, 363 Rue Bonaventure, mit ihren Buntglasfenstern von Guido Nincheri ins Auge. Errichtet wurde sie in Anlehnung an die Westminster Abbey. ⊙ Mo–Fr 7–11.30 Uhr und 13.30–17.45, Sa 7–20, So 9.30–12 und 14–17.45 Uhr, Eintritt frei.

Weiter südlich wohnte in einem der ältesten Gebäude der Stadt, dem hübschen **Manoir de Niverville**, 168 Rue Bonaventure, früher der lokale Seigneur. In Sichtweite des Wassers zweigt von der Rue Bonaventure nach links die schmale Rue des Ursulines ab, die schönste Straße der Stadt. Besonders interessant sind hier zwei Kunstgalerien in den Häusern Nr. 802 und 864, die während der Biennale Internationale d'Estampe Contemporaine (Mitte Juni–Ende Aug in ungeraden Jahren) zeitgenössische Druckgrafiken zeigen.

Das nahe **Musée des Ursulines**, ⌨ www.musee-ursulines.qc.ca, dessen schlanke Silberkuppel das Straßenbild beherrscht, widmet sich historischen Ausstellungen. Dieses ehemalige Kloster wurde von einer kleinen Gruppe von Ursulinen-Schwestern gegründet, die 1697 aus Quebec hierher kamen. Es umfasst eine Kapelle mit reizvollen Fresken und vergoldeten Skulpturen. Die Schätze des Nonnenklosters sind in einem kleinen Museum im alten Hospitalgebäude zu besichtigen, ☉ Mai–Nov Di–So 10–17, März und April Mi–So 13–17 Uhr, Nov–Feb nach Vereinbarung, Eintritt $3,50 inkl. Kapelle.

Etwas östlich der Kathedrale zeigt das **Musée Québécois de Culture Populaire**, 200 Rue Laviolette, 🖥 www.culturepop.qc.ca, kurzweilige Ausstellungen zur Volks- und Popkultur.

Das eigentliche Highlight aber ist das angrenzende alte **Gefängnis** von 1822. Das Steingemäuer wurde bis 1980 als Haftanstalt genutzt und hatte zeitweilig bis zu 80 Insassen. Die Graffitis als etlichen Jahrzehnten sind für sich schon spannend, aber nichts im Vergleich zu den Geschichten, die die Museumsführer erzählen können – zumeist ehemalige Knastbrüder. ☉ Ende Juni–Anfang Sep tgl. 10–18, sonst Di–So 10–17 Uhr, Eintritt Museum oder Gefängnis $9, beide $14.

Eine kleine Wallfahrt lässt sich vom Zentrum nach Osten über den Fluss in den eingemeindeten Ort Cap-de-la-Madeleine auf der anderen Flussseite unternehmen. Dort befindet sich neben einem idyllischen Park die Marienwallfahrtskirche **Sanctuaire Notre-Dame du Cap**, 626 Rue Notre-Dame, 🖥 www.sanctuaire-ndc.ca. Die kleine Kapelle aus Naturstein stammt von 1720 und gilt als die älteste originale erhaltene Steinkirche Kanadas. Sie wird allerdings von der neueren achteckigen Basilika überragt, einem wuchtigen Betonkoloss aus den 1960er-Jahren mit einer 38 m hohen Kuppel und einer fantastischen Casavant-Orgel mit 75 Pfeifen. Anfahrt mit Stadtbus Nr. 2 oder über die Rte 40 (Ausfahrt 205); auch einige Busse von Montréal nach Québec halten hier. Eintritt frei.

In hübscher Lage am Fluss befinden sich 12 km nördlich von Vieux Trois-Rivières die Reste der ehemaligen Eisenhütte **Forges du Saint-Maurice**, 10 000 Blvd des Forges, 📞 819/378-5116 oder 1-888/773-8888, 🖥 www.pc.gc.ca/forges, die ihre Produkte bis nach Europa verschiffte und inzwischen ein Nationaldenkmal ist. Anfahrt vom Zentrum mit Bus 4 von der Rue Badeaux, mit dem Auto über die Rte 55 (Ausfahrt 191). ☉ Mitte Mai–Anfang Sep tgl. 9.30–17.30, Anfang Sep–Mitte Okt bis 16.30 Uhr, Eintritt $4.

Übernachtung

La Flottille, 497 Rue Radisson, 📞 819/378-8010, 🖥 www.hihostels.ca, sehr sauberes und angenehmes Hostel im Zentrum und billigste Unterkunft. Bett $22.
In Vieux Trois-Rivières gibt es ein paar schöne **B&Bs** in historischen Häusern:
Le Fleurvil, 635 Rue des Ursulines, 📞 819/372-5195 oder 1-877/375-5190, 🖥 www.fleurvil.qc.ca. 5 Zimmer in einem niedrigen Haus. ❸
Manoir DeBlois, 197 Rue Bonaventure, 📞 819/373-1090 oder 1-800/397-5184, 🖥 www.manoirdeblois.com. Prächtiges Steinhaus von 1828 mit original Holzboden und jeder Menge alter Möbel im Gästesalon. ❹–❻

Essen und Unterhaltung

Die meisten Restaurants sind im Stadtzentrum angesiedelt. Entlang der Rue des Forges zwischen der Rue Royale und dem Fluss reiht sich eine Terrasse an die nächste.
Angeline, 313 Rue des Forges, serviert fantasievolle und preiswerte Pasta und Pizza.
Le Zenob, 171 Rue Bonaventure, die coole Bar mit zwei grünen Terrassen, serviert Sandwiches.
Café Morgane, 100 Rue des Forges, schickes Café mit 3 weiteren Filialen in der Stadt, leckerer Kaffee und Snacks.
Le Temple, 300 Rue des Forges, mehrgeschossiger Komplex mit Club, Lounge und Dachterrasse.

Informationen

Das **Office de Tourisme**, 1457 Rue Notre-Dame, 📞 819/375-1122 oder 1-800/313-1123, 🖥 www.tourismetroisrivieres.com, hat Kartenmaterial und einen Unterkunftsservice. ☉ Ende Juni–Anfang Sep tgl. 8–20, Anfang Sep–Mitte Okt und Mitte Mai–Ende Juni Mo–Fr 9–17, Sa und So 10–16, Mitte Okt–Mitte Mai Mo–Fr 9–17 Uhr.

Transport

3x tgl. fahren Busse von Trois-Rivières in 1 Std. nach GRAND-MÈRE.

Parc National du Canada de la Mauricie

Rund 60 km nördlich von Trois-Rivières erstreckt sich das hügelige Tal des Saint-Maurice – bekannt als **Mauricie**. Der beste Teil der Landschaft wird vom Parc National du Canada de la Mauricie, ☏ 819/533-7272, ▢ www.pc.gc.ca/mauricie, eingegrenzt. Der Park an der Südspitze des Kanadischen Schilds zeichnet sich durch sanfte Hügel, Seen, Flüsse, Wasserfälle und steile Felswände aus, ⏰ ganzjährig, Eintritt $7,80. Leider ist er nicht mit den öffentlichen Verkehrsmitteln zu erreichen. Anfahrt von Trois-Rivières Richtung Norden über Rte 55 bis zur Ausfahrt 226, danach den Schildern zum Eingang St-Jean-des-Piles folgen.

Im Park laden zahlreiche, unterschiedlich lange und schwierige Wege zum **Wandern** ein: Der Sentier de la Cache (1 km) beispielsweise führt zum Lac du Fou, wo man das Tierleben im Wasser und zu Land von einer erhöhten Plattform durch ein Teleskop beobachten kann. Für den 75 km langen Sentier Laurentien sind hingegen 5–8 Tage einzuplanen (Reservierung erforderlich, Campinggenehmigung für vier Nächte $39,20). In den Besucherzentren am Parkeingang erhält man ausgezeichnete Karten und Broschüren zu den gut gepflegten Wander-, Kanu- und Fahrradrouten im Park. Außerdem werden hier Kanus ausgeliehen, $18 pro Tag.

Übernachten kann man auf einem der unzähligen **Campingplätze** im Park, die selten ausgebucht sind, ab $25,50 pro Stellplatz; ⏰ Mai–Okt, keine Reservierung möglich. Wer ein festes Dach über dem Kopf vorzieht, sollte eine der beiden **Lodges** – Wabenaki oder Andrew – ansteuern, die 3,5 km vom nächsten Parkplatz entfernt am Lac à la Pêche liegen. Die beiden Dorms im Wabenaki bieten Platz für 28 Besucher, und in den vier Zimmern im Andrew werden je vier Personen untergebracht, ☏ beide Lodges 819/537-4555, So–Do ab $26 p. P., Fr und Sa $50–60 p. P. Beide sind auch während der Langlaufsaison (Mitte Dez–März) geöffnet (Loipengebühr $9,80).

Québec-Stadt 7 HIGHLIGHT
und Nord-Québec

Stefan Loose Traveltipps

Vieux-Québec Die einzige Stadt Nordamerikas, die von einer Festungsmauer umgeben ist, steckt voller romantischer Ecken und Winkel. S. 299

Mont-Sainte-Anne Im Winter ein Skigebiet mit unzähligen Abfahrtspisten, im Sommer ein Mountainbike-Revier von Weltrang. S. 331

Mit dem Auto über die Gaspé-Halbinsel Die Rte 132 umrundet die Halbinsel entlang ihrer zerklüfteten Küste. S. 335

Îles de la Madeleine Die abgeschiedenen Inseln im St.-Lorenz-Strom locken mit einzigartigen roten Dünen und frischem Seafood. S. 350

Traversée de Charlevoix Diese Fernroute für Wanderer, Mountainbiker und Skilangläufer durchzieht auf 100 km Länge den wildesten Teil von Charlevoix. S. 355

8 Wale beobachten Das lebendige Tadoussac ist eine gute Basis für eine Walbeobachtungstour. S. 363

Mingan-Archipel Mit dem Kajak die geheimnisvollen „Blumentopfinseln" mit ihrer Flora und Fauna umrunden. S. 378

Nordik Express Eine Bootsfahrt entlang der straßenlosen Côte-Nord führt von einem einsamen Fischerdorf zum nächsten bis zur Grenze nach Labrador. S. 376/377

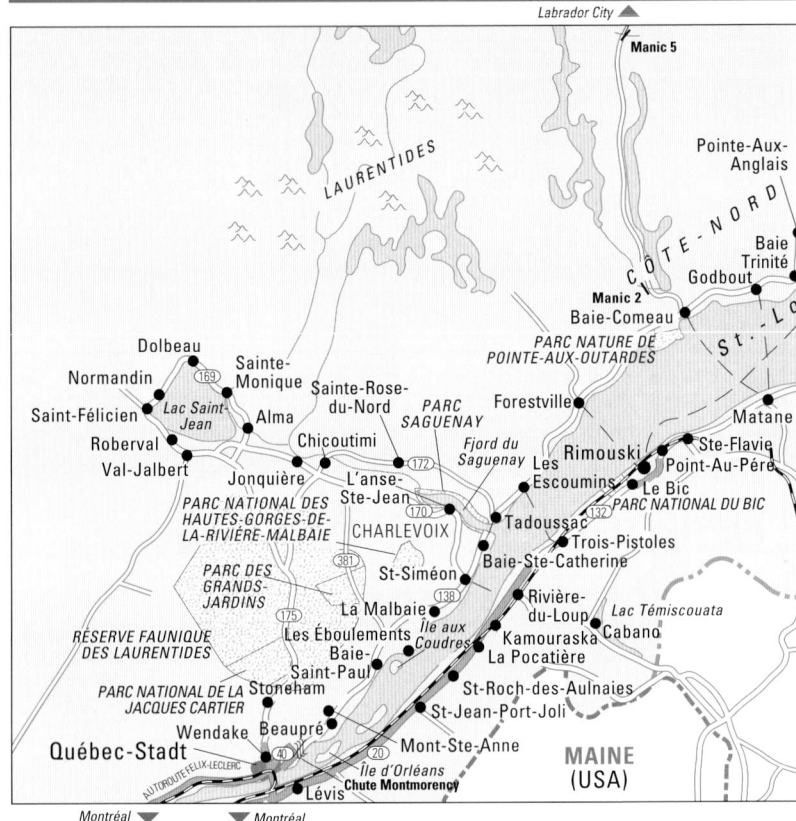

Nord-Québec nimmt den Löwenanteil der größten Provinz Kanadas ein. Die Region erstreckt sich über eine Million Quadratkilometer vom Ackerland im Süden bis zur arktischen Tundra im Norden. Ein Großteil des Gebiets erscheint wie ein Überzug aus borealem Wald, der den Kanadischen Schild bedeckt – eine hufeisenförmige Platte aus uraltem Fels, der während der letzten Eiszeit blank gescheuert wurde. Die Natur hat das Sagen im Norden Québecs, wo der Einfluss der Arktis schon deutlich zu spüren ist. Die Winter sind so lang und so kalt wie sonst

kaum irgendwo im Osten Kanadas, und die heißen Sommer sind entsprechend schnell vorbei. Elche, Karibus, Vielfraße und Bären bevölkern die Wälder, während der Mensch bislang kaum ins Landesinnere vorgedrungen ist. Die Zivilisation konzentriert sich größtenteils am Nordufer des **St.-Lorenz-Stroms** und verteilt sich entlang der Hauptroute, die von Québec-Stadt aus im Bogen Richtung Nordosten verläuft. Zu den Wenigen, die sich bisher tiefer in diese imposante Wildnis vorwagten, gehören neben den indianischen Volksgruppen fast nur Minenarbei-

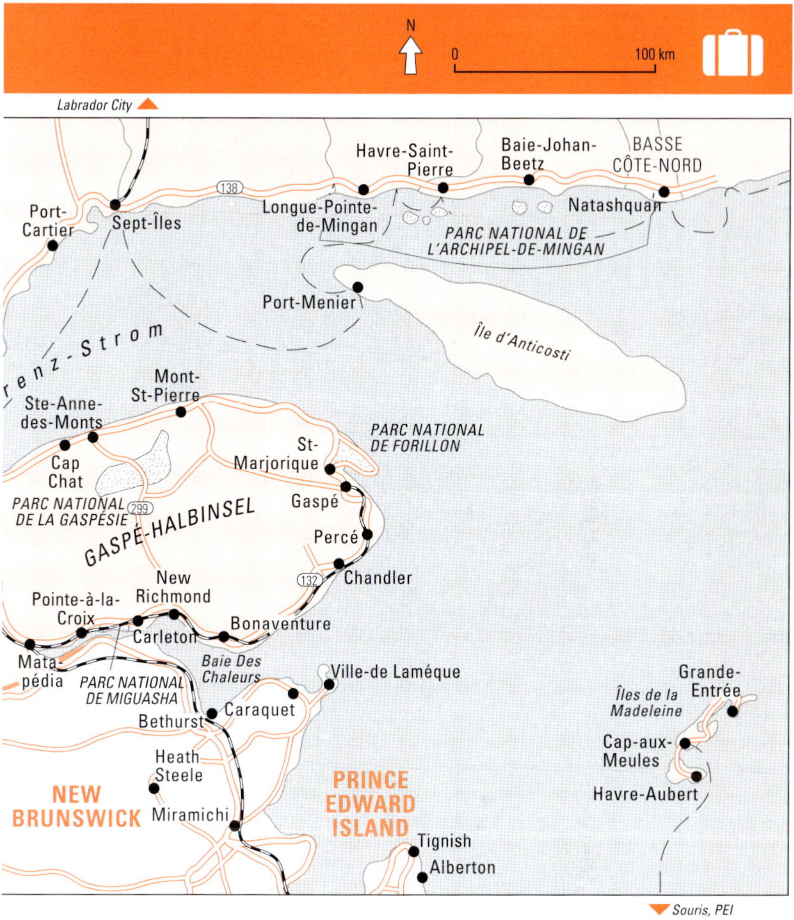

Labrador City

Havre-Saint-Pierre
Baie-Johan-Beetz
BASSE CÔTE-NORD
Natashquan
Port-Cartier
Sept-Îles
Longue-Pointe-de-Mingan
138
PARC NATIONAL DE L'ARCHIPEL-DE-MINGAN
Port-Menier
Île d'Anticosti
renz-Strom
Mont-St-Pierre
Ste-Anne-des-Monts
PARC NATIONAL DE FORILLON
St-Marjorique
Cap Chat
PARC NATIONAL DE LA GASPÉSIE
299
GASPÉ-HALBINSEL
Gaspé
Percé
New Richmond
132
Chandler
Pointe-à-la-Croix
Carleton
Bonaventure
Mata-pédia
Baie Des Chaleurs
Ville-de-Laméque
PARC NATIONAL DE MIGUASHA
Caraquet
Bethurst
Grande-Entrée
Îles de la Madeleine
Cap-aux-Meules
Havre-Aubert
Heath Steele
NEW BRUNSWICK
Miramichi
PRINCE EDWARD ISLAND
Tignish
Alberton
Souris, PEI

ter und abgehärtete Naturburschen, die in den gigantischen Wasserkraftwerken an den Flüssen Nord-Québecs arbeiten.

Aber auch die Küste hat ihren besonderen Reiz, nicht zuletzt dank der **Wale**, die sich von Mitte Mai bis Mitte Oktober im St.-Lorenz-Golf tummeln, um Nahrung aufzunehmen und für Nachwuchs zu sorgen. Die Region zählt zu den besten der Welt, um diese beeindruckenden Meerssäuger zu studieren. Je weiter man sich jenseits der landschaftlichen Flächen von **Charlevoix** an der **Côte-Nord** von Québec-Stadt

entfernt, desto größer werden die Entfernungen zwischen den Siedlungen und die Versorgungs-einrichtungen immer spärlicher. Diese Isolation geht mit einem auffälligen Wandel der Mentalität einher: Die Bewohner Nord-Québecs zeigen auf-richtiges Interesse an den Erlebnissen Reisender und demonstrieren gern ihre traditionelle „nörd-liche Gastfreundschaft". Wer die abgelegenen Parks und Siedlungen an den Nebenstraßen sehen möchte, benötigt ein **Auto**.

Die historisch interessante **Stadt Québec** ist das unumstrittene Highlight der Region. Wie ein

Québec-Stadt

Restaurants & Cafés
L'Astral	25
Café Au Bonnet D'âne	3
Le Café du Monde	18
Café Krieghoff	14
Chez Ashton	20
Le Cochon Jingue	11
Le Commensal	8
Cosmos Café	22
Le Graffiti	17
Le Hobbit	4
Kimono Sushi Bar	12
Le Panetier/Baluchon	6
La Piazzetta	9
Poisson d'Avril	2
Saveur de L'Inde	21

Bars & Clubs
L'Amour Sorcier	5
La Barberie	1
Dagobert	19
Le Drague	10
L'Inox Maîtres-Brasseurs	24
Jules et Jim	13
Maurice	23
Pub Java	15
Sacrilège	7
Le Sonar	16

Lieu historique national Cartier-Brébeuf ❶

Wendake

Martello-Turm 4

Martello-Turm 2

Martello-Turm 1

Église St-Jean-Baptiste ❸

Le Grand Théâtre de Québec

Parc de l'Amérique Française

Observatoire de la Capitole

Place George V

Maison de la découverte

Musée National des Beaux-Arts du Québec

Parc de Champs de Bataille (Plaines d'Abraham)

Parc Jeanne-d'Arc

Hôtel du Parlement

Parc de l'Esplanade

Musée des Ursulines

Couvent des Ursulines

Château Frontenac

Citadelle

Gare du Palais & Bus-Terminal

Marché du Vieux-Port

Hôtel-Dieu

Séminaire

Musée de la Civilisation

VIEUX-PORT

Terminal für Kreuzfahrtschiffe

VIEUX-QUÉBEC (HAUTE-VILLE)

BASSE-VILLE

FAUBOURG ST-JEAN-BAPTISTE

ST-ROCH

MONTCALM

Rivière St-Charles

Bassin Louise

AUTOROUTE DUFFERIN

AV HONORÉ-MERCIER

GRANDE-ALLÉE EST

BOULEVARD CHAMPLAIN

Lévis

s. Karte Vieux-Québec S. 302

0   500 m

N

symbolisches Tor zum Norden zwängt sie sich an eine Verengung des St.-Lorenz-Stroms (das Wort *kebec* bedeutet „Verengung" in der Sprache der Algonkin-Indianer). Québec ist zugleich der östlichste Punkt, an dem Nord- und Südufer des St.-Lorenz durch eine Brücke miteinander verbunden sind. Jenseits der Stadt geht der Strom enorm in die Breite, ein Übersetzen ist dann nur noch per Fähre möglich. Die gebirgige **Gaspé-Halbinsel** am Südufer des St.-Lorenz bildet einen deutlichen Kontrast zur flachen Wildnis nördlich des Stroms. Die **Chic-Choc-Berge**, das felsige Rückgrat im Zentrum der Halbinsel, markieren den Abschluss der berühmten Appalachen. Die Gaspé-Halbinsel ist dichter besiedelt als das Nordufer, leicht mit öffentlichen Verkehrsmitteln oder per Auto erreichbar und daher ein lohnenswertes Ziel für eine Rundreise von Québec-Stadt.

Eine kurze **Geschichte** der Provinz Québec findet sich auf S. 237.

Eine kurze **Geschichte** der Provinz Québec findet sich auf S. 237.

7 | HIGHLIGHT

Québec-Stadt

Das historische Québec erstreckt sich teilweise auf der Klippe des Cap Diamant und teilweise darunter am Ufer des St.-Lorenz-Stroms. Vieux-Québec ist die einzige von Befestigungsmauern umgebene Stadt in Nordamerika und wurde 1985 von der Unesco zum Weltkulturerbe erklärt. Im oberen wie unteren Teil der Altstadt – Haute-Ville und Basse-Ville (Ober- und Unterstadt) – werden die verwinkelten Kopfsteinpflasterstraßen von Häusern und Kirchen aus dem 17. und 18. Jh., eleganten Parks und Plätzen sowie zahllosen Denkmälern gesäumt. Obwohl einige Bezirke sorgfältig restauriert wurden, bewahrt sich die Stadt ihren authentischen und durch und durch französischen Charakter: Von den 700 000 Einwohnern sind 95 % französischsprachig. Manchmal vergisst man beinahe, auf welchem Kontinent man sich befindet: Aus den Cafés im Pariser Stil strömt ein Duft von Café au lait und frischen Croissants. Obwohl das Hotel **Château Frontenac** als Wahrzeichen der Stadt gilt, konnte der Tourismus die Regierung bisher nicht als Hauptarbeitgeber ablösen.

Québec hat einen ausgeprägt provinziellen Charakter. Als kanadische Bastion der katholischen Kirche lässt die Stadt eine enge Verbundenheit mit ihrer religiösen und militärischen Vergangenheit erkennen. Andererseits gebührt der Kirche große Anerkennung für die Schaffung und Erhaltung wunderschöner Gebäude, z. B. der malerischen **Église Notre-Dame-des-Victoires**, der **Basilique-Cathédrale Notre-Dame de Québec** und des riesigen **Séminaire**. Die Verteidigungsanlagen werden von der massiven **Citadelle** beherrscht und zeugen vom militärischen Erbe einer Stadt, die Churchill einst „Gibraltar von Nordamerika" taufte. An der Stelle des Schlachtfelds **Plaines d'Abraham** befindet sich heute ein historischer Nationalpark. Unter den zahlreichen Museen der Stadt sind in erster Linie das moderne **Musée de la Civilisation**, das sämtliche Aspekte der frankokanadischen Gesellschaft behandelt, sowie das **Musée National des Beaux-Arts du Québec** westlich der Stadtmauer mit seiner schönen Kunstsammlung hervorzuheben.

Außerhalb der Stadtgrenzen empfehlen sich Ausflüge nach **Lévis** und zum Huronen-Reservat **Wendake**. Die Kirchen und das Farmland der **Côte-de-Beaupré** und **Île d'Orléans** gehen auf die Zeit der *Seigneurs* und *Habitants* zurück. Daneben lockt die eindrucksvolle **Basilique de Ste-Anne-de-Beaupré** alljährlich Millionen von Pilgern an. Faszinierende Naturerlebnisse bieten die Wasserfälle von **Montmorency** und im **Canyon Ste-Anne** sowie das Naturschutzgebiet im Bergmassiv **Laurentides** nördlich der Stadt.

Geschichte

Jahrhundertelang befand sich am heutigen Standort von Québec das Irokesen-Dorf **Stadacona**. Jacques Cartier besuchte die Gegend bereits im 16. Jh., die Europäer ließen sich aber erst 1608 hier nieder, als Samuel de Champlain an dieser Stelle einen Pelzhandelsposten errichtete. Zum Schutz der Siedlung, die sich rasch zu einem wichtigen Handelstor im Hinterland entwickelte, verlagerte man sie auf die Felsspitze und erbaute 1620 – am heutigen Standort des Château Frontenac – Fort St-Louis. In London nahm man die stetige Ausbreitung Québecs zur Kenntnis, und im Jahr 1629 wurde Champlain von den Briten besiegt. Die britische Besatzungszeit dauerte allerdings nur drei Jahre.

Die ersten Missionare erreichten Québec 1615. Als Bischof Laval im Jahr 1659 eintraf, befanden sich Stadt und Umgebung bereits fest in der Hand der Katholiken. Zu Beginn übten die Pelzhändler jedoch die größere Macht aus und gerieten häufig in Konflikt mit den Priestern, die einen Anteil am Gewinn forderten, um ihre Botschaft unter den Ureinwohnern verbreiten zu können. Der Streit wurde schließlich von **Louis XIV.** beigelegt, der erhebliches Interesse an den kaufmännischen Projekten seines Königreichs zeigte. Im Jahr 1663 erklärte man die gesamte französische Kolonie von Newfoundland bis zum Golf von Mexiko zur königlichen Provinz Neu-Frankreich, die von einem direkt von der Krone ernannten Rat verwaltet wurde.

Noch vor Ende des Jahrhunderts griffen die seit langem brodelnden Kämpfe zwischen England und Frankreich auf die Kolonie über. Zu dieser Zeit ersetzte der als „kämpfender Gouverneur" bekannte **Comte de Frontenac** Champlains Fort St-Louis durch das robustere Château St-Louis und begann mit dem Bau der Festungsmauer, die heute Vieux-Québec umringt.

Während des Siebenjährigen Krieges fand hier 1759 zwischen den Briten unter General **James Wolfe** und den Franzosen unter Louis Joseph, dem **Marquis de Montcalm**, die bedeutendste Schlacht der kanadischen Geschichte statt. Québec war bereits seit drei Monaten vom gegenüberliegenden Ufer aus belagert worden, doch schließlich erklommen Wolfe und seine 4000 Soldaten das Cap Diamant und griffen das unvorbereitete französische Regiment an. In der 20-minütigen Schlacht auf den Plaines d'Abraham (Plains of Abraham) wurden beide Anführer tödlich verwundet. Die Stadt Québec fiel an die Briten, was im Jahr 1763 schließlich mit dem Pariser Friedensvertrag besiegelt wurde.

Im Jahr 1775 – ein Jahr nachdem man den Frankokanadiern im Québec Act die Beibehaltung der katholischen Religion, Sprache und Kultur zugesichert hatte – wurde die Stadt erneut angegriffen, diesmal von den Amerikanern, die bereits Montréal eingenommen hatten. Die Briten gewannen die Schlacht, und im Laufe des folgenden Jahrhunderts verdiente die Stadt ungestört ihren Lebensunterhalt als Zentrum der **Holz- und Schiffbauindustrie**. Als Québec 1840 schließlich zur Provinzhauptstadt von Lower Canada erklärt wurde, waren die zugänglichen Holzquellen jedoch bereits versiegt. Als harter Schlag erwies sich zudem das Auftauchen der Dampfschiffe, die bis nach Montréal durchdringen konnten (vorher hatten Segelschiffe stets Probleme gehabt, die Gegenden jenseits von Québec zu erreichen). Québec verwandelte sich von einem geschäftigen Seehafen in einen kleinen Industrieort und lokalen Regierungssitz. Die Geschicke der Stadt wurden noch immer großteils von der katholischen Kirche gelenkt.

Während der Stillen Revolution in den 60er-Jahren und dem Aufkommen des Québécer Nationalismus, entwickelte sich Québec zum Symbol für die Herrlichkeit des französischen Erbes. So wurde beispielsweise das Motto *Je me souviens* („Ich erinnere mich") über den Türen des Parlamentsgebäudes auf die Nummernschilder der Québecer Autos übertragen, um die Botschaft in ganz Kanada zu verbreiten. Obwohl die Stadt keine große aktive Rolle bei den Veränderungen spielte, wuchs sie dank des Aufschwungs der frankophonen Wirtschaft.

Orientierung

Die Stadt Québec zieht sich vom historischen Herzstück bis in die eintönigen Vororte, wobei die Glanzpunkte am St.-Lorenz-Strom zu finden sind. Die Attraktionen von **Vieux-Québec** (Alt-Québec) verteilen sich gleichmäßig auf den oberen und unteren Teil. Am Cap Diamant erstreckt sich die Haute-Ville (Oberstadt) von den Stadtmauern am St.-Lorenz-Strom entlang. Die entfernteste Sehenswürdigkeit ist das Musée National des Beaux-Arts du Québec auf den weiten Plaines d'Abraham, die sich westlich der wundervollen Citadelle ausbreiten. Die von Straßenkünstlern und Studenten belagerte Terrasse Dufferin eignet sich zum Herumschlendern und eröffnet daneben einen schönen Blick auf den Fluss, ist aber gegen Abend oft sehr voll. Basse-Ville und Haute-Ville sind durch eine

Im Sommer wird's richtig voll in den alten Gassen von Québec-Stadt.

Seilbahn und kurvenreiche Straßen und Treppen miteinander verbunden. Ins Auge fallen hier die reizvollen alten Häuser und kleinen Museen, insbesondere das Musée de la Civilisation. Wer nur für kurze Zeit in Québec-Stadt ist, sollte sich von der Place d'Armes direkt hierher begeben und dann für die restlichen Sehenswürdigkeiten in die Oberstadt zurückkehren.

Basse-Ville und Vieux-Port

Basse-Ville (Unterstadt), die Wiege von Québec, erreicht man von der Terrasse Dufferin entweder über die steile **Escalier casse-cou** (halsbrecherische Treppe) oder mit der **Seilbahn** daneben, ✆ 418/692-1132, 🖳 www.funiculaire-quebec. com, tgl. 7.30–23, im Sommer 7.30–24 Uhr, $1,75.

Als „Talstation" in Basse-Ville dient das **Maison Louis-Jolliet** von 1683, 16 Rue du Petit-Champlain, das für den Entdecker des Mississippi, Louis Jolliet, erbaut wurde. Heute beherbergt es einen mittelmäßigen Souvenirladen.

Die enge **Rue du Petit-Champlain** mit Kopfsteinpflaster von 1685 ist die älteste Straße der Stadt und das umliegende **Quartier du Petit-Champlain** das älteste Einkaufsviertel von Nordamerika. Die Boutiquen und Kunstläden in den malerischen Häusern aus dem 17. und 18. Jh. sind keineswegs überteuert und bieten eine ausgezeichnete Palette an Kunsthandwerk – von Inuit-Schnitzarbeiten bis zu den Produkten der Glasbläserwerkstatt und Galerie **Verrerie La Mailloche**, 58 Rue Sous-le-Fort, ✆ 418/694-0445, 🖳 www.lamailloche.com, am Fuß der Escalier casse-cou. ⏰ Juli–Okt tgl. 9–22, Nov–Juni Sa–Mi 9.30–17, Do und Fr 9.30–21 Uhr.

Näher am Fluss, an der Ecke Rue du Marché Champlain und Rue Notre-Dame, steht das prunkvolle Stadthaus **Maison Chevalier**, ✆ 418/646-3167, 🖳 www.mcq.org. Es wurde 1752 gebaut und diente im 19. Jh. als Londoner Kaffeehaus, in dem sich bevorzugt Kaufleute trafen. In den exzellent gestalteten Räumen sind historische Möbel, alte Kostüme und Haushaltsgegenstände zu besichtigen. Sehenswert sind

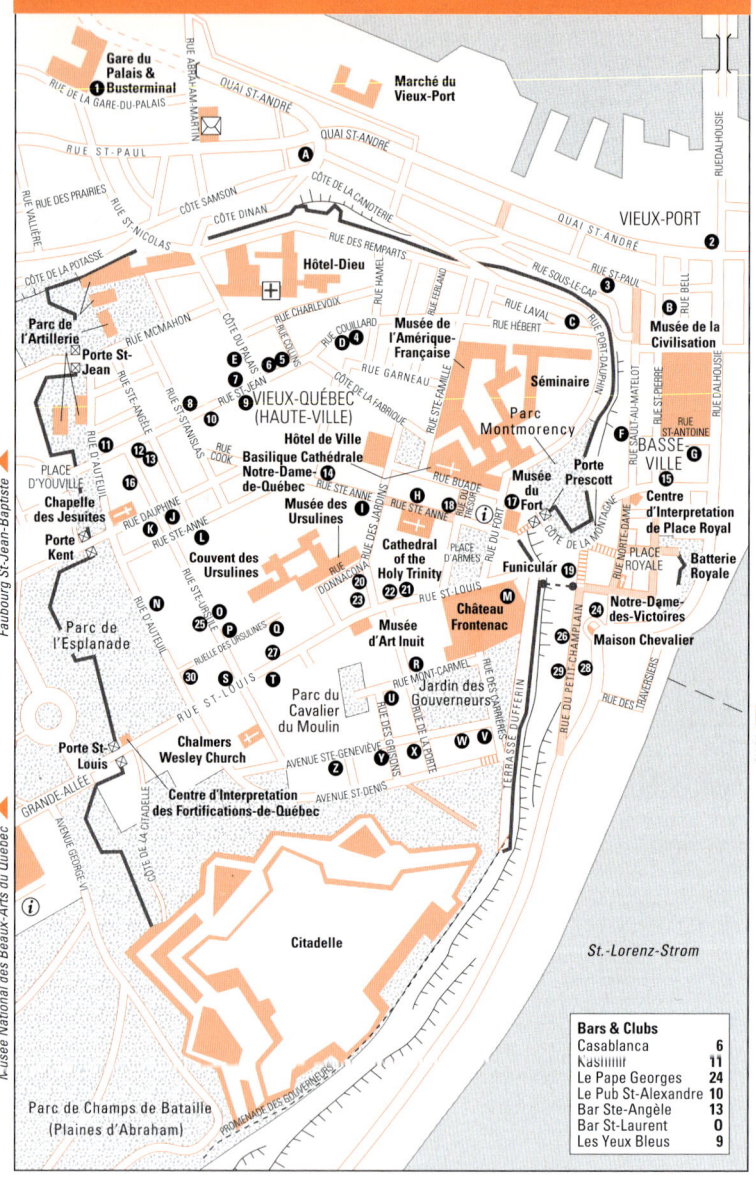

Vieux-Québec

Gare du Palais & Busterminal ❶
Marché du Vieux-Port
Ⓐ
VIEUX-PORT
❷
❸
Ⓑ
Musée de la Civilisation
Hôtel-Dieu
Parc de l'Artillerie
Porte St-Jean
Musée de l'Amérique-Française
Ⓒ
Ⓓ ❹
Séminaire
❺ ❻
Ⓔ
❼
❽
VIEUX-QUÉBEC (HAUTE-VILLE)
Parc Montmorency
Ⓕ
BASSE-VILLE
Ⓖ
Hôtel de Ville
Basilique Cathédrale Notre-Dame-de-Québec ⓮
Musée du Fort
Porte Prescott
Centre d'Interpretation de Place Royal
⓫
⓬ ⓭
⓰
Ⓗ
⓯ ❶⓱
Chapelle des Jesuites
Musée des Ursulines
ⓘ
Batterie Royale
Porte Kent
Ⓘ ⓴
Couvent des Ursulines
Cathedral of the Holy Trinity
⓴ ㉑
Funicular ⓳
PLACE ROYALE
Ⓚ
Ⓛ
㉓
Château Frontenac
Ⓜ
Notre-Dame-des-Victoires
㉔
Parc de l'Esplanade
㉕ Ⓝ
Ⓞ
Ⓟ
Musée d'Art Inuit
㉖
Maison Chevalier
㉗
㉙ ㉘
㉚ Ⓢ Ⓣ
Jardin des Gouverneurs
Parc du Cavalier du Moulin
Ⓦ Ⓥ
Porte St-Louis
Chalmers Wesley Church
Ⓩ
Ⓧ
Centre d'Interpretation des Fortifications-de-Québec
ⓘ
Citadelle
St.-Lorenz-Strom
Parc de Champs de Bataille (Plaines d'Abraham)
Promenade des Gouverneurs

Québec-Stadt und Nord-Québec
Faubourg St-Jean-Baptiste
Musée National des Beaux-Arts du Québec
SIAP7

Bars & Clubs	
Casablanca	6
Kashmir	11
Le Pape Georges	24
Le Pub St-Alexandre	10
Bar Ste-Angèle	13
Bar St-Laurent	0
Les Yeux Bleus	9

auch die Kellergewölbe, wo Kunsthandwerker traditionelle Objekte verkaufen. ◷ Mai–Juni und Anfang Sep–Okt Di–So 10–17, Ende Juni–Anfang Sep tgl. 9.30–17.30, Nov–April Sa und So 10–17 Uhr, Eintritt frei.

Place Royale und Umgebung

Von hier erreicht man über die Rue Notre-Dame die **Place Royale**, wo Champlain 1608 die erste permanente Siedlung Neu-Frankreichs gründete, um mit den Einheimischen um Pelze zu feilschen. Der bis zur Errichtung der Büste von Ludwig XIV. im Jahr 1686 als Place du Marché bekannte Platz blieb bis 1759 Mittelpunkt des kanadischen Handels. Nach dem Fall Québecs nutzten die Briten ihn weiterhin als Holzmarkt, welcher sich als bedeutend für den Schiffbau während der Napoleonischen Kriege erwies. Nach 1860 überließ man die Place Royale immer mehr ihrem Schicksal, bis in den 1970er-Jahren mit der Restaurierung der heruntergekommenen Gegend begonnen wurde. Die Steinhäuser (meist aus dem Jahr 1685) mit ihren steilen Metalldächern, Schornsteinen und pastellfarbenen Fensterläden sind sehr fotogen. Allerdings handelt es sich um eine Art „Lego-Stadtlandschaft" – ganz ohne die Narben der Geschichte. Glücklicherweise wird die Atmosphäre im Sommer durch klassische Orchester und jonglierende Clowns sowie durch die Fêtes de la Nouvelle-France belebt, bei der sich alle in historische Kostüme werfen und der Platz sich wieder in einen chaotischen Marktplatz verwandelt.

Im Maison Hazeur, einem Kaufmannshaus von anno 1684, befindet sich ein **Besucherzentrum**, 27 Rue Notre-Dame, ✆ 418/646-3167, 🖳 www.mcq.org. Es dokumentiert die stürmische Vergangenheit der Place Royale. Die Ausstellung ist auf jeden Fall sehenswerter als die kitschige Multimediashow. Häusliche Gegenstände und Pfeilspitzen finden sich in den oberen Etagen, von wo aus auch Gille's Girards rätselhafte Skulptur über drei Stockwerke *À rebrousse-temps* zu bestaunen ist. In den Kellergewölben werden Szenen aus dem beginnenden 19. Jh. dargestellt. Kinder können sogar alte Kostüme anprobieren. ◷ Ende Juni–Anfang Sep tgl. 9.30–17, Anfang Sep–Ende Juni Di–So 10–17 Uhr, Eintritt $6.

In der **Église Notre-Dame-des-Victoires** an der Westseite des Platzes, ✆ 418/692-1650, finden im Sommer fast ununterbrochen Hochzeiten statt. Seit ihrer Entstehung im Auftrag von Laval 1688, wurde sie zweimal gänzlich restauriert – einmal nach dem Granatfeuer von 1759 und einmal nach dem Brand von 1969. Im Innenraum erinnert der festungsförmige Altar an die beiden Siege der Franzosen über die britische Marine (1690 und 1711), denen die Kirche ihren Namen zu verdanken hat. Über dem Altar veranschaulichen Bilder diese Ereignisse, die Gänge flankieren Kopien religiöser Gemälde von Van Dyck, Van Loo und Rubens – alles Gaben der Siedler zum Dank für eine sichere Überfahrt. Denselben Ursprung hat das große Modellboot im Kirchenschiff. ☉ Mai–Mitte Okt tgl. 9.30–17, sonst 10–16 Uhr, Eintritt frei.

Von der Place Royale führt die Rue St-Pierre auf die **Place de Paris**, wo die kubistische weiße Skulptur *Dialogue with History* die Landungsstelle der ersten Siedler aus Frankreich markiert. Weiter südlich (aber nur von der Rue St-Pierre zugänglich) sind die Zinnen des Wehrgangs **Batterie Royal** zu erkennen. Die Anlage diente während der Belagerung von 1759 zur Verteidigung der Stadt.

Musée de la Civilisation

Folgt man der Rue Dalhousie von der Place de Paris Richtung Norden, gelangt man zum eindrucksvollen **Musée de la Civilisation**, 85 Rue Dalhousie, ✆ 418/643-2158, ⌨ www.mcq.org. Das von dem prominenten kanadischen Architekten Moshe Safdie entworfene Gebäude greift die steilen Spitzdächer der ersten Häuser von Québec auf. Der Komplex beinhaltet eine Dachterrasse mit fantastischem Ausblick und drei historische Gebäude. Besonders sehenswert sind die Kellergewölbe im 1751 erbauten **Maison Estèbe**, das den Souvenirshop des Museums beherbergt. Dort gibt's auch eine Broschüre zur Geschichte des Hauses.

Im Hauptfoyer ist ein Segelschiff aus den 1730er-Jahren ausgestellt, das an dieser Stelle gefunden wurde. Es steht zwischen einer Steinmauer (der Begrenzung des Kais, der Mitte des 18. Jhs. gebaut wurde) und der Skulptur *La Débâcle* von Astri Reusch, die das Aufbrechen des Eises im Frühling symbolisiert. Das Museum konzentriert sich primär auf kanadische

Inhalte, aber globale Themen und faszinierende temporäre Ausstellungen sorgen für Abwechslung. *Memories,* die erste von zwei ständigen Ausstellungen im Obergeschoss, erläutert das Leben in Québec von der Zeit der Siedler bis zur Gegenwart (englischsprachige Broschüre am Eingang erhältlich). Die andere, *Encounter with the First Nations,* entstand in Absprache mit einem elf First Nations von Québec und dokumentiert Geschichte und Kultur der Urbevölkerung. Die größeren Exponate, darunter ein *Rabaska*, ein Riesenkanu aus Birkenrinde, stammen aus der jüngsten Vergangenheit. ☉ Ende Juni–Anfang Sep tgl. 9.30–18.30, sonst Di–So 10–17 Uhr, Eintritt $11, Nov–Mai Di Eintritt frei.

Vieux-Port und Umgebung

Im Nordosten liegt nahe des Zusammenflusses der beiden Ströme St-Charles und St.-Lorenz der Vieux-Port de Québec. Lange Zeit herrschte an diesem Hafen reges Treiben, bevor Montréal ihm Ende des 19. Jhs. den Rang ablief. Den Großteil hat man inzwischen in ein Erholungsgebiet mit Theater, Wohnungen, Promenaden, Restaurants und Jachthafen umgewandelt.

Ganz in der Nähe am Hafenbecken beschwört der **Marché du Vieux-Port**, ⌨ www.marchevieuxport.com, die alten Zeiten wieder herauf. An den betriebsamen Ständen werden frische, preiswerte Produkte aus der Gegend angeboten. ☉ Mitte März–Nov tgl. 9–17, Jan–Anfang März Di–So 9.30–17 Uhr. Ebenfalls auf der südlichen Seite des Bassin Louise verläuft unterhalb des Quai St-André die Rue St-Paul, das Herzstück von Québecs **Antiquitätenviertel**. Von der Rue St-Paul führt die steile Côte du Colonel Dambourgès zur Rue des Remparts an der Nordgrenze von Haute-Ville.

Haute-Ville

Die 10 km² große Haute-Ville wird von Stadtmauern umringt. Beherrscht wird die Oberstadt mit ihrer historischen Architektur und einigen faszinierenden Museen vom Château Frontenac. Das gesamte Gebiet verströmt ohne Zweifel jede Menge Charme und lädt zu netten Spaziergängen in seinem Straßenlabyrinth ein.

Château Frontenac: das bekannteste Wahrzeichen von Québec-Stadt

Place d'Armes und Umgebung

Touristen erholen sich im Sommer gern auf den Bänken um den Springbrunnen der zentralen Place d'Armes. An der Stelle des berühmten, gigantischen **Château Frontenac** errichtete Champlain im Jahr 1620 sein erstes Fort. Entworfen wurde das schlossähnliche Hotel vom New Yorker Architekten Bruce Price, der sich am frankokanadischen Stil der Umgebung orientierte und ein pseudo-mittelalterliches Bauwerk aus rotem Backstein mit Kupferdach hervorbrachte. Obwohl das Hotel bereits 1893 von der Canadian Pacific Railway eingeweiht wurde, entstand der unverwechselbare Hauptturm erst Anfang der 20er-Jahre – das Hotel war übrigens zu keiner Zeit geschlossen. Das Ergebnis ist ein überzogenes Design, das von der ausgezeichneten Lage auf dem Cap Diamant profitiert. Zahlreiche Berühmtheiten, z. B. Queen Elizabeth II., haben hier schon genächtigt, und seit seiner Eröffnung begrüßt das Hotel jeden Abend neue Jungvermählte. Zur vollen Stunde werden 50-minütige Führungen angeboten, ✆ 418/691-2166, 🖳 www.

tourschateau.ca, Mai–Mitte Okt tgl. 10–18, Mitte Okt–April Sa, So 12–17 Uhr, Öffnungszeiten unter der Woche telefonisch erfragen, Eintritt $8,50, Reservierung empfehlenswert.

Neben dem Château Frontenac, Ecke Rue St-Louis, ist im **Maison Maillou** Québecs Handelskammer untergebracht. Das graue Kalksteingebäude von 1736 mit Metallläden zur Isolierung und einem steilen Schrägdach weist die Hauptelemente der klimaorientierten Architektur der Normannen auf. An der Westseite des Platzes befindet sich am früheren Standort der ersten Kirche der Récollet-Missionare der ehemalige **Palais de Justice**, ein Gerichtshaus im Renaissance-Stil, das 1877 von Eugène-Étienne Taché – dem Architekten der Parliament Buildings der Provinz Québec – entworfen wurde.

An der nordöstlichen Ecke der Place d'Armes, wo sich Rue Ste-Anne und Rue du Fort kreuzen, lohnt eine Besichtigung des **Musée du Fort**, ✆ 418/692-2175, 🖳 www.museedufort.com. Als einziges Ausstellungsstück wird ein 37 m^2 großes Modell von Québec-Stadt (ca. 1750) präsentiert. Bewundern kann man es nur im Rahmen einer fantasievollen 30-minütigen Licht- und Ton-Show: Nachgestellt werden die sechs Hauptschlachten der Stadt, darunter die Schlacht auf den Plaines d'Abraham und die amerikanische Invasion von 1775. ☉ April–Okt tgl. 10–17, Feb, März und Nov Do–So 11–16 Uhr, Eintritt $8.

In der parallel zur Rue du Fort verlaufenden, schmalen **Rue du Trésor** zahlten französische Siedler einst ihre Abgaben an die Royal Treasury. Heute tummeln sich hier Touristen auf einem Kunstmarkt. Besser sind die Stände der lokalen Handwerker auf dem Kirchhof hinter den Porträtmalern in der Fußgängerzone der Rue Ste-Anne. Das Centre Infotouriste (S. 322) befindet sich im ehemaligen Union Hotel in der 12 Rue Ste-Anne. Das eindrucksvolle Maison Vallée, 22 Rue Ste-Anne, von 1732 beherbergt ein Wachsmuseum, das man nicht unbedingt gesehen haben muss.

Terrasse Dufferin und die Wehrgänge

Vor dem Château Frontenac eröffnet die breite Felspromenade Terrasse Dufferin einen Blick auf die Verengung des Flusses. Unter der Promenade liegen die Fundamente des Château St-Louis, das über zwei Jahrhunderte als Gouverneursresidenz diente, bis es 1834 bei einem Brand zerstört wurde. Der Park parallel zur Promenade war einst der Schlossgarten und trägt daher den Namen **Jardin des Gouverneurs** (S. 309). Weiter südlich führt eine lange Treppe hinauf zur Promenade des Gouverneurs, einem schmalen Spazierweg, der sich unterhalb der Citadelle in prekärer Lage an die Felswand drängt und zu den Plaines d'Abraham führt (S. 311).

Am nördlichen Ende der Terrasse, die Ausblicke auf den Fluss bietet, steht eine Statue von **Champlain**. Daneben erinnert eine moderne Skulptur daran, dass Québec-Stadt zum Weltkulturerbe der Unesco ernannt wurde. Von dort führt eine **Standseilbahn** hinunter in die Basse-Ville von Vieux-Québec (S. 299); die Bahn hebt man sich besser für den anstrengenden Aufstieg zurück auf und geht stattdessen die Treppe am nördlichen Ende der Terrasse hinunter zur **Porte Prescott**, einem der vier rekonstruierten Stadttore.

Wer in Haute-Ville bleiben möchte, kann am oberen Ende des Tors zum **Parc Montmorency** weiterlaufen, der sich zwischen dem oberen und unteren Teil der Altstadt versteckt. Seine Denkmäler erinnern an die historischen Persönlichkeiten dieser Gegend. Champlain überließ das Land dem ersten landwirtschaftlich orientierten Siedler und Seigneur Louis Hébert, und 1694 entwickelte sich das Gelände zum Treffpunkt der ersten gesetzgebenden Versammlung Québecs. Vom Park eröffnen sich wunderschöne Blicke auf den Hafen. Eine ebenso faszinierende Aussicht bietet die angrenzende Rue Port Dauphin, die später in die Rue des Remparts übergeht – dort zeigen die Kanonen, die einst die Stadt schützten, heute noch in Richtung Lévis.

Ein zehnminütiger Fußweg an der Rue des Remparts entlang führt um die Nordseite des Seminars an Wohnhäusern aus dem 19. Jh. vorbei zum Hôtel-Dieu du Précieux Sang, dem ältesten Krankenhaus in Nordamerika.

Basilique-Cathédrale Notre-Dame de Québec

Von der Place d'Armes führt die Rue du Trésor Richtung Norden direkt zur wuchtigen **Basilique-Cathédrale Notre-Dame de Québec**, ✆ 418/694-0665, 🖥 www.patrimoine-religieux. com. Diese Kirche der ältesten Gemeinde nördlich von Mexiko brannte 1922 völlig nieder und wurde gemäß den ursprünglichen Plänen ihres Vorbilds aus dem 17. Jh. wieder aufgebaut. Die Stille in der Kathedrale lässt den vom Rokoko-Stil geprägten Innenraum besonders eindrucksvoll erscheinen. Überragt wird Letzterer von einer Decke mit blauem Himmel und Plüschwolken. Über dem Altar, einer vergoldeten Replik seines Gegenstücks im Petersdom, ist ein reich verzierter Baldachin zu sehen, der aus Platzgründen von Karyatiden in Engelsgestalt statt von den üblichen Säulen gestützt wird. Die Zinnlampe zur Rechten des Hauptaltars ist ein Geschenk von Ludwig XIV. und überlebte als einer von wenigen Schätzen das Feuer.

In der Krypta liegen die Gebeine von mehr als 900 berühmten Québécois, darunter drei Gouverneure und viele Bischöfe. Ein nichts sagender, moderner Flur ist allerdings leider der einzige Teil der Gruft, der im Verlauf der informativen **Führung** zu sehen ist: tgl. 8.30–15.30 Uhr alle 30 Min., nur mit Reservierung, $2.

Séminaire de Québec

Neben der Kathedrale erstreckt sich in nördlicher Richtung das **Séminaire de Québec**, das 1663 von dem autokratischen **Monseigneur François-Xavier de Laval-Montmorency** (s. Kasten) gegründet wurde. Bei seiner Errichtung galt das Seminar als schönstes Gebäude-Ensemble der Stadt, und Gouverneur Frontenac blickte neidvoll auf die Behausung des Bischofs. In erster Linie fungierte das Seminar als Ausbildungsstätte für angehende Priester, aber auch anderen jungen Studenten standen die Tore offen. Im Jahr 1852 wurde das Seminar zur Laval University, der ersten frankophonen katholischen Universität des Landes, ernannt. Von damals erhalten geblieben ist hier nur das Institut für Architektur, die anderen Fakultäten wurden in den westlichen Vorort Ste-Foy verbannt.

Der öffentliche Zutritt beschränkt sich im Wesentlichen auf das ständig wachsende **Musée de l'Amérique française**, ☏ 418/692-2843, 🖥 www.mcq.org. Seine vier Abschnitte nehmen einen kleinen Teil des alten Seminars ein. Der Welcome Pavilion im Maison du Coin neben der Basilika dient als Eingang und Startpunkt für die einstündige Führung durchs Seminar. Im Obergeschoss wird eine kleine Ausstellung über die frühen Siedler gezeigt. Der Pavillon grenzt an die romanische Kapelle, in deren Innenraum religiöse Reliquien aus der Zeit des Second Empire zu sehen sind. Lavals Gedenkkapelle beherbergt sein reich verziertes marmornes Grab, nicht jedoch seine sterblichen Überreste, die bei der Entweihung der Kapelle 1993 in die Basilika umgesetzt wurden. Nachdem die Kapelle 1888 zum wiederholten Male niedergebrannt war, hatte man genug vom ständigen Wiederaufbau. Die Kirchenbehörde entschied sich für Säulen und Kassettendecken aus Zinn, die anschließend übermalt werden sollten. Die Buntglasfenster wurden auf einzelne Glasscheiben gezeichnet, und sogar die Teppiche sind das Ergebnis einer sicheren Pinselführung.

Durch die schmiedeeisernen Tore zwischen dem Welcome Pavilion und der Basilika erreicht man einen riesigen Hof, der von kargen weißen Gebäuden gesäumt wird und zum Rest des Museums führt. Als Alternative kann man den unterirdischen Gang direkt von der Kapelle aus nehmen. Unterwegs informiert eine Fotoausstellung über die Geschichte der Seminarbauten. Auf beiden Wegen gelangt man zum **Pavillon Jérôme-Demers** mit seinen interessanten Exponaten, die von den Québecer Bischöfen und Akademikern von Laval zusammengetragen wurden: verschiedene Geräte, eine ägyptische Mumie sowie kirchliche Silberwaren und persönliche Gegenstände von Laval. Der Name des Museums stammt von der Ausstellung im 1. Stock, die die Geschichte der Einwanderung der über 19 Mill. Nordamerikaner französischer Abstammung illustriert. ☉ Ende Juni–Anfang Sep tgl. 9.30–17, Sep–Juni Di–So 10–17 Uhr, Eintritt $7, Nov–Mai Di Eintritt frei.

Monseigneur Laval

François-Xavier de Montmorency-Laval wurde als Kind einer wohlhabenden Adelsfamilie im Nordosten Frankreichs geboren. Von Jesuiten erzogen, studierte er kurze Zeit in Paris und verzichtete schließlich auf sein stattliches Erbteil, um sich ganz in den Dienst der Kirche zu stellen. 1647 wurde er im Alter von 24 Jahren zum Priester geweiht.

Zehn Jahre später, als der Papst einen geeigneten Vertreter suchte, um die geistige Entwicklung Neu-Frankreichs zu überwachen, schlugen die Jesuiten Laval vor, der daraufhin kurzerhand zum Bischof ernannt und nach Québec entsandt wurde. Während seiner 30-jährigen Amtszeit (1659–1688) verfügte Laval über mehr Macht als der Gouverneur und der Verwalter zusammen, und jeder aus Frankreich abgesandte Offizier fand sich mit dem nächsten Schiff auf dem Rückweg wieder, falls er Laval ungelegen kam. Laval zog sich schon früh wegen gesundheitlicher Probleme (sein religiöser Eifer gestattete ihm weder Bettdecken noch ausreichendes Essen) aus dem aktiven Kirchenleben zurück, doch aus Unzufriedenheit über seinen Nachfolger, Bischof de St Valier, übte der störrische Laval auch Jahre danach noch Einfluss auf die Belange der Kolonie aus. Er starb schließlich 1708, als ihm bei der morgendlichen Andacht auf dem Steinboden der Kapelle die Füße erfroren.

Québec-Stadt und Nord-Québec

Hôtel de Ville und Umgebung

Die Gebäude der einst so mächtigen Kirche der Kolonie blicken auf das Zentrum der demokratischen Regierung von heute: Das **Hôtel de Ville** (Rathaus) datiert von 1883 und ist vom Park Jardins de l'Hôtel de Ville umgeben, wo im Sommer zahlreiche Veranstaltungen unter freiem Himmel stattfinden. Nördlich davon erstrecken sich die Geschäfte der Côte de la Fabrique den Berg hinunter bis zu den lebhaften Restaurants und Kneipen der Rue St-Jean. Im Süden überragen das Hôtel de Ville die wesentlich beeindruckenderen Art-déco-Gebäude **Hôtel Clarendon** (57 Rue Ste-Anne) und **Édifice Price** (65 Rue Ste-Anne), seinerzeit der erste Wolkenkratzer der Stadt.

An der Ecke von Rue Ste-Anne und Rue des Jardins steht die erste anglikanische Kathedrale, die außerhalb der britischen Inseln errichtet wurde: die **Cathedral of the Holy Trinity**, ☏ 418/692-2193,🖥 www.cathedral.ca. Der König von Frankreich überließ den Standort den Récollet Fathers, aber ihre Kirche brannte Ende des 18. Jhs. nieder. Der Ersatzbau wurde im Auftrag von George III. zwischen 1800 und 1804 in Anlehnung an die Londoner Kirche St. Martin-in-the-Fields errichtet. Der schlichte Innenraum beherbergt den Bischofsthron von 1845: Angeblich besteht dieser aus dem Holz des Ulmenbaums, unter dem Samuel de Champlain einst mit den Irokesen verhandelte. Die Messingstangen auf dem Balkon beschreiben die Sitze, die ausschließlich für britische Hoheiten bzw. deren Vertreter reserviert waren. ⏲ Ende Mai–Okt 10–17 Uhr, kostenlose Führungen.

Couvent des Ursulines und Umgebung

Folgt man der Rue des Jardins vom Hôtel de Ville nach Süden, erreicht man die schmale Rue Donnacona, wo eine steinerne Hand mit einer Feder auf einem Sockel ruht. Dieses Denkmal ist den Frauen gewidmet, die es sich seit 1639 zu ihrer Lebensaufgabe gemacht haben, junge Québécois zu unterrichten. Es scheint den Weg zum **Couvent des Ursulines** zu weisen. Das Kloster wurde von einer kleinen Gruppe von Ursulinen-Schwestern errichtet, die im 17. Jh. nach Québec kamen und sich selbst „Gottes Amazonen in

Kanada" nannten. Ihre Aufgabe bestand darin, die christliche Religion den Ureinwohnern und später den Töchtern der Siedler nahe zu bringen. Diese Mission fand in den Klassenräumen der ersten Mädchenschule von Nordamerika statt, in deren Gebäuden heute eine Privatschule untergebracht ist. Zudem kümmerten sich die Nonnen um die *filles du roi*, heiratsfähige Waisen und Bauernmädchen, die aus Frankreich hergebracht wurden, um die Bevölkerungszahl in die Höhe zu treiben. Die Mädchen lebten in separaten Räumen des Klosters – unter der Aufsicht einheimischer Junggesellen. Letztere mussten sich innerhalb von 14 Tagen nach Einlaufen des Schiffes für eine Frau entscheiden, ansonsten drohte eine Geldstrafe in Höhe von 300 Pfund. Beleibtere Frauen waren beliebter, da man ihnen mehr Häuslichkeit und Widerstandskraft gegen winterliche Kälte zutraute.

Ein posthumes Porträt der ersten Oberin des Ordens, Marie Guyart de l'Incarnation, wird Pommier zugeschrieben und ist im kleinen **Musée des Ursulines**, ☏ 418/694-0694, 🖥 www.ursulines-uc.com, im früheren Haus einer Nonne untergebracht. Ein Gemälde von Frère Luc veranschaulicht – trotz seiner Anfertigung in Frankreich – die kanadische Version der heiligen Familie: Joseph zeigt Maria ein Huronen-Mädchen, während hinter einem Fenster das Cap Diamant und der vorbeifließende St.-Lorenz-Strom zu sehen sind. Weitere Bilder, Dokumente und Haushaltsgegenstände zeugen von der Rauheit des Lebens in der Kolonie. Zu den Glanzpunkten zählen Klöppelei und Stickereien, insbesondere die von Ursulinen-Schwestern angefertigten liturgischen Ornamente und Kleider, die mit Gold- und Silberfäden durchsetzt sind. ⏲ Mai–Sep Di–Sa 10–12, 13–17, So 13–17, Okt–April Di–So 13–16.30 Uhr, Eintritt $6.

Die sterblichen Überreste von Marie de l'Incarnation liegen im Oratorium der angrenzenden **Kapelle**, die man 1902 zwar neu errichtete, aber ein Altar und Skulpturen aus dem frühen 18. Jh. wurden bewahrt. Eine Tafel kennzeichnet General Montcalms ehemalige Ruhestätte unter der Kapelle. Die Sammlung von Gemälden aus dem 17. und 18. Jh. wurde in den 1820er-Jahren aus Frankreich erworben. ⏲ Mai–Okt Di–Sa 10–11.30 und 13.30–16.30, So 13.30–16.30 Uhr, Eintritt frei.

Das **Centre Marie-de-l'Incarnation**, ✆ 418/694-0413, neben dem Museum bietet religiöse und historische Bücher zum Verkauf an und stellt einige persönliche Gegenstände von Marie aus. ◷ Di–Sa 10–11.30 und 13.30–16.30, So 13.30–16.30 Uhr, Dez geschl., Eintritt frei.

An der Ecke von Rue des Jardins und der touristischen Restaurantmeile Rue St-Louis ist im Maison Jacquet das Lokal Aux Anciens Canadiens untergebracht. Der Name stammt von Québecs erstem Roman, dessen Verfasser Philippe Aubert de Gaspé sich hier in der Mitte des 19. Jhs. eine Zeit lang aufhielt. Dieses Gebäude aus dem Jahr 1677 stellt ein charakteristisches Beispiel für die Architektur Neu-Frankreichs im 17. Jh. dar – genauso wie das blau-weiße Maison Kent von 1649, 25 Rue St-Louis, auf der anderen Straßenseite. In diesem einstigen Zuhause des Duke of Kent (Queen Victorias Vater) wurde die Kapitulation von Québec im Jahr 1759 besiegelt – heute beherbergt es ironischerweise das französische Konsulat.

Jardin des Gouverneurs und Umgebung

Rue Haldimand, um die Ecke vom Musée d'Art Inuit, führt zum Jardin des Gouverneurs. Die wundervolle Aussicht von hier auf den St.-Lorenz-Strom war einst den Kolonie-Gouverneuren im Château St-Louis vorbehalten, auf dessen Fundament die Terrasse Dufferin gebaut wurde. Der 1828 errichtete Wolfe-Montcalm-Obelisk im Garten ehrt Sieger und Verlierer gleichermaßen. Eingerahmt wird dieses prächtige Gebiet von umgewandelten Kaufmannshäusern, und in der Nähe erstrecken sich die hübschen Straßen von Vieux-Québec. Rue de la Porte und die Parallelstraße Rue des Grisons auf der Westseite des Parks warten mit schönen Gebäuden aus dem 18. Jh. auf.

Wer den Touristenmassen für eine Weile entfliehen möchte, kann der Rue Mont-Carmel entlang der Nordseite des Platzes bis zum **Parc du Cavalier du Moulin** folgen. Der kleine ruhige Park eignet sich hervorragend zum Picknicken. Dieser Rest einer Verteidigungsbastion auf dem Hügel Mont Carmel war Teil der französischen Festungsanlage, die die Westseite der Stadt im 17. Jh. schützte.

Vom Jardin des Gouverneurs zieht sich die Ave Ste-Geneviève mit einigen hübschen Häusern aus dem 19. Jh. nach Westen in Richtung Porte St-Louis. Unterwegs kann man rechts abbiegen und die schöne **Chalmers-Wesley United Church**, 78 Rue Ste-Ursule, ✆ 418/692-2640, von 1852 besichtigen. Ihre schlanken, neogotischen Turmspitzen prägen die Skyline, und im Innern lohnt sich ein Blick auf die Buntglasfenster. Im Sommer findet hier jeden Sonntag um 18 Uhr ein Orgelkonzert statt. ◷ Ende Juni–Ende Aug tgl. 10–17 Uhr, Eintritt frei.

Auch gegenüber im **Sanctuaire de Notre-Dame-du-Sacré-Cœur**, 71 Rue Ste-Ursule, ✆ 418/692-3787, von 1910 sind eindrucksvolle Buntglasfenster zu bewundern, ◷ tgl. 7–20 Uhr, Eintritt frei.

Befestigungsanlagen und Parc de l'Artillerie

Wenn man der Rue Ste-Ursule links in die Rue St-Louis einbiegt, erreicht man nach kurzer Zeit die Porte St-Louis, eines von vier Toren in der Stadtmauer. Umgeben ist es vom **Parc de l'Esplanade**, dem Hauptschauplatz des Québecer Karnevals (S. 321) und Halteplatz der schicken Pferdekutschen der Stadt. Das **Centre d'interprétation des Fortifications-de-Québec**, 100 Rue St-Louis, ✆ 418/648-7016,✉ www.pc.gc.ca/fortifications, umfasst ein Pulvermagazin von 1815 sowie eine nichts sagende Ausstellung über die Festungsanlagen. Die meisten Besucher beginnen hier ihren 4,5 km langen Spaziergang um die Stadtmauer. Die 90-minütige Tour mit kostümiertem Fremdenführer kostet $9,90. ◷ Mai–Okt tgl. 10–17 Uhr, Eintritt $3,90.

Der Eingang zur Citadelle liegt etwas weiter südlich an der Côte de la Citadelle. Eine Alternativroute führt über die Rue d'Auteuil in nördlicher Richtung an den Festungsanlagen hinunter bis zur Porte Kent neben der **Chapelle des Jésuites**, 20 Rue Dauphine. Der fein geschnitzte Altar und die religiösen Skulpturen stammen von dem illustren Künstler Pierre-Noël Levasseur, der sich um die frühen Québecer Pfarrkirchen verdient gemacht hat. ◷ Mo–Fr 11–13 Uhr, Führung Ende Juni–Sep Do–Mo, Eintritt frei.

Die Rue d'Auteuil weiter Richtung Norden hinauf liegt gleich nördlich der **Porte St-Jean** der **Parc de l'Artillerie**. Die dortigen Verteidigungsanlagen wurden Anfang des 18. Jhs. von den Franzosen errichtet, die einen Angriff der Briten über den Rivière St-Charles erwarteten. Anschließend diente der Platz mehr als ein Jahrhundert lang vornehmlich als Kaserne für das Royal Artillery Regiment der Briten. 1882 entstand hier eine Munitionsfabrik, die in beiden Weltkriegen die kanadische Armee mit Munition belieferte. Die 1902 angebaute Gießerei beherbergt ein **Besucherzentrum**, ☎ 418/648-4205, 🖥 www.pc.gc.ca/artillerie. Die interessante Ausstellung zur Militärgeschichte der Stadt umfasst auch ein Modell von Québec anno 1808. Einstündige Touren ($3 extra) führen durch die vier Gebäude des Komplexes. Die riesige Kasematte Dauphin Redoubt steht exemplarisch für den Wandel: Zunächst fungierte sie unter den Franzosen als Kaserne für die Garnison, dann unter den Briten als Offizierskasino und später als Residenz des Direktors des Canadian Arsenal. ◷ April–Okt tgl. 10–17 Uhr, Eintritt $3,90.

Citadelle

Glanzstück der Festungsanlagen ist die gewaltige, sternförmige Citadelle, ☎ 418/694-2815, 🖥 www.lacitadelle.qc.ca. Sie kann nur im Rahmen einer Führung besichtigt werden, die aber sehr kurzweilig ist. Die Citadelle thront 100 m über dem St.-Lorenz-Strom und dominiert den Südteil von Vieux-Québec. Zunächst wurde der Standort – der höchste Punkt des Cap Diamant – von den Franzosen bebaut. Die meisten Gebäude entstanden jedoch im Auftrag des britischen Duke of Wellington, der sich nach dem Krieg von 1812 vor Angriffen der Amerikaner fürchtete.

Führung Juli–Aug 9–18 Uhr (alle 30 Min.), April 10–16, Mai, Juni, Sep 9–16, Okt 10–15 Uhr (stdl.), Nov–März tgl. 13.30 Uhr, Eintritt $10. Im Eintrittspreis enthalten ist die farbenfrohe Wachablösung (Ende Juni–Anfang Sep tgl. 10 Uhr, im Anschluss an die 9-Uhr-Führung) und der Zapfenstreich (Anfang Juli, Anfang Sep Fr–So 19 Uhr, im Anschluss an die 18-Uhr-Führung).

Noch heute ist in dem ca. 16 ha großen und 25 Gebäude umfassenden Fort das französischsprachige Royal 22e Régiment stationiert. Um den Exerzierplatz sammeln sich verschiedene Denkmäler zur Erinnerung an die Feldzüge der

Wer etwas Erholung von den touristischen Sehenswürdigkeiten sucht, erreicht hinter der Porte St-Jean und Place D'Youville erneut die Rue St-Jean im früheren *faubourg* St-Jean-Baptiste (*faubourg* wurden Siedlungen genannt, die ungeschützt außerhalb der Stadtmauern lagen). Die Atmosphäre in diesem Studentenviertel ist entspannter als in den übrigen Stadtteilen, die Restaurants sind billiger und die Nachtlokale aufregender.

Nach einem fünfminütigen Fußweg trifft man auf den **Protestant Burying Ground**, den ersten protestantischen Friedhof der Stadt und ältesten noch erhaltenen der Provinz. Von 1772 bis 1860 wurden hier viele historische Berühmtheiten bestattet, darunter Oberstleutnant James Turnbull, Queen Victorias angeblicher Halbbruder. ◷ Mai–Mitte Nov tgl. 7–23 Uhr.

Ein Stück weiter auf der gleichen Straßenseite bietet das alte Lebensmittelgeschäft **Maison Jean-Alfred Moisan** seit 1871 Leckereien an. Die Blechdecke und Holzmöbel bilden die Kulisse für schmackhafte Lebensmittel und Backwaren.

Beherrscht wird das *faubourg* von der gleichnamigen **Église St-Jean-Baptiste**, 410 Rue St-Jean, mit ihrem 73 m hohen Turm. Die Fassade der Kirche ist stark an die der Église de la Trinité in Paris angelehnt. ◷ Ende Juni–Mitte Sep Mo–Fr und So 11–16, Sa 9–16 Uhr.

gefeierten „Van-Doos" *(vingt-deux)*, Sommerresidenzen der kanadischen Generalgouverneure sowie zwei Gebäude aus der französischen Periode: die alte Cap Diamant Redoubt von 1693 und das Pulvermagazin von 1750, inzwischen ein banales Museum mit militärischen Exponaten.

Außerhalb von Vieux-Québec

Obwohl es in Vieux-Québec viel zu sehen gibt, lohnen auch einige Ziele außerhalb der Stadtmauern einen Besuch, darunter vor allem das hervorragende **Musée National des Beaux-Arts du Québec** mit Kunst aus Québec und der Inuit.

Das Museum liegt am Westrand des weitläufigen **Parc des Champs-de-Bataille**, Schauplatz einer entscheidenden Schlacht in der Geschichte der Stadt und heute ein hübsches Plätzchen für ein Picknick.

Ein paar Blocks nördlich des Parks erstreckt sich die prächtige **Grande-Allée** – viele der besten Bars und Restaurants außerhalb der Altstadt sind dort zu finden.

Grande-Allée und Parliament Buildings

Die von viktorianischen Villen und Bäumen gesäumte **Grande-Allée** breitet sich von der Porte St-Louis aus und gilt als Québecer Pendant zur Champs-Élysées. Belebt wird der Boulevard durch zahlreiche Restaurants, Hotels und Bars. Neben dem Hotel Loews Le Concorde prangt auf der Place Montcalm ein Denkmal für Montcalm sowie eine neuere Statue von Charles de Gaulle. Der ehemalige französische Präsident hielt in den 1960er-Jahren in Montréal die bekannte „Vive le Québec libre"-Ansprache – sehr zur Freude der Separatisten. Bekannt ist die Gegend als Parliament Hill. Dieser neue Name hat den Unmut der Anglophonen erregt, die es als anmaßend empfinden, den Namen des kanadischen Regierungsviertels in Ottawa auch in Québec zu verwenden.

Wie dem auch sei, ein Hügel erhebt sich hier in der Tat und auf ihm thronen am östlichen Ende der Grande-Allée die stattlichen Gebäude des **Hôtel du Parlement**, ☎ 418/643-7239 oder 1-866/337-8837,🖥 www.assnat.qc.ca. Entworfen wurde der Komplex 1877 von Eugène-Étienne Taché – in Anlehnung an den Louvre. In den Nischen der prunkvollen Fassade befinden sich zwölf Bronzestatuen des Québecer Bildhauers Louis-Philippe Hébert, die die wichtigsten Staatsmänner Kanadas und Québecs repräsentieren. Vergoldete Walnusstafeln in der Eingangshalle veranschaulichen bedeutende Momente in der kanadischen Geschichte, Wappen usw. Von hier führt die mit Porträts aller Sprecher und Präsidenten der Assemblée nationale geschmückte „Präsidentengalerie" zum Sitzungssaal der 125 Abgeordneten der Provinz. Ein Großteil des Komplexes ist nur im Rahmen einer kostenlosen, halbstündigen Führung zu se-

hen: alle 30 Min. Ende Juni–Anfang Sep Mo–Fr 9–16.30, Sa und So 10–16.30, Anfang Sep–Ende Juni Mo–Fr 9–16.30 Uhr.

Aus den Regierungsgebäuden weiter westlich ragt das höchste Bauwerk der Stadt heraus, das **Édifice Marie-Guyart**, 1037 Rue de la Chevrotière. Im 31. Stock eröffnet das **Observatoire de la Capitale**, ☎ 418/644-9841, 🖥 www.observatoirecapitale.org, ein recht beeindruckendes 360-Grad-Panorama über Vieux-Québec, die Citadelle und darüber hinaus. ☉ Anfang Feb–Mitte Okt tgl. 10–17, Mitte Okt–Mitte Feb Di–So 10–17 Uhr, Eintritt $5.

Parc des Champs-de-Bataille

Westlich der Citadelle erstreckt sich das Grasgelände des Parc des Champs-de-Bataille. Das ausgedehnte Landstück zieht sich an den Klippen oberhalb des St.-Lorenz-Stroms entlang und umfasst die historischen **Plaines d'Abraham**, die nach Abraham Martin, dem ersten Lotsen des Flusses (1620), benannt wurden. An diesem Ort wurde einst die kanadische Geschichte umgeschrieben. Im Juni 1759 segelte **General Wolfe** mit seiner großen britischen Armee den St.-Lorenz hinauf und belagerte **General Montcalm** in Québec. Von Ende Juli bis Anfang September pendelten die britischen Truppen auf der anderen Seite des Flusses hin und her und bedachten die Stadt mit heftigem Kanonenfeuer. Montcalm und der Gouverneur Vaudreuil rechneten mit einem direkten Angriff Wolfes auf die Citadelle von der Anse de Foulon (Wolf's Cove) aus, dem einzigen brauchbaren Spalt in der Felswand. Die Annahme schien sich zu bestätigen, als Wachposten eine britische Abteilung bei der Inspizierung des Cap Diamant beobachteten. Montcalm konzentrierte sich daraufhin auf die Anse de Foulon und beging einen folgenschweren Fehler: Er zog das auf den Plaines d'Abraham stationierte Regiment ab. In der Nacht vollbrachten die Briten eine Meisterleistung: Über die Anse de Foulon erklommen sie die Klippe unterhalb der Plaines, und als Montcalm am Morgen des 16. Septembers erwachte, standen die Briten bereits kurz vor den Toren der Stadt. Die hastig zusammengerufenen, von indianischen Kriegern unterstützten französischen Bataillone waren schlecht organisiert und stürzten blindlings in die Arme der Briten, in deren Kugelhagel Montcalm tödlich verletzt wurde. Auf seinem Sterbebett verfasste Montcalm ein ritterliches Glückwunschschreiben an Wolfe – er wusste nicht, dass dieser ebenfalls tot war. Vier Tage später ergab sich Québec.

Das **Maison de la découverte** im Park unterhalb des Besucherzentrums, 835 Ave Wilfrid-Laurier Est, ✆ 418/649-6157, 🖥 www.ccbn-nbc.gc.ca, hat Karten, Infotafeln und eine recht gute Multimediashow, die sich mit den Nachwirkungen der Schlacht beschäftigt. ⏰ Ende Juni–Anfang Sep tgl. 8.30–17.30, Anfang Sep–Ende Juni Mo–Fr 8.30–17, Sa 9–17, So 10–17 Uhr, Eintritt $8, Tageskarte inkl. weitere Attraktionen $10.

Zum Andenken an die Toten von 1759 stellte man in einem tiefer liegenden Garten an der Place Montcalm nahe Ave Wilfrid-Laurier beim Justizministerium eine Statue von Jeanne d'Arc auf. Inmitten des bewaldeten Parkgeländes, der schönen Straßen, Joggingwege und angelegten Gärten ragen die beiden **Martello-Türme** empor. Erbaut wurden sie zwischen 1805 und 1812 zum Schutz gegen die Amerikaner. Im Martello-Turm 2, Wilfrid-Laurier, Ecke Taché, finden historische Dinner-Veranstaltungen statt (Infos und Tickets unter ✆ 418/649-6157).

Vom Dach des Martello-Turms 1 weiter südlich im Park bieten sich schöne Ausblicke auf den St.-Lorenz-Strom. Die Sicht vom Fuße des Turms ist allerdings fast ebenso gut, und auf diese Weise spart man den Eintritt für die wenig eindrucksvolle Ausstellung auf dem Weg zur Turmspitze. Kinder können sich für die Tour kostümieren. ⏰ Ende Juni–Anfang Sep tgl. 10–17 Uhr, Eintritt $4.

Weiter westlich prangt vor dem Musée National des Beaux-Arts du Québec ein Denkmal zu Ehren von General Wolfe, dessen Leiche – in einem Rumfass eingelegt – mit dem Schiff zurück nach England gebracht wurde.

Musée National des Beaux-Arts du Québec

Unauffällig nahm die kanadische Kunst vor 300 Jahren in Québec-Stadt ihren Anfang. Heute ist die ganze Palette damaligen Schaffens am westlichen Rand des Parc des Champs-de-Bataille zu besichtigen, im Musée National des Beaux-Arts du Québec, ✆ 418/643-2150 oder 1-866/220-2150, 🖥 www.mnba.qc.ca. Der Große Saal mit seinem kreuzförmigen Dachfenster dient als Haupteingang und verbindet die beiden Gebäude des Museums miteinander: den ursprünglichen Museumsbau Pavillon Gérard-Morisset und das ehemalige viktorianische Gefängnis Pavillon Charles-Baillairgé. Ein chronologischer Rundgang beginnt im Pavillon Gérard-Morisset und setzt sich dann im Pavillon Charles-Baillairgé fort.

Pavillon Gérard-Morisset

Galerie 7 auf der oberen Ebene des Pavillon Gérard-Morisset verschafft einen Überblick über die Québecer Kunstszene von Anfang des 17. bis Ende des 19. Jhs. Dabei handelt es sich größtenteils um **religiöse Kunst**, die hier durch das Gemälde *Der Schutzengel* von **Frère Luc** repräsentiert wird. Die bemerkenswerten Beiträge aus der Mitte des 18. Jhs. stammen von den Brüdern Pierre-Noël und Francois-Noël Levasseur; gefolgt wurde diese Dynastie von drei Generationen der Baillairgés, zu deren Errungenschaften die Planung und Innenausstattung von Kirchen zählte. Unter der britischen Herrschaft erweiterte sich das Spektrum auf Porträtmalerei (zu sehen am Beispiel *Madame Tourangeau* von **Antoine Plamondon**) und kanadische Landschaften wie die des Québecer Malers **Joseph Légaré** und von **Cornelius Krieghoff**, der in Amsterdam geboren wurde und viel Beachtung für seine romantischen Québecer Landschaften fand.

Gegenüber beleuchtet Galerie 8 die Periode 1860 bis 1945, von den **Salons** Ende des 19. Jhs. bis zur Entwicklung **modernistischer Kunst**. Beim Betreten fällt zunächst das Bild *Ploughing, the First Gleam at Dawn* von **Horatio Walker** ins Auge, eine romantische Darstellung des Lebens der frankokanadischen Habitants. Hier werden auch viele europäische Stilrichtungen präsentiert, darunter der impressionistisch beeinflusste Blick auf Basse-Ville in *Wolfe's Cove* von **Maurice Cullen**. Eine bewundernswerte Darstellung des Stadtlebens ist *Rue St-Denis* von **Adrien Hébert**, das auf wundervolle Weise die Atmosphäre Montréals in den 1920er-Jahren einfängt.

Galerie 2 im Erdgeschoss widmet sich u. a. **Alfred Pellan**, der 1940 aus Paris zurückkehrte, um an der École des Beaux-Arts in Montréal zu unterrichten; er repräsentiert die **figurative** und **abstrakte Kunst** der Nachkriegszeit. Sein vergleichsweise radikaler Ansatz, sichtbar in dem kubistisch beeinflussten Stillleben *Fleurs et dominos,* war die Initialzündung für eine ganze Generation von Québecer Künstlern, die sich den avantgardistische Strömungen zuwandten. Der Wandel zur nicht-figurativen Darstellung zeigt sich sehr schön in den sanft-abstrakten Figuren des Werks *Julie* von **Jean Dallaire** (1957) – ein herber Kontrast zu seinem surreal-farbenfrohen Gemälde *Coq Licorne,* das fünf Jahre früher entstand. Seinen Höhepunkt erreicht dieser Prozess mit dem Neoplastizismus, repräsentiert durch *L'Alpiniste,* ein geometrisch-abstraktes Gemälde von **Fernand Leduc**.

Etwa zur gleichen Zeit entwickelten zwei der bekanntesten Québecer Künstler ihren unverkennbaren Stil. **Paul-Émile Borduas** übertrug die Technik des automatischen Schreibens der Surrealismus auf die Malerei: *Signes cabalistiques* mutet an wie ein Gekritzel in Öl. Galerie 3 auf der anderen Seite des Flurs widmet sich ausschließlich dem Werk von **Jean-Paul Riopelle**; das Highlight ist *L'Hommage à Rosa Luxemburg.*

Pavillon Charles-Baillairgé

Im Atrium des Pavillon Charles-Baillairgé, eines ehemaligen Gefängnisses, steht die große Skulptur *L'Arbre de la rue Durocher* von Vaillancourt. Von dort gelangen die Besucher zu den Galerien und in einige alte Gefängniszellen; sie liegen auf dem Weg zur Galerie 10, wo die Ausstellung *Je me souviens* Persönlichkeiten und Ereignisse der Québecer Geschichte an Hand von Gemälden und Skulpturen nachzeichnet. Hier sind einige der führenden Künstler der Provinz vertreten, darunter die Bildhauer Louis-Philippe Hébert und Alfred Laliberté.

Im Gefängnisturm steht eine zweistöckige Skulptur des Montréaler Bildhauers David Moore; sie zeigt menschliche Körper, die an den Mauern hochklettern.

Galerie 12 im 2. Stock steht im Zeichen des aus Québec stammenden Malers Jean-Paul Lemieux. Sein vielfältiger Stil beinhaltet von der Group of Seven inspirierte Landschaften wie das Charlevoix-Motiv *Soleil dàpres-midi,* eine Phase der Volkskunstmalerei und eine Reihe schlichter expressionistischer Porträts.

Eine der bedeutendsten neuen Abteilungen des Museums ist die bemerkenswerte **Brousseau-Sammlung mit Kunst der Inuit**. Die Sammlung besteht aus über 2600 Stücken, die aus der gesamten Arktis zusammengetragen wurden und sich mit der Entwicklung der Inuit-Kunst befassen, von naiven Arbeiten aus der Mitte des 20. Jhs. bis hin zu narrativen modernen Skulpturen. Zu den wenigen antiken Stücken zählen Elfenbeinarbeiten der nomadischen Dorset- und Thule-Kulturen. ⏰ Juni–Anfang Sep tgl. 10–18, sonst Di–So 10–18, ganzjährig Mi 10–21 Uhr, Eintritt $15, Anfahrt mit Bus Nr. 11.

Lieu historique national du Canada Cartier-Brébeuf

Nordwestlich von Vieux-Québec trifft man am Ufer des Rivière St-Charles auf den Lieu historique national Cartier-Brébeuf, 175 de l'Espinay, ✆ 418/648-4038, 🖥 www.pc.gc.ca/brebeuf. Die Stätte ist aus zweierlei Gründen berühmt: Zum einen markiert sie die Stelle, an der Jacques Cartier den Winter 1535/36 in freundlichem Einvernehmen mit den einheimischen Irokesen verbrachte. Dieser herzliche Beginn sollte später allerdings durch Cartier getrübt werden, der einen Häuptling und neun seiner Männer gefangen nahm. Zum zweiten errichtete Jean de Brébeuf – bekannt für sein Martyrium in der Nähe des heutigen Midland, Ontario (S. 176) – hier 1625 mit seinen Jesuiten-Brüdern seine erste kanadische Residenz.

Das **Besucherzentrum** liefert einen interessanten Bericht über Cartiers Reisen und informiert über die Rolle der Jesuiten in Neu-Frankreich. Bei der Führung über das Gelände sieht man ein Modell eines Langhauses und Wigwams der Irokesen. Kostümierte Experten demonstrieren alltägliche Aufgaben. ⏰ Anfang Mai–Anfang Sep tgl. 10–17 Uhr, andere Öffnungszeiten telefonisch erfragen, Eintritt inkl. Führung $3,90. Anfahrt mit Bus 4.

Übernachtung

Unterkünfte im historischen Kern Québecs sind leicht zu finden und erfreulich günstig. In Vieux-Québec gibt es zwei Hostels, und viele preiswerte Hotels sind nicht schlechter gelegen als die exklusiven. Québec ist ein beliebtes Urlaubsziel, man sollte also möglichst reservieren. Das gilt insbesondere in den Sommermonaten und beim Karneval im Februar. Aber selbst dann kann man notfalls immer noch in die vielen Standardhotels außerhalb der Stadtmauern oder in die Vororte mit ihren unzähligen **Motels und B&Bs** ausweichen, die leicht mit Regionalbussen zu erreichen sind.

Hotels und B&Bs
Basse-Ville
Hôtel Belley, 249 Rue St-Paul, ☎ 418/692-1694 oder 1-888/692-1694, 🖥 www.oricom.ca/belley. Hotel nahe Gare du Palais mit acht geräumigen Zimmern voller antiker Details. Frühstück gibt's im Winter am knisternden Kamin und im Sommer auf der Sonnenterrasse. ❹
Hôtel Dominion 1912, 126 Rue St-Pierre, ☎ 418/692-2224 oder 1-888/833-5253, 🖥 www.hoteldominion.com. Fabelhaftes Boutique-Hotel mit vielen Vorzügen – Federbetten, gedämpftes Licht, stilvolle moderne Ausstattung, von unten beleuchtete Spülbecken aus Mattglas, Zimmer z. T. mit Blick auf den Fluss. ❼
Hôtel Le Priori, 15 Rue du Sault-au-Matelot, ☎ 418/692-3992 oder 1-800/351-3992, 🖥 www.hotellepriori.com. Geschmackvoll modernisiertes altes Haus in der „ältesten Straße Nordamerikas". Viele Zimmer haben offenen Kamin und antike Badewannen, die Suiten sind so komfortabel, dass man am liebsten gleich permanent einziehen möchte. Frühstück wird im großen Innenhof serviert. ❻

Auberge St-Antoine, 8 Rue St-Antoine, ☎ 418/692-2211 oder 1-888/692-2211, 🖥 www.saint-antoine.com. Moderner Komplex aus zwei Gebäuden neben dem Musée de la Civilisation. Alle Zimmer sind geschmackvoll eingerichtet (einige mit historischen Motiven), mehrere blicken auf den Fluss. Zum Angebot gehören Massage, ein Kino, Babysitting, überdachte Parkplätze und kostenloses Internet. ❽

Hotel Maison du Fort, 21 Ave Ste-Geneviève, ☎ 418/692-4375 oder 1-888-203-4375, 🖥 www.hotelmaisondufort.com. Charmantes Hotel mit 11 toll eingerichteten, geräumigen Zimmern, und einem 2-Zimmer-Apartment mit Küchenzeile. ❻ – ❼

Jardin des Gouverneurs und Umgebung
B&B des Grisons, 1 Rue des Grisons, ☎ 418/694-1461, 🖥 www.bbcanada.com/2608.html. Wohnhaus aus dem späten 19. Jh. mit fünf Zimmern, hohen Decken, Holzfußböden und Antiquitäten aus diversen Epochen; allerdings nur Gemeinschaftsbäder. ❹
Hôtel Cap-Diamant, 39 Ave Ste-Geneviève, ☎ 418/694-0313 oder 1-888/694-0313, 🖥 www.hotelcapdiamant.com. 9-Zimmer-Hotel mit viktorianischer Einrichtung und Innenhof zum Frühstücken. Alle Zimmer haben Bad, Klimaanlage, Minikühlschrank und TV. ❻
Le Château Frontenac, 1 Rue des Carrières, ☎ 418/692-3861 oder 1-866/540-4460, 🖥 www.fairmont.com/frontenac. Dieses feudale viktorianische „Schloss" (Eröffnungsjahr 1893) mit seinen prächtigen Zimmern wurde einst für den Präsidenten der CP Railways, William van Horne, erbaut und begrüßte bereits Würdenträger wie Churchill, Roosevelt und Queen Elizabeth II. Eigene Führungen im Angebot. Nicht zuletzt wegen seiner Lage und Historie ist es das teuerste Haus am Platze. Hervorragende Zimmer, tolle Ausblicke, antike Möbel und erstklassiger Service. Parken kostet extra. ❽
Le Château de Pierre, 17 Ave Ste-Geneviève, ☎ 418/694-0429 oder 1-888/694-0429, 🖥 www.chateaudepierre.com. Villa anno 1853 mit 15 feudalen Zimmern, alle mit Bad; die Zimmer ohne Klimaanlage haben Balkon. ❺
Hôtel Au Jardin du Gouvernour, 16 Rue Mont Carmel, ☎ 418/692-1704 oder 1-877/692-1704, 🖥 www.quebecweb.com/hjg. 17 geräumige Zimmer mit moderner Einrichtung und Bad an der Ecke des Jardin des Gouverneurs. ❸
Hôtel Manoir sur le Cap, 9 Ave Ste-Geneviève, ☎ 418/694-1987 oder 1-866/694-1987,

🖳 www.manoir-sur-le-cap.com. 14 helle Zimmer mit nackten Holzbalken und Stein-wänden. Alle haben Bad und TV, einige auch Küchenzeile. ❹

Hôtel Terrasse-Dufferin, 6 Place Terrasse-Dufferin, ☏ 418/694-9472 oder 1-800/694-9472, 🖳 www.terrasse-dufferin.com. Die sechs besseren Zimmer dieser privaten Villa Baujahr 1830 haben die besten Ausblicke der Stadt auf den St.-Lorenz-Strom; das entschädigt für die etwas schlichte Einrichtung. Zimmer müssen Monate im Voraus reserviert werden. ❹

Rue Ste-Ursule und Umgebung

Hôtel Le Clos St-Louis, 69 Rue St-Louis, ☏ 418/694-1311 oder 1-800/461-1311, 🖳 www.clossaintlouis.com. Elegantes Hotel in zwei miteinander verbundenen Häusern aus den 1840er-Jahren. Viktorianische Einrichtung mit Himmelbetten auf einigen Zimmern und jeder Menge Antiquitäten; warmes Frühstück inkl. ❼

Hôtel Acadia, 43 Rue Ste-Ursule, ☏ 418/694-0280 oder 1-800/463-0280, 🖳 www.hotelacadia.com. Über 40 historisch angehauchte Zimmer mit Ziegelwänden, alten Kaminen, Antikmöbeln und ein paar Buntglasfenstern, einige ohne eigenes Bad. ❺

Hôtel La Maison Demers, 68 Rue Ste-Ursule, ☏ 418/692-2487 oder 1-800/692-2487. Nicht besonders schicke und teilweise recht kleine Zimmer in altem, von einer Familie geführtem Haus, aber sie sind sauber und einige haben Balkone. Parkplätze und Frühstück inkl. ❸

Maison Historique James Thompson, 47 Rue Ste-Ursule, ☏ 418/694-9042, 🖳 www.bedandbreakfastquebec.com. B&B in einem historischen Haus Baujahr 1793

Stilvoll übernachten

Hôtel Le Manoir d'Auteuil, 49 Rue d'Auteuil, an der Stadtmauer, ☏ 418/694-1173 oder 1-866/662-6647, 🖳 www.manoirdauteuil.com. Feuda-les Stadthaus von 1835 mit Art-déco-Zimmern, kostenlosem Frühstück und einer Frohnatur als Besitzer. ❹

---

mit Schlittenbetten, Antiquitäten, entzückendem Aufenthaltsraum und großzügig bemessenem Frühstück. ❼

Hôtel Manoir La Salle, 18 Rue Ste-Ursule, ☏ 418/692-9953. Kleines, ein Jahrhundert altes Hotel aus rotem Backstein. Nur 2 der 11 Zimmer mit Bad, 1 davon mit Küchenzeile. ❷

Au Petit Hôtel, 3 Ruelle des Ursulines, 🖳 www.aupetithotel.com, ☏ 418/694-0965. Ruhige Lage in einer Sackgasse nahe Rue Ste-Ursule. Die etwas beengten Zimmer haben kleine Betten, aber alle ein Bad. ❸

Rue Ste-Anne

Auberge Place d'Armes, 24 Rue Ste-Anne, ☏ 418/694-9485, 🖳 www.aubergeplace darmes.com. Spitzenlage gegenüber der Anglican Cathedral in der Fußgängerzone. Im Obergeschoss wird's im Sommer leicht stickig, die anderen Etagen haben Klimaanlage. Alle Zimmer mit Dusche, aber einige mit gemeinsam genutztem WC. ❻

Hôtel Clarendon, 57 Rue Ste-Anne, ☏ 418/692-2480 oder 1-888/554-6001, 🖳 www.dufour.ca. Ältestes Hotel der Stadt (Baujahr 1870), Renovierung in den 30er-Jahren, Rezeption im Art-déco-Stil; von vielen der modernen Zimmer Ausblick auf Vieux-Québec. ❼

Hôtel Jardin Ste-Anne, 109 Rue Ste-Anne, ☏ 418/694-1720 oder 1-866/694-1720, 🖳 www.jardinsteanne.com. 18 kleine, aber stilvolle und klimatisierte Zimmer in einem 100 Jahre alten Haus mit Innenhof. Kostenloses WLAN. ❻

Andere Teile von Vieux-Québec

Hôtel Manoir des Remparts, 3 1/2 Rue des Remparts, ☏ 418/692-2056, 🖳 www.manoirdesremparts.com. Einfaches Hotel am nördlichen Ende von Vieux-Québec an den Wehrgängen. Die Zimmer kommen größtenteils mit Bad (die anderen haben Dusche), sind aber etwas langweilig. Blick auf den St.-Lorenz-Strom von der Terrasse im 2. Stock. ❸

Hôtel Manoir Victoria, 44 Côte du Palais, ☏ 418/692-1030 oder 1-800/463-6283, 🖳 www.manoir-victoria.com. Prächtiges

Sonstige Unterkünfte

Auberge de la Paix, 31 Rue Couillard, ✆ 418/694-0735, 🖥 www.aubergedelapaix.com. Diese Herberge in unmittelbarer Nähe der Rue St-Jean ist zweifellos das bessere der beiden Québecer Hostels. 3 Etagen mit je 4 Zimmern mit 2–8 Betten. Großer Hof, Küche und WLAN. $25 inkl. Frühstück.

Auberge Michel Doyon, 1215 Chemin Ste-Foy, ✆ 418/527-4408 oder 1-800/928-4408, 🖥 www.aubergemicheldoyon.com. Sehr preiswertes Motel im Universitätsvorort Ste-Foy. Einfach, aber sauber, kostenlose Parkplätze, 10 Min. Busfahrt (Nr. 7) bis Vieux-Québec. ❷

Auberge International de Québec, 19 Rue Ste-Ursule, ✆ 418/694-0755 🖥 www.auberge internationaledequebec.com. HI-Hostel mit 300-Betten in einem ehemaligen Hospiz. Oft ausgebucht, leicht unpersönlich, mit Waschküche, kostenlosem WLAN, Gepäck-schließfächern, mehreren Küchen und einer Bar. Dorm-Bett $28, Zimmer $74.

YMCA, 855 Ave Holland, ✆ 418/683-2155, 🖥 www.ywcaquebec.qc.ca. Für Männer und Frauen, allerdings keine Doppelbetten. Ganz in der Nähe des Chemin Ste-Foy, etwa 15 Min. Busfahrt von Vieux-Québec; $15.

Camping

Die Campingplätze liegen etwa 20 km von der Altstadt entfernt und sind somit nur Urlaubern mit eigenem Transportmittel zu empfehlen. Die nachstehenden sind die am nächsten gelegenen.

Camping Aéroport, 2050 Rte de l'Aéroport, ✆ 418/871-1574 oder 1-800/294-1574, 🖥 www.campingaeroport.com. 5 km nördlich des Flughafens, Anfahrt über Rte 440, Ausfahrt 305 Nord, danach Rte de l'Aéroport. Nicht unbedingt schöne Lage, aber recht gute Einrichtungen, u. a. WLAN. Stellplatz ab $36.

Camping Municipal de Beauport, 95 Rue Sérénité, Beauport, hinter Blvd Rochette, ✆ 418/641-6112 oder 1-877/641-6113, 🖥 www.campingbeauport.qc.ca. Anfahrt

über Rte 40, Ausfahrt 322; oder mit Bus 800 bis Beauport, danach 50 oder 55. Großer Platz am Rivière Montmorency mit Bootsverleih, Pool und WLAN. ☼ Anfang Juni–Anfang Sep, Stellplatz $24.

Essen

Spätestens beim Essen schlägt das französische Erbe Québecs voll durch. Die Lokale der Stadt bieten eine reiche Palette an Köstlichkeiten aus dem Heimatland. Diese reichen von schön angerichteten Feinschmecker-Spezialitäten bis hin zu bescheidenen Baguettes. Einladend und unkompliziert sind die lebendigen, französisch anmutenden **Cafés**. Vieux-Québec (Ober- und Unterstadt) versammelt die meisten Feinschmecker-**Restaurants** und Cafés; in Haute-Ville bietet die Rue St-Jean im Allgemeinen ein besseres Preis-Leistungs-Verhältnis als die Rue St-Louis. Andere Gegenden, insbesondere die Rue St-Jean (schrullig und preiswert) und die Grande-Allée (touristisch und teuer) unmittelbar vor der Stadtmauer, haben in dieser Hinsicht einiges zu bieten.

Das Beste in der mittleren Preisklasse sind die zahlreichen Restaurants mit Terrasse in der Ave Cartier unweit des Musée National des Beaux-Arts du Québec. Allgemein sind die Preise in der Stadt recht hoch, aber selbst die noblen Lokale haben auch billigere Mittagessen und Tageskarten. Typisch frankokanadische Speisen wie Wild mit süßen Saucen, danach Desserts mit einem Schuss Ahornsirup, sind in der Stadt eher selten zu finden; hierfür empfehlen sich dann die *Cabanes à Sucre* auf der Île d'Orléans (S. 325).

Cafés und Snacks

Brûlerie Tatum Café, 1084 Rue St-Jean, 🖥 www.tatum.qc.ca. Omeletts und leichte Snacks den ganzen Tag über, dazu eine eindrucksvolle Auswahl an Kaffeeröstungen. Backsteinwände sorgen für eine schöne Atmosphäre. ☼ 0–20 Uhr.

Café Au Bonnet D'ane, 298 Rue St-Jean, ✆ 418/647-3031. Angesagtes Café am ruhigeren Teil der Rue St-Jean mit Omeletts, Pizzas und Hamburgern.

Buffet de l'Antiquaire, 95 Rue St-Paul, ☎ 418/
692-2661. Dieser Diner der alten Schule ist eine
beliebte Frühstücksadresse, ⏰ ab 6 Uhr.

Le Casse-Cou, 90 Rue du Petit-Champlain,
☎ 418/694-1121. Nette kleine Snackbar am Ende
der Fußgängerzone Rue du Petit-Champlain.
Warmes Frühstück für $5 und anständige kleine
Mahlzeiten bis 21 Uhr.
Chez Temporal, 25 Rue Couillard,
☎ 418/694-1813. Café im Quartier Latin, nahe
der Auberge de la Paix, Café au lait, Croissants
und Chocolatines zum Frühstück, Suppen
und Sandwiches Mo–Do bis 1.30, Fr und Sa bis
2.30, So bis 24 Uhr.
L'Omelette, 66 Rue St-Louis, ☎ 418/694-9626.
Wie der Name schon sagt, sind Omeletts
die Spezialität in diesem ordentlichen
Touristenrestaurant. Frühstück ganztägig ab
7 Uhr, Abendgerichte wie Pizza oder Fisch
ab $10.
Le Panetier Baluchon, 764 Rue St-Jean,
☎ 418-522-3022, 🖥 www.panetier-baluchon.
com. Kleines Café mit breitem Angebot,
darunter frisches Brot, köstliche Pasteten und
vielerlei Sandwiches.

Restaurants
Haute-Ville (innerhalb der Stadtmauern)
L'Apsara, 71 Rue d'Auteuil, ☎ 418/694-0232.
Kambodschanisches, vietnamesisches und
thailändisches Essen in einem schummrigen
Speisesaal beim Parc de l'Esplanade;
3-gängiges Mittagsmenü um die $20, Abend-
essen ca. $30.
Aux Anciens Canadiens, 34 Rue St-Louis,
☎ 418/692-1627, 🖥 www.auxancienscanadiens.
qc.ca. Überteuertes Touristenrestaurant in
einem der ältesten Häuser von Québec.
Québecer Speisen der gehobenen Art. Menü
um $40.
Café de la Paix, 44 Rue des Jardins,
☎ 418/692-1430, 🖥 www.cafedelapaix.ca.
Die Desserts im Schaufenster schmecken so
gut wie sie aussehen, alle anderen Speisen –
recht teure französische Klassiker und Wild

für ca. $30 – stehen ihnen in nichts nach.
So geschlossen.
Casse-Crêpe Breton, 1136 Rue St-Jean,
☎ 418/692-0438. Restaurant im Diner-Stil,
sättigende Crêpes (ab $5,25) werden vor
den Augen der Gäste gebacken. Warteschlange
ist üblich, bewegt sich aber rasch. ⏰ 7–23 Uhr.
Charles Baillairgé, im Hôtel Clarendon
(S. 315), 57 Rue Ste-Anne, ☎ 418/692-2480.
Angeblich ältestes Restaurant von Kanada
aus dem Jahr 1870, klassische französische
Küche. Abendessen ab $40, schicke Kleidung
angebracht.
Conti Caffe, 32 Rue St-Louis, ☎ 418/692-4191.
Dieses zwanglose italienische Lokal ist die
beste Wahl in einer Straße voller mittelprächtiger Touri-Restaurants. Spezialität:
Kalbfleisch. Das Menü am Abend ist mit
ca. $25 sehr preiswert.
Le Continental, 26 Rue St-Louis, ☎ 418/694-9995,
🖥 www.restaurantlecontinental.com.
Altmodisches, leicht angestaubtes Restaurant
beim Château Frontenac. Hervorragende
Seafood-, Kalbs- und Flambéegerichte.
3-Gänge-Menü ab $35.
La Crémaillère, 73 Rue Ste-Anne,
☎ 418/692-2216, 🖥 www.cremaillere.qc.ca.
Französische und italienische Spitzenküche in
einem romantischen Haus aus dem 19. Jh.
Hauptgerichte wie Garnelen-Jakobsmuscheln-
Auflauf mit Buttersauce oder Lammkarree
$30–40. Ein köstliches Dessert ist die *pyramide
au chocolat*.
Frères de la Côte, 1190 Rue St-Jean,
☎ 418/692-5445. Das freundliche, gut besuchte
Bistro lockt Québecer und Touristen mit Steaks,

Köstliches aus Frankreich und Italien

Le Pain Béni, 24 Rue Ste-Anne, ☎ 418/694-9485,
🖥 www.aubergeplacedarmes.com. Gemütliches französisch-italienisches Bistro um die
Ecke vom Château Frontenac. Tolle Karte mit
exquisit zubereiteten Speisen wie Lammravioli
und Wildschwein auf Parmesanrisotto. Auf
den Nachtisch sollte nicht verzichtet werden,
besonders die Crème brûlée ist köstlich. Hauptgericht mittags um $15, abends um $30.

Räucherlachs und Muscheln zu Preisen zwischen $10 und $20. Die Tageskarte nicht übersehen!

Gambrinus, 15 Rue du Fort, ☎ 418/692-5144. Gutes italienisches und französisches Essen an der Ecke der Place d'Armes. Seafood-Spezialitäten und jeden Abend Live-Unterhaltung. Tagesmenü meist um $25.

Au Petit Coin Breton, 1029 Rue St-Jean, ☎ 418/694-0758, 🖥 www.aupetitcoinbreton.com. Gute und erschwingliche Crêperie, besonders schön zum Brunchen. Kellner in traditionellen bretonischen Kostümen bringen Gerichte ab $10.

Le Petit Coin Latin, 8.5 Rue Ste-Ursule, ☎ 418/692-2022. Gemütliches Café/Bistro mit verstecktem Hof. Raclette ist die Spezialität des Hauses, aber es gibt auch Steaks und Karibufleisch. Frühstück 7.30–11.30, am Wochenende bis 16 Uhr.

Le Saint-Amour, 48 Rue Ste-Ursule, ☎ 418/694-0667, 🖥 www.saint-amour.com. Romantisches französisches Restaurant mit Wintergarten. Erstklassiges Essen für etwa $40 pro Nase.

Haute-Ville (außerhalb der Stadtmauern)

L'Astral, 1225 Cours du Général-De Moncalm, ☎ 418/647-2222, 🖥 www.lastral.ca. Drehrestaurant in der obersten Etage des Hôtel Loews Le Concorde. Teure internationale Küche ab etwa $30, dafür unschlagbare Aussicht.

Café Krieghoff, 1089 Ave Cartier, ☎ 418/522-3711. Das typisch französische Bistro *à la Québécois* serviert exzellenten Kaffee, großes Frühstück und kleine Mahlzeiten, z. B. Baguette mit Knoblauchbutter und Schmelzkäse, für rund $16. Eignet sich gut zum Sitzen, Lesen und Schreiben, insbesondere auf der Terrasse.

Chez Ashton, 640 Grande Allee Est und 54 Cote du Palais. Restaurant mit nicht allzu viel Flair, aber der besten *poutine* in der Stadt ab ca. $10.

Le Cochon Dingue, 46 Blvd René-Lévesque Ouest, nahe Ave Cartier, ☎ 418/523-2013, 🖥 www.cochondingue.com. Diese Filiale besuchen im Gegensatz zu der in Basse-Ville eher Einheimische als Touristen. Französische Hausmannskost ab $15.

Le Commensal, 860 Rue St-Jean, ☎ 418/647-3733. Großartiges Vegetarierlokal

5 Min. vor den Toren Vieux-Québecs. Buffet mit Speisen zum Abwiegen.

Cosmos Café, 575 Grande-Allée Est, ☎ 418/640-0606, 🖥 www.lecosmos.com. Bestes Lokal der Straße – cooles Dekor, großartiges Frühstück und fantasievolle Speisen ab $10. Überfüllt und trubelig um die Mittagszeit und zur Cocktailstunde zwischen 17 und 19 Uhr.

Le Graffiti, 1191 Ave Cartier, ☎ 418/529-4949. Schickes französisch-italienisches Restaurant mit ordentlichen Tagesgerichten und gutem Sonntags-Brunch (10–15 Uhr). Beeindruckende Weinkarte.

Le Hobbit, 700 Rue St-Jean, ☎ 418/647-2677. Beliebtes Studentenlokal mit tollen vegetarischen Gerichten, außerdem Burger, Pasta, Steaks, Forellenfilet und mehr.

Kimono Sushi Bar, 1034 Ave Cartier, ☎ 418/648-8821. Eine der besten Sushi-Bars in der Stadt mit akzeptablen Preisen und umfangreicher Karte.

La Piazzetta, 707 Rue St-Jean, ☎ 418/692-2962. Trendige Pizzeria mit witziger Einrichtung. Super Pizza zu verdaulichen Preisen: zu zweit inkl. Getränke um $40. Filiale in Basse-Ville: 63 Rue St-Paul, ☎ 418/529-7489.

Saveur De L'Inde, 1980 Rue de Bergerville, ☎ 418/683-0006. Leicht versteckt in einer Nebenstraße südlich des Blvd Laurier gelegen, aber *das* indische Restaurant der Stadt. Die meisten Klassiker wie Tandoori Chicken und Lammcurry gibt's für unter $20; auch Tische draußen.

Basse-Ville

Aviatic Club, 450 Rue Gare du Palais, ☎ 418/522-3555, 🖥 www.aviatic.ca. Überraschend gute internationale Küche in

---

Leichte französische Klassiker

Initiale Le Restaurant, 54 Rue St-Pierre, ☎ 418/694-1818, 🖥 www.restaurantinitiale.com. Eines der besten Restaurants der Stadt (mit entsprechenden Preisen), das feinere Versionen französischer Klassiker auf die Teller bringt. Menü $49.

Kaninchen auch zum Frühstück

Le Lapin Sauté, 52 Rue du Petit-Champlain, ✆ 418/692-5325, 🖥 www.lapinsaute.com. Sehr beliebtes Bistro, lockere Atmosphäre, Spezialität: Kaninchen, das selbst auf der Frühstückskarte nicht fehlt. Abendessen $20–30.

einem historischen Bahnhof mit großer Terrasse. Sushi, Thai, Tex-Mex und mehr ab $20.

Le Café du Monde, 57 Rue Dalhousie, ✆ 418/692-4455, 🖥 www.lecafedumonde.com. Das große, schicke Bistro im Pariser Stil befindet sich zwar im Kreuzfahrt-Terminal, aber die Québecer lieben es wegen der aufdringlichen Atmosphäre und dem fantastischen Ausblick von der Terrasse auf den St.-Lorenz. Das Essen kann sich sehen lassen.

Le Délice du Roy, 33 Rue St-Pierre, um die Ecke der Place Royale, ✆ 418/694-9161. Lokal im Kantinen-Stil; schlichte, aber herzhafte Québecer Küche nach traditioneller Art für $10–20.

Laurie Raphael, 117 Rue Dalhousie, ✆ 418/692-4555, 🖥 www.laurieraphael.com. Warme, aber förmliche Atmosphäre in einem Restaurant, das auf *cuisine du marché* (Marktküche) spezialisiert ist, darunter Fischgerichte, Rehbraten und Hummer von den Îles de la Madeleine. 3-Gänge-Menü mittags ab $23, abends ab $60.

Le Marie Clarisse, 12 Rue die Petit-Champlain, ✆ 418/692-0857, 🖥 www.marieclarisse.qc.ca. Guter Fisch und marktfrisches Seafood in einem kleinen Restaurant am Fuß der Escalier casse-cou. Guter Platz zum Leutebeobachten. Reservierung empfohlen. 4-Gänge-Menü $40–45.

Poisson d'Avril, 115 Quai St-André, ✆ 418/692-1010, 🖥 www.poissondavril.net. Meeresfrüchte und gegrillte Steaks in der Nähe des Vieux-Port.

Nachtleben

Das Nachtleben in Québec präsentiert sich viel entspannter als das in Montréal. Oft werden intime Bars und Jazz-/Blues-Keller den großen Gigs und Clubs vorgezogen (vom jüngeren Publikum einmal abgesehen). Nur wenige große Bands machen auf ihren Touren hier Station, allerdings entschädigt das wilde Festival d'Été im Juli in dieser Hinsicht für den Rest des Jahres.

Die wichtigsten Kneipen und Discos reihen sich an der Rue St-Jean aneinander: Auf dem Abschnitt außerhalb der Stadtmauer sammeln sich im Faubourg St-Jean-Baptiste Studentenbars und Nachtlokale. Die Optionen an der Grande-Allée sind eher auf Touristen ausgerichtet, aber auch hier gibt es einige empfehlenswerte Clubs an beiden Enden der Straße.

Bars und Livemusik

L'Armour Sorcier, 789 Côte Ste-Geneviève, ✆ 418/523-3395. Beliebte, intime Lesben-Bar mit Dachterrasse, preiswertem Bier und sanfter Musik, die später lauter und tanzbarer wird.

La Barberie, 310 Rue St-Roch, ✆ 418/522-4373, 🖥 www.labarberie.com. Einladende Kleinbrauerei in Saint-Roch mit einem kleinen, aber sehr feinen Angebot an Bieren. Gut zum Entspannen bei ein paar Gläsern oder besser noch bei einem „Karussell" – elf Gläser à 0,3 l oder acht à 0,15 l, deren Inhalt erklärt, warum die Brauerei in der ganzen Provinz bekannt ist.

Le Drague, 815 Rue St-Augustin, ✆ 418/649-7212, 🖥 www.ledrague.com. Schwulen-Bar, Café und Disco; billiges, importiertes Bier. An Sonntagabenden unterhaltsame Drag-Shows.

Jules et Jim, 1060 Ave Cartier. Seit langem bestehender kleiner, ruhiger Laden inmitten der Restaurants an der Ave Cartier.

Le Pape-Georges, 8 Rue Cul-de-Sac, ✆ 418/692-1320, 🖥 www.papegeorges.com. Die winzige Kellerbar nahe Place Royale mit akustischer Livemusik ist bei den Québecern

Québecer Braumeister

L'Inox Maîtres-Brasseurs, 655 Rue Grande Allée, ✆ 418/692-2877, 🖥 www.inox.qc.ca. Die älteste Brauereikneipe der Stadt serviert guten Bauernkäse und europäische Würstchen zu leckeren Bieren. Mit Terrasse.

sehr beliebt. Auf der Terrasse auf dem Bürgersteig gibt's kleine Gerichte.

Pub Java, 1112 Ave Cartier, ✆ 418/522-5282, gute Auswahl an importierten und gezapften Bieren, sonntags Frühstück. Der irische Pub Salon Galway im Obergeschoss hat Sessel am Kamin.

Le Pub St-Alexandre, 1087 Rue St-Jean, ✆ 418/694-0015, 🖥 www.pubstalexandre.com. Yuppie-Pub im englischen Stil mit mehr als 200 Biersorten und 40 Single Malts.

Sacrilège, 447 Rue St-Jean, ✆ 418/649-1985, 🖥 www.lesacrilege.net. Freundliche, billige Pinte mit beliebter Terrasse im Faubourg St-Jean-Baptiste.

Bar Ste-Angèle, 26 Rue Ste-Angèle, ✆ 418/692-2171. Dunkle, verräucherte Kiezkneipe mit Holzbalkendecke und gemütlicher Atmosphäre mitten im Touristenviertel. ◷ ab 20 Uhr.

Bar St-Laurent, 1 Rue des Carrières. Auch wenn die Location im Château Frontenac sehr gediegen und der Alkohol an der polierten achteckigen Bar teuer ist – man muss sich nicht besonders in Schale werfen, um den traumhaften Ausblick von der Terrasse zu genießen.

Les Yeux Bleus, 1117 Rue St-Jean, ✆ 418/694-9118. Diese *boîte à chanson* (Kneipe, in der Künstler und Publikum singen) versteckt sich in einer Gasse. Im dunklen, verrauchten Innern gibt's akustische Livemusik und draußen auf der Terrasse geht's lebendig zu.

Clubs

Casablanca, 1169 Rue St-Jean, ✆ 418/692-4301. Wochenend-Club mit Reggae, afrikanischen und arabischen Rhythmen, versteckt in einer Passage an der Rue St-Jean. Richtig aufgedreht wird erst ab 23 Uhr (nur Fr und Sa), Eintritt frei.

Dagobert, 600 Grande-Allée Est, ✆ 418/522-0393, 🖥 www.dagobert.ca. Dieser große alte Komplex zählt seit Jahrzehnten zu den wildesten Nachtclubs der Stadt. Die jungen, gestylten Clubgänger lassen sich von 80er-Jahre-Mucke auf die große Tanzfläche im Obergeschoss locken. Unten sitzen etwas ältere Semester, um sich ab 22.30 Uhr Coverbands reinzuziehen. Normalerweise ist der Eintritt frei.

Kashmir, 1018 Rue St-Jean, ✆ 418/694-1648. An manchen Abenden laut und voll, an anderen ziemlich öde – je nach DJ und Liveband. Vorwiegend sehr junges Publikum.

Maurice, 575 Grande-Allée Est, ✆ 418/647-2000, 🖥 www.mauricenightclub.com. Der trendige Club mit wechselnden DJs zieht ein stilsicheres Publikum von 20 bis Mitte 30 an. Wer die richtigen Klamotten anhat und an den kritischen Türstehern vorbei kommt, kann zu R&B und House abtanzen (im Winter nur Mi–So). Der geringe Eintritt verschafft auch Zutritt zur entspannteren Lounge Charlotte im Obergeschoss – wenn Funk- oder Latino-Abend angesagt ist, geht aber auch hier oben die Post ab.

Le Sonar, 1147 Ave Cartier, ✆ 418/640-733. Wenn die Tapas-Teller weggeräumt sind, fängt die schicke Keller-Lounge an zu grooven. Donnerstags gibt's R&B, am Wochenende House für ein Publikum zwischen Mitte 20 und Mitte 30.

Unterhaltung und Kultur

Québec-Stadt ist nicht als Hochburg der Kultur bekannt. Allerdings finden von Mai bis September an verschiedenen Orten Tanz-, Theater- und Musikveranstaltungen statt und auch während der restlichen Monate bieten die Bühnen der Stadt zahlreiche Aufführungen. Besonders lebhaft präsentiert sich Québec im Februar und Juli bei den beiden Hauptfestivals der Stadt – dem tollen Karneval und dem ebenso turbulenten Festival d'Été (S. 321). Karten für die meisten Veranstaltungen verkaufen die Agentur **Admission**, ✆ 1-800/361-4595, 🖥 www.admission.com, und **Réseau Billetech**, 🖥 www.billetech.com.

Informationen über Veranstaltungen liefern die lokalen Medien und die französischen Tageszeitungen *Le Soleil* und *Journal de Québec* sowie das kostenlose Wochenblatt *Voir*, 🖥 www.voir.ca. Die vierteljährlich erscheinende zweisprachige Touristenzeitschrift *Voilà Québec* bietet ebenfalls Wissenswertes, ebenso der englische *Québec Chronicle Telegraph*, 🖥 www.qctonline.com, der jeden Mittwoch herauskommt.

Theater

Québecs Theater bringen ausschließlich französischsprachige Stücke auf die Bühne. In den Jardins de l'Hôtel-de-Ville, im Parc de la Francophonie an der Grande-Allée hinter dem Parlament und auf der Place D'Youville wird den ganzen Sommer über Unterhaltung geboten.
Amphitheater Agora, 120 Rue Dalhousie, Vieux-Port, ☎ 418/648-4370, 🖥 www.agora portdequebec.ca, ist eine von mehreren **Freilichtbühnen**, die im Sommer gut besucht sind; gezeigt wird ein recht buntes Programm.
Grand Théâtre de Québec, 269 Blvd René-Lévesque Est, ☎ 418/643-8131, 🖥 www.grand theatre.qc.ca. Wichtigster Schauplatz der darstellenden Künste in der Stadt. Das Programm umfasst Theaterstücke, Opern, Tanzaufführungen und klassische Konzerte.
Théâtre de la Bordée, 315 Rue St-Joseph Est, ☎ 418/694-9631, 🖥 www.bordee.qc.ca.
Théâtre Le Capitole, 972 Rue St-Jean, ☎ 418/694-4444 oder 1-800/261-9903, 🖥 www.lecapitole.com. Veranstaltet Dinner-Theater, Cabaret und Musicals.

Kinos

Cinéma le Clap, 2360 Chemin Ste-Foy, Ste-Foy, ☎ 418/650-2527, 🖥 www.clap.qc.ca. Das Programmkino der Stadt zeigt auch den ein oder anderen englischen Film; das monatliche Programm liegt in Cafés und Buchhandlungen aus. Anfahrt mit Bus 7.

Klassik

Im Grand Théâtre spielen Kanadas ältestes Symphonieorchester, das **L'Orchestre Symphonique de Québec**, 🖥 www.osq.org, die Opéra de Québec, 🖥 www.operadequebec.qc. ca, und das Kammermusikensemble Les Violons du Roy, 🖥 www.violonsduroy.com.
Andere klassische Konzerte kann man in der **Bibliothèque Gabrielle-Roy**, 350 Rue St-Joseph Est, ☎ 418/529-0924, genießen. In der Kapelle im Seminar ist in den Sommermonaten Musik aus dem 17. und 18. Jh. zu hören.
Auf der Place Royale und auf der Freiluftbühne Kiosque Edwin-Bélanger in den Plaines d'Abraham werden im Sommer kostenlose Klassikkonzerte veranstaltet.

Québec-Stadt ist für seine großen jährlichen Festivals bekannt.
Der **Carnaval de Québec**, ☎ 418/626-3716, 🖥 www.carnaval.qc.ca, findet Anfang Februar statt. Große Mengen des starken, wärmenden einheimischen *Caribou* (ein fast tödlicher Mix aus Rotwein, Spirituosen und Gewürzen) werden inmitten von Paraden und Eisskulptur-Wettbewerben konsumiert und über allem wacht ein Schneemann namens Bonhomme Carnaval als Maskottchen.
Im Juli geht es beim elftägigen **Festival d'Été**, ☎ 1-888/992-5200, 🖥 www.infofestival.com, ebenso fröhlich zu – insbesondere da das Provinzgesetz, das das Trinken von Alkohol auf der Straße untersagt, kurzzeitig außer Kraft gesetzt wird. Dieses große frankophone Kulturfest lockt Hunderte von Künstlern an. Restaurants bieten Rabatte, und Québecer Künstler tanzen, musizieren und heizen die Party von den Freilichtbühnen in der Stadt an.
Einen Monat später steigen die **Fêtes de la Nouvelle France**, ☎ 418/694-3311 oder 1-866/391-3383, 🖥 www.nouvellefrance.qc.ca, die Basse-Ville ins 17. und 18. Jh. zurück-versetzen. Wer in der richtigen Stimmung ist, kann eine Menge Spaß haben: Tausende Québécois aus der ganzen Provinz kleiden sich in historische Kostüme.
Außerdem lohnt sich ein Besuch der Stadt zur **Fête de la St-Jean** (24. Juni), dem Provinz-feiertag, an dem ausgiebig gefeiert wird und eine Welle von Regionalstolz durch die Straßen schwappt. Die gesamte Stadt versinkt dabei unter Fleur-de-lis-Flaggen.

Autovermietungen

Avis, Hôtel Hilton, 900 Blvd René-Lévesque Est, ☎ 418/523-1075, Flughafen ☎ 418/872-2861;
Budget, 380 Blvd Wilfred-Hamel, ☎ 418/687-4220, 29 Côte du Palais, ☎ 418/692-3660, Flughafen ☎ 418/872-9885;
Discount, 12 Rue Ste-Anne, ☎ 692-1244 ;
Hertz, 44 Côte du Palais, ☎ 418/694-1224, und 580 Grande-Allée Est, ☎ 418/647-4949, Flughafen ☎ 418/871-1571;

Thrifty, in der Nähe des Flughafens, 6210 Blvd Wilfred-Hamel, ✆ 418/877-2870.

Bücher

Librairie Smith, Place Laurier, 2700 Blvd Laurier, Ste-Foy, englischsprachige Bücher;
La Maison Anglaise, Place de la Cité, 2600 Blvd Laurier, Ste-Foy;
Pantoute, 1100 Rue St-Jean, Vieux-Québec. Reiseführer gibt es in einem kleinen Laden im **Informationszentrum**, Place d'Armes.

Fahrradverleih

Cyclo Services, im Marché du Vieux-Port, 160 Quai St-André, ✆ 418/692-4052, 🖳 www.cycloservices.net. Billig und ganz in der Nähe des Anfangpunkts des Radwegs. Die Touristeninformationen (S. 322) bieten eine exzellente Karte mit Radrouten in und außerhalb der Stadt.

Geld

American Express, Place Laurier, 2700 Blvd Laurier, Ste-Foy, ✆ 418/658-8820.
Banque Royale, 700 Place d'Youville und 140 Grande-Allée Est.
Caisse Populaire Desjardins du Vieux-Québec, 19 Rue des Jardins, verfügt über Möglichkeiten zum Wechseln und einen rund um die Uhr zugänglichen Geldautomaten in Vieux-Québec, ◷ im Sommer tgl. 9–18, im Winter Mo–Fr 10–15, Do 10–18 Uhr.
Banque Nationale, 1199 Rue St-Jean, ebenfalls Möglichkeiten zum Wechseln und Geldautomat, ◷ im Sommer Mo–Fr 9–20, Sa und So 9.30–20 (Mai, Juni, Sep und Okt tgl. nur bis 18), im Winter Mo–Do 9–17, Fr 9–16.30 Uhr.

Informationen

Die Haupt-**Touristeninformation** befindet sich neben dem Waffenarsenal Voltigeurs de Québec, 835 Ave Wilfrid-Laurier, hinter der Place Georges V, ✆ 418/641-6290 oder 1-877/783-1608, 🖳 www.quebecregion.com, ◷ Ende Juni–Anfang Sep tgl. 8.30–10.30, Anfang Sep–Mitte Okt tgl. 8.30–18.30, Mitte Okt–Ende Juni Mo–Do und Sa 9–17, Fr 9–18, So 10–16 Uhr. Im selben Gebäude ist auch der Discovery Pavilion der Plaines d'Abraham untergebracht.

Informationen über die gesamte Provinz (inkl. Québec-Stadt) liefert das **Centre Infotouriste** gegenüber dem Château Frontenac an der Place d'Armes, 12 Rue Ste-Anne, ✆ 1-877/266-5687, 🖳 www.bonjourquebec.com, ◷ Ende Juni–Anfang Sep tgl. 9–19, sonst 9–17 Uhr.

Medizinische Hilfe

Hôtel-Dieu Hospital, 11 Côte du Palais, Vieux-Québec, ✆ 418/691-5042.
Jeffrey Hale Hospital, 1250 Chemin Ste-Foy, ✆ 418/683-4471, ist die bessere Adresse, wenn man kein Französisch spricht.
Medizinische Beratung, ✆ 418/648-2626, 24-Std.-Service.

Post

Die Filialen in der 59 Rue Dalhousie und 5 Rue du Fort bieten auch kostenlosen Internetzugang (max. 15 Min.). ◷ beide Mo–Fr 8–17.30 Uhr.

Schwule und Lesben

Gai Écoute und **Gay Line**, ✆ 1-888/505-1010. Auskunft in englischer Sprache 7–23 Uhr.

Wäschereien

Lavoir la Lavandière, 625 Rue St-Jean, ◷ Mo– Sa 9–21, So 9–18 Uhr;
Lavoir Ste-Ursule, 17B Ave Ste-Ursule, ◷ tgl. 8–21 Uhr.

Wetter und Straßenzustand

Environment Canada, ✆ 418/648-7766, 🖳 www.weatheroffice.ec.gc.ca, liefert die Wettervorhersage vom Band.
Transports Québec, ✆ 1-888/355-0511, 🖳 www.mtq.gouv.qc.ca, informiert über die Verkehrslage und den Straßenzustand im Winter. Infos über Schneeverhältnisse für Skifahrer bietet die Website 🖳 www.quebecskisurf.com.

Nahverkehr

Stadtbusse

Québecs Sehenswürdigkeiten und Hotels konzentrieren sich in einem kleinen Gebiet, das sich am besten zu Fuß erkunden lässt.

Motorräder sind in Vieux-Québec verboten. Für die Sehenswürdigkeiten weiter außerhalb, z. B. das Musée National des Beaux-Arts du Québec, eignen sich die Busse von **RTC**, ✆ 418/627-2511, 🖥 www.rtcquebec.ca, 6–1 Uhr, Fr und Sa auf einigen Linien bis 3 Uhr. **Tickets**: Im Voraus erworbene Fahrkarten kosten $2,60 pro Strecke und sind – genauso wie die Tageskarte ($6,45, Sa und So für 2 Pers. gültig) – an Zeitungsständen, in Lebensmittelgeschäften und Supermärkten in der ganzen Stadt erhältlich. Im Bus bezahlt man $3, die passend bereitzuhalten sind. Wer umsteigen muss, sollte sich beim Fahrer eine Transferfahrkarte *(correspondence)* besorgen, mit der man den nächsten Bus ohne Aufschlag benutzen kann. Der Hauptbusbahnhof in Vieux-Québec liegt westlich an der Place d'Youville, nahe Porte St-Jean.
Die wichtigsten Umsteigestationen für RTC-Busse sind hier und an der Place Jacques-Cartier, viele Busse halten auch an beiden Stationen.

Taxis

Wer ein Taxi benötigt, kann sich unter anderem an **Taxi Coop**, ✆ 418/525-5191, oder **Taxi Québec**, ✆ 418/525-8123, wenden.

Transport

Auto

Im Zentrum gestaltet sich das **Parken** schwierig. Am besten stellt man sein Auto abseits des Zentrums hinter der Grande-Allée oder in der Gegend des Vieux-Port ab.

Busse

Der Terminal für Fernbusse, 320 Rue Abraham-Martin, ✆ 418/525-3000, grenzt an den Gare du Palais.

Busse nach:
ALMA, 3x tgl., 2 3/4 Std.;
BAIE-COMEAU, 2x tgl., 6 Std.;
BAIE STE-CATHERINE, 2x tgl., 3 1/4 Std.;
BAIE ST-PAUL, 3x tgl., 1 1/4 Std.;
CHICOUTIMI, 5–6x tgl., 2 1/2 Std.;
DOLBEAU, 2x tgl., 5 1/2 Std.;
FORESTVILLE, 2x tgl., 4 3/4 Std.;

JONQUIÈRE, 3–5x tgl., 3 Std.;
LA MALBAIE, 3x tgl., 1 3/4 Std.;
LES ESCOUMINS, 2x tgl., 4 1/4 Std.;
RIMOUSKI, 5x tgl., 4 Std.;
RIVIÈRE-DU-LOUP, 4x tgl., 2 1/4 Std.;
ST-FÉLICIEN, 2x tgl., 4 1/2 Std.;
ST-SIMÉON, 2x tgl., 2 1/4 Std.;
SHERBROOKE, 2x tgl., 3 1/2 Std.;
TADOUSSAC, 2x tgl., 4 Std.;
VAL-JALBERT, 2x tgl., 3 3/4 Std.

Eisenbahn

VIA Rail-Züge aus Montréal fahren den Gare du Palais in Basse-Ville an, die Züge aus den Atlantikprovinzen kommen in Charny auf der anderen Seite des St.-Lorenz-Stroms an (teilweise zu ungünstigen Uhrzeiten). Es besteht eine Shuttle-Verbindung von Charny zum Gare du Palais, für die eine Reservierung notwendig ist.
Informationen:
VIA Rail, ✆ 418/692-3940 oder 1-800/361-5390; **Gare du Palais**, 450 Rue de la Gare-du-Palais; **Gare de Ste-Foy**, 3255 Chemin de la Gare.

Fähren

Die Fähre ans Südufer nach Lévis, ✆ 1-877/787-7483, 🖥 www.traversiers.gouv. qc.ca, legt einen Block südlich der Batterie Royal ab und braucht 15 Min.; 1–3x stdl. 6.20–2.20 Uhr, einfache Fahrt $2,75.

Flüge

Québecs **Aéroport Jean-Lesage**, 🖥 www.aeroportdequebec.com, ist fast ausschließlich auf nationale Flüge ausgerichtet. Die meisten internationalen Flüge kommen in Montréal an. Die 20-minütige Taxifahrt nach Vieux-Québec kostet $32,50.

Flüge nach:
BAIE-COMEAU, 1–3x tgl., 1 1/2 Std.;
GASPÉ, 1–2x tgl., 2 1/4 Std.;
HALIFAX, 1x tgl., 1 3/4 Std.;
ÎLES DE LA MADELEINE, 1–2x tgl., 3 1/4 Std.;
OTTAWA, 2–7x tgl., 1 Std.;
SEPT-ÎLES, 2–3x tgl., 1 1/2 Std.;
TORONTO, 6x tgl., 1 3/4 Std.;
WABUSH, 1–2x tgl., 2 1/2 Std.

Die Umgebung von Québec-Stadt

Mögliche Ziele für einen Tagesausflüge in die näheren Umgebung sind **Wendake**, wo die einzige noch bestehende Huronen-Gemeinde Kanadas ansässig ist. **Lévis**, am anderen Ufer des St.-Lorenz-Stroms, ist weniger von Touristen überlaufen und eröffnet großartige Blicke auf Québec-Stadt. Ebenfalls schnell zu erreichen ist die ländliche Gegend der ruhigen, bezaubernden **Île d'Orléans**, wo zahlreiche Unterkünfte für Touristen zu finden sind.

Etwas weiter außerhalb liegt die Insel **Grosse Île**, die über ein Jahrhundert lang als geheime Quarantänestation diente und heute als nationalhistorische Stätte geschützt ist. Beide Inseln liegen nordöstlich von Québec-Stadt vor der Küste **Côte-de-Beaupré** mit den spektakulären Wasserfällen **Chute Montmorency** und **Canyon Ste-Anne**.

Wer einen längeren Abstecher in die freie Natur unternehmen möchte, findet nicht weit von der Stadt das **Réserve Faunique des Laurentides**. Außerdem gibt es in der näheren Umgebung von Québec mehrere **Skigebiete**.

Wendake

Unmittelbar nordwestlich von Québec trifft man auf Wendake, das einzige **Huronen-Reservat** in ganz Kanada. Sein Name leitet sich von der Bezeichnung der Huronen für das eigene Volk ab: *Wendat* bedeutet so viel wie „Leute der Insel". Im Jahr 1650 führten französische Jesuiten 300 Huronen von Georgian Bay, Ontario, zum Ufer des St.-Lorenz-Stroms nahe Québec-Stadt. So retteten sie das von Pocken geschwächte Volk vor einer Ausrottung durch die Irokesen. Nachdem immer mehr französische Siedler eintrafen, wurden die Huronen umgesiedelt und landeten schließlich 1697 am Rivière St-Charles. Als Hauptanziehungspunkt für Besucher gilt Onhoua Chetek8e, daneben gibt es noch einen hübschen Wasserfall.

Der Bus hält an der 1730 erbauten Kirche **Notre-Dame-de-Lorette** am Blvd Bastien, der einzigen Huronen-Kirche Kanadas. Auf dem Altar stehen Schneeschuhe, im kleinen Museum sind alte Manuskripte und religiöse Gegenstände zu besichtigen. Vor der Kirche fällt zunächst das **Maison Aroüanne** gegenüber ins Auge. Hier gibt es eine Reihe von kulturellen Besonderheiten der Huronen zu bewundern, darunter mit Perlen und Stachelschweinstacheln verzierte Kleider, Trommeln aus Elchhaut sowie gefiederter Kopfschmuck für Festivitäten, ⊙ Ende Juni–Ende Aug tgl. 10–17 Uhr, Eintritt frei.

Das Wasser des **Chute Kabir Kouba** stürzt in einen 42 m tiefen Canyon. Beobachten kann man das Spektakel von der Brücke unmittelbar westlich der Kirche. Der Weg vom Ende des Parkplatzes gegenüber der Kirche führt zu den glitschigen Felsen darunter und ermöglicht somit einen Blick aus nächster Nähe.

Vom Maison Aroüanne sind es über den Blvd Valcartier und am Fahrradweg Vert 6 (hier gibt's Parkplätze) entlang Richtung Norden ungefähr 30 Min. zu Fuß bis zur ausgeschilderten **Onhoüa Chetek8e**, 575 Rue Stanislas Kosca, ✆ 418/842-4308, ⌨ www.huron-wendat.qc.ca. Diese Touristenattraktion ist die Nachbildung eines Huronen-Dorfes aus dem 17. Jh. mit hölzernen Langhäusern, Huronen in traditionellen Trachten und dem vorzüglichen indianischen *Nek8arre*-Restaurant (Spezialitäten: Bison, Karibu, Forelle und Sonnenblumensuppe), ⊙ Mai–Okt, 12–15 Uhr. Empfangen werden die Besucher mit einem traditionellen Willkommenstanz. Freizeitaktivitäten zum Mitmachen, z. B. Bogenschießen, kosten extra. Die wenigen nicht von huronischen Kunsthandwerkern hergestellten Souvenirs (kleine Totempfähle, Wildlederbeutel, Mokassins usw.) stammen aus anderen Reservaten der First Nations. ⊙ Mai–Okt tgl. 8.30–17 Uhr, sonst nach telefonischer Vereinbarung, Eintritt $10.

Transport

Bei schönem Wetter erreicht man Wendake am besten mit dem **Fahrrad** vom Vieux-Port über den Radweg La Route Vert 6 (hin und zurück 25 km). Da der gesamte Anstieg auf dem Hinweg zu bewältigen ist, wird die Rückfahrt zu einer leichten Übung.

Der STCUC-**Bus** 801 fährt von der Place D'Youville bis zu seiner Endstation in

Motorräder sind in Vieux-Québec verboten.
Für die Sehenswürdigkeiten weiter außerhalb,
z. B. das Musée National des Beaux-Arts
du Québec, eignen sich die Busse von **RTC**,
✆ 418/627-2511, 🖳 www.rtcquebec.ca,
6–1 Uhr, Fr und Sa auf einigen Linien bis 3 Uhr.
Tickets: Im Voraus erworbene Fahrkarten
kosten $2,60 pro Strecke und sind – genauso
wie die Tageskarte ($6,45, Sa und So für
2 Pers. gültig) – an Zeitungsständen, in Lebensmittelgeschäften und Supermärkten in der
ganzen Stadt erhältlich. Im Bus bezahlt man $3,
die passend bereitzuhalten sind. Wer umsteigen
muss, sollte sich beim Fahrer eine Transfer-
fahrkarte *(correspondence)* besorgen, mit
der man den nächsten Bus ohne Aufschlag
benutzen kann. Der Hauptbusbahnhof in Vieux-
Québec liegt westlich an der Place d'Youville,
nahe Porte St-Jean.
Die wichtigsten Umsteigestationen für RTC-
Busse sind hier und an der Place Jacques-
Cartier, viele Busse halten auch an beiden
Stationen.

Taxis

Wer ein Taxi benötigt, kann sich unter anderem
an **Taxi Coop**, ✆ 418/525-5191, oder
Taxi Québec, ✆ 418/525-8123, wenden.

Transport

Auto

Im Zentrum gestaltet sich das **Parken** schwierig.
Am besten stellt man sein Auto abseits des
Zentrums hinter der Grande-Allée oder in der
Gegend des Vieux-Port ab.

Busse

Der Terminal für Fernbusse, 320 Rue Abraham-
Martin, ✆ 418/525-3000, grenzt an den Gare du
Palais.

Busse nach:
ALMA, 3x tgl., 2 3/4 Std.;
BAIE-COMEAU, 2x tgl., 6 Std.,
BAIE STE-CATHERINE, 2x tgl., 3 1/4 Std.;
BAIE ST-PAUL, 3x tgl., 1 1/4 Std.;
CHICOUTIMI, 5–6x tgl., 2 1/2 Std.;
DOLBEAU, 2x tgl., 5 1/2 Std.;
FORESTVILLE, 2x tgl., 4 3/4 Std.;

JONQUIÈRE, 3–5x tgl., 3 Std.;
LA MALBAIE, 3x tgl., 1 3/4 Std.;
LES ESCOUMINS, 2x tgl., 4 1/4 Std.;
RIMOUSKI, 5x tgl., 4 Std.;
RIVIÈRE-DU-LOUP, 4x tgl., 2 1/4 Std.;
ST-FÉLICIEN, 2x tgl., 4 1/2 Std.;
ST-SIMÉON, 2x tgl., 2 1/4 Std.;
SHERBROOKE, 2x tgl., 3 1/2 Std.;
TADOUSSAC, 2x tgl., 4 Std.;
VAL-JALBERT, 2x tgl., 3 3/4 Std.

Eisenbahn

VIA Rail-Züge aus Montréal fahren den
Gare du Palais in Basse-Ville an, die Züge aus
den Atlantikprovinzen kommen in Charny auf
der anderen Seite des St.-Lorenz-Stroms an
(teilweise zu ungünstigen Uhrzeiten).
Es besteht eine Shuttle-Verbindung von Charny
zum Gare du Palais, für die eine Reservierung
notwendig ist.
Informationen:
VIA Rail, ✆ 418/692-3940 oder 1-800/361-5390;
Gare du Palais, 450 Rue de la Gare-du-Palais;
Gare de Ste-Foy, 3255 Chemin de la Gare.

Fähren

Die Fähre ans Südufer nach Lévis,
✆ 1-877/787-7483, 🖳 www.traversiers.gouv.
qc.ca, legt einen Block südlich der Batterie
Royal ab und braucht 15 Min.; 1–3x stdl.
6.20–2.20 Uhr, einfache Fahrt $2,75.

Flüge

Québecs **Aéroport Jean-Lesage**,
🖳 www.aeroportdequebec.com, ist fast
ausschließlich auf nationale Flüge ausgerichtet.
Die meisten internationalen Flüge kommen in
Montréal an. Die 20-minütige Taxifahrt nach
Vieux-Québec kostet $32,50.

Flüge nach:
BAIE-COMEAU, 1–3x tgl., 1 1/2 Std.;
GASPÉ, 1–2x tgl., 2 1/4 Std.;
HALIFAX, 1x tgl., 1 3/4 Std.,
ÎLES DE LA MADELEINE, 1–2x tgl., 3 1/4 Std.;
OTTAWA, 2–7x tgl., 1 Std.;
SEPT-ÎLES, 2–3x tgl., 1 1/2 Std.;
TORONTO, 6x tgl., 1 3/4 Std.;
WABUSH, 1–2x tgl., 2 1/2 Std.

Charlesbourg, den Rest der Strecke bis Wendake legt dann Bus 72 zurück. Mit einer Umsteigefahrkarte *(correspondance)* kostet die rund 45-minütige Fahrt $2,75.

Lévis

Lévis an sich ist schon eine attraktive Stadt, aber die Aussicht auf Québec macht sie zu einem wahren Erlebnis. Die Fähre, ℡ 418/643-2019, 🖥 www.traversiers.gouv.qc.ca, legt Tag und Nacht (bis 2 Uhr) nahe der Place Royale in Québec-Stadt ab, 15 Min., einfach $2,75, hin und zurück doppelter Preis, auch wenn man nicht von Bord geht.

Die meisten Touristen fahren mit der Fähre gleich wieder zurück. Wer jedoch die Treppe zur **Terrasse** auf der Anhöhe von Lévis hinaufsteigt (5 Min. zu Fuß nach rechts, wenn man aus dem Fährterminal kommt), wird mit einem noch großartigeren Panoramablick belohnt. Der Aussichtspunkt ist auch in einer halbstündigen Busrundfahrt ($1) enthalten, Tickets gibt's an der Touristeninformation im Lévis-Terminal.

Die Aussichtsterrasse und der gestaltete Park liegen am nordwestlichen Ende der Altstadt **Vieux-Lévis**. Deren Hauptstraße, die Ave Bégin, verströmt Kleinstadtflair mit ihren niedrigen, fein herausgeputzten Häusern. Einen schnellen Imbiss gibt's im Café und Feinkostgeschäft Aux P'tits Oignons, 45 Ave Bégin, oder bei Les Chocolate Favorits, 32 Ave Bégin, wo auch hausgemachte Schokolade und Eiscreme verkauft werden. Die von großen Einfamilienhäusern gesäumten Straßen zwischen der Altstadt und dem Fluss sind hier deutlich breiter als in Québec-Stadt.

Einen besonders schönen Anblick bietet das **Maison Alphonse-Desjardins**, 6 Rue du Mont-Marie, ℡ 418/835-2090, 🖥 www.desjardins.com/maisonalphonsedesjardins. Die beeindruckende weiße Fassade blickt auf einen üppig begrünten Park mit einer Statue des Stadtgründers, Pater Joseph David Déziel. Im Innern beleuchtet eine ständige Ausstellung die Entstehungsgeschichte der Québecer Finanzkooperative *caisse populaire*. Von hier kann man zwei Blocks nach Osten bis zur Rue St-Jean gehen, wo eine

zweite Treppe hinunter zum Fähranleger führt. ☉ Mo–Fr 10–12, 13–16.30, Sa und So 12–17 Uhr, Eintritt frei.

Île d'Orléans

Die Île d'Orléans im St.-Lorenz-Strom beginnt unmittelbar nordöstlich von Québec-Stadt und erstreckt sich bis kurz hinter Ste-Anne-de-Beaupré. Mit ihrer idyllischen Landschaft lockt die fruchtbare kleine Insel viele Urlauber aus Québec an. Dank ihrer alten Kirchen, kleinen Cottages und historischen Herrenhäuser hat sich die Île d'Orléans die Stimmung von Französisch-Kanada aus dem 18. Jh. bewahrt. Die Ursache dafür liegt in der Abtrennung vom Festland bis 1935, als schließlich rund 10 km außerhalb der Stadt eine Hängebrücke zwischen der Rte 440 und dem Westrand der Insel errichtet wurde. Die Hauptstützen der 7000 Einwohner sind Tourismus und Landwirtschaft.

Die Insel

Umringt wird die Insel von der 67 km langen Rte 368 (Chemin Royal), die sich über sanfte Hügel und Terrassen an Farmland und Plantagen vorbeizieht. Er durchquert sechs Dörfer, deren Kirchen sich gleichmäßig über den Inselrand verteilen. Eine Fahrt entgegen dem Uhrzeigersinn um die Insel führt zunächst nach **Ste-Pétronille**, dem ältesten und am schönsten gelegenen Dorf der Insel. Diese Gegend wird noch immer von den Villen der Kaufleute geprägt, die einst mit dem Handel von Farmerzeugnissen ein Vermögen verdienten.

Das erste Wohnhaus der Insel, das weiße **Maison Gourdeau-de-Beaulieu**, 137 Chemin Royal, stammt aus dem Jahr 1648 und dient heute noch als Privatresidenz der Familie Beaulieu. Eine hervorragende Aussicht bietet sich von der Rue Horatio Walker – benannt nach dem Landschaftsmaler, der hier wohnte und arbeitete. Als inoffizieller *Grand Seigneur* von Ste-Pétronille lebte **Horatio Walker** hier von 1904 bis zu seinem Tode im Jahr 1938. Sein englisches Erbe betrachtete er mit Verachtung und scheute stattdessen keine Mühen, den französischen Zweig seiner Familie hervorzuheben. Außerdem weigerte er

Andere Wintersportarten

In Stoneham ist Tubing und Schlittschuhlaufen angesagt (dort gibt's auch eine Indoor-Kletterwand), in Mont-Sainte-Anne sind Schlittschuhlaufen, Snowshoeing, Paragliding, Rodeln sowie Hundeschlitten- und Schneemobilfahrten Trumpf.

Rund 7 km östlich der Basisstation liegt das hervorragende **Centre de ski de fond Mont-Sainte-Anne**, das größte nordische Skigebiet Kanadas. Es besteht aus einem Netz von insgesamt 223 km Langlaufloipen. Eine Tageskarte für das Gelände kostet $21, für Leihausrüstung sind noch einmal $21 fällig. ☉ Mitte Dez–Mitte April. Skilangläufer, die es eher in die Wildnis zieht, sollten sich in die hügelige Landschaft in der Umgebung von **Camp Mercier** (s. S. 332) begeben. Beim Chute Montmorency (s. S. 329), am Stadtrand von Québec, liegt die größte **Eiskletter-schule** der Welt: L'Ascensation Ecole d'escalade, ✆ 1-800/762-4967, 🖥 www.rocgyms.com.

Praktisches

Mont-Sainte-Anne und Stoneham bieten **Übernachtungsmöglichkeiten** vor Ort, aber praktischer sind die Hotels in Québec-Stadt, die auf der Route des **Ski-Shuttles** Hiver Express, ✆ 418/525-5191, 🖥 www.taxicoop-quebec.com, liegen. Die Busse fahren von 16 Hotels in Downtown und von der Touristeninformation in die Skigebiete Stoneham und Mont-Sainte-Anne ($25 hin und zurück). Le Massif bietet einen kostenlosen Shuttle mit Anschluss an den Hiver Express, Abfahrt am Shuttle-Parkplatz von Mont-Sainte-Anne.

Alle drei Resorts bieten **Ausrüstungsverleih** an: Skier kosten ungefähr $25, Snowboards $35 pro Tag. Die Geschäfte an der Rte 138 in Beaupré haben mehr Auswahl zu noch günstigeren Preisen.

La Forge à Pique-Assaut, 2200 Chemin Royal, ✆ 418/828-9300, 🖥 www.forge-pique-assaut.com, wo eine Schmiede und ein Blasebalg aus dem 18. Jh. zu sehen sind. ☉ Juni–Mitte Okt tgl. 9–17, sonst Mo–Fr 9–12 und 13.30–17 Uhr, Eintritt frei.

St-Jean, das hübscheste Dorf auf der Insel, war ähnlich auf Seeleute ausgerichtet. Auf dem Friedhof der Dorfkirche finden sich viele ihrer Gräber. Das lokale Museum mit antiken Möbeln und häuslichen Gegenständen im prächtigen, 1734 erbauten **Manoir Mauvide-Genest**, 1451 Chemin Royal, ✆ 418/829-2630, 🖥 www.manoir mauvidegenest.com, wurde Restaurierungsarbeiten unterzogen, Eintritt $8. Die Mauern des

Raffinierte französische Leckereien gibt es überall in Québec.

ehemaligen Heims des Arztes von Ludwig XV. trotzten Wolfes Bombenangriffen, allerdings sind heute noch Dellen in den Wänden zu sehen.

Von St-Jean führt die Straße weiter zur Ostspitze der Insel und zum Dorf **St-François**. Von hier bietet ein wenig stabiler Beobachtungsturm einen Blick auf beide Ufer des St.-Lorenz-Stroms. Die Dorfkirche wurde in den 90er-Jahren wieder aufgebaut, nachdem ein Autofahrer mit Selbstmordabsichten das Gotteshaus von 1734 zerstört hatte. Um die Kirche vor weiteren Ereignissen dieser Art zu schützen, wurde die vordere Mauer hinzugefügt.

Als besonders schönes Beispiel historischer französischer Steingebäude in Ste-Famille gilt das **Maison Canac-Marquis**, 4466 Chemin Royal. Allerdings steht nur ein anderes Exemplar, das **Maison Drouin**, 4700 Chemin Royal, ☎ 418/829-0330, 🖳 www.fondationfrancoislamy.org, den Besuchern offen. Es beherbergt Exponate zur Architektur dieser frühen Bauten. ⏱ Mitte Juni–Mitte Aug tgl. 10–18, Mitte Aug–Ende Sep tgl. 13–17 Uhr, Eintritt $2.

Die reich verzierte **Kirche** von 1743 zeigt ein Bild der Heiligen Familie vom ehemals führenden Québecer Maler Frère Luc.

St-Pierre westlich von Ste-Famille ist für seine alte **Kirche** bekannt. Erbaut wurde sie 1718, und ihre Bänke verfügen über spezielle warme Backsteinträger. Der mit Abstand größte Ort der Insel war langjähriger Wohnsitz und letzte Ruhestätte von Félix Leclerc. Der Poet, Sänger und Songschreiber komponierte Le P'tit Bonheur und war der erste Musiker, der Klänge aus Québec auch über die Landesgrenzen hinweg bekannt machte.

Zu Ehren Leclercs entstand der **Espace Félix-Leclerc**, 682 Chemin Royal, ☎ 418/828-1682, 🖳 www.felixleclerc.com, ein kleiner Park mit Wanderwegen und Picknicktischen. ⏱ Mitte Feb–Mitte Dez Di–So 9–18 Uhr, Eintritt $3.

Übernachtung

Auberge Le P'tit Bonheur, 183–186 Côte Lafleur, ☎ 418/829-2588, 🖳 www.leptitbonheur.qc.ca. Hostel für Budget-Traveller in einem alten Gutshof. Dorm-Betten ($23), Tipis ($35) und Zimmer. Verleih von Fahrrädern und Langlaufskiern. ❸

Le Vieux Presbytère, 1247 Ave Monseigneur D'Esgly, St-Pierre, ☎ 418/828-9723 oder 1-888/828-9723, 🖳 www.presbytere.com. Die charmante Herberge mit niedrigen Decken, Holzbalken und Antiquitäten in einem alten Pfarrhaus hinter der Dorfkirche ist eins von mehreren guten B&Bs auf der Insel. Wundervoller Blick auf den Fluss; Fahrradverleih ($6 pro Std., $25 pro Tag). ❹

Camping Orléans, 357 Chemin Royal, St-François, ☎ 418/829-2953, 🖳 www.camping orleans.com. Hübscher Platz in der Nähe des Anlegers mit einem kleinen Pool. Stellplatz ohne Anschlüsse $39, mit Anschlüssen $47. ☉ Mitte Mai–Anfang Okt.

La Goéliche, 22 Chemin du Quai, Ste-Pétronille, ☎ 418/828-2248, 🖳 www.goeliche.ca. Gerichte wie Schweinefilet und Lammkarree.

Le Bistro du Bout-de-l'île, 148 Chemin du Bout de l'Île, Ste-Pétronille. Serviert gegenüber der Rue Horatio Walker Salate, Pizza und *croque-monsieur*.

Canard Huppé, 2198 Chemin Royal, St-Laurent, ☎ 418/828-2292, 🖳 www.canard-huppe.com. Restaurant der gehobenen Klasse mit Gerichten wie Ente oder Forelle.

Chez Bacchus, 1236 Chemin Royal, ☎ 418/828-1388, ungezwungenes Lokal für Pizza und Grillgerichte.

Le Vieux Presbytère (s. oben) in St-Pierre beherbergt ein gutes Restaurant, das auch Wildgerichte auf der Karte hat.

Die Boulangerie **G.H. Blouin**, 3967 Chemin Royal in Ste-Famille, zählt zu den ältesten und besten Bäckereien der Insel. Das Brot und die Backwaren sind einfach unwiderstehlich.

Pub Le Mitan, 3887 Chemin Royal, Ste-Famille, 🖳 www.microorleans.com. Kneipe mit verschiedenen Bieren aus eigener Brauerei sowie Terrasse mit Flussblick.

Touristeninformation, 490 Côte du Pont, ☎ 418/828-9411, 🖳 www.quebecweb.com/tourismeiledorleans, an der Hügelspitze rechts hinter der Brücke vom Festland. Umfassende Informationen über die B&Bs auf der Insel und Anregungen für Touren im eigenen Auto, $10 (auch auf Englisch). ☉ Mitte Juni–Anfang Sep So–Do 8.30–19.30, Fr und Sa 8.30–20, April–Mitte Juni und Anfang Sep–Okt tgl. 9–17, sonst Mo–Fr 9–17, Sa und So 11–15 Uhr.

Côte-de-Beaupré

Die Côte-de-Beaupré erstreckt sich entlang des St.-Lorenz-Stroms, vorbei an der **Basilique de Ste-Anne-de-Beaupré** 40 km nordöstlich von Québec, bis hin zum Schutzgebiet für Wandervögel am Cap Tourmente, wo im Frühling und Herbst Große Schneegänse zu erspähen sind. Autofahrer können zwischen zwei Küstenstraßen wählen: der schnellen Autoroute Dufferin-Montmorency (Rte 440, dann Rte 138) und der langsameren Ave Royale (Rte 360), die von lokalen Bussen befahren wird. Letztere vermittelt einen besseren Einblick in das ländliche Leben: Sie schlängelt sich durch kleine Dörfer mit alten Bauernhäusern und Kirchen.

Hinter **Ste-Anne-de-Beaupré** gelangt man über die Rte 360 zum Skigebiet **Mont-Sainte-Anne** (s. S. 326/327, Kasten), das im Sommer auch Möglichkeiten zum Golfen bietet und ein Mountainbike-Revier von Weltrang ist.

Chute Montmorency

Etwa 9 km nordöstlich von Québec stürzt der Rivière Montmorency 83 m tief in den St.-Lorenz-Strom. Damit ist der Wasserfall Chute Montmorency anderthalb Mal höher als die Niagarafälle, verfügt allerdings über eine erheblich geringere Wassermenge. Die Touristen kommen trotzdem in Scharen hierher.

Von dieser Stelle, die Champlain einst zu Ehren des Gouverneurs von Neu-Frankreich benannte, startete Wolfe seinen ersten Versuch, die Kolonie zu erobern, wurde jedoch von Montcalms überlegenen Truppen erfolgreich abgewehrt. Damals, bevor ein Staudamm einen Großteil der Durchflussmenge für sich beanspruchte, präsentierte sich der Wasserfall weitaus beeindruckender. Aber auch heute bietet er ein überwältigendes Schauspiel, insbesondere im Winter, wenn sich Wasser und Sprühnebel in einen enormen Eiskegel verwandeln (vor Ort als „Zuckerhut" bekannt).

Vom großen Parkplatz (Gebühr Mitte April–Ende Okt $11,50, sonst kostenlos) gelangt man mit einer **Seilbahn** nach oben zum **Besucherzentrum** im Manoir Montmorency mit Bar und Restaurant samt Terrasse, ☏ 418/663-3330, 🖥 www.sepaq.com/chutemontmorency, 🕐 tgl. 9–20, Juni–Aug 9–22 Uhr, Eintritt frei. Die Seilbahn fährt Ende Jan–Anfang April Sa und So 9–16, Mitte April–Anfang Juni und Ende Aug–Mitte Okt tgl. 8.30–18.45, Mitte Juni–Ende Aug tgl. 8.30 bis 19.30 Uhr, Nov–Jan geschl., $9,50 hin und zurück.

Wer zu Fuß zum Besucherzentrum hochklettern möchte, muss sich auf 487 Treppenstufen gefasst machen. Vom Zentrum führt ein Klippenpfad zur Brücke über dem Wasserfall (Waldwege folgen dem Fluss stromaufwärts) und zum Zickzackweg auf der anderen Seite bergabwärts.

Der regionale STCUQ-Bus 53 hält am Fuß des Wasserfalls, Bus 50 dagegen an der Fallkante. Beide fahren von der Place Jacques-Cartier in Québec ab, brauchen rund 50 Min. und kosten $3,25. Auch mit dem Fahrrad gelangt man problemlos vom Vieux-Port hierher, hin und zurück 25 km. Der Radweg passiert den Park **Domaine Maizerets**, wo man sich eine schöne Pause gönnen kann.

Ste-Anne-de-Beaupré

Die unmittelbare Umgebung wird von Québecs Antwort auf Lourdes – der **Basilique de Ste-Anne-de-Beaupré** – 39 km nordöstlich von Québec-Stadt beherrscht, deren Zwillingstürme über dem Ufer des St.-Lorenz-Stroms thronen. Im Jahr 1658 nahm die Kirche als kleine Holzkapelle ihren Anfang. Gewidmet war diese St. Anna, der Mutter der Jungfrau Maria. Während der Bauarbeiten wurde angeblich ein lahmer Bauer kuriert, doch weiteren Auftrieb erhielt die Legende über die Heilkraft von St. Anna erst, als bretonische Seeleute 1661 auf dem St.-Lorenz-Strom von einem Sturm überrascht wurden. Für den Fall ihrer Rettung gelobten sie, eine Kapelle für St. Anna zu errichten. Das Schiff kenterte in der Nähe von Cap Tourmente,

aber die Männer überlebten. Die Nachricht vom Wunder verbreitete sich rasch, und von da an beteten alle, die auf dem Fluss in Seenot gerieten, zu St. Anna. Im Jahr 1876 wurde St. Anna zur Schutzheiligen von Québec und die Kirche zur Basilika ernannt. Die Gläubigen pilgerten auf Knien vom Strand oder barfüßig von Québec hierher. Heute finden sich jedes Jahr 1,5 Millionen Wallfahrer ein – die Anfahrt bestreiten sie inzwischen in bequemen Reisebussen.

Die neoromanische Kathedrale aus Granit mit ihren hoch aufragenden symmetrischen Kirchtürmen ist bereits die fünfte Kirche an dieser Stelle. Die ersten vier fielen Bränden und Überschwemmungen zum Opfer. Wie durch ein Wunder überstand die zwischen den Türmen prangende Statue von St. Anna die Zerstörung des vierten Gotteshauses im Jahr 1922, obwohl sowohl das Dach als auch beide Türme im Feuer einstürzten. In der Basilika finden normalerweise 1500 Gläubige Platz, an St. Annes Festtag, dem 26. Juli, drängen sich jedoch bis zu 5000 Pilger hinein. Hinter dem prunkvollen Goldstatue von St. Anna mit ihrer Tochter Maria befindet sich eine Kapelle, in der angeblich ein Stück von St. Annes Unterarm aufbewahrt wird. St. Annes Nutznießer hinterließen eine Riesensammlung an Krücken und Holzprothesen, die an den Säulen in der Nähe des Eingangs hängen. 🕐 Wechselnde Öffnungszeiten, in jedem Fall 8–16.30 und zur Hauptsaison der Pilgerfahrten im Hochsommer 6–22 Uhr.

Im Schatten der Basilika verstecken sich weitere kleine Kapellen. Die schlichte **Chapelle Souvenir**, über die Straße hinter der Basilika, wurde im 19. Jh. auf dem Fundament des Querschiffs der dritten Kirche errichtet (1676–1877). 🕐 Anfang Mai–Mitte Sep tgl. 8–19 Uhr. Die Treppenstufen in der nahe gelegenen kleinen Kapelle **Scala Santa** entstanden in Anlehnung an diejenigen, die Christus bei seinem Treffen mit Pontius Pilatus erklomm. 🕐 Gleiche Öffnungszeiten wie die Chapelle Souvenir.

Unweit davon führt ein weiterer obligatorischer Abschnitt des Bußwegs, der steile **Chemin de Croix**, den Hügel hinauf. Tagsüber gibt es zwei Prozessionen, an manchen Sommerabenden bahnen sich Fackelzüge ihren Weg zu allen Stationen. Weniger athletische Besucher können sich im **Musée de Ste-Anne** an der Sammlung von Opfergaben und Schätzen der Basilika erfreuen. ☉ Juni–Anfang Sep tgl. 9–17 Uhr, Eintritt $2.

Mehrere günstige Motels mit ähnlichen Einrichtungen und Preisen konzentrieren sich an der Rte 138. Außerdem gibt es mehrere nette B&Bs, darunter die **Auberge Baker**, 8790 Ave Royale, ✆ 418/824-4478 oder 1-866/824-4478, 🖥 www.auberge-baker.qc.ca, stimmungsvolles B&B in einem 150 Jahre alten Farmhaus, ein gutes Stück abseits der Rte 138. Die Zimmer haben Holzbalken und kunterbunt zusammengewürfelte Antikmöbel. Gäste dürfen die Gemeinschaftsküche benutzen. ❹
Das Restaurant in der **Auberge La Camarine**, 10947 Blvd Ste-Anne, ist das beste der Gegend. Die häufig wechselnde Karte enthält französische, italienische und asiatische Gerichte. Die Qualität erfüllt höchste Ansprüche, aber das Essen hat seinen Preis – die Hauptgerichte kosten ab etwa $40.

Informationszentrum, vor der Basilika, 🖥 www.ssadb.qc.ca. Bietet tgl. um 13 Uhr kostenlose Führungen vom Eingangstor an, ☉ tgl. 8.30–16.30 Uhr. Anfahrt von Québec mit dem Intercar-Bus vom Gare Centrale, 3x tgl., 25 Min., $6.

Mont-Sainte-Anne und Umgebung

Von Ste-Anne-de-Beaupré ein Stück weiter auf der Rte 138 liegt Beaupré, Tor zum Skigebiet **Mont-Sainte-Anne** (S. 326/327). Das Skigebiet hat sich inzwischen auch als erfolgreiches Sommerziel etabliert, z. B. als am längsten existierender Veranstaltungsort für den **Mountainbike**-Weltcup. Die langen Mountainbike-Trails (Eintritt $10,63) führen durch verschiedene Terrains. In der Umgebung der Basisstation warten Holzhindernisse, und wer mit dem Lift hochfährt ($16,75 hin und zurück), kann eine der härtesten Mountainbike-Abfahrten der Welt in Angriff nehmen oder entscheidet sich für eine der leichteren Routen den Berg hinunter. Mountainbikes verleiht die Basisstation (mit Gabelfederung $35

für 4 Std., komplett gefedert $75). Wer Schusters Rappen bevorzugt, kann mit dem Lift nach oben fahren und von mehreren markierten Wanderwegen die tollen Ausblicke auf den St.-Lorenz und Québec-Stadt genießen.

Einer der besten Wanderwege beginnt am Parkplatz bei der Basisstation (ein Stück den Berg hoch und über die Brücke) und führt in 20 Minuten zu den **Chutes Jean-Larouse**. Fast noch schwindelerregender als die Wasserfälle ist die Gittertreppe, die daneben gebaut wurde. Im Resort gibt es auch einen netten bewaldeten Campingplatz, ✆ 418/827-5281 oder 1-800/463-1568, 🖥 www.mont-sainte-anne.com, Stellplatz ab $25.

Noch spektakulärere Wasserfälle warten 6 km weiter östlich im **Canyon Ste-Anne**, 🖥 www.canyonste-anne.qc.ca. Die Autofahrt über die Rte 138 von Québec dauert etwa 30 Min. Der Fluss ließ an dieser Stelle eine Schlucht entstehen, und das Wasser stürzt 74 m tief hinab. Eingerahmt wird das Spektakel von Bäumen und kurzen Wanderwegen. Eine Brücke unmittelbar vor dem Abgrund sowie eine Hängebrücke vor dem Wasserfall eröffnen atemberaubende Blicke auf den Canyon. ☉ Mai–Ende Juni und Anfang Sep–Okt tgl. 9–16.30, Ende Juni–Anfang Sep 9–17.30 Uhr, Eintritt $11.

Wer einen fahrbaren Untersatz hat, kann vom Canyon aus weiter Richtung Küste fahren. Über Saint-Joachim geht's zum Naturschutzgebiet **Cap-Tourmente National Wildlife Area**, 🖥 www.sentiersquebec.com. Dort tummeln sich mit Vorliebe Schneegänse, wenn sie sich bei ihren Wanderungen im Frühling und Herbst auf den Sandbänken ausruhen. Über 250 Vogelarten bevölkern den Park, in dem Naturkundler die Fragen der Besucher beantworten. ☉ Mitte April–Anfang Nov tgl. 8.30–17, Jan–März nur am Wochenende 8.30–16 Uhr, Eintritt $6.

Réserve Faunique des Laurentides

Die Berglandschaft der Laurentides – 40 km nördlich von Québec-Stadt über Rte 73 und Rte 175 – mit dem Réserve Faunique des Laurentides präsentiert sich wilder als die Berge bei Montréal. Das ausgedehnte bewaldete Terrain mit Gipfeln von mehr als 1000 m Höhe im Osten war einst das Jagdrevier der Montagnais, bevor die mit französischen Waffen ausgestatteten Huronen das kleine Volk nordwärts trieben. Das Naturreservat wurde 1895 zum Schutzgebiet erklärt – zur Schonung der Karibuherden. Von großem Erfolg war die Maßnahme allerdings nicht gekrönt: Inzwischen existieren nur noch wenige Exemplare dieser Tierart. Dennoch – obwohl kontrollierte Elchjagd gestattet ist – dient das Reservat auch heute noch hauptsächlich der Erhaltung einheimischer Tiere, z. B. Biber, Elche, Luchse, Schwarzbären und Rehe, die man an abgelegeneren Stellen sichten kann. Intercar, ✆ 418/525-3000 oder 1-888/861-4592, bietet vom Busbahnhof in Québec-Stadt Verbindungen durch das Schutzgebiet; 3x tgl. geht es in 2 3/4 Std. nach Alma, 4–5x tgl. in 2 1/2 Std. nach Chicoutimi.

Der Hauptzugang zum Reservat befindet sich auf seiner Südseite an der Rte 175. Bei km 94, 9 km nördlich der Grenze des Schutzgebiets, bietet das **Besucherzentrum Camp Mercier**, ✆ 418/848-2422 oder 1-800/665-6527, 🖥 www.sepaq.com, Informationen und Karten. ⏰ tgl. 8.30–16 Uhr.

Heftige Schneefälle machen den Park zu einem Paradies für Skilangläufer ($10,85 pro Tag auf einem insgesamt 120 km langen Loipennetz). Rte 175 durchquert das Reservat; nach ungefähr der Hälfte des Weges durch den Park bietet sich L'Étape als Versorgungsstopp für Fahrzeuge und Personen an. Der nächste kommt erst kurz vor Chicoutimi oder Alma. In der Nähe befindet sich zudem der rustikale **Campingplatz** La Loutre, ✆ 418/846-2201, gleich neben dem Lac Jacques-Cartier, mit Stellplätzen für $26 und Chalets. ⏰ Ende Mai–Anfang Sep.

Parc national de la Jacques-Cartier

Den südlichsten Teil des Schutzgebiets nimmt der Parc national de la Jacques-Cartier ein, 🖥 www.sepaq.com, Eintritt $3,50. Den Zugang zum Flusstal des Rivière Jacques-Cartier, das von 550 m hohen bewaldeten Hängen flankiert ist, markiert ein Besucherzentrum 10 km westlich der Rte 175; ⏰ Mitte Mai–Ende Okt. Der Park eignet sich ideal zum Kanufahren, obwohl der Fluss teilweise entlang einer Straße verläuft.

Das Besucherzentrum verleiht Kajaks, Kanus, Schlauchboote und Fahrräder; hier lassen sich auch Stellplätze auf Campingplätzen reservieren (ab $24), sowohl nahe dem Besucherzentrum als auch an stilleren Orten weiter im Parkinneren.

Der Norden Québecs

Nord-Québec besteht aus zwei getrennten Regionen beiderseits des St.-Lorenz-Stroms, wobei das Südufer von Québec-Stadt aus leichter erreichbar ist. Dort bildet die Agrarregion **Bas-Saint-Laurent** das Tor zur zerklüfteten, dünn besiedelten **Gaspé-Halbinsel**. Östlich davon liegt in der Mitte des St.-Lorenz-Golfs die Inselgruppe **Îles de la Madeleine**, die am einfachsten von Prince Edward Island aus mit der Fähre zu erreichen ist. Der Archipel gilt als Paradies für Radfahrer, Wanderer und Strandliebhaber.

Vom Nordufer des St.-Lorenz erstreckt sich eine Gegend, die von Ackerland in eine riesige Waldlandschaft übergeht, die erst an der vegetationslosen Atlantikküste endet. Unmittelbar nordöstlich von Québec-Stadt beginnt die landschaftlich schöne Region Charlevoix mit friedlichen Dörfern und Kleinstädten. Dort sind noch Spuren der Entstehungsgeschichte Québecs zu finden. Unmittelbar hinter der Grenze nach Charlevoix weichen die lieblichen Hügel und Täler einer zerklüfteten Felslandschaft, bevor sich der Saguenay-Fluss bei Tadoussac mit Getöse in den mächtigen St.-Lorenz-Stroms ergießt. Die dortigen Gewässer sind ein beliebter Ort für die Walbeobachtung.

Weiter landeinwärts befindet sich der **Lac Saint-Jean**, die Quelle des Saguenay. Der See liegt inmitten einer Oase fruchtbaren Ackerlands in einer ansonsten überwiegend felsigen Region. Die verstreuten Dörfer bieten authentische Einblicke in das Leben der Indianer und Québécois. Abenteuerlustige Naturen können jenseits von Tadoussac dem St.-Lorenz noch weiter folgen, an der **Côte-Nord** entlang durch eine spärlich

Bas-Saint-Laurent

Die Regionen nördlich von Québec-Stadt sowie die Inseln sind in folgende regionale Touristenverbände unterteilt, von denen jeder eine ausgezeichnete Gratisbroschüre mit Basiskarten der Region zur Verfügung stellt. Die Hauptbüros der jeweiligen Region halten in der Regel auch Infomaterial für umliegende Regionen bereit. Allgemeine Informationen erteilt
Tourisme Québec, ✆ 514/873-2015 oder 1-877/266-5687,
⌨ www.bonjourquebec.com
Bas-Saint-Laurent, ✆ 418/867-3015 oder 1-800/563-5268,
⌨ www.tourismebas-st-laurent.com
Charlevoix, ✆ 418/665-4454 oder 1-800/667-2276,
⌨ www.charlevoixtourism.com
Côte-Nord, ✆ 1-888/463-0808 oder 418/962-0808,
⌨ www.tourismeduplessis.com
Gaspésie, ✆ 418/775-2223 oder 1-800/463-0323,
⌨ www.tourisme-gaspesie.com
Îles de la Madeleine, ✆ 418/986-2245,
⌨ www.tourismeilesdelamadeleine.com
Manicouagan, ✆ 418/294-2876 oder 1-888/463-5319,
⌨ www.tourismemanicouagan.com
Saguenay–Lac-Saint-Jean, ✆ 418/543-3536 oder 1-877/253-8387,
⌨ www.saguenaylac saintjean.ca

besiedelte Region mit einsamen Stränden und spektakulären Feldlandschaften. Im entlegenen Nordosten bedient das Fährschiff *Nordik Express* die **Île d'Anticosti** und die straßenlose **Basse-Côte-Nord** (untere Nordküste) bis zur Grenze nach Labrador – die ultimative Reise innerhalb der Provinz Québec. Die Abgeschiedenheit der Île d'Anticosti und die skulpturenähnliche Landschaft des **Mingan-Archipels** (ein Nationalpark, der mit der Fähre von Havre-St-Pierre erreichbar ist) finden ihr Pendant in der Isolation der Fischerdörfer an der Basse-Côte-Nord, die nur per Versorgungsschiff, Flugzeug oder Schneemobil zugänglich ist.

Folgt man östlich von Québec-Stadt dem Südufer des St.-Lorenz, ist die Rte 132 die landschaftlich schönste Route, denn sie bleibt immer nah am Strom. Die Gegend ist stark landwirtschaftlich geprägt, die langen und schmalen Felder sind ein Vermächtnis des alten Seigneurial-Systems (s. S. 334). Auf der 180 km langen Strecke nach Rivière-du-Loup ergeben sich drei Stopps an: am Holzschnitzzentrum von **St-Jean-Port-Joli**, in **St-Roch-des-Aulnaies** und im malerischen **Kamouraska**.

St-Jean-Port-Joli

Die erste Siedlung nennenswerter Größe an der Rte 132, St-Jean-Port-Joli, liegt 80 km östlich von Lévis. An der Hauptstraße des Ortes reihen sich die Galerien berühmter **Holzschnitzer** aneinander. Die Holzschnitzerei, eine traditionelle Volkskunst in Québec, erlebte im 18. und 19. Jh. eine Blütezeit, war allerdings in den 1930er-Jahren nahezu in Vergessenheit geraten. Damals ließen sich die Brüder Bourgault (Médard, Jean-Julien und André) hier mit ihrer Werkstatt nieder. Zunächst machte die Anfertigung religiöser Statuen einen Großteil ihres Einkommens aus. Später, in den 60er-Jahren, fanden ihr volkstümlicher Stil und ihre frankophonen Themen großen Anklang.

Eine interessante Sammlung von Holzschnitzereien aus Kiefern- und Walnussholz zeigt das im Westteil der Stadt gelegene **Musée des Anciens Canadiens**, 332 Ave de Gaspé Ouest, ✆ 418/598-3392, ⌨ www.museedesanciens canadiens.com. Die meisten Stücke stammen von den Bourgaults. Das eindrucksvolle Werk *Les Patriotes* entstand zu Ehren der Québecer Rebellen von 1837, die unter der Führung von Louis-Joseph Papineau versuchten, die Briten zu vertreiben (s. S. 281). ☼ Mai–Juni tgl. 9–17.30, Juli–Aug 8.30–21, Sep–Okt 8.30–18 Uhr, Eintritt $5.

Ein paar Häuser weiter widmet sich das **Maison Médard-Bourgault**, 322 Ave de Gaspé Ouest, ✆ 418/598-3880, dem Leben und Werk von Médard Bourgault. Der talentierteste unter den Brüdern schnitzte sogar die Wände und

Im 17. Jh. wurde das landwirtschaftlich orientierte Gebiet von Neu-Frankreich analog zum feudalistischen System in Europa verwaltet: **Seigneuries** wurden an Religionsorden, Adlige, Kaufleute, aber auch andere Leute geringerer Herkunft vergeben. Die durchschnittliche Seigneurie umfasste etwa 50 km^2. Ein Teil des Landes befand sich im Besitz der Seigneurs, der Rest war von den **Habitants** gepachtet. Diese konnten sich hinsichtlich ihres Pachtverhältnisses in Sicherheit wiegen (sie durften das Land verkaufen oder an ihre Kinder weitergeben), sofern sie bestimmte Verpflichtungen einhielten. Sie mussten einen jährlichen Zehnten an die Gemeindekirche abführen, Miete in Naturalien zahlen (meist Getreide, da die Seigneurs das Monopol auf das Mahlen hatten), auf den Straßen arbeiten und in der Armee dienen.

In früheren Zeiten stellten die Wasserwege die einfachste Transportverbindung dar. Jede Farm der Habitants verfügte über ein Grundstück direkt am Fluss, das sich in Form eines schmalen Streifens landeinwärts erstreckte. Die Habitants lebten somit dicht beisammen und zeigten lange kein Interesse an der Entstehung von Siedlungen. Das Seigneurial-System wurde 1854 abgeschafft: Per Gesetz übertrug man den Habitants die Rechte am Besitz.

Möbel. ◷ Mitte Juni–Anfang Sep tgl. 10–18 Uhr, Eintritt $4.

Das prunkvolle Innere der Dorfkirche **Église St-Jean Baptiste**, 2 Ave de Gaspé, zeigt Werke der Brüder Baillairgé, einer älteren Generation von Québecer Holzschnitzern aus den 1770er-Jahren. Sämtliche Galerien an der Hauptstraße bieten Holzschnitzereien an, besonders zu empfehlen ist der Laden neben dem Museum.

Übernachtung

An der Rte 132 liegen zahlreiche Motels.
La Maison de l'Ermitage, 56 Rue de l'Ermitage, ✆ 418/598-7553, ▭ www.maisonermitage.com. Schönes rotweißes B&B mit Türmchen auf dem Dach. Wer gut bei Kasse ist, kann in einem der Türme nächtigen. ❸–❹
Camping de la Demi-Lieue, 589 Rte 132 Est, ✆ 418/598-6108 oder 1-800/463-9558, ▭ www.campingunion.com. Campingplatz auf dem Gelände einer ehemaligen Seigneurie. Stellplatz $24,89–33,89, ◷ Mai–Ende Sep.

Essen

La Boustifaille, 547 Ave de Gaspé Ouest, ✆ 418/598-3061, ▭ www.rocheaveillon.com. Gigantische Portionen à la Québécois, um $15.
Café la Coureuse des Greves, 300 Rte 204, ✆ 418/598-9111, etwas teurer, gutes Frühstück auf einer Terrasse.

Auberge du Faubourg, 280 Rte 132 Ouest, ✆ 418/598-6455, ▭ www.aubergedufaubourg.com. Vornehmeres Restaurant mit Speisen aus der Region und Flussblick. ◷ Ende April–Okt. ❻

St-Roch-des-Aulnaies

St-Roch-des-Aulnaies liegt 14 km östlich von St-Jean-Port-Joli. Hier sind auf einem ehemaligen Seigneurial-Anwesen aus dem 19. Jh. eine großartige Wassermühle und ein Herrenhaus erhalten geblieben. **La Seigneurie des Aulnaies**, ✆ 418/354-2800, ▭ www.laseigneuriedesaulnaies.qc.ca, wurde nach den Erlen benannt, die das Ufer des Rivière Ferrée säumen. Der Fluss trieb das große Schaufelrad der dreistöckigen Gemeindemühle auf dem Anwesen an, die inzwischen renoviert wurde und noch immer voll funktionsfähig ist. Man kann beim Mahlen zuschauen und danach im Café leckere Muffins und Pfannkuchen probieren. Von der Mühle flussaufwärts erreicht man das Herrenhaus mit Veranda. Im Innern erwarten den Besucher historische Räume, kostümierte Fremdenführer und interaktive Ausstellungen zum Seigneurial-System. ◷ Ende Juni–Anfang Sep tgl. 9–18, Anfang Juni und Sep nur am Wochenende 10–16 Uhr, Eintritt $10,75.

Kamouraska

Der hübsche Ort Kamouraska liegt 40 km weiter östlich von St-Roch-des-Aulnaies an der Rte 132. Hierher kamen einst die Wohlhabenden aus Québec-Stadt, um frische Luft zu schnappen. Obwohl sie sich heute nicht mehr in so großen Mengen einfinden, macht sich die gute Luft noch immer bezahlt – einige Bewohner sind über 100 Jahre alt. Das Dorfbild wird von zahlreichen Kamarouska-Dächern, einer architektonischen Besonderheit der Region Bas-St-Laurent, geprägt: Abgerundete, gewölbte Dachgesimse ragen weit über die Hauswände hinaus, um den Regen von den Mauern fern zu halten. Das Design stammt von den Schiffswerften. Ein schönes Exemplar ist die **Villa St-Louis**, 125 Ave Morel, in der einst der Verfasser des Textes der kanadischen Nationalhymne, Adolphe Basile-Routhier, residierte.

In den vielen an Holzpfählen befestigten Netzen im Fluss verfangen sich die Aale, die traditionell als wichtigste wirtschaftliche Stütze des Dorfes gelten. Die beste Sammlung von Artefakten – Geschirr, landwirtschaftliche Werkzeuge usw. – beherbergt das **Musée régional de Kamouraska**, 69 Ave Morel, ✆ 418/492-9783, das in einem ehemaligen Kloster untergebracht ist. ◷ Juni–Mitte Okt tgl. 9–17, Mitte Okt–Mitte Dez Di–Fr 9–17, Sa und So 13–16.30 Uhr, Eintritt $5. Kamouraska Zodiac Aventure, ✆ 418/863-3132, 🖵 www.zodiacaventure.com, bietet von Bootsanleger bietet, 90-minütige Zodiac-Naturkundetouren entlang der Küste an; $35.

Gîte Chez Jean et Nicole, 81 Ave Morel, ✆ 418/492-2921, 🖵 www.gitechezjeanetnicole. ca, eines der besten B&Bs der Gegend mit freundlichen Zimmern und großzügigem Frühstück aus regionalen Speisen. ❹
Motel Cap Blanc, 300 Ave Morel, ✆ 418/492-2919, 🖵 www.motelcapblanc.com. Einfaches Motel mit Flussblick. ◷ Mai–Nov. ❸
Au Relais de Kamouraska, 253 Ave Morel, ✆ 418/492-6246. Familienrestaurant mit Spezialität Aal.
Café du Clocher, 88 Ave Morel, ✆ 418/492-7365. Serviert ebenfalls geräucherten Aal und eine gute Auswahl vegetarischer Gerichte unter $20.

Gaspé-Halbinsel

Die 550 km lange „Gaspésie" wird im Norden und Westen vom St.-Lorenz-Golf und im Süden von der Baie des Chaleurs begrenzt. Bergketten und sanfte Hügel beherrschen das Landesinnere und die Nordküste. Die Halbinsel ist seit jeher spärlich besiedelt; die Bewohner der abgelegenen Gemeinden versuchen aus dem wilden Meer und dem felsigen Boden herauszuholen, was eben geht. Die wunderschöne, bewaldete Berglandschaft wird von tiefen Schluchten durchzogen. Atemberaubende Blicke eröffnen sich auf felsige Berge, die zur zerklüfteten Küste des St.-Lorenz-Stroms abfallen, und die kurvige Fahrt über die Rte 132 am Ufer entlang ist ein Erlebnis.

An der **Nordküste** ist die parallel zur Rte 132 verlaufende Trans-Canada (Rte 20) eine wesentlich schnellere Route in die attraktive Kleinstadt **Rivière-du-Loup**, so etwas wie das Eingangstor zur Gaspé-Halbinsel. Die größeren Städte an der Nordküste – **Rimouski**, **Matane** und **Gaspé** – sind weniger reizvoll als die vielen kleinen Dörfer oder die beiden Parks der Halbinsel: Der bergige **Parc national de la Gaspésie** erstreckt sich von **Ste-Anne-des-Monts** landeinwärts, und der **Parc National de Forillon** mit zahlreichen Berg- und Küstenwegen und einer reichen Tier- und Pflanzenwelt schmückt die Spitze der Halbinsel. Unmittelbar südlich der Forillon-Parks liegt der Ort Percé, der mit seinem eindrucksvollen Kalksteinfelsen **Rocher Percé** vor der Küste seit über 100 Jahren Touristen anlockt.

Die **Südküste** der Halbinsel erstreckt sich entlang der **Baie des Chaleurs**, einem langen, geschützten Meeresarm des Atlantik mit relativ warmem Wasser, der die Gaspé-Halbinsel von der Provinz New Brunswick trennt. Dieser Teil der Küste ist im Allgemeinen flacher und eintöniger als das nördliche Pendant, aber einige nette Urlaubsorte und Fischer- oder Bauerndörfer laden zu einem Zwischenstopp ein. **Carleton**, wo erneut Berge über der Küste thronen, ist ein verführerischer Ort mit dem Bonus, den **Parc de Miguasha** in der Nähe zu haben, der wegen seiner ungewöhnlichen Fisch- und Pflanzenfossilien zum Welterbe der UNESCO erklärt wurde. Carleton ist neben **Bonaventure**, das etwas östlich

Gaspé-Halbinsel 335

liegt, auch eine der wenigen alteingesessenen englischsprachigen Siedlungen auf der Halbinsel. Sowohl Carleton als auch Bonaventure sind außerdem Zentren der akadischen Kultur. Sie entstanden 1755, nach der britischen Deportation von rund 10 000 Akadiern (s. S. 413).

Die Gaspé-Halbinsel ist gut **per Bus** zu erreichen. Linienbusse befahren regelmäßig sowohl die Nord- als auch die Südküste von Rimouski, Rivière-du-Loup und Québec-Stadt aus. Das Binnenland und die Parks sind ohne Auto allerdings nur schwer zu erkunden. **VIA Rail** bietet eine **Zugverbindung** von Montréal nach Rivière-du-Loup und Rimouski, danach geht es an der Südküste weiter bis nach Carleton und Percé. Die Endstation Gaspé wird nach über 17 Std. erreicht. An der Nordküste besteht jedoch keine Verbindung zwischen Gaspé und Rimouski. Achtung: Einige Bahnhöfe (z. B. Percé) liegen meilenweit von den Ortskernen entfernt. Es ist zu beachten, dass die Gaspé-Halbinsel in den letzten beiden Juliwochen, also während der **Sommerferien**, ein besonders beliebtes Ausflugsziel der Québecer ist. Wer einen Aufenthalt in dieser Zeit plant, sollte Unterkunft und Aktivitäten weit im Voraus buchen.

Rivière-du-Loup

Rivière-du-Loup macht einen durchaus wohlhabenden Eindruck. Das hügelige Zentrum mit breiten Straßen und hübschen viktorianischen Villen verdankt seine Entwicklung der Holzindustrie sowie dem Bau der Eisenbahn im Jahr 1859. Letztere machte Rivière-du-Loup zum Knotenpunkt des Verkehrs zwischen den Meeresprovinzen, der Gaspé-Halbinsel und der restlichen Provinz. Die Bedeutung des Ortes als Verwaltungs- und Handelszentrum wuchs entsprechend, und heute zählt Rivière-du-Loup zu den besser gestellten Orten auf der Halbinsel.

Der namensgebende Fluss stürzt in der Nähe des Zentrums – an der Spitze der Rue Frontenac unweit des **Parc de la Croix Lumineuse** 30 m in die Tiefe. Von hier eröffnet sich ein Panoramablick auf die Berge am Nordufer. Trotz der Wassermenge und des Sprühnebels bietet der **Wasserfall** keinen besonders aufregenden

Anblick. Ähnlich bescheiden präsentieren sich die drei Museen des Ortes: Das zentrale **Musée du Bas-St-Laurent**, 300 Rue St-Pierre, ℘ 418/862-7547, kombiniert ethnologische Ausstellungsstücke aus der Region mit historischen Exponaten und modernen Werken einheimischer Künstler, ⊙ Juni–Mitte Okt tgl. 12–17, Mitte Okt–Mai Mi–So 13–17 Uhr, Eintritt $5.

Das **Musée de bateaux miniatures et légendes du Bas-St-Laurent**, 80 Blvd Cartier, stellt Modellschiffe von einheimischen Kunsthandwerkern aus, ⊙ Mai–Ende Juni und Ende Aug–Ende Sep tgl. 10–18, Ende Juni–Ende Aug 9–21.30 Uhr, Eintritt $5.

Das einstige Zuhause von Seigneur Fraser, **Le Manoir Fraser**, 32 Rue Fraser, ℘ 418/867-3906, zählt zu den historischen Sehenswürdigkeiten der Stadt. Ein computeranimierter Seigneur vermittelt hier einen Einblick in die damalige Zeit. Zu der Villa aus rotem Backstein gehören ein schöner Tearoom und Garten. ⊙ Mitte Juni–Mitte Okt tgl. 10–17 Uhr, Eintritt $5.

Auberge de la Pointe, 10 Blvd Cartier, ℘ 418/862-3514 oder 1-800/463-1222, ⌨ www.aubergedelapointe.com. Herberge mit gemütlichen Zimmern, Restaurant und eigenem Spa. ❺

Auberge Internationale de Rivière-du-Loup, 46 Blvd de l'Hôtel-de-Ville, ℘ 418/862-7566 oder 1-866/461-8585, ⌨ www.aubergerdl.ca. Hostel in einem hübschen Holzgebäude. Dorm-Bett $25 inkl. Frühstück.

Auberge La Sabline, 343 Rue Fraser, ℘ 418/867-4890, ⌨ www.bbcanada.com/lasabline. Tolles B&B an einem wunderschönen Abschnitt der Rte 132 westlich der Stadt. ❸

Les Rochers, 336 Rue Fraser, ℘ 418/868-1435, ⌨ www.giteetaubergedupassant.com/rochers, schönes B&B direkt gegenüber, Sommerresidenz des ersten kanadischen Premierministers Sir John A. MacDonald. ❹

Camping Municipal de la Pointe de Rivière-du-Loup, ℘ 418/862-4281, ⌨ www.camping quebec.com/rivdieuduloup. Städtischer Campingplatz hinter der Rte 132 unweit des Hafens, ⊙ Mitte Mai–Ende Sep, $20–32 pro Stellplatz, Anfahrt über Rte 20, Ausfahrt 507.

Québec-Stadt und Nord-Québec

Le Saint-Patrice, 169 Rue Fraser, ✆ 418/862-9895, 🖥 www.restaurantlestpatrice. ca, eines von vielen teuren Restaurants im Stadtzentrum, serviert sehr gute regionale Speisen wie Räucherfisch, Lamm und Schalentiere.

Les Jardins de Lotus, 334 Rue Lafontaine, ✆ 418/868-1333, 🖥 www.jardinsdelotus.com, preiswerteres südostasiatisches Bistro in Flussnähe.

La Brûlerie de l'Est, 419 Rue Lafontaine, ✆ 418/862-1616, gut für Kaffee und Sandwiches. **L'Estaminet**, 299 Rue Lafontaine, ✆ 418/867-4517, 🖥 www.restopubestaminet.com, muntere Bar mit 150 Biersorten und gutem Kneipenessen ab $7, z. B. Muscheln mit Pommes.

Besonders zu empfehlen sind die **Bootsfahrten** von Rivière-du-Loup auf dem St.-Lorenz-Strom. Billig sind sie nicht (ab $60), aber gut organisiert. Außerdem kann man während der Sommermonate mit etwas Glück Beluga-, Mink- und Finnwale sichten. Sämtliche Betriebe sammeln sich am Jachthafen, 200 Rue Hayward: **Croisière AML**, ✆ 418/867-3361 oder 1-800/563-4643, 🖥 www.croisieresaml.com, Mitte Juni–Mitte Okt, ist auf dreistündige Ausflüge mit großen Booten zur Walbeobachtung spezialisiert.

La Société Duvetnor, ✆ 418/867-1660, 🖥 www.duvetnor.com, organisiert Tagesfahrten zu Naturschutzgebieten in der Mitte des Flusses mit Übernachtungsmöglichkeit, Mitte Juni–Mitte Sep, $25–225 p. P., Reservierung notwendig.

Touristeninformation, 189 Blvd de l'Hôtel-de-Ville, ✆ 418/862-1981 oder 1-888/825-1981, 🖥 www.tourismeriviereduloup.ca, ⏱ Mitte Juni–Sep tgl. 8.30–21 Uhr.

Die Rte 132 führt durch das Zentrum von Rivière-du-Loup. Der **Busbahnhof** der Stadt, Blvd Cartier, neben der Kreuzung von Rte 132 und 20, ist nordöstlich angesiedelt. Der Fußweg vom Zentrum beträgt ungefähr 10 Min.

Der **Bahnhof**, Rue Lafontaine, Ecke Rue Fraserville, ✆ 1-888/842-7245, öffnet nur, wenn die VIA Rail-Züge eintreffen (u. a. aus Montréal, Gaspé). Eine **Autofähre**, ✆ 418/862-5094, 🖥 www.travrdlstsim.com, ✆ 418/862-5094, verbindet den Ort mit dem Jachthafen ST-SIMÉON am Nordufer, Mitte April–Jan 2–5x tgl., 1 1/4 Std., Passagiere $14, Autos $38,80.

Trois-Pistoles

Von Rivière-du-Loup führt Rte 132 nordostwärts am Ufer entlang und bietet einen schönen Blick auf das gegenüberliegende Ufer. Sie zieht sich durch eine Reihe von Farmen und Fischerdörfern, bevor sie schließlich Trois-Pistoles erreicht.

Benannt wurde dieser Ort angeblich nach einem silbernen Kelchglas, das drei *Pistoles* (Goldmünzen) wert war: Ein französischer Seemann ließ das Gefäß 1621 beim Auffüllen in den Fluss fallen.

Geprägt wird das Stadtbild von der **Notre-Dame-des-Neiges-de-Trois-Pistoles**, ✆ 418/851-1391, die zwischen 1882 und 1887 erbaut wurde. Aus der Ferne wirkt die Kirche mit ihrem von vier Fialen umgebenen silbernen Dach wie eine Attraktion aus Disneyland. Im Inneren wird die gewölbte Decke von massigen Marmorsäulen getragen, Gemälde aus dem 19. Jh. schmücken die Wände. ⏱ Ende Juni–Anfang Sep tgl. 9–16.30 Uhr, Eintritt $3.

Das interessanteste Museum der Stadt ist der **Parc de l'Aventure Basque en Amérique**, 66 Rue du Parc, ✆ 418/851-1556. Er entstand auf der Stätte der ersten baskischen Niederlassung Québecs, deren Geschichte durch eine Ausstellung beleuchtet wird; eine Begleitbroschüre ist im Museum erhältlich. Am ersten Juliwochenende wird hier ein baskisches Volksfest gefeiert. ⏱ Ende Juni–Anfang Sep tgl. 10–20, Mitte Mai–Ende Juni und Anfang Sep–Mitte Okt 12–16 Uhr, Eintritt $6.

Motel Trois-Pistoles, 64 Rte 132 Ouest, ✆ 418/851-4258 oder 1-866/616-4258, 🖥 www.moteltroispistoles.com, 32 leicht gealterte, aber gemütliche Zimmer z. T. mit Flussblick, WLAN. ❹

Auberge Le Bocage des 2 Gamins,
124 Rte 132 Est, ☎ 418/857-2828,
🖥 www.aubergelebocage des2gamins.com.
Exzellentes B&B gleich östlich der Stadt in einem ehemaligen Seigneurial-Anwesen mit 5 reizenden Zimmern. ❹

La Fromagerie des Basques, 69 Rte 132 Ouest, ☎ 418/851-2189, 🖥 www.fromageriedes basques.ca. Hier kann man sich gut für ein Picknick eindecken: Käse, Brot und Bier kommen alle aus eigener Herstellung.

La Belle Excuse, 138 Rue Notre-Dame Ouest, ☎ 418/857-3000, Tagesgericht ab $23.

Sonstiges

Informationen

Informationszentrum, an der Rte 132, ☎ 418/851-3698, 🖥 www.ville-trois-pistoles.ca, mit einer Windmühle in Miniaturformat und einem Leuchtturm vor der Tür. ⏱ Ende Juni– Anfang Sep tgl. 9–19 Uhr.

Kajaktouren

Kayak de Mer des Îles, 60 Ave du Parc, ☎ 418/851-4637 oder 1-877/851-4637, 🖥 www.kayaksdesiles.com. Geführte Touren mit dem Seekajak im Juli und August um 10 und 17 Uhr für $40.

Transport

Eine **Autofähre**, ☎ 418/851-4676 oder 1-877/851-4677, 🖥 www.traversiercnb.ca, verbindet den Ort mit LES ESCOUMINS an der Côte-Nord (S. 370): Mitte Mai–Okt 2–3x tgl., 1 1/2 Std., $17,50 p. P., $39 pro Auto.

Parc national du Bic und Le Bic

Von Trois-Pistoles Richtung Osten durchquert die Rte 132 langweiliges Ackerland, bevor sie die felsigen, bewaldeten Hügel des **Parc natio nal du Bic** am Flussufer erreicht (⏱ ganzjährig, Eintritt $3,50). Während der Dämmerung kann man in diesem Paradies für Naturforscher Herden von Graurobben erspähen. Im Park gibt es

drei kurze Wanderwege. Von Ende Juni bis Ende August fahren Shuttle-Busse regelmäßig vom Besucherzentrum zum höchsten Gipfel, dem Pic Champlain (12.30–15 Uhr alle 30 Min., hin und zurück $5,70), und durch den Park (3x tgl., 2 Std., $15,50). Besichtigen kann man den Park auch per **Fahrrad** (Verleih $30 pro Tag) oder **Seekajak**: Kayak Zodiac Archipel du Bic, ☎ 418/736-5232, 🖥 www.kayakzodiacarchipeldubic.com, bietet geführte Seekajaktouren entlang der Küste und zu nahen Inseln (4 Std., $48,25).

Das lang gestreckte Dorf **Le Bic** an der Rte 132 unmittelbar hinter dem Park präsentiert sich als hübsche Mischung aus alter und moderner Architektur. Es thront auf einem niedrigen Kamm über dem rüsselförmigen Hafen und ist ein gutes Plätzchen für einen stärkenden Happen.

Übernachten und Essen

Auberge du Mange Grenouille,
148 Rue Ste-Cécile, ☎ 418/736-5656,
🖥 www.aubergedumangegrenouille.qc.ca.
Hat attraktive DZ und ein vorzügliches Restaurant (Reservierung empfehlenswert). ⏱ Mai–Mitte Okt. ❸ – ❼

Gîte de la Baie Hâtée, 2271 Rte 132, ☎ 418/736-5668, 🖥 www.maisondelabaiehatee. com, B&B mit Flussblick, Restaurant und Massageservice. ❸

Der **Campingplatz**, ☎ 418/736-4711 oder 1-800/665-6527, 🖥 www.sepaq.com/pq/bic, ist ganz nett, liegt aber nah an der lauten Straße. Stellplatz $24, 25–32, ⏱ Anfang Juni– Anfang Sep.

Folles Farines, 113 Rue St-Jean Baptiste. Die Bäckerei glänzt mit einer sündhaft leckeren Palette an Broten, Croissants und Pizza.

Chez Saint-Pierre, 129 Rue du Mont-St-Louis, ☎ 418/736-5051, 🖥 www.chezstpierre.ca. Das sonnige Bistro auf dem Hügel gegenüber der hübschen Kirche bietet fantasievolle Speisen und eine Terrasse mit Aussicht über die Dächer der Stadt.

Informationen

Besucherzentrum, ☎ 418/8736-5035, 🖥 www.sepaq.com. ⏱ Mitte Mai–Mitte Okt tgl. 10–17 Uhr, Eintritt frei.

Rimouski

Rund 20 km nordöstlich von Le Bic liegt Rimouski, von den Einwohnern liebevoll „Riki" genannt. Im Jahr 1950 tobte hier ein Feuer, das ein Drittel der Gebäude zwischen Fluss und Zentrum zerstörte. Der Wiederaufbau orientierte sich an dem von Malls geprägten Stil der 60er-Jahre. Hat man sich jedoch bis zum Kern der Verwaltungshauptstadt von Ost-Québec durchgearbeitet, entdeckt man eine sehr „junge" Stadt, was auf die vielen Bildungseinrichtungen zurückzuführen ist.

Die älteste Kirche Ost-Québecs beherbergt das interessante **Musée régional de Rimouski**, 35 Rue St-Germain, ☎ 418/724-2272, 🖥 www.museerimouski.qc.ca. Die Außenseite blieb unversehrt, und im renovierten Innenraum sind heute wechselnde Ausstellungen zu Lokalgeschichte und moderner Kunst zu besichtigen. ⏰ Juni–Sep Mi–Fr 9.30–20, Sa–Di 9.30–18, sonst Mi–So 12–17, Do 12–21 Uhr, Eintritt $4.

CÉGEP Residences, 320 Rue St-Louis, ☎ 418/723-4636 oder 1-800/463-0617, 🖥 www.cegep-rimouski.qc.ca/residenc. Vermietet in den Sommerferien Studentenzimmer für $30–35.

Chez Charles et Marguerite, 686 Blvd St-Germain Ouest, ☎ 418/723-3938, B&B mit freundlichen Zimmern, Blick auf die Felder. ❸

Campingplatz auf der friedvollen Vogelinsel **Île Saint-Barnabé**, 3 km vor der Küste, 14 Stellplätze ab $19,50. Abfahrt der Fähre, ☎ 418/723-2280, vom Anleger an der Rte 132 Ende Juni–Anfang Sep tgl. 9–14.30 Uhr jede halbe Std., $ 15,50.

Central Café, 31 Rue de l'Évêché Ouest, ☎ 418/722-4011, 🖥 www.centralcaferimouski.com. Vorzügliche, erschwingliche Salate und Pizza in einem mit Vogelkäfigen dekorierten Bistro.

Retro 50 Restaurant, 38 Blvd St-Germain Est, ☎ 418/723-4858. Kitschiger Diner im Stil der 50er-Jahre.

Le Bien, le Malt, 141 Ave Belzile, nahe Rte 132, ☎ 418/723-1339, tolle Brauereikneipe mit Livemusik.

Touristeninformation, 50 Rue St-Germain Ouest, ☎ 418/723-2322 oder 1-800/746-6875, 🖥 www.tourisme-rimouski.org, zentral und am Ufer gelegen, hilft mit Unterkunftsverzeichnissen weiter, ⏰ Mitte Juni–Anfang Sep tgl. 8.30–19.30, Anfang Sep–Anfang Okt 8.30–12 und 13–16.30 Uhr, sonst am Wochenende geschlossen.

Busse

Der **Orléans-Express-Busbahnhof** befindet sich in der 90 Ave Léonidas, ☎ 418/723-4923.

Busse nach:
BONAVENTURE, 2x tgl., 6 Std.;
CAP-AUX-OS, im Sommer 1x tgl., 6 3/4 Std.;
CARLETON, 2x tgl., 4 1/4 Std.;
GASPÉ, 2x tgl. via Carleton in 9 1/4 Std.,
2x tgl. via Matane in 6 3/4 Std.;
MATANE, 2–3 tgl., 1 1/2 Std.;
MATAPÉDIA, 2x tgl., 2 3/4 Std.;
MONT ST-PIERRE, 2x tgl., 4 1/4 Std.;
NEW RICHMOND, 2x tgl., 5 1/3 Std.;
PERCÉ, 2x tgl., 8 1/4 Std.;
STE-ANNE-DES-MONTS, 2–3x tgl., 2 3/4 Std.;
STE-FLAVIE, 2–3x tgl., 30 Min.

Eisenbahn

Der **Bahnhof** von Rimouski liegt in der 57 de l'Évêché Est, ☎ 418/722-4737 oder 1-800/361-5390.

Schiffe

Von Rimouski gibt es eine Verbindung mit der **Autofähre** nach FORESTVILLE an der Côte-Nord, ☎ 418/725-2725 oder 1-800/973-2725, 🖥 www.traversier.com. Reservierung notwendig, da auf der Fähre nur 30 Fahrzeuge Platz haben; Ende April–Okt 2–4x tgl., 55 Min., Fußgänger $25, Autos $39. Die *Nordik Express* (S. 376/377) fährt dienstags von Rimouski nach SEPT-ÎLES (nur stromabwärts), 11 1/2 Std., und 1x wöchentl. nach BLANC-SABLON, 78 1/2 Std.

Québec-Stadt und Nord-Québec

Pointe-au-Père

Einige Kilometer östlich von Rimouski liegt an der Rte 132 die kleine Stadt Pointe-au-Père. Zu sehen gibt es hier lediglich das älteste Haus im Osten Québecs, **Maison Lamontage**, 707 Blvd du Rivage, ✆ 418/722-4038, ⌨ www.maison lamontagne.com. Das Innere lohnt kaum den Eintrittspreis ($4) und die Zeit, aber die Gärten sind interessant und kostenlos, ◷ Ende Juni–Anfang Sep tgl. 9–18 Uhr.

Weiter die Straße entlang erreicht man das **Musée de la Mer**, ✆ 418/724-6214, ⌨ www. museedelamer.qc.ca. Der moderne Bau sieht aus wie ein gekipptes Schiff. Gezeigt wird ein 3D-Film über den Luxus-Liner *Empress of Ireland*, der 1914 vor der Küste sank. Bei diesem schlimmsten Schiffsunglück der Seefahrtsgeschichte nach der *Titanic* starben mehr als 1000 Menschen. ◷ Mitte Juni–Aug tgl. 9–18, Sep und Okt 9–17 Uhr, Eintritt $9.

Sainte-Flavie

In dem kleinen Küstenort Sainte-Flavie, 30 km östlich von Rimouski, empfiehlt sich ein Besuch der **regionalen Touristeninformation** der Gaspésie: 357 Rue de la Mer, ✆ 418/775-2223 oder 1-800/463-0323, ⌨ www.tourisme-gaspesie. com, ◷ Mitte Juni–Mitte Sep tgl. 8–20, sonst 8.30–16.30 Uhr.

Ganz in der Nähe bietet das **Centre d'art Marcel Gagnon**, 564 Rue de la Mer, ✆ 418/775-2829 oder 1-866/775-2829, ⌨ www.centredart.net, eine skurrile Sehenswürdigkeit: das Kunstwerk *Le Grand Rassemblement* (die große Versammlung) von Marcel Gagnon, mit sieben Flößen und mehr als 80 lebensgroßen Figuren unter freiem Himmel. Besonders bemerkenswert ist das Ensemble bei Flut, wenn die Figuren aus dem Fluss herausragen und die Flöße auf dem Wasser „treiben". ◷ Anfang Mai–Mitte Okt 7.30–22, Mitte Okt–April 8–21 Uhr, Eintritt frei.

Eine wahre Augenweide wartet 9 km weiter östlich an der Rte 132: die **Jardins de Métis**, ✆ 418/775-2222, ⌨ www.jardinsmetis.com, ein riesiges herrschaftliches Anwesen mit Villa und ausgedehntem Garten. Auf dem gepflegten Ge-lände mit kleinen Brücken und Bächen werden über 100 000 eingeführte Pflanzenarten präsentiert. ◷ Juni und Sep 8.30–18, Juli–Aug 8.30–20 Uhr, Eintritt $16.

Matane

Matane, 64 km von Sainte-Flavie entfernt, wird scheinbar von Ölraffinerien und Zementfabriken beherrscht, obwohl Fischerei und Forstwirtschaft seit Langem das wirtschaftliche Rückgrat der Gemeinde bilden. Der Rivière Matane, der die Stadt in zwei Hälften teilt, wird von einem Brückenpaar überspannt – eine befindet sich neben dem Hafen (Teil der Rte 132), die andere, kürzere, einige 100 m weiter nördlich neben der Fischleiter. Letztere wurde errichtet, um den Lachsen die Wanderung flussaufwärts zu den Laichplätzen zu erleichtern.

Vom **Barrage Mathieu-d'Amours**, 260 Ave St-Jérôme, ✆ 418/562-7006, der Beobachtungsstation des Stauwehrs, kann man die Lachse auf ihrem Weg stromaufwärts bestaunen. ◷ Mitte Juni–Sep 7.30–21.30 Uhr, Eintritt $3.

Übernachtung

Auberge la Seigneurie, 621 Ave St-Jérôme, ✆ 418/562-0021 oder 1-877/783-4466, ⌨ www.aubergelaseigneurie.com. Eine der besten Unterkünfte vor Ort, hübsches Backsteinhaus mit komfortablen Zimmern und kostenlosem Internetzugang. ❹
Gîte des Îles, 29 Ave Desjardins, ✆ 418/562-6688, ⌨ www.bbcanada.com/ legitedesiles. Gemütliches B&B mit komfortablen Zimmern am Rivière Matane. ❸
Motel Le Beach, 1441 Rue Matane-sur-Mer, ✆ 418/562-1350 oder 1-888/570-1350, ⌨ www.lebeachmatane.com. Zählt zu den preisgünstigsten Unterkünften, bietet aber außer Meerblick nichts Besonderes. ❷
Campingplatz, 150 Rte Louis-Félix-Dionne, ✆ 418/562-3414 ⌨ www.campingmatane.com. Riesiger städtischer Platz südwestlich des Zentrums (dem Fluss am Industriegebiet vorbei folgen). Hübsche Stellplätze zwischen Bäumen gelegen. ◷ Mitte Juni–Aug, Stellplatz $20–28.

Italia Pizzeria, 101 St-Pierre, ℡ 418/562-3646, tolle Pizza zu moderaten Preisen.

Restaurant Le Rafiot, 1415 Ave du Phare Ouest, an der Rte 132, ℡ 418/562-8080, 🖳 www.lerafiot.com. Das zwanglose Restaurant serviert abends u. a. leckere Garnelen.

Informationen

Touristeninformation, 986 Ave du Phare Ouest, ℡ 418/562-1065 oder 1-877/762-8263, 🖳 www.tourismematane.com, im Leuchtturm an der Rte 132 unmittelbar westlich des Zentrums, ⊙ Ende Juni–Mitte Sep tgl. 8.30–20.30, sonst Mo–Fr 8.30–17 Uhr.

Transport

Autofähren, ℡ 418/562-2500 oder 1-877/562-6560, 🖳 www.traversiers.gouv.qc.ca, setzen auf zwei Routen an die Côte-Nord (S. 370) über, und zwar nach GODBOUT und BAIE-COMEAU: April–Dez 1–2x tgl., Jan–März 1x tgl. außer Do und So, 2 1/4 Std., Fußgänger $14,05, Autos $32,90.

Sainte-Anne-des-Monts

Östlich von Matane klammert sich die Rte 132 an die Uferlinie und passiert eine zunehmend zerklüftete Landschaft. Die bewaldeten Hügel des Landesinneren schieben sich an die raue Felsküste heran. Eine Reihe winziger Fischerdörfer durchbricht die Weite, darunter **Cap Chat**, dessen 76 hohe Windturbinen meilenweit zu sehen sind: Die größte Windmühle der Welt, die sich um eine vertikale Achse dreht, ist die **Éole de Cap Chat**, ℡ 418/786-5719, 🖳 www.eolecapchat.com. Sie ragt 110 m in die Höhe, ⊙ Mitte Juni–Okt tgl. 9–17 Uhr, Eintritt $6.

Nur 16 km hinter Cap Chat erstreckt sich Sainte-Anne-des-Monts entlang der Küste. Mangelnde Attraktivität wird durch entspannte Atmosphäre und günstige Lage wettgemacht. Der Ort empfiehlt sich für eine Unterbrechung der Reise in Richtung Kap oder landeinwärts zum Parc de la Gaspésie.

Einzige Sehenswürdigkeit ist das **Exploramer**, 1 Rue du Quai, 🖳 www.exploramer.qc.ca, wo man Meerestiere und Vögel bewundern kann. Im Aquarium unten sind lebende Meeresbewohner, z. B. Seesterne, Seegurken und Kammmuscheln zu sehen. ⊙ Mitte Juni–Mitte Okt tgl. 9–18 Uhr, Eintritt $12,75. Das Zentrum bietet auch Zodiac-Bootsausflüge zur Meerestierbeobachtung auf dem St.-Lorenz-Strom an (1 1/2 Std., $42).

Übernachtung

Auberge Festive Sea Shack, 292 Blvd Perron Est, ℡ 418/763-2999, 🖳 www.aubergefestive.com. Hostel mit wunderschönem Flussblick, Kajakverleih und Transport zum Parc national de la Gaspésie; Dorm-Bett $26, Cottage ❻.
Motel Manoir sur Mer, 475 1ère Ave Ouest, ℡ 418/763-7844, mit Zimmern am Strand. ❷
La Villa des Roses, 500 1ère Ave Ouest, ℡ 418/763-3529. B&B. ❷

Parc national de la Gaspésie

Fährt man von Sainte-Anne-des-Monts über die Rte 299 weiter nach Süden, tauchen in der Ferne die schneebedeckten **Monts Chic-Choc** auf, die einen Großteil des Parc national de la Gaspésie ausmachen und eine eindrucksvolle Kulisse für die Küstenebene bieten. Die Chic-Chocs bilden den nördlichsten Vorsprung der Appalachen, die bis tief in die USA hineinragen. Die Serpentinenstraße offenbart die ganze Pracht des alpinen Berglands. Die von bewaldeten Hängen eingerahmte Tälerkette gipfelt in einer schwindelerregenden Schlucht am Fuße des Mont Albert, 40 km hinter Sainte-Anne-des-Monts.

Hier befindet sich auch das extrem hilfsbereite **Besucherzentrum**, ℡ 418/763-5435 oder 1-866/727-2427, 🖳 www.sepaq.com, das Wanderausrüstungen verleiht und Einzelheiten und Karten zu den gut ausgeschilderten Wanderwegen liefert. ⊙ Mitte Juni–Mitte Sep tgl. 8–22, sonst 8–20 Uhr, Eintritt zum Park $3,50.

Für die meisten **Wanderungen** ist ein ganzer Tag einzuplanen, einige durchs Tal sind jedoch kürzer. Wanderer benötigen warme Kleidung, Essen und Wasser und müssen ihre Strecke im Zentrum anmelden. Die Wege führen auf die drei höchsten Gipfel – Mont Jacques-Cartier (1270 m), Mont Richardson (1180 m) und Mont

Albert (1088 m) – und ziehen sich durch drei unterschiedliche Habitate.

Virginia-Hirsche tummeln sich in der üppigen Vegetation der unteren Zone, während **Elche** den borealen Wald und **Karibus** die Tundra in Gipfelnähe bevölkern. An keinem anderen Ort in Québec leben die drei Arten so nah beieinander.

Übernachtung und Essen

Im Park gibt's 4 **Campingplätze**, davon 2 in günstiger Lage nahe dem Besucherzentrum: **Camping La Rivière** und **Camping Mont Albert**, ✆ 418/763-1333, Stellplatz ab $23,75.

Gîte du Mont-Albert, ✆ 418/763-2288 oder 1-866/727-2427, ⌨ www.sepaq.com. Schicke Zimmer in günstiger Lage, einzige feste Unterkunft des Parks. Im Sommer und in der Skisaison schnellen die Preise in die Höhe. Hier werden auch mehrere einfach ausgestattete **Hütten** ($20,50) im Park vermittelt. Zum Komplex gehört ein ausgezeichnetes, recht teures Restaurant, das auf lokale Gerichte wie Kaninchen, Karibu-Medaillons und geräucherten Lachs spezialisiert ist. ❺–❼

Transport

Von Ende Juni bis Ende September verkehrt ein **Shuttle-Bus** zwischen dem Park und Sainte-Anne-des-Monts: Abfahrt tgl. 7.45 Uhr, $5,76 hin und zurück.

Busse verkehren zwischen der Touristeninformation des Orts dem Besucherzentrum im Park.

Mont-Saint-Pierre

Von Sainte-Anne-des-Monts schlängelt sich die Straße zwischen Ozean und steilen Felswänden hindurch nach Osten zur Spitze der Gaspé-Halbinsel. Bei der Annäherung an Mont-Saint-Pierre eröffnet sich ein majestätischer Anblick. Die kleine, an der Mündung eines breiten Flusstals gelegene Gemeinde wird von Küste und Bergen eingerahmt und eignet sich als unaufdringlicher Urlaubsort zum Baden und Fischen. Ende Juli findet hier das bunte zehntägige **Festival der Drachenflieger** statt, ✆ 418/797-2222, ⌨ www.mont-saint-pierre.ca. Carrefour Aventure, 106 Rue

Prudent-Cloutier, ✆ 418/797-5033 oder 1-800/463-2210, bietet während der restlichen Sommermonate Tandemflüge an und verleiht Seekajaks und Mountainbikes.

Übernachtung und Essen

Auberge les Vagues, 84 Rue Prudent-Cloutier, ✆ 418/797-1000. Kombination aus Motel und Hostel (Dorm-Bett $20). ❷

Chalets Auberge Bernatchez, 12 Rue Prudent-Cloutier, ✆ 418/797-2733, ⌨ users.mmic.net/chaletbernatchez. Preiswerte einfache Unterkunft. ❶

Le Délice, 100 Rue Prudent-Cloutier, ✆ 418/797-2850 oder 1-888/797-2955, ⌨ www.audelice.com. Bietet auch geführte Touren auf den Berg. Außerdem Restaurant mit Fisch- und Meeresfrüchtegerichten zu vernünftigen Preisen. ❸

Campingplatz, 103 Rue Pierre Godfroie-Coulombe, ✆ 418/797-2250, ⌨ www.mont-saint-pierre.ca. Großer städtischer Platz mit Stellplätzen für $20–33. ☉ Mitte Juni–Anfang Sep.

Les Joyeux Naufragés, 7 Rte Pierre-Mercier, ✆ 418/797-2017, typische Gerichte der Gaspé-Halbinsel zu erschwinglichen Preisen.

Parc national de Forillon

Der Parc national de Forillon an der Spitze der Halbinsel gilt als landschaftlicher Höhepunkt der Gaspésie. Er umfasst dichten Wald und Berge, die von Wanderwegen durchzogen und von Klippen entlang einer zerklüfteten Küstenlinie gesäumt werden. Eine bunte **Tierwelt** ergänzt die herrliche Landschaft: Früh morgens bzw. während der Dämmerung sind Schwarzbären, Elche, Biber, Stachelschweine und Füchse zu erspähen. Außerdem wurden mehr als 200 verschiedene Vogelarten – darunter Seevögel wie Tölpel, Kormorane und Lummen sowie Singvögel wie Feldlerchen und Buchfinken – gesichtet. Von den Küstenpfaden um das Cap Gaspé kann man zwischen Mai und Oktober auch **Wale** wie Buckel-, Finn-, Mink- und Schweinswale entdecken.

Der mehr oder weniger dreieckige Park liegt zwischen dem St.-Lorenz-Golf und der Baie de

Vor der malerischen Küste im Parc nacional de Forillon tauchen im Sommer sogar Wale auf.

Gaspé und wird von Rte 197 und 132 eingekreist. Erstere durchquert das Binnenland und bildet die Westgrenze des Parks, Letztere hält sich dicht ans Ufer und windet sich durch Anse-au-Griffon und Cap-des-Rosiers – kleine Küstendörfer mit Flussblick – und Forillons bewaldetes Parkland. Diese Route mit ihrer fantastischen Aussicht ist besonders lohnenswert. Für eine Teepause eignet sich **Manoir Le Boutillier**, 578 Blvd Griffon, Anse-au-Griffon, ein restauriertes Haus aus den 1850er-Jahren. ⏰ Mitte Juni–Anfang Okt tgl. 9–17 Uhr, Eintritt $7, nur mit Führung. Der näher am Park gelegene und viel fotografierte **Leuchtturm** von Cap-des-Rosiers ist der höchste in ganz Kanada.

Der Park bietet neun Wanderwege, der beste, Les Graves, führt zur Spitze des **Cap Gaspé** (auch als „Land's End" bekannt); für die 15 km braucht man etwa 4 1/2 Std. Der Weg beginnt am Ende der gepflasterten Straße hinter Grande-Grave, einem restaurierten Fischerdorf, das einst von Immigranten aus Jersey gegründet wurde. Zwei Stellen entlang der Route an der Südküste

des Kaps erinnern an ihre historische Präsenz: **Hyman & Son's General Store and Warehouse**, ein wunderschön restaurierter Gemischtwarenladen aus den 20er-Jahren, ⏰ Anfang Juni–Mitte Okt 10–17 Uhr, Eintritt in Parkgebühr inbegriffen.

Das nahe gelegene Fischerhaus **Anse-Blanchette** stammt aus derselben Zeit und wurde ebenfalls sorgfältig restauriert. In der dazugehörigen Scheune werden oft Geschichten erzählt und Musikveranstaltungen geboten. ⏰ Mitte Juni–Anfang Sep 10–17 Uhr, Eintritt in der Parkgebühr inbegriffen.

Der Pfad führt schließlich zum **Leuchtturm** auf einem 150 m hohen Felsvorsprung, der auf drei Seiten vom Meer umgeben ist.

Übernachtung und Essen

Im Park gibt es mehrere **Campingplätze**, ☏ 418/368-6050, 🖳 www.pccamping.ca, die alle schön gelegen und gut gepflegt sind, Stellplatz ab $25,50. Außerdem stellen die Dörfer am Parkrand einige schlichte Übernachtungsmöglichkeiten bereit.

Cap-Bon-Ami, unmittelbar südlich des Centre d'interprétation, besonders schön gelegener Campingplatz, ☺ Anfang Juni–Anfang Sep.
Motel le Noroît, 589 Blvd Griffon, Anse-au-Griffon, ☎ 418/892-5531. ❷
Hostel, 2095 Blvd Grande-Grève, Cap-aux-Os, ☎ 418/892-5153, 🖥 www.gaspesie.net/aj-gaspe. Hostel mit Café, Waschküche und Mountainbike-Verleih; Dorm-Bett $20–24, Zimmer $42–50.
Café de L'Anse, im Kulturzentrum von Anse-au-Griffon, 557 Blvd Griffon, zumeist Meeresfrüchtegerichte, außerdem Internetzugang.

Sonstiges

Eintritt
Der Eintritt zum Parc Forillon kostet $7,80.

Informationen
Das **Besucherzentrum**, ☎ 418/892-5572, 🖥 www.pc.gc.ca, liegt in der Nähe des Leuchtturms beim Dorf Cap-des-Rosiers am nördlichen Parkrand. Es bietet massenhaft Informationen über Freizeitaktivitäten und einen anschaulichen Überblick über die Natur- und Besiedlungsgeschichte der Gegend. ☺ Ende Mai–Mitte Okt tgl. 9–17 Uhr.
Außer dem Centre d'interprétation gibt es im Park zwei Besucherzentren nahe der Rte 132. Eines befindet sich in **Anse-au-Griffon**, ☎ 418/368-5505 oder 1-800/463-6769, ☺ Ende Mai–Anfang Sep tgl. 8.30–21.30, Sep–Mitte Okt 9–16 Uhr, das andere an der Südküste in **Penouille**, ☎ 418/892-5661, ☺ gleiche Öffnungszeiten.

Walbeobachtung
Ausflüge ab Grande-Grave, ☎ 418/892-5500 oder 1-888/617-5500, 🖥 www.baleines-forillon.com. Juni–Anfang Okt 1–4x tgl., $55.

Gaspé

Die rund 17 000 Einwohner zählende Stadt Gaspé überspannt die hügelige Mündung des Rivière York und kann mit der schönen Landschaft des Parks kaum mithalten. Der Name ist von *Gespeg*

Jacques Cartier in Gaspé

Gaspé liegt an der Stelle, wo 1534 der französische Seemann und Entdecker **Jacques Cartier** an Land ging. Auf der ersten seiner drei Reisen den St.-Lorenz-Strom hinauf verweilte er elf Tage und errichtete ein Holzkreuz mit dem Wappen von Franz I. Damit unterstrich er den Anspruch des Königs – und der Christenheit – auf das neue Gebiet. Zunächst suchte Cartier nur nach einer Route zum Orient, aber schon bald steckte er seine Ziele höher: Er wollte Land für sich und seine Männer erwerben, die Indianer als Pelzsammler ausbeuten und wertvolles Metall finden, um mit den Spaniern – die die Azteken und Inkas beraubt hatten – gleichzuziehen. Natürlich musste er seine wahren Absichten zu Anfang verbergen, und die erste Kontaktaufnahme mit den Irokesen verlief herzlich. Bereits im Frühling 1536 allerdings missbrauchte er das Vertrauen der Indianer: Er nahm zwei Söhne des Häuptlings mit zu Franz I., die nie wieder zurückkehren sollten. Entsprechend misstrauisch wurde Cartier bei seiner dritten Reise 1541 empfangen, und es gelang ihm nicht, seinen Auftrag zu erfüllen und eine Kolonie zu gründen. In einem verzweifelten Versuch seinen Ruf zu retten, segelte er nach Frankreich zurück, die Taschen vermeintlich voller „Gold und Diamanten" Es stellte sich jedoch bald heraus, dass es sich bei den Steinen um nichts weiter handelte als Eisenkies und Quarzkristalle.

abgeleitet, was in der Sprache der Micmac-Indianer „Ende des Landes" bedeutet. Die Wirtschaft des eintönigen Ortes stützt sich auf den Tiefseehafen.
Unmittelbar östlich des Ortszentrums blickt das **Jacques Cartier Monument**, 80 Blvd Gaspé, vom Gelände des Stadtmuseums über die Bucht. Das eindrucksvolle Relief besteht aus sechs Dolmen, die an Cartiers Besuch (s. Kasten) und sein Verhalten gegenüber den Ureinwohnern erinnern. Das **Museum** selbst, 00 Blvd Gaspé, beleuchtet die gesellschaftlichen Fragen, die die Einwohner der Halbinsel bis heute beschäftigen: Isolation von den Machtzentren, Entvölkerung und – seit kurzem – Arbeitslosigkeit. Wechselnde

Ausstellungen widmen sich einheimischen Themen, z. B. den Künstlern und Musikern der Halbinsel, ☉ Ende Juni–Anfang Okt tgl. 9–17, sonst Mo–Fr 9–12 und 13–17, Sa und So 13–17 Uhr, Eintritt $7.

Nach einem zehnminütigen Fußmarsch in Richtung Westen erreicht man am Ende der Rue Jacques-Cartier die **Cathédrale du Christ-Roi de Gaspé**. Es ist die einzige Holzkathedrale in Nordamerika. Sie wurde im Jahr 1970 erbaut. Das von geraden Linien und symmetrischer Einfachheit geprägte Kirchenschiff präsentiert sich in warmem Licht, das durch die beeindruckenden Buntglasfenster hereinströmt.

Unmittelbar vor der Stadt befindet sich das weiße **Sanctuaire Notre Dame-des-Douleurs**, ✆ 418/368-2133, eine beliebte Pilgerstätte. Die angeblich heilende Wirkung wird durch eine Sammlung von Krücken, Klammern und Rohren unterstrichen. Letztere fand man in der Kapelle, in der der Gründer des Heiligtums, Pater Watier, begraben liegt. Auf einem kleinen Hügel hinter der Kirche befinden sich eine Nachbildung der Lourdes-Grotte (mit Freiluftaltar) und Garden of Mary's Sorrow, zwei attraktive Gärten mit religiösen Statuen. ☉ Anfang Juni–Mitte Sep tgl. 9–17, sonst Mo–Fr 9–16.30, So 13–16 Uhr, Eintritt $3.

Die **Site Historique Micmac de Gespeg** nebenan, 783 Blvd Pointe-Navarre, ✆ 418/368-7568, ist eine Rekonstruktion des hiesigen Indianerdorfes aus dem Jahr 1675, als der Handel zwischen Urbevölkerung und Europäern gerade blühte. Das Gelände bietet einen interessanten Überblick über Tipis, Tierfallen und Schnitzwerkzeugen. Allerdings hat die zweieinhalbstündige Besichtigung etwas Überlänge. ☉ Juni–Sep tgl. 9–17 Uhr, Eintritt $8, nur mit Führung.

L'Emerillon, 192 Rue de la Reine, ✆ 418/368-3063, ▭ www.lgitelemerillon.ca. Das beste der zumeist sehr guten B&Bs in Gaspé, in einem historischen Gebäude mit Blick auf die Bucht. Tolles Frühstück. ➍

Motel Plante, 137 Rue Jacques-Cartier, ✆ 418/368-2254 oder 1-888/368-2254, ▭ www.motelplante.com. Relativ preisgünstiges modernes Motel mit einfachen DZ und 2-stöckigen Suiten mit Küche. ➊–➎

Essen

Le Bourlingueur, 39 Montée de Sandy Beach, ✆ 418/368-4323, auf der anderen Flussseite gelegen, bietet empfehlenswertes, preiswertes Frühstück und abends teurere chinesische und kanadische Speisen.

Brise-Brise, 135 Rue de la Reine, ✆ 418/368-1456, ▭ www.brisebise.ca. Das tolle Bistro verwandelt sich abends in eine wilde Kneipe.

Café des Artistes, 101 Rue de la Reine Gaspé, ✆ 418/368-2255, ▭ www.brulerieducafedes artistes.net, ausgezeichnete französische Küche – allerdings teuer. Schöner Zigarrenraum im Obergeschoss.

Informationen

Touristeninformation, vom Zentrum aus gesehen auf der anderen Flussseite an der Rte 198, ✆ 418/368-6335, ▭ www.tourisme gaspe.org. Hier gibt's Unterkunftslisten und Stadtpläne, ☉ tgl. 8–20 Uhr.

Transport

Die Busse halten in Gaspé an der Hauptstraße, Rue Jacques-Cartier, vor dem Motel Adams.

Percé

Die einst bescheidene Fischergemeinde Percé hat sich inzwischen dank ihres faszinierenden Kalksteinmonolithen, der vor der Küste aus dem Meer ragt, in einen beliebten Urlaubsort verwandelt. Das Naturphänomen **Rocher Percé**, benannt nach dem Loch an der Westseite, ist fast 500 m lang und 90 m hoch. Bei Dämmerung schimmert der Fels schaurig-golden. Das Ortsbild ist heute von unzähligen geschmacklosen Geschenkläden und langweiligen Restaurants und Bars geprägt. In der Nebensaison jedoch, wenn ein Großteil der Läden schließt, herrscht in Percé eine reizvolle entspannte Atmosphäre.

Bei Ebbe kann man, wenn man sich beeilt, vom Beobachtungspunkt hinter dem Haus mit dem roten Dach am Ende der Rue Mont-Joli den ganzen Fels umrunden. Der Zugang zum Fels kostet $1, angeblich zur Instandhaltung des Belvedere und der zum Steinstrand führenden Treppe, eine Gezeitentabelle ist oben angeschlagen. Eine spektakuläre Fernsicht auf den Monolith eröffnet sich vom Gipfel des **Mont Sainte-Anne**, der sich unmittelbar hinter Percé erhebt. Der steile, 3 km lange Weg ist von der Rue de l'Église hinter der Kirche ausgeschildert. Eine andere Strecke führt zu **La Grotte**, einem hübschen Fleck mit Wasserfall und Statuen der Jungfrau Maria inmitten von Felsspalten. Etwas anstrengender ist der Weg den Westhang des Mont Blanc hinauf zur **Grande Crevasse**, die nur einige Millimeter breit, dafür aber mehrere 100 m tief ist. Der markierte Pfad beginnt hinter der Auberge de Gargantua (S. 347), hin und zurück 2 Std.

Abgesehen vom Felsen gibt es in Percé wenig zu sehen. Das **Centre d'interprétation du Parc de l'Île-Bonaventure-et-du-Rocher-Percé**, ca. 2 km südlich des Zentrums, zeigt interessante Exponate zur Flora und Fauna der Gegend, ☉ Anfang Juni–Mitte Okt tgl. 9–17 Uhr, Eintritt frei. Anfahrt über Rte 132, Ausfahrt Rte des Failles, an der Rte d'Irlande links abbiegen.

Im Ortszentrum stellt das **Musée la Chafaud**, 142 Rte 132, traditionelle und moderne Kunstwerke aus. Gelegentlich sind hier hochkalibrige Exponate zu bestaunen. ☉ tgl. 10–22 Uhr, Eintritt $5. Einige Kilometer westlich von Percé befindet sich an einem schönen Strand die renovierte Fischkonservenfabrik **La Vieille Usine de l'Anse-à-Beaufils**. Zu sehen gibt es hier eine breite Palette einheimischer Kunst, ☉ tgl. 10–22 Uhr.

Übernachtung

Die meisten Unterkünfte in Percé stehen nur während der Sommermonate zur Verfügung, in denen eine Buchung zu empfehlen ist. In der Nebensaison kann man sich stattdessen in Gaspé umsehen. Zahlreiche reizende Motels finden sich an der Rte 132.

Le Macareux, 262 Rte 132, ✆ 418/782-2414 oder 1-866/602-2414, 🖳 www.membres.multi mania.fr/motelmacareux. Einfache und saubere Zimmer, teilweise ohne Bad, gute Lage nahe dem Strand und Rocher Percé. ❶ – ❸

Zum gewaltigen Rocher Percé kann man laufen oder mit dem Boot fahren.

Le Mirage, 288 Rte 132, ℡ 418/782-5151 oder 1-800/463-9011, 🖥 www.hotellemirage.com. Nettes Motel mit 67 Zimmern und Suiten, alle mit schönem Blick auf den Rocher Percé; Restaurant. ❸–❻

Hôtel la Normandie, 221 Rte 132 Ouest, ℡ 418/782-2112 oder 1-800/463-0820, 🖥 www.normandieperce.com; helle moderne Zimmer mit Spitzenaussicht auf die Küste. 37 der 45 hellen und modernen Zimmer haben Balkon. Restaurant (○ Anfang Juni–Anfang Okt) mit Tagesmenüs für $23–48. ❺–❼

La Maison Rouge, 125 Rte 132, ℡ 418/782-2227, 🖥 www.lamaisonrouge.ca. Hostel mit Dorm-Betten in einer renovierten Scheune für $20 und Zimmern im Hauptgebäude. Kajakverleih und Ausflüge zur Île-Bonaventure. ❸

Camping Gargantua, 222 Rte des Failles, ℡ 418/782-2852. Einer von 5 Campingplätzen der Gegend. Großartiger Blick auf den Felsen, Stellplatz $22–30.

Essen

La Maison du Pêcheur, 155 Place du Quai, ℡ 418/782-5331, 🖥 www.maisondupecheur. restoquebec.com, leckere Seafood-Spezialitäten.

Les Fous de Bassan, 162 Rte 132, ℡ 418/782-2266, Snacks und vegetarische Speisen für unter $20 in eher unkonventioneller Atmosphäre.

Auberge Gargantua, 222 Rte des Failles, ℡ 418/782-2852, französische Feinschmecker-küche und großartiger Panoramablick über die Stadt.

La Normandie, 221 Rte 132 Ouest, ℡ 418/782-2112 oder 1-800/463-0820, sorgt für besondere Gaumenfreuden, z. B. in Champagner gebackener Hummer.

Touren

Les Traversiers de l'Île, ℡ 418/782-2750, 🖥 www.croisieresgaspesie.com, veranstaltet vom Kai in Percé häufig **Bootsfahrten** um das nahe gelegene Vogelschutzgebiet Île Bonaventure (1 1/2–3 Std., $25–35). Auf den Klippen des Reservats tummeln sich viele Tölpel, Dreizehenmöwen, Tordalken, Lummen, Kormorane und Papageitaucher. Nach Absprache kann man auch an der kleinen

Hafenmole der Insel von Bord gehen. Von dort führen Wege zum Rand der Klippen über den Tölpelkolonien. Touren Ende Mai–Juni und Sep–Mitte Okt tgl. 8.15–16, Juli–Aug 8.15–17 Uhr, Eintritt $3,75.

Zwischen Mai und Oktober ist der Kai außerdem Startpunkt von **Walbeobachtungs-touren**. Neben Buckel- und Blauwalen sind in dieser Gegend manchmal Schweinswale, Robben und die seltenen weiß gestreiften Delphine zu entdecken.

Bateliers de Percé, ℡ 418/782-2974 oder 1-877/782-2974, bietet schnelle Fahrten in Zodiacs ($60) und auch größeren Booten ($50) an, außerdem Fahrten zur Île Bonaventure ($25).

Les Croisières Julien Cloutier, ℡ 418/782-2161 oder 1-877/782-2161. Die Ausflüge in größeren Booten dauern zwischen 2 und 3 Std. und kosten $50, Reservierung an einem der Ticket-kioske an der Hauptstraße empfehlenswert.

Informationen

Touristeninformation, ℡ 418/782-5448, 🖥 www.perce.info. Kostenlose Zimmer-reservierung, Gezeitentabellen, Abfahrtszeiten der Boote, ○ Ende Mai–Ende Okt tgl. 9–19 Uhr.

Transport

Die Rte 132 teilt Percé in zwei Hälften und führt unmittelbar nördlich am Hauptkai vorbei. Die **Busse** aus Carleton oder Gaspé setzen ihre Passagiere im Zentrum von Percé an der Petro-Canada-Tankstelle ab. Der **Bahnhof** der VIA Rail befindet sich 10 km südlich an der Rte 132.

Bonaventure

Südwestlich von Percé führt die Rte 132 über **Chandler**, einen unattraktiven Holzhafen, nach Bonaventure, dem östlichsten Resort an der Baie des Chaleurs mit einem kleinen Ortszentrum direkt an der Straße.

Bekannt ist Bonaventure als Zentrum der aka-dischen Kultur. Deren Tradition dokumentiert das **Musée Acadien du Québec**, 95 Ave Port-Royal, ℡ 418/534-4000, 🖥 www.museeacadien.com. Es befindet sich in einem imposanten blau-weißen Gebäude im Stadtzentrum. Zu den Höhepunkten der Sammlung zählen handgemachte Möbel aus dem 18. Jh. sowie faszinierende Fotografien, die einen Eindruck von der Beschwerlichkeit des akadischen Landlebens vermitteln. ⏱ Ende Juni–Anfang Sep tgl. 9–18, Anfang Sep–Mitte Okt 9–17, Mitte Okt–Anfang Mai Mo–Fr 9–12 und 13–16.30, So 13–16.30, Anfang Mai–Ende Mo–Fr 9–12 und 13–16.30, Sa und So 13–16.30 Uhr, Eintritt $8.

Im **Bioparc de la Gaspésie**, 123 Rue des Vieux-Ponts, ☎ 1-866/534-1997, 🖥 www.bioparc.ca, kann man die Tiere der Region, darunter Karibus, Luchse, Otter und Berglöwen, in ihren jeweiligen Ökosystemen beobachten, ⏱ Juni–Anfang Okt tgl. 9–17, Juli und Aug 9–18 Uhr, Eintritt $12,95.

Motel Grand Pré, 118 Ave Grand-Pré, ☎ 418/534-2053 oder 1-800/463-2053, 🖥 www.motelgrandpre.com. Gut ausgestattetes Motel. ❺–❼

Au Foin Fou, 204 Rte de la Rivière, ☎ 418/534-4413, 🖥 www.foinfou.qc.ca. Künstlerisch angehauchtes B&B. ❷

Auberge du Café Acadien, 168 Rue de Beaubassin, ☎ 418/534-4276, weiteres B&B, über dem Café Acadien, das fantasievolles französisch-kanadisches **Essen** serviert. ❷

Cime Aventure, 200 Chemin Arsenault, ☎ 418/534-2333 oder 1-800/790-2463, 🖥 www.cimeaventure.com. Bietet Zeltplätze ($23) und Tipis am Ufer des Rivière Bonaventure sowie komfortable Cottages im Wald. Kajak- und Kanuverleih und geführte Flusstouren (3 Std. bis 6 Tage, unterschiedliche Preise). ❷–❻

Touristeninformation, 91 Ave Port-Royal, neben dem Musée Acadien, ☎ 418/534-4014, 🖥 www.ville.bonaventure.qc.ca. Hintergrundinfos zur Stadt und Unterkunftsverzeichnisse, ⏱ Mitte Juni–Aug tgl. 9–18 Uhr.

Carleton und die Miguasha-Halbinsel

Unmittelbar westlich von New Richmond verläuft die Rte 299 nördlich am Ufer des Cascapédia in Richtung Parc de la Gaspésie (S. 341), während die Rte 132 am Wasser zum beliebten Küstenresort Carleton weiterführt. Ab hier dominieren erneut die Berge des Landesinneren die Landschaft. Der kleine Ort **Carleton** wurde im Jahr 1756 von akadischen Flüchtlingen gegründet und liegt ein Stück vom Meer entfernt hinter einer breiten Lagune. Eine Reihe von Dämmen verbindet ihn mit dem schmalen Küstenstreifen. In der Stadt gibt es ein Vogelschutzgebiet – die Heimat von Watvögeln wie Wasserläufer und Regenpfeifer – sowie mehrere Badestrände, wo man Kajaks ausleihen kann.

Ihren besonderen Charakter verdankt die Ansiedlung dem Kontrast zwischen flacher Küste und den bewaldeten Hügeln, die sich hinter der Stadt erheben. Der höchste davon – Mont Saint-Joseph (582 m) – wird vom **Oratoire Notre Dame-du-Mont-Saint-Joseph**, ☎ 418/364-2256, beherrscht. Die enttäuschende Kirche umfasst die Wände einer Steinkapelle, die 1935 an dieser Stelle errichtet wurde. Ein 3 km langes Labyrinth aus steilen Pfaden zieht sich an Strömen und Wasserfällen vorbei zum Gipfel, den man auch per Auto erreichen kann, um die Sicht über die Bucht zu genießen. ⏱ Mitte Juni–Anfang Sep tgl. 8–19, Anfang Sep–Okt 9–17 Uhr, Eintritt $4.

Die lohnenswerte hügelige **Miguasha-Halbinsel**, etwa 20 km westlich und etwas abseits der Rte 132, ist für ihre Fossilien bekannt: Im **Parc national de Miguasha**, 🖥 www.sepaq.com, werden die interessantesten Exemplare im kombinierten Forschungszentrum und Museum gezeigt, ⏱ Juni–Aug tgl. 9–18, Sep–Mitte Okt 9–17, sonst Mo–Fr 8.30–12 und 13–16.30 Uhr, Eintritt $12,25. Die häufigen und kostenlosen Touren umfassen das Museum, das Forschungsgebiet sowie einen Spaziergang am Strand und an den Klippen entlang.

Carlton bietet gute Übernachtungsmöglichkeiten; viele Motels säumen die Hauptstraße (Blvd Perron).

Manoir Belle Plage, Nr. 474, ☎ 418/364-3388 oder 1-800/463-0780, 🖥 www.manoirbelleplage.com. Unterkunft mit Stil. ❸–❻

Gîte Les Leblanc, Nr. 346, ☎ 418/364-7601, 🖥 www.giteetaubergedupassant.com/Leblanc. Vermietet B&B-Zimmer. ❷

Camping Carleton, am Damm Banc de Larocque, ✆ 418/364-3992, 🖥 www.carleton surmer.com. Stellplätze ab $21, ⊙ Mitte Juni–Aug.

Camping L'Erabliére, auf der Miguasha-Halbinsel, ✆ 418/794-2913, 🖥 www.camping lerabliere.qc.ca, abgelegene Küstenlage an der Spitze der Halbinsel. Stellplatz $20, einfache Chalets ❹.

Essen

Le Bleu Marine, 203 Rte du Quai, ✆ 418/364-6621, erschwingliche Mittagsmenüs, Blick auf den Strand.

Restaurant le Héron, 561 Rte du Quai (Bushaltestelle), ✆ 418/364-3881, deftige Fischspezialitäten.

Le Courlieu, 474 Blvd Perron, ✆ 418/364-3388, hervorragende Gerichte mit gegrillten Meeresfrüchten für etwa $20.

La Mie Véritable, 578 Blvd Perron, Bäckerei.

Pointe-à-la-Croix und Umgebung

Etwa 50 km westlich von Carleton verbindet eine Brücke **Pointe-à-la-Croix** in Québec mit Campbellton in New Brunswick. Im Sommer liefert ein **Infokiosk**, 🖥 www.pointe-a-la-croix.com, in einem kleinen Holzhaus an der Rte 132 an der Abzweigung zur Brücke umfassende Informationen über die Gaspé-Halbinsel, ⊙ tgl. 8–20 Uhr.

Direkt vor der Brücke führt eine Seitenstraße rechts zur kleinen Küstengemeinde **Listuguj** (Restigouche), dem Herzstück eines Mi'kmaq-Indianerreservats. Hier gilt die Zeit von New Brunswick, da die Kinder in Campbellton zur Schule gehen. Die Mi'kmaq gehören zur Algonkin-Sprachgruppe, die sich von Nova Scotia an der Atlantikküste bis nach Gaspé und Ost-Neufundland ausgebreitet hat. Ihr trauriges Schicksal klingt vertraut: Sie tauschten Pelze gegen europäische Messer, Beile und Töpfe und stritten sich mit anderen indianischen Gruppen um Jagdgründe, was zu einem permanenten Kriegszustand führte. Später unterstützten sie die französischen Soldaten. Die Zahl der Mi'kmaq dezimierte sich durch europäische

Krankheiten, und bis heute bilden sie eine vernachlässigte Minderheit. Immerhin verwalten sie ihr Reservat, das zu den fünf reichsten in ganz Kanada zählt, selbst (es gibt gut 800 Reservate).

Das **Listuguj Arts and Cultural Centre** zeigt eine kleine Ausstellung über traditionelles Kunsthandwerk und Gebäude aus der Zeit vor der Ankunft der Europäer. Kleidung und Kanus werden vor Ort hergestellt, um das Interesse an der Kultur und den traditionellen Fertigkeiten der Mi'kmaq wieder zu wecken. ⊙ Mai–Sep tgl. 9–17 Uhr, Eintritt $5.

Einige Kilometer westlich der Brücke, zurück über die Rte 132, erinnert die historische Gedenkstätte **La Bataille-de-la-Restigouche** an die entscheidende Kampfhandlung der Marine im Jahr 1760. Damals wurden ein Jahr nach dem Fall von Québec-Stadt alle Hoffnungen der Franzosen auf eine Bewahrung ihrer Hochburg Montréal begraben. Die französische Flotte musste sich in die Mündung des Rivière Restigouche flüchten und wurde – trotz Unterstützung seitens der hier angesiedelten Mi'kmaq und Akadier – von den überlegenen britischen Streitkräften aufgerieben.

Im ausgezeichneten **Besucherzentrum**, 🖥 www.pc.gc.ca/ristigouche, sind die Überreste der französischen Flotte zu sehen, in erster Linie die Fregatte *Le Machault*, die z. T. rekonstruiert wurde. ⊙ Juni–Anfang Okt 9–17 Uhr, Eintritt $3,90.

Kaum jemand wird sich längere Zeit in Pointe-à-la-Croix aufhalten wollen. Falls doch, gibt es 6 km östlich von Listuguj das außergewöhnlich feudale Hostel **Auberge du Château Bahia**, 152 Blvd Perron in Pointe-à-la-Garde, ✆ 418/788-2048, 🖥 www.chateaubahia.com. Dorm-Bett $24, Zimmer $32,50–37,50, jeweils inkl. Frühstück, üppiges Abendessen $12. Der Weg zu dieser exzentrischen Holzburg im Renaissance-Stil ist von der Rte 132 ausgeschildert.

Zeitzone

In New Brunswick gilt **Atlantic Time**, die der Eastern Time von Québec eine Stunde voraus ist.

Îles de la Madeleine

Der Archipel Îles de la Madeleine liegt inmitten des St.-Lorenz-Stroms, rund 200 km südöstlich der Gaspé-Halbinsel und 100 km nordöstlich von Prince Edward Island. Die Gruppe besteht aus zwölf Hauptinseln, von denen sieben bewohnt sind. Sechs davon werden durch schmale Sandstreifen miteinander verbunden und von befestigten Straßen und Kieswegen durchzogen. Die letzte ist nur per Schiff zu erreichen. Zusammen bilden die zwölf Inseln eine halbmondförmige Ansammlung von Dünen, Lagunen und niedrigen Felsvorsprüngen von insgesamt 80 km Länge. Etwa in der Mitte liegt der Hauptort mit Fährhafen **Cap-aux-Meules**.

Aufgrund der Lage im Golfstrom herrscht auf den Inseln im Winter ein milderes Klima als auf dem Festland. Allerdings weht ständig ein frischer Wind, der die roten Sandsteinklippen am Ufer in eine außergewöhnliche Reihe von Bögen, Höhlen und Tunneln verwandelt hat. Diese Felsformationen gelten als *die* Attraktion der Inseln und sind auf der zentralen **Île du Cap-aux-Meules** und der benachbarten **Île du Havre-aux-Maisons** besonders ausgeprägt.

Heute sind die 15 000 Inselbewohner, die zumeist von akadischen Siedlern abstammen, großteils auf die Fischerei, insbesondere das Hummerfischen, angewiesen, jedoch konzentrieren sie sich inzwischen verstärkt auf den Tourismus. Dabei achten sie auf die Bewahrung

---

Îles de la Madeleine: Praktische Tipps

Anreise

Außer im Februar und März fährt eine CTMA-**Autofähre** von Souris auf Prince Edward Island in 5 Std. nach Cap-aux-Meules, ✆ Souris 902/687-2181, Cap-aux-Meules 418/986-3278, in Montréal ✆ 514/937-7656, 🖥 www.ctma.ca/traversier-madeleine. Das Schiff verkehrt je nach Saison 5–10x tgl., hin und zurück; die einfache Fahrt kostet in der Hochsaison $44,75 plus $83,75 für ein Auto bzw. $29 für ein Fahrrad. Im Juli und August sind Reservierungen obligatorisch und müssen mehrere Monate im Voraus vorgenommen werden. Das ebenfalls von CTMA betriebene Kreuzfahrtschiff *Vacancier* legt jeden Freitag in Montréal ab und erreicht nach 48 Std. auf dem St.-Lorenz-Strom die Inseln (einfach ab $578, plus $302 pro Auto).

Es gibt tägliche **Flüge** mit Air Canada Jazz von Gaspé, Québec-Stadt, Montréal und Halifax. Ermäßigte Flugtickets erhält man, wenn man zwei Wochen im Voraus bucht und ein Samstag zwischen dem Hin- und dem Rückflug liegt. Alternativen sind **Pascan Aviation**, ✆ 450/443-0500 oder 1-888/313-8777, 🖥 www.pascan.com, mit Flügen von und nach Montréal, Québec-Stadt und Bonaventure, und **ExactAir**, ✆ 1-877/589-8923, 🖥 www.exactair.ca, mit Flügen von/nach Mont-Joli.

Transport

Der **Flughafen** der Inseln liegt am Nordende der Île du Havre-aux-Maisons, 20 km von Cap-aux-Meules entfernt. Für einige Flüge gibt es Anschlussbusse nach Cap-aux-Meules, andernfalls muss man ein **Taxi** (rund $25) oder einen **Mietwagen** nehmen: Hertz, ✆ 418/969-4229; im Sommer im Voraus buchen.

Das beste Fortbewegungsmittel auf den Inseln ist ein **Fahrrad**, z. B. von **Le Pédalier**, 545 Chemin Principal, Cap-aux-Meules, ✆ 418/986-2965, 🖥 www.lepedalier.com, $24 p. Tag, $90 p. Woche. Hier und in der Touristeninformation gibt's exzellente Karten mit den vielen gut ausgeschilderten Radwegen der Insel. **Mopeds** verleiht **Cap-aux-Meules Honda**, Rte 199, La Vernière, ✆ 418/986-4085, südwestlich von Cap-aux-Meules.

Informationen

Die **Touristeninformation**, 128 Chemin Principal, in der Nähe des Fährterminals in Cap-aux-Meules, ✆ 418/986-2245 oder 1-877/624-4437, 🖥 www.tourismeilesdelamadeleine.com, hat eine kostenlose Zimmervermittlung mit Schwerpunkt B&Bs. ⏰ Ende Juni–Aug tgl. 7–21, Sep tgl. 9–20, Anfang Okt–Mitte Okt tgl. 9–17, Mitte Okt–Ende Juni Mo–Fr 9–17 Uhr plus im Juni zu den Fährankünften.

ihres Lebensstils und die empfindliche Umwelt der schönen Inseln.

Besucher lassen sich vom weiten offenen Land und dem Gefühl der Isolation auf dem Archipel anlocken. An den Dünenstränden kann man die traute Zweisamkeit mit dem Meer genießen. Baden ist aufgrund der starken Strömungen und wechselnden Wetterbedingungen jedoch gefährlich. Außerdem leben im Wasser Feuerquallen.

Da die Inseln nur wenige offizielle **Übernachtungsmöglichkeiten** bieten, empfiehlt sich die Buchung eines Zimmers vor der Ankunft. Vor Ort hilft die Touristeninformation bei der Reservierung von Cottages und Apartments ab ungefähr $250 pro Woche.

Die billigste Art der Übernachtung neben dem **Hostel** (mit Stellplätzen für Zelte) sind die **Campingplätze**, von denen es auf den Inseln etwas ein halbes Dutzend gibt.

Île du Cap-aux-Meules

Die Fähre von Souris, Prince Edward Island (S. 471), legt in der Mitte des Archipels an der Île du Cap-aux-Meules an. An deren Ostküste befindet sich die größte – wenn auch wenig attraktive Gemeinde – der Inseln, **Cap-aux-Meules**. Der Ort dient als Verwaltungs- und Handelszentrum und zudem als Basis für die Erkundung der Nachbarinseln. Einige Kilometer westlich der Insel bieten sich von der höchsten Erhebung der Gegend, **Butte du Vent**, schöne Ausblicke auf die gesamte Inselkette.

Noch weiter westlich finden sich auf der anderen Inselseite unweit des Fischereihafens **Étang-du-Nord** extravagante Felsformationen an der Küste. Von hier werden Kajaktouren angeboten. In entgegengesetzter Richtung führt die Hauptstraße an der Südspitze einer langen Lagune herum, bevor sie weiter über die Île du Havre-aux-Maisons verläuft.

Übernachtung

Motel Bellevue, 40 Chemin Principal, ✆ 418/986-4477, 🖳 www.ilesdelamadeleine. com/bellevue, einfache Unterkunft. ❹
Château Madelinot, 323 Rte 199, Fatima, ✆ 418/986-3695 oder 1-800/661-4537,

Einladende Brauereikneipe

À l'abri de la Tempete, 286 Chemin Coulombe, ✆ 418/986-5005, 🖳 www.alabridelatempete. com. Diese tolle Brauereikneipe kurz vor der Dune de l'Ouest lohnt auf jeden Fall einen Abstecher: Sie ist in einer alten Fischfabrik untergebracht und hat mit ihren aus Zutaten von der Insel gebrauten Bieren schon mehrere Preise gewonnen.

🖳 www.quebecweb.com/chateaumadelinot, mit Meerblick, vorzüglichem Essen und gemütlichen Zimmern. ☉ Juni–Sep. ❺
Hostel and Camping Gros Cap, 74 Chemin du Camping, Étang-du-Nord, ✆ 418/986-4505 oder 1-800/986-4505, 🖳 www.parcdegroscap. ca. Tolle, windumtoste Lage. Dorm-Bett $23 inkl. Frühstück, Stellplatz $20. ☉ Mai–Sep. Bietet auch geführte Kajaktouren ab $39 und Internetzugang.
Le Barachois, Chemin du Rivage, Fatima, ✆ 418/986-6065, 🖳 www.campingbarachois.ca. Ruhige Anlage mit Stellplätzen ab $19. ☉ Mai–Okt.

Essen

La Table des Roy, 1188 Chemin de La Vernière, ✆ 418/986-3004, 🖳 www.latabledesroy.com. Vorzügliches, aber teures Fischrestaurant in La Vernière unmittelbar westlich von Cap-aux-Meules. ☉ Mo geschlossen.
Café la Côte, 499 Chemin Boisville Ouest, L'Etang-du-Nord, ✆ 418/986-6412, gute Sandwiches und Pizzas sowie Blick aufs Wasser.
La Factrie, 521 Chemin Gros Cap, ✆ 418/986-2710. Witziges und preiswertes Hummerrestaurant im Stil einer Cafeteria, das Lokal ist an eine Hummerverarbeitungsfabrik angeschlossen.

Île du Havre-aux-Maisons

Die Île du Havre-aux-Maisons zeichnet sich durch einen landschaftlichen Gegensatz aus: Neben sanftem Grün imponieren die roten Klippen an der Südküste. Bekannt ist die von schmalen Landstraßen und kleinen Dörfern übersäte Insel für eine sprachliche Besonderheit. Die Akadier, die sich infolge der Deportation hier ansiedelten, waren über ihre Behandlung derart erbost, dass sie beschlossen, niemals wieder das Wort „König" (auf Französisch „roi") in den Mund zu nehmen. Über die Jahre verbannten sie den Buchstaben „r" völlig aus ihrem Sprachgebrauch.

Sehenswert sind die Felsen um die **Dune du Sud** sowie das **Fumoir d'Antan**, 27 Chemin du Quai, ✆ 418/969-4907, 🖳 www.fumoirdantan. com, ein traditionelles Räucherhaus für Heringe, ◷ tgl. 9–17 Uhr, kostenlose Führung. Unten an der Mole bietet **Les Excursions de la Lagune**, ✆ 418/969-4550, 🖳 www.ilesdelamadeleine. com/excursions, von Juni bis Sep unterhaltsame und lehrreiche zweistündige Lagunentouren auf einem Glasbodenboot für $29. Verlassene Strände säumen zu beiden Seiten die kleine Gemeinde **Pointe-aux-Loups**, die sich nördlich auf einer Sandbank entlang Rte 199 erstreckt.

Auberge la P'tite Baie, 187 Rte 199, ✆ 418/969-4073, 🖳 www3.sympatico.ca/ auberge.petitebaie. Hübsche Zimmer mit Meerblick. ❸

Camping Des Sillons, ✆ 418/969-2134, 🖳 www.chaletscampingdessillons.com. Zelten am Strand auf der Ostseite der Insel, Stellplatz $19–30. Es gibt auch einige Chalets ❸–❺. ◷ Mai–Mitte Okt.

Vorzügliches Seafood gibt es im restaurierten Kloster **Au Vieux Couvent**, 292 Rte 199, ✆ 418/969-2233, 🖳 www.domaineduvieux couvent.com, mit einer lebhafter Kellerbar, in der regelmäßig Livemusik gespielt wird (auch ohne ist der Laden jeden Abend bis 23 Uhr voll).

Grosse-Île und Île de la Grande-Entrée

Am nördlichen Ende des Archipels grenzen die anglophone Grosse-Île und die frankophone Île de la Grande-Entrée an das Naturschutzgebiet **Pointe-de-l'Est** (Eingang an der Hauptstraße). Am Südrand des Reservats liegt der **Sandstrand** La Grande Échouerie, dessen südliches Ende von den großartigen Felsformationen am Old Harry's Point eingerahmt wird. An dieser Stelle gingen die Europäer zum ersten Mal an Land, um **Walrosse** zu schlachten, und sie reduzierten den Bestand drastisch. Heute stehen die Chan-

Boots- und Angeltouren starten den ganzen Sommer über nahe dem Fährterminal: **Excursions en mer**, ✆ 418/986-4745, 🖳 www.excur sionsenmer.com, und **Le Pluvier Aventurier**, ✆ 418/986-5681, 🖳 www3.telebecinternet.com/ lepluvier, bieten ein ähnliches Programm.

Wind- und Kitesurfen

Zur größten Attraktion für Abenteuerlustige hat sich das Wind- und Kitesurfen entwickelt, denn in dieser Gegend herrschen starke Winde vor. Zwischen Ende August und Ende Oktober sind die Bedingungen so vorzüglich, dass hier die kanadischen Profimeisterschaften ausgetragen werden.

Aerosport Carrefour d'Aventures, 1390 Chemin de La Verniére, Étang-du-Nord, ✆ 418/986-6677,

🖳 www.aerosport.ca, Kanadas erste Kitesur fing-Schule, verleiht Ausrüstung und informiert rund ums Thema Kitesurfen.

Wracktauchen

Der starke Wind hat dafür gesorgt, dass schon viele Schiffe an dieser Küste gesunken sind. Davon profitieren vor allem Wracktaucher, die hier erstklassige Bedingungen vorfinden.

Le Repère du Plongeur, 18 Allée Léo Leblanc, ✆ 418/986-3962, 🖳 www.repereduplongeur.com, bietet Infos und Touren.

Centre nautique de l'Istorlet, 100 Chemin de l'Istorlet, Havre-Aubert, ✆ 418/937-5266, 🖳 www. istorlet.com; geführte Schnorcheltrips ($95) zu den Robben an den Küsten der Inseln und Seekajaktouren ($50).

Québec-Stadt und Nord-Québec

cen beim 10 km langen Strandspaziergang gut, **Robben** zu sichten – manchmal auch wieder Walrosse.

1 km hinter dem Kai von Old-Harry bilden die Inseln die Kulisse für eine hübsche weiße Kirche. Ein Stück weiter beherbergt das alte rote Schulhaus den Council for Anglophone Magdalen Islanders sowie ein **Museum**, ✆ 418/985-2116. Letzteres dokumentiert die Geschichte der anglophonen Bevölkerung, die zum Großteil schottischer Abstammung ist, ⊙ Juli–Aug tgl. 8–16, Sep–Juni Mo–Fr 8–16 Uhr, Eintritt frei.

Mehr über die Robben erfährt man im **Centre d'interprétation du Phoque**, 377 Rte 199, ✆ 418/985-2833 oder 1-888/537-4537, ⌨ www.loupmarin.com. ⊙ Juni–Sep tgl. 10–18 Uhr, sonst nach Vereinbarung, Eintritt $7,50.

Übernachtung und Essen

Der Hafen von Île de la Grande-Entrée, der letzten bewohnten Insel, bietet eine Reihe von Unterkünften.

Domaine de la Grenouille sur Mer, 83 Chemin des Pealey, ✆ 418/985-2365 oder 514/645-9855. ❸

La Salicorne, 377 Rte 199, ✆ 418/985-2833 oder 1-888/537-4537, ⌨ www.salicorne.ca. Die Anlage hat Plätze zum Campen, Zimmer und ein tolles Restaurant, das Madelinot. Das Essen ist teuer – um Geld zu sparen empfiehlt es sich, Vollpension zu buchen. Daneben bietet die ganzjährig geöffnete, auch für Nicht-Gäste zugängliche Anlage verschiedene Aktivitäten an, u. a. Ausflüge zu den Höhlen der Île Boudreau vor der Küste und Naturwanderungen. ❸

Café de l'Est, 503 Chemin Principal, Old-Harry, ✆ 418/985-2155, preiswertes Lokal mit z. B. Fisch und Muscheln mit Pommes frites.

Île du Havre-Aubert

Die Gemeinde Havre-Aubert auf der Île du Havre-Aubert südlich der Île du Cap-aux-Meules befindet sich inmitten einer Hügellandschaft. Mit seiner malerischen Lage lockt der Ort viele Besucher an. Sein Kiesstrand **La Grave** wird von einer Uferpromenade und Holzhäusern eingerahmt. Einst wurden diese von Seeleuten und

Fischern genutzt, inzwischen haben sie sich in Bars, Restaurants, Souvenirläden und Kunstgalerien verwandelt.

Das **Aquarium des Îles** am Strand, ✆ 418/937-2277, zeigt Fische und Krustentiere, die in den Gewässern um die Insel leben. Draußen tummeln sich Robben in einem kleinen Tidebecken. ⊙ Anfang Juni–Aug tgl. 10–18, Sep 10–17 Uhr, Eintritt $7,50.

Das **Musée de la Mer**, ✆ 418/937-5711, mit Blick auf La Grave, beherbergt Ausstellungen über die lokale Fischereitechnik und die Geschichte der Inseln. Besonders interessant sind die Exponate zu den mehr als 400 Schiffbrüchen, die sich unmittelbar vor der Küste ereignet haben. ⊙ Mitte Juni–Mitte Sep tgl. Mo–Fr 9–18, Sa und So 10–18 Uhr, andere Öffnungszeiten telefonisch erfragen, Eintritt $5.

In Bassin, einer Gemeinde neben Havre-Aubert, beleuchtet die fantastische **Site d'Autrefois**, ⌨ www.ilesdelamadeleine.com/autrefois, die Geschichte der Madelinots an Hand lebensgroßer Modelle von Fischern, Booten und Häusern. ⊙ Juni–Aug tgl. 9–17, Sep 10–16 Uhr, Eintritt $10. La Chevauché des Îles, ebenfalls in Bassin, ✆ 418/937-2368, bietet **Reittouren** über die Insel an ($25–40).

Übernachtung

Chez Charles Painchaud, 930 Rte 199, La Grave, ✆ 418/937-2227, ⌨ www.auberge chezcharles.ca. Bietet Abholung vom Flughafen oder der Fähre und organisiert Winter- und Sommeraktivitäten. Außerdem verleih von Autos. ❸

Le Berceau des Îles, 701 Chemin Principal in Havre-Aubert, ✆ 418/937-5614, ⌨ www.berceaudesiles.com. Bietet etwas luxuriösere Zimmer und ebenfalls Abholung, Sommer- und Winteraktivitäten sowie Autoverleih. ❸

Auberge Chez Denis à François, 404 Chemin d'en Haut, ✆ 418/937-2371, ⌨ www.aubergechezdenis.ca, mit schönem Blick auf die Hauptstraße. ❸

Essen

Die Restaurants in Havre-Aubert servieren köstliche Speisen.

Café de la Grave, ℡ 418/937-5244, im alten Gemischtwarenladen; kräftige Sandwiches, Muscheleintöpfe, einheimische Biere und WLAN in geselliger Atmosphäre.

Auberge Chez Denis à François (s. S. 353), hat auch ein Fischrestaurant.
La Saline, 1009 Rte 199, La Grave, ℡ 418/937-2230. Vorzügliches Abendessen, Livemusik in der Bar nebenan.
La Marée Haute, 25 Chemin des Fumoirs, ℡ 418/937-2492. Ebenfalls abends geöffnet, serviert leckeres Seafood.
Le P'tit Mondrain, Chemin de La Grave, bei Einheimischen beliebt; preiswerte Fischgerichte.

Île d'Entrée

Die kleine anglophone Île d'Entrée im Südosten ist die einzige bewohnte Insel, die nicht per Land mit dem Rest des Archipels verbunden ist. Der kleine Grashügel zählt weniger als 150 Einwohner und wird von Fußwegen umringt. Bei ruhiger See kann man von Cap-aux-Meules mit der **Fähre** einen schönen Tagesausflug hierher unternehmen: ℡ 418/986-3278, 🖳 www. traversiers.gouv.qc.ca, Mai–Dez Mo–Sa 8 und 15 Uhr, $30 hin und zurück. Pferde und Kühe grasen auf den Hängen des höchsten Punktes der Îles de la Madeleine, **Big Hill** (174 m), zu erreichen vom Hafen über den Chemin Main, dann Chemin Post Office über die Felder bis zur Spitze des Hügels. Von hier eröffnet sich eine Aussicht auf den gesamten Archipel. Vor dem Beginn des Weges passiert man ein kleines **Museum**, ℡ 418/986-6622, das Artefakte von der Insel zeigt, ☉ Juni–Sep unterschiedliche Öffnungszeiten, Eintritt frei.

Die einzige offizielle **Unterkunft** ist das schlichte B&B Chez McLean, ℡ 418/986-4541, ❷. Andernfalls kann man in einem der Privathäuser nächtigen – einfach herumfragen. Für das leibliche Wohl sorgen ein Restaurant und ein Lebensmittelgeschäft am Hafen.

Charlevoix

Die Gegend von Charlevoix, benannt nach dem jesuitischen Historiker Francois Xavier de Charlevoix, erstreckt sich östlich von Québec-Stadt entlang der Nordküste des St.-Lorenz-Stroms von der Beaupré-Küste bis zum Saguenay-Fjord und ist als UNESCO-Biosphärenreservat ausgewiesen. In den abgelegeneren Gebieten leben Rentiere und Wölfe, die normalerweise nicht mit solch südlichen Breitengraden in Verbindung gebracht werden. Die Eiszeit hat zwar das restliche Ost-Kanada geformt, diesen atemberaubenden Teil des Kanadischen Schilds jedoch ausgelassen, sodass hier noch zahlreiche voreiszeitliche Pflanzen gedeihen. Das Gebiet besteht aus sanften Hügeln, schroffen Klippen und weiten Tälern.

Obwohl Charlevoix als Touristenattraktion gilt, und besonders bei Wochenendausflüglern aus Québec-Stadt beliebt ist, hat sich die Gegend ihren Charme bewahrt. Noch immer schmiegen sich malerische Dörfer und Kirchen mit Zinndächern in eine unverdorbene Landschaft. Für gastronomische Touren empfiehlt sich die Broschüre *La Route des Saveurs de Charlevoix*. Aufgeführt sind Landwirte und Restaurants, die die Früchte des heimischen Anbaus für regionale Speisen verwenden. **Informationen** gibt es bei der Association touristique régionale de Charlevoix, 630 Blvd de Comporté, La Malbaie, ℡ 418/665-4454 oder 1-800/667-2276, 🖳 www.tourisme-charlevoix.com.

Die Hauptstrecke durch Charlevoix, die Rte 138, verbindet Québec-Stadt mit Baie-Ste-Catherine am Saguenay (225 km). Die wichtigsten Städte an dieser Strecke werden von Intercar-Bussen aus Québec-Stadt angefahren. Viele charakteristische Charlevoix-Dörfer, insbesondere an der Küste entlang der Rte 362, die in Baie-Saint-Paul beginnt, sind jedoch nicht mit öffentlichen Verkehrsmitteln zu erreichen. Es lohnt sich, ein Auto oder Fahrrad auszuleihen.

Baie-Saint-Paul und Umgebung

Das malerische Baie-Saint-Paul, eine der ersten Siedlungen von Charlevoix, liegt im Gouffré-Tal am Fuße der höchsten Kette der Laurentides.

Beherrscht von den Zwillingstürmen der Kirche winden sich die Straßen durch das Stadtzentrum, das von rund 200 Jahre alten Häusern geschmückt wird.

Von der Kirche zieht sich die Rue St-Jean-Baptiste durchs kommerzielle Zentrum der Stadt, das von malerischen Cottages gesäumt wird. Diese charakteristischen Exemplare der ersten Québecer Häuser sind mit gebogenen Dächern und breiten Veranden versehen und wurden inzwischen großteils in Verkaufsgalerien umgewandelt. **La Maison de René-Richard**, 58 Rue St-Jean-Baptiste, ✆ 418/435-5571, zeigt Werke von René Richard, einem Mitglied der Group of Seven. Seit Richards Tod 1982 wurde an dem Haus (Baujahr 1852) nichts mehr verändert. Zweisprachige Führungen geben einen Einblick in sein Atelier und seine Wohnräume und somit in die Region Charlevoix in den 1940er-Jahren, als sich viele hoch geschätzte Québecer Maler in der Gegend aufhielten. ◷ Tgl. 10–18 Uhr, Eintritt frei, Führung $5.

Einen Überblick über die in Charlevoix entstandenen Kunstwerke bietet das **Centre d'Exposition**, 23 Rue Ambroise-Fafard, ✆ 418/435-3681, ▦ www.centredexpo-bsp.qc.ca, das mit seinen erstklassigen Wechselausstellungen über Québecer und internationale Kunst weltweit Anerkennung erlangte. ◷ Ende Juni–Anfang Sep Di–So 11–17, Mitte Sep–Mitte Juni Di–So 12–17 Uhr, Eintritt $6. Jeden Sommer lassen sich junge kanadische und europäische Künstler im Rahmen eines internationalen Kunstsymposiums in der nahen Arena, 11 Rue Forget, ✆ 418/435.3681, bei der Arbeit auf die Finger schauen.

Parc national des Grands-Jardins

Baie-Saint-Paul ist eine gute Basis für die Erkundung des 42 km entfernten **Parc national des Grands-Jardins**, ▦ www.sepaq.com, an der Rte 381 Allerdings besteht keine Verbindung mit öffentlichen Verkehrsmitteln. ◷ Juni–Aug tgl. 8–20, Sep–Mai 9–17 Uhr, Eintritt 3,50.

Inmitten der Wälder und Seen des Parks bietet der 900 m hohe Mont-du-Lac-des-Cygnes einen wunderschönen Panoramablick. Vom Infokiosk Mont-du-Lac-des-Cygnes an der Rte 381 dauert die Klettertour (5 km) über einen felsigen Weg 3 Std. hin und zurück, robustes

Wandern, Skifahren und mehr

Die für Wanderer, Mountainbiker und Skilangläufer verlockende **Traversée de Charlevoix**, ✆ 418/639-2284, ▦ www.traverseedecharlevoix.qc.ca, beginnt unweit des Parc national des Grands-Jardins an der Rte 381, durchquert 105 km bergiges Gebiet – z. B. den Parc national des Hautes-Gorges-de-la-Rivière-Malbaie (S. 358) – und endet am Mont Grand-Fonds nahe La Malbaie. Die Unterkunft in Cabins oder Cottages kostet ab $156,50 für sechs Nächte, die für die Wanderung einzuplanen sind.

Ausgezeichnete Wintersportmöglichkeiten finden sich im Skigebiet **Le Massif**, ▦ www.lemassif.com, das westlich der Stadt über dem St.-Lorenz-Strom thront; Tagespass $59.

Randonnées Nature-Charlevoix, 41 Rue St-Jean-Baptiste, ✆ 418/435-6275, ▦ www.randonneesnature.com, bietet schöne Wanderungen durch den Parc des Grands-Jardins (S. 355) und Bustouren zum Charlevoix-Krater, einem der größten der Erde (Ende Juni–Anfang Sep 1x tgl., 2 Std., $25).

Am Jachthafen verleiht **L'Air du Large**, 210 Rue Ste Anne, ✆ 418/435-2066, ▦ www.airdularge.com, Fahrräder, Kajaks, Kanus und Gleitschirme. Außerdem werden Kurse in Kajakfahren und Paragliding sowie Bootstouren zu den nahe gelegenen Inseln angeboten.

Schuhwerk ist zu empfehlen. Am Servicezentrum Thomas-Fortin können Kanus ($38,10/Tag) und Kajaks ($39,42/Tag) ausgeliehen werden; außerdem stehen Chalets ➎, Hütten ➎ und Campingplätze ($23,75) zur Verfügung, müssen allerdings im Voraus reserviert werden, ✆ 1-800/665-6527.

Übernachtung

Baie-Saint-Paul hat eine ausgezeichnete Auswahl an Unterkünften:

Le Balcon Vert, ✆ 418/435-5587, ▦ www.balconvert.com. Sehr günstige Option, Cabins mit 4 Betten, Cabins mit Bad, Dorm-Betten ($22), Camping ($22). Der Ausblick ist traumhaft, und das Restaurant mit Bar (Kochgelegenheiten für Gäste gibt's nicht) sorgt für gesellige Atmosphäre. Anfahrt über

Rte 362, nach etwa 3 km östlich vom Ort in die Côte du Balcon Vert abbiegen. ❷–❸

Domaine Belle-Plage, 192 Rue Ste-Anne, ✆ 418/435-3321, 🖥 www.belleplage.ca. Hotel am Ufer mit gemütlichen DZ. ❷–❸

Auberge le Cormoran, 196 Rue Ste-Anne, ✆ 418/435-6030, 🖥 www.lecormoran.ca. Schöne DZ mit verspielter Einrichtung. ❷–❸

A La Lune Bleue, 44 Chemin de la Martine, ✆ 418/614-5260, 🖥 www.alalunebleue.com. B&B ein paar Gehminuten vom Zentrum auf einem friedlichen Grundstück mit Baumbestand. Die 4 Designerzimmer haben Bad und TV. ❸

Auberge la Maison Otis, 23 Rue St-Jean-Baptiste, ✆ 418/435-2255 oder 1-800/267-2254, 🖥 www.maisonotis.com. Schönes Hotel mit Landhausatmosphäre. Mischung DZ, Suiten und Apartments – insgesamt 30 –, teilweise mit freigelegten Holzbalken und einige mit Jacuzzi und Kamin. Restaurant und Bar. ❺–❼

Auberge La Muse, 39 Rue St-Jean-Baptiste, ✆ 418/435-6839 oder 1-800/841-6839, 🖥 www.lamuse.com. Schöne, gastfreundliche Unterkunft im Ortszentrum mit 12 großen, hübsch eingerichteten Zimmern. Restaurant, Wellnessbereich und Souvenirladen. ❻

Auberge La Pignoronde, 750 Blvd Mgr-de-Laval, ✆ 418/435-5505 oder 1-888/554-6004, 🖥 www.aubergelapignoronde.com. Ausgezeichnetes Hotel mit 28 geräumigen, modernen Zimmern (alle mit Bad), Pool und hübschem Garten. 3 Restaurants mit riesiger Weinkarte. ❸

Essen und Unterhaltung

Viele gute Lokale konzentrieren sich in der Nähe der Kirche:

Café d'Artistes, 25 Rue St-Jean-Baptiste, ✆ 418/435-5585, serviert Pizza, verschiedene Kaffeesorten und Desserts.

Joe Smoked Meat, 43 Rue St-Jean-Baptiste, ✆ 418/240-4949, immer gut besuchtes Paradies für Fleischfreunde.

Les Deux Sœurs, 48 Rue St-Jean-Baptiste, ✆ 418/435-6591, ausgezeichnetes Café gegenüber.

Le Mouton Noir, 43 Rue Ste-Anne, ✆ 418/240-3030. Herzhaftes Essen bei Preisen von $18–35.

Restaurant im **Belle-Plage**, ✆ 418/435-3321. Traditionelle Québecer Küche und Buffet für rund $16.

Le Saint-Pub, 2 Rue Racine, Ecke St-Jean-Baptiste, tolle Brauereikneipe.

Vice Café, 1 Rue Ste-Anne, ✆ 418/435-0006, leckere Crêpes und Salate.

Informationen

Touristeninformation, in der Belvédère Baie-Saint-Paul, neben der Rte 188 vor der Ortszufahrt aus westlicher Richtung, ✆ 418/435-4160 oder 1-800/667-2276, 🖥 www.baiesaintpaul.com. Infos über Baie-Saint-Paul und die gesamte Region Charlevoix. Ein kostenloses Museum beschäftigt sich mit der Geografie der Region. ◷ Mitte Juni–Anfang Sep tgl. 9–19, sonst 9–16.30 Uhr.

Im Ortszentrum gibt es eine weitere Touristeninformation, 6 Rue St-Jean-Baptiste, ◷ gleiche Öffnungszeiten.

Transport

Der Intercar-Bus hält vor dem Restaurant La Grignote, 2 Chemin de l'Equerre, ✆ 418/435-6569, im Einkaufszentrum an der Rte 138, 20 Min. zu Fuß vom Zentrum.

Les Éboulements und Umgebung

Die Hauptroute hinter Baie-Saint-Paul führt über die Rte 138. Wer mit dem eigenen Fahrzeug unterwegs ist, sollte jedoch die Rte 362 wählen. Letztere zieht sich durch eine Reihe von Dörfern auf den Uferklippen des St.-Lorenz-Stroms.

Die erste Siedlung auf dem Weg, **Les Éboulements** (Erdrutsche), wurde nach dem gewaltigen Erdbeben von 1663 benannt. Unmittelbar westlich des Dorfes trifft man oberhalb eines Wasserfalls auf die **Moulin Banal** aus dem 18. Jh., 157 Rang St-Joseph, eine funktionsfähige Mehlmühle auf dem gepflegten Gelände des Manoir de Sales-Laterrière, ◷ Ende Juni–Anfang Sep tgl. 10–17 Uhr, Eintritt $4. Villa und Mühle zählen zu den wenigen Bauten, die aus der Zeit des Seigneural-Systems von Neu-Frankreich erhalten geblieben sind. Die Villa (eine Schule) ist für die Öffentlichkeit nicht zugänglich. Ein Lehrpfad verbindet sie mit der Mühle. Am Eingang zum Gelände steht eine entzückende hölzerne Kapelle (1840), die aus dem Dorf St-Nicholas am St.-Lorenz-Strom hierher verlagert wurde.

Von Les Éboulements führt eine steile Nebenstraße zum reizvollen Küstendorf **Saint-Joseph-de-la-Rive**, einer ehemaligen Schiffswerft. Im hier angesiedelten **Musée maritime de Charlevoix**, 305 Rue de l'Église, ☎ 418/635-1131, 🖥 www.musee-maritime-charlevoix.com, werden historische Exponate zu Seefahrt, Schiffswerften und ein Workshop geboten, ⏱ Ende Juni–Anfang Sep tgl. 9–19, sonst Mo–Fr 9–16, Sa und So 11–16 Uhr, Eintritt $5.

Île-aux-Coudres   *direkt vor Baie St Paul*

Die 16 km lange Insel Île-aux-Coudres, wo Cartier im Jahr 1535 die erste Messe auf kanadischem Boden zelebrierte, ist nach ihren zahlreichen Haselnussbäumen benannt. Die ersten festen Siedler – die Missionare – trafen 1748 ein, und die wachsende Bevölkerung verdiente ihren Lebensunterhalt mit Schiffbau und der Jagd auf Beluga-Wale.

Heute locken die Villen und Cottages aus Stein viele Besucher an. Mit Fahrrädern und Autos befahren sie die 24 km lange Straße, die im Uhrzeigersinn die drei Dörfer St-Bernard, La Baleine und St-Louis verbindet.

Unterwegs bietet sich lediglich eine interessante Sehenswürdigkeit: **Les Moulins de l'Isle-aux-Coudres**, ☎ 418/438-2184, 🖥 www.lesmoulinsiac.com, in der südwestlichen Ecke der Insel. Die beiden Mühlen (Wind und Wasser) aus dem frühen 19. Jh. sind noch immer betriebsbereit. ⏱ Mitte Mai–Mitte Okt tgl. 9.30–17.30 Uhr, Eintritt $8.

Übernachtung und Essen

Die Unterkünfte in Île-aux-Coudres sind nicht besonders aufregend, aber viele dieser haben vernünftige Restaurants.
Cap-aux-Pierres, 246 Rue Principale, La Baleine, ☎ 418/438-2711 oder 1-888/554-6003, 🖥 www.dufour.ca. Schickes Hotel mit HP und gutem Restaurant. ❺

Motel Écumé, 808 Chemin des Coudriers, La Baleine, ☎ 418/438-2733, 🖥 www.maison croche.com. Bizarre Unterkunft mit bewusst schrägen Fenstern und geschmacksverirrten Möbeln in sehr schlichten Zimmern. ❷
Motel l'Islet, 10 Chemin de l'Islet, ☎ 418/438-2423, 🖥 www.quebecweb.com/ lislet. Günstige Option an einem abgelegenen Standort nahe St-Louis an der Westspitze der Insel. ⏱ Mai–Mitte Okt. ❸
Camping Leclerc, 333 Chemin de la Baleine, La Baleine, ☎ 418/438-2217, 🖥 famille-leclerc. charlevoix.net/, Stellplatz $22–30.
La Mer Veille, 1833 Chemin des Coudriers, St-Louis, ☎ 418/438-2149, gutes und preiswertes Essen.
Boulangerie Bouchard, 1648 Chemin des Coudriers, frische Backwaren und Pasteten.

Sonstiges
Fahrradverleih
Gérard Desgagnés, 36 Chemin de la Traverse, ☎ 418/438-2332, an der langen Straße, die die Insel zerschneidet.
Vélo-Coudres, 2926 Chemin des Coudriers, ☎ 418/438-2118, 🖥 charlevoix.qc.ca/ velocoudres. Hat eine größere Auswahl, liegt aber 5 km vom Dock entfernt an der Ostspitze der Insel (kostenloser stdl. Shuttle).

Informationen
Die **Touristeninformation**, 🖥 www.tourisme isleauxcoudres.com, unweit des Fährdocks in St-Bernard, hält Karten der Insel bereit. ⏱ Mitte Juni–Aug tgl. 10–19 Uhr.

Transport
Von Saint-Joseph-de-la-Rive verkehrt eine kostenlose **Autofähre**, ☎ 418/438-2743, 🖥 www.traversiers.gouv.qc.ca. Abfahrt 8–26x tgl. 7–23.30 Uhr, Fahrdauer 15 Min.

La Malbaie

Die Rte 362 und 138 treffen sich rund 50 km von Baie-Saint-Paul entfernt in La Malbaie. Der Ort wird auch „Bad Bay" genannt, da Champlain hier 1608 auf Grund lief. Die aus fünf Dörfern bestehende Gemeinde an der Mündung des Rivière Malbaie ist wenig fesselnd, eignet sich aber gut als Basis für einen Tagesausflug zu den Hautes-Gorges (s. unten rechts).

Der feudale Ferienort **Pointe-au-Pic**, ein Stück zurück an der Rte 362, ist inzwischen Teil von La Malbaie und lohnt einen kurzen Abstecher wegen seines Schlosses aus dem späten 19. Jh. Im Casino de Charlevoix nebenan kann man sein restliches Urlaubsgeld verspielen.

Übernachtung

Viele der besten Unterkünfte befinden sich in Pointe-au-Pic, darunter mehrere herrschaftliche Anwesen, die zu reizenden Landgasthäusern umgebaut wurden.

Auberge des 3 Canards, 115 Côte Bellevue, Pointe-au-Pic, ✆ 418/665-3761 oder 1-800/461-3761, 🖳 www.auberge3canards.com. Inn mit 49 komfortablen Zimmern, die meisten mit Balkon und Blick auf den St.-Lorenz-Strom. Das angeschlossene Restaurant ist eines der besten weit und breit. ❻

Claire Villeneuve, 215 Rue St-Raphaël, Cap-à-l'Aigle, ✆ 418/665-2288, 🖳 www.quebec information.com/clairevilleneuve. Dieses ausgezeichnete B&B ist ein tolles Beispiel für die ländliche Architektur Québecs. ❷

Le Manoir Richelieu, 181 Rue Richelieu, Pointe-au-Pic, ✆ 418/665-3703 oder 1-866/540-4464, 🖳 www.fairmont.com. Luxusunterkunft in einem schlossartigen Bauwerk von 1899. Das Restaurant serviert preiswertes Frühstück. ❽

Camping Chutes Fraser, 500 Chemin de la Vallée, ✆ 418/665-2151, 🖳 www.campingchutesfraser. com, wunderschöne Lage an den gleichnamigen Wasserfällen rund 3 km nördlich von La Malbaie, Campingplatz mit langer Tradition, ⏲ Mitte Juni–Anfang Sep, Stellplätze $20–35, Chalets $125.

Essen

Café de la Gare, 100 Chemin du Havre, im Jachthafen von La Malbaie, ✆ 418/665-4272. Bietet eine begrenzte Auswahl an Speisen wie Panini, Muscheln und Nachos.

Club des Monts, 110 Ruisseau des Frênes, ✆ 418/439-3711. Lebhafter Pub mit Livemusik und Kneipenessen.

Sonstiges

Informationen

Touristeninformation, 495 Blvd de Comporté, am St.-Lorenz-Strom, ✆ 418/665-4454. Liefert umfassende Infos für Urlauber, ⏲ Mitte Juni–Sep tgl. 9–19, sonst Mo–Fr 9–16, Sa und So 9–17 Uhr.

Rafting

Descente Malbaie, nördlich von St Aimé des Lacs, auf halbem Weg zu den Hautes-Gorges, ✆ 418/439-2265, 🖳 www.descentemalbaie.com. Veranstaltet Raftingtouren im Sommer: ungefähr $50 für 2 Std.; auch mehrtägige Touren mit Übernachtung erhältlich.

Skilaufen

Das Skigebiet **Rac du Mont Grand-Fonds**, ✆ 418/664-0095 oder 1-877/667-0095, 🖳 www.montgrandfonds.com, hat 14 Pisten für alpine Skifahrer und Snowboarder; Tageskarte $35.

Das **Centre de Plein Aire Les Sources Joyeuses**, ✆ 418/665-4858, bietet 82 km Loipe für Langläufer und eine 5 km lange Eisfläche zum Schlittschuhlaufen. Alle Strecken werden gewartet, Eintritt $9.

Beide Skizentren haben auch Unterricht und Ausrüstungsverleih im Angebot.

Transport

Der Busbahnhof Dépanneur Otis, 46 Rue Ste-Catherine, ✆ 418/665-2264, befindet sich in der Nähe der Touristeninformation.

Die nächste **Autofähre** über den St.-Lorenz-Strom legt vom Ort **Saint-Siméon** ab, 25 km nordöstlich an der Rte 138 Richtung Rivière-du-Loup.

Parc national des Hautes-Gorges-de-la-Rivière-Malbaie

Auf keinen Fall verpassen sollte man den **Parc national des Hautes-Gorges-de-la-Rivière-Malbaie**, ein Netz aus Tälern, die sich 45 km westlich von La Malbaie durch ein Labyrinth von hoch aufragenden Gipfeln ziehen. Man erreicht den Park über Rte 138 bis Saint-Aimé-des-Lacs,

13 km nordwestlich von La Malbaie, von wo der Weg (30 atemberaubende Kilometer über eine unbefestigte Waldstraße) gut ausgeschildert ist. Das **Informationszentrum**, Félix-Antoine-Savard, ℡ 418/439-1227 oder 1-800/665-6527, ▢ www. sepaq.com, liegt am Rivière Malbaie ganz in der Nähe der Rue Principale, ◷ Mitte Mai–Anfang Okt tgl. 7–21 Uhr, Eintritt zum Park $3,50. Mit dem Auto ist hier Endstation, weiter geht's mit einem Leihfahrrad ($31,67 pro Tag) oder dem häufig verkehrenden, kostenlosen Shuttlebus, der bis zum Centre de services Le Draveur fährt.

Im Park ragen die Felswände zu allen Seiten mehr als 700 m in die Höhe und bilden Kanadas tiefsten Canyon östlich der Rocky Mountains. Der großartige Park weist nicht nur eine erstaunliche Geologie auf, sondern umfasst auch sämtliche Québecer Waldarten. Eine anstrengende, aber lohnenswerte 10,5 km lange Wanderung führt über die **L'Acropole-des-Draveurs** genannte Wanderstrecke zum höchsten Punkt des Canyons. Dabei schlängelt sich der Weg durch einen laurentischen Ahornhain, bevor er die arktisch-alpine Tundra des 800 m hohen Gipfels erreicht, von wo sich tolle Ausblicke auf die Schlucht eröffnen. Für die Wanderung hin und zurück sind fünf bis sechs Stunden zu veranschlagen.

Kürzere Pfade vom Centre de services Le Draveur oder die 90-minütige Flusskreuzfahrt ($29,68) sind weniger anstrengende Alternativen. Außerdem kann man hier **Kanus und Kajaks** für die 6 km lange Paddelroute entlang der ruhigen „Eaux Mortes" des Flusses mieten ($13,50 pro Std., $27 pro Tag). Diese können im Centre de services Le Draveur gebucht werden, während man im Informationszentrum Félix-Antoine-Savard einen Stellplatz auf den drei **Campingplätzen** reservieren kann, ◷ Juni–Aug, Stellplatz $18,50–23,75. Dort gibt's auch die Permits für die Zeltplätze in der Wildnis, die teilweise nur per Kanu zugänglich sind.

Saguenay

Saguenay ist die „schizophrenste" Region Québecs, denn sie umfasst eine der spektakulärsten Landschaften der Provinz, aber auch die trostlosesten Industriestädte. Glücklicherweise bleiben diese beiden Extreme immer schön voneinander getrennt, sodass sich die üppige Landschaft am Saguenay-Fluss und seiner Quelle, dem Lac Saint-Jean, ungestört genießen lässt. Die Region bietet gute Möglichkeiten zum Paddeln, Wandern und Radfahren, ist aber am bekanntesten als ausgezeichneter Ort, um **Wale zu beobachten**.

Tadoussac, das touristische Zentrum der Region, ist vor allem als Ausgangspunkt für Walbeobachtungstouren bekannt, aber auch eine ausgezeichnete Basis für Erkundung anderer Naturattraktionen in der Umgebung. Viele davon liegen in den Nationalparks am **Fjord du Saguenay**, ebenfalls ein guter Ort zur Walbeobachtung.

Wer etwas Zeit übrig hat, kann dem **Oberen Saguenay** Richtung Westen folgen – an den Industriestädten **Chicoutimi** und Jonquière vorbei – und eine Rundfahrt durch das flache Farmland des **Lac Saint-Jean** unternehmen. Die Gegend eignet sich hervorragend zum Radfahren: Die **Véloroute des Bleuets** ermöglicht eine ungestörte, 256 km lange Tour um den See.

Tadoussac und Umgebung

Das historische Tadoussac, eine der ältesten Städte Kanadas, liegt wunderschön am unteren Ende des Saguenay-Fjords, wo er in den St.-Lorenz-Strom mündet, und am Fuße der runden Hügel, die dem Ort seinen Namen gaben. Er leitet sich vom algonkischen Wort *tatoushak* ab, was soviel wie „Brüste" bedeutet. Baskische Walfänger waren die ersten Europäer, die sich hier niederließen. Als Samuel de Champlain 1603 ankam, hatte sich Tadoussac bereits zu einem blühenden Handelsposten entwickelt. Mitte des 19. Jhs. avancierte der Ort zu einer beliebten Sommerfrische für die anglophone Bourgeoisie. Heute ist Tadoussac Québecs bester Ort zur **Walbeobachtung**, zusammen mit Bergeronnes und Les Escoumins, die ein Stück weiter nördlich an der Küste liegen.

Mitte bis Ende Juni ist Tadoussac besonders zu empfehlen: Traditionelle Québecer Folksänger, Jazz-Pianisten und Rock-Gitarristen finden sich zu dieser Jahreszeit zum **Festival de la Chanson**, 🖥 www.chansontadoussac.com, ein. Die Rue de Bord-de-l'Eau am Wasser wird von dem roten Dach und den grünen Wiesen des Hôtel Tadoussac, dem Mittelpunkt des historischen Viertels und Wahrzeichen des Orts seit 1864, beherrscht. Auf der anderen Straßenseite steht die älteste Holzkirche von Kanada, die kleine **Chapelle de Tadoussac**, 📞 418/235-4324, von 1747, 🕐 Mitte Juni–Mitte Okt tgl. 9–21 Uhr, außerhalb der Saison nur mit Anmeldung unter 📞 418/235-4324, Eintritt $2.

Der hölzerne **Poste de Traite Chauvin** gegenüber dem Hotel ist eine genaue Nachbildung (bis hin zu den handgemachten Nägeln) des ersten Handelspostens am Nordufer des St.-Lorenz-Stroms. Er beherbergt ein kleines Museum mit Biberpelzen und Exponaten zum Pelzhandel. Ein kurzer Blick vom Eingang dürfte allerdings genügen, 🕐 Mitte Juni–Mitte Sep tgl. 9.30–18.30 Uhr, sonst unterschiedliche Zeiten, Eintritt $3.

Folgt man dem Ufer Richtung Hafen, erreicht man bald das **Centre d'interprétation des Mammifères Marins**, 108 Rue de la Cale-Sèche, 📞 418/235-4701, 🖥 www.baleinesendirect.net, das vom Forschungs- und Informationszentrum GREMM geleitet wird – ein Muss für Walbeobachter: Die ausgezeichneten Dokumentarfilme und Ausstellungen erläutern den Lebenszyklus der Wale im St.-Lorenz-Strom sowie die Bemühungen, die unternommen wurden, um ihren ständig abnehmenden Bestand zu retten. 🕐 Mitte Mai–Mitte Juni und Ende Sep–Ende Okt tgl. 12–18, Mitte Juni–Ende Sep 9–20 Uhr, Eintritt $8.

Wandern in Tadoussac

Der Tadoussac-Abschnitt des **Parc du Saguenay** umfasst einige einfache **Wanderwege** um den Ort sowie einen 42 km langen Treck am Fjord entlang nach Baie-Ste-Marguerite. Karten sind im Informationszentrum auf dem Parkplatz direkt hinter dem Fährterminal erhältlich, 🕐 Mitte Juni–Sep tgl. 9–17 Uhr. In der Nähe der Kapelle beginnt ein zweistündiger Strandweg. Allerdings sollte man vor dem Spaziergang einen Blick auf die Gezeitentabelle werfen, da man bei Flut über Felsen klettern muss. Die Route endet nordöstlich von Tadoussac an den terrassierten **Sanddünen** der Baie du Moulin-Baude, vor Ort

als *le désert* bekannt. Um zu den 112 m hohen Dünen zu gelangen, folgt man dem Chemin du Moulin-Baude 5 km lang bis zum Besucherzentrum Maison des Dunes, 📞 418/272-1556 oder 1-877/272-5229, 🕐 Anfang Juni–Mitte Okt tgl. 9–17 Uhr, Eintritt $3,50. Gut 1 km weiter bietet der Sentier du Belvédère weite Ausblicke auf den Strom und die Dünen im Norden sowie schöne Plätzchen für ein Picknick.

Es gibt jede Menge Unterkünfte in Tadoussac, darunter einige schöne B&Bs. Viele der Betreiber sind zweisprachig und können auch bei der Buchung von Walbeobachtungstouren helfen.

Hôtel Tadoussac, 165 Rue du Bord de l'Eau, 📞 418/235-4421 oder 1-800/561-0718, 🖥 www.hoteltadoussac.com. Bestes und teuerstes Hotel am Ort mit Pool, Minigolf und Tennisplätzen, teurere Zimmer mit Flussblick. ❼

Maison Hovington, 285 Rue des Pionniers, 📞 418/235-4466, 🖥 www.maisonhovington. com, ein 100 Jahre altes B&B mit 5 schön ausgestatteten Zimmern, zweisprachige Besitzer bieten Abholservice vom Busbahnhof, 🕐 Mitte Mai–Okt. ❹

Le Roupillon, 141 Rue du Parc, 📞 418/235-4353, 🖥 www.leroupillon.ca. Freundliche Unterkunft mit 5 Zimmern, antikem Mobiliar und einer schönen Lounge mit Holzofen. Die zweisprachigen Betreiber helfen bei der Buchung von Walbeobachtungstouren. ❹

Maison Majorique, 158 Rue du Bateau-Passeur, 📞 418/235-4372, 🖥 www.ajtadou.com. Sehr empfehlenswertes Hostel mit Hippie-Flair, die hauseigene Bar sorgt für ausgesprochen gesellige Atmosphäre. Verleiht Kanus, Langlaufskier, Schneemobile und Schneeschuhe. Daneben Organisation von begleiteten Wanderungen, Schneeschuhexkursionen und Hundeschlittentouren zur entsprechenden Jahreszeit. Dorm-Bett $22, auch kleinere und größere Zimmer. Wahlweise Frühstücksbuffet ($4).

B&B mit Aussicht

Auberge la Sainte Paix, 102 Rue du Saguenay, 📞 418/235-4803, 🖥 www.aubergelasaintepaix. com. Das beste der vielen B&Bs in der Stadt: schickes Haus auf einem Hügel oberhalb der Bucht mit 7 komfortablen Zimmern. Sehr hilfsbereite Betreiber, die Walbeobachtungstouren bei allen Anbietern buchen können. ❹–❻

Camping Tadoussac, 428 Rue du Bateau-Passeur, 2 km vom Fährterminal an der Rte 138, 📞 418/235-4501, 🖥 www.essipit.com. Wer im Sommer einen der begehrten Stellplätze ($25–40) ergattern will, sollte früh erscheinen. Außerdem gibt's 5 reizende Cottages und und mehrere voll ausgestattete Ferienhäuser (beide K6). ☉ Ende Mai–Mitte Sep.

Essen

Hôtel Tadoussac (S. 360), vielleicht das beste Essen am Ort, riesiger Speisesaal, vernünftige Preise (Menü $20–30).
Chez Georges, 135 Rue du Bateau-Passeur, 📞 418/235-4393, 🖥 www.hotelgeorges.com, Seafood- und Steakrestaurant im ältesten Haus von Tadoussac.
Le Gibard, 135 Rue Bord de l'Eau, Ort für preiswertes Essen und trinkfreudige Abende, ☉ bis 3 Uhr.
Café du Fjord, 154 Rue du Bateau-Passeur, 📞 418/235-4626, in der Nähe der Jugendherberge, junges Publikum, empfehlenswertes Musikprogramm und gutes Essen, z. B. abends Buffet für $16.
Le Père Coquart Café, 115 Rue Coupe de L'Islet, um die Ecke vom Le Gibard, 📞 418/235-1170, serviert leichte Speisen bis 21 Uhr. Danach verwandelt sich das Café in eine *boîte à*

WLAN und Salat

Café Bohème, 239 Rue des Pionniers, 📞 418/235-1180. Das freundliche, zentral gelegene Café serviert frische Salate und raffinierte Gerichte mit Zutaten aus der Region. Kostenloses WLAN.

chanson – eine gute Gelegenheit, Musik aus Québec zu hören. ☉ Anfang Juni–Okt.

Informationen

Touristeninformation, 197 Rue des Pionniers, 📞 418/235-4744 oder 1-866/235-4744, 🖥 www.tadoussac.com. Die Einrichtung für die gesamte Côte-Nord ist in einer Villa aus rotem Backstein untergebracht und bietet eine Unterkunftsvermittlung. ☉ Ende Juni–Anfang Sep tgl. 8–21, Anfang Sep–Ende Juni 9–12 und 13–17 Uhr.

Transport

Auto

Tadoussac liegt 78 km nördlich von La Malbaie und 227 km von Québec-Stadt entfernt an der Rte 138. Eine kostenlose **Autofähre** überquert den Fjord von Baie-Ste-Catherine nach Tadoussac; im Hochsommer manchmal 1–2 Std. Wartezeit. Die nächsten Anleger für Fähren über den St.-Lorenz-Strom befinden sich nördlich in Les Escoumins (S. 362) und südlich in Saint-Siméon (S. 358).

Busse

Der **Busbahnhof** befindet sich an der Rte 138 beim Campingplatz, 443 Rue du Bâteau-Passeur, 📞 418/235-4653.

Busse nach:
CHICOUTIMI, 1x tgl., 1 Std.;
RIVIÈRE STE-MARGUERITE, 6x wöchentl., 30 Min.;
STE-ROSE-DU NORD, 6x wöchentl., 55 Min.

Nördlich von Tadoussac

Die Landschaft nördlich von Tadoussac besteht größtenteils aus Seen, die von Granitfelsen und borealem Wald umgeben sind, dazwischen liegen vereinzelt sandige Strandabschnitte und Salzmarschen. Die Hauptattraktion ist das felsige Gelände mit Aussichtspunkten und kurzen Wanderungen von mehreren Dörfern aus, und fast alle Sehenswürdigkeiten haben ein Besucherzentrum. Bekannt ist die Gegend auch für ihre guten und preisgünstigen Walbeobachtungstouren, als spektakuläres Tauchrevier und für ihre erstklassigen Bedingungen zur Vogelbeobachtung.

Bergeronnes

Da die Übernachtungsmöglichkeiten in Tadoussac zur Hochsaison schnell erschöpft sind, weichen viele ins 22 km entfernte Bergeronnes aus. Auf dem Gelände am Leuchtturm bietet das **Centre d'interprétation et d'observation de Cap-de-Bon-Désir**, 13 Chemin du Cap-Bon-Désir, 🖳 www.quebecmaritime.qc.ca, Ausstellungen über das Leben der Wale sowie einen Aussichtspunkt in der Nähe eines bekannten Walgebiets. ☉ Mitte Juni–Mitte Okt tgl. 8–20 Uhr, Eintritt $7.

In Bergeronnes befindet sich das sehenswerte Forschungs- und Ausstellungszentrum **Archéo Topo**, 498 Rue de la Mer, 🖳 www.archeotopo.qc.ca. Es beschäftigt sich mit Ausgrabungen an der Côte-Nord, deren älteste Funde 8000 Jahre zurückreichen. ☉ Mitte Mai–Mitte Okt tgl. 9–20 Uhr, Eintritt $5,50.

Einfache **Zimmer** vermietet Le Bergeronnette, 65 Rue Principale, ✆ 418/232-6642 oder 1-877/232-6605, 🖳 www.bergeronnette.com, zu dem auch ein ordentliches Restaurant gehört ❸. Ein **Campingplatz** liegt hinter der Rte 138 östlich der Stadt mit Blick auf den St.-Lorenz-Strom: Camping Bon Désir, ✆ 418/232-6297, 🖳 www.campingbondesir.com, Stellplatz je nach Aussicht $22–29, ☉ Juni–Okt.

Les Escoumins

Auch in **Les Escoumins** sind Walbeobachtungstouren beliebt, doch die Topattraktion ist **Tauchen** – insbesondere bei Nacht, wenn durch die Phosphoreszenz eine unheimliche Unterwasserlandschaft entsteht. **Le Centre des Loisirs Marins**, 41 Rue des Pilotes, ist nur für Taucher (Tauchschein erforderlich) von Interesse. ☉ Centre d'interprétation 9.30–11, 13.30–15.30 Uhr, Eintritt $5. Im Tauchgeschäft unten, Centre de Plongée Atlan, ✆ 418/233-4242, gibt's komplette Ausstattung für $55 pro Tag. Der andere Grund für einen Abstecher hierher sind die ausgezeichneten Gelegenheiten zur **Vogelbeobachtung**. Die Promenade du Moulin führt zu einer zerklüfteten Felsküste, wo sich Hunderte Vögel tummeln.

Das hiesige **Hostel**, die Auberge de la Plongée, 118 Rue St-Marcelin, ✆ 418/233-3289 oder 1-800/375-3465, macht einen etwas schäbigen Eindruck, Dorm-Bett $18. Zum **Essengehen** empfiehlt sich die Auberge Manoir Bellevue, 27 Rue de l'Église, ✆ 233-3325 oder 1-888/233-3325, 🖳 www.manoirbellevue.com, mit fabelhaften Burgern und teurer Abendkarte. Außerdem bietet die Herberge auch schöne Zimmer ❸.

Von Les Escoumins legt eine **Fähre** nach Trois-Pistoles (S. 337) ab. Das nur in der Saison verkehrende Schiff nach Rimouski (S. 339) startet in Forestville, 59 km weiter die Küste hinauf. Die Wartezeit in Forestville lässt sich mit einem Picknick am Fluss verkürzen, außerdem gibt's dort einen schönen Strand, an dem Zelten erlaubt ist.

Fjord du Saguenay

Der Fjord du Saguenay, einer der längsten Fjorde der Welt, bahnt sich seinen Weg durch den Kanadischen Schild, bevor er in den St.-Lorenz-Strom mündet. Die spektakuläre Landschaft aus dramatischen Felsen, steilen Klippen und dichter Vegetation beiderseits des Gewässers steht als Parc du Saguenay unter Naturschutz; der Hauptzugang zum Park befindet sich in Rivière-Éternité (S. 364). Der Meerespark **Parc Marin du Saguenay–St-Laurent**, ✆ 418/235-4703 oder 1-800/463-6769, 🖳 www.sepaq.com, umfasst sechs verschiedene Ökosysteme und schützt mehrere Hundert Meeresspezies. Nach Errichtung des Parks gelang es mit Hilfe von Regierungsinitiativen, die Schadstoffe aus den umliegenden Industrieanlagen um 90 % zu reduzieren. Der Schaden war aber bereits entstanden: Die giftigen Stoffe setzten sich im Sediment fest, und die Anzahl der **Beluga-Wale** im St.-Lorenz-Strom hat sich seit Anfang des 20. Jhs. von 5000 auf 1000 verringert. Damit zählen die Tiere zu den gefährdeten Arten in Kanada. Dennoch lockt die Gegend auch weiterhin Wale an, denn hier mischt sich das kalte Wasser der Labrador-See mit dem stark sauerstoffhaltigen Süßwasser des Saguenay und bringt ein reichhaltiges Nahrungsangebot aus Krill und Plankton hervor. Der weiße St.-Lorenz-Beluga hält sich das ganze Jahr über hier auf und bekommt zwischen Mai und Oktober

Wale beobachten in der Umgebung von Tadoussac

Für **Walbeobachtungstouren** von Tadoussac und den Orten der Umgebung bietet sich am besten die Zeit zwischen Mitte Mai und Mitte Oktober an, wenn sich mehrere Walarten hier tummeln. Die Kosten für zwei- bis dreistündige Touren in Tadoussac liegen bei $45 in einem großen und komfortablen Boot oder $50–60 in einem Zodiac-Boot, das eine aufregendere Fahrt verspricht. Je weiter man nach Norden kommt, desto niedriger sind die Preise. Vergleichbare Exkursionen von Bergeronnes und Les Escoumins kosten ungefähr $35 für ein Zodiac-Boot.

Offiziell dürfen sich die Boote den geschützten Beluga-Walen nur bis auf 400 m nähern. Allerdings wissen die Wale nichts von dieser Regelung und schwimmen oft dicht an die Boote heran – ein aufregendes Erlebnis!

Tadoussac und Baie-Ste-Catherine

Anstatt in Tadoussac – wo die Warteschlange meist enorm lang ist – kann man auch am Kai von **Baie-Ste-Catherine** an Bord gehen. Viele Betriebe lassen Touristen vor der Waltour auf beiden Seiten der Saguenay-Mündung einsteigen. Einige Firmen bieten auch Touren über den Saguenay-Fjord sowie Wal-/Fjordtouren an. Die Broschüren der Touristeninformation liefern Einzelheiten dazu.

Otis Excursions, 431 Rue Bateau-Passeur, ✆ 418/235-4197, 🖥 www.otisexcursions.com. Ausflüge in Zodiacs für 12 Personen.

Croisières AML, ✆ 418/237-4274 oder 1-800/563-4643, 🖥 www.croisieresaml.com, bietet die Auswahl zwischen einem großen Boot und einem Zodiac für 24 Personen.

Croisières Groupe Dufour, 165 Rue du Bord de l'Eau, im Hôtel Tadoussac, ✆ 418/235-4421 oder 1-800/561-0718, 🖥 www.dufour.ca, Waltouren an Bord eines Katamarans, eines Zodiac-Bootes für 48 Personen und eines gemächlicheren Schoners.

Südlich von Tadoussac

Croisières Groupe Dufour, ✆ 418/692-0222 oder 1-800/463-5250, bietet eine zehnstündige Tour von Québec-Stadt nach Baie-Ste-Catherine für $115 an, mit Zwischenstopp in Ste-Anne-de-Beaupré.

Nördlich von Tadoussac

Die Abfahrtspunkte der folgenden Gesellschaften an der Côte-Nord liegen näher an den Stellen, wo die Wale gesichtet werden. Sie bieten ebenso intensiven Kontakt mit den Walen für weniger Geld.

Les Croisières Neptune, 507 Rue du Boisé, ✆ 418/232-6716, 🖥 www.croisieresneptune.net. Das Ticketbüro liegt an der Rte 138 Richtung Norden, unmittelbar rechts hinter der Überführung bei Bergeronnes an der Ausfahrt; es werden nur Touren in Zodiacs veranstaltet.

Croisières Essipit, 498 Rue de la Mer, ✆ 418/233-2266 oder 1-888/868-6666, 🖥 www.essipit.com. Nutzt ebenfalls den Kai in Bergeronnes und hat eine größere Auswahl an Booten.

Écumeurs, 4 Rte 138, ✆ 418/233-2141, 🖥 www. lesecumeurs.com. Die Zodiac-Boote des preisgünstigsten Veranstalters der Gegend legen bei Les Escoumins unmittelbar südlich des Meeresparks (S. 362) ab.

Gesellschaft von sechs weiteren Wanderarten, darunter Minkwal, Finnwal und **Blauwal**.

An einigen Stellen tauchen die Felswände bis zu einer Tiefe von 270 m in den Fjord ein, fast so hoch wie sie nach oben aus dem Wasser herausragen. Zwischen den beiden Hälften des Parc du Saguenay liegen einige der attraktivs-

ten Abschnitte des Meeresparks Parc Marin du Saguenay–St-Laurent.

Da auf dem 126 km langen Abschnitt zwischen Tadoussac und Chicoutimi keine Brücke den Fjord überquert, muss man den ganzen Weg zurückfahren, wenn man das Land zu beiden Seiten des Gewässers erkunden möchte. Wer

Québec-Stadt und Nord-Québec

einen Eindruck sowohl vom Provinzpark als auch vom Meerespark bekommen möchte, fährt am besten die Rte 170 bis nach **Rivière-Éternité** am Südufer und von dort wieder zurück. Von Tadoussac verläuft die Rte 172 parallel zur Nordküste des Fjords und passiert dabei die Abzweigungen nach Baie Ste-Marguerite und zum hübschen Küstenort **Ste-Rose-du-Nord**, bevor sie die Brücke nach **Chicoutimi** erreicht.

Südufer

Von Charlevoix nähert man sich dem Parc du Saguenay am besten über die kurvenreiche Rte 170 von Saint-Siméon, die nach rund 50 km bei **L'Anse-St-Jean** auf das Südufer des Saguenay-Fjords trifft. L'Anse-St-Jean und das 33 km weiter westlich gelegene Rivière-Éternité sind gute Ausgangspunkte für eine Erkundung des Parks und zählen zu den besten Orten am Fjord für eine Bootstour.

Bekannt ist L'Anse-St-Jean für seine überdachte Brücke Pont du Faubourg, die auf dem ehemaligen 1000-Dollar-Schein abgebildet war.

Das Dorf genießt einen wunderschönen Blick vom Jachthafen auf den Saguenay-Fjord und die umliegenden Hügel. Außerdem eröffnet sich vom Aussichtspunkt L'Anse-de-Tabatière eine besonders schöne Aussicht auf den Saguenay, der 500 m lange Weg dorthin beginnt am dazugehörigen Parkplatz. Am Kai in L'Anse-St-Jean beginnen zwei- bzw. vierstündige **Bootsrundfahrten:** Juni–Sep 1–3x tgl., ab $41.

Fjord en kayak, 359 Rue St-Jean-Baptiste, ☏ 418/272-3024, 💻 www.fjord-en-kayak.ca, veranstaltet dreistündige **Kajaktouren** für $48 und ein- bis fünftägige Exkursionen ab $105.

Das Centre équestre des Plateaux, 34 Chemin des Plateaux, ☏ 418/272-3231, 💻 www.cedp.ca, organisiert dreistündige **Reittouren** ($60) und mehrtägige Ausritte. Im Winter lockt der landeinwärts gelegene **Mont-Edouard**, ☏ 418/272-2927, 💻 www.montedouard.com, mit einem Höhenunterschied von 450 m und 28 Pisten viele Skifahrer an; Tagespass $37.

Weiter über die Rte 138 am Fjord entlang erreicht man schließlich **Rivière-Éternité**. Der Ort

Eine kalte und schöne Angelegenheit: Eisfischen im Fjord du Saguenay

liegt 83 km von Saint-Siméon entfernt und 61 km östlich von Chicoutimi (S. 366) und ist das Haupttor zum Parc du Saguenay (Eintritt $3,50). Insbesondere bis Ende Juli sollte man sich gegen die vielen Blackflies (kleine schwarze beißende Fliegen) im Park durch entsprechende Kleidung und Insektenschutzmittel schützen.

Vom großen Informationszentrum führen einige kurze und ein langer Wanderweg durch diesen Abschnitt des Parks. Die beste Route, der leichte **Statue Hike**, führt zum massiven Felsvorsprung am Cap Trinité, der das tiefe blaue Wasser der Baie Éternité einrahmt, hin und zurück 4 Std. (7 km). Auf dem Gipfel thront die riesige Statue *Our Lady of the Saguenay* – errichtet 1881 von Charles-Napoléon Robitaille nach seiner Rettung vor dem Ertrinken. Die lange Wanderung **Les Caps** (25 km) führt an der Bucht des Rivière Éternité entlang zurück nach L'Anse-St-Jean und bietet faszinierende Plateaus, Schluchten, Wasserfälle und atemberaubende Ausblicke. Für diese mittelschwere Wanderung über deutlich markierte Wege sind etwa drei Tage einzuplanen. Unterwegs gibt es wilde Campingplätze und eine Reihe von Unterständen, Anmeldung beim Informationszentrum erforderlich. Mehrere Betriebe bieten einen Wassertaxi-Service für Rucksacktouristen und ermöglichen somit eine Tour bis Tadoussac (diese dauert eine Woche), man kann sogar sein Fahrzeug per Boot an den Zielort transportieren lassen.

Nordufer

Die aufregende Strecke über die Rte 172, parallel zum Saguenay-Fjord am einsamen Nordufer des Saguenay entlang, eröffnet von Zeit zu Zeit Panoramablicke auf das Wasser und bietet Zugang zu einer Reihe von hübschen Städten. Dort kann man Bootsfahrten unternehmen oder Kajaks mieten. Der tägliche (außer Sa) Intercar-Bus nach Tadoussac folgt der Rte 172 bis Chicoutimi.

Der 42 km lange Wanderweg von Tadoussac (der Beschilderung „Sentier Le Fjord" folgen) endet in **Baie-Ste-Marguerite**. Das große Besucherzentrum, ✆ 418/272-1556 oder 1-800/665-6527, 🖵 www.sepaq.com, ist für den nördlichen Teil des Parc du Saguenay ($3,50) zuständig, ◷ Anfang Juni–Mitte Okt tgl. 9–17 Uhr. Mit dem Auto gelangt man über eine Schotterstraße

(3 km), die unmittelbar hinter dem kleinen Ort Rivière-Ste-Marguerite abzweigt, hierher. Hauptattraktion der Gegend sind die **Beluga-Wale**. Die Ausstellung im Besucherzentrum befasst sich mit allen Facetten der Tiere sowie mit dem Fjord im Allgemeinen. Ein 3 km langer Weg führt durch den Wald zu einer Beobachtungsplattform, von wo aus häufig Beluga-Wale gesichtet werden. Die Cafeteria des Zentrums serviert im Sommer ab 7 Uhr kräftiges Essen für hungrige Wanderer.

Etwa 80 km hinter Tadoussac erreicht man die Ausfahrt nach **Ste-Rose-du-Nord**. Dieser kleine Ort verbirgt sich 3 km von der Hauptstraße entfernt unter den steilen Wänden des Fjords. In der saisonal geöffneten **Touristeninformation**, 213 Rue du Quai, 🖵 www.ste-rose dunord.qc.ca, gibt es kostenlose Karten zu den **Wanderwegen**, z. B. zum Plate-Forme-Trail, der zu einem wunderbaren Aussichtspunkt oberhalb der Stadt führt. ◷ Ende Juni–Mitte Sep 9.30–19.30 Uhr.

Das kleine, überraschend informative **Musée de la Nature**, 199 Rue de la Montagne, 🖵 www. musee-de-la-nature.com, beherbergt z. B. eine Sammlung von ausgestopften Tieren. ◷ Mai–Mitte Okt tgl. 8.45–20.30, sonst 8.45–19 Uhr, Eintritt $5,50. Außerdem empfiehlt sich eine Besichtigung der Kirche **Ste-Rose-de-Lima** mit ihrem Innenraum aus Holz, Birkenrinde, Zweigen und Wurzeln, ◷ tgl. 8–20 Uhr.

Croisières du Fjord, ✆ 418/543-7630 oder 1-800/363-7248, 🖵 www.croiseresdufjord.com, bietet 90-minütige **Bootstouren** auf den atemberaubendsten Abschnitten des Fjords an (Ende Juni–Anfang Okt 1–2x tgl., $45).

Zeitweise besteht auch eine Bootsverbindung nach Tadoussac. Einzelheiten hat das Informationszentrum.

L'Anse-St-Jean

L'Auberge du boutdumonde, 40 Chemin des Plateaux, ✆ 418/272-9979. Beste günstige Unterkunft am Ort: schön gelegenes, reizendes Hostel mit Dorm-Betten ($25), drei Zimmern ($50) und drei Zeltstellplätzen ($15).
Les Gîtes du Fjord, 354 Rue St-Jean-Baptiste, ✆ 418/272-3430 oder 1-800/561-8060, 🖵 www.lesgitesdufjord.com. Cottages und Condos auf dem Felsvorsprung. ❺–❽

Camping de l'Anse, ✆ 418/272-2554, 🖥 www.campingdelanse.ca. Nähe zum Fjord und ausgezeichnete Ausstattung, Stellplatz $18–25.

Ste-Rose-du-Nord

Auberge le Presbytère, 136 Rue du Quai, ✆ 418/675-1362 oder 1-866/303-1326, 🖥 www.aupresbytere.com. Das ehemalige Pfarrhaus wurde zu einer Unterkunft umgestaltet und hat ein hervorragendes Restaurant. ❸

Musée de la Nature, ✆ 418/675-2348, mit Zimmern über dem Museum. ❷

Camping la Descente des Femmes, ✆ 418/675-2581. Campingplatz mit traumhaftem Ausblick. Stellplätze $17–22, ☉ Juni–Mitte Okt.

Rivière-Éternité

Der zentrale **Campingplatz** des Parks liegt auf halbem Wege zwischen den beiden Informationszentren, Reservierung im Zentrum möglich, $21–28.

Informationen

Das zentrale **Informationszentrum** des Parc du Saguenay, 3 km von Rivière-Éternité entfernt, 91 Rue Notre-Dame, ✆ 418/272-1556 oder 1-800/665-6527, 🖥 www.sepaq.com, bietet Karten mit Wanderwegen und Kajakrouten, Naturexperten stehen ebenfalls mit Rat und Tat zur Seite. ☉ Mitte Mai–Ende Sep tgl. 9–21 Uhr, Ende Sep–Mitte Okt nur am Wochenende. Ein kleinerer Infostand befindet sich am Parkrand, 1,5 km von Rivière-Éternité entfernt.

Der obere Saguenay und Lac Saint-Jean

Die Quelle des Saguenay-Fjords, der riesige **Lac Saint-Jean**, liegt 210 km landeinwärts. Die Verbindung bildet der Rivière Saguenay. Die zahlreichen hier angesiedelten Aluminium- und Papierfabriken, die den Fluss als Stromquelle nutzen, haben die Entstehung charakterloser Industriestädte begünstigt. Die größte davon ist **Chicoutimi**. Weiter westlich – hinter

Jonquière – ist das Farmland um den See noch immer vergleichsweise unberührt. In dieser Gegend kann man das Montagnais-Reservat von **Mashteuiatsh** nahe Roberval besuchen. Außerdem sind ein **Zoo** in **Saint-Félicien** und der kuriose Anblick der Geisterstadt **Val-Jalbert** von Interesse. Ein Radweg verbindet die Städte am See und ist eine beliebte Option für Reisende von Montréal oder Québec, die ihre Räder im Zug mitnehmen, um danach eine mehrtägige Tour um den See zu unternehmen.

Im Juli 1996 wurde die Region Saguenay–Lac-Saint-Jean von einer der größten Katastrophen in der kanadischen Geschichte heimgesucht. Eine Überschwemmung vernichtete Wohnhäuser und Geschäftsbetriebe in mehreren Städten. Da die Überschwemmung als „höhere Gewalt" angesehen wurde, weigerten sich die Versicherungen zu zahlen – den Betroffenen flossen aber Spenden aus dem ganzen Land zu.

Vom Südufer des Lac Saint-Jean dauert die Fahrt nach Montréal über die Rte 155 (via Trois-Rivières) etwa fünf Stunden. Von Südosten empfiehlt sich die von Elchen bevölkerte Rte 169, die später auf ihrem Weg nach Québec mit Rte 175 zusammentrifft.

Chicoutimi

Seit ihrer Gründung durch schottische Immigranten 1842 hat sich die wenig verlockende Regionalhauptstadt von einem kleinen Sägemühlenzentrum in eine der größten Ortschaften der Gegend verwandelt. Als besonders verführerisch würde man die Stadt nicht bezeichnen, auch wenn das als Fußgängerzone eingerichtete Hafenviertel ganz nett ist.

Außerdem findet in der Stadt Mitte Februar eines der besten Feste Québecs statt, der zehntägige **Carnaval Souvenir**. Bei dieser Gelegenheit scheint sich die gesamte Bevölkerung in Kostüme aus der Zeit um 1900 zu werfen.

Hauptattraktion der Stadt ist die Zellstofffabrik **La Pulperie de Chicoutimi**, 300 Rue Dubuc, 🖥 www.pulperie.com, fünf nüchterne Backsteingebäude, die die Chicoutimi Pulp Company 1896 entlang der Stromschnellen errichtete. Die Anlage wurde 1930 aufgegeben, dann umfassend renoviert, bei der Überschwemmungskatastrophe des Jahres 1996 jedoch schwer in Mitleidenschaft gezogen und dann wieder instandgesetzt, um schließlich 2002 wiedereröffnet zu werden. Eine Ausstellung beleuchtet die Geschichte der Fabrik und beinhaltet das kuriose **Maison du Peintre Arthur Villeneuve**, das 1994 hierher verlegt wurde. Das ehemalige Heim des Malers Arthur Villeneuve stellt ein einziges großes Gemälde dar: Innen- und Außenseite sind mit Wandbildern des Künstlers bedeckt, die einen faszinierenden Eindruck vom Leben in Chicoutimi in den 50er-Jahren vermitteln. Zu dieser Zeit hatte sich der frühere Barbier Villeneuve gerade zur Ruhe gesetzt und mit dem Malen begonnen. ⊙ Juni und Sep–Mitte Okt Mi–So 9–17, Ende Juni–Sep tgl. 9–18, Mitte Okt–Anfang Juni Mi–So 10–16 Uhr, Eintritt $10.

Wer Chicoutimi als Ausgangspunkt für eine Erkundung des Saguenay-Fjords gewählt hat, unternimmt vielleicht eine Kreuzfahrt mit **Croisières du Fjord**, ✆ 418/543-7630 oder 1-800/363-7248, 🖥 www.croisieresdufjorde.com. Die Tour ($48) wird zwischen Ende Juni und August angeboten und führt bis Cap Trinité, mit Zwischenstopp auf Hin- und Rückweg in Ste-Rosedu-Nord (S. 364), von wo morgens eine Busverbindung zurück nach Chicoutimi besteht; nachmittags wird die erste Teilstrecke Chicoutimi–St-Rose-du-Nord per Bus zurückgelegt.

(S. 364)

Übernachtung

Unterkünfte stehen in Chicoutimi ausreichend zur Verfügung, da hier das ganze Jahr über Konferenzen abgehalten werden.
Auberge Centre-Ville, 104 Rue Jacques-Cartier Est, ✆ 418/543-0253, 🖥 www.aubergecentre ville.com, kleines, zentral gelegenes Hotel. Kostenloses WLAN. ❸
Le Montagnais, 1080 Blvd Talbot, ✆ 418/543-1521 oder 1-800/463-9160, 🖥 www.lemontagnais.qc.ca. Abgelegenes, modernes Hotel. ❺

Essen

Östlich der Touristeninformation sammeln sich an der Rue Racine viele kleine Restaurants.
La Cuisine Café-Resto, Nr. 387, erschwingliche französische Speisen.

La Bourgresse, 260 Rue Riverin, ✆ 418/543-3178. Erstklassige, aber teure französische Küche.

Touristeninformation, 295 Racine Est, ✆ 418/698-3167 oder 1-800/463-6565, ⊙ Mo–Fr 8–12 und 13.30–16.30 Uhr.

Chicoutimis **Busbahnhof**, 55 Rue Racine Est, ✆ 418/543-1403, ist mitten im Stadtzentrum gelegen. Er ist der Knotenpunkt für Busse aus Montréal, Québec-Stadt, Lac Saint-Jean und Tadoussac.
Der CITS-Lokalbus, ✆ 418/545-2487, bietet eine Verbindung zum Bahnhof in **Jonquière** (Ankunftspunkt der Züge aus Montréal) und verkehrt mindestens stdl. von 7.15–21.45 Uhr.

Busse nach:
ALMA, 2x tgl., 1 Std.;
DOLBEAU, 2–3x tgl., 3 1/2 Std.;
JONQUIÈRE, mind. 9x tgl., 25 Min.;
ST-FÉLICIEN, 2x tgl., 3 Std.;
VAL-JALBERT, 2x tgl., 2 1/4 Std.

Jonquière

Etwa 15 km westlich von Chicoutimi boomt Jonquière dank einer riesigen Aluminiumhütte und zweier Papierfabriken. Die moderne Stadt mit ihren breiten Straßen und der weltweit einzigen großen Aluminiumbrücke (über den Saguenay) eignet sich mit einer Allo-stop-Filiale und Zugverbindungen nach Montréal für Touristen mit kleinem Budget.

Übernachtung

Auberge des Deux Tours, 2522 Rue Saint-Dominique, ✆ 418/695-2022 oder 1-888/454-2022, 🖥 www.aubergedeuxtours. qc.ca. ❸
Holiday Inn Saguenay, 2675 Blvd du Royaume, ✆ 418/548-3124 oder 1-800/363-3124, 🖥 www.saguenay.holiday-inn.com. ❻

Essen

Auberge Villa Pachon, 1904 Rue Perron, ✆ 418/542-3568 oder 1-888/922-3568, Exzellentes und teures Restaurant, Mahlzeiten über $50.

Le Puzzle, 2497 St-Dominique, unterhaltsames Lokal mit coolem Dekor.

L'Amandier, 5219 Chemin St-André, ✆ 418/542-5395, kostspieliges Lokal außerhalb der Stadt, sehenswerter Speiseraum aus Gips und Holz.

Informationen

Touristeninformation, 2665 Blvd du Royaume, im Centre des Congrès, ✆ 418/548-4004 oder 1-800/561-9196. ◷ Mo–Fr 8–12 und 13.30–16.30 Uhr.

Transport

Die **Busse** kommen an der 2249 Rue St-Hubert, ✆ 418/547-2167, an.
Die **Züge** halten am Bahnhof, 2439 Rue St-Dominique, ✆ 1-800/361-5390.

Lac Saint-Jean

Westlich von Chicoutimi ist die Gegend um den Lac Saint-Jean relativ unberührt. Die idyllischen Seeorte werden durch die Ringstraße Rte 169 miteinander verbunden. In dem riesigen Gletschersee fließen die meisten Flüsse aus dem Nordosten Québecs zusammen. Gesäumt wird er – was für ein Gebiet des felsigen Kanadischen Schilds ungewöhnlich ist – von Sandstränden und fruchtbarem Ackerland.

Auf dem relativ flachen, 256 km langen **Radweg** Véloroute des Bleuets, ▭ www.veloroute-bleuets.qc.ca, kann man den ganzen See umrunden. Die Strecke führt größtenteils über einen breiten Randstreifen, 60 km sind allerdings völlig autofrei. Sie zieht sich durch viele Seedörfer und an den meisten Hauptattraktionen vorbei, Strände ermöglichen eine Abkühlung nach der körperlichen Anstrengung. Der Zug von Montréal nach Jonquière hält in Chambord am Südufer nahe Val-Jalbert, und ein Bus fährt von Québec-Stadt nach Alma. Als Unterkünfte für Radfahrer bieten sich die zahlreichen B&Bs an. Auch die

Einheimischen sorgen für einen herzlichen Empfang: Zum Teil haben sie sogar Gartenstühle für Erholungspausen aufgestellt. Jedes Jahr Anfang Juni findet ein **Fahrradmarathon** statt.

Der Minivan-Service von Gilles Girard, ✆ 418/342-6651 oder 1-888-342-6651, übernimmt den Transport von Gepäck um den See für $40 pro Gepäckstück bei einer drei- bis viertägigen Tour.

Alma und Saint-Gédéon

Die eintönige Aluminiumstadt **Alma**, 50 km westlich von Jonquière, ist nützlich für Busverbindungen nach Chicoutimi, Québec-Stadt und in diverse Orte am Lac St-Jean. Außerdem bietet sich die Stadt als Startpunkt für die Véloroute des Bleuets an. Liberté à Vélo, ✆ 418/668-8430 oder 1-877/668-8430, ▭ www.liberteavelo.ca, veranstaltet geführte **Fahrradtouren** inkl. Gepäcktransport. **Fahrradverleiher** sind Equinox, 1385 Chemin de la Marina, ✆ 418/480-7226, ▭ www.equinoxaventure.ca, und Vélo Jeunesse, 1691 Ave du Pont Alma, ✆ 418/662-9785, ▭ www.velo-jeunesse.ca.

Die **Touristeninformationen** befindet sich in der 1682 Ave du Pont Nord, ✆ 418/668-3611 oder 1-877/668-3611, ◷ Mo–Fr 8–12 und 13.30–16.30 Uhr.

Hinter Alma folgt der Radweg dem Ufer im Uhrzeigersinn und ist von der Straße nicht zugänglich. Erst hinter dem beliebten Standort **Saint-Gédéon** trifft er wieder auf die Rte 170. Unmittelbar nördlich von Saint-Gédéon empfiehlt sich die Auberge des Îles, 250 Rang des Îles, ✆ 418/345-2589 oder 1-800/680-2589, ▭ www.aubergedesiles.com, ⑤, eine reizvolle Herberge mit empfehlenswertem 4-Gänge-Menü (Wild und einheimische Spezialitäten).

Val-Jalbert

Eine der größten Attraktionen der Region ist das historische Dorf Val-Jalbert, ✆ 418/275-3132 oder 1-888/675-3132, ▭ www.valjalbert.com. Der Ort liegt 52 km hinter Alma an der Fahrradroute und 92 km westlich von Chicoutimi (via Rte 170 und Rte 169). Beherrscht wird die Siedlung vom 72 m hohen Ouiatchouan-Wasserfall, der um 1900 die Grundlage für die Errichtung einer Papiermühle bildete. 1926 zählte der Ort bereits 950 Einwohner. Ein Jahr später machte die Einführung des chemischen Verfahrens zur Papierherstellung die Mühle jedoch überflüssig und die Siedlung wurde geschlossen. Man ließ Val-Jalbert verrotten – bis die Regierung 1985 beschloss, hier eine Besucherattraktion entstehen zu lassen.

☉ Mai–Mitte Juni und Ende Aug–Anfang Okt tgl. 10–17, Mitte Juni–Ende Aug 9.30–17.30 Uhr, Eintritt $19,50. Von Ende Oktober bis Ende April ist Val-Jalbert zwar offiziell geschlossen, aber trotzdem kostenlos zugänglich.

Vom Seiteneingang fährt ein Bus (mit französischen Erläuterungen an Bord) an den Sehenswürdigkeiten des Dorfes vorbei und erreicht schließlich die Mühle am Fuße des Wasserfalls. Danach kann man zu Fuß alles Weitere erkunden: die verlassenen Holzhäuser, ein ehemaliges Kloster (heute ein Museum) und den Gemischtwarenladen (heute ein Souvenirgeschäft). Die Mühle selbst wurde in einen Kunsthandwerkmarkt mit Cafeteria verwandelt.

Von hier gelangt man mit einer **Seilbahn** zur Spitze des Wasserfalls, von wo sich atemberaubende Blicke auf das Dorf und Lac Saint-Jean dahinter eröffnen. Unterkunft in Val-Jalbert bietet das renovierte **Hotel** (❸) über dem Gemischtwarenladen. Eine Alternative sind die Apartments in den umfunktionierten Häusern an der Rue St-Georges ($70–132 für 1–6 Pers.) und der **Campingplatz** (Stellplatz $26) kurz vor dem Ort.

Mashteuiatsh

Etwa 10 km westlich von Val-Jalbert führt eine Abzweigung bei Roberval zum Montagnais-Reservat Mashteuiatsh, auch als Pointe-Bleue bekannt. Das Reservat wurde im Jahr 1856 errichtet, und heute leben hier etwa 2000 der 15000 Montagnais aus Ost-Québec. Wie viele andere kanadische Reservate bemüht sich Mashteuiatsh, den Alkoholismus und die damit verbundenen Probleme in den Griff zu bekommen. Dennoch haben die Montagnais mit vielen Vorurteilen seitens der benachbarten weißen Gemeinden zu kämpfen – die Québecer Busfahrer weigern sich sogar, das Reservat anzufahren.

Das Dorf liegt direkt am See und verfügt über ein **Informationszentrum** an der Hauptstraße, 1427 Rue Ouiatchouan, ☉ Mitte Juni–Sep tgl. 8–20 Uhr. Ende Juli wird am Ufer neben den vier

Tipi-Skulpturen aus Beton, die die vier Jahreszeiten darstellen, ein **Powwow** abgehalten.

Auf dem Hügel befindet sich das **Musée Amérindien**, 1787 Rue Amishk, ▭ www.musee ilnu.ca. Zunächst wird ein 20-minütiger Film über das traditionelle Leben der Montagnais gezeigt. Die ständige Ausstellung *Pekuakami Il-nuatsh*, was so viel bedeutet wie „der Lac St-Jean Montagnais", vertieft das Thema an Hand von Artefakten und erläuternden Tafeln. Wechselnde Ausstellungen konzentrieren sich auf die Werke indianischer Künstler. ☉ Mitte Mai–Mitte Okt tgl. 9–18, sonst Mo–Fr 8–12 und 13–16 Uhr, Eintritt $9.

Ashuapmushuaniussi, 1562 Rue Ouiatchouan, ✆ 418/275-7200, organisiert von August bis September **Abenteuertouren** in die Wildnis. Ganz in der Tradition der Einheimischen ist man dabei zur Errichtung von Unterständen, Zubereitung von Essen und zum Anfachen von Feuer allein auf die Ressourcen der Wälder und Flüsse angewiesen; aktuelle Preise telefonisch erfragen.

Saint-Prime und Saint-Félicien

Das Dorf **Saint-Prime**, 13 km westlich von Roberval, hat eine nette Überraschung parat: Im kleinen **Musée du fromage cheddar**, 148 Ave Albert-Perron, ▭ www.museecheddar.org, gehen seit 1895 vier Generationen von Käseherstellern ihrer Arbeit nach. Bei der einstündigen Führung erfährt man alles über die Zubereitung von Cheddar. Im oberen Teil präsentiert sich die Residenz der Familie Perron noch immer so wie im Jahr 1922. Eine sehr überzeugende „Marie Perron" erzählt Geschichten aus ihrem Leben – wie das beste Möbelstück für den Priester reserviert wurde, der nur einmal im Jahr zu Besuch kam, und warum die Küchentische so niedrig waren (damit sich auch die Kinder nützlich machen konnten). Außerdem darf man ein Stück Käse aus der modernen Käsefabrik probieren. ☉ Anfang Juni und Sep tgl. 10–17, Ende Juni–Aug 9–18 Uhr, Eintritt $7,75.

In **Saint-Félicien** am Rivière Ashuapmushuan am westlichen Rand des Sees befindet sich auf Chamouchouane Island der beste Zoo von Québec: **Zoo Sauvage de Saint-Félicien**, ✆ 418/679-0543 oder 1-800/667-5687, ▭ www. zoosauvage.com. Der erste Abschnitt des gut

Québec-Stadt und Nord-Québec

besuchten Zoos ist am Fluss gelegen. Der Rest besteht aus einer Reihe von Ökosystemen, in denen über 80, hauptsächlich kanadische Tierarten frei herumlaufen. Hier sind die Menschen diejenigen, die in Käfige gesteckt werden (hinten auf einem Minizug, behindertengerecht). In der arktischen Umgebung sieht man unter Wasser wunderschöne Polarbären schwimmen, und in der Asienabteilung sind sibirische Tiger zu Hause. Daneben hat der Zoo auch Historisches zu bieten: In nachgebildeten Indianerdörfern, Handelsposten, Holzfällercamps und Farmen versuchen sich kostümierte Fremdenführer an früheren Alltagsarbeiten. Englische Broschüren sind am Eingang erhältlich. ⊙ Juni–Aug tgl. 9–18, Anfang Mai, Sep und Okt 9–17 Uhr, Nov–Mai nach Vereinbarung, Eintritt $30. Das örtliche **Infozentrum** liegt in der 1209 Blvd Sacré-Cœur, ✆ 418/679-9888, ⊙ Ende Juni–Anfang Sep Mo–Fr 8.30–20, Sa und So 9–20, sonst Mo–Fr 8.30–12 und 13–16.30 Uhr.

Zimmer bietet die urige Auberge des Berges, 610 Blvd Sacré-Cœur, ✆ 418/679-3346 oder 1-877/679-3346, mit Seeblick, ❹.

Dolbeau-Mistassini und Sainte-Monique

In Saint-Félicien trennen sich die Rte 169 und der Radweg und treffen erst 15 km weiter landeinwärts bei Normandin wieder zusammen. Die überteuerten und überschätzten Grands Jardins de Normandin lässt man besser gleich aus und setzt die Fahrt am Seeufer im Uhrzeigersinn bis ins 28 km entfernte **Dolbeau-Mistassini** fort. Dolbeau, der westliche Ortsteil, lohnt sich während des zehntägigen **Western Festival** Mitte Juli: Rodeos werden veranstaltet und Leute schmücken sich mit Stetson-Hüten und Sporen. Mistassini, die Heidelbeerhauptstadt der Region, übertrifft ihren Nachbarn Anfang August mit dem **Festival du Bleuet**, ▭ www.festivaldubleuet.qc.ca – einem riesigen Festmahl mit allem, was Heidelbeeren so hergeben, darunter auch ein hochprozentiger Heidelbeerwein.

Das **Monastère des Pères Trappistes**, 7 km die Straße nach St Eugéne d'Argentenay hoch auf der anderen Seite des Rivière Mistassini, verkauft Bioprodukte und hausgemachte Schokolade. Ein lohnenswerter Ausflug von der Stadt führt nach Süden Richtung Ste-Marguerite-Marie; am Ende der Route de Vauvert liegt ein 1 km langer **Strand** mit dem Centre Touistique Vauvert, ✆ 418/374-2746. Dort gibt's auch ein Restaurant und kostenlose Zeltplätze. Diskretes Campen am Strand wird toleriert, solange man keinen Müll zurücklässt.

Wer in Dolbeau-Mistassini strandet, findet **Unterkunft** in der netten Auberge La Diligence, 414 Ave de la Friche, ✆ 418/276-6544 oder 1-800/361-6162, ▭ www.hotelier.qc.ca, ❶. Die Gîte Bonjour, Bienvenue, 1824 Blvd Wallberg, ✆ 418/276-1291, ❷, ist ein gutes, preiswertes B&B. Von Dolbeau verkehren 1x wöchentlich Busse nach Alma (1 1/4 Std.) und Péribonka (30 Min.).

Rund 20 km von Dolbeau-Mistassini entfernt liegt der kleine Ort **Sainte-Monique**. Ein paar Gehminuten westlich vom Ort gibt es ein **Hostel** mit **Campingplatz** auf einer eigenen kleinen Insel: Auberge de L'Île du Repos de Péribonka, ✆ 418/347-5649, ▭ www.iledurepos.com, ❸. Dorms kosten $24, Stellplätze ab $17.

Das Hostel ist ein guter Ausgangspunkt für einen Ausflug in den **Parc de la Pointe-Taillon**, ✆ 418/347-5371, ▭ www.sepaq.com. Dort gibt es ein paar Kilometer vom Parkplatz entfernt ebenfalls Campingmöglichkeiten ohne Anschlüsse ($19), Abholung möglich. Der Park liegt auf einer Landzunge, die in den Lac Saint-Jean hineinragt, und wird von langen, einsamen Stränden gesäumt. Die Radwege haben insgesamt eine Länge von 45 km, ein Teil davon gehört zur Véloroute des Bleuets. Parkeintritt $3,50, Parken $7. Von Sainte-Monique sind es noch 29 km zurück nach Alma.

Die Côte-Nord

Der **St.-Lorenz-Strom** war einst die Lebensader der Wildnis hinter Tadoussac. Das änderte sich erst in den 60er-Jahren, als man entlang der Côte-Nord die **Rte 138** bis zum 625 km entfernten Havre-St-Pierre baute. Im Jahr 1996 wurde die Straße um weitere 145 km bis nach Natashquan verlängert. Die Route zieht sich von Aussichtspunkten hinunter zur zerklüfteten Küste – durch die ausgedehnten Regionen Manicouagan und

Duplessis. Der Anblick von bewaldeten Bergen, weitem Himmel und mächtigem Fluss ergänzt die wenigen Ablenkungen, die die Dörfer und Städte unterwegs bieten.

Zu den Attraktionen dieser Region zählt auch das sehr präsente kulturelle Erbe der Ureinwohner. Das eigentlich Faszinierende ist jedoch der St.-Lorenz-Strom mit dem wunderschönen **Mingan-Archipel** und der Möglichkeit, bei einer Fahrt mit der *Nordik Express* das Polarlicht zu bestaunen.

Der Intercar-**Bus** zwischen Québec-Stadt und Tadoussac fährt an der Côte-Nord entlang bis Baie-Comeau, wo es einen Anschluss nach Sept-Îles gibt. Hier hat man keine andere Wahl, als über Nacht zu bleiben, bevor man die Reise nach Havre-St-Pierre fortsetzt. Zurzeit besteht keine öffentliche Verbindung nach Natashquan, aber es empfiehlt sich, sich bei Intercar nach dem aktuellen Stand der Dinge zu erkundigen. Bei Natashquan endet die Straße und als einzige Fortbewegungsmittel bleiben das Schneemobil, das Flugzeug oder das **Versorgungsschiff** von Rimouski, das eine Fahrt zum Naturparadies Île d'Anticosti sowie entlang der schönen Buchten der windigen **Basse-Côte-Nord** anbietet.

Manicouagan

Der Name Manicouagan bezieht sich in erster Linie auf eine Reihe von Siedlungen am Ufer des St.-Lorenz-Stroms. Der Abschnitt zwischen den beiden größeren Industriezentren **Baie-Comeau** und **Sept-Îles** ist zerklüftet und einsam. Die Straße windet sich über mehrere Pässe und wieder hinunter zu einigen hübschen Fischerdörfern wie **Godbout**. Sehenswürdigkeiten sind allerdings rar, und die meisten Traveller machen keinen Zwischenstopp auf ihrem Weg zur Mingan-Küste oder nach Labrador City (über die Rte 389 von Baie-Comeau oder mit der Eisenbahn von Sept-Îles).

Einen kurzen Aufenthalt lohnt die Stadt Sept-Îles, die einige erstklassige Museen und Veranstaltungen bieten kann. Sie verschaffen einen guten Einblick in die Kultur der **Innu**, die sich auf dem weiteren Weg Richtung Norden immer deutlicher durchsetzt.

Baie-Comeau und Umgebung

Der westliche Teil von Baie-Comeau zeigt sich mit seinen zahllosen Malls schon sehr eintönig, aber das ist noch nichts gegen den östlichen Teil: Hier bläst eine monströse Papierfabrik 24 Std. am Tag giftige Dämpfe in die Luft.

Von Baie-Comeau kann man einen Bus nach Norden oder eine Fähre Richtung Matane in der Gaspésie nehmen und zuvor durch das **Viertel Sainte-Amélie** im östlichen Marquette-Bezirk schlendern, wo die Straßen von schönen Häusern aus den 1930er-Jahren gesäumt werden.

Etwa 20 km vor Baie-Comeau liegt die Spitze einer breiten Halbinsel mit dem **Parc Nature de Pointe-aux-Outardes**, ✆ 418/567-4226, 💻 www. parcnature.com. Ein Besuch des Parks lohnt sich im Mai bzw. Mitte September, wenn hier Zugvögel zu beobachten sind. Spaziergänge führen durch verschiedene Ökosysteme, darunter Salzsümpfe und Sanddünen. Im Hochsommer werden 90-minütige Führungen durch die Pflanzen- und Vogelwelt angeboten. Zugang zu einem Badestrand bietet sich vom Quai municipale in der Rue Labrie (das Wasser hat sich nach einigen Sonnentagen aufgewärmt). ◷ Juni–Mitte Okt tgl. 8–17 Uhr, Eintritt $5.

Übernachtung und Essen

Le Manoir, 8 Ave Cabot, ✆ 418/296-3391 oder 1-800/463-8567, 💻 www.manoirbc.com. Verwinkeltes Steinhaus mit Blick auf den St.-Lorenz-Strom. Das angeschlossene Restaurant ist teuer, aber sehr gut. ❹
Pizza Royale, 2674 Blvd Laflèche, ✆ 418/589-5427, sättigende Pizzas.

Informationen

Touristeninformation, 3503 Blvd Laflèche, am westlichen Stadtrand, ✆ 418/589-3610, 💻 www.ville.baie-comeau.qc.ca, ◷ Juni–Aug tgl. 8–20 Uhr.

Transport

Der Anleger der **Autofähre** nach MATANE (S. 340) liegt hinter dem östlichen Ende des Blvd Lasalle an der Rue Cartier.
Die **Busse** halten an der Endstation der Busse in der 212 Blvd Lasalle, ✆ 418/296-6921.

Busse nach:
BAIE-ST-PAUL, 2x tgl., 5 1/2 Std.;
GODBOUT, 1x tgl., 50 Min.;
PORT-CARTIER, 1x tgl., 2 1/4 Std.;
SEPT-ÎLES, 1x tgl., 3 1/2 Std.

Godbout und Umgebung

Das hübsche Dorf Godbout, ein ausgezeichnetes Revier zum Lachsfischen, liegt an einer halbkreisförmigen Bucht 54 km von Baie-Comeau entfernt. Hier befindet sich das empfehlenswerte **Musée Amérindien et Inuit**, 134 Chemin Pascal-Comeau, ℘ 418/568-7306. Gegründet wurde es von Claude Grenier, der in den 70er-Jahren im Rahmen eines Regierungsprojekts zehn Jahre im Norden verbrachte, um die Kultur der Inuit zu fördern und somit die Wirtschaft der Ureinwohner anzukurbeln. Das Ergebnis wurde seither durch erbarmungslose Kommerzialisierung verwässert, aber die private Grenier-Sammlung umfasst nur authentische Stücke, von den charakteristische Seifensteinschnitzereien bis zu Haushaltsgegenständen. ☉ Mitte Juni–Okt tgl. 9–22 Uhr, Eintritt $5.

An der Mündung des St.-Lorenz-Stroms in den St.-Lorenz-Golf liegt 28 km von Godbout entfernt (und 11 km abseits de Rte 138) das schöne **Pointe-des-Monts**, das sich seit dem 19. Jh. kaum verändert hat. Auf dem Felsvorsprung stehen einsam und allein Kanadas ältester **Leuchtturm**, 🖳 www.pharepointe-des-monts.com, aus dem Jahr 1830 sowie eine kleine Missionskapelle aus dem Jahr 1898. Der Leuchtturm beherbergt ein kleines **Museum** mit einer Ausstellung über die Seefahrt und die Geschichte des Leuchtturmwächters und seiner Familie. ☉ Mitte Juni–Mitte Sep tgl. 9–17 Uhr, Eintritt $5.

Wieder zurück auf der Rte 138, könnte man das kleine Dorf **Baie Trinité** einfach links liegen lassen, wäre da nicht das faszinierende **Centre national des naufrages du Saint-Lorent**, ℘ 418/939-2679, 🖳 www.centrenaufragoc.qa. Das Museum erzählt an Hand von Filmen die Geschichte aller Schiffe, die je im St.-Lorenz-Strom auf Grund gelaufen sind. ☉ Juni–Mitte Sep tgl. 9–20 Uhr, Eintritt $8.

Eine Wanderung führt am nahe gelegenen Ufer entlang zu mehreren Schiffswracks. Dort gibt es auch einige ausgewiesene Zeltplätze in der freien Natur.

Von Baie Trinité sind es noch 103 km bis zum Holz- und Eisenerzzentrum **Port-Cartier**. Es bildet das Tor zur **Réserve Faunique de Port-Cartier-Sept-Îles**, ℘ 418/766-2524, 🖳 www. sepaq.com, einem 2423 km² großen Naturreservat mit über 1000 Seen (Eintritt $3,50). Bekannt ist das Gebiet für seine guten Möglichkeiten zum Jagen und Forellenfischen. Infos, Genehmigungen und Reservierungen sind im Verwaltungsbüro in Port-Cartier, 24 Blvd des Îles, erhältlich. Nach holprigen 27 km erreicht man an der Südspitze von Lac Walker das Anmeldebüro, ℘ 418/766-4743, ☉ Ende Mai–Anfang Sep 7–19 Uhr, wo es neben Mietkanus und Wanderkarten auch **Campingplätze** ($16–23) und **Cabins** (❺) gibt.

Godbout

Hébergement Cormier, 156 Rue Pascal Comeau, ℘ 418/568-7535, einfache Zimmer über dem Gemischtwarenladen Dépanneur Proprio, der auch Angellizenzen verkauft. ❶
La Maison du Vieux Quai, 142 Rue Pascal-Comeau, ℘ 418/568-7453, 🖳 www.gitemaison duvieuxquai.com. Hübsches, 100 Jahre altes B&B mit Blick aufs Wasser. ❸

Pointe-des-Monts

Im Nachbarhaus des Leuchtturms sind ein teures Fischrestaurant und ein B&B untergebracht. Weitere **Übernachtungsmöglichkeiten** bieten die nahe gelegenen Chalets, ℘ 418/939-2242, ☉ Juni–Okt. ❷
Camping Domaine de l'Astérie, 2 km vor dem Leuchtturm, ℘ 418/939-2327, 🖳 www.campingquebec.com/domaine lasterie, ☉ Mitte Mai–Mitte Sep, $17–20.

Die **Touristeninformation** in Godbout, 115 Chemin Pascal-Comeau, ℘ 418/568-7462, zeigt Zeugnisse vom Alltag früherer Zeiten, ☉ Mitte Juni–Anfang Sep Mo–Fr 8–18, Sa und So 9–18 Uhr.

Godbout ist mit Matane am Südufer durch eine **Autofähre** verbunden (s. S. 340).

Sept-Îles

Der größte Exporthafen für Erz in Ostkanada, Sept-Îles, dient dank seiner Bahnverbindung mit Labrador als guter Ausgangspunkt für Ausflüge in den fernen Norden. Die Stadt selbst liegt schön am Ufer des St.-Lorenz-Stroms. Lohnenswert ist ein Aufenthalt in Sept-Îles vor allem dank zweier Museen zur indianischen Kultur und im Monat August, wenn in der Nähe ein großes indianisches Musikfestival stattfindet. Ein Ausflug zur Île Grande Basque ist leicht zu bewerkstelligen und durchaus zu empfehlen.

Vom Ufer aus zeigt sich die Stadt von ihrer besten Seite: Ein 27 km langer Radweg führt vom **Parc Rivière des Rapides** zu den Stränden östlich der Stadt. Die Straße hinunter zum dritten Strand, **Plage Routhier**, eröffnet den besten Blick auf die sieben Inseln. Der Weg führt durch das Vogelparadies der **Jardins de l'Anse** und an der Uferpromenade entlang in den **Parc du Vieux Quai**, wo abends unter einem Zeltdach Konzerte mit Québecer Musik veranstaltet werden, Ende Juni–Aug Do–So, Eintritt frei.

Einen Überblick über die Lokalgeschichte bietet **Le Vieux-Poste** westlich des Zentrums, Blvd Montagnais, ☎ 418/968-2070, 🖥 www.mrcn.qc.ca. Die rekonstruierte historische Stätte mit einer kleinen Kapelle, einem Geschäft und dem Haus des Postmeistervorstehers stellt ein faszinierendes Porträt der Montagnais-Kultur dar. Einheimische Montagnais stellen hier Kunsthandwerk her und bereiten Essen zu, das zu fairen Preisen in einem Laden verkauft wird. ⏲ Ende Juni–Mitte Aug 9–17 Uhr, Eintritt $3.

Das ausgezeichnete **Musée Shaputuan**, 290 Blvd des Montagnais, ☎ 418/962-4000, dokumentiert das traditionelle, von den Jahreszeiten geprägte Leben der Innu (Montagnais). Die Ausstellung spricht die Besucher buchstäblich meist direkt über Audio- und Videobänder an. Das Museum richtet sich allerdings primär an Innu, die mehr über ihre Kultur erfahren möchten. ⏲ Mo–Fr 8–16.30, Ende Juni–Anfang Sep auch Sa und So 10–16 Uhr, Eintritt $4.

Auf der **Île Grande Basque** unmittelbar vor der Küste, der größten Insel des Archipels, gibt es ein 12 km langes Wegenetz und Picknickplätze. Erlaubnisscheine zum Campen ($10) sind am Kiosk im Parc du Vieux Quai erhältlich.

In den letzten Jahren landete die indianische Gruppe Kashtin aus dieser Gegend – die einzige bekannte Band, die in ihrer indianischen Muttersprache singt – einen überraschenden Erfolg in den kanadischen Musikcharts. Obwohl sich Claude McKenzie und Florent Vollant inzwischen Solokarrieren verschrieben haben, treten sie noch immer gelegentlich beim Innu Nikamu Festival für Gesang und Musik auf, Informationen unter ☎ 418/927-2181, 🖥 www.innunikamu.net, das Anfang August 14 km östlich von Sept-Îles im Montagnais-Reservat **Maliotenam** stattfindet. Von Kashtins Erfolg inspiriert pilgern zahlreiche andere Gruppen zu dem viertägigen Festival und präsentieren anspruchsvolle moderne kanadische und traditionell indianische Musik. Daneben bietet das Festival auch Essen und Kunsthandwerk der Innu, und trotz des Alkoholverbots geht es hier immer sehr lebhaft zu. Das Reservat ist nicht mit öffentlichen Verkehrsmitteln zu erreichen. Anfahrt mit dem Auto über Rte 138 Richtung Havre-St-Pierre, an der Moisie-Kreuzung rechts abbiegen zum Eingang von Maliotenam. Tickets kosten ungefähr $10 und sind am Tor erhältlich.

Von Juni bis September legen am Kai regelmäßig Passagierfähren (10x tgl., 10 Min., $15) und **Ausflugsboote** ab. Veranstalter sind Les Excursions La Petite Sirène, ☎ 418/968-2173, 🖥 www.free webs.com/la_petite_sirene (1–3x tgl., 2–4 Std.) und Croisière Petit Pingouin, ☎ 418/968-9558 (Juni–Sep 1–3x tgl., 10 Min.–3 Std.). Glanzpunkte sind die Wale und ein Reservat für Meeresvögel. Eine weitere Alternative sind **Kajaktouren**: Vêtements des Îles, 637 Ave Brochu, ☎ 418/962-7223 oder 1-800/470-7223, 🖥 www.vetementsdesiles.com, bietet halbtägige begleitete Touren für $60 p. P.

Le Tangon, 555 Rue Cartier, ☎ 418/962-8180 oder 1-800/461-8585, 🖥 www.aubergeletangon.net. Billiges, beengtes Hostel als Familienbetrieb. Dorm-Bett $16–20, Zimmer $24–28,

Camping auf dem Gelände $10, Frühstück $3,50. ⊙ Juni–Mitte Okt.

Hôtel Gouverneur Sept-Îles, 666 Blvd Laure, ✆ 418/962-7071 oder 1-888/910-1111, 🖥 www.gouveneur.com. Recht luxuriöses Hotel. ❺

Die beiden Campingplätze liegen 27 km östlich am lachsreichen Rivière Moisie, zu erreichen über die Rte 138.

Camping Laurent-Val, ✆ 418/927-2899, Stellplätze $16–27, ⊙ Mitte Mai–Ende Sep.

Camping de la rivière Moisie, ✆ 418/927-2021, Stellplätze $16–28, ⊙ Ende Mai–Anfang Sep.

Essen

Chez Omer, 372 Ave Brochu, ✆ 418/962-7777. Exklusives Fischrestaurant mit Gerichten von $20–30.

Pub St-Marc, 588 Ave Brochu, ✆ 418/962-7770. Stilvolle Bar mit Bier aus einer Mikrobrauerei, zudem ein teureres Restaurant im Obergeschoss mit toller Pasta und riesiger Auswahl an Salaten, alles unter $20.

Café du Port, 495 Ave Brochu, ✆ 418/962-9311. Serviert preiswertes Seafood, Pizza und Pasta; auch gute Drinks.

Sonstiges

Fahrradverleih

Rioux Vélo Plein Air, 555 Blvd Laure, ✆ 418/968-3470.

Informationen

Touristeninformation, 516 Rue Arnaud, am Ufer im Parc du Vieux-Quai, ✆ 418/968-1818, ⊙ Mitte Juni–Aug tgl. 9–18 Uhr.
Weitere Filiale am Stadtrand, 1401 Blvd Laure, ✆ 418/968-0022 oder 1-888/880-1238, 🖥 www.ville.sept-iles.qc.ca/tourisme. ⊙ Ende Mai–Mitte Sep tgl. 7.30–21.30, sonst 8.30–17 Uhr.

Transport

Busse

Vom Busbahnhof, 126 Rue Monseigneur-Blanche, ✆ 418/962-2126, fahren Busse nach

BAIE-COMEAU (1x tgl., 3 1/2 Std.) und HAVRE-ST-PIERRE (1x tgl., 2 1/2 Std.).

Eisenbahn

Der QNS&L-Bahnhof liegt in der Rue Retty am östlichen Stadtrand. Es bestehen Verbindungen nach LABRADOR CITY (2–3x wöchentl., 8 1/2–10 1/2 Std.) und SHEFFERVILLE (1x wöchentl., 11 1/4 Std.).

Schiff

Das Versorgungsschiff *Nordik Express* (S. 376/377) aus Rimouski legt jeden Dienstagmorgen in Sept-Îles ab und erreicht nach 7 3/4 Std. PORT-MENIER und nach weiteren 7 1/2 Std. HAVRE-ST-PIERRE.

Die Mingan-Küste

Die von Mai bis Juni von Schwarzfliegen geplagte Mingan-Küste östlich von Sept-Îles ist von keinem besonderen Interesse, bis man **Longue-Pointe-de-Mingan** erreicht. Allerdings ändert sich die Landschaft ständig: Zunächst erheben sich Sanddünen, gefolgt von Granitfelsen des Kanadischen Schilds, danach präsentieren sich runde Felsbrocken umgeben von Buschwerk. Die meisten Reisenden hier befinden sich auf dem Weg zu den atemberaubenden Inseln des **Mingan-Archipels**. Diese einmalige Gegend aus Felsformationen und einer reichen Tier- und Pflanzenwelt liegt vor der Küste zwischen Longue-Pointe-de-Mingan und **Havre-St-Pierre**, der größten Stadt der Region. Letztere dient als Ausgangspunkt für die Erkundung des Archipels. Die Urlaubssaison ist kurz, Zimmer können daher knapp werden. Eine Reservierung ist empfehlenswert.

Eine Einladung für eine Unterbrechung der Fahrt bieten die **Chutes Manitou** an der kleinen Touristeninformation, ✆ 418/538-2512, 86 km östlich von Sept-Îles (direkt hinter km 61, die Entfernungen werden vom Rivière Moisie gemessen). Hinter der Brücke der Rte 138 und nach einem fünfminütigen Fußmarsch auf dem gekennzeichneten Weg am Fluss entlang erreicht man neben den felsigen Wasserfällen einen Aussichtspunkt.

Auf einen mächtigeren Wasserfall trifft man nach weiteren zehn Minuten. Abgeschiedene Kiesstrände säumen die Strecke, Schwimmen ist allerdings nicht zu empfehlen (es gab schon tödliche Unfälle). ☉ Juni–Sep tgl. 9–19.30 Uhr, Eintritt $2.

Longue-Pointe-de-Mingan

Neben Havre-St-Pierre lohnt auch Longue-Pointe-de-Mingan einen Zwischenstopp. Das **Centre de Recherche et d'Interprétation de la Minganie**, 625 Rue du Centre, ein Gemeinschaftsunternehmen von Parks Canada und Mingan Island Cetacean Study, www.rorqual.com, lädt zu einem Besuch ein. Neben dem Film *The Mingan Islands* und Ausstellungen über Wale und andere Meerestiere bietet das Centre Informationen über Exkursionen zu den Inseln, stellt Campinggenehmigungen aus und organisiert abenteuerliche Tagestouren mit den Walforschern, ✆ 418/949-2845, Juni–Okt, $110. Letztere sind keine Touren mit Ausflugsschiffen,

in jedem Fall aber als einmaliges Erlebnis: Von Sonnenaufgang bis Feierabend begleitet man einen Meeresbiologen in einem kleinen Boot. ☉ Centre Mitte Juni–Ende Sep tgl. 9–18 Uhr, Eintritt $7,50.

Gemächliche **Bootstouren** bietet Excursions du Phare, 126 Rue de la Mer, ✆ 418/949-2302, 🖥 www.minganie.info. Die Ausflüge ($55) bringen die Besucher zu den westlichsten Inseln, wo man Papageientaucher sichten kann – mit den meisten anderen Touren von Havre-St-Pierre gelangt man lediglich zum mittleren Teil der Inseln.

Longue-Pointe-Mingan hat nur wenige Übernachtungsmöglichkeiten und ist nicht gerade ein Geheimtipp für Feinschmecker. Allerdings serviert das **Restaurant** des Hôtel-Motel de la Minganie, 905 Chemin du Roi, ✆ 418/949-2992, ❷, leckere Fischgerichte.

Auf der gegenüberliegenden Straßenseite gibt es ein paar Zeltplätze am Strand, die bei Buchung einer Tour kostenfrei sind, ansonsten $10. Ein Stück weiter an derselben Straße liegt

Geschliffen in Millionen von Jahren: bizarre Monolithen im Mingan-Nationalpark

Hinter dem Ende der Straße in Natashquan erreicht man die weiteren Abschnitte der Basse-Côte-Nord nur noch per Boot, Wasserflugzeug oder Schneemobil (im Winter).

Eine Fahrt mit dem Versorgungsschiff *Nordik Express*, ✆ 418/723-8787 oder 1-800/463-0680, 🖥 www.relaisnordik.com (April–Jan 1x pro Woche.), eröffnet atemberaubende Blicke auf eine felsige, subarktische Landschaft, die so kalt ist, dass sogar im Hochsommer gelegentlich Eisberge am Schiff vorbeigleiten.

Die *Nordik* ist zu gleichen Teilen Fracht- und Passagierschiff; die meisten Fahrgäste sind Einheimische. Die Tour beginnt dienstags in Rimouski, Zwischenstopps werden in **Sept-Îles**, **Port-Menier** auf der Île d'Anticosti, **Havre-St-Pierre** und **Natashquan** eingelegt. Danach passiert das Schiff die straßenlosen Gemeinden an der Basse-Côte-Nord und erreicht schließlich am Freitag **Blanc-Sablon**, die östlichste Siedlung Québecs an der Grenze zu Labrador. Anschließend fährt das Schiff auf dem gleichen Weg zurück, hält aber auf dem Rückweg nicht in Sept-Îles, und kommt montags wieder in Rimouski an.

Die Fahrt über diesen Abschnitt des St.-Lorenz-Stroms ist wesentlich beeindruckender als die Orte an der Strecke. Tagsüber zeigen sich Wale, Delphine, Robben und viele Meeresvögel, bei Nacht wird man mit etwas Glück Zeuge des unvergesslichen Nordlichts. Bei jedem Halt wird das Boot von Dorfeinwohnern umringt, ansonsten ist hier die ganze Woche über nichts los.

Bei sorgfältiger Organisation kann man mehrere Tage in einer Gemeinde verbringen und dann das Schiff auf seinem Rückweg wieder erwischen. Gute Planung ist unbedingt erforderlich: In jedem Dorf wird mindestens einmal am Tag – entweder flussauf- oder flussabwärts – gehalten, allerdings kann dieser Stopp auch mitten in der Nacht sein. Die meisten Traveller gehen aber in den einzelnen Häfen nur die zwei Stunden von Bord, die das Schiff benötigt, um seine Fracht zu löschen und wieder zu laden. Bei diesen Stopps bietet sich ein Leihfahrrad an, um möglichst viel von der Gegend zu sehen.

Zwei mögliche Zwischenstopps sind der Hafen **Kegaska** mit seinem Sandstrand und **La Romaine**, eine zusammengestückelte Innu-Siedlung ein Stück weiter die Küste hinauf. Danach

der größere Platz **Camping de la Minganie**, 109 Rue de la Mer, ✆ 418/949-2320 oder 1-866/949-2307, 🖥 www.tourisme-loiselle.com, Stellplätze $17–22.

Havre-St-Pierre

Die 1857 von vertriebenen Akadiern gegründete Gemeinde Havre-St-Pierre wäre wohl ein kleines Fischerdorf geblieben, hätte man hier in den 40er-Jahren nicht riesige Ilmenit-Vorkommen (Titaneisenerz) entdeckt. Die Steinbrüche liegen 45 km nördlich der Stadt, wo Fischerei und Tourismus Arbeitsstellen für die, die nicht im Bergbau arbeiten, zur Verfügung stellen. Der Tourismus erlebte einen gewaltigen Aufschwung, als die 40 Inseln des **Mingan Archipels** 1983 in einen Nationalpark umgewandelt wurden.

Vor einem Ausflug in das Gebiet lohnt ein Aufenthalt im **Besucherzentrum**, im gleichen Gebäude wie die Touristeninformation am Kai, 1010 Promenade des Anciens, ✆ 418/538-3285. Das Zentrum zeigt temporäre Fotoausstellungen und informiert über Flora, Fauna und Geologie der Inseln. Hier oder an einem der kleineren Kioske am Kai, wo auch die *Nordik Express* (s. oben) abfährt, kann man Schifffahrten zum Archipel buchen. ⏰ Juni–Sep wechselnde Öffnungszeiten, Eintritt frei. Wenn schlechtes Wetter die Abfahrt der Boote verhindert, öffnet es gegen 8.30 Uhr.

Abseits vom Kai beherbergt der alte Gemischtwarenladen heute die **Maison de la Culture Roland-Jomphe**, 957 Rue de la Berge, ✆ 418/538-2512. Dazu gehört auch ein Besucherzentrum, das über die Heimatgeschichte infor-

wird die Landschaft felsiger und schöner, viele faszinierende Meeresarme schneiden sich in die Küste.

Der Hafen **Harrington Harbour** zählt zweifellos zu den größten Sehenswürdigkeiten der Tour. Wegen des Untergrunds aus großen Felsen müssen die Gehsteige hier aus Holz konstruiert werden. Den besten Eindruck von Harrington Harbour erhält man auf der Fahrt flussaufwärts, wenn die Boote tagsüber hier anlegen. **Übernachten** kann man im La Maison de Amy, ✆ 418/795-3376, ❺, drei Mahlzeiten pro Tag inkl.

Ähnlich malerisch präsentieren sich die Siedlungen **Tête-à-la-Baleine** und **St-Augustin**. In Tête-à-la-Baleine stehen meistens einheimische Bootsmänner bereit, um Touristen vom Schiff zur Chapelle de l'Île Providence zu fahren, die auf einem Hügel in der Nähe thront. Im Ort gibt es auch eine Jugendherberge, L'Auberge de l'Île Providence, ✆ 418/242-2015, ✉ mecama@globetrotter.net, ☼ Juni–Okt, $35.

Die Website der Vereinigung der Küstenbewohner, Coasters Association, 🖥 www.coastersassociation.com, ist eine ganz brauchbare Informationsquelle.

Die **Fahrpreise** für die Schiffsreise sind durchaus bezahlbar. Man kann wahlweise all-inclusive reisen (mit Koje und drei guten Mahlzeiten am Tag) oder es sich in den Sitzen mit verstellbarer Rückenlehne bequem machen und die Mahlzeiten in der Cafeteria oder als Picknick an Deck einnehmen. Die Fahrt kann an einem beliebigen Hafen an der Route angetreten oder beendet werden, die gesamte Strecke von Rimouski kostet hin und zurück $479. Mit einer Koje in der einfachsten 4-Bett-Kabine werden $853 fällig, die Übernachtung in einer 2-Bett-Kabine mit Bullauge und Dusche schlägt mit $1162 zu Buche. Das Essen kostet extra: Frühstück $6, Mittagessen $14, Abendessen $19 (eventuelle Preisänderungen der Website entnehmen).

Man kann auch das eigene Fahrzeug mit auf die Fähre nehmen, es ist aber während der Reise nicht zugänglich. Der Preis richtet sich nach dem Gewicht des Fahrzeugs: Die einfache Fahrt von Natashquan nach Blanc-Sablon – z. B. für die Weiterfahrt nach Newfoundland und Labrador – kostet für das Fahrzeug mindestens $221. Für den Fahrradtransport wird ein Pauschalzuschlag von $20 fällig.

miert. ☼ Mitte Juni–Anfang Sep tgl. 9–21 Uhr, Eintritt $2.

Übernachtung und Essen

Die Touristeninformation hilft mit B&B-Verzeichnissen weiter.

Auberge de la Minganie, 17 km westlich der Stadt an der Rte 138, ✆ 418/538-1538. Hostel in einem alten Fischercamp in einer hübschen Bucht. Renovierungsbedürftig und von Ungeziefer befallen, aber mit Küche für Gäste und Kanuverleih. Der Bus aus westlicher Richtung lässt die Gäste vorzeitig aussteigen, danach sind's noch 700 m zu Fuß. Dorm-Bett $25, Camping $10. ☼ Mai–Nov. ❹

Gîte Chez Françoise, 1122 Rue Boréale, ✆ 418/538-1329, 🖥 www.gitechezfrancoise.com. Ein Zimmer in diesem B&B hat ein eigenes Bad und Kochnische ($75 inkl. Frühstück); die drei anderen, ebenfalls makellos sauberen Zimmer teilen sich ein Bad. ❸

Hôtel-Motel du Havre, 970 Rue de l'Escale, ✆ 418/538-2800 oder 1-888/797-2800, 🖥 www.hotelduhavre.ca, einfach, aber okay. ❹

Camping Municipal, am Ostende der Rue Boréale, ✆ 418/538-2415, 🖥 www.havresaintpierre.com, Stellplatz $17–24.

Chez Julie, 1023 Dulcinée, ✆ 418/538-3070. Serviert gutes Seafood und z. B. Pizza mit Räucherlachs.

Resto-Bar Les Moutons Blancs, 1121 Rue Boréale, Restaurant und Kneipe mit gelegentlicher Livemusik und Seafood-Spezialitäten.

Der **Busbahnhof** liegt in der Rue de l'Escale, Nr. 843, ☎ 418/538-2033.

Das **Versorgungsschiff** *Nordik Express* (S. 376/377) fährt 1x wöchentl. am Kai ab über NATASHQUAN (6 1/4 Std.), KEGASKA (11 1/2 Std.), LA ROMAINE (16 Std.), HARRINGTON HARBOUR (24 3/4 Std.), TÊTE-À-LA-BALEINE (29 1/4 Std.), LA TABATIÈRE (32 3/4 Std.), ST-AUGUSTIN (37 1/4 Std.) nach BLANC-SABLON (43 3/4 Std.).

Der Mingan-Archipel

Eine der schönsten Landschaften Québecs liegt unmittelbar vor der Küste von Havre-St-Pierre: die **Réserve de parc national du Canada de l'Archipel-de-Mingan**, 🖳 www.pc.gc.ca/mingan, Eintritt $5,80. Am weißen Sandufer der Inseln ragen unzählige, bis zu 8 m hohe Felsen wie Totempfähle empor. Flechten färben ihre Oberfläche hell-orange, und aus den Rissen wachsen bonsaigroße Bäume. Diese Formationen nahmen als Unterwasserablagerungen in der Nähe des Äquators ihren Anfang. Das Sediment wurde vor 250 Mill. Jahren über den Meeresspiegel geschoben und dann von einer mehrere Kilometer dicken Eisschicht bedeckt. Als das Treibeis schmolz, tauchten die Inseln vor 7000 Jahren an ihrem heutigen Standort wieder auf. Meer und Wind verpassten dem weichen Kalkstein den letzten Schliff und schufen die heute zu bewundernden Monolithen.

Die bizarre Geologie ist nicht die einzige bemerkenswerte Charakteristik des Archipels: Die Flora beschreibt einen einmaligen Inselgarten mit 452 arktischen und seltenen alpinen Arten, die dank der Kalksteinerde, der langen, harten Winter und der kalten Strömung des Golfs von Labrador in diesen „südlichen" Breiten gedeihen. Zur **Tierwelt** des Nationalparks zählen neben den Walen im Golf auch die Papageientaucher, die von Anfang Mai bis Ende August auf drei Inseln Nester bauen, sowie 199 verschiedene Vogelarten.

Campen darf man auf der Île Quarry und auf fünf weiteren Inseln ($16). Das einzige Transportmittel – neben einem Kajak – ist jedoch ein „Seebus" von Plongée Boréale, Havre-St-Pierre, ☎ 418/538-3202, 🖳 www.plongeeboreale.com,

ca. $40 je nach Zielort. Permits fürs Zelten sind im Besucherzentrum in Longue-Pointe oder im Kiosk am Kai von Havre-St-Pierre erhältlich.

Auf einigen Inseln erläutern Biologen den Schiffspassagieren (Mitte Juni–Aug) die Geologie und Flora. Daneben gibt es zwei Besucherzentren:
Longue-Pointe-de-Mingan, 625 Rue du Centre.
Havre-St-Pierre, 1010 Promenade des Anciens.

Gut zu erkunden sind die Inseln per **Kajak** oder in einem **2-Mann-Segelboot**.
Expédition Agaguk, 1062 Ave Boréale, Havre-St-Pierre, ☎ 418/538-1588 oder 1-866/538-1588, 🖳 www.expedition-agaguk. com, organisiert von Mai bis September einbis sechstägige Exkursionen für $99 pro Tag (mit Campingausrüstung und Essen $199 pro Tag). Hier erhält man neben der Ausstattung Tipps zur Strömung und zu sonstigen Bedingungen. Auf Anfrage arrangiert das Unternehmen auch Ausflüge zu den Seen und Flüssen im Norden.

Von Juni bis September kann man vom Kai in Havre-St-Pierre **Bootstouren** um Teile des Archipels herum unternehmen, sie müssen allerdings im Voraus gebucht werden:
Croisiéres La Reléve Jomphe, Kiosk Nr. 3, ☎ 418/538-2865, 🖳 www.hotelduhavre.ca, 3x tgl., ca. $35.
La Tournée des Îles, Kiosk Nr. 2, ☎ 418/538-2547, 🖳 www.tourismeduplessis.com/sites/tournee desiles. Fährt mit der *Perroquet de Mer* und der *Le Calculot*, einem kleinen Boot, dessen Kapitän mit seinen Kommentaren schon mal den Trip verdirbt, 3x tgl. für ca. $35.
Fahrten, um Papageientaucher im westlichen Teil zu beobachten, beginnen in Longue-Pointe-de-Mingan (S. 375).

Île d'Anticosti

Die abgelegene, 220 km lange Île d'Anticosti zwischen den Meeresengen Jacques Cartier und Honguedo im St.-Lorenz-Golf war einst als „Friedhof des Golfes" bekannt. Mehr als 400 Schiffe erlitten an dieser Küste Schiffbruch. Die riesige Insel besteht aus Klippen und Kiefernwäldern, die von turbulenten Flüssen und steilen Schluchten durchzogen werden.

Die Île d'Anticosti war unter den Ureinwohnern als Notiskuan („das Land, wo wir Bären jagen") bekannt, und die Basken jagten hier Walrosse und Wale. Im Jahr 1873 wurde sie zum Privatgebiet des französischen Schokoladenmillionärs Henri Menier. Er brachte Weißwedelhirsche, Rotfüchse, Silberfüchse, Biber und Elche in diese Gegend, um sie nach Belieben jagen zu können. Heute trifft sich hier eine weniger exklusive Horde von Jägern und Fischern, die die Hirsche von Fahrzeugen aus anvisieren und die Lachse aus den Flüssen ziehen. Den anderen Reisenden präsentiert sich eine ungezähmte Gegend mit nur 280 Einwohnern.

Menier gründete 1873 an der Westspitze das kleine Dorf Baie-Ste-Claire. Knapp 30 Jahre später zogen die Siedler nach Port-Menier an der Südseite dieser Spitze. Die Häuser von Baie-Ste-Claire überließ man ihrem Schicksal, das durch die salzige Luft besiegelt wurde.

Die Menschen leben heute in den Häusern mit den blauen Dächern in **Port-Menier**, wo die *Nordik Express* einmal wöchentlich von Havre-St-Pierre bzw. den Sept-Îles ankommt (S. 376/377). Port-Menier grenzt an die westlichen Teile des **Parc national d'Anticosti**, ✆ 418/535-0156, 🖳 www.sepaq.com, Eintritt $3,50. Die geschützten Landschaften erstrecken sich jenseits davon in zwei weitere Abschnitte des Reservats – einer reicht bis tief ins Landesinnere, der andere bedeckt die Ostspitze der Insel. Über die gewundene Schotterstraße der Île d'Anticosti, scherzhaft „Trans-Anticostian" genannt, gelangt man zu den zentralen und östlichen Teilen des Schutzgebiets.

Ohne Auto hat man keine Chance, hierher zu kommen, und mit Beulen und Reifenpannen ist zu rechnen. Location Pelletier, ✆ 418/535-0204, in Port-Menier hat **Mietwagen**. Unterwegs führt ein holpriger Weg von der „Hauptstraße" zur größten Höhle Québecs. Die 1982 entdeckte eisige **Caverne de la Rivière à la Patate**, 120 km östlich von Port-Menier, umfasst einen kathedralenähnlichen Raum sowie ein Labyrinth mit

500 m langen Passagen. Etwa 10 km weiter erblickt man den Canyon des **Rivière Observation**, dessen schroffe Wände mehr als 50 m in die Höhe ragen. Die Landschaft des Reservats ist ebenso eindrucksvoll und lockt in den Sommermonaten viele Abenteuerlustige an.

SÉPAQ Anticosti, die für den Park zuständige Behörde, ✆ 418/535-0156, organisiert eine Reihe von umweltverträglichen **Touren**, die zwar teuer sind, dafür aber den Transport zur Insel, Essen, Unterkunft und Allrad-Fahrzeuge einschließen, ab ungefähr $650 pro Woche und Person bei zwei Personen, Flug ab Sept-Îles, 418/535-0156, 🖳 www.sepaq.com.

Übernachtung

Auberge de Port-Menier, ✆ 418/535-0122, 🖳 www.sepaq.com/san. ❺
Auberge Au Vieux Menier, 26 Chemin de la Faune, ✆ 418/535-0111, Jugendherberge mit Campinggelegenheit, $10, ⏱ Mitte Juni–Mitte Okt. Abholservice vom Flughafen und vom Kai, auch Organisation von Exkursionen. ❶
Auberge Pointe-Ouest, 20 km westlich von Port-Menier gelegen, ✆ 418/535-0155, verfügt auch über Stellplätze, $10. ❶

Transport

Das **Versorgungsschiff** *Nordik Express* kostet von Havre-St-Pierre nach Port-Menier $41 und von Sept-Îles $54 (einfache Fahrt). Von Port-Menier nach Sept-Îles besteht keine Bootsverbindung – die Schiffe fahren direkt weiter nach Rimouski.
Sépaq Anticosti, ✆ 418/890-0863 oder 1-800/463-0863, bietet im Rahmen von Pauschalangeboten von Montréal, Québec-Stadt, Mont-Joli und Havre St-Pierre **Flüge** auf die Insel.
Exact Air, 🖳 www.exactair.ca, bietet Charterflüge von Sept-Îles, Havre St-Pierre und der Île du Havre-aux-Maisons (Îles de la Madeleine).

Die Basse-Côte-Nord

Früher endete die Rte 138 in Havre-St-Pierre. Somit waren Dutzende von Dörfern an der Basse-Côte-Nord Jahrhunderte lang vom restlichen

Québec abgeschnitten, und viele Einwohner sprechen ausschließlich Englisch (die meisten stammen von Fischern von den britischen Kanalinseln und aus Neufundland ab). Heute verbindet ein Abschnitt der Rte 138 Havre-St-Pierre mit **Natashquan** und drei anderen Dörfern an der 145 km langen Strecke. Besucher müssen mit dem Auto anreisen, Busverbindungen bestehen keine.

Baie-Johan-Beetz und Umgebung

Die erste Siedlung 65 km östlich von Havre-St-Pierre ist das Dorf **Baie-Johan-Beetz**. Getauft wurde es nach dem gleichnamigen Maler und Bildhauer, dessen außergewöhnliches Haus Besuchern offen steht, ✆ 418/648-0557 oder 1-888/393-0557, 🖥 www.baiejohanbeetz.com, ⊙ Ende Juni–Sep tgl. 10–12 und 13.30–16 Uhr, Eintritt $5, Führungen jede halbe Stunde. Man kann hier auch in einem der sieben historischen Schlafzimmer (❸) nächtigen.

Danach passiert man die Orte **Aguanish** und **Île-à-Michon**. Am Ende der 780 km langen Straße von Tadoussac liegt **Natashquan**, die einstige Heimat des hochgeschätzten Québecer Dichters Gilles Vigneault. Der ein Jahrhundert alte Gemischtwarenladen beherbergt heute das **Centre d'interprétation**, ✆ 418/726-3233, das die Lokalgeschichte beleuchtet, ⊙ Mitte Juni–Sep tgl. 10–17 Uhr, Eintritt $5.

Übernachten kann man in den zehn Zimmern der Auberge la Cache, 183 Chemin d'en Haut, ✆ 418/726-3347 oder 1-888/726-3347, 🖥 www.aubergelacache.com, ❹, mit einem Fischrestaurant, ⊙ Juni–Aug.

Eine Alternative sind mehrere **B&Bs**, darunter Maison Chevarie, 77 Rue du Pré, ✆ 418/726-3541, ❸. Zelten kann man an der Rte 138 auf dem Platz Camping Municipal Chemin Faisant, ✆ 418/726-3697, 🖥 www.guidecamping.ca/municipalcheminfaisant, Stellplatz $19–26, ⊙ Mitte Juni–Anfang Sep.

Die Atlantikprovinzen

Stefan Loose Traveltipps

9 **Halifax** Die größte Stadt der Atlantikprovinzen ist mit ihren vielen Kneipen, Restaurants und Museen auch die lebendigste. S. 385

10 **Lunenburg** Der malerische Fischereihafen verkörpert die ganze Schönheit der Kleinstädte Nova Scotias. S. 399

Tidal Bore Rafting Ein Ritt auf der Gezeitenwelle, die zweimal am Tag von der Bay of Fundy in den Shubenacadie River schwappt. S. 415

11 **Cape Breton Island** Hohe Küstenfelsen und tiefe Waldtäler bieten tolle Wandermöglichkeiten. S. 417

Akadische Kultur Den Traditionen dieser tief im Französischen verwurzelten Kultur kann man vor allem in New Brunswick nachspüren. S. 427

12 **Fundy Trail Parkway** Wilde Strudel, tolle Wander- und Radwege, frische Hummer, Whale-watching und Rekord-Gezeiten: Das alles bietet dieser atemberaubende Abschnitt der Fundy-Küste. S. 448

13 **Prince Edward Island** Nach dem Erforschen der zahlreichen Erinnerungsstätten von Anne of Green Gables geht es an unberührte Traumstrände mit rötlichem Sand. S. 457

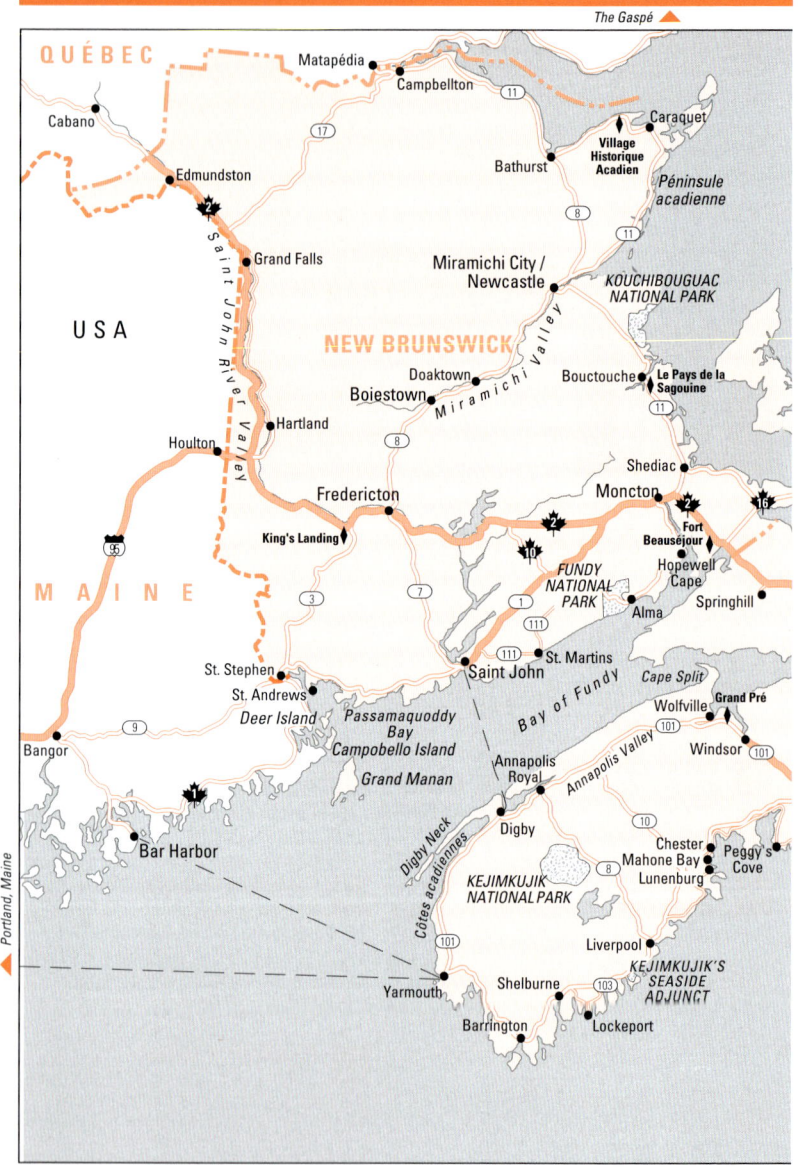

Die Atlantikprovinzen

The Gaspé

QUÉBEC

Matapédia
Campbellton
11
Caraquet
Cabano
17
Bathurst
Village
Historique
Acadien
Péninsule
acadienne
Edmundston
8
11
Saint John River Valley
Grand Falls
Miramichi City /
Newcastle
KOUCHIBOUGUAC
NATIONAL PARK
USA
NEW BRUNSWICK
Miramichi Valley
Doaktown
Boiestown
Bouctouche
Le Pays de la
Sagouine
11
Hartland
8
Shediac
Houlton
Fredericton
Moncton
16
King's Landing
Fort
Beauséjour
95
8
Hopewell
Cape
MAINE
3
7
1
FUNDY
NATIONAL
PARK
Springhill
111
Alma
St. Stephen
111
St. Martins
Cape Split
Grand Pré
St. Andrews
Saint John
Wolfville
Deer Island
Passamaquoddy
Bay
Bay of Fundy
101
9
Campobello Island
Windsor
101
Bangor
Grand Manan
Annapolis
Royal
Annapolis Valley
10
Digby
Chester
Peggy's
Cove
Digby Neck
Mahone Bay
Bar Harbor
8
Lunenburg
Côtes acadiennes
KEJIMKUJIK
NATIONAL PARK
Portland, Maine
Liverpool
101
KEJIMKUJIK'S
SEASIDE
ADJUNCT
Yarmouth
Shelburne
103
Barrington
Lockeport

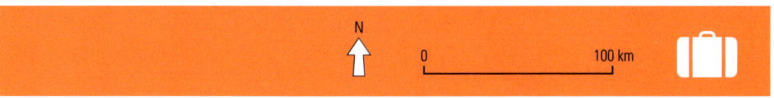
ST.-LORENZ-GOLF

Îles de la Madeleine
(Québec)

Newfoundland

CAPE BRETON
HIGHLANDS
NATIONAL PARK

Cape North

Chéticamp

PRINCE EDWARD ISLAND

Cavendish   *P.E.I. NATIONAL PARK*

Summerside
Borden   *Cabot Trail*   *Cabot Trail*
Confederation
Bridge   Charlottetown   North   Glace
Cape   Sydney   Bay
Tormentine   Baddeck   Sydney

West Mabou

Souris

Wood Islands   Louisbourg
                         Bras d'Or
Caribou   Lake
Pictou   Antigonish   Port   Cape Breton
          Hastings   Island
New Glasgow

Truro

NOVA SCOTIA   Sherbrooke

Dartmouth
Halifax

ATLANTIK

Die Atlantikprovinzen

Newfoundland ▲

St.-Lorenz-Golf

Îles de la Madeleine
(Québec)

Cape Breton
Island

Capstick • Bay St. Lawrence
Cape North Village •

*CAPE BRETON
NATIONAL PARK*

Cheticamp • • Ingonish

North
Sydney

Margaree Harbour • South Gut • • Sydney
Margaree Forks • St. Ann's

Baddeck • Louisbourg
Bras d'Or
Lake

**PRINCE EDWARD
ISLAND**

Charlottetown 103 • Wood
Islands

**Confederation
Bridge**

*Northumberland
Strait*

**NEW
BRUNSWICK**

Caribou

Port Hastings

Moncton • Amherst 104

Pictou • Antigonish

New
Glasgow 347

Sherbrooke 7

Truro

• Springhill

*Minas
Basin*

*Cape
Blomidon*

Grand Pré

**Halifax
International
Airport**

*Cape
Split*

*Minas
Channel*

Canning • Windsor 101

Saint
John

*Bay
of
Fundy*

Annapolis Valley Wolfville

103 **Halifax**

• Dartmouth

Port-
Royal • Annapolis

Chester • Peggy's Cove

A T L A N T I K

Royal Mahone Bay
Oak Island

Digby

Bridgewater • Lunenburg

**KEJIMKUJIK
NATIONAL PARK**

Sandy Cove • 8

Pointe de l'Église •

Liverpool

Bar Harbor, Maine

Long
Island • Tiverton

Meteghan •

Port Joli • *KEJIMKUJIK'S SEASIDE ADJUNCT*

*Brier
Island*

Westport

Shelburne • 103 St. Catherine's River

Yarmouth

• Lockeport

Barrington

Chignecto Bay

Digby Neck

*Côtes
acadiennes*

▼ *Portland, Maine*

Die kanadischen Atlantikprovinzen **Nova Scotia**, **New Brunswick** und **Prince Edward Island** sind die drei kleinsten Provinzen des Landes. Ihre Bevölkerung von insgesamt rund zwei Millionen Einwohnern konzentriert sich größtenteils auf die Küstenabschnitte und Flusstäler, denn die dürftigen Waldböden des Landesinneren sind für die Besiedlung kaum geeignet. Bis heute ist ein Großteil der Atlantikregion unerschlossen. In New Brunswick beispielsweise machen die Wälder 84 % der Gesamtfläche aus. In Verbindung mit der rauen Schönheit der zerklüfteten Küste stellt diese schroffe Wildnis eine der landschaftlich reizvollsten Gegenden Kanadas dar. Gleich-

Die Atlantikprovinzen

Nova Scotia

zeitig war dies das heiß umkämpfte Kernstück im Streit um Nordamerika, den sich England und Frankreich im 18. Jh. lieferten, und es darf sich eines reichen Erbes an geschichtsträchtigen Sehenswürdigkeiten rühmen. Viele davon haben mit den **Akadiern** zu tun, die bei den Auseinandersetzungen fast immer in die Schusslinie gerieten und den Kürzeren zogen.

Die meisten Touristen konzentrieren sich auf **Nova Scotia**, dessen geschäftige Hauptstadt **Halifax** eine prima Ausgangsbasis für die Erkundung der malerischen Küste ist, bevor es anschließend in nördliche Richtung nach **Cape Breton Island** und in den gebirgigen **Cape Breton Highlands National Park** geht.

Kaum Beachtung findet hingegen die benachbarte Provinz **New Brunswick**, und das obwohl sie eine Reihe von Weltklasse-Sehenswürdigkeiten zu bieten hat: die bezaubernde, neu auflebende Hafenstadt **Saint John** (niemals „St. John", und nicht mit St. John's in Newfoundland zu verwechseln) und die **Bay of Fundy**, wo der Tidenhub Wasserstände von bis zu 12 m Höhenunterschied hervorbringt. Dieses Naturphänomen lässt sich im **Fundy National Park** sowie auf dem **Fundy Trail Parkway** in atemberaubender Landschaft bewundern. Und von zahlreichen Fundy-Häfen, sowohl in Nova Scotia als auch New Brunswick, laufen Ausflugsboote zur **Walbeobachtung** aus.

Seit 1997 ist **Prince Edward Island** (PEI) durch die gewaltige Confederation Bridge mit dem Festland verbunden. Die Insel erfreut sich einer überragenden Gastronomieszene, die den Rest der Region in den Schatten stellt. Das üppig grüne **Charlottetown** mit seiner gemächlichen Gangart ist mindestens zwei Tage Aufenthalt wert, vor allem weil es von dort nur ein Katzensprung zu den traumhaften Sandstränden des **Prince Edward Island National Park** ist.

Ein Besuch von Nova Scotia beginnt üblicherweise in ihrer lebendigen Hauptstadt **Halifax** an der Südküste. Mit den hervorragenden Restaurants, dem pulsierenden Nachtleben und den geschichtsträchtigen Sehenswürdigkeiten lohnt sie mindestens zwei Tage Aufenthalt. Die drei schönsten Ecken der Provinz aber sind der Südwesten, dort besonders die Orte **Lunenburg** und **Lockeport**, die Festungen, Farmen und Dörfer des **Annapolis Valley** und schließlich **Cape Breton Island**, das sich am besten bei einer Rundfahrt auf dem **Cabot Trail** erschließt.

Zwischen dem Südwesten Nova Scotias, Truro und Sydney (auf Cape Breton) bestehen recht gute **Busverbindungen**. Zu den täglichen Verbindungen aus Halifax kommen noch Busse von Salty Bear (s. S. 55) hinzu. VIA Rail-**Züge** verkehren zwischen Halifax und Truro, um dann weiter nach Miramichi in New Brunswick und Québec zu fahren. Überall sonst braucht man ein **Auto**, besonders für die unerschlosseneren Abschnitte des Cabot Trail.

9 HIGHLIGHT

Halifax

Das an einem der schönsten Häfen der Welt gelegene Halifax ist das Finanz-, Bildungs- und Verkehrszentrum der Atlantikprovinzen und mit rund 400 000 Einwohnern viermal so groß wie die nächstgrößere Stadt der Region, Saint John in New Brunswick. Diese Vorreiterrolle hat die Stadt seit dem Zweiten Weltkrieg inne, doch schon lange davor war Halifax eine durch und durch von der Schifffahrt geprägte Stadt.

Die ersten Europäer, die Halifax erschlossen, waren die Briten, die hier 1749 einen Marinestützpunkt errichteten. Im 19. Jh. war die Stadt von der Präsenz der Garnison geprägt: und die meisten „Haligonians", wie die Einheimischen genannt werden, waren zumindest teilweise im Dienstleistungssektor beschäftigt. Im 20. Jh.

Die Atlantikprovinzen

übernahm Halifax in beiden Weltkriegen die Rolle als wichtiger Versorgungs- und Konvoihafen. Danach verlor es an militärischer Bedeutung, obwohl Schiffe der kanadischen Marine hier zum Teil auch heute noch vor Anker liegen. Die Bürohochhäuser, die sich von der alten britischen Zitadelle – der bis heute größten Sehenswürdigkeit der Stadt – bis hinunter zum Hafen aneinanderreihen, spiegeln die jüngeren wirtschaftlichen Erfolge wider. Als Gegenpol zu den Bankern und der Glitzerwelt versammelt das kompakte, lebendige Zentrum aber auch eine erfrischende alternative Szene an Künstlern, Streetperformern und Studenten der renommierten Dalhousie University.

Sehenswertes

Das moderne Downtown Halifax, wirtschaftliches und gesellschaftliches Herzstück der Stadt, klettert vom Hafen aus die steil ansteigenden Hänge hinauf. Im Gitternetz der Straßen wimmelt es von Kneipen und Restaurants.

Die bedeutenden Sehenswürdigkeiten – allen voran die **Art Gallery**, das **Maritime Museum** und das georgianische **Province House** – befinden sich alle im tiefer gelegenen Teil der Stadt unterhalb der Hauptattraktion von Halifax, der **Zitadelle**.

Die Zitadelle

Hoch oben auf einem Hügel mit Blick über die Innenstadt thronen die Befestigungsanlagen der **Halifax Citadel National Historic Site**, 🖳 www. pc.gc.ca. Die heutige, 1856 fertiggestellte Version ist die vierte seit der ersten Errichtung einer Palisade durch Edward Cornwallis im Jahr 1749. Obwohl sie nie zum Einsatz kam, unterhielten die Briten hier bis 1906 eine Schutztruppe, und während der beiden Weltkriege waren hier kanadische Streitkräfte untergebracht. Inzwischen ist das Ganze eine spannende Mischung aus Museum, Schloss und Historienspektakel. Dudelsackbläser und marschierende „Soldaten" der Royal Artillery und 78er-Highlander in historischen Uniformen (von ca. 1869) sorgen dabei auf dem Exerzierplatz für authentisches Flair, und jeden Mittag wird im Rahmen einer komplizier-

ten Zeremonie mit einem Riesenknall aus einer der Kanonen auf dem Gelände ein Böllerschuss abgegeben. Auch für Antimilitaristen lohnt sich ein Ausflug zur Zitadelle, denn von ihren Wällen aus eröffnet sich ein großartiger Ausblick auf die Stadt und den Hafen.

Der logische Ausgangspunkt für den Rundgang ist das **Informationszentrum**, wo ein 15-minütiges Video in die Geschichte der Anlage einführt. Hier befindet sich auch das **Army Museum**, das u. a. eine Sammlung von Handfeuerwaffen zeigt. Innerhalb der Mauern gibt es mehrere mit Militaria vollgestopfte Lagerhäuser, rekonstruierte Schießpulvermagazine, das ehemalige Schulzimmer der Garnison, Ausstellungsbereiche zur Geschichte der Zitadelle und einen kleinen Vorführraum, wo ein 50-minütiger Film die historische Entwicklung von Halifax nachzeichnet.

Unterhaltsame 45-minütige **Führungen** (Anfang Mai–Okt) durch die Zitadelle beginnen etwa jede Stunde im Informationsbüro. ⏱ Anfang Mai–Juni und Sep–Okt tgl. 9–17, Juli und Aug 9–18 Uhr. Eintritt in der Hauptsaison $11,70, in der Nebensaison $7,80; außerdem Nov–Anfang Mai tgl. 9–17 Uhr bei freiem Eintritt, Ausstellungen dann aber geschlossen. Das Parken kostet $3,25.

Grand Parade und Province House

Auf dem Weg von der Zitadelle hinunter in die Stadt führt die Carmichael Street am Uhrturm vorbei zur **Grand Parade**, einem lang gestreckten, baumgesäumten Platz, der im 19. Jh. als gesellschaftliches Zentrum der Stadt galt.

Auf der Südseite der Grand Parade steht die hübsche **St. Paul's Church**. Die große Kuppel und der Holzbau darunter datieren von 1750 und machen die Kirche damit zum ältesten Gebäude der Stadt und zur ersten protestantischen Kirche Kanadas. Interessant ist das Stück Holz im Putz über den Eingangstüren im Innern, ein Erinnerungsstück an die große Explosion von 1917 (s. S. 387, Kasten). ⏱ Mo–Fr 9–16.30 Uhr, Eintritt frei.

Als ein „Juwel georgianischer Architektur" beschrieb Charles Dickens bei einem Besuch in Halifax 1842 das anmutige **Province House** in der Hollis Street, von der Grand Parade nur einige Gehminuten entlang der George Street entfernt. Zu den Höhepunkten der Gratisführung (im Winter Rundgang ohne Führung) durch das Sandsteingebäude zählt ein Blick in das alte Oberhaus (jetzt Red Chamber) mit seinen Stuckarbeiten und Porträts, u. a. von König George III. und Königin Charlotte. Seit der Eröffnung des Hauses 1819 tagt die gesetzgebende Versammlung in der Assembly Chamber, einem anheimelnden Raum, der eher an ein georgianisches Wohnzimmer erinnert als an den Sitz der Provinzregierung von Nova Scotia. ☉ Juli und Aug Mo–Fr 9–17, Sa und So 10–16, sonst Mo–Fr 9–16 Uhr, Eintritt frei. Für Führungen muss man sich unter ☎ 902/424-4661 anmelden.

Art Gallery of Nova Scotia

Dem Province House gegenüber liegt auf der anderen Straßenseite die in zwei benachbarten Gebäuden untergebrachte **Art Gallery of Nova Scotia**, ☎ 902/424-7542, 🖥 www.artgalleryofnovascotia.ca, 1723 Hollis Street. Bei dem einen handelt es sich um einen strengen Art-déco-Bau, bei dem anderen um ein verziertes viktorianisches Bauwerk, das zuvor bereits als Gerichtsgebäude, Polizeihauptquartier und Postamt diente. Die Kunstgalerie zeigt ihre Stücke teilweise nach dem Rotationsprinzip, doch dürften die meisten der im Folgenden beschriebenen Exponate bei einem Besuch zu sehen sein. Am Eingang zu dem südlicheren der beiden Gebäude, Gallery South, ist ein kostenloser Galerieplan erhältlich.

Floor 1 der **Süd-Galerie** zeigt eine sehenswerte Ausstellung der aus Nova Scotia stammenden Künstlerin **Maud Lewis** (1903–1970). Sie musste mit mehreren Behinderungen fertig werden, darunter rheumatische Arthritis, bevor sie sich mit ihren naiven, in hellen Farben gehaltenen Darstellungen heimatlicher Szenen zu einer Malerin von Bedeutung entwickelte. Ihre mit eigenen Gemälden gefüllte Hütte wurde 1984 von Digby (S. 407) hierher verfrachtet.

Die Explosion von Halifax

Kein Ereignis in der Geschichte der Atlantikprovinzen ist derart traumatisch in Erinnerung geblieben wie die Explosion von Halifax im Jahr 1917, der größten von Menschen verursachten Explosion vor Anbruch des Atomzeitalters. Sie ereignete sich während des Ersten Weltkriegs, als Halifax ein Sammelhafen für Schiffskonvois war, die Soldaten und Waffen nach Europa transportierten. Kurz nach Sonnenaufgang am 6. Dezember manövrierten die norwegische *Imo*, die Versorgungsgüter nach Belgien transportieren sollte, und der französische Munitionsfrachter *Mont Blanc* im Hafen von Halifax. Der norwegische Frachter hatte Kurs aufs offene Meer genommen, während die kleine, altersschwache *Mont Blanc* mit großen Mengen Sprengstoff und Munition an Bord, darunter weit über 200 Tonnen TNT, Richtung Hafen unterwegs war. Als sich die Schiffe einander näherten, wurde die *Imo* wegen eines ungünstig positionierten Schleppkahns gezwungen, Kurs auf die falsche Passage zu nehmen. Da keines der Schiffe die Absicht des anderen zu erkennen vermochte und beide zu unkoordinierten Ausweichmanövern ansetzten, kam es zur Kollision. Durch den dabei entstandenen Funkenflug entzündete sich eine feuergefährliche, in Fässern an Deck der *Mont Blanc* gelagerte Flüssigkeit. Es kam zu einem Brand, woraufhin die Besatzung ihr Schiff verließ, das nach der Wucht des Aufpralls führerlos auf den Hafen von Halifax zutrieb.

Eine große Menschenmenge hatte sich bereits am Ufer versammelt, als das TNT in die Luft flog. Die Feuerwalze tötete auf der Stelle 2000 Menschen und verwüstete eine Fläche von 1,2 km^2 in Nord-Halifax, während das schnell um sich greifende Feuer einen Großteil des restlichen Stadtgebiets erfasste. Von der *Mont Blanc* blieb nichts übrig. Ein über eine halbe Tonne schwerer Teil ihres Ankers wurde später 4 km vom Ort der Explosion entfernt gefunden. Ausgerechnet an jenem Tag tobte ein Schneesturm über Halifax und die Rettungsarbeiten wurden durch 40 cm Neuschnee behindert. Die Leichen zahlreicher Opfer konnten erst im folgenden Frühjahr geborgen werden.

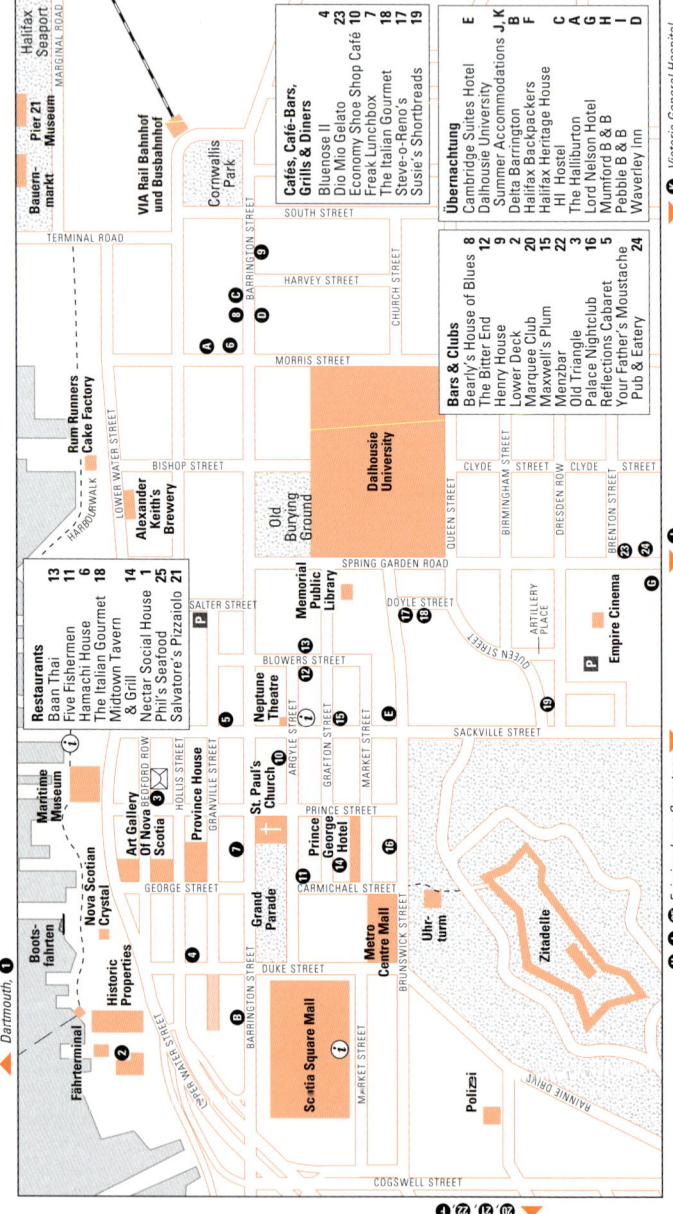

Eine unterirdische Passage verbindet das die Süd-Galerie mit der **Nord-Galerie**. Das obere Geschoss der Nordgalerie zeigt weitere Wechselausstellungen sowie eine interessante Sammlung **kanadischer Kunst** mit Schwerpunkt auf den Atlantikprovinzen.

In der Nähe, im Saal 4, hängen mehrere Gemälde von Cornelius Krieghoff und eine kleine Auswahl von Arbeiten der **Group of Seven** (s. S. 109, Kasten). Beachtenswert sind die Landschaftsstudie *Algoma* von Lawren Harris und J.E.H. MacDonalds Miniatur *Lake O'Hara*. Saal 6 zeigt eine bunte Auswahl moderner kanadischer Malerei. Sehenswert sind auch die Arbeiten von **Alex Colville**, der mit seinen aufwühlenden Gemälden, die ihre Figuren schnappschussartig in der Bewegung festhalten, eine Art „Magischen Realismus" schuf. ☉ tgl. 10–17, Do bis 21 Uhr; Eintritt $10. Führungen tgl. um 14.30 Uhr in der Süd-Galerie, Do zusätzlich um 19 Uhr.

Hafenviertel

Von der Art Gallery ist es ein kurzer Spaziergang auf der Bedford Row zur Water Street und dem dahinterliegenden Hafenviertel. Früher fand in dieser Ecke das Geschäftsleben von Halifax statt, heute verbindet hier der autofreie **Harbourwalk** Läden und Touristenattraktionen. Die viel gerühmten **Historic Properties**, 🖥 www.historicproperties.ca, umfassen ein kleines Viertel mit renovierten Kaianlagen, Lagerhäusern und Handelskontoren aus dem 19. Jh. unterhalb der Upper Water Street. Die Gassen strahlen einen gewissen Charme aus – jede Menge Bars, Boutiquen und Bistros –, aber viel zu sehen gibt es nicht. Es sei denn, man unternimmt eine **Bootsfahrt**. Passage Privateers, ☎ 902/406-8687, 🖥 www.passageprivateers.com, zum Beispiel veranstaltet auf einem Schoner unterhaltsame 90-minütige Hafenrundfahrten, bei denen sich die Crew im Piratenoutfit präsentiert. ☉ Juli und Aug 6x tgl., $19,95.

Maritime Museum of the Atlantic

Am Wasser ein Stück südlich steht das faszinierende Maritime Museum of the Atlantic, 1675 Lower Water St, ☎ 902/424-7490, 🖥 museum.gov.ns.ca. Es zeigt auf zwei Etagen eine fesselnde Ausstellung über sämtliche Aspekte der Seefahrt

Nova Scotias von der Kolonialzeit bis heute. Das **Erdgeschoss** umfasst eine Reihe kleinerer Ausstellungen, u. a. zu den Konvois der Alliierten, die den Hafen von Halifax in beiden Weltkriegen genutzt haben. Eine zweite Ausstellung dokumentiert die Halifax Explosion (s. S. 387), vor allem durch ein hervorragendes Video. Eine dritte befasst sich mit dem Leuchtturm von Sable Island, der sich in prekärer Lage vor der Südostküste von Nova Scotia im Atlantik erhebt.

Im **Obergeschoss** illustriert eine Sammlung kleiner Boote und Modelle den technologischen Fortschritt in der Segelschifffahrt. Hauptattraktion ist jedoch die angrenzende Ausstellung **Shipwreck Treasures** (Wrackschätze), insbesondere wegen ihrer gut präsentierten Sammlung mit Funden von der *Titanic*, die 1912 östlich von Halifax sank. ☉ Mai und Okt Mo–Sa 9.30–17.30, Di bis 20, So 13–17.30, Juni–Sep Mi–Mo 9.30–17.30, Di bis 20, Nov–April Mi–Sa 9.30–17, Di 9.30–20, So 13–17 Uhr, Eintritt Mai–Okt $8,75, Nov–April $4,75.

Verankert vor dem Museumsgebäude liegt das Dampfschiff *CSS Acadia* aus dem 20. Jh. neben der *HMCS Sackville*, 🖥 www.hmcssackville-cnmt.ns.ca, einer Korvette aus dem Zweiten Weltkrieg. ☉ tgl. 10–17 Uhr, Eintritt $4, mit Museumsticket $2. Das erstgenannte Schiff gehört noch zum Museum, das zweite ist eine eigenständige Sehenswürdigkeit. Beide können nur im Sommer (Juni–Sep) besichtigt werden.

Pier 21 und Alexander Keith's Brewery

Vom Museum sind es 20 Minuten zu Fuß bis zum **Halifax Seaport**, 🖥 www.halifaxseaport.com, einem Sanierungsgebiet mit Geschäften, Kneipen und Wohnhäusern am südwestlichen Rand von Downtown. Die Hauptattraktion ist **Pier 21**, ☎ 902/425-7770, 🖥 www.pier21.ca, die 2010 zum kanadischen National Museum of Immigration ernannt werden soll. Von 1928 bis 1971 war Pier 21 die Durchgangsstation von rund 1,5 Millionen Einwanderern und Angehörigen des kanadischen Militärs. Das Museum zeigt neben interaktiven Ausstellungen auch Erinnerungsstücke und Videozeugnisse von vielen dieser Menschen. Ein prima Einstieg ist die 30-minütige Multimediapräsentation (wird in kurzen Abständen gezeigt) mit nachgestellten Szenen von der Ankunft der

Die Atlantikprovinzen

Immigranten. ☉ Mai–Okt tgl. 9.30–17.30, Nov tgl. 9.30–17, Dez–März Di–Sa 10–17, April Mo–Sa 10–17 Uhr, Eintritt $8,50.

Auf dem Rückweg in die Stadt bietet sich ein Stopp in **Alexander Keith's Brewery** an, 1496 Lower Water Street, ✆ 902/455-1474, 🖥 www.keiths.ca. Sie wurde 1820 gegründet und ist eine der ältesten Brauereien Nordamerikas. Die Führung (Mai So–Do 12–17, Fr und Sa 12–20; Juni–Okt Mo–Sa 12–20, So 12–17; Nov–April Fr 17–20, Sa 12–20, So 12–17 Uhr, Eintritt $15,95) mit einem kostümierten Guide macht echt Spaß, besonders wenn am Ende ein Bier oder eine Mahlzeit in der hauseigenen Red Stag Tavern steht.

Fairview Lawn Cemetery

Wer ein Auto hat, sollte vielleicht die kurze Fahrt zum Fairview Lawn Cemetery in North End am Ende der Windsor Street unternehmen. Der Friedhof ist die größte Ruhestätte von Menschen, die beim Untergang der *Titanic* ums Leben kamen; 121 Opfer der Schiffskatastrophe liegen hier. Die Stelle mit kleinen Granitgrabsteinen ist durch ein schlichtes weißes Schild mit der Aufschrift „Titanic" gekennzeichnet. Auf den meisten Steinen sind die Namen der Toten eingraviert (manche Familien haben Geld für größere Gedenksteine ausgegeben), aber viele der hier Ruhenden sind bis heute namenlos geblieben. 1997 strömten Filmfans scharenweise hierher, um am Grab eines gewissen „J. Dawson" Blumen niederzulegen, doch wie Regisseur James Cameron später bekundete, bestand zwischen diesem und der Hauptperson des Films keine Verbindung.

Dartmouth

Das nicht besonders aufregende Dartmouth, auf der anderen Seite des Hafens von Halifax gelegen, wird von Besuchern häufig ignoriert. Bei einer Überfahrt mit der Fähre in die von Industrie geprägte Stadt eröffnet sich aber der allerbeste Ausblick auf den Hafen und die Skyline von Downtown Halifax.

Wer sich nach Verlassen des Fähranlegers in Dartmouth links hält und gleich in die nächste Straße rechts abbiegt, erreicht nach fünf Minuten das **Quaker House**, 57 Ochterloney St,

ein kleines Wohnhaus aus grauen Schindeln drei Blocks nördlich des King Street-Hafens auf einem Hügel. Nach dem Amerikanischen Unabhängigkeitskrieg kamen mehrere vom Walfang lebende Quäker-Familien von Nantucket nach Dartmouth, doch dieses ist das einzige Quäker-Haus, das die Zeiten überdauerte. Das Innere wurde mit großer Sorgfalt entsprechend seinem Zustand im Jahr 1785 restauriert, mitsamt spartanischer Einrichtung in Quäker-Manier. Unter den ausgestellten Stücken befindet sich auch ein 200 Jahre altes Paar Schuhe, das während der Renovierungsarbeiten 1991 unter den Fußbodenbrettern gefunden wurde. Eine weitere Kuriosität ist das in Formalin-Lösung konservierte Auge eines Grönlandwals. ☉ Anfang Juni–Aug Di–So 10–13 und 14–17 Uhr; Eintritt $2.

Die **Fähre** nach Dartmouth legt in Halifax von den Historic Properties ab (s. S. 389). Die Zwillingsstädte sind außerdem durch zwei Straßenbrücken ($0,75 Mautgebühr) miteinander verbunden. Der Bus Nr. 1, der von der Barrington St, Ecke Duke St abfährt, nimmt die MacDonald-Brücke direkt nördlich von Downtown.

In Halifax eine Unterkunft zu finden ist selten problematisch. Wer die Atmosphäre der Stadt richtig spüren möchte, sollte eine Unterkunft in Downtown wählen – oder zumindest in der Nähe –, wo es neben einigen modernen, komfortablen bis luxuriösen **Hotels** zahlreiche individuellere **B&Bs** gibt, die zu Fuß oder mit dem Bus nicht weit entfernt liegen. Die **Motels** konzentrieren sich an der Peripherie, ungünstige 10 km nordwestlich des Zentrums am Bedford Hwy (Rte 2). Die besten Optionen für preisbewusste Traveller sind neben zwei **Hostels** die **Studentenzimmer** der hiesigen Universität, die zwischen Mitte Mai und Mitte August angeboten werden. Im Zentrum von Halifax gibt es keinen Campingplatz.

Downtown

Dalhousie University Summer Accommodations, ✆ 902/494-8840 oder 1-888/271-9222, 🖥 www.dal.ca/confserv. Die Dalhousie University bietet von ungefähr 7. Mai bis 23. August in zwei Hauptgebäuden Gäste-

Günstiger Luxus

Cambridge Suites Hotel, 1583 Brunswick St, ☎ 902/420-0555 oder 1/800-565-1263, 🖥 www. cambridgesuiteshalifax.com. Großes, luxuriöses Downtownhotel mit geräumigen, aber erschwinglichen Suiten und Studios, alle schick und modern eingerichtet und mit Flachbild-TV versehen. Die meisten Zimmer haben eine super Aussicht auf den Hafen. ❻

zimmer an: in der Howe Hall, 230 Coburg Rd, und in der neueren Risley Hall, 1233 LeMarchant St (wo sich auch die Verwaltung befindet), beide auf dem großen Uni-Campus südlich des Zentrums an der University Ave. Es werden EZ und DZ vermietet, meist mit Gemeinschaftsbad. Gäste können die Sportanlagen der Universität nutzen. Satter Preisnachlass für Studenten und Senioren. EZ ❷, DZ ❸

Delta Barrington, 1875 Barrington St, ☎ 902/429-7410 oder 1-888/890-3222, 🖥 www.deltahotels.com. Modernes Luxushotel im Zentrum mit Wochenendrabatten von bis zu 30 %. Internet (im Zimmer und im Businesscenter) kostet $9,95 pro Tag. Direkt neben einem der größeren Einkaufszentren der Stadt. ❻

Halifax Heritage House Hostel, 1253 Barrington St, ☎ 902/422-3863, 🖥 www. hihostels.ca. Saubere und ansprechende HI-Jugendherberge, nur 300 m vom Bahnhof entfernt. Hat neben Dorms mit 4 bis 6 Betten ($31, Mitglieder $26) auch Privatzimmer ❷. Inlandstelefongespräche und WLAN kostenlos, Münzwäscherei, Küche, Terrasse und Parkplätze.

The Halliburton, 5184 Morris St, ☎ 902/420-0658 oder 1-888/512-3344, 🖥 www. thehalliburton.com. Das etablierte, 1809 erbaute 30-Zimmer-Hotel in Bahnhofsnähe, unweit der Barrington St., umfasst drei Gebäude. Das älteste ist im Empfangsbereich viktorianisch geprägt, die Zimmer hingegen sind modern. In den anderen beiden Gebäuden sind die Zimmer schöner, größer und meist mit Balkon. Frühstück inkl., begrenzte Parkplätze. ❼

Lord Nelson Hotel, 1515 South Park St, ☎ 902/423-6331 oder 1-800/565-2020, 🖥 www.

lordnelsonhotel.com. Brauner Backsteinbau. Die Lobby dieses beliebten Hotels mit hoher Kassettendecke ist geräumig und elegant, die Art-déco-Verzierungen stammen wie das Hotel selbst aus den 1920er-Jahren. Die über 200 Zimmer können mit der Empfangshalle nicht ganz mithalten, sind aber komfortabel und modern eingerichtet. ❻

Waverley Inn, 1266 Barrington St, ☎ 902/423-9346 oder 1-800/565-9346, 🖥 www. waverleyinn.com. Elegante viktorianische Villa mit 30 klimatisierten Zimmern mit Bad, hübsch eingerichtet mit antiken Möbeln. Oscar Wilde übernachtete hier 1882 während einer Lesereise durch Nordamerika. Das Inn befindet sich zu Fuß 5 Min. vom Bahnhof entfernt, Frühstück im Preis inklusive. ❼

North, West und South End

Halifax Backpackers, 2193 Gottingen St, North End, ☎ 1-888/431-3170 oder 902/431-3170, 🖥 www.halifaxbackpackers.com. Mit nur $20 pro Übernachtung sind die sauberen, geräumigen 6-Bett-Dorms der beste Deal in der Stadt. Im Alteregos Café unten gibt es kleine Mahlzeiten, außerdem steht eine geräumige Gemeinschaftsküche zur Verfügung und die Betreiber laden ihre Gäste jeden Freitag zum BBQ ein. Wäschewaschen kostet nur $1, WLAN/Internet ist kostenlos. Nur zehn Minuten zu Fuß bis zur Zitadelle und jede Menge studifreundliche Kneipen in unmittelbarer Nähe.

Irische Gemütlichkeit

Pebble Bed & Breakfast, 1839 Armview Terrace, South End, ☎ 902/423-6687 oder 1-888/303-5056, 🖥 www.thepebble.ca. In diesem Haus in einem stillen, grünen Wohnviertel etwas westlich von Downtown mit herrlichem Ausblick über den North West Arm und sensationellem Frühstück darf mit ungebremster irischer Gastfreundschaft gerechnet werden. Die beiden luxuriösen Suiten sind liebevoll möbliert, und kostenlose Inlandstelefongespräche, WLAN und abends ein Glas Portwein sind willkommene Extras. Zum Haushalt gehören übrigens auch drei Hunde und eine Katze. ❼

Das North End gilt als etwas zwielichtige Ecke, ist aber seit 2007 wesentlich sicherer geworden (Autodiebstahl ist allerdings immer noch ein Problem). Privatzimmer ❷

Mumford B&B, 7015 Mumford Rd, West End (unweit der Rte 102), ✆ 902/446-0766, 🖳 www.mumfordbedandbreakfast.com. Familienfreundliches, sehr entspanntes und einladendes B&B mit aufmerksamen englischen Gastgebern. Die 2 Gästezimmer mit Kabelfernsehen und Gemeinschaftsbad sind supergemütlich. Mit dem Bus ist man in 15 Min. in Downtown. ❹

Essen

In **Downtown** gibt es eine große Auswahl an Cafés, Bars und Restaurants, die von der Grand Parade aus bequem zu Fuß zu erreichen sind. Die stärker touristisch geprägten Lokale sind vorwiegend im Hafenviertel angesiedelt. Seafood ist die regionale Spezialität, wobei sich **Hummer** ganz besonderer Beliebtheit erfreut – ein mittelgroßes Exemplar kostet ca. $30.

Ungewöhnlich ist die **Freak Lunchbox**, 1723 Barrington St, ✆ 902/420-9151, 🖳 www.freaklunchbox.com, ein kultiger Süßwarenladen mit großer Auswahl und einer bekennenden Anhängerschaft. ◷ Mo–Sa 10–21, So 12–18 Uhr.

Downtown

Baan Thai, 5234 Blowers St, ✆ 902/446-4301, 🖳 www.baanthai.ca. Die Leute stehen hier oft

Fisch ahoi

Five Fishermen, 1740 Argyle St, Höhe Carmichael St, ✆ 902/422-4421, 🖳 www.fivefishermen.ca. Eines der besten Seafood-Restaurants von Halifax (Hauptgerichte ab $36); nicht eben billig, aber das Essen ist köstlich und das Muschel-Buffet zu jeder Hauptspeise im Preis enthalten. Gemütliches Lokal mit Nischen und bemalten Scheiben im ersten Stock eines wunderbaren Gebäudes von 1816, das ganz im Stil alter Schiffe ausgestaltet ist. Reservierung erforderlich. ◷ tgl. ab 17 Uhr.

Schlange, um an das beste Thai-Essen der Stadt zu kommen. Bei den günstigen Preisen – Hauptgerichte um $13 – lohnt sich das Warten. ◷ Mo–Sa 12–14.30 und 17–22, So 17–22 Uhr.

Bluenose II, 1824 Hollis St, Höhe Duke St, ✆ 902/425-5092. Dieser Diner ist eine Institution in Halifax und serviert üppige, recht leckere Mahlzeiten. Spezialität ist Seafood, auf verschiedene Arten zubereitet, daneben gibt es griechische Küche (Lammkoteletts, Souvlaki), ausgezeichnete Burger und den legendären Reispudding – wenn es hoch hergeht, hapert es allerdings mitunter beim Service. Hauptgerichte $10–20. ◷ Mo–Fr 7–21, Sa und So 8–22 Uhr.

Dio Mio Gelato, 5670 Spring Garden Rd, Ecke Brenton St, ✆ 902/492-3467. Verwöhnt mit Eiscreme und Eisspezialitäten in einer schier unglaublichen Auswahl an Geschmacksrichtungen – wer vom Angebot überwältigt ist, kann bei Amaretto und Schokolade nichts falsch machen. ◷ Mo–Fr 8–21, Sa und So 12–18 Uhr.

Economy Shoe Shop Café, 1663 Argyle St, ✆ 902/423-7463, 🖳 www.economyshoeshop.ca. Durch und durch fantasievoll – angefangen beim Namen über die ausgefallene Einrichtung bis hin zur Speisekarte, die von spanischen Tapas bis zu italienischen Gerichten reicht. Am bekanntesten ist das Lokal für seine Nachos ($10–14), überbacken mit Cheddarkäse und Tomaten – Vorsicht: Suchtpotenzial. ◷ tgl. 11–2 Uhr.

Hamachi House, 5190 Morris St, Ecke Barrington St, ✆ 902/425-7711, 🖳 www.hamachihouse.com. Das beste japanische Restaurant am Platz (mit mehreren Filialen) serviert fabelhaftes Sushi (Teller $13–25) und Terriyaki, Reis- und Nudelgerichte sowie Tempura. Hauptgerichte ab $15. ◷ tgl. 11–24 Uhr.

The Italian Gourmet, 5431 Doyle St, ✆ 902/423-7880, 🖳 www.italiangourmet.ca. großes, legeres Deli-Café mit einer breiten Auswahl guter italienischer Gerichte (Stück Pizza $3,79), Sandwiches ($10), Salate ($7) und Kuchen. ◷ Mo–Sa 9–20, So 9–18 Uhr.

Midtown Grill & Tavern, 1744 Grafton St, ✆ 902/422-5213. Diner und Pub, seit 1949 im Geschäft, aber 2009 in ein schickes neues

Susie's Shortbreads, 1589 Dresden Row, ✆ 902/221-7075, 🖳 www.susiesshortbreads.com. Hier gibt's ganze Berge vom umwerfendsten Gebäck, das man sich nur vorstellen kann, ob mit Schoküberzug oder in Erdnussbutter getaucht, *snickerdoodle* (Zimt-Zucker) oder Kokos-Vanille. Sechs Cookies kosten $7. ☉ Mo geschlossen.

Gemäuer umgezogen. Zu den Tagesspecials gehören Roastbeef-Dinner (Do, $11) und Ribs (Sa, $12). Fr und Sa sorgen am Abend DJs für Partystimmung. ☉ Mo–Sa 11–2, So 21–2 Uhr.
Steve-o-Reno's, 1532 Brunswick St, Höhe Spring Garden St. Café-Bar mit New Age-Einschlag, unkonventioneller Ausstattung und cooler Atmosphäre. Top-Frühstück mit einer fantastischen Auswahl an Kaffeesorten. ☉ tgl. 9–18 Uhr.

North End und West End

Phil's Seafood, 6285 Quinpool Rd, ✆ 902/431-3474. Freunde von gebackenem Fisch sollten der Weg in dieses Lokal nicht zu weit sein, bringt es doch Halifax' besten frischen Fisch mit handgeschnittenen Pommes auf den Tisch. Phil's liegt 20 Minuten zu Fuß von der Zitadelle entfernt, gleich hinter dem Quinpool Centre.
Salvatore's Pizzaiolo, 5541 Young St, North End, ✆ 902/455-1133, 🖳 www.salvatores pizza.ca. In dieser urgemütlichen Pizzeria werden die knusperkrustigsten Pizzen von Nova Scotia gebacken. Angesichts der Qualität sind die Preise absolut angemessen, eine große Pizza ist ab $13,75 zu haben. Tipp: die *clam pie marinato*. ☉ So–Mo 16–22, Di–Sa 11.30–23 Uhr.

Dartmouth

Nectar Social House, 62 Ochterloney St, ✆ 902/406-3363, 🖳 www.nectardining.com. Auf dem kreativen Speisezettel des edelsten Restaurants im Zentrum von Dartmouth stehen hochmodische Gerichte wie Erdbeer-Avocado-salat ($9) und gebackenes Gemüserisotto ($13).

Im Sommer kann man idyllisch im Freien sitzen. ☉ Di und Mi 11.30–14.30 und 17–21, Do und Fr 11.30–14.30 und 17–22, Sa 10.30–14.30 und 17–22, So 10.30–14.30 und 17–21 Uhr.

In Halifax gibt es mehr **Kneipen** pro Kopf als sonst wo in Kanada, abgesehen von St. John's (Newfoundland), aber auch eine pulsierende **Live-Musikszene**. Rund 40 Bars und Kneipen bringen alles Mögliche von Blues über Jazz bis zu Independent und Techno auf die Bühne, für gewöhnlich aber nur an einigen Abenden pro Woche live; die wöchentlich erscheinende Veranstaltungszeitschrift *The Coast* (s. S.395) hat Details. *The Chronicle-Herald*, 🖳 www.thechronicleherald.ca, enthält donnerstags Veranstaltungshinweise, und *Where*, 🖳 www.where.ca, ein von der Touristeninfo herausgegebenes Gratismagazin, beschreibt die beliebtesten Clubs der Stadt. Wichtigste **Musikveranstaltung** ist das 8-tägige Atlantic Jazz Festival, ✆ 1-800/567-5277, 🖳 www.jazzeast.com, Mitte Juli, mit vielen großen, internationalen Namen. Halifax hat auch eine kleine, aber rege **Gayszene**, in deren Mittelpunkt Bars wie die MenzBar in North End, 2182 Gottingen St, steht. Aktuelle Infos auf 🖳 www.gay.hfxns.org.

Bars

The Bitter End, 1572 Argyle St, ✆ 902/425-3039, 🖳 www.bitterend.ca. Noble Cocktailbar, bekannt für ihre Martinis, ideal für einen ruhigen und lockeren Start oder Abschluss des Abends. ☉ Mo–Do 16.30–2, Fr–So 11.30–2 Uhr.
Henry House, 1222 Barrington St, Ecke South St, ✆ 902/423-5660, 🖳 www.henryhouse.ca. Anheimelnde Kneipe nach Art eines britischen Pubs in einem Steingebäude aus dem 19. Jh. nahe dem Bahnhof. Das Bier stammt überwiegend aus der hauseigenen Brauerei – eine Kostprobe lohnt das Peculiar, das gar nicht so weit vom britischen Ale entfernt ist.
Maxwell's Plum, 1600 Grafton St, Ecke Sackville St, ✆ 902/423-5090, 🖳 www.themaxwellsplum.com. Ein Paradies für Biertrinker mit 60 Sorten vom Fass und insgesamt rund 150 unterschiedlichen

Gerstensäften. Krug ab $14,95, Glas ab $4,50.
🕐 tgl. bis 2 Uhr.
Old Triangle, 5136 Prince St, Ecke Bedford Row,
📞 902/492-4900, 🖥 www.oldtriangle.com.
Irish Pub mit gemütlichen Winkeln und
angenehmer Atmosphäre. Jeden Abend
Livemusik, am Wochenende gälische.
Your Father's Moustache Pub & Eatery,
5686 Spring Garden Rd, Höhe South Park St;
📞 902/423-6766, 🖥 www.yourfathers
moustache.ca. Gute Auswahl an Ales und häufig
Livemusik mit Betonung auf Blues. Im Sommer
lädt die Dachterrasse zu einem Bierchen ein.

Livemusik und Clubs

Bearly's House of Blues, 1269 Barrington St,
📞 902/423-2526, 🖥 www.bearlys.ca, in der
Nähe des Bahnhofs. Regelmäßig Live-Blues
und Bluegrass in gedämpfter Atmosphäre;
So Jamsessions, Mi Karaoke. 🕐 Di–So.
Lower Deck, im Privateer's Warehouse,
📞 902/425-1501, 🖥 www.lowerdeck.ca.
Jeden Abend Seemannslieder, Kneipenessen
und Live-Auftritte in einem Gebäude der
Historic Properties am Hafen. Der Beer Market
(im Obergeschoss) verwandelt sich Fr und Sa
in einen DJ-Club, Eintritt $6–10.
Marquee Club, 2037 Gottingen St, North End,
📞 902/429-2442, 🖥 www.themarqueeclub.ca.
Im oberen Stock spielen Rockbands vor
enthusiastischem Publikum, unten sind
entspannter, akustischer Jazz und Blues
angesagt. Karten kosten $12–20, im Vorverkauf
$10. Zu Fuß 10 Min. vom Zentrum, nahe der
Cogswell Street.
Palace Nightclub, 1721 Brunswick St,
📞 902/420-0015. Riesige Disco, in der sich die
Jugend von Halifax anbaggert, 🕐 Mi–So bis
3.30 Uhr.
Reflections Cabaret, 5184 Sackville St,
📞 902/422-2957, 🖥 www.reflectionscabaret.
com. Größter Tanzclub in Halifax mit
Themenabenden und wechselnder Musik;
überwiegend jedoch House. 🕐 Mo–Sa 13–4,
So 16–4 Uhr. Eintritt $7–9.

Musik, Film und Theater

Symphony Nova Scotia, Ticketbüro im
Dalhousie Arts Centre, 6101 University Ave,
📞 902/494-3820 🖥 www.symphonynovascotia.
ca. Professionelles Orchester, das normalerweise im Rebecca Cohn Auditorium der
Universität auftritt (University Ave, Ecke
Le Marchant St). Die Konzertsaison läuft von
September bis Mai und spannt einen Bogen
von Beethoven bis Piaf. Eintrittskarten kosten
in der Regel $29–49.
Empire, 8 Park Lane, 📞 902/422-2022,
🖥 www.empiretheatres.com. Mainstream-Kino
in der Park Lane Mall, gleich westlich der
Dresden Row. Eine Kinokarte ist für rund $9 zu
haben.
Neptune Theatre, 1593 Argyle St,
📞 902/429-7070, 🖥 www.neptunetheatre.com.
Das älteste der Theater von Halifax bietet ein
breites Spektrum an populären Stücken und
macht im Sommer drei Monate Pause. Karten
meist $15–45.

Sonstiges

Autovermietungen

Alamo, am Flughafen, 📞 902/873-3149;
Avis, am Flughafen, 📞 902/429-0963;
Budget, am Flughafen, 📞 902/492-7500, und im
MetroPark, 1588 Hollis St, 📞 902/492-7500;
Discount, am Flughafen, 📞 902/468-7171;
Dollar/Thrifty, am Flughafen, 📞 902/873-3527;
Enterprise, am Flughafen, 📞 902/873-4700;
Hertz, am Flughafen, 📞 902/873-2273, und im
Marriott Hotel, 1919 Upper Water St,
📞 902/421-1763;
National, am Flughafen, 📞 902/873-3505, und im
Westin Nova Scotian Hotel, 1181 Hollis St,
📞 902/423-0231.

Bücher

Halifax hat mehrere gute Buchläden an und
nahe der Barrington St, die sowohl neuen als
auch gebrauchten Lesestoff unter die Leute
bringen.
John Doull Bookshop, 1684 Barrington St,
Höhe Prince St, 📞 902/429-1652, 🖥 www.doull
books.com, verkauft gebrauchte Bücher.
🕐 Mo, Di 9.30–18, Mi–Fr 9.30–21, Sa 10–21 Uhr.
Trident Booksellers, 1256 Hollis St, nahe Pier 21,
📞 902/423-7100, 🖥 www.tridenthalifax.com.
Café plus Buchladen, 🕐 Mo–Fr 8–17.30,
Sa 8.30–17, So 11–17 Uhr.

Die Atlantikprovinzen

Fahrradverleih

Idealbikes, 1678 Barrington St, Ecke Prince, ℘ 902/444-7433, 🖳 www.idealbikes.ca. Mietgebühr am ersten Tag $25, danach tgl. $15. ⊙ tgl. 10–19 Uhr.

Feste

Atlantic Jazz Festival, ℘ 1-800/567-5277, 🖳 www.jazzeast.com. Achttägiges Festival Mitte Juli mit vielen großen Namen aus der internationalen Welt des Jazz.

Informationen

Halifax hat in Downtown drei **Touristeninforma-tionen**: eine an der Argyle, Ecke Sackville St, ℘ 902/490-5946 oder 490-4000, 🖳 www.halifax.ca/visitors, ⊙ Ende Mai bis Mitte Okt tgl. 9–18 Uhr, eine zweite, das **Waterfront Visitor Information Centre**, hinter dem Maritime Museum an der Sackville St, ℘ 902/424-4248 oder 1-800/565-0000, ⊙ Mai–Okt tgl. 8.30–18, Nov–April tgl. 9–16.30 Uhr, und eine dritte in der Scotia Square Mall, 5251 Duke St, ℘ 902/490-5963, ⊙ Mo–Fr 8.30–16.30 Uhr. Alle bieten jede Menge Karten, Broschüren und Infoblätter, u. a. den *Halifax Visitor Guide* und den *Nova Scotia Doers' & Dreamers' Guide* sowie Infos über Führungen und eine kosten-lose Zimmervermittlung für die ganze Provinz. Veranstaltungstermine und Lokalnachrichten findet man im kostenlosen, überall in Halifax erhältlichen Wochenmagazin *The Coast,* 🖳 www.thecoast.ca.

Internet

Kostenlosen Internetzugang bieten die **Halifax North Memorial Public Library**, 2285 Gottingen St, ℘ 902/490-5723, ⊙ Di–Do 10–21, Fr und Sa 10–17 Uhr, und die **Spring Garden Road Memorial Public Library**, 5381 Spring Garden Rd, Ecke Grafton St, ℘ 902/490-5700. ⊙ Di–Do 10–21, Fr und Sa 10–17, im Winter auch So 14–17 Uhr.

Parken

Die meisten Hotels verfügen über eigene Park-plätze. Ansonsten gibt es Parkplätze auf dem zentral gelegenen **MetroPark**, 1557 Granville St, Ecke 1554 Hollis St ($2,50 pro Std., max. $15 pro Tag) oder der **Park Lane Parkade** in der Dresden Row, Ecke Sackville Street, ⊙ Mo–Fr 6–18 Uhr $2,50 pro Std.; ⊙ Mo–Fr 18–6 Uhr und Sa und So 24 Std. $1 pro Std.). Das Parken an Parksäulen kostet $1,50 pro Std., im Hafenviertel $3 pro Std.; Sa, So und feiertags von 18–8 Uhr ist es kostenlos.

Post

Postamt, 1680 Bedford Row, Höhe Prince St, ℘ 1-866/607-6301, ⊙ Mo–Fr 7.30–17.15 Uhr.

Nahverkehr

Stadtbusse

Metro Transit, ℘ 902/490-4000, 🖳 www.halifax.ca/metrotransit, betreibt das städtische Busnetz. In Downtown ist man zwar zu Fuß am besten unterwegs, für etwas außerhalb liegende Sehenswürdigkeiten und Unterkünfte sind die zuverlässigen Busse aber ganz praktisch. Abends und an Wochenenden bieten sie allerdings einen nur sehr ausgedünnten Service. Eine Fahrt im Stadtgebiet Halifax kostet $2,25; das Fahrgeld muss im Bus passend gezahlt werden. Zum Umsteigen wird ein kostenloses Transfer-Ticket benötigt, das bei Fahrtantritt vom Busfahrer erhältlich ist. Kostenlose Streckennetzkarten und Fahrpläne der öffentlichen Verkehrsmittel von Metro Transit sind im Touristenbüro erhältlich. Zwischen Juli und Oktober verkehrt außerdem der kostenlose **Fred-Bus** tgl. 10.30–17 Uhr, der in einer Schleife in 40 Min. vom Pier 21 via Downtown zur Zitadelle und wieder zurück fährt (nach den entsprechend markierten Haltestellen Ausschau halten oder ℘ 902/423-6658 anrufen).

Fähren

Die **Fähre** nach Dartmouth legt von den Historic Properties im Hafenviertel am Ende der George St ab: Mo–Sa 6.45–23.30 Uhr alle 15–30 Min.; So außer Jan und Feb 10.30–18 Uhr alle 30–60 Min., $2,25, Dauer rund 10 Min.

Taxis

Grundgebühr $3; eine Fahrt in Downtown dürfte selten teurer als $7 werden. **Casino Taxi**, ℘ 902/425-6666; **Yellow Cab**, ℘ 902/420-0000.

Busse

Acadian Lines-Busse, ✆ 1-800/567-5151, 🖵 www.acadianbus.com, mit Ziel Halifax (aus Digby, Truro, Sydney und New Brunswick) halten am **Busbahnhof**, 1161 Hollis Street beim Cornwallis Park.
Von dort sind es 15 Minuten zu Fuß ins Zentrum, oder man nimmt Bus Nr. 9, der entlang der Barrington Street fährt; Mo–Fr alle 20–30 Min., Sa und So stdl.

Busse von **Acadian Lines** nach:
ANNAPOLIS ROYAL, 1x tgl., 4 Std.;
BADDECK, 2x tgl., 6–6 1/2 Std.;
DIGBY, 1x tgl., 4 1/2 Std.;
EDMUNDSTON, 2 xtgl., 10–11 1/2 Std.;
FREDERICTON, 2x tgl., 6 3/4 Std.;
MONCTON, 3x tgl., 4 1/2 Std.;
MONTRÉAL, 2x tgl., 20 Std.;
NORTH SYDNEY, 2x tgl., 6 3/4–7 1/2 Std.;
SYDNEY, 3x tgl., 6 3/4–8 Std.;
TRURO, 7x tgl., 1 1/2 Std.;
WOLFVILLE, 2–3x tgl., 1 1/2 Std.

Trius Tours, ✆ 1-877/566-1567, verkehrt derzeit 1x tgl. zwischen Halifax und Yarmouth entlang der Südwestküste von Nova Scotia mit Stopps in:
CHESTER, 1 Std.;
LIVERPOOL, 2 Std. 50 Min.;
LUNENBURG, 1 Std. 35 Min.;
MAHONE BAY, 1 Std. 20 Min.;
SHELBURNE, 3 3/4 Std.;
YARMOUTH, 5 Std.

Eisenbahn

Der Bahnhof von **VIA Rail**, ✆ 1-888/842-7245, 🖵 www.viarail.ca, liegt auf dem gleichen Gelände wie der Busbahnhof,1161 Hollis St beim Cornwallis Park. Optionen für den Transport in die Stadt s. oben. Es verkehren nur sechs Züge pro Woche zwischen Halifax, Truro, Moncton, Gaspé und Montréal.

Züge nach:

MONCTON, 1x tgl. außer Di; 4 1/2 Std.;
MONTRÉAL, 1x tgl. außer Di; 20 Std.;
TRURO, 1x tgl. außer Di; 1 1/2 Std.

Flüge

Der **Halifax International Airport** liegt 35 km nordöstlich des Stadtzentrums und hat eine eigene, höchst effiziente Touristeninformation, ✆ 902/873-1223, 🕐 tgl. 9– 21 Uhr, die kostenlose Karten sowie den umfassenden, jährlich neu aufgelegten und sehr hilfreichen *Nova Scotia Doers' and Dreamers' Guide* bereithält. Alle größeren Autoverleiher (s. S. 394) haben einen Schalter am Flughafen.
Airporter, ✆ 902/873-2091, 🖵 www.airporter.biz, betreibt einen **Shuttle-Service** zwischen Flughafen und den größeren Hotels in Downtown Halifax (24 Std., alle 30–60 Min., Fahrzeit je nach Verkehrslage 40–60 Min., $21 einfache Fahrt). Wer einfach nur nach Downtown möchte, steigt in der Regel am Delta Barrington Hotel aus, das mitten im Zentrum in der Barrington St, Höhe Duke St liegt.
Andere **Shuttlebusse** fahren direkt vom Flughafen zu zahlreichen Zielorten, darunter Cape Breton, Annapolis Valley und Prince Edward Island. Näheres unter 🖵 www.hiaa.ca.
Eine Fahrt mit dem **Taxi** vom Flughafen ins Zentrum kostet $53.

Der Südwesten

Die schroffe und zerklüftete Küste, die sich südwestlich von Halifax über eine Entfernung von 340 km bis nach **Yarmouth** erstreckt, säumen Dutzende winziger Fischerdörfer, die von den ausgedehnten Wäldern des Landesinneren dicht ans Wasser gedrängt werden. Zu den großen Highlights zählen **Peggy's Cove**, eine ganz bezaubernde und kunterbunte Ansammlung von Schindelhäusern an einem wilden Küstenabschnitt und **Lunenburg** mit seiner herrlichen viktorianischen Architektur. Vom vergleichsweise unscheinbaren Städtchen **Liverpool** besteht die Auswahl zwischen mehreren Strecken: entweder auf der Rte 8 quer über die Halbinsel und vorbei an der Wildnis des **Kejimkujik National Park** ins reizvolle Annapolis Royal (S. 409), oder – wenn man mehr Zeit hat – weiter entlang der Küste über **Lockeport** mit seinem altmodischen Ambiente und schönen Sandstränden

Die Atlantikprovinzen

nach **Yarmouth**. Hinter Yarmouth erstrecken sich die französischsprachigen **Côtes acadiennes** (akadische Küste) hinauf bis nach **Digby**, wo auf der Landspitze **Digby Neck** Touren zur Walbeobachtung organisiert werden.

Die Südwestküste ist beliebt bei Touristen, aber keineswegs überlaufen. Ist der Radius der Tagesausflügler aus Halifax erst einmal überschritten (bei Lunenburg), reduziert sich das Verkehrsaufkommen normalerweise erheblich.

Öffentliche Verkehrsmittel sind begrenzt: Busse von **Acadian Lines** (s. S. 434) verkehren einmal täglich von Halifax via Annapolis Valley ($38) nach Digby ($45); Abfahrt um 18.40 Uhr, Ankunft in Digby um 23 Uhr, was natürlich nicht eben ideal ist. **Trius Tours**, ✆ 1-877/566-1567, bedient die andere Route von Halifax entlang der Südküste nach Yarmouth ($60), aber ebenfalls nur einmal am Tag. Abfahrt 17.30 Uhr, Ankunft Lunenburg 19.05 Uhr und Yarmouth 22.30 Uhr (zurück Abfahrt in Yarmouth um 7.30 Uhr). In der Region verkehren auch mehrere Shuttles (oft Pkw oder Kleintransporter): **Kiwi Kaboodle**, ✆ 866/549-4522, 🖳 www.novascotiatoursand travel.com, bietet eine tägliche Verbindung zwischen Lunenburg und Halifax ($35).

Peggy's Cove

Von Halifax schlängelt sich die Rte 333 langsam durch das dicht bewaldete Hinterland zur Küste, vorbei an einer Reihe von Fischerdörfern, eiszeitlichen Findlingen und geschwungenen, steinigen Buchten bis in den kleinen Ort Peggy's Cove, 45 km westlich der Hauptstadt. Mit seiner Holzkirche, ein paar Schindelhäusern und hölzernen Piers konzentriert sich die 1811 gegründete und lediglich 60 Einwohner zählende Siedlung um ein schmales, felsiges Hafenbecken.

Vor allem wer noch weiter nach Süden fahren will, sollte die Gelegenheit nutzen und an der Straße vor dem Leuchtturm im schicken **Informationszentrum**, ✆ 902/823-2253, Karten und Broschüren einsacken, ⏱ Mai–Okt tgl. 9–17 Uhr. Am Ende der Straße wacht einsam der Leuchtturm auf den von der See glatt polierten Granitfelsen am Ufer – im Sommer dient er ulkigerweise als Dorfpostamt. Unterwegs kommt man noch an

der **deGarthe Art Gallery** vorbei, ✆ 902/823-2256, die Werke des einheimischen Künstlers William deGarthe zeigt. ⏱ Mai–Okt 10–17 Uhr; Eintritt $2. Am aufsehenerregendsten ist jedoch sein ergreifendes **Fishermen's Monument**, das in 30 m Granit draußen im Garten gehauen wurde. DeGarthe starb, bevor er seine Hommage an die Fischer der Region vollenden konnte.

Ansonsten erschöpfen sich die Besucheraktivitäten darin, durch den kleinen Hafen und zwischen den riesigen Felsbrocken am Meeresufer zu spazieren und die unbestrittene Schönheit dieses Ortes zu genießen. Selbst die Besuchermassen, die im Hochsommer einfallen, tun dem nicht wirklich einen Abbruch. Aber wenn möglich, sollte man frühmorgens oder bei Sonnenuntergang herkommen, wenn die Tourbusse noch nicht da oder wieder weg sind.

Das **Swissair Flight 111 Memorial** westlich vom Ort (frei zugänglich) erinnert an die 229 Menschen, die bei dem Flugzeugabsturz 1998 ums Leben gekommen sind. Das Unglück ereignete sich ein paar Kilometer vor der Küste.

Übernachtung und Essen

Peggy's Cove B&B, ✆ 902/543-2233 oder 1-800/725-8732, 🖳 www.peggyscovebb.com, am Ende der Church Road mit Blick auf den Hafen. 5 einfache , aber völlig ausreichende Zimmer, alle mit eigenem Sonnendeck. Reservierung zu empfehlen. ⏱ Mai–Okt. ❺
The Sou'wester, hinter dem Leuchtturm, ✆ 902/823-2564, serviert bodenständige Mahlzeiten.

Chester

Die Autofahrt von Peggy's Cove nach Norden bis zum Hwy 103 dauert eine halbe Stunde, und von dort aus sind es noch einmal 40 km Richtung Westen nach Chester. Der hübsche und wohlhabende Ort auf einer kleinen, knubbeligen Halbinsel wurde 1759 von Siedlern aus Massachusetts gegründet und ist mit seinen alten Bäumen und den eleganten Häusern mit Holzrahmen seit langem ein beliebter Ferienort für Segelfreunde. Deren wichtigster Termin im Kalender ist die **Chester Race Week** Mitte August, die größte

Segelregatta der Region. Direkt im Zentrum an der Pleasant St besitzt Chester mit dem **Chester Playhouse**, ✆ 902/275-3933 oder 1-800/363-7529, 🖥 www.chesterplayhouse.ca, außerdem eine erstklassige Bühne, auf der zwischen Mitte März und Dez ein abwechslungsreiches Konzert- und Theaterprogramm geboten wird (Karten um $25). Höhepunkt ist im Juli und August das Summer Festival mit zeitgenössischer Musik und vorwiegend kanadischen Theaterstücken.

Eine **Personenfähre** tuckert von Chester zum vorgelagerten Inselchen **Big Tancook** (zur Unterscheidung von Little Tancook, wo die Fähre auch hält), dessen ruhige Wege und Landschaften als Tagesausflug zum Wanderern beliebt sind; Mo–Fr 4x tgl., erste Abfahrt um 7.10 Uhr, Fr zusätzlich 20.30 und 23, Sa 13 und 19, letzter Sa im Monat auch um 8 Uhr, So 10 und 18 Uhr, 50 Min., hin und zurück $5.

Auch für Verpflegung ist auf der Insel gesorgt: **Carolyn's Café & Crafts**, gleich gegenüber vom Fähranleger, ✆ 902/228-2749, 🖥 www.tancookislandrestaurantandcrafts.ca, bietet

neben Stärkungen auch Landkarten und hat auf seiner Website eine Inselkarte sowie den Fährfahrplan; ⏱ Juni–Okt. In der Nähe der Fähranlegestelle in der Water St in Chester gibt es nur begrenzte Parkmöglichkeiten, deshalb sollten Autofahrer möglichst früh da sein.

Übernachtung und Essen

Mecklenburgh Inn, 78 Queen St, ✆ 902/275-4638, 🖥 www.mecklenburghinn.ca. In Chester gibt es nur eine Handvoll B&Bs. Eines davon ist diese erschwingliche, ziemlich einfache Pension in einem hübschen viktorianischen Haus von 1902 im Zentrum. Sie hat 4 Zimmer mit Bad und WLAN. ❹

Rope Loft, ✆ 902/275-3430, Restaurant mit köstlichem Seafood am Anleger in der Water St.

Informationen

Touristeninformation, ✆ 902/275-4616, 🖥 www.chesterns.com, im alten Bahnhof am nördlichen Stadtrand an der Rte 3, verteilt

Die berühmte Postkartenansicht von Mahone Bay verführt jeden zu einem Klick.

Die Atlantikprovinzen

kostenlose hilfreiche Stadtpläne für das etwas verwirrende Straßennetz von Chester und Fahrpläne für die Fähren nach Tancook Island. ⊙ Mai tgl. 11–16, Juli und Aug Mo–Sa 9–19, So 10–17, Juni, Sep und Okt Mo–Sa 10–17, So 12–17 Uhr.

Mahone Bay

Nur 25 km westlich von Chester liegt Mahone Bay am Ufer der gleichnamigen Bucht. Das Bild am Wasser dominieren die drei nebeneinanderstehenden **Kirchen** – eines der meistfotografierten Motive der Region.

Ansonsten gibt es nicht viel zu sehen, allenfalls das **Settlers' Museum**, 578 Main St, mit seinem Sammelsurium von Möbeln aus dem frühen 19. Jh., ⊙ Juni–Sep Di–Sa 10–17, So 13–17 Uhr; Eintritt frei.

Übernachtung

Heart's Desire B&B, 686 Main St, ✆ 902/624-8470, 🖥 www.heartsdesirebb.com. Hübsches Gebäude aus den 1920er-Jahren mit herrlichem Meerblick. ❹
Kip & Kaboodle Backpackers Hostel, Mader's Cove, 9466 Rte 3, ✆ 902/531-5494, 🖥 www.kiwikaboodle.com, 3,5 km südlich von Mahone Bay. Das gemütliche Hostel ist eine hervorragende Billigoption. Ein Bett im Schlafsaal (Gemeinschaftsbad) kostet für die erste Übernachtung $25, danach $20. Kostenloses Frühstück, WLAN und Shuttleservice nach Lunenburg und Mahone Bay.

Essen

Jo-Ann's Deli & Bakeshop, 🖥 www.joannsdeli market.ca, an der Hauptkreuzung im Ort. Eines von mehreren tollen Deli-Cafés mit einer prima Auswahl köstlich belegter Brötchen, Baguettes, Gebäck und Obstkuchen. ⊙ tgl. 9–19 Uhr.
Mug & Anchor, 643 Main St, ✆ 902/624-6378. Ein nettes Plätzchen für ein Bier mit Blick aufs Meer.

Informationen

Die **Touristeninformation** befindet sich am nördlichen Ortsrand an der Rte 3,

Schmökern und Schmausen

Biscuit Eater Books Café, 🖥 www.biscuit eater.ca, 16 Orchard St, hinter Jo-Ann's. In diesem ausgefallenen kleinen Laden gibt es außer neuen und gebrauchten Büchern auch WLAN und köstliche Kuchen. ⊙ Mi–Sa 8.30–16, So 10–16 Uhr.

✆ 902/624-6151, 🖥 www.mahonebay.com, ⊙ Mai Sa und So 10–17, Juni und Sep tgl. 9.30–18, Juli und Aug tgl. 9.30–19.30, Okt tgl. 10–17 Uhr.

10 HIGHLIGHT

Lunenburg

Das charmante Lunenburg liegt 10 km südlich von Mahone Bay auf einer schmalen, buckligen Halbinsel. Bunt gestrichene Holzhäuser säumen die älteren Straßen des Zentrums, die vom Hafen ansteigen. Die grandiosesten dieser aus dem späten 19. Jh. stammenden Prachtbauten fallen durch eine Vielfalt architektonischer Merkmale auf, darunter gotische Türme, klassische Säulen, elegante Veranden, hohe Giebel und Spitzfenster. Lunenburg wurde 1753 von deutschen und schweizerischen Protestanten gegründet, die eine blühende Hafenstadt mit einer eigenen Flotte aus Trawlern und Kammmuschelfangschiffen entstehen ließen. Heute wird aber nur noch Hummer gefangen, und seitdem Lunenburg 1995 zum Unesco-Weltkulturerbe zählt, verdient die Stadt weitaus mehr Geld mit dem Tourismus als früher mit der Fischerei.

Lunenburg ist ein „Gesamtkunstwerk" mit nur wenigen Sehenswürdigkeiten zum Herauspicken. Der Charme des Ortes lässt sich am besten bei einem Spaziergang durch die hügeligen Straßen mit ihren bunt gestrichenen Schindelhäusern genießen – abseits des Hafenviertels, wo es von Menschen wimmelt.

Die King Street führt vom Hafen zwei Blocks zu einem der schönsten Häuser Lunenburgs, dem **Zwicker House** – heute das Mariner King

Inn (S. 401) – in Nr. 15. Es wurde um 1820 errichtet, doch seine Fassade mit einem schönen Beispiel des „Lunenburg Bump" wurde erst später gestaltet, vermutlich um 1870. Von hier sind es zu Fuß nur ein paar Minuten zum **Kaulbach Inn**, 75 Pelham St (S. 401), das sich kaum verändert hat, seitdem es um 1880 von einer der führenden Familien der Stadt gebaut wurde.

Einen Blick ins Innere einer alten Lunenburger Wohnstätte erlaubt das **Knaut-Rhuland House Museum**, 125 Pelham St, ☎ 902/634-3498, 🖳 www.lunenburgheritagesociety.ca. Es wurde in den 1790er-Jahren erbaut. Besucher werden von Guides herumgeführt, die entsprechend der Kleidermode jener Zeit ausstaffiert sind. ☉ Mitte Juni bis Mitte Okt Mo–Sa 11–17, So 12–16 Uhr, Eintritt $2.

Ein weiterer kurzer Spaziergang führt vom Museum zum ungewöhnlichsten Bauwerk der Stadt, der **St. John's Anglican Church**, 🖳 www.stjohnslunenburg.org, deren ursprüngliche Eichenkonstruktion 1754 aus Boston hierher transportiert wurde. Diese erste Kirche war schlicht und bescheiden, was zu Beginn des 19. Jhs. den Ansprüchen der zunehmend wohlhabenden Bürger nicht mehr genügte, sodass sie sie um 1840 umbauen ließen – und 50 Jahre später noch einmal. Das Ergebnis ist ein schmuckvoller neugotischer Bau, dessen filigrane Holzarbeiten von schlanken Spitzen unterbrochen werden, die an allen Fassaden emporragen. ☉ Mai und Sep Sa und So 12–16, Juni Sa und So 11–17, Juli und Aug Mi–Sa 11–19 Uhr.

Dieser anglikanische Prunk veranlasste auch die Lutheraner dazu, 1891 ganz in der Nähe, an der Cornwallis St und Fox St, ihre **Lutheranische Kirche** im prachtvollen Stil der viktorianischen Gotik zu errichten. ☉ Juli und Aug Mo–Fr 10–16 Uhr.

Fisheries Museum of the Atlantic und der Hafen

Lunenburgs ganzer Stolz ist das in einer ehemaligen Fischfabrik am Hafen untergebrachte **Fisheries Museum of the Atlantic**, 🖳 museum.gov.ns.ca/fma, mit seinem ausgezeichneten Aquarium und Ausstellungsbereichen zu den Themen Wale und Walfang, Fischerei und Schiffbautechnik. Ein weiterer Bereich ist dem

hier in den 1920er-Jahren gebauten Schoner *Bluenose* und seiner Nachbildung *Bluenose II* gewidmet. Am Kai liegt ein Trawler neben einem Muschelfangschiff, doch die absolute Hauptattraktion unter freiem Himmel ist die *Theresa E. Connor*, ein 1938 vom Stapel gelassener **Fischfangschoner**. Das hervorragend restaurierte Schiff war einer der letzten *saltbank schooners,* die jemals gebaut wurden, wobei sich die Konstruktionsweise des Zweimasters seit Anfang des 18. Jhs. kaum verändert hatte. Zur gravierendsten Änderung in der Bauweise der Schoner kam es Anfang des 20. Jhs. im Zuge der Ausrüstung mit Schiffsmotoren. ☉ Mai–Juni und Sep–Okt tgl. 9.30–17.50, Juli und Aug Di–Sa 9.30–19, So und Mo 9.30–17.50 Uhr, Eintritt Ende Mai–Mitte Okt $10, sonst $4.

Sofern sie nicht gerade auf Ausflugstour ist, dümpelt die **Bluenose II** gleich neben der *Theresa* am Kai. Die Originalausgabe der *Bluenose,* deren Bild die kanadische 10-Cent-Münze ziert, erlangte in ganz Kanada Berühmtheit als schnellstes Segelschiff der 20er-Jahre, fand allerdings ein unrühmliches Ende, als es 1946 vor der Küste von Haiti sank. Ihre Nachbildung aus den 1960ern verbrachte mehrere Jahre als eine Art schwimmendes Aushängeschild für Nova Scotia. Von ihrem Heimathafen Lunenburg begibt sie sich jedes Jahr im Sommer (Juni–Sep) auf äußerst begehrte Fahrten zu allen möglichen Häfen der Provinz (und darüber hinaus). Die zweistündigen Ausflüge sind ihre $40 wirklich wert. Reservierung unter ☎ 1-866/579-4909 oder 902/634-4794, Fahrplan unter 🖳 museum.gov.ns.ca/bluenose.

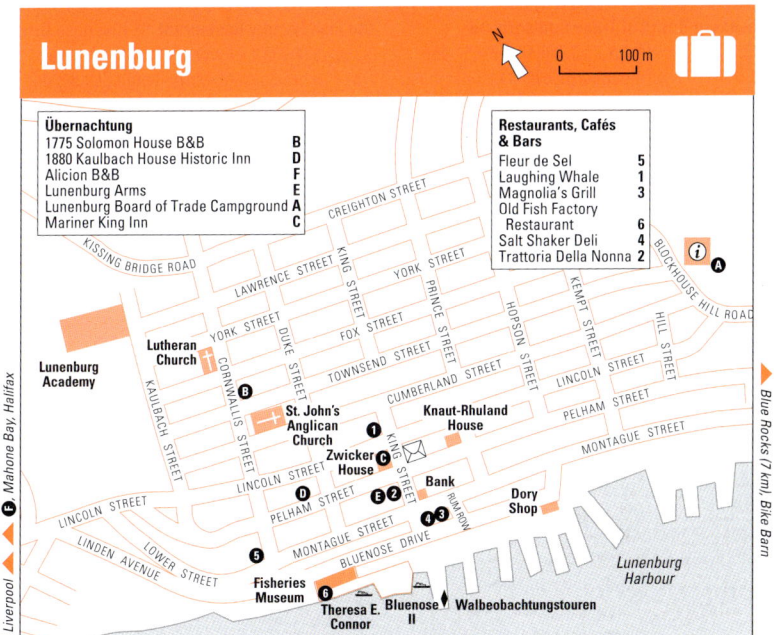

0   100 m

Übernachtung
1775 Solomon House B&B — B
1880 Kaulbach House Historic Inn — D
Alicion B&B — F
Lunenburg Arms — E
Lunenburg Board of Trade Campground — A
Mariner King Inn — C

Restaurants, Cafés & Bars
Fleur de Sel — 5
Laughing Whale — 1
Magnolia's Grill — 3
Old Fish Factory
Restaurant — 6
Salt Shaker Deli — 4
Trattoria Della Nonna — 2

CREIGHTON STREET
KISSING BRIDGE ROAD
LAWRENCE STREET
KING STREET
YORK STREET
PRINCE STREET
KEMPT STREET
BLOCKHOUSE HILL ROAD
YORK STREET
DUKE STREET
FOX STREET
HOPSON STREET
HILL STREET
Lutheran Church
Lunenburg Academy
CORNWALLIS STREET
TOWNSEND STREET
CUMBERLAND STREET
LINCOLN STREET
KAULBACH STREET
St. John's Anglican Church
Knaut-Rhuland House
PELHAM STREET
MONTAGUE STREET
Zwicker House
LINCOLN STREET
PELHAM STREET
KING STREET
Bank
Dory Shop
LINCOLN STREET
LINDEN AVENUE
LOWER STREET
MONTAGUE STREET
BLUENOSE DRIVE
Lunenburg Harbour
Fisheries Museum
Theresa E. Connor
Bluenose II
Walbeobachtungstouren

F. Mahone Bay, Halifax
Liverpool
Blue Rocks (7 km), Bike Barn

Die Atlantikprovinzen

Von Mai bis Okt veranstaltet Lunenburg Whale Watching Tours, 🖥 www.whalewatching novascotia.com, ✆ 902/527-7175, für $48 4x tgl. 2- bis 3-stündige **Walbeobachtungstouren**.

Übernachtung

Die Auswahl an Gästebetten ist riesig, denn viele historische Häuser wurden in erstklassige **Inns** und **B&Bs** verwandelt: Angesichts der hohen Besucherzahlen sollte eine Unterkunft in einem der nachstehend genannten Häuser aber trotzdem möglichst früh gebucht werden.

1775 Solomon House B&B, 69 Townsend St, ✆ 902/634-3477, 🖥 www.bbcanada.com/ 5511.html. Das georgianische Haus mit Zedernschindeln hat viel von seiner Ursprünglichkeit bewahrt – von der doppelten Treppe vor dem Eingang bis zum Dielenfußboden innen. Die 3 Gästezimmer sind antik möbliert und haben ein eigenes Bad. Zum Frühstück gibt's superleckere frisch gebackene Scones. ❺

1880 Kaulbach House Historic Inn, 75 Pelham St, ✆ 902/634-8818 oder 1-800/ 568-8818, 🖥www.kaulbachhouse.com. Eines der am besten erhaltenen viktorianischen Herrenhäuser Luneburgs: 7 komfortable Zimmer, ausgestattet mit historischem Mobiliar; kreatives europäisches Frühstück. ❺–❻

Alicion B&B, 66 McDonald St, Ecke Green St, ✆ 902/634-9358 oder 1-877/634-9358, 🖥 www. alicionbb.com. Die hervorragend erhaltene Villa von 1911 liegt ein paar Autominuten vom Zentrum entfernt und hat 3 hübsch mit edwardianischen Möbeln eingerichtete Zimmer. ❻

Mariner King Inn, 15 King St, ✆ 902/634-8509 oder 1-800/565-8509, 🖥 www.marinerking.com. Das luxuriöse Mariner King im Zentrum wurde 2009 sympathisch, aber nicht sklavisch mit viel sichtbarem Holz und moderner Ausstattung renoviert. 5 einladende Zimmer mit TV an der Wand, modernem Kaffeeautomaten und auf „Löwentatzen" stehender Badewanne. Gourmet-Frühstück inkl. ❺

Lunenburg Board of Trade Campground,
11 Blockhouse Hill Rd, ☎ 1-888/615-8305 oder
902/634-8100, ✉ lunenburgvic@ns.aliantzinc.ca.
Schlichter Platz mit 50 Stellplätzen (ab $18)
neben der Touristeninformation. Kostenlose
Warmwasserduschen, Internet, traumhafte
Aussicht – und ganz schön windig. ⏱ Mai–Okt.

Essen

Lunenburg hat eine gute Auswahl an
Restaurants und Cafés, viele davon in
Hafennähe. Die Qualität ist allerdings unterschiedlich – nicht zuletzt wegen der vielen
Tagesgäste im Sommer. Die beiden örtlichen
Spezialitäten sollte man sich nicht entgehen
lassen: *Lunenburg Sausage*, eine Wurst aus
magerem, mit Koriander und Nelkenpfeffer
gewürztem Schweine- und Rindfleisch, die
gewöhnlich zum Frühstück serviert wird,
und *Solomon Gundy*, eingelegter Hering mit
saurer Sahne oder manchmal auch Senf.
Fleur de Sel, 53 Montague St, ☎ 902/640-2121,
🖥 www.fleurdesel.net. In diesem edlen
französischen Restaurant werden exquisite
Speisen der Saison kreiert, z. B. Lunenburg-
Jacobsmuscheln ($29) oder Québec-Entenbrust
($28). ⏱ Ende Mai–Okt Di–So ab 17 Uhr
(So außerdem Brunch 10–14 Uhr).
Laughing Whale, 263 Lincoln St, Ecke King St,
☎ 902/527-3154, 🖥 www.laughingwhalecoffee.
com. Da sind sich alle einig: Dieser Kaffee-
rösterspezialist betreibt das beste Café der
Stadt. Hier kommen nur Fairtrade-Kaffees
in die Tasse, zum Beispiel der unbedingt
probierenswerte *Ooh La La*, ein rauchig-süßer
peruanischer Kaffee. Dazu gibt's leckere
Snacks.

Sparfuchs

Magnolia's Grill, 128 Montague St, ☎ 902/
634-3287. Wer aufs Geld schaut, sollte dieses
nette Lokal ansteuern. Es hat gemütliche
Essnischen und eine große, fantasievolle Spei
sekarte, die von Hamburgern bis Hummer alles
Mögliche hergibt. Ein Essen inklusive Getränke
für zwei Personen ist schon für weniger als
$30 zu haben. ⏱ So geschlossen.

Old Fish Factory Restaurant, 68 Bluenose Drive,
☎ 902/634-3333, 🖥 www.oldfishfactory.com.
Das Fischrestaurant wurde lange Zeit als der
Primespot der Hafenpromenade gehandelt.
Der Fisch und die Schalentiere schmecken
immer noch gut, aber der Laden präsentiert sich
inzwischen etwas kantinenmäßig. Das Abend-
essen ist teuer ($17 für ein Hummerbrötchen),
Mittagsgerichte sind preiswerter (Fischbuletten
für $10). ⏱ Mai–Okt.
Salt Shaker Deli, 124 Montague St,
☎ 902/640-3434, 🖥 www.saltshakerdeli.com.
Zuverlässig gutes Lokal mit wunderbarem
Blick auf den Hafen, ordentlichem Bier vom
Fass und leckerer Pizza: Pizza Marinara kostet
$13, die Stinky Charlie's (Knoblauch) $9.
⏱ Di–Sa 11–21, So 11–15 Uhr.
Trattoria Della Nonna, 9 King St, ☎ 902/640-3112,
🖥 www.trattoriadellanonna.ca. Beim edelsten
Italiener am Platz gibt's Pizza ab $14, Pasta ab
$12 und Klassiker wie Osso buco für rund $30.
⏱ Abendessen tgl. ab 17 Uhr, Mittagessen nur
Do–So.

Sonstiges

Fahrradverleih

Bike Barn, 579 Blue Rocks Rd, 1,5 km außerhalb
der Innenstadt, ☎ 902/634-3426, 🖥 www.
bikelunenburg.com. Verleiht Fahrräder für
$18/25 pro halben/ganzen Tag, Tandems für
$45 pro Tag.

Informationen

Touristeninformation, Blockhouse Hill Road,
☎ 902/634-8100, 🖥 www.explorelunenburg.ca,
in einem nachgebauten Blockhaus hoch
oben am Hang, 700 m vom Hafen. Geboten
werden u. a. die kostenlose Reservierung von
Unterkünften (wichtig in der Hauptsaison) und
ein Flyer zu den architektonischen Highlights.
⏱ Mai–Sep tgl. 9–20, Okt 9–18 Uhr.

Parken

Das **Parken** am Hafen kostet pauschal $3.
Parkplätze gibt es auch in der Linden Avenue
(2 Std. kostenfrei), direkt vor dem Fisheries
Museum, ansonsten sind die meisten Straßen-
parkplätze mit Parkautomaten versehen
($0,25/30 Min.).

Trius-Busse, ☎ 902/634-3307, aus HALIFAX und YARMOUTH halten am Lebensmittelgeschäft Kwik-Way an der Rte 3 am Stadtrand.

Liverpool

Wie der britische Namensvetter liegt das 70 km von Lunenburg am Hwy 103 entfernte Liverpool an der Mündung eines Flusses namens Mersey und hat eine ebenso ausgeprägte Seefahrer-tradition. Doch da hören die Gemeinsamkeiten auch schon auf, denn Liverpool in Nova Scotia wurde 1759 von Emigranten aus Cape Cod in Neuengland gegründet, die sich sowohl während des Amerikanischen Unabhängigkeitskrieges als auch im Britisch-Amerikanischen Krieg von 1812 einen gefürchteten Ruf als Freibeuter erwarben.

Heutzutage arbeiten die meisten Anwohner in der Bowater Paper Mill. Daneben stellt der Tourismus einen zunehmend wichtigen Wirtschaftsfaktor dar. Das ist in erster Linie den schönen alten Häusern am östlichen Ende der Main Street zu verdanken. Das **Perkins House** in der Nr. 105, ☎ 902/354-4058, ist eins davon und wurde gemäß seinem Zustand Ende des 18. Jhs. restauriert, als hier ein gewisser Simeon Perkins wohnte, der 1762 aus Connecticut gekommen war. Perkins war Schiffseigner, Kaufmann, Oberst der Miliz und Richter, fand aber noch ausreichend Zeit, zwischen 1766 und seinem Tod im Jahre 1812 ein detailliertes und aufschlussreiches Tagebuch zu führen, das einen guten Einblick in das Leben im kolonialen Nova Scotia gewährt. Auszüge aus dem vierbändigen Werk sind im Haus zu sehen. ◷ Juni–Mitte Okt Mo–Sa 9.30–17.30, So 13–17.30 Uhr, Eintritt $2.

Das benachbarte **Queens County Museum** besitzt eine interessante Sammlung alter Fotos aus der Gegend. Außerdem werden hier gelegentlich für etwa zwei Dollar Auszüge aus Perkins' Tagebuch verkauft, ◷ Juni–Mitte Okt Mo–Sa 9.30–17.30, So 13–17.30, Mitte Okt–Mai Mo–Sa 9–12 und 13–17 Uhr; Eintritt Juni–Mitte Okt $2, sonst frei.

Liverpools **Touristeninformation** liegt im Hafenviertel, 28 Henry Hensey Drive, ☎ 902/354-5421. Man kann dort auch kostenlos parken. ◷ Mai–Okt tgl. 9.30–17.30, Juli und Aug tgl. 9.30–19 Uhr. In Liverpool gibt es eine gute Unterkunft: **Lane's Privateer Inn**, vom Zentrum gleich hinter der Brücke an der 27 Bristol Ave, ☎ 902/354-3456 oder 1-800/794-3332, 🖥 www.lanes privateerinn.com, ❺, ein zweistöckiger motelartiger Bau im Stil eines alten Holzhauses mit Anbau, in dem sich 27 Gästezimmer befinden. Das Inn ist zugleich das beste **Restaurant** der Stadt mit leckeren Steaks und Fischgerichten um $17; das Café daneben bietet eine gute Auswahl an Kaffee- und Teespezialitäten, dazu Leckeres wie hausgemachte belgische Schokolade.

Kejimkujik National Park

Nirgendwo lassen sich die Einsamkeit und die Landschaft des Hinterlands im Südwesten Nova Scotias besser erleben als im Kejimkujik National Park. Die Zufahrt zum Park liegt 70 km nordwestlich von Liverpool an der Rte 8. Die herrliche, hügelige Wildnis von „Keji" besteht aus einer großen Vielfalt von Wäldern, durchzogen von Flüssen und Bächen, die etwa ein Dutzend Seen miteinander verbinden. Im Frühjahr und Herbst zeigt sich der Park mit üppig blühenden Wildblumen in seiner ganzen Pracht. Ganzjährig bietet er nicht nur zahllosen Stachelschweinen, Schwarzbären, Weißwedelhirschen und Bibern einen Lebensraum, sondern auch drei Schildkrötenarten. Die beste Zeit für einen Besuch ist zu Frühjahrsbeginn und im Herbst, wenn die Insekten noch nicht zu lästig sind: Die Kriebelmücken *(blackflies)* sind von Mitte Mai bis Ende Juni besonders zahlreich. Eine **Eintrittsgebühr** von $5,80 pro Erwachsenen und Tag wird von Mitte Mai bis Mitte Oktober erhoben.

Durch Kejimkujik führen zahlreiche Wanderwege, doch am einfachsten lässt sich der Nationalpark mit seinen nicht sonderlich tiefen Flüssen und Seen per **Kanu** erkunden, zu leihen von Jakes Landing, ☎ 902/682-5253, ca. 10 km auf der Straße vom Parkeingang entfernt, ◷ Mitte Mai–Mitte Okt, $7,75 pro Std., $29 pro Tag, Reservierung empfohlen. Dort beginnen auch zwei **Kanu-Tagestouren**: die reizvolle Paddelstrecke zwischen den Inselchen des Kejimkujik Lake

Die Atlantikprovinzen

hindurch und eine Fahrt entlang dem Mersey River unter einem Dach aus roten Ahornbäumen. Für einen längeren Aufenthalt bietet der Nationalpark rund 50 einfache **Zeltplätze** ($24,50) an den Kanustrecken und Wanderwegen. Sie sind eher zu empfehlen als der große, das ganze Jahr über geöffnete Campingplatz **Jeremys Bay**, ebenfalls 10 km vom Eingang entfernt; Stellplatz $25,50, Reservierung unter ☎ 1-877/737-3783, 🖥 www.pccamping.ca. Backcountry Camping muss im **Informationszentrum**, ☎ 902/682-2772, 🖥 www.pc.gc.ca, nahe dem Parkeingang, angemeldet werden. Dort gibt es auch detaillierte Karten und Wegbeschreibungen, ⏰ Mitte Juni–Aug tgl. 8.30–20, Sep–Mitte Juni Mo–Fr 8.30–16.30 Uhr.

Wer nicht zelten mag, findet ein **Bett** im Whitman Inn, ☎ 902/682-2226 oder 1-800/830-3855, 🖥 www.whitmaninn.com, das 2 km südlich des Parkeingangs an der Rte 8 liegt und acht Zimmer bietet. Die nächstgelegene Stadt ist Annapolis Royal (S. 409), 50 km Richtung Norden.

Kejimkujik National Park Seaside Adjunct

Am Hwy 103 liegt etwa 25 km südwestlich von Liverpool der winzige Ort **Port Joli**, von wo eine holprige, 6,5 km lange Schotterstraße nach **St. Catherine's River** und zur einfacher zugänglichen Westseite des **Kejimkujik National Park Seaside Adjunct** führt, einem 22 km² großen Anhängsel des Kejimkujik National Park. Dieser unberührte Küstenabschnitt bietet ideale Bedingungen für eine halbtägige Wanderung. Er erstreckt sich an der Spitze einer wunderschönen, aber unwirtlichen Halbinsel, wo die Mischwälder und Moore des Landesinneren auf die Küste mit ihren Watten, Lagunen, Landspitzen und Stränden treffen. Wer Glück hat, bekommt den sehr seltenen, von Mai bis Anfang August hier nistenden Flötenregenpfeifer zu Gesicht. ⏰ Informationsschalter Mitte Juni–Mitte Okt 9.30–17.30 Uhr, Eintritt $3,90.

Vom Parkplatz führt der **Harbour Rocks Trail** auf einem alten Karrenweg direkt hinunter zum Meer – eine einfache, wenngleich manchmal morastige Wanderstrecke von 5,2 km hin und zurück. Es gibt keinerlei Einrichtungen. Proviant und Trinkwasser mitnehmen.

Lockeport

Fernab der ausgetretenen Pfade liegt 65 km südwestlich von Liverpool (via Hwy 103 und dann Rte 3) das verschlafene Fischerdorf Lockeport auf einer kleinen Insel, die über einen 1,5 km langen Dammweg mit dem Festland verbunden ist. Der weiße Sandstrand **Crescent Beach** ist nie überfüllt, das Meer ist genauso tief wie blau, und im Ort selbst stehen fünf kontrastierende Prachtbauten, die im 19. Jh. von der wohlhabenden Familie Locke erbaut wurden. Lockeport ist ein reizender und entspannender Flecken, wo sich das Tagesgeschehen in gelegentlich ein- oder auslaufenden Fischkuttern erschöpft.

Im Ort befindet sich ein erstklassiges **B&B**: Seventeen South B&B, 17 South St, ☎ 902/656-2512, ✉ shorebb@ns.sympatico.ca, ❹, ein geschmackvoll modernisiertes Haus im Ostküstenstil mit zwei geräumigen Gästezimmern nahe dem Hafen auf einem bewaldeten Hügel mit Blick aufs Meer. Es ist ganzjährig geöffnet, und die Besitzer stellen sogar ihr Kanu zur Verfügung. Sollte das B&B ausgebucht sein, hilft die im **Crescent Beach Centre** am Ende des Damms untergebrachte Touristeninformation, ☎ 902/656-3123, 🖥 www.beachcentre.ca, mit Auskünften zu einigen Cottages am Strand, ⏰ Juni–Aug tgl. 10–18 Uhr.

In Lockeport gibt es auch ein recht gutes **Restaurant**: das Parrot's Pins Candlepin Café, 10 Beech St, ☎ 902/656-2695, ⏰ während der Saison Di–Sa 11–14 und 16–20 Uhr.

Shelburne

Shelburne, 35 km nordwestlich von Lockeport und 70 km südwestlich von Liverpool am Hwy 103, wurde in den 1780er-Jahren von Loyalisten – darunter auch 200 befreite Sklaven – gegründet und war ein wichtiges Schiffbauzentrum. Die gepflegten Schindelhäuser und Werftanlagen stehen unter Denkmalschutz und bilden den **Historic District**, der sich von der Hauptstraße Water Street bis zur Dock Street und zum Hafen erstreckt. Der Eintritt zu allen historischen Sehenswürdigkeiten von Shelburne beträgt jeweils $3, oder man gönnt sich ein Kombiticket für $8, siehe 🖥 www.historicshelburne.com.

Das **Shelburne County Museum** in der Maiden Lane, ✆ 902/875-3219, bietet einen umfassenden Überblick über die Geschichte des Orts und sein maritimes Erbe (der ganze Stolz des Museums ist Kanadas älteste Feuerlöschpumpe, die 1740 in London angefertigt wurde). ⏰ Juni–Mitte Okt tgl. 9.30–17.30; Mitte Okt–Mai Mo–Fr 10–12 und 14–17 Uhr, Mitte Okt–Mai Eintritt frei.

Das benachbarte **Ross-Thomson House**, ✆ 902/875-3141, diente als Laden und Wohnhaus der Loyalisten und wurde liebevoll gemäß seinem Zustand in den 1780er-Jahren restauriert, ⏰ Juni–Sep tgl. 9.30–17.30 Uhr. Der in der Nähe gelegene **Dory Shop** am Hafen ✆ 902/875-3219, ist eine Kombination aus Bootswerkstatt und Museum. Das selten über 5 m lange **Dory** mit seinem flachen Boden war zu Zeiten der Segelschifffahrt wichtiger Bestandteil der Fischereiflotte und so konzipiert, dass es auch bei extremer Dünung bestehen konnte. Die Dory-Werkstatt produziert heute noch drei dieser Holzboote pro Jahr, allerdings nur für Hobby-Angler, denn die Rümpfe der wenigen Dorys, die heute noch auf offener See zum Fischen eingesetzt werden, sind mittlerweile aus Stahl, ⏰ Juni–Sep tgl. 9.30–17.30 Uhr.

Zur Besichtigung der drei Museumsabschnitte ist etwa eine Stunde zu veranschlagen, etwas mehr, falls man auch das **Muir-Cox Shipyard Interpretive Centre** am Südende der Dock St, ✆ 902/875-2483, einbeziehen will, ⏰ Juni–Sep tgl. 9.30–17.30 Uhr. Wer möchte, kann auch einen Blick auf die Schindelhäuser hinter der Dock Street werfen, die von der Filmkulisse des amerikanischen Klassikers *Der scharlachrote Buchstabe* von Nathaniel Hawthorne übrig geblieben sind.

Übernachtung

Cooper's Inn, 36 Dock St, ✆ 902/875-4656 oder 1-800/688-2011, 🖥 www.thecoopersinn. com. Das beste Hotel am Ort in einem alten, luxuriös ausgestatteten Schindelhaus, ⏰ Mai–Okt. 🅖

Islands Provincial Park, ✆ 902/875-4304 oder 1-888/544-3434, Wald-Zeltplatz, 5 km westlich vom Ort am Wasser, Stellplatz $18–31. ⏰ Mitte Mai–Aug.

Essen

Charlotte Lane Café, Charlotte Lane, von der Water St abzweigend, ✆ 902/875-3314, 🖥 www.charlottelane.ca, hat Vollwertkost und leckere Salate. ⏰ Mitte Mai–Ende Dez Di–Sa 11.30–14.30 und 17–20 Uhr.

Cooper's Inn, erstklassige Küche im Hotelrestaurant – besonders empfehlenswert sind die Steaks.

Beandock Coffee, 10 John St, Ecke Dock St, ✆ 902/875-1302. Hier gibt's Kaffee und Kuchen. ⏰ Mo–Sa 9–16 Uhr, im Juli und Aug auch So.

W. Laurence Sweeney, 1 Dock St, ✆ 902/875-2862, 🖥 www.theseadog.com. Die Terrasse des Sweeney ist die beste Location für einen Drink. Außerdem gibt es kostenloses WLAN und Kajakverleih, ✆ 902/875-1131, und obendrein kann man hier lebende Hummer kaufen. ⏰ tgl. 11–20, Fr und Sa bis 2 Uhr, Sep–Mai So geschlossen.

Informationen

Touristeninformation, am nördlichen Ende der Dock St, ✆ 902/875-4547, kostenlose Reservierung von Unterkünften. ⏰ Mai, Juni und Sep Mo–Di und Do–Sa 10–17, So 12–17; Juli und Aug tgl. 9–19 Uhr.

Yarmouth

Viele US-amerikanische Touristen kommen mit der Fähre aus Maine und setzen in Yarmouth erstmals Fuß auf kanadischen Boden. Das Städtchen hat Anstrengungen zur Belebung des Uferbereichs unternommen, besonders im Umkreis der **Yarmouth Waterfront Gallery**, 90 Water Street, ✆ 902/742-7089, 🖥 www.yarmouthwaterfront gallery.com, in der 15 lokale Künstler als Kooperative ausstellen. ⏰ Mai–Okt tgl. 10–17 Uhr.

Auch die Main Street, gleich oben am Hügel, soll ein freundlicheres Gesicht bekommen. Deutlich wird das besonders bei der **Art Gallery of Nova Scotia – Western Branch**, 341 Main St, ✆ 902/749-2248. Sie zeigt auf zwei Stockwerken in kleinen, aber feinen Ausstellungsräumen Exponate aus der Hauptsammlung in Halifax (S. 387). ⏰ Mitte Mai–Mitte Okt tgl. 10–17, Mitte Okt–Mitte Mai Fr–So 12–17 Uhr, Eintritt $5.

Wieder zurück an der Water Street verbirgt sich hinter der Hausnr. 112 das **W. Laurence Sweeney Museum**, ☎ 902/742-3457. Es besteht aus einigen der alten Werftgebäude und Schuppen, die früher dieses Stadtviertel beherrschten. Sie sind vollgestopft mit Fischerei- und Seglerzubehör, das bis in die 1920er-Jahre zurückgeht. ⊙ Mai–Okt Mo–Sa 10–18 Uhr, Eintritt $3.

Parkplätze gibt es entlang der Main Street oder auf den Großparkplätzen unweit der Main Street (2 Std. kostenlos). Man kann das Fahrzeug auch beim Nova Scotia Visitor Centre abstellen.

Übernachtung und Essen

Murray Manor, 225 Main St, ☎ 902/742-9625 oder 1-877/742-9629, 🖳 www.murraymanor.com. Komfortables B&B mit 4 hübschen Zimmern direkt gegenüber der Touristeninformation in einem reizvollen Regency-Style-Gebäude. ❹

Comfort Inn, 96 Starrs Rd, Rte-3, ☎ 902/742-1119, 🖳 www.choicehotels.ca. Die meisten motorisierten Besucher entscheiden sich für diese gut ausgestattete Unterkunft am Stadtrand. ❺

Rudder's, 96 Water St, ☎ 902/742-7311, 🖳 www.ruddersbrewpub.com. Das Lokal mit Terrasse am Hafen ist die beste Adresse für eine Mahlzeit oder einen Drink und serviert u. a. ganz ordentliche Hummergerichte. Die ausgeschenkten Biere stammen aus der eigenen Brauerei.

Informationen

Nova Scotia Visitor Centre, Main St, ☎ 902/742-5033. In der freundlichen Touristeninformation ein Stückchen oberhalb vom Fährhafen bekommt man Gratis-Broschüren, ⊙ Juli und Aug tgl. 8–19. Juni und Sep–Ende Okt 9–17 Uhr.

Transport

Trius Coachlines, ☎ 1-877/566-1667, verkehrt 1x tgl. zwischen Halifax und Yarmouth entlang der Südwestküste von Nova Scotia.

Busse nach:
CHESTER, 1x tgl.; 4 Std.;
HALIFAX, 1x tgl.; 5 Std.;

Fähren zwischen Yarmouth und Maine

Bay Ferries, ☎ 1-877/359-3760, 🖳 www.catferry.com. Hochgeschwindigkeits-Katamarane verkehren als Autofähren zwischen Yarmouth und BAR HARBOR im US-Bundesstaat Maine (Juni–Mitte Okt Mo und Di 1x tgl., 3 Std., pro Pers. $69 einfache Fahrt, Fahrzeuge $115 einfache Fahrt) und Portland, Maine (Juni und Sep–Mitte Okt Do, Fr und So 1x tgl., Juli und Aug Mi–So 1x tgl., 5 1/2 Std., pro Pers. $99, Fahrzeuge $164). Häufige Sonderangebote und Rabatte für Rückfahrtickets und Abfahrten während der Woche.
Auf jeder Strecke werden pro Passagier zusätzlich US$10 „Sicherheitsabgabe" und für Fahrzeuge eine Benzinabgabe von $25 erhoben. Näheres zu den US-Grenzformalitäten s. S. 429.

LIVERPOOL, 1x tgl.; 2 1/4 Std.;
LUNENBURG, 1x tgl.; 3 1/2 Std.;
MAHONE BAY, 1x tgl.; 3 3/4 Std.;
PORT JOLI, 1x tgl.; 2 1/2 Std.;
SHELBURNE, 1x tgl.; 1 1/4 Std.

Côtes acadiennes: Baie Sainte-Marie

Nördlich von Yarmouth durchziehen der Hwy 101 und die weit langsamere Rte 1 die flache Küstenlandschaft der 50 km langen Baie Sainte-Marie, Teil der Côtes acadiennes (akadische Küsten), in deren verstreut liegenden Dörfern die größte Konzentration von Akadiern (s. S. 413) in der Provinz Nova Scotia beheimatet ist. In **Pointe de l'Église**, 65 km von Yarmouth entfernt direkt am Meer, steht die kolossale, 1905 fertiggestellte **Église Sainte-Marie**, deren Kirchturm mit Spitze eine schwindelerregende Höhe von 56 m erreicht. Damit ist sie die höchste Holzkirche Nordamerikas. ⊙ Juni–Okt tgl. 9–17 Uhr, Eintritt $2.

Die beste Zeit für einen Besuch der Region ist Anfang August. Dann findet das **Festival Acadien de Clare**, 🖳 www.festivalacadiendeclare.ca mit Konzerten, Umzügen und akadischen Kulturveranstaltungen statt.

Die Atlantikprovinzen

Preiswertes **Essen**, d. h. Burger, *poutine* und Eiscreme, gibt es in der Imbissbude Chez l'Ami gegenüber der Kirche. Ein weiteres gastronomisches Schmuckstück ist z. B. La Râpure Acadienne, am südlichen Ortsrand an der Rte 1, ✆ 902/769-2172. Hier wird direkt aus dem Ofen *râpure* zum Mitnehmen verkauft, ein gehaltvolles Gericht aus Hühnchen und Kartoffeln, das als klassisch akadisch gilt. Soll es aber raffinierte akadisch und französisch inspirierte Cuisine sein, fährt man ein paar Kilometer weiter Richtung Norden nach **Grosses-Coques** ins Chez Christophe, ✆ 902/837-5817, 🖥 www.chez christophe.ca. In dem reizenden Schindelhaus aus den 1830er-Jahren ist donnerstags und freitags außerdem akadische Livemusik angesagt, und wer nach dem Essen nicht wieder ins Auto steigen möchte, kann in der dazugehörigen Auberge (❸–❹) übernachten.

Digby und Umgebung

Von Pointe de L'Église sind es rund 35 km bis zum Fischereihafen Digby, dessen farbloses Stadtzentrum auf einer hügeligen, in das Annapolis Basin ragenden Landzunge liegt. Letzteres ist durch den schmalen Durchfluss **Digby Gut** mit der Bay of Fundy verbunden, wodurch der **Hafen** von Digby den mächtigen Gezeiten der riesigen Bucht ausgesetzt ist. Und eben dieser Hafen im Westentaschenformat ist mit seinen wackeligen, hölzernen Piers der ansprechendste Teil des Ortes.

Abgesehen davon ist Digby in zweierlei Hinsicht bemerkenswert: zum einen wegen der geräucherten **Heringe** *Digby chicks,* die am nördlichen Ende des Hafens auf dem O'Neil's Royal Fundy Seafood Market angeboten werden (🕐 Mo–Sa 10–18, So 12–18 Uhr), wo es auch ein billiges Seafoodcafé gibt, und zum anderen wegen der köstlichen **Jakobsmuscheln,** die in diversen Restaurants serviert werden.

Maud Lewis Memorial
Wer in der Art Gallery of Nova Scotia in Halifax (S. 387) *The Painted House* von Maud Lewis gesehen hat, möchte vielleicht das berührende Maud Lewis Memorial am Hwy 101 in Marshall-

town besuchen. Es befindet sich nur fünf Minuten südlich der Abfahrt Digby auf der rechten Straßenseite. Die von Brian MacKay-Lyons entworfene Stahlkonstruktion steht an der Stelle, wo Maud 32 Jahre lang lebte und malte; das Kunstwerk zeichnet die tatsächlichen Umrisse des Hauses nach.

Digby Neck
Die 70 km lange Nehrung Digby Neck ragt wie ein Finger in die Bay of Fundy und schützt die dahinterliegende akadische Küste vor dem offenen Ozean. Am entlegenen Ende bilden zwei kleine Inseln die äußeren Glieder des Fingers – **Long Island** und, an der Spitze, **Brier Island** –,

Walbeobachtung vor Digby Neck

Das nährstoffreiche Wasser der Bay of Fundy lockt zahlreiche Wale an, was sich mehrere örtliche Veranstalter zunutze machen, um von etwa Ende Mai bis Mitte Oktober täglich Ausflüge zur Walbeobachtung anzubieten. Die Ausflüge dauern in der Regel 2–3 Std.; die Exkursionen ab Westport sind meist länger und dauern 3–5 Std. Natürlich kann niemand eine Garantie für das Erspähen eines Wals geben, doch sind die Aussichten mehr als gut, in der zweiten Frühlingshälfte Finn- und Zwergwale und von Mitte bis Ende Juni auch Buckelwale zu Gesicht zu bekommen. Gegen Mitte Juli tummeln sich dann alle drei Arten in der Bay of Fundy, bis sich im Spätsommer auch der seltene Nördliche Glattwal (Nordkaper) dazugesellt.
Einer der besten inmitten eines ganzen Heeres von Veranstaltern ist **Ocean Explorations Whale Cruises**, ✆ 902/839-2417 oder 1-877/654-2341, 🖥 www.oceanexplorations.ca, mit Zodiac-Booten und Sitz im winzigen **Tiverton** auf Long Island. Ein halbtägiger Ausflug kostet $59. Mehrere **Veranstalter** sind in dem abgelegenen kleinen Fischerdorf Westpoint auf Brier Island beheimatet, darunter **Brier Island Whale & Seabird Cruises**, ✆ 902/839-2995 oder 1-800/656-3660, 🖥 www.brierislandwhalewatch.com, und **Mariner Cruises**, ✆ 902/839-2346 oder 1-800/239-2189, 🖥 www.novascotiawhalewatching.ca, $49.

deren schmale Meerespassagen von Autofähren überbrückt werden, die 24 Stunden am Tag für $5 (Hin- und Rückfahrt) stündlich hin- und herpendeln. Einschließlich der zeitlich aufeinander abgestimmten Fährüberfahrten dauert die Autofahrt von Digby nach Brier Island ungefähr zwei Stunden. Fahrpläne gibt es in der Touristeninformation von Digby. Die Straße verläuft etwas monoton durch das Hinterland, doch die meisten Touristen kommen ohnehin nicht wegen der schönen Aussicht hierher, sondern um von Digby Neck aus eine **Walbeobachtungstour** zu unternehmen. Von Digby und (noch besser) Annapolis Royal (S. 409) aus kann man sowohl die Fahrt über Digby Neck als auch eine Walbeobachtungstour an einem Tag bewältigen.

Übernachtung und Essen

Digby hat mehrere einladende Unterkünfte.
Harbourview Inn, 25 Harbourview Rd, ✆ 902/245-5686 oder 1-877/449-0705, 🖥 www.theharbourviewinn.com, gleich östlich der Stadt am Hwy 1. Das wunderschöne B&B von 1899 ist die beste Wahl am Ort und liegt mitten im Grünen. ☉ Mai–Okt. Preise ab ❺
Bayside Inn, 115 Montague Row, ✆ 902/245-2247 oder 1-888/754-0555, 🖥 www.baysideinn.ca, bietet preiswerte Übernachtung in einem alten Holzhaus mit 11 Zimmern, davon 7 mit Bad, Innenhof. ❷
Digby Backpackers Inn, 168 Queen St, ✆ 902/245-5274, 🖥 www.digbyhostel.com, zwei Straßen vom Hafen entfernt, hat Dorm-Unterkünfte ❶ und Zimmer ❸, Frühstück inkl.
Fundy Restaurant, 34 Water St, ✆ 902/245-4950, erstklassige Jakobsmuscheln sind die Spezialität dieses Lokals, eines der besten Hafenrestaurants in der Water St und deren Verlängerung, Montague Row. Eine Mittagsmahlzeit kostet ab $14,95.

Sonstiges

Informationen
Touristeninformation, ✆ 1-888/463-4429 oder 902/245-5714, 🖥 www.digby.ca, nimmt Reservierungen von Unterkünften vor und erteilt Auskünfte zu Walbeobachtungstouren ab Digby Neck (S. 407). ☉ Mitte Mai–Mitte Okt tgl. 9–17 Uhr.

Parken
Parkplätze gibt es an der Water St (2 Std. kostenlos), aber im Juli und August sind sie schnell besetzt.

Transport

Busse
Busse von Acadian Lines halten in der 77 Montague Row, von wo es zu Fuß nur ein paar Minuten am Hafen entlang nach Norden bis zur Touristeninformation sind.

Fähren
Der **Fährenleger** von Digby befindet sich 5 km nördlich der Stadt.
Bay Ferries, ✆ 1-888/249-7245, 🖥 www.bayferries.com, betreibt eine **Autofähre** durch die Bay of Fundy nach SAINT JOHN in New Brunswick (S. 442), eine erhebliche Abkürzung: 1–2x tgl. 3 Std., einfache Strecke pro Pers. $25–39, Autos $75–95, Fahrräder $10–12.

Annapolis Valley

Das Annapolis Valley, das sich von Annapolis Royal 110 km in nordöstlicher Richtung bis Wolfville erstreckt, ist durch eine schmale Hügelkette an der Küste vor Wind und Nebel geschützt, die einem großen Teil Nova Scotias ansonsten arg zu schaffen machen. Dieser Umstand und dazu noch der fruchtbare Boden schaffen beste Voraussetzungen für den **Obstanbau**, und sogar **Wein** gedeiht hier – die Zahl der Weingüter soll in den nächsten Jahren auf bis zu zwanzig ansteigen. Im Sommer werden überall im Tal am Straßenrand knackige Bioprodukte verkauft. Vieles hier ist den französischen (später akadischen) Siedlern zu verdanken, die im 17. Jh. in die Region kamen und den kanalbewässerten Ackerbau einführten, der bis heute betrieben wird.

Die Kleinstädte im Annapolis Valley wurden nach der Vertreibung der Akadier von Loyalisten aus Neuengland besiedelt. Unter den hübschen Siedlungen mit alten Holzhäusern ragen zwei Orte heraus: **Annapolis Royal** mit seinen bezaubernden viktorianischen Villen in der Nähe der historischen Stätte **Port-Royal**, und die charmante Universitätsstadt **Wolfville**.

Nur einen Katzensprung von Wolfville entfernt befinden sich die historische Stätte **Grand-Pré** und die schroffen Landschaften von **Cape Blomidon** und **Cape Split**.

Einmal täglich fährt ein **Bus** von Acadian Lines, von Halifax nach Digby (S. 410) via Annapolis Royal und Wolfville; Abfahrt derzeit erst um 18.45 Uhr, Ankunft in Digby um 23 Uhr. Kings Transit, 🖥 www.kingstransit.ns.ca, unterhält eine Buslinie zwischen Wolfville und Digby (pauschal $3,50).

Annapolis Royal

Mit einer Bevölkerung von nur 600 Seelen erstreckt sich die 40 km nordöstlich von Digby gelegene Gemeinde Annapolis Royal über eine breite Landzunge zwischen dem Annapolis River und dessen Nebenfluss Allain River. Die Hauptstraße, St. George Street (Rte 8), durchzieht von

Süden her die grünen Randsiedlungen, macht am Ende der Landzunge einen Bogen nach rechts und verläuft dann parallel zum Ufer. Im Ort herrscht eine entspannte und beschauliche Atmosphäre, der man sich kaum entziehen kann und die nicht vermuten lässt, dass seine Vergangenheit äußerst bewegt war.

Unter ihrem Anführer Sir William Alexander besiedelten Schotten 1629 die Gegend. Aber nur drei Jahre später mussten sie gemäß dem Vertrag von Saint-Germain-en-Laye das Gebiet (mit dem auch Québec wieder französisch wurde) das Gebiet wieder abtreten. 1636 besetzten französische Truppen den Ort. Obwohl er danach noch oft den Besitzer wechselte, blühte und gedieh der akadische Außenposten. Nach der Einnahme Nova Scotias 1710 durch die Briten wurde er sogar zur Hauptstadt ernannt (1749 übernahm Halifax diese Rolle). 1755 vertrieben die Briten die Akadier schließlich für immer. Die eleganten Holzvillen, die heute hier stehen, wurden von Loyalisten gebaut.

Kurz vor dem Rechtsknick der St. George Street am Hafen liegen linker Hand die umfäng-

Aus einem Experiment wurde ein einträgliches Geschäft: Wein aus dem Annapolis Valley

lichen Reste der ehemaligen Festungsanlagen von 1702, die heute als **Fort Anne National Historic Site** (Eintritt frei) zu besichtigen sind. Von den Armeegebäuden auf dem Gelände, ist das zentrale Offiziersquartier das imposanteste Relikt. Der von drei Schornsteinen überragte Bau wurde 1797 von den Engländern errichtet und beherbergt heute ein kleines **Museum** mit einem Sammelsurium an militärischen Erinnerungsstücken und einem farbenprächtigen Wandteppich, der die Stadtgeschichte zeigt. ⏰ Mitte Mai–Mitte Okt tgl. 9–18 Uhr, Eintritt 3,90.

Wer noch mehr von der Stimmung der Gründertage von Annapolis Royal mitnehmen möchte, kann im Museum (oder in einem der B&Bs) nach einer *candlelight tour* über den **alten Friedhof** neben dem Fort fragen – ein spannendes Vergnügen; Führungen Juni–Mitte Okt So, Di, Mi, Do 21.30 Uhr; 1 Std., $7.

Fünf Minuten Fußweg vom Fort entfernt liegt an der St. George Street der Eingang zu den 4 ha großen **Annapolis Royal Historic Gardens**, 🖥 www.historicgardens.com, mit mehreren Themengärten, vom formal gestalteten viktorianischen Garten bis zu einem großen Bereich mit Rosen. Das Gelände fällt sanft zum Ufer des Allain River hin ab, wo ein Dammweg den Blick auf Watten und Salzmarschen eröffnet und sich durch ein Feld mit Elefantengras schlängelt, das die Akadier als Dachstroh für ihre Häuser hier einführten. ⏰ Mitte Mai–Juni und Sep–Mitte Okt 9–17, Juli und Aug 8 Uhr bis Dämmerung, Eintritt $7,50.

Übernachtung

Die besten Übernachtungsmöglichkeiten in Annapolis Royal sind die B&Bs.
Bread and Roses Inn, 82 Victoria St, ☎ 902/532-5727 oder 1-888/899-0551, 🖥 www.breadandroses.ns.ca. Zimmer mit Bad und historischer Ausstattung in einem gepflegten spätviktorianischen Herrenhaus mit mehreren Spitzdächern; ⏰ April–Nov. ❺
Dunromin Campsite, ☎ 902/532-2808, 🖥 www.dunromincampsite.com. Bewaldeter, gut ausgestatteter Platz am gegenüberliegenden Ufer des Annapolis River, 1 km von der Touristeninformation; Stellplätze $27–39, Cabins $65–110. ⏰ Mai–Mitte Okt.

Hillsdale House Inn, 519 St. George St, ☎ 902/532-2345 oder 1-877/839-2821, 🖥 www.hillsdalehouse.ns.ca. Das B&B in einer eleganten Villa von 1849 ist das schönste der Stadt. ❺
Queen Anne Inn, 494 St. George St, gegenüber dem Hillsdale, ☎ 902/532-7850 oder 1-877/536-0403, 🖥 www.queenanneinn.ns.ca, ein extravaganter Prachtbau mit Türmchen aus den 1860er-Jahren. ⏰ Mai–Nov. ❺
Beide B&Bs haben wunderbar antik eingerichtete Zimmer mit Bad.

Essen

Im Hafenviertel von Annapolis Royal gibt es mehrere Cafés.
Leo's Café, 222 St. George St, ☎ 902/532-7424. Hier gibt es ausgezeichnete Snacks und Gerichte für den kleinen Hunger. ⏰ Juni–Sep Mo–Sa 9–20 und So 12–17, sonst Mo–Sa 9–16.30 Uhr.
Fort Anne Café, 298 St. George St, ☎ 902/532-5254. Preiswertes Lokal gegenüber dem Eingang zum Fort, serviert leckere und üppige Mahlzeiten traditionell kanadischer Küche – die Einrichtung ist etwas spartanisch, davon sollte man sich aber nicht abschrecken lassen. ⏰ So geschlossen.
Garrison House Inn, 350 St. George St. Die beste Adresse fürs Abendessen (Hauptgerichte $15–30) ist dieses alte Holzhaus von 1854, wo Schellfisch und Hummer aus der Region auf den Tisch kommen, aber auch exotischere Sachen wie Kokoscurry.
Ye Olde Towne Pub, 9 Church St, Kneipe gegenüber der Werft mit gutem Fassbier.

Informationen

Die **Touristeninformation**, ☎ 902/532-5454, befindet sich 1,4 km nördlich vom Zentrum im Gezeitenkraftwerk an der Brücke der Rte 1. ⏰ Juli und Aug tgl. 8–20, Mitte Mai–Juni und Sep–Mitte Okt tgl. 10–17 Uhr.

Transport

Einmal tgl. verkehrt ein **Bus** von Acadian Lines in jeder Richtung zwischen HALIFAX und DIGBY.

Die Atlantikprovinzen

Er hält beim Annapolis Royal Inn an der Rte 1, das leider ganze 1,3 km westlich der St. George Street und des Stadtzentrums liegt.

Port-Royal

In der Nähe der heutigen **Port-Royal National Historic Site**, 🖥 www.pc.gc.ca, am Annapolis Basin, schlugen Samuel de Champlain und Pierre Sieur de Monts 1605 nach einem harten Winter auf der Île Saint-Croix in der Passamaquoddy Bay ihr Lager auf – und schufen damit die erste europäische Siedlung im heutigen Nova Scotia. Die in aller Eile von Champlain nach dem Muster befestigter französischer Bauernhöfe errichtete *habitation* war eine palisadenbewehrte Ansammlung aus grob gezimmerten, schwarz angestrichenen Holzgebäuden. Sie diente weder militärischen noch kolonialen, sondern rein wirtschaftlichen Zwecken. An diesem Ort betrieben die Franzosen Tauschhandel mit den Mi'kmaq. Bei den Franzosen besonders begehrt waren Biberpelze. 1607 zog Champlain weiter (um Québec zu gründen) und 1613 wurde der Handelsposten von einer Gruppe verbitterter englischer Kolonisten aus Virginia geplündert und zerstört.

Das Bollwerk lag in dominanter Position auf einem niedrigen Felsvorsprung oberhalb der Mündung des Meeresarms, also an gleicher Stelle wie die heutige Nachbildung, eine mit äußerster Sorgfalt und unter ausschließlicher Verwendung der im frühen 17. Jh. zur Verfügung stehenden Bautechniken errichtete, 1940 fertiggestellte Replik. Die Räumlichkeiten wurden so hergerichtet, wie sie damals ausgesehen haben könnten. Im Trading Room (Handelsraum) lagern echte Felle von Bibern, Wölfen, Bären, Füchsen und Waschbären.

Es gibt **keine Busverbindung** von Annapolis Royal nach Port-Royal. ⏰ Mitte Mai–Mitte Okt tgl. 9–17.30 Uhr, Eintritt $3,90.

Wolfville

Die wohlhabende Universitätsstadt Wolfville liegt 110 km nordöstlich von Annapolis Royal und hieß ursprünglich Mud Creek, nach dem schlammigen Wattland um den kleinen **Hafen**. Es handelt sich um eine Hinterlassenschaft der **Fundy-Gezeiten**, die sich den Cornwallis River heraufwälzen und ihre Schlammmassen hier abladen, die zur Heimat von mehreren hundert Fischreihern und Watvögeln geworden sind. Zu ihnen gesellen sich jedes Jahr Anfang August Tausende von Strandläufern auf ihrem Zug von den Nistplätzen in der Arktis.

Wolfvilles zweite Attraktion ist das **Robie Tufts Nature Centre** in der Front Street (von der Main Street über die Elm Avenue zu erreichen). Es gehörte früher zu einer Molkerei und ist zunächst nichts weiter als ein paar Holzpfeiler um einen alten Schornstein mit Infotafeln zur lokalen Flora und Fauna. Das Besondere aber sind die Schornsteinsegler, die hier seit den 1970er-Jahren nisten. Um ihren Auftritt zu erleben, geht man am besten an einem Sommerabend eine Stunde vor Sonnenuntergang (zwischen der zweiten oder dritten Maiwoche bis Ende August) dorthin. Um diese Zeit kommen diese Vögel in einem riesigen Schwarm hier an und ziehen Kreise über dem Zentrum, bis sie sich plötzlich alle zusammen in den Schornstein hineinstürzen, um darin zu übernachten.

Übernachtung

In Wolfville gibt es mehrere herrliche **Inns** und **B&Bs**.
Victoria's Historic Inn & Carriage House, 600 Main St, ☎ 902/542-5744 oder 1-800/556-5744, 🖥 www.victoriashistoricinn.com. Ein gepflegtes altes Herrenhaus mit Zuckerbäcker-Holz-

Top-Komfort mit nostalgischem Charme

Blomidon Inn, 195 Main St, zu Fuß 5 Min. östlich des Zentrums, ☎ 902/542-2291 oder 1-800/565-2291, 🖥 www.blomidoninn.com. Dieses einladende B&B ist in einer eleganten Kapitänsvilla von 1882 untergebracht. Die Zimmer im Hauptgebäude sind mit historischen Details ausgestattet, die Zimmer im modernen Anbau sind weniger reizvoll, während die Suiten im zweistöckigen Chalet an der Rückseite des Grundstücks trotz ihres nostalgischen Charmes top-modern und luxuriös sind. ❺–❽

Die Atlantikprovinzen

Tempest, 117 Front St, 🖥 www.tempest.ca, 📞 902/542-0588. Das beste Restaurant der Stadt verbirgt sich in einem wunderschönen blauen Schindelhaus nahe der Main St. Es verwöhnt seine Gäste mit Leckereien wie Hummerrisotto, Pad Thai, Fischküchlein und später am Abend sogar mit Tapas. ⏱ Mo geschlossen.

verzierungen, rund 800 m westlich des Zentrums. Es hat 16 im viktorianischen Stil eingerichtete Zimmer im Hauptgebäude und im angrenzenden Kutschenhaus. ➏

Garden House B&B, 220 Main St, 📞 902/542-1703, 🖥 www.gardenhouse.ca. Dritte und etwas günstigere Unterkunft mit 3 Zimmern unmittelbar östlich des Zentrums in einem reizvollen Gebäude von 1830. ➌

Essen und Unterhaltung

Acton's Grill & Café, 406 Main St, 📞 902/542-7525, 🖥 www.actons.ca. Leckere, aber nicht ganz billige Salate, Fleischgerichte und köstliches Seafood in eher förmlichem Ambiente. ⏱ tgl. ab 17 Uhr.

Just Us! Café, vor dem alten Art-déco Acadia Kino, 450 Main St, 🖥 www.justuscoffee.com. Gute Snacks, leckere Muffins und erstklassigem Kaffee; ⏱ Mo–Fr 7–21, Sa 8–18, So 10–19 Uhr.

The Library Pub, 472 Main St, 📞 902/542-4315. Unter verschiedenen Bars im Zentrum ist diese mit einer interessanten Auswahl von Weinen der Region die erste Wahl.

Informationen

Touristeninformation, 11 Willow Ave, östlich des Zentrums von der Main St abzweigend, 📞 902/542-7000, 🖥 www.wolfville.ca. Erhältlich sind Unterkunftslisten und Auskünfte zu Wanderausflügen zum Cape Split (S. 413), ⏱ Mitte April–Ende Okt tgl. 10–18 Uhr.

Transport

Wolfville wird von Acadian Lines auf der Strecke HALIFAX–DIGBY angefahren. Die **Busse** halten an der Highland Avenue beim Campus der Acadia University, gut 10 Min. Fußweg

westlich des Zentrums, das lediglich aus ein paar Blocks an der Main St und einigen Seitenstraßen besteht.

Grand-Pré

Die Vertreibung der Akadier aus Nova Scotia in den 1750er-Jahren gilt als einer der finstersten Abschnitte in der Geschichte Kanadas. Aus dieser Tatsache erklärt sich bis zu einem gewissen Grad die Ehrerbietung, die der **Grand-Pré National Historic Site**, 5 km östlich von Wolfville an der Rte 1, 🖥 www.pc.gc.ca entgegengebracht wird. Das um 1680 gegründete akadische Dorf wurde 1755 in Schutt und Asche gelegt und seine Bewohner deportiert. Nachdem sie fast in Vergessenheit geraten war, machte Henry Wadsworth Longfellow 1847 die Tragödie zum Gegenstand seines in Grand-Pré spielenden Versepos *Evangeline – A Tale of Acadie*, der Geschichte einer unglücklichen Liebe vor dem Hintergrund der Deportation der Akadier. Das Poem ist zwar furchtbar rührselig, wurde aber ein großer Erfolg. Die Trennung der (frei erfundenen) Evangeline von ihrem Gabriel geriet zu einem Symbol für das kollektive Trauma der Akadier und die Grausamkeit der Engländer.

Ausstellungsstücke im Besucherzentrum erzählen die Geschichte der Vertreibung, aber was wirklich unter die Haut geht, ist die Multimediapräsentation (alle 30 Min.). Die Außenanlagen der Stätte sind dagegen ein bisschen enttäuschend – geschniegelte Grünflächen mit den Statuen von Longfellow und Evangéline sowie eine 1922 erbaute Gedächtniskapelle, in der ein paar Gemälde mit eindringlichen Darstellungen der Deportationen hängen. Das Spannendste hier draußen sind die archäologischen Ausgrabungen, die seit 2001 im Gange sind. Bislang wurden in der Nähe der Kapelle die Überreste eines Hauses freigelegt, nicht aber die alte Kirche. ⏱ Mitte Mai–Mitte Okt tgl. 9–18 Uhr, Eintritt $7,80.

Das beste **Essen** in der Gegend gibt es auf dem Weingut **Domaine de Grand Pré**, 2 km westlich von Grand-Pré an der Rte 1, 🖥 www.grandprewines.com. Im hauseigenen Restaurant Le Caveau, 📞 902/542-7177, kommen Saisonpro-

Die Atlantikprovinzen

Die Region **Akadien** – französisch *Acadie* – umfasste je nach Zeitabschnitt ganz oder teilweise die heutigen Verwaltungseinheiten Maine (USA), New Brunswick und Nova Scotia. Bei einem Großteil der heutigen Akadier handelt es sich um Nachkommen von lediglich 40 französischen Bauernfamilien, die in den 1630er-Jahren hier ankamen. Sie breiteten sich langsam über das **Annapolis Valley** aus und führten eine halbautonome Existenz, denn der Handel mit ihren englischsprachigen Nachbarn war für sie wichtiger als unbedingte Loyalität gegenüber der französischen Krone. Als die Engländer 1713 im Vertrag von Utrecht die Kontrolle über Port-Royal (S. 411) zugesprochen bekamen, erhob sich von Seiten der Akadier kein Protest.

Mitte des 18. Jhs., als die Spannungen zwischen den Kolonialmächten zunahmen, wurde das Thema der akadischen Loyalität wichtiger. 1755, kurz vor Ausbruch des Siebenjährigen Krieges, versuchten offizielle Vertreter der britischen Regierung die Akadier dazu zu bewegen, den **Treueschwur** auf die britische Krone zu leisten. Als diese sich weigerten, traf Gouverneur Charles Lawrence ohne vorherige Konsultation mit London die Entscheidung der **Deportation** aller Akadier in andere Kolonien. Der Prozess der Entwurzelung und Vertreibung einer Gemeinschaft von rund 13 000 Menschen wurde mit unbarmherziger Brutalität vorangetrieben.

Bereits Ende des Jahres war die Hälfte der Akadier an der amerikanischen Ostküste abgesetzt worden, wo man sie nicht gerade mit offenen Armen empfing – wer in Virginia ankam, wurde sogar gleich nach England weitergeschickt. Ein Großteil derer, die bleiben durften, verteilte sich auf verschiedene Regionen an der nordatlantischen Küste und gründete beispielsweise Siedlungen im Miramichi Valley von New Brunswick, auf Prince Edward Island und auf Saint-Pierre et Miquelon.

Viele kehrten später in den 1770er- und 80er-Jahren an die Bay of Fundy zurück, doch ihre Höfe befanden sich mittlerweile im Besitz von Kolonisten aus Großbritannien und Neuengland, sodass die Akadier gezwungen waren, sich an die unwirtlichere akadische Küste weiter westlich zurückzuziehen. Andere Deportierte kamen erst nach einer langen Odyssee zur Ruhe: Einige gingen nach Louisiana – sie sind die Vorfahren der **Cajuns** (eine anglisierte Abwandlung von „Acadian").

Die akadischen Gemeinden in den kanadischen Atlantikprovinzen haben bis heute dem Druck der Assimilierung weitgehend standgehalten und proklamieren in jüngerer Vergangenheit vermehrt ihre kulturelle Eigenständigkeit, vor allem in New Brunswick, wo sich die University of Moncton zum akademischen und kulturellen Zentrum der Akadier entwickelt hat.

Die Atlantikprovinzen

dukte der Region und die Weine aus der Kellerei zum Einsatz; ☉ Mai–Okt zum Mittag- und Abendessen. Währen dieser Monate werden auch Führungen über das Weingut angeboten; tgl. 11, 15 und 17 Uhr, $7.

Cape Blomidon und Cape Split

Auf der zerklüfteten, gekrümmten Halbinsel nördlich von Wolfville erstreckt sich die spektakuläre Landschaft von **Cape Blomidon** und des noch kahleren und wilderen **Cape Split** dahinter. Um auf die Halbinsel zu gelangen, fährt man von Wolfville die Rte 1 ein paar Kilometer

nach Westen und biegt dann nach Norden auf die Rte 358 ab, die nach 10 km den Ort **Canning** erreicht. Kurz dahinter führen verschiedene Strecken zu den Kaps. Man kann weiter auf der Rte 358 zum Cape Split bleiben (s. u.) oder die 13 km lange Nebenstraße zum reizenden **Blomidon Provincial Park** nehmen, einem von 14 km Wanderwegen durchzogenen, schmalen Küstenstreifen mit steil abfallenden Klippen und üppigen Küstenwäldern. Im Provinzpark gibt es einen schattigen **Campingplatz**, ✆ 902/582-7319, 🖥 www.parks.gov.ns.ca, ☉ Park und Campingplatz Mitte Mai–Aug, Stellplatz $18–31.

Die Rte 358 führt jenseits von Blomidon 3 km bergauf zum höchsten Punkt der Halbinsel, dem **Look-off Provincial Park**, der eine grandiose Aussicht auf das Annapolis Valley und das Minas Basin bietet. Die Landschaft kann man ohne Zeitdruck genießen, wenn man auf dem **Look-off Camping Park,** ✆ 902/582-3022, 🖥 www.lookoffcamping.com, übernachtet, einem der am schönsten gelegenen Campingplätze der Provinz. ☉ Mitte Mai –Sep, Stellplatz $27–31, Cabins $60.

Vom Look-off sind es noch 10 km bis **Scots Bay**, einem Dorf aus verstreuten Bauernhäusern am Rande einer weiten Bucht. Gleich hinter dem Dorf endet die Straße abrupt am Beginn eines der beliebtesten Wanderwege, der die 7 km bis zur Landspitze des **Cape Split Provincial Park Reserve** führt. Für den nicht allzu schwierigen Trail sind zwei Stunden pro Strecke zu veranschlagen, doch sollte man sich vorher in der Touristeninformation von Wolfville eine Wanderkarte besorgen. Der Weg schlängelt sich zunächst unterhalb hoch aufragender Klippen durch dichten Wald und an Felsformationen vorbei, bis er schließlich auf einer kleinen Freifläche endet, von der sich wunderbare Ausblicke über die Bay of Fundy eröffnen.

Das zentrale Nova Scotia

Die meisten Besucher lassen die große, bewaldete Landmasse nördlich und östlich von Halifax im zentralen Nova Scotia links liegen und fahren lieber weiter nach Cape Breton Island, PEI oder New Brunswick. Im Großen und Ganzen ist das auch die richtige Entscheidung, selbst wenn es in der Gegend die eine oder andere Abwechslung gibt (etwa ein Ritt auf der Fundy-Gezeitenwelle) und sich ein paar Orte für eine Übernachtung anbieten.

Eine Alternativstrecke von Halifax nach Cape Breton verläuft entlang der **Südküste**, einer isolierten Region aus schmalen Buchten und winzigen Fischerorten, die durch die kurvenreiche, 320 km lange Rte 7 miteinander verbunden sind. Die Küstenlandschaft ist hier vielerorts ganz bezaubernd, doch die einzig lohnenswerte Siedlung

in diesem Landstrich ist **Sherbrooke**, wo rund dreißig historische Gebäude zu einem kurzweiligen Museumsdorf zusammengefasst wurden.

Busse von Acadian Lines (s. S. 434) fahren 7x täglich von Halifax nach Truro ($20), drei davon weiter in nordöstlicher Richtung nach Cape Breton Island ($48–67) und drei Richtung Nordwesten an Moncton ($48) in New Brunswick.

Die zwischen Halifax und Montréal verkehrenden **Züge** von VIA Rail (s. S. 396), halten auf der Fahrt nach Moncton auch in Truro. Dagegen sind weder Pictou noch Sherbrooke an das öffentliche Verkehrsnetz angeschlossen.

Truro

Im zentralen Nova Scotia kaum zu umgehen ist **Truro**, die größte Stadt der Region und ein wichtiger Verkehrsknotenpunkt am östlichen Ende des Minas Basin, das den gewaltigen Gezeiten der Bay of Fundy ausgesetzt ist. Hier lässt sich die legendäre Fundy-**Gezeitenwelle** erleben: Der ausgewiesene Ort dafür ist das Palliser Motel, ✆ 902/893-8951, 🖥 www.palliserrestaurantmotelandgifts.ca, am Stadtrand (Hwy 102, Exit 14) mit Ausblick auf den Salmon River. Man kann sich entweder an einen Tisch im Restaurant setzen (für einen mit Flussblick ist normalerweise eine Reservierung erforderlich) oder sich einfach ans Ufer stellen. Die Welle variiert von einem kleinen Kräuseln der Wasseroberfläche bis zu einem Meter Höhe (ein echt magischer Anblick); Näheres auf 🖥 www.centralnovascotia.com/tides.php oder im **Truro Welcome Centre** im Zentrum am Victoria Square, Ecke Commercial St, ✆ 902/893-2922. Es verfügt über Gezeitentabellen und die Mitarbeiter zeigen den Besuchern, von wo aus die spektakuläre Flutwelle am besten zu beobachten ist. ☉ tgl. Mai, Juni, Sep und Okt 9–17, Juli und Aug 8.30–19.30 Uhr.

Pictou

Den Schildern zufolge ist das 170 km nordöstlich von Halifax gelegene Pictou die „Wiege Neuschottlands". Mit dieser Selbstbetitelung beruft sich die Stadt auf die Ankunft der *Hector,* die

Die Bay of Fundy ist berühmt für ihren Tidenhub. Es ist durchaus spannend zu beobachten, wie sich die Hafenbecken im Umkreis der Bucht innerhalb von Minuten füllen, aber mit dem hypnotischen Schauspiel der Fundy-Gezeitenwelle hat das nichts zu tun. Die kann man nur auf den Flüssen am Ende der Bucht erleben: eine sich langsam aufbauende Welle, die von wenigen Zentimetern bis zu zwei Meter (sehr selten) hoch sein kann (die Höhe ist von mehreren Faktoren abhängig, darunter dem Mondzyklus), drängt flussaufwärts und überflutet die Uferböschung. Wer sich das aus der Nähe anschauen will, kann eine aufregende Bootsfahrt über die Welle und durch die bis zu sechs Metern hohen Stromschnellen unternehmen, die

sich vorübergehend bilden, wenn die Tide über Steine und Felsbrocken hinwegschießt.

Drei große Veranstalter veranstalten Touren in Zodiac-Schlauchbooten auf dem Shubenacadie River südlich von Truro: **Tidal Bore Rafting Park**, 12215 Rte 215, 9 km vom Exit 10 vom Hwy 102 bei Shubenacadie, ☎ 1-800/565-RAFT, 🖥 www.raftingcanada.ca, 4 Std. $70–80, 2 Std. $55–65; **Shubenacadie River Runners**, 8681 Rte 215 in Maitland, ☎ 1-800/856-5061, 🖥 www. tidalborerafting.com, $80 ganzer Tag, $60 halber Tag; und **Shubenacadie River Adventure Tours**, 10061 Rte 215 in South Maitland, ☎ 1-888/878-8687, 🖥 www.shubie.com, 3-stündige Touren ab $70. Ohne Reservierung geht gar nichts, und man sollte 1 Std. vorher da sein.

1773 hier einlief. Von Bord kamen rund 200 aus dem schottischen Hochland stammende Siedler, die Vorhut der nachfolgenden schottischen Einwanderer. Dieser Begebenheit hat Pictou einen Großteil seines heutigen Charmes zu verdanken. Zur Erinnerung daran findet jedes Jahr im August das **Hector Festival**, 🖥 www.decoste centre.ca, statt, ein fünftägiges Volksfest mit schottischen Tänzen und Dudelsackmusik.

Der ganze Stolz von Pictou ist eine Nachbildung der *Hector* – ein teures Projekt, das zehn Jahre in Anspruch nahm, weil die Bewohner darauf bestanden, dass man sich dabei getreu an die Schiffbautechniken der damaligen Zeit hielt. Das Schiff lief dann endlich im September 2000 vom Stapel und dümpelt jetzt entweder irgendwo im Hafen oder kann am **Hector Heritage Quay** an der Hafenpromenade besichtigt werden. Hier erfährt man Einzelheiten über die zermürbende 12-wöchige Seereise, die jene ersten schottischen Siedler zurücklegen mussten. Wie bei einem Blick unter Deck unschwer zu erkennen, müssen die Reisebedingungen auf dem Schiff unter unglaublich hart gewesen sein. ◷ Mitte Mai–Mitte Okt Mo–Sa 9–17, So 12–17, Juli und Aug Mo, Fr und Sa 9–17, Di–Do 9–19 und So 10–17 Uhr, 🖥, Eintritt $7. Das alles ist ausgezeichnet gemacht und kommt dem an-

sonsten bescheidenen Zentrum von Pictou, wo enge Straßen mit Steinhäusern vom Hafen aus den Hügel hinaufsteigen, sehr zugute.

Das **Northumberland Fisheries Museum**, von der *Hector* nur ein Stück am Wasser entlang, ist im alten Bahnhof in der 71 Front St untergebracht, ☎ 902/485-4972, 🖥 www.northumberland fisheriesmuseum.com. Dazu gehören der Nachbau eines Leuchtturms von 1805, eine Fischerhütte und eine echte Hummerzucht. ◷ Juni bis Mitte Okt Mo–Sa 10–17 Uhr, Eintritt $7.

Pictou hat außerdem eine Veranstaltungsbühne, das **deCoste Centre**, 85 Water St, ☎ 902/ 485-8848 oder 1-800/353-5338, 🖥 www.decoste centre.ca, ◷ Kartenschalter Mo–Fr 11.30–17 Uhr. Fast den ganzen Sommer hindurch werden die Besucher dort mit Ceilidhs, Dudelsackmusik und Highlandtänzen unterhalten.

Übernachtung

Pictou bietet mehrere ansprechende Inns und Hotels.

Consulate Inn, 115 Water St, ☎ 902/485-4554 oder 1-800/424-8283, 🖥 www.consulateinn.com. Die elegante Villa aus dem frühen 19. Jh., ehemals das US-Konsulat, ist eine der besten Unterkünfte in Pictou und bietet 10 komfortable Suiten und Gästezimmer. ❹

Die Atlantikprovinzen

Customs House Inn, 38 Depot St,

✆ 902/485-4546, 🖵 www.customshouseinn.ca.
8 große Zimmer mit unverputzten Ziegelwänden und Parkettböden in einem schmucken, 1870 errichteten Backstein- und Sandsteinbau am Hafen. ❺

Willow House Inn, 11 Willow St,

✆ 902/485-5740, 🖵 www.willowhouseinn.com.
Attraktive Unterkunft mit 4 Zimmern und 2 Suiten in einem gepflegten Schindelhaus von 1840, hübsch eingerichtet im spät-viktorianischen Stil. ❹

Essen

In Pictou gibt es etliche hervorragende Lokale, in denen man essen und trinken kann, besonders am Hafen. Die meisten davon haben aber nur im Sommer geöffnet.

Murphy's Fish & Chips, 89 Water St,

✆ 902/485-2009. Was soll man über Murphy's schon sagen – außer dass es völlig zu Recht als einer der besten Fish-and-Chips-Läden Kanadas gehandelt wird. 🕐 tgl. bis 19 Uhr, an Feiertagen geschlossen.

Sharon's Place Family Restaurant, 12 Front St,

✆ 902/485-4669. Das beliebteste Restaurant der Stadt lockt mit preiswertem, hausgemachtem Essen, darunter frischer Fisch (Schellfisch) und leckere Burger für weniger als $10. Köstlicher Kaffee und ebensolche Milchshakes.

Tak's Thai Kitchen, 85 Caladh Ave,

✆ 902/382-3088. In dem kleinen Lokal am Hafen verbirgt sich eine der besten Küchen der Stadt (die Thai-Gewürze riecht man schon

Schottisches Erbe

Mrs. MacGregor's Tea Room, 59 Water St,

✆ 902/382-1878, 🖵 www.mrsmacgregors.com.
In diesem gediegenen Teehaus wird das kulinarische schottische Erbe der Stadt gepflegt: in Form von Suppen, Shortbread, Scones und Haferkeksen, und dazu serviert man Pötte mit starkem Tee. Das Brot ist selbst gebacken und der Sticky Toffee Pudding (ein feister Kuchen mit Karemellsauce) kann ganz schnell süchtig machen. 🕐 Mo geschlossen.

Fähre nach Prince Edward Island

Etwa 8 km nördlich von Pictou liegt **Caribou**, wo häufig **Autofähren** von Northumberland Ferries, ✆ 902/566-3838 oder 1-888/249-7245, 🖵 www.peiferry.com, nach Wood Islands auf Prince Edward Island fahren. Sie verkehren Mai–Ende Juni und Mitte Okt–Mitte Nov 5x tgl., Ende Juni und Sep–Mitte Okt 6x tgl., Juli und Aug 8x tgl., Mitte Nov–Ende Dez 3–4x tgl.; Fahrzeit 1 1/4 Std.; Preis $16 hin und zurück, $63 für ein Auto mit Insassen. Der Fahrpreis für die Rückfahrt wird erst beim Verlassen der Insel kassiert – entweder auf der Fähre selbst oder auf der Confederation Bridge (S. 460). Reservierungen sind nicht möglich und in der Saison bilden sich oft Schlangen; dann sollte man schon etwa 1 1/2 Std. vor Abfahrt am Kai sein. Von Ende Dezember bis April verkehren keine Fähren.

von Weitem). Authentisches Pad Thai ($12,95) und Currys (ab $9,95). 🕐 Mai–Okt mittags und abends. Keine Kreditkarten.

Informationen

Die **Touristeninformation** befindet sich am Kreisverkehr am westlichen Ortsrand, ✆ 902/485-6213, 🖵 www.townofpictou.ca, 🕐 Mai–Dez tgl. 9–16 Uhr.

Sherbrooke

Das als Holzfällersiedlung Anfang des 19. Jhs. entstandene Sherbrooke erlebte kurzzeitig einen Boom, als hier 1861 Gold gefunden wurde. Doch innerhalb von 20 Jahren verpuffte der Traum vom großen Reichtum. Die meisten Bewohner suchten nach dem kurzen Goldrausch das Weite, und Sherbrooke wandte sich mit mäßigem Erfolg wieder dem Holzhandel zu. Stetig fraß der Niedergang der Holzwirtschaft an der Bevölkerungszahl des Ortes, wo heute gerade noch 400 Einwohner leben.

Als Folge dieser Entwicklung schuf man aus den vielen inzwischen ungenutzten Gebäuden aus dem späten 19. und frühen 20. Jh. Freilichtmuseum **Sherbrooke Village**, 🖳 www.museum.gov.ns.ca/sv, das mehrere Straßen gleich außerhalb der modernen Siedlung am St. Mary's River umfasst. Kostümierte Führer sorgen für historisches Flair. Zu den Highlights unter den rund 80 Gebäuden zählen das klassizistische Gerichtsgebäude aus der Mitte des 19. Jhs. und das viktorianische Luxus-Cottage Greenwood mit seinen hohen Giebeln. Außerdem sehenswert sind der kunterbunte Zierrat und die thronartigen Stühle der Masonic Lodge (wo sich die Freimaurer noch heute in der Masonic Hall im zweiten Stock treffen). ☉ Juni–Mitte Okt tgl. 9.30–17 Uhr, Eintritt $10.

Die angenehmste der drei **Übernachtungsmöglichkeiten** in Sherbrooke ist das Daysago B&B, 15 Cameron Rd, ✆ 902/522-2811 oder 1-866/522-2811, 🖳 www.bbcanada.com/1639.html, ❸, mit vier komfortablen Zimmern in einem Haus von 1920 mit Blick auf den Fluss; ☉ Mai–Sep. In der Nähe des Sägewerks befindet sich der St. Mary's Riverside Campground, ✆ 902/522-2913, 🖳 www.riversidecampground.ca, Stellplatz ab $25,08, ☉ Mitte Mai–Mitte Okt. Die Auswahl an Verköstigungsmöglichkeiten ist begrenzt, aber im Main St Café, 17 Main St, ✆ 902/522-2848, gibt es gute Snacks und Pizzas.

11 | **HIGHLIGHT**

Cape Breton Island

Cape Breton Island mit seinen Seen, Hügeln und Tälern im Südwesten und der herrlichen, bewaldeten Bergwelt im Norden ist eine landschaftlich außerordentlich reizvolle Gegend, die ihren Höhepunkt in der ausgefransten Felsküste des **Cape Breton Highlands National Park** erreicht. Der Nationalpark und die angrenzende Küste werden vom **Cabot Trail** umschlossen, einer 300 km langen Rundstrecke, die zu den Traumstraßen des Kontinents zählt.

Unbedingt etwas Zeit für eine Bootsexkursion zur **Walbeobachtung** einplanen. Diese Exkursionen sind die Hauptattraktion der Gegend

Gälische Musik auf Cape Breton Island

Der Reiz Cape Bretons erschöpft sich nicht in schöner Landschaft und Sehenswürdigkeiten. Die schottischen Highlander, die sich im späteren 18. und frühen 19. Jh. in weiten Teilen der Insel niederließen, brachten ihre ausgeprägten kulturellen Traditionen mit, die sich heute am eindrucksvollsten in der hiesigen **Musikszene** manifestieren, besonders im Spiel der zahlreichen **Fiddler**. Zu den Großen der Szene zählen Buddy MacMaster, Ashley MacIsaac, Natalie MacMaster und die Rankin Family, ganz zu schweigen von Glenn Graham, Rodney MacDonald und Jackie Dunn – wobei es unmöglich ist, den „besten" Künstler herauszufiltern, denn jeder Fiddler hat seinen eigenen Stil. Die örtlichen Touristeninformationen geben gerne Auskunft zu Auftritten in Form von **Ceilidhs** (Veranstaltungen mit Musik, Tanz und Geschichten), Konzerten oder Square Dance; Veranstaltungshinweise enthält auch die wöchentlich erscheinende Lokalzeitung *Inverness Oran*, 🖳 www.oran.ca, die in Touristenbüros und Supermärkten ausliegt. Im Sommer findet fast täglich irgendetwas statt, sehr beliebt ist der **Family Square Dance** in der West Mabou Hall an Samstagabenden von 22 bis 1 Uhr, Eintritt $5. Das größte Festival nennt sich **Celtic Colours**, ✆ 902/562-6700 oder 1-877/285-2321, 🖳 www.celtic-colours.com, und wird Mitte Oktober zehn Tage lang mit Darbietungen auf der ganzen Insel gefeiert.

und werden fast in jedem Ort von Mai bis Oktober angeboten, wenn sich vor der Küste Finn-, Buckel- und Minkwale tummeln.

Ende des 18. Jhs. ließen sich Tausende **Schotten** auf Cape Breton Island nieder. Es waren überwiegend Pachtbauern, die ihre Existenz verloren hatten, als die schottischen Großgrundbesitzer feststellten, dass mit Schafzucht mehr Geld zu verdienen war als mit der Verpachtung von Ackerland. In vielen Orten der Region wird das schottische Erbe und die gälischen Bräuche auf eine oder andere Art lebendig gehalten, sei es in Museen, bei Highland Games oder bei Wettbewerben im Dudelsackpfeifen.

N

0   50 km

Die Atlantikprovinzen

Channel-Port ► aux Basques, Newfoundland ► Argentia, Newfoundland

Pictou, Halifax ◄

Meat Cove • • Bay St. Lawrence
Capstick   *Cape North*
Cape North

St. - L o r e n z - G o l f

Pleasant Bay

CAPE BRETON
HIGHLANDS
NATIONAL PARK   ⓘ Ingonish

Chéticamp ⓘ   • Ingonish Beach

Margaree
Harbour

Margaree Forks   **Normaway
Inn**

South Gut
St. Ann's   North
Sydney   28

Mabou   19   Baddeck   105   • Glace Bay
West Mabou   125   4

252   Little   **Sydney**
Whycocomagh   Narrows   St Andrews Channel   22
Iron Mines   Iona   216

*Bras D'Or
Lake*   4   • Louisbourg

19   105   **Fortress of Louisbourg
National Historic Site**

*St. Georges
Bay*

Antigonish   4
104   ⓘ   104
**Port Hastings
Visitor Information
Centre**   Port Hawkesbury

Strait of Canso

Transport auf Cape Breton

Die landschaftlichen und kulturellen Reize von Cape Breton Island locken im Sommer Scharen von Touristen an, und dementsprechend groß ist die Auswahl an **Übernachtungsmöglichkeiten**. Dennoch kann es nicht schaden, vorher eine Reservierung vorzunehmen. Zwei der angenehmsten Ziele sind der Ferienort **Baddeck** und das ruhigere Küstendorf **Chéticamp**.

Cape Breton ist übrigens selbst im Sommer für sein **unbeständiges Wetter** berühmt-berüchtigt. Bei Regen und Nebel ist sogar ein Highlight wie der Cabot Trail kein besonderer Genuss – also möglichst etwas flexibel sein.

Ohne eigenen fahrbaren Untersatz kommt man in großen Teilen von Cape Breton nur mühsam voran. **Busse** von Acadian Lines (s. S. 434) aus Halifax und Truro brausen zweimal täglich über den Hwy 105 nach Sydney via Baddeck und **North Sydney**, wo die **Fähren nach Newfoundland** ablegen. Es gibt weder Busse nach Louisbourg noch zum Cape Breton Highlands National Park. Der einzige Weg nach Cape Breton führt für alle Fahrzeuge über den **Strait of Canso Causeway**, einen 1,4 km langen, mautfreien Damm.

Cabot Trail

Gleich hinter dem Canso Causeway liegt auf einer Anhöhe das **Port Hastings Visitor Information Centre**, ✆ 902/625-4201, 🖥 www.cbisland.com, wo man sich einen ersten Überblick verschaffen und inselweit Zimmer reservieren kann. ◷ jeweils tgl. Mai 9–18, Juni 8.30–20, Juli und Aug 8–20.30, Sep–Ende Okt 9–19, Ende Okt–Jan 9–16 Uhr.

Von hier aus sind es rund 48 km auf dem Hwy 105 (Trans-Canada) durch eine hügelige Waldlandschaft bis zur Mi'kmaq-Gemeinde **Whycocomagh** mit Blick auf einen kleinen Seitenarm des Bras d'Or Lake – ein Vorgeschmack auf die landschaftliche Pracht, die sich weiter nördlich entfalten wird. Weitere 29 km sind es dann bis zum Cabot Trail, der am Hwy 105 (Exit 7) beginnt und sich zunächst auf und ab nach Nordwesten schlängelt, bevor er das **Margaree River Valley** erreicht, ein sanftes und grünes, von weiten Hügeln eingefasstes Tal.

Neben der reizvollen Landschaft aus wogenden Feldern und hügeligen Wäldern gibt es in diesem Landstrich auch eine ausgezeichnete Unterkunft: das **Normaway Inn**, ✆ 902/248-2987 oder 1-800/565-9463, 🖥 www.thenormawayinn.com. Es liegt mitten in der Natur, 4 km abseits des Cabot Trail und 28 km vom Hwy 105 entfernt an der Egypt Road (vor der Abzweigung zum Museum). Das geschmackvoll eingerichtete Inn aus den 1920er-Jahren bietet neben zehn Gästezimmern im Haupthaus (❹) auch 17 Cabins (❻), die meisten davon mit Holzofen. Die Betreiber können einheimische *ghillies* (Führer) für Jagd- und Angelexkursionen vermitteln und veranstalten Folk-Konzerte. Wer sich dafür anmeldet, kommt außerdem in den Genuss eines köstlichen Abendessens ($45–50, Frühstück inklusive). ◷ Mitte Juni–Ende Okt.

Région acadienne und Chéticamp

Nördlich vom Margaree Valley führt der Cabot Trail durch einen breiten Streifen grasbewachsener Küstenlandschaft und eröffnet atemberaubende Ausblicke auf das Meer und die bewaldete Bergkette im Inselinneren. Zusammen bilden die hier verstreuten Orte die **Région**

Eine der absoluten Traumstraßen: Cabot Trail auf Cape Breton Island

acadienne, eine akadische Enklave, die französische Siedler 1785 gründeten, nachdem sie aus anderen Gegenden der Atlantikprovinzen vertrieben worden waren (s. S. 413). Obwohl sie von englischsprachigem Gebiet umgeben ist, erhielt diese Gegend erst 1947 eine Straßenverbindung zum übrigen Nova Scotia, was denn auch zum Teil erklärt, weshalb die akadische Kultur hier überlebt hat.

Nach etwa 30 km erreicht die Straße die größte Gemeinde der frankophonen Region, **Chéticamp**, die sich rund 5 km entlang der Hauptstraße ausdehnt.

Im Untergeschoss der **Co-operative Artisanale**, ✆ 902/224-2170, 🖥 www.co-opartisanale.com, befindet sich das winzige **Musée Acadien**. Hier sind alte Möbel, Gegenstände aus der ersten Kapelle der Region (von 1800) und einfache geknüpfte Teppiche ausgestellt. Letztere sind ein typisches Kunstgewerbeerzeugnis der Gegend. Die Ausstellung ist zwar nicht gerade fesselnd, aber zur Kooperative gehört ein exzellentes Restaurant. ⏰ Mitte Juni–Sep tgl. 8–21, Anfang Mai–Mitte Juni und Okt Mo–Sa 9–17, So 9–18 Uhr, Eintritt frei.

Ein Stück weiter die Straße hoch steht die mächtige **Église St-Pierre** mit ihrer silbernen Turmspitze. Sie wurde 1893 mit Steinen erbaut, die man von der nahen Insel Chéticamp über das Eis gezerrt hatte. Innen ziehen sich zwei lange Galerien das Kirchenschiff entlang, das geradezu überbordet vor kunstvollen Holz- und Stuckverzierungen. Die wunderbaren Fresken wurden 1957 hinzugefügt. ⏰ tgl. 8–21 Uhr.

Eine weit bessere Ausstellung akadischen Kunsthandwerks als das Museum gibt es im Kulturzentrum **Les Trois Pignons**, 🖥 www.lestroispignons.com, am nördlichen Ortsrand zu sehen. Stolz werden hier Gegenstände der Akadier aus der Sammlung der Lokalexzentrikerin Marguerite Gallant gezeigt und ausführlich erläutert. Daneben sind Teppiche von Elizabeth LeFort, einer Künstlerin von regionalem Bekanntheitsgrad, ausgestellt. Bis heute werden im Ort Teppiche geknüpft, und normalerweise gibt es Gelegenheit, diese alte Technik vorgeführt zu bekommen. ⏰ tgl. Mitte Mai–Juni und Sep–Mitte Okt 9–17, Juli und Aug 8–19 Uhr, Eintritt $5.

In und um Chéticamp gibt es rund 20 Motels und B&Bs.

Chéticamp Outfitters Inn B&B, ✆ 902/224-2776, 🖥 www.cheticampns.com/cheticampoutfitters, auf einem Hügel an der Hauptstraße ca. 4 km südlich. Ein B&B mit Charakter und herrlichem Ausblick auf die Küste. ⏰ April bis Nov. ❸

Ocean View Chalets & Motel, ✆ 902/224-2313 oder 1-877/743-4404, 🖥 www.oceanviewchalets.com. Gepflegte, schindelverkleidete Chalets direkt am Meer gegenüber Les Trois Pignons, ⏰ Mai bis Mitte Okt. ❺

Merry's Motel, ein Stück hinter dem Ocean View an der Hauptstraße, ✆ 902/224-2456, 🖥 http://merrysmotel.com, ist sehr beliebt. Es hat preiswerte, makellos saubere Zimmer mit kostenlosem WLAN und kleinem Frühstück. ⏰ Mai–Okt. ❷

Die Auswahl ist reichlich, allerdings haben die meisten Lokale nur von Juni bis August geöffnet.

Restaurant Acadien in der Co-operative Artisanale, ✆ 902/224-3207. Das einfache Restaurant der Kooperative ist ausgezeichnet und dabei nicht teuer. Besonders bei *poulet fricot* (einer Art Hühnerfrikassee), Erbsensuppe und bei den Obstkuchen läuft einem das Wasser im Mund zusammen. ⏰ Mai–Mitte Juni tgl. 11–19, Mitte Juni–Ende Okt tgl. 7–21 Uhr.

Infokiosk, Le Quai Mathieu, ✆ 902/224-3349, 🖥 www.cheticamp.ca, auf halber Strecke zwischen der Kirche am südlichen Ortsrand und dem 5 km entfernten Les Trois Pignons im Norden. Hier gibt's auch Infos zu verschiedenen Bootsausflügen, die vom benachbarten Anleger aus starten. ⏰ Juli–Sep.

Whale Cruisers, ✆ 902/224-3376 oder 1-800/813-3376, 🖥 www.whalecruisers.com, ist ein renommierter Veranstalter von Walbeobachtungstouren. Touren Mitte Mai–Mitte Okt 2–3x tgl., 3 Std., $28.

Captain Zodiac, ☎ 1-877/232-2522, 🖳 www.novascotiawhales.com. Der Anbieter hinter dem Infokiosk an der nächsten Anlegestelle gibt eine Geld-zurück-Garantie, falls sich kein Wal blicken lässt. Touren Mitte Mai–Ende Okt um 9, 11 und 13 Uhr, 2 Std., $39.

Cape Breton Highlands National Park

Der große Cape Breton Highlands National Park, 🖳 www.pc.gc.ca, beginnt nur 9 km nördlich von Chéticamp und hält für seine Besucher eine der überwältigendsten Landschaften der Atlantikprovinzen bereit, eine Mischung aus dicht bewaldeten Tälern, felsigen Küstenvorsprüngen, sanften grünen Hügeln und morastigem Hochland. Wer mit dem Auto unterwegs ist – 120 km Highway säumen den Park an drei Rändern, nur im Süden nicht –, bekommt zwar einen kleinen Eindruck von dieser Gegend, doch in ihrer ganzen Pracht lässt sie sich nur zu Fuß erleben.

Wandern im Park

Ein großer Teil des Parks ist zwar für die Öffentlichkeit gesperrt, aber vom Cabot Trail führen insgesamt 25 ausgeschilderte **Wanderwege** in das Gelände. Manche sind nichts weiter als gemütliche Waldspaziergänge, andere erfordern steilere Klettertouren, um zu kleinen Seen, Wasserfällen und Aussichtspunkten an der felsigen Küste zu gelangen.

Einer der beliebtesten Wanderstrecken ist der 9,2 km lange Rundwanderweg **Skyline Loop Trail** (2–3 Std.), der nicht weit von Chéticamp nördlich von Corney Brook die Küstenberge hinaufklettert. Ebenfalls sehr schön ist der 7,4 km lange, steile **Franey Loop Trail** durch die Berg- und Seenlandschaft nördlich von Ingonish Beach. Die Mehrzahl der Wildtiere lebt in den zentralen Bereichen des Parks. Strumpfbandnattern, Rotrückensalamander, Schneeschuhhasen und Elche sind häufig, Weißkopfseeadler, Schwarzbären und Luchse seltener.

Das einzige von Menschenhand geschaffene Objekt im Nationalpark ist **Lone Sheiling**, die etwas ramponierte Nachbildung aus den 1930er-Jahren einer steinernen Schutzhütte, wie sie sich die Highlander auf ihren Bergweiden errichteten. Sie befindet sich am Nordrand des Parks in einem Tal, das Anfang des 19. Jhs. von Schotten besiedelt wurde, und ist über einen kurzen, einfachen Fußweg von der Straße aus zu erreichen. Hier bekommt man einen Eindruck der Wälder, die das (streng geschützte) Kernstück des Parks ausmachen.

Im Park gibt es zwei **Touristeninformationen**. Ein Kiosk befindet sich an der Westküste gleich hinter Chéticamp, ☎ 902/224-2306, der andere an der Ostküste bei Ingonish Beach; ☉ beide Ende Juni–Ende Aug tgl. 8–20, Mitte Mai–Ende Juni und Aug–Mitte Okt 9–17 Uhr. An der Westküstenzufahrt gibt es außerdem ein **Besucherzentrum** (gleiche Öffnungszeiten) mit Exponaten zur heimischen Flora und Fauna und einem gut sortierten Buchladen.

Von Juli bis September sind die Bedingungen zum Wandern am besten. Im Besucherzentrum und am Infokiosk an der Ostküste sind **Landkarten** im Maßstab 1 : 50 000 erhältlich, auf denen die Wanderwege des Parks verzeichnet sind. Beide stellen auch Backcountry Permits für das Zelten im Hinterland ($9,80) aus. Der Eintritt in den Nationalpark kostet $7,80 pro Tag, sofern die Häuschen besetzt sind.

Im Park gibt es sechs unterschiedlich ausgestattete **Campingplätze** (Stellplatz $17,60–38,20), alle von der Straße aus leicht erreichbar, und einen **Zeltplatz in der Wildnis** – Fishing Cove –, allerdings erst am Ende einer anstrengenden, 8 km langen Wanderung. Die Campingplätze sind ganzjährig geöffnet, die Einrichtungen, sofern vorhanden, stehen aber nur von Mitte Mai bis Mitte Oktober zur Verfügung. Reservierungen sind nur für die Campingplätze in Chéticamp und Broad Cove (den einzigen mit Anschlüssen) möglich: ☎ 1-877/737-3783, 🖳 www.pccamping.ca.

Cape North

Rund 30 km jenseits der Nordgrenze des Nationalparks liegt Cape North, eine große, hügelige und bewaldete Landzunge, die dort ins Meer ragt, wo der St.-Lorenz-Golf in den offenen Atlantik übergeht. Der Cabot Trail schlängelt sich durch das Hinterland des Kaps vorbei am kleinen Ort **Cape North**, der nicht mehr ist als eine kleine Ansammlung einsamer Häuser entlang der Straße.

In einem davon befindet sich das **North Highlands Community Museum**, ☎ 902/383-2579, 🖳 www.northhighlandsmuseum.ca. Es hat sich voller Begeisterung der Aufgabe verschrieben, die Geschichte der Region zu dokumentieren, und illustriert Themen wie hiesiges Handwerk, Leuchttürme und frühe Siedler. Zur Ausstellung gehören sogar ein paar Teile, die von der *Titanic* stammen. ☉ Juli–Okt tgl. 9–17 Uhr, Eintritt frei.

In der Gegend gibt es mehrere **Übernachtungsmöglichkeiten**, z. B. das praktische Macdonald's Motel & Cabins, ☎ 902/383-2054, 🖳 http://macdonaldsmotel.ca, ❸, eine einfache moderne Unterkunft an der Kreuzung im Ort, ☉ Mitte Mai–Mitte Okt. Einladender wirkt das Oakwood Manor B&B, ☎ 209/383-2317, 🖳 www.capebretonisland.com/oakwood, ❹, dessen Gästezimmer mit Bad in einer bezaubernden Holzfarm aus den 1930er-Jahren untergebracht sind. Zu erreichen ist das Gehöft über die Straße, die von Cape North nach Bay St. Lawrence im Norden führt; nach 1,3 km geht es beim Hinweisschild links ab, und nach weiteren 1,2 km Schotterpiste ist man am Ziel, ☉ Mai–Okt. Wer etwas mehr Luxus sucht, folgt den Wegweisern nach Dingwall und zum Markland Resort, ☎ 1-800/872-6084 oder 902/383-2246, 🖳 www.marklandresort.com, ❺, das Cabins bietet. Es besitzt einen eigenen Strand, und im Octagon Arts Centre auf dem Gelände werden im Sommer klassische und gälische Konzerte veranstaltet.

Wer dagegen die touristischen Trampelpfade verlassen möchte, fährt das North Cape hoch nach **Meat Cove** (das Kap selbst ist unzugänglich). Dieses unglaublich malerische Fleckchen liegt am Ende einer holprigen, 8 km langen Schotterpiste vom winzigen Ort **Capstick**, 22 km nördlich des Cabot Trail. Auf dem idyllischen **Campingplatz** hier, ☎ 902/383-2379, 🖳 www.meatcovecampground.com, ist ständig das Rauschen des Ozeans zu hören; ☉ Juni–Okt, Stellplatz $28. Es gibt Kajaks und sogar eine *chowder hut* (☉ Juni–Okt 8–20 Uhr).

Unterwegs lohnt sich ein Abstecher zum stürmischen **Cabot Landing Provincial Park**, der Stelle, wo John Cabot im Mai 1497 Nordamerika „entdeckte".

Alle Attraktionen von Ingonish verblassen neben der **Keltic Lodge**, ☎ 902/285-2880 oder 1-800/565-0444, 🖳 www.signatureresorts.com, ❽, einer der schönsten Hotelanlagen in ganz Nova Scotia. Das Resort liegt auf der felsigen Landzunge Middle Head hoch über den Klippen inmitten einer tadellos gepflegten Gartenanlage. Zur Auswahl stehen die Lodge, eine hübsche edwardianische Villa, das moderne Keltic Inn und die äußerst empfehlenswerten Cottages, von denen die besten in wunderschöner Lage in den Wäldern versteckt sind, die einen Großteil der Landzunge bedecken. Zur Anlage gehören Strände, Restaurants, Tennisplätze und ein Kajakverleih.

Ingonish

Von Cape North nach Osten folgt der Cabot Trail auf 30 km der Grenze des Nationalparks durchs Landesinnere, bevor er am Meer nach Süden schwenkt und den hübschen Hafen von Ingonish erreicht. Der kleine Ort an sich ist nichts Besonderes, aber der **Ingonish Beach**, rund 10 km südlich (vor dem gleichnamigen Ort), ist einer der bezauberndsten des Nationalparks, ein schmaler Streifen mit seidenweichem Sand vor der South Bay.

In der Nähe führt ein einfacher, 3,8 km langer Wanderweg (Zufahrt über das Gelände des Keltic Inn, s. Kasten) an die Spitze der Landzunge **Middle Head** und bietet herrliche Ausblicke über die South und die North Bay Ingonish.

Eine **Übernachtungsmöglichkeit** in der Gegend ist z. B. das Glenghorm Beach Resort, an der Hauptstraße auf halbem Weg zwischen Ingonish und dem Strand, ☎ 902/285-2049 oder 1-800/565-5660, 🖳 www.capebretonresorts.com, mit gepflegten Motelzimmern ❺ und luxuriösere Suiten ❽ an einem attraktiven Küstenabschnitt, ☉ Mitte Mai–Ende Okt.

Die gälische Küste

Nach Verlassen des Nationalparks windet sich der Cabot Trail auf einer Strecke von 80 km entlang der **Gaelic Coast**. Die Straße erreicht schließlich **South Gut St. Ann's**, wo sich das Gaelic College of Celtic Arts and Crafts die Wahrung des schottischen Kulturerbes auf die Fahnen geschrieben hat. Das Hauptinteresse gebührt hier der **Great Hall of the Clans**, ✆ 902/295-3411, 🖥 www.gaeliccollege.edu, mit einer Ausstellung über die unterschiedlichen Clans samt in entsprechenden Tartans gekleideten Wachsfiguren. Auch Exponate zur schottischen Militärgeschichte und Pionierutensilien aus dem 19. Jh. gibt es zu sehen. Unter dem gleichen Dach befindet sich außerdem das **New Gaelic Heritage Learning Centre** mit interaktiven Displays zu typisch Gälischem: Sprache, Tanz, Dudelsackblasen, Musik, Gesang, Geschichtenerzählen und Textilien. ⊙ Juni und Sep Mi–So 9–17, Juli und Aug tgl. 9–17 Uhr; Eintritt $7.

Baddeck

Rund 90 km nordöstlich des Canso Causeway liegt am Hwy 105 das Urlaubs- und Segelsportzentrum Baddeck in attraktiver Lage am See, genauer gesagt am St. Patrick's Channel, einem großen Arm des Bras d'Or Lake. Hier befindet sich das faszinierende **Alexander Graham Bell Museum & National Historic Site**, 🖥 www.pc.gc.ca, das in der Chebucto Street am nördlichen Ortsrand von einem kleinen Park auf den Hafen blickt. Das Museum beleuchtet in einer unglaublichen Fülle an Details das Leben und die Erfindungen des in Schottland geborenen Bell, der ab 1885 jeden Sommer hier verbrachte. Den meisten Ruhm erntete er natürlich für die Erfindung des Telefons (1876), doch er sorgte auch für außergewöhnliche Fortschritte bei den Methoden der Unterrichtung gehörgeschädigter Kinder, ein Interesse, das durch die Taubheit seiner Mutter hervorgerufen worden war und ihn sein Leben lang begleitete. Er beschäftigte sich auch mit Flugzeugen und Schiffen. Das Ergebnis war das erste kanadische Luftschiff, das 1909 hier abhob – in einem neuen Flügel des Museums soll demnächst eine Nachbildung der *Silver Dart* ausgestellt werden. 1919 baute Bell das erste Tragflächenboot der Welt, das HD-4 (eine maßstabsgetreue Nachbildung ist im Museum zu besichtigen) ⊙ Mai und Ende Okt tgl. 9–17, Juni 9–18, Juli–Mitte Okt 8.30–18 Uhr; Eintritt $7,80.

Da sich Baddeck als Ferienort großer Beliebtheit erfreut, gibt es reichlich Auswahl an Übernachtungsmöglichkeiten, doch in der Hochsaison sind diese meist schnell ausgebucht, also frühzeitig buchen.

Auberge Gisele's Inn, 387 Shore Rd, ✆ 902/295-2849 oder 1-800/304-0466, 🖥 www.giseles.com. Große, motelähnliche Anlage mit Seeblick, angenehmen, modern eingerichteten Zimmern und hervorragendem Essen. Die Deluxe-Zimmer haben einen Kamin. ⊙ Mai–Ende Okt. ❻

Heidi's B&B, 64 Old Margaree Road, ✆ 902/295-1301. Das B&B in einem großen viktorianischen Holzhaus mit neuem Flügel und großer Terrasse liegt 400 m von der Touristeninformation entfernt und bietet 6 Wohlfühlzimmer, davon 3 mit Bad, Riesenfrühstück inklusive. ⊙ Juni–Ende Okt. ❸

Silver Dart Lodge, 257 Shore Rd, ✆ 902/295-2340 oder 1-888/662-7484, 🖥 www.maritimeinns.com. Die geräumigen Chalets dieses beliebten Hotels an der Shore Road verteilen sich über ein hügeliges Areal mit traumhaftem Blick auf den See. Willkommene Extras: Pool, Wanderwege und kostenloser Mountainbikeverleih. ⊙ Mitte Mai bis Mitte Okt. ❻

Tree Seat Bed & Breakfast, 555 Chebucto St, ✆ 902/295-1996, 🖥 www.baddeck.com/treeseat. Das B&Bs in einem schmucken modernen Schindelhaus neben dem Bell Museum gehört zu den besten im Ortszentrum. Es bietet 4 Gästezimmer, 2 davon mit Bad,

Schickes Hotel am See

Inverary Resort, 368 Shore Rd, ✆ 902/295-3500 oder 1-800/565-5660, 🖥 www.capebretonresorts.com. Dies ist das edelste Haus am Platz. Es datiert von 1850 und besteht aus einem ausgedehnten und tadellos gepflegten Komplex, der sich von der Straße bis zur Bucht erstreckt. Zur Auswahl stehen Zimmer in der Haupt-Lodge ($179) und in der motelähnlichen „Barn" ❻ dahinter sowie mehrere Cottages ab ❼. ⊙ Mai–Nov.

sowie erstklassiges Frühstück. ⊙ Mai–Okt.
❸–❹
Bras d'Or Lakes Campground, ✆ 902/295-2329,
🖳 www.brasdorlakescampground.com.
Der Baddeck am nächsten gelegene Camping-
platz befindet sich rund 6 km westlich des
Orts am Hwy 105, Stellplatz $25–34, ⊙ Mitte
Juni–Sep.

Essen

Die meisten Urlauber essen dort, wo sie
übernachten, aber es gibt auch eine Menge
anderer Verpflegungsmöglichkeiten in
Baddeck, zumindest im Sommer.
Bell Buoy, 536 Chebucto St, ✆ 902/295-2581.
Eine solide Adresse für Steaks und Seafood.
⊙ Mai–Okt tgl.
Baddeck Lobster Suppers, 17 Ross St nahe
Shore Road, ✆ 902/295-3307. Hier wird tgl.
von 16–21 Uhr frischer Hummer ($29,95) mit
unbegrenztem Nachschlag an *chowder*,
Muscheln, Brötchen, Salat und Dessert serviert.
⊙ Anfang Juni–Anfang Okt zum Mittag- und
Abendessen.
High Wheeler, Chebucto St, ✆ 902/295-3006.
Das beste Café der Stadt bietet eine gute
Auswahl an Snacks und Kuchen; ⊙ Mai–Juni
und Okt tgl. 7–18, Juli und Aug tgl. 6–22 Uhr.

Informationen

Touristeninformation, ✆ 902/295-1911,
🖳 www.visitbaddeck.com, jede Menge
nützliche Informationen gibt es an der zentralen
Kreuzung von Shore Road und Chebucto St,
⊙ Juni bis Okt tgl. 9–19 Uhr.

Transport

Baddeck liegt an der Hauptstrecke von
Acadian Lines zwischen HALIFAX ($60, 6 Std.)
und SYDNEY ($19, 1 1/2 Std.). 2x tgl. hält je ein
Bus pro Richtung an der Ultramar-Tankstelle,
3,5 km westlich vom Ort am Hwy 105 (Exit 8).

Sydney

Rund 80 km von Baddeck entfernt, liegt am
Ostufer des Sydney River die bedauernswerte
Stadt Sydney, die früher einmal als industrieller

Dynamo Ostkanadas galt. Ab Ende des 19. Jhs.
bis in die 1950er-Jahre verarbeiteten die hiesigen Stahlfabriken das Eisenerz aus Newfoundland mit Hilfe von Koks aus Nova Scotia, doch
in dem Maße, wie Gas und Öl als Brennstoffe
an Bedeutung gewannen, wurde die hiesige Art
der Verarbeitung zusehends unökonomischer.
Die Folge war ein lang anhaltender wirtschaftlicher Niedergang mit einer Arbeitslosenquote,
die regelmäßig doppelt so hoch liegt wie im lan-
desweiten Durchschnitt. Ein kurzer Abstecher
lohnt aber trotzdem, um eine Vorstellung davon
zu bekommen, was man auf Cape Breton unter
„Stadtleben" versteht.

Angesichts der wirtschaftlichen Schwierigkeiten verwundert es kaum, dass es Sydney an
Ausstrahlung mangelt, auch wenn tapfere Anstrengungen unternommen wurden, dem Viertel
North End rund um die Esplanade (Rte 4) neues
Leben einzuhauchen. Die riesige, 17 m hohe Céi-
lidh Fiddle aus bemaltem Stahl – ein Symbol für
die musikalischen Wurzeln der Insel – grüßt von
ihrem Standort vor der Touristeninformation die
Schiffe.

Weiter nördlich befinden sich die ältesten
Gebäude Sydneys, darunter auch die aus dem
frühen 19. Jh. datierende **St. Patrick's Church**,
87 Esplanade, ein gotisch beeinflusstes Bauwerk, das heute ein Geschichtsmuseum beherbergt, ⊙ Juni–Aug tgl. 9–17 Uhr, Spende.

Eine Straße hinter der Kirche steht das schindelverkleidete **Cossit House**, 75 Charlotte St,
✆ 902/539-0366. Es wurde 1787 für den ersten
in Sydney amtierenden anglikanischen Priester
erbaut und kann heute bei einer Führung besichtigt werden. ⊙ Juni–Aug Mo–Sa 9–17, So
3–17 Uhr, Eintritt $2.

Das **Jost House**, 54 Charlotte St, ✆ 902/539-
0366, wurde 1786 aus Holz erbaut und ist ausgezeichnet erhalten. Seine Zimmer sind voller Andenken aus der guten alten Zeit, außerdem gibt
es eine kleine Ausstellung zur Seefahrt. ⊙ Juni–
Aug Mo–Sa 0–17 Uhr, Eintritt $2.

Übernachtung

An der Esplanade gibt es mehrere Hotels.
Delta Sydney, 300 Esplanade, ✆ 902/562-7500
oder 1-800/268-1133, 🖳 www.deltahotels.com.
Großes und gut ausgestattetes Hotel, dessen

Zielgruppe vor allem Geschäfts-reisende sind. ❼

Cambridge Suites, 380 Esplanade, ☎ 1-800/565-9466 oder 902/564-2017, 🖥 www.cambridgesuitessydney.com. Die Zimmer sind geräumiger, neuer und ein klein wenig billiger als die im Delta (s. o.), aber der Standard ist ganz ähnlich. ❻

Essen

Joe's Warehouse Restaurant, 424 Charlotte St, ☎ 902/539-6686, 🖥 www.joeswarehouse.ca. Für Liebhaber von Pasta, Hummer und Steaks.
Katie Belle's Dining Room, im Martin Arms, 100 Kings Rd, ☎ 902/567-3311. Hat hausgemachte Mahlzeiten und göttliche Kuchen und Desserts. ⏰ Mo–Sa 17–22 Uhr.
Governor's Pub, 233 Esplanade, ☎ 902/562-7646. Wo heute eine zwanglose Kneipe untergebracht ist, wohnte im 19. Jh. Sydneys erster Bürgermeister.

Informationen und Sonstiges

Das **Cape Breton Island Information Centre**, ☎ 902/539-9876, 🖥 www.cbisland.com, ist im Joan Harriss Cruise Pavilion, 74 Esplanade, untergebracht, wo es auch eine Ausstellung zur Kultur von Cape Breton, ein Café und kostenlosen **Internetzugang** gibt. ⏰ Ende Mai–Mitte Okt tgl. 9–18 Uhr.
Vor der Tür gibt es kostenlose **Parkplätze**.

Transport

Busse von Acadian Lines halten am **Busbahnhof**, 99 Terminal Rd, abseits Prince St, ☎ 902/564-5533, gut 10 bis 15 Min. Fußmarsch nach Westen zur Esplanade.

Busse nach:
HALIFAX, 3x tgl., 6 3/4–8 Std.;
NORTH SYDNEY, 2x tgl., 40 Min.;
TRURO, 3x tgl., 4 3/4–6 1/2 Std.

Glace Bay

In Glace Bay, 24 km nordöstlich von Sydney an der Rte 4, wurde seit den 1860er-Jahren Kohle gefördert. Der letzte Stollen ist aber 1984 still-

Fähren/Flüge ab North Sydney & Sydney

Marine Atlantic, ☎ 1-800/341-7981, 🖥 www.marine-atlantic.ca, bietet ab **North Sydney**, 21 km nordwestlich von Sydney, zwei Autofähren nach Newfoundland. Eine nach **Channel-Port aux Basques**, 2–4x tgl., am Tag 5–6 Std., in der Nacht 6–8 Std., einfache Strecke $28,75 für Passagiere und $81,50 für ein Auto. Eine 4-Bett-Kabine, die vorher reserviert werden sollte, kostet zusätzlich $44,95 ($111,75 nachts), ein Dorm-Bett $16,75.
Die zweite verbindet North Sydney mit **Argentia**, 130 km südwestlich von St. John's Ende Juni–Anfang Sep 3x wöchentl., Mitte Juni und Ende Sep 1x wöchentl., 14–15 Std., einfache Fahrt $80,50 für Passagiere und $167,25 für ein Auto. Plätze für Autos und die 4-Bett-Kabinen ($152,75) müssen reserviert werden; ein Dorm-Bett kostet $28,75.
Der **Sydney Airport**, 10 km nordöstlich der Stadt, bietet die kürzesten und billigsten Flüge (Do und So 12.30 Uhr, $190 einfach, $346 hin und zurück, 1 Std.) zwischen dem Festland und **St-Pierre et Miquelon** (S. 495) mit Air Pierre, ☎ 011/508/410-000 oder 1-877/277-7765, 🖥 www.airsaintpierre.com. Außerdem gibt es regelmäßige Flüge nach **Halifax** mit Air Canada und nach **Toronto** mit WestJet (Mai–Okt).

gelegt worden und heute erinnert an die von Bergbauindustrie geprägte Vergangenheit nur noch das spannende **Cape Breton Miner's Museum**, 17 Museum St, ☎ 902/849-4522, 🖥 www.minersmuseum.com. Es liegt direkt südlich der Innenstadt und informiert über die Geschichte der Kohlenflöze. Das Highlight ist jedoch eine unterirdische Führung durch die Ocean Deeps Colliery, geleitet von pensionierten, aber total fitten Bergbaukumpels (zusätzlich $6). ⏰ Juni–Okt tgl. 10–18, Nov–Mai Mo–Fr 9–16 Uhr, Eintritt $6.
Zu besichtigen gibt es außerdem die **Marconi National Historic Site** an der Timmerman St nördlich des Zentrums, ☎ 902/295-2069. Die Stätte am Table Head über den Klippen wurde zum Gedenken an die erste offizielle drahtlose Nachricht erbaut, die Guglielmo Marconi 1902 von hier aus über den Atlantik nach England

schickte. Die Anlage wurde 1946 geschlossen, und jetzt gibt es dort eine kleine Ausstellung und einen Pfad zur alten Funkstation. ◷ Juni–Mitte Sep tgl. 10–18 Uhr, Eintritt frei.

Louisbourg und Fortress of Louisbourg National Historic Site

Der heutige kleine Ort **Louisbourg** breitet sich 34 km südöstlich von Sydney entlang der Küste aus. In den Sommermonaten ist hier ganz schön was los, dann bessert der Tourismus die bescheidenen Einkünfte aus dem Hummer- und Garnelenfang auf. Der Massenandrang ist dem Fortress of Louisbourg zu verdanken, einem der faszinierendsten Geschichtsdenkmäler Kanadas.

Ein Besuch des beeindruckend rekonstruierten **Fortress of Louisbourg**, 🖥 www.pc.gc.ca, beginnt 2 km außerhalb des Orts im Besucherzentrum, das einen guten Abriss der Geschichte des Forts liefert. 1719 begannen die Franzosen, 37 km südöstlich von Sydney die Garnison Louisbourg zu errichten, um die Atlantikküste Neufrankreichs zu schützen. Das Ergebnis war ein protziges Bollwerk auf einer Fläche von 40 ha, das von zehn Meter hohen Steinmauern umschlossen war. Louisbourg wurde nur zweimal angegriffen und in beiden Fällen eingenommen, das zweite Mal 1758 unter dem ruhmreichen englischen Befehlshaber James Wolfe auf seinem Weg nach Québec, und 1760 zerstört.

Ein Teil der ehemaligen Garnison wurde in den 1960er-Jahren rekonstruiert und erlaubt heute einen einmaligen Einblick ins Kolonialzeitleben des 18. Jhs. Fürs authentische Flair sorgt wie so oft ein kleines Heer kostümierter Darsteller, das die Gassen und Gebäude bevölkert.

Vom Visitor Centre fährt ein kostenloser Shuttlebus zum Fort und zur Siedlung, dessen Steinmauern sich vor der Küste erheben und rund 50 rekonstruierte, ursprünglich zwischen 1740 und 1750 erbaute Gebäude umschließen. Zu booichtigen sind Schließpulvermagazine, Schmieden, Wachstuben, Lagerhäuser, Kasernen und nicht zuletzt die klammen Quartiere der Soldaten, alles inmitten einer wie verzauberten Küstenszenerie. Besonderes Augenmerk wurde

auf die **Gouverneurswohnungen** gelegt, prächtig eingerichtet mit dem Inventar, das Gouverneur Duquesnel nach seinem Tod im Jahre 1744 hinterließ. ◷ Mai–Juni und Sep–Mitte Okt tgl. 9.30–17, Juli und Aug 9–17.30 Uhr, Eintritt Juni–Sep $17,60, Mai und Okt $7,30.

Für die Besichtigung sollte man sich mindestens drei Stunden Zeit nehmen und bei der Gelegenheit die authentischen Speisen und Getränke probieren, die in den Wirtshäusern und Bäckereien auf dem Gelände angeboten werden. Interessant ist außerdem das kleine Museum, ebenfalls Teil der Anlage, das die bemerkenswerte Geschichte des Wiederaufbaus von Louisbourg dokumentiert.

Übernachtung

Louisbourg liegt ein bisschen ab vom Schuss, deshalb ist es sinnvoll, eine Übernachtung einzuplanen.

Louisbourg Harbour Inn, 9 Lower Warren St, ✆ 1-888/888-8466, 🖥 www.louisbourgharbour inn.com. Das ausgezeichnete B&B in einem alten Kapitänshaus unweit der Main St hat 8 helle, moderne Zimmer mit Bad (6 mit Blick auf den Hafen). ➎

Unter gleichem Management steht auch das genauso ansprechende **Louisbourg Heritage House** um die Ecke.

Point of View Suites, 15 Commercial St Ext, ✆ 1-888-374-8439 oder 902/733-2080, 🖥 www.louisbourgpointofview.com. Die am günstigsten für Besuch der Festungsstadt gelegene Unterkunft sind diese großen, gut ausgestatteten und modernen Suiten, manche mit Meerblick und alle mit Kabelfernsehen und Küche. ➏

Stacey House B&B, 7438 Main St,
✆ 902/733-2317 oder 1-888/924-2242, 🖳 www.
bbcanada.com/thestaceyhouse. Attraktives
altes Haus mit hohen Giebeln und 4 Gästezimmern, ☉ Juni–Mitte Okt. ❷

Louisbourg Motorhome Park, ✆ 902/733-3631
oder 1-866/733-3631, 🖳 www.louisbourg.com/
motorhomepark. Einfacher Campingplatz in
zentraler Lage am Wasser, Stellplatz $13–26.
☉ Mitte Mai–Mitte Okt.

Essen

Der Hummer von Louisbourg ist ein echter
Gaumenschmaus; die Saison dauert von Mitte
Mai bis Mitte Juli. Billig und frisch gibt es
Hummer bei **H Hopkins** am Hafen zu kaufen,
✆ 902/733-2424.

Cranberry Cove Inn, ausgezeichnetes Frühstück
und Abendessen.

Grubstake, 7499 Main St, ✆ 902/733-2308,
🖳 www.grubstake.ca. Hummer kommt auch
hier auf den Tisch, außerdem Fischplatten und
hausgemachtes Gebäck, ☉ Mitte Juni–Anfang
Okt 12–20 Uhr.

L'il Café, 7543 Main St. Hat im Unterschied
zu den meisten Lokalen höchstwahrscheinlich
das ganze Jahr über geöffnet und bietet
guten Kaffee, leckere Frühstücksmenüs
und Hummerbrötchen. Unbedingt probieren:
die selbst gemachten Zimtschnecken.

Lobster Kettle, 41 Strathcona St, 🖳 www.
lobsterkettle.com, am Hafen, ist eine weitere
zuverlässige Adresse zum Hummerschlemmen.

Unterhaltung und Kultur

Louisbourg Playhouse, 11 Aberdeen St,
in Ufernähe, ✆ 1-888/733-2787 oder 902/733-2996,
🖳 www.louisbourgplayhouse.com. Wer über
Nacht bleibt, kann mal schauen, was gerade in
dem modernen Schindelgebäude geboten wird.
Das Programm reicht von Musik über Comedy
und Theater bis zu Tanz.

Informationen

Die **Touristeninformation** in der Main Street,
✆ 902/733-2321, hat jede Menge Karten und
Infobroschüren zur gesamten Provinz und
die Mitarbeiter helfen bei der Zimmersuche.
☉ Mitte Mai–Mitte Okt tgl. 9–17 Uhr.

New Brunswick

Obwohl sie an der Grenze zu den USA liegt und
ein paar märchenhaft schöne Landstriche besitzt, lockt die Provinz New Brunswick weniger
Touristen an als ihre Nachbarn am Atlantik. Mit
ihrer Hauptstadt **Fredericton** besitzt sie eine der
attraktivsten Städte, die nicht nur eine entspannte Atmosphäre bietet, sondern mit der Beaverbrook Art Gallery und einer malerischen Altstadt
auch noch ein paar besondere Sehenswürdigkeit bereithält. Von Fredericton ist es nur eine
kurze Fahrt nach Süden zur trichterförmigen **Bay
of Fundy** mit ihren spektakulären Gezeiten und
der bezaubernden Küste. Lohnende Ziele dort
sind der freundliche Ferienort **St. Andrews** und
Grand Manan Island.

Die mit Abstand größte Stadt in New Brunswick ist **Saint John**. Wenngleich harte Zeiten
ihre Spuren hinterlassen haben, bezaubert sie
durch ihren Bestand an viktorianischer Architektur. Ganz in der Nähe liegen die fast unberührten
Landschaften des **Fundy Trail Parkway** und des
Fundy National Park.

Das im Südosten New Brunswicks gelegene **Moncton** hat sich de facto zur Hauptstadt
des modernen Akadien entwickelt. Die faszinierendsten akadischen Gegenden lassen sich
aber am besten auf dem Weg nach Québec besuchen. Durch zwei Highways ist Fredericton mit
der Nachbarprovinz im Nordwesten verbunden.
Die landschaftlich ansprechendere und direk-
tere Route führt am westlichen Rand von New
Brunswick durch das Tal des **Saint John River**
bis zur französischsprachigen Stadt **Edmundston**
und weiter nach Rivière-du-Loup (S. 336).

Die zweite Route zieht sich Richtung Nord-
osten durch das lang gestreckte **Miramichi
River Valley** bis zu einer Ansammlung von klei-
nen Orten, die zusammen **Miramichi City** bilden.
In der Nähe befinden sich die ungezähmten
Küstenmarschen des **Kouchibouguac National**

Informationen

Tourism New Brunswick, ✆ 1-800/561-0123,
🖳 www.tourismnewbrunswick.ca.

NEW BRUNSWICK

N

0   50 km

Park Weiter nördlich schließt sich die **akadische Küste** New Brunswicks mit der akadischen Halbinsel an, die Kerngebiete der französischsprachigen Akadier, die rund 35 % der zurzeit 750 000 Einwohner der Provinz ausmachen.

Die **Busse** von Acadian Lines, (s. S. 434) verkehren täglich zwischen den drei wichtigsten Städten Moncton, Saint John und Fredericton. Außerdem fahren Busse von Fredericton durch das Miramichi-Tal, von Moncton die Küste hinauf nach Campbellton sowie im Westen von Fredericton nach Edmundston. Von Edmundston und Campbellton bestehen Busverbindungen nach Rivière-du-Loup in Québec, von Fredericton und

New Brunswick ist das Tor der Atlantikprovinzen in die USA. Der Grenzübertritt auf dem Landweg nach Maine ist relativ stressfrei (die meisten Übergänge sind rund um die Uhr offen). **Nichtamerikanische** Besucher, die von Kanada in die USA einreisen, müssen an der Grenze die notwendigen Einreiseformulare ausfüllen und benötigen ihren Pass.

Die kürzeste Weg von New Brunswick in die USA führt über den Grenzübergang **Houlton, Maine**, von wo aus der I-95 eine schnelle Verbindung bietet. Der weiter südlich gelegene Übergang **Calais/St. Stephen** ist bei Touristen beliebter und im Sommer kann dort ziemlich viel Betrieb herrschen. Beiderseits der Grenze gibt es zahlreiche Einrichtungen für Reisende. Auch am Übergang **Lubec/Campobello Island** ist ziemlich viel los. Allerdings muss man von kanadischer Seite erst mal zwei Fähren (s. S. 439) nehmen, um überhaupt auf die Insel zu gelangen.

In Houlton finden Reisende ein paar Motels und Tankstellen, ebenso in Calais und Lubec (mit Abstand die freundlichste der drei Grenzorte). Die Fahrt von Houlton nach Bangor dauert 2 Std., nach Boston (560 km) sind es mindestens 4–5 Std.

Nicht vergessen: In Maine gilt **Eastern Time**, die eine Stunde hinter der **Atlantic Time** von New Brunswick liegt.

Saint John außerdem Direktverbindungen nach Bangor in Maine. Regelmäßig fahren Busse von Moncton über die Confederation Bridge nach Charlottetown auf Prince Edward Island und nach Halifax in Nova Scotia.

Fredericton

Das rund 100 km von der Bay of Fundy im Landesinneren am Ufer des Saint John River gelegene Fredericton ist die Hauptstadt von New Brunswick. Mit den altehrwürdigen Ulmen und vornehmen Villen, die das Straßenbild des nicht sehr großen Stadtzentrums beherrschen, macht die Stadt einen sehr gediegenen Eindruck. Industrie gibt es hier so gut wie gar nicht, die Mehrzahl der 85 000 Einwohner arbeitet direkt oder indirekt für die Regierung oder die Universität. Die Hauptstadt hat nicht besonders viele Sehenswürdigkeiten zu bieten, doch die **Beaverbrook Art Gallery** ist hervorragend, und der **Historic Garrison District**, in dem ehemals die britische Garnison untergebracht war, umfasst einige faszinierende Gebäude.

Das Zentrum von Fredericton, zwischen der heutigen Brunswick Street im Süden und der York Street im Westen, wurde in den 1780er-Jahren in der Nähe einer Biegung des Saint John River angelegt. Ein Spaziergang durch die Stadt beginnt am besten an der **City Hall**, ✆ 506-460/2129, mit ihrem auffälligen, 35 m hohen Uhrturm. Das Highlight im Inneren des Rathauses sind die 27 Wandbehänge, die 1985 anlässlich des 200. Geburtstags der Stadt von hiesigen Künstlern angefertigt wurden. ☺ Mitte Mai–Mitte Okt, Besichtigung nur im Rahmen einer Führung: tgl. 9.30 und 15.30 Uhr, kostenlos.

Garrison District

Westlich der City Hall befindet sich das alte britische Militärlager. Es wurde in den 1780er-Jahren angelegt, um der Gefahr eines Angriffs der Amerikaner zu begegnen. Inzwischen steht die Anlage als **Historic Garrison District** unter Denkmalschutz. Ein kurzer Spaziergang auf der Queen Street führt zur ehemaligen Kaserne, den **Soldiers' Barracks**. Sie steht vor dem New Brunswick College of Craft & Design und ist ein robuster, dreistöckiger Block, der einst mehr als 200 Soldaten der niederen Ränge als Wohnstätte diente. Im Erdgeschoss des Gebäudes aus den 1820er-Jahren sind acht Kunstgewerbeläden untergebracht (☺ Juni–Sep).

Gleich dahinter, nur ein paar Schritte entlang der Carleton Street, steht das **Guard House**. In diesem 1828 aus Sandstein und Holz erbauten Gebäude mit Schieferdach werden die Besucher von Führern in historischen britischen Uniformen durch eine restaurierte Offiziersstube, einen Wachraum und mehrere Arrestzellen geleitet, die ein furchterregendes Bild vom militärischen Leben Mitte des 19. Jhs. vermitteln. Der Wachraum unterscheidet sich

Gemälde großer kanadischer und britischer Künstler zeigt die Beaverbrook Art Gallery in Fredericton.

im Grunde nicht groß von den stickigen Zellen, in denen Gesetzesbrecher eingesperrt wurden, bevor man sie auspeitschte, brandmarkte und/oder deportierte. ⏲ Juni–Aug tgl. 10–18 Uhr, Eintritt frei.

Wieder auf der Queen Street, ist es ein kurzes Stück bis zu den eleganten, dreigeschossigen **Officers' Quarters** mit ihren symmetrischen Säulen und Steinbögen. Hier zeigt das **York-Sunbury Museum**, ✆ 506/455-6041, 🖥 www.yorksunburymuseum.com, und eine faszinierende Sammlung zur Lokalgeschichte. Im Erdgeschoss sind Exponate zum Thema „Fredericton unter den Briten" zu besichtigen, während im 1. Stock Uniformen, Waffen und Ausrüstung sowie die Rekonstruktion eines Schützengrabens aus dem Ersten Weltkrieg ausgestellt sind. Im 2. Stock sind einige Räume den kanadischen Ureinwohnern gewidmet. Neben einem Sammelsurium an archäologischen Funden befindet sich hier auch der ausgestopfte, 20 kg schwere „Coleman Frog", eine gigantische Amphibie zweifelhaften Ursprungs. Es ist nicht bekannt,

ob die Kreatur echt ist, doch der hiesige Gastwirt, der in den 1880er-Jahren damit auftauchte, behauptete standfest, dem Tier mit Bier und Buttermilch zu solch stattlicher Größe verholfen zu haben. ⏲ April–Juni und Sep–Nov Di–Sa 13–16, Juli und Aug Mo–Sa 10–17, So 12–17, Uhr, Eintritt $3.

Vom Museum erstreckt sich der **Officers' Square**, ✆ 506/460-2041, bis zum Ende der Regent Street. Auf dem heute größtenteils mit Gras bewachsenen Platz findet in den Sommermonaten immer noch die Wachablösung statt, eine Reminiszenz an den Drill der britischen Armee; Juli und Aug Fr–So um 11 und 16, Mo–Do 11 und 19 Uhr.

An der dem Fluss zugewandten Seite des Platzes steht das **Lighthouse on the Green**, ✆ 506/460-2939, ⏲ Juni–Sep tgl. 10.30–21.30 Uhr. Unten gibt es ein Café, oben eine Aussichtsplattform, dazu eine Ausstellung zum Saint John River (gleiche Öffnungszeiten, Eintritt $2) und auch das Büro von River Trails Bike Rentals (S. 434) ist hier untergebracht.

Saint John River

Old Government House

ST ANNE POINT DRIVE

Militia Arms Store

Library

York-Sunbury Museum

Lighthouse on the Green

Justizgebäude

Soldiers' Barracks

Officers' Square

The Playhouse

Beaverbrook Art Gallery

City Hall

Guard House

❶ CIBC ❷

❺ Sports Hall Of Fame

QUEEN STREET ❸

Convention Centre

Legislative Assembly

SECRETARY LANE

❻

HSBC

❼ ❽❾

KING STREET

❿

Busbahnhof

Christ Church Cathedral

BRUNSWICK STREET

Alter Friedhof

GEORGE STREET

CHARLOTTE STREET

NEEDHAM STREET ❺

CHURCHILL ROW

SAUNDERS STREET

Queen Square Park

Universität, Flughafen,

alte Bahn-brücke

Die Atlantikprovinzen

Übernachtung		Restaurants & Cafés		Bars	
Carriage House Inn B&B	D	Blue Door Restaurant & Bar	8	Dolan's Pub	6
Colonel's In B&B	B	Brewbakers	10	Garrison District Ale House	1
Delta Fredericton	A	Bruno's	4	Lunar Rogue Pub	9
Fredericton International		Isaac's Way	5	Snooty Fox	7
Hostel	E	M&T Deli	3		
The Very Best	C	The Palate Restaurant	2		

Beaverbrook Art Gallery

Der Pressemogul Lord Beaverbrook wuchs in Newcastle (S. 456) auf und siedelte 1910 nach England über, wo er ein enger Vertrauter Churchills und eines der wichtigsten Mitglieder seines Kriegskabinetts wurde. In Fredericton profitierten die Universität, das Playhouse Theatre und die in Flussnähe am Ende der St. John Street gelegene Beaverbrook Art Gallery, 🖳 www.beaverbrookartgallery.org, von der Spendefreudigkeit des Großverlegers. Die erstklassige Galerie zeigt eine erlesene und regelmäßig rotierende Sammlung größtenteils britischer und kanadischer Kunstwerke, die in etwa einem Dutzend Räumen untergebracht sind und sich den Platz mit einer fantasievollen Zusammenstellung wechselnder Ausstellungen teilen.

Salvador Dalís monumentales *Santiago El Grande,* das den heiligen Jakob zeigt, wie er auf einem weißen Schlachtross einem gewölbten Firmament entgegenstürmt, hat meist seinen Ehrenplatz am Eingang. Anschließend kommen die Briten, vertreten durch Hogarth, Reynolds, Gainsborough, Constable, Turner, Landseer, Augustus John, Francis Bacon und Lowry. Betrachtenswert ist außerdem eine kleine Sammlung mittelalterlicher Gemälde und das eindringliche *Lady Macbeth somnambule* von Eugene Delacroix.

Die umfangreiche **kanadische Sammlung** umfasst neben Werken berühmter Künstler wie Paul Kane und der Group of Seven (s. S. 109, Kasten) und Emily Carr auch weniger bekannte Maler wie George Chambers, dessen wundervoll melodramatisches „The Crew of HMS 'Terror' Saving the Boats and Provisions on the Night of 15th March zu Beginn des 19. Jhs. entstand und ein ächzendes Schiff zeigt, das unter einem düsteren Himmel vom Eis zermalmt wird. Ein weiterer Bereich ist den Arbeiten des produktiven Cornelius Krieghoff (s. S. 110) gewidmet. Unter anderem sind zwei seiner besten Gemälde zu sehen: Merrymaking und Coming Storm at the Portage.

⏰ Mo–Sa 9–17.30, Do bis 21, So 12–17.30 Uhr, Jan–Mai Mo geschlossen, Eintritt $8, Do nach 17.30 Uhr gegen eine Spende.

Legislative Assembly Building und Christ Church Cathedral

Das **Legislative Assembly Building** gegenüber der Art Gallery ist der Sitz der Provinzregierung von New Brunswick. Der imposante Sandstein- und Granitbau um 1882 wird von einem wuchtigen Turm mit Kuppel gekrönt. Im Innern befindet sich die prachtvoll ausstaffierte Assembly Chamber, die Sitzungskammer, u. a. mit Porträts von König George III. und Königin Charlotte von Joshua Reynolds. Eine Wendeltreppe aus Eiche und Kirschbaum führt zur Besuchergalerie hinauf. Kostenlose Führungen Anfang Juni–Mitte Aug tgl. 9–19, Mitte Aug–Anfang Juni Mo–Fr 9–16 Uhr.

Die nahe **Christ Church Cathedral**, King St, Ecke Church St, präsentiert sich dagegen ungeachtet ihrer Bedeutung fast schon bescheiden. Was an dem zwischen 1845 und 1853 im neugotischen Stil erbauten Gotteshaus am meisten ins Auge fällt, sind der elegante, 60 m hohe, sich verjüngende Turm und die grazile Raffinesse des Hammerbalken-Gewölbes aus Rotkieferbalken. ⏰ Mitte Juni–Aug Mo–Fr 9–18, Sa 10–17, So 13–17, Sep–Mitte Juni Mo–Fr 9–16 Uhr, Gratisführungen von Mitte Juni bis Aug.

Old Government House

Mit etwas mehr Zeit im Gepäck bietet sich noch die Fahrt oder ein Spaziergang am Fluss nach Osten zum Old Government House, ✆ 506/453-2505, an, der offiziellen Residenz des Vizegouverneurs von New Brunswick. In den 1890er-Jahren wurde die 1828 vollendete Villa aufgegeben und es sollte bis 1999 dauern, ehe die Gouverneure wieder zurückkehrten. Bei der interessanten Führung (45 Min.) werden alle verschwenderisch ausgestatteten Haupträume im Erdgeschoss und im 1. Stock besichtigt (der 2. Stock ist dem Gouverneur vorbehalten). Dabei erfährt man viel über die Geschichte des Bauwerks und einige wichtige Begebenheiten, die sich hier ereigneten. Führungen Juni–Mitte Aug Mo–Sa 10–16, So 12–16 Uhr, Eintritt frei; auf dem Anwesen gibt es kostenlose Parkplätze.

Man sollte die farblosen Motels am Stadtrand (die trotzdem um die $100 verlangen) links liegen lassen und besser im Zentrum übernachten, wo neben zwei erstklassigen **Hotels** auch eine steigende Zahl von **B&Bs** zur Auswahl stehen. Wer mit kleinem Geldbeutel unterwegs ist, kann im Zentrum in einem HI-**Hostel** nächtigen. Etwas außerhalb der Stadt gibt es mehrere **Campingplätze.**

Carriage House Inn B&B, 230 University Ave, Ecke George St, ✆ 506/452-9924 oder 1-800/267-6068, 💻 www.carriagehouse-inn.net. 10 Zimmer in einem herrlichen, 1875 im Queen-Anne-Stil erbauten Haus in einer der älteren Wohngegenden im östlichen Teil des Zentrums, mit antiken Möbeln und großer Veranda. Köstliches Frühstück inkl. ❻

Colonel's In B&B, 843 Union St, ✆ 506/452-2802 oder 1-877/455-3003, 💻 www.bbcanada.com/1749.html. Angenehmes B&B am Nordufer des Saint John River mit drei in Pastelltönen gehaltenen Gästezimmern mit Bad und super Frühstück. Das Haus selbst, Baujahr 1894, bietet schöne Blicke auf die Stadt. Vom Zentrum zu Fuß 15 Min. über die alte Bahnbrücke. ❹

Delta Fredericton, 225 Woodstock Rd, ✆ 506/457-7000 oder 1-888/462-8800, 💻 www.deltahotels.com. Modernes Hochhaushotel im attraktiven Retro-Stil mit Dachgauben und Steinverzierungen. Luxuriöse Suiten und piekfeine DZ mit Blick auf den Fluss, ein paar Blocks westlich des Zentrums. ❼

Fredericton International Hostel, 621 Churchill Row, Ecke Regent St, ✆ 506/450-4417, 💻 www.hihostels.ca. Freundliches HI-Hostel in einem kleinen gepflegten Altbau etwa 500 m südlich der Innenstadt mit Kochgelegenheiten, Waschsalon und Internetzugang. Dorm-Bett/DZ $20/25, Nichtmitglieder $23/30.

The Very Best, 806 George St, Ecke Church St, ☎ 506/451-1499, 🖥 www.bbcanada.com/2330. html. Zu diesem schnieken B&B in einer großen Villa von 1840 in Spaziernähe des Zentrums gehören 5 stilvoll renovierte Gästezimmer mit Bad und ein Pool im Freien. ❺

Heritage County Camping, ☎ 506/363-3338, 🖥 www.heritagecamping.com, in Lower Queensbury, westlich der City am Hwy 105, Stellplatz $22–29.

Rivers Edge Camping Resort, ☎ 506/459-8675 oder 1-800/370-1644, 🖥 www.riversedgecamp. ca, 19 Cottage Lane, Durham Bridge, am Rand der Rte 8. Der gayfreundliche Campingplatz liegt 20 Minuten nördlich der Stadt. Stellplatz $22–28, ◷ Mai–Okt.

Essen

Im Stadtzentrum gibt es eine gute Auswahl an **Cafés** und **Restaurants**.

Blue Door Restaurant & Bar, 100 Regent St, ☎ 506/455-2583, 🖥 www.thebluedoor.ca. Elegante Verschmelzung von moderner thailändischer, indischer und europäischer Küche mit Seafood und anderen Produkten der Region. Abends kosten Hauptgerichte $17–27. Auch eine gute Anlaufstelle für Martinis mit Pfiff und erlesene Weine.

Brewbakers, 546 King St, zwischen Regent St und Carleton St, ☎ 506/459-0067, 🖥 www.brewbakers.ca. Das am Wochenende rappelvolle Brewbakers serviert erstklassige Holzofen-Pizza zu erschwinglichen Preisen ($12–13) sowie Steaks und Seafood ($12–16). ◷ Mo–Do 11.30–22, Fr 11.30–23, Sa 17–23, So 10–15 und 17–21 Uhr.

Bruno's, im Delta Hotel, 225 Woodstock Rd, ☎ 506/451-7935. Das Café-Restaurant ist für seine üppigen Buffets mit Betonung auf Pasta (tgl. mittags Pastabar $12,95) und Seafood (Brunch Sa $12,95, So $20,95) bekannt. Essen kann man drinnen oder draußen auf der großen Terrasse am Flussufer, ◷ tgl. 6–20 Uhr.

M&T Deli, 602 Queen St, Ecke Regent St, ☎ 506/458-9068. Das für viele beste Deli Frederictons ist spezialisiert auf Bagels nach New Yorker Art, Rauchfleisch à la Montréal und riesige Sandwiches ($5–6). ◷ Mo–Fr 7.30–16.30 Uhr.

Qualität ist Trumpf

Isaac's Way, 73 Carleton St, ☎ 506/472-7937, 🖥 www.isaacsway.ca. Die beständig hohe Qualität von Salaten, Seafood, vegetarischen Gerichten und Pasta sichern dem Isaac's Way einen Platz unter den beliebtesten Restaurants der Stadt. Gut und günstig sind auch die Tagesgerichte für $9. Es gibt auch eine gut bestückte Bar, und im Sommer kann man draußen auf der großen Terrasse sitzen.

The Palate Restaurant, 462 Queen St, ☎ 506/450-7911, 🖥 www.thepalate.com. Helles, luftiges Café-Restaurant mit einer abwechslungsreichen und fantasievollen Speisekarte, von Digby-Jakobsmuscheln bis zu Porcini und Weinbergschnecken-Brie, außerdem Pitapizza, Panini (beide $9) und samstags Brunch ($8). Hauptgerichte abends $15–24. ◷ Mo 11–15, Di–Fr 11–15 und 17–21, Sa 10–15 und 17–21 Uhr.

Unterhaltung und Kultur

Fredericton hat genügend Kneipen für einen oder zwei unterhaltsame Ausgehabende. Im Sommer gibt's am Officers' Square kostenloses Freilufttheater und Livemusik.

Bars

Dolan's Pub, Pipers Lane, 349 King St, ☎ 506/454-7474, 🖥 www.dolanspub.ca. Trubelige Kneipe mit importierten und kanadischen Fassbieren, außerdem saftige

Edle Tropfen aus Hopfen und Malz

Garrison District Ale House, 426 Queen St, ☎ 506/455-0300, 🖥 www.thegarrison.ca. Das Ale House rühmt sich der größten Auswahl an Spezialbieren aus ganz New Brunswick, darunter so seltene Gebräue wie Dogfish Head 60 Minute IPA und Rogue Dead Guy Ale. Als feste Unterlage zum Bier kann man sich etwas von der umfangreichen Kneipen-Speisekarte aussuchen. Samstagabend legt ein DJ auf. ◷ Mo–Sa.

Die Atlantikprovinzen

Steaksandwiches ($7,95) und lange Happy
Hours (Mo–Do ab 16 Uhr bis Schluss, Fr und
Sa 16–20 Uhr). Regelmäßig Live-Folk.
☉ Mo–Sa.
Lunar Rogue Pub, 625 King St, ✆ 506/450-2065,
▯ www.lunarrogue.com. Lebendige Kneipe
mit Bieren aus Großbritannien und den
Atlantikprovinzen sowie einer großen Auswahl
an Whiskey, im Sommer auch auf der Terrasse.
An den meisten Wochenenden Livemusik.
☉ tgl.

Theater

The Playhouse, ✆ 506/458-8344 oder
1-866/884-5800, ▯ www.theplayhouse.nb.ca.
Das Theater neben dem Legislative Assembly
Building bietet ein vielfältiges Programm und
ist Spielstätte des einzigen professionellen
englischsprachigen Embles der Provinz,
Theatre New Brunswick. Saison ist von Sep
bis April. Die Touristeninformation erteilt
Auskünfte zum Spielplan.

Sonstiges
Fahrradverleih

River Trails Bike Rentals, im Lighthouse on
the Green, ✆ 506/476-7368. Vermietet Räder
zum Erkunden der insgesamt 80 km langen
Radwege der Stadt für $7 pro Std., $25 pro Tag.
☉ Juni tgl. 10.30–18.30, Juli und Aug tgl. 10–21,
Sep tgl. 10.30–17.30 Uhr.

Informationen

Visitor Information Centre, in der City Hall,
Queen St, Ecke York St, ✆ 506/460-2129,
▯ www.tourismfredericton.ca. Frederictons
zentrale Touristeninformation reserviert
kostenlos Unterkünfte. ☉ Mai–Ende Juni und
Sep–Mitte Okt tgl. 8–17, Ende Juni bis Aug
tgl. 8–20 Uhr. Im Winter gibt es Infos im
Fredericton Tourism Office im alten Militia
Arms Store, 11 Carleton St, ✆ 506/460-2041
oder 1-888/888-4768. ☉ Mo–Fr 8.15–16.30 Uhr.

Internet

Die **Fredericton Public Library**, gegenüber dem
Fredericton Tourism Office, bietet kostenlosen
Internetzugang. ☉ Mo, Di, Do 10–17, Mi und Fr
10–21, Mitte Juni–Sep auch Sa 10–17 Uhr.

Südöstlich von Fredericton: Gagetown

Wer über den gemütlichen Hwy 102 Richtung
Südosten nach Saint John (S. 442), fährt,
sollte unbedingt ein oder zwei Stunden in
dem hübschen Ort **Gagetown**, ▯ www.village
ofgagetown.ca, verbringen, dessen elegante
Schindelhäuser rund 60 km von Fredericton
und 100 km von Saint John entfernt am Ufer
des Saint John River liegen. Hier gibt es mehrere nette Kunsthandwerks- und Töpferläden,
eine schmucke anglikanische Kirche und ein
stattliches altes Gerichtsgebäude von 1836.
Im Old Boot Pub, ✆ 506/488-3441, 48 Front St,
neben Grimros, gibt es ordentliches Bier, Essen
und am Wochenende Livemusik; ☉ Sep–Mai
Mi–So. Auch zwei **Übernachtungsmöglichkeiten** hat es hier: Die bessere ist das gepflegte Step-Aside B&B, ✆ 506/488-1808, ▯ www.
bbcanada.com/6860.html, ❸ – ❹, mit vier
Gästezimmern in einem weißen Schindelgebäude von 1880 an der 58 Front St., unten am
Fluss; ☉ Mai bis Dez.

Parken

Das Autofahren in der Stadt ist normalerweise
eine entspannte Angelegenheit und es gibt
eigentlich genügend Parkplätze ($1 pro Std.),
z. B. auf dem Platz hinter der City Hall unweit
der Queen St. Man kann auch im Visitor
Information Centre (s. o.) nach einem kostenlosen Visitor Parking Pass fragen.

Nahverkehr

Das Zentrum lässt sich problemlos zu Fuß
besichtigen, aber wer möchte, kann an der
Kreuzung von King und York St einen Stadtbus
($2) nehmen.
Trius Taxi, ✆ 506/454-4444.

Transport
Busse

Busbahnhof von **Acadian Lines**, 101 Regent St,
Ecke King St, 5 Min. Fußweg südlich des Flusses
und einen Block südlich der Hauptstraße
Queen St. Zu den meisten Zielorten der Atlantikprovinzen bestehen nur ein- oder zweimal
tgl. Busverbindungen.

Die Atlantikprovinzen

Der Direktbus nach Bangor, Maine, fährt um 11.30 Uhr.

Busse nach:

BANGOR, Maine, 1x tgl., 7 3/4 Std.;
EDMUNDSTON, 2x tgl., 3 3/4 Std.;
HALIFAX, 2x tgl., 6 3/4 Std.;
MONCTON, 2x tgl.; 2 1/2 Std.;
MONTRÉAL, 1x tgl.; 12 Std.;
MIRAMICHI CITY, 1x tgl.; 2 1/2 Std.;
SAINT JOHN, 2x tgl.; 1 1/2 Std.

Eisenbahn

Der nächste Bahnhof ist im 190 km entfernten Moncton.

Fähren

Fähren von **Bay Ferries**, ℰ 1-888/249-7245, ⌨ www.bayferries.com, fahren nach DIGBY, Nova Scotia, Jan–Ende Juni und Mitte Okt–Dez 1–2x tgl., Ende Juni–Mitte Okt 2–3x tgl., 3 Std.

Flüge

Der **Flughafen** von Fredericton liegt 16 km südöstlich der Stadt am Hwy 102, ℰ 506/460-0920, ⌨ www.yfcmobile.ca. Mit Air Canada bestehen Verbindungen nach TORONTO, MONTREAL, OTTAWA und HALIFAX. Eine Fahrt mit dem Taxi ins Zentrum kostet um die $24.

Saint John River Valley

Das Tal des Saint John River, das sich von Fredericton bis **Edmundston** auf 270 km in nordwestlicher Richtung erstreckt, ist landschaftlich nicht unbedingt reizvoll, bietet aber durchaus schöne Momente, wenn sich der Trans-Canada Highway durch Ahorn- und Kiefernwälder windet oder wenn die Landschaft weiter im Norden von hügeligem Ackerland in gebirgiges und bewaldetes Terrain übergeht. Dabei brennen sich die am Highway gelegenen Ortschaften nicht gerade ins Gedächtnis, doch das restaurierte Museumsdorf **King's Landing** ist große Klasse. Gleiches gilt für den Wasserfall in **Grand Falls**.

King's Landing

Rund 35 km westlich von Fredericton liegt an der Rte 102 das **King's Landing Historical Settlement**, ⌨ www.kingslanding.nb.ca, eine Ansammlung historischer Gebäude, die man in den 1960er-Jahren hierher umsetze, um daraus den Kern eines Freilichtmuseums über das Landleben im 19. Jh. zu bilden. Durch weitere sinnvolle Ankäufe kamen weitere Häuser hinzu, die dann noch zusätzlich durch eine Reihe von Nachbildungen erweitert wurden, sodass heute rund 70 Gebäude über das Gelände verteilt sind.

King's Landing versucht seinen Besuchern eine umfassende Einblick ins Leben der damaligen Zeit zu vermitteln. Die „Bewohner" des Dorfes backen Brot, beschlagen Pferde, fällen Bäume, weben Stoffe und treiben Vieh zusammen. Das alles kommt manchem vielleicht albern vor, wird aber von den meisten Besuchern sehr positiv aufgenommen. Auch ohne die Staffage sind einige Gebäude des Dorfes für sich allein schon faszinierend genug, um einen Besuch zu rechtfertigen. Das gilt vor allem für das **Jones House**, das in einen Berg hineingebaut wurde, wie es in dieser Gegend üblich ist. Ebenfalls sehr beeindruckend sind auch das **Ingraham House**, in der ehemals eine wohlhabende Bauernfamilie lebte, und das voll funktionstüchtige Sägewerk. ☉ Juni–Mitte Okt tgl. 10–17 Uhr, Eintritt $15,50.

Hartland und Grand Falls

Von Wäldern umgeben, liegt etwa 90 km hinter King's Landing der Ort **Hartland**, dessen touristische Anziehungskraft sich einzig und allein auf die Länge seiner überdachten **Holzbrücke** gründet. Sie wurde 1921 (als Ersatz für das Original von 1901) fertiggestellt und ist mit 391 m die längste gedeckte Brücke der Welt. Dahinter steckte die Idee, das Holz der Brücke vor Wind und Wetter zu schützen, indem man sie mit einem lang gezogenen Dach nach Art einer Scheune versah. Die Brücke ist nicht gerade elegant – aber lang. Parken kann man neben der lokalen **Touristeninformation**, ℰ 506/375-4075, am Flussufer; ☉ Juni–Sep tgl. 9–18 Uhr.

Nördlich von Hartland gehen die Ahornwälder allmählich in eine monotone Landschaft über, die von Kartoffelfeldern dominiert wird. Eine Abwechslung bietet nach 105 km **Grand Falls**. Mitten in dem ansonsten unscheinbaren Ort zwängen sich Wassermassen spektakulär durch die hier errichteten hydroelektrischen Barrieren, um donnernd 23 m in die Tiefe zu stürzen. Selbst wenn die Fälle mit der Umleitung des Wassers durch die Turbinen in ihrer Wildheit etwas gezähmt wurden, sind sie sehr beeindruckend.

Flussabwärts haben die Wassermassen eine 2 km lange Schlucht ausgewaschen, die mit ihren Steilwänden die halbe Stadt umschließt. Eine **Treppe** mit 253 Stufen (○ Mitte Mai–Juni und Sep–Mitte Okt tgl. 9–18, Juli und Aug tgl. 9–21 Uhr, Eintritt $5) führt in die Schlucht hinunter. Dort kann man mit Pontonbooten eine 45 Minuten lange Fahrt zum Fuß der Fälle ($25) unternehmen. Die Treppe beginnt auf der anderen Seite der Brücke, gegenüber dem **Malabeam Information Centre**, ℰ 506/475-7769, ▯ www.grandfalls.com, das sich oberhalb der Fälle an die Brücke klammert; ○ Mai, Juni und Sep tgl. 10–18, Juli und Aug tgl. 9–21 Uhr. Nahe den Fällen bietet das Hill Top Motel, 131 Madawaska Rd, ℰ 506/473-2684 oder 1-800/496-1244, ▯ www.sn2000.nb.ca/hilltop, eine **Unterkunft**, ❸–❺.

Edmundston

Das am Zusammenfluss des Saint John River mit dem Madawaska River gelegene Holz- und Papierindustriezentrum Edmundston ist mit ca. 18 000 Einwohnern die größte Stadt im Norden New Brunswicks. Die zahlreichen blinkenden Neonreklameschilder der lauten und modernen Stadt zeugen von der Nähe zu den Vereinigten Staaten, die über eine Brücke erreichbar auf der anderen Seite des Flusses liegen. Hier wird größtenteils Französisch gesprochen. Die Stadt betrachtet sich kurioserweise als Hauptstadt einer Enklave mit der selbst proklamierten Bezeichnung **Republik Madawaska**, die auf kanadischem Gebiet wie ein Rüssel in den US-Bundesstaat Maine hineinragt. Wenngleich die Vorstellung von einem unabhängigen Staat in dieser Gegend grotesk erscheinen mag, ver-

packt Edmundston seine nicht ganz ernst gemeinte Republik stets mit einem Augenzwinkern: Wappen, Flagge, ehrenhafte Ritter und ein Präsident (andernorts der Bürgermeister) muten an wie Elemente eines Operettenstaates.

Quality Inn, 919 Chemin Canada, ℰ 506/735-5525 oder 1-800/563-2489, ▯ www.choice hotels.ca, im Norden, bietet den gewohnten Komfort. ❺
Praga Hotel, 127 Rue Victoria, ℰ 506/735-5567, schlichte, preiswertere Alternative in Flussnähe und gleichzeitig Chinarestaurant. ❷

Eine **Touristeninformation** befindet sich neben dem städtischen Museum, ein Stückchen abseits des Trans-Canada Highway (Exit 18) am nördlichen Ende des Boulevard Hébert; ○ Ende Juni bis Anfang Sep tgl. 9–20 Uhr.

Busse von **Acadian Lines** halten am **Busbahnhof** in der 169 Victoria St, nahe dem Boulevard Hébert und der Fournier Bridge, die über den Madawaska River ins Stadtzentrum führt.

Busse nach:
FREDERICTON, 2x tgl., 3–3 3/4 Std.;
HALIFAX, 2x tgl., 10–11 1/2 Std.;
MONCTON, 2x tgl., 6 Std.;
MONTRÉAL, 3x tgl., 8 Std.;
RIVIÈRE-DU-LOUP, 3x tgl., 1 3/4 Std.

Die Fundy-Küste

Von der Grenze zum US-Bundesstaat Maine erstreckt sich ganz im Südwesten New Brunswicks die Bay of Fundy, ein tief eingeschnittener Meeresarm, dessen spärlich besiedelte Küstenlinie sich als oftmals ursprüngliche Gegend aus Wald, Fels und Sumpf präsentiert. Der mit Abstand hübscheste Ort der Region ist das 135 km südlich von Fredericton gelegene **St. Andrews**, eine ehemalige Siedlung der Loyalisten und heute ein beliebter Ferienort am Meer mit einer großen Auswahl einladender Gasthäuser und B&Bs.

Die zweite Hauptattraktion dieser Gegend ist der Archipel der **Fundy Islands** an der Mündung der Passamaquoddy Bay. Dazu zählen auch **Campobello Island** mit dem tadellos erhaltenen Landsitz von Franklin D. Roosevelt sowie **Grand Manan Island**, ein wildromantischer, abgelegener Flecken, der sich durch beeindruckende Klippen und eine artenreiche Vogelwelt auszeichnet.

St. Andrews

Der ehemals geschäftige Fischereihafen und Handelsplatz St. Andrews ist heute ein wohlhabender Urlaubsort, der mit seinen gepflegten Grünanlagen und ordentlichen Reihen von Schindelhäusern mehr mit Neuengland als mit den Fischerdörfern weiter nördlich gemeinsam hat. St. Andrews ist ein idealer Ausgangspunkt für Ausflüge entlang der Küste, bietet aber auch selbst einige Sehenswürdigkeiten und Urlaubsspaß.

Die Water Street verläuft als Hauptstraße in Ufernähe und wird von Cafés und Kunstgewerbeläden gesäumt und am Pier drängen sich Anbieter von Bootstouren (s. S. 438). Von seiner bezauberndsten Seite zeigt sich der Ort zwischen den altehrwürdigen Holzhäusern der **King Street**, die vom Hafen ansteigt. Zwei von ihnen können besichtigt werden: das 1820 erbaute und mit antiken Möbeln eingerichtete **Sheriff Andrews House**, Nr. 63 (◷ Ende Juni–Anfang Sep Mo–Sa 9.30–16.30, So 13–16.30 Uhr, Spende), und das **Ross Memorial Museum**, 188 Montague St, Ecke King St (◷ Juni–Mitte Okt Mo–Sa 10–16.30 Uhr, Spende). Letzteres ist ein stattliches ehemaliges Wohnhaus aus rotem Backstein von 1824, in dem kunstvolle Gegenstände gezeigt werden, die zwei amerikanische Sammler im 19. Jh. zusammengetragen haben.

Einen Besuch lohnen außerdem der gut 10 ha große **Kingsbrae Horticultural Garden** ganz oben in der King St, ✆ 506/529-3335, 🖥 www.kingsbraegarden.com, mit seinen Blumen, Sträuchern und Bäumen, (◷ Mitte Mai bis Anfang Okt tgl. 9–18 Uhr; Eintritt $9,75) und das gedrungene **St. Andrews Blockhouse** (◷ Juni–Aug tgl. 10–18 Uhr, Eintritt $0,95), ein 1813 zum Schutz der

Region vor den Amerikanern errichteter Holzturm am westlichen Ende der Water St.

Per Boot oder bei Ebbe sogar mit dem Auto ist die nahe gelegene, grüne Insel **Minister's Island** zu erreichen, ✆ 506/529-5081, 🖥 www.ministersisland.ca. Die Insel befand sich einst im Besitz von William Van Horne, dem Mann, der die Canadian Pacific Railroad baute und sich in den 1890er-Jahren hier eine grandiose Sandsteinvilla hinstellte, die er **Covenhaven** taufte und um die er noch zahlreiche Nebengebäude gruppierte. Zu den Höhepunkten der zweistündigen Führung zählen eine Besichtigung des in die Jahre gekommenen Herrenhauses und der Windmühle. Führungen Mitte Juni–Mitte Okt 1–2x tgl., 2 Std., $14.

St. Andrews ist gut bestückt mit teuren Hotels und B&Bs; während der Hochsaison muss unbedingt reserviert werden.
Fairmont Algonquin, 184 Adolphus St, ✆ 506/529-8823 oder 1-800/441-1414, 🖥 www.fairmont.com/algonquin. Das größte Hotel in St. Andrews ist ein weitläufiger und gut ausgestatteter Komplex, dessen Türmchen und Giebel aus dem Jahre 1915 das Ortsbild im Nordwesten, ca. 1,5 km von der Water St entfernt, beherrschen. ❼
Harris Hatch Inn, 142 Queen St, ✆ 506/529-4995, 🖥 www.harrishatchinn.ca. Elegante, georgianisch beeinflusste Villa von 1840, einen kurzen Spaziergang vom Pier mit Fensterläden, Oberlichtern und neoklassizistischen Säulen. Die 4 Zimmer und das Apartment sind recht geräumig und sehr gemütlich, alle mit Kabel-TV und WLAN, 2 mit Kamin. ❹

Montague Rose, 258 Montague St, ✆ 506/529-8963 oder 1-888/529-8963, 🖥 www.themontaguerose.com. Das einladende, 1859 im raffinierten Stil des Second Empire errichtete Wohnhaus ist jetzt ein gepflegtes B&B. Die 3 großen Zimmer haben eine Whirlpool oder eine frei stehende Badewanne, Satellitenfernsehen und DVD-Player. ❺

Kingsbrae Arms, 219 King St, ☎ 506/529-1897, 🖥 www.kingsbrae.com. Das mondänste Hotel der Stadt ist ein luxuriöses, gepflegtes Haus mit Blick über den Botanischen Gärten. 8 modern und verschwenderisch ausgestattete Gästeräume, davon sind 6 Suiten mit Balkon und Blick über die Gärten zur Bucht. ❽

Picket Fence Motel, 102 Reed Ave, ☎ 506/529-8985, 🖥 www.picketfencenb.com. Coole Billigoption (jedenfalls für die Preisverhältnisse in St. Andrews) unweit der Rte 127 (Mowat Drive), eine kurze Autofahrt von der Water St entfernt. 17 schlichte Units mit Kabel-TV, Internetzugang im Büro. ❸

Kiwanis Oceanfront Camping, ☎ 506/529-3439, 🖥 www.kiwanisoceanfrontcamping.com. Ein beliebter Platz in großartiger Lage am Meer, 1 km östlich vom Ort via Water St. Stellplatz $25–34. ⊙ Mai–Mitte Okt.

Essen

St. Andrews hat eine hervorragende Auswahl an Cafés und ein paar gute Restaurants.

Gables Restaurant Bar & Patio, 143 Water St, ☎ 506/529-3440. In dem tollen kleinen Lokal an der Bucht kommen Hummer, PEI-Muscheln ($10,50), *chowders* ($5,99) und Burger ($8,50) auf den Tisch.

Red Herring Pub, 211 Water St, ☎ 506/529-8455. Hat nicht nur gutes Bier, leckeren Schellfisch und Chips, sondern ist auch die beste Location der Stadt für Livemusik. ⊙ tgl. 12–2 Uhr.

Sweet Harvest Market, 182 Water St, ☎ 506/529-6249. In dem urgemütlichen Café gibt es herzhaftes Frühstück, Java-Moose-Kaffee, leckere Krabbenbrötchen und Zimtschnecken. ⊙ Di und Mi 9–15, Do–Sa 9–17, So 11–15 Uhr.

Sonstiges

Informationen

Die **Touristeninformation** an der Rte 127 in Höhe des Ortseingangs, ☎ 506/529-3556, 🖥 www.townofstandrews.ca, bietet kostenlose Gezeitentabellen und Stadtpläne, Informationen über Fahrradverleih, Zeiten für Ausflüge nach Minister's Island und Unterstützung bei der Zimmersuche. ⊙ Anfang Mai–Juni tgl. 9–17, Juli und Aug tgl. 8–20, Sep–Anfang Okt tgl. 9.30–17.30 Uhr.

Touren

Quoddy Link Marine, ☎ 506/529-2600 oder 1-877/688-2600, 🖥 www.quoddylinkmarine.com, ist einer von zahlreichen Touranbietern am Hafen. Erstklassige Walbeobachtungstouren mit einem Naturforscher an Bord, Ende Juni–Mitte Okt 1–3x tgl, 3 Std., $49.

Eastern Outdoors, ☎ 506/529-4662, 🖥 www.easternoutdoors.com, veranstaltet halbtägige Kajaktouren zur Passamaquoddy Bay ab $49.

Transport

Busse von **Acadian Lines** verkehren zwischen St. Andrews und SAINT JOHN, FREDERICTON und BANGOR, Maine, sowie nach MONCTON (1x tgl., 3 3/4 Std.). Die Busse halten ein paar Blocks östlich des Anlegers an der Water St.

Campobello Island

Der ehemalige US-Präsident Franklin D. Roosevelt liebte die 16 km lange und 5 km breite Insel Campobello Island wegen ihrer ruhigen, bewaldeten Buchten, der felsigen Landspitzen und der ausgezeichneten Bedingungen zum Fischen. Jene verschlafenen Tage gehören längst der Vergangenheit an, heute ist die Insel mit Ferienhäusern gesprenkelt und wird von zahlreichen Tagesausflüglern besucht.

Die Südhälfte der Insel hingegen ist als **Roosevelt Campobello International Park** geschützt. Mischwälder, Marschen, Wattlandschaften, Strände und Wasserrinnen können über 24 km Schotterpiste erkundet werden, die auch zu mehreren beschaulichen Wanderwegen führt. Einige davon, darunter der erfrischende, 1,5 km lange Spazierweg nach Friar's Head, haben ihren Ausgangspunkt nahe der Hauptattraktion der Insel, dem rotgrünen, inmitten der Wälder an der Küste rund 3 km südlich des Fähranlegers gelegenen **Roosevelt Cottage**. Schon auf den ersten Blick fällt auf, dass die Bezeichnung „Cottage" eine glatte Untertreibung ist, denn es handelt sich um ein herrschaftliches Anwesen mit 35 Zimmern, erbaut im holländischen Kolonialstil und vollgestopft mit Erinnerungsstücken, darunter das Nachttöpfchen aus der Kindheit des großen Staatsmannes, die Wunschliste, die er als Dreikäsehoch zu Weihnachten verfasste, und das Megaphon, mit dem die Kinder lautstark zum Abendessen zitiert wurden. In diesem Cottage erkrankte Roosevelt 1921 an Kinderlähmung. ⏱ Ende Mai–Mitte Okt tgl. 10–18 Uhr, Eintritt frei.

Übernachtung und Essen

Auf der Insel gibt es zahlreiche Übernachtungsmöglichkeiten.
Lupine Lodge, ☎ 506/752-2555 oder 1-888/912-8880, 🖥 www.lupinelodge.com. Die bezaubernden Blockhütten im Art-déco-Stil stehen 500 m nördlich des Roosevelt Cottage mit Blick aufs Meer auf einer Lichtung im Wald. Die Lodge wurde 1915 erbaut und beherbergt ein erstklassiges Restaurant mit regionalen Spezialitäten wie Schellfisch aus der Fundy Bay, Garnelen aus Maine etc. ⏱ Ende Mai–Mitte Okt. ❻

Owen House, 11 Welshpool St, ☎ 506/752-2977, 🖥 www.owenhouse.ca. Das Hotel gleich südlich der Fähranlegestelle datiert von 1835 und steht auf einer schattigen Landzunge mit Blick auf die Bucht. Es hat 9 einladende Zimmer mit Bad, 2 ruhige Lounges und ausgezeichnetes Frühstück (weder WLAN noch TV in den Zimmern). ⏱ Ende Mai–Mitte Okt. ❺–❼

Family Fisheries, ☎ 506/752-2470, am Wilson's Beach, ist das beste einer Handvoll kleiner Restaurants auf der Insel. Ganz oben auf der Speisekarte stehen Hummer, Hummereintopf und Hummerbrötchen, aber es gibt auch köstlichen Schellfisch, Fish & Chips und Grillgerichte. Noch ein bisschen Platz für den selbst gebackenen Blaubeerkuchen lassen!

Transport

Die meisten Besucher kommen über die **Brücke von Lubec** in Maine nach Campobello Island. Irgendwann soll es eine ganzjährige Fährverbindung von St. Andrews geben, aber bis es so weit ist, lässt sich die Insel auf direktem Weg vom kanadischen Festland aus nur mit der saisonabhängig verkehrenden **Fähre via Deer Island** erreichen. Die Fähren, ☎ 506/453-3939 oder 1-888/747-7006, nach Deer Island (tgl. 7–19 Uhr alle 30 Min., danach

bis 22 Uhr stdl., 20 Min., Überfahrt kostenlos, keine Reservierung möglich) verkehren ab L'Etete am Südostufer der Passamaquoddy Bay, 14 km südlich der Rte 1 (und des Orts St. George), und legen an der Nordküste der Insel an.

Von dort sind es 16 km Autofahrt Richtung Süden zur **Deer Island–Campobello-Fähre**, ☎ 506/747-2159, 🖥 www.eastcoastferries.nb.ca (Ende Juni–Mitte Sep 8.30–18.30 Uhr stdl., 35 Min., Auto und Fahrer $18, Fußgänger $3, keine Reservierung möglich) – den Wegweisern zum Deer Island Point folgen.
Von dieser Anlegestelle gehen auch **Fähren** nach **Eastport** in Maine (Ende Juni–Mitte Sep 9–18 Uhr stdl., 20 Min., Auto und Fahrer $15, Fußgänger $3, ☎ und 🖥 wie oben). Beide Fähren sind ziemlich klein, deshalb frühzeitig aufkreuzen.

Grand Manan Island

An der Mündung der Bay of Fundy liegt **Grand Manan Island**, ein raues Naturparadies mit rund 30 km Länge, das überraschend unerschlossen ist, zumindest verglichen mit den Inseln vor der US-Küste weiter südlich. Ein Tagesausflug erlaubt zwar einen ganz netten Einblick, aber nur wer ein paar Tage bleibt, wird den verträumten Charme der von Wanderwegen überzogenen Insel wirklich genießen können. Eine Verwerfung teilt Grand Manan in zwei Hälften: Ihr Westteil ist geprägt von imposanten, dunklen zerklüfteten Klippen vulkanischen Ursprungs, während die Ostseite aus rötlichem Sedimentgestein besteht, dessen Verwitterungsprodukt einige schöne Sandstrände geschaffen hat, die teilweise sogar magnetisch sind. Die Insel ist auch ein wunderbarer Ort für Vogel- und Walbeobachtung. Der Naturforscher und Maler James John Audubon war der erste, der bei einem Besuch 1831 die zahlreichen Vögel dokumentiert hat: Papageientaucher, Tölpel, Lummen, Sturmvögel und Dreizehenmöwen. Die besten Gelegenheiten zur Vogelbeobachtung bieten sich während der Wanderperioden im Frühjahr (Anfang April bis Anfang Juni) und Herbst (Ende August und September) sowie während der Brutzeit im Sommer.

North Head

Die Fähre legt am nördlichen Ende der Insel in **North Head** an, der größten Ortschaft von Grand Manan. Dort befindet sich die kleine **Whale and Seabird Research Station**, ✆ 506/662-3804, 🖥 www.gmwsrs.org. Sie bietet exzellente Informationen zu den verschiedenen Walen dieser Gewässer; ⏰ Juni, Sep und Okt tgl. 10–16, Juli und Aug tgl. 9–17 Uhr, Spende willkommen. Wer die Tiere aber auch live sehen möchte, unternimmt einen Ausflug mit **Whales-n-Sails Adventures**, ✆ 506/662-1999 oder 1-888/994-4044, 🖥 www.whales-n-sails.com, Abfahrt an der Anlegestelle gegenüber der Station. Touren Ende Juni–Ende Sep, $65.

Vom Fähranleger nach rechts geht es zur 1860 erbauten **Swallows Tail Lightstation**. Der Leuchtturm balanciert gefährlich auf einem kleinen Felsvorsprung, den eine Holzbrücke mit der Insel verbindet. Die felsige Küste nördlich von North Head bietet einige der besten **Wanderwege**, z. B. nach Fish Head und zur Felsformation Hole in the Wall, einen knappen Kilometer weiter. Die mit roten Kreisen markierten Pfade sind schmal und ziemlich buckelig. Wer auf den Fußmarsch keine Lust hat, kann mit dem Auto die 2 km bis zum **Hole in the Wall Park** fahren (⏰ Ende Juni–Mitte Sep, $4, sonst kostenlos) und dort ein paar Meter vom Wasser entfernt parken. Ansonsten kann man sich auch eine **Tour im Seekajak** unternehmen oder ein **Fahrrad** ausleihen. Beides bietet Adventure High

an der Hauptstraße, 83 Rte 776, ✆ 506/662-3563, 🖥 www.adventurehigh.com. Eine halbtägige Kajaktour (Mai–Okt) mit kundigem Führer kostet $55, eine Fahrt zur Robbenbeobachtung $65.

Grand Harbour und White Head Island

Von North Head führt die Hauptstraße entlang der Küste südwärts nach **Grand Harbour**, dem wirtschaftlichen Zentrum der Insel. Hier befindet sich auch das **Grand Manan Museum**, 1141 Rte 776, ✆ 506/662-3524, das eine bunt gemischte Sammlung zur Lokalgeschichte zeigt, die untrennbar mit der Fischereiwirtschaft verbunden ist. Schwerpunktthemen sind Schiffwracks, die ungewöhnliche Geologie der Insel und die amerikanische Schriftstellerin Willa Cather, die ab den 1920er- bis in die 1940er-Jahre regelmäßig den Sommer hier verbrachte. ⏰ Mitte Juni–Mitte Sep Mo–Fr 9–17 Uhr, Eintritt $5.

Von Grand Harbour geht es 3,5 km nach Süden bis **Ingalls Head**. Dort schippert eine Fähre (4–10x tgl., 25 Min.) kostenlos hinüber nach **White Head Island**. Das Inselchen hat einen paradiesisch naturbelassenen Strand, der sich prima für einen entspannten Tagesausflug eignet.

Seal Cove und Southwest Head

Zurück auf Grand Manan ist es von Grand Harbour eine kurze Fahrt nach Südwesten bis **Seal Cove**, einem Fischerdorf, das an die einst blühende Heringsräucherei erinnert. Restaurierte Räuchereien und altersschwache Molen säumen den kleinen Hafen, wo heute König Hummer das Geschäft regiert.

Hier ist auch **Sea Watch Tours** zu Hause (den Abzweig SC Breakwater Road nehmen), ✆ 506/662-8552 oder 1-877/662-8552, 🖥 www.seawatchtours.com, ein guter Anbieter von Walbeobachtungstouren (Mitte Juli–Sep, $63) und Ausflügen zur Vogelbeobachtung (Ende Juni–Mitte August, $85, 5 1/2 Std.) rund um **Machias Seal Island**, 18 km südlich – die beste Stelle, um Papageientaucher zu sehen. Von Seal Cove schlängelt sich die Straße weiter zum stürmischen Southwest Head. Dort wacht ein kleiner Leuchtturm von 1880 über bizarr geformte Klippen, Felsformationen und weitere Pfade mit grandiosen Ausblicken übers Meer.

Die Atlantikprovinzen

Mal richtig abschalten

The Inn at Whale Cove Cottages, 26 Whale Cove Cottage Rd, North Head, ☎ 506/662-3181, 🖥 www.holidayjunction.com/whalecove. Auf dem idyllischen Anwesen werden im 1816 aus Holz errichteten Hauptgebäude 3 einladende Zimmer mit Bad und Shaker-Mobiliar ❺ vermietet, außerdem gibt es einen geräumigen Bungalow mit 1 Schlafzimmer ❺ und 2 größere Cottages mit 2 oder 4 Schlafzimmern ($800 bzw. $950 pro Woche).
Im Willa Cather Cottage, in den 1920er-Jahren von der berühmten Schriftstellerin erbaut, kann man es sich für $950 pro Woche gemütlich machen. Alle Cottages haben Küche und Radio, aber weder TV noch Telefon. In North Head von der Hauptstraße abbiegen und 700 m der Whistle Road folgen. ❺

Übernachtung

Die Unterkünfte sind alle recht relaxed und familiär, die meisten befinden sich in **North End**, wo die Fähre anlegt, oder ganz in der Nähe. Ein paar Alternativen gibt es noch in anderen Teilen der Insel.
McLaughlin's Wharf Inn, ☎ 506/662-8760, Seal Cove, im Süden der Insel, befindet sich in einem ehemaligen Postamt am Hafen und hat eine große Terrasse, auf der hervorragende Mahlzeiten serviert werden. ☉ Juni–Sep. ❹
Swallowtail Inn B&B, 50 Lighthouse Road, gleich außerhalb von North Head, ☎ 506/662-1100, 🖥 www.swallowtailinn.com. Eine besondere Unterkunft mit 6 Zimmern in 2 einstigen Wohnungen der Leuchtturmwärter; der Leuchtturm ist noch in Betrieb. ☉ Juni–Okt. ❹
Hole-in-the-Wall Park Campground, 42 Old Airport Rd, North Head, ☎ 506/662-3152 oder 1-866/662-4489, 🖥 www.grandmanan camping.com. Hat einige tolle Stellplätze auf den Klippen, die jedoch entsprechend gefragt sind, d. h. zeitig kommen oder vorher reservieren. Stellplatz an den Klippen $25, Cabins $35, Anschlüsse $5, Wäscherei $2. ☉ Mai–Okt.

Essen

Ganz oben auf den Speisekarten stehen Meeresfrüchte – insbesondere Hummer (Mai–Juli) und Schellfisch. Wer eine Kochmöglichkeit hat, kann z. B. bei **Sunrise Seafood** in Woodwards Cove, ☎ 506/662-3237, frischen Fisch direkt vom Boot kaufen. Unbedingt probieren sollte man eine weitere Spezialität von Grand Manan: **Dulse** (essbarer Seetang). Er wächst im Schatten der Klippen an der Westküste und wird überall auf der Insel verkauft.
Back Porch Café, 43 Rte 776, North Head, ☎ 506/662-8994. Das Lokal gleich neben dem Fähranleger hat eine Veranda mit Hafenblick und lockt mit gehaltvollen „chowdahs" ($3,50), Salaten ($4–5) und mächtigen Sandwiches ($5–8). ☉ Mo–Sa 11–19, So 12–19 Uhr, außerhalb der Saison nur bis 16 Uhr.
Fundy House, 1303 Rte 776, südlich von North Head, ☎ 506/662-8341. In dem nüchternen Diner gibt's die besten Hummerbrötchen ($9,95) der Insel und ganze gekochte Hummer zum Mitnehmen, alles superfrisch. Auch die Muschelbrötchen ($5) sowie die hausgemachten gebackenen Apfelkuchen und -küchlein sind exzellent.
North Head Bakery, 199 Hwy 776, North Head, ☎ 506/662-8862. Ein unscheinbares Schild mit der Aufschrift „Bakery" weist den Weg zu frischem französischem Brot und Gebäck, ideal für ein Picknick. Superlecker sind auch die knusprigen Croissants und die Mini-Doughnuts. ☉ Di–Sa 6.30–17.30 Uhr.

Der Insel-Gourmettempel

The Inn at Whale Cove, 26 Whale Cove Cottage Rd, ☎ 506/662-3181. Es ist ein offenes Geheimnis, dass das Inn (s. Kasten oben) auch die beste Adresse zum Abendessen ist – Tischreservierung unerlässlich. Die Karte wechselt täglich, und bei jedem Gang stehen zwei oder drei Gerichte zur Auswahl. Dabei handelt es sich um Kreationen aus vielen unterschiedlichen saisonalen Zutaten der Region, darunter natürlich auch saftige Jakobsmuscheln und Hummer. ☉ tgl. nur 18–20 Uhr.

Beim Grand Manan Museum befindet sich das kleine Büro der **Touristeninformation**, ☎ 506/662-3442 oder 1-888-525-1655, 🖳 www.grandmanannb.com, ⏱ Juli und Aug tgl. 9–17 Uhr. Wanderführer ($6) und gute Straßenkarten ($3) gibt es aber auch im Museumsshop zu kaufen.

Saint John

Die mit 126 000 Einwohnern größte Stadt New Brunswicks verbindet man eher mit wirtschaftlicher Kraft als mit touristischen Sehenswürdigkeiten, ist sie doch die Heimat der bekannten Biermarke Moosehead und des mächtigen Irving-Konzerns sowie wichtiger Standort einer boomenden Öl- und Gasindustrie. Doch steckt das überraschend kompakte Zentrum voller kleiner Schätze: von viktorianischer Architektur bis zum fesselnden **New Brunswick Museum** und den **Reversing Falls Rapids** am Saint John River,

einer herrlichen Stelle, um die Auswirkungen der mächtigen Fundy-Gezeiten zu sehen.

Als Erste errichteten die Franzosen 1631 hier einen Handelsposten, die eigentliche Stadt wurde jedoch in den 1780er-Jahren von eingewanderten Loyalisten gegründet. Im 19. Jh. brachten Holzhandel und Schiffbau den Wohlstand nach Saint John, das somit auch das nötige Kapital besaß, um die Stadt nach einem verheerenden Feuer 1877 schnell wieder aufzubauen. Fast alle älteren Gebäude der Stadt – die schönsten davon in der **Trinity Royal Historic Preservation Area** – sind daher spätviktorianisch.

Sehenswertes

Das Herz von Saint John schlägt im **Uptown** genannten Zentrum – der Stadtteil auf der anderen Hafenseite heißt **West Side**. Das kleine rechteckige Hafenbecken am Ende der King Street heißt **Market Slip** und war 1783 der Ankunftsort von 3000 geflüchteten Loyalisten. Der „Slip" ist heute kein Anleger mehr, aber noch immer das

Die Loyalisten

Die 40 000 sogenannten United Empire Loyalists, die nach Beendigung des Amerikanischen Unabhängigkeitskrieges nach Norden ins britische Kanada strömten, machten einen beträchtlichen Teil der damaligen Bevölkerung New Englands aus. Viele von ihnen waren Opfer von Vergeltungsmaßnahmen ihrer revolutionären Nachbarn geworden und mussten die USA praktisch ohne einen Penny verlassen. Bis auf 8000 ließen sich alle in den Atlantikprovinzen nieder, wo sie und ihre Nachkommen den harten Kern wirtschaftlich und politisch einflussreicher Cliquen bildeten. Daher wurden die Loyalisten auch häufig – und nicht ganz zu Unrecht – als erzkonservativ angeprangert. In Wirklichkeit waren sie aber alles andere als fügsame Untertanen, denn bereits kurz nach ihrer Ankunft in Kanada übten sie Druck auf die britische Krone aus, ihnen eigene Versammlungen zuzugestehen. Entscheidend wirkte sich aus, dass die Loya-

listen ihrer neuen kanadischen Heimat ein für alle Mal eine ablehnende Haltung gegenüber der amerikanischen Version der Demokratie einimpften – eine Haltung, die sich wie ein roter Faden durch die kanadische Geschichte zieht. Bevor sie ins Exil gezwungen wurden, hatten sich die Loyalisten hitzige Debatten mit ihren radikaleren Landsleuten geliefert, doch während heute jedes Kind die Namen der führenden Köpfe der amerikanischen Unabhängigkeitsbewegung kennt, gerieten die der Loyalisten in Vergessenheit. Die Argumentation der Loyalisten gründete sich damals auf mehrere Gedanken: Loyalität mit Großbritannien, Furcht vor Ausbruch eines Krieges, ziviler Gehorsam als gerechte Sache und, eher unterschwellig, die traditionelle Einstellung der englischen Konservativen, dass der Mensch sich in einer hierarchisch geordneten Gesellschaft mit klar verteilten Rollen freier entfalten könne.

Herz des alten Hafens von Saint John. Hier befindet sich auch der unterhaltsame **Barbour's General Store** (eigentlich ein Museum). Der ehemalige Krämerladen, wo sich die Anwohner zwischen 1860 und 1940 mit allem Notwendigen versorgten, ist heute vollgestopft mit Zeugnissen aus der viktorianischen Zeit, von Süßigkeiten bis zum Barbierstuhl, ☉ Mitte Mai–Mitte Okt 9–18 Uhr, Eintritt frei.

Die Häuserzeile gegenüber dem Anleger wurde saniert, die alten Backsteinlagerhäuser am Kai zu Weinkellern, Restaurants und Boutiquen umgestaltet. Dahinter liegt das moderne Einkaufszentrum Market Square, wo sich auch das glänzende **New Brunswick Museum**, 🖳 www.nbm-mnb.ca, befindet, das sich mit sämtlichen Aspekten der Menschen, der Natur und des künstlerischen Schaffens der Provinz beschäftigt. Besonders interessant sind der Bereich über die traditionellen Wirtschaftssektoren Holzwirtschaft und Schiffbau und die erlesene Sammlung dekorativer und angewandter Kunst aus China. Ein weiteres großes Thema sind die Meereslebewesen der Region, in deren Abteilung es u. a. ein Skelett des seltenen Nördlichen Glattwals zu sehen gibt. Die 13 m hohe „Gezeitenröhre" *tidal tube* wurde über drei Stockwerke gebaut, um den riesigen Tidenhub in der Bay of Fundy zu veranschaulichen, ☉ Mo–Mi und Fr 9–17, Do 9–21, Sa 10–17 und So 12–17 Uhr, Nov–Mitte Mai Mo geschlossen, Eintritt $6.

Loyalist House und City Market

Vom Market Slip sind es fünf Minuten Fußweg entlang der King St nach Osten und dann links in die Germain Street bis zum **Loyalist House**, 120 Union St, ✆ 506/652-3590, einem der ältesten Gebäude der Stadt. Das weiß getünchte Holzhaus wurde 1817 für den Kaufmann David Merritt gebaut, und dank Merritts Nachfahren, die das Haus bis 1958 bewohnten und sich von keinem Einrichtungsgegenstand trennten, ist vieles vom Originalmobiliar erhalten. Bei der Führung durch das Haus erfährt man viel über die Loyalisten (s. S. 442) und Details des Inventars, u. a. ein gut getarntes Spülklosett, eine in London um 1780 fabrizierte Uhr und ein Bett, in dem einst der künftige Edward VII. von England

schlief. Wer im Sommer herkommt, kann vielleicht den Bürgermeister von Saint John treffen: Die Tradition schreibt nämlich vor, dass der Bürgermeister jeden Mittwoch (im Juli und Aug 12–15 Uhr, Eintritt frei) den Besuchern im Hof Tee und Kekse serviert. ☉ Mitte Mai–Juni Mo–Sa 9–16, So 12–16, Juli–Mitte Sep tgl. 10–17 Uhr, Eintritt $5.

Wieder bergab und ein Stück die Germain Street zurück befindet sich der Eingang zum lebendigen **City Market** mit seinem reichhaltigen Angebot an typischen Speisen aus New Brunswick, z. B. *fiddleheads*, die leckeren, geschmacklich an Spargel erinnernden Farnspitzen, und *dulse*, getrocknetes Seegras. ☉ Mo–Do 7.30–18, Fr 7.30–19, Sa 7.30–17 Uhr

Prince William Street

Nach dem Großfeuer von 1877 finanzierten die Kaufleute und Händler von Saint John ein ehrgeiziges Wiederaufbauprogramm, dessen selbstbewusste Ergebnisse in der **Trinity Royal Historic Preservation Area** und vor allem entlang der **Prince William Street** südlich des Market Slip zu bestaunen sind. Zu den grandiosesten neoklassizistischen und Second-Empire-Fassaden zählen das Old Post Office, Nr. 115, die Old City Hall, Nr. 116, und das Palatine Building der Nova Scotia Bank, Nr. 124.

Reversing Falls Rapids

Wie alle anderen Orte entlang der Küste der Bay of Fundy ist auch Saint John stolz auf das Schauspiel der Gezeiten. Hier offenbaren sie sich besonders spektakulär in Form der Reversing Falls Rapids, etwa 3 km westlich des Zentrums an einer scharfen Biegung des Saint John River. Bei Ebbe fließt der Fluss ganz normal ins Meer, doch bei aufkommender Flut wird er von den anströmenden Wassermassen zurückgedrängt. Zunächst kommt es kurzzeitig zu einem Gleichgewicht der Kräfte und einer völligen Beruhigung des Wassers, bevor sich die Fließrichtung unter schäumendem und lärmendem Getöse langsam umkehrt. Die Visitor Centres haben **Gezeitentabellen** aushängen

Mehrere Aussichtsstellen sind am Flussufer ausgeschildert, den spektakulärsten Stellen am nächsten liegt der **Fallsview Park**, der am

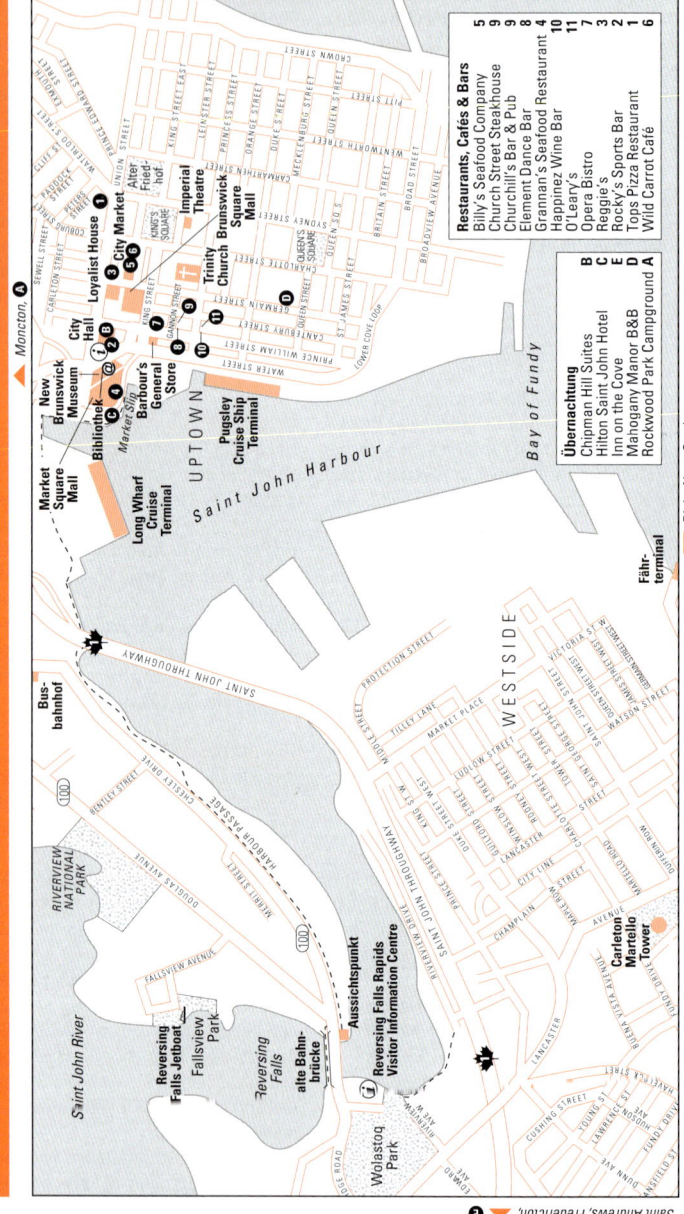

Die Atlantikprovinzen

Saint John

Saint John Airport (15 km)

500 m

N

Moncton

Restaurants, Cafés & Bars
Billy's Seafood Company 5
Church Street Steakhouse 9
Churchill's Bar & Pub 9
Element Dance Bar 8
Grannan's Seafood Restaurant 4
Happinez Wine Bar 10
O'Leary's 11
Opera Bistro 7
Reggie's 3
Rocky's Sports Bar 2
Tops Pizza Restaurant 1
Wild Carrot Café 6

Übernachtung
Chipman Hill Suites B
Hilton Saint John Hotel C
Inn on the Cove E
Mahogany Manor B&B D
Rockwood Park Campground A

Alter Fried-hof

Imperial Theatre

City Market

Brunswick Square Mall

Loyalist House

KING'S SQUARE

City Hall

Trinity Church

New Brunswick Museum

Barbour's General Store

Bibliothek

Pugsley Cruise Ship Terminal

Market Slip

Market Square Mall

Long Wharf Cruise Terminal

UPTOWN

Saint John Harbour

Bay of Fundy

Digby Nova Scotia

Busbahnhof

SAINT JOHN THROUGHWAY

HARBOUR PASSAGE

RIVERVIEW NATIONAL PARK

WESTSIDE

Fähr-terminal

Reversing Falls Jetboat

Fallsview Park

Reversing Falls alte Bahn-brücke

Aussichtspunkt

Reversing Falls Rapids Visitor Information Centre

Saint John River

Wolastoq Park

Carleton Martello Tower

Saint Andrews, Fredericton

besten per Taxi oder per Auto zu erreichen ist. Man kann aber auch vom Market Slip die 2 km lange **Harbour Passage** nehmen, einen Fußpfad immer am Wasser entlang bis zu einem **Aussichtspunkt** hoch über dem Fluss an der Brücke der Rte 100.

Auf der anderen Seite der Brücke gibt es noch mehr Aussichtsstellen und zwei mittelprächtige Restaurants, beide mit Blick hinunter. Im ersten (dem Falls Restaurant) gibt es auch ein **Visitor Information Centre**, ☎ 506/658-2937, das in einem Film den Gezeitenfluss eines ganzen Tages im Zeitraffer zeigt. ⊙ Mitte Mai–Mitte Okt tgl. 9–19 Uhr.

Reversing Falls Jet Boat, ☎ 506/634-8987 oder 1-888/634-8987, 🖳 www.jetboatrides.com, veranstaltet in den Sommermonaten vom eigenen Anleger nahe dem Fallsview Park „Thrill Rides" – **Bootsfahrten** durch die schäumenden Reversing Falls; Juni–Sep von 10 Uhr bis Sonnenuntergang, 20 Min., $35,95.

Außerdem im Angebot: einstündige **Hafenrundfahrten** (bei denen man trocken bleibt) vorbei an den Reversing Falls für $35,35 von derselben Ablegestelle (oder vor dem Hilton, wenn in Saint John ein Kreuzfahrtschiff ankert).

Carleton Martello Tower

Wer sich am Fluss satt gesehen hat, erreicht nach kurzer Autofahrt den Carleton Martello Tower am Fundy Drive. Hinter Aussichtsstelle auf die Reversing Falls und der Brücke der Rte 100 biegt man links in die Lancaster Avenue und folgt dann den Wegweisern.

Der 1815 fertiggestellte Turm kam etwas zu spät für den Britisch-Amerikanischen Krieg von 1812 und diente später als Heimatmuseum. Im Ersten Weltkrieg wurde er als Gefängnis für Deserteure reaktiviert, und im Zweiten Weltkrieg war er ein wichtiges Glied in der Küstenverteidigung des Hafens von Saint John – deshalb auch sein plumper Betonaufsatz. Im Visitor Centre erfährt man mehr über die Geschichte des Turms, in dessen Innern sich ein rekonstruierter Kasernenraum aus dem 19. Jh. und einige Exponate zum Zweiten Weltkrieg befinden. Außerdem eröffnet der Turm herrliche Ausblicke über die Stadt und die Bucht. ⊙ Juni–Anfang Okt tgl. 10–17.30 Uhr, Eintritt $3,90.

In Saint John herrscht kein Mangel an Übernachtungsmöglichkeiten. An den großen Ausfallstraßen reihen sich preiswerte **Motels** aneinander, doch eine interessantere – und häufig ebenso preiswerte – Alternative sind die **Hotels** und **B&Bs** im Zentrum.

Chipman Hill Suites, 9 Chipman Hill, ☎ 506/693-1171, 🖳 www.chipmanhill.com. Auf 12 historische Gebäude verteile Suiten im Zentrum, alle mit voll ausgestatteter Küchenzeile oder Küche, Kabel- TV und kostenlosem WLAN, in jedem Haus gibt es außerdem eine Waschküche. Ein fabelhafter Deal angesichts der niedrigen Preise, die bis auf $49 sinken können. ❸

Hilton Saint John Hotel, 1 Market Square, ☎ 506/693-8484 oder 1-800/561-8282, 🖳 www.hiltonsaintjohn.com, nobler Hotelturm direkt am Market Slip. Die meisten Zimmer bieten Ausblick auf den Hafen. Location und Ausstattung sind erste Sahne, allerdings kostet Parken ebenso extra ($17 pro Tag) wie WLAN ($12,95 pro Tag). Ein Schnäppchen ist wiederum der Airportshuttle ($15). ❾

Mahogany Manor B&B, 220 Germain St, Ecke Queen St, ☎ 506/636-8000 oder 1-800/796-7755, 🖳 www.sjnow.com/mm. Das empfehlenswerteste B&B im Zentrum in

Märchenhaftes Inn mit Meerblick

Inn on the Cove, 1371 Sand Cove Rd, ☎ 506/672-7799 oder 1-877/257-8080, 🖳 www.innonthecove.com. Für Leute, denen die City zu hektisch ist, empfiehlt sich dieses teure, aber ruhige moderne Inn mit seinen 6 hübsch eingerichteten Zimmern auf einem Felsvorsprung hoch über der Bay of Fundy. Das Essen ist ebenso fantasievoll wie appetitlich und wird mit den allerfrischesten Zutaten aus der Gegend zubereitet (das Abendessen muss mindestens 1 Tag im Voraus bestellt werden). Von der Innenstadt sind es rund 10 Min. Autofahrt über den Hwy 1 Richtung Westen bis zur Ausfahrt Exit 119A, dann weiter Richtung Süden über die Bleury St und schließlich an der Kreuzung mit der Sand Cove Road rechts ab. ❻

einer eleganten edwardianischen Villa mit hohen Giebeln und umlaufender Veranda bietet 5 Zimmer mit Bad in einem ruhigen, grünen Stadtviertel rund10 Min. Fußmarsch südöstlich vom Market Slip. ❺

Rockwood Park Campground, 142 Lake Drive South ✆ 506/652-4050, beliebter Campingplatz in der Nähe der Südzufahrt zum Rockwood Park, 2 km östlich des Stadtzentrums, Exit 125 von der Rte 1. Zeltstellplatz $21, Stellplatz mit Anschlüssen $31 (warme Dusche inbegriffen). ☉ Mai–Sep.

Essen

Die Restaurant- und Kneipenszene von Saint John ist quicklebendig und bunt. Ein paar besonders spannende gastronomische Erlebnisse bietet der **City Market** (S. 443), aber normalerweise werden in der Markthalle ab 18 Uhr die Schotten dicht gemacht. Samstags ist dort die Auswahl am größten. Die meisten der weiter unten genannten Bars bieten auch warme Küche. Das hier gebraute Moosehead wird überall ausgeschenkt, die Brauereiführungen wurden jedoch eingestellt (und stattdessen ein Laden in der 49 Main Street West eröffnet).

Church Street Steakhouse, 10 Grannan St, eine Gasse von der Prince William St abzweigend, ✆ 506/648-2373, 🖥 www.grannanhospitalitygroup.com. Hier gibt's die besten Steaks der Stadt: erstklassiges Fleisch von Angusrindern ab $21,69 für ein knappes halbes Pfund Baseball Sirloin. Das New York Strip ist ab $26,89 zu haben und ein Einpfünder-T-bone kostet $41,79– ein beachtliches Stück Fleisch. ☉ Mo–Sa 11.30–23, So 11.30–22 Uhr.

Grannan's Seafood Restaurant, ✆ 506/634-1555, Level 1, Market Square, am Market Slip, ✆ 506/634-1555. Von den teuren Lokalen am Market Slip ist dies das beste. Der „Fang des Tages" *(the catch of the day)* ist ein Hochgenuss. Die Speisekarte gibt aber noch viel mehr her, von Schellfisch und Pommes ($8,95) und Cajunfisch-*chowder* ($8,95) bis zu Digby-Jakobsmuscheln ($24) und Ahornsirupcurry-Hühnchenpasta ($10,95). ☉ tgl. 11–24 Uhr.

Marktfrisch und lecker

Billy's Seafood Company, 49–51 Charlotte St, City Market, ✆ 506/672-3474, 🖥 www.billys seafood.com. In diesem Marktrestaurant sind sogar abends noch leckere frische Meeresfrüchte wie Hummer-Clubwraps und Mahi-Mahi ($9,95) zu haben. Wer möchte, kann sich auch an der exzellenten Austernbar (6 Stck. $6,95) bedienen. ☉ Mo–Sa 11–22, So 16–22 Uhr, Jan–März So geschlossen.

Reggie's, 26 Germain St, ✆ 506/657-6270. Altgedienter, 1969 eröffneter Diner in der Nähe des City Market mit hervorragenden *chowders,* allen möglichen Sandwiches, dem Aushängeschild Bagelburger und überdimensionalen Frühstücksgedecken ab $5. ☉ tgl. 6–17 Uhr.

Tops Pizza Restaurant, 215 Union St, Höhe Sydney St, ✆ 506/634-0505. In dieser Pizzeria der alten Schule, einem Lieblingslokal der Einheimischen, kommt leckere Pizza und prima Lasagne aus dem Ofen. Aber es gibt auch guten Kohlsalat und hausgemachte Suppen – man kann sich schon für weniger als $10 satt essen. Essnischen und Barhocker. Keine Kreditkarten.

Wild Carrot Café, Charlotte St, im City Market, ✆ 506/632-1900, 🖥 www.wildcarrotcafe.com. An dem kleinen Stand gibt es vegetarische Snacks und kleine Mahlzeiten: verschiedene Suppen (ab $3,32), Wraps (ab $5) und Quiches (ab $3,10). ☉ nur zur Marktöffnungszeit, So geschlossen.

Unterhaltung und Kultur

Bars

Churchill's Bar & Pub, 8 Grannan St, ✆ 506/648-2372. Lockere Kneipe mit 24 Bieren vom Fass, spritzigen Martinis und sensationellen Burgern. ☉ tgl. ab 11.30 Uhr.

Happinez Wine Bar, 42 Princess St, ✆ 506/634-7340, 🖥 www.happinezwinebar.com. Diese kleine Weinbar ist mal was anderes als die zig bierlastigen Kneipen von Saint John. Zwischen rohen Backsteinmauern schmeckt ein edler Tropfen von der erlesenen Weinkarte besonders gut. Im Sommer gibt's auch ein paar Plätze draußen. ⏰ Mi und Do 16–24, Fr 16–1, Sa 17–1 Uhr.

O'Leary's, 46 Princess St, ✆ 506/634-7135, 🖥 www.olearyspub.com. O'Leary's Irish Pub ist aus Saint John nicht wegzudenken. Hier werden jede Menge ausländische und kanadische Biere gezapft und Mi–Sa ist Livemusik angesagt, meistens Folkmusik aus Irland oder den Atlantikprovinzen. ⏰ Mo–Sa.

Rocky's Sports Bar, 2/F, Shoppes of City Hall, ein paar Schritte vom Market Square, ✆ 506/652-5452, 🖥 www.rockyssportsbar.com. Geselliger Laden, der Einheimische ebenso anlockt wie Besucher der Stadt. 2009 wurde er zur „best sports bar in Canada" gekürt. Über mehr als 35 Bildschirme flimmern alle möglichen Sportevents, und es gibt reichlich Snacks zum Bier. ⏰ tgl. 7.30–1 Uhr.

Theater

Imperial Theatre, 24 King Square, ✆ 506/674-4100 oder 1-800/323-7469, 🖥 www.imperialtheatre.nb.ca. Das restaurierte Theater aus dem frühen 20. Jh. ist die wichtigste Bühne in Saint John.

Sonstiges
Informationen

Touristeninformation, ✆ 506/658-2855 oder 1-866/463-8639, 🖥 www.tourismsaintjohn.com, im Einkaufszentrum Shoppes of City Hall in der Nähe der King Street im Zentrum. Hier bekommt man die besten und aktuellsten Informationen zu **Bootsausflügen**. ⏰ Mo–Sa 9–17.30 Uhr. Im Sommer gibt es noch einen kleinen **Infoschalter**, ✆ 506/658-2939, im Barbour's Store, ⏰ Mitte Juni–Mitte Sep tgl. 9–19 Uhr.

Internet

Kostenloses Internet und WLAN gibt's in der **Bibliothek** im Einkaufszentrum Market Square. ⏰ Mo–Sa.

Nahverkehr
Stadtbusse

Saint John Transit, ✆ 506/658-4700, 🖥 www.saintjohntransit.com, unterhält das städtische Busnetz. Die meisten Routen beginnen und enden am King's Square im Zentrum. Die Ost-West-Buslinien Nr. 1, 2, 3 und 4 fahren von dort entlang der King Street zu den Reversing Falls Rapids. Bus Nr. 2 fährt weiter bis zum Carleton Martello Tower (25 Min.). Der Einzelfahrschein kostet $2,50 und die Busse verkehren alle 15 Min.

Taxis

Die Taxitarife sind nach Zonen eingeteilt: eine Fahrt vom Zentrum zum Flughafen kostet $28, ein Taxi zu den Reversing Falls Rapids $7.

Diamond Taxi, ✆ 506/648-8888.

Transport
Auto

Mit dem Auto in die Innenstadt von Saint John zu kommen, kann zu einer wahren Irrfahrt werden. Die einfachste Anfahrt führt über die Rte 1, dann nimmt man Exit 122 und folgt der Beschilderung ins Zentrum.

Parkplätze an Parksäulen oder auf den städtischen Parkplätzen (Mo–Fr 7–18 Uhr, $1,50 pro Std.) sind normalerweise leicht zu bekommen.

Busse

Busbahnhof von **Acadian Lines**, 19 Chesley Drive, zu Fuß 15 Minuten östl. vom Market Slip.

Busse nach:

BANGOR, Maine, 1x tgl., 4 3/4 Std.;
FREDERICTON, 2x tgl., 1 1/2 Std. ;
MONCTON, 3x tgl.; 1 3/4–2 1/4 Std.

Fähren

Der **Fährterminal** liegt 5 km westlich des Zentrums auf der anderen Seite des Flusses an der Mündung des Saint John River.
Bay Ferries, ✆ 1-888/249-7245, 🖥 www.bayferries.com, durchquert die Bay of Fundy nach DIGBY, Nova Scotia, 1–2x tgl., 3 Std., einfache Fahrt für Passagiere $30–40, Autos $75–80 plus $20 Benzin-

zuschlag, Fahrräder $10. Da keine Busse vom Fähranleger direkt ins Zentrum fahren, sind Passagiere ohne eigenes Auto auf die wartenden Taxis ($8) angewiesen – oder sie rufen Diamond Taxi, ☎ 506/648-8888.

Flüge

Der **Saint John Airport**, 🖳 www.saintjohn airport.com, 15 km östlich des Zentrums an der Loch Lomond Road, ist keine große Sache. **WestJet** verbindet Saint John mit TORONTO (Mitte Mai–Mitte Okt), **Air Canada** fliegt nach HALIFAX, MONTREAL und ebenfalls TORONTO. **Stadtbus** Nr. 32 fährt in die Stadt (Mo–Fr 6.05–18.05 Uhr stdl., $2,50), **Diamond Taxi** bietet für alle Flüge einen Shuttleservice für $15, jedoch nur zwischen Flughafen und dem Delta Brunswick Hotel. Private **Taxis** verlangen rund $30 für eine Fahrt ins Zentrum. Alle renommierten Autoverleiher haben einen Schalter am Flughafen.

Die Fundy-Küste östlich von Saint John

Östlich von Saint John warten einige der schönsten Abschnitte der Küste New Brunswicks. Es ist eine wilde und überwiegend unberührte Region mit zerklüfteten Landzungen, bröckeligen Klippen und dichten, nebligen Wäldern, die sich bis zum Meer erstrecken. Die größten Sehenswürdigkeiten lassen sich bequem über die Routes 114 und 915 erreichen, die zusammen als **Fundy Coastal Drive** bezeichnet werden, der in der Stadt **Moncton** endet.

Da die Fundy-Küste im Sommer ein beliebtes Feriengebiet ist, kann es nicht schaden, die **Unterkunft** im Voraus zu buchen. Zwischen November und Juni ist fast alles geschlossen. Gewarnt sei vor dem oft erbsensuppendicken Nebel, der die Bay of Fundy notorisch heimsucht. Um das Beste aus dem Besuch zu machen, braucht man ein Auto, denn es gibt **keine öffentlichen Verkehrsmittel** nach St. Martins oder zum Fundy Nationalpark.

St. Martins und Fundy Trail Parkway

Etwa 40 km östlich von Saint John liegt etwas verstreut an der Küste der Bay of Fundy das Fischerdorf **St. Martins**. Von Saint John erreicht man den Ort über die Rte 100, Ausfahrt Loch Lomond Road (Rte 111). St. Martins ist ein hübsches Ensemble aus gepflegten Grünanlagen und Schindelhäusern, das (nach 3 km) den Hafen erreicht, eine niedliche, von einer Hügelkette umschlossene Angelegenheit aus Hummerkäfigen und kleinen Ruderbooten. Von hier sind es 8 km bis zum weiter östlich beginnenden **Fundy Trail Parkway**, 🖳 www.fundytrailparkway.com, einem der faszinierendsten Ziele in der Provinz. Die 13 km lange Straße windet sich vorbei an felsigen Landzungen und durch dichten Wald, und fast hinter jeder Wegbiegung befindet sich ein märchenhafter Aussichtspunkt. Mit etwas Glück sind unterwegs auch Elche, Waschbären und Hirsche zu sehen. Mehr oder weniger parallel zur Straße verläuft ein kombinierter **Wander- und Radweg**, der relativ einfache Wanderungen und Zugang zu mehreren tollen Stränden und Wasserfällen ermöglicht. ◷ Mitte Mai–Mitte Okt tgl. 6–20 Uhr, Eintritt $4.

Der Parkway endet am **Big Salmon River Interpretive Centre**, ☎ 506/833-2019, das eine Ausstellung zur Geschichte der gleichnamigen ehemaligen Holzfällersiedlung zeigt, dessen Bewohner in den 1940er-Jahren ihre Sachen packten. ◷ Mitte Mai–Mitte Okt tgl. 8–20 Uhr.

Vom Centre führt ein Spazierweg den Hügel hinunter und über eine Hängebrücke zum Fluss, eine anstrengendere, 90-minütige Wanderung (2,7 km) geht die Hügel hinauf zur **Jagd- und Angellodge**, die sich die Familie Hearst – jene berühmten Zeitungsbarone und Besitzer der Papiermühle –1968 hinstellen ließ. Ansonsten kann man vom Centre mit dem Auto noch ein Stück weiter über die neue Brücke und dann hoch zu einer letzten Aussichtsstelle fahren, dem **Cranberry Brook Lookout**. Bis Ende 2013 soll die Straße bis zum Fundy National Park (S. 449) verlängert werden, bis dahin führt die Weiterfahrt unweigerlich zurück über St. Martins.

St. Martins Country Inn, 303 Main St
(Rte 111), ☎ 506/833-4534 oder 1-800/565-5257,
🖳 www.stmartinscountryinn.com. Die beste
Unterkunft bietet hinter Pfefferkuchen-
verzierungen und unter viktorianischen Giebeln
und 17 erstklassige Zimmer mit Bad. ☼ April–
Dez. ❹

Quaco Inn, 16 Beach St, ☎ 506/833-4772,
🖳 www.quacoinn.com, eine gute zweite Wahl
in einem eleganten Holzgebäude aus dem
19. Jh. am Wasser. ❹

Caves Restaurant, am Hafen, ☎ 506/833-4698,
genießt zu Recht einen guten Ruf für seinen
üppig mit Meeresfrüchten zubereiteten *chowder*,
den frischen Hummer und die Veranda mit
Meerblick, ☼ tgl. bis 19.30 Uhr.

Coastal Tides Restaurant, 7 Beach St,
☎ 506/833-1997, serviert ebenfalls gutes
Essen.

Im Sommer gibt es im **Ice Cream Parlour**
am Ortsrand köstliche selbstgemachte
Eiscreme.

Fundy National Park

Der durch die Rte 114 geteilte Fundy National
Park, 🖳 www.pc.gc.ca, umfasst einen kurzen,
aus Klippen und Wattlandschaft bestehenden
Küstenabschnitt an der Bay of Fundy sowie
die Wälder, Hügel, Seen und Flusstäler der
dahinterliegenden zentralen Hochebene. Die
abwechslungsreiche Landschaft wird von einem über 100 km umfassenden Netz an **Wanderwegen** erschlossen, zumeist sind es kürzere
und einfache Spaziergänge von nicht mehr als
drei Stunden, aber auch der 45 km lange Fundy
Circuit gehört dazu, der mehrere Trails im Hinterland miteinander kombiniert und drei bis fünf
Tage erfordert. Die reizvollsten Trails befinden
sich an der Fundy-Küste, darunter der spektakuläre **Point Wolfe Beach Trail**, ein mäßig
steiler, 600 m langer Pfad, der von den bewaldeten Felsvorsprüngen über der Bucht nach
unten zum grauen Sandstrand führt (15 Min.).
Von vergleichbarem Reiz ist der 4,4 km lange
Coppermine Trail (1 1/2–2 Std.), der sich als

Die Atlantikprovinzen

Unberührt schön –
der Fundy National Park

Fundy National Park   449

Rundwanderweg durch den Wald schlängelt und atemberaubende Ausblicke auf das Meer und die Küste bietet.

Wer gut zu Fuß ist, kann die 41 km zwischen dem Park und dem Fundy Trail Parkway (S. 448) auf dem Küstenwanderweg **Fundy Footpath**, 🖳 www.fundyfootpath.info, zurücklegen. Der Footpath ist vom Ende des Goose River Path (7,9 km, 2 1/2 Std.) von Point Wolfe zu erreichen – die meisten Wanderer brauchen vier Tage und zelten unterwegs. Im Park leben mehr Vögel als Vierbeiner, aber möglicherweise lässt sich auch eine oder andere Elch sehen. Im Sommer sind mehrere freche Waschbären unterwegs, die eine echte Landplage darstellen – Füttern ist streng verboten.

Alle Wanderwege des Parks sind in der kostenlosen Broschüre beschrieben, die an den beiden **Parkzufahrten** an der Rte 114 erhältlich sind, wo auch Eintritt bezahlt wird (Mitte Mai – Mitte Okt tgl, 8–18 Uhr, $7,80, sonst kostenlos). Die Westzufahrt befindet sich nahe dem Lake Wolfe, rund 20 km südlich der Rte 1, die Ostzufahrt etwa 20 km weiter an der Küste in der Nähe von Alma.

Kurz hinter der Ostzufahrt gibt es an der Rte 114 ein **Besucherzentrum**, ✆ 506/887-6000, das Exponate zur einheimischen Flora und Fauna zeigt, geführte Wanderungen organisiert (Juni–Aug), Permits fürs Backcountry-Camping (Stellplatz $9,80) ausstellt sowie Wanderkarten und Wegbeschreibungen verkauft; ☉ Mitte Mai–Mitte Juni und Sep–Anfang Okt tgl. 8.15–16.30, Mitte Juni–Aug tgl. 8–22 Uhr.

Übernachtung

Von den drei **Campingplätzen** im Nationalpark bietet der Point Wolfe Campground (☉ Ende Juni–Aug) nur Stellplätze ohne Anschlüsse ($15,70–25,50), während Chignecto North (☉ Mitte Mai–Anfang Okt) und der Headquarters Campground (☉ Ende Juni–Aug) auch Plätze mit Anschlüssen ($23,50–35,30) haben. Die letzten beiden befinden sich wie die meisten touristischen Einrichtungen des Nationalparks nahe der Ostzufahrt gleich hinter Alma. Die Stellplätze können z. T. unter ✆ 1-877/737-3783, 🖳 www.pccamping.ca, gegen Gebühr reserviert werden.

Daneben gibt es 13 **Backcountry-Campingplätze** ($9,80), die eine vorherige Anmeldung im Besucherzentrum erfordern. Dabei kann man sich entweder auf sein Glück verlassen oder vor der Abreise anrufen, was im Juli und August die empfehlenswertere Variante ist.

Wer lieber ein richtiges Dach über dem Kopf hat, findet in der Nähe des Besucherzentrums zwei moderne Komplexe mit **Chalets**: Fundy Park Chalets, ✆ 506/887-2808 oder 1-877/887-2808, 🖳 www.fundyparkchalets.com, ☉ Mai–Okt, ❹, und das etwas komfortablere und klimatisierte Fundy Highlands Inn & Chalets, ✆ 506/887-2930 oder 1-888/883-8639, 🖳 www.fundyhighlandchalets.com, ☉ Mai–Okt, ❹. Beide haben Zimmer mit Kochnischen. Weitere Unterkünfte bietet der Ort Alma (s. u.).

Alma

Vom Osteingang des Nationalparks kommend, liegt auf der anderen Seite des Salmon River das verschlafene kleine Dorf Alma, dessen 300 Einwohner sich ganz ordentlich mit Fischfang, Landwirtschaft und Tourismus über Wasser halten. Alles, was Alma zu bieten hat, findet sich an einem kurzen Abschnitt der Main St, darunter auch mehrere **Motels** und **Hotels**.

Übernachtung

Alpine Motor Inn, ✆ 506/887-2052 oder 1-866/887-2052, 🖳 www.alpinemotorinn.ca, blitzsauberes Gästehaus an der Bucht, ☉ Mai–Okt. ❹
Captain's Inn B&B, ✆ 506/887-2017, 🖳 www.captainsinn.ca, die beste Wahl; modernes Haus in traditionellem Stil mit 9 gemütlichen Zimmern. ❺
Parkland Village Inn, ✆ 506/887-2313 oder 1 866/668 4337, 🖳 www.parklandvillageinn.com, 2-stöckiges Inn im Motel-Stil, ☉ April–Nov. ❺

Essen

Essen steht in Alma gleichbedeutend mit Hummer. Im Ort gibt es drei Hummerteiche, wo aus riesigen Salzwasserbassins der für sein festes, schmackhaftes Fleisch berühmte einheimische Hummer verkauft wird. Die meisten Fischgeschäfte haben auch Jakobsmuscheln, Räucherlachs, Austern und frischen Fisch.

Alma Lobster Shop, ☎ 506/887-1987, am Ufer, hat sowohl lebenden als auch gekochten Hummer. Am besten kauft man einen gekochten, lässt die Schale knacken und verzehrt ihn am Strand zusammen mit Brot vom Supermarkt an der Main Street. ◷ Mitte Mai–Sep tgl. 10–18, Okt–Dez Sa und So 12–17 Uhr

Kelly's Bake Shop, Main St, ☎ 506/887-2460, ist bekannt für klebrige, süße Brötchen von enormer Größe und leckere Kuchen. ◷ tgl. 10–17 Uhr.

Fundy Take-Out Restaurant, in Flussnähe, ☎ 506/887-2261. Hier werden Burger und panierte Garnelen gebrutzelt und Brötchen mit Hummer belegt. Zu verzehren an einem der Picknicktische zusammen mit *poutine*. ◷ Mai–Okt.

Tides Restaurant, im Parkland Village Inn, ist ein richtiges Restaurant mit Tischen. Großes Plus: unübertroffener Hummer-*chowder* und die Aussicht auf die Bucht. ◷ Mai–Okt.

Cape Enrage

Bei Alma zweigt die Rte 915 von der Rte 114 ab und zieht sich nah an der Küste durch die Hügel und Täler, vorbei an einsamen Farmen, die hinter zerklüfteten Meeresklippen Schutz suchen. Die spektakulärste Landschaft enthüllt sich bei Cape Enrage, das über eine 6,5 km lange Nebenstraße der Rte 915 zu erreichen ist. ◷ Mitte Mai–Anfang Sep tgl. 8.30–20 Uhr; Spende $4 pro Pers. oder $10 pro Pkw; Leuchtturmführung $5.

Am Kap steht hoch über dem Meer der 1848 erbaute Leuchtturm, als wäre er auf einen großen Felssockel geklebt. Als der Leuchtturm 1988 auf Automatikbetrieb umgestellt wurde, verließen die Leuchtturmwärter den Ort, und ein Lehrer in Moncton initiierte mit tatkräftiger Unterstützung seiner Schüler ein ehrgeiziges Projekt zum Schutz und Ausbau der Stätte. Eine neue Holzpromenade führt zum Fuß des Leuchtturms und das ehemalige Wärterhaus wurde zu einem

netten Lokal umgestaltet – der Fischeintopf ist empfehlenswert. Von Mai bis September betätigen sich die Schüler als helfende Hände auf dem Gelände und bieten diverse Aktivitäten an, vorwiegend Klettern und Abseilen (2 Std., $54). Mountainbikes gibt es für $8 pro Std. oder $30 pro Tag zu mieten. Was immer es auch sein soll, es muss bestellt werden: ☎ 506/887-2273 oder 1-888/280-7273, 🖥 www.capenrage.com. Von Oktober bis April hat alles zu, aber man kann trotzdem auf dem Gelände herumspazieren.

Hopewell Rocks

Die faszinierende Küstenlinie des Hopewell Cape, wo rund 35 km nordöstlich von Cape Enrage der Petitcodiac River in die Bucht mündet, liegt innerhalb des privat verwalteten **Hopewell Rocks Park**, 🖥 www.thehopewellrocks.ca, benannt nach den knorrig geformte Felsnadeln aus rotem Sandstein, die bis zu 15 m am Strand in die Höhe ragen.

Im Informationszentrum im höher gelegenen Teil des Parks werden die geologischen Besonderheiten des Kaps und die ozeanografische Komplexität der Bay of Fundy erläutert, doch schnell zieht es die Besucher den 828 m langen Fußweg hinunter, um vorbei an mehreren Aussichtspunkten die *flowerpot rocks* genannten, wunderlichen Felsen zu erreichen; eine Fahrt im Shuttlebus kostet $1,50. Nachdem die Felsen während der Eiszeit von der Wand des Kliffs weggedrückt worden waren, haben die mächtigen Gezeiten der Bay of Fundy im Laufe der Jahrtausende durch Erosion die jetzigen Formen geschaffen. Bei Flut sehen die Felsen aus wie von Nadelbäumen bewachsene Inselchen, bei Ebbe erinnern sie an überdimensionale Termitenhügel. Treppen führen zum Strand hinunter, wo man jeweils zwei bis drei Stunden vor und nach der Ebbe zwischen den Felsen spazieren gehen kann. Paddelfreunde können sich von Juni bis August für $55 bei Flut ein Kajak mieten; ☎ 1-877/601-2660, 🖥 www.baymount adventures.com.

◷ Mitte Mai–Ende Juni und Sep–Anfang Okt tgl. 9–17, Ende Juni–Ende Aug 8–20 Uhr, Eintritt $8,50, Ticket gültig an 2 aufeinanderfolgenden

Tagen, um beide Gezeiten zu erleben. Auch wenn der Park offiziell geschlossen ist, können Besucher auf das Gelände, allerdings auf eigene Gefahr. Von den Hopewell Rocks sind es 50 km am westlichen Ufer des Petitcodiac River entlang bis nach Moncton.

Moncton

Der Petitcodiac River beschert Moncton seinen Teil der Gezeitenwelle, die aus der 35 km flussabwärts beginnenden Bay of Fundy heraufschwappt. Ansonsten ist das von flachen Marschen umgebene Moncton ein blühendes, aber weniger bedeutendes wirtschaftliches Zentrum und Verkehrsknotenpunkt – Greater Moncton ist fast so groß wie Saint John. Das mag nicht allzu vielversprechend klingen, doch das Stadtzentrum hat genügend nette Restaurants, Bars und Hotels, die Besuchern eine Übernachtung in Moncton schmackhaft machen. In der Tat liegt die Stadt günstig für einen Zwischenstopp auf der Fahrt vom Fundy National Park nach PEI. Die Investitionen in das Stadtbild Monctons spiegeln nicht zuletzt das wachsende Selbstvertrauen der hier heimischen Akadier wider. Die Stadt ist Standort der einzigen französischsprachigen Universität der Provinz und stolz auf ihre **Zweisprachigkeit**, eine Folge der Ansiedlung akadischer Flüchtlinge nach den Deportationen in den 1790er-Jahren.

Größte Attraktion der Stadt ist die **Gezeitenwelle**, aber bei Ebbe kommt kein Zweifel auf, warum die Einheimischen den Petitcodiac als „Schokoladenfluss" bezeichneten. Mit Ankunft der Welle verschwinden die Schlickflächen, während der Fluss langsam auf einen Pegel von 8 m ansteigt. Im kleinen **Bore View Park** gleich östlich des Zentrums in Höhe Main Street und King Street lässt sich das Phänomen am besten beobachten.

Die zweite Attraktion der Stadt ist der **Magnetic Hill**, 🖳 www.magnetichill.com, ein höchst ungewöhnliches Stück Straße, auf dem das Auto ohne eingelegten Gang bergauf zu rollen

Die bis zu 15 m hohen Felsen der Hopewell Rocks tragen so bildhafte Namen wie „Bär" oder „Schwiegermutter".

scheint. Man fährt mit dem Auto zu einem Punkt,
der am Fuß des Hügels zu liegen scheint, legt
den Leerlauf ein und lässt es „bergauf" rollen –
was einem tatsächlich recht bizarr vorkommt.
Der Magnetic Hill liegt nahe dem Trans-Canada
Highway (Exit 450), etwa 9 km nordwestlich des
Zentrums. Er ist umgeben vom „Wharf Village"
mit Zoo, Wasserpark und anderen Rummelplatz-
attraktionen für die ganze Familie. ☉ Mitte Mai–
Mitte Sep tgl. 8–20 Uhr, $5.

Übernachtung

Im Zentrum von Moncton gibt es ausreichend
Unterkünfte. Billigere Motels findet man an der
Mountain Road Richtung Magnetic Hill.
In den grünen Wohngebieten nördlich der
Main Street liegen außerdem mehrere
angenehme B&Bs.
Bonaccord House B&B, 250 Bonaccord St,
Ecke John St, ☏ 506/388-1535, 🖳 www.bb
canada.com/4135.html. Das Sahnestückchen
unter den B&Bs ist diese von einem hübschen
Lattenzaun umgebene spätviktorianische Villa
mit 4 Zimmern nördlich des Busbahnhofs.
Der Nachmittagstee wird auf der Veranda
serviert. ❷
C'mon Inn Hostel, 47 Fleet St, ☏ 506/854-8155,
🖳 www.monctonhostel.ca. Tolle Budgetunterkunft mit Gemeinschaftsküche in einem
stattlichen alten Haus, zwei Blocks vom
Busbahnhof. Dorm-Bett ab $24, außerdem
schlichte DZ und EZ (Gemeinschaftsbad). ❶
Delta Beauséjour, 750 Main St,
☏ 506/854-4344 oder 1-800/268-1133,
🖳 www.deltahotels.com. Das luxuriöseste
Hotel der Stadt, ein großes, modernes
Hochhaus in Zentrumsnähe, bietet sehr
komfortable Zimmer und die üblichen Extras.
Parkplatz $12,50, Internet gratis. ❻

Essen und Unterhaltung

Restaurants und Bars gibt es im Zentrum
zuhauf.
Marché Moncton Market, 120 Westmoreland St,
unweit der Main Street, 🖳 www.marche
monctonmarket.ca. Der Markt versammelt
diverse verlockende Essensstände.
☉ Sa 7–14 Uhr; die Stände Shangrilla und
Happy Wok sind auch Mi–Fr 11–15 Uhr geöffnet.

Auf jeden Fall ausgefallen

L'Hôtel St. James, 14 Church St, ☏ 1-888/782-
1414, 🖳 www.hotelstjames.ca. Boutiquehotel
direkt im Zentrum mit Parkettböden, Flachbild-
TVs, iPod-Docks, DVDs und einer Glaswand
zwischen Bad und Bett. Ohne Frage die coolste
Unterkunft Monctons, aber in der Kneipe unten kann es ganz schön laut werden und das
(im Preis enthaltene) Frühstück haut einen
nicht vom Hocker. ❻

Le Château à Pape, 2 Steadman St,
☏ 506/855-7273, 🖳 www.lechateauapape.ca.
Feinste akadische Küche (Hauptgerichte
ab $18) in einem wunderschönen alten
Restaurant am Rand des Bore View Park.
☉ tgl. ab 16 Uhr.
Graffiti, 897 Main St, ☏ 506/382-4299.
Das romantische, schummrige Restaurant ist
auf erschwingliche mediterrane Küche
spezialisiert, von griechischen Klassikern bis
zu Pizza.
Old Triangle Irish Alehouse, 751 Main St,
☏ 506/384-7474, 🖳 www.oldtriangle.com.
In dieser Schwesterkneipe der Halifax-
Institution (s. S. 394) wird zum leckeren Guinness
(pint $6,64) irisch angehauchtes Kneipenessen
($10–12) und jede Menge Livemusik (Folk und
Irish) geboten.
Pump House Brewpub, 7 Orange Lane,
unweit der Main Street (ein paar Meter
östlich der Bank of Montreal), ☏ 506/855-2337,
🖳 www.pumphousebrewery.ca. Beliebte
Brauereikneipe mit einigen hervorragende
Bieren ab $2,75, ein Pitcher (ca. 1,5-Liter-Krug)

Schlicht schmeckt's auch

Jean's Restaurant, 369 St. George St, ☏ 506/
855-1053. Der rund drei Blocks nördlich der
Main St, Ecke Weldon St (westlich von Downtown) gelegene Diner verzichtet auf allen
Schnickschnack, lohnt aber den Weg allein
schon der Muscheln ($10,99) wegen, von den
Essnischen aus den 1950er-Jahren ganz zu
schweigen. Kostenlose Parkplätze.

kostet $13,75. Auch das Essen kann sich sehen lassen.

Informationen

Die **Touristeninformation** im historischen Treitz Haus im Bore View Park, ℡ 506/853-3590, ⌨ www.tourism.moncton.ca, bietet kostenlose Reservierung von Unterkünften, Gratisstadtpläne und Informationen über Veranstaltungen, ☉ Mitte Mai–Anfang Juni und Sep tgl. 8.30–16.30, Anfang Juni–Aug tgl. 9–19, Sep und Okt Sa und So 9–17 Uhr.

Klassische Musik und Theater

Capitol Theatre, 811 Main St, ℡ 506/856-4379 oder 1-800/567-1922, ⌨ www.capitol.nb.ca. Auf dem Programm stehen Vorstellungen des Theatre New Brunswick, ⌨ www.tnb.nb.ca, ebenso wie Konzerte des Orchesters Symphony New Brunswick, ⌨ www.symphonynb.com.

Im Zentrum von Moncton findet sich mühelos ein Parkplatz ($1–1,50 pro Std.), viele sind entlang der Main Street ausgeschildert.

Busse

Der **Busbahnhof** liegt 1 km westlich des Bore View Park in der 961 Main St. **Acadian Lines** (s. S. 434) verbindet Moncton mit den meisten größeren Städten in New Brunswick, mit Charlottetown auf Prince Edward Island und Halifax in Nova Scotia.

Busse nach:
BATHURST, 1x tgl., 3 1/2 Std.;
CHARLOTTETOWN, 2–3x tgl., 3 1/2 Std.;
EDMUNDSTON, 2x tgl., 6 Std.;
FREDERICTON, 2x tgl., 2 1/2 Std.;
HALIFAX, 3x tgl., 4 1/2 Std.;
MIRAMICHI CITY, 1x tgl., 2 1/4 Std.;
ST ANDREWS, 1x tgl., 3 3/4 Std.;
SAINT JOHN, 3x tgl., 1 3/4–2 1/4 Std.

Eisenbahn

Der Bahnhof von Moncton befindet sich in der Nähe des Busbahnhofs, nur 2 Blocks die Main St nach Westen hinter dem Einkaufszentrum. Es gibt Zugverbindungen nach HALIFAX (4 1/2 Std.) und MONTRÉAL (15 Std.).

Flüge

Der **Moncton International Airport**, ⌨ www.gmia.ca, liegt 10 km östlich der Stadt in der Nähe von Dieppe. Von hier aus gehen erstaunlich viele Flüge nach MONTRÉAL und TORONTO (mit Air Canada und WestJet) und sogar NEWARK, USA (mit Continental). Avis, Budget, Hertz und National haben Schalter am Flughafen. Ansonsten kommt man in die Stadt nur mit einem Taxi, ℡ 506/857-2000, rund $20.

Fort Beauséjour

Rund 50 km südlich von Moncton und nur 2 km von der Kreuzung der Trans-Canada-Routes 2 und 16 entfernt liegt auf einer grasbewachsenen Anhöhe die ehemalige Festung und heutige National Historic Site Fort Beauséjour, von der sich ein Panoramablick auf die Chignecto Bay eröffnet. Die strategisch günstige Landenge zwischen New Brunswick und Nova Scotia entdeckten zuerst die Franzosen, die hier 1751 Befestigungen bauten. Vier Jahre später eroberten die Briten den Ort und deportierten die hier ansässigen Akadier, da sie mit einem Aufstand rechneten. Die britische Garnison hielt Beauséjour bis 1835 als Bollwerk gegen die US-Amerikaner.

Die Überreste der sternförmigen Festung weisen die für Verteidigungsanlagen jener Zeit typischen Merkmale auf: Schanzwerk, Erdwälle und die an einem gemeinsamen Punkt zusammenlaufenden Gräben. Verbindung nach außen bestand in Form eines schmalen Durchgangs und zweier tief eingezogener Durchbrüche für den Nachschub. Auf dem Gelände befindet sich ein **Museum** mit spannenden Exponaten zur Geschichte des Forts und der akadischen Bauern, die sich in den 1670er-Jahren in der Gegend ansiedelten. Einige interessante Ausstellungsstücke, darunter uralte Holzschuhe, wurden im Zuge der Restaurierungsarbeiten in den 1960er-Jahren entdeckt. ☉ Juni–Mitte Okt tgl. 9–17 Uhr, Eintritt $3,90.

Vom Fort Beauséjour sind es nur wenige Kilometer nach Süden bis nach Nova Scotia (S. 385) und etwa 50 km ostwärts zur Confederation Bridge hinüber nach Prince Edward Island (S. 457).

Côte acadienne

Östlich von Moncton führt die Rte 11 von der Northumberland Strait bei Shediac, der Hummerhauptstadt der Provinz, in nördlicher Richtung bis nach Miramichi (S. 456) entlang der akadischen Küste New Brunswicks. Die schmucken Dörfer, die in der Gegend nach den Deportationen der 1750er-Jahre gegründet wurden, sind alle französischsprachig und stolz auf ihre akadischen Wurzeln.

Ein Highlight der Region ist **Le Pays de la Sagouine**, ✆ 1-800/561-9188, 🖳 www.sagouine.com, eine Art akadisches Märchendorf auf der l'Île-aux-Puces in **Bouctouche**, 35 km nördlich von Shediac. Es ist ein Geisteskind der bekannten akadischen Schriftstellerin Antonine Maillet (der Name stammt aus ihrem 1971 veröffentlichten Roman *La Sagouine*) und öffnete 1992 seine Pforten. In alte Trachten gewandete Darsteller führen traditionelles akadisches Handwerk, akadische Kochkünste und Gewerke vor, z. B. Fischen, alles begleitet von witzigen Kommentaren. Auch bei den täglichen musikalischen Darbietungen kommen Schauspieler zum Zug: Das ausgezeichnete Dinner Theatre kostet allerdings $51 extra. Um das Ganze wirklich würdigen zu können, sollte man schon ein bisschen Französisch verstehen, um 10 und 14.30 Uhr gibt es aber auch Führungen auf Englisch. ◷ Ende Juni–Ende Aug tgl. 9.30–17.30 Uhr, Eintritt $15,50.

Ebenfalls besuchenswert ist das **Irving Eco-Centre**, La Dune de Bouctouche, ✆ 1-888/640-3300, 🖳 www.irvingecocenter.com, an einem 12 km langen Strandabschnitt an der Rte 475, gleich nördlich von Bouctouche. Von einem 2 km langen Plankenweg aus kann man hier riesige Dünen betrachten und etwas über das Ökosystem der Gegend lernen. ◷ Mai–Okt Mo–Fr 12–17, Sa und So 10–17 Uhr, Besucherzentrum ◷ Juli und Aug tgl. 10–19 Uhr, Eintritt frei.

Unterkunft bietet die moderne, motelähnliche Auberge Bouctouche im Ort, 50 Rue Industrielle, ✆ 506/743-5003, 🖳 www.aubergebouctoucheinn.ca, ❺.

Kouchibouguac National Park

Rund 46 km nördlich von Bouctouche streift die Rte 11 die Küstenwälder, Salzmarschen, Lagunen und Sandstrände des Kouchibouguac National Park (ausgesprochen „kuu-schi-buu-guack"), ◷ Mitte Juni–Anfang Sep $7,80, April–Mitte Juni und Anfang Sep–Nov $3,90, sonst Eintritt frei.

Nahe der Hauptzufahrt befindet sich das **Besucherzentrum**, ✆ 506/876-2443, wo an Hand verschiedener Exponate das komplexe Ökosystem des Parks beleuchtet wird, ◷ Mitte Mai–Anfang Juni und Sep–Mitte Okt tgl. 9–17, Anfang Juni–Aug 8–20 Uhr. Ein paar Kilometer dahinter erreicht die Straße die Abzweigung zum langen Sandstrand **Kellys Beach**, der Hauptattraktion des Nationalparks. Mehrere schöne Wanderwege führen durch Teile des Parks, der kürzeste misst 1 km, der längste, der Kouchibouguac River Trail, führt 13 km immer am Fluss entlang nach Westen (mit mind. 6 Std. rechnen).

Von den **Campingplätzen** im Nationalpark verfügt der South Kouchibouguac Campground über Anschlüsse (◷ Mitte Mai–Mitte Okt, Stellplatz $21,50–32,30), auf dem Côte-à-Fabien (◷ Anfang Juni–Anfang Sep, Stellplatz $15,70) muss man ohne auskommen. Eine Reservierung, ✆ 1-877/737-3783, 🖳 www.pccamping.ca, ist für den South Kouchibouguac zu empfehlen, für den Côte-à-Fabien hingegen nicht möglich, sodass man dort zeitig erscheinen sollte. Wer nicht zelten möchte, kann den Kouchibouguac Nationalpark auch bequem als Tagesausflug von Miramichi (S. 456) aus besuchen oder sich in einem der Orte der Umgebung eine Unterkunft suchen.

Miramichi Valley

Die von Fredericton aus in nordöstlicher Richtung verlaufende Rte 8 führt an endlosen Wäldern vorbei durchs Tal des **Miramichi River** nach Mira-

michi City, einem Zusammenschluss von sechs kleinen Holzverladehäfen an der Mündung des Flusses und mit einigen kleineren historischen Stätten nicht uninteressant für einen Besuch.

Doaktown

Die 180 km lange Fahrt von Fredericton nach Miramichi dauert drei bis vier Stunden – oder ein bisschen länger, wenn man einen Stopp in Doaktown einlegt, einem beliebten Ort zum Lachseangeln. Die Angelsaison beginnt je nach Gewässer ungefähr zwischen April und Juli, und jeder Angler benötigt eine Lizenz ($29–105). Die Angelegenheit unterliegt einem umfangreichen Regelwerk (es sind 17 verschiedene Lizenzen im Umlauf), zu dessen einzelnen Bestimmungen die örtliche Touristeninformation Auskunft erteilt.

Das **Atlantic Salmon Museum** an der Rte 8, ℡ 506/365-7787, 🖳 www.atlanticsalmonmuseum.com, illustriert den anstrengenden Lebenszyklus der Lachse, beherbergt ein kleines Aquarium und informiert über unterschiedliche Angeltechniken. Manche werfen aber lieber gleich selbst die Angel aus; Genaueres zu den zahlreichen Ausrüstern und Guides der Stadt ist im Museum zu erfahren. ◷ Mitte April–Mai Mo–Fr 9–17, Juni–Mitte Okt tgl. 9–17 Uhr, Eintritt $5.

Miramichi City: Newcastle und Nelson

Das ehemalige Schiffbauzentrum Newcastle (Miramichi West), das inzwischen ins wachsende Miramichi City eingemeindet wurde, liegt am Nordufer des Miramichi River, der unweit von hier in den St.-Lorenz-Golf mündet.

Die größten Sehenswürdigkeiten befinden sich auf **Beaubears Island**, in der Mitte des Flusses. Dort zeichnet die beeindruckende **Boishébert National Historic Site** die Geschichte der Akadier nach, die 1755 hier Zuflucht suchten, und die **Beaubears Island Shipbuilding National Historic Site** umfasst die Überreste einer Schiffswerft aus dem 19. Jh. ◷ Mitte Mai–Juni und Sep–Mitte Okt Mo–Sa 10–16, So

12–16, Juli und Aug tgl. 10–20 Uhr, Eintritt nur im Rahmen einer Führung. Der Besuch beginnt auf der Newcastle gegenüberliegenden Seite des Flusses im **Interpretive Centre**, 35 St. Patrick's Drive, in **Nelson-Miramichi** (gleiche Öffnungszeiten, Eintritt $5). Dort setzen die Boote zur Insel über ($15–25, inkl. Eintritt zum Interpretive Centre).

Auch der wunderschön gestaltete **Metepenagiag Heritage Park** in Red Bank, 28 km flussaufwärts gelegen, ℡ 506/836-6118, 🖳 www.metepenagiagpark.com, lohnt die Anfahrt (über Routes 425 und 420). Angehörige des hiesigen Mi'kmaq-Stammes informieren hier stolz in fesselnden Multimediapräsentationen über ihre Kultur und Geschichte. Außerdem gibt es Naturlehrpfade, Gesang, Tanz, Kunst und eine Ausstellung mit seltenen archäologischen Funden von zwei nahe gelegenen alten Stätten. ◷ Mai–Okt tgl. 9–17 Uhr, Eintritt $8.

Newcastle ist eine gute Ausgangsbasis für Besuche des fünftägigen **Miramichi Folksong Festival**, ℡ 506/622-1780, 🖳 www.miramichifolksongfestival.com, das alljährlich Anfang August in Miramichi City veranstaltet und zu den besten seiner Art gezählt wird. Das Programm gibt's im Visitor Centre in Chatham (Miramichi East), 199 King St, ℡ 506/778-8444, 🖳 www.miramichi.org, ◷ Ende Juni–Aug tgl. 9–21 Uhr.

Park Inn, 1 Jane St (in der Nähe der Brücke), Newcastle, ℡ 506/622-0302 oder 1-866/612-8600, 🖳 www.parkinn.com/miramichinb.com, moderne, motelartige Unterkunft. ❹

Canada's Best Value Inn & Suites, 201 Edward St, Newcastle, ℡ 506/622-1215 oder 1-888/315-2378, 🖳 www.canadasbestvalueinn.com. ❺

Governor's Mansion B&B, 62 St. Patrick's Drive, Nelson, ℡ 506/622-3036 oder 1-877/647-2642, 🖳 www.governorsmansion.ca, eine hübsche viktorianische Villa, die einst Residenz des Vizegouverneurs war. Das mit antiken Möbeln ausgestattete Herrenhaus verfügt über 8 Gästezimmer in den beiden oberen Stockwerken; 8 weitere Zimmer stehen im ebenfalls altehrwürdigen **Beaubear Manor** zur Verfügung. ❸

Péninsule acadienne

In der nordöstlichen Ecke New Brunswicks ragt die Péninsule acadienne, die Akadische Halbinsel, gut 130 km in den St.-Lorenz-Golf hinein. Dieser Teil der Provinz ist ebenfalls eine der Regionen, in der die Akadier der Deportation (s. S. 413) entgingen. Mehr als irgendwo sonst in den Atlantikprovinzen haben sie sich in diesem Landstrich ihre traditionelle Lebensweise bewahrt, die ihre Grundpfeiler im Fischfang und in der Bewirtschaftung des Marschlandes hat.

Viel zu sehen gibt es in dieser Gegend nicht, aber der beste Ort, um etwas über die Wurzeln dieser Region zu erfahren, ist **Caraquet** an der Nordküste, wo sich das Freilichtmuseum **Village Historique Acadien** befindet. Auf der Halbinsel verkehren keine öffentlichen Busse.

Caraquet

Am Rand von hügeliger Landschaft folgt die Rte 11 von der Bergbaustadt Bathurst der Nordküste der Halbinsel nach Osten, bis sie nach rund 50 km das **Village Historique Acadien**, 🖳 www.villagehistoriqueacadien.com, erreicht. Das Museumsdorf ist der ganze Stolz der Region und umfasst etwa vierzig alte akadische Gebäude, die aus allen Winkeln New Brunswicks zusammengetragen wurden – lediglich die Kirche wurde eigens für das Dorf errichtet. Kostümierte Schauspieler erzählen von den Schwierigkeiten der frühen Siedler und demonstrieren traditionelle landwirtschaftliche Techniken sowie Methoden des Spinnens, Kochens und weitere Fertigkeiten – all das in einer reizvoll rustikalen Umgebung. ☉ Juni–Anfang Sep tgl. 10–18 Uhr, Eintritt $15,50.

Vom Freilichtmuseum sind es weitere 16 km über die Rte 11 bis in den Fischereihafen **Caraquet**, der 1758 von akadischen Flüchtlingen gegründet wurde und sich heute auf 13 km die Küste entlangzieht. Caraquet wirkt recht nüchtern, hat aber zumindest eine Sehenswürdigkeit zu bieten: Das **Le Musée Acadien de Caraquet**, Blvd St-Pierre East (Rte 145), ✆ 506/726-2682, dokumentiert das Leben der ersten Siedler und besitzt eine kleine Galerie, die dem Werk einhei-

mischer Künstler gewidmet ist. ☉ Mai, Juni und Anfang Sep Mo–Fr 10–18, Juli und Aug Mo–Sa 10–20 und So 13–18 Uhr, Eintritt $3.

Am westlichen Ortsrand befindet sich die Gedenkstätte **Ste-Anne-du-Bocage** zur Erinnerung an den Kummer und die Sorgen der Gründerfamilien. Caraquet ist Veranstaltungsort des **Acadian Festival**, ✆ 506/727-2787, 🖳 www.festivalacadien.ca, des bedeutendsten akadischen Volksfests der Region, das alljährlich Anfang August stattfindet. Das zwei Wochen dauernde Spektakel mit Musik- und Theaterprogramm wird traditionell mit der Segnung der Fischereiflotte durch einen einheimischen Bischof eröffnet.

Die beste Wahl unter den **Unterkünften** in Caraquet ist das Hotel Paulin, 143 Blvd St-Pierre West, ✆ 506/727-9981 oder 1-866/727-9981, 🖳 www.hotelpaulin.com, ✿, ein schickes und komfortables Familien-Gasthaus mit acht Zimmern in einem reizvollen viktorianischen Gebäude; auch das Restaurant mit akadischer Küche ist erstklassig. Eine etwas preiswertere Alternative ist das B&B Le Pignon Rouge, 338 Blvd St-Pierre East, ✆ 506/727-5983, 🖳 www.lepignonrouge.com, ✿, in einem Holzgebäude aus dem 19. Jh; ☉ Juni–Sep.

13 **HIGHLIGHT**

Prince Edward Island

Das sommersprossige Gesicht und die kecken Zöpfe der Anne auf Green Gables zieren so manchen Werbeprospekt von Prince Edward Island, kurz PEI. Ihre Schöpferin, die auf PEI geborene Romanschriftstellerin Lucy Maud Montgomery, war die überschwenglichste Fürsprecherin der Insel und beschrieb ihre Heimat als „auf den Wellen des blauen Golfs treibend, eine grüne Abgeschiedenheit und Heimat eines urzeitlichen Friedens".

Auch heute noch ist die kleinste Provinz Kanadas durch und durch ländlich, und die Insulaner bestimmen nach wie vor das Tempo. Fisch und Hummer wird wie eh und je direkt vom Fischerboot verkauft, die Haustüren sind nicht abgeschlossen und jeder scheint jeden zu kennen. Große Reklameschilder sind gesetzlich verboten und es gibt keine Autobahnen. Französische Siedler ließen sich in den 1720er-Jahren auf der Insel nieder und tauften sie Île St-Jean, aber die Briten setzten die Franzosen in den 1760er-Jahren vor die Tür und gaben der Insel 1799 ihren neuen Namen.

Charlottetown, die charmante Hauptstadt mit ihren baumbestandenen Straßen, liegt an der Südküste. Mit ihrer großen Auswahl an Übernachtungsmöglichkeiten und guten Restaurants ist die Stadt die beste Ausgangsbasis für eine Erkundung der Insel.

An der Nordküste liegen die herrlichen, kilometerlangen Sandstrände der beliebtesten Touristenattraktion auf PEI, **Prince Edward Island National Park**. Außerdem befinden sich dort zahllose Sehenswürdigkeiten, die mit **Anne of Green Gables** zu tun haben. PEI genießt auch einen ausgezeichneten Ruf für seine Gastronomie. Auf der Insel gibt es Biofarmen, leckere Austern und Muscheln und alle möglichen kleinen Hersteller für Lebensmittel und Genüssliches, vom Kartoffelwodka über Goudakäse bis zu Eiscreme und eingelegtem Obst und Gemüse. Am berühmtesten ist PEI aber nach wie vor für seinen **Hummer**, der im Mai und Juni und dann wieder von August bis September Saison hat. Der Fang wird in Salzwasserbecken frisch gehalten, damit auch auf dem Gipfel des Touristenansturms der Hummernachschub klappt (dieses Vorgehen ist einer der Gründe, weshalb der Hummer hier nicht von Überfischung bedroht ist). Es lohnt sich, auf die Plakate zu achten, auf denen für *lobster suppers* geworben wird, ein preiswertes Hummergericht mit Beilagen, das zur Hummersaison in Gemeindesälen angeboten wird.

Informationen und Reservierungen

Autofahrer nehmen nach dem Überqueren der Confederation Bridge auf PEI die erste Abfahrt zum **Gateway Village**. Es besteht in erster Linie aus Souvenirläden, hat aber auch ein **Besucherinformationszentrum**, ✆ 1-800/463-4734, von außerhalb 902/368-4444, 🖳 www.tourismpei.com. Dort findet man kostenlose Telefone und Internet, massenhaft Broschüren und Mitarbeiter, die bei der Buchung von Unterkünften behilflich sind, ⏰ tgl. 9–21 Uhr.

Besucher, die mit der Fähre ankommen, finden das gleichermaßen hilfreiche **Wood Islands Visitor Information Centre**, ✆ 902/962-7411, ein Stück vom Anleger den Hang hoch, ⏰ Mitte Mai–Ende Mai und Mitte Okt–Ende Okt tgl. 10.30–18, Ende Mai–Mitte Juni und Sep–Mitte Okt tgl. 8.30–18, Mitte Juni–Aug tgl. 8–22 Uhr.

Auch am Flughafen gibt es einen **Infoschalter**, ⏰ Juni–Sep. Die Website von Tourism PEI bietet auf seiner Website einen sehr praktischen

Mit ihren ruhigen Straßen und mäßigen Steigungen ist die Insel ideal für **Radtouren**. Es gibt zwar auch einige **Veranstalter**, doch wesentlich billiger (und völlig problemlos) ist es, selbst eine Tour zu planen. Die notwendige Ausrüstung und Tipps zur Routenplanung bekommt man in Charlottetown bei zwei Anbietern: **Smooth Cycle**, 330 University Ave, ✆ 902/566-5530 oder 1-800/310-6550, 🖳 www.smoothcycle. com, $24,99 pro Tag, ⏰ So geschlossen, und **MacQueen's**, 430 Queen St, ✆ 902/368-2453 oder 1-800/969-2822, 🖳 www.macqueens.com, $25 pro Tag. Die beliebteste Strecke ist der 279 km lange **Confederation Trail**, 🖳 www.tourismpei. com/pei-confederation-trail, eine Kombination aus Wander- und Fahrradweg, der sich von Ost nach West einmal quer durch das paradiesische Herzstück der Insel windet und teilweise dem Streckenverlauf der in den 1980er-Jahren stillgelegten Eisenbahn folgt. Von der Küste ist auf dem Trail nicht viel zu sehen, aber dafür begegnet man auch keinem Auto – eine ausgezeichnete Möglichkeit, die idyllische Landschaft zu genießen.

Zwischen Charlottetown und einigen größeren Städten Ost-Kanadas bestehen regelmäßige **Flugverbindungen**, 🖥 www.flypei.com, insbesondere mit Halifax, Montréal und Toronto, überwiegend mit WestJet und Air Canada Jazz. Die meisten Besucher kommen jedoch über die 13 km lange Confederation Bridge, ✆ 902/437-7300, 🖥 www.confederationbridge.com, die zwischen Cape Tormentine in New Brunswick und dem 60 km westlich von Charlottetown gelegenen Ort Borden die Northumberland Strait überspannt. Für die Benutzung der Brücke wird eine Maut von $42,50 für einen **Pkw** erhoben, die erst beim Verlassen der Insel zu entrichten ist. Radfahren zählt zu den beliebtesten Freizeitbeschäftigungen auf PEI, doch **Fahrräder** sind auf der Brücke nicht zugelassen. Stattdessen werden sie mit einem Shuttlebus transportiert, der sieben Tage pro Woche rund um die Uhr verkehrt ($8 pro Fahrrad); keine Reservierung möglich. Über die Brücke verkehren außerdem Busse von **Acadian Lines** (s. S. 434), die zwei- bis dreimal tgl. Charlottetown mit Moncton ($36,75) in New Brunswick verbinden, sowie Minibusse von

PEI Express Shuttle, ✆ 902/462-8177 oder 1-877/877-1771, 🖥 www.peishuttle.com, zwischen Charlottetown und Halifax (1x tgl., 4 Std., $60, Reservierung erforderlich).

Alternativ zur Brücke gibt es die **Autofähre** von Northumberland Ferries, ✆ 902/566-3838 oder 1-888/249-7245, 🖥 www.peiferry.com, zwischen **Caribou** in Nova Scotia und **Wood Islands**, 61 km östlich und 45 Min. Autofahrt von Charlottetown (Mai bis Ende Juni 5–6x tgl., Juli–Aug 8x tgl., Sep–Mitte Okt 6x tgl., Mitte Okt–Ende Dez 3–5x tgl., 1 1/4 Std., Personen hin und zurück $16, Auto mit Insassen $63). In den übrigen Monaten besteht kein Fährverkehr. Die Fähre kann nicht reserviert werden, und in der Hochsaison sind längere Wartezeiten keine Seltenheit. Wer rund 90 Minuten vor Abfahrt ankommt, kann davon ausgehen, einen Platz zu bekommen. Kassiert wird erst beim Verlassen der Insel. Für die Reise von Halifax nach Charlottetown ist die Brücke zwar schneller als die Fähre, aber die Strecke ist um 80 km länger (320 km statt 240 km). Von PEI besteht auch eine Fährverbindung zu den Îles de la Madeleine (S. 471).

Online-Reservierungsdienst für Unterkünfte, man kann aber auch telefonisch reservieren.

Transport auf PEI

Sofern es kein Radfahrurlaub (s. S. 53) werden soll, braucht man zum Erkunden von PEI ein Auto – alle großen Autoverleihfirmen haben ein Büro am Flughafen oder in Charlottetown (s. S. 465). Das öffentliche Verkehrssystem von PEI ist rudimentär, doch von Anfang Juni bis Mitte September verkehrt ein Minibus-Shuttle von **Prince Edward Tours**, ✆ 1-877/286-6532 oder 902/566-3243, 🖥 www.princeedwardtours.com, zwischen den Touristeninformationen von Charlottetown und Cavendish (an der Nordküste in der Nähe von Green Gables; s. S. 468). Abfahrt Charlottetown tgl. 9.15 und 16.15 Uhr, von Cavendish tgl. 10.15 und 17.15 Uhr, einfache Fahrt $15, Tages-Rückfahrkarte $25.

Der **East Connection Shuttle**, ✆ 902/393-5132, verbindet die Hauptstadt Ende Juni–Sep mit Souris, wo die Fähre zu den Îles de la Madeleine ablegt. Abfahrt tgl. um 12 Uhr (Abholung an jeder gewünschten Stelle in der City), $70. Busse von **Trius Transit**, ✆ 902/566-9962, 🖥 www.triustransit.ca, verkehren zwischen Charlottetown und Summerside, Abfahrt vom Confederation Centre Mo–Fr 6.43, 7.50, 14.40 und 16.25 Uhr, $7.

Charlottetown

Die puppenstubengroße Stadt Charlottetown ist seit Mitte des 18. Jhs. das Verwaltungs- und Wirtschaftszentrum von PEI und die einzige Stadt der Insel mit wirklich urbanem Flair. Die großzügigen Hauptstraßen im Zentrum sind grüne Alleen und von vornehmen Holzhäusern und viktorianischen roten Ziegelbauten gesäumt.

Für ihre Größe hat die kleine Hauptstadt neben einer Handvoll ausgezeichneter Restaurants und einiger guter Kneipen ein recht reges Nachtleben zu bieten. Am schönsten ist es hier im Sommer, wenn das ansonsten im Dornröschenschlaf liegende Zentrum durch Festivals, Livemusik und Straßencafés zum Leben erwacht.

Province House und Confederation Centre of the Arts

Die bedeutendste historische Attraktion der Insel, die **Province House National Historic Site**, liegt im Herzen von Charlottetown am Ende der University Avenue. Das gedrungene, neoklassizistische Gebäude wurde 1847 vollendet, um die drei Arme der Provinzregierung unterzubringen, sein wichtigster Mieter ist inzwischen das Einkammernparlament der Insel. Berühmt ist das Gebäude, weil hier 1864 die erste Versammlung der **Fathers of Confederation** stattfand, als politische Vertreter aus Nova Scotia, New Brunswick, dem damaligen Kanada (Ontario und Québec) und PEI hier zusammenkamen, um erstmals über einen Zusammenschluss der britischen Kolonien in Nordamerika zu diskutieren.

Es bedurfte allerdings noch zweier weiterer Konferenzen, ehe 1867 die Konföderation endlich zustande kam. PEI wartete dennoch sechs Jahre länger mit dem Anschluss und entschied sich dann auch nur deshalb dafür, weil es nach einer Eisenbahnbau-Fehlspekulation pleite war.

Im Erdgeschoss dokumentiert ein 17-minütiger Film auf melodramatische Weise die erste Versammlung. Anschließend gibt es eine Führung durch einige der restaurierten Säle, darunter der beispielhaft erhaltene Sitzungssaal im ersten Stock, die Confederation Chamber. Meistens darf man auch einen Blick ins Parlament werfen, oder wenn gerade eine Sitzung stattfindet, von der Besuchergalerie im zweiten Stock die heftigen, aber immer höflichen Debatten verfolgen. ☉ Juni–Anfang Okt tgl. 8–17, Anfang–Mai Mo–Fr 9–17 Uhr, Eintritt frei.

Nebenan steht das **Confederation Centre of the Arts**, 🖳 www.confederationcentre.com, eine 1964 zum Gedenken an das epochale Treffen erbaute Monstrosität aus Glas und Beton. Seine heutige Bekanntheit rührt eher daher, dass hier immer das Charlottetown Festival und das Anne of Green Gables Musical (s. S. 468) stattfinden. ☉ tgl. 9–17, Juni–Sep 9–20 Uhr, Eintritt frei.

Das Confederation Centre beherbergt die größte Bibliothek der Insel, zwei Theater und eine hervorragende **Kunstgalerie**, deren wechselnde Ausstellungen stets schwerpunktmäßig kanadische Kunst und oft Werke des 19. Jhs. zeigen. ☉ Mitte Mai–Mitte Okt tgl. 9–17, Mitte Okt–Mitte Juni Mi–Sa 11–17, So 13–17 Uhr, Spende erwünscht.

Great George Street und Umgebung

Zwischen den hübschen Reihenhäusern der **Great George Street**, nur ein paar hundert Meter südlich des Confederation Centre, erheben sich die beiden Turmspitzen und die imposante Fassade der **St. Dunstan's Basilica**. Die 1919 fertiggestellte Kirche ist mit allen neugotischen Schikanen bestückt – von verblendeten Arkadengalerien und Spitzbogenfenstern bis zu kolossalen Säulen und einer mächtigen, gewölbten Decke. ☉ tgl. 8–17 Uhr, Eintritt frei.

Einige der ältesten Holz- und Backsteinhäuser von Charlottetown konzentrieren sich in der **King Street** zu beiden Seiten der Great George Street und in der näheren Umgebung, während in der **Victoria Row**, ebenfalls in der Nähe der Basilika, die architektonisch interessantesten Geschäftshäuser zu finden sind. Hinter einer lang gezogenen Fassade befinden sich heute mehrere Restaurants und Kneipen. Im Sommer, wenn die ganze Straße für Fahrzeuge gesperrt ist, verlagert sich das Restaurant- und Kneipentreiben weitgehend ins Freie.

Hafen und Founders' Hall

Unterhalb der Water Street wurde das aus mehreren Schiffsanlegern bestehende **Hafenviertel** auf breiter Front saniert und mit Eisdielen, Restaurants, einem Jachtklub, dem wuchtigen Delta Hotel und den Souvenirläden an der **Peake's Wharf** aufgepeppt. Im Hafen

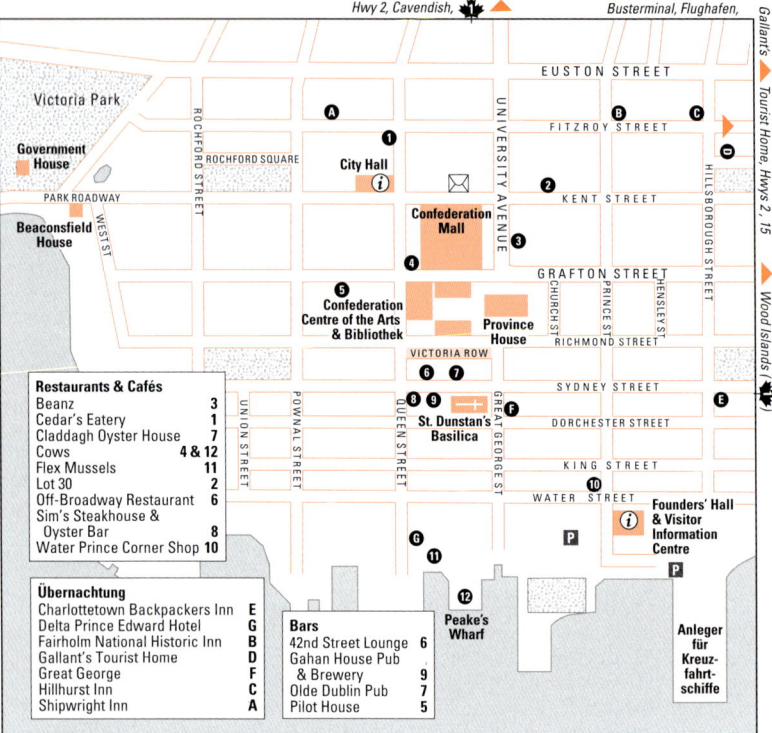

Charlottetown

N
0   250 m

Hwy 2, Cavendish,   Busterminal, Flughafen,

Gallant's ▶ Tourist Home, Hwys 2, 15 ▶ Wood Islands (

Die Atlantikprovinzen

Victoria Park

Government House

Beaconsfield House

EUSTON STREET

ROCHFORD SQUARE

PARK ROADWAY

ROCHFORD STREET

WEST ST

City Hall ⓘ

Ⓐ

①

Confederation Mall

②

③

④

FITZROY STREET

UNIVERSITY AVENUE

Ⓑ   Ⓒ

KENT STREET

GRAFTON STREET

HILLSBOROUGH STREET

⑤
Confederation Centre of the Arts & Bibliothek

Province House

VICTORIA ROW

⑥ ⑦

CHURCH ST   PRINCE ST   HENSLEY'S

RICHMOND STREET

SYDNEY STREET   Ⓔ

DORCHESTER STREET

KING STREET

⑧ ⑨

St. Dunstan's Basilica

Ⓕ

UNION STREET   POWNAL STREET   QUEEN STREET   GEORGE ST

WATER STREET

⑩
Founders' Hall ⓘ & Visitor Information Centre

Ⓖ

⑪

P

⑫

Peake's Wharf

P

Anleger für Kreuzfahrtschiffe

Restaurants & Cafés
Beanz	3
Cedar's Eatery	1
Claddagh Oyster House	7
Cows	4 & 12
Flex Mussels	11
Lot 30	2
Off-Broadway Restaurant	6
Sim's Steakhouse & Oyster Bar	8
Water Prince Corner Shop	10

Übernachtung
Charlottetown Backpackers Inn	E
Delta Prince Edward Hotel	G
Fairholm National Historic Inn	B
Gallant's Tourist Home	D
Great George	F
Hillhurst Inn	C
Shipwright Inn	A

Bars
42nd Street Lounge	6
Gahan House Pub & Brewery	9
Olde Dublin Pub	7
Pilot House	5

spucken regelmäßig Kreuzfahrtschiffe Hunderte von Tagesausflüglern aus, von denen viele direkt zur **Founders' Hall**, 🖳 www.foundershall.ca, am unteren Ende der Prince St pilgern. Hier lassen Multimedia-Vorführungen und ein ganzes Arsenal von Toneffekten und (erfundenen) Nachrichtenbeiträgen auf unterhaltsame Weise die Beratungen der Fathers of Confederation (Verfassungsväter) in den 1860er-Jahren und die anschließende Gründung jeder kanadischen Provinz lebendig werden; die letzte war Nunavut (1999).

🕐 Feb–April Di–Sa 10–15, Anfang Mai Di–Sa 9–15.30, Ende Mai–Anfang Juni tgl. 9–16, Ende Juni tgl. 9–18, Juli–Mitte Aug tgl. 8.30–21, An-

fang Sep–Anfang Okt. tgl. 8.30–17, Anfang Okt–23. Dez Di–Fr 9–15 Uhr, 24. Dez–31. Jan geschlossen, Eintritt $7.

Beaconsfield House und Government House

Von der Founders' Hall führt ein zehnminütiger Spaziergang nach Nordwesten zum **Beaconsfield House**, 📞 902/368-6603, an der Ecke von West und Kent St, einem spätviktorianischen Bau, der mit mächtigem Portal und spitzem Dach den Hafen überragt. Er wurde 1877 für James Peake errichtet, einen der führenden Schiffsbauer von Charlottetown, der jedoch fünf Jahre nach Fertigstellung des Hauses bankrott war. Danach wechselte es mehrmals seine Besitzer, bis eine örtliche Denkmalschutzorganisation es in den 1970er-Jahren schließlich erwarb und in alter Pracht renovierte. ⊙ Juni–Aug tgl. 10–16.45 Uhr, regelmäßige Führungen, Eintritt $4,25.

Gegenüber befinden sich die Grünanlagen des **Victoria Park**, mit dem grandiosen **Government House**, ☎ 902/368-5480, einem georgianischen Prachtbau von 1834, der auch unter dem Namen Fanningbank bekannt ist. Es dient bis heute als Residenz des Vizegouverneurs und kann nur im Juli und August im Rahmen einer Führung besichtigt werden. ⊙ Mo–Fr 10–16 Uhr, Eintritt frei

Übernachtung

Charlottetown bietet ein breites Spektrum an **Unterkünften**. Lediglich im Hochsommer können Betten knapp werden. Am Stadtrand (Rte 1) befinden sich viele Kettenmotels, aber wer die Atmosphäre der Stadt richtig spüren möchte, sollte sich in der Altstadt zwischen Fitzroy Street und dem Hafen einquartieren. Dort gibt es mehrere **Inns** und **B&Bs** zu vernünftigen Preisen und auch verschiedene **Hotels**. Charlottetown hat auch ein tolles Hostel.

Delta Prince Edward Hotel, 18 Queen St, ☎ 902/566-2222 oder 1-877/814-7706, 🖥 www.deltahotels.com, das nobelste Kettenhotel in Charlottetown, in einem Hochhaus mit Blick auf den Hafen. Luxuriöse Zimmer mit hervorragenden Einrichtungen, darunter Pool und Wellnessbereich. ❼

Fairholm National Historic Inn, 230 Prince St, ☎ 902/892-5022 oder 1-888/573-5022, 🖥 www.fairholminn.com. Das unter Denkmalschutz stehende Inn mit seiner prachtvollen Ziegelfassade ist ein schönes Beispiel für die „pittoreske" Architektur des 19. Jhs. Üppig ist auch die Einrichtung der 7 großen Gästezimmer, die alle einen offenen Kamin haben und mit alten Möbeln ausgestattet sind. ❻

Gallant's Tourist Home, 196 Kensington Rd, ☎ 902/892-3030, 🖥 www3.islandtelecom.com/ st.clair.gallant. Die gemütliche Budgetunterkunft hat mehr von einer Privatpension als von einem Hotel. Die Gastgeber sind liebenswürdig und die Preise für die Zimmer mit TV und Gemein-

Coole Herberge mitten in der Stadt

Charlottetown Backpackers Inn, 60 Hillsborough St, ☎ 902/367-5749, 🖥 www.charlotte townbackpackers.com. Die ausgezeichnete HI-Herberge mit Dorm-Betten für $28 (Nichtmitglieder $32) und ein paar billigen Privatzimmern ❸ ist in einem renovierten, 3-stöckigen Haus untergebracht. Den Gästen stehen ein Billardtisch, kostenloses Internet und kostenfreie Parkplätze zur Verfügung; auch das Frühstück ist im Preis enthalten. Und das alles direkt im Herzen von Downtown.

schaftsbad jugendherbergsmäßig. Wer sich hier auch bekochen lassen möchte, isst ganz ungezwungen zusammen mit der Familie am gleichen Tisch. Ein gutes Stück zu Fuß (oder mit dem Bus) vom Zentrum entfernt. ❶

The Great George, 58 Great George St, ☎ 902/892-0606 oder 1-800/361-1118, 🖥 www.thegreatgeorge.com. Mitten im Stadtzentrum, gegenüber der St. Dunstan's Basilica, wurde eine Reihe von 15 alten Holzhäusern sorgfältig renoviert und zu diesem reizvollen Hotel mit viel Atmosphäre umgebaut. Alle Zimmer sind komfortabel eingerichtet, die schönsten bieten Blick auf die Kirche. Kleines Frühstück inkl. ❼

Hillhurst Inn, 181 Fitzroy St, Ecke Hillsborough St, ☎ 902/894-8004 oder 1-877/994-8004, 🖥 www.hillhurst.com, liebevoll renovierte Villa im georgianischen Stil mit feinen Holzschnitzarbeiten im Inneren. 9 große Gästezimmer mit

Nicht nur für Schiffbauer

Shipwright Inn, 51 Fitzroy St, ☎ 902/368-1905 oder 1-888/306-9966, 🖥 www.shipwrightinn. com. Dieser große Holzbau von 1865 (mit einem neueren Anbau) ist voller Antiquitäten und bietet 9 individuelle, sehr ansprechend ausgestattete Zimmer mit einer Reihe netter Extras (z. B. frisches Popcorn, Nachmittagstee mit Muffins, Videos und CDs) und exzellentes Frühstück. Das Hotel wird von einem liebenswürdigen britischen Paar geleitet. ❻

Bad, alle mit Antikmöbeln eingerichtet, 2 mit Whirlpool. ☉ ganzjährig, Dez–April nur nach Reservierung. Frühstück inkl. ❻

Essen und Unterhaltung

Die Auswahl an **Restaurants**, **Cafés** und **Bars** ist recht gut. In mehreren Fällen teilen sich Restaurants und Kneipen ein Gebäude – Essen gibt es unten, alkoholische Getränke ein Stockwerk höher. Die meisten Lokale haben ganzjährig geöffnet, aber im Juli und August ist alles anders, dann sind die Straßen und Bürgersteige voller Menschen und Tische. Auch Ende September ist eine gute Zeit für einen Besuch. Dann feiert das **Fall Flavours Food Festival**, 🖥 www.fallflavours.ca, die PEI-Küche mit 130 Events, von Schokolademachen über Muschelnbacken bis zu Austernverkosten und Hummerschlemmen.

Cafés und Restaurants

Beanz, 38 University Ave, Ecke Grafton St. Großartigen Kaffee, leckere Sandwiches und Salate, alles zu erschwinglichen Preisen, gibt's in diesem netten kleinen Café. Mittags sehr beliebt bei den Büroangestellten der Stadt. ☉ Mo–Fr 6.30–18, Sa 8–17, So 9–16 Uhr.

Claddagh Oyster House, 131 Sydney St, Höhe Queen, unter dem Olde Dublin Pub (S. 465), ☎ 902/892-9661, 🖥 www.claddaghoysterhouse.com. Hübsches, modernes Restaurant, das köstliche PEI-Austern (pro Stck. $2,05 oder 10 Stck. für $19) sowie eine breite Auswahl von Fisch- und Fleischgerichten um $24 serviert. ☉ tgl. ab 17 Uhr.

Cedar's Eatery, 81 University Ave, ☎ 902/892-7377, 🖥 www.cedarseatery.com. Charlottetown besitzt seit den 1880er-Jahren eine relativ große libanesische Einwohnerschaft. Cedar's ist eines ihrer Lieblingslokale und bietet z. B. Hummus, Köfte und gefüllte Weinblätter. ☉ Mo–Sa 11–23, So 16–22 Uhr.

Cows, 150 Queen St, Ecke Grafton St, ☎ 902/892-6969, 🖥 www.cows.ca (auch an der Peake's Wharf, ☉ Mai–Okt). Der Eisladen ist von der Insel nicht wegzudenken. Hier wird Eiscreme mit Suchtpotenzial in ausgefallenen Geschmacksrichtungen gezaubert; $3,45 pro Kugel. ☉ Mo–Sa 10–17, So 12–17 Uhr. Die

Wo Küchenchefs schmausen

Lot 30, 151 Kent St, ☎ 902/629-3030, 🖥 www.lot30restaurant.ca. Wenn die Chefköche von Charlottetown sich einen Gaumenschmaus gönnen wollen, kommen sie hierher: Gordon Baileys neuestes Betätigungsfeld öffnete 2008 und verspricht rekordverdächtige Geschmackserlebnisse. Die Speisekarte wechselt täglich, je nach den frischen Zutaten, die dem Sternekoch gerade unterkommen. Das Ergebnis könnte beispielsweise gedämpften Hummer, Bio-Schweinefleisch oder in Muschelbutter gebratene Austern enthalten. ☉ Di–So ab 17 Uhr.

Eisfabrik am nordwestlichen Stadtrand, 397 Capital Drive (Rte 1), ☎ 902/370-3155, kann besichtigt werden(☉ Juni–Okt tgl. 9–17.40 Uhr, Führungen alle 20 Min., $6.)

Flex Mussels, 2 Lower Water St, Peake's Wharf, ☎ 902/569-0200, 🖥 www.flexmussels.com. In dem nur während der Season geöffneten Restaurant werden Muscheln und andere Schalentiere auf Bestellung frisch zubereitet – es besteht eine unglaubliche Auswahl an Arten und Größen, in jeder erdenklichen Sauce gekocht. Ab $13 pro Portion, dazu knusprige Fritten für $5.

Off-Broadway Restaurant, 125 Sydney St, Ecke Queen St, ☎ 902/566-4620, 🖥 www.offbroadwayrestaurant.ca. Das Lokal befindet sich in einem wunderschönen roten Backsteingebäude und bietet eine kreative Speisekarte mit traditionellen und modernen Gerichten – auch die berühmten *lobster caps* (Hummerfleischstücke, $13). Weitere Spezialitäten des Hauses sind die exotischen Crêpes und die hausgemachten Desserts ($12–16). Das Interieur mit lauschigen Holznischen ist sehr sympathisch. Hauptgerichte um $16.

Sim's Steakhouse & Oyster Bar, 86 Queen St, ☎ 902/894-7467, 🖥 www.simscorner.ca. Eines der Toprestaurants der Stadt mit sensationellen Austern, einer umfangreichen Weinkarte und erstklassigen, gut abgehangenen kanadischen Steaks. Tipp: das Steak mit der *secret pepper sauce* ($24–42). Im Sommer gibt's draußen auf der Terrasse Barbecues. ☉ tgl. ab 16 Uhr.

Die Atlantikprovinzen

Water Prince Corner Shop, 141 Water St, ☎ 902/368-3212, 🖥 www.waterprincelobster.ca. Auch wenn es wie ein gewöhnlicher Eckladen wirken mag: Die Einheimischen schwören auf das Seafood, und oft sieht man sogar hier noch mehr Touristen als Einheimische. Die *lobster dinners* und *chowders* sind wahrscheinlich die besten der Insel, aber auch die Muschel-Burger sind ein Gedicht. Reservierung erforderlich. Es gibt auch frischen Hummer zum Mitnehmen, ansonsten Hauptgerichte schon ab $10. ◷ Mai–Juni und Sep–Anfang Okt tgl. 10–20, Juli und Aug tgl. 10–22 Uhr.

Bars

42nd St Lounge, 125 Sydney St, ☎ 902/566-4620. Coole Bar und Lounge über dem Restaurant Off-Broadway. Gute Auswahl an Biersorten, leckere Martinis, Cocktails und Weine. Donnerstags ist „Martini Madness" (jeder Martini $5,50).
Olde Dublin Pub, 131 Sydney St, über dem Claddagh (S. 464), ☎ 902/892-6992, 🖥 www.oldedublinpub.com. Kuschelige, nicht umsonst beliebte Kneipe mit importierten und kanadischen Bieren, darunter auch Guinness und Kilkenny. Von Mai bis Sep allabendlich Livemusik, meistens Irish Folk.
Pilot House, 70 Grafton St. Traditioneller Diner-Pub in einem schönen Gebäude aus dem 19. Jh. mit gemütlichen Nischen und leckeren Fish 'n Chips. ◷ Mo–Sa 11.30–23.30 Uhr.

Theater und Konzerte

Confederation Centre of the Arts, ☎ 902/566-1267 oder 1-800/565-0278, 🖥 www.confederationcentre.com. Das Programm ist vielfältig und reicht von Rock und Jazz über Comedy und Zauberkünstler bis zu Theater, Oper und Ballett. Hier findet auch seit 1965 jedes Jahr das **Charlottetown Festival** (Mitte Juni–Sep) statt. Hauptveranstaltung des Festivals ist eine Musicalversion von *Anne of Green Gables*.

Sonstiges
Apotheken

Shoppers Drug Mart, 128 Kent St, ☎ 902/566-1200, ◷ Mo–Mi 9–18, Do und Fr 9–21, Sa 9–17.30 Uhr, und 403 University Ave, ☎ 902/566-3433, ◷ tgl. 8–24 Uhr.

Bodenständig und gut

Gahan House Pub & Brewery, 126 Sydney St, ☎ 902-626-2337, 🖥 www.gahan.ca. In der einzigen Mikrobrauerei von PEI werden in Handarbeit sieben schäumende Biere gebraut, darunter das gehaltvolle Sydney Street Stout und das leichtere Harvest Gold Pale Ale. Auch das Essen hat einen hohen Wohlfühlfaktor – nicht zuletzt die legendären *Brown Bag Fish & Chips*, in Bierteig gebackener Schellfisch (ja, der kommt tatsächlich in einer braunen Papiertüte, $10,99).

Autovermietungen

Avis, am Flughafen ☎ 902/892-3706; **Hertz**, am Flughafen ☎ 902/894-5774, und University Ave, ☎ 902/566-5566; **National**, am Flughafen ☎ 902/628-6990.

Informationen

Visitor Information Centre, ☎ 902/368-4444 oder 1-888/734-7529, 🖥 www.peiplay.com, am Hafen im gleichen Gebäude wie die Founders' Hall (S. 461), nur ein paar Minuten Fußweg vom Stadtzentrum am Ende der Prince Street. ◷ Mitte Mai–Mitte Juni und Mitte Sep–Anfang Okt tgl. 9–18, Mitte Jun–Mitte Sep tgl. 9–19, Anfang Okt–Nov und Feb–Mitte Mai Mo–Fr 10–16 Uhr.
Die lokale **Tageszeitung** *The Guardian*, 🖥 www.theguardian.pe.ca, ist nicht uninteressant, gute **Veranstaltungstipps** enthält das kostenlose Magazin *The Buzz*, 🖥 www.buzzon.com.

Internet

Kostenlos im **Visitor Information Centre** am Hafen und in der **Confederation Public Library**, Richmond St, ◷ Mo, Fr und Sa 10–17, Di–Do 10–21, So 13–17 Uhr.

Parken

In der Stadt findet sich normalerweise schnell ein **Parkplatz**, entweder in einem der Parkhäuser oder auf einen Großparkplatz ($1 pro Std., max. $6) bzw. an einer Parksäule (Mo–Fr 8–18 Uhr $0,25 pro 30 Min.)

Post
135 Kent St, ⏱ Mo–Fr 8–17.15 Uhr.

Taxis
Die Preise folgen einem Zonensystem (keine Taxameter), im Zentrum von Charlottetown zahlt man in der Regel nicht mehr als $6.
City Cab, 168 Prince St, ✆ 902/892-6567.
Co-op Taxi, 91 Euston St, ✆ 902/892-1111.

Touren
Abegweit, 157 Nassau St, ✆ 902/894-9966, 🖥 www.abegweittours.ca, einer von mehreren Anbietern von Sightseeingtouren mit Ausflügen zur Nordküste (tgl. 10.30 Uhr, ganzer Tag, $80), zu den Anne of Green Gables-Stätten (tgl. 10.30 Uhr, 7 Std., $65) und Stadtrundfahrten in Charlottetown (7x tgl., 1 Std., $11).

Transport
Busse
Acadian Lines (s. S. 434) hat einen Busterminal ungünstige 3 km nördlich des Zentrums in der 156 Belvedere Ave, nahe Mount Edward Rd, und verkehrt über die Confederation Bridge von und nach MONCTON (2–3x tgl., 3 1/2 Std.) in New Brunswick.
PEI Express Shuttle, ✆ 902/462-8177, unterhält einen Minibus-Service zwischen Charlottetown und HALIFAX (4 Std., $50). Reservierung unerlässlich.

Flüge
Der **Flughafen** von Charlottetown liegt 8 km nördlich der Stadt. Eine Taxifahrt kostet $12 (Festpreis) plus $3 für jeden weiteren Fahrgast.

Prince Edward Island National Park

Mit seinen herrlichen Sandstränden, die sich auf einer Länge von rund 40 km entlang der Nordküste erstrecken, lockt der **Prince Edward Island National Park** jeden Sommer mehrere tausend Besucher an. Der nur an wenigen Stel-len mehr als 100 bis 200 m breite Nationalpark umfasst neben den Stränden auch den dahin-ter verlaufenden Streifen aus niedrigen roten Klippen und mit Strandhafer bedeckten Sand-dünen – eine Barriere, die gelegentlich von schmalen Passagen durchbrochen wird, die den Ozean mit einem Quartett kleiner Buchten verbinden. Eine schmale Straße, etwas abseits der Küste, verläuft beinahe über die gesamte Länge. Allerdings teilt die **Rustico Bay** den Park praktisch in zwei Hälften. Der kleinere **westliche Abschnitt** erstreckt sich von North Rustico Har-bour bis Cavendish, dem Standort von Green Gables. Der **östliche Abschnitt**, der wilder und weniger besucht ist, verläuft von Robinson's Island zur Tracadie Bay. Ein dritter, kleinerer Be-reich liegt noch weiter östlich bei **Greenwich** an der Mündung der St. Peters Bay.

Praktische Tipps
An allen Eingängen des Nationalparks gibt es einen saisonal geöffneten **Informationskiosk**, wo die Eintrittsgebühr von $7,80 pro Tag (im Juni $3,80) für Erwachsene erhoben wird, sonst ist der Eintritt frei. ⏱ Mitte Juni–Ende Juni 11–18, Ende Juni–Sep 11–19 Uhr.

Das Haupt-Besucherzentrum des Parks ist das **Greenwich Interpretation Centre**, ⏱ Mitte Mai–Mitte Juni und Ende Aug–Anfang Okt tgl. 9–17, Ende Juni–Ende Aug tgl. 9–18 Uhr. Für den Westabschnitt ist jedoch das **Cavendish Visitor Centre** an der Kreuzung von Rte 6 und Rte 13 günstiger gelegen. ⏱ Mitte Mai–Mitte Juni und Sep–Mitte Okt tgl. 9–17, Juli und Aug tgl. 8–22 Uhr.

Im Park gibt es 14 kurze und einfache **Wan-derwege**, die verschiedene Aspekte der Küste beleuchten, von Wattlandschaft über Felder bis zu Wäldern und Dünen. Der anstrengendste ist der 4 km lange Woodlands Trail, der unweit von Dalvay durch eine Rotkiefernschonung führt. Der wohl reizvollste Pfad ist der zum Teil mit Bohlen belegte, 4,2 km lange Greenwich Dunes Trail.

Im Park liegen zwei **Campingplätze**. Der größere ist der Cavendish Campground mit An-schlüssen und einem bewachten Sandstrand, der hervorragende Bedingungen zum Schwim-men bietet; ⏱ Mitte Juni–Ende Aug. Der ruhigere und ähnlich gut ausgestattete Stanhope Campground liegt nur einen kurzen Fußmarsch vom Strand entfernt nahe dem Ort Stanhope; ☉ Mitte Juni–Sep. Einige Stellplätze werden frei an Neuankömmlinge vergeben, die meisten können (und sollten!) allerdings unter ✆ 1-877/737-3783, ⌨ www.pccamping.ca, reserviert werden. Stellplätze kosten $25,50–35,30.

Robinson's Island und Stanhope Beach

Die schnellste Route von Charlottetown zum östlich der Rustico Bay gelegenen Teil des Nationalparks ist die halbstündige, 23 km lange Fahrt über die Rte 15, die nördlich der Hauptstadt von der Rte 2 abzweigt. Dabei passiert man das bezaubernde **Dunes Studio Gallery and Café**, ✆ 902/672-2586, ⌨ www.dunesgallery.com, einen halben Kilometer hinter der Kreuzung von Rte 6 und Rte 15. Es kombiniert eine Töpferei mit einer Kunstgalerie (☉ Mai–Okt tgl. 10–18 Uhr), und einem Café, das köstliche Snacks und Mahlzeiten zu vernünftigen Preisen serviert. Auf der Speisekarte stehen u. a. Seafood und vegetarische Gerichte. ☉ Mitte Juni–Sep tgl. 11.30–16 und 17.30–22 Uhr.

Etwa 1 km weiter nördlich befindet sich an der Rte 15 eine der besten Ferienanlagen der Gegend, das zauberhaft rustikale Resort **Shaw's Hotel and Cottages**, ✆ 902/672-2022, ⌨ www.shawshotel.ca, ❼, das sich über ein ausgedehntes Gelände erstreckt, zu Fuß nur zehn Minuten vom Strand entfernt. Die Zimmer werden von Juni bis September angeboten, Cottages ganzjährig. Es gibt hier auch einen Kanu-, Kajak- und Fahrradverleih.

Im Nationalpark kann man am Ende der Rte 15 links abbiegen und gelangt schließlich über eine Küstenstraße zu dem Damm, der auf die bewaldete **Robinson's Island** hinüberführt. Wer rechts abbiegt, erreicht nach 5 km am Meer entlang **Stanhope Beach**, wo sich einige Cottage-Anlagen in perfekter Strandlage für einen Aufenthalt empfehlen, darunter die kleinen rot-weißen Del-Mar Cottages, ✆ 902/672-2582, ⌨ www.delmarcottages.com, für bis zu 4 Pers., ☉ Juni–Sep, ❺, und die Surf Cottages, ✆ 902/

651-3300, ⌨ www.peisland.com/surfcottages, mit Platz für 3 Pers., ☉ Mitte Juni–Sep, $525 pro Woche.

Von Dalvay nach Greenwich

Etwa 6 km östlich von Stanhope Beach liegt am Ende der Strandstraße der kleine Ort **Dalvay** mit dem Dalvay-by-the-Sea Inn, ✆ 902/672-2048 oder 1-888/366-2955, ⌨ www.dalvaybythesea.com. Das luxuriöse Inn befindet sich in einer großartigen viktorianischen Villa mit hohen Giebeln, grob behauenem Mauerwerk, umlaufender Veranda und sogar einem Krocketrasen. Das Hotel bietet 26 geschmackvoll eingerichtete Zimmer und verfügt über eine ideale Lage im Park, nur 200 m vom Strand entfernt. ☉ Mitte Juni–Ende Sep, ❽ inkl. Mahlzeiten. Es ist auch ein nettes Plätzchen für den Nachmittagstee (Juli–Aug 14–16 Uhr), eine aufwendige Angelegenheit, bei der Karamellpudding, feines Porzellan und alle möglichen exotischen Teesorten zum Einsatz kommen. Die volle Packung kostet $22, nur Tee und Scones $12.

An der Küste östlich von Dalvay erstrecken sich noch zwei weitere Abschnitte des Nationalparks. Der erste ist eine schmale, hauptsächlich aus Sand bestehende Halbinsel, die einen großen Teil der **Tracadie Bay** vom Ozean abschirmt. In diesem Parkabschnitt gibt es keine Straßen, er wird lediglich von Wanderwegen erschlossen.

Ähnliches gilt für den zweiten Abschnitt, die teilweise bewaldete Landspitze an der Mündung der **St. Peters Bay**. Hier lohnt ein kurzer Aufenthalt bei Rick's Fish and Chips, am Rand der Bucht an der Rte 2, ✆ 902/961-3438, ⌨ www.ricksfishnchips.com, wo frittierter Schellfisch und Seafood über den Tresen gehen, die auf der ganzen Insel gelobt werden.

Von St. Peters zweigt die Rte 313 von der Rte 2 nach Westen ab und führt am Nordufer der Bucht entlang. Sie passiert **Greenwich** und endet am Parkplatz beim Park Interpretation Centre (s. S. 466). Von dort überziehen Wanderpfade das Gelände mit seinen wilden, ausnehmend schönen Stränden, Dünen und Feuchtgebieten.

Zum Nationalpark via New Glasgow

Die 40 km lange Fahrt von Charlottetown nach Cavendish im westlichen Abschnitt des Nationalparks führt durch eine der schönsten Landschaften der Insel. Dazu folgt man zunächst westlich der Hauptstadt der Rte 2 und biegt nach 23 km auf die Rte 13 nach Norden, Richtung **New Glasgow** ab. Dort stehen sich zwei schwarzweiße Schindelkirchen gegenüber, getrennt durch einen Arm der Rustico Bay.

Im Ortszentrum (Rte 224) bietet die **Prince Edward Island Preserve Company**, ℡ 902/964-4300, 🖥 www.preservecompany.com, erstklassige Marmeladen, verschiedene Senfsorten und Ahornsirup aus heimischer Produktion an; ☉ Mitte Mai–Ende Juni und Anfang Sep–Okt tgl. 8.30–17, Ende Juni–Anfang Sep tgl. 8–21.30, Nov–Ende Dez Mo–Fr 9–17 Uhr. Das dazugehörige Café serviert erstklassiges Frühstück, Mittagessen und im Sommer auch Abendessen. ☉ Ende Mai–Ende Okt.

Hummeressen gibt es im Ort an der Rte 258 bei New Glasgow Lobster Suppers, ℡ 902/964-2870, 🖥 www.peilobstersuppers.com, von Juni bis Mitte Okt tgl. 16–20.30 Uhr, Reservierung empfohlen. Die *lobster suppers* im Keller der Kirche von **Saint Ann**, einem Nachbardorf rund 5 km westlich von New Glasgow an der Rte 224 werden im Allgemeinen aber noch höher gehandelt; ☉ Mitte Juni–Ende Sep Mo–Sa 16–20.30 Uhr, Reservierung unter ℡ 902/621-0635, 🖥 www.lobstersuppers.com. In beiden Fällen kostet eine Portion inkl. Muscheln, *chowder,* einem 500 g schweren Hummer in der Schale, Salat, Brötchen und einem riesigen Stück Zitronenkuchen rund $30 (wahlweise kann der Hummer auch durch ein Steak ersetzt werden, der Preis bleibt ähnlich). Auf der Rte 13 sind es von New Glasgow noch 10 km bis Cavendish.

Anne Country: Cavendish und Umgebung

Auch **Cavendish** an der Kreuzung von Rte 6 und Rte 13 liegt hinter einem Streifen traumhafter Nationalparkstrände. Eine Straßenverbindung zwischen den westlichen und östlichen Abschnitten gibt es nicht (beide sind an der Rte 6 ausgeschildert), aber man kann zu Fuß zwischen beiden hin und herwandern: Der Westabschnitt ist besser zum Schwimmen, der Ostabschnitt ist vor allem für seinen bröckeligen roten Sandstein berühmt.

Der Hauptgrund, warum so viele Leute nach Cavendish kommen – im Juli und August ist dies die am dichtesten bevölkerte Ecke der Insel und definitiv die kommerziellste – ist die Tatsache, dass sich hier die wichtigsten mit der allgegenwärtigen Anne of Green Gables assoziierten Örtlichkeiten befinden. Hundertprozentige Fans möchten sich bestimmt mindestens einen Tag lang in die Anne-Attraktionen verlieren, aber auch Nichteingeweihten werden die alten Häuser (und der ungeheuchelte Enthusiasmus der Guides) gefallen.

Bester Ausgangspunkt hierfür ist das **Lucy Maud Montgomery's Cavendish Home**, ℡ 902/963-2969, an der Rte 6, gleich östlich der Rte 13. Zwischen 1876 und 1911 war dies immer wieder der Wohnsitz der Erfinderin von Green Gables, und hier schrieb sie ihre bekanntesten Romane. Das Farmhaus gehörte ihren Großeltern, den Macneills, bei denen Lucy nach dem Tod ihrer Mutter aufwuchs. Obwohl es historisch gesehen die wichtigste Stätte von Cavendish ist, gibt es nicht viel zu sehen, die Hauptgebäude wurden nämlich in den 1920er-Jahren abgerissen. Die Nachkommen der Familie haben das Gelände jedoch liebevoll in Schuss gehalten und mit Schildern versehen, die auf Orte hinweisen, die für die Schriftstellerin eine besondere Bedeutung hatten und/oder in ihren Büchern auftauchen. ☉ Mitte Mai–Juni und Sep–Mitte Okt tgl. 9–17, Juli und Aug tgl. 9–18.30 Uhr, Eintritt $4.

Green Gables Heritage Place und Umgebung

Von der Rückseite des Macneill-Anwesens gelangt man auf dem alten Fußweg über die Rte 13 (durch den "Geisterwald") zum **Green Gables Heritage Place**, ℡ 902/963-7871, dem Oberheiligtum der Anne-Wallfahrtstätten. Der Haupteingang liegt an der Rte 6, 500 m westlich der Rte 13. Das einstöckige Holzhaus wurde 1831 erbaut. Es gehörte früher den Macneill-

Verwandten der Familie Montgomery und diente Lucy als Vorlage für das fiktive Gehöft Green Gables. Seit damals wurde das Haus mehrmals umgemodelt und die Zimmer mit Möbeln jener Zeit ausgestattet, doch nur weniges ist wirklich original. Hauptziel war es, die Beschreibungen im Buch naturgetreu nachzubilden. Matthews Schlafzimmer, die Wohnstube und Annes Zimmer wimmeln von Gegenständen, die aufmerksamen Lesern aus der Geschichte bekannt sind.

Man kann auch die neu aufgebauten Nebengebäude und das **Visitor Centre** besuchen, wo Lucys Schreibmaschine und einige ihrer Notizbücher zu sehen sind. ☉ Mai–Okt tgl. 9–17, Ende März–April und Nov So–Do 12–16 Uhr, die anderen Zeiten telefonisch erfragen, Eintritt $7,15.

Zwischen den beiden Stätten, an der Kreuzung der Routes 6 und 13, befindet sich der alte **Friedhof**. Hier liegen die Gräber von Montgomery, ihrem Mann und ihrer Mutter. Lucy starb 1942 in Toronto, wurde aber ihrem letzten Willen gemäß auf der Insel begraben – die Feierlichkeiten sollen auf PEI einzigartig und so etwas wie ein Staatsbegräbnis gewesen sein.

Weiter westlich an der Rte 6 kommen Familien (besonders solche mit kleinen Mädchen) nicht vorbei am **Avonlea Village of Anne of Green Gables**, ✆ 902/963-3050, 🖳 www.avonlea. ca. Hier führen Schauspieler in einem nachgebauten Dorf des 19. Jhs. sechs der berühmtesten Episoden aus dem Buch auf. Drei der Gebäude sind immerhin Originalbauten: die Belmont School, in der Montgomery 1896 unterrichtete, die Long River Church und das Clifton Manse aus New London, jetzt eine Teestube. ☉ Juni 10–17, Juli und Aug 10–18, Sep 10–16 Uhr, Eintritt $22, Kinder $16, unter 6 Jahren frei, Familien $75.

Westlich von Cavendish

Echte Fans können noch zwei andere Anne-Anwesen besuchen. Zum einen das **Geburtshaus von Lucy Maud Montgomery** in New London, 13 km westlich von Cavendish an der Rte 6, ✆ 902/886-2099. In dem hübschen alten Schindelhaus erblickte die Schriftstellerin 1874 das Licht der Welt; ☉ Mitte Mai–Anfang Sep tgl. 9–17 Uhr, Eintritt $3.

Und zum anderen das Wohnhaus von Montgomerys Tante Annie Campbell, das heutige

Anne, Lucy und PEI

PEI mag die Heimat der Konföderation, saftiger Austern und schmackhaften Hummers sein, aber selbst die erschöpftesten Reisenden erübrigen noch ein paar Stunden, um **Anne auf Green Gables** die Ehre zu erweisen. Mark Twain bezeichnete das Waisenmädchen mit den roten Zöpfen aus der zu Tränen rührenden Geschichte als die „die liebenswerteste Kinderbuchheldin seit der unsterblichen Alice". Das Buch trat nach seiner Erscheinung 1908 einen phänomenalen Siegeszug rund um die Welt an. Die lebhaften Beschreibungen des ländlichen PEI, in der 1985 produzierten Fernsehtrickfilmreihe effektvoll umgesetzt, haben bestimmt schon viele Leute hierhergeführt. Allein 6000 Besucher kommen jedes Jahr aus Japan. Dort steht das Buch seit den 50er-Jahren auf dem Lehrplan der Schulen und ist bis heute extrem beliebt. Viele der Besucher haben Schwierigkeiten, das frei erfundene Leben von Anne Shirley und das wirkliche Leben

ihrer Schöpferin **Lucy Maud Montgomery**, einer der erfolgreichsten Autorinnen Kanadas, auseinander zu halten.

1876, als Montgomery erst zwei Jahre alt war, starb ihre Mutter, woraufhin ihr Vater seiner Heimat Richtung Saskatchewan den Rücken kehrte und seine Tochter in die Obhut ihrer Großeltern in Cavendish zurückließ. Dort entwickelte Maud eine tiefe Liebe für ihre Heimatinsel und deren Bewohner, die stets die wichtigste Inspirationsquelle für ihre Geschichten blieben, auch wenn sie ihre zweite Lebenshälfte in Ontario verbrachte. Ihr 1905 vollendeter und drei Jahre später veröffentlichter Roman *Anne of Green Gables* wurde zu ihrem beliebtesten Werk.

Bis heute stehen viele Insulaner dem Erbe von Montgomery zwiespältig gegenüber. Sie hassen die kommerzielle Ausschlachtung des Buches, sind aber ungeheuer stolz auf den Erfolg seiner Verfasserin.

Anne of Green Gables Museum in Park Corner, 8 km westlich von New London an der Rte 20, ✆ 1-800/665-2663, Sa und So ✆ 902/886-2884. Montgomery kam in ihrer Kindheit immer zum Spielen hierher und machte das Haus später zum Schauplatz von mindestens vier ihrer Romane (darunter *Story Girl,* dtsch. *Die Ankunft).* 1911 ließ sie sich sogar in dem kleinen Wohnzimmer trauen, und bis heute finden dort Eheschließungen statt. Sämtliche Zimmer sind mit Montgomery-Memorabilia vollgestopft. Wer möchte, kann eine Fahrt in der Pferdekutsche (max. 5 Pers., $50 pro 1/2 Std., $80 pro Std.) zum Strand unternehmen. ☉ Juni und Sep tgl. 10–16.30, Juli und Aug tgl. 9–17 Uhr, Eintritt $4.

Übernachtung

Shining Waters Country Inn & Cottages, ✆ 902/963-2251 oder 1-877/963-2251, Cavendish, 🖳 www.shiningwatersresort.com, 200 m nördlich der Kreuzung von Rte 6 und Rte 13 auf dem Weg zum Strand. Hat Zimmer ❸ im alten Inn, einem behäbigen Bau mit breiter Veranda, sowie einen Anbau im Motel-Stil ❺ und einige moderne Chalets/Cottages ❻, ☉ Mai–Sep.
Eine weitere Übernachtungsmöglichkeit ist der **Cavendish Campground** (s. S. 466) im Nationalpark. Er liegt am Rand der Rte 6 (dort ausgeschildert), gleich westlich vom Green Gables House.
Cavendish Maples Cottages, 73 Avonlea Blvd (Rte 6), Cavendish, ✆ 1-888/662-7537, 🖳 www.cavendishmaples.com. Eine sehr einladende Option: komfortable Bungalows aus Holz mit 1–3 Schlafzimmern, Küche, WLAN und Kabelfernsehen. ❻
Barachois Inn, ✆ 1-800/963-2194, North Rustico, 🖳 www.barachoisinn.com. In den zwei edlen, luxuriös im viktorianischen Stil eingerichteten Zimmern fühlt man sich wie in der Zeit zurückversetzt. Ganzjährig geöffnet. ❻

Essen

Zum Essengehen ist New Glasgow (s. S. 468) besser als Cavendish.
Chez Yvonnes, an der Rte 6, ✆ 902/963-2070, 🖳 www.chezyvonnes.com, ist noch das Glanzstück unter den verstaubten Restaurants

von Cavendish: Schlicht und familienfreundlich, wo Steaks und Meeresfrüchte zu haben sind.
Fisherman's Wharf Restaurant, im Zentrum von North Rustico, ✆ 902/963-2669, 🖳 www.fishermanswharf.ca. Dies ist eines von vielen Lokalen auf der Insel, wo köstliche *lobster suppers* (Mai–Juni und Sep–Okt tgl. 16–21, Juli und Aug tgl. 12–21 Uhr) veranstaltet werden. ☉ Mai–Juni tgl. 11–21, Juli–Okt tgl. 8–21 Uhr).

Points East Coastal Drive

Die Sehenswürdigkeiten der Osthälfte von PEI verbindet der sogenannte Points East Coastal Drive, 🖳 www.pointseastcoastaldrive.com, ein Name, den das Fremdenverkehrsamt erfunden hat. Seine Route folgt in groben Zügen den Hauptstraßen, die zwischen Charlottetown und dem hügeligen East Point die Küste streifen – um das Beste aus der Gegend herauszuholen, sind schon ein, zwei Tage erforderlich, selbst wenn man Abkürzungen zu den nachstehend aufgeführten Highlights nimmt.

Orwell

Rund 30 km östlich von Charlottetown liegt etwas abseits des Trans-Canada Highway im kleinen Ort Orwell das rustikale Freilichtmuseum **Orwell Corner Historic Village**, 🖳 www.orwellcorner. ca. Es wurde zu Beginn des 19. Jhs. von schottischen und irischen Pionieren gegründet, aber Mitte des 20. Jhs. aufgegeben. Nur der Friedhof und eine Handvoll alter Gebäude blieben. Diese Gebäude wurden restauriert und durch Nachbildungen früherer Bauten ergänzt, darunter eine Schmiede, mehrere Scheunen und eine Sohlmühle. Vor allem aber hat man Wert darauf gelegt, das Innere der Gebäude authentisch entsprechend Orwells bäuerlicher Vergangenheit zu gestalten: von den düsteren, mit Gegenständen vollgestopften Wohnzimmern des Farmgebäudes über die strenge Einfachheit der presbyterianischen Kirche bis zu den dreisten Sprüchen, die von den Schülern in die Pulte geritzt wurden. Die Gärten sind wunderbar erhalten und spiegeln den Stil der damaligen Zeit wider, und im Dorf finden jede Menge Veranstaltungen statt, darunter Wettpflügen und Ceilidhs (Musik- und Tanzfeste nach schottischer Art). ⏰ Ende Mai–Juni Mo–Fr 9–17, Juli und Aug tgl. 9.30–17.30, Sep–Anfang Okt So–Do 9–17 Uhr, Eintritt $7.50.

Cardigan

Wer unter Zeitdruck steht, sollte die Küstenstraße bei Orwell verlassen und auf den Routes 3 und 4 quer über die Insel bis zur Abzweigung nach Cardigan fahren. Das freundliche Dorf in der Cardigan Bay war bis in die 1920er-Jahre ein respektables Schiffbauzentrum. Im **Cardigan Heritage Centre** im Ortszentrum, ✆ 902/583-2311, illustriert eine kleine Ausstellung jene glorreichen Jahre, ⏰ Juni–Okt tgl. 10–17 Uhr. Ganz in der Nähe befindet sich die kleinste **Bibliothek** Kanadas (gleiche Öffnungszeiten), ein winziger Kiosk, in dem trotzdem 2000 Bücher untergebracht sind. Ausgezeichnetes hausgemachtes **Essen** hat Cardigan Lobster Suppers, ✆ 902/583-2020, 🖥 www.cardiganlobstersuppers.com. Hier gibt es eine Terrasse mit Meerblick und für $33,95 unbegrenzt *chowder,* frischen Hummer (1 1/2 Pfd.), eine große Schüssel Muscheln und sensationelle Desserts. ⏰ Juni–Okt tgl. 17–21 Uhr.

Souris

Von Cardigan zurück auf der Rte 4 sind es noch rund 35 km nach Nordosten zum betriebsamen Fischerei- und Fährhafen **Souris**, der sich um die Colville Bay ausbreitet und regelmäßige Schiffsverbindungen auf die Îles de la Madeleine (s. Kasten) bietet. Viel zu sehen gibt es nicht, aber der Ort bietet sich für Fährpassagiere zum Übernachten an. Am schönsten präsentiert sich Souris entlang Breakwater Street am Ufer zwischen dem Ortskern und dem Hafen.

Etwas Besonderes gibt es in Rollo Bay, westlich von Souris. Dort produziert und verkauft die **Myriad View Distillery**, 1336 Rte 2, ✆ 902/

687-1281, 🖥 www.straitshine.com, ureigene Gin- und Wodkasorten. ⏰ Mai–Dez; sonst telefonisch erfragen.

Übernachtung

Matthew House Inn B&B, 15 Breakwater St, ✆ 902/687-3461, 🖥 www.matthewhouseinn.com. Erstklassiges B&B mit 8 attraktiven Gästezimmern und historischem Flair. ⏰ Ende Juni–Anfang Sep. ❺

Dockside B&B, 37 Breakwater St, ✆ 902/687-2829 oder 1-877/687-2829, 🖥 www.colvillebay.ca. Preiswertes B&B in einem großen, offenen Gebäude aus den 1960er-Jahren mit Blick auf den Fähranleger und das Meer. Es hat 4 Gästezimmer, 4 davon mit Bad. ⏰ Mitte Juni–Mitte Okt. ❸

Essen

Blue Fin, 10 Federal Ave, nahe Main St, ✆ 902/687-3271, hat leckeres Seafood.

Xitaka, 116 Main St, ✆ 902/687-2734. Da der Restaurantbesitzer Portugiese ist, wird hier eine Kombination aus portugiesischen und kanadischen Leckerbissen aufgetischt.

Inn at Bay of Fortune, in Bay Fortune westlich von Souris, ✆ 902/687-3745, 🖥 www.innatbayfortune.com, mit dem Auto 10 Min. von Souris entfernt. Verwöhnt mit Gerichten aus Bioprodukten und genießt internationales Renommee. Tgl. wechselnde Karte, viel Seafood. Hauptgerichte ca. $15–20.

Colville Bay Oyster Co, 83 Lower Rollo Bay Rd, etwa 0,5 km südlich von Souris auf der Rte 330 auf der linken Seite, ✆ 902/687-2222,

Fähren zu den Îles de la Madeleine

Eine **Autofähre** von CTMA, ✆ 418/986-3278 oder 1-888/986-3278, 🖥 www.ctma.ca, legt die fünf Stunden dauernde Fahrt zwischen **Souris**, 81 km nordöstlich von Charlottetown, und **Cap-aux-Meules** auf den Îles de la Madeleine (S. 350) zurück. Sie verkehrt von April bis Januar (April–Juni und Sep 6x wöchentl., Juli und Aug 7–11x wöchentl., Okt–Jan 3–4x wöchentl.). Die einfache Fahrt kostet für Erwachsene $44 (im Winter $28) plus $80 ($57) pro Pkw.

www.colvillebayoysterco.ca. In der kleinen Bude kann man direkt vom Fischer frische Austern kaufen, ☉ normalerweise Juni–Jan.

Rte 16 bis East Point

Von Souris kann man auf der Rte 16 die Nordostecke der Insel umrunden. Die Straße endet beim 1867 erbauten **Leuchtturm** am East Point, ✆ 902/357-2106, 🖥 www.eastpointlighthouse.com, ☉ tgl. 10–18.30 Uhr, Führungen Mitte Juni–Anfang Okt, Eintritt $4. Auf dem Gelände gibt es auch einen Kunstgewerbeladen, ☉ tgl. Ende Mai–Anfang Okt. Der in der Nähe gelegene Ort **North Lake** ist ein rauer Fischerhafen, wo sich japanische Käufer auf frisch gefangenen Thunfisch stürzen und Reihen von Fischerhütten ein ungeschminkteres Bild von PEI zeigen.

Die so gut wie einzige Abwechslung während der langen, einsamen Rückfahrt zurück nach Charlottetown auf der Rte 16 stellt die **Prince Edward Distillery** in Hermanville dar, ✆ 902/687-2586, 🖥 www.princeedwarddistillery.com. Hier wird Kanadas erster und einziger Wodka aus Kartoffeln (und aus wilden Blaubeeren) gebrannt und im hauseigenen Laden verkauft.

Die Südküste

Der hübscheste Ort an der Südküste ist der alte, rund 35 km westlich von Charlottetown gelegene Fischereihafen **Victoria** an der Northumberland Strait. Sehenswürdigkeiten im herkömmlichen Sinn ragen aus dem schachbrettartigen Grundriss mit Holzhäusern aus dem 19. Jh. nicht heraus, aber das Ganze ist absolut malerisch – und im Juli und August ein beliebtes Ziel von Tagesausflüglern.

Victoria hat auch ein schmuckes altes Hotel: das **Orient**, ✆ 902/658-2503 oder 1-800/565-6743, 🖥 www.theorienthotel.com, ❸; ☉ Mitte Mai–Mitte Okt. Im mindestens ebenso reizvollen **Victoria Village Inn**, 22 Howard St, ✆ 902/658-2483, 🖥 www.victoriavillageinn.com, ❹, gibt es in viktorianischem Ambiente auch ausgezeichnetes Essen aus lokalen Bioprodukten und frischen Meeresfrüchten (Juni–Sep 17–22 Uhr); das Inn hat ganzjährig geöffnet.

Die meisten Restaurants im Ort haben nur während der Saison geöffnet, eine Ausnahme davon ist das **Landmark Café** nahe dem Playhouse im Ortszentrum, ✆ 902/658-2286, wo exzellente, preisgünstige Hausmannskost serviert wird; ☉ tgl. ab 11.30 Uhr. **Island Chocolates** verkauft handgemachte belgische Pralinen und Kaffee aus besten Bohnen; ☉ Mitte Juni–Mitte Sep tgl. 9–21 Uhr.

Das **Victoria Playhouse**, ✆ 902/658-2025 oder 1-800/925-2025, 🖥 www.victoriaplayhouse.com, ist von Ende Juni bis Ende September Veranstaltungsort für moderne Theaterstücke und Musicals.

Summerside

Gut 35 km weiter westlich liegt die ausgedehnte und mit 15 000 Einwohnern zweitgrößte Stadt auf PEI, **Summerside**, einst der wichtigste Hafen der Insel. Der historische Kern von Summerside ist ein liebevoll restauriertes Viertel mit vielen Bäumen und Schindelhäusern rund um die elegante **Trinity United Church** aus dem 19. Jh. an der Spring St und die mehrere Gebäuden umfassenden **Wyatt Heritage Properties** ganz in der Nähe, ✆ 902/432-1296, 🖥 www.wyattheritage.com. Eines der faszinierendsten Gebäude darunter ist das **Wyatt House Museum**, 85 Spring St, von 1867, das reich mit viktorianischen Antiquitäten ausstaffiert ist. ☉ Juni–Sep, Führungen Mo–Sa 10–16 Uhr, Eintritt $5,50.

Interessant ist auch ein Besuch im **International Fox Museum and Hall of Fame**, 286 Fitzroy St, Ecke Summer St, zwei Blocks vom Hafen entfernt. Das in einem roten Backsteingebäude beheimatete Museum dokumentiert die Geschichte der Fuchszucht auf PEI von ihren Anfängen im Jahre 1894 bis zu ihrem Höhepunkt in den 1920er Jahren. ☉ Juni–Sep Mo–Sa 10–17 Uhr, Spende willkommen.

Essen

Summerside ist zwar eher eine Station auf einem Tagesflug, dafür bietet es aber eine ganze Menge einladendender Restaurants.

Lobster House, 370 Water St, am Baywalk, ℡ 902/436-8439, 🖳 www.lobsterhouse restaurant.ca. Auf der Terrasse mit Blick auf die Bedeque Bay können die Gäste dicke Hummerbrötchen, mächtige *lobster suppers* und knackiges Seafood verputzen. ☼ tgl. ab 16 Uhr.
St. Eleanor's Dairy Bar & Take Out, am Bayview Drive (Rte 11), ℡ 902/436-8683. Ist mit seinen billigen Hummerbrötchen, Burgern und Eiscreme ein ausgezeichneter Snackstopp.

North Cape Coastal Drive

Die nördlichen und westlichen Abschnitte von PEI sind weiter als mancher denken würde. Der North Cape Coastal Drive, 🖳 www.north capedrive.com, schlägt einen 300 km langen Bogen um Summerside entlang der Küste und zurück – aber selbst der direkte Weg zum North Cape misst immerhin noch ganze 100 km. Um möglichst viel aus dieser Region herauszuholen, der am wenigsten erschlossenen und traditionsreichsten Ecke von PEI, sollte unterwegs mindestens eine Übernachtung eingelegt werden.

La Région Évangéline

Der traditionsreichste französische Teil der Insel wurde im 18. Jh. von den Akadiern besiedelt und wird als La Région Évangéline bezeichnet, ℡ 902/854-3300, 🖳 www.regionevangeline.com. Von Summerside sind es nur ein paar Minuten Fahrt über die Rte 2 bis nach **Miscouche** und dem dortigen ausgezeichneten **Musée Acadien**, das ausführlich über die französischsprachige Gemeinde der Insel und die grausamen Deportationen von 1755 informiert. ☼ Juli und Aug tgl. 9.30–19, sonst Mo–Fr 9.30–17, So 13–16 Uhr, Eintritt $3.

Die Gegend um das Cap-Egmont weiter westlich ist ein Kerngebiet akadischer Besiedlung. Im winzigen **Mont-Carmel** steht die wuchtige, alles beherrschende Église Notre-Dame. Die 1898 aus rotem Backstein erbaute Kirche ist die wich-

tigste religiöse Stätte der Akadier auf der Insel. Vor der wunderbaren Kulisse des Meers wirken ihre strengen Linien und der sorgfältig gepflegte Friedhof noch eindrucksvoller. Der Ort Cap-Egmont, etwas weiter westlich auf der Rte 11, hat mit den **Maisons de Bouteilles**, ℡ 902/854-2987, 🖳 www.maisonsdebouteilles.com, die abgefahrenste Sehenswürdigkeit der Insel: drei skurrile Gebäude (eines davon eine Kapelle), die Édouard Arsenault in den frühen 1980er-Jahren aus rund 30 000 Flaschen errichtete. Die Häuser wurden ab 1990 restauriert. ☼ tgl. Mitte Mai–Ende Mai und Anfang Okt–Mitte Okt 10–16, Juni und Sep 10–18, Juli und Aug 9–20 Uhr, Eintritt $6.

Das Kap an sich ist uninteressant. Man lässt es am besten links liegen und fährt direkt zum Essen in den hübschen Ort **Abram-Village**: Das dortige Centre Expo Festival betreibt eine Bäckerei, ℡ 902/854-3300, 🖳 www.centreexpo festival.com, in der Brot, Kuchen und sensationelle Zimtschnecken verkauft werden. Im Sommer kann man auch zum *lobster supper* einkehren. ☼ Juni–Sep tgl. 10–19, sonst Do 13–16 und Fr 10–16 Uhr.

Die beste **Unterkunft** ist Chez Yvette im nahe gelegenen **Urbainville** an der Rte 124, ℡ 902/ 854-2966, 🖳 www.chezyvette.ca, ❸, ein Schindelhaus aus den 1930er-Jahren mit drei hübschen Gästezimmern, die sich zwei Bäder teilen.

Der Nordwesten

Der äußerste Nordwesten von PEI, auf der Insel kurz **Up West** genannt, ist nach einer langen, kurvenreichen Fahrt von Summerside her erreicht. Er beginnt mit der etwas hügeligeren Landschaft an der Nordwestküste der **Malpeque Bay**. Die schilfigen Wasser der Bucht waren früher gesäumt von Schiffswerften. Die spärlichen Überreste einer von ihnen sind heute Bestandteil des **Green Park Shipbuilding Museum** in Port Hill an der Rte 12, ✆ 902/831-7947. Es umfasst neben einem Interpretive Centre zur Schiffbauindustrie auf PEI auch das restaurierte, in den 1860er-Jahren erbaute **James Yeo House**. ◷ Juni–Sep tgl. 9.30–17.30 Uhr, Eintritt $5.

Im winzigen Ort **Tyne Valley**, nur 4 km weiter, befindet sich das ansprechende Doctor's Inn B&B, ✆ 902/831-3057, 🖥 www.peisland.com/doctorsinn, ❷, ein großes altes Haus mit drei bescheidenen, aber doch gut ausgestatteten Gästezimmern. Die Besitzer bewirtschaften den angrenzenden, 8000 m² großen Bio-Garten. Wer vorher reserviert, kann dort auch zu Abend essen ($45–55).

Von Green Park sind es ungefähr 50 km bis zur Westspitze der Insel, wo das **West Point Lighthouse** den Elementen trotzt und mit einer kleinen Sammlung von Fotos und Erinnerungsstücken das Leben der ehemaligen Leuchtturmwärter porträtiert, ◷ Juni–Ende Sep tgl. 9–21 Uhr, Eintritt $2,50. Ein Zimmer im Leuchtturm plus acht weitere im Anbau (alle mit Bad und freundlicher, moderner Ausstattung) machen das **West Point Lighthouse Inn** aus, ✆ 902/859-3605 oder 1-800/764-6854, 🖥 www.westpointlighthouse.com, ❹, das seine großartige Lage am Meer mit Blick auf einen langen Sandstrand optimal nutzt; ◷ Ende Mai–Sep. Den Leuchtturm umgibt der **Cedar Dunes Provincial Park** mit einem Campingplatz, ✆ 902/859-8785, der 500 m weiter an der Küste liegt; ◷ Juni–Mitte Sep, Stellplatz $23–30.

Newfoundland und Labrador

Stefan Loose Traveltipps

14 **St. John's** Die schön gelegene Hafenstadt ist der beste Einstieg in das Leben und die Traditionen Newfoundlands. S. 478

Eisberge und Walbeobachtung Vor der Ostküste von Newfoundland treiben im Sommer oft riesige Eisklumpen, und Hunderte Wale tummeln sich in den Gewässern. S. 500

15 **Trinity und Twillingate** Das winzige Trinity auf der Halbinsel Bonavista ist das reizvollste der alten Hafenstädtchen, direkt gefolgt von Twillingate. S. 499 und 503

Gros Morne National Park Der Nationalpark zählt zu den ungezähmtesten Landschaften Ostkanadas. S. 506

Battle Harbour Wo sich einst der größte Salzfischhafen der Welt befand, lockt heute vor der Küste des südlichen Labrador ein reizendes abgelegenes Dorf. S. 522

Northern Ranger Der Dampfer verkehrt nur im Sommer und schippert dann entlang der wunderbar rauen Küste von Labrador mit ihren Inuit-Dörfern und den Überresten von Missionsstationen. S. 529

Trans-Labrador Highway Die Schotterpiste windet sich durch eine gigantische Wildnis und verbindet in einer fast 2000 km langen Schleife die Labrador Straits mit Goose Bay und Québec – eines der großen Straßenabenteuer der Welt. S. 523

Die Provinz Newfoundland and Labrador trat 1949 dem Staat Kanada bei – damals ein sehr kontroverses Unterfangen, das nur von 52,3 % der Bevölkerung unterstützt wurde. Auch heute erscheinen Teile von **Newfoundland** wie ein völlig anderes Land, und gerade diese einzigartige Identität macht das Gebiet zu einem äußerst faszinierenden Reiseziel.

Das raue Klima der Insel und ihre relativ abgeschiedene Lage hat eine besondere Kultur hervorgebracht, die sich durch eigene **Dialekte** auszeichnet. Diese Mundarten (eine Mischung aus Altirisch und Englisch) konnten sich ungestört entwickeln, weil die sogenannten **Outports** – alte Fischerdörfer, in denen sich die ersten Ankömmlinge aus Europa niederließen – nur auf dem Wasserweg erreichbar waren. Heute sind sie fast alle an ein Netz aus Nebenstraßen angebunden, die vom großen **Trans-Canada Highway** abzweigen. Das 900 km lange Asphaltband erstreckt sich vom Südwesten der Insel bis zur **Avalon Peninsula**.

An deren Nordostküste liegt **St. John's**, Hauptstadt der Provinz. Der Rest der Insel besteht größtenteils aus unberührter Wildnis voller schneebedeckter Berge, fischreicher Flüsse und atemberaubender Fjorde, und vereinzelt klammern sich Fischerdörfer an die Felsenküste.

Labrador liegt zwar auf dem kanadischen Festland, ist jedoch mit der Insel Newfoundland seit den 1760er-Jahren politisch verknüpft. Auch hier findet man ein starkes Bewusstsein einer eigenständigen Identität – die zentralen und nördlichen Regionen Labradors verfügen über eine einzigartige Geschichte, die u. a. von den uralten Traditionen der Inuit und Innu geprägt ist.

Die Wirtschaft von Labrador wird durch Eisenerzabbau und Wasserkraftwerke angekurbelt, doch die damit verbundenen industriellen Schönheitsfehler sind allenfalls Nadelstiche in einer ansonsten kaum erforschten **Wildnis**, von der dieser Teil der Provinz beherrscht wird. Das unvorstellbar riesige Labrador besticht durch einige der höchsten Berge Kanadas, einen atemberaubenden Nationalpark, eine überwältigende Küste und ein dicht bewaldetes Hinterland voller wilder Tiere. Eine Reise hierher ist ein echtes Abenteuer.

Newfoundland

Newfoundland verfügt über einen beträchtlichen natürlichen und historischen Charme, aber überraschenderweise ist die Insel nie überlaufen. Am besten lässt sie sich mit einem eigenen Fahrzeug erkunden; allerdings sind die Entfernungen gewaltig, sodass die Reise gut geplant werden sollte – selbst die Einheimischen brauchen für die über 1000 km von St. John's nach St. Anthony über zwölf Stunden. Die meisten Besucher fliegen allerdings direkt nach St. John's, das mit seinen Museen, einladenden Restaurants und Bars und seiner blühenden Folkmusikszene den besten Einstieg in das Inselleben bietet.

In unmittelbarer Umgebung der Hauptstadt liegen das **Vogelschutzgebiet Witless Bay**, die Leuchttürme von **Cape Spear** und der Fernwanderweg **East Coast Trail**, der Gelegenheiten zu kurzen Spaziergängen wie auch zu ausgewachsenen Expeditionen bietet.

Newfoundlands Attraktionen beschränken sich aber keineswegs auf die Avalon-Halbinsel. Das winzige **Trinity** auf der **Bonavista Peninsula** ist für viele der bezauberndste unter den alten Outports, dicht gefolgt von **Twillingate**. 700 km westlich von St. John's beeindruckt der **Gros**

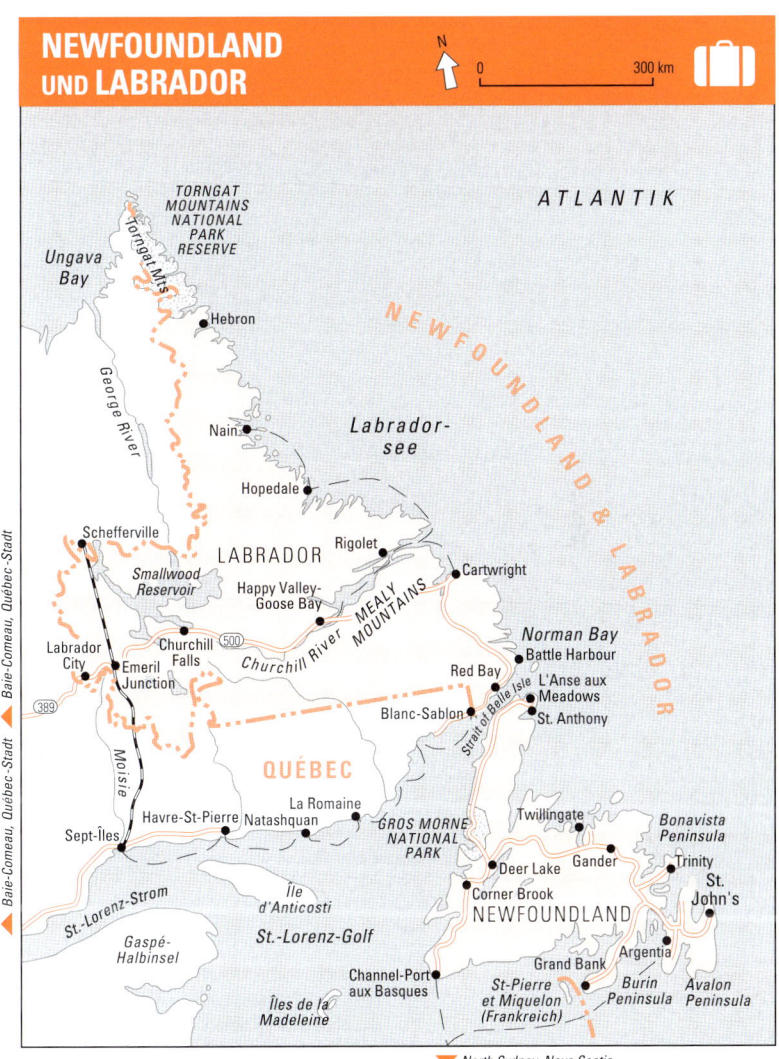

N

0   300 km

ATLANTIK

Ungava
Bay

TORNGAT
MOUNTAINS
NATIONAL
PARK
RESERVE

Torngat Mts.

Hebron

George River

Nain

Labrador-
see

Hopedale

NEWFOUNDLAND & LABRADOR

Schefferville

LABRADOR

Rigolet

Cartwright

Smallwood
Reservoir

Happy Valley-
Goose Bay

MEALY
MOUNTAINS

Norman Bay

Battle Harbour

Labrador
City

Churchill
Falls

500

Churchill River

Red Bay

L'Anse aux
Meadows

Emeril
Junction

Blanc-Sablon

St. Anthony

389

Moisie

QUÉBEC

La Romaine

GROS MORNE
NATIONAL
PARK

Twillingate

Bonavista
Peninsula

Havre-St-Pierre

Natashquan

Sept-Îles

Deer Lake

Gander

Trinity

St.
John's

St.-Lorenz-Strom

Île
d'Anticosti

St.-Lorenz-Golf

Corner Brook

NEWFOUNDLAND

Gaspé-
Halbinsel

Channel-Port
aux Basques

Grand Bank

Argentia

St-Pierre
et Miquelon
(Frankreich)

Burin
Peninsula

Avalon
Peninsula

Îles de la
Madeleine

North Sydney, Nova Scotia

Baie-Comeau, Québec-Stadt

Baie-Comeau, Québec-Stadt

Strait of Belle Isle

Morne National Park mit seinen atemberaubenden Bergen und Gletscherseen. 350 km nördlich
des Nationalparks, bei **L'Anse aux Meadows**,
liegen die spärlichen, aber geheimnisvollen
Überreste einer Wikinger-Kolonie aus dem
11. Jh. In einem alten Leuchtturm auf der Insel
Quirpon wurde ein bemerkenswertes Hotel eingerichtet. Newfoundlands Südküste wird durch
die windgepeitschte **Burin Peninsula** geprägt.
Von dort führt eine kurze Fährfahrt zum französischsprachigen **St-Pierre et Miquelon**, einem
winzigen Archipel, das dank einer kuriosen
Wendung der Kolonialgeschichte ein französisches Überseegebiet ist.

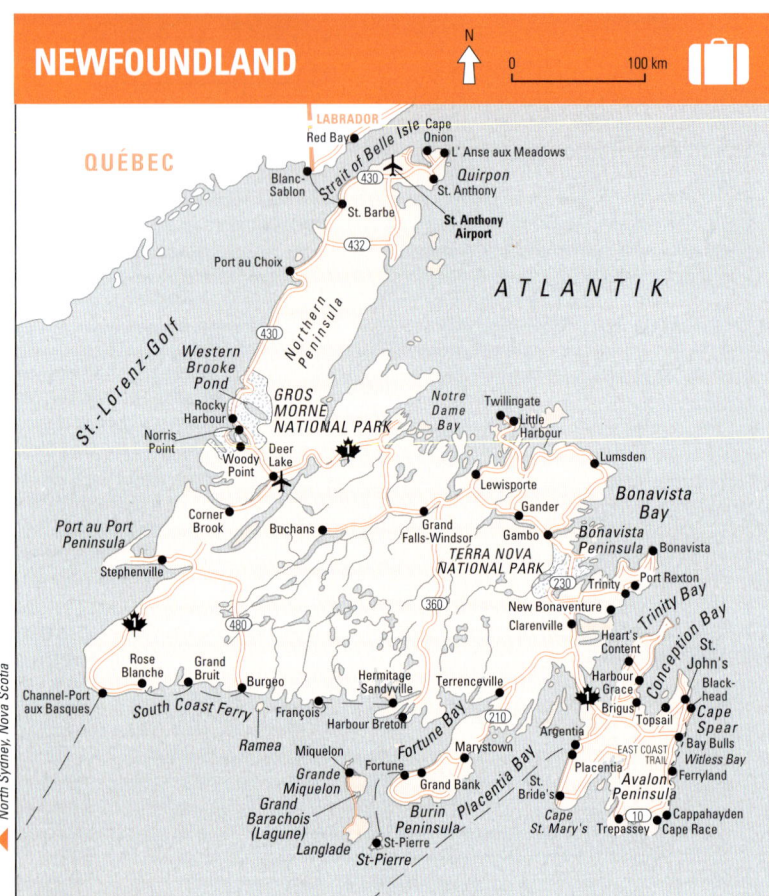

North Sydney, Nova Scotia

St. John's

Jahrhundertelang konzentrierte sich das Leben in St. John's auf den Hafen, ein spektakuläres Becken, das durch den 200 m breiten Kanal **The Narrows** zugänglich ist. Zwar ist St. John's bei weitem nicht mehr der belebte Überseehafen vergangener Zeiten, doch noch immer laufen viele Fischkutter, Containerschiffe und andere große und kleine Wasserfahrzeuge den Hafen an, und die Stadt hat wie eh und je ein buntes Nachtleben zu bieten, auch wenn die alten Kaschemmen am Wasser inzwischen Geschäften, Büros und schicken Restaurants gewichen sind. Die allermeisten der 185 000 Einwohner fahren nicht mehr aufs Meer hinaus, sondern arbeiten als Büroangestellte oder sind Künstler oder Studenten aus allen Teilen Kanadas. Trotzdem bildet das Hafenviertel noch immer den gesellschaftlichen Mittelpunkt der Stadt. Dort konzentrieren sich auch die Musikkneipen, in denen

Continental bietet zurzeit die einzigen Linienflüge nach St. John's, und zwar von Newark in den USA. Das von einigen europäischen Flughäfen direkt zu erreichende nächstgelegene Ziel ist Halifax in Nova Scotia. **Air Canada** hat Flüge nach St. John's von Toronto, Montréal und Halifax sowie nach Deer Lake von Montréal und Toronto. Weitere Flüge zwischen Newfoundland und kanadischen Zielen bieten Air Canada Jazz (🖥 www.flyjazz.ca), WestJet (🖥 www.westjet.com) und Porter Airlines (🖥 www.flyporter.com).

Unter den regionalen Fluggesellschaften bedient **Air Labrador**, ✆ 1-800/563-3042, 🖥 www.airlabrador.com, die Linien St. John's–Deer Lake, St. John's–Wabush (Labrador), Deer Lake nach Goose Bay, St. Anthony und Blanc Sablon. **Provincial Airlines**, innerhalb Newfoundlands ✆ 1-800/563-2800, sonst 709/576-1666, 🖥 www.provincialairlines.ca, bietet Linienflüge von St. John's nach Deer Lake, St. Anthony und Labrador (Goose Bay, Blanc Sablon und Churchill Falls). **Air St-Pierre**, ✆ 508/410000 oder 1-877/277-7765, 🖥 www.airsaintpierre.com, verbindet St-Pierre et Miquelon mit St. John's, Montréal, Nova Scotia (Halifax und Sydney) und New Brunswick (Moncton).

Für **Fährverbindungen** siehe S. 425 (Nova Scotia), S. 518 (Labrador) und S. 498 (St-Pierre et Miquelon). Es gibt noch 12 weitere Fährverbindungen zu abgelegenen Outports in Newfoundland; über Abfahrtszeiten und Preise informiert die Website 🖥 www.tw.gov.nl.ca/ferryservices.

Der einzige **Fernbus** auf Newfoundland wird von **DRL Coachlines** betrieben ✆ 709/263-2171 oder 1-888/263-1854, 🖥 www.drlgroup.com. Der Bus fährt 1x tgl. über den Trans-Canada Hwy von Channel-Port aux Basques (Abfahrt 8 Uhr) nach St. John's und legt dabei über 20 Stopps ein. Die einfache Fahrt kostet $107, die Gesamtfahrtdauer beträgt 13 1/2 Std.; Bustickets

und Abfahrtszeiten vor der Abreise bestätigen lassen.

Ein lückenhaftes öffentliches Verkehrsnetz bilden mehrere **Minibus- und Taxiunternehmen**, von denen die meisten in St. John's angesiedelt sind. **Marsh's**, ✆ 709/747-2225, fährt 1x tgl. per Minibus von St. John's über Trinity nach Bonavista ($40). **Foote's Taxi**, ✆ 709/832-0491 oder 1-800/866-1181, fährt 1x tgl. von St. John's nach Grand Bank und Fortune ($45). **Newhook's Transportation**, ✆ 709/682-4877, verkehrt zwischen St. John's und dem Fährhafen Argentia ($30).

An der Westküste nutzen mehrere Anbieter das Büro von **Martin's Transportation**, Herald Avenue, Corner Brook, Informationen unter ✆ 709/634-2659. Der Bus nach St. Anthony verkehrt nicht mehr, man kann jedoch noch bis Plum Point ($50), ✆ 709/457-7719, an der Nordküste gelangen. Martin's, ✆ 709/458-7845, bietet Busse von Corner Brook nach Woody Point ($16) und Trout River ($18) im Gros Morne National Park (Mo–Fr 16.30 Uhr), **Viking**, ✆ 709/458-8186), nach Deer Lake ($5) und Rocky Harbour (Mo–Fr 16.30 Uhr; $25), und **Burgeo Bus Lines** (auch unter dem Namen D5 Trucking bekannt), ✆ 709/886-6162, bietet Busse nach Burgeo (Mo–Fr 15 Uhr; $38). Die Busse fahren normalerweise an der Millbrook Mall (bei Martin's Transportation) ab, aber vorsichtshalber immer telefonisch nachfragen!

Noch ein Wort zum Thema **Elche**: In Newfoundland treiben sich Tausende dieser großen Vierbeiner herum, sie sind vor allem in der Dämmerung, aber auch nachts eine erhebliche Gefahr für den Autoverkehr. Das Problem ist so gravierend, dass sich viele Einheimische nur tagsüber bei guter Sicht hinters Steuer setzen. Bei Dunkelheit fühlen sich Elche magisch von Scheinwerfern angezogen, und ein Zusammenstoß kann für Mensch und Tier fatale Folgen haben.

Newfoundland und Labrador

St. John's

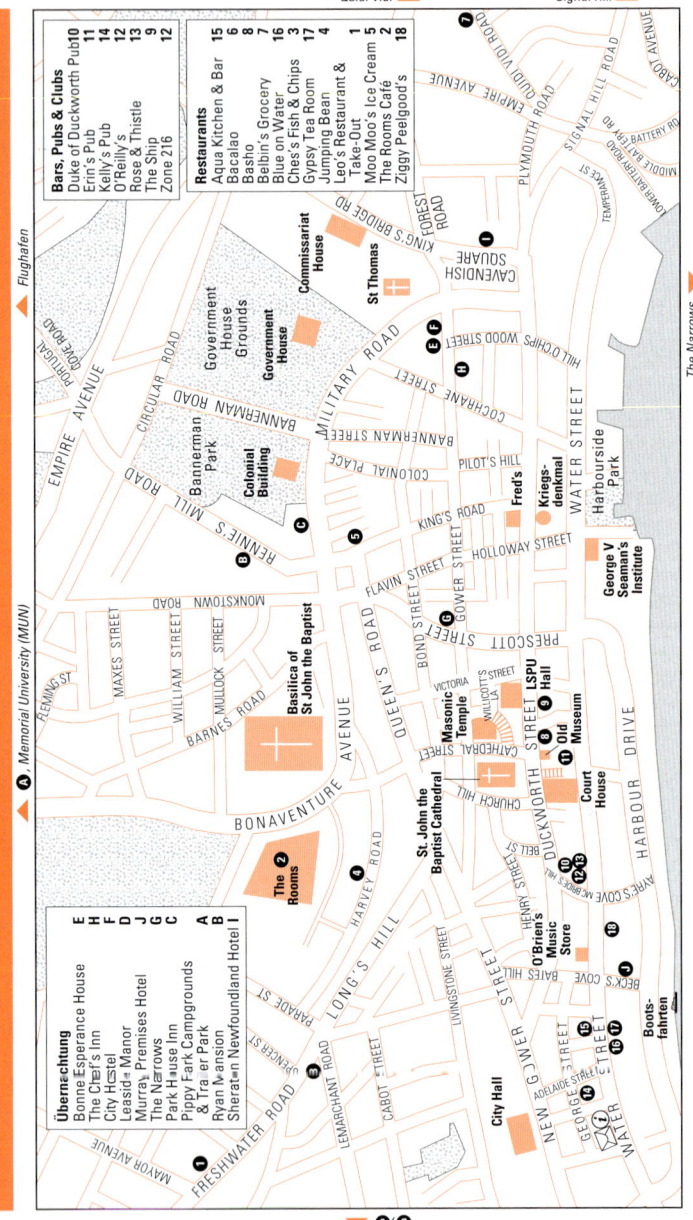

Übernachtung

Bonne Esperance House	E
The Chef's Inn	H
City Hostel	F
Leaside Manor	D
Murray Premises Hotel	J
The Narrows	G
Park House Inn	C
Pippy Park Campgrounds	
& Traver Park	A
Ryan Mansion	B
Sheraton Newfoundland Hotel	I

Bars, Pubs & Clubs

Duke of Duckworth Pub	10
Erin's Pub	11
Kelly's Pub	14
O'Reilly's	12
Rose & Thistle	13
The Ship	9
Zone 216	12

Restaurants

Aqua Kitchen & Bar	15
Bacalao	6
Basho	8
Belbin's Grocery	16
Blue on Water	3
Ches's Fish & Chips	17
Gypsy Tea Room	4
Jumping Bean	
Leo's Restaurant &	1
Take-Out	
Moo Moo's Ice Cream	5
The Rooms Café	2
Ziggy Peelgood's	18

hervorragende Folkmusik geboten wird – das allein ist schon Grund genug für einen Aufenthalt in St. John's.

Es ist aber vor allem der Gesamteindruck, der das Zentrum von St. John's so attraktiv erscheinen lässt. Wie Kraut und Rüben zieht sich Alt und Neu den Hügel hinauf zu den hell gestrichenen Holzhäusern, typisch für die älteren Wohnviertel wie die schöne Gegend um die **Gower Street**. **The Rooms** ist die neue Heimat der ausgezeichneten neufundländischen Kunst- und Geschichtssammlungen. Zum Pflichtprogramm gehört ein Abstecher auf den **Signal Hill** mit seinen traumhaften Ausblicken. St. John's ist zudem nur eine kurze Autofahrt vom windgepeitschten **Cape Spear** entfernt, dem östlichsten Punkt des nordamerikanischen Kontinents.

Das Zentrum

Nur einen Steinwurf vom Hafen entfernt verläuft die **Water Street** durch die Innenstadt. Sie ist seit langem der kommerzielle Dreh- und Angelpunkt von St. John's, auch wenn die Schiffsausrüster und Fischhändler inzwischen einem faszinierenden Mix aus Geschäften, Restaurants und Kneipen gewichen sind.

Einige der beeindruckendsten Bauwerke der Stadt konzentrieren sich in der **Military Road**, allen voran die gigantische katholische **Basilica of St. John the Baptist** und das Museum **The Rooms**. Eine weitere Topattraktion ist **Signal Hill**, nicht so sehr wegen des Cabot Tower oben, sondern wegen des sagenhaften Panoramas. Mit Ausnahme von Signal Hill liegen alle großen Sehenswürdigkeiten relativ nah beieinander.

Harbourside Park

Der winzige Harbourside Park an der Water Street ist der logische Ausgangspunkt für einen Stadtrundgang. Hier – oder zumindest ganz in der Nähe – ging Sir Humphry Gilbert 1583 an Land, um die Insel für England zu beanspruchen. Informationstafeln im Park beleuchten den historischen Kontext, dahinter stehen zwei bronzene Hundeskulpturen (ein Neufundländer und ein Labrador), denn den frühen Siedlern waren die Hunde unentbehrliche Gefährten. Der Neufundländer mit seinem Wasser abweisenden Fell und Schwimmhäuten zwischen den Zehen entsprach genau den Anforderungen des Lebens am Meer, während sich der Labrador – eine Kreuzung aus Neufundländer und Pointer – als der bessere Jagdgehilfe erwies.

Vom Courthouse zur Gower Street

Fünf Gehminuten vom Park die Water Street Richtung Süden steht das **Courthouse**. Der römisch beeinflusste Monumentalbau von 1901 besteht aus Granit und ist mit abgerundeten Türmchen, unterschiedlichen Giebeln und einem Uhrturm versehen.

Vom oberen Ende der Treppe neben dem Courthouse führt die Duckworth Street nach rechts zum alten **Newfoundland Museum** von 1907, heute ein Career Work Centre. Der Hauptkörper des Gebäudes besteht aus rotem Backstein; an der Fassade prangen ein Wappen und drei hübsche Wandtafeln, je eine für die Bergleute, Holzfäller und Fischer der Insel. Gegenüber führt die Cathedral Street hinauf zum 1897 fertiggestellten **Masonic Temple**, in dem heute die Theatergruppe Spirit of Newfoundland, ☎ 709/579-3023 oder 1-877/661-3023, 🖥 www.spiritofnewfoundland.com, zu Hause ist – die Inszenierungen der Gruppe behandeln gewöhnlich neufundländische Themen und sind oft mit einem Abendessen kombiniert (Tickets kosten etwa $60).

Die trutzige Fassade des Freimaurertempels blickt herausfordernd hinüber zur **Anglican Cathedral of St. John the Baptist**. Baubeginn der von dem englischen Architekten Sir George Gilbert Scott im neugotischen Stil entworfenen Kathedrale war 1847, doch ein Großteil des Gotteshauses brannte 1892 nieder. Danach ließ Scotts Sohn die Kathedrale nach den Originalplänen wiederaufbauen, die Arbeiten wurden jedoch nie vollendet. Das Innere beeindruckt mit Buntglasfenstern und einer hübschen Holzgewölbedecke. 🕐 Mitte Juni–Sep Mo–Fr 10–12 und 14–16, Sa 10–12 Uhr, Eintritt frei.

Im Sommer lockt der **Crypt Tea Room**, der durch eine Tür an der Südseite der Kathedrale zu erreichen ist, mit Tee und hausgemachtem Kuchen ($8); 🕐 Juli und Aug Mo–Fr 14.30–16.30 Uhr.

An der Rückseite der Kathedrale liegt die **Gower Street**, eine der hübschesten Wohnstraßen der Stadt. Die lange Reihe aus bunt gestrichenen Holzhäusern (einige sind mit Holzimitaten aus Vinyl verkleidet) ist in der Stadt als Jellybean Row (Geleebonbonstraße) bekannt.

Commissariat House

Vom nördlichen Ende der Gower Street ist es nur ein kurzer Spaziergang bis zum historischen Commissariat House in der Kings Bridge Road mit seiner robusten georgianischen Holzfassade. Der 1820 fertiggestellte Bau umfasst die ehemaligen Wohn- und Arbeitsräume des stellvertretenden Generalkommissars, der dafür zuständig war, dass die britischen Garnisonsangehörigen genug zu essen und anzuziehen hatte. Die Räume sind alle im nüchternen, auf übermäßigen Schmuck verzichtenden Stil der 1830er-Jahre hergerichtet. Lohnenswert ist auf jeden Fall eine der kostenlosen und sehr informativen Führungen. Die Ölgemälde oben stammen von einem gewissen J. A. Turner, nicht zu verwechseln mit seinem bekannten Namensvetter William Turner – J. A. Turner wurde 75 Jahre später geboren und lebte die meiste Zeit seines Lebens in Australien. In den Ställen draußen ist eine kleine Ausstellung über die Geschichte des Hauses untergebracht. ⏲ Mai–Sep tgl. 10–17.30 Uhr, Eintritt $3.

Government House und Colonial Building

Vom Commissariat House sind es nur ein paar Schritte die Military Road entlang zum roten Sandsteinbau **Government House**, ✆ 709/729-4494, 🖳 www.govhouse.nl.ca. Das Regierungsgebäude wurde unter hohem Kostenaufwand 1831 fertig gestellt und war die Residenz des Lieutenant-Governor, also des obersten Repräsentanten des britischen Königshauses auf der Insel. Wer das Gebäudeinnere besichtigen möchte, muss sich vorher telefonisch für eine der kostenlosen eineinhalbstündigen Führungen anmelden, die gewöhnlich nur dienstags und donnerstags stattfinden. Das schattige Gelände kann man aber jederzeit aufsuchen.

Ein Stück weiter steht an der Military Road das aus Kalkstein erbaute **Colonial Building**, ein perfekt proportioniertes, klassizistisches Bauwerk mit prunkvollem Säulenvorbau. Hier tagte ab 1850 die politische Vertretung der Insel, bis sie 1960 ins Confederation Building am Wasser umzog. Ab 2012 soll das elegante Gebäude als Provincial Historic Site für die Öffentlichkeit zugänglich sein.

Die Hafengegend von St. John's ist bis heute das lebendigste Viertel der Stadt.

Catholic Basilica of St. John the Baptist

Weiter die Military Road entlang erreicht man nach ein paar Minuten eine der prächtigsten Kirchen der Stadt, die katholische **Basilica of St. John the Baptist**, ☎ 709/726-3660, 🖥 www.thebasilica.ca. Der Bau aus Kalkstein und Granit thront mit seinen Zwillingstürmen auf einem Hügel über dem Hafen. Die Fassade der 1855 fertiggestellten Kirche ahmt die großen romanischen Kirchen Italiens nach, aber das Innere ist noch beeindruckender: 28 Buntglasfenster im oberen Bereich der Wände illuminieren eine herrlich verzierte Decke. Sehenswert ist auch die bewegende Statue *Der tote Christus* des irischen Bildhauers John Hogan von 1854 auf dem Opferaltar. 🕐 Mo–Fr 10.30–16.30, Sa 9–13.30, So 9–12 Uhr, Eintritt frei.

Im **Presentation Convent** nebenan ist u. a. eine marmorne *Verhüllte Jungfrau* ausgestellt, die in den 1850er-Jahren von Giovanni Strazza in Rom geschaffen wurde; 🕐 Mo–Fr 10.30–12 und 14–16 Uhr, Eintritt frei. Links von der Basilika zeigt das **Basilica Museum** im ehemaligen Bischofspalast eine interessante Sammlung sakraler Gegenstände, Reliquien und Kunstwerke; 🕐 Juli–Aug Mo–Sa 10–16, So 12–16 Uhr, Eintritt $2.

The Rooms

Gegenüber der Basilika steht in der Bonaventure Avenue der moderne Komplex **The Rooms**, 🖥 www.therooms.ca. Das Gebäude wurde errichtet, um die besten Sammlungen der Insel zu Geschichte, Ethnografie und Kunst unter einem Dach zu vereinen, wobei einige Kunstwerke etwas internationales Flair in die Ausstellung bringen. Jeder Winkel des Komplexes wird von wechselnden Ausstellungen eingenommen – mit einer Ausnahme: Floor 3 des Museums enthält eine permanente Ausstellung, die ihre Besucher im Schnellverfahren durch die Geschichte der Insel begleitet.

Floor 3 des Museum beginnt mit den ersten Bewohnern der Insel, den Maritime Archaic Peoples, und ihren Nachfolgern, den Dorset

Inuit und den Beothuks (S. 482 Weitere Exponate beschäftigen sich mit Einzelheiten früher Walfangmethoden, der Ankunft der Wikinger und den ersten europäischen Siedler, alles durch archäologische Artefakte illustriert. Einer der interessantesten Abschnitte ist eine kleine Holzvitrine, in deren Schubladen die primitiven, aber sehr ergreifenden Zeichnungen von **Shanawdithit** liegen, der letzten Vertreterin des ausgelöschten Volkes der Beothuks. Halb verhungert und völlig verzweifelt, hatte sie sich 1823 einem europäischen Trapper ausgeliefert. ☉ Juni–Mitte Okt Mo–Sa 10–17, Mi und Do 10–21, So 12–17, Mitte Okt–Mai Di–Sa 10–17, So 12–17 Uhr, Eintritt $7,50.

Signal Hill

Hoch über den Narrows thront der als nationalhistorische Stätte ausgewiesene Signal Hill (Zutritt frei). Von dem gewaltigen, grasbedeckten Felsen eröffnen sich spektakuläre Ausblicke, die für den anstrengenden, halbstündigen Anstieg (2 km) vom Nordende der Duckworth Street entschädigen – es fährt kein Stadtbus hoch. Ursprünglich „The Lookout" genannt, erhielt Signal Hill seinen heutigen Namen im Jahr 1704, als es üblich wurde, hier oben Flaggen zu hissen, um den Bewohnern die Ankunft von Schiffen anzukündigen. Der Hügel bot sich natürlich auch zur Verteidigung der Stadt an, und die einfachen Wehrbauten, die nach der letzten französischen Besatzung 1762 errichtet worden waren, wurden noch bis zum Zweiten Weltkrieg bei jedem auftauchenden militärischen Konflikt in Stand gesetzt. ☉ tgl. 24 Std., Eintritt frei.

Die Straße nach oben hat einige Attraktionen zu bieten. Die erste ist das **Johnson Geo Centre**, 🖳 www.geocentre.ca, das sich den Geowissenschaften widmet. Ein Einführungsfilm illustriert diverse Naturphänomene, danach beleuchtet ein Bereich die Geologie der Erde, Newfoundlands und Labradors, ein zweiter die Völker der Erde, und ein dritter umfasst ein „Stellarium", das sich mit der Erforschung der Sterne beschäftigt. Daneben drehen sich kleinere Ausstellungen um die *Titanic* sowie um Öl und Erdgas. ☉ Mitte Mai–Mitte Okt Mo–Sa 9.30–17, So 12–17, Mitte

Okt–Mitte Mai Di–Sa 9.30–17, So 12–17 Uhr, Eintritt $11,50.

Weiter oben liegt das **Signal Hill Visitor Centre**, ✆ 709/772-5367, das mit sorgsam ausgesuchten Exponaten und einer dramatischen 20-minütigen Multimediashow die militärische und zivile Geschichte des Hügels beleuchtet, besonders den bitteren Kampf zwischen Frankreich und England um die Stadt im 18. Jh. ☉ Mitte Mai–Mitte Okt tgl. 10–18, Mitte Okt–Mitte Mai Mo–Fr 8.30–16.30 Uhr, Eintritt $3,90.

Etwas weiter die Straße hinauf liegt die **Queen's Battery**, wo alte Kanonenrohre auf die Hafeneinfahrt gerichtet sind. Auf dem Platz neben der Geschützbatterie, dem O'Flaherty Field, finden von Juli bis Mitte August im Rahmen des Signal Hill Tattoo, ✆ 709/772-5367, militärische Aufmärsche und Konzerte mit Militärmusik im Stil des 19. Jhs. statt (Mi, Do, Sa und So 11 und 15 Uhr, $5).

Cabot Tower

Auf dem höchsten Punkt des Signal Hill thront der Cabot Tower, ein niedriger, robuster Steinturm, der 1900 fertiggestellt wurde – sowohl zum Gedenken an John Cabots Reise des Jahres 1497 als auch anlässlich des diamantenen Thronjubiläums von Queen Victoria. Draußen beim Parkplatz steht eine Gedenktafel für Guglielmo **Marconi**, der hier im Dezember 1901 den Empfang des ersten transatlantischen Radiosignals bestätigte. Die Ausblicke auf die Stadt und den Ozean sind absolut traumhaft. ☉ Juni–Aug tgl. 8.30–21, sonst 9–17 Uhr, Mitte Jan–März geschl., Eintritt frei.

Ein halbes Dutzend **Wanderwege** ziehen sich über den Berg. Der kürzeste ist ein 500 m langer Spaziergang vom Signal Hill hinunter zur Queen's Battery. Eine windgepeitschte Wanderung führt um die wilde Landspitze zu den Narrows hinunter, weiter zur Outer Battery Road und von dort zurück in die Stadt.

Quidi Vidi

Das winzige Viertel Quidi Vidi („Kiddy-Widdy"), ein paar Kilometer nördlich des Stadtzentrums, ist ein schönes Fleckchen. Eine Hand voll alter

Fischerhütten schmiegt sich an die scharfkantigen Felsen vor dem tiefblauen Wasser eines schmalen Meeresarms; allerdings haben die vielen Neubauten dem Dorf inzwischen viel von seinem Reiz genommen. Sehenswert ist das Antiquitätengeschäft **Mallard Cottage Antiques**, ℡ 709/576-2266, in einem Gebäude aus den 1750er-Jahren, ◷ Mai–Sep tgl. 10–17, sonst Mi–Sa 10–16.30 Uhr.

Eine Besichtigung lohnt auch die Brauerei **Quidi Vidi Brewery**, ℡ 709/738-4040, ▢ www.quidividibrewery.ca, untergebracht in einer ehemaligen Fischfabrik, wo das ganze Jahr über Führungen mit Geschmacksproben angeboten werden. ◷ Führungen Mai–Okt stdl., sonst telefonisch erfragen, $10.

Von der Dorfmitte sind es nur ein paar Minuten zu Fuß in östlicher Richtung zur **Quidi Vidi Battery Provincial Historic Site**, ℡ 709/729-2977. Die Geschützbatterie blickt von einem Berg auf den schmalen Kanal, der das Dorf mit dem offenen Meer verbindet. Die Anlage wurde gemäß ihrem Erscheinungsbild von 1812 restauriert, als sie in Erwartung eines Angriffs der US-Armee in Bereitschaft versetzt wurde. ◷ Mitte Mai–Anfang Okt tgl. 10–17.30 Uhr, Eintritt $3.

Vom Stadtzentrum aus ist Quidi Vidi über die Forest Road erreichbar, die neben dem Sheraton Newfoundland Hotel abzweigt. Eine Alternative ist Metrobus Nr. 15, der an der Plymouth Road auf der Hafenseite des Hotels abfährt. Unterwegs kommt man am **Quidi Vidi Lake** vorbei, wo alljährlich im August die Royal St. John's Regatta, ▢ www.stjohnsregatta.org, veranstaltet wird, eines der ältesten Sportereignisse Nordamerikas.

Das Zentrum von St. John's beherbergt eine ordentliche Auswahl an **Hotels**. Auffälliger sind aber die vielen **B&Bs**. Wer knapp bei Kasse ist, kann sich an die **Motels** in der Kenmount Road halten, eine der Hauptzufahrtstraßen, die vom Trans-Canada Hwy in die Stadt führen. In der Nähe des Zentrums gibt's auch ein recht gutes **Hostel** und einen **Campingplatz**.
Bonne Esperance House, 18–22 Gower St, ℡ 709/726-3835 oder 1-888/726-3835, ▢ www.bonneesperancehouse.ca. Dieses

Leaside Manor, 39 Topsail Rd, ℡ 709/722-0387, ▢ www.leasidemanor.com. Wunderbare luxuriöse Suiten von modern (mit Jacuzzi) bis traditionell (19.-Jh.-Einrichtung mit Himmelbetten). Die Suite Jellybean Row besticht durch ihre Leopardenmuster. Die muntere Gastgeberin Elaine Hann ist eine erstklassige Informationsquelle. ❻

B&B erstreckt sich über drei viktorianische Reihenhäuser aus den 1890er-Jahren mit vielen alten Einrichtungsgegenständen. Alle Gästezimmer sind mit antiken Möbeln ausgestattet und haben Bad; ein besonders gutes Frühstück gibt's auch. ❻
The Chef's Inn, 29 Gower St, ℡ 709/753-3180, ▢ www.thechefsinn.ca. Schönes renoviertes Reihenhaus aus den 1890er-Jahren an einer der hübschesten Straßen der Stadt. Vier moderne Zimmer mit Bad und flauschigen Bademänteln, Holzbetten, Kabel-TV und kostenlosem WLAN. Koch und Betreiber Todd Perrin zaubert Gourmet-Frühstück auf den Tisch. ❺
City Hostel, 8 Gower St, ℡ 709/754-4789. Solides Hostel neben dem Bagel Café mit Dorm-Betten ($27,50) und Zimmern (einige mit Bad), alles einen Katzensprung von der George St entfernt. Kostenloses Internet, Waschküche, gute Gemeinschaftsküche und relaxte Mitarbeiter. ❸
Murray Premises Hotel, 5 Beck's Cove, ℡ 709/738-7773 oder 1-866/738-7773, ▢ www.murraypremiseshotel.com. Perfekte Lage für Nachtschwärmer: nur einen Block von der George St. Schicke Zimmer in einem

Ryan Mansion, 21 Rennies Mill Rd, ℡ 709/753-7926, ▢ www.ryanmansion.com. Prächtiges edwardianisches Anwesen von 1911 mit sehr luxuriösen Zimmern. Badezimmer mit Dampfbad, beheizten Marmorböden, Jacuzzis und viktorianischen Badewannen, außerdem bequeme Himmelbetten. ❼

Lagerhaus aus den 1840er-Jahren, die schöneren im 1. Stock mit Jacuzzis, Flachbild-TVs und Massageduschen. Recht hellhörig. ❼

The Narrows, 146 Gower St, ✆ 709/739-4850 oder 1-866/739-4850, 🖥 www.thenarrowsbb.com. Supergemütliches B&B in einem alten Reihenhaus wenige Minuten vom Zentrum. Die vier ordentlichen und gepflegten Gästezimmer mit Bad verströmen historische Atmosphäre. ❸ – ❺

Park House Inn, 112 Military Rd, ✆ 709/576-2265 oder 1-866/303-0565, 🖥 www.newfoundland bedandbreakfast.nl.ca. Das attraktive Haus aus den 1870er-Jahren wurde auf behutsame Weise renoviert und bietet modernen Komfort, ohne historische Details zu vernachlässigen. Zimmer mit WLAN, Kabelfernsehen und MP3/DVD-Player in günstiger Lage, nur fünf Gehminuten vom Stadtzentrum. ❺

Pippy Park Campgrounds and Trailer Park, Nagle's Place, Pippy Park, ✆ 709/737-3669, 🖥 www.pippypark.com. Rund 216 Stellplätze mit oder ohne Anschluss ($35/25) auf einem Platz 4 km westlich der Innenstadt, in der Nähe des Confederation Building. Anfahrt über die Allandale Rd, Nagle's Place liegt linker Hand unmittelbar hinter dem Prince Philip Drive. Saubere Waschräume, Minisupermarkt. Einfache Zeltstellplätze $20. ☉ Mai–Okt.

Sheraton Newfoundland Hotel, am Cavendish Square nahe der Kreuzung von King's Bridge und Military Rd, ✆ 709/726-4980 oder 1-886/716-8101, 🖥 www.starwoodhotels.com. Von außen ist das Kettenhotel ein moderner Klotz, aber das Innere kann sich sehen lassen – wie es sich für das berühmteste Hotel der Stadt gehört, dessen früheste Inkarnation schon 1926 hier stand. Alle Zimmer bieten Topstandard, die meisten auch Hafenblick. Hallenbad, Fitnesscenter, kostenloser Internetzugang. ❽

Essen

Die Café- und Restaurantszene von St. John's ist sehr dynamisch, besonders übers Zentrum verteilen sich einige angesagte Speiselokale. Seafood bildet nach wie vor den Grundstock des Angebots, und oft werden klassische neufundländische Gerichte mit einem modernen Touch versehen. Daneben gibt es jede Menge

Neufundländische Moderne

Bacalao, 65 Lemarchant Rd, ✆ 709/579-6565, 🖥 www.bacalaocuisine.ca. Traditionelle neufundländische Hausmannskost mit modernem Touch von Koch Mike Barsley. Die meisten Zutaten kommen aus der Region, ebenso das Bier und die Obstweine. Eine gute Mahlzeit kostet etwa $50 p. P. Kostenlose Parkplätze vorhanden.

Spezialisten für Fish & Chips. Traditionelle Speisen wie Obst- und Robbenflossenpasteten sind erhältlich beim Lebensmittelgeschäft **Belbin's Grocery**, 85 Quidi Vidi Rd, ☉ Mo–Fr 8.30–20, Sa 8.30–18, So 10–18 Uhr.

Cafés und Restaurants

Aqua Kitchen & Bar, 310 Water St, ✆ 709/576-2782, 🖥 www.aquarestaurant.ca. Zählt zu den Restaurants mit cooler Einrichtung und anspruchsvoller Speisekarte. Hauptgerichte $18–28, ☉ tgl. 17.30–22, Mo–Fr auch 12–14 Uhr.

Basho, 283 Duckworth St, ✆ 709/576-4600. Tak Ishiwata, ein Schüler des New Yorker Meisterkochs Nobu Matsuhiro, eröffnete 2006 diesen Schrein der modernen japanischen Küche und entwickelte sich schnell zum angesagtesten Küchenchef der Stadt. Inzwischen ist es ein bisschen ruhiger um ihn geworden, aber das Essen ist immer noch außergewöhnlich gut, z. B. das in der Pfanne scharf angebratene Karibusteak und Sushi. Außerdem gibt's Eisberg-Martinis mit echtem Grönlandeis.

Blue on Water, 319 Water St, ✆ 709/574-2583, 🖥 www.blueonwater.com. Das schicke, moderne Restaurant verwendet lokale Zutaten

Beerige Eiscreme

Moo Moo's Ice Cream, 88 Kings Rd, ✆ 709/753-0999. Beliebter Eisverkauf im Supermarkt The Market. Sorbets und sahnige Eiscremes mit heimischen Geschmacksrichtungen wie *partridgeberry* (Rebhuhnbeere) und *bakeapple* (Moltebeere).

für seine fantasievollen Gerichte. Erstklassige Küche mit Hauptgerichten ab $22. ⊙ Mo–Fr 7.30–22, Sa 9–23, So 9–21 Uhr.

Ches's Fish & Chips, 9 Freshwater Rd, 655 Topsail Rd und 8 Highland Drive, ℡ 709/726-3434, ▢ www.chessfishandchips.ca. Legendäre Fish & Chips seit 1951 in mehreren Filialen in der Stadt. Der Klassiker: zwei Stücke knuspriger Kabeljau mit handgemachten Pommes frites, es gibt aber auch Huhn, Hamburger und Seafood.

Leo's Restaurant and Take-Out, 27 Freshwater Rd, ℡ 709/726-2658. Gut geeignet zum Probieren hiesiger Spezialitäten wie Kabeljauzunge; auch erstklassige Fish & Chips. ⊙ So geschl.

The Rooms Café, Bonaventure Ave, ℡ 709/757-8097. Schönste Ausblicke auf die Stadt bei gesunden Salaten, Fischküchlein ($12,95) oder "cod on the rocks" (Kabeljau und Muscheln, $16,95). Keine Reservierung möglich, daher am besten vor 12 Uhr da sein. Cafébesucher müssen keinen Museumseintritt zahlen. ⊙ wie Museum (S. 483).

Ziggy Peelgood's, Water St und Churchill Square. Frittenwagen mit Kultstatus in St. John's. Die perfekt zubereiteten Chips werden in vielen Restaurants der Stadt nachgeahmt und bieten Kneipengängern seit Urzeiten um 3 Uhr nachts eine willkommene Stärkung.

Unterhaltung

In St. John's gibt es Dutzende von **Bars und Pubs** – angeblich mehr pro Quadratkilometer als in jeder anderen kanadischen Stadt. Viele beliebte Läden konzentrieren sich an der Water Street und George Street, wo es besonders am Wochenende mächtig voll und laut werden kann. Die meisten Kneipen veranstalten regelmäßig **Folkmusikkonzerte**. Über Veranstaltungen informieren das kostenlose Wochenmagazin **The Scope**, ▢ www.thescope.ca, und **O'Brien's Music Store** (s. Kasten).

Das beste der mindestens ein Dutzend Folkfestivals auf der Insel ist das **Newfoundland and Labrador Folk Festival**, das jedes Jahr Anfang August im Bannerman Park in St. John's gefeiert wird.

Die **LSPU Hall**, 3 Victoria St, ℡ 709/753-4531, ▢ www.rca.nf.ca, bietet ein abwechslungsreiches **Theater-** und **Kinoprogramm**.

Pubs, Bars und Clubs

Duke of Duckworth Pub, 325 Duckworth St, ℡ 709/739-6344. Beliebte Kneipe am Fuß der Treppe zwischen Duckworth St und Water St. Schenkt viele verschiedene traditionelle neufundländische Biere wie Quidi Vidi sowie

Die Folkmusik von Newfoundland

Die Engländer und Iren, die sich als erste Europäer in Newfoundland niederließen, brachten ihre traditionelle Musik mit: Step- und Volkstänze zu den Klängen von Fiddle und Ziehharmonika, gefolgt von den Balladen örtlicher Komponisten und „Old Country"-Liedern ohne Musikbegleitung. Die Musik wurde nie in Noten festgehalten, und während sie von Generation zu Generation weitergegeben wurde, entwickelte sich ein besonderer, neufundländischer Musikstil, dessen Reime und Rhythmen sich von Dorf zu Dorf unterschieden. Die irischen und englischen Wurzeln blieben jedoch unverkennbar erhalten.

Die traditionelle neufundländische Folkmusik verdankt ihr Überdauern auch den beiden berühmtesten Geigenspielern der Insel, **Rufus Guinchard** und **Émile Benoit**. Die beiden Musiker starben in den 80er-Jahren, doch ihr Ansatz wurde von jüngeren Künstlern übernommen, darunter die Singer-Songwriter Jim Payne und Ron Hynes, Musikproduzent Kelly Russell und Bands wie **Figgy Duff**. Momentan ist keltische Musik das große Ding in den Kneipen von St. John's. Zu den lokalen Musikern, die das traditionelle Erbe pflegen, zählen **Phyllis Morrissey** und **Anita Best** sowie die extrem beliebten Bands **Great Big Sea** und **Irish Descendants**. Eine aufstrebende Band ist Hey Rosetta.

St. John's hat zwei gute Plattenläden, die auf traditionelle Klänge spezialisiert sind: **O'Brien's Music Store**, 278 Water St, ℡ 709/753-8135, ▢ www.obriens.nf.ca, und **Fred's**, 198 Duckworth St, ℡ 709/753-9191, ▢ www.freds.nf.ca.

Newfoundland und Labrador

das hauseigene Gebräu Duke's Own aus.
Spezialität des Hauses sind aber englische
Biere und Fish & Chips.

Erin's Pub, 186 Water St, ✆ 709/722-1916,
🖳 www.erinspub.ca. Altbewährter,
beliebter irischer Pub ohne Schnickschnack,
wo Mi–So ausgezeichnete Folkmusik geboten
wird und außerdem das beste Guinness der
Stadt!

Kelly's Pub, 25 George St, Ecke Adelaide St,
✆ 709/753-5300. Nette Kneipe mit vorwiegend
jungem, trinkfreudigem Publikum. Gutes
Angebot an Bieren und Kneipenessen, häufig
Livemusik.

Rose & Thistle, 208 Water St, ✆ 709/579-6662,
🖳 www.roseandthistlepub.com. Der kleine,
alteingesessene Schuppen lockt mit cremigem
Smithwicks und Guinness sowie Do–So Livebands, Schwerpunkt Folk.

The Ship, Solomon's Lane, 265 Duckworth St,
die Treppe hinunter, ✆ 709/753-3870.
Die dunkle, urtümliche Kneipe bietet ein
gemischtes Live-Programm, das alle möglichen
Besucher anzieht – von älteren Semestern
bis zu Studenten.

Zone 216, 216 Water St (über dem Hava Java),
✆ 709/754-2492. Die einzige Schwulenkneipe
von St. John's ist schummrig, voll und heiß.
🕐 nur Fr und Sa.

Touren

St. John's Haunted Hike, ✆ 709/685-3444,
🖳 www.hauntedhike.com. Eine der beliebtesten
Optionen an Land ist dieser faszinierend
gruselige Stadtrundgang, bei dem die
Teilnehmer in die Vergangenheit der Stadt
eintauchen. Startpunkt ist das Westportal
der Anglican Cathedral. 🕐 Juni–Aug So–Do
21.30 Uhr, 1 1/4 Std., $10.

Legend Tours, ✆ 709/753-1497,
🖳 www.legendtours.ca. Die dreistündige
Bustour für $65 deckt das Stadtzentrum,
Signal Hill, Quidi Vidi Village und Cape Spear ab.
Die Touren finden das ganze Jahr über tgl. um
10 und 14 Uhr statt, sofern das Wetter
mitspielt.

Der beste Ausgangspunkt für **Bootsfahrten** ist
Bay Bulls (S. 491).

Iceberg Quest, ✆ 709/722-1888,
🖳 www.icebergquest.com. Bietet im Sommer
ab Pier 7 in St. John's 4x tgl. Touren zum Cape
Spear, wo es vielleicht Wale (Juli und Aug),
Papageientaucher und Eisberge (Juni) zu
sehen gibt.

Ocean Quest Adventure Resort, 17 Stanley's
Lane, Conception Bay South, etwa 20 km
westlich von St. John's, ✆ 1-866/623-2664,
🖳 www.oceanquestadventures.com.
Veranstaltet Bootstouren und Wracktauch-
gänge um die Bell Island in der Conception Bay.

Sonstiges

Apotheken
Water Street Pharmacy, 335 Water St,
Ecke George St, ✆ 709/579-5554,
🕐 Mo–Sa 9–18 Uhr.

Autovermietungen
Avis, am Flughafen, ✆ 709/722-6620.
Budget, am Flughafen, ✆ 709/747-1234.
Discount, 350 Kenmount Rd, ✆ 709/722-6699.
Enterprise, 835 Topsail Rd, Unit 3, Mount Pearl,
✆ 709/738-3900.
National, am Flughafen, ✆ 709/722-4307.
Thrifty, am Flughafen, ✆ 709/722-6000.

Bücher
Afterwords, 245 Duckworth St,
✆ 709/753-4690. Führt zahlreiche neue und
gebrauchte Bücher über Newfoundland.
Wer sich näher mit dem Dialekt der Insel
beschäftigen möchte, findet hier auch das
einschlägige *Dictionary of Newfoundland
English.* 🕐 tgl. 9–17.30 Uhr.

Campingausrüstung
The Outfitters, 220 Water St,
✆ 709/579-4453, 🖳 www.theoutfitters.nf.ca,
🕐 Mo–Mi und Sa 10–18, Do und Fr 10–21,
So 12–17 Uhr.

Fahrradverleih
Cycotic, 7 Lemarchant St, Ecke Freshwater St,
✆ 709/738-6222, 🖳 cychoticbikes.com.
Mountainbikes $35/Tag oder $45/2 Tage.
🕐 Mo–Fr 12–18, Sa 10–17 Uhr.

Informationen

City Tourist Office, 348 Water St, einen Block vom Hafen, ✆ 709/576-8106, 🖥 www.stjohns.ca. ⏱ Mo–Fr 9–16.30, Sa und So 9–17 Uhr.

Kunsthandwerk

Kunsthandwerk, Strickwaren und Schmuck führen **The Cod Jigger**, 245 Duckworth St, **Devon House Craft Shop and Gallery**, 59 Duckworth St, und **Nonia**, 286 Water St.

Polizei

✆ 709/729-8333.

Post

354 Water St, Ecke Queen St, ⏱ Mo–Fr 8–17 Uhr.

Wäschereien

Mighty White's, 152 Duckworth St, in der Nähe vom Sheraton Newfoundland, ⏱ Mo–Do 8–21.30, Fr und Sa 8–19.30 Uhr.

Wetterbericht

Aktuelle Wetterlage unter ✆ 709/772-5534.

Nahverkehr

Am besten lässt sich St. John's **zu Fuß** erkunden, für weiter außerhalb gelegene Ziele empfiehlt sich der Bus.
Metrobus, Fahrplaninfo unter ✆ 709/722-9400, 🖥 www.metrobus.com, bedient auf über zehn Routen fast alle Teile der Stadt. Ein Einzelfahrschein kostet $2,25, eine Zehnerkarte $20.

Taxis

Bugden's, ✆ 709/726-4400, **Casino**, ✆ 709/579-5999, außerdem warten Taxis vor dem Sheraton Newfoundland und in der George St.

Transport

Busse

Die Busse von **DRL Coachlines** (s. Kasten S. 479) von Channel-Port aux Basques nach St. John's haben ihre Endhaltestelle am Campus der Memorial University, und zwar vor dem Student Centre am Prince Philip Drive, 3 km nordwestlich des Zentrums. Von dort geht's mit dem Taxi oder mit dem Metrobus 10 (zur City Hall, $2,25) in die Stadt.

Busse je 1x tgl. nach:
ARGENTIA, 2 Std.;
CHANNEL-PORT AUX BASQUES, 13 1/2 Std.;
CLARENVILLE, 2 1/2 Std.;
CORNER BROOK, 10 1/4 Std.;
DEER LAKE, 9 Std.;
FORTUNE, 5 Std.;
GRAND FALLS, 6 1/2 Std.;
TRINITY, 3 Std.

Flüge

Der **Flughafen** von St. John's liegt rund 6 km nördlich der Innenstadt. Im Ankunftsterminal befinden sich ein Geldautomat und eine **Touristeninformation**, ✆ 709/758-8515, ⏱ tgl. 8–0.30 Uhr, die reichlich Karten und Broschüren bereithält. Am Flughafen sind auch die größeren Autovermieter (S. 488) vertreten. Es gibt keinen öffentlichen Flughafentransfer; ein **Taxi** von City Wide, ✆ 709/722-7777, in die Stadt kostet etwa $22,50, plus $2,50 für jeden zusätzlichen Fahrgast (auf der Rückfahrt schalten die Taxis ihren Taxameter an, dann kostet es etwa $18).
Von allen größeren Städten Kanadas gibt es regelmäßige Inlandsflüge nach St. John's und zahlreiche von dort aus weiter zu verschiedenen kleineren Ortschaften auf der Insel.

Flüge nach:
CHARLOTTETOWN, 4–6x tgl., 2 3/4 Std.;
CHURCHILL FALLS, 3x wöchentl., 4 1/4 Std.;
CORNER BROOK, 2–4x tgl., 1 1/4 Std.;
DEER LAKE, 2–4x tgl., 50 Min.;
GANDER, 3–6x tgl., 40 Min.;
HALIFAX, 4–6x tgl., 1 1/4 Std.;
HAPPY VALLEY-GOOSE BAY, 4x tgl., 2 1/2 Std.;
MONTRÉAL, 3–6x tgl., 3 Std.;
OTTAWA, 4–5x tgl., 3 1/2 Std.;
QUÉBEC-STADT, keine Direktflüge, 3–5x tgl., 4 3/4 Std.;
ST. ANTHONY, 1–2x tgl. außer Sa 1 1/4 Std.;
ST-PIERRE, 3x wöchentl., 1 1/4 Std.;
TORONTO, 5–7x tgl., 3 1/2 Std.;
WABUSH, 1–2x tgl., 3 1/4 Std.

Newfoundland und Labrador

Umgebung von St. John's: Cape Spear

Von der Water Street südlich des Stadtzentrums von St. John's führt eine ausgeschilderte Abzweigung zur Rte 11, die nach 15 km die **Cape Spear National Historic Site** erreicht (Zutritt frei), eine felsige, windgepeitschte Landspitze, die der östlichste Punkt des nordamerikanischen Kontinents ist. Am Kap gibt es ein ganzes Netz von Holzpromenaden. Der am meisten frequentierte Boardwalk führt vom Parkplatz am Souvenirshop und am neuen Leuchtturm vorbei zum viereckigen **Lighthouse** aus viktorianischen Zeiten, dem ältesten der Provinz. Das Innere des Bauwerks aus den 1830er-Jahren ist im Stil jener Epoche eingerichtet. Informationen über die Leuchtturmwärter und ihre Arbeit sind aber Mangelware. ⊙ Mitte Mai–Mitte Okt tgl. 10–18 Uhr, Eintritt $3,90.

Die zweite Sehenswürdigkeit sind die reichlichen Überreste einer **Geschützstellung** aus dem Zweiten Weltkrieg an der Spitze des Kaps. Das Beeindruckendste am Ausflug hierher ist jedoch der sagenhafte Ausblick über den Atlantik und die Küste entlang bis nach St. John's. Im Frühling und Frühsommer kann man Eisberge vorbeischwimmen sehen, und mit etwas Glück auch Wale.

Avalon Peninsula

St. John's liegt in der nordöstlichen Ecke der Avalon Peninsula, einem zerklüfteten, mehr oder weniger rechteckigen Landstück, das mit dem Rest Newfoundlands durch einen schmalen, nur 4 km breiten Isthmus verbunden ist. Neben den verschiedenen Sehenswürdigkeiten am Irish Loop bietet die Halbinsel eine Hand voll interessanter Orte, darunter die alte Telegrafenstation in **Heart's Content**, das Panorama auf die Placentia Bay in **Castle Hill** und die Meeresvogelkolonien in **Cape St. Mary's**. Außer dem letztgenannten sind alle Orte von St. John's aus im Rahmen eines Tagesausflugs erreichbar.

Der East Coast Trail

Der East Coast Trail ist ein **Fernwanderweg**, der fast die gesamte Länge der Avalon Peninsula erschließt, vorbei an Fischerdörfern, Provinzparks, nationalhistorischen Stätten und Naturschutzgebieten. Bis jetzt ist ein 220 km langer Abschnitt von Fort Amherst (im Hafen von St. John's) bis Cappahayden fertiggestellt. Weitere 320 km Wanderweg befinden sich im Bau, von Topsail an der Conception Bay im Norden bis Trepassey ganz im Süden sowie hinüber nach Placentia im Westen (von Ferryland). Das ehrgeizige Projekt, das sich zum größten Teil auf ehrenamtliche Arbeit stützt, soll 2016 abgeschlossen sein.

Die **East Coast Trail Association**, ✆ 709/738-4453, ⌨ www.eastcoasttrail.com, vertreibt für den gesamten Trail erstklassige wasserfeste topografische Karten im Maßstab 1:25 000 ($26 für einen Satz mit 20 Karten) und produziert fünf Wanderführer, die verschiedene Streckenabschnitte behandeln. Die ersten beiden Bücher – von St. John's nach Petty Harbour ($21,95) und von Petty Harbour nach Bay Bulls ($28,95) – sind bereits veröffentlicht. Es handelt sich um vorzügliche Bände mit Informationen zu allen möglichen Themen, von Flora und Fauna bis zu historischen Anekdoten und biografischen Schnipseln.

Da der East Coast Trail **linear** verläuft, sind für Tageswanderungen zwei Autos und mindestens zwei Personen erforderlich. Unterwegs gibt es aber auch Unterkünfte, und es ist möglich, sich von einem Taxi bringen und abholen zu lassen. Die Association hilft gern mit Ratschlägen weiter und organisiert kostenlos Gruppenwanderungen.

Die 3,7 km lange Wanderung vom ehemaligen Fischerdorf **Blackhead nach Cape Spear** führt über einen einfachen, leicht zugänglichen Abschnitt an einer sehr schönen, zerklüfteten Küste entlang und dauert eineinhalb bis zwei Stunden. Der Startpunkt ist deutlich ausgeschildert.

Südöstliche Avalon Peninsula: Der Irish Loop

Der Irish Loop, eine 312 km lange Schleife auf den Routes 10 und 90, führt über den südöstlichen Teil der Avalon Peninsula und beginnt in **Bay Bulls**, Ausgangspunkt für Bootstouren ins Naturschutzgebiet **Witless Bay Ecological Reserve**. Von Bay Bulls ist es nicht mehr weit nach **Ferryland**, wo Archäologen die Stätte der englischen Kolonie **Avalon** aus dem 17. Jh. erforschen, der die Halbinsel ihren Namen verdankt.

Bay Bulls und Witless Bay Ecological Reserve

Das Dorf **Bay Bulls** liegt 25 km südlich von St. John's an einer tiefen, spitzen Bucht. Viele Bewohner des Ortes leben vom Tourismus und den Bootstouren zu den vier kleinen Inselchen vor der Küste, aus denen sich das Naturschutzgebiet **Witless Bay Ecological Reserve** zusammensetzt. Die beste Zeit für einen Ausflug ist zwischen Mitte Juni und Mitte Juli, wenn sich hier über 800 000 Vögel versammeln – das Reservat beherbergt die größte Papageientaucher-Kolonie Ost-Kanadas, außerdem Tausende von Sturmvögeln, Dreizehenmöwen, Tordalken, Lummen, Kormoranen und Silbermöwen. Außerdem tummelt sich in den Gewässern von Bay Bulls und Witless Bay die weltweit größte Zahl von **Buckelwalen**, und zwischen Juni und August sind hier auch oft Finn- und Minkwale zu sehen.

Zwischen Mai und September unternehmen mehrere Veranstalter täglich **Bootstouren**, darunter **O'Brien's Whale & Bird Tours**, ✆ 709/753-4850 oder 1-877/639-4253, 🖳 www.obriensboattours.com, und **Mullowney's Puffin and Whale Tours**, ✆ 709/334-3666 oder 1-877/783-3467, 🖳 www.puffinswhales.com. Beide Veranstalter bieten zweistündige Touren für $50–56, Reservierung empfohlen. Sie holen Teilnehmer für ungefähr $25 von größeren Hotels in St. John's ab und bringen sie wieder zurück. Derartige Arrangements müssen allerdings frühzeitig gebucht werden.

Von Bay Bulls sind es 45 km Richtung Süden nach Ferryland.

Ferryland

George Calvert, der erste Lord Baltimore, war ein Günstling von James I. von England. Der König schenkte ihm ein Stück Land in Newfoundland, um dort eine Kolonie zu gründen. Calvert nahm 1620 das heutige Ferryland in Augenschein, war sehr angetan von diesem Fleckchen Erde, nannte es **Colony of Avalon**, ✆ 1-877/326-5669 oder 709/432-3200, 🖳 www.colonyofavalon.ca, und schickte im Folgejahr eine Gruppe Siedler dorthin. Diese sandten ihm so begeisterte Berichte, dass er einige Jahre später beschloss, selbst hinzuziehen. Aber er hielt es nur einen Winter lang aus.

Inzwischen führen Archäologen Ausgrabungen in Calverts ehemaliger Kolonie durch. Sie liegt am Anfang einer schmalen, tief gelegenen Landzunge, die gegenüber von Ferryland in den Atlantik ragt. Die Wissenschaftler fanden erstaunlich viele Zeugnisse, darunter die Fundamente mehrerer Gebäude, einen Teil der ursprünglichen Kaimauer, einen alten Brunnen und sogar einen kleinen Abschnitt Pflasterstraße. Am Beginn der Landzunge, etwa 400 m vor der Ausgrabungsstätte, erläutert ein **Besucherzentrum** die historischen Hintergründe von Calverts Kolonie. Ausgrabungen finden von Mitte Juni bis September Mo–Fr 8–16.30 Uhr statt. Nach der Besichtigung der archäologischen Stätte kann man der Schotterstraße folgen, die zum viktorianischen **Leuchtturm** am Ferryland Head führt (zu Fuß etwa eine Stunde hin und zurück). ◷ Mitte Mai–Anfang Okt tgl. 10–18 Uhr, Eintritt $9,50.

Mistaken Point Ecological Reserve

Nach weiteren 58 km auf der Rte 10 gelangt man nach Portugal Cove South und zum Abzweig auf eine Schotterstraße zum Cape Race und zur

Mistaken Point Ecological Reserve, wo es einige unglaublich gut erhaltene präkambrische **Fossilien** zu bestaunen gibt. Die 1967 entdeckte Fundstätte gilt als eine der wichtigsten der Welt – die Fossilien sind etwa 575 Millionen Jahre alt. Was den Ort aber wirklich einzigartig erscheinen lässt, ist die Tatsache, dass die Besucher überall auf den Felsen herumkraxeln und sie sich ganz aus der Nähe anschauen können. Dabei müssen sie allerdings von einem offiziellen Führer begleitet werden.

Informationen über die kostenlosen Führungen (Mai–Anfang Okt tgl. 13 Uhr) und andere Infos sind im Besucherzentrum in Portugal Cove South, ✆ 709/438-1100, erhältlich.

Das Zentrum bietet außerdem Touren zum abgelegenen **Cape Race Lighthouse** von 1907 und zur **Marconi-Funkstation** von 1904 an. Die Funkstation erlangte dadurch Berühmtheit, dass hier der Notruf der *Titanic* einging. Die Touren beginnen am Besucherzentrum und umfassen eine 6 km lange Wanderung (1 1/2 Std.); ein kostenloser Minibus erspart den Teilnehmern die Anfahrt; vorbuchen!

Nordwestliche Avalon Peninsula: Baccalieu Trail

Der 230 km lange Baccalieu Trail, der vorwiegend über die Routes 80 und 70 verläuft, führt über den nordwestlichen Teil der Avalon Peninsula, die sogenannte Bay de Verde Peninsula. Er beginnt in Brigus und dem historischen Cupids am Südende der Conception Bay. Von hier ist es nur ein kurzes Stück zum reizenden Harbour Grace und eine weitere kurze Strecke bis zur historischen Relaisstation in Heart's Content.

Brigus

In Brigus, rund 80 km von St. John's entfernt, steht das alte Wohnhaus von Captain Robert Bartlett, einem gefragten Packeisnavigator und Arktisforscher. 1909 begleitete er Peary bei dessen Vorstoß zum Nordpol bis zum Basiscamp. Heute ist das Haus die **Hawthorne Cottage National Historic Site**, ✆ 709/528-4004, und steckt voller Erinnerungsstücke, aber mindestens ebenso interessant ist seine Architektur.

Sein 1830 erbautes Haus verzichtete auf die traditionelle neufundländische Holzbauweise zugunsten eines dekorativen Regency-Stils mit schmiedeeiserner Rundumveranda. Das Cottage liegt im alten Teil von Brigus, einem Fleckchen mit hübschen viktorianischen Häusern und Blick auf die Bucht. ☉ Mitte Mai–Ende Juni und Sep–Mitte Okt tgl. 9–17, Ende Juni–Aug 9–19 Uhr, Eintritt $5.

Cupids

Das winzige Cupids ein paar Kilometer nördlich von Brigus war der Ort der ersten englischen Ansiedlung in Kanada im Jahr 1610; diese ging auf den Kaufmann John Guy aus Bristol zurück und diente als Keimzelle für die Kolonisierung des restlichen Newfoundland. Die ursprüngliche Siedlung war schon um 1700 herum mehr oder weniger vollständig aufgegeben worden und wurde erst in den 1990er-Jahren von Archäologen wiederentdeckt.

Im Verlauf des Jahres 2010 wird am Seaforest Drive das **Cupids Legacy Centre** eröffnet, mit einer Ausstellungshalle, einer familiengeschichtlichen Forschungsabteilung, dem Cupids Cove Plantation Archaeology Lab und einem Gemeinde- und Kulturzentrum. Einige der Fundstücke aus der Siedlung sind im **Cupids Museum**, ✆ 709/528-3500, zu sehen, ☉ Mitte Juni–Mitte Okt tgl. 10–17 Uhr, Eintritt $2. Außerdem kann man die **Ausgrabungsstätte**, ✆ 709/528-1344, ⌨ www.baccalieudigs.ca, besuchen; seit 1995 sind hier 126 000 Gegenstände und die Überreste von vier Gebäuden aus dem 17. Jh. ausgegraben worden. ☉ Juni–Sep Mo–Fr 9–16.45, Sa und So 10–16.45 Uhr, Eintritt $3.

Harbour Grace

Eine der schönsten Ortschaften an der Conception Bay ist Harbour Grace, etwa 30 km von Brigus und Cupids entfernt am Westufer gelegen und über die Rte 70 zu erreichen. Der Ort erstreckt sich entlang der **Water Street**, deren hübschester Abschnitt kurz vor dem nördlichen Ende liegt. Dort stehen vor dem Hintergrund einer schmalen, von Felsen eingerahmten Bucht einige Holzhäuser und drei **Kirchen**: die hübsche katholische Church of the Immaculate Conception, die bescheidene Coughlan United Methodist Church nebenan und die schöne neogotische Steinkirche St. Paul's Anglican Church ein Stückchen weiter die Straße hinauf.

Das ehemalige Zollhaus, ein altes Backsteingebäude von 1870, beherbergt das mäßig interessante **Conception Bay Museum**. Die Ausstellung besteht aus Sepia-Fotografien, auf denen das Dorf und seine Einwohner zu viktorianischen Zeiten abgebildet sind. ☉ Mitte Juni–Anfang Sep tgl. 10–17 Uhr, Eintritt $2.

Vor dem Museum erinnert eine Gedenktafel an **Peter Easton**, den sogenannten „Piratenadmiral", der 1610–1614 hier stationiert war. Eastons phänomenal erfolgreiche Flotte war mit 5000 von der Insel stammenden Seeleuten bemannt, die ihren Anführer so reich machten, dass er den Rest seines Lebens mit süßem Nichtstun in Südfrankreich verbringen konnte.

In dem winzigen Park neben dem Museum befinden sich eine Gedenktafel und ein flügelförmiges Denkmal zu Ehren der Pioniere der Luftfahrt, die von der Umgebung von Harbour Grace aus zwischen 1919 und 1937 über den Atlantik flogen. Die berühmteste war **Amelia Earhart**; sie legte diese Strecke im Jahr 1932 als erste Frau im Alleinflug zurück. Earhart wird außerdem mit einer Gedenktafel am Grasrollfeld oberhalb des Ortes gedacht – als es 1927 eröffnet wurde, war dies das erste Flugfeld in Kanada; vom Ort ist ein unbefestigter Weg dorthin ausgeschildert.

Heart's Content

Im Jahr 1858 war Heart's Content, 30 km nordwestlich von Harbour Grace am Ufer der Trinity Bay, Schauplatz des ersten Versuchs, eine Verbindung per **Telegrafenkabel** zwischen Nordamerika und Großbritannien herzustellen. Nachdem Queen Victoria und der amerikanische Präsident James Buchanan ihre großartigen Einweihungsreden geschwungen hatten, riss das Kabel, und es dauerte acht Jahre, bis von Valentia in Irland ausgehend ein widerstandsfähigeres Kabel gelegt war. Heart's Content entwickelte sich zu einer wichtigen Übertragungsstation für Nachrichten nach New York, bis der technische Fortschritt in den 1960er-Jahren diese Anlage überflüssig machte.

Am Ufer, mitten im Dorf, liegt die **Cable Station Provincial Historic Site**, ☎ 709/583-2160, mit einem interessanten, funktionstüchtigen Relaisraum und einer Ausstellung zur Geschichte der Telekommunikation, darunter die Replik eines viktorianischen Telegrafenamtes. ☉ Mitte Juni–Anfang Okt tgl. 10–17.30 Uhr, Eintritt $3.

Von Heart's Content führt eine schöne Strecke 60 km Richtung Süden am Ostufer der Trinity Bay entlang zum Trans-Canada Hwy. Ein kleines Stück weiter befindet sich der Abzweig nach Castle Hill.

Südwestliche Avalon Peninsula: Castle Hill National Historic Site

Der daumenförmige Landvorsprung, der die Südwestecke der Avalon Peninsula bildet, ist eine neblige Wildnis aus Marschen und Felsen. Die gesamte Westküste wird von der Route 100 erschlossen, die 80 km von St. John's entfernt vom Trans-Canada Highway abgeht. Nur 5 km vor dem Fähranleger in Argentia befindet sich die **Castle Hill National Historic Site**, wunderschön gelegen oberhalb des **Placentia Harbour**, einem der besten Ankerplätze Newfoundlands. Seine geschützten Gewässer zogen die Franzosen an, die hier 1662 Plaisance gründeten, ihr Hauptquartier in dieser Region.

Das 1703 fertiggestellte Fort Royale (heute Castle Hill) bildete die wichtigste Verteidigungsbastion der Gegend und wurde je nachdem, auf wessen Seite das Kriegsglück gerade lag, abwechselnd von den Briten und den Franzosen erobert und verstärkt, so etwa 1713 von den Briten, die hier bis 1811 eine Garnison unterhielten. Das Besucherzentrum erläutert diese turbulente Geschichte mit einer gelungenen Ausstellung, und auch die Kabeljaufischerei des 18. Jhs. wird beleuchtet. Vom Fort sind nur noch ein paar Mauern und Gräben übrig, doch die Fahrt lohnt sich schon wegen der Aussicht. ☉ Mitte Mai–Mitte Okt tgl. 10–18 Uhr, Eintritt $3,90.

Am **Fährhafen** von Argentia (Fährverbindungen s. S. 425) existieren nur wenige Serviceeinrichtungen. Die **Touristeninformation** liegt 1 km die Straße hinunter und bietet Material

Eine laute und nicht immer wohlriechende Schar von Tölpeln bevölkert im Sommer Cape St. Mary's.

über die gesamte Provinz sowie eine kleine Ausstellung über den Marinestützpunkt, der hier ab dem Zweiten Weltkrieg bis 1994 bestand; ☉ April und Mai tgl. 9–16, Juni–Okt 8.30–18.30 Uhr. Die Auswahl an Restaurants ist recht dürftig, aber **Belle's Restaurant**, 2 Ocean Drive, Placentia, ✆ 709/227-1777, bietet gut zubereitete kanadische Klassiker, ☉ tgl. 11–22 Uhr.

St. Bride's und Cape St. Mary's

Das in der populären Ballade *Let Me Fish Off Cape St. Mary's* verewigte Cape St. Mary's, 65 km südwestlich von Placentia an der Rte 100, ist heute vor allem wegen des Vogelschutzgebiets **Cape St. Mary's Ecological Reserve** bekannt. Die lohnendste Zeit für einen Besuch des Reservats ist zwischen Mai und Anfang August, wenn sich Tausende Wasservögel, vor allem Tölpel, Tordalken, Seetaucher und Lummen, auf den Uferklippen versammeln und die Felsen wie schneebedeckte Gipfel erscheinen lassen. Die Besucher können sich dem atemberaubenden Spektakel auf Pfaden oberhalb

des Ufers außergewöhnlich weit nähern. In der Nähe des Parkplatzes liefert ein **Besucherzentrum**, ✆ 1-800/563-6353, Hintergrundinformationen und dient als Ausgangspunkt für einen deutlich markierten Wanderweg über das Kap. ☉ Mai und Okt tgl. 9–17, Juni–Sep 8–20 Uhr, Eintritt frei.

Das eindrucksvollste Schauspiel bietet die Tölpelkolonie am 20 Gehminuten (1 km) entfernten, 90 m hohen **Bird Rock** ganz in der Nähe der Klippen. Wer möchte, kann sich einer **geführten Wanderung** anschließen ($7).

Übernachtung

Cape St. Mary's liegt gut 200 km von St. John's entfernt, etwas zu weit für einen geruhsamen Tagesausflug. In **St. Bride's**, 20 km nördlich des Naturschutzgebietes, gibt es mehrere Übernachtungsmöglichkeiten.
Bird Island Resort, ✆ 709/337-2450 oder 1-888/337-2450, 🖥 www.birdislandresort.com. Komplex im Motelstil, dessen moderne Gebäude am Wasser liegen. ❸

Capeway Motel, ☎ 709/337-2163 oder 1-866/337-2163, 🖥 www.thecapeway.ca. Blitzsaubere Unterkunft; sieben bescheidene Zimmer mit Bad in einem ehemaligen Kloster. ❸–❹

Burin Peninsula

Einen Großteil der Burin Peninsula erschließt die **Rte 210**, die rund 160 km von St. John's entfernt vom Trans-Canada Hwy abzweigt und eine ausgesprochen einsame Strecke über sumpfige Hochebenen ist. 140 km vom Trans-Canada Hwy entfernt erreicht sie schließlich die Werftstadt **Marystown**, die größte Siedlung der Region. Von dort sind es 50 km bis zum interessantesten Ort der Halbinsel, dem Fischerdorf **Grand Bank**, und noch ein paar Kilometer weiter bis nach **Fortune**, wo die **Passagierfähre** nach St-Pierre et Miquelon (s. unten) ausläuft.

Grand Bank und Fortune

Ihren Blick starr aufs Meer gerichtet hat die Ortschaft Grand Bank, deren ältere Straßen von Ende des 19. Jhs. erbauten Holzhäusern gesäumt werden. Ein Paar davon sind mit sogenannten „Widow's Walks" versehen – Dachveranden, auf denen die Frauen Ausschau nach ihren von den Kabeljaugründen, den Grand Banks, heimkehrenden Männern und Söhnen hielten. Die Boomjahre der Kabeljaufischerei dauerten von 1890 bis 1940; heute verdankt der Ort sein bescheidenes Auskommen den Schalentieren, besonders den *surf clams* (Feste Trogmuscheln).

Von dieser Tradition erzählt das **Southern Newfoundland Seamen's Museum**, ☎ 709/832-1484, am Marine Drive in einem modernen Gebäude, das den Segeln eines Schoners nachempfunden ist. Es zeigt Modelle, Gemälde und Fotografien unterschiedlicher Fischerboote sowie eine Reliefkarte von Newfoundland und dem Ozean rings herum, auf der zu sehen ist, wo die illustren „Banks" liegen. ☉ Mai–Aug tgl. 9–16.45 Uhr, Eintritt frei.

Von Grand Bank sind es noch 5 km bis **Fortune**, einem etwas kleineren Ort, wo die Fähren

nach St-Pierre et Miquelon ablegen (s. S. 498). Es sind reine Personenfähren, ein **Parkplatz** ($6/Tag) befindet sich direkt am Fähranleger.

Übernachtung

In Grand Bank gibt es ein paar Unterkünfte: **Granny's Motor Inn**, Grandview Blvd (Rte 220), ☎ 709/832-2180 oder 1-888/275-1098. Motel. ❹ **Inn by the Sea**, Blackburn Rd, am nördlichen Ortsrand, ☎ 709/832-0202, 🖥 www.theinnby thesea.com. Vier Gästezimmer mit Bad in einem Holzhaus aus den 1940er-Jahren am Wasser. ☉ Mai–Sep. ❹ **Thorndyke**, 33 Water St, ☎ 709/832-0820 oder 1-866/882-0820, 🖥 www.thethorndyke.ca. Das sehr empfehlenswerte B&B in einem gepflegten Kapitänshaus von 1917 bietet fünf Zimmer mit Bad. ☉ Mai–Sep. ❹

St-Pierre et Miquelon

Der winzige Archipel St-Pierre et Miquelon, 20 km vor der Burin Peninsula, wurde 1976 ein vollwertiger Teil von Frankreich und 2003 ein *collectivité d'outre-mer*. Somit ist es durchaus gerechtfertigt, dass sich die Inseln als „a little bit of France at your doorstep" anpreisen – ein Werbespruch, der mehrere Hundert Besucher im Jahr anzieht und über den Mangel an Sehenswürdigkeiten und das feuchte Klima hinwegtäuscht.

Ein kurzer Abstecher auf die Inseln lohnt sich jedoch der französischen Atmosphäre des Hauptstädtchens **Ville de St-Pierre** wegen, dessen ausgezeichnete Restaurants und schlichten Pensionen tatsächlich französisches Flair besitzen. Mit Ausnahme von 700 Menschen leben alle der insgesamt 7000 Inselbewohner in der Ortschaft St-Pierre, die übrigen – vorwiegend akadischer und baskischer Herkunft – haben sich auf **Grande Miquelon**, nördlich von St-Pierre, niedergelassen. Auf der dritten, zwischen den beiden anderen gelegenen Insel **Langlade** **(Petite Miquelon)** stehen nur ein paar Häuser, die ausschließlich im Sommer bewohnt werden. Die Uhrzeit auf den Inseln ist der neufundländischen Zeit eine halbe Stunde voraus.

Newfoundland und Labrador

Geschichte

Die Inselgruppe wurde 1520 von den Portugiesen entdeckt, bevor **Jacques Cartier** sie 1536 für Frankreich beanspruchte. Dann siedelten hier Fischer aus der Normandie und Bretagne, und die Inseln wurden abwechselnd von England und Frankreich besetzt, bis die Briten sie den Franzosen 1763 überließen.

Nach dem Ersten Weltkrieg wollte die französische Kolonialregierung die lokale Fischereiindustrie ausbauen, doch dies wurde hinfällig, als 1920 in den USA die **Prohibition** kam. Über Nacht verwandelte sich St-Pierre von einem gottverlassenen Fleckchen irgendwo im Meer in ein riesiges Durchgangslager für Alkoholschmuggler. Traumhafte Gewinne wurden aus diesem Geschäft erzielt, doch als 13 Jahre später die Prohibition aufgehoben wurde, stand die Wirtschaft von St-Pierre vor dem Nichts. Noch schlimmer wurde es im Zweiten Weltkrieg, als der Inselgouverneur das nazifreundliche **Vichy**-Regime unterstützte. Sowohl die Kanadier als auch die Amerikaner erwogen eine Invasion, doch ein französisches Flottengeschwader namens **Free French**, das in Halifax stationiert war, kam ihnen zuvor und besetzte Ende 1941 die Inseln, ohne dass dabei ein Schuss gefallen wäre.

Zu weiteren Unruhen kam es 1965, als ein **Streik der Schauermänner** die Inselverwaltung zum Rücktritt zwang. Prompt schickte Charles de Gaulle die Kriegsmarine, die die Inseln neun Jahre lang besetzt hielt. Es mag überraschen, dass die meisten St-Pierrais Frankreich treu blieben, und als 1977 die Kanadier ihre Hoheitsgewässer auf 200 Seemeilen erweiterten, hatten sie die Unterstützung aus Paris auch bitter nötig. Das nachfolgende Tauziehen zwischen Kanada und Frankreich über den Anspruch der Inseln auf eine ähnliche Schutzzone dauerte bis 1994, obwohl die Verschärfung der Kontrollen ausländischer Frachtschiffe der Rolle St-Pierres als Versorgungszentrum größtenteils ein Ende bereitet hat.

Ville de St-Pierre

Die ordentlichen Straßen von Ville de St-Pierre zweigen vom Hafen ab, alles in allem ein nettes Ensemble aus schlichten Stein- und hell gestri-

chenen Holzhäusern mit französischem Flair. Der Ortskern eignet sich gut für einen gemütlichen Spaziergang, doch gibt es nichts, was unbedingt sehenswert wäre. Eine Ausnahme ist vielleicht die zu Beginn des 20. Jhs. erbaute **Kathedrale** an der Place Maurier, die sich mit ihrem großen Glockenturm zumindest einen Anschein von Erhabenheit gibt.

Unmittelbar nördlich befindet sich in der Rue Gloanec der Hof **Zazpiak Bat**, in dem das Ballspiel *pelote basque* gespielt wird, eine Reminiszenz an das überwiegend baskische Erbe der Insel.

Von dort sind es etwa 700 m in südwestlicher Richtung zum **L'Arche Musée et Archives**, Rue du 11 Novembre, ✆ 0508/410-435, 🖥 www.arche-musee-et-archives.net, wo die Archive der Inseln verwahrt und Wechselausstellungen zur Lokalgeschichte und -kultur gezeigt werden. ☉ Juni–Aug Di–So 10–12 und 14–17.30, sonst tgl. 14–17.30 Uhr, Eintritt frei.

Vom Museum ist es nur ein kurzes Stück zurück zum Hafen und zum Hauptplatz **Place du Général de Gaulle**. Ganz in der Nähe des Platzes beleuchtet das **Musée Héritage**, 1 bis Rue Maître Georges Lefèvre, ✆ 0508/415-888, 🖥 www.musee-heritage.fr, die Geschichte der Insel in zehn mit alten Gegenständen vollgestopften Räumen. Es gibt Exponate zu den Schwestern vom heiligen Joseph von Cluny, ein Klassenzimmer aus dem 19. Jh. und Ausstellungsstücke rund um die Fischerei. ☉ Mitte Juni–Mitte Sep Mo–Fr 14–18, Sa 10–12 und 14–17 Uhr, Eintritt 4,50 €.

Vor dem Hafen der Stadt liegt die winzige **Île aux Marins**, auf deren Felsen einst Tausende Kabeljaue verendeten. Nach mehreren Jahrhunderten Besiedlung ist die Insel seit 1964 verlassen. **Geführte Touren** (Mai–Mitte Okt 2x tgl., 20 € inkl. 10 Min. Bootsfahrt, Reservierung unter ✆ 0508/410-200) besuchen die Kirche, das Rathaus, die Schule (heute das Musée Archipélitude), den Leuchtturm und einen Kreuzweg zu einem kleinen Friedhof auf einem Landvorsprung.

Das beeindruckendste Bauwerk der Insel ist die große Kirche **Notre Dame des Marins**, deren original erhaltene Einrichtung aus dem Jahr 1874 stammt, darunter ein großer, in schwarzes Tuch eingeschlagener Katafalk, auf dem Särge transportiert wurden.

Grande Miquelon und Langlade

Grande Miquelon, die nördlichste Insel der Gruppe, besteht aus Torfmoor, Sumpflandschaft und ein paar Hügeln. **Miquelon**, der einzige Ort auf der Insel, hat zwei bescheidene Sehenswürdigkeiten: Hinter der düsteren Fassade der **Kirche** von 1865 verbirgt sich eine freundliche Inneneinrichtung voller Säulen aus imitiertem Marmor. Über dem Altar steht eine Kopie von Murillos *Jungfrau,* ein Geschenk Napoleons III. Von der Kirche ein Stück die Straße hinunter zeigt das **Musée de Miquelon**, ✆ 0508/416-707, jede Menge Gegenstände von den Schiffen, die vor der Insel gestrandet sind. ☉ Mitte Juni–Mitte Sep tgl. 8.30–12 und 13.30–17.30 Uhr, Eintritt 3 €.

Das auffälligste Merkmal des Archipels ist der **Isthme de Langlade**, eine 10 km lange, sandige Landenge, die Grande Miquelon im Bogen mit **Langlade (Petite Miquelon)** verbindet. Vor 200 Jahren begann die Düne aus dem Meer aufzutauchen – das Resultat von Sandanhäufungen rings um die Schiffswracks – sie ist derzeit bis zu 2500 m breit. Parallel zur Düne verläuft eine Straße, die bei schwerer See überflutet werden kann. Daher ist es ratsam, sich einer Führung anzuschließen, die auch den **Grand Barachois** ansteuert, ein großes Meerwasserbecken am Nordende des Isthmus, das Robben gern als Kinderstube wählen.

Langlade hat eine vielfältigere Landschaft aufzuweisen als die anderen Inseln, darunter Berge, Laubwälder und rauschende Bäche. Im Sommer, wenn die St-Pierrais in Schwärmen herbeiströmen, um ihre Ferienhäuser zu beziehen, herrscht hier ein reges Treiben.

St-Pierre

St-Pierre besitzt eine gute Auswahl an Unterkünften, die in der Regel modern, aber bescheiden sind. Von Juli bis Anfang September sind Reservierungen dringend zu empfehlen.

Chez Hélène, 15 Rue Beaussant, ✆ 0508/413-108. Komfortable Pension, DZ ohne Bad 50 €.

Hôtel Île de France, 6 Rue Maître Georges-Lefèvre, ✆ 0508/410-350, 🖥 www.hotelile defrance.net. Etwas eleganteres Hotel, DZ 95 €.

Hôtel Robert, 10 Rue du 11 Novembre, ✆ 0508/412-419. Hotel ohne besondere Auffälligkeiten, außer dass Al Capone hier während der Prohibition übernachtete; ein kleines Museum beim Foyer zeigt einen seiner Strohhüte und andere Erinnerungsstücke. DZ 80 €.

Miquelon

Der Ort Miquelon bietet ebenfalls eine Hand voll Übernachtungsmöglichkeiten. Eine davon ist das **Maxotel**, am Wasser in der 42 Rue Sourdeval, ✆ 0508/416-457, DZ 70 €.

St-Pierre hat hervorragende **Restaurants**, in denen sich das Beste aus der französischen Küche mit lokalen Spezialitäten wie *tiaude*, einem mit zahlreichen Gewürzen verfeinerten Kabeljaueintopf, vereinigt. Die Preise sind ziemlich hoch (für ein Hauptgericht muss mit 25–30 € gerechnet werden), doch die Ausgabe lohnt sich.

Auberge Quatre Temps, 14 Rue Dutemple, ✆ 0508/414-301. Mit der raffinierten Nouvelle Cuisine von Küchenchef Pascal Vigneau, der einheimische und französische Traditionen verbindet und um einen Touch Réunion bereichert, ist das Restaurant der Auberge eines der besten der Stadt.

Le Maringouin'fre, 22 Rue Général-Leclerc, ✆ 0508/413-679. Eine Alternative für den knapperen Geldbeutel: köstliche Crêpes sowie Steaks und Burger zu erschwinglichen Preisen (5–8 €). ⏱ Mi geschl.

Sonstiges

Informationen

Die Hauptstelle der **Touristeninformation** von St-Pierre et Miquelon befindet sich im Zentrum von Ville de St-Pierre, wenige Meter vom Fähranleger an der Place du Général de Gaulle, ✆ 0508-410-200, 🖥 www.st-pierre-et-miquelon.fr. Dort gibt's alles Wissenswerte über die Inselgruppe, kostenlose Landkarten und den Fahrplan der **Personenfähre**, die Ville de St-Pierre mit Miquelon am anderen Ende des Archipels verbindet (Di, Fr und So 1x tgl., Fahrtdauer 1 Std., einfach 14,50 €, hin und zurück 22 €).
Ein **Flug** zwischen den beiden Inseln (2–4x tgl.) kostet einfach 17,50 €, hin und zurück 29 €. ⏱ Juni–Sep tgl. 8.30–18, Okt–Mai Mo–Fr 8.30–12 und 13.30–17 Uhr.
Die Touristeninformation in **Grande Miquelon** (Öffnungszeiten telefonisch bei der Touristeninformation in St-Pierre erfragen) hat Informationen zu Wanderungen vor Ort und verleiht Fahrräder für Ausflüge zum Grand Barachois (s. S. 497).

Touren

Wer außerhalb von St-Pierre etwas unternehmen möchte, schließt sich am besten einer **geführten Tour** an. Zwischen Mitte Juni und Ende September werden mehrere **Tagesausflüge** mit Bus und Boot veranstaltet. Beispiel: ein neunstündiger Ausflug zum Ort Miquelon über Langdale und Grand Barachois Lagune für etwa 60 €.

Vorwahlen

Die Ländervorwahl der Inseln lautet ✆ 00508; bei Anrufen aus Kanada oder den USA zusätzlich 011 vorwählen, also 011508, dann die sechsstellige Teilnehmernummer.
Um von hier nach Kanada oder in die USA zu telefonieren, muss vor der Ortsvorwahl 001 gewählt werden.

Transport

Fähren

SPM Express, von Newfoundland ✆ 709/832-0429 oder 1-800/563-2006, von St-Pierre ✆ 0508/41 53 93, 🖥 www.spmexpress.net, betreibt **Passagierfähren** von Fortune in Newfoundland nach St-Pierre: Mai–Juni und Sep–Okt nur Fr und Sa, Juli und Aug 1x tgl., für andere Monate s. Website, 1 1/2 Std., $70,20 einfach, $103 hin und zurück. Die Abfahrtszeiten liegen so, dass fast immer eine Übernachtung auf St-Pierre eingelegt werden muss, die am besten im Voraus reserviert wird.
Tagesausflüge mit Überfahrt von Fortune nach St-Pierre und Busrundfahrt vor Ort veranstaltet **St-Pierre Tours**, ✆ 1-800/563-2006, 🖥 www.spmtours.com: Juli–Aug Mo–Sa 1x tgl., 9 Std., $99.

Flüge

Der **Flughafen** von St-Pierre et Miquelon liegt 2 km südlich von Ville St-Pierre; in die Stadt fahren Taxis (ca. 5 €).
Air St-Pierre, ✆ 0508/410 000 oder 1-877/277-7765, 🖥 www.airsaintpierre.com, bietet Flugverbindungen zwischen St-Pierre et Miquelon und Montréal in Québec, Halifax und Sydney in Nova Scotia, Moncton in New Brunswick und St. John's in Newfoundland. Die billigsten Flüge werden von St. John's aus angeboten (3x wöchentl., 45 Min.), wo Air St-Pierre mit einem Schalter am Flughafen vertreten ist, ✆ 709/726-9700. Im Sommer kostet ein Rückflugticket etwa 188 €.

Bonavista Peninsula

Die dicht bewaldete Bonavista Peninsula ragt im Osten der großen neufundländischen Landmasse 120 km in den Atlantik. Sie wird von der **Rte 230** erschlossen, die 200 km westlich von St. John's bei Clarenville vom Trans-Canada Hwy abzweigt. Die zerklüftete Küste ist mit Meeresarmen, Buchten und Inseln übersät.
Im 17. Jh. errichteten englische Siedler hier Dutzende kleiner Outports und das Verwaltungszentrum **Trinity** mit einer schönen Lage auf einer

Landzunge und hübschen alten Häusern. Trinity ist der ideale Ausgangspunkt für eine Erkundung der Halbinsel, denn in der Umgebung beginnen mehrere erstklassige Wanderwege. Von Trinity gut zu erreichen ist das wilde **Cape Bonavista** an der Nordspitze der Halbinsel. Daneben bietet Trinity noch **Walbeobachtungstouren** und mehrere **B&Bs**, wenngleich der Nachbarort **Port Rexton** die besseren Übernachtungsmöglichkeiten aufweist. Port Rexton ist eine von zwölf Ortschaften, die zusammen als **Trinity Bight** bezeichnet werden.

---

15 HIGHLIGHT

Trinity und Umgebung

Der kleine Ort Trinity liegt rund 70 km vom Trans-Canada Hwy entfernt an der Rte 230. Die schmalen Gassen säumt ein entzückendes Ensemble aus weißen und pastellfarbenen Holzhäusern zwischen einem Halbkreis aus Hügeln und der tiefen Trinity-Bucht. Architektonisches Highlight ist die **St. Paul's Anglican Church** von 1892, deren perfekt proportionierte Fassade von fein ausgearbeiteten Verzierungen geschmückt wird. Im Innern teilt sich das anmutig-würdevolle Kirchenschiff in drei Teile. Die Seitengänge werden durch Bögen betreten, deren Schnitzarbeiten an Walknochen erinnern, die Decke hat die Form eines umgedrehten Bootes. Für alle anderen historischen Sehenswürdigkeiten (s. u.), ✆ 709/464-3599, 🖥 www.trinityhistoricalsociety.com, gibt es ein Kombiticket, das $10 kostet; ⏱ Mitte Mai–Mitte Okt tgl. 10–17.30 Uhr.

Gegenüber der Kirche präsentiert das bescheidene, aber unterhaltsame **Trinity Museum** in einem klassischen Kolonialholzhaus aus den 1880er-Jahren, einer sogenannten *saltbox*, eine ausgefallene Historiensammlung. Zum Beispiel im Washroom altes Schuhmacher-Handwerkszeug, im Back Porch ein Robbenfängerausrüstung, im Store Room eine alte Böttcherei und im Schuppen nebenan einen Feuerwehrwagen von anno 1811.

Ebenfalls vom örtlichen Geschichtsverein unterhalten werden die **Green Family Forge** in der West Street, mit Exponaten zum Schmiedehandwerk am Ort zwischen 1750 und 1955, darunter zwei betriebsbereiten Schmiedeöfen, und das **Lester-Garland House**, ein dreistöckiges georgianisches Backsteinhaus mit im Stil der Zeit eingerichteten Zimmern. Kombinierter Eintritt zu diesen drei Stätten $7,50.

Zu den drei Trinity Provincial Historic Sites (Sammeleintritt $3, einzeln per Spende) gehören das gelb und grün gestrichene **Hiscock House** in der Church Road, wo Guides in historischer Kostümierung die Feinheiten des Lebens Anfang des 20. Jhs. erläutern. Zu den **Lester-Garland Premises** in der West Street zählen ein Kontor von 1820 und der Ryan General Store vom frühen 20. Jh., der in etwa so wiederhergestellt ist, wie er um 1910 ausgesehen hat. Das dritte historische Anwesen im Bunde ist das **Trinity Interpretation Centre**, ebenfalls in der West Street, mit allgemeinen Informationen und Exponaten zu Trinity und Umgebung.

Südlich von Trinity: New Bonaventure

Nach etwa 15 km erreicht die Rte 239 **New Bonaventure**, eine zusammengewürfelte Anhäufung von Holzhäusern am Rand einer felsigen Bucht. An einem verregneten Tag erscheint der Ort wie das Ende der Welt, aber eine Nebenstraße führt sogar noch weiter: Bei der Anfahrt den Berg hinunter ins Dorf zweigt sie rechts ab und endet nach 500 m an einer **Kirche**. Das Gotteshaus ist erstaunlich groß; noch größer erscheint es, wenn man bedenkt, dass die Bewohner in den 1920er-Jahren sehr lange Strecken zurücklegen mussten, um das Bauholz zu sammeln.

Von der Kirche führt eine 600 m lange Schotterstraße zur **Random Passage Site**, 🖥 www.randompassagesite.com, dem Nachbau eines Outports aus dem frühen 19. Jh. Der Ort entstand im Jahr 2000 als Kulisse für die Verfilmung von *Random Passage* und *Waiting for Time*, zwei romantischen Romanen der neufundländischen Schriftstellerin Bernice Morgan über das Leben der fiktiven Andrews-Familie, die in den 1820er-Jahren an einem Ort namens Cape Random siedelte. ⏱ Juni–Mitte Sep tgl. 9.30–18, Mitte Sep–Mitte Okt 10–17 Uhr, Eintritt $8. Enthusiastische einheimische Führer erklären Besuchern gern die Grundzüge der Handlung – einige dieser Guides sind echte Originale und tauchten in den Verfilmungen als Statisten auf. Das ganze Projekt wird von der Dorfgemeinschaft als gemeinnützige Unternehmung betrieben. Die Lage ist atemberaubend, und die authentischen Stein- und Lehmhütten vermitteln einen guten Eindruck davon, wie hart das Leben der Fischer hier war.

Port Rexton

Von Trinity sind es 8 km auf der Rte 230 um die Bucht herum nach **Port Rexton**, das sich aus zwei winzigen Outports (Robin Hood und Ship Cove) beiderseits einer Landzunge zusammensetzt. Die Zwillingsgemeinde gelangte einst durch den Labrador-Fischfang zur Blüte, doch heute geht es hier ruhig zu.

Übernachtung

In Trinity wartet ein halbes Dutzend einladender B&Bs auf Gäste.
Campbell House, 49 High St, ℡ 709/464-3377 oder 1-877/464-7700, 🖳 www.trinityvacations.com. Das beste B&B am Platze ist in einem hübschen viktorianischen Gebäude untergebracht. Drei DZ mit Bad und erstklassiges Frühstück mit lokalen Köstlichkeiten wie

Eleganz muss nicht ungemütlich sein

Auf der einen Seite des Hügels mit Blick auf Ship Cove steht das **Fishers' Loft Inn**, ℡ 709/464-3240 oder 1-877/464-3240, 🖳 www.fishersloft.com. Die fünf separaten Häuser sind neueren Datums, folgen aber in der Bauweise dem traditionellen Newfoundland-Stil. Über die Gebäude verteilen sich 21 Gästezimmer und Suiten mit Bad. Die Inneneinrichtung ist vorzüglich, eine sehr gelungene Mischung aus Gemütlichkeit und Eleganz, von den Holzfußböden bis zu den handgefertigten Einrichtungsgegenständen. Der Ausblick auf Ship Cove und die Trinity-Bucht ist herrlich, und morgens gibt's ein leckeres, reichhaltiges Frühstück mit Zutaten aus lokalem Anbau. Das hervorragende 4-Gänge-Menü zum Abendessen wird nur nach vorheriger Anmeldung gezaubert. ☉ Mai–Okt. ❺

Wale beobachten

Prince of Whales Adventures, 1 Ash's Lane, Trinity, ℡ 709/464-2200, 🖳 www.princeofwhalesadventures.com, hat ein umfangreiches Angebot an **Walbeobachtungstouren**, die auf enge Begegnungen zwischen Walen und Menschen angelegt sind. Dass es zum Kontakt kommt, kann natürlich nicht garantiert werden, doch bestehen ausgezeichnete Chancen, Mink-, Finn- und Buckelwale zu sichten, insbesondere zwischen Mitte Juni und Anfang August. Die fachmännisch durchgeführten Ausflüge finden während der „Walsaison" (Juni–Okt) täglich statt; die Preise beginnen bei $80 für eine dreistündige Tour; Abfahrt um 9, 13 und 16 Uhr.

Partridgeberry-Crêpes. ☉ Mitte Mai–Mitte Okt. ❺
Eriksen Premises B&B, West St, ℡ 709/464-3698 oder 1-877/464-3698, 🖳 www.trinityexperience.com. Ebenfalls eine gute Wahl: sieben Zimmer mit Bad, die meisten mit Meerblick. ☉ Mai–Okt. ❹

Essen

Twine Loft, in unmittelbarer Nähe der High St hinter dem Artisan Inn, ℡ 709/464-3377. Das beste Restaurant der Stadt liegt direkt am Wasser. Die Spezialität ist Seafood, eine Mahlzeit (ohne Wein) kostet durchschnittlich $35. ☉ tgl. 12–15 und 17–20 Uhr.
Dock Marina Restaurant, direkt am Wasser in der Nähe der Parish Hall, ℡ 709/464-2133. Das empfehlenswerte Restaurant serviert fein zubereitete Seafood- und Fleischgerichte in guter alter Newfoundland-Tradition. ☉ Juni–Okt.

Cape Bonavista

Rund 50 km nördlich von Trinity liegt Cape Bonavista, eine raue, aber faszinierend schöne Landspitze aus anthrazitfarbenen Felsen und schäumender Brandung, die von mehreren Hundert Papageientauchern bevölkert wird. Hier soll der Entdecker **John Cabot** im Jahr 1497 zum ersten Mal amerikanisches Land gesichtet haben. Laut

Überlieferung rief er daraufhin aus: „O buona vista!" (Oh, welch ein guter Anblick). Ob dem so war oder nicht – jedenfalls wurde ihm zu Ehren hier eine Statue errichtet.

Das Kap ist von jeher eine tückische Passage für Schiffe und wird daher von einem rot-weiß-gestreiften, 10 m hohen **Leuchtturm** bewacht. Er wurde so restauriert, dass er wieder so aussieht wie 1870, als er von dem 80 Jahre alten Leuchtturmwächter Jeremiah White und dessen Familie bewohnt war; historisch bewanderte Guides berichten Genaueres. ☉ Mitte Mai–Mitte Okt tgl. 10–17.30 Uhr, Eintritt $3. Im benachbarten Besucherzentrum ist mehr über das lebenswichtige Leuchtturmsystem der Insel zu erfahren.

Das Dorf Bonavista

Etwa 5 km vom Kap entfernt liegt das Fischerdorf **Bonavista**, das sich über die flachen Landzungen um seine beiden Häfen erstreckt. Der Ort wurde im 17. Jh. von Engländern gegründet und war lange ein erfolgreicher Fischerhafen und Warenumschlagplatz.

Diese Geschichte untersucht die nationalhistorische Stätte **Ryan Premises**, ☏ 709/468-1600, die in einer Fischverarbeitungsfabrik aus dem 19. Jh. untergebracht ist. Die historische Stätte umfasst das lokalgeschichtliche Bonavista Museum, eine Multimedia-Ausstellung zur Robbenjagd in Labrador und die restaurierten Ryan-Büros von etwa 1900. ☉ Mitte Mai–Mitte Okt tgl. 10–18 Uhr, Eintritt $3,90.

Weiteres zur Seefahrtsgeschichte vermittelt die **Ye Matthew Legacy**, ☏ 709/468-1493, 🖳 www.matthewlegacy.com, mit einer Replik von Cabots Schiff, der 28 m langen *Matthew,* die im Rahmen einer Führung auch unter Deck besichtigt werden kann. Das dazugehörige Besucherzentrum liefert den historischen Hintergrund. ☉ Mitte Mai–Sep tgl. 10–18 Uhr, Eintritt $7,25.

Eine weitere Sehenswürdigkeit in Bonavista ist die **Mockbeggar Plantation Provincial Historic Site** in der Roper Street, ☏ 709/468-7300. Es handelt sich hierbei um den ehemaligen Wohnsitz von F. Gordon Bradley, einem Rechtsanwalt und Politiker, der sich hier in den 1940er-Jahren mit Joe Smallwood traf, um die Aufnahme Newfoundlands in die kanadische Konföderation voranzutreiben. Das um 1871 von einem Händ-

ler erbaute Haus wurde so wiederhergerichtet, wie es 1939 ausgesehen haben mag, als Bradley kurz davor war, seine Pläne zu verwirklichen. Es hat eine komplette Einrichtung aus schweren Möbeln, die zum großen Teil von Bradleys Vater angefertigt worden waren. Die Nebengebäude werden nach und nach zu Ausstellungs- und Aktivitätenräumen umgebaut. Der Big Store soll von 1733 stammen, was ihn zum ältesten Gebäude auf der Insel machen würde. ☉ Mitte Mai–Ende Sep tgl. 10–17.30 Uhr, Eintritt $3, bei Vorlage der Eintrittskarte zum Leuchtturm frei.

Butler's by the Sea, 15 Butler Crescent, ☏ 709/468-2445 oder 1-877/968-2445, 🖳 www.bbcanada.com/1412.html. Eines der besseren unter einer Hand voll B&Bs in Bonavista. Zwei Zimmer mit Bad und Meerblick. ❸
Elizabeth J. Cottages, Harris St, ☏ 709/468-5035 oder 1-866/468-5035, 🖳 www.elizabethjcottages.com. Die beste Unterkunft in Bonavista besteht aus zwei Cottages am Meer. Jedes Häuschen hat zwei Schlafzimmer und eine Freiterrasse. Die attraktive Inneneinrichtung besteht aus Massivholzdielen, Perserteppichen und allem modernen Komfort. ❼
Harbour Quarters, in der Dorfmitte am Wasser, ☏ 1-866/468-7982, 🖳 www.harbourquarters.com. Eine weitere schicke Unterkunft in einem umgebauten Gemischtwarenladen aus den 1920er-Jahren; ☉ ganzjährig. ❻
Marsh's Snack Bar, beim Leuchtturm, ☏ 709/468-2639, ☉ tgl. 10–24 Uhr.

Zentral-Newfoundland

In Clarenville, wo die Bonavista Peninsula anfängt, beginnt der **Trans-Canada Highway** seine 450 km lange, einsame Reise durch Zentral-Newfoundland nach **Deer Lake**, einem guten Ausgangspunkt für die Northern Peninsula (s. S. 410). Am Weg liegen die Orte **Gambo**, wo dem Übervater der neufundländischen Politik, Joe Smallwood, gedacht wird, und **Grand Falls-Windsor** mit einem Museum, das den Beothuks gewidmet ist. Außerdem führt der Highway durch den **Terra Nova National Park** mit seiner faszinierenden Küstenlandschaft. Ein lohnenswerter Abstecher führt 100 km nach Norden in den alten Fischerhafen und Warenumschlagplatz **Twillingate**, wo zwischen April und Juni Eisberge vorbeitreiben.

Terra Nova National Park

Auf dem Trans-Canada Hwy von Clarenville nach Norden sind es rund 40 km bis zum südlichen Rand des **Terra Nova National Park** (Eintritt $5,80 von Mitte Mai bis Anfang Oktober). Die Koniferenwälder, Seen und Marschen des Nationalparks treffen auf eine tief eingeschnittene, zerklüftete Küste. Der Highway verläuft mitten durch den Park und führt an deutlich ausgeschilderten Einrichtungen vorbei, von denen sich die meisten rund 40 km hinter der Einfahrt zum Park konzentrieren. Dort liegt der **Newman Sound** mit dem **Salton's Brook Marine Interpretation Centre**, ℡ 709/533-2942, das eine ausgezeichnete Ausstellung über die Flora und Fauna des Nationalparks zu bieten hat. Das Besucherzentrum hat massenhaft Infos über geführte Spaziergänge, Bootstouren, sichere Bade- und Tauchstellen sowie Kanu- und Seekajaktouren. ⏲ Mitte Mai–Ende Juni und Sep–Anfang Okt tgl. 10–17, Ende Juni–Aug 9–19 Uhr.

Bootsrundfahrten vor Ort veranstaltet **Coastal Connections**, ℡ 709/533-2196, 🖳 www.coastalconnections.ca. Von Mitte Juni bis Mitte September finden tgl. um 9.30 und 13 Uhr informative zweieinhalbstündige Rundfahrten durch den Newman Sound statt, $65 p. P., Kinder $35. **Ocean Quest Adventures**, ℡ 1-866/623-2664 oder 709/422-1111, 🖳 www.oceanquestadventures.com, verleiht Kajaks ($30/2 Std., $50/halber Tag, $80/Tag) und bietet Bootstouren in Zodiacs ($65; 1 1/2 Std.) und Tauchausflüge ($115) an.

Das Besucherzentrum informiert auch über ein Dutzend **Wanderwege**, vom kurzen Bummel bis zur ausgewachsenen Expedition. Einer davon ist der anstrengende **Outport Loop Trail**, ein 46 km langer Ausdauertest, für den 16 Std. zu veranschlagen sind. Unterwegs gibt es mehrere primitive **Zeltplätze** ($15,70), die erforderlichen

Permits müssen vorher im Besucherzentrum besorgt werden.

Lohnenswert sind auch eine Wanderung zum Aussichtspunkt auf dem **Blue Hill** (199 m), dem höchsten Punkt im Park, der baumgesäumte **Southwest Brook Trail**, auf dem oft Biber zu sehen sind, und die vom Marine Centre wegführenden Küstenwege, von denen sich tolle Ausblicke auf den Newman Sound eröffnen. Überall im Park kann man auf im Unterholz herumstreifende Elche treffen.

Neben den einfachen Zeltplätzen am Outport Loop Trail (s. oben) gibt es im Nationalpark mehrere **Campingplätze** mit Einrichtungen. Der größte ist der ganzjährig geöffnete Newman Sound Campground, ℡ 1-877/737-3783 oder 905/426-4648, 🖳 www.pccamping.ca, Stellplatz $25,50–29,40, Reservierung empfohlen. Er ist über eine Nebenstraße zu erreichen, die unmittelbar südlich der Abfahrt zum Salton's Brook Marine Centre vom Trans-Canada Hwy abzweigt.

Wer ein festes Dach über dem Kopf bevorzugt, findet in **Charlottetown**, etwa 15 km südlich vom Newman Sound und 50 km von Clarenville entfernt, das **Motel** Clode Sound, ℡ 709/664-3146, 🖳 www.clodesound.com, ⏲ Mai–Okt, mit einem preiswerten **Restaurant** (⏲ Mai–Sep tgl. 11–14 und 16.30–19.30 Uhr). ❸

Gambo und Gander

Etwa 32 km hinter dem Terra Nova National Park erreicht der Trans-Canada Hwy die Holzfällerstadt **Gambo**. Das dortige **Smallwood Interpretive Centre**, an der Rte 320, ℡ 709/674-4342, feiert Leben und Werk des berühmtesten Sohnes der Stadt, des Politikers Joe Smallwood. ⏲ tgl. 11–17 Uhr, Eintritt $3. Das angeschlossene Dianne's Café ist ein nettes Plätzchen für ein Mittagessen oder einen Kaffee mit Blick auf den See. An der Ortsausfahrt bieten sich von Joe's Lookout schöne Ausblicke auf Gambo und das gesamte Tal.

Nach weiteren 40 km ist **Gander** erreicht, eine um einen Flughafen herum gebaute Stadt, einst bedeutender Luftwaffenstützpunkt und immer noch Landestelle zum Nachtanken für Flugzeuge aus Europa. Heute ist hier nicht mehr viel zu sehen; der Ort ist eigentlich nur ein praktischer Zwischenstopp auf der Strecke. Die örtliche **Touristeninformation** am Highway, ☎ 709/256-7110, 🖥 www.ganderchamber.nf.ca, hält jede Menge Infos über die Insel bereit, ⏰ ganzjährig Mo–Fr 8.30–17, Sa und So 10–18 Uhr. Der Ort wartet mit zahlreichen Hotels auf, das beste davon ist das **Hotel Gander** am Highway, ☎ 709/256-3931, 🖥 www.hotelgander.com. Es hat komfortable moderne Zimmer mit WLAN und allen heutzutage üblichen Einrichtungen. Beim Essensangebot dominieren die Fastfood-Ketten; die **Alcock & Brown's Eatery** im Hotel Gander bietet gute Gerichte, und **Che's**, in der Fraser Mall am Airport Blvd, serviert leckere Fish & Chips und andere Seafood-Gerichte, ⏰ Mo–Sa 11–20, So 12–20 Uhr (vom Highway die Ausfahrt Magee nehmen, in den Memorial Drive abbiegen und dann rechts in den Airport Blvd).

15 | HIGHLIGHT

Twillingate

Der abgelegene Outport Twillingate ist auf jeden Fall einen Abstecher wert: Mit seinen zahlreichen traditionellen Fischerhütten repräsentiert der Ort ein Stück ursprüngliches ländliches Newfoundland. Im Sommer sind vor der Küste Wale zu sehen, und mächtige Eisberge schwimmen vorbei – dies ist die selbsternannte „Eisberghauptstadt der Welt". Der Outport liegt 100 km nördlich von Gander und dem Trans-Canada Hwy an der Rte 340. Diese führt über eine Reihe von Dämmen und Brücken, welche die kleinen Inseln, Landzungen und Meeresarme verbinden, von denen dieser Abschnitt der Küste geprägt ist.

Twillingate wurde Anfang des 18. Jhs. von Engländern besiedelt, nachdem er bereits mehrere Jahrzehnte von umherziehenden französischen Fischern als Zwischenstation genutzt worden war. Die Franzosen gaben dem Posten seinen ursprünglichen Namen „Toulinguet", nach einer Insel in ihrer bretonischen Heimat.

In den 1780er-Jahren war Twillingate der wichtigste Stützpunkt der Kabeljaufischerei an der Nordküste und dank seiner geschützten Bucht ein bevorzugter Naturhafen. Der Boom endete in den 1880er-Jahren, als der Hafen im Zuge der Umstellung von Segel- auf Dampfschifffahrt seine überragende Bedeutung verlor. Dennoch blieb Twillingate ein wichtiger Fischerhafen, bis in den 1990er-Jahren die Kabeljaubestände drastisch zurückgingen. Eine gute Einführung in die Geschichte des Orts bietet das **Twillingate Museum**, nahe der Main Street, ☎ 709/884-2825, 🖥 www.tmacs.ca, ⏰ Mitte Mai–Anfang Okt tgl. 9–17 Uhr, Eintritt frei. Von seiner besten Seite präsentiert sich Twillingate beim viertägigen **Fish, Fun and Folk Festival**, 🖥 www.fishfunfolkfestival.com, das alljährlich am letzten Juliwochenende stattfindet und Folkmusiker aus der gesamten Provinz anlockt.

Übernachtung

Beach Rock B&B, in Little Harbour, 5 km südlich von Twillingate an der Rte 340, ☎ 709/884-2292. Drei Gästezimmer mit Bad in einem hübsch renovierten, zweistöckigen Holzhaus (Baujahr 1904) am Wasser. Zum Frühstück gibt's selbst gebackenes Brot und Muffins. ⏰ Mai–Okt. ❸

Hillside, 5 Young's Lane, ☎ 709/884-1666, 🖥 www.bbcanada.com/nfhillside. Eine der besten Unterkünfte in Twillingate: attraktives, gepflegtes B&B in einem Holzhaus aus den 1870er-Jahren mit Blick auf den Hafen. Die drei Gästezimmer mit Bad sind modern ausgestattet. ⏰ Juni–Sep. ❸

Toulinguet Inn, 56 Main St, ☎ 709/884-2080 oder 1-877/684-2080, 🖥 www.bbcanada.com/9127.html. Drei schicke Gästezimmer mit Bad in einem Haus aus den 1920er-Jahren am Hafen. ⏰ Mitte Mai–Sep. ❸

Essen

R&J Restaurant, 110 Main St North, ☎ 709/884-2212. Fabelhafte Hafenblicke, tolle Wedges, Fish & Chips und Pizza.

All Around the Circle Dinner Theatre, Crow Head Community Centre (beim Leuchtturm), ☎ 709/884-5423. Ein echtes Erlebnis: gute Hausmannskost begleitet von Comedy, Songs und Tanz, ab etwa $28. ⏰ Juni–Mitte Sep Mo–Sa 18 Uhr.

Newfoundland und Labrador

In den zahlreichen Buchten an der Küste von Twillingate bleiben jedes Jahr zwischen April und Juni Dutzende aus der Arktis heran treibende **Eisberge** hängen. Allerdings ist in den Zeiten des Klimawandels ihr Auftauchen schwer vorherzusehen: Während es in den Buchten 2009 jede Menge Eis gab, machten sich die Eisberge 2008 recht rar. Auf jeden Fall ist es ein unglaublicher Anblick, wenn sich das Aquamarin und Weiß der Kolosse im blaugrünen Wasser spiegelt. Mit viel Glück wird man Augenzeuge, wenn ein Eisberg umkippt und auseinanderbricht, begleitet von mächtigem Grollen, Ächzen und einem ohrenbetäubenden Knall. Mehrere Veranstalter bieten Bootstouren zu den Eisbergen an; Reservierung empfehlenswert.

Twillingate Adventure Tours, ☏ 709/884-5999 oder 1-888/447-8687, 🖳 www.twillingateadventure tours.com. Gehört zu den bekanntesten Anbietern: Mitte Mai–Mitte Sep 3x tgl., 2 Std., $40.

Twillingate Island Boat Tours, ☏ 709/884-2242 oder 1-800/611-2374, 🖳 www.icebergtours.ca.

Ebenfalls ein empfehlenswerter Veranstalter: Mitte Mai–Sep 3x tgl., 2 Std., $40.

Der letztgenannte Anbieter betreibt auch das Kunst- und Kunstgewerbegeschäft **Iceberg Shop** sowie ein Interpretive Centre in einer alten Scheune in Durrell, 2 km nördlich von Twillingate.

Auch Landratten haben gute Chancen, einen Eisberg zu Gesicht zu bekommen, wenn sie den **Long Point Lighthouse** besteigen, einen Leuchtturm auf einem schroffen Felsvorsprung am nördlichen Ende der Main Street. Da der felsige Weg dorthin oft rutschig ist, sollte man auf entsprechendes Schuhwerk achten. Über die aktuellen Eisbergaktivitäten informiert die Website 🖳 www.icebergfinder.com.

Das **Long Point Centre**, auf der dem Leuchtturm gegenüberliegenden Straßenseite, hat einen Tearoom, einen Kunsthandwerksladen und eine kleine Ausstellung zur lokalen Kultur- und Naturgeschichte. ⊙ Mitte Mai–Mitte Okt tgl. 10–21 Uhr, Eintritt frei.

Auk Island Winery, 29 Durrell St, ☎ 1-877/639-4637, 🖥 www.aukislandwinery. com. Gute Annäherung an die sehr trinkbaren Obstweine der Insel.
Wer im September hier ist, kann an den Hängen um den Ort herum massenweise Beeren pflücken.

Grand Falls-Windsor

Grand Falls-Windsor, 91 km westlich von Gander, liegt inmitten einiger der ertragreichsten Nutzholzgebiete der Insel, einem ausgedehnten Waldstück, in dem intensiv Holzschlag betrieben wird, seitdem Alfred Harmsworth, der spätere Lord Northcliffe, 1909 hier eine Papiermühle eröffnete. Harmsworth, Begründer der in England erscheinenden Zeitungen *Daily Mirror* und *Daily Mail*, wollte sich dadurch eine zuverlässige Quelle für Papier sichern, weit entfernt von Europa, das, wie er glaubte, auf einen Krieg zusteuerte. Das Unternehmen war ungeheuer profitabel und führte auch zur Gründung der ersten neufundländischen Ortschaft „out of sight and sound of the sea", wie es ein Zeitgenosse formulierte.

Grand Falls ist heute ein nichtssagender Ort, der rund um die über dem Exploits River thronende Papiermühle AbitibiBowater herum erbaut wurde. Die Schließung der Mühle im Jahr 2009 machte Hunderte arbeitslos und bescherte der Stadt eine ungewisse Zukunft.

Die von spitzen Felsen umrahmten **Wasserfälle** versprühen nach wie vor einen gewissen rustikalen Charme, obwohl sie gänzlich im Schatten der inzwischen geschlossenen Papierfabrik stehen. Ein kurzer Blick auf die Fälle lässt sich mit einem Besuch im **Salmonid Interpretation Centre**, am Südufer des Flusses 2 km von der Stadtmitte, ☎ 709/489-7350, 🖥 www.exploits river.ca, kombinieren. Hier werden Lebensart und Lebensräume des Lachses beleuchtet; auf der Unterwasser-Beobachtungsebene kann man den Lachsen beim Stromaufwärtsschwimmen zu den Laichgründen im Red Indian Lake zuschauen. ⊙ Mitte Juni–Mitte Sep 8–20 Uhr, Eintritt $6.

Einen Besuch lohnt außerdem das **Mary March Provincial Museum**, 16 St. Catherine St. Es liegt gleich südlich des Trans-Canada Hwy (Exit 18, Cromer Ave). Das Museum beschäftigt sich vor allem mit der frühen Geschichte Newfoundlands und hat eine ganze Reihe interessanter Ausstellungsstücke zu den prähistorischen Kulturen und den **Beothuks** (S. 482). Das Exploits Valley war das letzte Bollwerk der Beothuks auf der Insel und außerdem die Heimat der letzten bekannten Beothuk, Shanawdithit (S. 484), und ihrer Tante Demasduit. ⊙ Mai–Ende Okt tgl. 9.30–16.45 Uhr, Eintritt $2,50.

Die **Touristeninformation**, ☎ 709/489-6332, 🖥 www.grandfallswindsor.com, liegt direkt beim Highway (Ausfahrt 17), ⊙ Juni–Aug Mo–Fr 9–20, Sa und So 10–20 Uhr. Die beste Übernachtungsmöglichkeit ist das **Hill Road Manor B&B**, 1 Hill Rd, ☎ 709/489-5451, 🖥 www.hillroadmanor.com, ❺ ein großes Holzgebäude mit vier geräumigen Zimmern, die über WLAN und Kabel-TV verfügen. Vom Highway Ausfahrt 18A (Wegbeschreibung s. Website).

Clem's Restaurant, ☎ 709/489-2251), im Mt Peyton Hotel direkt am Highway, und **Gibson's**, 12 Hardy Ave, ☎ 709/489-3664, ⊙ So geschl., bieten als Alternative zu den vielen Fastfood-Läden in der Stadt gute Restaurantkost.

Deer Lake

Deer Lake, 210 km westlich von Grand Falls, ist ein weiterer praktischer Boxenstopp, und zwar an der Kreuzung von Trans-Canada Hwy und Rte 430, der Straße zur Northern Peninsula. Die einzige echte Sehenswürdigkeit hier stellt das **Newfoundland Insectarium** dar, Rte 430 Richtung Gros Morne, ☎ 709/635-4545, 🖥 www. nfinsectarium.com. Es besteht aus einem stillen Pavillon mit 1000 bunten Schmetterlingen, einer faszinierenden Kolonie von Blattschneiderameisen, einem Beobachtungs-Bienenkorb und einer Tarantelnabteilung. ⊙ Juli und Aug tgl. 9–18, Mitte Mai–Juni und Sep–Mitte Okt Mo–Fr 9–17, Sa 10–17, So 12–17 Uhr, Eintritt $10.

Übernachtung und Essen

Deer Lake hat ungefähr ein halbes Dutzend Unterkünfte, darunter einige B&Bs im Zentrum, das sich östlich des Trans-Canada um das Ufer des Sees windet.

Deer Lake Motel, ℡ 709/635-2108 oder 1-800/563-2144, 🖳 www.deerlakemotel.com. Günstig gelegenes Motel am Trans-Canada, 2 km vom Flughafen. ❹
Lakeview B&B, 1 Young's Ave, ℡ 709/635-8104 oder 1-888/635-8104, 🖳 www.lakeviewbb.ca. Fünf schlichte Gästezimmer mit Bad in einem modernen Gebäude im Chalet-Stil. ❸
Humberview B&B, 11 Humberview Drive, ℡ 709/635-4818 oder 1-888/635-4818, 🖳 www.thehumberview.com. Gut ausgestattete Zimmer in einem modernen Backsteinhaus mit zwei Stockwerken nördlich des Trans-Canada (Exit 15). ❺
Es gibt nur wenige Verpflegungsmöglichkeiten. Die meisten Reisenden halten sich an das praktische Restaurant des **Deer Lake Motel**; eine andere Möglichkeit ist das **Big Stop** gegenüber, das herzhaftes Frühstück und deftige Zitronen-Baiser-Torten serviert. Big Stop ist eine Kette, aber in Newfoundland sind die Köche gewöhnlich Einheimische, die neben den Standardgerichten auch tolle Hausmannskost auf den Tisch zaubern.

Sonstiges

Autovermietungen
Am Flughafen gibt es derzeit Schalter von fünf Autovermietern:
Avis, ℡ 709/635-5010,
Budget, ℡ 709/635-3211,
Dollar/Thrifty, ℡ 709/635-8211,
Enterprise, ℡ 709/635-4667, und
National, ℡ 709/635-3282.

Informationen
Touristeninformation am Flughafen, ℡ 709/635-1003, ⊙ ganzjährig.
Die **Touristeninformation** am Trans-Canada, ℡ 709/635-2202, hält kostenlose Stadtpläne bereit. ⊙ Juni–Aug tgl. 9–20, Sep und Okt 10–19 Uhr.

Transport

Busse
Haltestelle der Busse von **DRL Coachline** ist die Tankstelle Irving am Highway vor den Toren von Deer Lake, gegenüber vom Deer Lake Motel (s. oben).

Flüge
Ein **Taxi**, ℡ 709/635-2521, vom Flughafen (Flüge s. Kasten S. 479) in die Stadt kostet etwa $7. Star Taxi, ℡ 709/634-4343, unterhält einen **Shuttleservice** nach Corner Brook, $22 p. P. (vorher anrufen).

Gros Morne National Park

Der Gros Morne National Park umfasst Landschaften, die zu den atemberaubendsten von ganz Newfoundland gehören: Die Buchten, steinigen Strände, kleinen Dörfer und verwitterten Felsgebilde an der Küste liegen vor einer Kulisse mit von Fjorden durchschnittenen Bergen, deren tiefer gelegene, bewaldete Hänge die Heimat von Elchen, Karibus und Schneehasen sind.

Regelmäßig kommen Minkwale zur Nahrungsaufnahme in die Bonne Bay. Gros Morne hat außerdem eine Reihe von Künstlern und Musikern angelockt, was jeden Mai beim Festival **Trails, Tales and Tunes**, 🖳 www.trailstalestunes.ca, in Norris Point zum Ausdruck kommt. Shirley Montague, Sängerin Anita Best (s. Kasten S. 487), Geiger Daniel Payne und Bernard Felix, einer der besten Akkordeonspieler der Welt, sind in der Gegend zu Hause.

Die meisten Besucher kommen während der kurzen Sommersaison (Juni–Sep) in den Park; zu anderen Zeiten sind viele Einrichtungen geschlossen, außer während der Wintersaison (Feb–April), wenn der Park Schneemobilfahrer und Skiangläufer anzieht. Für den Besuch des Parks braucht man auf jeden Fall ein eigenes Fahrzeug, da es von Deer Lake (rund 30 km von der Parkgrenze entfernt) keine öffentlichen Verkehrsverbindungen zum Park gibt. Von Mitte Mai bis Mitte Oktober wird an den Kiosken am Parkeingang, ⊙ 10–18 Uhr, ein Eintritt von $9,80 p. P. erhoben.

Das **Visitor Information Centre** liegt an der Rte 430 vor Rocky Harbour, 70 km von Deer Lake entfernt, ℡ 709/458-2417, 🖳 www.pc.gc.ca. Es zeigt eine Reihe ausgezeichneter Ausstellungen zur Geschichte, Geologie und Flora und Fauna

Newfoundland und Labrador

Der vielleicht spektakulärste Nationalpark Ostkanadas: Gros Morne

des Parks, außerdem gibt's einen Einführungsfilm und kostenlose Landkarten und Broschüren mit Beschreibungen der schönsten Wanderwege und Infos zu Bootstouren im Gros Morne. ⏱ Ende Juni–Aug tgl. 9–21, Mitte Mai–Ende Juni und Sep–Okt 9–17 Uhr.

Unterwegs im Gros Morne NP

Die klaren Gewässer der Bonne Bay zerschneiden den Gros Morne National Park in zwei Teile. Der Nordteil wird durch die Rte 430 erschlossen, der Südteil liegt um die Rte 431 herum, die von der Rte 430 nach 36 km zum Dorf Woody Point führt. Problemlos lässt sich hier eine ganze Woche mit Wanderungen auf den fabelhaften Wegen verbringen.

Wer nicht so viel Zeit hat, sollte auf jeden Fall das Discovery Centre und die Tablelands besuchen, am besten verbunden mit einem kurzen Spaziergang, eine faszinierende Bootstour auf dem Western Brook Pond unternehmen und die Kultur der Gegend beim Gros Morne Theatre Festival genießen.

Norris Point

Vom Besucherzentrum sind es nur 6 km Richtung Süden bis Norris Point. Der Ort liegt am Nordufer der **Bonne Bay** an dem Punkt, wo sich dieser tiefe, von Bergen eingerahmte Fjord in zwei Meeresarme teilt: East Arm und South Arm. Am besten lässt sich die Bucht im Rahmen einer **Bootstour** erkunden. Die Schiffe von **Bontours**, ☎ 709/458-2874, 🖳 www.bontours.ca, legen an der Norris Point Waterfront ab: Juli und Aug Mo, Mi und Fr 14 Uhr, 2 Std., $27.

Derselbe Veranstalter betreibt auch ein **Wassertaxi** von Norris Point nach **Woody Point** (S. 508): Mitte Juni–Aug 3x tgl., 15 Min., $12 hin und zurück, nur für Fußgänger. **Gros Morne Adventures**, ☎ 709/458-2722, 🖳 www.grosmorneadventures.com, bietet Leihkajaks für die Erkundung der Bucht ($30/1–2 Std., $60/24 Std.)

und geführte Kajaktouren ($50). An klaren Tagen beeindruckt die Bucht mit fantastischen Ausblicken, und zuweilen sind Wale, Otter, Robben und Weißkopf-Seeadler zu bestaunen. Der Veranstalter organisiert außerdem Wanderungen am North Arm (6 Nächte, $1695) und verleiht Mountainbikes ($35/Tag).

Ebenfalls an der Norris Point Waterfront veranstaltet die **Bonne Bay Marine Station**, ☎ 709/458-2874, 🖥 www.bonnebay.ca, ein Institut der Memorial University, 50-minütige Führungen durch ihre Forschungseinrichtungen und zu ihrem Aquarium, wo Hummer, Kabeljau, Rochen und sogar eine pelzige Seemaus – keine Maus, sondern eine Wurmart – zu sehen sind. ⏲ Ende Mai–Aug tgl. 9–17 Uhr, Eintritt $6,25.

Auf der Weiterfahrt nach Rocky Harbour lohnen der **Photographer's Lookout** und das **Jenniex House**, ☎ 709/458-2896, gleich hinter Norris Point, einen Stopp. Das Holzhaus aus den 1920er-Jahren wurde 1995 hierher versetzt, an eine der schönsten Stellen im gesamten Park. Drinnen gibt's einen Andenkenladen sowie Tee und Muffins. ⏲ Ende Juni–Anfang Sep tgl. 10–20 Uhr.

Rocky Harbour

Von Norris Point sind es nur 11 km bis Rocky Harbour, dem größten Dorf des Parks, das sich vor einer drohend aufragenden Bergkulisse an einer langen, geschwungenen Bucht entlang windet. Sehenswürdigkeiten hat das Dorf nicht zu bieten, doch vom **Lobster Cove Head Lighthouse** eröffnen sich faszinierende Panoramablicke über die Bucht; außerdem erläutert eine kleine Ausstellung die Geschichte der Region. Der obere Teil des 1897 erbauten Leuchtturms wird noch immer genutzt und ist nicht für die Öffentlichkeit zugänglich. ⏲ Mitte Mai–Mitte Okt tgl. 10–17.30 Uhr, Eintritt frei mit Nationalparkticket.

Rocky Harbour liegt in der Nähe mehrerer Gros-Morne-Wanderwege, darunter der anstrengende, nur für erfahrene Wanderer geeignete **Gros Morne Mountain Trail** (16 km). Er beginnt am ausgeschilderten Startpunkt an der Rte 430, 7 km östlich des Dorfes, und führt auf den Gipfel des Gros Morne Mountain, wo sich auf 806 m überwältigende Ausblicke bieten.

Western Brook Pond

Die abgelegene Landschaft des Western Brook Pond, 25 km nördlich von Rocky Harbour abseits der Rte 430, zählt zu den bezauberndsten Gegenden Ostkanadas: ein 16 km langer, tiefer dunkelblauer Wasserlauf, eingerahmt von majestätischen Bergen und tosenden Wasserfällen.

Vom Parkplatz beim einzigen Zugangspunkt sind es 40 Min. zu Fuß (3 km) durch Wald und über Sumpfland bis zum Rand des Sees. Am Ende des Pfades angekommen, sollten Wanderer keinesfalls die Kosten einer **Bootsfahrt** scheuen, die von Bontours (S. 507) veranstaltet wird. Das Boot fährt zwischen den Felsen hindurch bis zum äußersten Ostrand des Sees, vorbei an mehreren gewaltigen Felsstürzen, spektakulären **hängenden Tälern** und ehemaligen Meereshöhlen, die heute weit über der Wasseroberfläche liegen. Touren Juli–Aug tgl. um 10, 13 und 16, Juni und Sep tgl. 13 Uhr, 2 Std., $52 plus Nationalparkticket, Reservierung erforderlich.

Broom Point und Cow Head

Broom Point, etwa 6 km nördlich des Western Brook Pond, ist ein öder, windgepeitschter Landvorsprung mit einer malerischen Ansammlung von Fischerhütten, von denen eine in ein kleines **Museum** verwandelt wurde – Guides erklären Besuchern die Geschichte des Fischereiunternehmens der Familie Mudge (1941–1975) und der nahen Paleo-Eskimo-Stätte. ⏲ Mitte Mai–Mitte Okt tgl. 10–17.30 Uhr, Eintritt mit Nationalparkticket.

Das Dorf **Cow Head**, 11 km nördlich von Broom Point, liegt am Nordrand des Parks und ist vor allem wegen dem **Gros Morne Theatre Festival** bekannt, ☎ 1-877/243-2899, 🖥 www.theatre newfoundland.com, das von Ende Mai bis Ende September im Warehouse Theatre in der Dorfmitte stattfindet. Das Theater-, Musik- und Kabarettprogramm hat immer einen regionalen Bezug und ist äußerst unterhaltsam. Tickets $22–25.

Woody Point und Südteil des Parks

Der südliche Abschnitt des Nationalparks ist genauso lohnend wie der Nordteil, und auch hier lassen sich problemlos mehrere Tage verbringen. Die Rte 431 führt ins winzige Woody

Point, ein verschlafenes Fischerdorf, das einst der Haupthafen an der Bonne Bay war. Drei Kilometer vor dem Ortseingang befindet sich an der Rte 431 das **Discovery Centre**, das die Geologie und Flora und Fauna der Umgebung untersucht. ⊙ Mitte Mai–Ende Juni und Sep–Mitte Okt tgl. 9–17, Ende Juni–Aug 9–18, So und Mi bis 21 Uhr, Eintritt frei mit Nationalparkticket.

Das Discovery Centre veranstaltet auch Ausflüge zu den nahen **Tablelands**, einer dramatischen Landschaft aus nackten, schroffen Felsen – angesichts des Alters von 450 Millionen Jahren eine äußerst wichtige geologische Stätte. Wer sich keiner dieser Touren anschließen möchte, kann sich auf dem **Tablelands Hiking Trail**, einem 4 km langen Rundwanderweg durch den Hauptteil des Gebiets, einen Eindruck verschaffen.

Nach weiteren 8 km entlang der Rte 431 erreicht man den 16 km langen Loop des **Green Gardens Trail**, der sich durch weltabgeschiedene Ecken an Höhlen und Klippen vorbei windet und drei sehr einfache Campingplätze hat. Nur 4 km weiter auf der Rte 431 liegt **Trout River Pond**, eingepfercht zwischen den öden Tablelands und den massiven Felsen am Rande des Gregory Plateaus – dies ist eine der Stellen, wo man sich gut ein Bild davon machen kann, welche gewaltigen Erdaufwerfungen der Zusammenprall zwischen dem nordamerikanischen und dem europäischen Kontinent vor 450 Millionen Jahren hervorbrachte.

Wer in Woody Point übernachtete (S. 510), sollte sich das Programm des **Heritage Theatre**, ✆ 709/453-2304, ⌨ www.pondstage.com/woody point, in der Dorfmitte anschauen: Hier treten den ganzen Sommer lang bekannte Folkmusiker und andere Künstler auf. Außerdem findet hier jeden August das Festival **Writers at Woody Point** statt, ✆ 709/458-3388, ⌨ www.writersat woodypoint.com, zu dem immer einige der besten kanadischen Nachwuchsschriftsteller anreisen.

Übernachtung

Rocky Harbour ist der beste Ort im Park zum Übernachten, nicht zuletzt weil er relativ überschaubar ist und über einige touristische Einrichtungen verfügt. Es gibt aber auch einige Unterkünfte im südlichen Teil des Parks.

Der Nationalpark selbst unterhält fünf **Campingplätze**, Reservierung unter ✆ 1-877/737-3783, ⌨ www.pccamping.ca. Wer auf einem der primitiven Zeltplätze entlang der längeren Wanderpfade im Park übernachten möchte ($9,80), muss sich vorher im Park Visitor Centre anmelden. Daneben gibt es auch einige private Campingplätze (s. u.). Für alle Unterkünfte ist eine **Reservierung** zu jeder Zeit empfehlenswert, im Juli und August dringendst anzuraten, ebenso im Winter, wenn viele Unterkünfte geschlossen sind.

Rocky Harbour und Cow Head (Nordteil des Parks)

Berry Hill Campground, Rte 430, Rocky Harbour, ✆ 1-877/737-3783, ⌨ www.pccamping.ca. Der beste der vom Park betriebenen Campingplätze mit 152 schattigen Stellplätzen ohne Anschlüsse, aber mit Toiletten und Duschen, 5 km nördlich von Rocky Harbour an der Rte 430. Stellplatz $18,60–25,50, ⊙ Mitte Juni–Mitte Sep.

Gros Morne Cabins, Main St, Rocky Harbour, ✆ 709458-2020, ⌨ www.grosmornecabins.com. Nette 1- und 2-Zimmer-Holzcottages mit voll eingerichteten Küchen, Grillstellen, Kabel-TV und WLAN, alle mit Blick aufs Meer. ❺

Gros Morne/Norris Point KOA Campground, 5 Shearakin Lane, zu erreichen vor der Rte 430 über die Zufahrtsstraße nach Norris Point, ✆ 1-800/562-3441 oder 709/458-2229,

Öko-Luxus

Neddies Harbour Inn, 7 Beach Rd, Neddies Harbour, Norris Point, ✆ 709/458-3089 oder 1-877/458-2929, ⌨ www.theinn.ca. Am schönsten ist hier der tolle Blick von der Sonnenterrasse und der Bar über die Bonne Bay, aber die stilvollen, nüchtern-modern eingerichteten Zimmer sind auch nicht zu verachten. Außerdem beeindruckt das Inn mit sehr gutem Essen und vielen kleinen Details, die das ausgeprägte Umweltbewusstsein der schweizerischen Betreiber widerspiegeln. ❼

Newfoundland und Labrador

🖥 www.koa.com. Abgeschiedener Camping-
platz in bewaldetem Tal mit Blick aufs
Wasser; kostenloses WLAN, Waschküche,
Spielezimmer, Laden und Kajaks. Zeltstellplätze
ohne Anschlüsse $22,50, mit Wasser und Strom
$28, Cabins $55. ☉ Mitte Mai–Mitte Okt.
Ocean Vieux Motel, 38-42 Main St, Rocky
Harbour, ✆ 709/458-2730 oder 1-800/563-9887,
🖥 www.oceanviewmotel.com. Tolle Lage im
Dorfkern am Wasser. 52 moderne Zimmer und
gutes Restaurant mit Meerblick. ❺
Shallow Bay Motel & Cabins, Cow Head,
Rte 430, ✆ 709/243-2471, 🖥 www.shallowbay
motel.com. Solide Unterkunft am Nordrand
des Parks mit schöner Lage am Wasser;
die meisten Zimmer, einige mit Terrasse, liegen
direkt am Ozean. Fitnessstudio, Sauna und
Whirlpool. Praktisch gelegen fürs Theater
(S. 509). ☉ ganzjährig. ❺

Woody Point (Südteil des Parks)

Red Mantle Lodge, Shoal Brook, Rte 431,
✆ 1-888/453-7204 oder 709/453-7204,
🖥 www.redmantlelodge.ca. Schickes modernes
Hotel hoch oberhalb der Rte 431 nach Woody
Point mit Blick über die Bucht. Bei Sonnenuntergang streifen gerne Elche um die Anlage
herum. Die Schotterstraße zum Hotel ist an der
Rte 431 ausgeschildert. ❻

Essen

Das Angebot an Restaurants in Gros Morne
wird langsam besser, außerhalb der
Hochsaison gibt es allerdings weiterhin nur
wenig Auswahl.
Frischen Hummer und Fischsteaks verkauft
Harbour Seafoods in Rocky Harbour,
✆ 709/458-2821; wer möchte, kann sich seinen
Hummer kostenlos kochen und aufbrechen
lassen. ☉ tgl. 8–20 Uhr.
Cat Stop, Norris Point Waterfront,
✆ 709/458-2821. Pub und Café mit Sonnen-
terrasse, toll für einen Drink zum Finläuten
des Abends oder einen Snack nach
einem Kajak- oder Bootstrip. Abends Live-
Folkmusik.
Earle's Video & Convenience, 111 Main St,
Rocky Harbour, ✆ 709/458-2577. Schnörkelloser
Lebensmittelladen mit Videoverleih, in dem es

Java Jack's, 88 Main St North, Rocky Harbour,
✆ 709/458-3004, 🖥 www.javajacksgrosmorne.
com. Unten tolles Café, oben hervorragendes
Restaurant mit frischem Fisch (ab $22,95) und
vegetarischen Gerichten wie Lasagne ($18,95).
Viele der Zutaten stammen aus dem eigenen
Biogarten. ☉ Juni–Sep.
Neddies Harbour Inn, 7 Beach Rd, Neddies
Harbour, Norris Point, ✆ 709/458-3089 oder
1-877/458-2929. Hotelrestaurant mit leckerem
Abendessen (☉ 17.30–21 Uhr): hausgemachte
Pasta (ab $16), Lammbraten und Huhn ($26–28)
sowie regionale Desserts wie gedämpfter
Rebhuhnbeerenpudding ($8).

auch verschiedenste Elchgerichte gibt,
darunter saftige Elchburger und Elchpizza.
Die Pizzas hier sind die besten in der Gegend.
Hauptgericht meist um $10.
Ocean View Motel, 38-42 Main St, Rocky
Harbour, ✆ 709/458-2730. Schickes Restaurant
mit hervorragenden Seafood-Gerichten für
etwa $23 sowie regionalen Klassikern; Haupt-
attraktion ist aber der grandiose Blick auf die
Bucht vom Speisesaal im 1. Stock. ☉ Juni–Okt.
Old Loft Restaurant, Water St, Woody Point,
✆ 709/453-2294, 🖥 www.theoldloft.com.
Gutes Restaurant im Südteil des Parks:
In einem traditionellen Fischerschuppen aus
den 1930er-Jahren in Wassernähe werden
köstliche Meeresfrüchte-Gerichte und
traditionelle neufundländische Speisen serviert
($15–24).

Die Northern Peninsula

Zwischen Deer Lake und der rund 450 km ent-
fornton Ortschaft St. Anthony liegt die Northern
Peninsula, eine zerklüftete, spärlich besiedelte
Halbinsel, die den St.-Lorenz-Golf vom Atlantischen Ozean trennt. Das Landesinnere wird von
den spektakulären **Long Range Mountains** beherrscht, einer Kette von Tafelbergen, die zu den
ältesten der Welt zählen. Zwischen den Bergen

liegen von Gletschern ausgewaschene Schluchten mit tiefblauen Seen – oder „ponds" (Teiche), wie sie irreführend von den Anwohnern genannt werden.

Die **Route 430** erschließt den westlichen Rand der Halbinsel und verbindet die kleinen Fischerdörfer der schmalen Küstenebene miteinander. Die größte Sehenswürdigkeit der Gegend bilden die Überreste der Wikinger-Kolonie bei **L'Anse aux Meadows**, etwa 50 km hinter St. Anthony an der Spitze der Halbinsel.

Port au Choix

Schon 1904 fanden die Bewohner des Fischerdörfchens Port Au Choix, 160 km nördlich von Rocky Harbour, rätselhafte Gegenstände aus Stein und Ebenholz. Aber erst in den 1960er-Jahren gruben Archäologen erstaunliche Dinge aus, nämlich jede Menge Knochen, Werkzeuge und Waffen aus prähistorischer Zeit, dazu mehrere uralte Begräbnisstätten mit 117 Skeletten aus dem Neolithikum. Alle diese Ausgrabungsstätten wurden zur **Port au Choix National Historic Site** zusammengefasst. Im Besucherzentrum auf halber Strecke den kargen Landvorsprung entlang, 2,5 km vom Dorf, liefern Filme, interaktive Bildschirmpräsentationen und auf den Friedhöfen ausgegrabene Fundstücke eine Einführung in die verschiedenen Kulturen, die hier existierten. Zu den Ausgrabungsstätten führen Pfade über den Landvorsprung – viel ist hier nicht mehr zu erkennen, aber man begegnet vielen Karibus. Die wichtigste Entdeckung, direkt in der Dorfmitte, ist ein Gräberfeld der Maritim-Archaischen Indianer, eines Volkes von Jägern und Sammlern, das zwischen 3500 und 1200 v. Chr. hier siedelte. Eine andere Stätte, Philip's Garden, wird zwei späteren Siedlergruppen zugeordnet, den Groswater- und Dorset-Eskimos, deren spärliche Hinterlassenschaft etwa zwei- bis dreitausend Jahre alt sind. ☉ Mitte Juni–Anfang Sep tgl. 9–18, Anfang Juni und Anfang Sep–Anfang Okt tgl. 9–17 Uhr, Eintritt $7,40.

Von Port au Choix sind es etwa 92 km zum Dörfchen St. Barbe, wo die Fähre nach Labrador abfährt (s. Kasten S. 518), und 212 km nach St. Anthony.

Jeannie's Sunrise B&B, 84 Fisher St, ☎ 709/861-2254 oder 1-877/639-2789, 🖥 www.jeanniessunrisebb.com. Die beste unter den wenigen, einfachen Unterkünften in Port au Choix ist ein modernes B&B, zentral, mit Meerblick. ❸ Auch die Auswahl an Restaurants ist begrenzt. Das **Anchor Café** in der Fisher Street, ☎ 709/861-3665, serviert für unter $20 große Portionen frischen Kabeljau, Lachs oder der lokalen Spezialität: Garnelen.

St. Anthony

Von St. Barbe führt die Rte 430 durch ein paar Fischerdörfer und anschließend Richtung Osten über die Halbinsel. Sie passiert die Abzweigung der Nebenstraße nach L'Anse aux Meadows (S. 512) und erreicht schließlich das Fischerei- und Versorgungszentrum St. Anthony. Dies ist die größte Ortschaft der Region, allerdings besteht sie aus wenig mehr als einem Hafenviertel rings um die weitläufige Bucht.

Der beste Ort zum Sichten von Eisbergen ist der **Fishing Point** samt Leuchtturm am Ende des Hafens, wo ein kleines Besucherzentrum, ☎ 1-877/661-2500, 🖥 www.fishingpoint.ca, die Ökologie der Gegend erklärt, ☉ Juni–Sep tgl. 9–21 Uhr. Näher an die Eisberge (und Wale) heran kommt man mit einer Tour von Northland Discovery Boat Tours, ☎ 709/454-3092 oder 1-877/632-3747, 🖥 www.discovernorthland.com; die zweieinhalbstündigen Touren (Mitte Mai–Ende Sep 3x tgl., $50) beginnen hinter dem Grenfell Interpretation Centre.

Grenfell Historic Properties

Die wichtigste Sehenswürdigkeit in St. Anthony bildet eine Gruppe von historischen Stätten, die unter dem Namen Grenfell Historic Properties, ☎ 709/454-4010, 🖥 www.grenfell-properties.com, zusammengefasst und Sir Wilfred Grenfell gewidmet sind, einem englischen Arzt, der 1892 im Auftrag der Royal National Mission to Deep Sea Fishermen hierherkam. Während seines 40-jährigen Aufenthaltes gründete er hier die ersten richtigen Krankenhäuser, Schulen und Einkaufskooperativen.

Das **Grenfell Interpretive Centre** stellt Grenfell mit einer Ausstellung auf zwei Etagen und einem Film vor; danach bietet sich eine Besichtigung des Grenfell House Museum an. Hinter dem Museum führt ein hübscher Waldweg in 20 Min. auf den Tea House Hill, auf dem Grenfell und seine Frau begraben liegen. Interessant sind auch die Keramikwandbilder zur Geschichte und Kultur Newfoundlands in der Rotunda des nahen Krankenhauses, die 1967 vom Montréaler Künstler Jordi Bonet geschaffen wurden. Am Wasser gibt es noch das eher uninteressante Dockhouse Museum, eine Bootsreparaturwerkstatt, und das Ships Mast Display mit alten Schiffsmasten und Takelagen. ☉ Juni–Sep tgl. 9–18 Uhr, Okt–Mai nur Besucherzentrum Mo–Fr 9–17 Uhr; Kombiticket $10.

Übernachtung und Essen

Crow's Nest Inn B&B, 1 Spruce Lane, ✆ 709/454-4401 oder 1-877/454-3402, 🖥 www. bbcanada.com/8195.html. Acht geräumige Zimmer mit Kabel-TV, WLAN und schönem Blick aufs Wasser. ❹

Fishing Point B&B, ✆ 709/454-3117 oder 1-866/454-2009, 🖥 www.bbcanada.com/6529. html. Bemerkenswerter Fischerschuppen aus den 1940er-Jahren auf der Klippe an der Straße zum Fishing Point; drei Zimmer mit Bad. ❸

Haven Inn, 14 Goose Cove Rd, ✆ 709/454-9100 oder 1-877/428-3646, 🖥 www.haveninn.ca. Moderne, motelähnliche Unterkunft. ❹

Leifsburdir, ✆ 709/454-4900. In einer nachgebauten Grassodenhütte servieren kostümierte Angestellte Wikinger-Mahle mit Lachs, Elch und Kabeljau ($45 p. P.) – sehr touristisch, aber auch sehr spaßig, wenn man in einer Gruppe hingeht. ☉ nur Juli und Aug, Beginn 19.30 Uhr, Details telefonisch erfragen.

Lightkeeper's Seafood Restaurant, ✆ 1-877/454-4900, am Fishing Point am Ende der West St. Serviert leckeres Seafood, außerdem Pasta und Eintöpfe.

Transport

Der **Flughafen St. Anthony** liegt in der Nähe von Seal Bay, immerhin 55 km westlich der Stadt an der Rte 430 und 72 km von L'Anse aux Meadows

entfernt. Für den Weitertransport stehen nur Taxis, ✆ 709/454-2630, zur Verfügung, ca. $30 nach St. Anthony.

Die **Autovermieter** am Flughafen bieten teilweise günstige Preise für kurze Mietzeiten. Einer der Anbieter ist National, ✆ 709/454-8522.

L'Anse aux Meadows

Die **L'Anse aux Meadows National Historic Site**, UNESCO-Weltkulturerbe, beherbergt die spärlichen Überreste der ersten belegten europäischen Siedlung in Amerika. ☉ Juni–Sep tgl. 9–18 Uhr, Eintritt $11,70. Ihre Existenz verdankt sie den unermüdlichen Bestrebungen von **Helge Ingstad**, einem norwegischen Schriftsteller und Entdecker, der von 1960 an auf der Suche nach Spuren altnordischer Siedlungen die Nordatlantikküste durchkämmte. Inspiriert hatten ihn zwei isländische Sagen aus dem Mittelalter, die ausführlich die Gründung der Kolonie **Vinland** gegen 1000 n. Chr. irgendwo entlang dieser Küste beschreiben – und die von den meisten Wissenschaftlern lange Zeit als Mythos abgetan wurde.

Ein gewisser George Decker aus L'Anse aux Meadows führte Ingstad zu einer Ansammlung überwucherter Hügel und linienförmiger Aufwerfungen in der Umgebung der Epaves Bay. Diese unscheinbare Gegend enthielt die Reste des einzigen in Nordamerika jemals gefundenen **Wikinger-Dorfes** – die Fundamente von acht aus Torf und Holz erbauten Hütten sowie alle möglichen Fundstücke, darunter eine bronzene Mantelspange (die die Altersbestimmung der Fundstätte mittels der C-14-Methode ermöglichte), Nägel, eine Öllampe und eine Spindel. Ingstad kam zu dem Schluss, dass es sich um die Hinterlassenschaften eine Gruppe von ungefähr hundert Seemännern, Zimmerleuten und Schmieden handelte, die vielleicht nur ein, zwei Jahre dort gewohnt und die Siedlung als Basisstation für eine weitere Erforschung der Gegend benutzt hatten.

Zwischen 1961 und 1968, und erneut in den 70er-Jahren, wurde die Stätte freigelegt, und es entzündete sich eine akademische Debatte darüber, ob es sich hier wirklich um „Vinland" handelte. Die örtlichen Führer gehen davon aus, dass das der Fall ist, während sich die Ausstellung diplomatischer gibt und die Stätte als Zwischenstation für weitere Erkundungen Richtung Süden im St.-Lorenz-Golf bezeichnet, wo Vinland ebenfalls liegen könnte.

Wie dem auch sei – jeden Sommer kommen Tausende Touristen hierher und besuchen zuerst das **Visitor Centre**, wo Artefakte und wechselnde Ausstellungen zur Lebensweise und Kultur der Wikinger gezeigt werden. Vom Centre sind es nur ein paar Minuten zu Fuß bis zu der Ansammlung niedriger Erdhügel, die alles sind, was von der ehemaligen Siedlung übrig blieb. Ein Stückchen weiter erwartet den Besucher eine Reihe von im Maßstab 1:1 nachgebauten Behausungen um ein **Langhaus** herum. Kostümierte Mitarbeiter demonstrieren traditionelle Arbeiten wie Kochen, Weben und Bootbauen.

Norstead

Nur 2 km von der ursprünglichen Wikingersiedlung entfernt liegt Norstead, ☏ 709/623-2828, 🖥 www.norstead.com, eine beeindruckende Rekonstruktion eines Wikingerhafens mit Schiffen in Originalgröße – ein touristischer, aber sehr unterhaltsamer Einblick ins Leben der Wikinger vor 1000 Jahren. In alte Gewänder gekleidete Angestellte führen alle möglichen Tätigkeiten vor, erzählen in der Häuptlingshalle Geschichten und zeigen alte handwerkliche Fertigkeiten wie Spinnen und Töpfern. ☉ Juni–Sep tgl. 9–18 Uhr, Eintritt $10.

Übernachtung

Die vielen Besucher von L'Anse aux Meadows haben einen kleinen Boom in der lokalen B&B-Szene ausgelöst.

Tickle Inn, ☏ 709/452-4321, in der Nebensaison 709/739-5503, 🖥 www.tickleinn.net. Eine der besten Unterkünfte: Vier gemütliche Gästezimmer bietet dieses attraktive Haus aus den 1890er-Jahren in vorzüglicher Lage in einer entlegenen Bucht am weltabgeschiedenen Cape Onion. Reservierung ist ein Muss, und auch um die vorherige Anmeldung für Abendmahlzeiten und Bootstouren vor der zerklüfteten Küste kommt man nicht herum. Das Kap liegt ungefähr 45 km von L'Anse aux Meadows entfernt: zurück über Rte 436, dann Rte 437 nehmen und immer geradeaus. ☉ Juni–Sep. ❸

Viking Nest B&B, ☏ 709/623-2238 oder 1-877/858-2238, 🖥 www.bbcanada.com/vikingnest, bietet B&B in einem modernen

---

Newfoundland und Labrador

Vinland und die Wikinger

Gegen 870 hatten die Wikinger Niederlassungen an der Küste von Island errichtet, und im frühen 11. Jh. lebten rund 3000 Kolonisten in Grönland. Die einzigen Beschreibungen weiterer Expansionen Richtung Westen liefern zwei Vinland-Sagen: die Graenlendinga und Eiriks Saga. Sie erzählen von den Triumphen von Leif Eriksson und seinem Schwager Thorfinn Karlsefni, die gegen 1000 n. Chr. in Nordamerika eine Kolonie gründeten und sie Vinland tauften. Den Wikingern gelang es aber nicht, friedliche Beziehungen zu ihren Nachbarn – die sie *skraelings* („arme Tröpfe") nannten – aufzubauen, und die immer wiederkehrenden Scharmützel trieben sie schließlich dazu, Vinland zu verlassen. Sie kehrten jedoch diverse Male zurück und beuteten noch ein paar Jahrzehnte lang die Ressourcen dieser Region aus. Es ist anzunehmen, dass L'Anse aux Meadows im Laufe einer dieser Fahrten errichtet wurde.

Noch bis ins 14. Jh. holten die Wikinger Bauholz aus Labrador, doch dann kam es zu einem dramatischen Klima-Umschwung, der die Segeltour von Grönland zu gefährlich werden ließ. Bald forderten zudem Überfälle der Inuit und die Schwierigkeit, die Handelswege zwischen den grönländischen Kolonien und Skandinavien aufrecht zu erhalten, ihren Tribut. Um 1410 war jeglicher Kontakt zwischen Grönland und der übrigen Welt abgerissen, und die letzten der halbverhungerten, von Krankheiten ausgezehrten Überlebenden starben gegen Ende des 15. Jhs. aus – als Christopher Columbus seine „Neue Welt" ins Visier nahm.

Quirpon Lighthouse Inn, ℰ 709/634-2285 oder 1-877/254-6586, ⌨ www.linkumtours.com. Eines der besten Hotels in Kanada: Hübsch umgestaltete alte Leuchtturmwärterhäuser von 1922 mit insgesamt elf Zimmern. Die Lage auf der abgelegenen Quirpon Island (sprich „kar-puhn") neben dem Leuchtturm und vor steil abfallenden Klippen ist absolut spektakulär. Ein DZ kostet ab $325 pro Übernachtung, im Preis sind sämtliche Mahlzeiten und die 15-minütige Überfahrt mit dem Boot enthalten. Die Anlegestelle im Dorf Quirpon liegt 8 km von L'Anse aux Meadows entfernt und ist über eine kurze Schotterstraße zu erreichen, die von der Rte 436 abzweigt. Auf der Insel können sich die Gäste die Zeit mit Walbeobachtung und Eisbergsichten, Kajaktouren und Wanderungen vertreiben. Mai–Okt. ➑

Backstein-Chalet in Hay Cove, nur 1 km von L'Anse aux Meadows entfernt. ➋
Valhalla Lodge, Gunner's Cove, ist ein hervorragendes B&B, betrieben von denselben Leuten wie The Norsemen (s. u.), ➍.
Zur Lodge gehört auch das **Quoyle's House**, das luxuriöse Cottage, das einst Annie Proulx gehörte, der Verfasserin des Romans *Schiffsmeldungen*. ➐

The Norsemen, bei L'Anse aux Meadows, ℰ 709/754-3105, ⌨ www.valhalla-lodge.com. Bestes Restaurant am Ort mit grandiosen regional inspirierten Gerichten wie Fischchowder, gebackenem Kabeljau, Bratapfel-Käsekuchen und Karibusteaks. ⊙ Mitte Juni–Mitte Sep tgl. 12–21 Uhr.
Zum Einkaufen empfehlenswert:
Jam Stand, Gunner's Cove, ℰ 709/623-2434, köstliche Marmeladen, Muffins und Souvenirs im Angebot.
Dark Tickle, St. Lunaire-Griquet, ℰ 709/623-2354, ⌨ www.darktickle.com. Hat alle möglichen Erzeugnisse aus den Beeren der Region im Sortiment. Führungen tgl. 10 und 14 Uhr, $5. ⊙ Juni–Sep tgl. 9–18, Okt–Mai Mo–Fr 9–17 Uhr.

Das Humber Valley und die Südwestküste

Von Deer Lake sind es noch langwierige 270 km über den Trans-Canada Hwy nach Channel-Port aux Basques, wo die Autofähren (s. S. 425) nach North Sydney in Nova Scotia ablegen. Unterwegs sollte man im Humber Valley und bei den atemberaubenden Wasserfällen und der Zipline in Steady Brook eine Pause einlegen.

Channel-Port aux Basques haut niemanden vom Hocker, doch eine kurze Autofahrt entfernt liegt der hübsche Outport **Rose Blanche**, Anleger für Fähren in die abgelegenen Fischergemeinden an der **Südwestküste**, die größtenteils noch nicht ans Straßennetz angeschlossen sind. Wer sich für das traditionelle Leben in einem Outport interessiert, kommt dem nirgendwo näher als hier.

Humber Valley

Südlich von Deer Lake führt der Trans-Canada Hwy durch das wunderschöne Humber Valley, das sich, je weiter man kommt, zu einer immer steileren, zerklüfteteren Schlucht mit Felsvorsprüngen und Bergen beiderseits entwickelt. Im Sommer wie im Winter hat diese Gegend viel zu bieten, z. B. die majestätischen **Steady Brook Falls**, einen 60 m hohen Wasserfall, der sich aus einer engen Schlucht ins Tal ergießt. Wer zum Aussichtspunkt hochgehen möchte, zweigt bei George's Mountain Village vom Highway ab (Exit 8).

Gleich hinter George's lockt eine der abenteuerlichsten Attraktionen in Newfoundland, **Marble Zip Tours**, ℰ 709/632-5463, ⌨ www.marble ziptours.com, eine Abfolge von sechs Ziplines (Stahlseilen, an denen man entlangschwebt) über Wasserfällen und Schluchten in bis zu 86 m Höhe. Jede Tour (je nach Gruppengröße 1–3 Std.) wird von ausgebildeten Guides geleitet, die auch Höhlenerkundungstouren und andere Abenteueraktivitäten anbieten. Die letzte Zipline – die mit 610 m dann die längste in Nordamerika wäre – soll bei der neuen Bay of Islands Microbrewery enden und 2010 eröffnet werden. ⊙ tgl. 9–17 Uhr, Touren um 9, 13 und 17 Uhr.

Das **Marble Mountain Ski Resort**, ☎ 1-888/462-7253, 🖳 www.skimarble.com, Tagespass $49, bietet mit die besten Wintersportbedingungen östlich der Rocky Mountains sowie im Sommer jede Menge schöne Wanderwege. Die Einheimischen beschäftigen sich von Juni bis September allerdings in erster Linie mit dem Lachsangeln, dafür braucht man eine Angellizenz (ab $53) und einen Guide ($120/Tag), Näheres unter 🖳 www.eurekaoutdoors.nf.ca.

Im September kann man beim **Pin's Brook** (Kreuzung 12/13) wilde Blaubeeren pflücken und das ganze Jahr über seine Wasservorräte mit frischem, klarem Quellwasser auffüllen – dort, wo die Einheimischen am Highway anhalten, bei der kleinen, ausgeschilderten Standpumpe bei George's (Richtung Osten).

Übernachtung und Essen

Im Humber Valley gibt es zahlreiche Unterkünfte.
Marble Inn Resort, ☎ 709/634-2237, 🖳 www.marbleinn.com. Luxus-Chalets bei George's und dem Skigebiet (Exit 8). ❺
Humber Valley Resort, ☎ 709/686-2500, 🖳 www.visithumbervalley.com. Riesige luxuriöse Villen, die für Gruppen und große Familien ein exzellentes Preis-Leistungs-Verhältnis darstellen ($300 für drei Schlafzimmer). ❽
Essen im Diner-Stil bietet **George's**, teurere, moderne Küche der **Madison's Grill**, ☎ 709/639-8846, 🖳 www.madisonsgrill.ca, im Marble Inn Resort.
Ansonsten liegt Corner Brook nur 10 km von Steady Brook entfernt.

Corner Brook

Corner Brook, 50 km südlich von Deer Lake am Ende des Humber Valley, ist wunderbar gelegen: Umgeben von steilen, bewaldeten Hängen, zu deren Füßen das blaue Wasser des Humber Arm funkelt. Die **Pappe und Papier** produzierende Stadt ist die zweitgrößte Neufundlands und beliefert Druckereien in aller Welt. Dieser Abschnitt der Küste wurde einst von Captain Cook kartografiert, dem in Corner Brook die **Cook Historic Site** in einem kleinen Park am oberen Ende der Crow Hill Road westlich des Zentrums gewidmet

ist. Von hier bieten sich tolle Ausblicke auf das Tal; Karten und Wegbeschreibungen erhält man in der Touristeninformation, 15 Confederation Drive, beim Highway (Exit 6), ☎ 709/639-9792, ⊙ Juni–Sep tgl. 9–18 Uhr.

Übernachtung und Essen

Die Unterkünfte in Corner Brook füllen sich normalerweise schnell.
Comfort Inn, 41 Maple Valley Rd, ☎ 709/639-1980, 🖳 www.choicehotels.ca. Beliebte Unterkunft gleich beim Highway; reservieren! ❻
The Glynmill Inn, 1B Cobb Lane, im Stadtzentrum, ☎ 709/634-5181, 🖳 www.glynmillinn.ca, hat mehr Flair und ist ein Hotel im Tudorstil mit modernen Zimmern. ❺
Bay of Islands Bistro, 13 West St, ☎ 709/639-3500, 🖳 www.bayofislandsbistro.com. Erstklassiges Restaurant mit einfallsreichen Gerichten, u. a. Lachs, Rind, Jakobsmuscheln und Schweinebauch, alles schön zubereitet.
Jennifer's, 48 Broadway, ☎ 709/632-7979. Leckeres Seafood, auch Steak und Huhn.
C&E Takeout, Main St, Mount Moriah, 7 km westlich der Stadt (Rte 450). Winziger Laden mit den besten Fish & Chips an der Westküste. ⊙ April–Okt.
Corner Brook hat außerdem das beste Nightlife außerhalb von St. John's, z. B. im **Whelan's Gate Pub**, 14 Herald Ave, ☎ 709/639-4283.

Transport

Von Corner Brook fahren **Busse** nach:
BURGEO, 1x tgl., 2 Std.;
DEER LAKE, 3x tgl., 20 Min.;
ROCKY HARBOUR, 1x tgl., 1 1/2 Std.;
WOODY POINT, 1x tgl., 1 1/2 Std.

Channel-Port aux Basques und Umgebung

Die meisten Besucher fahren in Channel-Port aux Basques, einem wichtigen Hafen, gleich durch bis zum Fähranleger, aber die Stadt hat eine **Touristeninformation** am Trans-Canada

Hwy vor den Toren der Stadt, ✆ 709/695-2262, ⏰ Mitte Mai–Mitte Okt tgl. 6–20 Uhr. Channel-Port aux Basques bietet außerdem eine recht gute Auswahl an preiswerten Unterkünften. Caribou Bed and Breakfast, 42 Grand Bay Rd, im neueren Teil des Hafens, ✆ 709/695-3408, 🖳 www.bbcanada.com/2225.html, ⏰ Mai–Sep, ❸, hat fünf Gästezimmer mit Bad. Ein großes Hotel im Chalet-Stil ist das Hotel Port aux Basques, 2 Grand Bay Rd, 3 km vom Fähranleger, ✆ 709/695-2171 oder 1-877/695-2171, 🖳 www.hotelpab.com, ❹.

Rose Blanche und die Südwestküste

Von Channel-Port aux Basques sind es 45 km Richtung Osten bis zum Ende der Straße in **Rose Blanche**, einem Dorf wie ein Postkartenmotiv mit steilen Gassen, Häusern in hellen Farben und einem alten **Leuchtturm** aus Granit von 1871, ✆ 709/956-2052, 🖳 www.roseblanche lighthouse.com, ⏰ Mai–Okt tgl. 9–21 Uhr, Eintritt $3. In der Nähe des Leuchtturms steht das **B&B** Hook, Line & Sinker, ✆ 709/956-2005, ⏰ Mai–Okt. ❸

Theoretisch ist es möglich, mit dem Schiff von Rose Blanche vorbei an majestätischen, 150 m hohen Klippen und abgeschiedenen Fjorden nach **Hermitage** (180 km östlich) zu fahren, doch das dauert wahnsinnig lang, erfordert mehrmaliges Umsteigen und 2- oder 3-tägige Aufenthalte, weil die Abfahrtszeiten nicht aufeinander abgestimmt sind. Daher ist es am besten, sich auf **Ramea** zu beschränken. Der Ort zählt zu den faszinierendsten Outports an dieser Küste und liegt nur 83 Seemeilen von Channel-Port aux Basques entfernt.

Wer dorthin gelangen möchte, nimmt eine Personenfähre, ✆ 709/292-4302, 🖳 www.tw.gov. nl.ca/ferryservices, von Rose Blanche zum malerischen **Grand Bruit**, wo man in den Blue Mountain Cabins, ✆ 709/492-2753, 🖳 www.blue mountaincabins.ca, ⏰ Juni–Okt, ❸, unterkommen kann. Von dort fährt eine Fähre dienstags um 8.45 Uhr in 3 Std. ($5,50) nach **Burgeo**, einem weitaus größeren Ort. Von Burgeo führt die Rte 480 nach Norden durchs Landesinnere und trifft nach 150 km auf den Trans-Canada Hwy. **Unterkunft** bietet in Burgeo z. B. Gillett's Motel,

1 Inspiration Rd, ✆ 709/886-1284 oder 1-888/333-1284, 🖳 www.gillettsmotel.ca, mit gutem Restaurant, dem Galley, ❹.

Fähren fahren von Burgeo 1–2x tgl. nach **Ramea** auf einer winzigen zerklüfteten Insel gleich vor der Küste (1 1/4 Std., $3,75). Hier gibt es ein paar nette B&Bs, z. B. Four Winds, ✆ 709/625-2002, 🖳 www.fourwindsramea.ca, ❷, sowie die Cottages des Ramea Retreat, ✆ 709/625-2522, 🖳 www.easternoutdoors.com/ramea, ❷.

Labrador

Labrador ist eines der letzten großen unberührten Abenteuergefilde: Hier gibt es die größte Karibuherde der Erde, umherziehende Eisbären, atemberaubende Wasserfälle und eine Reihe schöner, aber rauer Küstenorte, die trotz WLAN und SUWs noch immer im 19. Jh. zu verharren scheinen. Das Reisen in Labrador erfordert einiges an Planung und kann teuer sein, aber die Mühen und Kosten lohnen sich auf jeden Fall. Im Landesinneren, das zumeist Kronland ist, kann man immer noch überall nach Lust und Laune wandern oder Kajak fahren und völlig abseits der Zivilisation ein paar Tage zelten, angeln oder meditieren. Aber Labrador verfügt auch über ein reiches kulturelles Erbe wie etwa die beiden wichtigsten historischen Sehenswürdigkeiten Kanadas, **Red Bay** und **Battle Harbour** an der Küste. Die Hälfte der 29 000 Einwohner Labradors lebt am Meer, die andere Hälfte in den Städten im Landesinneren, **Happy Valley-Goose Bay**, **Churchill Falls** und **Labrador City**, die alle ihre Besonderheiten haben. Labrador unterscheidet sich trotz der sehr vielfältigen ethnischen Mischung aus weißen Siedlern, Métis, Innu und Inuit hinsichtlich seiner Identität deutlich von Newfoundland – die Flagge Labradors wird überall voller Stolz gehisst. Die beste Reisezeit ist der Sommer, aber auch im Winter kann ein Besuch großen Spaß machen, besonders wenn man mit dem Schneemobil unterwegs ist; außerdem zeigen sich dann die spektakulären Nordlichter (Aurora borealis; s. auch S. 28).

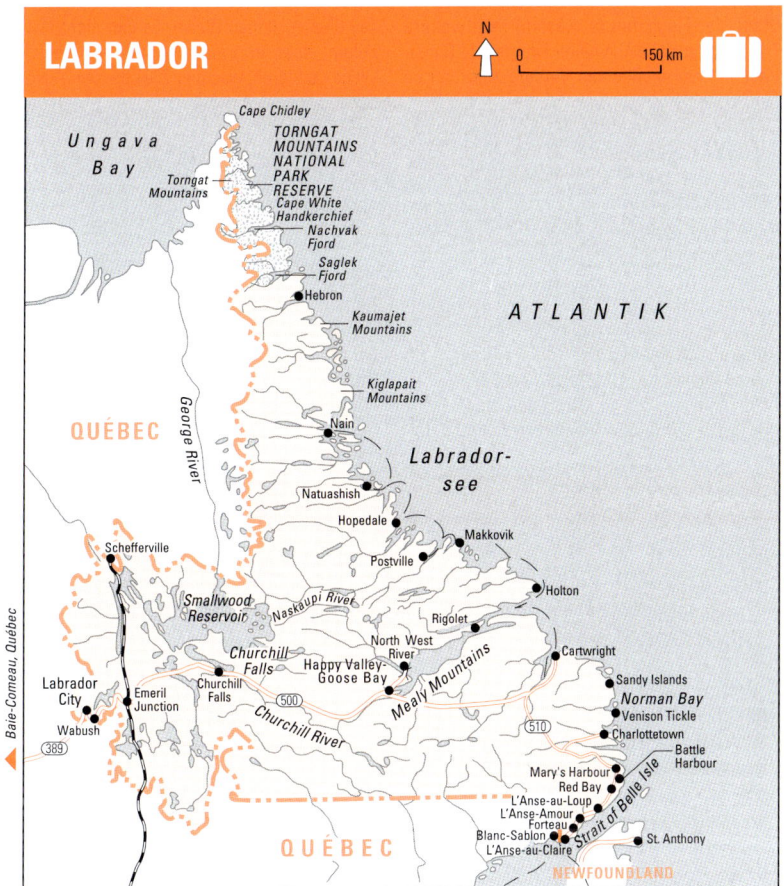

N   0   150 km

Ungava Bay

TORNGAT MOUNTAINS NATIONAL PARK RESERVE

Cape Chidley

Torngat Mountains

Cape White Handkerchief

Nachvak Fjord

Saglek Fjord

Hebron

Kaumajet Mountains

ATLANTIK

George River

QUÉBEC

Kiglapait Mountains

Nain

Labrador-see

Natuashish

Hopedale

Makkovik

Postville

Scheffervile

Holton

Smallwood Reservoir

Naskaupi River

Rigolet

North West River

Churchill Falls

Happy Valley-Goose Bay

Cartwright

Labrador City

Emeril Junction

Churchill Falls

(500)

Mealy Mountains

Sandy Islands

Norman Bay

Venison Tickle

Wabush

Churchill River

(510)

Charlottetown

(389)

Battle Harbour

Mary's Harbour

Red Bay

L'Anse-au-Loup

L'Anse-Amour

Forteau

Blanc-Sablon

L'Anse-au-Claire

Strait of Belle Isle

St. Anthony

QUÉBEC

NEWFOUNDLAND

Baie-Comeau, Québec

▼ *Sept-Îles, Québec*

Die Labrador Straits

Dank einer regelmäßigen Fährverbindung von St. Barbe auf Newfoundland (s. Kasten S. 518) sind die **Labrador Straits** der am einfachsten zugängliche Teil Labradors und leicht mit dem Auto zu bereisen. Die Geschichte der Region zeigt sich am eindringlichsten in einigen der alten Siedlungen an der Küste, besonders in Red Bay und dem wieder aufgebauten Fischereizentrum Battle Harbour weiter nördlich.

Von Blanc-Sablon nach L'Anse-au-Loup

Vom winzigen Blanc-Sablon in Québec nehmen die meisten Reisenden die **Route 510** Richtung **Osten** nach Labrador, wo sich die einstigen Fischercamps an der Strecke als bescheidene kleine Siedlungen an die Klippen der Küste schmiegen. Blanc-Sablon selbst hat nicht viel zu bieten. Autofähren nach Newfoundland (s. S. 476) fahren vom Anleger 2 km westlich der

Stadt, der Flughafen (s. Kasten) liegt weitere 7 km Richtung Westen hinter Lourdes de Blanc-Sablon, dem wichtigsten Versorgungszentrum der Gegend.

Der erste Ort jenseits der Grenze in Labrador ist **L'Anse-au-Claire**, 8 km östlich vom Fähranleger. Dort befindet sich in einer Kirche von 1909 das Hauptbesucherzentrum der Region, **Gateway to Labrador**, ☎ 709/931-2360, 🖥 www.labradorstraits.net, ◷ Mitte Juni–Sep tgl. 9.30–17.30 Uhr.

Vom Strand unterhalb des Besucherzentrums folgt ein 3,4 km langer Wanderweg dem früheren Siedlerweg die Küste entlang nach **Jersey Rooms**, den Überresten der verlassenen Robbenfängersiedlung L'Anse au Cotard. Bis in die 1890er-Jahre bewohnten Familien aus Jersey diesen kleinen Weiler. Es gibt nicht viel zu sehen, aber Informationstafeln entlang des Weges erklären, was hier 2004 bei den Ausgrabungen gefunden wurde.

Nach weiteren 13 km erreicht die Rte 510 den Ort **Forteau**. Am lebendigsten zeigt er sich beim dreitägigen Bakeapple Festival Mitte August; es steht ganz im Zeichen der Moltebeere *(cloudberry)*, die hier in Hülle und Fülle wächst. Eine lohnenswerte Wanderung von Forteau ist der 1,3 km lange Overfalls Brook Trail, der vom Dorf an der Küste entlang zu einem 30 m hohen Wasserfall führt. Weitere 6 km östlich des Ortes beschäftigt sich das winzige **Labrador Straits Museum**, ☎ 709/927-7307, 🖥 www.labradorstraitsmuseum.ca, mit der Geschichte der Gegend. Es beherbergt ein Sammelsurium von al-

Reiseinfo Labrador

Anreise

Flüge aus Newfoundland, Nova Scotia und Québec verbinden Labrador mit dem Rest der Welt und stellen die einfachste und schnellste Art dar, nach Labrador zu gelangen. **Air Canada** bietet Verbindungen von Halifax nach Goose Bay sowie von Montréal, Québec-Stadt und Sept-Îles nach Wabush. **Air Labrador** fliegt von Newfoundland (St. John's, Deer Lake und St. Anthony) ihren Heimatflughafen Goose Bay an. **Provincial Airlines** fliegt von den genannten Städten in Newfoundland und von Halifax nach Goose Bay, Wabush und Lourdes de Blanc-Sablon. Flüge vom letztgenannten Flughafen sind immer mit der Ortszeit von Blanc-Sablon gelistet, die gegenüber den benachbarten Küstenorten in Labrador im Winter eine halbe Stunde und im Sommer anderthalb Stunden zurück ist. Für Flüge von Montréal, Québec-Stadt und Halifax ist mit einem Preis um $800 zu rechnen, von Newfoundland kosten die Flüge etwa die Hälfte.

Eine **Fähre** verbindet den neufundländischen Hafen St. Barbe mit Blanc-Sablon in Québec, direkt an der Grenze zu Labrador: Mitte April–Mitte Jan 1–3x tgl., 1 3/4 Std., ☎ 1-866-535-2567, 🖥 www.labradormarine.com, $7,50 p. P., $22,75 pro Fahrzeug (inkl. Fahrer). Eine Reservierung ist anzuraten, und alle Fahrzeuge müssen eine Stunde vor Abfahrt am Fähranleger sein. Es ist zu beachten, dass die Abfahrtszeiten von Blanc-Sablon in neufundländischer Zeit und nicht der Ortszeit aufgeführt sind (s. o., Flüge). Wer am selben Tag eine Fähre und ein Flugzeug nehmen möchte, muss also genau auf die Zeiten achten. Eine weitere Anreisemöglichkeit ist das Schiff **Nordik Express** (s. S. 376), das allerdings weniger häufig verkehrt und mehrere Tage benötigt, um sich von Rimouski über mehrere Zwischenstopps am Nordufer des St.-Lorenz-Strom bis nach Blanc-Sablon durchzukämpfen.

Züge von Québec North Shore and Labrador Railway verkehren auf der 416 km langen Strecke von Sept-Îles an der North Shore Québecs nach Schefferville. Die Linie dient hauptsächlich der Versorgung der Eisenerzminen von West-Labrador und der Siedlungen der Ureinwohner. Die Züge werden von Tshiuetin Rail Transportation Inc betrieben, einem Unternehmen der Ureinwohner; Reservierungen unter ☎ 418/962-5530, ◷ Mo–Fr 8–12 und 13–16.30 Uhr. Die kurzweilige Reise führt über hohe Brücken, durch

len möglichen Dingen aus der Region, darunter aber auch einige kleine Schätze wie eine Holznadel zum Flicken der Kabeljaunetze, einen traditionellen Schlitten, Teile des Wracks der 1922 gesunkenen *HMS Raleigh* und Labradorit aus Nain. ☉ Mitte Juni–Mitte Sep Mo–Sa 9.30–17.30 Uhr, Eintritt $5.

Im Museum wird auch die Geschichte der hochkarätigsten Sehenswürdigkeit der Region erzählt, des 7500 Jahre alten **Begräbnishügels** für einen zwölf Jahre alten Indianerjungen in **L'Anse-Amour** ein paar Kilometer weiter die Straße entlang. Es handelt sich um die älteste bekannte Grabstätte Nordamerikas.

Nach weiteren 2 km steht an derselben Straße das 36 m hohe **Point Amour Lighthouse**, ✆ 709/927-5826. Der 1857 erbaute und auch heute noch betriebene Leuchtturm bietet spektakuläre Ausblicke, wenn man die 128 Stufen auf die Spitze des Turms geschafft hat. Im Leuchtturmwärterhaus zeigt ein Museum mit kostümierten Angestellten eine informative Ausstellung über den Leuchtturm und die Region. ☉ Mitte Juni–Mitte Okt tgl. 10–17.30 Uhr, Eintritt $3.

Ein Stück weiter die Küste hoch liegt **L'Anse-au-Loup** mit einfachen Versorgungseinrichtungen einschließlich einer Tankstelle und des **Pinware River Provincial Park**, ✆ 709/927-5516 oder 1-800/563-6353. Der Provinzpark um den wilden und rauschenden Pinware River zählt zu den schönsten Landschaften der Labrador Straits und wartet mit einem Sandstrand und einem 1,2 km langen Wanderweg auf. Fahrzeug $5, Camping $23, ☉ Ende Mai–Mitte Sep.

dichte Wälder und Tundra, an Wasserfällen, tiefen Schluchten und felsigen Bergrücken vorbei. Bis nach Schefferville zu fahren lohnt sich allerdings nicht, besser ist es, in Emeril Junction am Trans Labrador Hwy, 63 km von Labrador City, auszusteigen. Abfahrtszeit der Züge von Sept-Îles nach Emeril Junction Mo und Do um 8 Uhr (Fahrtdauer 7 Std.), Ankunft um 15 Uhr; Rückfahrt von Emeril Junction Di und Fr etwa um 12 Uhr mittags, Ankunft in Sept-Îles um 19 Uhr (einfache Fahrt ca. $60). Die Strecke nach bzw. von Labrador City muss mit dem Taxi (CJ Cabs, ✆ 709/944-7757) zurückgelegt werden.

Informationen

Mit Informationen, Landkarten und Fahrplänen hilft auf Anfrage vor der Reise das **Department of Tourism, Culture and Recreation** in St. John's, Newfoundland, oder **Destination Labrador** in Goose Bay, ✆ 709/896-6507, 🖥 www. destinationlabrador.com. Informationen über Zentral-Labrador bietet die Website 🖥 www. explorelabrador.nf.ca. Informationen über das Schneemobil-Streckennetz erteilt **Labrador Winter Trails**, ✆ 1-877/884-7669, 🖥 www.labrador wintertrails.com.

Transport vor Ort

Mit Ausnahme der Eisenbahnstrecke zwischen Emeril Junction und Schefferville (s. o.) gibt es auf dem Landweg keine öffentlichen Verkehrsmittel in Labrador.

Die **Personenfähre** *Northern Ranger* verkehrt wöchentlich von Cartwright und Happy Valley-Goose Bay und ist die wichtigste Verkehrsanbindung für die Nordküste (S. 529). Wer schnell zu den abgelegenen Outports gelangen möchte, dem bleibt nur ein **Flug** mit Air Labrador oder Provincial Airlines. Zusammen fliegen sie 14 Küstenorte an, zumeist täglich; ein Flug von Happy Valley-Goose Bay nach Nain kostet hin und zurück etwa $400.

Wer die Südküste erkunden möchte und nicht über ein eigenes **Fahrzeug** verfügt, kann eins bei National in Lourdes de Blanc-Sablon, ✆ 418/481-2777 oder 1-877/461-2777, mieten; am besten ist ein SUV. Allerdings erhält man hier nur 100 Freikilometer pro Tag (danach 25 Cent/km), und Benzin ist teurer als auf Newfoundland. Die Küstenstraße lässt sich problemlos in wenigen Tagen erkunden – die meisten Autoverleiher gestatten die Fahrt auf dem Trans-Labrador Hwy (S. 523) nur bis nach Cartwright.

Die meisten Unterkünfte an diesem Küsten-
abschnitt sind einfache Hotels oder B&Bs.
Normalerweise bieten sie gegen Aufpreis
Abendessen an, auch für Laufkundschaft.

Barney's B&B, in L'Anse-au-Loup,
709/927-5634. Drei DZ, Wäscheservice,
Meerblick, leckere Hausmacherküche.
In der Nähe gibt es Wanderwege und
hervorragende Möglichkeiten zum Lachs- und
Forellenangeln. Außerdem lockt **Dot's Bakery**
mit tollen Kuchen, Muffins und Keksen sowie
Suppen, Sandwiches und kleinen Gerichten.
Mo–Sa 7–23 Uhr. ❷

Grenfell Louie A. Hall B&B, in Forteau,
3 Willow Ave, 709/931-2916,
www.grenfellbandb.ca. Einfache, aber
attraktive Zimmer und ein Gemeinschaftsraum
in einem ehemaligen Pflegeheim Baujahr 1946.
Mai–Okt. ❸

Northern Light Inn, in L'Anse au Claire,
709/931-2332 oder 1-800/563 3188,
www.northernlightinn.com. Modernes,
aber recht einfaches Motel mit den beliebtesten
Speisemöglichkeiten am Ort, dem Basque
Restaurant mit einfachen Mahlzeiten,
tgl. 7–21 Uhr, und dem Pizzaimbiss Greco. ❹

Pinware River Provincial Park, Rte 510,
ca. 32 km südwestlich von Red Bay,
709/729-2424 oder 1-877/214-2267,
www.env.gov.nl.ca/parks. Campingplatz mit
einfachen Einrichtungen: WCs und Plumpsklos,
fließendes Wasser und warme Duschen.
Zeltstellplätze $15.

Sea-View Restaurant and Cabins, in Forteau,
33 Main St, 709/931-2840 oder 1-866-931-2840.
Schlichte Motelzimmer und ein gutes
Restaurant, ist bekannt für sein Seafood.

Beachside Hospitality Home, in L'Anse au
Claire, 9 Lodge Rd, 700/031 2300, www.
bbcanada.com/10622.html. Fünf Zimmer teilen
sich zwei Bäder mit Whirlpool. Abends auf
Wunsch kostenlose Unterhaltung vom Besitzer,
einem Meister auf dem Akkordeon. ❷

Außerdem werden hier Marmeladen von
Labrador Preserves, www.preserves.nf.ca,
verkauft. ❹

Red Bay

Es ist heute unvorstellbar, dass das verschlafene Dorf Red Bay einst der größte Walfängerhafen der Welt war, betrieben von baskischen
Fischern lange vor der Ankunft der Pilgerväter
in Neuengland. Trotz der Unmengen an roten
Ziegelscherben am Strand war ihre Präsenz hier
vollständig in Vergessenheit geraten und kam
erst in den 1970er-Jahren wieder ans Licht, als
auf der Grundlage von spanischen Dokumenten
überraschend die Überreste eines baskischen
Schiffes in der Bucht entdeckt wurden. Die
Red Bay National Historic Site, 709/920-
2142, www.pc.gc.ca/redbay, zeigt Funde vom
Schiff und aus archäologischen Untersuchungen an Land und im Meer. Juni–Anfang Okt
tgl. 9–18 Uhr, Eintritt $7,15.

Die Geschichte der Funde und Ausgrabungen dokumentiert ein 20-minütiger Film im **Reception Centre**. Dort ist auch eine *chalupa* (kle-
nes Walfängerboot; s. Kasten S. 521) zu sehen,
die die Walfänger in den 1580er-Jahren benutzten. Insgesamt sind sieben Boote gefunden
worden – Wissenschaftler gehen davon aus,
dass das größte Schiff die *San Juan* war, die
hier 1565 sank. Das Interpretation Centre weiter die Straße entlang zeigt auf zwei Etagen
Gegenstände, die aus den Wracks und von der
nahe gelegenen Saddle Island stammen, darunter erstaunlich gut erhaltene Kleidung, die
im 16. Jh. von den Seeleuten getragen wurde.
Wer möchte, kann mit einem Boot nach Saddle
Island übersetzen (Abfahrt vom Interpretation
Centre Juli–Sep stdl. 9–16 Uhr, $2) und den Wal-
fängerfriedhof besichtigen. Die **Whaling Station
Cabins**, 61 East Harbour Drive, 709/920-2156,
bieten Suiten mit Kabel-TV, einige sind für
Selbstversorger eingerichtet; Mai–Okt, ❹.
Am praktischsten gelegen für eine Mahlzeit oder
einen Drink ist das **Whaler's Restaurant** gegen-
über vom Interpretation Centre, 709/920-2156,
Mai–Okt tgl. 8–20 Uhr.

Auf dem Höhepunkt der Walfangs, Ende des 16. Jhs., lebten während der Saison über 2000 Männer in Red Bay und produzierten zwei Mio. Liter Walfischtran, der auf einer einmonatigen Reise nach Europa verschifft wurde. Walfischtran fand damals als Beleuchtungsmittel, Schmierstoff und als Additiv für Arzneien, Seife und Pech breite Verwendung; für ein 250-Liter-Fass wurde ein Preis erzielt, der heute etwa $10 000 entspräche. Den **Basken** muss die Entdeckung der reichen Walbestände Labradors wie eine Goldgrube vorgekommen sein. Doch die Beute wurde ihnen nicht in den Schoß gelegt, denn neben der gefährlichen Schiffsreise von Spanien zur sogenannten „Terranova" mussten die Basken noch mehr Entbehrungen erdulden. In Labrador angekommen, ruderten sie mit zerbrechlichen Holzbooten, den *chalupas*, aufs raue Meer hinaus und trieben den Walen Schleppanker in den Leib, um deren Fahrt zu bremsen. Dann folgten sie ihrer Beute über Stunden, bis der Wal schließlich an der Oberfläche auftauchte und mit der Lanze erlegt werden konnte. Drei Faktoren bereiteten dem Walfang ein vorzeitiges Ende: Erstens waren die Basken derart erfolgreich, dass sie innerhalb

von 30 Jahren mehr als 15 000 Glattwale erlegt hatten; zweitens wurde das Unternehmen in den 1570er-Jahren zunehmend unkalkulierbar, weil das Meer immer früher zufror; und schließlich wurden die baskischen Schiffe und ihre Besatzung in die zum Scheitern verurteilte spanische Armada von 1588 abkommandiert.

Die ersten Studien über Red Bay begannen 1977, als Meeresarchäologen hier die Überreste von drei baskischen Galeonen und vier *chalupas* entdeckten. Ausgrabungen an Land förderten Trankochereien zutage, mit deren Hilfe die Blase und der Speck des Wals zur Trangewinnung ausgekocht wurden. Außerdem wurden persönliche Gegenstände und 1982 ein Friedhof auf Saddle Island mit den sterblichen Überresten von 140 jungen Männern entdeckt. Viele von ihnen lagen in Gruppen zusammen, was darauf hindeutet, dass sie als Besatzungsmitglieder bei der Walfischjagd umgekommen waren. Einige wurden gar nicht beerdigt und sind wahrscheinlich verhungert, nachdem ein verfrühter Wintereinbruch ihre Hoffnungen zunichte gemacht hatte, die Heimreise noch vor dem Zufrieren der rettenden Wasserwege antreten zu können.

Mary's Harbour und Port Hope Simpson

Hinter Red Bay trägt die bis dahin asphaltierte Route 510 eine feste Schotterdecke. Sie wendet sich zunächst landeinwärts und erreicht nach 85 km wieder die Küste bei **Mary's Harbour**. Der Ort wurde 1930 von einer Handvoll Familien gegründet, nachdem ein Brand die auf einer kleinen Insel vor der Küste gelegene Siedlung Battle Harbour zerstört hatte (S. 522).

Heute ist Mary's Harbour eine überraschend lebendige Kleinstadt, die vorwiegend von der saisonalen Krabbenfischerei und vom Tourismus lebt. Sie eignet sich gut zum Übernachten – die Hauptattraktion ist allerdings das 9 km

vor der Küste gelegene Battle Harbour, wo es ebenfalls Übernachtungsmöglichkeiten gibt; der Weg zum Fähranleger ist im Ort ausgeschildert. In Mary's Harbour bietet das komfortable **Riverlodge Hotel**, ☎ 709/921-6948, Unterkunft und Verpflegung, ❺. Im Restaurant bereiten einheimische Köche herzhafte Gerichte zu, z. B. Rinderbraten, Huhn, Pute und manchmal frischen Fisch und frische Jakobsmuscheln. Zum Hotel gehört auch **Old Pete's Pub**, ein beliebter Treff für Einheimische und Reisende.

Nach 55 km wird auf der Rte 510 **Port Hope Simpson** erreicht, eine weitere abgelegene Fischersiedlung, die vor der langen Fahrt nach Cartwright die letzte Gelegenheit zum Tanken und zur Versorgung mit Proviant bietet. Eine gute Unterkunft ist das **Alexis Hotel**, ☎ 709/960-0228,

Newfoundland und Labrador

Jedes Jahr im Sommer erwacht die Insel Battle Harbour für Besucher kurz aus ihrem Dornröschenschlaf.

✉ burdencarol@yahoo.ca, etwas außerhalb des Ortes, mit Kabel-TV, Waschküche und Kajakverleih; ❹. **Campbell's Place**, 98 Pioneer St, ✆ 709/960-0606, ist mit seinen Sandwiches, Suppen, Chiligerichten und verführerischen Kuchen ein praktischer Boxenstopp. Außerdem gibt's vier behagliche B&B-Zimmer mit Bad, ❸.

Battle Harbour

Eine der denkwürdigsten Erlebnisse bei einer Reise durch Labrador ist es, eine oder zwei Nächte auf der Insel Battle Harbour, ✆ 709/921-6325 oder 709/921-6216, 🖥 www.battleharbour.com, ⏱ Mitte Juni–Mitte Sep, Eintritt $9, zu verbringen. Vor diesem schön restaurierten Fischerhafen sind im Frühjahr mächtige Eisberge und im Sommer Buckelwale zu sehen, und Orcas tummeln sich oft direkt vor der Mole. Das in den 1770er-Jahren gegründete Battle Harbour entwickelte sich im 19. Jh. zu einem der wichtigsten Salzfisch-, Lachs- und Walfängerhäfen.

Wilfred Grenfell eröffnete 1893 hier ein Krankenhaus, ab 1904 stand hier eine Marconi-Relaisstation, und hier hielt Robert E. Pearys seine erste Pressekonferenz ab, nachdem er 1909 den Nordpol erreicht hatte. Durch einen verheerenden Brand im Jahr 1930 wurde der langfristige Niedergang der Siedlung beschleunigt, und in den 1960er-Jahren waren die meisten Bewohner der Insel nach Mary's Harbour auf dem Festland umgesiedelt worden – der letzte Fischhändler schloss nach dem Kabeljaufangverbot von 1992 seine Pforten.

Der Battle Harbour Historic Trust hat hier mit einem umfassenden Restaurierungsprojekt ein wunderbares **Freilichtmuseum** mit mehreren alten Holzgebäuden, einem Besucherzentrum und Wanderwegen geschaffen. In einigen der alten Häuser können Gäste übernachten (s. u.). Viele der ehemaligen Bewohner der Insel arbeiten heute als Guides und erweisen sich als genauso fesselnd wie die Anlage selbst – allerdings müssen sich die Ohren der Besucher auf starke Labrador-Akzente einstellen. Einige Häuser be-

Das Auto ist das beste Verkehrsmittel zum Bereisen der Region, da es dank neuer Highways inzwischen möglich ist, die monumentale, 1700 km lange Strecke von Newfoundland nach Québec zu bewältigen. Ein Großteil der Strecke ist nach wie vor unbefestigt, kann aber mit einem normalen Pkw befahren werden; ein Allradfahrzeug ist allerdings besser. Außerdem sollte die Strecke nur im Hochsommer angegangen werden.

Wer ein Fahrzeug mietet, stößt u. U. auf ein weiteres Problem: Die meisten Autoverleiher verbieten das Befahren des Highways hinter Cartwright. Wer diese Einschränkung einfach ignoriert, läuft Gefahr, im Falle eines Unfalls vielleicht keinen Versicherungsschutz zu haben. Da der Highway nach und nach asphaltiert wird (etwa 150 km im Jahr), könnte dieses Verbot bald gelockert werden; man sollte sich also nach dem aktuellen Stand erkundigen.

Ein weiteres Problem ist es, das Mietfahrzeug zum Ausgangsort Blanc-Sablon oder irgendwo nach Newfoundland zurückzubringen, da eine riesige Schleife von fast 3000 km durch Québec und die Atlantikprovinzen inklusive zweier Fährüberfahrten bewältigt werden muss – die Mietpreise ohne Rückgabe am Ausgangsort sind exorbitant hoch.

Wer viel Zeit hat, mietet das Fahrzeug am besten in Halifax.

Trans-Labrador und Québec Highway:
von Blanc-Sablon nach Baie-Comeau
Route 510:
Blanc-Sablon (Fährhafen für Newfoundland) nach Red Bay: 88 km, Asphalt (50 Min.)

Red Bay nach Mary's Harbour: 86 km, Schotter (50 Min.)
Mary's Harbour nach Cartwright Junction: 150 km, Schotter (2 1/2 Std.; nach Cartwright weitere 87 km auf der Rte 506)
Cartwright Junction nach Happy Valley-Goose Bay: 296 km, Schotter (5 Std.)

Route 500:
Happy Valley-Goose Bay nach Churchill Falls: 288 km, Schotter (4 Std.)
Churchill Falls nach Labrador City: 238 km, Schotter (3 Std.)
Labrador City zur Grenze mit Québec (Fermont): 23 km, Asphalt (15 Min.)

Route 389 (Québec):
Grenze mit Québec (Fermont) nach Gagnon: 177 km, erste 20 km und letzte 90 km Asphalt (2 3/4 Std.)
Gagnon nach Manic-5: 180 km, Schotter (3 Std.)
Manic-5 nach Baie-Comeau: 214 km, Asphalt (3 Std.)

Der Highway ist eine der am wenigsten befahrenen größeren Straßen in Ostkanada, sodass vor der Abfahrt Erkundigungen über den aktuellen Straßenzustand eingeholt werden sollten. Bei jeder sich bietenden Gelegenheit sollte getankt werden: Es gibt keine Tankstellen zwischen Fermont und Manic-5 sowie bis jetzt zwischen Port Hope Simpson und Goose Bay (zum Tanken Umweg nach Cartwright). Die Höchstgeschwindigkeit auf dem Highway beträgt 70 km/h, obwohl Einheimische und Lkw-Fahrer oft 100 km/h fahren, wenn sie können. Die oben angegebenen Fahrzeiten sind eher konservativ geschätzt.

finden sich in Privatbesitz; es sind jedoch Sommerresidenzen, ständige Bewohner gibt es hier nicht mehr.

Die **Fähren** von Mary's Harbour nach Battle Harbour fahren von der Grenfell Mission Wharf und vom Visitor Centre an der Main Street ab (tgl. 11 und 18 Uhr, Rückfahrt 9 und 16 Uhr, 1 1/4 Std., $60 hin und zurück).

Cartwright

Seit der Fertigstellung des Trans-Labrador Hwy im Jahr 2009 liegt das winzige Cartwright, 240 km von Mary's Harbour entfernt, abgeschieden 87 km nördlich des Haupt-Highways an der Rte 516. Es ist jedoch weiterhin ein praktischer Zwischenstopp auf der Fahrt nach Happy Valley-

Das **Cartwright Hotel**, ☎ 709/938-7414, 🖥 www.cartwrighthotel.ca, ist eine gastfreundliche Unterkunft am Ortsrand und bietet außerdem Infos und Karten für die Region. Im zum Hotel gehörenden Sandwich Bay Dining Room kommt gute einheimische Küche auf den Tisch, außerdem gibt es im Hotel noch den Pub Eagle's Nest; **④**. Auf der anderen Seite des Hafens (an der Main St rechts abbiegen) serviert das **Mug Up Restaurant** ebenfalls gutes Essen; ⏱ Mi–Sa 16–21 Uhr, im Sommer länger. Das **Harbourview B&B**, ☎ 709/938-7325, bietet ganz in der Nähe zwei gemütliche Zimmer sowie geführte Touren in die Umgebung; **②**. Einmal in der Woche fährt von Cartwright eine Fähre nach Nain (84 Std.)

Goose Bay und kann außerdem mit mehreren Sehenswürdigkeiten aufwarten. Der Ort ist nach **Captain George Cartwright** benannt, der hier 1775 einen Handelsposten gründete. Dieser war einer der ersten Europäer, die friedlich mit den Ureinwohnern zusammenlebten. Heute ist von seinem Schuppen, der den großartigen Namen Caribou Castle trug, nur ein Felsen übrig geblieben, der die Grenze seines Landbesitzes markierte, genau am Ende der Main Street am Wasser. Auf dem alten Friedhof in der Nähe steht ein kleines Denkmal für Cartwright.

Heute ist Cartwright vor allem für das Lachsangelrevier Eagle River (nur im Juli) bekannt, eines der besten der Welt, und den 12 km von Cartwright entfernten **Porcupine Beach**, einen 56 km langen Sandstrand, der nur per Boot oder Geländefahrzeug zugänglich ist. Höchstwahrscheinlich statteten schon die Wikinger dem Strand einen Besuch ab – ihre Beschreibungen des „Wunderstrands" sind zu treffend, als dass es sich um einen anderen Strand handeln könnte. Experience Labrador (www.experiencelabrador.com) bietet von Mitte Juni bis Mitte September Angeltrips und Exkursionen zum Strand, wo man einen oder mehrere Tage damit verbringen kann zu wandern, historische Gegenstände zu suchen und ab und zu einem Elch, aber sonst niemandem zu begegnen. Ein Abstecher zum Porcupine Beach zählt zu den bekanntesten Abenteuertrips in Kanada.

Happy Valley-Goose Bay und Umgebung

Zwischen dem mächtigen Churchill River und der Westspitze des Lake Melville breitet sich die Zwillingsstadt Happy Valley-Goose Bay aus, sowohl das wichtigste Verkehrs- und Versorgungszentrum als auch die größte Ansiedlung der Labrador-Küste. Wer hier auf dem Trans-Labrador Hwy ankommt, wird wohl ein paar Tage in der Stadt verbringen wollen; außerdem ist sie Ausgangspunkt für die epische Schiffsreise in den Norden (S. 528). Es gibt hier einige gute Restaurants und Bars, ansonsten sind eher die umliegenden Fichtenwälder und glitzernden Seen und Flüsse von Interesse.

Die Stadt ist noch nicht sehr alt – sie entstand 1941, als die US-Streitkräfte den Flughafen Goose Bay erbauten, aus dem sich ein großer Nato-Luftwaffenstützpunkt mit bis zu 12 000 Militärbediensteten entwickelte. Happy Valley, wo sich die meisten Geschäfte und Restaurants befinden, ist ein entspanntes Städtchen ein paar Kilometer vom Flughafen entfernt; ursprünglich wohnten hier die Mitarbeiter des Militärstützpunkts. Die Nato verabschiedete sich im Jahr 2006, und der Stützpunkt wird heute von einigen wenigen Angehörigen der kanadischen Luftwaffe verwaltet. Happy Valley muss nun versuchen, mit den massiven gesellschaftlichen und wirtschaftlichen Umbrüchen infolge der Schließung fertig zu werden. Erstaunlicherweise hat sich die Stadt seitdem jedoch gut entwickelt: Durch die Schaffung von Nunatsiavut (S. 528) und einer unabhängigen Gesundheitsbehörde für Labrador entstanden neue Arbeitsplätze, und der Bergbau wurde wiederbelebt, was insgesamt einen kleinen Immobilienboom auslöste. Der Militärstützpunkt wird derweil in einen großen Business Park verwandelt.

Die Grenze zwischen den 4 km voneinander entfernten Ortsteilen Goose Bay und Happy Valley verschwimmt seit 2006 immer mehr, da die beiden durch Neubauten an der Hauptstraße, der Hamilton River Road, enger zusammengerückt sind. Die Doppelstadt hat kein echtes Zentrum, und wer sich umsehen möchte, braucht ein Auto.

Die beiden Museen der Stadt beschäftigen sich größtenteils mit dem militärischen Erbe: Das **Northern Lights Military Museum** in der 170 Hamilton River Rd, im Keller eines Gemischtwarenladens, ist voll gestopft mit militärischen Erinnerungsstücken, vor allem Waffen und Uniformen. ☺ Mo–Do und Sa 10–17.30, Fr 10–21 Uhr, Eintritt frei.

Das **Labrador Military Museum**, ✆ 709/896-6900, Anschluss 2177, ist in einem großen Hangar am Loring Drive beim Flughafen untergebracht. Die Geschichte der kanadischen, britischen, amerikanischen, holländischen und deutschen Militärpräsenz wird an Hand zahlreicher Ausstellungsstücke dokumentiert. Besonders drastisch sind die Darstellungen zu den tödlichen **Flugzeugabstürzen**, die sich hier während der vergangenen Jahrzehnte immer wieder ereigneten. ☺ Juni–Sep Mo–Fr 9–17 Uhr, Besuche telefonisch vereinbaren, Eintritt frei.

Etwas Nicht-Militärisches bietet zur Abwechslung der nette Laden **Slippers 'n Things**, 55 Grenfell St, ✆ 709/896-5660, 🖳 www.slippersnthings.com, der traditionelles Kunsthandwerk aus Labrador, Andenken und Bücher verkauft. Samstags gibt's kostenlose *toutons* (gebratener Brotteig) mit hausgemachter Beerenmarmelade oder Melasse, dazu Kaffee oder Tee. ☺ Mo–Sa 9–17 Uhr.

Lohnenswert ist auf jeden Fall auch eine Fahrt zum **Dome Mountain** mit dem Pine Tree Lookout, etwa 16 km vom Visitor Centre entfernt. Der Aussichtspunkt ist nicht ausgeschildert, und die Straße wird, je weiter man fährt, immer mehr zu einer schlaglochübersäten Schotterpiste, die mit einem normalen Pkw kaum zu bewältigen ist. Aber die Ausblicke auf die Stadt, den Churchill River, den Lake Melville und die Berge sind grandios. Anfahrt Richtung Flughafen über den Loring Drive, dann links in den Lahr Boulevard, wieder links in die River Road und diese bis zum Ende – man muss dann noch zweimal links abbiegen, bis sich die unbefestigte Straße zum alten Funkturm auf dem Gipfel hinaufwindet.

Übernachtung

Happy Valley-Goose Bay hat eine vernünftige Auswahl an Übernachtungsmöglichkeiten. Die Zimmer können sich aber schnell füllen, sodass sich eine Reservierung empfiehlt.

Davis' B&B, 14 Cabot Crescent, ✆ 709/896-5077, 🖳 www.bbcanada.com/davisbb. Vier Zimmer mit Bad, WLAN und Kabel-TV in zentraler Lage, außerdem Waschmaschinen und Küche. ❷–❸

Goose River Lodges, ca. 10 km nördlich der Stadt an der Rte 520 (der Straße nach North West River), ✆ 709/896-2600 oder 1-877/496-2600, 🖳 www.gooseriverlodges.ca. Vermietet ganzjährig Chalets ($95 pro Nacht für bis zu 4 Pers.) sowie Zeltplätze und Wohnmobilstellplätze mit Anschlüssen ($17–24). Im Winter Schneemobil-Verleih.

Königlich, aber modern

Royal Inn, 5 Royal Ave, ✆ 709/896-2456 oder 1-888/440-2456, 🖳 www.royalinnandsuites.ca. Moderne motelähnliche Unterkunft mitten im Zentrum mit neuen, gemütlichen Zimmern inkl. Continental Breakfast und kostenlosem Internetzugang. Außerdem Waschmaschinen ($1,50) und Kabel-TV. Bestes Preis-Leistungs-Verhältnis am Ort, kann aber manchmal sehr voll und laut sein. ❹

Newfoundland und Labrador

Happy Nightlife

Maxwell's II / Bentley's Sports Bar, 97 Hamilton River Rd am Hafen, ☎ 709/896-3583. Zentrum des Nachtlebens mit Sportbar, sehr beliebt zum Abendessen. Gute Mittagsangebote ab $8, Pasta ($11–16), Lachs- ($17,95) und Kabeljau-gerichte ($11–13), Steaks und Grillgerichte (ab $20). Freitags und samstags verwandelt sich die Kneipe spät am Abend in einen Club. Happy Hour tgl. 16–19 Uhr.

Hotel North, 25/27 Loring Drive, ☎ 709/896-9301 oder 1-877/996-9301, 🖵 www.atyp.com/hotelnorth. Recht schickes Hotel mit modernen Zimmern 5 Min. vom Flughafen; WLAN, Satellitenfernsehen, Kühlschränke. ❻

Essen und Unterhaltung

Die besten Restaurants sind über die ganze Stadt verteilt; die Auswahl ist nicht umwerfend, aber die Qualität wird besser.
Ansonsten präsentiert sich Happy Valley-Goose Bay abends durchaus lebendig, und es gibt mehrere gute Pubs.

Mariner's Galley, 25 Loring Drive, ☎ 709/896-3388. Tolles Restaurant mit Seefahrt-motto für alle Mahlzeiten, spezialisiert auf Steaks und Seafood.

Mulligan's Pub, 368 Hamilton River Rd, ☎ 709/896-3038. Der winzige Schuppen ist fast immer zum Bersten voll. Mi und Sa Livemusik, im Sommer luftige Terrasse.

Valley Restaurant and Locals Nightclub, Grand St, ☎ 709/896-7331. Hier dreht sich alles um Karibufleisch in Form von Steaks ($12,99), Hamburgern ($5,49) und Suppen ($2,99), aber es gibt auch gute Pizzen. Außerdem ganztägiges Frühstück und regionale Klassiker. Restaurant ⏰ Mo–Fr 9–18, Sa 9–16, So 10–16 Uhr; am Wochenende fungiert das Ganze dann abends als Club.

Sonstiges
Autovermietungen

National, ☎ 709/896-1072, und **Budget**, ☎ 709/896-2976, haben Büros am Flughafen und verlangen etwa $60 pro Tag, die ersten 100 km pro Tag sind im Preis inbegriffen.

Informationen

Visitor Centre, 365 Hamilton River Rd, ☎ 709/896-3489, 🖵 www.tourismlabrador.com. Versorgt Touristen mit Broschüren und hilft bei der Planung von Ausflügen in die Umgebung, z. B. nach North West River. ⏰ Juni–Aug tgl. 9–20 Uhr, sonst am Wochenende geschlossen, Zeiten Mo–Fr telefonisch erfragen.

Transport

Aus Richtung Labrador City wie auch von Cartwright Junction nähern sich Autofahrer der Stadt von Westen. Nach dem Bau einer Brücke über den Churchill River verläuft der Trans-Labrador Hwy nicht mehr durch die Stadt, und die Rte 510 trifft ein paar Kilometer von der Stadt entfernt auf die Rte 500, die Fortsetzung des Trans-Labrador Hwy.
Die **Anfahrt** in die Stadt führt über die Rte 500 bis zur Hamilton River Road: Hier geht es links nach Goose Bay und zum Flughafen, rechts nach Happy Valley.

Fähren

Der **Fähranleger** liegt 5 km nördlich vom Visitor Centre am Ufer des Lake Melville. Hier legt die *Northern Ranger* (S. 529) an. Taxis nach Goose Bay kosten $15–20, nach Happy Valley $20–25.

Flüge

Der kleine **Flugplatz** von Happy Valley-Goose Bay befindet sich auf dem ehemaligen Luft-waffenstützpunkt in Goose Bay. Am Flughafen gibt es nur einen unzuverlässigen Geldauto-maten – Reisende sollten also genügend **Bargeld** mitbringen. Da es weder ein Shuttle-Bus noch öffentliche Verkehrsmittel zur Verfügung stehen, muss man ein **Taxi** nehmen, Coonoy'o, ☎ 709/090-3333, ungefähr $10 zum Hotel North und $15-20 nach Happy Valley. Eine Taxifahrt nach North West River kostet pauschal $50.
Flugverbindungen von Happy Valley-Goose Bay nach:

CHARLOTTETOWN, 2x tgl., 3 3/4 Std.;
CHURCHILL FALLS, 3x wöchentl., 45 Min.;
DEER LAKE, 4x tgl., 1 1/2 Std.;
HALIFAX, 4x tgl., 3 1/4 Std.;
MONTRÉAL, 4x tgl., 4 Std.;
QUÉBEC-STADT, 4x tgl., 3 1/2 Std.;
ST. JOHN'S, 4x tgl., 2 1/2 Std.;
WABUSH, 1x tgl., 1 1/4 Std.

Rund um Happy Valley-Goose Bay

In den Wäldern rund um Happy Valley-Goose Bay verbergen sich mehrere reizvolle Ziele. Am leichtesten zugänglich und interessantesten sind die mächtigen Muskrat Falls und der kleine Ort North West River, die älteste Gemeinde Zentral-Labradors.

Muskrat Falls

Von einer Ehrfurcht einflößenden Seite zeigt sich die Umgebung von Happy Valley-Goose Bay bei einem Abstecher zu den Muskrat Falls, einem donnernden Wasserfall am Churchill River, zu erreichen von Happy Valley aus über den Trans-Labrador Hwy (Route 500) Richtung Churchill Falls. Nach etwa 40 km erscheint auf der rechten Seite ein kleines Schild, das nach links in Richtung einer schmalen, unbefestigten Straße weist, der man rund 2 km folgen muss (je nach Straßenzustand muss man auch zu Fuß gehen). Vom Ende der Straße ist es nicht mehr weit bis zu einem Aussichtspunkt am Wasserfall.

Ein weiterer, unebener und nicht gekennzeichneter Pfad führt hinunter zum Flussufer (ca. 800 m), wo sich von einem gischtbesprühten Felsvorsprung aus ein schöner Ausblick auf den Wasserfall bietet. Die gesamte Gegend wird ab etwa 2012 durch den Bau eines Stausees mit Damm und Kraftwerk unwiederbringlich ihr Gesicht verändern.

North West River

Vom Visitor Centre in Happy Valley-Goose Bay führt die asphaltierte Rte 520 Richtung Norden ins 38 km entfernte North West River, eine der ältesten Siedlungen von Labrador. Sie liegt ma-lerisch umgeben von den drei großen Gewässern Grand Lake, Little Lake und Lake Melville. Im Sommer sind an der Straße mehrere provisorische Camps zu sehen – diese gehören den örtlichen Innu aus der Siedlung **Sheshatshiu**. Das Dorf liegt kurz vor der Brücke hinüber nach North West River am Straßenrand, aber es lohnt sich nicht anzuhalten.

North West River wurde 1743 von den Franzosen als Pelzhandelsposten eingerichtet und in der Folgezeit von Métis und englischen Trappern ausgebaut. Die Hudson's Bay Company ließ sich 1836 hier nieder und beherrschte den Pelzhandel und das Dorfleben, bis die Trapper durch den Bau des Luftwaffenstützpunkts Goose Bay weggelockt wurden – heute arbeiten die meisten der rund 550 Einwohner in Happy Valley-Goose Bay. Der Handelsposten der Hudson's Bay Company wurde in den 1970er-Jahren aufgelöst.

Im **Labrador Heritage Museum**, River Rd, auf der anderen Seite der Brücke, ☏ 709/497-8858, ist ein Laden der Hudson's Bay Company so, wie er in den 1930er-Jahren aussah, wiederaufgebaut worden. Das Museum liefert einen kurzen Abriss der Geschichte dieser Gegend und beherbergt den 1:1-Nachbau einer Trapperhütte sowie ein wahres Sammelsurium an Gegenständen. Das Museum liefert auch einen faszinierenden Bericht über die verhängnisvolle Wallace-Hubbard-Expedition von 1903.

Der amerikanische Millionär Leonidas Hubbard, sein Freund Dillon Wallace und der Guide George Elson hofften, eine Route vom Lake Melville durchs Landesinnere bis zur Ungava Bay am nördlichen Rand von Québec zu finden, aber sie folgten dem falschen Flusstal. Schließlich starb Hubbard in der Wildnis an Erschöpfung. Seine in Kanada gebürtige Ehefrau Mina, die Wallace nie vergeben konnte, dass er ihn verlassen hatte, entdeckte zwei Jahre später die Route. Das Museum plant, zweitägige Kanuexpeditionen 22 km den Susan River hinauf zur Gedenktafel anzubieten, die an Hubbards Tod erinnert. ☉ Juni–Sep Mo–Fr 9–17 Uhr, Eintritt $2.

Vom Bootsanleger beim Museum bietet Jock Campbell, ☏ 709/497-8544, an den Wochenenden und im Sommer abends Bootstouren auf dem See. Die Tagesausflüge kosten etwa $100 p. P., eine kürzere Tour $20–30.

Am Ende der Portage Road bricht die Häuserreihe plötzlich ab und macht einem langen **Sandstrand** Platz, der sich um das Seeufer windet – im Sommer ein beliebter Platz zum Entspannen mit schönen Ausblicken hinüber zu den Bergen. Am vierten Juliwochenende findet hier das **North West River Beach Festival** statt (Eintritt frei), mit Musik und Tanz der Ureinwohner und örtlichen Speisen – interessant sind die Innu-Doughnuts.

Am anderen Ende der Portage Road steht das **Labrador Interpretation Centre**, ✆ 709/497-8566, mit einer Galerie für Wechselausstellungen, gewöhnlich mit Kunst aus der Gegend, sowie sehr lehrreichen Ausstellungen über die vier größten ethnischen Gruppen in Labrador. Die fachkundigen Angestellten erklären mit Begeisterung die Bedeutung der interessantesten ausgestellten Artefakte. ⏲ Mitte Juni–Mitte Sep Mo und Mi–Sa 12–16.30, Di und So 10–16.30, sonst Mi–So 13–16.30 Uhr, Eintritt frei.

Ein herrlicher Panoramablick lässt sich vom **Sunday Hill** aus genießen, auf den hinter dem Museum eine 2 km lange, von Schlaglöchern übersäte Straße führt. Die Entschädigung für die holprige Fahrt erfolgt in Form einer weit schweifenden Aussicht auf die Gewässer, die klobigen Umrisse des Mount Mokami und die Mealy Mountains in der Ferne.

Der Norden Labradors

Der Norden ist der unberührteste Teil Labradors, und nur wenige Besucher wagen sich so weit vor. Hier oben beginnt sich die Kultur der **Inuit** durchzusetzen. Im Winter sind Begegnungen mit Eisbären keine Seltenheit, in den meisten Orten verkehren keine Autos, der Fisch hängt zum Trocknen an der Straße, und je nach Jahreszeit fahren die Bewohner hinaus zum Jagen oder Fallenstellen.

Die Lebensumstände fingen an sich zu bessern, nachdem der größte Teil der Küste 2005 ein

Teil von **Nunatsiavut** (nicht zu verwechseln mit Nunavut) wurde und die Inuit besondere Nutzungs- und Besitzrechte über eine Fläche von 15 800 km^2 erhielten. Die Verwaltung von Nunatsiavut, das nominell weiter zu Labrador gehört, ist in Hopedale und Nain ansässig und besitzt Hoheit über das Gesundheitswesen, die Bildung und die Justizz; alle vier Jahre wird ein Präsident gewählt.

Nördlich von Nain lockt die gespenstisch schöne **Torngat Mountains National Park Reserve**, Kanadas abgelegenster Nationalpark, abenteuerlustige Besucher an.

Die Reise mit der *Northern Ranger* von Happy Valley-Goose Bay (S. 524) nach **Nain** dauert drei Tage, und bei einem plötzlich aufkommenden Sturm kann es passieren, dass man tagelang in einem der winzigen Häfen an der Route festsitzt. Wer mit dem Schiff oder auch mit dem Flugzeug unterwegs ist, hat auf jeden Fall eine Menge Gelegenheit, nach Walen, Robben und allen möglichen anderen Tieren des Nordens sowie nach **Eisbergen** Ausschau zu halten – etwa 3000 Eisriesen treiben jedes Jahr von Grönland herüber.

Von Happy Valley-Goose Bay Richtung Norden nach Nain

Die meisten Küstendörfer jenseits von Happy Valley-Goose Bay entstanden im 19. Jh. als Pelzhandelsposten. Einige gehen aber bereits bis ins 18. Jh. zurück, als die **Herrnhuter Brüdergemeine** (Moravian Church), die auf die Reformbewegung der Böhmischen Brüder aus Böhmen und Mähren zurückging, hier Missionen gründete. Die Herrnhuter waren bis in die 1950er-Jahre an der Labrador-Küste aktiv.

Zu den interessanteren Stopps an der Küste zählt **Rigolet**, ▭ www.thebigland.ca, eine ehemalige Handelsniederlassung der Hudson's Bay Company, mit einem netten 2 km langen Plankenweg und dem Net Loft Museum, das mit Gegenständen aus der Geschichte der Hudson's Bay Company gefüllt ist.

In **Hopedale**, 150 km südlich von Nain, steht auch heute noch der adrette Gebäudekomplex

Der Norden Labradors ist der abgelegenste Teil der Provinz, doch im Sommer ist die Küste relativ leicht zugänglich, denn dann verkehrt wöchentlich die **Personenfähre** *Northern Ranger*, die als Kreuzfahrtschiff für den kleinen Geldbeutel immer beliebter wird. Betreiber des Schiffes ist **Labrador Marine**, ✆ 1-866-535-2567, 🖳 www.labradormarine.com.

Die *Northern Ranger* legt ein Mal pro Woche in Cartwright ab und fährt über Happy Valley-Goose Bay nach Nain, wobei jeder größere Hafen entlang der Strecke angelaufen wird. Meistens beträgt der Aufenthalt ungefähr eine Stunde, was vollkommen ausreicht, um sich ein wenig umzuschauen. Wer länger in einer der Siedlungen bleiben möchte, muss sich vor Ort nach einer Unterkunft erkundigen, die im Allgemeinen nicht schwer zu finden ist. Die Fähre verkehrt nur von Mitte Juni bis Ende November, bevor das arktische Packeis die Gewässer bis zum folgenden Sommer wieder hermetisch versiegelt. Gegen Ende der Saison ist der Fahrplan notorisch unzuverlässig, weil Stürme immer wieder für Verzögerungen sorgen, manchmal kommt es zu mehreren Tagen Wartezeit.

Der **Fahrpreis** ist günstig und richtet sich nach den zurückgelegten Seemeilen. Für eine Kabine, die reichlich im Voraus reserviert werden sollte, wird ein Zuschlag fällig. Ansonsten kann man es sich auch auf den Sitzen mit verstellbaren Rückenlehnen einigermaßen bequem machen.

Die einfache Fahrt von Happy Valley-Goose Bay nach Nain kostet $67 mit einfachem Schlafplatz und $444 in der Standardkabine.

Die Preise in der **Bordkantine** sind ebenfalls vernünftig, aber die Speiseauswahl ist begrenzt, und die Mahlzeiten erinnern an Mensaküche. Daher empfiehlt es sich, Verpflegung mit aufs Schiff zu nehmen.

der Herrnhuter-Mission von 1872, ✆ 709/933-3490. Die Gesangbücher sind in Inuktitut, der Sprache der Inuit, verfasst. 🕐 Juni–Sep nach Vereinbarung, Eintritt $5. Wer in Hopedale übernachten möchte, findet dort das **Amaguk Inn**, ✆ 709/933-3750, mit Zimmern in Motel-Qualität und kleinen Wohneinheiten für Selbstversorger; auf Wunsch auch Verpflegung. ❻

Nain, die nördlichste Siedlung Labradors, hat kaum mehr als 1000 Einwohner, obwohl es die Hauptstadt von Nunatsiavut ist. Immer noch ist der Fischfang die Haupteinnahmequelle, aber der Ort ist auch bekannt für seine geschickten Inuit-Schnitzer und den nahe gelegenen Labradorit-Steinbruch in Ten Mile Bay – die meisten Steine werden in Italien zu Bodenfliesen verarbeitet.

Die Missionsstation von 1771, die zu einem Museum namens Piulimatsivik – in der Inuit-Sprache „Ort, wo die alten Dinge bewahrt werden" – umgestaltet worden war, brannte leider 1999 nieder. Einige Artefakte konnten gerettet werden, nach dem aktuellen Ausstellungsort muss man sich vor Ort erkundigen.

Eine Übernachtungsmöglichkeit in Nain ist die **Atsanik Lodge**, Sand Banks Rd, ✆ 709/922-2910, ✉ atsanik52@aol.com. ❺

Torngat Mountains National Park Reserve

Nain markiert den nördlichsten Punkt, an den man mit öffentlichen Verkehrsmitteln gelangen kann. Um in die atemberaubende Wildnis der Torngat Mountains National Park Reserve zu gelangen, muss man ein Boot mieten oder ein Flugzeug chartern – beides natürlich recht teuer (s. Kasten S. 530). Doch wer es sich leisten kann, wird es als umwerfende Erfahrung erleben, im höchsten Gebirge östlich der Rocky Mountains zu wandern und jede Menge Eisbären und spektakuläre Fjorde zu sehen. Als Basislager dient gewöhnlich die **Saglek Bay Station** (Juli und Aug) knapp außerhalb des Parks, von wo Boote und Hubschrauber, normalerweise mit Wissenschaftlern an Bord, verschiedene Punkte im Park ansteuern.

Expeditionskreuzfahrten stellen gegenüber Einzelreisen eine weniger aufwendige und normalerweise günstigere Art dar, die Torngat Mountains und das nördliche Labrador zu besuchen. **Cruise North Expeditions**, ☎ 1-866/263-3220 oder 416/789-3752, 🖥 www.cruisenorthexpeditions.com, ist einer der besten Anbieter mit Trips von St. John's entlang der gesamten Labrador-Küste nach Kuujjuaq in Québec ab etwa $2795. In Betracht kommen außerdem Wanderbird, 🖥 www.wanderbird cruises.com, und Cruise Newfoundland and Labrador, 🖥 www.cruisenewfoundland and labrador.com.

Am besten lässt sich die Region mit erfahrenen **Veranstaltern** bereisen: Torngat Mountain Labrador Tours, ☎ 709/896-0184 oder 709/579-0995, ✉ winstonw@nl.rogers.com, bietet von Nain aus das ganze Jahr über Kanu- und Kajaktouren, geführte Wanderungen und Campingreisen an, im Winter wird in Iglus übernachtet. Ebenfalls in Nain verchartert Webb Services, ☎ 709/922-2865 oder 922-2960, Boote für einen Törn an der Küste entlang zur verlassenen Missionsstation von 1831 in Hebron – die hiesige Inuit-Siedlung musste 1959 aufgegeben werden – und zum **Nachvak Fjord** in der Nähe des nördlichsten Punktes Labradors, wo scharf gezackte Berge in einem Winkel von beinahe 80 Grad bis auf 915 m Höhe steil aus dem Meer aufragen.

West-Labrador

Im westlichen Labrador, einer riesigen Region aus bewaldeten Hügeln und Tundra, liegen ein paar wenige Städte, die ihr Dasein als Versorgungszentren der monumentalen Bergbau- und Wasserkraftanlagen fristen, die hier seit den 1960er-Jahren entstanden sind. Die Besichtigung dieser Wahnsinnsanlagen bildet die offensichtlichste Attraktion der Gegend, aber Labrador City ist auch ein wichtiger Zwischenstopp am Trans-Labrador Hwy (S. 523). Dies ist zudem der Teil Labradors, in dem von November bis März die Nordlichter am besten zu sehen sind.

Churchill Falls

Nur wenige Leute können der Idee ein Kraftwerk zu besichtigen, viel abgewinnen, aber das **Wasserkraftwerk** Churchill Falls 288 km westlich von Happy Valley-Goose Bay ist nicht einfach irgendein Kraftwerk. Das Ausmaß dieses Mammutprojekts ist schier überwältigend. Am besten lässt sich ein Eindruck von den gewaltigen Dimensionen der Anlage bei einer der zweieinhalbstündigen kostenlosen Führungen gewinnen, die tgl. um 9, 13.30 und 19 Uhr stattfinden; Reservierung unter ☎ 709/925-3335. ⏰ Mo–Fr 8–12 und 13–16.30 Uhr.

Das Wasserkraftwerk nutzt die ungeheure Kraft des **Churchill River**, der 75 m tief in den McLean Canyon stürzt. Es wurde ein Areal von 6700 km^2 aufgestaut, das dreieinhalb Mal so groß ist wie der Lake Ontario. Die Idee zu der hydroelektrischen Anlage von Churchill Falls kam Premierminister Joe Smallwood, als nach Maßnahmen zur Ankurbelung der Wirtschaft Newfoundlands gesucht wurde. Wegen Auseinandersetzungen mit möglichen US-Investoren und der Regierung von Québec ließ die Fertigstellung des Projekts bis 1971 auf sich warten. Québec konnte sich am Ende die Hände reiben: Für einen Zeitraum von 65 Jahren reservierte es sich das Recht, den gesamten produzierten Strom zu einem niedrigen Festpreis anzukaufen – seitdem verkauft Hydro Québec diesen Strom an die USA zum Zehn- bis Zwanzigfachen dessen, was es an Newfoundland und Labrador zahlt. Dies ist der umstrittenste Vertrag der kanadischen Geschichte und die Quelle einer tiefen Verbitterung auf Seiten der Bewohner Labradors.

In der Firmenstadt **Churchill Falls**, nichts weiter als ein Nebenprodukt des Wasserkraftwerks, gibt es zwei **Übernachtungsmöglichkeiten**: Die Black Spruce Lodge, 23 Cabot St, ☎ 709/925-3233, ❸ hat acht Zimmer, einen Aufenthaltsraum und Gemeinschaftsküche. Das elegantere Midway Travel Inn, ☎ 709/925-3211 oder 1-800/229-3269, ❺ bietet auch Verpflegung, ⏰ 7–22 Uhr.

Labrador City und Wabush

238 km westlich von Churchill Falls tauchen plötzlich **Labrador City** und das benachbarte **Wabush** mit ihren breiten Straßen, Shopping-Malls und Fastfood-Läden wie aus dem Nichts auf. Beide Städte wurden in den 60er-Jahren als Versorgungszentren für die nahen Eisenerzminen gegründet, die noch immer die örtliche Wirtschaft prägen, und bilden mit 10 000 Einwohnern die größte Bevölkerungskonzentration in Labrador. Wer schmutzige Bergbaustädte erwartet, wird überrascht sein – die beiden Orte präsentieren sich als moderne und saubere Städtchen mit vielen Familien, Parks, Einrichtungen und Schulen. Der kleinere der beiden Orte ist Wabush an der Rte 503, die vom Trans-Labrador Hwy (Rte 500) abzweigt. Besser konzentriert man sich auf das 4 km entfernte Labrador City am Haupt-Highway, der hier asphaltiert ist.

Das **Gateway Labrador Interpretation Centre** am Highway am Ortsrand von Labrador City, ℅ 709/944-5399, dient gleichzeitig als örtliche Touristeninformation. Drinnen gibt es ein Souvenirgeschäft und ein gutes Museum zur Geschichte des westlichen Labrador von den Anfängen der Pelzjäger bis zum Boom des Bergbaus und der Energiegewinnung; ◷ Mo–Fr 9–17, Sa 12–17, So 13–16 Uhr, Eintritt $3.

In den gigantischen **Tagebauminen** der Gegend wird die Hälfte des kanadischen Eisenerzes gefördert und von 20 m langen Kipplastern abtransportiert. Die Besichtigung der gigantischen Anlagen kann im Gateway Centre arrangiert werden. Die größte Anlage gehört der Iron Ore Company of Canada in Labrador City. Gewöhnlich bietet das Unternehmen von Juni bis August Führungen an (Mi und So 13.30 Uhr, $8), doch im Sommer 2009 war das Bergwerk wegen der weltweit fallenden Nachfrage nach Eisen geschlossen. Eine etwas kleinere Anlage sind die Wabush Mines, die kostenlos besichtigt werden können. In beiden Fällen sollten sich Interessenten zunächst beim Gateway Centre oder bei Destination Labrador (S. 519) nach dem letzten Stand der Dinge erkundigen.

Aber das westliche Labrador hat nicht nur Industrie zu bieten. Das längste und härteste Schneemobilrennen Kanadas, **Cain's Quest**, ⬚ www.cainsquest.com, startet hier jeden März. Wer sich die Beine vertreten möchte, findet in der Umgebung jede Menge Seen und unter Naturschutz stehende Waldgebiete. Eine Reihe schöner Wanderwege, die **Menihek Interpretive Trails**, werden im Winter für Skilangläufer präpariert.

Der Menihek Nordic Ski Club, ℅ 709/944-5842, ⬚ www.meniheknordicski.ca, hält insgesamt 34 km Loipen für alle Schwierigkeitsgrade instand. Diese Loipen führen um das Skigebiet **Smokey Mountain**, ℅ 709/944-2129, herum, das bei einem Höhenunterschied von 300 m 19 Pisten bietet. Beide Gebiete liegen 3 km abseits des Trans-Labrador Hwy etwas außerhalb von Labrador City und sind über eine Schotterstraße zu erreichen (der Ausschilderung zur Smokey Mountain Recreation Area folgen).

Die beliebteste Winteraktivität in der Gegend sind **Schneemobil-Touren**. Die Northern Lights Lodge, ℅ 709/944-7475, ⬚ www.labradorfrontier.com, liegt in unmittelbarer Nähe eines Streckennetzes auf halbem Weg nach Churchill Falls und bietet Verleih, geführte Touren und Pauschalpakete an; Gäste werden vom Flughafen in Wabush abgeholt.

Übernachtung

PJ's Inn by the Lake, 606 Tamarack Drive, ℅ 709/944-3438, ⬚ www.pjsinnbythelake.com. Das B&B hat fünf behagliche Zimmer mit Bad. ❸

Two Seasons Inn, Avalon Drive, ℅ 709/944-2661 oder 1-800/670-7667, ⬚ www.twoseasonsinn.com. Schickes, zentral gelegenes Hotel. ❹

Duley Lake Family Park, ℅ 709/280-1128. Campingplatz 10 km westlich an der Rte 500 mit Stellplätzen für $10, Gemischtwarenladen und Badestrand.

Essen und Unterhaltung

Jordan's Family Restaurant, 215 Duke Ave, ℅ 709/944-7772. Zu Recht beliebt für herzhaftes Frühstück, ◷ tgl. 7–20 Uhr.

Heddy's, 211 Drake Ave. 2009 schick renoviert, hat verschiedene traditionelle Seafood-Gerichte aus Newfoundland und Labrador.

All-you-can-eat-Buffets erfreuen sich hier großer Beliebtheit, normalerweise mit kanadischen und chinesischen Gerichten; die besten gibt's im Restaurant des **Wabush Hotel**, 9 Grenfell Drive in Wabush, ✆ 709/282-3221, ◷ tgl. ab 17.30 Uhr, und bei **Charlie's**, Bruno Plaza, 118 Humphrey Rd, ✆ 709/282-3261.

Die Einheimischen scherzen gerne, dass, wenn es hier drei Tage hintereinander warm ist, in den Läden das Bier ausgeht. Labrador City ist tatsächlich gut mit Kneipen gesegnet. Die **K Bar**, Bruno Plaza, ✆ 709/944-3876, bietet eine Tanzfläche und zieht ein jüngeres Publikum an; die **Cabin Bar**, im Restaurant Sizzlers im Carol Lake Shopping Centre am Avalon Drive, ✆ 709/944-7575, wartet mit Livemusik und munteren Karaoke-Abenden auf.

Transport

Der **Flughafen** Wabush liegt zwischen den beiden Orten an der Rte 503. Budget, ✆ 709/282-1234, und National, ✆ 709/282-3059, haben Schalter am Terminal, und bei den meisten Flugankünften stehen **Taxis** bereit: CJ Cabs, ✆ 709/944-7757. In der Stadt werden gewöhnlich die Taxameter eingeschaltet, aber vom Flughafen gilt ein fester Preis von $12 nach Wabush oder Labrador City.

Newfoundland und Labrador

Anhang

Bücher

Reiseberichte

Ein Jahr in Montréal, Maria Rosaria Di Palo (Herder). Amüsantes Psychogramm der zweitgrößten Stadt Kanadas, festgemacht an Geschichten aus dem Alltag und der Befindlichkeit der Stadtbewohner.

Theatre of Fish: Travels Through Newfoundland and Labrador, John Gimlette. In diesem 2005 erschienenen Reisejournal folgt Gimlette den Spuren seines Urgroßvaters und gelangt in Regionen, die wohl sonst nur wenige bereisen. Lebendig und unterhaltsam, aber vielleicht etwas zu flapsig geschrieben.

Wanderings of an Artist Among the Indians of North Armerica, Paul Kane. Kane, einer der bekannteren Landschaftsmaler Kanadas, unternahm in den 1840er-Jahren eine zweieinhalb Jahre lange Reise von Toronto an die Pazifikküste und wieder zurück. In diesem Buch hat er seine Erlebnisse in kurzweiligen, lebendigen Schilderungen festgehalten.

Mit dem Kanu durch Kanada, Dieter Kreutzkamp (Frederking & Thaler). Detaillierte Schilderung, was Kanuten in den Weiten Kanadas erwartet und worauf sie sich bei ihren Paddeltouren freuen dürfen.

Quetico: Into the Wild, Gary und Joanie McGuffin. Die McGuffins lieben es, auf Kanureise zu gehen und haben inzwischen diverse Bücher zum Thema verfasst. Dieses ist ihr jüngstes und führt in den abgelegenen Quetico Park im Norden Ontarios. Auf Deutsch erhältlich ist von ihnen *Faszination Kanusport* (Heel), das die Grundlagen des Kanusports in aller Breite vorstellt.

Roughing It in the Bush: or Forest Life in Canada, Susanna Moodie. Bereits 1852 entstandene, fesselnde Geschichte über den zum Scheitern verurteilten Versuch eines englischen Paares, sich im Südosten Ontarios ein neues Leben aufzubauen.

Mrs Simcoe's Diary, Elizabeth Simcoe (Hrsg. Mary Innis). Die Ehefrau des ersten Vizegouverneurs Oberkanadas und Bewohnerin des alten Toronto war nicht nur eine aufmerksame politische Beobachterin. Sie hielt auch ihre Eindrücke der Landschaft und des Stadtlebens detailliert fest.

Wäscha-kwonnesin: Ihre Mokassins hinterließen keine Spuren (Lamuv); **Im Land der Nordwinde** (Lamuv); **Sajo und ihre Biber** (dtv), Grey Owl. Im Original erstmals in den 1930er-Jahren veröffentlichte Bände, die in romantischer Weise das Leben in der kanadischen Wildnis zu einer Zeit beschreiben, als die Erschließung und der Raubbau das Land für immer verändern sollten. Besonders eindrucksvoll sind Grey Owls fortschrittliche ökologische Ansichten und seine Liebe zu den Tieren und zur Wildnis. Mehr dazu auch auf S. 221.

Kultur und Gesellschaft

Jäger des Nordens. Menschen in der kanadischen Arktis, Hugh Brody (P. Hammer Vlg.). Bietet Einblicke in die Lebensweisen und -bedingungen der Menschen im hohen Norden.

Wilderness Man: The Strange Story of Grey Owl, Lovat Dickson. Die faszinierende Geschichte von Archie Belaney, jenem Engländer, der unter seinem gewählten Namen Grey Owl bekannt werden sollte (s. S. 221), aufgeschrieben von seinem englischen Verleger, der nicht als Einziger erst nach Grey Owls Tod dessen wahre Identität entdeckte.

Kulturen der nordamerikanischen Indianer, Christian F. Feest (Könemann), und **Three Centuries of Woodlands Indian Art**, Christian F. Feest und J. C. H. King. Zwei ansprechend und reich bebilderte Werke, die sich ausführlich ihrem Thema widmen.

The Solitude Trilogy, Glenn Gould. Drei außergewöhnliche Tondokumente auf CD, die Gould für die CBC über das Leben in den entlegeneren, raueren Gegenden Kanadas aufnahm und die einen faszinierenden Einblick in die Lebensbedingungen geben.

Kabeljau, der Fisch der die Welt veränderte, Mark Kurlansky (List). Tolles Buch über diesen Fisch und seine Bedeutung für Generationen von Fischern, ergänzt durch Informationen über die Überfischung, die Laichgründe und sogar Kochrezepte. Die Kabeljaufischerei Newfoundlands nimmt bei diesem Thema eine wesentliche Rolle ein. Eine objektivere Darstellung dessen, was falsch gelaufen ist – und warum die Bestände so dramatisch schrumpften – wird man kaum finden.

Arktische Träume, Barry Lopez (Fischer). Preisgekröntes Buch, das in einem fesselnden Porträt über den hohen Norden Naturwissenschaften mit Poesie und Philosophie verbindet.

Native Peoples and Cultures of Canada, Alan D. McMillan. 1995 erschienener, umfassender geschichtlicher Überblick über die indianische Urbevölkerung Kanadas von der Frühzeit bis zu jüngeren Themen wie Selbstverwaltung und Landansprüche. Gut geschrieben, allerdings mehr Nachschlagewerk als Urlaubsschmöker.

A Concise History of Canadian Painting, Dennis Reid. Präsentiert in einem Überblick, der bis in die frühen 1980er-Jahre reicht, die führenden Künstler Kanadas; jede Menge biografische Angaben sowie viele Abbildungen (überwiegend schwarzweiß) wichtiger Werke.

A History of Canadian Culture, Jonathan Vance. Ambitionierter Versuch, auf 500 Seiten seinem Thema gerecht zu werden, wobei viel Raum für die Definition aufgewendet wird, was denn nun eigentlich Kultur ist und wo sie sich mit Massenunterhaltung deckt oder von dieser unterscheidet. Detailreich recherchiert.

Geschichte

Crucible of War: The Seven Years' War and the Fate of the British Empire in British North America, 1754–1766, Fred Anderson. Hervorragend recherchierte Darstellung dieser für die Entwicklung Nordamerikas entscheidenden Epoche. Mit 800 Seiten für manche vielleicht etwas zu detailliert geraten, in jedem Fall aber faszinierend zu lesen.

Der eisige Schlaf. Das Schicksal der Franklin-Expedition, Owen Beattie und John Geiger (Piper). Bebilderte Beschreibung der 1845–48 unternommenen, zum Scheitern verurteilten Expedition zur Nordwestpassage, sowie der späteren Entdeckung von im Eis des Nordens eingeschlossenen Artefakten und Körpern.

The Iroquois in the War of 1812, Carl Benn. Während des amerikanisch-kanadischen Krieges besetzten die Amerikaner 1812 für kurze Zeit Toronto. Die Rolle der Irokesen in diesem Krieg war von zentraler Bedeutung für das Überleben Kanadas, und die Folgen des Krieges sollten ihr Schicksal nachhaltig beeinflussen.

The Penguin History of Canada, Robert Bothwell. Der derzeit wohl beste englischsprachige Geschichtsüberblick, objektiv und gut geschrieben. Analysen der wirtschaftlichen, sozialen und politischen Geschichte des Landes.

Citizen of the World: The Life of Pierre Elliott Trudeau Volume One: 1919–1968 und **Just Watch Me: The Life of Pierre Elliott Trudeau: 1968–2000**, John English. Zwei brillant geschriebene und recherchierte Bände über Kanadas bekanntesten, schillerndsten und sicherlich polarisierendsten Premierminister.

Bastards & Boneheads: Canada's glorious leaders, past and present, Will Ferguson. Höchst amüsante Porträts der führenden politischen Köpfe des Landes samt ihrer Skandale, aber auch seriösere Betrachtungen und Analysen wichtiger Ereignisse wie des Oka-Konflikts (s. S. 282).

The Canadian Prairies: a History, Gerald Friesen. Ausführliche Darstellung der Entwicklung Zentralkanadas, dabei überraschend unterhaltsam und besonders interessant im Hinblick auf die Kultur der Métis und Prärieindianer.

Empire of the Bay, Peter C. Newman. Überaus lesenswerter Abriss des Aufstiegs und Falls der Hudson's Bay Company. Wer Lust auf mehr hat: Ebenfalls lesenswert ist Newmans *The Last to Die: Ronald Turpin, Arthur Lucas, and the End of Capital Punishment in Canada.*

Geschichte Kanadas, Udo Sautter (Beck). Die Geschichte Kanadas von den Anfängen bis in die jüngere Vergangenheit auf rund 130 Seiten wiedergegeben.

A Social History of Canada, George Woodcock (vergr.). Gründlich recherchiertes und fundiertes Werk über die Menschen Kanadas und die Entwicklung des Landes. Woodcock war der scharfsinnigste der kanadischen Historiker, dabei in seinen Büchern aber keineswegs trocken.

Belletristik

Margaret Atwood ist Kanadas wohl berühmteste Romanautorin. Ihre Werke sind nicht immer die leichteste Lektüre, aber ihre Charakterstudien, insbesondere die ihrer weiblichen Figuren, sind stets spannend und intelligent. In *Der lange Traum* (List) spielt der entlegene Norden Québecs eine zentrale Rolle im komplexen Selbstfindungsprozess. Bemerkenswert auch *Alias Grace* (btb), ein düsterer und einfühlsamer Roman, in dessen Zentrum die wahre Geschichte einer der berüchtigtsten Verbrecherinnen Kanadas Mitte des 19. Jhs. steht, und *Der blinde Mörder* (Bvt), der mit dem Booker Prize ausgezeichnet wurde. Ihr jüngstes Werk, *Das Jahr der Flut* (Berlin Verlag), ist weniger „kanadisch" und zeichnet ein entmenschlichtes, von Katastrophen heimgesuchtes, apokalyptisches Zukunftsszenario.

Lynn Coady hat mit *Saints of Big Harbour* einen kraftvollen Roman geschrieben, der die Abgründe einer Familie im ländlichen Nova Scotia schildert. Nicht unbedingt heiterer Lesestoff, aber glänzend porträtierte Charaktere. Ebenfalls in Nova Scotia angesiedelt ist ihr jüngeres Werk *Strange Heaven,* das sich mit den Nöten einer jungen Mutter auseinandersetzt.

Robertson Davies war lange Jahre eine der bedeutendsten Figuren der kanadischen Literaturszene, bevor er 1995 82-jährig starb. Unter seinem umfangreichen Werk finden sich große, dunkle und komplexe Gespinste über Familie und Gesellschaft, in denen das ländlich angehauchte Kanada seiner Jugend noch einmal auflebt. Als Einstieg empfiehlt sich *Was du erbst von deinen Vätern* (Zsolnay), Teil der „Cornish Trilogy", zu der noch *Rebellische Engel* (Zsolnay) und *The Lyre of Orpheus* gehören. Ähnlich fesselnd ist *Der Fünfte im Spiel* (Zsolnay), der erste Teil der „Deptford Trilogy", und *The Cunning Man.*

Margaret Laurence, in Manitoba geborene Autorin, die stellvertretend für den neu gefundenen Elan der Literatur in den 1960er-Jahren steht, ihre besten Werke jedoch in England verfasst hat. Die Mehrzahl ihrer Bücher spielt im fiktiven, verschlafenen Prärieort Manawaka und erforscht die mit den einengenden Konventionen der Kleinstadt einhergehende Einsamkeit und Frustration von Frauen. Werke u. a. *Der steinerne Engel* (Droemer/Knaur) und *A Jest of God.*

Mary Lawson schildert in ihrem Roman *Auf der anderen Seite des Flusses* (Heyne) ein komplexes Familiendrama in einer Kleinstadt im Norden Ontarios inmitten einer Landschaft aus Seen, Felsen und Wäldern des Kanadischen Schilds. Ebenso kraftvoll geschrieben ist der Vorgänger *Rückkehr nach Crow Lake* (Heyne).

Stephen Leacock, *Sunshine Sketches of a Little Town.* Humorvolle Geschichte über das Leben in einer Kleinstadt in Ontario und bestes Buch aus einer Reihe, die auf die sommerlichen Aufenthalte Leacocks (1869–1944) in Orillia (s. S. 179) zurückgehen.

Ann-Marie MacDonald, *Vernimm mein Flehen* (Piper). Unterhaltsame, fast epische Familiensaga, deren Szenarien vom Zweiten Weltkrieg bis zur New Yorker Jazzszene reichen und das Schicksal von vier Schwestern aus Halifax erzählen. Die in Toronto lebende Autorin zeichnet sich durch genaue Charakterdarstellung und großes Erzähltalent aus.

Alistair MacLeod, *Land der Bäume* (Fischer). Kraftvoll geschriebene Geschichte über eine Gälisch sprechende Familie aus Cape Breton in Nova Scotia. Einer der besten kanadischen Romane der 90er Jahre.

A. B. McKillop, *The Spinster and the Prophet: H.G. Wells, Florence Deeks, and the Case of the Plagiarized Text.* 1925 verklagte die in Toronto ansässige Lehrerin und Hobbyhistorikerin Florence Deeks den großen H. G. Wells auf die damals astronomische Summe von 500 000 Dollar wegen angeblichen Diebstahls ihres Manuskripts über die Weltgeschichte. Hat er es getan? Oder war sie einfach eine überspannte alte Frau? Wer es herausfinden will, muss dieses Buch lesen.

Anne Michaels, *Fluchtstücke* (BvT). Lesenswerter Erstlingsroman der mit Preisen ausgezeichneten Dichterin über Überlebende des Naziregimes, die nach Kanada auswandern und trotz sich vertiefender neuer Beziehungen nie von ihrer Vergangenheit losgelassen werden.

W. O. Mitchell, *Who Has Seen the Wind.* Kanadas Pendant zu *Huckleberry Finn* ist eine volkstümliche, mit herrlichen Figuren angereicherte Geschichte über einen Jungen, der in einer Kleinstadt in Saskatchewan aufwächst.

L. M. Montgomery, *Anne auf Green Gables* (Loewe). 1908 verfasster Kinderklassiker über die Sorgen einer Heranwachsenden und eine glückliche Kindheit in ländlicher Idylle auf Prince Edward Island.

Brian Moore, *Schwarzrock* (Diogenes). Moore emigrierte 1948 von Irland nach Kanada und blieb lange genug, um vor seinem neuerlichen Umzug nach Kalifornien die kanadische Staatsbürgerschaft zu erhalten. Die Geschichte eines Missionars, der in indianisches Gebiet reist, kreist um Moores zentrale Themen Katholizismus, Unterdrückung und Versöhnung.

Alice Munro zählt zu den angesehensten zeitgenössischen Autoren von Kurzgeschichten. Ihr bevorzugter Stoff ist das ins Wanken geratene Leben junger Frauen im halb ländlichen, protestantischen Südwesten Ontarios. Zu ihren jüngsten Werken gehören *Offene Geheimnisse* (Bvt), Geschichten, die einen Bogen von den frühen Siedlern bis in die Gegenwart spannen und in zwei Kleinstädten in Ontario spielen, und *Wozu wollen Sie das wissen?* (Fischer), ihre wohl persönlichste Sammlung von Erzählungen über ihre eigene Familie. Andere Werke in deutscher Übersetzung sind *Kleine Aussichten, Der Mond über der Eisbahn, Das Bettlermädchen, Glaubst du, es war Liebe, Die Jupitermonde* (alle Bvt) sowie *Was glaubst du, wer du bist?* (aus *Kanada erzählt*), *Tricks* und *Himmel und Hölle* (alle Fischer).

Michael Ondaatje, *In der Haut eines Löwen* (dtv). In diesem spannungsgeladenen Roman, der die Zeit vom Ende des Ersten Welkriegs bis zur Weltwirtschaftskrise in Toronto umspannt, werden die Figuren vorgestellt, die in dem berühmteren Nachfolgewerk *Der englische Patient* (dtv) wider auftauchen.

E. Annie Proulx, *Schiffsmeldungen* (Fischer). Der 1994 mit dem Pulitzer-Preis ausgezeichnete Roman ist die verschachtelte Geschichte eines Außenseiters, der in Newfoundland Liebe und Glück findet. Herrlich erzählt, wunderbare Beschreibungen des Meeres, des Wetters und der Umgebung.

Mordecai Richler, der gleich drei Minderheiten angehörte – er war Frankokanadier, Arbeiter und Jude –, erforschte in allen seinen Romanen mit viel Humor und Gefühl dieses Geflecht. In *Die Lehrjahre des Duddy Kravitz* (Liebeskind), seinem bekanntesten Roman, in dessen Zentrum die Kulturgrenzen überschreitende Liebesgeschichte seines hin und her gerissenen Titelhelden Kravitz steht, lässt Richler seine frühen Erfahrungen im jüdischen Arbeiterviertel Montréals einfließen. Richlers direkter und ironischer Stil ist nicht immer jedermanns Geschmack, lesenswert sind außer dem genannten Roman

aber noch *Solomon Gursky war hier* (Fischer) oder sein später verfasster Roman *Wie Barney es sieht* (Hanser), ein überaus vergnügliches Porträt einer verkrachten Künstlerexistenz.

Carol Shields ist Pulitzer-Preisträgerin und wird für die von ihr im Alltäglichen entdeckten Besonderheiten gerühmt. In ihren Büchern *Sie und Er, Er und Sie* (Goldmann), *Alles über Larry* (Piper) und *Das Tagebuch der Daisy Goodwill* (Piper) beschreibt sie in mitunter sehr schönen und sinnlichen Momenten das Leben in den bürgerlichen Vorstädten Nordamerikas.

Susan Swan, *Böse Mädchen* (Piper). Am Schauplatz einer Mädchenschule im Toronto der 1960er-Jahre setzt sich die Romanheldin Mouse mit dem Bild weiblicher Schönheit auseinander, während ihre beste Freundin um geschlechtliche Identität ringt. Schräge Lektüre, die die Autorin selbst als „sexuellen Schauerroman" kategorisiert.

John Wyndham, *Wem gehört die Erde* (Goldmann). Science-Fiction-Klassiker, in dessen Mittelpunkt eine Gruppe von telepathisch begabten Kindern und deren Abenteuer im Labrador nach dem Holocaust stehen.

Lyrik

Elizabeth Bishop, *Die Farben des Kartographen* (Residenz Vlg.). Bishop ist zwar gebürtige US-Amerikanerin, hat aber einen Großteil ihrer Jugend in Nova Scotia verbracht. Die Quelle vieler ihrer frühen Gedichte ist ihre Kindheit in Kanada und ihre Begeisterung für die raue Natur des Landes.

Leonard Cohen, *Blumen für Hitler. Gedichte und Lieder 1956–1970* (Rowohlt). Bevor sich Cohen als romantischer Balladensänger mit sonorer Stimme einen Namen machte, genoss er auch als Dichter hohes Ansehen. Bemerkenswert ist auch *Schöne Verlierer* (Rowohlt), einer der kühnsten kanadischen Experimentalromane jener Zeit.

Robert Service, *Special Service: The Best of Robert W. Service.* Services viktorianische Balladen über das Pionierleben und den Goldrausch entbehren nicht eines gewissen Charmes und spiegeln das Wesen der damaligen Zeit wider. Am eindrucksvollsten in *The Heart of The Sourdough* oder auch in *The Shooting of Dan McGrew.*

Index

Anhang

Anhang

Anhang

Anhang

Anhang

Notizen

Notizen

Bildnachweis

Umschlag

laif/Christian Heeb: Titel; Peggys Cove, Nova Scotia
laif/Christian Heeb: Umschlagklappe vorn; Quartier du Petit-Champlain, Québec-Stadt,
hemis.fr/laif/Christian Guyl: Umschlagklappe hinten; Parc Marin du Saguenay–St-Laurent, Québec

Farbteil

Bildagentur Huber/R. Schmid: S. 11 (oben)
Getty Images/Steve Bly: S. 12
Getty Images/Ken Straiton: S. 10/11
Getty Images/Doug Hamilton: S. 5 (oben)
Getty Images/David Nunuk: S. 14
Getty Images/David Wiggett: S. 13
iStockphoto/Blondsteve: S. 2
iStockphoto/peterspiro: S. 3 (unten)
laif/Artz: S. 3 (oben)
laif/Hemispheres Images/Philippe Renault: S. 2, 8, 9, 15 (unten)
laif/Karl-Heinz Raach: S. 15 (oben)
LOOK-foto/Günther Schwermer: S. 5 (unten)
Thomas Rach: S. 16 (3)
Rough Guides/Tim Draper: S. 6/7

Schwarz-Weiß

Alamy/Rubens Abboud: S. 327
Alamy/All Canada Photos: S. 50
Alamy/Danita Delimont: S. 381
Alamy/Buddy Mays: S. 452
Alamy/Megapress: S. 285
Alamy/Greg Vaughn: S. 63
Alamy/Janusz Wrobel: S. 223
All Canada Photos/John Sylvester: S. 483
Canadian Tourism Commission: S. 475
Canadian War Museum/Harry Foster, CMC: S. 208
Corbis/Progressive Image/Bob Rowan: S. 398
Creative Media/D. Heringa S. 46
hemis.fr/RENAULT Philippe: S. 364
iStockphoto/Moritz Frei: S. 71
iStockphoto/Alisha Hime: S. 409
iStockphoto/Michel Valiquette: S. 375
Jon Arnold Images/Danita Delimont: S. 33
Just for Laughs Festival: S. 39
Renate Loose: S. 131
Newfoundland and Labrador Tourism: S. 507, 522
Nova Scotia Tourism, Culture & Heritage: S. 419
OTMP/Tourism Toronto: S. 98
photolibrary/Keith Douglas: S. 235
photolibrary/Thomas Kitchin & Victoria Hurst: S. 504
Pixelio/Miroslaw: S. 89
Pixelio/Emmanuel Yankey: S. 283
Thomas Rach: S. 23, 26, 31, 32, 250, 449, 494
Rough Guides: S. 119, 169, 189, 243, 260, 301, 533, 267, 295, 305, 328
SuperStock: S. 343
SuperStock/Walter Bibikow: S. 430
SuperStock/Gavriel Jecan: S. 68
torontowide.com/Tourism Toronto: S. 108
Tourism PEI: S. 269
Tourisme Québec: S. 346
wikimedia/Arthur Goss (1920): S. 87

Impressum

Kanada Der Osten
Stefan Loose Travel Handbücher
3., vollständig überarbeitete Auflage **2011**
© DuMont Reiseverlag, Ostfildern

Anhang

Das Buch basiert auf der englischsprachigen Originalausgabe
Canada von Steven Horak, Tim Jepson, Stephen Keeling, Phil Lee, AnneLise Sorensen, Christian Williams
ISBN 9781848365032
© Rough Guides Ltd, 80 Strand, London, WC2R ORL, UK

Gesamtredaktion und -herstellung
Bintang Buchservice GmbH
Zossener Str. 55/2, 10961 Berlin
www.bintang-berlin.de
Übersetzung: Silvia Mayer, Gunter Mühl
Redaktion: Silvia Mayer, Thomas Rach
Karten: Katharina Grimm, Anja Krapat
Grafisches Konzept: Groschwitz, Hamburg
Layout und Herstellung: Anja Linda Dicke, Britta Dieterle
Farbseitengestaltung: Jan Düker
Umschlaggestaltung: Anja Linda Dicke, Anja Krapat

Printed in China

Kartenverzeichnis

Anhang